Interdisziplinäre Schriften zur Wissenschaftsforschung

Herausgegeben von

Prof. Dr. Thomas Groß, Universität Gießen

Prof. Dr. Dorothea Jansen, Deutsche Hochschule
für Verwaltungswissenschaften Speyer

Prof. Dr. Dieter Sadowski, Universität Trier

Prof. Dr. Hans-Heinrich Trute, Universität Hamburg

Band 7

Linda-Martina Apel

Verfahren und Institutionen zum Umgang mit Fällen wissenschaftlichen Fehlverhaltens

Rechtsvergleichende Untersuchung zwischen
Deutschland, Dänemark und den USA

 Nomos

Die Deutsche Nationalbibliothek verzeichnet diese Publikation in
der Deutschen Nationalbibliografie; detaillierte bibliografische
Daten sind im Internet über http://dnb.d-nb.de abrufbar.

Zugl.: Hamburg, Univ., Diss., 2008
Eingereicht unter dem Originaltitel:
Wissenschaftseigene Verfahren und Institutionen zur Vermittlung, Aufklärung
und Sanktionierung in Fällen wissenschaftlichen Fehlverhaltens –
Rechtsvergleichende Untersuchung zwischen Deutschland, Dänemark und den USA

ISBN 978-3-8329-4240-3

1. Auflage 2009
© Nomos Verlagsgesellschaft, Baden-Baden 2009. Printed in Germany. Alle Rechte,
auch die des Nachdrucks von Auszügen, der fotomechanischen Wiedergabe und der
Übersetzung, vorbehalten. Gedruckt auf alterungsbeständigem Papier.

Vorwort

Diese Arbeit entstand während meiner Tätigkeit als wissenschaftliche Mitarbeiterin am Lehrstuhl von Herrn Prof. Dr. Hans-Heinrich Trute im Rahmen des DFG geförderten Projekts „Bildung von Standards guter wissenschaftlicher Praxis und ihre Implementierung im Wissenschaftssystem". Sie wurde im Wintersemester 2007/2008 von der Fakultät für Rechtswissenschaften der Universität Hamburg als Dissertation angenommen.

Ich danke herzlich meinem Doktorvater Prof. Dr. Hans-Heinrich Trute, der die Arbeit angeregt, betreut und durch seine ständige Gesprächsbereitschaft gefördert hat. Prof. Dr. Wolfgang Hoffmann-Riem danke ich für die kurzfristige Erstellung des Zweitgutachtens.

Besonderer Dank gilt auch meiner Familie, insbesondere meinen Eltern, die mich stets gefördert und mir meine Ausbildung ermöglicht haben, sowie meiner Schwester, die bei der Korrektur der Arbeit und der Vervollständigung des Literaturverzeichnisses wertvolle Unterstützung geleistet hat. Bei meinen lieben KollegInnen vom Lehrstuhl möchte ich mich für die nette Arbeitsatmosphäre sowie die fachliche und seelische Unterstützung bedanken. Schließlich danke ich meinem Freund, der mir bei der Erstellung der Arbeit stets zur Seite gestanden hat.

Düsseldorf, Juni 2009   Linda-Martina Apel

Literaturverzeichnis

1. Teil: Einleitung   23

A. Sachproblem: Wissenschaftliches Fehlverhalten   23
B. Rechtliche Problemstellung   25
C. Gang der Untersuchung   27

2. Teil: Wissenschaftseigene Verfahren zur Begegnung wissenschaftlichen
          Fehlverhaltens in den USA   30

A. Institutionelle Rahmenbedingungen: Strukturen der Forschung und For-
    schungsfinanzierung in den USA   30
    I.   Forschung und Entwicklung in den USA   30
         1.   Forschung an öffentlichen Einrichtungen   30
              a) Bundeslaboratorien   30
              b) Bundeszentren für Vertragsforschung (Federally Funded Re-
                  search and Development Centers)   32
              c) Staatliche Universitäten   33
         2.   Forschung an privaten Einrichtungen   35
              a) Private Universitäten und Colleges   35
              b) Sonstige unabhängige Nonprofit-Institutionen (ohne Erwerbs-
                  zweck)   36
              c) Industrie   36
    II. Forschungsförderung in den USA   36
         1.   Öffentliche Forschungsförderung   37
              a) Träger der Forschungsfinanzierung: Federal departments und
                  federal agencies   37
                  aa) Der Public Health Service (PHS) und die National Insti-
                      tutes of Health (NIH)   38
                  bb) Die National Science Foundation (NSF)   38
              b) Beratungsinstitutionen der Regierung: Office of Science and
                  Technology Policy (OSTP), National Science and Technology
                  Council (NSTC), President's Committee of Advisors on Sci-
                  ence and Technology (PCAST)   39
         2.   Private Forschungsförderung   40
              a) National Academies of Science   40
              b) Private Finanzierungsquellen   41
B. Verfassungsrechtliche Rahmenbedingungen für wissenschaftsspezifische
    Verfahren   41

I.	Recht auf Wissenschafts- und Forschungsfreiheit	41
	1. Academic freedom als Garantie des First Amendment	42
	a) Adressaten der Garantie	43
	b) Materieller Gehalt der Garantie	44
	c) Rechtsträger	46
	2. Beschränkungen von academic freedom und deren Rechtfertigung	46
II.	Verfassungsimmanente Vorgaben für die Verfahrensgestaltung	47
	1. Procedural due process of law	47
	2. Due process in Misconduct-Verfahren	48
III.	Schlussfolgerung	50
C.	Geschichtliche Entwicklung des US-amerikanischen Verfahrensmodells	50
I.	Kumulation von Fällen wissenschaftlichen Fehlverhaltens in den 70er und 80er Jahren	51
II.	Reaktion des Kongresses	53
	1. Öffentliche Anhörungen des Kongress	53
	2. Gesetzgeberische Aktivitäten	55
III.	Die Entwicklung bundesrechtlicher exekutiver Normen mit Prinzipien und Verfahrenregeln zum Umgang mit wissenschaftlichem Fehlverhalten	56
	1. Public Health Service (PHS)	57
	2. National Science Foundation (NSF)	58
IV.	Divergierende Verfahrensmodelle des PHS und der NSF	60
	1. Das Verfahrensmodell des wissenschaftlichen Dialoges (Scientific Dialogue Model) des PHS	61
	a) Das Office of Scientific Integrity (OSI) und das Office of Scientific Integrity Review (OSIR)	61
	b) Behandlung von Fällen wissenschaftlichen Fehlverhaltens	63
	c) Restrukturierung des Verfahrensmodells	67
	2. Das legal-adversarial Verfahrensmodell der NSF (legal adversarial modell)	68
V.	Weiterentwicklung der US-amerikanischen Fehlverhaltensverfahren durch Beratung von Advisory panels (Beratungsgremien)	70
VI.	Harmonisierung der inkongruenten Maßstäbe und Verfahrensregeln der federal agencies	73
	1. Vorarbeiten des National Science and Technology Councils (NSTC)	74
	2. Erlass der Federal Policy on Research Misconduct	75
D.	Struktur des heutigen US-amerikanischen Verfahrensmodells	76
I.	Modell der Verantwortungsteilung zwischen government agencies und Forschungseinrichtungen im Bereich der staatlich geförderten Forschung	76
	1. Reichweite und Umfang der Zentralisation - Aufteilung der Verantwortungsbereiche	77

a) Erstverantwortung der geförderten Forschungseinrichtungen 77
b) Aufsichtsverantwortung der federal agencies und Recht zur
Durchführung eigener Untersuchungen 80
2. Gründe und Ursachen für die Verantwortungsteilung 82
II. Normative Grundlagen des Verfahrensmodells 83
1. Gesetzliche Grundlagen 84
2. Die Federal Policy on Research Misconduct 87
3. Policies and Procedures der Federal Funding Agencies und Departments: Misconduct Regulations und Statements of Policy 89
4. Einrichtungsinterne Policies and Procedures 92
III. Akteure 95
1. US-amerikanische Forschungseinrichtungen und ihre verfahrensverantwortlichen Einheiten 96
a) Research Integrity Officer 96
b) Institutional Inquiry and Investigation-Committees 97
c) Deciding Official 98
2. Die staatlichen funding agencies und ihre Verfahrensverantwortlichen 98
a) Untersuchungsbehörde – Office of Inspector General (OIG) 99
b) Revisionsbehörden 101
aa) Organisation agencyinterner Revision 102
bb) Exkurs: Das Office of Research Integrity des PHS (ORI)
im DHHS 103
c) Entscheidungsbehörde – Adjudication Official 105
d) Appeal-Official und Administrative Law Judge 105
E. Materieller Beurteilungsmaßstab: Research Misconduct 107
I. Hintergrund und Terminologie 108
II. Die staatliche Definition des OSTP in der Policy on Research Misconduct 110
1. Inhalt und Struktur des Grundtatbestandes mit Erläuterungen 110
2. Zusatzanforderungen und subjektiver Maßstab 111
3. Reaktionen und kritische Würdigung 112
III. Maßstäbe dezentraler Forschungseinrichtungen 116
F. Die Ausgestaltung von Fehlverhaltensverfahren in den USA 118
I. Allgemeine Verfahrensgrundsätze und -charakteristika 118
1. Administrative Mehrstufigkeit des Verfahrens 118
2. Aufgabentrennung innerhalb der Agencies – Trennung von Untersuchung und Entscheidung *(Separation of Functions)* 120
3. Beweisregeln und Beweislast *(burden of proof)* 121
4. Vertraulichkeit 123
5. Neutralität und Ausschluss von Befangenheit 124
6. Dokumentation und Aufbewahrung 125
7. Beschleunigungsmaxime 125
II. Allgemeine Verfahrensvoraussetzungen 125

	1.	Örtliche Zuständigkeit	125
	2.	Sachliche Zuständigkeit	126
	3.	Zuständigkeitskonflikte	126
	4.	Einleitung des Verfahrens	127
	5.	Frist und Verjährung	128
III.		Verfahrensrechte der Beteiligten	129
	1.	Schutz von Whistleblowern	129
	2.	Verfahrensrechte und Schutz des Betroffenen	133
IV.		Ablauf des Untersuchungsverfahrens	135
	1.	Institutsinterne Inquiry	135
		a) Vorabprüfung (preliminary assessment)	135
		b) Sicherung von Beweismaterial	136
		c) Anzeige gegenüber dem Betroffenen	136
		d) Sichtung des wesentlichen Beweismaterials	137
		e) Berichterstattung, Stellungnahme des Betroffenen und Verfahrensdauer	137
		f) Mitteilung der Ergebnisse an den Betroffenen und den Anzeigenden	137
		g) Berichterstattung an das ORI und Dokumentation	138
	2.	Institutsinterne Investigation	138
		a) Anzeige gegenüber dem Betroffenen	139
		b) Befragung von Beteiligten und Zeugen	139
		c) Stellungnahme des Betroffenen und des Anzeigenden	139
		d) Untersuchungsbericht	139
		e) Verfahrensdauer	140
	3.	Abschluss des Verfahrens	140
		a) Vorzeitige Beendigung der Untersuchung durch Vergleich	140
		b) Einrichtungsinterne Entscheidung	141
V.		Agency Review und Adjudication	141
	1.	Die Reviewpraxis des ORI	142
	2.	Abschluss des Reviewprozesses - Adjudication	143
		a) Vergleich (Settlement Agreement)	143
		b) PHS-eigenes Untersuchungsverfahren	144
		c) Entscheidung (Finding of Research Misconduct) und Vorschlag von Verwaltungsmaßnahmen (Proposed Administrative Action)	144
	3.	Bekanntgabe der Entscheidung (Charge Letter)	144
	4.	Aufsichtsmaßnahmen gegenüber der Forschungseinrichtung bei Nichterfüllung der Verfahrensanforderungen	145
VI.		Das DAB Hearing	146
	1.	Allgemeines	146
	2.	Die Verfahrensbeteiligten des DAB Hearing	147
		a) Die Parteien und ihre Verfahrensrechte	147
		b) Rolle des ALJ und seine Befugnisse	148

3. Das Verfahren vor dem Administrative Law Judge (ALJ) 148
    a) Einleitung des Verfahrens und Einlegungsfrist 148
    b) Inhaltliche Anforderungen an den Antrag und die Antrags-
        begründung 149
    c) Beiziehung von Sachverständigen 149
    d) Vorbesprechung (Prehearing Conference) 150
    e) Verfahren zur ergänzenden Sachverhaltsermittlung (Dis-
        covery) 151
    f) Benennung von Zeugen und Vorlage von Zeugenaussagen 152
    g) Das Hearing 152
    h) Verfahrensabschluss 153
4. Entscheidung des ALJ 154
5. Exkurs: Rechtsmittel anderer Agencies 154
G. Rechtsfolgen – die Sanktionierung wissenschaftlichen Fehlverhaltens 155
    I. Sanktionsmaßnahmen der Forschungsförderungsagencies 155
    II. Sanktionsmaßnahmen der Forschungseinrichtungen 157
H. Rechtsbehelfe gegen Entscheidungen der Federal Agencies 158

3. Teil: Wissenschaftseigene Verfahren zur Begegnung wissenschaftlichen
          Fehlverhaltens in Dänemark 160

A. Institutionelle Rahmenbedingungen: Strukturen und Akteure der For-
    schung und Forschungsförderung in Dänemark 160
    I. Forschung und Entwicklung in Dänemark 160
        1. Forschung an öffentlichen Einrichtungen 161
            a) Universitäten 161
            b) Sektorforschungsinstitute 162
            c) Sonstige 162
        2. Forschung an privaten Einrichtungen 163
    II. Forschungsförderung in Dänemark 163
        1. Öffentliche Forschungsförderung 164
            a) Allgemeines 164
            b) Das dänische Beratungs- und Forschungsfinanzierungs-
                system 165
        2. Private Forschungsförderung 167
B. (Verfassungs-)rechtliche Rahmenbedingungen für wissenschaftsspezi-
    fische Verfahren 168
    I. Recht auf Wissenschafts- und Forschungsfreiheit 168
        1. Grundrechtsschutz durch die dänische Verfassung 168
        2. Schutz und Einschränkung der Wissenschaftsfreiheit durch die
            Legislative 170
    II. Verfassungsimmanente Vorgaben für die Verfahrensgestaltung 172
    III. Fazit 172

C. Geschichtliche Entwicklung des Dänischen Verfahrensmodells   173
    I. Das Verfahrensmodell der Arbeitsgruppe des Dänischen Medizinischen Forschungsrats   173
      1. Einsetzung der Arbeitsgruppe   173
      2. Empfehlungen der Arbeitsgruppe   175
        a) Struktur des Verfahrensmodells   175
        b) Organisation der Komitees   176
        c) Materieller Beurteilungsmaßstab: wissenschaftliche Unredlichkeit   177
        d) Behandlung von Fällen wissenschaftlicher Unredlichkeit durch die Untersuchungskomitees und Forschungseinrichtungen   178
        e) Weitere Aufgaben der Komitees   182
    II. Das Danish Committee on Scientific Dishonesty von 1992   182
      1. Gründung   182
      2. Mitgliederstruktur   183
      3. Normative Grundlagen   184
      4. Status und Entscheidungen des Komitees   185
      5. Finanzierung   186
    III. Gesetzliche Verankerung und Ausweitung der Zuständigkeit der DCSD auf alle Forschungsbereiche   186
    IV. Neuere Entwicklungen   188
      1. Der Fall Bjørn Lomborg   188
      2. Einsatz und Bericht der Arbeitsgruppe für Regeln der Forschungsethik   193
      3. Neufassung der Verordnung über die DCSD   194
D. Struktur des heutigen dänischen Verfahrensmodells   195
    I. Zentralisiertes Verfahrensmodell   195
      1. Reichweite und Umfang der Zentralisation   195
      2. Gründe und Ursachen für die Zentralisierung   197
    II. Normative Grundlagen des Verfahrensmodells   198
      1. Verordnung über die DCSD (VO-DCSD)   198
      2. Gesetz über Ratgebung in der Forschung (RiFG) (n.F.)   200
      3. Geschäftsordnung der DCSD (GO-DCSD)   202
    III. Akteure   203
      1. Die Danish Committees on Scientific Dishonesty (seit 1998)   203
        a) Zusammensetzung und Berufung der Komiteemitglieder   204
        b) Amtsperiode/Amtsdauer   206
        c) Status der DCSD und ihre Angliederung an das Dänische System der Forschungsratgebung   206
      2. Forschungseinrichtungen als Arbeitgeber   207
    IV. Exkurs: Sonstige Institutionen und deren Rolle im Umgang mit wissenschaftlichem Fehlverhalten   208

1. Die Praxiskomitees der Universitäten – neuere institutionsinterne Unredlichkeitsverfahren 208
2. Komitee zum Schutz wissenschaftlicher Arbeit (Udvalg til
Beskyttelse af Videnskabeligt Arbejde (UBVA)) 211
3. Wissenschaftliche Fachgesellschaften und Gerichte 211
E. Materielle Beurteilungsmaßstäbe 212
I. Maßstab wissenschaftlicher Unredlichkeit 212
1. Wissenschaftliche Unredlichkeit im weiteren Sinne 212
2. Wissenschaftliche Unredlichkeit im engeren Sinne als entschei-
dungsrelevanter materiellen Maßstab 213
3. Inhalt und Struktur der dänischen Unredlichkeitsdefinition 215
a) Die Unredlichkeitsdefinition nach § 2 VO-DCSD 215
b) Überarbeitete Definition nach Kritik und Definitionsvorschlag der Arbeitsgruppe für Regeln der Forschungsethik 217
4. Aufspaltung des Unredlichkeitsbegriffes in der
Entscheidungspraxis der DCSD 219
II. Maßstab: Abweichung von guter wissenschaftlicher Praxis 220
1. Hintergrund 220
2. Inhalt des Maßstabes guter wissenschaftlicher Praxis 223
3. Rechtmäßigkeit der Anwendung des Maßstabes guter wissenschaftlicher Praxis 225
F. Die Ausgestaltung des Untersuchungsverfahrens vor den DCSD 228
I. Ausgestaltung durch das dänische Verwaltungsverfahrensgesetz
(Forvaltningslov) sowie die speziellen Rechtsquellen des dänischen
Verfahrensmodells 228
II. Allgemeine Verfahrensgrundsätze 229
1. Kontradiktionsprinzip (Kontradiktionsprincippet) unter freiem
Zugang der Beteiligten zu allen verfahrensrelevanten Informationen 229
2. Untersuchungsgrundsatz (Official- eller Undersøgelsesprincippet) 230
3. Grundsatz der Vertraulichkeit und Einbezug von Öffentlichkeit 232
4. Investigation durch Peers unter Einbezug juristischen Sachverstandes 234
a) Verfahrensdurchführung durch wissenschaftlich besetzte
Fachkomitees und Einsatz externer Sachverständiger 234
b) Sicherung rechtlicher Expertise – die besondere Rolle des
Vorsitzenden 235
III. Allgemeine Verfahrensvoraussetzungen 238
1. Örtliche Zuständigkeit 238
2. Sachliche Zuständigkeit 239
a) Verfahrensrelevante wissenschaftliche Handlungen und
Produkte 239
b) Bedeutung für die dänische Forschung 243

13

		c)	Weitgehende Beschränkung der sachlichen Zuständigkeit auf öffentliche Forschung	243
		d)	Ausbildung des Wissenschaftlers in der betroffenen Forschungsdisziplin	244
	3.		Zuständigkeitsverteilung zwischen den Fachkomitees und gemeinsame Fallbehandlung	245
	4.		Förmliche Einleitung des Verfahren vor den DCSD	246
		a)	Beschwerde (Klage)	246
		aa)	Beschwerdeführer	247
		bb)	Beschwerdegegenstand	248
		b)	Eröffnung des Verfahrens von Amts wegen	249
		c)	Antrag eines in Verdacht geratenen Forschers	249
	5.		Frist und Verjährung	250
IV.	Verfahrensrechte der Beteiligten			251
	1.		Schutz von Whistleblowers („anmeldere")?	251
	2.		Hinzuziehung von Rechtsbeiständen	253
V.	Ablauf des Untersuchungsverfahrens			253
	1.		Einleitung und Vorprüfung durch den Vorsitzenden und das fachlich zuständige DCSD	253
	2.		Untersuchung der Fälle in den DCSD	255
		a)	Anhörung der Verfahrensbeteiligten	255
		b)	Einsatz und Tätigkeit von Ad-hoc-Komitees und Unterkomitees	256
		c)	Sitzungen der Komitees	257
	3.		Entscheidung des zuständigen DCSD	257
		a)	Schriftliche Stellungnahme	257
		b)	Beschlussfassung	258
		c)	Verbindliche Regelungswirkung und Rechtsnatur der Entscheidung	258
G.	Rechtsfolgen der Entscheidung – Sanktionierung			260
I.	Erste „weiche" Sanktionsmaßnahmen der DCSD			260
II.	Nachfolgende „harte" Sanktionsmaßnahmen anderer Einrichtungen			261
H.	Rechtsbehelfe gegen die Entscheidungen der DCSD			263
I.	Wiederaufnahme des Verfahrens			263
II.	Verwaltungsbehördliche Überprüfung durch den Minister für Wissenschaft, Technologie und Entwicklung (administrativ Rekurs) nach alter Rechtslage			263
III.	Überprüfung durch den Ombudsman des Parlaments (Folketingets Ombudsman)			265
IV.	Gerichtliche Überprüfung			266

4. Teil: Wissenschaftseigene Verfahren zur Begegnung wissenschaftlichen
Fehlverhaltens in Deutschland   268

A.   Institutionelle Rahmenbedingungen: Strukturen und Akteure der Forschung und Forschungsförderung in Deutschland   268
    I.   Forschung und Entwicklung in Deutschland   268
        1.   Forschung an staatlich finanzierten und (mit-)gesteuerten For-
schungseinrichtungen   269
            a)   Hochschulen   270
            b)   Staatliche Ressortforschungseinrichtungen   271
            c)   Großforschungseinrichtungen   272
            d)   Fraunhofer Gesellschaft   274
            e)   Einrichtungen der Leibnitz-Gemeinschaft („Blaue Liste")   275
        2.   Forschung an privaten Einrichtungen   276
            a)   Max-Planck-Institute   276
            b)   Forschungseinrichtungen der industriellen Privatwirtschaft   277
            c)   Einrichtungen der industriellen Gemeinschaftsforschung   278
    II.   Forschungsförderung in Deutschland   278
        1.   Öffentliche Forschungsförderung   279
            a)   Forschungsministerien Bund und Länder   279
            b)   Deutsche Forschungsgemeinschaft DFG   280
            c)   Deutscher Akademischer Austauschdienst (DAAD)   281
            d)   Alexander von Humboldt-Stiftung (AvH)   282
        2.   Private Forschungsförderung   282
B.   (Verfassungs-)rechtliche Rahmenbedingungen für wissenschaftsspezi-
fische Verfahren   282
    I.   Grundlegendes: Recht auf Wissenschafts- und Forschungsfreiheit   283
        1.   Grundrechtsschutz durch Art. 5 Abs. 3 Satz 1 GG   283
            a)   Grundrechtstatbestand   283
               aa)   Sachlicher Schutzbereich   283
                   (1)   Normstruktur   283
                   (2)   Begriffsbestimmung und Definitionsverantwortung   284
                   (3)   Wissenschafts- und Forschungsbegriff - geschütztes
Verhalten   285
                   (4)   Der Schutz von verfahrensrelevanten Handlungen   288
                       (a)   Fehlverhalten in der Wissenschaft - Schutz-
bereichsdefinition durch Standards guter wissenschaftlicher Praxis und Fehlverhaltenstatbestände   288
                       (b)   Offenbarung eines Fehlverhaltensverdachts
(„Whistleblowing")   291
                       (c)   Verfahrenshandeln der verantwortlichen
Akteure   292
               bb)   Persönlicher Schutzbereich   292

     (1) Wissenschaftler   292
     (2) Hochschulen   293
     (3) Außeruniversitäre Forschungseinrichtungen 296
     (4) Untergliederung von Forschungseinrichtungen 297
     (5) Forschungsförderungseinrichtungen   298
   b) Gewährleistungsdimensionen   299
    aa) Individuelles Abwehrrecht   299
    bb) Objektiv-rechtliche Gehalte   300
    cc) Das Spannungsverhältnis von individuellem Abwehr-
      recht und objektiv-rechtlicher Grundrechtsdimension 302
   c) Schranken der Wissenschafts- und Forschungsfreiheit 303
  2. Landesverfassungsrechtliche und sonstige Gewährleistungen 304
 II. Verfassungsimmanente Vorgaben für die Verfahrensgestaltung 305
  1. Der Rahmen des Art. 5 Abs. 3 GG   306
   a) Prämissen der Rechtsprechung - die Lohmann-Entscheidung
    des BVerwG   306
   b) Zur grundrechtsdogmatischen Kritik   309
   c) Die verfassungsrechtliche Bedeutung unterschiedlicher Ver-
    fahrenskonzepte   310
   d) Implikationen der Rechtsstellungsvielfalt von Wissenschafts-
    einrichtungen   311
  2. Prägung der Verfahren durch weitere elementare Verfassungs-
   anforderungen   312
C. Geschichtliche Entwicklung des Deutschen Verfahrensmodell 313
 I. Auftreten wissenschaftlichen Fehlverhaltens   313
 II. Die Initiative der DFG   314
  1. Einsetzung, Mitglieder und Arbeitsauftrag der Kommission
   „Selbstkontrolle in der Wissenschaft" der DFG 315
  2. Empfehlungen der Arbeitsgruppe   315
  3. Errichtung des Ombudsmans der DFG   316
  4. Anknüpfung der Fördermittelvergabe an die Standardumsetzung 317
 III. Standard- und Verfahrensimplementation durch MPG,
  Hochschulrektorenkonferenz und weiterer Forschungs- und Forschungsförderungseinrichtungen   317
  1. Max-Planck-Gesellschaft   318
  2. Hochschulrektorenkonferenz   319
  3. Hochschulen und sonstige außeruniversitäre Forschungseinrichtungen   319
D. Struktur des deutschen Verfahrensmodells   320
 I. Dezentralisiertes Verfahrensmodell   321
  1. Reichweite und Umfang der Dezentralisation 321
  2. Gründe und Ursachen für die Dezentralisierung 323
 II. Normative Grundlagen des Verfahrensmodells   323
  1. Hochschulgesetze   323

2.	DFG-Empfehlungen	324
3.	Verfahrensregeln und Regeln guter wissenschaftlicher Praxis der	
	einzelnen Forschungs- und Forschungsförderungseinrichtungen	326
	a) Inhalt	326
	b) Rechtsqualität der Verfahrensregeln	328
	aa) Verfahrensordnung des Hauptausschusses der DFG	328
	bb) Verfahrensgrundsätze des Ombudsman der DFG	333
	cc) Verfahrensordnungen staatlicher Hochschulen	334
	dd) Verfahrensregeln staatlicher	
	Ressortforschungseinrichtungen	339
	ee) Verfahrensordnungen privatrechtlich organisierter	
	außeruniversitäre Forschungseinrichtungen	341
	(1) MPG	342
	(2) Großforschungs-GmbHs der HGF	342
	(3) Mitgliedsvereine der WGL	348
	ff) Wissenschaftsfördernde Dachgesellschaften	351
III.	Akteure	352
1.	Die deutschen Forschungseinrichtungen und ihre spezifischen	
	Verfahrensgremien	353
	a) Der Ombudsman	353
	aa) Funktion des Ombudsmans in der Forschung	354
	bb) Ombudsmänner der deutschen Forschungseinrichtungen:	
	Berufung, Zusammensetzung, Amtsperiode und Status	
	von Gremien	356
	(1) Hochschulen	356
	(2) Staatliche Ressortforschungseinrichtunegn	360
	(3) Privatrechtlich organisierte außeruniversitäre For-	
	schungseinrichtungen	361
	(a) MPG und Mitgliedsvereine der WGL	362
	(b) Ifo-Insitut für Wirtschaftsförderung e.V.	363
	(c) Großforschungs-GmbHs der HGF	363
	b) Untersuchungskommissionen	366
	aa) Funktion der Untersuchungskommission	366
	bb) Untersuchungskommissionen deutscher	
	Forschungseinrichtungen: Zusammensetzung, Berufung	
	der Kommissionsmitglieder, Amtsdauer sowie Status der	
	Gremien	366
	(1) Hochschulen	367
	(2) Privatrechtlich organisierte Forschungseinrichtungen	374
	(a) MPG	374
	(b) Mitgliedseinrichtungen der WGL und des	
	Forschungsverbunds Berlin (FVB)	375
	(c) Großforschungs-GmbH der HGF	377
	c) Leitende Angestellte und Leitungsorgane der Einrichtungen	378

		2.	Die Verfahrensgremien der DFG	379
		a)	Ombudsman der DFG	379
			aa) Zusammensetzung und Berufung der Gremiumsmitglieder	379
			bb) Amtsperiode	380
			cc) Status des Ombudsman der DFG	380
		b)	Untersuchungsausschuss der DFG	381
			aa) Zusammensetzung und Amtsperiode	382
			bb) Status des Untersuchungsausschusses der DFG	382
E.			Materieller Beurteilungsmaßstab: Wissenschaftliches Fehlverhalten	383
	I.		Begriffe der wissenschaftlichen Unredlichkeit und des wissenschaftlichen Fehlverhaltens	383
	II.		Der Tatbestand wissenschaftlichen Fehlverhaltens	384
		1.	Inhalt und Struktur des objektiven Tatbestands	384
		a)	Tatbestände deutscher Forschungseinrichtungen	384
		b)	Spezialtatbestand der DFG	386
		2.	Subjektiver Maßstab: bewusst oder grob fahrlässig	387
		3.	Mitverantwortung für Fehlverhalten und Mittäterschaft	388
F.			Die Ausgestaltung der Fehlverhaltensverfahren vor den Gremien der Forschungseinrichtungen	388
	I.		Anwendbares Verfahrensrecht	389
	II.		Allgemeine Verfahrensgrundsätze und Charakteristika	390
		1.	Mehrstufigkeit des Verfahrens	390
		2.	Rechtliches Gehör und Mündlichkeit	391
		3.	Untersuchungsgrundsatz	391
		4.	Grundsatz der Vertraulichkeit und Einbezug von Öffentlichkeit	392
		5.	Neutralität und Ausschluss von Befangenheit	394
		6.	Dokumentationspflicht	395
	III.		Allgemeine Verfahrensvoraussetzungen	395
		1.	Örtliche Zuständigkeit	395
		2.	Sachliche Zuständigkeit	396
		3.	Kompetenzkonflikte	396
		4.	Einleitung des Verfahrens	397
		5.	Frist und Verjährung	398
	IV.		Besondere Verfahrensrechte der Beteiligten	399
		1.	Schutz von Informanten	399
		2.	Hinzuziehung von Personen des Vertrauens und Rechtsbeiständen	400
		3.	Akteneinsichtsrecht	400
	V.		Ablauf des Verfahrens	400
		1.	Vorprüfung durch institutionseigene Instanz	401
		a)	Interne Zuständigkeit	401
		b)	Erste Anhörung des Betroffenen	403
		c)	Entscheidung über den weiteren Verfahrensverlauf	403

          d) Bericht an die Einrichtungsleitung   404
          e) Mitteilung an die Beteiligten   404
          f) Remonstrationsrecht des Informanten   405
      2. Untersuchungsverfahren   405
          a) Interne Zuständigkeit   405
          b) Anhörung der Verfahrensbeteiligten und sonstiger Personen   406
          c) Sitzungen der Kommission   406
          d) Einsatz von Fachgutachtern und Experten   406
          f) Zeitrahmen   407
          g) Abschluss der förmlichen Untersuchung   407
              aa) Beschlussfassung   407
              bb) Berichterstattung an die Einrichtungsleitung oder Ein-
                  stellung   408
              cc) Information des Betroffenen und des Informanten   409
      3. Weiteres Verfahren   409
   VI. Rechtsnatur der Entscheidungen   410
G. Exkurs: Das Verfahren vor dem Ombudsman der DFG   413
   I. Verfahrensgrundsätze   413
   II. Allgemeine Verfahrensvoraussetzungen   414
      1. Örtliche Zuständigkeit   414
      2. Sachliche Zuständigkeit   415
      3. Einleitung des Verfahrens - Anrufung   415
   III. Ausgestaltung und Ablauf des Verfahrens   416
      1. Erstberatung der Kommission   416
      2. Stellungnahme des Beschuldigten und Anhörung   416
      3. Verfahrensabschluss und Handhabung durch das Ombuds-
         gremium   416
H. Rechtsfolgen wissenschaftlichen Fehlverhaltens - Sanktionierung   417
   I. Wissenschaftsspezifische Sanktionsmaßnahmen   418
      1. „Weiche Sanktionen" der Verfahrensgremien   418
      2. Wissenschaftsspezifische Sanktionen der Forschungseinrichtun-
         gen   418
      3. Förderungsspezifische Sanktionsmaßnahmen der DFG   419
   II. Nachfolgende Sanktionsmaßnahmen der allgemeinen Rechtsordnung   419
      1. Arbeits- und dienstrechtliche Sanktionen   420
      2. Akademische Sanktionen   421
      3. Zivilrechtliche Sanktionen   422
      4. Strafrechtliche Sanktionen   422
      5. Standesrechtliche Sanktionen   423
   III. Weiterführende Konsequenzen   424
I. Rechtsschutz gegen die Entscheidungen der Untersuchungsgremien   425
   I. Hochschulen   425
   II. Privatrechtlich verfasste außeruniversitäre Forschungseinrichtungen 426

19

5. Teil: Vergleichende Betrachtung und Bewertung der Verfahrensmodelle   428

A.   Regelungsstrukturen wissenschaftlicher Fehlverhaltensverfahren und
     wissenschaftlicher Standardbildung   429
     I.   Vergleichende Gesichtspunkte: Unterschiede und Gemeinsamkeiten
          der Verfahrensmodelle   429
     II. Grundstrukturen des Zusammenwirkens von Staat und Gesellschaft
          in Fehlverhaltensverfahren   432
          1.   Governance als erkenntnisleitendes Analyse- und Berwertungs-
               konzept   433
               a) Entwicklung und Ausrichtung des Governance-Konzepts   433
               b) Der Begriff der Regelungsstruktur   435
               c) Governance-Modi im Wissenschaftssystem   437
                   aa) Governance-Modi im Wissenschaftssystem   437
                   bb) Anschlussfähigkeit für die Charakterisierung der
                       Verfahrensmodelle   440
          2.   Governancestrukturen der untersuchten Vergleichsländer   441
               a) Das US-amerikanische Governance-Regime: Dominanz der
                   State regulation   442
               b) Das dänische Governance-Regime: Dominanz der stakehol-
                   der guidance   446
               c) Das deutsche Governance-Regime: Dominanz der scientific
                   self governance   450
          3.   Fazit   454
B.   Bildung, Implementierung und Rezeption von Standards wissenschaft-
     licher Praxis unter Legitimationsgesichtspunkten   455
     I.   Grundbedingungen der Bildung und Implementation von Standards
          wissenschaftlicher Praxis im Wissenschaftssystem   456
          1.   Selbstdefinitorischer Prozess der Standardgenerierung   456
          2.   Grundrechtliche Fundierung der Standardbildung   457
          3.   Offenheit der Maßstäbe und Prozeduralisierungskonsequenz   458
          4.   Autonomisierte internationale Standardisierung   459
     II. Inkorporations- und Rezeptionsstrukturen wissenschaftlicher Stan-
          dards   460
     III. Relevante Bindungswirkungen   461
     IV. Sicherung demokratischer Legitimation bei der Inkorporation und
          Rezeption von Standards aus privaten und intermediären Bildungszu-
          sammenhängen   462
          1.   Gemeinwohlverträglichkeit wissenschaftlicher Standardisierungs-
               prozesse   462
          2.   Die Bedeutung staatlicher Letztverantwortung   464
          3.   Realisierung von Legitimationsverantwortung   465
          4.   Mindestanforderungen staatlicher Gemeinwohlsicherung   466

V. Gemeinwohlsichernde Verfassung der wissenschaftlichen Standardgenerierung unter Berücksichtigung ihrer Besonderheiten   467
VI. Tatsächliche Umsetzung staatlicher Verantwortung in legitimations-
bildenden Mustern in Standardbildungsverfahren   470
    1. Sachverständige Entscheidung, gleichmäßige Interessenberück-
sichtigung und Neutralität bei der Formulierung von abstrakt
generellen Verhaltenstandards   471
       a) Gremienvorarbeit   471
       b) Generierung abstrakter Standards in den Institutionen   472
    2. Sachgerechtigkeit, Interessenberücksichtigung und Neutralität
bei der Generierung von Verhaltensstandards in Fehlverhaltensverfahren   474
       a) Institutionalisierung in den Verfahrensgremien   474
       b) Einschaltung unabhängiger Sachverständiger   475
       c) Einhaltung bestimmter Verfahrensschutzrechte   476
    3. Fazit   476
C. Abschließende Bewertung und Ausblick   477

Literaturverzeichnis   479

1. Teil: Einleitung

Das Dissertationsvorhaben hat zum Ziel, spezifische Verfahrensmodelle, die der Aufklärung und dem Umgang mit wissenschaftlichem Fehlverhalten dienen, auf ihre Funktionsweise, ihre Kompatibilität mit rechtlichen – insbesondere verfassungsrechtlichen – Rahmenbedingungen und ihr Leistungsvermögen zu untersuchen. Zur Einführung in die Materie wird zunächst das Sachproblem wissenschaftlichen Fehlverhaltens unter Berücksichtigung von Interessenlagen und Ursachen im Überblick entfaltet, anschließend die daraus resultierenden rechtlichen Probleme des Umgangs mit wissenschaftlichem Fehlverhalten grob skizziert. Daran fügt sich ein Überblick über den Gang der Untersuchung an.

A. Sachproblem: Wissenschaftliches Fehlverhalten

Wissenschaftliches Fehlverhalten ist kein neuartiges, aber ein in Deutschland lange unbeachtetes – oder gar verdrängtes – Phänomen. Erst die Wogen der Erschütterung, welche Presseberichte über den ersten spektakulären Betrugsfall Hermann/Brach sowie weitere Skandale und Unregelmäßigkeiten im deutschen Forschungssystem unter Mitgliedern desselben wie in der breiten Öffentlichkeit seit Ende der 90er Jahre hervorgerufen haben[1], haben die Auseinandersetzung mit dem Problem als solchem sowie neuen Reaktionsmöglichkeiten in Form spezieller Verfahren in Deutschland vorangetrieben.[2]

---

1   Umfangreiche Nachweise von Presseberichten bei *Finetti/Himmelrath*, Der Sündenfall, S. 229 ff. En. 1 ff., S. 241 ff., En. 161 ff.
2   Den Anfang machte die Verfahrensordnung der Max-Planck-Gesellschaft (MPG) vom 14.11. 1997 (inzwischen vorliegend in der novellierten Fassung vom 24.11.2000 und ergänzt durch Grundsätze guter wissenschaftlicher Praxis). Ebenfalls 1997 stellte die DFG in ihrer Denkschrift (Vorschläge zur Sicherung guter wissenschaftlicher Praxis, Empfehlungen der Kommission „Selbstkontrolle in der Wissenschaft") 16 Empfehlungen auf, welche neben Grundsätzen guter wissenschaftlicher Praxis auch Empfehlungen zur Einrichtung von Verfahren zum Umgang mit Vorwürfen wissenschaftlichen Fehlverhaltens vorsehen. Diese Empfehlungen wurden von zahlreichen Forschungseinrichtungen vollständig oder in Teilen rezipiert. Seit dem 01.07.2002 knüpft die DFG die Vergabe von Fördermitteln an die Umsetzung der Empfehlungen 1-8. Die nachfolgend entstandenen Empfehlungen der Hochschulrektorenkonferenz, Empfehlung des 185. Plenums vom 6. Juli 1998, wie der Helmholtz-Gemeinschaft, Sicherung guter wissenschaftlicher Praxis und Verfahren bei wissenschaftlichem Fehlverhalten vom 09.09.1998 orientierten sich an der Verfahrensvorschrift der MPG und den Empfehlungen der DFG. Sie dienten den Universitäten und Großforschungseinrichtungen als Bezugspunkt und Vorlage bei der Formulierung eigener Regelwerke.

Dabei ist unter wissenschaftliches Fehlverhalten im untechnischen Sinne – das heißt ohne eine tatbestandsmäßige Definition[3] vorwegnehmen zu wollen – jedes einem Forscher nicht gemäße, den Grundregeln der Forschungsethik zuwider laufende Verhalten zu verstehen. Dies kann beispielsweise in der Veröffentlichung frei erfundener, manipulierter oder gefälschter Forschungsdaten, in dem Diebstahl fremden Gedankenguts, im Plagiat fremder Ergebnisse, in der falschen oder ungerechtfertigten Zuweisung von Autorschaften oder unrichtigen oder unvollständigen Angaben beim Einwerben von Forschungsmitteln oder bei der Bewerbung um eine neue Position liegen, um nur einige der mannigfaltigen Ausprägungen zu nennen. Die Fälle sind vielfältig und spielen sich nicht selten in einem Graubereich zwischen Unredlichkeit und Unregelmäßigkeit ab, der zumindest eine strafrechtliche Verantwortlichkeit häufig ausschließt.

In Fällen eines Verdachts wissenschaftlichen Fehlverhaltens treten grenzüberschreitend jeweils ähnliche wenn nicht sogar deckungsgleiche Interessenkonflikte zutage:[4] Vermögens- und Reputationsinteressen derjenigen Forschungseinrichtung, die das Arbeitsumfeld des Beschuldigten darstellt, des publizierenden Fachverlages und der an der Forschungsfinanzierung beteiligten Forschungsförderorganisationen treffen auf das Interesse des konkret Beschuldigten und anderer beteiligter Wissenschaftler an einem möglichst unvorbelasteten Fortgang der Karriere sowie auf das Interesse des Informanten an der Geheimhaltung seiner Person aus Furcht vor Repressionen und Ansehensverlust. Nicht selten machen geschädigte Dritte die Beeinträchtigung von Gesundheitsinteressen, Rehabilitationsinteressen und persönlichkeitsrechtlicher Interessen geltend. Fachgesellschaften fürchten um das Ansehen und die Wertschätzung des Berufsstandes. Schließlich sieht sich die Wissenschaft allgemein, wenn auch nicht im tagtäglichen Bewusstsein eines jeden Wissenschaftlers, von einem Vertrauensverlust in die Leistungsfähigkeit von Selbstregulierungsmechanismen bedroht. Diese Interessenmultiplizität sorgt für ein hohes Anforderungsprofil, dem Verfahrensmodelle gerecht werden müssen, um auf praktikablen Wegen sachdienliche Lösungen zu erzielen.

Ebenso vielfältig wie die gegensätzlichen Interessen sind die Gründe wissenschaftlichen Fehlverhaltens. Die Entwicklung einer modernen Wissenschaft hat zu einer wissenschaftliches Fehlverhalten begünstigenden Organisations- und Betriebsform von Wissenschaft geführt.[5] Höhere Arbeitsteilung aus Effizienzgesichtspunkten geht einher mit einer betriebsförmigen Organisation und zunehmender Professionalisierung moderner Wissenschaft. Wissensproduktion erfolgt nicht mehr durch autonome Wissenschaftler, die den Kommunikationsprozess untereinander als wichtige Quelle der Erkenntnis zu nutzen wissen, sondern durch Forschungsgruppen, die von einer starker Hierarchisierung und erheblichem Konkurrenzdenken geprägt

---

3   Siehe dazu die einzelnen Länderberichte unter 2. Teil, E., S. 107 ff. (USA), 3. Teil, E., S. 212 ff. (Dänemark) und 4. Teil, E., S. 383 ff. (Deutschland).

4   Ausführlich: *Schmidt-Aßmann*, NVwZ 1998, 1125 (1226 f.); *Stegemann-Boehl*, Fehlverhalten von Forschern, S. 68 ff., 117 ff.

5   MPG, Verantwortliches Handeln in der Wissenschaft, Max-Planck-Forum 3, S. 27.

sind[6]. Finanzielle Gesichtspunkte rücken infolge eines stetig härter werdenden Wettkampfes um öffentliche und private Fördergelder zunehmend in den Vordergrund.[7] In erfolgversprechenden Disziplinen, wird ein gewisser Zwang spürbar, durch die Suche nach verwertbaren Forschungsergebnissen Anwendungsgebiete ökonomisch fruchtbar zu machen.[8] Diese Aspekte – um nur einige zu nennen – drohen, die ehemals in der Wissenschaft vorhandenen internen Kontrollmechanismen auszuhebeln. Ein gelungenes Verfahren muss auch diese Ursachen eines missbräuchlichen Verhaltens im Blick behalten. Sie sind Ausgangspunkt einer zunehmenden Verrechtlichung im Umgang mit wissenschaftlichem Fehlverhalten und können gleichzeitig der Schlüssel zur Sicherung der wissenschaftseigenen Autonomie sein.

Die Ursachen und das Interessengepräge in Fällen wissenschaftlichen Fehlverhaltens werfen also die Frage nach einem geeigneten Umgang mit derartigem, in mannigfachen Erscheinungsformen auftretendem Missstand auf. Die Einleitung vorhandener strafrechtlicher, zivilrechtlicher oder dienstrechtlicher Maßnahmen gewährleistet oftmals nicht die erforderlichen Verfahrensmechanismen, um eine zügige und schonende aber nicht bagatellisierende Aufklärung und Sanktionierung zu erzielen. Diese rechtlichen Reaktionen verfolgen andere Regelungsziele und berücksichtigen die wissenschaftsspezifischen Interessenlagen nicht hinreichend.[9] Andererseits sehen sich institutsinterne Verfahren in Deutschland der Kritik einer drohenden Übernormierung und Beeinträchtigung der grundgesetzlich garantierten Wissenschafts- und Forschungsfreiheit ausgesetzt. Teilweise bestehen Bedenken gegen eine Wissenschaftlergemeinde, die im Umgang mit eigenen Fehlverhaltensvorwürfen unter Ausschluss der außerwissenschaftlichen Öffentlichkeit agiert.[10]

B. Rechtliche Problemstellung

Das skizzierte Sachproblem wissenschaftlichen Fehlverhaltens transportiert eine Reihe von rechtlichen Herausforderungen an die Implementierung wissenschaftseigener Verfahren zum Umgang mit Fehlverhaltensfällen, die übergreifend als Problematik der Einbeziehung privater Akteure in teils staatliche verantwortete Zusam-

6   MPG, Verantwortliches Handeln in der Wissenschaft, Max-Planck-Forum 3, S. 28 f.; *Grunwald*, Gute wissenschaftliche Praxis: Mehr als die Kehrseite wissenschaftlichen Fehlverhaltens, in: Hanau/Lenze/Löwer/Schiedermair (Hrsg.), Wissenschaftsrecht im Umbruch, Gedächtnisschrift für Hartmut Krüger, 2001 Berlin, S. 127 (135).

7   DFG, Empfehlungen der Kommission „Selbstkontrolle in der Wissenschaft" veröffentlicht in: DFG, Sicherung guter wissenschaftlicher Praxis, Denkschrift, S. 28

8   MPG, Verantwortliches Handeln in der Wissenschaft, Max-Planck-Forum 3, S. 30; *Trute*, Lug und Trug in den Wissenschaften – rechtliche Regulierung oder Selbststeuerung durch das Ethos der Wissenschaften, S. 4 f.

9   DFG, Vorschläge zur Empfehlungen der Kommission „Selbstkontrolle in der Wissenschaft" veröffentlicht in: DFG, Sicherung guter wissenschaftlicher Praxis, Denkschrift, Erläuterungen zu Empfehlung 8; *Schmidt-Aßmann*, NVwZ 1998, 1225 (1228 f.).

10   *Stegemann-Boehl*, Gegenworte. Zeitschrift für den Disput über Wissen, Heft 2 (1998), S. 20.

menhänge – oder anders gewendet – als Rezeptionsgebiet privater Normen erfasst werden können.

Zum einen macht die Bestimmung der Maßstäbe, nach denen Fehlverhalten in der Forschung zu beurteilen ist, in Deutschland ebenso wie in anderen Staaten die Einbeziehung privater Akteure in Gestalt von Forschungs- oder Forschungsförderungseinrichtungen sowie durch und innerhalb diesen gebildete Spezialgremien notwendig. Schon die Wissensdefizite in den relevanten Forschungsdisziplinen ebenso wie hinsichtlich der dort geltenden Verhaltensstandards lassen die (alleinige) Verantwortungsübernahme externer nicht in den Wissenschaftskontext eingebundener Institutionen oder aber nur eines Ausschnitts der real existierenden wissenschaftlicher Einrichtungen ausscheiden. Darüber hinaus führt das Postulat der Selbstorganisation und Autonomie eines von staatlichen Einflüssen überwiegend abgeschirmten gesellschaftlichen Teilbereichs der Wissenschaft und Forschung zu einer verstärkten Einbindung gesellschaftlicher Akteure in den Prozess der Strukturierung und Koordination von Fehlverhaltensregeln und Verfahren.

Zum anderen ist die internationale Verknüpfung der Materie gleichsam charakteristisch wie relevant für die Gestaltung wissenschaftseigener Standards und Verfahren zum Umgang mit wissenschaftlichem Fehlverhalten. Hierzu trägt ein zwischen den einzelnen Vergleichsländern bestehender wechselseitiger Lernprozess nicht unerheblich bei, der durch eine stetige Einspeisung und Anpassung von international herausgebildeten materiellen Maßstäben und erprobten Verfahrensstrukturen in die jeweilige vorgegebenen oder in der Entwicklung begriffenen landeseigenen Handlungsstrukturen und Mechanismen vorangetrieben wird und für ein gegenwärtiges Bild stetiger Weiterentwicklung der Thematik sorgt. Ebenso wenig wie wissenschaftliche Erkenntnis und Wissenschaftsförderung vor den nationalen Grenzen halt machen, entwickeln sich Maßstäbe und Verfahren zum Umgang mit Fehlverhalten in einer auf nationale Territorien begrenzen Art und Weise.

Die Folgen dieser Rahmenbedingungen liegen auf der Hand. Es entwickeln sich im Bereich der Fehlverhaltensbekämpfung in der Wissenschaft zunehmend vielschichtige Kooperationsmechanismen zwischen Staat und Gesellschaft, denen mit den herkömmlichen Vorstellungen eines dualistischen Regimes von staatlicher Verantwortung einerseits und privater Autonomie andererseits nicht mehr beizukommen ist. Die Rückführung dessen, was in der kontinuierlich entwickelten Handlungs- und Maßstabspraxis als Recht anerkannt wird, auf eine zentrale staatliche Instanz ist unter Einflussnahme von aus den hierarchischen Rechtsproduktions- und Weisungssträngen herausgenommenen Einrichtungen nicht möglich. Vielmehr treten staatliche und private Akteure in mehrschichtigen Beziehungen auf den Plan, um die Regelungsmaterie gleichberechtigt mitzugestalten.

Hieraus ergeben sich unweigerlich Konsequenzen für die Beantwortung der Frage, wie aus der gesellschaftlichen Sphäre stammende Rechtsproduktions- und Organisationsleistungen innerhalb des Staates und seiner Rechtsordnung anzuerkennen und zu verarbeiten sind. Es handelt sich um verfassungsrechtliche Fragen, die insbesondere die Bestimmung und Gewährleistung des erforderlichen Legitimationslevels oder etwa die Anforderungen an Gesetzesvorbehalt etc. betreffen.

Ziel der Arbeit ist es die konträren Rahmenbedingungen, Regelungs- und Koordinierungsansätze für den Umgang mit wissenschaftlichem Fehlverhalten und die Entwicklung wissenschaftlicher Verhaltensstandards in den drei Vergleichsländern USA, Dänemark und Deutschland zu untersuchen, diese zu ordnen und für die deutsche Debatte um die Ordnung teils staatlich teils gesellschaftlich beeinflusster

Teilsysteme sowie die daraus resultierenden Legitimationsfragen fruchtbar zu machen. Damit soll zugleich ein Beitrag zur Fortentwicklung des Wissenschaftsrechts als Referenzgebiet des allgemeinen Verwaltungsrechts geschaffen werden. Insbesondere die gemeinwohlsichernde Bildung und Implementation von teilweise verrechtlichten teilweise außerrechtlichen Standards wissenschaftlicher Praxis in dem zum Teil verfassungsrechtlich gestützten wissenschaftlichen Autonomiebereich und die Verzahnung von öffentlichen und privaten Regelungs- und Organisationsformen stehen im Mittelpunkt der Ausarbeitung.

C. Gang der Untersuchung

Zunächst werden die Maßstäbe und Verfahrensmechanismen zum Umgang mit wissenschaftlichem Fehlverhalten in den Vergleichsländern USA *(2. Teil)*, Dänemark *(3. Teil)* und Deutschland *(4. Teil)* in drei entsprechend der Chronologie der Entwicklungen aufeinander folgenden Länderteilen erörtert. Dabei werden die Verfahrensmodelle der Länder jeweils anhand des nachstehenden Grobrasters analysiert:

Zum Einstieg erfolgt eine konzentrierte Darstellung der Forschungslandschaft der betroffenen Länder *(jeweils Gliederungspunkt A.)* sowie der verfassungsrechtlichen Vorgaben des dänischen, US-amerikanischen bzw. deutschen Rechts *(jeweils Gliederungspunkt B.)*. Ohne die Kenntnis der institutionellen Rahmenbedingungen und des jeweiligen staatlichen Einflusses auf die Forschungsförderung und die Forschungsinstitutionen ist eine vergleichende Betrachtung kaum möglich.[11] Der verfassungsrechtliche Hintergrund beeinflusst maßgeblich Reichweite und Stellenwert von wissenschaftlicher Selbstverwaltung auf der einen und staatlicher Determinierung auf der anderen Seite.

In einem nächsten Schritt wird die historische Entwicklung der landesspezifischen Mechanismen skizziert *(jeweils Gliederungspunkt C.)*, um einen Eindruck von den Einflüssen zu erhalten, die zur Ausprägung des jeweiligen Verfahrensmodells geführt haben.

Anschließend werden jeweils die zuständigen Institutionen und Gremien zur Aufklärung und Ahndung wissenschaftlichen Fehlverhaltens und deren Funktion und Arbeitsweise behandelt *(jeweils Gliederungspunkt D.)*. Besondere Aufmerksamkeit gilt an dieser Stelle sowohl der regulativen – insbesondere normativen Einbettung –

---

11   Vgl. zur Bedeutung der verfassungsrechtlichen und institutionellen Rahmenbedingungen *Stegemann-Boehl*, Fehlverhalten von Forschern, S. 29 ff.

der Verfahrensmodelle als auch dem Verhältnis bzw. der Verantwortungsteilung zwischen einrichtungsinternen und zentralisierten Verfahren. Wichtige Ansatzpunkte sind in diesem Zusammenhang die Betrachtung von Status, Einrichtung und Besetzung der Gremien sowie deren wesentlicher Verfahrens- und Aufsichtsbefugnisse.

Sodann werden die Kataloge und Definitionen derjenigen Verhaltensweisen, die in Abgrenzung zu guter wissenschaftlicher Praxis als wissenschaftliches Fehlverhalten anzusehen sind, als Verfahrens- bzw. Entscheidungsgrundlage erfasst *(jeweils Gliederungspunkt E.)*. Die Grunddefinition unterscheidet sich in den behandelten Ländern wenig. Erfasst werden insbesondere das Erfinden und Fälschen von Daten, Plagiat und Sabotage. Dennoch wird der Frage der genauen Definition durchweg hohe Bedeutung beigemessen.[12] So gilt es mit ihrer Hilfe Unredlichkeit und Unregelmäßigkeit zu unterscheiden, angesichts einer breiten Grauzone eine oft gar nicht oder nur schwer realisierbare Aufgabe.[13]

Im Hinblick auf die Verfahrensausgestaltung *(jeweils Gliederungspunkt F.)* werden die Akzente, die in einzelnen Verfahrensabschnitten der berücksichtigten Länder gesetzt werden, herausgearbeitet. Besonderes Augenmerk wird auf Verfahrensregeln zur Wahrung von Neutralität, Vertraulichkeit, Fairness und Transparenz sowie den Schutz des Informanten und die Art und Reichweite der verfahrensrechtlichen Umsetzung unter Berücksichtigung des Spannungsverhältnisses zu den Aufklärungsinteressen des Beschuldigten gerichtet. Gleichfalls von Interesse sind die Umsetzung des Schutzes der Betroffenen durch Geheimhaltungs-, Belehrungs- und Anhörungspflichten, das Verhältnis des Beschuldigtenschutzes zum vertrauenssichernden Einbezug der Öffentlichkeit sowie Bestrebungen nach Verfahrensbeschleunigung durch Festlegung von Ermittlungsfristen. Außerdem gehört hierher die Erfassung von Ermittlungsbefugnissen und Beweisregeln, die der förmlichen Sachverhaltsfeststellung dienen, sowie von Anforderungen, welche die Schlichtung, Entscheidungsfindung und Entscheidungsbegründung betreffen.

Schließlich werden mögliche Sanktionen und Konsequenzen bei wissenschaftlichem Fehlverhalten sowie Rechtsbehelfe gegen Entscheidungen der jeweils zuständigen Verfahrensgremien erfasst *(jeweils Gliederungspunkt G. bzw. H.)*.

Im Anschluss an die Länderberichte folgt ein nationenübergreifender *5. Teil*, der nach einer vergleichende Zusammenfassung der Erkenntnisse aus der Untersuchung der landesspezifischen Verfahrensmodelle die Handlungs- und Kooperationsstrukturen unter Zuhilfenahme der neutralen Governance-Perspektive zu analysieren und abzubilden versucht *(Gliederungspunkt A.)*. Schließlich widmet sich dieser Teil schwerpunktmäßig der Öffnung des Rechts für wissenschaftseigene Standardisie-

---

12   *Axelsen/Korst* in: The Danish Committees on Scientific Dishonesty, Annual Report 1996; Commission on Scientific Integrity, Integrity and Misconduct in Research, Report to the Secretary of Health and Human Services, November 1995, S. 6 ff.; allgemein zur Bandbreite der frühen amerikanischen Definitionsansätze sowie dem deutschen Begriff *Stegemann-Boehl*, Fehlverhalten von Forschern, S. 11 ff.

13   Vgl. die Beispiele von *Bleisiegel*, Gegenworte. Zeitschrift für Disput über das Wissen, Heft 2 (1998), S. 18 f.

rungsprozesse und den Bedingungen der Rezeption von durch Fehlverhaltensverfahren mitbestimmte Standards wissenschaftlicher Praxis unter Legitimationsgesichtspunkten *(Gliederungspunkt B.)*. Dabei soll keine Übertragung deutscher Legitimationsvorstellungen in andere Nationen oder einen supranationalen Kontext folgen. Stattdessen wird die sachgerechte Anpassung und Abstimmung des nationalen demokratischen Prinzips mit den Besonderheiten der international lussten Bildung und Implementierung von Verhaltensstandards durch Fehlverhaltens-verfahren Gegenstand der Analyse sein.

2. Teil: Wissenschaftseigene Verfahren zur Begegnung wissenschaftlichen Fehlverhaltens in den USA

Der erste Hauptteil der Arbeit ist Hintergrund, Entwicklung und Ausgestaltung von Fehlverhaltensverfahren in den USA gewidmet.

A. Institutionelle Rahmenbedingungen: Strukturen der Forschung und Forschungsfinanzierung in den USA

Zunächst sollen die Grundlinien des US-amerikanischen Forschungssystems nachgezeichnet werden, um die landesspezifischen Rahmenbedingung für Forschung und Entwicklung aufzuzeigen, welche gleichzeitig die Kulisse für die Entstehung und Behandlung von Fehlverhaltensfällen in den USA darstellen.

I. Forschung und Entwicklung in den USA

In den Vereinigten Staaten werden Forschungs- und Entwicklungsleistungen in erster Linie von privaten Einrichtungen erbracht[1] Hierzu zählt eine große Anzahl forschungstreibender Privatwirtschaftsunternehmen, Nonprofit-Organisationen und Universitäten. Der öffentliche Sektor nimmt einen weitaus geringeren Umfang ein und setzt sich im Wesentlichen aus staatlichen Bundeslaboratorien und den Bundeszentren für Vertragsforschung (Federally Funded Research and Development Centers, FFRDC) zusammen. Aber auch ein Teil des stark differenzierten Universitätssektors befindet sich in öffentlicher Hand.[2]

1. Forschung an öffentlichen Einrichtungen

a) Bundeslaboratorien

Forschung der öffentlichen Hand findet überwiegend an US-amerikanischen Bundeslaboratorien und -forschungszentren statt. Dabei handelt es sich um Forschungs-

---

1 Zur Höhe der Forschungsausgaben der Forschungssektoren vgl. NSF, National Patterns of R&D Resources: 2002 Data Update, Table 1 A, erhältlich unter http://www.nsf.gov/statistics/nsf03313/ (15.02.2007).
2 Vgl. *Krüger*, in: Flämig/Krüger/Rupp/Schuster/Kimminich/Mesel/Scheven/Graf Stenbock-Fermor (Hrsg.), Handbuch des Wissenschaftsrechts, S. 1723 (1754 f.).

einrichtungen ganz unterschiedlicher Größe und Ausstattung, die entweder den Verwaltungseinheiten *(agencies)*[3] der einzelnen Bundesministerien – beispielsweise des Department of Defense (DoD)[4], des U.S. Department of Agriculture (USDA)[5] oder des Department of Health and Human Services (DHHS) – oder aber unabhängigen Bundesbehörden *(independent agencies)*[6] – etwa der National Aeronautics and Space Administration (NASA)[7] oder der Environmental Protection Agency (EPA)[8] – nachgeordnet sind. International bekannt und im Zusammenhang mit der Behandlung von Fehlverhaltensfällen frühzeitig in Erscheinung getreten[9] sind insbesondere die Laboratorien der National Institutes of Health (NIH)[10], einer der *agencies* des Public Health Service (PHS)[11], welcher wiederum eine abgegrenzte Untereinheit, also eine *agency*, des DHHS repräsentiert. Es zählen hierzu unter anderem das be-

---

3   Der Begriff der *agency* wird in einem sehr weiten Sinne verwendet. Er ist mit deutschem Behördenbegriff verwandt, mit dem Unterschied, dass die agency eine ausgegrenzte Einheit mit einer gewissen Selbständigkeit darstellt, *Jarass*, DÖV 1985, S. 377 (379). Man unterscheidet unter den bundesrechtlichen Verwaltungsträgern in den Vereinigten Staaten eine Vielzahl mehr oder minder selbständiger Verwaltungseinheiten, darunter Verwaltungsträger die innerhalb und solche die außerhalb der Bundesministerialbürokratie stehen. Zu den letzteren zählen die sich in den vergangenen Jahrzehnten stetig vermehrenden *independent (regulatory) agencies*, deren Zulässigkeit vor dem Hintergrund der Existenz einer einheitlichen und politisch verantwortlichen Exekutivspitze verschiedentlich bezweifelt wurde, vgl. Browsher v. Synar, 478 U.S. 714 (1986); Morrison v. Olson, 478 U.S. 654 (1988); *Schwarz*, Administrative Law, § 1.10 bis 1.12.

4   Innerhalb des DOD verdient etwa das Air Force Research Laboratory (AFRL), eine Untereinheit des Department of the Air Force mit neun über die Vereinigten Staaten verstreuten Direktoraten und insgesamt ca. 5400 Mitarbeitern, besondere Erwähnung.

5   Eine Auflistung der besonders zahlreichen über die gesamten Vereinigten Staaten verstreuten Forschungslaboratorien und Forschungszentren des Agricultural Research Service, einer Untereinheit des USDA ist unter http://www.ars.usda.gov/pandp/loca-tions.htm? (15.02.2007) erhältlich.

6   *Independent agencies* werden errichtet, wenn sich ein Bedürfnis für die Regelung irgendeines Bereichs aus dem weiten Gebiet staatlicher Betätigung ergibt, der noch nicht den Departments oder anderen *agencies* zugeteilt ist.

7   Zu den zehn Forschungszentren der NASA (NASA Field Centers), die deren kürzlich neustrukturierten Headquarters "Exploration Systems", "Space Operations", "Science", und "Aeronautics Research" nachgeordnet sind, vgl. das Organisationsdiagramm der NASA, http://www.nasa.gov/pdf/61295main_trans_org_chart.pdf (15.02.2007) sowie die Auflistung unter http://www.hq.nasa.gov/hq/centers.html (15.02.2007).

8   Eine Liste der Bundeslaboratorien und Forschungszentren der EPA, die überwiegend unter dem Office of Research and Development (ORD) angesiedelt sind, ist unter http://www.epa.gov/ord/htm/laboratories.htm (15.02.2007) bzw. http://www.epa.gov/epahome/program 2.htm (15.02.2007) erhältlich.

9   Vgl. unten 2. Teil, C. III. 1., S. 57 f.

10 Die National Institutes of Health bilden als eine der acht *agencies* des Public Health Service (PHS) das Zentrum medizinischer Forschungtätigkeit in den USA. 1887 gegründet, bestehen die NIH heute aus siebenundzwanzig einzelnen Instituten und Zentren, die überwiegend auf dem Campus der NIH in Bethesda, Maryland, angesiedelt sind. Eine Liste der zugehörigen Institute und Zentren ist unter http://www.nih.gov/icd/ (15.02.2007) erhältlich.

11 Vgl. dazu unten 2. Teil, A. II. 1. a) aa), S. 38.

rühmte National Cancer Institute (NCI) oder das National Heart, Lung, and Blood Institute (NHLBI).

b) Bundeszentren für Vertragsforschung (Federally Funded Research and Development Centers)

Eine besondere Organisationsform für die Durchführung von Forschung im öffentlichen Interesse bildet das US-amerikanische Modell der Bundeszentren für Vertragsforschung.[12] Es handelt sich dabei um ausschließlich oder überwiegend staatlich finanzierte körperschaftliche Organisationseinheiten, die entweder selbständig einem im gesamtstaatlichen Interesse stehenden besonderen Forschungs- und Entwicklungsziel nachgehen oder einzelne Forschungsbereiche von forschungstreibenden Hochschulen durch die Bereitstellung wichtiger Apparaturen und Forschungsanlagen unterstützen.[13] Die FFRDCs betreiben Grundlagenforschung, angewandte Forschung und Entwicklung oder Forschungs- und Entwicklungsmanagement sowohl auf konkrete Einzelnachfrage als auch im Rahmen eines weit gesteckten Forschungsrahmens der Bundesregierung.[14] Die Zentren werden durch Abschluss eines Vertrages zwischen einer den Regierungsdepartments nachgeordneten *agency* oder einer *independent agency* und einer privaten Forschungseinrichtung gegründet, wobei die Wahl des privaten Vertragspartners – Universität, wissenschaftliche Einrichtung ohne Erwerbszweck oder Industrieunternehmen – sich nach dem zu betreibenden Forschungstypus richtet.[15] Der Vertrag regelt die langfristige Bindung an Regierungseinheiten und die dauerhafte Unterhaltung des Forschungszentrums[16], durch welche letztlich die Zuordnung zum öffentlichen Forschungssektor motiviert wird. Während der öffentliche Vertragspartner für die Einrichtung des Zentrums und die Bereitstellung finanzieller Ressourcen sorgt, verwaltet und nutzt der private Vertragspartner das Zentrum, ohne dass es dabei zu einer organisatorischen Verschmelzung zwischen beiden Institutionen kommt.[17] Von den momentan bestehenden 36 Bundeszentren für Vertragsforschung werden jeweils 16 Zentren durch Hochschulen oder andere Nonprofit-Organisationen verwaltet, vier Zentren werden

12 *Krüger*, Rechtsvergleichung im Wissenschaftsrecht, S. 76.
13 NSF, Federal Funds for Research and Development, Fiscal Years 2001, 2002 and 2003, Vol. 51, S. 6 f.
14 NSF, Federal Funds for Research and Development, Fiscal Years 2001, 2002 and 2003, Vol. 51, S. 6 f.
15 Bei Grundlagenforschung wird der Vertragspartner i.d.R. eine Universität oder eine Non-profit-Institution sein, angewandte Forschung und Entwicklung findet in Kooperation mit der Industrie statt, *Stegemann-Boehl*, Fehlverhalten von Forschern, S. 42 f.
16 *Stegemann-Boehl*, Fehlverhalten von Forschern, S. 42 f. Es wird eine Mindestvertragsdauer von fünf Jahren erwartet und ein jährliches Mindestbudget von $ 500.000 muss ausgewiesen sein.
17 *Stegemann-Boehl*, Fehlverhalten von Forschern, S. 42 f.

von industriellen Vertragspartnern betrieben. [18] Von diesen 36 FFRDCs werden wiederum zehn von dem DoD, 16 von dem Department of Energy (DOE), fünf von der National Science Foundation (NSF) sowie jeweils eines von dem DHHS, der NASA, der Nuclear Regulatory Commission (NRC), dem Department of Transportation (DOT) und dem Department of the Treasury mitgetragen. [19]

c) Staatliche Universitäten

Die US-amerikanische Hochschullandschaft ist sehr heterogen und strukturell stärker ausdifferenziert als die Hochschulsysteme europäischer Nationen. [20] Sie steht exemplarisch für die amerikatypische wechselseitige Durchdringung staatlicher und privater Forschungsbereiche, welche im Hochschulbereich nicht zuletzt auf das Fehlen einer nationalen Hochschulgesetzgebung [21] zurückzuführen ist, so dass eine präzise Trennung von staatlichem und privatem Sektor nur begrenzt möglich ist [22]. Im Jahr 2000 zählten zum Bereich Higher Education insgesamt 3941 amerikanischen Hochschulen, die erhebliche Unterschiede im Hinblick auf Curriculum, Qualität, Forschungsoutput, Studienabschlüsse und Studentenzahlen aufwiesen. [23] Der Kreis der forschungstreibenden Hochschulen kann deutlich enger gezogen werden, da zahlreiche Colleges und Universitäten ausschließlich oder überwiegend ausbildungs-orientiert ausgerichtet lediglich ein zwei- oder vierjähriges Undergraduate-

---

18 Master Government List of 36 Federally Funded Research and Development Centers, in: NSF, Federal Funds for Research and Development, Fiscal Years 2001, 2002 and 2003, Vol. 51, S. 11 f.; die aktuelle Liste ist auch erhältlich unter http://www.nsf.gov/statistics/ nsf04309/ (15.02.2007).

19 Master Government List of 36 Federally Funded Research and Development Centers, in: NSF, Federal Funds for Research and Development, Fiscal Years 2001, 2002 and 2003, Vol. 51, S. 11 f.; die aktuelle Liste ist auch erhältlich unter http://www.nsf.gov/statistics/ nsf04309/ (15.02.2007).

20 *Schuster*, WissR 1999, S. 346 (348, 350 f.); *Karpen/Hanske*, Status und Besoldung von Hochschullehrern im internationalen Vergleich, Bd. 1, S. 291 ff.

21 Das Hochschulwesen ist in den USA Sache der einzelnen Bundesstaaten, daher spielt die Bundesregierung lediglich bei der Akkreditierung, der Studentenförderung und der Forschungsförderung eine aktive Rolle, *Fox*, in: Goedegebuure/Kaiser/Maassen/Meek/van Vught/de Weert (Hrsg.), Hochschulpolitik im internationalen Vergleich, S. 225 (234).

22 Eine Unterscheidung ist hier nur anhand der Rechtsform der Einrichtung möglich. Vgl. zu der dem Common Law ursprünglich fremden Unterscheidung zwischen privat-rechtlichem und öffentlich-rechtlichem Sektor, *Hatzius*, Die Rechtsstellung des Hochschullehrers in den Vereinigten Staaten, S. 44 ff.; *Karcher*, Studenten an privaten Hochschulen, Zum Verfassungsrecht der USA, S. 35 f.

23 Vgl. The Carnegie Foundation for the Advancement of Teaching, The Carnegie Classification of Institutions of Higher Education, S. 5, 20 ff. Eine umfassende Differenzierung US-amerikanischer Hochschulen nach Funktion und Bildungsauftrag bietet auch *Fallon*, in: Breinig/Gebhardt/Ostendorf (Hrsg.), Das deutsche und das amerikanische Hochschulsystem, S. 87 ff.

Studium oder eine evident berufsspezifisch orientierte Ausbildung anbieten.[24] Entsprechend der Klassifizierung der Carnegie Foundation for the Advancedment of Teaching zählen lediglich 261 der vorbezifferten Hochschulen zu den sog. *Doctoral/Research Universities*.[25] Davon wiederum sind immerhin 166 Hochschulen (63,6 %) staatliche Universitäten, obgleich der Anteil staatlicher Einrichtungen an der Gesamtzahl der Hochschulen mit 1643 (41,7 %) deutlich geringer ausfällt.

Im Gegensatz zu den Universitäten europäischer Staaten stehen US-amerikanische Hochschulen – egal ob staatlich oder privat organisiert – untereinander in einem wirtschaftlichen Konkurrenzkampf um die vorhandenen Finanzierungsquellen, wie etwa die Subventionen der Bundesregierung und der Staatsregierungen, der Stiftungseinrichtungen, oder der Industrie, um das wissenschaftliche Personal und die gebührenpflichtigen Studenten.[26] Staatliche Universitäten erheben zwar in der Regel niedrigere Studiengebühren und erhalten großzügigere Zuwendungen aus dem staatlichen Finanzhaushalt, aber auch die Höhe ihrer staatlichen Subventionen hängt neben anderen Faktoren von der Anzahl der eingeschriebenen Studierenden ab, die in einem aufwendigen Zulassungsverfahren akquiriert werden.[27] Die *Doctoral/ Research Universities* erhalten insgesamt mit 87,9 % den weitaus größten Anteil staatlicher Fördergelder für Forschung und Entwicklung an Hochschulen.[28]

24 Vgl. die Hochschulkategorien in: The Carnegie Foundation for the Advancement of Teaching, The Carnegie Classification of Institutions of Higher Education, S. 1 f. Andererseits vernachlässigen die Forschungsuniversitäten die Ausbildung von Undergraduates, Boyer Commission on Educating Undergraduates in the Research University, Reinventing Undergraduate Education: A Blueprint for America's Research Universities, S. 5.
25 The Carnegie Foundation for the Advancement of Teaching, The Carnegie Classification of Institutions of Higher Education, S. 1 ff., 5, 14 ff. Nach dem Definitions- und Klassifizierungssystem der 2000er *Classification* bemisst sich die Zugehörigkeit zu den *Doctoral/ Research Universities* nach der Anzahl der verliehenen Doktergrade innerhalb eines Jahres. Die Kategorie ist aufgespalten in *Doctoral/Research Universities – Intensive* für Hochschulen, die mindestens zehn Doktortitel in drei oder mehr Disziplinen oder mindestens 20 Doktortitel pro Jahr insgesamt verliehen haben (110 Hochschulen), und in *Doctoral/Research Universities – Extensive*, worunter solche Hochschulen fallen, die mindestens 50 Doktortitel in mindestens 15 Disziplinen pro Jahr verliehen haben (151 Hochschulen). Die Boyer Commission on Educating Undergraduates in the Research University, Reinventing Undergraduate Education: A Blueprint for America's Research Universities, S. 2 ff., liefert eine differenzierte Beschreibung der amerikanischen Research Universities, die ihrerseits wiederum eine nicht zu unterschätzende Diversifikation aufweisen.
26 *Krüger*, in: Flämig u.a. (Hrsg.), Handbuch des Wissenschaftsrechts, S. 1723 (1754 ff.); *Schultz-Gerstein*, MittHV 1987, S. 143 ff.
27 *Krüger*, Rechtsvergleichung im Wissenschaftsrecht, S. 55; vgl. zu den staatlichen Universitäten Kaliforniens, *Fox*, in: Goedegebuure/Kaiser/Maassen/Meek/van Vught/de Weert (Hrsg.) Hochschulpolitik im internationalen Vergleich, S. 225 (246 ff.).
28 Deshalb erfolgte die Carnegie-Klassifizierung der Hochschulen vor 2000 auch anhand der Höhe bundesstaatlicher Subventionen, mit denen sie gefördert werden, The Carnegie Foundation for the Advancement of Teaching, The Carnegie Classification of Institutions of Higher Education, S. 12, 28 f.

Gleichzeitig verfügen die amerikanischen Hochschulen über ein hohes Maß administrativer und akademischer Autonomie.[29] Sie werden nicht von einer Ministerialbürokratie, sondern durch unabhängige Verwaltungsräte, die *Boards of Trustees*, besetzt mit Professoren, Geldgebern, Alumni und Studenten, kontrolliert.[30] Staatliche Universitäten sind häufig *public corporations* mit verfassungsmäßigem oder gesetzlichem Status.[31] Sie unterliegen in allen Fragen, die das Gemeinwohl und die staatliche Finanzierung betreffen, der legislativen Steuerung des Bundesstaates, in dem sie beheimatet sind,[32] ihrem Board of Trustees gehören regelmäßig auch öffentliche Amtsträger, wie der Gouverneur des jeweiligen Bundesstaates, an.

Die Forschungsuniversitäten betreiben vorwiegend Grundlagenforschung aber auch anwendungsorientierte Forschung und Entwicklung.[33]

2. Forschung an privaten Einrichtungen

a) Private Universitäten und Colleges

Als privat gelten privatwirtschaftlich gegründete oder durch private Stiftungen organisierte und finanzierte Hochschulen *(private corporations)* unabhängig davon, ob sie auch staatliche Gelder erhalten.[34] Zu den verbleibenden 95 privaten *Doctoral/Research Universities*[35] zählt die Majorität der renommiertesten US-amerikanischen Hochschulen, darunter berühmte Namen wie Stanford, Yale, Harvard und Princeton.[36] Über den privatrechtlichen korporativen Status einer Hochschule entscheidet der Gründungszusammenhang, welcher einer staatlich verliehenen Gründungscharta zu entnehmen ist.[37] Im Übrigen gelten die zu den staatlichen Universitäten getätigten allgemeinen Ausführungen entsprechend.

---

29   *Fox*, in: Goedegebuure/Kaiser/Maassen/Meek/van Vught/de Weert, Hochschulpolitik im internationalen Vergleich, S. 225 (252 f.).

30   Die Verwaltungsräte sind offiziell direkt für die Hochschulverwaltung verantwortlich, delegieren diese Funktion aber in der Praxis an die Präsidenten der einzelnen Campi, *Rothfuß*, Hochschulen in den USA und in Deutschland, S. 54. Die Hochschulen sind in Departments untergliedert und stehen unter der Leitung eines Präsidenten.

31   *Rothfuß*, Hochschulen in den USA und in Deutschland, S. 41. Sie werden entweder als *state agencies*, *instrumentalities of the state* oder *units of state government* angesehen, vgl. *Wood*, 15A Am. Jur. 2d Colleges and Universities, §§ 2, 3 mit zahlreichen Rechtsprechungsnachweisen.

32   *Wood*, 15A Am. Jur. 2d Colleges and Universities, § 7.

33   NSF, Academic Research and Development Expenditures: Fiscal Year 2002, S. 35 f.

34   *Wood*, 15 A Am. Jur. 2d Colleges and Universities, § 2, sowie die dortigen Nachweise; s. auch Landfried, MittHV 1987, S. 131.

35   Vgl. die Klassifizierung oben unter 2. Teil, A. I. 1. c), S. 33 ff., insbesondere Fn. 25.

36   The Carnegie Foundation for the Advancement of Teaching, The Carnegie Classification of Institutions of Higher Education, S. 37.

37   Bei *private corporations* ist die Gründungsurkunde ein Vertrag, der durch Legislativakte des verantwortlichen Staates ohne Zustimmung der Korporation oder deren Mitglieder oder Än-

b) Sonstige unabhängige Nonprofit-Institutionen (ohne Erwerbszweck)

Darüber hinaus existieren in den Vereinigten Staaten etliche wissenschaftlich ausge-richtete aber außeruniversitäre Einrichtungen ohne Erwerbszweck *(nonprofit institu-tions)* mit eigenen Forschungslaboratorien und -zentren.[38] Dieser außeruniversitäre Nonprofit-Sektor lässt sich in *research institutes*, *voluntary hospitals* und andere Institutionen, beispielsweise private Stiftungen oder wissenschaftliche Vereinigun-gen, untergliedern.[39]

c) Industrie

Die Wirtschaft erbringt mit über 70 % des gesamten Forschungsvolumens den größ-ten Teil der Forschungsarbeit in den USA.[40] Dabei nimmt der Bereich Computer und Elektroartikel allein bereits knapp 20 % der privaten Forschung ein.[41] Direkt dahin-ter rangieren Forschung für Verkehrsmittel und Logistik und der Chemiesektor.[42]

II. Forschungsförderung in den USA

Die Forschungsförderung in den USA entbehrt sowohl im Hinblick auf die institu-tionelle Organisation als auch die Methoden und Zielsetzungen eines traditionell gewachsenen ganzheitlichen Konzepts, weshalb die Träger der Forschungsfinanzie-rung und -beratung unterhalb der Ebene des Präsidenten von erheblicher Dekonzent-ration geprägt sind.[43] Die Wichtigsten der für die Allokation der auf ca. 292 Milliar-den Dollar[44] geschätzten Gesamtausgaben für Forschung und Entwicklung in den USA verantwortlichen Institutionen sollen im folgenden Abschnitt vorgestellt wer-

---

derungsvorbehalt nicht ohne weites geändert werden kann, *Wood*, 15A Am. Jur. 2d Colleges and Universities, §§ 2, 6. *Karpen/Hanske*, Status und Besoldung von Hochschullehrern im internationalen Vergleich, S. 296 f.; *Rothfuß*, Hochschulen in den USA und in Deutschland, S. 41.

38 Nonprofit institutions sind privatrechtlich organisierte verselbstständigte juristische Einhei-ten (Personen), die öffentlichen Interessen zu dienen bestimmt sind, und daher von den meis-ten Arten staatlicher Besteuerung befreit sind.

39 Vgl. die Charakterisierung in NSF, Federal Science and Engineering Support to Universities, Colleges, and Nonprofit Institutions: Fiscal Year 2001, S. 8.

40 NSF, National Patterns of R&D Resources: 2002 Data Update, Table 1 A, erhältlich unter http://www.nsf.gov/statistics/nsf03313/ (15.02.2007).

41 NSF, Research and Development in Industry: 2000, S. 19 f.

42 NSF, Research and Development in Industry: 2000, S. 19 f.

43 *Bodewig*, in: Beier/Ullrich (Hrsg.), Staatliche Forschungsförderung und Patentschutz, Bd. 1 USA, S. 1 ff., 11 ff.

44 Die Schätzung bezieht sich auf das Jahr 2002, vgl. NSF, National Patterns of R&D Resour-ces: 2002 Data Update, Table 1 A, erhältlich unter http://www.nsf.gov/statistics/nsf03313/ (15.02.2007).

den. Im Rahmen der Auswahl finden diejenigen Institutionen besondere Berücksichtigung, welche Bezüge zu dem US-amerikanischen Verfahrensmodell zum Umgang mit wissenschaftlichem Fehlverhalten aufweisen und auf die daher im Laufe der Arbeit noch zurückzukommen sein wird.

1. Öffentliche Forschungsförderung

a) Träger der Forschungsfinanzierung: Federal departments und federal agencies

Forschung und Entwicklung erfährt in den USA ihre öffentliche Förderung durch ein breites Spektrum an wissenschaftsintensiven Fachministerien *(departments)* und diesen nachgeordneten *agencies* oder *independent agencies*, an welche die bereitgestellten Haushaltsmittel zur Finanzierung eines breiten Spektrums externer Forschungsaktivitäten an Universitäten, gemeinnützigen Forschungseinrichtungen oder in der Industrie weitergegeben werden.[45] Ein selbständiges Wissenschafts- und Technologieministerium kennt die US-Regierung nicht, jedes Ressort ist für die eigene strategische Forschungsbudget- und Programmplanung selbst verantwortlich.[46] Die größten Budgets weisen das Department of Defense (DoD), das Department of Health and Human Services (DHHS), die NASA, das Department of Energy (DoE) und die National Science Foundation (NSF) auf.[47] Die dort verwalteten Mittel werden im Rahmen wettbewerbsähnlicher Verfahren unter *peer review* vergeben. Staatliche und private Forschungseinrichtungen können Fördermittel für spezielle Forschungsprojekte beantragen.[48] Die Förderung erfolgt durch Beihilfen *(grants)*, Forschungsverträge *(contracts)* oder Kooperationsvereinbarungen *(cooperative agreements)*,[49] teilweise nach Ausschreibung spezifischer förderungswürdiger Forschungs- und Programminteressen.

In engem Zusammenhang mit der Entwicklung des US-amerikanischen Modells zur Behandlung von Fehlverhaltensfällen stehen insbesondere der bereits zuvor erwähnte Public Health Service (PHS) des DHHS sowie die NSF.

---

45 *Bodewig*, in: Beier/Ullrich (Hrsg.), Staatliche Forschungsförderung und Patentschutz, Bd. 1 USA, S. 17; *Merges*, in: Battaglini/Mazzoni (Hrsg.), Scientific Research in the USA, S. 13 (16 ff.).

46 *Powell*, Staatliche Forschungsförderung der Sozialwissenschaften: Die Deutsche Forschungsgemeinschaft (DFG) und die amerikanische National Science Foundation (NSF) im Vergleich, S. 14.

47 NSF, Federal Funds for Research and Development, Fiscal Years 2001, 2002 and 2003, Vol. 51, S. 30 f., 47 f.

48 *Bodewig*, in: Beier/Ullrich (Hrsg.), Staatliche Forschungsförderung und Patentschutz, Bd. 1 USA, S. 17.

49 Zur Charakterisierung dieser Finanzierungsinstrumente vgl. den Federal Grant and Cooperative Agreement Act (FGCAA), 31 U.S.C. §§ 6303-6305 (2000) und *Baltatzis*, Public Contract Law Journal Vol. 32 (2003), S. 611 (613 ff.).

aa) Der Public Health Service (PHS) und die National Institutes of Health (NIH)

Der Public Health Service (PHS) ist eine Untereinheit des DHHS, deren Förderungsschwerpunkte im Bereich der biomedizinischen Forschung und der Verhaltensforschung liegen. Der PHS setzt sich aus mehreren besonders forschungsintensiven *agencies*, den National Institutes of Health (NIH), den Centers for Desease Control and Prevention (CDC), der Food and Drug Administration (FDA), der Substance Abuse and Mental Health Service Administration (SAMHSA), der Agency for Healthcare Research and Quality (AHRQ), der Health Resources and Services Administration (HRSA), der Agency for Toxic Substances and Disease Registry (ATSDR) und dem Indian Health Service (IHS) zusammen. Insbesondere der Zuständigkeitsbereich der NIH umfasst neben der internen Forschung zur Erlangen von neuem Wissen zur Prävention, Entdeckung, Diagnose und Bekämpfung von Krankheiten und Behinderungen[50] in breitem Umfang die Förderung von medizinischer Fremdforschung in Universitäten und Nonprofit-Einrichtungen.[51] Nur etwa 10 % des für das Haushaltsjahr 2004 veranschlagten Gesamtbudgets von 27,74 Milliarden Dollar waren für interne Forschungsprojekte vorgesehen.[52] Verantwortlich für die strategische Förderung ergänzender oder selbständiger externer Forschungsvorhaben *(extramural research)* ist des NIH Office of Extramural Research (OER).

bb) Die National Science Foundation (NSF)

Die National Science Foundation (NSF) wurde 1950 im Zuge der Bemühungen um die Aufnahme einer breit angelegten Forschungspolitik per Gesetz als ministerialfreie unabhängige Bundesbehörde *(independent agency)* errichtet.[53] Ihre Aufgabenbereich umfasst neben der Fortentwicklung der nationalen Wissenschaftspolitik die finanzielle und fachliche Förderung der amerikanischen Grundlagenforschung ohne Beschränkung auf eine bestimmte Fachrichtung.[54] Sie stellt mit einem jährlichen Budget von ca. 5 Millionen Dollar 13 % der gesamten finanziellen Unterstützung des Bundes für Grundlagenforschung und sogar 20 % der staatlich geförderten aka-

---

50 Vgl. oben 2. Teil, A. I. 1. a), S. 30 f. und Fn. 10.
51 Für die Fremdforschung des DHHS ist charakteristisch, dass die Industrie mit einem weitaus geringerem Maße beteiligt ist als die Universitäten und der Nonprofit-Sektor, vgl. NSF, Federal Funds for Research and Development, Fiscal Years 2001, 2002 and 2003, Vol. 51, S. 56 ff.
52 NIH, Summary of the FY 2004 President's Budget, S. 9 f. erhältlich unter http://www.theaps.org/pa/action/news/fy04presbud.pdf (15.02.2007).
53 National Science Foundation Act of 1950 (64 Stat. 149), May 10, 1950, as amended; 42 U.S.C. §§ 1861- 1887 (2000).
54 Dies bedeutet nicht, dass allein die NSF für die Grundlagenforschung zuständig wäre, auch zahlreiche ministerialgebundene *agencies* beteiligen sich an der Förderung der Grundlagenforschung, NSF, Federal Funds for Research and Development, Fiscal Years 2001, 2002 and 2003, Vol. 51, S. 83 ff.

demischen Grundlagenforschung.[55] Die NSF ist ähnlich einer akademischen Forschungseinrichtung nach Disziplinen und Fachbereichen organisiert, ihr Leiter sowie ein 24 Mitglieder umfassendes Aufsichtsgremium, das National Science Board (NSB), werden durch den Präsidenten der Vereinigten Staaten bestimmt, die Mitglieder des NSB durch den Kongress genehmigt.[56]

b) Beratungsinstitutionen der Regierung: Office of Science and Technology Policy (OSTP), National Science and Technology Council (NSTC), President's Committee of Advisors on Science and Technology (PCAST)

Das OSTP ist die Behörde des Wissenschaftsberaters im Executive Office des US-amerikanischen Präsidenten (Präsidialamt)[57]. Es hat die Aufgabe, die nationale Wissenschafts- und Technologiepolitik der USA zu determinieren. 1976 durch Verabschiedung des National Science and Technology Policy, Organisation, and Priorities Act[58] gegründet, ist es mit der Erarbeitung von Analysen über die zukünftigen Entwicklungen in Wissenschaft und Technik und der Formulierung von und Berichterstattung über die nationale Wissenschaftspolitik betraut. Des Weiteren übernimmt es die ressortübergreifende Koordination der Forschungspolitik durch Entwicklung wissenschafts- und technologierelevanter *policies* und *budgets* und arbeitet eng mit der Wirtschaft zusammen, um zu gewährleisten, dass öffentliche Investitionen in die Wissenschaft zu wirtschaftlicher Prosperität, nationaler Sicherheit und Umweltqualität beitragen.

Der NSTC ist eine 1993 durch Executive Order[59] errichtete Institution auf Kabinettebene, die der Verwaltung des OSTP untersteht. Mitglieder des NSTC sind der Vizepräsident, die Berater des Präsidenten für Wissenschaft und Technologie, die

---

55   NSF, Performance and Accountability Report, FY 2003, S. I-3, erhältlich unter http://www.nsf.gov/pubs/2004/nsf0410/new_pdf/nsf0410final.pdf (15.02.2007).

56   NSF, Performance and Accountability Report, FY 2003, S. I-3 f., erhältlich unter http://www.nsf.gov/pubs/2004/nsf0410/new_pdf/nsf0410final.pdf (15.02.2007).

57   Das Executive Office of the President ist dem Präsidenten unmittelbar unterstellt und besteht aus verschiedenen selbstständigen Einheiten: Das White House Office umfasst unter anderem die persönlichen Assistenten und Berater des Präsidenten und den Personalchef (Chief of Staff). Das Office of Management and Budget ist vor allem für den Bundeshaushalt verantwortlich. Der nationale Sicherheitsrat (National Security Council) und der Nationale Sicherheitsberater fungieren als zentrale Instanzen außenpolitischer Entscheidungsprozesse. Ihm gehören neben dem Präsidenten und Vizepräsidenten auch der Außen- und Verteidigungsminister sowie die Vorsitzende der Vereinigten Stabschefs der Streitkräfte, die Direktoren des Amtes für Notstandsplanung und des CIA an. Zur Geschichte und Ausgestaltung des Executive Office vgl. *Robertson*, in: Nelson, Guide to the Presidency, S. 919 ff.; in deutscher Sprache: *Jäger/Welz*, Regierungssystem der USA, 2. Aufl., S. 145 ff.

58   National Science and Technology Policy, Organisation, and Priorities Act of 1976, Pub. L. 94-282, 90 Stat. 463 (codified as amended at 42 U.S.C. § 6611 (2000)).

59   Executive Order 12881 of November 23, 1993, erhältlich unter http://www.ostp.gov/nstc/html/_executiveorder.html (15.02.2007).

Minister und die Leiter derjenigen Agencies, deren Kompetenzen in den Bereich Wissenschaft und Technologie hineinreichen. Vorsitzender des NSTC ist der Präsident der Vereinigten Staaten. Der NSTC übt ressortübergreifende Koordinierungsfunktion in allen wissenschaftlich-technischen Aktivitäten der *federal executive agencies* aus. Er nimmt seine Aufgaben, die zuvor einer Reihe mehrerer *interagency councils*, wie etwa den Federal Coordinating Council for Science, Engineering, and Technology oder den National Space Councils wahrgenommen worden waren, durch Hauptkomitees und Subkomitees war.[60]

Das President's Committee of Advisors on Science and Technology (PCAST) wurde ebenfalls 1993 erstmals durch den Präsidenten gegründet.[61] Die Komiteemitglieder sind herausragende Persönlichkeiten aus der Industrie, dem Bildungswesen und verschiedenen staatlichen oder privaten Forschungseinrichtungen. Den Vorsitz führt der Assistent des Präsidenten für Forschung und Wissenschaft gemeinsam mit einem durch den Präsidenten ausgewählten Repräsentanten der Privatwirtschaft. Das PCAST berät den NSTC aktiv in allen Fragen der Forschungs- und Technologiepolitik von nationalem Rang.

2. Private Forschungsförderung

a) National Academies of Science

Die National Academies setzen sich sich aus vier politikberatenden privaten Organisationen, der National Academy of Science (NAS), der National Academy of Engineering (NAE), dem National Institute of Medicine (IOM) und dem National Research Council (NRC) zusammen. Die NAS und die NAE sind private gemeinnützige Vereinigungen ohne Erwerbszweck, deren wissenschaftlich angesehene Mitglieder sich der Förderung von Forschung und Wissenschaft zum Wohle der Allgemeinheit verschrieben haben.[62] Seit ihrer Gründung im Jahr 1863 hat die NAS kraft ihrer Gründungsurkunde ein Mandat zur Beratung der Bundesregierung in wissenschaftlichen und technischen Angelegenheiten. Die NAE existiert als Parallelorganisation herausragender Ingenieure mit entsprechendem Beratungsmandat seit 1964.[63] Die finanzielle und politische Unabhängigkeit dieser Institutionen ist in der US-amerikanischen Verfassung verankert. Eine ihrer wesentlichen Aufgaben ist die Abschätzung der Folgen neuer Technologien. Das IOM wurde schließlich 1970

---

60   Die Leiter zweier *agencies* haben im Allgemeinen den Vorsitz für eines der Komitees.

61   Executive Order 12882 of November 23, 1993. Die Neugründung durch Präsident Bush erfolgte durch Executive Order 13226 of September 30, 2001, erhältlich unter http://www.whitehouse.gov/news/releases/2001/10/20011001-1.html (15.02.2007).

62   Panel on Scientific Responsibility and the Conduct of Research, National Academy of Science, Responsible Science: Ensuring the Integrity of the Research Process, Vol. 1, S. VIII.

63   Darüber hinaus fördert sie Programme des Ingenieurwesens, die auf die Befriedigung nationaler Bedürfnisse abzielen, sie unterstützt Bildung und Forschung auf diesem Gebiet und würdigt besondere Errungenschaften von Ingenieuren.

durch die NAS gegründet, es handelt unter deren Beratungsverantwortlichkeit der NAS in allen Angelegenheiten, die die medizinische Versorgung, die medizinische Forschung oder die medizinische Bildung betreffen. Der NRC übernimmt als operativer Arm der National Academies überwiegend die Erbringung und Koordination von wissenschaftlichen Dienstleistungen gegenüber der Regierung.

b) Private Finanzierungsquellen

Forschungsfinanzierung durch nicht staatliche Quellen erfolgt überwiegend durch den finanzstarken US-amerikanischen Industriesektor, wobei die bereitgestellten Finanzmittel größtenteils direkt in eigene Forschungsprojekte der Industrie fließen.[64] Darüber hinaus tragen auch private Nonprofit-Institutionen zur Forschungsfinanzierung bei.

B. Verfassungsrechtliche Rahmenbedingungen für wissenschaftsspezifische Verfahren

Im nachfolgenden Abschnitt werden die verfassungsrechtlichen Rahmenbedingungen für Verfahren zum Umgang mit wissenschaftlichem Fehlverhalten expliziert.

I. Recht auf Wissenschafts- und Forschungsfreiheit

Zahlreiche Beiträge zum Themenkomplex Wissenschafts- und Forschungsfreiheit in den USA sind durch den Begriff *academic freedom* geprägt. Es handelt sich dabei um eine Übersetzung des aus der Geschichte des deutschen Hochschulwesens stammenden Begriffes der akademischen Freiheit[65], deren Bedeutungsgehalt in den USA eine Überformung durch das dortige Standesrecht der Hochschullehrer erfahren hat[66], und hinter dem sich zugleich in Rechtsprechung und Literatur die Diskus-

---

64 NSF, National Patterns of R&D Resources: 2002 Data Update, Table 1 B, erhältlich unter http://www. nsf.gov/statistics/nsf03313/ (15.02.2007).

65 *Hofstadter/Metzger*, The Development of Academic Freedom in the United States, S. 386 ff.; *Rabban*, Law & Contemp. Probs. Vol. 53 (1990), S. 227 (232); *Gordon*, J.C. & U.L. Vol. 30 (2003), S. 1 f.

66 Von erheblicher Relevanz für die akademische Praxis ist bis heute unabhängig von einer verfassungsrechtlichen Garantie der Freiheit der Wissenschaft die in den Erklärungen der American Association of University Professors (AAUP) verkörperte standesrechtliche Gewährleistung von *academic freedom*. Es handelt sich dabei zwar nicht um bindendes Recht, da diese Erklärungen nicht der gerichtlichen Kontrolle unterliegen. Sie erlangen aber durch Inkorporation in institutionelles Hochschulrecht, welches via Verweisung in den Anstellungsvertrag von Hochschullehrern einbezogen wird, mittelbare Verbindlichkeit, vgl. *Van Alstyne*, Law & Contemp. Probs. Vol. 53 (1990), S. 79 f.; *Metzger*, Law & Contemp. Probs.

sion um verfassungsmäßige Rechte des Hochschullehrers und der Hochschulen auf Meinungs- und Lehrfreiheit verbirgt.[67] Ein Recht des Wissenschaftlers auf Forschungsfreiheit hingegen ist davon nicht zwingend umfasst. In neueren Abhandlungen, die sich von dieser rein akademischen Perspektive entfernen und sich zunehmend mit der Freiheit der Forschung beschäftigen, wird zunehmend der Terminus *scientific freedom* verwandt.[68]

1. Academic freedom als Garantie des First Amendment

Die US-amerikanische Verfassung erwähnt die Wissenschaft ausschließlich in Art. 1 Section 8, welcher den Kongress ermächtigt, den wissenschaftlichen Fortschritt durch die Einrichtung von Patent und Urheberrechten zu fördern.[69] Das *First Amendment* schützt seinem Wortlaut nach neben der Religionsfreiheit, dem Recht, sich friedlich zu versammeln und dem Petitionsrecht lediglich die Freiheit der Rede und der Presse als Kommunikationsmedien des Autors oder Urhebers vor Eingriffen durch Gesetze des Kongresses der Vereinigten Staaten, während die Freiheit der Wissenschaft keinen expliziten Eingang gefunden hat.[70] Neben weiteren, nicht aus-

---

Vol. 53 (1990), S. 3 (6 ff.); *Eisenberg*, Texas Law Review Vol. 66 (1988), S. 1363 ff. Die erste *Declaration of Principles* aus dem Jahr 1915 leitete *academic freedom* aus dem besonderen gesellschaftlichen Auftrag der Universitäten und ihrer Lehrkörper ab und formulierte drei Elemente akademischer Freiheit: Die Freiheit der Hochschullehrer, zu forschen, zu lehren und ihre Meinung auch außerhalb der Universität in Wort und Schrift zu äußern, AAUP, 1915 Declaration of Principles (1915), abgedruckt in: *Joughin* (Hrsg.), Academic Freedom and Tenure, Appendix A, S. 155 ff. Weitergeführt wurde dieser Begriff in dem *Statement of Principles on Academic Freedom and Tenure* von 1940, das einen außerordentlichen Grad der Bekanntheit und Akzeptanz innerhalb der US-amerikanischen Hochschullandschaft erlangt und Niederschlag in zahlreichen *faculty handbooks* amerikanischer Universitäten gefunden hat, *Joughin* (Hrsg.), a.a.O., S. 33 ff. In die neugefassten Grundsätze wurde allerdings die stark umstrittene Einschränkung aufgenommen, dass ein Hochschullehrer bei der Wahrnehmung seiner bürgerlichen Freiheitsrechte verpflichtet ist, auf seine Stellung Rücksicht zu nehmen. Zur standesrechtlich motivierten Geschichte von academic freedom vgl. auch *Rabban*, Texas Law Review Vol. 66 (1988), S. 1405 (1412 ff.).

67   Zur Unterscheidung zwischen standesrechtlicher und verfassungsmäßiger Definition von *academic freedom* vgl. *Rabban*, Law & Contemp. Probs. Vol. 53 (1990), S. 227 (229, 232 ff.); *Byrne*, Yale Law Journal Vol. 99 (1989), S. 251 (256 ff.); *Metzger*, Texas Law Review Vol. 66 (1988), S. 1265 ff.

68   Vgl. z.B. *Cantrell*, Journal of Law and Health Vol. 13 (1998-1999), S. 69 (95 ff.); *Green*, UMKC Law Review Vol. 60 (1992), S. 619 ff.

69   U.S. CONST. Art. I, Section 8, cl. 8: *"To promote the Progress of Science and useful Arts, by securing for limited Times to Authors and Inventors the exclusive Right to their respective Writings and Discoveries."*

70   U.S. CONST. Amendment I: *"Congress shall make no law respecting an establishment of religion, or prohibiting the free exercise thereof; or abridging the freedom of speech, or of the press; or the right of the people peaceably to assemble, and to petition the government for a redress of grievances."*

drücklich erwähnten Formen kommunikativer Freiheit[71] hat der *Supreme Court* jedoch auch *academic freedom* als Bestandteil der *free speech* und *free press*-Klausel angesehen.[72]

a) Adressaten der Garantie

Das *Fourteenth Amendment* erstreckt die Grundrechtsbindung über die im *First Amendment* ausdrücklich erwähnte Bundesgesetzgebung hinaus auch auf legislative Eingriffe der Gliedstaaten in die verfassungsmäßig verbürgten Rechte.[73] Aus der Zusammenschau beider Normen ergibt sich zugleich, dass neben der Legislative auch die Judikative und die Exekutive an das *First Amendment* in seiner verfassungsmäßigen Interpretation gebunden sind.[74] Die Anwendung der *state action doctrine*, wonach die in der Verfassung verankerten Individualrechte primär die Ausübung staatlicher Gewalt oder staatlich unterstützten bzw. mit Staatshandeln verwobenen Handelns begrenzen[75], bewirkt, dass Fakultätsmitglieder privater Hochschulen im Gegensatz zu solchen staatlicher Einrichtungen keinen verfassungsrechtli-

---

71 Hierunter fallen die Vereinigungsfreiheit einschließlich des Zusammenschlusses zu politischen Vereinigungen und Parteien, die Freiheit der Kunst, die Informationsfreiheit und auch zum Zeitpunkt der Verfassungsgebung noch unbekannte Formen moderner Medienfreiheit, welche sich auf Radio, Fernsehen, Film und das Internet beziehen, vgl. *Brugger*, Einführung in das öffentliche Recht der USA, S. 157 f. mit den dortigen Hinweisen aus der Rechtsprechung.

72 Sweezy v. New Hampshire, 354 U.S. 234, 250 (1957); Barenblatt v. United States, 360 U.S. 109 (1959); Pickering v. Board of Education, 391 U.S. 563 (1968); Perry v. Sinderman, 408 U.S. 593 (1972); Mount Healthy City Board of Education v. Doyle 429 U.S. 274 (1977).

73 U.S. CONST. Amendment XIV, Section 1: *"All persons born or naturalized in the United States and subject to the jurisdiction thereof, are citizens of the United States and of the State wherein they reside. No State shall make or enforce any law which shall abridge the privileges or immunities of citizens of the United States; nor shall any State deprive any person of life, liberty, or property, without due process of law; nor deny to any person within its jurisdiction the equal protection of the laws".*

74 Siehe vorhergehende Fn. 70 und 73.

75 Die Beurteilung dessen, was noch oder aber nicht mehr als *state action*, also staatliches Handeln, zu beurteilen ist, nimmt der Supreme Court pragmatisch-flexibel anhand fallbezogener Abwägungen vor, die sich an dem Grad der Verknüpfung von staatlichem und privatem Handeln orientieren, vgl. *Tribe*, American Constitutional Law, 2nd Edition, S. 1688 ff.; *Chemerinsky*, Constitutional Law, § 6.4.4.3; *Brugger*, Grundrechte und Verfassungsgerichtsbarkeit in den Vereinigten Staaten von Amerika, S. 30 ff.

chen Schutz gegenüber ihrer Institution genießen[76], obwohl private und staatliche Hochschulen aus akademischer Sicht äquivalente Funktionen übernehmen[77].

b) Materieller Gehalt der Garantie

Charakter und Umfang der verfassungsrechtlich verankerten Wissenschaftsfreiheit sind keineswegs unumstritten.[78] Dieser Umstand resultiert aus der eher zurückhaltenden Entscheidungspraxis des Supreme Court, die eine klare Definition der Konturen von *academic freedom* als Verfassungsgarantie des *First Amendment* vermissen lässt und die Wirkungen dieses Rechts selten zur relevanten Entscheidungsgrundlage hat werden lassen.[79] So waren beispielsweise eine Reihe von *academic freedom*-Entscheidungen des Supreme Court von Konfliktsituationen gekennzeichnet, bei denen es mehr um die Ausübung politischer Freiheitsrechte oder die Äußerung von Kritik an der eigenen Hochschule im Rahmen des Beschäftigungsverhältnisses als um die Wahrnehmung unmittelbar wissenschaftsbezogener Handlungen ging.[80] Lediglich aus einigen im Kontext der Begründung von *academic freedom* als Verfassungsgarantie zitierten Fällen lässt sich direkt ableiten, dass die mit der Profession des Hochschullehrers zusammenhängenden Tätigkeiten einem besonderen im Anwendungsbereich des First Amendment angesiedelten verfassungsrechtlichen Schutz unterliegen.[81] Dementsprechend ist *academic freedom* vorwiegend als die Freiheit wissenschaftlicher Kommunikation in Wort und Schrift anerkannt, mithin in seiner individualrechtlichen Schutzrichtung auf die Freiheit der Lehre und der Veröffentlichung beschränkt.[82] Die bei der Behandlung von wissenschaftlichem Fehl-

---

76 Hier ist die maßgebliche Grundlage zur Geltendmachung wissenschaftsbezogener Freiheitsrechte das Standesrecht der Hochschullehrer, vgl. oben 2. Teil, B. I., S. 41, insbes. Fn. 66. Nur Ausnahmsweise kommt nach der *state-action-doctrine* Verfassungsrecht zur Anwendung. Krohn v. Harvard Law School, 552 F.2d 21 (1st Cir.1977); Powe v. Miles, 407 F 2d 73 (2d Cir, 1968); *Alexander/Solomon*, College and University Law, S. 343 f.; *O'Neil*, Buffalo Law Review Vol. 19 (1970), S. 155 ff.

77 Kritisch zur Differenzierung zwischen staatlichen und privaten Universitäten insofern, *Byrne*, Yale Law Journal Vol. 99 (1989), S. 251 (299 f. u. Fn. 184).

78 Vgl. nur *Getman/Mintz*, Texas Law Review Vol. 66 (1988), S. 1247 (1249 ff.); *Byrne*, Yale Law Journal Vol. 99 (1989), S. 251 (252 f.); *Metzger*, Texas Law Review Vol. 66 (1988), S. 1265 (1289 ff.).

79 In dieser Rechtsprechung konnte offen bleiben, ob es einen über den Schutz der Rede- und Meinungsfreiheit hinausgehenden besonderen Schutz der Aktivitäten von Hochschullehrern durch das First Amendment gibt. *Hatzius*, Die Rechtsstellung des Hochschullehrers in den Vereinigten Staaten, S. 123 f.; *Byrne*, Yale Law Journal Vol. 99 (1989), S. 251 (253, 294 ff.); *DeMitchell*, West'S Education Law Reporter Vol. 168 (2002), S. 1 (2); *Stullar*, Nebraska Law Review Vol. 77 (1998), S. 301 (302).

80 Z.B. Pickering v. Board of Education, 391 U.S. 563, 573 (1968); *Hatzius*, Die Rechtsstellung des Hochschullehrers in den Vereinigten Staaten, S. 134 ff.; vgl. auch *Van Alstyne*, Law & Contemp. Probs. Vol. 53 (1990), S. 79 ff.

81 Vgl. z.B. Eperson v. Arkansas, 393 U.S. 97 (168).

82 *Leskovac*, Review of Litigation Vol. 13 (1994), S. 401 (409).

verhalten im Zentrum des Interesses stehende wissenschaftliche Forschungtätigkeit genießt nach geltendem *Common Law* keinen verfassungsrechtlichen Schutz.[83] Lediglich die Vermittlung der Forschungsergebnisse durch Publikation und Lehre kann erfasst sein. Gelegentlich in der Literatur unternommene Versuche, anhand neuer Verfassungsinterpretationen und Rechtsprechungsanalysen sowie unter Ausnutzung von verfassungshistorischen Aspekten, die von einer besonderen Wertschätzung der Wissenschaft für die Gesellschaft zeugen, eine von der herkömmlichen Diskussion um *academic freedom* losgelöste Theorie des verfassungsrechtlichen Schutzes von Wissenschaft und Forschung zu begründen[84], sind bislang weder durch den Gesetzgeber noch von der Rechtsprechung bestätigt worden.

Academic tenure, d.h. die Gewährung einer prinzipiell unkündbaren Dauerstellung als Hochschullehrer im Anschluss an eine Phase der Erprobung[85], sowie das Prinzip des *peer review,* wonach wissenschaftsrelevante Entscheidungen durch wissenschaftliche Vertreter der eigenen Disziplin zu treffen sind[86], und weitere verfahrensrechtliche Grundsätze *(academic due process)*[87] dienen ebenfalls dem Schutz von *academic freedom.*[88] Sie zählen jedoch zu den standesrechtlichen Errungenschaften der American Association of University Professors (AAUP)[89] und sind nicht Ausfluss der verfassungsrechtlichen Gewährleistungen des *First Amendment.*[90] Darüber hinaus haben Fakultätsmitglieder im Rahmen von Personalentscheidungen ein Recht auf ein faires Verfahren nach dem *Fourteenth Amendment.*[91]

---

83 *Neuborne*, in: Orsi-Battaglini/Mazzoni (Hrsg.), Scientific Research in the USA, S. 41 (47 ff.); a.A. wohl *Meyer*, IDEA: The Journal of Law and Technology Vol. 39 (1998), S. 1 (13 ff.).

84 Vgl. u.a. *Goldberg*, University of Illinois Law Forum (1979), S. 1 ff.; *Delgado/Millen*, Washington Law Rewiev Vol. 53 (1978), S. 349 (371 ff.); insbesondere *Robertson*, Southern California Law Review Vol. 51 (1977), S. 1203, 1237 ff. und *Hsu*, Georgetown Law Journal Vol. 87 (1999), S. 2399 (2411 ff.) sehen die Durchführung von wissenschaftlichen Experimenten als Vorbedingung für wissenschaftliche Äußerungen als von dem First Amendment mitumfasst an. Teilweise wird Forschung auch als *"expressive conduct"* oder *"symbolic speech"* verstanden und als unmittelbar durch das First Amendment geschützt angesehen, vgl. *Lisman*, Boston Bar Journal Vol. 35 (Nov/Dez 1991), S. 4 (6 ff.). A.a. wohl *Francione*, University of Pennsylvania Law Review, Vol. 136 (1987), S. 417 ff.

85 Vgl. hierzu *Karpen/Hanske*, Status und Besoldung von Hochschullehrern im internationalen Vergleich, S. 305 f.; *Hatzius*, Die Rechtsstellung des Hochschullehreres in den vereinigten Staaten, S. 175 ff.

86 *Rabban*, Texas Law Review Vol. 66 (1988), S. 1405 (1410 ff., 1421 ff.).

87 Vgl. *Joughin*, in: Baade/Everett (Hrsg.) Academic Freedom, S. 143 ff.

88 *Metzger*, Texas Law Review Vol. 66 (1988), S. 1265 (1306 Fn. 107); *Murphy*, in: Baade/Everett (Hrsg.) Academic Freedom, S. 17 (39 ff.); *Byrne*, Yale Law Journal Vol. 99 (1989), S. 251 (265 ff.).

89 Vgl. oben 2. Teil, B. I., S. 41, insbes. Fn. 66.

90 So auch *Rabban*, Law and Contemp. Probs. Vol. 53 (1990), S. 227 (298); a.A. offenbar *Lux*, Rechtsfragen der Kooperation zwischen Hochschulen und Wirtschaft, S. 86 f., obwohl diese zutreffend darauf hinweist, dass *tenure* vertraglich begründet wird und lediglich die Prinzipien des Entlassungsverfahrens auch von Verfassungs wegen berücksichtigt werden müssen.

91 Board of Regents v. Roth, 408 U.S. 564, 576-77 (1972); *Kaplin*, The Law of Higher Education, S. 174.

c) Rechtsträger

Träger des durch das *First Amendment* garantierten individuellen Rechts auf *academic freedom* sind die Mitglieder des Lehrkörpers einer Hochschule. Studenten und andere Hochschulmitglieder sind nach wohl überwiegender Auffassung nicht eingeschlossen.[92]

Darüber hinaus wurde von der Rechtsprechung die Existenz von *institutional academic freedom*, also eines verfassungsrechtlichen Schutzes der Hochschulen selbst anerkannt.[93] Dieser impliziert die hochschulische Autonomie bei der Verfolgung akademischer Ziele und eine relative Freiheit von externer Kontrolle.[94] *Institutional academic freedom* soll nach umstrittener Auffassung sowohl für staatliche als auch für private Universitäten gelten[95], wobei insbesondere das Verhältnis von *individual and institutional academic freedom* ungeklärt ist[96].

2. Beschränkungen von academic freedom und deren Rechtfertigung

Bei der Frage nach der Beschränkbarkeit von *academic freedom* gilt es zu berücksichtigen, dass das US-amerikanische Verfassungsrecht eine der hiesigen Grundrechtssystematik vergleichbare Schrankensystematik nicht kennt.[97] Die Garantien des *First Amendment* sind vielmehr – wie die meisten grundrechtlichen Verbürgungen der US-amerikanischen Verfassung – durch Berufung auf die allgemeinen polizeilichen Kompetenzen *(police power)* einschränkbar, welche Regelungen und Einzelakte zugunsten von Sicherheit, Gesundheit, Wohlfahrtswesen und moralischen Aspekten zulassen.[98] Erforderlich ist allerdings die Durchführung einer Abwägung nach verfassungsgerichtlichem Prüfungsmaßstab, dessen Bedeutung und Gehalt von

---

92 *Byrne*, Yale Law Journal Vol. 99 (1989), S. 251 (263); *van den Haag*, in: Baade/Everett (Hrsg.) Academic Freedom, S. 85.

93 Sweezy v. New Hampshire, 354 U.S. 234, 263 (1957); Regents of the University of California v. Bakke, 438 U.S. 265, 312 (1978); Widmar v. Vincent, 454 U.S. 263, 268 n.5 (1981); Piarowski v. Illinois Community College, 759 F.2d 625, 629 (7th Cir. 1985); Regents of the University of Michigan v. Ewing, 474 U.S. 214 (1985); vgl. auch die ausführlichen Herleitungen bei *Gordon*, Journal of College and University Law Vol. 30 (2003), S. 1 (2 ff.).

94 *Gordon*, Journal of College and University Law Vol. 30 (2003), S. 1 (2 ff.).

95 Für die staatlichen Universitäten von Michigan, Missouri und Kalifornien vgl. Regents of the Univ. of Mich v. Ewing, 474 U.S. 214, 226 n.12 (1985), Widmar v. Vincent, 454 U.S. 263, 277-81 (1981) und Regents of the Univ. of Cal.v. Bakke, 438 U.S. 265, 312 (1978). *Byrne*, Yale Law Journal Vol. 99 (1989), S. 251 (300) bezeichnet es als Anormalität, dass *academic freedom* als einzige Verfassungsgarantie auch staatliche Akteure schützt. Kritisch aber insbesondere: *Hiers*, J.C. & U.L. Vol. 30 (2004), S. 531 (556 ff.).

96 *Rabban*, Law & Contemp.Probs. Vol. 538 (1990), S. 227 (280 ff.).

97 *Brugger*, Grundrechte und Verfassungsgerichtsbarkeit in den Vereinigten Staaten von Amerika, S. 40 ff.

98 Vgl. im Einzelnen *Brugger*, Grundrechte und Verfassungsgerichtsbarkeit in den Vereinigten Staaten von Amerika, S. 41 f.

dem jeweils betroffenen Grundrecht und der Motivationslage im Einzelfall abhängt.[99] Die absolute Formulierung des *First Amendment* („*abridging*")[100] begründet mithin nicht die ausnahmslose Uneinschränkbarkeit von *free speech, free press* und a*cademic freedom*, bietet aber einen Anhaltspunkt für die besondere Schutzwürdigkeit dieser Garantien. Eine generalisierte Aussage über die Rechtfertigungsanforderungen des Supreme Court für Beschränkung von *academic freedom* zu treffen, würde eine umfassende Rechtsprechungsanalyse voraussetzen und daher den Rahmen dieser Arbeit sprengen.[101]

II. Verfassungsimmanente Vorgaben für die Verfahrensgestaltung

1. Procedural due process of law

Die US-amerikanische Verfassung garantiert durch das *Fifth Amendment* und das *Fourteenth Amendment due process of law* gegenüber bundes- und gliedstaatlicher Gewalt. Danach „darf keiner Person Leben, Freiheit oder Eigentum ohne vorheriges ordentliches Verfahren im Einklang mit dem Gesetz genommen werden..."[102] Zahlreiche Entscheidungen des *Supreme Court* konkretisieren den Gehalt dieses Verfassungsprinzips, dem das Gericht neben der hier interessierenden prozeduralen Wirkung *(procedural due process)* auch eine substantielle Prägung[103] entnommen hat.[104]

---

99   *Nowak/Rotunda*, Constitutional Law, S. 374 ff., 499 ff., 414 ff.
100 Vgl. oben 2. Teil, B. I. 1., S. 42, Fn. 70.
101 Vgl. aber die Untersuchung von Fallbeispielen bei *Metzger*, Texas Law Review Vol. 66 (1988), S. 1265 (1306 ff.) und die für die Redefreiheit maßgeblichen Differenzierungen, *Brugger*, Einführung in das öffentliche Recht der USA, S. 159 ff. Soweit in der Literatur vorhandene Ansätze zur Ableitung einer umfassenden Wissenschafts- und Forschungsfreiheit aus dem First Amendment neigen, wird die Beschränkbarkeit differenziert gelöst. *Emerson*, University of Pennsylvania Law Review Vol. 125 (1977), S. 737 (746 f.) beispielsweise unterscheidet zwischen *"expression"* und *"action"*; nur im letztgenannten Bereich soll eine staatliche Einschränkung möglich sein. Eine hohe Eingriffskompetenz wird dem Staat im Zusammenhang mit Forschungsförderung zugestanden, auf die nach allgemeiner Auffassung kein Anspruch des Wissenschaftlers besteht, *Robertson*, Southern California Law Review Vol. 51 (1977), S. 1203 (1268). Die Ablehnung einer Forschungsförderung darf jedoch nicht auf rassistischen oder religiös motivierten Gründen basieren, vgl. *Green*, UMKC Law Review Vol. 60 (1992), S. 619 (625 ff.) mit diversen Beipielen für gesetzliche Forschungsbeschränkungen.
102 U.S. CONST. Amendmend V: *"(No person shall)...be deprived of life, liberty, or property without due process of law; ..."* Diese Vorschrift bindet die Bundesgewalt, das Fourteenth Amendment erstreckt die *due process*-Klausel auch auf die Gliedstaaten, vgl. den Originalwortlaut oben 2. Teil, B. I. 1. a), S. 43, Fn. 73.
103 Durch die Interpretation im Sinne eines *"substantive due process"* und die Entwicklung neuer grundrechtsgleicher Rechte zum Schutz der Privatsphäre und Persönlichkeitsentfaltung zieht die Rechtsprechung der Staatsgewalt inhaltliche Grenzen, vgl. die Ausführungen bei *Brugger*, Einführung in das öffentliche Recht der USA, S. 107 ff., 114 ff.; *Tribe*, American Constitutional Law, S. 1333 ff.

Die verfassungsrechtliche Analyse von *procedural due process* unterteilt sich wortlautgemäß in die Prüfung, ob ein Eingriff in Leben, Freiheit oder Eigentum vorliegt[105], und die Frage, welche verfassungsrechtlichen Verfahrensanforderungen sich im Einzelfall aus der *due process*-Klausel ergeben.[106] Die Elemente eines gehörigen Verfahrens sind situationsabhängig je nach Regelungsbereich, Verfahrenstypus, Entscheidungsträger und individueller Betroffenheit verschieden.[107] Sie können von der informellen Entscheidungsfindung bis hin zu gerichtsähnlichen oder gerichtlichen Entscheidungsverfahren reichen. Im Allgemeinen zählen zu den zentralen Anforderungen an ein faires Verfahren die rechtzeitige Benachrichtigung des Bürgers über solche Maßnahmen, die sein Leben, sein Eigentum oder seine Freiheit betreffen, der Einsatz eines unvoreingenommenen Entscheidungsträgers sowie die mündliche Anhörung oder alternativ dazu die schriftliche Äußerungsmöglichkeit.[108] Darüber hinaus kann das Prinzip der Fairness die Gelegenheit zur Beiziehung eines Rechtsanwalts, die Möglichkeit, Zeugen und Beweisstücke in das Verfahren einzubringen oder Zeugen der Gegenseite befragen zu dürfen und das Recht auf eine begründete Entscheidung aufgrund der Aktenlage gebieten.[109]

2. Due process in Misconduct-Verfahren

Die Anforderungen an *procedural due process* bedürfen auch für administrative Verfahren zur Aufklärung und Ahndung wissenschaftlichen Fehlverhaltens einer separaten Spezifizierung. Substantielles Kriterium für die Geltung bestimmter *due process rights* ist freilich auch dort die Frage, ob die vorgenommenen Handlungen geeignet sind, wenigstens eines der drei vorbezeichneten Individualrechte eines Wissenschaftlers zu verletzen. Dies ist tendenziell eher in solchen Verfahren bzw.

---

104 Vgl. beispielsweise die Aufbereitung wegweisender Entscheidungen in dem Casebook von *Breyer/Steward/Sunstein/Spitzer*, Administrative Law and Regulatory Policy, S. 798 ff.

105 Siehe Board of Regents v. Roth, 408 U.S. 564, 571 (1972).

106 Cleveland Bd. of Educ. v. Loudermill, 470 U.S. 532, 541-43 (1985); *Brugger*, Einführung in das öffentliche Recht der USA, S. 225; *Nowak/Rotunda*, Constitutional Law, 545 ff.

107 Goldberg v. Kelly, 397 U.S. 254, 271 ff. (1970); vgl. schließlich die in Mathews v. Eldridge, 424 U.S. 319, 335 (1976) aufgestellten abwägungsrelevanten Faktoren *(1) the privat interest, that will be affected by the official action; (2) the risk of an erroneous deprivation of such interest through the procedures used and the probable value, if any, of of additional and substitute procedural safeguards); and finally (3) the Government's interest, including the function involved and the fiscal and administrative burdens that the additional or substitute procedural requirements would entail.* Zur Rechtsprechung im Einzelnen vgl. *Pierce/Shapiro/Verkuil*, Administrative Law and Process, § 6.3; *Fox*, Understanding Administrative Law, Kap. 5.

108 *Friendly*, University of Pennsylvania Law Review Vol. 123 (1975), S. 1267 (1278 ff.); *Nowak/Rotunda*, Constitutional Law, 583 ff.; *Gellhorn/Levin*, Administrative Law and Process, S. 776; *Brugger*, Grundrechte und Verfassungsgerichtsbarkeit in den Vereinigten Staaten von Amerika, S. 318 f.

109 *Brugger*, Grundrechte und Verfassungsgerichtsbarkeit in den Vereinigten Staaten von Amerika, S. 319.

Verfahrensabschnitten der Fall, die im Ergebnis auf eine konkrete Entscheidung über das Vorliegen oder Nichtvorliegen fehlgeleiteter Verhaltensweisen und deren Ahndung *(adjudication)* statt lediglich auf eine Feststellung der entscheidungserheblichen Tatsachen *(investigation)* abzielen.[110] Der sanktionierende Ausschluss eines Wissenschaftlers von der weiteren finanziellen Förderung durch eine *government agency* etwa berührt dessen *liberty interest* i. S. d. des *Fifth* und des *Fourteenth Amendment*, sofern er geeignet ist, die Gefahr eines Ansehensverlusts, gekoppelt mit der drohenden Beendigung seines Beschäftigungsverhältnisses, nach sich zu ziehen.[111] Die Entlassung aus einem öffentlichen Beschäftigungsverhältnis, welches auf eine dauerhafte zukünftige Beschäftigung *(tenure)* angelegt war, greift in das *property right* ein.[112] Die in der Historie und Gegenwart der US-amerikanischen *misconduct*-Verfahren häufig nur unzureichend vorhandene Trennung von *inquiry, investigation* und *adjudication*[113] kann allerdings die Berücksichtigung von *due process* in allen Verfahrensabschnitten obligatorisch werden lassen.

Was für die Verfahren der forschungsfördernden *agencies* maßgeblich ist, gilt auch für *misconduct proceedings* an den einzelnen Forschungseinrichtungen[114], allerdings mit der Einschränkung, dass die *due process*-Klausel für private Akteure grundsätzlich keine Geltung entfaltet, soweit nicht ein Anwendungsfall der *state action doctrine* vorliegt. Dies hat zur Folge, dass für staatliche und private amerikanischen Universitäten unterschiedliche Verfahrensanforderungen gelten können. Grundsätzlich vermag nämlich der Erhalt staatlicher Fördergelder durch eine private Forschungseinrichtung per se noch keine hinreichende Verknüpfung zu öffentlichen Stellen auszulösen, um *state action* im Verhältnis der Hochschule zu ihren Angestellten zu begründen.[115] Etwas anderes mag jedoch für den speziellen Fall von *misconduct*-Verfahren gelten, weil diese den Fortbestand der staatlichen Förderleistung

110 *Goldman Herman/Sunshine/Fisher/Zwolenik/Herz*, Journal of Higher Education Vol. 65 (1994), S. 384 (390 ff.) unter Berufung auf Hannah v. Larche, 363 U.S. 420, 441-42 (1960); siehe auch Coral Gables Convalescent Home, Inc v. Richardson, 340 F. Supp. 646, 650 (S.D. Fla. 1972).

111 Die drohende Gefahr eines Ansehensverlustes alleine reicht nicht aus. Vgl. insbesondere Paul v. Davis, 424 U.S. 693, 696, 710-12 (1976) und Owen v. City of Independence, 445 U.S. 622, 633 (1980) sowie die misconduct-bezogene Kommentierung von *Howard*, Hastings Law Journal Vol. 45 (1994), S. 309 (338 ff.). Auch die mögliche Beeinträchtigung der Freiheit der wissenschaftlichen Kommunikation *(academic freedom)* vermag nach gerichtlich bislang nicht bestätigter Literaturauffassung als ein *due process* erforderndes *liberty interest* zu gelten, *Howard*, aaO, S. 309 (342) unter Berufung auf Meyer v. Nebraska, 262 U.S. 390, 399 (1922). A.a. *Robertson*, Southern California Law Review Vol. 51 (1977), S. 1203 (1212 ff.).

112 Perry v. Sinderman, 408 U.S. 593, 599-600, 602 (1972); Newman v. Burgin, 930 F.2d 955, 959-61 (1st Cir.1991).

113 Vgl. nur Panel on Scientific Responsibility and the Conduct of Research, National Academy of Science, Responsible Science: Ensuring the Integrity of the Research Process, Vol. 1, S. 107.

114 Zu den Akteuren des US-amerikanischen Modells, siehe unten 2. Teil, D. III., S. 95 ff.

115 Greenya v. Georg Washington University, 512 F.2d 556, 560-562 (D.C. Cir.), cert. denied, 423 U.S. 995 (1975).

direkt betreffen und die betroffenen Wissenschaftler darüber hinaus eine vertragliche Beziehung mit der Finanzierungsbehörde unterhalten.[116]

III. Schlussfolgerung

Verfassungsrechtlicher Schutz von forschungsrelevanten Tätigkeiten ist in den USA deutlich geringer ausgeprägt als in Deutschland, wo Eingriffe in die Freiheit der Forschung und der Lehre nur unter Zugriff auf andere Werte von Verfassungsrang eine Rechtfertigung erfahren können. Die Rechtsprechung erstreckt den Schutz ohnehin lediglich auf die Publikation von Forschungsergebnissen. Selbst wenn man denjenigen Vertretern der Literaturmeinung folgen will, die ein vollwertiges neues Grundrecht der Wissenschaftsfreiheit anerkennen, herrscht insgesamt eine weitaus weniger schonende Eingriffspraxis vor, so dass auch Verfahren zur Behandlung wissenschaftlichen Fehlverhaltens sich an weniger strengen Maßstäben messen lassen müssen. Academic freedom steht der rechtlichen Verantwortlichkeit von Forschern für Fehlverhalten nicht entgegen.[117]

Bei der Verfahrensausgestaltung ist allerdings der Verfassungsgarantie des *procedural due process* Rechnung zu tragen, was zur Folge hat, dass sich Verfahren zum Umgang mit Verdachtsfällen wissenschaftlichen Fehlverhaltens (, die über den Prozess der bloßen Tatsachenfeststellung hinausgehen,) konstitutioneller Verfahrenselemente wie beispielsweise eines Anhörungstermins bedienen müssen. Im Einzelnen wird auf die Verfahrensanforderungen an anderer Stelle näher einzugehen sein.[118]

C. Geschichtliche Entwicklung des US-amerikanischen Verfahrensmodells

Ähnlich wie in Deutschland gab auch in den Vereinigten Staaten von Amerika eine Welle von öffentlich bekannt gewordenen Fehlverhaltensfällen den Anstoß zur öffentlichen Diskussion von *scientific misconduct*[119], die innerhalb weniger Jahre zu ersten staatlichen Regulierungsmaßnahmen im Hinblick auf Verfahren zum Umgang mit wissenschaftlichen Fehlverhaltens führte.[120]

Im Folgenden sollen die einzelnen Schritte der Entwicklung des US-amerikanischen Verfahrensmodells beleuchtet werden.

---

116 *Howard*, Hastings Law Journal Vol. 45 (1994), S. 309 (343 f.); a.A. *Andersen*, Journal of Law and Technology Vol. 3 (1988), S. 121 (141).
117 Vgl. *Stegemann-Boehl*, Fehlverhalten von Forschern, S. 34.
118 Vgl. unten 2. Teil, F., S. 118 ff.
119 *Francis*, Science and Engineering Ethics Vol. 5 (1999), S. 261 f.; *La Follette*, in: Lock/ Wells/Farthing (Hrsg.), Fraud and Misconduct in Biomedical Research, S. 33 ff.
120 Vgl. zur Entwicklungsgeschichte des deutschen Verfahrensmodells 4. Teil, C., S. 313 ff.

I. Kumulation von Fällen wissenschaftlichen Fehlverhaltens in den 70er und 80er Jahren

Das Phänomen wissenschaftlichen Fehlverhaltens rückte in den USA aufgrund einer sich Mitte der 70er und Anfang der 80er Jahre ereignenden Reihe von Fehlverhaltensfällen, der in den Medien starke Beachtung gezollt wurde, in das Bewusstsein der breiten Öffentlichkeit. 1974 etwa gab der Forscher *William Summerlin* vom traditionsreichen Sloan-Kettering-Institute für Krebsforschung in New York vor, die Ergebnisse von Hauttransplantationsversuchen ohne Abstoßungsreaktion bei verschiedenfarbigen Mäusen demonstrieren zu können. Er bediente sich dabei eines schwarzen Filzschreibers zur Einfärbung angeblich auf weiße Mäuse transplantierter dunkler Hautpartien.[121] Bereits wenige Jahre später musste eine Gruppe von Krebsforschern unter der Leitung von *Marc Strauss* einräumen, 1978 am Boston University Medical Center in einer durch die NIH geförderten Studie über die experimentelle Behandlung von Krebspatienten mit speziellen onkologischen Medikamente klinische Forschungsdaten verändert und gefälscht zu haben.[122] In dem Zeitraum von 1978 bis 1980 plagiierte *Elias Alsabti* in den USA zahlreiche wissenschaftliche Arbeiten, indem er gestohlene Manuskripte und bereits veröffentlichte Forschungsartikel unter eigenen Namen erneut bei weniger renommierten Zeitschriften im In- und Ausland zur Veröffentlichung einreichte.[123] Die geringe Popularität der ausgewählten Zeitschriften gewährleistete, dass die Plagiate über einen längeren Zeitraum nicht nachvollzogen wurden, weil die betroffenen Autoren die Zeitschriften, in denen ihre Arbeiten zum wiederholten Male erschienen, nicht lasen.[124] 1981 schließlich wurde bekannt, dass *John R. Darsee*, Forscher der Harvard Medical School, eine kardiologische Studie mit gefälschten Daten veröffentlicht hatte.[125] In der Fol-

---

121 Siehe zu diesem Fall *Hixson*, The Patchwork Mouse, 1976.
122 Marc Strauss wurde daraufhin 1982 für einen Zeitraum von vier Jahren von jeglicher Art der Förderung durch Programme des Department of Health and Human Services ausgeschlossen. Siehe zu den Fehlverhaltensfeststellungen im Einzelnen die Notice of Debarment im Federal Register, Public Health Service, HHS, Debarment From Eligibility for Financial Assistance, 47 Fed. Reg. 25413 (June 11, 1982).
123 Der irakische Medizinstudent war 1977 zu einer Assistenzarztausbildung, die ihm von dem Bruder des jordanischen Königs Hussein, Kronprinz Hassan, finanziert wurde, nach Amerika gekommen. Dort gelang es ihm trotz fehlender Examina und mittels geschönter Lebensläufe an mehreren renommierten US-amerikanischen Forschungseinrichtungen zu arbeiten, bis die Plagiatsfälle 1980 an die Öffentlichkeit drangen. Für eine Zusammenfassung der Alsabti-Affäre vgl. *Broad*, Science Vol. 208 (1980), S. 1438-1440; *ders.*, Science Vol. 209 (1980), S. 249; *ders.*, Science Vol. 209 (1980), S. 886-887; *ders.*, Science Vol. 210 (1980), S. 291 und Lawrence, Forum on Medicine, September 1980, S. 582-587.
124 *Broad/Wade*, Betrug und Täuschung in der Wissenschaft, S. 49 f.
125 Der junge Nachwuchswissenschaftler John Darsee hatte im Mai 1981, durch Beobachtungen seiner Kollegen bloßgestellt, die Fälschung von Experimentendaten eingestanden. Man sah in Harvard von einer Veröffentlichung des Falles ab und begnügte sich damit, Darsee die Lehrbefugnis zu entziehen ihn aber weiter am Institut arbeiten zu lassen, in der Hoffnung, dass es sich um eine einmalige Verfehlung gehandelt habe. Fünf Monate später stellte sich aufgrund von Unregelmäßigkeiten in Forschungsdaten, die Darsee für ein NIH finanziertes instituts-

gezeit befassten sich drei Untersuchungskomitees[126] mit dem Fall Darsee, mehrere seiner zahlreichen vorangegangenen wissenschaftlichen Veröffentlichungen wurden zurückgezogen[127]. Im gleichen Jahr stand auch der Student und Nachwuchsforscher *Marc Spector* an der Cornell University wegen Fälschung von Krebsforschungsexperimenten, die ihm zur Entwicklung einer bahnbrechenden Theorie in der Krebsursachenforschung dienen sollten, unter Verdacht.[128]

Die Bedeutung und Anzahl der Vorkommnisse in den Jahren 1974-1981, insgesamt waren in diesem Zeitraum zwölf gravierende Fälle wissenschaftlichen Fehlverhaltens aufgedeckt geworden, nährten Zweifel an der Redlichkeit in der Wissenschaft, der Integrität des Forschungsprozesses und der Effektivität wissenschaftlicher Selbstverwaltung und Selbstkontrolle.[129] Insbesondere Wirkung und Erfolg der damals üblichen informellen Untersuchungen dieser Fehlverhaltensfälle durch die betroffenen Forschungseinrichtungen oder Untereinheiten der forschungsfördernden *federal agencies* wurde bezweifelt.[130] Weder Forschungs- noch Forschungsförderungseinrichtungen verfügten über geeignete Normen oder ein standardisiertes Verfahren zum Umgang mit Vorwürfen wissenschaftlichen Fehlverhaltens, daher

---

übergreifendes Projekt vorgelegt hatte, heraus, dass die vormalige Fälschung kein Einzelfall war. *Broad/Wade*, Betrug und Täuschung in der Wissenschaft, S. 12 ff., *Broad*, Science Vol. 215 (1982), S. 478-482 und 874-876; *Relman*, The New England Journal of Medicine Vol. 308 (1983), S. 1415-1417.

126 Sowohl die Harvard Medical School als auch das National Heart, Lung and Blood Institute (NHLBI) beriefen im Fall Darsee Untersuchungskomitees ein. Darüber hinaus fand eine weitere Untersuchung an der Emory University School of Medicine, dem früheren Arbeitgeber Darsees statt, vgl. *Steward/Feder*, Nature Vol. 325 (1987), S. 207.

127 Angesehene Koautoren, die in Darsees Arbeiten aufgeführt waren, stritten jegliche Mitverantwortung für die Unregelmäßigkeiten in Darsees Veröffentlichungen ab; *Steward/Feder*, Nature Vol. 325 (1987), S. 207 (210 ff.); *Relman*, The New England Journal of Medicine Vol. 308 (1983), S. 1415 (1416 f.); vgl. zu den Vorwürfen *Stewards* und *Feders* die Stellungnahme von Darsees Vorgesetzten in Harvard *Braunwald*, Nature Vol. 325 (1987), S. 215 ff.

128 Die Ergebnisse der Experimente Spectors riefen durch ihre beschränkte Reproduzierbarkeit in der Fachwelt verschiedentlich Zweifel hervor, die jedoch in Ermangelung des Zugriffes auf originäre Daten nicht untermauert werden konnten. Bis schließlich zumindest eine der Fälschungen von einem Mitglied derselben Fakultät anhand der Originaldaten aufgedeckt werden konnte. Dennoch ist der Fall beispielhaft für das Versagen wissenschaftlicher Überprüfungsmechanismen, da der angesehene Professor und Mentor Spectors, Efraim Racker, selbst – sei es aufgrund übermäßigen Vertrauens in die Fähigkeiten seines Schützlings oder aufgrund eigenen Strebens nach einem nobelpreiswürdigen Durchbruch mit Hilfe der Forschungsarbeiten Spectors – keine Hinweise auf Probleme wahrnahm und offensichtlich nur unzureichende Überprüfungen der Theorie vornahm. *Fox*, Theory Explaining Cancer Partly Retracted, Chemical and Engineering News, Sept. 7., 1981, S. 34-35; *Wade*, New Scientist Vol. 91 (1981), S. 781 f.; *McKean*, Discover Nov. 1981, S. 18-23.

129 Vgl. ORI Homepage, Historical Background, unter: http://ori.hhs.gov/about/history.shtml (15.02.2007).

130 U.S. Department of Health and Human Services, HHS Fact Sheet: Promoting Integrity in Research, October 22, 1999, S. 1; *Hallum/Hadley*, ASM News Vol. 56 (1990), S. 647 (648 f.).

wurden die zunehmend – insbesondere in der biomedizinischen Forschung – auftretenden misconduct-Verdachtsfälle von Fall zu Fall unterschiedlich behandelt.[131]

II. Reaktion des Kongresses

Das Thema rückte in den Folgejahren aufgrund der Emergenz weiterer spektakulärer Fälle wissenschaftlichen Fehlverhaltens und mehrerer Berichte, die die Inkompetenz der National Institutes of Health (NIH), der Universitäten und anderer Forschungseinrichtungen in Bezug auf einen geeigneten Umgang mit Fehlverhaltensvorwürfen thematisierten, immer mehr in das Interesse des Kongress.[132]

1. Öffentliche Anhörungen des Kongresses

1981 führte *Albert Gore, Jr.*, damals Abgeordneter und Vorsitzender des Investigations and Oversight Subcommittee des House Science and Technology Committee[133], die ersten öffentliche Anhörungsverfahren *(public hearings)*[134] über Betrug und Fälschung in der Wissenschaft durch, die das sich immer stärker abzeichnende Problem des wissenschaftlichen Fehlverhaltens in der amerikanischen Forschung

---

131 *Mazur*, Minerva Vol. XXVII (Spring 1989), S. 178 (180 ff.); *Woolf*, Jurimetrics Journal Vol. 29 (1988), S. 67 (84 ff.). Die Association of American medical Colleges (AAMC) empfahl daher bereits im Jahr 1982 ihren Mitgliedseinrichtungen die Verabschiedung von Guidelines, nach denen Vorwürfe wissenschaftlichen Fehlverhaltens untersucht werden sollen, Association, of American Medical Colleges, The Maintenance of High Ethical Standards in the Conduct of Research, S. 3.

132 *Reynolds*, Tennessee Law Review Vol. 66 (1999), S. 801 (805 f.); ORI: An Introduction. U.S. Department of Health and Human Services, September 1993, S. 1 aus: *Dustira*, The Federal Role in Influencing Research Ethics Education and Standards in Science, Professional Ethics, Volume 5, Nos. 1 und 2, S. 139.

133 In den USA ist innerhalb des Ausschusssystems des Kongresses zwischen ständigen Ausschüssen *(standing committees)* und Sonderausschüssen *(select oder special committees)* zu unterscheiden. Letztere werden nur zur Erledigung einer bestimmten Aufgabe eingesetzt und anschließend wieder aufgelöst. Sie erfüllen keine legislatorischen Aufgaben. Gleiches gilt auch für die aus Mitgliedern beider Kammern zusammengesetzte *joint committees*, die ausschließlich mit der Durchführung von Untersuchungen oder der Ausarbeitung von Studien betraut sind. Vgl. hierzu *Smith/Deering*, Committees in Congress.
Das House Science and Technology Committee war ebenso wie das heutige Committee on Science ein ständiger Ausschuss des Repräsentantenhauses mit mehreren Unterausschüssen (derzeit: Subcommittee on Environment, Subcommittee on Energy, Subcommittee on Research, Subcommittee on Space).

134 Der Kongress besitzt die Kompetenz, durch seine bestehenden ständigen Ausschüsse oder aber durch eigens für besondere Zwecke eingesetzte Spezialausschüsse Untersuchungen und Kontrollen durchzuführen. Ihnen stehen zu diesem Zweck rechtliche Zwangsmittel, darunter z.B. die Rechte, Zeugen zu laden, oder die Herausgabe wichtiger Dokumente zu verlangen, zur Verfügung, vgl. *Shell* in: Lösche/Adams (Hrsg.), Länderbericht USA, S. 207 (226 ff.).

fokussierten.[135] Über die Diskussion um die Frage, ob die Vorfälle wissenschaftlichen Fehlverhaltens als Handlungen fehlgeleiteter Individuen oder als Indikatoren grundlegender struktureller Probleme in der Wissenschaft aufgenommen werden sollten[136], entfachte ein bis heute andauernder Disput über die geeignete Definition und Regulierung wissenschaftlichen Fehlverhaltens.[137]

Ende der 80er Jahre begann eine weitere Serie von *public hearings* unter der Leitung des demokratischen Abgeordneten und Vorsitzenden des House Energy and Commerce Committee *John Dingell, Jr.*[138], welche unter anderem Ermittlungen in zwei der bedeutendsten amerikanischen Verdachtsfälle um den Nobelpreisgewinner David Baltimore und den AIDS Forscher Robert Gallo einschlossen[139]. In Folge dieser Anhörungsverfahren nahm der Druck auf die *scientific community* und die *federal agencies* im Hinblick auf den Bedarf nach Entwicklung stärkerer Qualitätskontroll- und Aufsichtsmechanismen in der Wissenschaft weiter zu.[140] Über einen langen Zeitraum hinweg hatte man bei der Gewährleistung von Qualität in der Forschung allenthalben grundlegend auf das System des *peer review* vertraut. Nun vertraten Kongress und *scientific community* deutlich konträre Ansichten in Bezug auf die Verbreitung wissenschaftlichen Fehlverhaltens, das erforderliche Maß an Verantwortlichkeit angesichts der Betroffenheit staatliche Fördermittel, die Effektivität der Forschungseinrichtungen im Umgang mit Fehlverhaltensfällen und die Kontroverse darüber, wer am besten geeignet ist, die Untersuchung, Überwachung und Steuerung des Problems zu übernehmen.[141] Das Argument der selbstkorrektiven Natur der Wissenschaft konnte dem Druck intensiver öffentlicher Prüfung und den

---

135 Fraud in Biomedical Research: Hearings Before the Subcommittee on Investigations and Oversight of the House Committee on Science, 97th Cong., 1st Sess. 2 (March 32 and April 1, 1981).

136 Der überwiegende Teil der als Zeugen geladenen angesehenen Wissenschaftler bekannte sich deutlich zu der Auffassung, dass Betrug in der Wissenschaft kein ernsthaftes Problem sei, sondern dass es sich um wenige Einzelfälle handele, die das Wissenschaftssystem mit Hilfe seiner demokratischen, selbstkorrektiven Mechanismen zu lösen in der Lage sei. Siehe hierzu auch *Rennie/Gunsalus*, in: Lock/Wells/Farthing, Fraud and Misconduct in Biomedical Research, S. 13 (14 f.); *Green*, University of Michigan Journal of Law Reform, Vol. 20:4 (1987) S. 1009 ff.; *Broad & Wade*, Betrayers of the Truth, S. 86 f.

137 *Francis*, Science and Engineering Ethics Vol. 5 (1999), S. 261 (262); *Hollander*, in: Max-Planck-Gesellschaft (Hrsg.), Max Planck Forum 2, Ethos der Forschung, Ethics of Research, Ringberg-Symposium Okt. 1999, S. 199 (201).

138 U.S. Congress (1989), Fraud in NIH Grant Programms, House of Representatives, Committee on Energy and Commerce, Subcommitee on Oversight and Investigations, 100th Cong., 2nd Sess., April 12, Serial No. 100-189, U.S. Government Printing Office, Washington D.C.

139 Vgl. *Reynolds*, Tennessee Law Review Vol. 66 (1999), S. 801 (808, 810 ff.). Zu den Fällen vgl. auch 2. Teil, C. IV. 2., S. 68 ff., Fn. 229 und 230.

140 Tatsächlich hatte zu diesem Zeitpunkt der Rulemaking-Prozess der *federal agencies* nach Ermächtigung durch den Health Research Extension Act bereits begonnen, siehe 2. Teil, C. III., S. 56 ff.

141 *Heinz/Chubin*, BioScience Vol. 38 (1988), S. 559 (560 f.); *Bloom*, The Journal of NIH Research Vol. 1 (May/June 1989), S. 14 u. 16.

Forderungen nach stärkerer Verantwortlichkeit nicht mehr standhalten.[142] Zusätzlich wurden die Nachteile und Schwächen des bisherigen *peer review* Systems durch zunehmenden Erfahrungsaustausch und erste wissenschaftlichen Untersuchungen beleuchtet.[143] Die Debatte begann sich schließlich immer weniger um die Frage der Notwendigkeit der Akzeptanz externer Kontrolle durch die *scientific community* zu drehen, sondern wendete sich verstärkt bereits den möglichen Ausformungen dieser Kontrolle zu.[144]

2. Gesetzgeberische Aktivitäten

1985 ergriff der Kongress für den medizinische Forschung eine erste konkrete gesetzgeberische Maßnahme zur Institutionalisierung von Verantwortungsbereichen des Departments of Health and Human Services (DHHS) und der staatlich geförderten Forschungsinstitutionen im Umgang mit Fehlverhaltensfällen, indem er den Health Research Extension Act erließ, durch den der Public Health Service Act um Section 493[145] ergänzt wurde.[146] Section 493 beinhaltet die Ermächtigung des Gesundheitsministers zum Erlass einer Verordnung *(regulation),* durch welche Institutionen, die eine staatliche Förderung des Public Health Service (PHS) für Forschungsprojekte der Biomedizin oder Verhaltensforschung beantragen, zum Nachweis der Einrichtung eines Verwaltungsverfahrens *(administrative process),* dass der

---

142 *Francis*, Science and Engineering Ethics Vol. 5 (1999), S. 261 (262); *Charrow*, The Journal of NIH Research Vol. 1 (May/June 1989), S. 15.

143 Vgl. beispielsweise *Rennie*, Guarding the Guardians: Research on Peer Review. Program of First International Congress on Peer review in Biomedical Publication, Chicago, Illinois, May 10-12, 1989.

144 *Francis*, Science and Engineering Ethics, Vol. 5 (1999), S. 261 (262); *Heinz/Chubin*, BioScience Vol. 38 (1988), S. 559 (561).

145 Health Research Extension Act of 1985, Pub. L. No. 99-158, § 493, 99 Stat. 820, 874-75 (1985) (codified as amended at 42 U.S.C. § 289(b) (1998)):
"PROTECTION AGAINST SCIENTIFIC FRAUD
SEC. 493. (a) The Secretary shall by regulation require that each entity which applies for a grant, contract or cooperative agreement under this Act for any project or program which involves the conduct of biomedical or behavioral research submit in or with its application for such grant, contract or cooperative agreement assurances satisfactory to the Secretary that such entity
(1) has established (in accordance with regulations which the Secretary shall prescribe) an administrative process to review reports of scientific fraud in connection with biomedical and behavioral research conducted at or sponsored by such entity; and
(2) will report to the Secretary any investigation of alleged scientific fraud which appears substantial.
(b) The Director of NIH shall establish a process for the promt and appropriate response to information provided the Director of NIH respecting scientific fraud in connection with projects for which funds have been made available under this Act. The process shall include procedures for the receiving of reports of such information from recipients of funds under this Act and taking appropriate action with respect to such fraud."

146 *Goldner*, American Journal of Law and Medicine Vol. 24 (1998), S. 293 (294 f.).

Überprüfung von Verdachtsmomenten des Wissenschaftsbetrug dient, und zur Anzeige jeder Untersuchung von erheblich erscheinenden Missbrauchsvorwürfen gegenüber dem Gesundheitsminister, verpflichtet wurden. Die Verfahrensausgestaltung sollte sich an den ministeriellen Rahmenvorgaben der Verordnung orientieren. Daneben beinhaltete Section 493 die Verpflichtung des Leiters (*directors*) der NIH, ein eigenes Verfahren, welches die unverzügliche und sachgerechte Reaktion auf Informationen über Wissenschaftsbetrug, einschließlich der Prozedere für die Entgegennahme von Anzeigen der Forschungsinstitutionen, und ein angemessenes Vorgehen im Hinblick auf das betrügerische Verhalten gewährleistet, bereitzustellen. Das Gesetz ergänzte die bereits zuvor bestehende Ermächtigung des Department of Health and Human Services (DHHS)[147], unter der das Ministerium wissenschaftlichem Fehlverhalten in den 70er und 80er Jahren nachgegangen war, und etablierte mit der Übertragung der Erstverantwortung in Fehlverhaltensfällen an die einzelnen Forschungseinrichtungen eines der bis zum heutigen Tage anzuwendenden Grundprinzipien des amerikanischen Verfahrensmodells im Umgang mit Vorwürfen wissenschaftlichen Fehlverhaltens.[148] Dieses wurde im Jahr 1993 durch den NIH Revitalization Act[149], der insbesondere für die gesetzliche Verankerung einer selbständigen Behörde zur Fehlverhaltensbekämpfung innerhalb des DHHS sorgte, geändert und ergänzt.

III. Die Entwicklung bundesrechtlicher exekutiver Normen mit Prinzipien und Verfahrensregeln zum Umgang mit wissenschaftlichem Fehlverhalten

Ende der 80er Jahre begannen zwei der forschungsfördernden *federal agencies*, der Public Health Service (PHS) und die National Science Foundation (NSF), mit der Entwicklung und Verabschiedung förmlicher exekutiver Normen, so genannter *rules* oder *regulations*[150], die den Umgang mit Fällen wissenschaftlichen Fehlverhaltens

---

147 Die Ermächtigung resultiert aus der gesetzlichen Übertragung der Verantwortung für die Vergabe staatlicher Forschungsgelder und der damit verknüpften Verantwortung für die sachgerechte Verwendung der Mittel und der Einhaltung der einschlägigen Gesetze und Verordnungen (Public Health Service Act, 42 U.S.C. 241, 242, 275 et seq., 281 et seq.).

148 Zu den Grundprinzipen gehört, dass die Forschungseinrichtungen aufkommende Vorwürfe – damals wie heute – zunächst selbst überprüfen und diese den *funding agencies* anzeigen. Letztere – bzw. die später geschaffenen Spezialbehörden – übernehmen die Aufsichtsfunktion und können zudem selbst geeignete Maßnahmen ergreifen (zentrale Überwachungsfunktion und Korrekturfunktion). Vgl. *Pascal*, Science and Engineering Ethics Vol. 5 (1999), S. 183 (184) sowie unten 2. Teil, D. I. 1., S. 77 ff.

149 NIH Revitalization Act of 1993, Publ.L. 103-43, Title I, § 161, 42 U.S.C. 289b.

150 Die US-amerikanische Rechtsprechung und Literatur bedient sich einer uneinheitlichen Terminologie. Obwohl jeweils abstrakt generelle Regelungen mit Außenwirkung als Pendant zu den deutschen Rechtsverordnungen gemeint sind, sprechen Richter, Verwaltungspraktiker und auch Wissenschaftler teilweise von *rules* und teilweise von *regulations*. Zu dieser Variabilität der US-amerikanischen verwaltungsrechtlichen Terminologie vgl. *Schwartz*, Administrative Law, S. 162. Steht der Prozess der executiven Rechtsetzung in Rede, so wird mit der

durch diese Finanzierungsträger sowie deren Empfängerinstitutionen regelten. Obwohl es sich dabei um bundesweit geltende Regelwerke handelt, welche auf Wissenschaftler in allen US-amerikanischen Staaten Anwendung finden, entfalten diese lediglich Wirkung für Forschung, die mit staatliche Forschungsgeldern des PHS oder der NSF finanziert wird.[151]

1. Public Health Service (PHS)

Bereits im Juli 1986 publizierte der Public Health Service (PHS)[152] vorläufige Verfahrensrichtlinien *(guidelines)* für den Umgang mit Vorwürfen wissenschaftlichen Fehlverhaltens in dem Guide for Grants and Contracts der NIH.[153] Die endgültige *regulation* „Responsibilities of Arwardee and Applicant Institutions for Dealing With and Reporting Possible Misconduct in Science" wurde drei Jahre später, im August 1989, im Federal Register veröffentlicht.[154] Diese Verordnung setzte das gesetzliche Rahmenkonzept des Health Research Extension Acts um, indem sie die Empfänger von PHS Förderleistungen verpflichtete, den Vorgaben der Verordnung entsprechende *policies and procedures* einrichteten, welche beinhalten, dass Fehlverhaltensvorwürfe in einem institutsinternen administrativen Verfahren untersucht werden und dass die Vorwürfe und die Ergebnisse der Untersuchung den zuständigen Behörden des Ministeriums zur Wahrnehmung ihrer Aufsichtsfunktion und

---

Terminologie des 1946 geschaffenen und am 6. Dezember 1966 in den United States Code (U.S.C) eingefügten Administrative Procedure Acts (APA) (Pub. L. No. 89-554, 80 Stat. 381, 5 U.S.C. §§ 551-559, 701-706, 1305, 3105, 3444, 5372, 7521) häufig der Begriff *rulemaking* verwandt. Zur Abgrenzung von *rulemaking*, das zum Erlass einer *rule* bzw. *regulation* führt und von *adjudication*, die in dem Erlass einer *order* (auch als *decision* bezeichnet) mündet, wird überwiegend der so genannte *applicability test* herangezogen. Dieser grenzt *regulations* und *orders* unter Berücksichtigung des zu regelnden Sachverhalts und des betroffenen Personenkreises ab. Eine *regulation* regelt abstrakt beschriebene Fälle und hat einen generellen Anwendungsbereich. Die *order* hingegen betrifft einen konkreten Fall und eine individualisierte oder zumindest individualisierbare Person. Vgl. zu dieser Unterscheidung *Schwartz*, Administrative Law, S. 165, *Aman/Mayton*, Administrative Law, S. 37 f. Fn. 1 und S. 99 ff.; *Linneweber*, Einführung in das US-amerikanische Verwaltungsrecht, S. 72 f.

151 Diese *regulations* finden daher nur auf Personen Anwendung, die staatliche Förderung erhalten oder für Forschungseinrichtungen arbeiten, die mit den Fördergeldern der jeweiligen *agency* Forschung betreiben.

152 Zur Organisation des Public Health Service vgl. oben 2. Teil, A. II. 1. a) aa), S. 38.

153 Public Health Service, Interim Policies and Procedures for Dealing With Possible Misconduct in Science, NIH Guide to Grants and Contracts, 15 (18 July 1986), 1-37. Die NIH waren diejenige *agency* des PHS, die Mitte der 80er Jahre am häufigsten mit Fehlverhaltensfällen konfrontiert wurde. Andere *agencies* des PHS, wie die Alcohol Drug Abuse and Mental Health Administration (ADAMHA) und die National Institutes of Mental Health (NIMH), hatten es mit einem geringeren Ausmaß an Fällen zu tun.

154 "Responsibilities of Awardee and Applicant Institutions for Dealing With and Reporting Possible Misconduct in Science", 42 C.F.R. Part 50, Subpart A, 54 Fed. Reg. 32446 (August 8, 1989).

Einleitung weiterer Maßnahmen mitgeteilt werden. Im Einzelnen legte die Verordnung neben einer Definition von *misconduct in science*[155] den zeitlichen Rahmen der institutionsinternen Verfahren, die sich in eine Voruntersuchung *(inquiry)*, eine förmliche Untersuchung *(investigation)* und die Sanktionierung untergliedern sollten, sowie weitere Rahmenanforderungen für das Verfahren fest[156], wobei die Zusammensetzung der verfahrensleitenden Gremien den Institutionen vorbehalten blieb[157]. Darüber hinaus verpflichtete die Verordnung Bewerber- oder Empfängereinrichtungen von PHS Fördergeldern zur Abgabe einer jährlich zu erneuernden Zusicherung *(assurance)* über die Umsetzung und Einhaltung der rechtlichen Vorgaben und über die Weitergabe aller verfahrensrelevanten Informationen an den PHS.[158]

Wie bereits der Titel der Verordnung zu erkennen gab, entbehrte diese besonderer Vorschriften für die Einleitung zentraler Maßnahmen durch den PHS und die Verantwortungsbereiche der dort zuständigen Stellen. Diese Lücke wurde 1990 durch Erlass ergänzender Guidelines unter dem Titel "Policies and Procedures for Dealing with Possible Scientific Misconduct in Extramural Research" geschlossen.[159]

2. National Science Foundation (NSF)

Nahezu parallel zu der Verordnungsgebung des PHS veröffentlichte auch die National Science Foundation (NSF)[160] im Februar 1987 einen Regelungsvorschlag *(notice*

---

155 Vgl. dazu unten 2. Teil, E. I., S. 108 ff.

156 § 50.103 (d) "Responsibilities of Awardee and Applicant Institutions for Dealing With and Reporting Possible Misconduct in Science", 42 C.F.R. Part 50, Subpart A, 54 Fed. Reg. 32446 (August 8, 1989), danach sollte die *inquiry* in höchstens 60 Kalendertagen fertig gestellt werden, die *investigation* hingegen durfte 120 Tage in Anspruch nehmen und sollte innerhalb von 30 Tagen nach Abschluss der *inquiry* eingeleitet werden.

157 Nur wenige der PHS geförderten Forschungseinrichtungen errichteten einen ständigen Ausschuss, der für die Untersuchung wissenschaftlichen Fehlverhaltens zuständig war. Die Mehrzahl legte sich auf die Ernennung von ad-hoc Komitees, bestehend aus drei bis acht der betroffenen Einrichtung selbst angehörenden Mitgliedern fest, U.S. Department of Health and Human Services, Office of Assistant Secretary for Health, First Annual Report, Scientific Misconduct Investigations, March 1989 – December 1990, S. 2 f.

158 § 50.103 (a), (b), (c) "Responsibilities of Awardee and Applicant Institutions for Dealing With and Reporting Possible Misconduct in Science", 42 C.F.R. Part 50, Subpart A, 54 Fed. Reg. 32446 (August 8, 1989). Die Regelung wurde in die Public Health Service Policies on Research Misconduct, 70 Fed. Reg 28370 (28388) (May 17, 2005), § 93.301 übernommen.

159 Vgl. PHS, Misconduct in Science; Notice of Availability, 55 Fed. Reg. 42490 (October 19, 1990) sowie die spätere Veröffentlichung der Guidelines unter PHS, Policies and Procedures for Dealing with Possible Scientific Misconduct in Extramural Research, 56 Fed. Reg. 27384-394 (June 13, 1991).

160 Siehe die kurze Charakterisierung der National Science Foundation oben unter 2. Teil, A. II. 1. a) bb), S. 38 f.

of proposed rulemaking)[161] mit Vorschriften zur Behandlung von Vorwürfen wissenschaftlichen Fehlverhaltens. Noch im Juli folgte die Verabschiedung der förmlichen Verordnung "Misconduct in Science and Engineering Research".[162] Die NSF

---

161 Notice of Proposed Rulemaking (NPRM): Misconduct in Science and Engineering Research, 52 Fed. Reg. 4158-61 (10 February,1987) (to be codified at 45 C.F.R. Part 689). Die NPRM ist erforderlich, weil der Administrative Procedure Act (APA) bei dem Erlass einer materiellen, außenrechtlichen Rechtsverordnung *(legislative oder substantive rule)* die Einhaltung der Anforderungen eines förmlichen *rulemaking* Verfahrens verlangt, welches unter anderem dazu dient, die Beteiligung der Öffentlichkeit *(public participation)* durch *notice* and *comment* zu sichern. (Ausgenommen von dem *rulemaking* Verfahren sind nach § 553 (b) (3) A APA die sogenannten *interpretative rules*, die die Auslegung von Gesetzen betreffen, sowie *general statements of policy* und *rules of agency organisation procedure and practice*.)
Der APA unterscheidet grundsätzlich zwei Verfahren zum Erlass exekutiver Normen, nämlich das in § 553 APA geregelte *informal rulemaking* (auch *basic rulemaking* genannt) und das in den §§ 556 und 557 geregelte *formal rulemaking*. Das hier einschlägige *informal rulemaking* findet immer dann Anwendung, wenn die Ermächtigungsgrundlage kein anderes Verfahren vorschreibt, und bildet daher den regulären Anwendungsfall. Es geht jedoch entgegen dem begrifflichen Anschein bereits erheblich über das in Deutschland übliche Verfahren der Verordnungsgebung hinaus und setzt sich im Wesentlichen aus drei Elementen zusammen: Zunächst umfasst es die Ankündigung im Federal Register, dass für eine bestimmte Materie eine (meist schon im Entwurf vorliegende) Regelung erlassen werden soll. Dies geschieht durch die NPRM gemäß § 553 (b), welche Zeit, Ort und Art des Verfahrens, die Rechtsgrundlage und den Kerninhalt der beabsichtigten *rule* enthalten soll. Bisweilen machen die Behörden auch schon im Stadium der Erarbeitung des konkreten Normvorschlages freiwillig oder aufgrund zwingender Vorschrift in der Ermächtigungsnorm von der Ankündigung Gebrauch, um die Öffentlichkeit schon im Vorfeld zur Mitarbeit aufzufordern. In diesem Fall handelt es sich um eine *advanced notice of proposed rulemaking* (ANPRM). An die *notice* schließt sich für die Öffentlichkeit die Gelegenheit zur Einreichung von Stellungnahmen an. Nach § 553 (c) Satz 1 APA muss die Behörde allen Interessierten *(interested persons)* die Möglichkeit zur schriftlichen oder mündlichen Beteiligung an der Normsetzung einräumen. Das Verfahren schließt nach der internen Entscheidungsfindung mit dem Regelerlass und der Veröffentlichung im Federal Register, wobei die Behörde eine Begründung anfügen und auf die wichtigsten Anregungen aus der Bürgerschaft inhaltlich eingehen muss, indem sie entweder den Normsetzungsvorschlag verändert oder erklärt, warum sie von einer Umsetzung der Anregungen *(statement of basis and purpose)* absieht.
Das *formal rulemaking* ist dagegen deutlich komplizierter ausgestaltet und ähnelt ebenso wie das Verfahren zum Erlass einer Einzelfallentscheidung *(adjudication)* eher einem Gerichtsverfahren *(judicial trial)*, in dem sich die Behörde mittels einer formalisierten Beweisaufnahme mit allen Eingaben auseinandersetzt. Vgl. im Einzelnen *Pierce/Shapiro/Verkuil*, Administrative Law and Process, S. 322 ff.
Darüber hinaus sind aus der Kritik dieser beiden Verfahrensarten in Rechtsprechung und Literatur verschiedene Zwischenformen bzw. Mischverfahren *(hybrid rulemaking)* hervorgegangen, deren Anforderungen sich aus Spezialvorschriften ergeben müssen, die also nicht im Wege der richterlichen Rechtsfortbildung kreiert werden dürfen, vgl. Vermont Yankee Nuclear Power Corp. V. Natural Resources Defense Council, 435 U.S. 519 ff. (1978).
Ausführlich und grundlegend zum *rulemaking*-Verfahren *Mintz/Miller*, Federal Agency Rulemaking; *Kerwin*, Rulemaking; *Nolte*, AöR 118 (1993), S. 378 ff.; *Pünder*, Exekutive Normsetzung in den Vereinigten Staaten von Amerika und der Bundesrepublik Deutschland.
162 Final Rule: Misconduct in Science and Engineering Research, 52 Fed. Reg. 24466-70 (1 July, 1987) (to be codified at 45 C.F.R. Part 689).

war durch den National Science Foundation Act von 1950 generell ermächtigt, alle im Zusammenhang mit der Verwaltung und Durchführung des Forschungsfinanzierungsprogramms *(grant program)* der NSF notwendigen Verordnungen zu erlassen.[163] Einer Delegation von speziellen Normsetzungsbefugnissen, wie sie der Health Research Extension Act zum Ziel hatte, bedurfte es daher nicht. Die Regelungen wurden 1991 überarbeitet und den durch die Einrichtung des Office of Inspector General (OIG) der NSF[164] sowie durch nachträgliche Verabschiedung der Ausschluss- und Suspendierungsverordnung *(debarment and suspension regulation)* der NSF[165] veränderten institutionellen und rechtlichen Gegebenheiten angepasst.[166] Die NSF-Verordnung normierte sowohl Rahmenanforderungen für einrichtungsinterne *misconduct*-Verfahren der Empfänger von NSF-Förderleistungen[167] als auch konkrete Parallelvorschriften für zentrale Fehlverhaltensuntersuchungen der NSF[168]. Darüber hinaus enthielt die Verordnung einen speziellen Maßnahmenkatalog für die Sanktionierung wissenschaftlichen Fehlverhaltens.[169]

IV. Divergierende Verfahrensmodelle des PHS und der NSF

Obwohl beide Agencies die Aufklärung von Verdachtsfällen wissenschaftlichen Fehlverhaltens in erster Linie den geförderten Forschungseinrichtungen überließen

163 National Science Foundation Act of 1950, Pub.L. No. 507, § 11, 64 Stat. 149, 153-54 (codified as amended at 42 U.S.C. § 1870 (1988)):
   "§ 1870. General authority of Foundation
   The Foundation shall have the authority, within the limits of available appropriations, to do all things necessary to carry out the provisions of this chapter, including, but without being limited thereto, the authority
   (a) to prescribe such rules and regulations as it deems necessary governing the manner of its operations and its organization and personnel;
   (b) to make such expenditures as may be necessary for administering the provisions of this chapter;
   (c) to enter into contracts or other arrangements, or modifications thereof, ..."
164 Die Einrichtung erfolgte am 10. Februar 1989 im Nachgang zu der Änderung des Inspctor General Acts durch Public Law 100-504, October 18 1988, 102 Stat 2515. Vgl. zum OIG ferner unten 2. Teil, D. III. 2. a), S. 99 f.
165 45 C.F.R. Part 620, 53 FR 19160 at. 19200-201 (May 26, 1988) In die *misconduct*-Verordnung der NSF wurden Verweise auf die dort geregelten *debarment and suspension procedures* aufgenommen, vgl. unten 2. Teil, G., S. 155 ff.
166 Die Proposed Rule: Misconduct in Science and Engineering, 56 Fed. Reg. 5789-92 (February 13, 1991); Final Rule: Misconduct in Science and Engineering 56 Fed. Reg. 22286-90 (May 14, 1991).
167 NSF, Misconduct in Science and Engineering, 56 Fed. Reg. 22286 (22288 f.) § 689.3 (May 14, 1991). Hiernach durften die geförderten Einrichtungen für die *inquiry* 90 Tage, für die *investigation* sogar 180 Tage, veranschlagen.
168 NSF, Misconduct in Science and Engineering, 56 Fed. Reg. 22286 (22288 f.) §§ 689.4 ff. (May 14, 1991).
169 NSF, Misconduct in Science and Engineering, 56 Fed. Reg. 22286 (22288 f.) §§ 689.2 (May 14, 1991).

und damals wie heute nur im Bedarfsfall selbst untersuchend tätig wurden, ansonsten Aufsichtsfunktion übernahmen[170], unterschieden sich die durch die Verordnungen des PHS und der NSF anfänglich eingeführten Verfahrensmodelle sowohl im Hinblick auf institutionelle Charakteristika als auch in der Art und Weise der Durchführung zentralisierter Verfahren deutlich von einander.

1. Das Verfahrensmodell des wissenschaftlichen Dialoges (Scientific Dialogue Model) des PHS

Der PHS entwickelte ein "Scientific Dialogue Model", dessen Konzeption dem Widerstand der *scientific community* gegenüber externer Kontrolle der Wissenschaft durch andere Sektoren Rechnung trug.[171] Er bediente sich zweier eigens für den Umgang mit Fehlverhaltensfällen etablierter Behörden, des Office of Scientific Integrity (OSI) und des Office of Scientific Integrity Review (OSIR).[172] Die durch das OSI durchgeführten Untersuchungen wurden als „wissenschaftlicher Dialog" zwischen den dort zuständigen Untersuchungsbeamten und Zeugen über die Genauigkeit und Richtigkeit wissenschaftlicher Daten geführt.[173]

a) Das Office of Scientific Integrity (OSI) und das Office of Scientific Integrity Review (OSIR)

OSI and OSIR dienten der Formalisierung und Zentralisierung der Bemühungen des PHS um eine wirksame Überprüfung von Fehlverhaltensvorwürfen. Beide Behörden waren dem Department of Health and Human Services unterstellt, das OSI war bei dem Office of the Director (OD) der NIH und das übergeordnete OSIR in dem Office of the Assistant Secretary for Health (OASH) angesiedelt.[174] Die Platzierung des

---

170 NSF, Misconduct in Science and Engineering, 56 Fed. Reg. 22286 (22288 f.) § 689.3 und § 689.4 (May 14, 1991); PHS, Responsibilities of Awardee and Applicant Institutions for Dealing With and Reporting Misconduct in Science, 54 Fed. Reg. 32446 (32449 ff.) § 50.103 und § 50.104 (August 8, 1989). Vgl. zur Struktur des Modells der Verantwortungsteilung unter 2. Teil, D. I., S. 76 ff.

171 *Price/Hallum*, Accountability in Research Vol. 2 (1992), S. 133 (135).

172 Responsibilities of Awardee and Applicant Institutions for Dealing With and Reporting Misconduct in Science, 54 Fed. Reg. 32446 (32449 ff.) § 50.102 (August 8, 1989).

173 *Hallum/Hadley*, ASM News Vol. 56 (1990), S. 647 (650 f.); *Howard*, Hastings Law Journal Vol. 45 (1994), S. 309 (330); *Steinberg*, Southern California Interdisciplinary Law Journal Vol. 10 (2000), S. 39 (68).

174 U.S. Department of Health and Human Services, Office of Assistant Secretary for Health, First Annual Report, Scientific Misconduct Investigations, March 1989-December 1990, S. 1. Das OD zeichnet sich für die zentrale Planung, Leitung und Koordination der NIH Programme und Aktivitäten verantwortlich, der ASH ist direkter Berater des Gesundheitsministers und überwacht stellvertretend für den Minister des gesamten PHS.

OSI innerhalb der NIH widersprach der Zuständigkeit des OSI für Fehlverhaltensfälle des gesamten PHS. Sie ist einerseits zurückzuführen auf den Umstand, dass das OSI gewissermaßen die Nachfolge des Institutional Liaison Office[175] der NIH antrat. Das Institutional Liaison Office war die erste zentralverantwortliche Einrichtung des PHS für den Umgang mit Fehlverhaltensfällen und war seit 1986 für die Entgegennahme von und die Erwiderung auf Anzeigen über wissenschaftliches Fehlverhalten verantwortlich.[176] Andererseits wurde das OSI auch als Protegé einer wissenschaftsnahen Lösung in die wissenschaftsdurchführenden Struktureinheiten des PHS eingegliedert.[177]

Das OSI beaufsichtigte die Implementation der *PHS policies and procedures* zum Umgang mit wissenschaftlichem Fehlverhalten in den einzelnen *agencies* des PHS. Darüber hinaus war es überwiegend für die Überwachung institutionsinterner Fehlverhaltensuntersuchungen derjenigen Forschungseinrichtungen zuständig, welche mit Fördermittel des PHS für biomedizinische Forschung oder Vorhaben in der Verhaltensforschung ausgestattet wurden. Sofern notwendig, war die Behörde befugt, eigene Fehlverhaltensuntersuchungen durchzuführen.[178] Das untersuchungsführende Personal des OSI bestand aus acht *caseworkers,* von denen sieben eine wissenschaftliche Ausbildung aufzuweisen hatten.[179] Ähnlich wie beim *peer review* wurde also ein wissenschaftliches Gremium bemüht, um Aufklärung wissenschaftlichen Fehlverhaltens zu gewährleisten.[180] Mit Einsatz dieses Gremiums, welches das PHS-

175 Das Institutional Liaison Office war in dem Office of Extramural Research ebenfalls unterhalb der zentralen Behörde der NIH, dem Office of the Director, angesiedelt. Es war 1982 errichtet worden und zunächst zuständig für die Formulierung und Verbreitung von Guidelines für Bewerber um staatliche Fördermittel. Erst durch den Fall Darsee erweiterte sich sein Aufgabenbereich auch auf den Umgang mit wissenschaftlichem Fehlverhalten, vgl. *Mervis*, The Scientist Vol. 3 No. 10 (1989), S. 1.

176 Die NIH waren bereits 1982 aufgefordert worden, auf dem Gebiet der Entwicklung von Richtlinien und Verfahren zur Begegnung wissenschaftlichen Fehlverhaltens für alle Agencies des Public Health Service die Führung zu übernehmen, vgl. *Brandt*, Public Health Reports Vol. 98 (1983), S. 136 (138). Vor 1986 waren Vorwürfe über wissenschaftliches Fehlverhalten jedoch noch durch die forschungsfinanzierenden Institutionen der Agencies des Public Health Service entgegengenommen wurden. Der erste Schritt hin zur Errichtung einer zentralverantwortlichen Einrichtung im Umgang mit wissenschaftlichem Fehlverhalten im Department of Health and Human Services wurde mit der Einrichtung des OSI fortgeführt.

177 Vgl. *Price/Hallum*, Accountability in Research Vol. 2 (1992), S. 133 (135), die einen Vergleich zu zwei ebenfalls wissenschaftsnahen, in den NIH eingerichteten, Schwesterbehörden, dem Office for Protection from Research Risks (OPRR), heute: Office of Human Research Protections (OHRP), und dem Office of Recombinant DAN Activities (ORDA), heute: Office of Biotechnoiogy Activities (OBA), ziehen.

178 Responsibilities of Awardee and Applicant Institutions for Dealing With and Reporting Misconduct in Science, 54 Fed. Reg. 32446 (32449) § 50.102 (August 8, 1989).

179 *Hamilton*, Science Vol. 253 (1991), S. 1084, die Aufstellung der Fachrichtungen reichte von Immunologie über kardiovaskuläre Physiologie bis hin zu Statistik.

180 *Goldman Herman/Sunshine/Fisher/Zwolenik/Herz*, Journal of Higher Education Vol. 65 (1994), S. 384, (385); *Hallum/Hadley*, Endocrinology Vol. 128 (1991), S. 643 f.

Konzept des wissenschaftlichen Dialogs repräsentierte, wollte man dem vielfach laut gewordenen Ruf nach Selbstregulierung der Wissenschaft gerecht werden.[181]

Das OSIR übernahm Aufsichtsfunktion für die Aktivitäten des OSI. Es überprüfte die Untersuchungsberichte – sowohl des OSI als auch der PHS-geförderten Forschungsinstitutionen – um sicherzustellen, dass die darin enthaltenen Feststellungen und Empfehlungen fair und objektiv zustande gekommen sind sowie hinreichend dokumentiert wurden. Im Anschluss daran sprach es abschließende Empfehlungen über Sanktionen gegenüber dem Assistant Secretary for Health (ASH) aus.[182] Die sich daran orientierende Entscheidung des ASH hatte – mit Ausnahme der Fälle des beabsichtigten Ausschlusses aus der Bundesfinanzierung *(debarment)* – endgültige Wirkung.[183]

b) Behandlung von Fällen wissenschaftlichen Fehlverhaltens

Das OSI bediente sich bei der Durchführung eigener Fehlverhaltensuntersuchungen einer für US-amerikanische Verhältnisse ungewöhnlichen Verfahrensstrategie, die darin bestand, die Untersuchung von Fehlverhaltensvorwürfen mit dem alleinigen Fokus auf den wissenschaftlichen Kernfragen und ohne die Beteiligung von juristischem Sachverstand durchzuführen.[184] Der von den Fehlverhaltensvorwürfen betroffene Wissenschaftler wurde wie beim *peer review* eines Manuskripts durch den Herausgeber einer wissenschaftlichen Fachzeitschrift angehalten, sämtliche Daten, die seine Forschungsergebnisse zu stützen vermochten, beizubringen.[185] Das OSI evaluierte diese Forschungsdaten, ohne jedoch den Fehlverhaltensvorwurf per se in den Mittelpunkt des Verfahrens rücken zu wollen.[186]

---

181 *Hallum/Hadley*, ASM News Vol. 56 (1990), S. 647 (648) und Endicrinology Vol. 128 (1991), S. 643; *Steneck*, Science and Engineering Ethics Vol. 5 (1999), S. 161 (163 ff.); *Rhoades*, Science and Engineering Ethics Vol. 6 (2000), S. 95 (96). Wissenschaftliche Kontrolle sollte aus der *scientific community* selbst herrühren. Deshalb lehnte man sich bei der Konzeption des OSI an zwei erfolgreiche, ebenfalls wissenschaftlich besetzte Behörden, das Office for Protection from Research Risks und das Office of Recombinant DNA Technology, an.

182 Responsibilities of Awardee and Applicant Institutions for Dealing With and Reporting Misconduct in Science, 54 Fed. Reg. 32446 (32449) § 50.102 (August 8, 1989); *Pascal*, Science and Engineering Ethics Vol. 5 (1999), S. 183 (185).

183 Die Ausschlussregeln *(debarment regulation)* sehen eine Anfechtungsmöglichkeit bei beabsichtigtem Ausschluss vor, wenn eine ernsthafte Auseinandersetzung über wesentliche Tatsachen auftritt.

184 *Hamilton*, Science Vol. 253 (1991), S. 1084.

185 Diesen Vergleich stellten *Hallum/Hadley*, ASM News Vol. 56 (1990), S. 647 (650) und Endicrinology Vol. 128 (1991), S. 643, Director and Deputy Director des OSI an. Vgl. auch *Price/ Hallum*, Accountability in Research Vol. 2 (1992), S. 133 (135 f.).

186 Die Verpflichtung zur Beibringung des relevanten Datenmaterials implizierte nicht, dass die Beweislast für das Nichtvorliegen von Fehlverhalten bei dem betroffenen Wissenschaftler lag. Die Feststellung wissenschaftlichen Fehlverhaltens erforderte vielmehr einen Nachweis durch das OSI, den dieses durch die Sammlung eigener Beweismaterialien zu erbringen ver-

Das Verfahren des wissenschaftlichen Dialoges war bewusst nicht an das Prozedere herkömmlicher Straf-, Zivil- oder Verwaltungsverfahren angelehnt, um den
Spezifika des Wissenschaftsbetriebes gerecht zu werden.[187] Es sicherte dem betroffenen Wissenschaftler ein gewisses Maß an *due process*, das jedoch überwiegend
nicht als ausreichend erachtet wurde. Die Durchführung zeitaufwendiger hea-
ringsähnlicher Interviews vor dem OSI als sachverständigem Anhörungsgremium
(hearing panel) in einem frühen Verfahrensstadium ließ eine eindeutige Untergliederung des Verfahrensablaufs in die aus den ordentlichen Verwaltungsverfahren
bekannten Verfahrensabschnitte der *investigation* und *adjudication* vermissen[188], da
ein solches Anhörungsgremium im Regelfall erst zu einem späteren Verfahrenszeit-
punkt, nämlich während der adversarischen *adjudication* zum Einsatz gelangt[189]. Die
Einzelfallentscheidung über rechtliche Sanktionen *(adjudication)*, nicht aber eine
investigation wirkt direkt auf die Rechte der betroffenen Person ein und erfordert
daher von Verfassungs wegen die Bereitstellung strengerer *due process rights*.[190]
Die scheinbare Fusion beider Verfahrensabschnitte, zu der der PHS im Übrigen
selbst beigetragen hatte, indem er in seinen Verfahrensrichtlinien bereits die *investigation* vor dem OSI als maßgeblich für die Entscheidung über die Verantwortlichkeit des Betroffenen definiert hatte[191], hatte jedoch zur Folge, dass die Verfahrensführung des OSI wegen mangelnder Bereitstellung umfassender Verfahrensrechte
des Betroffenen von der *scientific community* scharf kritisiert wurde.[192] Dieser hatte
während des Verfahrens – anders als etwa vor Gericht – nicht das Recht, in einem
Beweisaufnahmetermin Zeugen gegenüberzustellen oder gar ins Kreuzverhör zu
nehmen.[193] Das OSI bemühte sich um eine Sondierung der relevanten wissenschaftlichen Gesichtspunkte und eine Depersonalisierung der Fälle, daher war auch eine
direkte Konfrontation des Betroffenen mit dem Informanten (Whistleblower) in
einem öffentlichen Anhörungstermin nicht vorgesehen[194]. Der Betroffene hatte
überdies zunächst keine Gelegenheit zur Einsichtnahme der Untersuchungsakten.

suchte, *Hallum/Hadley*, ASM News Vol. 56 (1990), S. 647 (650) und Endicrinology Vol. 128
(1991), S. 643 f.

187 *Rhoades*, Science and Enginiering Ethics Vol. 6 (2000), S. 95 (96).

188 *Goldman Herman/Sunshine/Fisher/Zwolenik/Herz*, Journal of Higher Education Vol. 65
(1994), S. 384 (391); *Mishkin*, The New Biologist Vol. 3 (1991), S. 821 (822). Vgl. zum Verfahrensablauf unten 2. Teil, F. insbes. IV. und V., S. 135 ff., 141 ff.

189 Vgl. zum *adversarial proceedure* unten 2. Teil, C. IV. 2., S. 68 ff., insbes. Fn. 222.

190 Vgl. oben 2. Teil, B. II. 1., S. 47 ff.

191 PHS, Policies and Procedures for Dealing with Possible Scientific Misconduct in Extramural
Research, 56 Fed. Reg. 27384, 27385 (June 13, 1991), 1.4, *("As carried out by the OSI, investigations evaluate the seriousness of misconduct, and, if possible, determine responsibility.")*.

192 *Hamilton*, Science Vol. 255 (1992), S. 1344 und Science Vol. 253 (1991), S. 1084.

193 PHS, Policies and Procedures for Dealing with Possible Scientific Misconduct in Extramural
Research, 56 Fed. Reg. 2738884 (June 13, 1991), 1.6 (b) (1); *Walter/Richards III*, IEEE Engineering in Medicine and Biology Vol. 10 (Dezember 1991), S. 69 (70).

194 Der Ausschluss eines mündlichen Anhörungstermins sollte vor allem auch dem Schutz des
Whistleblowers dienen, *Knight*, Issues in Science and Technology, Fall 1991, S. 28.

Belastendes Beweismaterial wurde ihm lediglich in Form einer Zusammenfassung zugänglich gemacht.[195] Seine Rechte beschränkten sich weitgehend auf eine Anhörung, die Möglichkeit, im Falle des Einsatzes eines Expertengremiums Vorschläge für dessen Besetzung zu unterbreiten, sowie die Gelegenheit zur Stellungnahme hinsichtlich der Untersuchungsberichte und der empfohlenen Sanktionen.[196]

Bald zeichnete sich ab, dass dieses weder dem Anspruch auf wissenschaftsgerechtes Verfahren – auch aufgrund der eingeschränkten Anfechtbarkeit und Überprüfbarkeit der abschließenden Entscheidung des ASH[197] – noch den rechtsstaatlichen Verfahrensanforderungen genügte. Flankierend wurde ein eklatanter Mangel an Vertraulichkeit gerügt, weil vertrauliche Dokumente und Informationen an die Presse gedrungen waren.[198] Die Untersuchungsführung stand in der Kritik[199], weil sie angeblich einer überzeugenden Beweisführung entbehrte, zu viel Zeit in Anspruch nahm, und bei Untersuchung betreffend PHS-intern beschäftigter Wissenschaftler geeignet war, die Entstehung von Interessenkonflikte zu fördern[200]. Zu allem Überfluss entschied ein Federal District Court[201], dass durch das OSI formulierte Verfah-

195 *Culliton*, Nature Vol. 352 (1991), S. 563.
196 *Hallum/Hadley*, ASM News Vol. 56 (1990), S. 647 (651) und Endicrinology Vol. 128 (1991), S. 643 f.
197 *Pascal*, Science and Engineering Ethics, Vol. 5 (1999), S. 183 (185) und Fn. (c); *Mishkin*, The New Biologist Vol. 3 (1991), S. 821 (823) schlägt das OSIR als Rechtsmittelinstanz vor.
198 Insbesondere das Bekanntwerden der vorläufigen Untersuchungsberichte in zwei prominenten Fällen um den AIDS-Forscher Robert Gallo und die Medizinerin Thereza Imanishi-Kari – letzterer im Zusammenhang mit einem in Kooauthorschaft mit dem Nobelpreisträger David Baltimore veröffentlichten Aufsatz – sorgte für heftige Kritik, weil die Veröffentlichung die Reputation der betroffenen Wissenschaftler schwer beschädigte bevor überhaupt eine endgültige Entscheidung getroffen war, vgl. *Culliton*, Nature Vol. 352 (1991), S. 555 und 563; *Hamilton*, Science Vol. 252 (1991), S. 1365. Die Vorkommnisse veranlassten schließlich eine Überprüfung der Untersuchungsergebnisse im Fall Gallo durch den von der National Academy of Science einberufenen Richards Panel, *Hamilton*, Science Vol. 256 (1992), S. 738, sowie eine Untersuchung des OSI durch das FBI, *Anderson*, Nature Vol. 356 (1992), S. 186; *Hamilton*, Science Vol. 255 (1992), S. 1503.
199 Siehe beispielsweise: *Agnew*, Jounal of NIH Research Vol. 4, March 1992, S. 33; *ders.*, Journal of NIH Research Vol. 5 (1993), S. 10; *Hamilton*, Science Vol. 251 (1991), S. 1011 und S. 863.
200 Dieser Konflikt trat durch den Fall Robert Gallo, einen NIH-eigenen Forscher, zu Tage, besteht jedoch bei allen Einrichtungen, die ihre eigenen Wissenschaftler untersuchen. Die Existenz des OSIR wurde nicht für ausreichend gehalten, um durch eine hinreichende Überprüfung der Untersuchungen des OSI dem Konflikt entgegenzuwirken. Aus diesem Grunde wurde bald über eine Reorganisation der Untersuchungsbehörde außerhalb der NIH, *Hamilton*, Science Vol. 255 (1992), S. 1199; *Culliton*, Nature Vol. 356 (1992), S. 191 sprach sich sogar für eine Ansiedlung außerhalb des DHHS aus.
201 Das duale Gerichtssystem der Vereinigten Staaten unterscheidet die Bundesgerichtsbarkeit mit einer verfassungsrechtlich beschränkten Zuständigkeit (U.S. CONST., Art. III, Section 2) und die differierenden Gerichtssysteme der Einzelstaaten. In den USA besteht – mit Ausnahmen – allgemeine Zuständigkeit der ordentlichen Bundesgerichte, es wird nicht zwischen Arbeits-, Sozial-, Verwaltungs-, oder Finanzgerichtsbarkeit unterschieden. Auf Bundesebene existieren unterhalb des Supreme Court zwei Instanzen. Erstinstanzliche Bundesgerichte sind die District Courts. In jedem Bundesstaat existiert mindestens ein solcher District Court, be-

rensrichtlinien ("Policies and Procedures for Dealing with Possible Scientific Misconduct in Extramural Research") nicht im Einklang mit dem durch den Administrative Procedure Act (APA) statuierten Verfahren des *formal rulemaking*[202] aufgestellt worden seien.[203] Obgleich das Urteil in der Folge durch den Court of Appeals[204] wegen fehlender Klagebefugnis des Wissenschaftlers aufgehoben wurde[205] und der PHS das erforderlich *notice and comment*-Verfahren nachholte, flammte der Konflikt um die Frage, ob die Wissenschaft in der Lage ist, ihr eigenes Handeln zu regulieren, erneut auf. Die *scientific community* schien dem OSI gerade wegen seines gemäßigten Verfahrensansatzes das Vertrauen zu entziehen.

völkerungsreiche Bundesstaaten werden in regionale districts unterteilt. Die Berufungsinstanz bilden die United States Court of Appeals. Das Bundesgebiet ist in zwölf *circuits* unterteilt, für deren District Courts jeweils ein Court of Appeal zuständig ist. Ein dreizehnter Court of Appeal (for the Federal Circuit) besteht für sachlich abgegrenzte Zuständigkeitsbereiche. Die letzte Instanz im System der Bundesgerichte ist der Supreme Court in Washington. Vgl. hierzu insgesamt *Chemerinsky*, Fed. Jurisdiction, § 1.4; *Nowak/Rotunda*, Constitutional Law, S. 22 ff.; *Murphy/Fleming/Harris*, Am. Constitution Interpretation, Appendix A; *Wright*, Law of Federal Courts, Kap. 1.
Die Gerichtssysteme der Einzelstaaten variieren. Vorherrschend ist ein drei- bis vierstufiger Aufbau der Gerichte. Die unterste Stufe bilden Spezialgerichte mit besonderen – entweder rechtsbereichsspezifischen oder auf Bagatellsachen beschränkten – Zuständigkeiten. Die nächsthöhere Stufe besteht aus den erstinstanzlichen Gerichten mit allgemeiner Zuständigkeit, die gleichzeitig als (oftmals letztinstanzliche) Berufungsgerichte für die erstgenannten Spruchkörper dienen. Darüber stehen untere Rechtsmittelgerichte, während die höchste Instanz wiederum die als Supreme Courts bezeichneten Landesverfassungsgerichte. *Kommers*, in: Starck/Stern (Hrsg.), Landesverfassungsgerichtsbarkeit, Teilband I, S. 461 (463 ff.).
Einen Überblick über das US-amerikanische Gerichtssystem in deutscher Sprache bieten: *Hay*, US-Amerikanisches Recht, Rn. 106 ff.; *Blumenwitz*, Einführung in das angloamerikanische Recht, S. 45 ff.; nur die Bundesgerichtsbarkeit erfasst *Brugger*, Einführung in das öffentliche Recht der USA, S. 14 ff.
202 Vgl. dazu oben 2. Teil, C. III. 2., S. 58 ff., Fn. 161.
203 Das Gericht war der Auffassung, dass es sich nicht um eine der in 5 U.S.C. § 553 (b) (3) (A) APA statuierten Ausnahmen handle, so dass es eines *notice-and-comment rulemakings* und einer Veröffentlichung im *Federal Register* nicht bedürfe, Abbs and Board of Regents of the University of Wisconsin v. Sullivan, C.A. No. 90-C-0470-C (Dec. 28, 1990) reported at 756 F.Supp. 1172 (W.D.Wis.1990); eingehend zum Sachverhalt, *Charrow*, The Journal of NIH Research Vol. 2 (October 1990), S. 83 f. und The Journal of NIH Research Vol. 3 (February 1991), S. 97 ff., der ebenso wie *Richards III*, IEEE Engineering in Medicine and Biology Vol. 11 (March 1992), S. 73 ff. auch die verfassungsrechtlichen Aspekte der Entscheidung beleuchtet.
204 Vgl. oben 2. Teil, C. IV. 1. b), S. 63 ff., Fn. 201.
205 Die Kläger, James Abbs und die University of Wisconsin, hatten sich, ohne den Ausgang eines gegen den Wissenschaftler Abbs gerichteten Untersuchungsverfahrens des PHS abzuwarten, gegen die Rechtmäßigkeit der PHS-Verfahrensregeln gewandt. Da es sich nicht um Vorschriften handelt, deren Nichteinhaltung direkt Sanktionen nach sich zieht, war den Klägern aber ein Vollzug des Verfahrens durch die verantwortlichen Akteure des PHS zumutbar, Abbs v. Sullivan, 963 F.2d 918 (7th Cir.1992).

c) Restrukturierung des Verfahrensmodells

Im Mai 1992 schließlich fand eine Neustrukturierung der Untersuchungsbehörden des PHS statt. OSI und OSIR verschmolzen zu einer neuen Behörde, dem Office of Research Integrity (ORI)[206], welches wie das frühere OSIR dem Office of the Assistant Secretary for Health (OASH) untersteht.[207] Der anschließende Erlass des NIH Revitalization Act[208] sorgte für eine gesetzliche Verankerung und Verselbständigung dieser neuen Behörde. Der Gesundheitsminister wurde zur Verordnungsgebung über das Verfahren des ORI bei Entgegennahme und Reaktion auf Informationen über Fehlverhaltensvorwürfe durch die PHS-geförderten Forschungseinrichtungen ermächtig.[209] Durch diese Maßnahmen wurde das *research integrity program* des PHS zur Vermeidung von Interessenkonflikten vollständig aus dem Einflussbereich der einzelnen PHS funding agencies herausgenommen.[210] Das ORI vereinigte zunächst all diejenigen Aufgaben auf sich, die zuvor den beiden Vorgängerbehörden oblegen hatten und verfolgte einen universalen Ansatz bei seinen Anstrengungen um die Verbesserung der Lauterkeit in der Forschung. Neben institutionsübergreifenden Bemühungen um Integrität in der Forschung sollte das ORI insbesondere die Entwicklung fairer Verfahrensregeln vorantreiben und für die Übereinstimmung der institutsinternen Verfahrensanforderungen mit den Vorgaben des PHS *(institutional compliance)* sorgen.[211] Es überprüfte institutionsintern geführte Verfahren sowie dort verhängte Sanktionsmaßnahmen und untersuchte und sanktionierte selbst Vorwürfe wissenschaftlichen Fehlverhaltens innerhalb der PHS-internen Forschungseinrichtungen sowie – wenn notwendig – auch stellvertretend für die geförderten Einrichtungen.[212] Nachdem etwas später, aber noch im Gründungsjahr des ORI, aus *due process* Gesichtspunkten auf Drängen der *scientific community* die Einführung eines *administrative hearing* für alle PHS-geförderten Wissenschaftler, die formell des wissenschaftlichen Fehlverhaltens bezichtigt werden, vor einem unabhängigen Gremium, dem Departmental Appeals Board (DAB) geschaffen wurde[213], musste das

206 *Goldner*, American Journal of Law and Medicine Vol. 24 (1998), S. 193 (296, 297). Vgl. zur heutigen Struktur und den Aufgaben des ORI unten 2. Teil, D. III. 2. b) bb), S. 103 ff.
207 Siehe Public Health Service, Statement of Organisation, Functions, and Delegation of Authority, 57 Fed. Reg. 24262-263 (June 8, 1992).
208 NIH Revitalization Act of 1993, Publ.L. 103-43, Title I, § 161, 42 U.S.C. 289b.
209 DHHS, Report of the Department of Health and Human Services Review Group on Research Misconduct and Research Integrity, S. 3.
210 *Hamilton*, Science Vol. 256 (1992), S. 1383; DHHS, Office of Research Integrity, Biennial Report 1991-92, S. 2; zur Organisation des PHS vgl. oben 2. Teil, A. II. 1. a) aa), S. 38 ff.
211 DHHS, Office of Research Integrity, Biennial Report 1991-92, S. 2.
212 DHHS, Office of Research Integrity, Biennial Report 1991-92, S. 2.
213 Opportunity for a Hearing on Office of Research Integrity Scientific Misconduct Findings, 57 Fed. Reg 53125-126 (November 6, 1992). Zwei Jahre später wurden die überarbeiteten Verfahrensrichtlinien für *hearings* vor dem DAB veröffentlicht, Hearing Procedures for Scientific Misconduct, 59 Fed. Reg. 29809-811 (June 9, 1994). Das *administrative hearing* (oder *adjudicatory hearing*) ist ein von Juristen geführter obligatorischer Verfahrensbestandteil in Verwaltungssachen bestehend aus Verhandlung und Beweisaufnahme. Vor dessen Ein-

ORI seine Verfahrensergebnisse auch als Partei vor diesem Gremium verteidigen.[214] Die Bereitstellung des *hearings* in *misconduct*-Verfahren des PHS kennzeichnete in besonderer Weise den Paradigmenwechsel des PHS zu einem stärker verrechtlichten adversarischen Verfahrensmodell.

2. Das legal-adversarial Verfahrensmodell der NSF (legal adversarial modell)

Anders als der PHS bediente sich die NSF von Beginn an traditionell bereits vorhandener Institutionen und deren administrativer Verfahrensmethoden zur Aufklärung von Fehlverhaltensvorwürfen und Überwachung der Untersuchungstätigkeit der geförderten Forschungseinrichtungen. Eigene zentrale Untersuchungen führt auf Nachfrage der Förderungsempfänger dort seit Ende der 80er Jahre der Inspector General der NSF durch.[215] Er hatte die Division of Audit and Oversight (DAO) des Office of Budget and Control der NSF abgelöst, welche zunächst für Prüfung und Aufsicht über die finanziellen, administrativen und programmatischen Aktivitäten der NSF, einschließlich der Durchführung von *misconduct*-Verfahren verantwortlich gewesen war.[216] *Misconduct*-Verfahren der NSF durchliefen die herkömmlichen Stufen der *investigation* und *adjudication* US-amerikanischer Behördenverfahren und standen bewusst nicht unter der aus dem *peer review* derivierten Hypothese vom ehrlichen und rechtschaffenen Forscher.[217] Wissenschaftlicher Sachverstand fand vorwiegend durch Konsultation einzelner sachverständiger Zeugen *(expert witnesses)*[218], nicht durch Einsatz eines wissenschaftlichen Untersuchungsgremiums, Eingang in das Verfahren.[219]

führung konnten betroffene Wissenschaftler lediglich dann ein *hearing* verlangen, wenn sie von der staatlichen Förderung ausgeschlossen wurden, also mit der schwersten Sanktion bedacht wurde, die die Regierung in einem Fehlverhaltensfall verhängen kann, vgl. *Wheeler*, The Chronicle of Higher Education, March 18, 1992, S. A 8 und *Hamilton*, Science Vol. 255 (1992), S. 1344, der im Gegensatz zu *Wheeler* während der Beratungen über den Umstrukturierungsprozess überwiegend ablehnende Stimmen ausmachen will.

214 Das gelang in drei Fällen nicht, siehe *Goldner*, American Journal of Law and Medicine Vol. 24 (1998), S. 293 (307 ff.); *Pascal*, Science and Engineering Ethics Vol. 5 (1999), S. 183 (187).

215 Vgl. unten 2. Teil, D. III. 2. a), S. 99 f.

216 Proposed Rule: Misconduct in Science and Engineering, 56 Fed. Reg. 5789 (February 13, 1991); vgl. auch NSF, Office of Inspector General, Semiannual Report to The Congress Nr. 1, S. 4 f.

217 *Goldman Herman/Sunshine/Fisher/Zwolenik/Herz*, Journal of Higher Education Vol. 65 (1994), S. 384 (385).

218 Dem anglo-amerikanischen Recht sind unparteiische Gutachten von Sachverständigen nicht bekannt. Der Sachverständige wird nicht vom Gericht bestellt, sondern von einer Partei als Zeuge benannt und erstattet das Gutachten in Form einer Zeugenaussage.

219 Auch einige der Mitarbeiter des OIG und der *deputy director* können einen wissenschaftlichen Hintergrund haben, vgl. *Goldman Herman/Sunshine/Fisher/Zwolenik/Herz*, Journal of Higher Education Vol. 65 (1994), S. 384 (393).

Das Aufklärungsverfahren der NSF wurde in Abgrenzung zum *"scientific dialogue"* der PHS als *"legal-adversarial model"* charakterisiert, weil der betroffene Wissenschaftler im Anschluss an die Tatsachenfeststellung durch den OIG *(investigation)* die Gelegenheit erhielt, gegen die nachfolgende Entscheidung des *Deputy Directors* über die Aufrechterhaltung der Anklagepunkte aus *due-process*-Gesichtspunkten Einspruch einzulegen *(appeal)*[220].[221] Entgegen dem Anschein dieser Charakterisierung führte die NSF jedoch während der Untersuchung des Fehlverhaltensvorwurfs durch den IG weder damals noch heute ein gerichtsähnliches *(triallike)* *adversary proceeding*[222], einschließlich der *common-law*-typischen wettkampfähnlichen Verhandlung und Beweisaufnahme sich gegenüberstehender gegnerischer Parteien durch.[223] Die Separierung der *investigation* diente allein der von der Last umfangreicher *due process rights* befreiten Sammlung von Beweismaterialien.[224] Ein *adversary proceeding* fand erst nach Abschluss der *investigation* in einer *adjudicatory*-Phase[225] statt.[226] Die Verfahrensvorschriften der NSF ließen allerdings weder vor noch während der Behandlung des Einspruchs die Konfrontation von Zeugen im Kreuzverhör zu, sofern nicht als abschließende Sanktion ein Ausschluss des betroffenen Wissenschaftlers aus der Forschungsförderung in Betracht gezogen wurde.[227]

Das administrative Modell der NSF war von einer bedingungslosen Akzeptanz in der US-amerikanischen Öffentlichkeit umhegt, wobei unklar ist, ob dies tatsächlich auf eine bessere Eignung im Umgang mit Fehlverhaltensfällen zurückzuführen ist, oder ob die NSF lediglich von einem geringeren und weniger komplexen Fall-

---

220 45 C.F.R. § 689.9 (a) a.F.; 45 C.F.R. § 689.10 (a) n.F.

221 Panel on Scientific Responsibility and the Conduct of Research, National Academy of Science, Responsible Science: Ensuring the Integrity of the Research Process, Vol. 1, S. 113.

222 In einem *adversary proceeding* erfolgt die Entscheidung streitiger Sachverhalte durch eine unabhängige eher passive (Kollegial-)Instanz, der die widerstreitenden Tatsachen und Rechtsauffassungen der Parteien zuvor mit Hilfe von Rechtsbeiständen präsentiert werden. Sowohl der US-amerikanische Zivil- als auch der Strafprozess werden dem entsprechend weniger durch das Gericht, welches mehr die Funktion eines unabhängigen Schiedsrichters übernimmt und die Einhaltung der prozessrechtlichen Regeln überwacht, als durch die beiden Parteien und deren Anwälte gesteuert *(adversarial system of trial)*. Im Strafverfahren tritt der Staatsanwalt gewissermaßen als gegnerische Partei auf, vgl. z.B. *Huy*, US-Amerikanisches Recht, S. 37 Rn. 100 Fn. 4. Grundlegend zum *adversary system, Freedman*, Chapman Law Review Vol. 1 (1998), S. 57 ff.

223 *Goldman Herman/Sunshine/Fisher/Zwolenik/Herz*, Journal of Higher Education Vol. 65 (1994), S. 384 (387).

224 *Goldman Herman/Sunshine/Fisher/Zwolenik/Herz*, Journal of Higher Education Vol. 65 (1994), S. 384 (390 f.).

225 Vgl. zu den Verfahrensstufen unten 2. Teil, F. IV., S. 135 ff.

226 Vgl. ergänzend *Goldman Herman/Sunshine/Fisher/Zwolenik/Herz*, Journal of Higher Education Vol. 65 (1994), S. 384 (390).

227 Über 45 C.F. R § 689.5 (d) (6) und (7) a.F. kamen dann die *debarment and suspension regulations* zur Anwendung, Governmentwide Debarment and Suspension (Nonprocurement) and Governmentwide Requirements for Drug-Free Workplace, 45 C.F.R. pt. 620 (1991).

aufkommen sowie den Vorzügen des erfahreneren Systems profitierte.[228] Während das OSI beispielsweise mit den Anschuldigungen gegen den AIDS-Forscher Robert Gallo[229] und dem berühmten Fall David Baltimore beziehungsweise Thereza Imanishi-Kari[230] konfrontiert wurde, beides Fälle, die exemplarisch für Komplikationen im Umgang mit Verdachtsfällen wissenschaftlichen Fehlverhaltens stehen, liefen bei der NSF kaum Fälle der Datenfälschung und Datenerfindung auf. Die NSF hatte hingegen häufiger Plagiatsfälle und Vorwürfe des Ideendiebstahls zu untersuchen. Das Modell der NSF profitierte auch durch den Umstand, dass der Inspector General vorwiegend dem Kongress und nicht dem Director der NSF verantwortlich ist, und nicht wie das OSI und auch das spätere ORI der politischen Einflussnahme eines Behördenleiters ausgesetzt ist.[231]

V. Weiterentwicklung der US-amerikanischen Fehlverhaltensverfahren durch Beratung von Advisory panels (Beratungsgremien)

Im Anschluss an die ersten staatlichen Regulierungsmaßnahmen wurden zwei wegweisende Untersuchungen von Beratungsgremien *(advisory panels)* durchgeführt, die jeweils neue Empfehlungen in Bezug auf die Art und den angemessene Umfang staatlicher Regulierung wissenschaftlichen Fehlverhaltens hervorbrachten.

Die erste wurde von einem Gremium angestrengt, welches 1989 durch das "Committee on Science Engineering and Public Policy" (COSEPUP), bestehend aus Mitgliedern der National Academy of Science (NAS) , der National Academy of Engineering und des Institutes of Medicine (IOM)[232], zur Überprüfung derjenigen Faktoren, die sich auf die Integrität der Wissenschaft und den Forschungsprozess in den Vereinigten Staaten auswirken, zur Empfehlung von Maßnahmen zur Stärkung verantwortlicher Forschungspraxis und zur Beurteilung formaler Richtlinien für die

---

228 *Hamilton*, Science Vol. 255 (1992), S. 1344 (1346) (NSF's No-Fuss Investigations); *Steneck*, Science and Engineering Ethics Vol. 5 (1999), S. 161 (163 ff.).

229 Robert Gallo, der nach wie vor als (Mit-)Entdecker des AIDS Viruses gilt, wurde verdächtigt, sich die Forschungsergebnisse seines französischen Forscherkollegen Luc Montagnier zu eigen gemacht zu haben, indem er unberechtigt vorgab, sein Labor sei in der Lage, den Virus zu kultivieren. Die Vorwürfe wurden fallen gelassen, nachdem das DAB den Beweisstandard erhöht hatte.

230 Dr. Thereza Imanishi-Kari wurde 1986 wegen Fehlverhaltens verdächtigt und nach fünf Verfahren unterschiedlicher Institutionen schließlich durch den früheren *appeals panel* des DAB von den Vorwürfen entlastet. Die Beweise des ORI reichten nicht aus, um die Feststellung wissenschaftlichen Fehlverhaltens aufrecht zu erhalten. vgl. *Dresser*, Hastings Center Report May-June 1997, S. 26 f.; *Parrish*, Journal of College and University Law Vol. 24 (1998), S. 581 (597 ff.). Vgl. auch die Zusammenfassungen von *Lundsgaard Hansen*, in: Danish Agency for Science Technology and Innovation (Hrsg.), Annual Report 2005, The Danish Committees on Scientific Dishonesty, S. 20 (26); *Kevles*, The Baltimore Case, A Trial of Politics Science and Character.

231 *Hamilton*, Science Vol. 255 (1992), S. 1344 (1346).

232 Siehe zu diesen Einrichtungen oben 2. Teil, A. II. 2. a), S. 40.

Durchführung von Forschung einberufen wurde.[233] Dieser unabhängige sogenannte "Panel on Scientific Responsibility and the Conduct of Research" setzte sich aus insgesamt zweiundzwanzig wissenschaftlichen Vertretern verschiedener Foschungsdisziplinen[234] zusammen und brachte den 1992 veröffentlichten zweiteiligen Untersuchungsbericht "Responsible Science: Ensuring the Integrity of the Research Process"[235], eine Analyse des damaligen Wissens- und Verfahrensstandes hinsichtlich der Protektion guter wissenschaftlicher Praxis und der Eindämmung von *misconduct in science* hervor.

Es folgte die Untersuchung der 1994 durch das Department of Health and Human Services (DHHS) entsprechend den Vorgaben des NIH Revitalisation Acts von 1993[236]eingesetzten, zwölf Mitglieder umfassenden, Commission on Research Integrity (CRI); nach ihrem Vorsitzenden Kenneth J. Ryan[237] auch bekannt unter dem Namen „Ryan Commission". Der Kongress ermächtigte die Kommission per Gesetz, an das DHHS und den Kongress Empfehlungen auszusprechen, wie der PHS mit wissenschaftlichem Fehlverhalten im Zusammenhang mit staatlich finanzierter Forschung umgehen sollte. Anders als das Gremium des COSEPUP umfasste die CRI nicht ausschließlich Wissenschaftler, sondern beteiligte auch Juristen, Ethiker und Mitglieder aus der breiten Öffentlichkeit und war somit deutlich auf die Beratung staatlicher Stellen zugeschnitten. Wohingegen der Bericht des "Panel on Scientific Responsibility and the Conduct of Research" sich grundsätzlich an die Leserschaft der *scientific community* wandte.[238] In einem Zwischenbericht kennzeichnete die Kommission drei Hauptproblembereiche der Regulierung von wissenschaftlichem Fehlverhalten: Die Definition wissenschaftlichen Fehlverhaltens, das Fehlen von Standards guter Forschungspraxis und drohende Vergeltungsmaßnahmen gegenüber

---

233 Panel on Scientific Responsibility and the Conduct of Research, National Academy of Science, Responsible Science: Ensuring the Integrity of the Research Process, Vol. 1, S. IX f.

234 Mitglieder des Gremiums waren der Vorsitzende Edward E. David, Jr. (President EED, Inc.); Philip H. Abelson (Deputy Editor of Science and Science Advisor, American Association for the Advancement of Science); Victor R. Baker (Regents Professor and Professor of Geosciences and Planetary Sciences, Department of Geosciences, University of Arizona); Albert Barber (Vice Chancellor for Research, University of California, Los Angeles); Michael Berman (President Duberstein Group, Inc.); John Deutch (Institute Professor of Chemistry, Massachusetts Institute of Technology); Val L. Fitch (James S. McDonnell Distinguished University Professor of Physics, Princeton University).

235 Panel on Scientific Responsibility and the Conduct of Research, National Academy of Science, Responsible Science: Ensuring the Integrity of the Research Process, Vols. 1 & 2, 1992.

236 Pub. L. No. 103-43, 107 Stat. 141-44 (enacted June 10, 1993), NIH Act § 161, 42 U.S.C. 289 b.

237 Vgl. DHHS, Report of the Department of Health and Human Services Review Group on Research Misconduct and Research Integrity, S. 4. Kenneth J. Ryan war Ende der 70er Jahre für seine Verdienste bei der erfolgreichen Entwicklung von Grundsätzen *(policies)* für die ethische Behandlung von Versuchspersonen in der biomedizinischen Forschung und der Verhaltensforschung bekannt geworden.

238 *Francis,* Science and Engineering Ethics Vol. 5 (1999), S. 261 (263).

Whistleblower.[239] Der Endbericht dieses Beratungsgremiums mit parlamentarischem Mandat wurde im November 1995 unter dem Titel "Integrity and Misconduct in Research" veröffentlicht. [240]

Beide Untersuchungen konnten trotz Aussprache zahlreicher Empfehlungen zu den zentralen Problemkreisen der Behandlung von Fällen wissenschaftlichen Fehlverhaltens, wie etwa der Notwendigkeit, die bis dahin unterschiedlichen Definitionen wissenschaftlichen Fehlverhaltens[241] zu vereinheitlichen und zu überarbeiten, oder die Stufen der Tatsachenfeststellung und der Entscheidung in den misconduct-Verfahren der forschungsfördernden *government agencies*[242] generell zu separieren, zunächst wenig zu einer einheitlichen Lösung der Fehlverhaltenskontroverse in den USA beitragen.[243] Zwar wurden die insgesamt 33 Empfehlungen der CRI von einer Arbeitsgruppe des Fachministeriums (Implementation Group on Research Integrity and Misconduct, IGRIM)[244] unter der Leitung des Wissenschaftsberaters des Gesundheitsministers Dr. William Raub eingehend auf eine mögliche Umsetzung hin überprüft und eine Vielzahl der Vorschläge für umsetzungsfähig und -bedürftig erachtet.[245] Die ablehnende Reaktion der *scientific community* brachte jedoch zum Ausdruck, dass mit einer breiten Akzeptanz der auf eine noch stärkere staatliche Kontrolle ausgerichteten Umsetzungsvorschläge nicht zu rechnen war.[246] Insbesondere die Tatsache, dass beide Untersuchungsberichte deutlich verschiedene Fehlverhaltensdefinitionen vorschlugen, führte zu einer vorübergehenden Manifestation eines durch die unterschiedlichen Maßstäbe der *agency regulations* entstandenen

239 Office of Research Integrity, Commission on Research Integrity Identifies Problem Areas, Newsletter Vol. 3 (1995), Nr. 2, S. 1.

240 U.S. Department of Health and Human Services, Public Health Service (Hrsg.), Report of the Commission on Research Integrity, Integrity and Misconduct in Research, Washington 1995.

241 Panel on Scientific Responsibility and the Conduct of Research, National Academy of Science, Responsible Science: Ensuring the Integrity of the Research Process, Vol. 1, S. 147; U.S. Department of Health and Human Services, Public Health Service (Hrsg.), Report of the Commission on Research Integrity, Integrity and Misconduct in Research, S. 15. Vgl. zur Vereinheitlichung der Definition unten 2. Teil, E. I., S. 108 ff.

242 Panel on Scientific Responsibility and the Conduct of Research, National Academy of Science, Responsible Science: Ensuring the Integrity of the Research Process, Vol. 1, S. 106 f.; U.S. Department of Health and Human Services, Public Health Service (Hrsg.), Report of the Commission on Research Integrity, Integrity and Misconduct in Research, S. 27 ff.

243 *Kulynych*, Stanford Technology Law Review, Vol. 2 (1998), S. 1 (19).

244 IGRIM bestand aus 18 Mitgliedern verschiedener *agencies* und *offices* des DHHS, einschließlich ausgeschiedenen ehemaligen und des amtierenden Direktors des ORI.

245 Siehe dazu den Bericht der Arbeitsgruppe: Implementation Group on Research Integrity and Misconduct (IGRIM), Implementation Proposals on Recommendations by the Commission on Research Integrity (June 14, 1996) und *Goodman*, The Scientist Vol. 10 (1996), No. 2, S. 1, 8 f.

246 Siehe z.B. *Goodman*, The Scientist Vol. 10 (1996), No. 2, S. 8; *Grinnell*, Science Vol. 272 (1996), S. 333; Federation of American Societies for Experimental Biology (FASEB), FASEB Newsletter Vol. 29 No. 5 (July/August 1996), S. 1 und 4 und den Brief der Coalition of Biological Scientists vom 13. Mai 1996 an William F. Raub, erhältlich unter http://opa.faseb.org/pdf/crisraub.pdf (15.02.2007).

Definitionskonflikts[247], obwohl beide Beratungsgremien sich ausdrücklich für die Generierung eines bundesweit einheitlichen Maßstabes aussprachen[248]. Langfristig fanden jedoch einige Vorschläge dieser Gremien insbesondere auf Seiten des PHS Eingang in das US-amerikanische Verfahrensmodell, nachdem das DHHS zuvor eine weitere Review Group on Research Misconduct and Research Integrity mit der Begutachtung der strategischen und regulativen Vorgehensweise des ORI und seiner Vorgängerbehörden bei der Behandlung von Fehlverhaltensfällen beauftragt hatte.[249] Dies gilt zum Beispiel für die "Whistleblower's Bill of Rights" der CRI[250], die in dem Entwurf der whistleblower-regulation des PHS Niederschlag gefunden hat, oder für die zuvor bereits angesprochene und später noch ausführlich zu erörternde Distinktion zwischen Tatsachenfeststellung und administrativer Entscheidung, die von der NSF auf den PHS und übertragen wurde[251].

VI. Harmonisierung der inkongruenten Maßstäbe und Verfahrensregeln der federal agencies

Obwohl die staatliche Aufmerksamkeit des Kongress in Bezug auf Fehlverhalten in der Forschung nach dem Regierungswechsel 1994[252] zunächst abnahm und die Regierung erst 1996 begann, die Bundespolitik im Umgang mit wissenschaftlichem Fehlverhalten erneut zu überdenken, überdauerte der von den Beratungsgremien formulierte Harmonisierungsgedanke den Zeitraum der Passivität. Das Ziel eines einheitlichen Umgangs mit Fehlverhaltensfällen in der gesamten staatlich geförderten Forschung rückte mehr und mehr in den Mittelpunkt der Regierungsaktivitäten. Argumentativ wurde dieses Bestreben unter Rekurs auf die Komplexität der diver-

---

247 *Kulynych*, Stanford Technology Law Review, Vol. 2 (1998), S. 1 (19). Siehe unten 2. Teil, E. I., S. 108 ff.

248 Panel on Scientific Responsibility and the Conduct of Research, National Academy of Science, Responsible Science: Ensuring the Integrity of the Research Process, Vol. 1, S. 147 f.; U.S. Department of Health and Human Services, Public Health Service (Hrsg.), Report of the Commission on Research Integrity, Integrity and Misconduct in Research, S. 15, 35.

249 Vgl. den Untersuchungsbericht DHHS, Report of the Department of Health and Human Services Review Group on Research Misconduct and Research Integrity, July 1999. Die neuerlichen Empfehlungen bezogen sich insbesondere auf das Verfahren der zuständigen PHS Behörden und wurden im Oktober 1999 von der Gesundheitsministerin zur Umsetzung akzeptiert, siehe Office of Research Integrity, ORI Newsletter Vol. 8 No. 1 (December 1999), S. 5 f.; DHHS, HHS Announces Plans to improve Research Integrity and Prevent Research Misconduct, HHS News (October 22, 1999).

250 U.S. Department of Health and Human Services, Public Health Service (Hrsg.), Report of the Commission on Research Integrity, Integrity and Misconduct in Research, S. 23 f.

251 DHHS, HHS Announces Plans to improve Research Integrity and Prevent Research Misconduct, HHS News (October 22, 1999), S. 1.

252 Infolgedessen wurde der Abgeordnete John Dingell, der ehemals Anhörungen in Fehlverhaltensfällen durchgeführt hatte, in seinem Amt als Vorsitzender des House Energy and Science Subcommittee on Oversight and Investigations abgelöst.

gierenden *agency regulations* für die *scientific community*, den Mangel an Kommunikation einheitlicher Regierungsinteressen sowie die regulativen Defizite einzelner *agencies* untermauert.[253] Universitäten und andere außeruniversitäre Forschungseinrichtungen erhielten Fördergelder von verschiedenen *federal agencies* und waren dadurch gezwungen, sich bei der Implementierung von Mechanismen zur Begegnung wissenschaftlichen Fehlverhaltens an deren unterschiedlichen *regulation*- und *policy*-Vorgaben zu orientieren.[254] Zum Teil hatten die neben PHS und NSF existierenden forschungsfördernden *agencies* entweder überhaupt keine Verfahrensregeln zum Umgang mit wissenschaftlichem Fehlverhalten verabschiedet oder dabei etwa die intern in staatlichen Laboratorien durchgeführte Forschung nicht berücksichtigt.[255] Mittels eines erhöhten Abstraktionsgrades wollte man das Verfahren auch mit disziplinären Besonderheiten etwa in der Datenaufbewahrung kompatibel machen.[256]

1. Vorarbeiten des National Science and Technology Councils (NSTC)

Das White House Office of Science and Technology Policy (OSTP)[257], welches von dem "Panel on Scientific Responsibility and the Conduct of Research" als Initiativbehörde für die Entwicklung einer bundesweit einheitlichen Verfahrenspolitik im Umgang mit wissenschaftlichem Fehlverhalten vorgeschlagen worden war[258], beauftragte den National Science and Technology Council (NSTC)[259] mit der Entwicklung des Entwurfs einer neuen Definition wissenschaftlichen Fehlverhaltens und einer Reihe wissenschaftspolitischer Grundsätze. Die Behörde beabsichtigte, einen bundesweit einheitlichen Ansatz bei der Regulierung von Fehlverhaltensfällen zu erzielen. Zu diesem Zweck richtete das frühere Committee on Fundamental Science (CFS), ein für die staatliche Grundlagenforschung zuständiges Subkomitee des NSTC, im April 1996 eine Arbeitsgruppe bestehend aus Repräsentanten der bedeutendsten forschungsfördernden *agencies* – nämlich des United States Department of Agriculture, des Department of Energy, des Department of Defense, der National Aeronautics and Space Administration, der NIH, der NSF und des OSTP – bekannt unter dem Namen "Rescarch Integrity Panel" (RIP), ein. Um eine übermäßige Beeinflussung des Vorhabens durch die NSF und die NIH zu verhindern, wurde zum Vorsitzenden der Arbeitsgruppe der Leiter der National Aeronautics and Space

253 *Francis,* Science and Engineering Ethics Vol. 5 (1999), S. 261 (265 f.). (NSF, Research and Development in Industry: 2000, S. 19 f.; NSF, National Patterns of R&D Resources: 2002 Data Update, Table 1 A, erhältlich unter http://www.nsf.gov/statistics/nsf03313/(15.02.2007).
254 *Porter/Dustira,* Academic Medicine Vol. 68 (1993), September Supplement, S. S51 (S52).
255 *Francis,* Science and Engineering Ethics Vol. 5 (1999), S. 261 (265).
256 *Francis,* Science and Engineering Ethics Vol. 5 (1999), S. 261 (266).
257 Vgl. oben 2. Teil, A. II. 1. b), S. 39 f.
258 Panel on Scientific Responsibility and the Conduct of Research, National Academy of Science, Responsible Science: Ensuring the Integrity of the Research Process, Vol. 1, S. 147 f.
259 Vgl. oben 2. Teil, A. II. 1. b), S. 39 f.

Administration ernannt.[260] Der RIP erarbeitete noch im selben Jahr einen ersten Policy-Entwurf, welcher in einem umfangreichen, zunächst informellen später formellem, Revisionsprozess[261] wiederholt überarbeitet und den Mitglieds-Agencies des NSTC zugeleitet wurde, bis er 1999 vor dem NSTC Bestand hatte und in Form einer durch den OSTP weiterentwickelten *Notice of proposed policy*[262] mit der Bitte um öffentliche Stellungnahmen im *Federal Register* veröffentlicht wurde.[263]

2. Erlass der Federal Policy on Research Misconduct

Am 6. Dezember 2000 wurde schließlich die Federal Policy on Research Misconduct veröffentlicht, welche auf die gesamte staatlich geförderte Forschung Anwendung findet und sowohl die materiellen Voraussetzungen als auch die Verfahrensregeln der *federal agencies* zum Umgang mit wissenschaftlichem Fehlverhalten harmonisiert.[264] Den *federal agencies* wurde eine Jahresfrist gesetzt, binnen derer sie diese Inhalte durch Änderung oder Neufassung ihrer *regulations* umsetzen oder durch andere administrative Mechanismen implementieren sollten[265]. Zur Begleitung und Unterstützung des Implementierungsprozesses wurde eine sogenannte „Inter-agency Research Misconduct Implementation Group" eingesetzt. Die weitere Umsetzung durch die einzelnen Forschungseinrichtungen erfolgt durch deren *institutional policies and procedures*, die den Anforderungen der *regulations* der *federal agencies* gerecht werden sollen. Nur einem Teil der forschungsfördernden Departments und Agencies ist es gelungen, die Umsetzung binnen der nunmehr vergangenen fünf Jahre zu bewerkstelligen, hierunter die NSF, das DHHS für den PHS, die NASA, die Environmental Protection Agency, das Department of Labor und der Agricultural Research Service des Department of Agriculture.[266]

260 *Francis,* Science and Engineering Ethics Vol. 5 (1999), S. 261 (264).
261 Vgl. hierzu eingehend *Francis,* Science and Engineering Ethics Vol. 5 (1999), S. 261 (265).
262 OSTP, Proposed Federal Policy on Research Misconduct To Protect the Integrity of the Research Record, 64 Fed. Reg. 55722-25 (October 14, 1999).
263 Man konnte im Rahmen der Entwicklung dieser *government-wide policy* auf die Erfahrungen zurückgreifen, die man bereits in den 80er Jahren bei der Entwicklung der agency-übergreifenden *Federal policy for the protection of human research subjects* gesammelt hatte, vgl. *Porter/Dustira,* Academic Medicine Vol. 68 (1993), September Supplement, S. S 51 ff.
264 Die Federal Policy bezieht die gesamte durch *federal agencies* geförderte Forschung, einschließlich der universitären Forschung, agency-intern durchgeführter Forschungsvorhaben und der Auftragsforschung ein. Sie enthält entsprechend ihrer Zielsetzung eine harmonisierte Definition wissenschaftlichen Fehlverhaltens sowie Richtlinien für den einheitlichen Umgang mit Vorwürfen wissenschaftlichen Fehlverhaltens. OSTP, Federal Policy on Research Misconduct, 65 Fed. Reg. 76260 (December 6, 2000).
265 Vgl. OSTP, Proposed Federal Policy on Research Misconduct to Protect the Integrity of the Research Record, 64 Fed. Reg. 55722, 55723 (October 14, 1999); OSTP, Federal Policy on Research Misconduct, 65 Fed. Reg. 76260 (December 6, 2000).
266 National Science Foundation (NSF), Research Misconduct, 67 Fed. Reg. 11936, 11938 (March 18, 2002); Department of Health and Human Services (DHHS), Public Health Service Policies on Research Misconduct, 70 Fed. Reg 28370 (28388) (May 17, 2005), § 93.300;

D. Struktur des heutigen US-amerikanischen Verfahrensmodells

Wie der historische Überblick gezeigt hat, ist die Regulierung wissenschaftlichen Fehlverhaltens in den Vereinigten Staaten sehr stark – wie noch aufzuzeigen sein wird – sehr viel stärker als in Dänemark und Deutschland von staatlicher Einflussnahme und Kontrolle geprägt. Im Verlauf der letzten zwei Jahrzehnte hat sich hier eine Entwicklung von einer stark politisierten und öffentlich diskutierten ad hoc Kontrolle durch den Kongress hin zu einem Verfahrensmodell mit besser ausgestalteten Verfahrensrechten der betroffenen Wissenschaftler, aber auch ausgeprägten investigativen Befugnissen eingestellt[267]. Die Grundstruktur dieses Modells soll im folgenden Abschnitt vorgestellt werden.

I. Modell der Verantwortungsteilung zwischen government agencies und Forschungseinrichtungen im Bereich der staatlich geförderten Forschung

Das US-amerikanische Verfahrensmodell ist ein Modell der Verantwortungsteilung zwischen den zentralen forschungsfördernden *government agencies*[268] und denjenigen Forschungseinrichtungen, die entweder direkt oder indirekt, durch Beschäftigung individuell staatlich finanzierter Wissenschaftler, öffentliche Förderleistungen empfangen. Entgegen der von der Bezeichnung des Modells ausgehenden Suggestion darf man damit jedoch nicht zwei Partner assoziieren, die sich die Verantwortung für die Aufklärung von Fehlverhalten gleichberechtigt teilen.[269] Vielmehr ist ein deutliches Machtgefälle zwischen *agency* und einzelner Forschungseinrichtung charakteristischer Bestandteil des Verfahrensmodells. Nachfolgend werden das Verhältnis und Zusammenspiel von zentralen wie dezentralen Institutionen und Verfahrenselementen sowie die strukturgebenden Gründe nachgezeichnet.

National Aeronautics and Space Administration (NASA), Investigation of Research Misconduct, 69 Fed. Reg 42102, 42106 (July 14, 2004); Environmental Protection Agency (EPA), Order No. 3120.5, Policy and Procedures for Addressing Research Misconduct; Department of Labour (USDOL), Research Misconduct; Statement of Policy, 68 Fed. Reg. 53862 (53864) (September 12, 2003); Agricultural Research Service (ARS), Research Misconduct, Policies and Procedures No. 129.0 – ARS (October 10, 2003). Das U.S. Department of Transportation (DOT) hat mit der Implementation Guidance for Executive Office of the President Office of Science and Technology Policy "Federal Policy on Research Misconduct" (February 2002) eine Direktive geschaffen, die die Umsetzung vorbereitet und steuert.

267 *Steinberg*, Southern California Interdisciplinary Law Journal Vol. 10 (2000), S. 39 (67).
268 Vgl. oben 2. Teil, A. II. 1. a), S. 37 ff.
269 So aber der Wortlaut der Federal Policy on Research Misconduct, 65 Fed. Reg. 76260, 76263 (December 6, 2000) unter III, S. 1.

76

1. Reichweite und Umfang der Zentralisation –
Aufteilung der Verantwortungsbereiche

Die Erstverantwortung für die Untersuchung und Sanktionierung von Fehlverhaltensfällen obliegt den geförderten dezentral angesiedelten Forschungseinrichtungen. Die *federal agencies* übernehmen bei der Untersuchung von Fehlverhaltensvorwürfen überwiegend Aufsichtsverantwortung und intervenieren nur in Ausnahmefällen, um eine eigene Untersuchung durchzuführen. Sowohl die Forschungseinrichtungen selbst als auch die *federal agencies* können im Anschluss an eine institutsinterne Untersuchung eigene Sanktionen verhängen.

a) Erstverantwortung der geförderten Forschungseinrichtungen

Ein besonderes Charakteristikum des US-amerikanischen Verfahrensmodells ist seit jeher der Grundsatz, dass die von den Finanzleistungen der forschungsfördernden *federal agencies* profitierenden Forschungseinrichtungen selbst die Erstverantwortung für die Durchführung von Fehlverhaltensuntersuchungen in den staatlich finanzierten Forschungsbereichen tragen.[270] Dies beinhaltet, dass die erste und im Idealfall auch einzige und abschließende Untersuchung eines Fehlverhaltensverdachts von der Einrichtung angestrengt wird, welcher der betroffene Forscher angehört. Dies gilt unabhängig davon, ob der Anfangsverdacht an die Vertreter dieser Einrichtung oder direkt an die *federal agency* kommuniziert wird.[271]

Die Forschungseinrichtungen handeln bei der Wahrnehmung dieser Erstverantwortung nach den Vorgaben der für die Forschungsförderung verantwortlichen *federal agencies*, welche von den Empfängerinstitutionen regelmäßig die Implementierung einer Verfahrensordnung und die Bereitstellung verantwortlicher Personen und Gremien für die Behandlung von Fehlverhaltensfällen verlangen.[272] In der Regel

---

270 Dies gilt gleichermaßen für die bisherigen *regulations* des PHS und der NSF, vgl. 42 C.F.R. § 50.104 (a)(6) (1990); 56 Fed. Reg. 22,286, 22,288 (1991) (to be codified at 45 C.F.R. § 689.3(a)), wie für die harmonisierten Neufassungen nach der Federal Policy on Research Misconduct, 65 Fed. Reg. 76260, 76263.

271 OSTP, Federal Policy on Research Misconduct, 65 Fed. Reg. 76260, 76263 (December 6, 2000) unter III. Die *agency* verweist den Fall dann direkt an die betroffene Einrichtung.

272 Department of Health and Human Services (DHHS), Public Health Service Policies on Research Misconduct, 70 Fed. Reg 28370 (28388) (May 17, 2005), § 93.300; National Aeronautics and Space Administration (NASA), Investigation of Research Misconduct, 69 Fed. Reg 42102, 42106 (July 14, 2004), 14 C.F.R. Part 1275, Sec. 1275.103 (5)(d); National Science Foundation (NSF), Research Misconduct, 67 Fed. Reg. 11936, 11938 (March 18, 2002), 45 C.F.R. Part 689, Sec. 689.4 (6)(d); Environmental Protection Agency (EPA), Order No. 3120.5, Policy and Procedures for Addressing Research Misconduct, 9. B. ii, 9. C. ii.; U.S. Department of Transportation (DOT), Implementation Guidance for Executive Office of the President Office of Science and Technology Policy "Federal Policy on Research Misconduct" (February 2002), V.1. Das Department of Labour (USDOL), Research Misconduct; Statement of Policy, 68 Fed. Reg. 53862 (53864) (September 12, 2003) fordert statt einer Umsetzung

müssen die Forschungseinrichtungen bereits im Zusammenhang mit der Beantragung von Fördermitteln gegenüber der *agency* zusichern *(assurance of compliance)*, dass sie sich eine eigene Verfahrensordnung gegeben haben, mit der sie den geltenden Mindestvorgaben der *agencies* zur Durchführung von Aufklärungsmaßnahmen und zum Schutze der verfahrensbeteiligten Personen gerecht werden, und dass sie diese selbstverfassten Regeln einhalten.[273] Andernfalls wird ihnen keine staatliche Förderung zu teil.

Die Reichweite der Erstverantwortung US-amerikanischer Forschungseinrichtungen bezieht sich allein auf die Untersuchungsebene, dort zunächst auf die beiden Phasen der Tatsachenfeststellung, die *inquiry* und die *investigation*.[274] Sie kann jedoch auch feststellende Entscheidungen nach erfolgter Tatsachenfeststellung und Auswertung treffen und interne Sanktionen verhängen. Anders als auf der Untersuchungsebene ist bei der *adjudication* wissenschaftlichen Fehlverhaltens keine Verantwortungsteilung zwischen geförderten Einrichtungen und Förderern vorgesehen. Forschungseinrichtungen und Förderer verhängen jeweils eigenständig Sanktionen.[275] Die *agency* knüpft mit der eigenen Sanktionierung an das Untersuchungsergebnis der Forschungseinrichtung an. Sind Verfahrensfehler oder Untersuchungsmängel nicht erkennbar, unternimmt die *agency* keine weiteren Ermittlungsbemühungen, sondern betrachtet den Sachverhalt als feststehend. Hierin kommt letztlich das hohe Maß an Verantwortung der einzelnen Institutionen zum Ausdruck.[276]

Von dem Grundsatz der Erstverantwortung der Forschungseinrichtungen werden nur wenige Ausnahmen gemacht, nämlich dort, wo dies im Sinne einer effektiven Verfahrensführung oder zum Schutze besonderer Interessen notwendig ist. Ist eine Forschungseinrichtung zu klein oder aus anderen Gründen nicht in der Lage, auf Vorwürfe wissenschaftlichen Fehlverhaltens angemessen zu reagieren, etwa weil

seiner Vorgaben in institutsinternen Verfahrensregeln zur ausdrücklichen Einbeziehung der Federal Policy on Research Misconduct und des USDOL-Regelwerkes in die Förderungsverträge und Bewilligungsdokumente auf. Der Agricultural Research Service (ARS), Research Misconduct, Policies and Procedures No. 129.0 – ARS (October 10, 2003) hat als einzige Agency ein Regelwerk geschaffen, welches sich ausschließlich an die eigenen Arbeitnehmer wendet.

273 Dies betrifft insbesondere die durch den PHS geförderten Forschungseinrichtungen *Gold-ner*, American Journal of Law and Medicine Vol. 24 (1998), S. 293 (299). Alle Forschungseinrichtungen, die PHS geförderte biomedizinische Forschung oder Verhaltensforschung betreiben oder für den Forschungsbetrieb ausbilden müssen dem PHS eine *assurance of compliance* über die Erfüllung ihrer in Subpart C der PHS Service Policy on Research Misconduct, 70 Fed. Reg. 28370 (28388 ff.) (May 17, 2005), statuierten Pflichten erteilen, § 93.301, 93.302. Bei der NSF existiert kein entsprechendes Zusicherungserfordernis, obwohl diese Voraussetzung ein Hilfsmittel zur Sicherstellung der Entwicklung eines zufrieden stellenden Verfahrens zum Umgang mit wissenschaftlichem Fehlverhalten durch die geförderten Forschungseinrichtungen vor der Vergabe von Unterstützungsleistungen darstellt, vgl. *Sise*, San Diego Law Review Vol. 28 (1991), S. 401 (414).

274 Vgl. unten 2. Teil, F. IV. 1. und 2., S. 135 ff. und S. 138 ff.

275 Vgl. unten 2. Teil, G. I. und II., S. 155 ff.

276 Department of Health and Human Services (DHHS) (NPRM), Public Health Service Policies on Research Misconduct, 69 Fed. Reg. 20778, 20781 unter II. C. 3.

sich die Existenz gravierender Interessenkonflikte abzeichnet, weil besondere öffentliche Interessen, wie Aspekte des Gesundheitswesens oder die öffentliche Sicherheit, berücksichtigt werden müssen, oder weil die erforderlichen personellen Kapazitäten nicht vorhanden sind, so führt die jeweils zuständige *federal agency* ausnahmsweise selbst in Übernahme der Erstverantwortung das Verfahren durch.[277]

Der PHS etwa fordert präventiv alle unterstützungsbedürftigen Kleinstinstitutionen[278] zur Unterzeichnung und Übermittlung eines so genannten "*Small Organisation Statement*" auf. [279] Darin verpflichten sich diese Einrichtungen, dem ORI jeden Verdacht wissenschaftlichen Fehlverhaltens im Zusammenhang mit PHS Fördergeldern unverzüglich nach Kenntniserlangung mitzuteilen.[280] Das ORI oder eine andere verantwortliche Behörde des DHHS versucht daraufhin, eine geeignete Verfahrenslösung zu entwickeln. Diese kann natürlich auch die Übernahme der Erstverantwortung für die Untersuchung durch den PHS beinhalten.[281] Institutionen mit einem *Small Organisation Statement* bedürfen keiner förmlichen Verfahrensordnung. Ergänzend hat der PHS seinen geförderten Einrichtungen die Möglichkeit eröffnet, Konsortien oder andere dezentrale Organisationseinheiten einzurichten, welche eine Untersuchung stellvertretend für diejenigen Institutionen durchführen können, die anderenfalls nicht in der Lage wären, Tatsachenfeststellungen zweckentsprechend durchzuführen.[282] Ein solches Konsortium kann unterschiedlich ausgestaltet sein. Es kann sich aus einer Reihe von Forschungseinrichtungen oder berufsständischen Organisationen, oder aber aus gemischten Gruppen, die für den speziellen Zweck der Durchführung von Tatsachenfeststellungen für Empfängereinrichtungen gebildet werden, zusammensetzen.[283]

Die NFS führt Fehlverhaltensuntersuchungen auch dann in Übernahme der Erstverantwortung zentral durch, wenn der Verdacht wissenschaftlichen Fehlverhaltens zugleich den Verdacht eines Verbrechens beinhaltet. Solche Fälle werden an das

277 OSTP, Federal Policy on Research Misconduct, 65 Fed. Reg. 76260 (76263) (December 6, 2000); *Goldman Herman/Sunshine/Fisher/Zwolenik/Herz*, Journal of Higher Education Vol. 65 (1994), S. 395 En. 14.

278 Department of Health and Human Services (DHHS), Public Health Service Policies on Research Misconduct, 70 Fed. Reg. 28370 (28389) (May 17, 2005), § 93.303. Hierunter fallen nach Vorstellung des ORI typischerweise Einrichtungen in einer Größenordnung von bis zu zehn Personen, vgl. http://ori.dhhs.gov/assurance/small_org_statement.shtml (18.01.2005).

279 Office of Research Integrity, Statement for Small Organisations, Formular und Begleitschreiben erhältlich unter http://ori.dhhs.gov/documents/small_org_statement.pdf (18.01.2005).

280 Im Normalfall sind die Empfängerorgnisationen erst nach Abschluss der ersten Verfahrensstufe zur Benachrichtigung der Förderungsagency aufgerufen, wenn sich der Verdacht erhärtet hat und eine förmliche Untersuchung rechtfertigt, vgl. Office of Science and Technology Policy (OSTP), Federal Policy on Research Misconduct, 65 Fed. Reg. 76260 (76263) (December 6, 2000).

281 Office of Research Integrity, Statement for Small Organisations, Formular und Begleitschreiben erhältlich unter http://ori.dhhs.gov/documents/small_org_statement.pdf (18.01.2005).

282 Department of Health and Human Services (DHHS), Public Health Service Policies on Research Misconduct, 70 Fed. Reg. 28370, 28390 (May 17, 2005), (§ 93.306).

283 Department of Health and Human Services (DHHS), Public Health Service Policies on Research Misconduct, 70 Fed. Reg. 28370, 28390 (May 17, 2005), § 93.306.

Justizministerium (Department of Justice) weiterverwiesen, sobald sich der Verdacht erhärtet.[284]

Im Übrigen sind Untersuchungen durch zentrale staatliche Organisationseinheiten der *government agencies* grundsätzlich auf die Vorkommnisse in innerstaatlichen Forschungseinrichtungen, wie etwa Bundeslaboratorien, die den forschungsfördernden *agencies* nachgeordnet sind, beschränkt.

Der PHS stellt zur Unterstützung einer interessengerechten Wahrnehmung der Erstverantwortung durch die PHS-geförderten Forschungseinrichtungen ein sogenanntes Technical Assistance Program bereit, durch welches der jeweils betroffenen Forschungseinrichtung Hilfestellung in nahezu allen verfahrensrelevanten Aspekten angeboten wird.[285] Art und Umfang der Hilfestellung können von der reinen telefonischen Beratung bis hin zu einer ergänzenden Betreuung des Verfahrens vor Ort reichen.[286]

In den wenigen Forschungsbereichen, die keiner staatlichen Förderung durch die *federal agencies* unterliegen, werden Fehlverhaltensfälle ebenfalls von den betroffenen Forschungseinrichtungen durchgeführt. Da dort keine staatlichen Institutionen beteiligt sind, liegt die Gesamtverantwortung bei den betroffenen Forschungseinrichtungen.[287]

b) Aufsichtsverantwortung der federal agencies und Recht zur Durchführung eigener Untersuchungen

In den Verantwortungsbereich der *agencies* fällt die Aufsichtsführung über die Durchführung von institutsinternen Fehlverhaltensuntersuchungen und die Kontrolle der verfahrensbeendenden Entscheidungen der Forschungseinrichtungen. Dabei steht ihnen eine Reihe von Aufsichtsmitteln zur Verfügung.

Im Regelfall greifen die involvierten *agencies* nicht in das Untersuchungsgeschehen der Forschungseinrichtungen ein, sondern überprüfen im Nachgang den Verfahrensverlauf anhand der Verfahrensakte und der Abschlussberichte der förmlichen Untersuchungen sowie der ausgesprochenen Empfehlungen für die Sanktionierung, bevor sie selbst eine eigene Entscheidung über das Vorliegen wissenschaftlichen

---

284 *Goldman Herman/Sunshine/Fisher/Zwolenik/Herz*, Journal of Higher Education Vol. 65 (1994), S. 395 En. 14.

285 http://ori.dhhs.gov/html/programs/tech-assistance.asp (03.12.2004); vgl. auch *Logicon/ROW Sciences*, Organizing an Institutional Investigation Assistance Program: A Feasibility Study for the Office of Research Integrity, Final Report, 2002.

286 Vgl. die einzelnen Hilfsinstrumente des so genannten *Rapid Response for Technical Assistance (RRTA)* Programm unter http://ori.dhhs.gov/html/programs/rapidresponse.asp (03.12. 2004).

287 Vgl. hierzu Department of Health and Human Services (DHHS) (NPRM), Public Health Service Policies on Research Misconduct, 69 Fed. Reg. 20778, 20781 (April 16, 2004) unter II. C. 4.

Fehlverhaltens treffen und eigene Sanktionen verhängen.[288] Die *agency* kann zuvor an ein abgeschlossenes Verfahren ergänzende eigene Untersuchungsmaßnahmen anschließen.

Darüber hinaus haben die *federal agencies* während eines institutsinternen Verfahrens die präventiv wirkendes Evokationsrecht, um im Bedarfsfall jederzeit zum Schutze wichtiger Interessen lenkend in das Verfahren eingreifen oder mit ihrer eigenen unabhängigen und zentralen Untersuchung fortfahren zu können, sofern die jeweilige Einrichtung zur sachgerechten Verfahrensführung ersichtlich nicht in der Lage ist.[289] Dies kommt insbesondere in den zuvor bereits beschriebenen Forschungseinrichtungen vor, die aufgrund ihrer geringen Größe oder bestehender Interessenkonflikte eine Untersuchung nicht unter optimalen Bedingungen selbst durchführen können, gleichwohl aber bereits mit der Untersuchungsführung begonnen haben. Die Eingriffsbefugnis in den Zuständigkeitsbereich der Forschungseinrichtungen ist der wohl wichtigste Mechanismus innerhalb des regulativen Rahmens des US-amerikanischen Verfahrensmodells, um Parteilichkeit, die aus einrichtungsinternen *investigations* resultieren kann, entgegenzusteuern und vorzubeugen.[290] Sie gilt aber beispielsweise auch für die Fälle, in deren Umfeld sich besondere Sicherheits- oder Gesundheitsrisiken zu realisieren drohen, oder aber ganz allgemein zum Schutze öffentlicher Interessen. Nach Beendigung des Reviewprozesses oder im Anschluss an zentrale Untersuchungen ergreift die *agency* im Falle der Feststellung wissenschaftlichen Fehlverhaltens im Einklang mit der allgemeinen Rechtsordnung Sanktionsmaßnahmen.[291] Die positive Feststellung wissenschaftlichen Fehlverhalten und die Sanktionierungsmaßnahmen der *agency* können erneut in einem verwaltungsinternen Appeal-Verfahren überprüft werden, so dass auch die Agencies einer Überprüfungsinstanz unterstehen und nicht die Letztverantwortung für den Ausgang eines Verfahrens übernehmen.[292]

Damit die *agency* die notwendige Kenntnis von einem Verfahren erhalten, um ihren Aufgaben nachkommen zu können, existieren hinsichtlich der Einleitung eines Verfahrens Anzeigepflichten der Forschungseinrichtungen gegenüber der jeweils finanzierungsverantwortlichen Förderungsagency. Die zuständige *agency* muss von der betroffenen Forschungseinrichtung spätestens zu dem Zeitpunkt über die Vorgänge in der Einrichtung in Kenntnis gesetzt werden, zu dem festgestellt wird, dass der Fehlverhaltensvorwurf sich erhärtet hat und die Durchführung einer förmlichen

---

288 Office of Science and Technology Policy (OSTP), Federal Policy on Research Misconduct, 65 Fed. Reg. 76260 (76263) (December 6, 2000), unter III.
289 Office of Science and Technology Policy (OSTP), Federal Policy on Research Misconduct, 65 Fed. Reg. 76260 (76263) (December 6, 2000), unter III.
290 *Sise*, San Diego Law Review Vol. 28 (1991), S. 401 (413).
291 Office of Science and Technology Policy (OSTP), Federal Policy on Research Misconduct, 65 Fed. Reg. 76260 (76263) (December 6, 2000), unter III.
292 Office of Science and Technology Policy (OSTP), Federal Policy on Research Misconduct, 65 Fed. Reg. 76260 (76263) (December 6, 2000), unter III.

Untersuchung gerechtfertigt ist.[293] Dies gilt jedoch nur soweit auch tatsächlich öffentlich geförderte Forschung in den Verdachtsfall involviert ist. Nach Abschluss der einzelnen Verfahrensschritte werden Zweitschriften der relevanten Dokumente an die *agency* weitergereicht, anhand derer die Einhaltung der Verfahrensvoraussetzungen überprüft werden können. Das Auftreten besonderer Risikosituationen oder ein Bedarf an staatlichen Maßnahmen zum Schutze der Interessen der Beteiligten, muss der *agency* während des Verfahrens unverzüglich angezeigt werden.[294]

2. Gründe und Ursachen für die Verantwortungsteilung

Das Modell der Verantwortungsteilung soll einerseits dem Umstand Rechnung tragen, dass der Staat verpflichtet ist, sicherzustellen, dass öffentliche Mittel einer sachgemäßen Verwendung zugeführt werden.[295] Andererseits wird die wichtige Rolle der Institutionen und der dort ansässigen Wissenschaftler bei der Untersuchung von Fehlverhalten in den eigenen Reihen betont. Die Mehrzahl der Forschungssubventionen *(grants)* wird an Institutionen, nicht an einzelne Forscher vergeben.[296] Die bezuschussten Einrichtungen müssen im Gegenzug für die sachgerechte Ausführung der finanzierten Aktivitäten sorgen.[297]

Zwar ist die Regierung grundsätzlich selbst verpflichtet, für eine sachgerechte Verwendung der aufgewendeten Steuergelder zu sorgen, jedoch ist es nicht zwingend, dass dies in Form einer direkten Kontrolle durch die verantwortlichen *agencies* selbst geschieht.[298]

Die Hauptkritikpunkte, die gegen dieses Prozedere vorgebracht werden, zielen auf den Interessenkonflikt, der durch Einrichtungen, die ihre eigenen Forscher untersuchen, hervorgerufen wird.[299] Die Offenbarung von Fehlverhaltensfällen in den

293 Office of Science and Technology Policy (OSTP), Federal Policy on Research Misconduct, 65 Fed. Reg. 76260 (76263) (December 6, 2000). Zum Teil wird gefordert, den Forschungseinrichtungen die Pflicht aufzuerlegen, sämtliche Vorwürfe wissenschaftlichen Fehlverhaltens an die *funding agency* mitzuteilen, *Andersen*, Journal of Law and Technology Vol. 3 (1988), S. 121 (132).

294 Dies betrifft Fälle, in denen besondere Gesundheits- oder Sicherheitsrisiken entstehen, in denen die Geldmittel oder Interessen der *federal agency* bedroht sind, in denen die Verletzung gesetzlicher Vorschriften, insbesondere von Strafgesetzen zu vermuten ist, oder wenn die Forschungseinrichtung fürchtet, dass der Sachverhalt vor Abschluss des Verfahrens an die Öffentlichkeit dringt und infolge dessen Beweise gesichert und Interessen geschützt werden müssen, oder aber wenn die *research community* oder die Öffentlichkeit gerade informiert werden sollen, Office of Science and Technology Policy (OSTP), Federal Policy on Research Misconduct, 65 Fed. Reg. 76260 (76263) (December 6, 2000), unter III.

295 *Francis,* Science and Engineering Ethics Vol. 5 (1999), S. 261 (269).

296 *Andersen*, Journal of Law and Technology Vol. 3 (1988), S. 121 (132).

297 Siehe 42 C.F.R. § 50, 102 (1990) und *Andersen*, Journal of Law and Technology Vol. 3 (1988), S. 121 (132).

298 *Francis*, Science and Engineering Ethics Vol. 5 (1999), S. 261 (269).

299 *Andersen*, Journal of Law and Technology Vol. 3 (1988), S. 121 (133); *Kline*, Journal of Pharmacy & Law Vol. 2 (1993), S. 15; siehe auch *O'Toole*, Chronicle of Higher Education,

eigenen Forscherreihen kann die Reputation einer Einrichtung und infolge dessen deren finanzielle Unterstützung schmälern. Wegen dieser drohenden Konsequenzen besteht die Gefahr, dass Aufklärung im Rahmen einrichtungsinterner Untersuchungen nicht unvoreingenommen betrieben wird. Man befürchtet, dass Vorwürfe im Sinne des Beschuldigten entschärft und heruntergespielt werden, weil die Einstellung einer Untersuchung letztlich der Forschungseinrichtung selbst zugute kommt.[300]

Abgesehen von dem geschilderten Interessenkonflikt hat sich diese Verfahrenskonzentration bei den Forschungseinrichtungen jedoch als effizient und zweckmäßig erwiesen. Die Forschungseinrichtungen erfahren in der Regel früher als *agencies* und *departments* von Fehlverhaltensvorwürfen und können sich nicht zuletzt aufgrund der geographischen Nähe zu den betroffenen Personen zügiger mit den Vorwürfen auseinandersetzen. Einrichtungsinterne Verfahrensverantwortliche haben direkten Zugang zu Laboratorien, Forschungsdaten und Zeugen.[301] Insbesondere Fehlverhaltensvorwürfe, deren Ursache in kleineren Missverständnissen oder Differenzen innerhalb der Belegschaft begründet ist, können im Rahmen einer örtlichen Aufklärung einer raschen Erledigung zugeführt werden.[302]

II. Normative Grundlagen des Verfahrensmodells

Die zentralen normativen Grundlagen der US-amerikanischen Verfahren zur Aufklärung wissenschaftlichen Fehlverhaltens sind in Regelwerken enthalten, welche die Forschungsförderungsagencies und -departments erlassen haben. Diese beruhen auf mehr oder minder konkret ausgestalteten gesetzlichen Ermächtigungen und haben in der jüngeren Vergangenheit den innerhalb des historischen Abrisses bereits angesprochenen, durch Erlass der *Federal Policy on Research Misconduct* motivierten, Hamonisierungsprozess[303] durchlaufen. Einrichtungsintern errichtete Regelwerke ergänzen das Spektrum verfahrensrelevanten Normen in dem US-amerikanischen Verfahrensmodell. Nachfolgend werden Rechtscharakter und Regelungsgehalt dieser Rechtsquellen behandelt.

Jan 25, 1989, A 44 (A45); *Dong*, The Cronicle of Higher Education, October 9, 1991, A52; *Green*, University of Michigan Journal of Law Reform, Vol. 20:4 (1987) S. 1009 (1022 ff., 1026).

300 *Sise*, San Diego Law Review, Vol. 28 (1991), S. 401 (413).

301 *Andersen*, Journal of Law and Technology Vol. 3 (1988), S. 121 (135). Zu Pro und Contra einrichtungsinterner Verfahren *Howard*, Hastings Law Review Vol. 45 (1994), S. 309 (350 ff.), die selbst vorschlägt, dass eine unabhängige *agency* für diese Aufgabe errichtet werden sollte.

302 *Andersen*, Journal of Law and Technology Vol. 3 (1988), S. 121 (132 f.); *Steinberg*, Southern California Interdisciplinary Law Review Vol. 10 (2000), S. 39 (74).

303 Zur Harmonisierung vgl. oben unter 2. Teil, C. VI., S. 73 ff.

1. Gesetzliche Grundlagen

Die *agency*-weit oder *department*-weit geltenden Regelwerke *(policies and procedures)* zum Umgang mit wissenschaftlichem Fehlverhalten finden ihre rechtliche Grundlage in Gesetzesnormen, welche direkt oder indirekt die Verantwortlichkeit der jeweiligen *agency* für Fehlverhaltensaufklärung statuieren.

Überwiegend handelt es sich hierbei um Gesetze, welche die generelle Forschungsförderungsaufgabe der jeweiligen *agency* oder des Departments formulieren und im Rahmen der Wahrnehmung dieses Aufgabenbereichs allgemein zum Erlass von *rules* bzw. *regulations* ermächtigen, ohne den zulässigen Inhalt oder gar Zweck und Ausmaß administrativer Regelwerke näher zu konkretisieren.[304] Eine solche allgemeine Verordnungsermächtigung beinhaltet etwa der National Science Foundation Act[305] für die NSF. Die NSF wird darin ermächtigt, Verordnungen zu erlassen, die notwendig sind, um die Art der Organisation, der Arbeitsläufe und des Personalwesens der *agency* zu steuern. Eine ähnlich generelle Ermächtigungsnorm beinhaltet der National Aeronautics and Space Act[306] für die NASA. Das Gesetz ermächtigt die NASA in Erfüllung ihrer – stark forschungsbezogenen – Funktionen, Verordnungen zu verfassen, zu verkünden, auszufertigen, aufzuheben und zu ändern.

Andere *agencies* und *departments*, beispielsweise das Department of Labour (USDOL), das Department of Defense (DOD) oder das Department of Agriculture (DOA), stützen sich mit ihren Misconduct Regularien mittelbar oder unmittelbar auf die noch abstraktere allgemeine, unter Titel 5 U.S.C. Section 301[307] kodifizierte,

---

304 Die Anforderungen an eine gesetzgeberische Ermächtigung zur abgeleiteten exekutiven Normsetzung sind trotz des Delegationsverbots in der heutigen US-amerikanischen Praxis sehr viel geringer als dies in Deutschland der Fall ist. Die Rechtsprechung des Supreme Court hat die *non delegation doctrine* nahezu vollständig aufgeweicht. Die theoretische Forderung der Festlegung von Zweck, Mittel und Ausmaß der Ermächtigung durch den US-amerikanischen Gesetzgeber wird selten eingehalten, häufig beschränkt sich dieser auf reine Formaldelegationen; vgl. *Aranson/Gellhorn/Robinson*, Cornell Law Review Vol. 68 (1982), S. 1 ff.; *Pierce/Shapiro/Verkuil*, Administrative Law and Process, S. 49 ff.; rechtsvergleichend *Dolzer*, DÖV 1982, S. 578 (579) und *Pünder*, Exekutive Normsetzung in den Vereinigten Staaten von Amerika und der Bundesrepublik Deutschland, S. 39 ff.

305 Der National Science Foundation Act of 1950, Pub. L. No. 507, § 11, 64 Stat. 149, 153-54 (codified as amended at 42 U.S.C. § 1870 (1988)) hat bereits in dem historischen Abriss über das US-amerikanische Verfahrensmodell Erwähnung gefunden und wird dort zitiert, vgl. 2. Teil, C. III. 2., S. 58 ff., Fn. 163.

306 National Aeronautics and Space Act. Pub. L. No. 85-568, § 203 (codified as amended at 42 U.S.C. § 2473): *"...*
(c) Powers of Administration in performance of ist functions
In the performance of its functions the Administration is authorized
(1) to make, promulgate, issue, rescind, and amend rules and regulations governing the manner of its operations and the exercise of the powers vested in it by law;..."

307 Pub. L. 89-554, Sept. 6, 1966, 80 Stat. 379 (codified as amended at 5 U.S.C. 301): *"Sec. 301.*
Departmental regulations
The head of an Executive department or military department may prescribe regulations for the government of his department, the conduct of its employees, the distribution and per-

gesetzliche Ermächtigung aller Departments zur Organisation des jeweiligen Ministeriums sowie dessen Geschäftsführung und dessen Angestellter.

Demgegenüber verkörpert der den PHS zum Erlass einer Misconduct Regulation
ermächtigende Public Health Service Act[308] in der Fassung, die er durch den NIH

formance of its business, and the custody, use, and preservation of its records, papers, and property. This section does not authorize withholding information from the public or limiting the availability of records to the public."

308 42 U.S.C. 289 b Office of Research Integrity:
"(a) In general
(1) Establishment of Office
Not later than 90 days after June 10, 1993, the Secretary shall establish an office to be known as the Office of Research Integrity (referred to in this section as the "Office"), which shall be established as an independent entity in the Department of Health and Human Services.
(2) Appointment of Director
The Office shall be headed by a Director, who shall be appointed by the Secretary, be experienced and specially trained in the conduct of research, and have experience in the conduct of investigations of research misconduct. The Secretary shall carry out this section acting through the Director of the Office. The Director shall report to the Secretary.
(3) Definitions
(A) The Secretary shall by regulation establish a definition for the term "research misconduct" for purposes of this section.
(B) For purposes of this section, the term "financial assistance" means a grant, contract, or cooperative agreement.
(b) Existence of administrative processes as condition of funding for research
The Secretary shall by regulation require that each entity that applies for financial assistance under this chapter for any project or program that involves the conduct of biomedical or behavioral research submit in or with its application for such assistance
(1) assurances satisfactory to the Secretary that such entity has established and has in effect (in accordance with regulations which the Secretary shall prescribe) an administrative process to review reports of research misconduct in connection with biomedical and behavioral research conducted at or sponsored by such entity;
(2) an agreement that the entity will report to the Director any investigation of alleged research misconduct in connection with projects for which funds have been made available. under this chapter that appears substantial; and
(3) an agreement that the entity will comply with regulations issued under this section.
(c) Process for response of Director
The Secretary shall by regulation establish a process to be followed by the Director for the prompt and appropriate
(1) response to information provided to the Director respecting research misconduct in connection with projects for which funds have been made available under this chapter;
(2) receipt of reports by the Director of such information from recipients of funds under this chapter;
(3) conduct of investigations, when appropriate; and
(4) taking of other actions, including appropriate remedies, with respect to such misconduct.
(d) Monitoring by Director
The Secretary shall by regulation establish procedures for the Director to monitor administrative processes and investigations that have been established or carried out under this section.
(e) Protection of whistleblowers
(1) In general

Revitalisation Act von 1993 erhalten hat[309], einen Sonderfall. Die unter 42 U.S.C. 289 b kodifizierte Norm setzt nämlich anders als die übrigen Ermächtigungsnormen zugleich inhaltliche Vorgaben für den ganz konkreten Fall des Erlasses einer Misconduct Regulation. Sie bestimmt zunächst, dass der Gesundheitsminister via Verordnung eine Definition des Terminus "Research Misconduct" einführt. Darüber hinaus werden weitere konkrete Mindestanforderungen an den Inhalt der Verordnung gestellt, welche die Förderungsbedingungen betreffen, unter denen eine Forschungseinrichtung für die Durchführung von biomedizinischer Forschung oder Verhaltensforschung finanzielle Unterstützung des PHS beantragen kann. Die Verordnung soll als Förderungsvoraussetzung zum einen die Verpflichtung zur Abgabe der bereits erwähnten Zusicherung *(assurance)*[310] gegenüber dem Minister über die Einrichtung eines verordnungskonformen einrichtungsinternen Verfahrens zur Überprüfung wissenschaftlicher Fehlverhaltensfälle erfassen. Zum anderen gibt die Delegationsnorm die Aufnahme einer Verpflichtung zur Anzeige von Fehlverhaltensfällen sowie zur Unterwerfung der geförderten Einrichtungen unter die sonstigen Verordnungsvorgaben vor. Der Public Health Service Act hat als einziges Ermächtigungsgesetz zugleich die Errichtung einer exklusiv für den Umgang mit wissenschaftlichem Fehlverhalten und die Förderung guter wissenschaftlicher Praxis zuständige Behörde, des Office of Research Integrity (ORI), einschließlich des durch Verordnungsgebung zu konkretisierenden Verantwortungsbereichs des Behördenleiters zum Inhalt. Schließlich delegiert die Ermächtigungsnorm auch den Schutz von Whistleblowers in den geförderten Einrichtungen an den Verordnungsgeber. Der Gesundheitsminister hat durch Erlass einer Verordnung mit entsprechendem Inhalt sicherzustellen, dass jede Empfängereinrichtung von Förderleistungen gewisse Standards formuliert, um die Benachteiligung solcher Personen zu verhindern, die einen

In the case of any entity required to establish administrative processes under subsection (b) of this section, the Secretary shall by regulation establish standards for preventing, and for responding to the occurrence of retaliation by such entity, its officials or agents, against an employee in the terms and conditions of employment in response to the employee having in good faith
(A) made an allegation that the entity, its officials or agents, has engaged in or failed to adequately respond to an allegation of research misconduct; or
(B) cooperated with an investigation of such an allegation.
(2) Monitoring by Secretary
The Secretary shall by regulation establish procedures for the Director to monitor the implementation of the standards established by an entity under paragraph (1) for the purpose of determining whether the procedures have been established, and are being utilized, in accordance with the standards established under such paragraph.
(3) Noncompliance
The Secretary shall by regulation establish remedies for noncompliance by an entity, its officials or agents, which has engaged in retaliation in violation of the standards established under paragraph (1). Such remedies may include termination of funding provided by the Secretary for such project or recovery of funding being provided by the Secretary for such project, or other actions as appropriate."
309 Vgl. zu den historischen Zusammenhängen oben 2. Teil, C. II. 2., S. 55 ff.
310 Vgl. oben 2. Teil, D. I. 1. a), S. 77.

Verdacht wissenschaftlichen Fehlverhaltens äußern oder sich kooperativ an der Untersuchung eines Vorwurfs beteiligen.[311] Die Verordnung soll nach der gesetzlichen Maßgabe zugleich ein Prozedere etablieren, mit dem der der Leiter des ORI die Implementierung und Einhaltung solcher Standards überwachen kann und für den Fall der Verletzung dieser Standards bestimmte Rechtsbehelfe zur Verfügung stellen.

Der Überblick lässt erkennen, dass sich der US-amerikanische Gesetzgeber bisher lediglich im Bereich des Gesundheitswesens veranlasst gesehen hat, konkrete materielle Vorgaben für die Schaffung von Misconduct-Verfahren zu formulieren, obwohl administrative Normsetzung zur Einführung von Fehlverhaltensverfahren auch im Zuständigkeitsbereich anderer Ressorts erfolgt ist. Dies spiegelt die überproportionale Präsenz von Fehlverhaltensfällen in der medizinischen Forschung wieder, die den US-amerikanischen Gesetzgeber überhaupt auf den Handlungsbedarf aufmerksam gemacht und zu einem Eingreifen motiviert hat.[312] Doch auch der Public Health Service Act konzentriert sich im Wesentlichen auf die Sicherstellung der Einrichtung von Verfahrensmechanismen auf verschiedenen Organisationsebenen statt konkrete Verfahrensablaufinhalte vorzugeben. Der gestalterische Ansatz wird stärker durch die Federal Policy on Research Misconduct und die verantwortlichen administrativen Normgeber selbst bestimmt.

2. Die Federal Policy on Research Misconduct

Die Entwicklung der Federal Policy on Research Misconduct durch den NSTC des OSTP und ihre Funktion als Katalysator der letzten harmonisierenden Entwicklungsstufe des US-amerikanischen Verfahrensmodells wurden im Kontext der historischen Entwicklung des US-amerikanischen Verfahrensmodells bereits aufgegriffen.[313] Die Federal Policy on Research Misconduct macht regierungsprogrammkonforme strukturpolitische Rahmenvorgaben zum bundesweiten ressortübergreifenden Umgang mit Fehlverhaltensvorkommnissen, deren Transformation in verbindliche Regelwerke den *federal agencies* und Departments obliegt und durch deren dortige Ausgestaltung eine Anpassung an die spezifisch geförderten Forschungsbereich vorgenommen wird.[314] Mit diesem harmonisierenden Ansatz hat die Regierung im Rahmen der vorausschauenden und planenden Leitung darauf reagiert, dass die Wege der Begegnung wissenschaftlichen Fehlverhaltens auseinanderzuklaffen droh-

---

311 Eine förmliche Umsetzung dieser Ermächtigung enthält Department of Health and Human Services (DHHS), Public Health Service Policies on Research Misconduct, 70 Fed. Reg. 28370 ff. (May 17, 2005), §§ 93.100 ff.
312 Vgl. oben 2. Teil, C. I., S. 51 ff.
313 Vgl. oben unter 2. Teil, C. VI. 2., S. 75 f.
314 *Bird/Dustira*, Science and Engineering Ethics Vol. 6 (2000), S. 123 (126).

ten und nicht in allen Ausformungen geeignet waren, dem Problem angemessen zu begegnen.[315]

Als lenkender Akt der politischen Staatsleitung ist sie einer eigenständigen Kategorie politischer Richtungsentscheidungen zuzuordnen, die von den traditionellen rechtlichen Strukturen, untergliedert in Normen und Einzelakte legislativen oder administrativen Ursprungs, zu unterscheiden ist. Sie entfaltet keine verbindlichen Rechtswirkungen und keine Außenwirkung, wirkt aber tatsächlich auf ihre Adressaten, die forschungsfördernden *agencies* und *departments*, verbindlich. Dieser Effekt ist ihrer Konzeption auf höchster politischer Ebene, nämlich der des unmittelbar dem Präsidenten unterstellten Executive Office des Präsidenten, dem auch das OSTP angehört[316], geschuldet. Dort steht eine Vielzahl formeller und informeller Möglichkeiten politischer Machtausübung zur Verfügung, um die Beachtung politischer Leitlinien durchzusetzen.[317]

Die Federal Policy ist in sechs inhaltliche Abschnitte untergliedert. Der erste Abschnitt trägt dem lange gehegten Bedürfnis nach einer einheitlichen Definition wissenschaftlichen Fehlverhaltens Rechnung.[318] Im zweiten Abschnitt sind die weiteren Voraussetzungen für eine förmliche Feststellung wissenschaftlichen Fehlverhaltens formuliert, darunter die subjektiven Fehlverhaltensvoraussetzungen und der anzuwendende Beweismaßstab.[319] Das strukturbestimmende Grundprinzip der Verantwortungsteilung des US-amerikanischen Verfahrensmodells hat in Abschnitt drei seinen Niederschlag gefunden, wo die Verantwortungsbereiche von *federal agencies* und Forschungseinrichtungen skizziert werden.[320] Darüber hinaus ist unter diesem Abschnitt eine Aufgliederung der Untersuchungsverfahren in verschiedene Verfahrensstufen sowie deren organisatorische Trennung geregelt. Abschnitt vier enthält wesentliche Verfahrensgrundsätze und Verfahrensrechte für Informanten und vom Fehlverhaltensverdacht betroffene Personen, welche die Entwicklung eines fairen und im Zeitumfang angemessenen Verfahrens durch Agencies und Forschungsein-

---

315 Vgl oben 2. Teil, C. VI. 2., S. 75 ff.

316 Vgl. oben 2. Teil, A. II. 1. b), S. 39 f., insbes. Fn. 57.

317 Diese finden ihre Gundlage in Article II der U.S.-Constitution, der den Präsidenten u.a. zur Ernennung von "Officers of the United States" ermächtigt. Die Entlassung von "principal officers", Amtswaltern, die über weit reichende Kompetenzen wie die Wahrnehmung von Regierungsfunktionen oder starken Einfluss auf den administrativen Normerlass verfügen, liegt – obwohl nicht ausdrücklich erwähnt – ebenfalls in der Hand des Präsidenten, vgl. Myers v. United States 272 U.S. 52, 106 (1926); vgl. im Einzelnen *Tribe*, Constitutional Law, S. 677 ff. Allgemein zu Grundlagen und Ausformungen exekutiver Kontrolle des Verwaltungshandelns auch *Pierce/Shapiro/Verkuil*, Administrative Law and Process, S. 79 ff.

318 Office of Science and Technology Policy (OSTP), Federal Policy on Research Misconduct, 65 Fed. Reg. 76260 (76262) (December 6, 2000), unter I. "Research Misconduct Defined". Vgl. dazu unten unter 2. Teil, E. II., S. 110 ff.

319 Office of Science and Technology Policy (OSTP), Federal Policy on Research Misconduct, 65 Fed. Reg. 76260 (76262) (December 6, 2000), unter II. "Findings of Research Misconduct".

320 Office of Science and Technology Policy (OSTP), Federal Policy on Research Misconduct, 65 Fed. Reg. 76260 (76263) (December 6, 2000), unter III. "Responsibilities of Federal Agencies and Research institutions", vgl. dazu oben 2. Teil, D. I., S. 76 ff.

richtungen gewährleisten sollen.[321] In Abschnitt fünf folgen die verwaltungsrechtlichen Sanktionsmöglichkeiten *(administrative actions)* sowie die wichtigsten Voraussetzungen, unter denen eine *federal agency* diese Maßnahmen verhängen kann.[322] Der sechste Abschnitt schließlich ist mit der Rolle anderer Organisationen im US-amerikanischen Verfahrensmodell befasst.[323] Die Vorgaben dieser sechs Abschnitte stehen repräsentativ für Umfang und Reichweite zentralstaatlicher Einflussnahme auf die inhaltliche Ausgestaltung von Misconductverfahren in allen staatlich geförderten Forschungstypen und -disziplinen.

3. Policies and Procedures der Federal Funding Agencies und Departments: Misconduct Regulations und Statements of Policy

Die Mehrzahl der forschungsfördernden Agencies ist den historischen Beispielen von PHS und NSF gefolgt und hat neue Regelungen für Misconduct-Verfahren in Form von Verordnungen *(rules or regulations)* erlassen, die die Rahmenvorgaben der Federal Policy on Misconduct in eine *agency*-spezifisch angefüllte verbindliche Rechtsnorm übersetzen. Den Weg des üblichen *informal rulemaking* sind neben PHS mit den am 16. Juni 2005 in Kraft getretenen „Public Health Service Policies on Research Misconduct"[324] und der NSF mit der "Research Misconduct"-Regulation auch die NASA mit der "Investigation of Research Misconduct"-Regulation und gegangen.[325] Das Department of Defense (DOD) hat bisher lediglich eine sogenannte *Instruction* mit dem Gegenstand "Research Integrity and Misconduct" formuliert.[326] Es handelt sich dabei um eine interne Anweisung über Art und Weise sowie Ablauf der Umsetzung der Federal Policy. Hieraus geht hervor, dass das DOD die Verfahrensvorgaben ebenfalls durch *rulemaking*, nämlich durch Änderung und Ergänzung seiner DOD Grant and Agreement Regulations[327] und des Defense Fede-

---

321 Office of Science and Technology Policy (OSTP), Federal Policy on Research Misconduct, 65 Fed. Reg. 76260 (76263 f.) (December 6, 2000), unter IV."Guidelines for Fair and Timely Procedures".

322 Office of Science and Technology Policy (OSTP), Federal Policy on Research Misconduct, 65 Fed. Reg. 76260 (76264) (December 6, 2000), unter V. "Agency Administrative Actions".

323 Office of Science and Technology Policy (OSTP), Federal Policy on Research Misconduct, 65 Fed. Reg. 76260 (76264.) (December 6, 2000), unter VI."Roles of Other Organisations".

324 Public Health Service Policies and Prodedures on Research Misconduct, 42 C.F.R Part 93, 70 Fed. Reg. 28370 (May 17, 2005).

325 Department of Health and Human Services (DHHS), Public Health Service Policies on Research Misconduct, 70 Fed. Reg. 28370-400 (May 17, 2005); National Science Foundation (NSF), Research Misconduct, 67 Fed. Reg. 11936-939 (March 18, 2002); NASA, Investigation of Research Misconduct, 69 Fed. Reg. 42102-107 (July 14, 2004). Zum Rulemaking-Verfahren vgl. oben Fn. 161.

326 Department of Defense (DoD), Research Integrity and Misconduct, Instruction No. 3210.7 unter 6.1., May 14, 2004.

327 Department of Defense Grant and Agreement Regulations (DoDGARs), 32 C.F.R. Part 22.

ral Acquisition Regulation Supplement[328] umzusetzen gedenkt.[329] Darauf aufbauend sind die dem Department nachgeordneten *agencies* und sonstigen organisatorischen Untereinheiten des DOD[330] angewiesen, jeweils ergänzende Verfahrensregeln für Ihren Bereich zu implementieren, deren Rechtscharakter keiner Vorgabe unterliegt.[331] Eine vergleichbare interne Implementationsanweisung für seine nachgeordneten forschungsfördernden *federal agencies* hat auch das Department of Transportation (DOT) unter dem Titel „Implementation Guidance for Executive Office of the President OSTP Federal Policy on Research Misconduct" veröffentlicht.[332] Dieses Regelwerk entbehrt aber eines Hinweises darauf, durch welche Art des Verwaltungshandelns eine Umsetzung erfolgen soll. Es bleibt insoweit abzuwarten, ob sich noch weitere Agencies für den Erlass einer Verfahrensordnung im Wege des Rulemaking entscheiden.

Das Department of Labour (USDOL) hat die Federal Policy on Research Misconduct durch Veröffentlichung eines "Statement of Policy on Research Misconduct" umgesetzt.[333] Im Gegensatz zu *substantive rules* bzw. *regulations* müssen *statements of policy* nicht den formalisierten Verfahrensanforderungen des APA zur Beteiligung der Öffentlichkeit (5 U.S.C. § 553 (b)(3)(A)) entsprechen, entfalten daher in der Konsequenz auch keine rechtsverbindlichen Wirkungen.[334] Mit einem *statement*

---

328 Defense Federal Acquisition Regulation Supplement (DFARS), 48 C.F.R Chapter 2.

329 Die Änderungsvorschläge sollen spätestens 270 Tage nach Inkrafttreten der Instruction im Federal Register veröffentlicht werden, um das Notice and Comment-Verfahren des Informal Rulmaking-Prozesses in Gang zu setzen, vgl. Department of Defense (DOD), Research Integrity and Misconduct, Instruction No. 3210.7 unter 6.1.1. und 6.1.9., May 14, 2004.

330 Die Instruction erwähnt insbesondere das Office of the Secretary of Defense, die Military Departments, den Chairman of the Joint Chiefs of Staff, die Combatant Commands, die Defense Agencies und die DoD Field Activities, Department of Defense (DOD), Research Integrity and Misconduct, Instruction No. 3210.7 unter 2.1, May 14, 2004.

331 Department of Defense (DOD), Research Integrity and Misconduct, Instruction No. 3210.7 unter 6.2. und E3. Requirements for DOD Components' Research Misconduct Procedures, May 14, 2004.

332 Die Implementation Guidance wurde unter der Leitung des DOT Research and Technology Coordinating Council (RTCC) entworfen und im Februar 2002 veröffentlicht. Der DOT ist ein im April 1994 eingerichtetes ministeriales Führungsgremium, das alle forschungsbezogenen Aktivitäten einschließlich des Umgangs mit wissenschaftlichem Fehlverhalten des DOT koordiniert und dem Mitglieder aller nachgeordneten Organisationseinheiten des Departments angehören.

333 Department of Labor, Office of the Secretary, 68 Fed. Reg. 53862 (September 12, 2003).

334 Grundsätzlich können US-amerikanische *agencies* nur nur auf einem Weg materiellrechtliche verbindliche Rechtsnormen *(legislative rules)* erlassen, nämlich indem sie das notice-and-comment-Verfahren des APA einhalten, vgl. Chrysler Corp. v. Brown, 441 U.S. 281 302-03 (1979); Batterton v. Marshall, 648 F.2 d 694, 701 (D.C. Cir. 1980). Neben den *statements of policy* bedürfen lediglich so genannte *nonlegislative rules* i.S.d. 5 U.S.C. § 553 (b)(3)(A) der Einhaltung geringerer Anforderungen. *Nonlegislative rules* ähneln nach Inhalt und Bindungswirkung den deutschen Verwaltungsvorschriften. Sie sind Regelungen des Innenrechts, welche sich in *procedural rules*, die das Verfahren und die innere Organisation der Behörden regeln, und *interpretative rules*, welche Gesetze erläutern, untergliedern lassen. Letztere sind im Gegensatz zu den *legislative rules*, die wie Gesetze Recht schaffen und ver-

of policy offenbart eine *agency*, in welcher Form sie in der Zukunft beabsichtigt, ihre Kompetenzen zu nutzen und das ihr übertragene Ermessen auszuüben. Es beinhaltet typischerweise eine unverbindliche Ankündigung künftiger Handlungs- und Verfahrensweisen, die es den betroffenen Parteien ermöglicht, frühzeitig Maßnahmen zu ergreifen, um deren Anforderungen zu erfüllen.[335] Das *statement of policy* zählt zu einer im Wachstum begriffenen Kategorie amerikanischen Verwaltungshandelns, welche unter der Bezeichnung *informal administrative procedures* zusammengefasst werden kann und die trotz ihrer fehlenden Rechtsverbindlichkeit eine starke regulatorische Wirkung erzielen.[336] Die Unterscheidung zwischen *rules* and *general statements of policy* ist bisweilen diffizil. Allein die Bezeichnung eines administrativen Regelwerks kann grundsätzlich nicht das ausschlaggebende Kriterium sein, entscheidend ist vielmehr, ob Rechte und Interessen der Beteiligten maßgeblich berührt werden.[337] Im Fall des *"Statement of Policy on Research Misconduct"* des USDOL kann allerdings eine Korrespondenz zwischen Titel und Rechtscharakter angenommen werden, da offenbar bewusst eine von den anderen Agencies und Departments abweichende Handlungsform gewählt wurde und eine Veröffentlichung im Verlauf des Normsetzungsprozesses unterblieben ist.

Die Environmental Protection Agency (EPA) hat in Umsetzung der Federal Policy die "Policy and Procedures for Adressing Research Misconduct" veröffentlicht, die sie selbst als „Order" klassifiziert hat.[338] Folgt man der Terminologie des APA, so ist eine Order das Ergebnis des US-amerikanischen *adjudication*-Verfahrens, nämlich die Einzelfallentscheidung einer amerikanischen Verwaltungsbehörde.[339]

ändern und direkt Rechte und Pflichten für die Bürger begründen, mehr den norminterpretierenden und ermessenslenkenden Verwaltungsvorschriften vergleichbar, vgl. *Asimow*, Duke Law Journal, (1985), S. 381 ff. Zum Rulemaking-Verfahren vgl. oben Fn. 161.

335 *Pierce/Shapiro/Verkuil*, Administrative Law and Process, S. 318; *Linneweber*, Einführung in das US-amerikanische Verwaltungsrecht, S. 76.

336 *Rakoff*, Administrative Law Review Vol. 52 (2000), S. 159 (160); *Anthony*, Duke Law Journal Vol. 41 (1992), S. 1311 (1333 ff.).

337 Zu der Unterscheidung zwischen substantive rules und statements of policy vgl. Pacific Gas & Electric v. FPC – 506 F.2d 53 (D.C.Cir. 1974),

338 Environmental Protection Agency (EPA), Policy and Procedures for Adressing Research Misconduct, Order No. 3120.5 (March 18, 2003).

339 5 U.S.C. § 551 (7); Adjudications bilden eine Analogie zu dem Prozedere vor den erstinstanzlichen Gerichten. Man unterscheidet die förmliche *adjudication* im Sinne von 5 U.S.C. § 554, die nur zur Anwendung kommt, wenn ein anderes förmliches Gesetz als der APA auf die *"ad-judication... to be determined on the record after opportunity for an agency hearing"* verweist, sowie das im APA nicht geregelte informale Verwaltungsverfahren, dem die überwiegende Zahl der administrativen Einzelfallentscheidungen folgen. Beim Erlass von Verwaltungsmaßnahmen, die nicht dem förmlichen Verfahren unterliegen, müssen die verfassungsrechtlichen *due process* Anforderungen sowie gegebenenfalls weitere in Form von Verordnungen oder Verwaltungsvorschriften statuierte behörden- bzw. fachspezifische Verfahrensanforderungen gewahrt werden. Zu den wesentlichen Elementen vgl. 2. Teil, B. II., S. 47 f. und *Verkuil*, University of Chicago Law Review Vol. 43 (1976), S. 739 ff.; Krotoszynsky, Administrative Law Review Vol. 56 (2004), S. 1057 ff. Die wesentlichen Verfahrensschritte des formellen Verfahrens, auch als *full hearing* oder *trial type hearing* bezeichnet, sind in §§ 554, 556 und 557 niedergelegt. Sie ähneln denen des bereits beschriebenen ru-

Da jede *agency* in Abwesenheit einer zwingenden gesetzlichen Regelung das Recht hat, selbst auszuwählen, welcher Form des Verwaltungshandelns sie sich bedienen möchte, kann aber auch eine generelle, eine Vielzahl von Personen betreffende Norm durch eine Order begründet werden.[340] Die Wahl der *adjudication* als Vehikel zur Entwicklung einer generellen Regel ist aufgrund der begrenzten Interessenpartizipation und der zahlreichen involvierten Einzelfallbesonderheiten allerdings nur selten aus funktionalen Gesichtspunkten gerechtfertigt und daher häufig der Kritik ausgesetzt.[341]

Diese *policies* und *procedures* der *federal agencies* und *departments* regeln inhaltlich – über die Vorgaben der Federal Policy hinaus – die individuellen Mechanismen, mit denen die jeweiligen staatlichen Förderer und die Förderleistungsempfänger dem beschriebenen Prinzip der Verantwortungsteilung gerecht werden. Sie geben den Empfängereinrichtungen auf, eigene Misconduct-Regelungen zu erlassen, bestimmen die mit der Wahrnehmung der Aufsichtsverantwortung durch die Agencies betrauten Verfahrensgremien und machen konkrete Vorgaben für den inhaltlichen und zeitlichen Ablauf der Verfahrensdurchführung sowie die zu ergreifenden Sanktionsmaßnahmen. Überdies definieren sie den Anwendungsbereich der Regelung unter Rekurs auf die geförderte Forschung. Die statuierten Anforderungen an ein rechtswahrendes faires Verfahren gehen überwiegend über das hinaus, was die Verfassung allgemein an *due process* fordert.[342] Sind sie als *procedural regulation* im förmlichen *rulemaking* Verfahren erlassen, muss sich auch die verantwortliche *agency* solange daran binden lassen, bis sie eine Änderung der *regulation* erlassen hat.[343]

4. Einrichtungsinterne Policies and Procedures

Die einzelnen geförderten Forschungseinrichtungen haben schließlich ebenfalls Regeln zum Umgang mit wissenschaftlichem Fehlverhalten erarbeitet, in welche die durch die *federal agencies* und *departments* vorgegebenen Mindestinhalte über Ablauf- und Ausgestaltung eines institutsinternen Fehlverhaltensverfahrens und das Zusammenspiel zwischen Forschungseinrichtung- und Förderungseinrichtung auf-

---

lemaking Verfahrens ebenso wie gerichtlichen Verfahren. Sie beinhalten unter anderem die Anzeige des bevorstehenden Verfahrens unter Angabe des tatsächlichen und rechtlichen Hintergrunds, das Recht auf Rechtsbeistand, die Möglichkeit, Tatsachen und Rechtsansichten vorzubringen und andere Beteiligte sowie Zeugen zu befragen, die Entscheidung durch ein unvoreingenommenes Organ, *Pierce/Shapiro/Verkuil*, Administrative Law and Process, S. 308 ff.; *Aman/ Mayton,* Administrative Law, S. 195 ff.

340 *Pierce/Shapiro/Verkuil*, Administrative Law and Process, S. 285 f.

341 *Pierce/Shapiro/Verkuil*, Administrative Law and Process, S. 285ff. *McCubbins/Noll/Weingast*, Journal of Law, Economics und Organisation (J.L.Econ. & Org.) Vol. 3 (1987), S. 243.

342 Dazu oben 2. Teil, B. II. 1., S. 47 f.

343 Siehe United States v. Nixon, 418 U.S. 683, 694-696 (1974); *Pierce/Shapiro/Verkuil*, Administrative Law and Process, S. 227 f.

genommen sind.[344] In der Regel überwachen die Forschungsförderungseinrichtungen Errichtung, Anpassung und Einhaltung der institutsinternen *policies* und *procedures*.[345] Der PHS beispielsweise stellt seinen geförderten Einrichtungen eine vorkonzipierte *"Model Policy for Responding to Allegations of Scientific Misconduct"* und *"Model Procedures for Responding to Allegations of Scientific Misconduct"* mit differenzierten Hinweisen zu konkreten Ausgestaltungsvarianten für verschiedene Arten von Institutionen bereit.[346] Insbesondere die amerikanischen Universitäten

344 Zu den Mindestanforderungen des PHS siehe Department of Health and Human Services (DHHS), Public Health Policies on Research Misconduct, 70 Fed. Reg. 28370 (28389) (May 17, 2005), § 93.304.
345 Das Office of Research Integrity des PHS überwacht die institutsinterne Errichtung und Einhaltung der Policies und der Verfahrensregeln durch sein *Assurance and Compliance Review Program*. Das *Assurance Program* sichert die Vergabe von Fördermitteln an förderungswürdige Institutionen. Förderungswürdig ist eine Einrichtung dann, wenn sie eine schriftliche Zusicherung darüber abgegeben hat, dass sie zum Umgang mit Vorwürfen wissenschaftlichen Fehlverhaltens im Bereich der geförderten Forschung ein Verfahren einhalten wird, welches den regulativen Vorgaben des PHS genügt. Diese einmal abgegebenen *Assurances* behalten ihre Gültigkeit, solange die Forschungseinrichtungen regelmäßig einen Jahresbericht über Vorkommnisse wissenschaftlichen Fehlverhalten und deren Behandlung in der eigenen Einrichtung anfertigen, auf Verlangen des ORI ihre Misconduct in Science Policy zur Überprüfung übermitteln und überarbeiten und die PHS Regulation einhalten. Das Programm beinhaltet eine Datenbank *(assurance database)*, in der die Informationen über den assurance-Status jeder Forschungseinrichtung gespeichert sind. Es geht daraus hervor, ob und wie häufig eine Einrichtung ihre Zusicherung durch Überlieferung regelmäßiger Jahresbericht verlängert hat, oder ob Zusicherungen entweder auf Wunsch der jeweiligen Einrichtung oder aber mangels Übermittlung eines Jahresberichts deaktiviert wurden. Die Jahresberichte der geförderten Einrichtungen werden in elektronischer Form an das ORI übermittelt (Electronic Reporting System) und dort einer gleich bleibenden Methodologie folgend in jährlichen Berichten ausgewertet, vgl. beispielsweise ORI, Report on 2002 Institutional Annual Report on Possible Research Misconduct, August 2003. Einige Forschungseinrichtungen rationalisieren das Berichtssystem indem sie sich in einem *affiliation agreement* einer Muttereinrichtung anschließen, welche dann komprimierte Jahresberichte für sich und ihre Tochtereinrichtungen erstellt, vgl. Office of Research Integrity, Study of Affiliation Agreements Used by Institutions to Comply with the Requirements of Their Misconduct Assurance, 1999, einsehbar unter http://ori.hhs.gov/documents/study_affiliation_agreements.pdf oder http://ori.hhs.gov/assurance/agreements.shtml (abgefragt am 25.08.2005). Das Compliance Review Program soll sicherstellen, dass die Forschungseinrichtungen ihre policies auch tatsächlich einhalten und dient außerdem der Kontrolle von sanktionsinternen Verfahren vgl. http://ori.hhs.gov/assurance/ (22.07.2005).
346 ORI, Model Policy for Responding to Allegations of Scientific Misconduct, 1997; ORI, Model Procedures for Responding to Allegations of Scientific Misconduct, 1997. Zahlreiche Einrichtungen haben diese Muster*policies* und *-procedures* nahezu wortgleich übernommen und lediglich um die institutionsinterne Terminologie ergänzt. Vgl. z.B. Universitäten: Claremont Graduate University, *Policy for Responding to Allegations of Scientific Misconduct*, Institutional Handbook III. R.; Cleveland State University, *Policy for Responding to Allegations of Academic Research Misconduct*, 12. Februar 1997; California State University, Stanislaus, *Policy and Procedures for Responding to Allegations of Scientific Misconduct*, 6 November 1997; University of West Florida, *Policy for Responding to Allegations of Research Misconduct*, 2. Februar 1990 i.d.F. vom 17. März 2003.

profitierten bei ihren Regelungsbemühungen auch von einer durch eine gemeinsamen Arbeitsgruppe der Association of American Research Universities (AAU), der Association of American Medical Colleges (AAMC), der National Association of State University and Land-Grant Colleges (NASULGC), des Council of Graduate Schools (CGS) und Mitgliedern weiterer Fachgesellschaften erarbeitete Musterrichtlinie für den Umgang mit Fehlverhalten.[347] Die erste Fassung dieser Musterrichtlinie stammt aus dem Jahr 1988. Sie wurde unter Berücksichtigung der Inhalte der ersten Regulations von PHS und der NSF entworfen und im Jahr darauf umfassend überarbeitet.[348]

Diese institutsinternen Regeln werden unabhängig von der Art der sie erlassenden Forschungseinrichtung ganz allgemein als *policies and procedures* oder *principles* bezeichnet. Sie zählen zu den das Innenverhältnis einer Körperschaft regelnden Nebensatzungen (By-Laws). Sie werden nicht in Gestalt eines normativen Regelungsinstruments mit verbindlicher Wirkung errichtet, sondern entfalten in der Regel selbst dann keine Rechtsverbindlichkeit, wenn sie von den mit einem gewissen Autonomiestatus[349] ausgestatteten privaten oder auch staatlichen Universitäten erlassen werden.[350] Zum Teil werden die Regelwerke auf unterschiedlichen Organisationsebenen innerhalb einer Institution erlassen. Einige Universitäten haben beispielswei-

---

347 AAU, Framework for institutional Policies and Procedures to deal with Fraud in Research, Washington D.C., originally published 4. November 1988, abgedruckt in Academic Medicine Vol. 64 (1989), S. 559 ff.; vgl. auch *Friedmann*, in: AAAS-ABA National Conference of Lawyers and Scientists, Project on Scientific Fraud and Misconduct, Report on workshop number two, Washington 1990.

348 AAU, Framework for institutional Policies and Procedures to deal with Fraud in Research, revised edition, Washington D.C. 1990. Die Neufassung wurde unter Einbezug der Änderungsvorschläge einer gemeinsamen Review-Group erarbeitet.

349 Diesen Autonomiestatus können die Hochschulen aus dem First Amendment ableiten, wobei die privaten Hochschulen gegenüber den staatlichen Universitäten eine weitergehendere Autonomie genießen, vgl. *Rabban*, Law & Contemporary Problems Vol. 53 (Summer 1990), S. 277 (266 ff.) und *Byrne*, Yale Law Review, Vol. 99 (1989), S. 251 (311 ff.) mit weiteren Nachweisen. Vgl. hierzu auch oben 2. Teil, B. I. 1. c), S. 46 f.

350 US-Amerikanische Hochschulen haben nämlich das Recht, sich zur Regelung ihrer eigenen Angelegenheiten des Regelungsinstruments der Policy zu bedienen, *Kaplin*, The Law of Higher Education, S. 14.

se Regeln in Kraft gesetzt, die für sämtliche Mitglieder der Einrichtung gelten[351], andere wiederum haben für jede Fakultät gesonderte Regeln erlassen[352].

Policies sind dementsprechend nicht per se durchsetzbar, sondern können erst mit Hilfe unterschiedliche Mechanismen der vertraglichen Inbezugnahme auf individualvertraglicher Basis Verbindlichkeit gegenüber den Mitarbeitern der Universitäten erlangen.[353] Häufig findet die Unterzeichnung der *policies* und *procedures* durch neue Mitarbeiter bei Beschäftigungsbeginn oder die Bestätigung der Aushändigung der *policies* statt. Oder aber es findet sich der ausdrückliche Hinweis auf die Gültigkeit aller einrichtungseigenen *policies* im Arbeitsvertrag eines jeden angestellten Forschers.[354]

III. Akteure

Den Akteuren des US-amerikanischen Verfahrensmodells ist der folgende Abschnitt gewidmet. Dabei handelt es sich einerseits um die US-amerikanischen Fachministerien beziehungsweise deren Unterbehörden, welche für das jeweilige Ressort Forschungsfinanzierung betreiben und organisieren *(federal funding agencies)*.[355] Zum anderen zählen zu den mit der Behandlung wissenschaftlicher Fehlverhaltensfälle befassten Akteuren die von den *federal agencies* jeweils geförderten Forschungseinrichtungen selbst. Dabei kann es sich um private und staatliche Universitäten, Laboratorien, unabhängige Nonprofit-Organisationen etc. handeln. Beide Institutionsformen übernehmen sowohl Aufklärungs- als auch Sanktionierungsverantwortung.

---

351 Hierzu gehören beispielsweise: Massachusetts Institute of Technology, *Procedures for Dealing with Academic Misconduct in Research and Scholarship*, i.d.F. vom 15. November 1999, in: Policies and Procedures: A Guide for Faculty and Staff Members 10.0 und *Supplement to MIT Procedures dealing with academic misconduct* i. d. F. von Juni 2002; Stanford University, *Scientific Misconduct: Policy on Allegations, Investigations and Reporting*, vom 3. Februar 1983 i. d. F. vom 1. Juni 2002, Research Policy Handbook Document 2.5; Columbia University, *Statement on Professional Ethics and Faculty Obligations and Guidelines for Review of Professional Misconduct* vom 29. September 1972 i. d. F. v. 18. April 1986, Faculty Handbook: Appendix E, die medizinische Fakultät verfügt allerdings über eigene *Guidelines for Review of Misconduct in Science* vom 27. Januar 1992 i. d. F. vom 20. November 1995.
352 Die Harvard University hat für jede Fakultät gesonderte Regeln: Die Faculty of Arts and Sciences hält ein Kompendium mit dem Titel "Principles and Policies that Govern your Research, Instruction, and Other Professional Activities ("Grey Book") vor, worin neben diversen, den Forschungsablauf regelnden Guidelines, Statements und Principles auch "Procedures for Responding to Allegations of Misconduct in Research" enthalten sind. Die Harvard Medical School hat "Faculty Policies on Integrity in Science" einschließlich "Principles and Procedures for Dealing with Allegations of Faculty Misconduct" in Kraft gesetzt.
353 Vgl. Brady v. Board of Trustees of Nebraska State Colleges, 242 N.W. 2d 616 (Neb. 1976); ausführlich Kaplin, The Law of Higher Education, S. 92.
354 *Karpen/Hanske*, Status und Besoldung von Hochschullehrern im internationalen Vergleich, Bd. 1, S. 298 ff.; Schwarz, Erfindungen an amerikanischen Hochschulen, S. 167.
355 Vgl. oben 2. Teil, A. II. 1. a), S. 37 f.

1. US-amerikanische Forschungseinrichtungen und ihre verfahrensverantwortlichen Einheiten

Die geförderten Einrichtungen sind bei der Rekrutierung ihrer internen Verfahrens-verantwortlichen nicht an staatliche Vorgaben gebunden. Die Orientierung vieler Institutionen an den Musterverfahrensordnungen des PHS und der AAU hat aber dazu geführt, dass sich – soweit sich dies trotz der vorhanden Fülle und Diversifikation der US-amerikanischen Forschungseinrichtungen beurteilen lässt – teilweise analoge Strukturen herausgebildet haben.

Meist übernehmen ein oder mehrere so genannte Research Integrity Officers (RIOs)[356] sowie institutseigene Inquiry- und Investigation-Committees in variabler Zusammensetzung und ein Deciding Official die anfallenden Verfahrensaufgaben.[357]

a) Research Integrity Officer

Der einrichtungsintern bestimmte Research Integrity Officer (RIO)[358] nimmt in der Regel keine oder nur in der ersten Verfahrensphase investigative Aufgaben wahr. Er sorgt einerseits für die Implementierung, Kommunikation und Einhaltung der Ver-fahrensregeln in der Forschungseinrichtung und fungiert andererseits als eine von mehreren möglichen Eintrittsschwellen in ein Untersuchungsverfahren.[359] Als An-sprechpartner in Fragen wissenschaftlichen Fehlverhaltens leitet er bei einem beste-henden Verdacht die adäquaten Verfahrensschritte ein und begleitet das Verfah-

---

356 Z. Zt. lautet die Bezeichnung der Funktion auch einfach "Sebnior Administrator", vgl. AAU, Framework for Institutional Policies and Procedures to deal with Fraud in Research, revised edition, Washington D.C. 1990.

357 Dies entspricht jedenfalls der Musterverfahrensordnung, die das Office of Research Integrity für die durch den PHS geförderten Einrichtungen entwickelt und ausgegeben hat, vgl. ORI, Model Procedures for Responding to Allegations of Scientific Misconduct, 1997 und ORI, Model Policy for Responding to Allegations of Scientific Misconduct, 1997.

358 Diese Bezeichnung wurde dem ORI, Model Policy for Responding to Allegations of Scien-tific Misconduct, S. 4, und dem Office of Research Oversight (ORO) des Department of Vet-erans Affairs, Veterans Health Administration, VHA Handbook 1058.2 (May 4, 2005), 5.l. und 7. gewählt.

359 ORI, Model Policy for Responding to Allegations of Scientific Misconduct, S. 2 f., 4; vgl. auch *Gunsalus*, Academic Medicine Vol. 68 (1993) Supplement, S. S33 (S36) und En. 6. An-ders Veterans Health Service, VHA Handbook 1058.2 (May 4, 2005), 14. e. (2), wonach der RIO anstelle eines Inquiry Committee auch die Voruntersuchung durchführen kann. Ähnlich auch AAU, Framework for Institutional Policies and Procedures to Deal with Fraud in Re-search, revised edition, Washington D.C. 1990.

ren.[360] Regelmäßig handelt er als Bindeglied zwischen der untersuchungsführenden Einrichtung und der *funding agency*.[361]

Die Funktion des RIO soll von einer Person wahrgenommen werden, die hinreichend qualifiziert ist, um einen exakten und zugleich sensiblen Umgang mit den Bedürfnissen der Verfahrensbeteiligten und den Verfahrenserfordernisse zu gewährleisten.[362] In den Universitäten und angegliederten Instituten sind nicht selten die Dekane[363] oder die für Forschung zuständigen stellvertretenden Universitätspräsidenten beziehungsweise -kanzler[364] (Vice President/Provost/Chancellor for Research) oder deren Designierte[365] damit betraut.

b) Institutional Inquiry and Investigation-Committees

Für die Untersuchung eines Verdachtsfalls sind entweder kurzfristig eingesetzte oder ständige Inquiry- und Investigation-Committees, mitunter auch eine Kombination von ständigem Komitee mit einmalig ernannten Zusatzmitgliedern, zuständig.[366] Die Voraussetzungen der Einsetzung variieren. Teilweise werden die Komiteemitglieder durch den Research Integrity Officer oder – sofern es sich dabei nicht um einen Dekan oder den für Forschung zuständigen stellvertretenden Direktor handelt – durch einen dieser beiden Leitungsverantwortlichen ausgewählt.[367] Die Mitgliederzahl beläuft sich auf drei bis fünf Personen. Es handelt sich meist um Angestellte

360 Die ORI, Model Policy for Responding to Allegations of Scientific Misconduct, S. 4 sieht vor, dass er für die interne Aktenführung und Vertraulichkeit sowie die Kommunikation mit ORI verantwortlich ist.
361 Vgl. Veterans Health Service, VHA Handbook 1058.2 (May 4, 2005), 7. (b) (1).
362 ORI, Model Policy for Responding to Allegations of Scientific Misconduct, S. 4. Der Veterans Health Service, VHA Handbook 1058.2 (May 4, 2005), 7. (a) will die Funktion einer Person mit Leitungsverantwortung in der Forschung übertragen.
363 Vgl. z.B. University of California (San Diego), Integrity of Research Policy and Procedures, I.; Princeton University, Rules and Procedures of the Professional Research Staff and Pro-fessional Technical Staff of Princton University and other Provisions of Concern to these Staffs (September 2004), Appendix E.
364 Vgl. z.B. University of California (L.A.), UCLA Procedure 993.1: Integrity in Research: Responding to Allegations of Misconduct in Science, July 1 1997), III.
365 Z.B. University of California Berkeley, Research Misconduct: Policies, Definitions and Procedures, I. B.; Duke University, Policy and Procedures Governing Misconduct in Research, (November 1995), "Misconduct Review Officer".
366 Veterans Health Administration, VHA Handbook 1058.2 (May 4, 2005), 14.e.(2), 15.e; AAU, Framework for institutional Policies and Procedures to deal with Fraud in Research, revised edition, Washington D.C. 1990.University of Wisconsin-Madison, Misconduct in Scholarly Research, Procedures for Dealing with Misconduct in Scholarly Research (January 15, 1991), B. 2.
367 Vgl. z.B. University of Southern California, Policy on Scientific Misconduct, 5.3; Yale University, Policies and Procedures for Dealing with Allegations of Academic Fraud at Yale University (September 1996), 4. und 9.; University of Michigan, Policy Statement on the Integrity of Scholarship and Procedures for Investigating Allegations of Misconduct in the Pursuit of Scholarship and Research, 6.

der jeweiligen Forschungseinrichtung, darunter Wissenschaftler, Mitglieder des Verwaltungsstabs, Fachleute und Juristen. Die Ergänzung um externe Mitglieder ist jedoch – gerade vor dem Hintergrund der Vorhaltung geeigneter wissenschaftlicher Expertise – möglich.[368]

c) Deciding Official

Der interne Deciding Official entscheidet abschließend über das Ergebnis einer einrichtungsinternen Untersuchung und die erforderlichen Folgemaßnahmen.[369] Die Funktion des Deciding Official soll nach den Vorgaben des PHS keine Person übernehmen, die als Research Integrity Officer oder an anderer Stelle bereits zu einem früheren Zeitpunkt in die Aufklärung eines Fehlverhaltensfalls involviert ist.[370] Häufig ist in den Hochschulen dennoch erneut ein zuvor bereits eingeschalteter Dekan oder der stellvertretende Direktor beziehungsweise der Präsident für Forschungsangelegenheiten zuständig.[371] Anders kann sich Die Zuständigkeitsverteilung in außeruniversitären Einrichtungen darstellen. Bei den Medizinischen Zentren der Veterans Health Administration ist etwa der Leiter einer regionalen Einheit von Servicezentren (VISN Director) als institutionsübergeordneter Verantwortlicher entscheidungsberechtigt.[372]

2. Die staatlichen funding agencies und ihre Verfahrensverantwortlichen

Die Harmonisierung der Verfahrensansätze zur Begegnung wissenschaftlichen Fehlverhaltens hat bewirkt, dass die *federal funding agencies* und *departments* sich zunehmend gleicher oder ähnlicher (Unter)einheiten zur Aufklärung wissenschaftlichen Fehlverhaltens bedienen. Die nachfolgenden Ausführungen widmen sich diesen staatlichen Organisationsstrukturen im Umgang mit wissenschaftlichem Fehlverhalten. Diejenigen Einheiten, die agency-intern mit Fehlverhaltensfällen konfrontiert werden, bieten einen Querschnitt aus fachlicher Expertise, welche regelmäßig auf den niedrigeren Hierarchieebenen angesiedelt ist und gesetzlich vermittelter Autorität der delegationsberechtigten Behördenleiter auf. Dies ist ein generelles Muster, welche von *agency* zu *agency* leicht varriiert, um unter Berücksichtigung

---

368 AAU, Framework for Institutional Policies and Procedures to Deal with Fraud in Research, revised edition, Washington D.C. 1990.
369 ORI, Model Policy for Responding to Allegations of Scientific Misconduct, S. 5.
370 ORI, Model Policy for Responding to Allegations of Scientific Misconduct, S. 2.
371 Yale University, Policies and Procedures for Dealing with Allegations of Academic Fraud at Yale University (September 1996), 15.; University of Michigan, Policy Statement on the Integrity of Scholarship and Procedures for Investigating Allegations of Misconduct in the Pursuit of Scholarship and Research, 6.; University of California Berkeley, Research Misconduct: Policies, Definitions and Procedures, I.C. (4).
372 Veterans Health Service, VHA Handbook 1058.2 (May 4, 2005), 14.e.(2), 16.

entsprechender Verfahrenserfordernisse in eine faire einheitliche Entscheidung *(institutional decision)* zu münden.[373]

Näher einzugehen ist an einigen Stellen auf die Besonderheiten der verantwortlichen Einheiten insbesondere des PHS und der NSF, da diese beiden Agencies aufgrund ihrer umfangreichen Forschungsaktivitäten besonderen Bekanntheitsgrad erlangt haben. Die Beschäftigung mit dem PHS und seiner Verfahrensbehörden dient außerdem der Vorbereitung der Verfahrensausgestaltung. Die spätere Aufarbeitung der Verfahrensausgestaltung wird überwiegend unter Berücksichtigung der PHS geförderten Einrichtungen und der PHS-Verfahrensbehörden erfolgen.[374]

a) Untersuchungsbehörde – Office of Inspector General (OIG)

Die Mehrzahl der Forschungsförderungsagencies lässt eigene Fehlverhaltensuntersuchungen in Wahrnehmung ihrer Aufsichtsverantwortung von ihrem zuständigen Office of Inspector General (OIG) durchführen.[375] Dies gilt seit 1999 auch für den PHS des DHHS, der zuvor die Untersuchungsführung dem eigens hierfür geschaffenen Office of Research Integrity (OIG) übertragen hatte. Diese Änderung ist Resultat der Harmonisierungsbestrebungen der Federal Misconduct Policy. Das ehemals stark investigatorisch tätige ORI hat damit eine seiner Hauptfunktionen, das Durchführen von Fehlverhaltensuntersuchungen eingebüßt und übernimmt heute – neben präventiven Aufgaben, wie der Entwicklung und Durchführung von Fortbildungsprogrammen und der Forschung im Hinblick auf wissenschaftliches Fehlverhalten und gute wissenschaftliche Praxis – hauptsächlich die beschriebenen Aufsichts- und daran anschließende Entscheidungsaufgaben wahr.

Die Einrichtung von Inspector General Offices in zahlreichen US-amerikanischen *departments* und *agencies* geht auf die Ermächtigung des 1978 in Kraft getretenen

---

373 *Gellhorn/Levin*, Administrative Law and Process, S. 258 f.
374 Vgl. unten 2. Teil, F., S. 118 ff.
375 Environmental Protection Agency (EPA), Policy and Procedures for Adressing Research Misconduct, Order No. 3120.5 (March 18, 2003), 8.; Department of Health and Human Services (DHHS), Public Health Service Policies on Research Misconduct, 70 Fed. Reg. 28370 (28394) (May 17, 2005), § 93.407.; National Science Foundation (NSF), Research Misconduct, 67 Fed. Reg. 11936 (11937) (March 18, 2002), § 689.2 (f); NASA, Investigation of Research Misconduct, 69 Fed. Reg. 42102 (42105) (July 14, 2004), § 1275.102. Das USDOL will entweder das OIG oder den Leiter der förderungsgewährenden Agency *(agency head)* als Untersuchungsbehörde einsetzen, oder aber die Untersuchung an eine andere Einrichtung mit entsprechender Expertise beziehungsweise an ein Expertengremium abgeben, Department of Labour (USDOL), Research Misconduct, Statement of Policy, 68 Fed. Reg. 53862 (53863 f.) (September 12, 2003),"Initial USDOL Handling of Research Misconduct Matters" und "Investigations". Die Veterans Health Administration,VHA Handbook 1058.2 (May 4, 2005), 12.d.(2), überlässt die ersatzweise Untersuchung durch die *agency* einem mit Mitarbeitern seiner Aufsichtsbehörde, dem Office of Research Oversight (ORO), sowie zusätzlichen Experten besetzten Ad Hoc Committee.

und 1988 erweiterten Inspector General Act (IG Act)[376] zurück.[377] Es handelt sich dabei um ständige Kontrollinstitutionen, deren Aufgabe ganz allgemein darin besteht, Wirtschaftlichkeit, Funktionsfähigkeit und Effizienz der staatlichen Regierung durch Untersuchung und Aufklärung von Betrugs-, Verschwendungs- und Amtsmissbrauchsfällen innerhalb der jeweiligen Verwaltungseinheit, der sie angehören, zu gewährleisten.

Der IG Act unterscheidet zwei Arten von Inspector Generals, nämlich *establishment* IGs, die durch den Präsidenten ernannt werden, und *designated federal entity* IGs, deren Ernennung durch den Leiter der betreffenden Behörde erfolgt. Der IG des DHHS zählt als ministerial angegliederter IG zu der ersten Gruppe, deren diffizile Rolle durch das enge Zusammenwirken mit Ministern und Regierungsbeamten einerseits und die Verpflichtung zur effektiven, objektiven Kontrolle dieser Personen andererseits geprägt ist.[378] Ihre Ernennung durch den Präsidenten soll im Einvernehmen mit dem Senat ohne Rücksicht auf die politische Gesinnung und unter ausschließlicher Berücksichtigung der beruflichen Vorbildung und einschlägiger Erfahrungen der Bewerber auf den untersuchungsrelevanten Gebieten des Rechnungswesens, des Auditing, des Rechts, der Finanz- und Leitungsanalysen und der Untersuchungsführung in der öffentlichen Verwaltung erfolgen.[379] Für die Abberufung ist ebenfalls der Präsident verantwortlich, der beiden Häusern des Kongresses über die Gründe für eine solche Maßnahme Rechenschaft ablegen muss. Der IG ist zudem der Aufsicht des Leiters derjenigen Einrichtung, in der er beheimatet ist, unterstellt, wobei es dieser Person im Sinne einer Stärkung der Unabhängigkeit und Objektivität des Inspector General gesetzlich untersagt ist, die Einleitung oder Durchführung eines *audit* oder einer *investigation* durch den IG zu verhindern oder zu beschränken.[380]

Jeder IG ist ermächtigt, jeweils einen Assistant Inspector General für seine Wirtschaftsprüfungs- und Revisionseinheiten (Assistant IG for Auditing) sowie die Leitung des Investigation-Stabes (Assistant IG for Investigations) zu ernennen.[381] Organisatorisch gliedert sich jedes OIG in mehrere Unterabteilungen, darunter min-

---

376 PL 95-452, October 12, 1978, 92 Stat 1101 und PL 100-504, October 18, 1988, codified as amended at 5 U.S.C. app. 3 §§ 1-12 (1994).

377 Die Geschichte des HHS OIG reicht sogar noch weiter zurück. Beispielsweise war schon für das frühere Department of Health and Welfare (HEW) vor seiner Aufspaltung in das DHHS und das Department of Education (DOE) durch den HEW Inspector General Act von 1976 ein IG als Vorläufer der heutigen OIGs eingerichtet worden, vgl. *Nowolinski*, A Brief History of the HHS Office of Inspector General, 2001, erhältlich unter http://oig.hhs. gov/reading/history/ighistory.pdf.

378 Der IG der NSF etwa gehört – da es sich um eine *independent agency* handelt – zu den innerbehördlich eingesetzten "de*signated Federal entity* IGs".

379 5 U.S.C. app. 3 § 3 (1994).

380 Fehlverhaltensvorwürfe gegen den IG können gegenüber dem eigens hierfür eingerichteten Integrity Committee of the President des President's Council on Integrity and Efficiency (PCIE) und dem Executive Council on Integrity and Efficiency (ECIE) vorgebracht werden, vgl. Ex. Ord. No. 12993, Mar. 21 (1996), 61 Fed. Reg. 13043.

381 5 U.S.C. app. 3 § 3 (d) (1994).

destens ein Office of Investigations, ein Office of Audit und ein Office of Management and Planning.[382] Das Office of Investigations übernimmt in den forschungsfördernden Agencies die Durchführung von Fehlverhaltensuntersuchungen.

Zur Wahrnehmung ihrer Aufgaben sind OIGs ermächtigt, eigenes Personal einzustellen, auf alle amtlichen Dokumente und Informationen der *agency* zuzugreifen, Personen unter Strafandrohung vorzuladen, sie zu vereidigen oder aber eidesstattliche Erklärungen abzunehmen. Sie sind zum Erlass von Durchsuchungsbefehlen und Beschlagnahmeverfügungen berechtigt. In der Regel beschäftigen die OIGs interdisziplinäre Teams mit Investigatoren, einschließlich professionellen Ermittlungsbeamten, Wissenschaftlern, Juristen und Verwaltungsbeamten, um das richtige Kompositum an Expertise aufzubieten, das notwendig ist, um dem gesamten Spektrum der anfallenden Untersuchungstätigkeit gerecht zu werden. Dementsprechend kann auch die Personalstruktur je nach Ressortzugehörigkeit und Auftrag der Kontextagency variieren.

b) Revisionsbehörden

Die Nachprüfung institutionsinterner Verfahren erfolgt bei den *independent agencies* wie der NSF, der NASA und der EPA ebenfalls durch das mehr oder weniger unabhängige Office of Inspector General.[383] Hinsichtlich der diese Institution betreffenden Einzelheiten sei auf die vorausgegangenen Ausführungen verwiesen. Die interne Revisionszuständigkeit dürfte beim Office of Audit des OIG liegen.

Departments und ministerialgebundene agencies lassen die Revision forschungsintener Aufklärungsprozesse durch eigene in den Organismus der Staatsverwaltung eingebundene Aufsichtsbehörden durchführen. Es folgt zunächst ein kurzer Überblick über die Organisationformen dieser Aufsichtsbehörden (aa). Im Anschluss wird die insoweit bekannteste und am stärksten spezialisierte Behörde, das Office of Research Integrity (ORI) des PHS im DHHS (bb), in einem Exkurs vorgestellt.

---

382 Das OIG des DHHS ist darunter nochmals in sechs organistorische Untereinheiten aufgeteilt. Dazu zählen das Immediate Office of the Inspector General, das Office of Management and Policy, das Office of Evaluation and Inspections, das Office of Counsel to the Inspector General, das Office of Audit Services und das Office of Investigations, DHHS, Office of Inspector General, Statement of Organisation, Functions, and Delegations of Authority, 69 Fed. Reg. 40386-391 (July 2, 2004).

383 National Aeronautics and Space Administration (NASA), Investigation of Research Misconduct, 69 Fed. Reg. 42102 (42105) (July 14, 2004), § 1275.102 (d); National Science Foundation (NSF), Research Misconduct, 67 Fed. Reg. 11936 (11938 f.) (March 18, 2002), §§ 689.4, 689.9; Environmental Protection Agency (EPA), Order No. 3120.5, Policy and Procedures for Addressing Research Misconduct, No. 8 A. ii, 9 A. iii, B iii f), C iii f).

aa) Organisation agencyinterner Revision

Nach ihrer Stellung innerhalb der Behördenhirarchie eines *departments* kann man unter den Revisionsbehörden für institutsinternes Fehlverhalten zwischen untergeordneten Behörden der den Ministerien nachgeordneten forschungstreibenden *agencies* oder sonstiger Untereinheiten und stärker verselbstständigten oder gar exponierten Aufsichtsbehörden einerseits sowie nach der Zuständigkeitskonzentration zwischen Behörden mit mehr oder weniger stark fehlverhaltensbezogenen Aufgabenbereich andererseits differenzieren.

Die Revisionsaufgaben der meisten forschungsfördernden *agencies* werden auch heute noch – trotz der negativen Erfahrungen, die man mit dem Office of Scientific Integrity (OSI) und dem Office of Scientific Integrity Review (OSIR) des PHS gemacht hat – organisatorisch auf untergeordneten Hierarchieebenen von den für Forschungsförderung zuständigen nach geordneten a*gencies* oder Unterbehörden wahrgenommen. Ihnen obliegt meist ein breites Aufgabenspektrum der Forschungsförderung und Koordination für ihren fachlichen Zuständigkeitsbereich innerhalb des Ressorts. Es handelt sich nicht um reine Aufsichtsbehörden. Im Department of Defense (DOD) etwa obliegt die Revision denjenigen nachgeordneten Organisationseinheiten, die verteilt auf die Unterdepartments, Defense Agencies, Field Activities etc. im DOD Forschungsgelder an externe Einrichtungen vergeben.[384] Auch innerhalb des Department of Transportation (DOT) und das Department of Labour (US-DOL) erfolgt die Revision von einrichtungsinternen Untersuchungsverfahren innerhalb des jeweiligen Organisationseinheiten, welche die Beihilfen und Verträge für Forschungsaktivitäten des *departments* vergeben.[385]

Andere Ressorts, wie das Department of Veterans Affairs oder das DHHS bedienen sich ausgewiesener Aufsichtseinheiten für Forschungsangelegenheiten, um die institutsintern durchgeführten Fehlverhaltensuntersuchungen einer Kontrolle zu unterziehen. So nimmt die Zentralstelle des Office of Research Oversight (ORO) die Aufsichtsverantwortung für die Veterans Health Administration (VHA) mit zahlreichen lokalen forschungstreibenden Instituten wahr.[386] Sein Zuständigkeitsbereich ist deutlich stärker auf die Gewährleistung der Einhaltung von Menschen- und Tierschutzbestimmungen sowie die Verhinderung von Fehlverhalten in der Forschung fokussiert, organisatorisch beleibt es aber bei einer Ansiedlung innerhalb der *agency* nahe der forschungstreibenden und forschungsfördernden Einheiten.

Die Aufsichtsbehörde des PHS, das Office of Research Integrity (ORI), nimmt dagegen insofern eine exponierte Stellung ein, als dass sich ihre Zuständigkeit auf

---

384 Department of Defense (DoD), Research Integrity and Misconduct, Instruction No. 3210.7 (May 14, 2004), Enclosure 3, E 4.1.7.
385 Department of Transportation (DOT), Implementation Guidance for Executive Office of the President Office of Science and Technology Policy "Federal Policy on Research Misconduct" (February 2002), III. 6.; Department of Labour (USDOL), Research Misconduct; Statement of Policy, 68 Fed. Reg. 53862 (53862 f.) (September 12, 2003), siehe "Initial USDOL Handling of Research Misconduct Matters" und "Roles of Awardee Institutions".
386 Veterans Health Administration, VHA Handbook 1058.2 (May 4, 2005), 10. d. (4).

den Umgang mit Fällen wissenschaftlichen Fehlverhaltens und Förderung guter wissenschaftlicher Praxis konzentriert und sie auf einer höheren Hierarchieebene an der Departmentspitze angesiedelt ist.

bb) Exkurs: Das Office of Research Integrity des PHS (ORI) im DHHS

Im Folgenden soll auf das Office of Research Integrity (ORI) ein besonderes Augenmerk gelegt werden, da diese Behörde – obwohl nur eine von vielen verantwortlichen Behörden innerhalb des US-amerikanischen Verfahrensmodells – gewissermaßen stellvertretend für den Umgang mit wissenschaftlichem Fehlverhalten in den Vereinigten Staaten steht. Ihre Prominenz im In- und Ausland ist durch drei Faktoren nachhaltig geprägt. Zunächst die historische Entstehung[387]: Das ORI ist im Jahr 1992 durch Verschmelzung des früheren OSI und des OSIR als unabhängige zentrale Organisationseinheit des DHHS eingerichtet worden.[388] Die damalige Umstrukturierung der für Angelegenheiten wissenschaftlichen Fehlverhaltens zuständigen PHS-Behörden wurde vorgenommen, um diese Aufgabe nach dem Scheitern der Vorgängerbehörden aus dem Zuständigkeitsbereich der National Institutes of Health (NIH), Public Health Service, herauszulösen und ein neues behördliches Klärungsverfahren für Fehlverhaltensvorwürfe einzurichten.[389] Ferner haben sowohl das in ihren Zuständigkeitsbereich fallende enorme Forschungsvolumen sowie die Sensibilität der medizinischen Forschung für Fehlverhaltensvorkommnisse dazu beigetragen, dass die Behörde mit einer vergleichsweise hohen Anzahl von Verdachtsfällen konfrontiert wurde.

Die Zuständigkeit des ORI erstreckt sich auf alle Förderleistungsempfänger und internen Forschungseinheiten des PHS[390], mit Ausnahme der Food and Drug Administration (FDA)[391]. Im Organisationsgefüge des Ministeriums ist das ORI heute im Office of the Secretary of Health and Human Services auf höherer Ebene bei dem Office of Public Health and Science angesiedelt, welches wiederum dem Assistant Secretary for Health untersteht.[392]

Das ORI nimmt im Wesentlichen zwei große Aufgabenbereiche wahr. Zum einen wird es bei der Aufklärung von Vorwürfen wissenschaftlichen Fehlverhaltens für den PHS überwachend tätig, zum anderen übernimmt es in dem Bemühen um die präventive Sicherung guter wissenschaftlicher Praxis ein sich stetig weiter ausdehnendes Aufgabenspektrum, darunter Weiterbildung der institutionell Verantwortli-

---

387 Vgl. oben 2. Teil, C. IV. 1., S. 61 ff., insbesondere 2. Teil, C. IV. 1. c), S. 67 f.

388 Statement of Organization, Functions, and Delegations of Authority; Office of the Assistant Secretary for Health, 57 Fed. Reg. 24262 (1992), revised 59 Fed. Reg. 28576 (1994).

389 *Pascal*, Science and Engineering Ethics Vol. 5 (1999), S. 183.

390 Zur Organisation des PHS vgl. oben 2. Teil, A. II. 1. a) aa), S. 38 f.

391 Der FDA obliegt ausnahmsweise selbst die eigene Zuständigkeit für die Untersuchung von Fehlverhaltensvorwürfen im Bereich der von ihr gesteuerten Forschung.

392 Vgl. Office of the Secretary and Public Health Services; Statement of Organisation, Functions, and Delegations of Authority, 60 Fed. Reg 56605 (56606) (November 9, 1995).

chen in Fragen des Umgangs mit Fehlverhaltensfällen und der verantwortlichen Durchführung von Forschung, Entwicklung von Regelungen und Guidelines für die Untersuchung und den Nachweis von Fehlverhaltensfällen und Fehlverhaltensforschung.[393]

Das ORI gliedert sich dem entsprechend unterhalb der Behördenleitung *(Office of the Director)* in zwei Hauptabteilungen, die Division of Investigative Oversight (DIO) und die Division of Education and Integrity (DEI). Die DIO führt die Aufsicht und Revision lokaler misconduct-Verfahren, gibt einen Ergebnisvorschlag für das Verfahren und nachfolgende Verwaltungsmaßnahmen ab, sorgt für die Einhaltung der PHS-*regulation* und unterstützt das Office of the General Council (OGC) bei der Vorbereitung von Fällen, die vor den Administrative Law Judge gelangen[394]. Darüber hinaus organisiert die Abteilung zahlreiche Konferenzen und Workshops über den Umgang mit wissenschaftlichem Fehlverhalten und bietet den Forschungseinrichtungen Hilfestellung bei der Durchführung institutseigener Verfahren im Rahmen des Rapid Response for Technical Assistance Programm (RRTA) an.[395] Der Mitarbeiterstab dieser Abteilung rekrutiert sich vorwiegend aus promovierten Medizinern und Biochemikern sowie ausgewiesenen Ermittlungsbeamten mit entsprechender wissenschaftlicher Ausbildung. Er wird von den juristischen Mitarbeitern des behördeneigenen Office of the General Counsel unterstützt. Die DIE kümmert sich in Zusammenarbeit mit Hochschulen und den Academic Societies verstärkt um interne und externe Schulungsangebote, Veröffentlichungen, Ausstellungen und Präventivprogramme zur Förderung guter Wissenschaftspraxis.[396] Dort ist vorwiegend Personal mit geisteswissenschaftlichem, insbesondere sozialwissenschaftlichem Hintergrund beschäftigt.

Der Behördenleiter *(Director)* muss ein gesetzlich vorgeschriebenes Anforderungsprofil erfüllen. Es muss sich um einen sachkundige Person handeln, die in Fragen guter Forschungspraxis geschult ist und hinsichtlich der Untersuchung wis-

---

393 United States General Accounting Office Report to Congressional Requesters, Health Research Misconduct: HHS' Handling of Cases is Appropriate, but Timeliness Remains a Concern, S. 3 f. Die bereits erwähnten Musterverfahrensordnungen für geförderte Einrichtungen stammen aus der Feder des ORI. Ergänzend wurden spezielle Hinweise und Anleitungen für den Umgang der Forschungseinrichtungen mit Verdachtsfällen in der klinischen Forschung, http://ori.dhhs.gov/misconduct/assessing_allegations.shtml (15.02.2007), die Sicherung von Beweismaterialien, http://ori.dhhs.gov/misconduct/Tips_Sequestration.shtml (15.02.2007) und http://ori.dhhs.gov/misconduct/Tips_PhysicalEvidence.shtml (15.02.2007), und die Nutzung von Bildverarbeitungsprogrammen bei der Aufklärung von Fehlverhaltensfällen, http://ori.dhhs.gov/misconduct/Tips_ImageProcessing.shtml (15.02.2007) veröffentlicht. Vgl. *Pascal*, Science and Engineering Ethics, Vol. 5 (1999), S. 183 (188 ff.).
394 Dazu unten 2. Teil, F. VI., S. 146 ff.
395 Department of Health and Human Services (DHHS), Office of Research Integrity, Annual Report 2004, S. 1.
396 Vgl. die Beschreibung der Programme (RCR Resource Development Program, RCR Expo, RCR Program for Academic Societies, RCR Program for Graduate Schools) im Jahresbericht, Department of Health and Human Services (DHHS), Office of Research Integrity, Annual Report 2004, S. 11 ff. sowie *Steneck/Zinn*, ORI Introduction to the Responsible Conduct of Research.

senschaftlichen Fehlverhaltens auf einen eigenen Erfahrungsschatz zurückgreifen kann.[397]

c) Entscheidungsbehörde – Adjudication Official

In den meisten *agencies*, obliegt es einer von der Revisionsbehörde organisatorisch getrennten Organisationseinheit, dem so genannten Adjudication Official, die rechtsverbindliche Entscheidung darüber zu treffen, dass wissenschaftliches Fehlverhalten rechtmäßig festgestellt wurde und welche spezifischen Sanktionen die *agency* verhängt. Dabei handelt es sich regelmäßig um einen leitenden Amtswalter, für den PHS etwa der Assistant Secretary for Health[398], im USDOL der Assistant Secretary of Labour for Administration and Mangement[399], bei der NSF der Deputy Director[400]. Für die NASA ist der Associate Administrator for the Enterprise mit der größten Expertise in den betroffenen Forschungsdisziplin[401] zuständig.

d) Appeal-Official und Administrative Law Judge

Bevor oder nachdem der Adjudication Official zum Ende eines Verfahrens eine positive Entscheidung darüber trifft, dass Fehlverhalten vorliegt und welche Sanktionen verhängt werden, erhält der Betroffene Gelegenheit, die avisierte Entscheidung im Rahmen der *agency adjudication* in einem *hearing* oder in einem anschließenden *appeal* verwaltungsintern überprüfen zu lassen. Hinter diesen verfahrensrechtlichen Anforderungen verbergen sich dem deutschen Widerspruchsverfahren entfernt vergleichbare verwaltungsinterne Verfahrensabschnitte, die je nach Verfahrensgegenstand, Interessenlage und beabsichtigter Handlungsform in ihrer Ausgestaltung und dem verfahrensrechtlichen Aufwand variieren können.[402]

In Fehlverhaltensverfahren unterscheiden sich die beiden Anfechtungsmöglichkeiten dadurch, dass regelmäßig geringere formelle Anforderungen an ein *appeal*-Verfahren gestellt werden als an ein öffentliches *hearing*. Beide knüpfen an eine dem Betroffenen bereits eröffnete Entscheidungsvorlage an, die rechtskräftig wird, wenn dieser sie nicht mittels einer fristgerecht eingereichten Beschwerde anficht. Die anschließende *appeal*-Entscheidung hat in der Regel endgültigen Charakter,

---

397 NIH Revitalization Act of 1993, Publ.L. 103-43, Title I, § 161, 42 U.S.C. 289b.
398 Department of Health and Human Services (DHHS), Public Health Service Policies on Research Misconduct, 70 Fed. Reg. 28370 (28395) (May 17, 2005), § 93.500.
399 Department of Labour (USDOL), Research Misconduct; Statement of Policy, 68 Fed. Reg. 53862 (53865) (September 12, 2003), "Dispositions"(3).
400 National Science Foundation (NSF), Research Misconduct, 67 Fed. Reg. 11936 (11937) (March 18, 2002), §§ 689.2 (g).
401 Vgl. z.B. National Aeronautics and Space Administration (NASA), Investigation of Research Misconduct, 69 Fed. Reg. 42102 (42104) (July 14, 2004), § 1275.101 (m).
402 Vgl. *Jarass*, DÖV 1995, S. 377 (380); zum DAB hearing vgl. unten 2. Teil, F. VI., S. 146 ff.

während das Ergebnis des *hearing* durch den Adjudication Official reversibel ist, sodass das *hearing* stärker als ein *appeal* als integrierter Bestandteil des *adjudication*-Prozesses aufgefasst werden muss. Die Mehrzahl der staatlichen Fördereinrichtungen gewährt dem Betroffenen eine *appeal*-Option[403], der PHS eröffnet dagegen ein formelles *hearing* vor einem Administrative Law Judge (ALJ)[404].

Verantwortlich für die Überprüfung im *appeal*-Verfahren ist in der Regel ein dem Adjudication Official vorgesetzter leitender Amtswalter, der auch als Appeals Official bezeichnet wird und häufig die Stellung eines (stellvertretenden) Behördenleiters innehat. So übernimmt die Position des Appeal Official bei der NSF der Director der NSF, bei der NASA der Deputy Administrator oder ein von diesem Deligierter. Für die ministerial angegliederten *agencies* sind im DOT der Deputy Secretary, im USDOL der Secretary of Labour oder entsprechend delegierte Personen zuständig.

Verfahrensverantwortlicher im *hearing* des PHS ist seit Neufassung der PHS-*regulation* im Mai 2005 ein an das DHHS Department Appeals Board (DAB) angeschlossener Administrative Law Judge. In den Jahren zuvor hatte man sich für die Durchführung des *hearings* über die Untersuchungsergebnisse sowie die vorgeschlagenen *administrative actions* stets eines ebenfalls beim DAB angesiedelten sogenannten Research Integrity Adjudications Panel (RIAP)[405] bedient. Das DAB ist eine 1973 vornehmlich zur Überprüfung und Beilegung von verwaltungsrechtlichen Streitigkeiten im Zusammenhang mit den großen öffentlichen Sozialleistungssystemen wie Medicare und Medicaid eingerichtete Organisationseinheit des DHHS im Office of the Secretary.[406] Heutzutage stellt es im Rahmen seiner stark erweiterten Zuständigkeit *hearing*s und Mediationsverfahren für zahlreiche Streitigkeiten innerhalb der unterschiedlichsten Programme des DHHS bereit.[407] Es beschäftigt einen Personalstab von über siebzig Personen, darunter neben dem Vorsitzenden und vier weiteren Mitglieder des Leitungsstabs, acht Administrative Law Judges (ALJ), vier

403 National Aeronautics and Space Administration (NASA), Investigation of Research Misconduct, 69 Fed. Reg. 42102 (42107) (July 14, 2004), §§ 1275,107, 1275.108.
404 Dieser Bezeichnung hat die früheren vor der Einführung des ALJ durch den Administrative Procedure Act (APA) existenten und mit weniger Selbständigkeit ausgestatteten Positionen des *"hearing examiner"* bzw. *"trial examiner"* abgelöst, *Lubbers*, Administrative Law Review Vol. 33 (1981), S. 109 (111).
405 Der RIAP bestand aus einer Kommission von drei Mitgliedern, die unverzüglich nach Erhalt des Antrags für ein *hearing* nominiert wurden. Der Vorsitzende des Board wählte aus dem Mitarbeiterstab ein vorsitzendes Mitglied *(hearing officer)* des Research Integrity Adjudications Panel, welcher in der Sache verhandelte und entschied. Auf Antrag einer der Parteien wurde als einer der beiden Beisitzer ein externer Wissenschaftler oder Sachverständiger bestellt. Department of Health an Human Services (DHHS), Hearing Procedures for Scientific Misconduct 59 Fed. Reg. 29809 (29810) (June 9, 1994), IV. Siehe ergänzend *Parrish*, Journal of College and University Law Vol. 24 (1998), S. 581 (592 ff.); *Goldner*, American Journal of Law and Medicine Vol. 24 (1998), S. 293 (304 ff.).
406 *Anderson*, Science Vol. 263 (1994), S. 20 (22).
407 Vgl. http://www.hhs.gov/dab/background.html (15.02.2007).

Administrative Appeals Judges (AAJ), Rechtsanwälte, juristische Hilfskräfte und weiteres Hilfspersonal.[408]

Die im Rahmen des *hearings* über Fehlverhaltensentscheidungen interessierenden Administrative Law Judges sind persönlich weitgehend unabhängige Beamte, die trotz ihrer widersprüchlichen Bezeichnung als Teil der Verwaltung gelten und keine verwaltungsrichterliche Funktion im deutschen Sinne übernehmen.[409] Sie werden nach einem qualifikationsbezogenen Beförderungssystem, das eine Zulassungsprüfung und Erfahrung auf dem jeweiligen Regelungsgebiet voraussetzt, in eine feste Anstellung ernannt.[410] Sie unterliegen in der Sache zwar keinen Weisungen durch die Leitung der *agency*, der sie angehören, können von dieser aber in ihrer Entscheidung korrigiert werden. Gegenüber dem Assistant Secretary for Health gibt der ALJ daher auch lediglich eine Entscheidungsempfehlung ab *(recommended decision)*.[411] Dies unterscheidet ihn in seiner Kompetenz von dem Vorgängergremium RIAP, welches zu endgültigen Entscheidungen über Fehlverhalten und Sanktionen ermächtigt war[412].

Der zuständige ALJ des DAB wird von dem Vorsitzenden des DAB in Abstimmung mit dem Leiter der Administrative Law Judges für jedes *hearing* binnen 30 Tagen nach Einleitung des *appeal* benannt.[413]

E. Materieller Beurteilungsmaßstab: Research Misconduct

Für die Regulierung wissenschaftlichen Verhaltens bedarf es allerorten der Einführung verbindlicher Kriterien, anhand derer Wissenschaftler und die für die Untersuchung von Fehlverhaltensfällen verantwortlichen Institutionen und Gremien zwischen sachgerechtem Verhalten und Fehlverhalten unterscheiden können.[414] In den USA müssen Wissenschaftler gemäß den Anforderungen von *due process* durch

---

408 http://www.hhs.gov/dab/background.html (15.02.2007).
409 5 U.S.C.A. §§ 5362 (1976); *Sieberg*, Verwaltungsvollstreckung – Ein Vergleich zwischen den USA und Deutschland, S. 90; zum Unabhängigkeitsstatus vgl. *Aman/Mayton*, Administrative Law, S. 240 m.w.N. und *Gellhorn/Levin*, Administrative Law and Process, S. 262.
410 5 U.S.C.A. §§ 3105, 5372, 7521.
411 Im US-amerikanischen Verwaltungsrecht unterscheidet man insoweit *recommended decisions* und *initial decisions*. Während eine *initial decision* rechtskräftig wird, wenn sie nicht durch einen Behördenleiter oder ein *appeal board* überprüft wird, muß eine *recommended decision* stets von einem leitenden Verantwortlichen überprüft werden, *Gellhorn/Levin*, Administrative Law and Process, S. 264.
412 Department of Health an Human Services (DHHS), Hearing Procedures for Scientific Misconduct 59 Fed. Reg. 29809 (29810) (June 9, 1994), X.
413 Department of Health and Human Services (DHHS), Public Health Service Policies on Research Misconduct, 70 Fed. Reg. 28370 (28395) (May 17, 2005), § 93.502. Der ALJ kann zu seiner Assistenz bei der Evaluation wissenschaftlicher und technischer Probleme in Bezug auf das Fehlverhalten eine oder mehrere Personen mit geeigneter wissenschaftlicher oder technischer Expertise beiziehen.
414 *Price*, The Journal of Higher Education Vol. 65 (1994), S. 286 (286).

diese Kriterien in die Lage versetzt werden, die Grenzen guter wissenschaftlicher Praxis abstecken zu können.

I. Hintergrund und Terminologie

Sowohl die *federal agencies* als auch externe Forschungseinrichtungen haben in den vergangenen Jahrzehnten autonom entsprechende Kriterien entwickelt und in eigenen Definitionen in ihre Verfahrensregelwerke implementiert. Aufgrund der separaten Entwicklungsprozesse waren zum Teil erhebliche Divergenzen zwischen den Maßstäben der US-amerikanischen Akteure ebenso wie deutliche Meinungsdifferenzen über die Frage der richtigen Formulierung eines Fehlverhaltenstatbestandes zu verzeichnen.[415]

Die Kontroverse setzte bereits bei den verwendeten Begrifflichkeiten *misconduct* und *fraud* an. Trotz zahlreicher Vorschläge, den oft verwendeten Ausdruck *scientific misconduct oder research misconduct* durch *scientific fraud* zu ersetzen[416], weil letzterer in dem Health Research Extension Act von 1985 ebenfalls vom Kongress verwandt wurde, blieben der PHS und auch die NSF bei *scientific misconduct*, um einer mögliche Verwechslung mit der Bedeutung von *fraud* im Common Law und den insoweit geltenden Beweisanforderungen vorzubeugen.[417] Um auf Betrug beziehungsweise arglistige Täuschung im Sinne von *fraud* erkennen zu können, muss bewiesen werden, dass der Beschuldigte gegenüber dem Erklärungsempfänger wissentlich falsche Angaben getätigt hat und bei dem Erklärungsempfänger eine irreführende Vorstellung in der Absicht erregt hat, diesen zu veranlassen, auf die Falschangaben zu vertrauen. Ferner bedarf es des Nachweises, dass der Getäuschte sich auf die Richtigkeit der Darstellung den Umständen nach zu Recht verlässt *(justifiable reliance)* und deshalb einen Schaden erleidet.[418] Angesichts dieser Beweiser-

---

415 *Steinberg*, Southern California Interdisciplinary Law Journal Vol. 10 (2000), S. 39 (55).

416 Vgl. beispielsweise den Wortlaut des 1992 veröffentlichten, aber nicht umgesetzten Definitionsvorschlag des Advisory Committee on Scientific Integrity (ACSI) des PHS: „*Research fraud is to be defined as plagiarism; fabrication; intentional falsification of data, research procedures, or data analysis; or other deliberate misrepresentation in proposing, conducting or reviewing research. It does not include honest error or honest differences in interpretation or judgement of data.*", abgedruckt bei *Price*, Journal of Higher Education, Vol. 65 (1994), S. 286 (292). Siehe auch *Guston*, Science and Engineering Ethics, Vol. 5 (1999), S. 137 (144 ff.).

417 *Schachmann*, Science Vol. 261 (1993), S. 148.

418 Die Fälle, in denen Common Law Fraud gewöhnlich auftritt, haben häufig einen gewerblichen Hintergrund, der die Ermittlung des Täuschungsopfers und des erlittenen Schadens möglich macht. In Fällen wissenschaftlichen Fehlverhaltens ist es hingegen eher schwierig, wenn nicht sogar unmöglich, herauszufinden, ob und wen der Beschuldigte tatsächlich täuschen wollte. In vielen Fällen ist das Täuschungsopfer eine wissenschaftliche Zeitschrift, der gefälschte Forschungsergebnisse zur Veröffentlichung übergeben worden sind. In diesem Fall kann nur die Zeitschrift, nicht aber die Bundesregierung geschädigte Partei sein. Ebenso schwierig ist es, *justifiable reliance* zu begründen, da die Zielgruppe wissenschaftlicher Ver-

fordernisse ist mehr als unwahrscheinlich, dass der Kongress eine staatliche Reaktion auf Fehlverhalten zum Schutze staatlicher Finanzressourcen auf *fraud*-Fälle beschränken wollte, so dass die Verwendung des Begriffes *scientific fraud* unnötige Irritationen erzeugt hätte, zumal der US-amerikanische Gesetzgeber den Begriffen *scientific fraud* und *scientific misconduct* durch wechselseitige Verwendung in den Gesetzgebungsmaterialien selbst Austauschbarkeit bescheinigt hat.[419]

Die Meinungsdifferenzen setzten sich in so wesentlichen Punkten wie der Frage, ob der *misconduct*-Tatbestand neben Erfindung, Fälschung und Plagiat weitere Fehlverhaltensweisen mittels eines generalklauselartigen *other serious deviation clause* einschließen sollte[420], und welche Stationen des Forschungsprozesses – von der Beantragung von Forschungsmitteln bis hin zur Veröffentlichung der endgültigen Forschungsergebnisse – erfasst werden sollten, fort. Diskutiert wurde überdies, ob eine Limitierung des Tatbestands durch expliziten Ausschluss redlich entstandener Fehler und Fehlinterpretationen wünschenswert sei und welcher Verschuldensgrad anzuwenden sei.[421]

Die heterogenen und zum Teil vagen Maßstäbe hatten zur Folge, dass in den USA tätige Wissenschaftler sich einer verwirrenden Vielzahl von Erwartungen und Anforderungen an ihre wissenschaftlichen Praktiken ausgesetzt sahen.[422] Dies galt insbesondere für Wissenschaftler, die – was typischerweise der Fall ist – im Laufe ihrer Karriere die Forschungseinrichtung wechseln oder von mehreren Akteuren der Forschungsförderung Fördergelder erhielten.

Nach jahrelangen intensiven Bemühungen der staatlichen wie der außerstaatlichen Akteure um eine einheitliche Definition für die gesamte Bundesverwaltung[423] ist zuletzt durch die Übernahme der Definition der Federal Policy on Research Misconduct in die *policies and procedures* der *federal funding agencies* eine deutliche Tendenz hin zu einer stärkeren Vereinheitlichung eingetreten[424], wenngleich die

öffentlichungen in der Regel aus Wissenschaftlern besteht, die darin geübt sind, Skeptizismus zu praktizieren. Schließlich ist es in vielen Fällen sicherlich ebenso schwierig, erkennbare Schäden festzustellen.

419 Announcement of Development of Regulations Protecting Against Scientific Fraud or Misconduct, 53 Fed. Reg. 36, 344 (36445) (Sept. 19, 1988).

420 *Burk*, George Mason Independent Law Review, Vol. 3 (1995), Nr. 2, S. 305 (337 f.); *Buzzelli,* Science, Vol. 259 (1993), S. 584 (647 f.); *Friedman*, L. Med. Health & Care Vol. 20 (1992), S. 17 (18 f.); *Andersen*, Journal of Law and Technology Vol. 3 (1988), S. 121 (129); *Schachmann*, Science Vol. 261 (1993), S. 148 (149); zur Verfassungsmäßigkeit *Goldman/Fisher*, Jurimetrics Vol. 37 (1997), S. 149 (152 ff.).

421 Zum Erfordernis des vorsätzlichen Handelns, *Dresser*, JAMA Vol. 269 (1993), S. 895; *Spece/Marchalonis*, Health Matrix: Journal of Law-Medicine Vol. 11 (2001), S. 571 (577 f.).

422 *Steinberg*, Southern California Interdisciplinary Law Journal Vol. 10 (2000), S. 39 (55).

423 Vgl. z.B. Office of Research Integrity, NAS/NAE/IOM Research Integrity Needs More Attention, ORI Newsletter, Vol. 2 (1994), Nr. 2, S. 2 f. Sowie allgemein: *Bird/Dustira*, Science and Engineering Ethics Vol. 6 (2000), S. 123 f.; *Guston*, Science and Engineering Ethics Vol. 5 (1999), S. 137.

424 Vgl. die Einzelregelungen: Department of Health and Human Services (DHHS), Public Health Service Policies on Research Misconduct, 70 Fed. Reg. 28370 (28386) (May 17, 2005), § 93.103; Department of Labour (USDOL), Research Misconduct; Statement of Pol-

einzelnen Forschungseinrichtungen hinsichtlich nicht staatlich geförderter Forschung weiterhin frei in der Wahl der Maßstäbe sind.

II. Die staatliche Definition des OSTP in der Policy on Research Misconduct

Im Folgenden sollen Inhalt und Struktur der von den *federal agencies* rezipierten staatlichen Definition des OSTP dargestellt und kommentiert werden.

1. Inhalt und Struktur des Grundtatbestandes mit Erläuterungen

Die Federal Policy definiert Fehlverhalten in der Forschung als „Erfindung, Fälschung oder Plagiat bei der Beantragung, Durchführung oder Begutachtung von Forschung oder bei der Dokumentation von Forschungsergebnissen."[425]

Sowohl der verwendete Forschungsbegriff, als auch die Erfindung, Fälschung und Plagiat werden ergänzend näher definiert:[426] Forschung umfasst Grundlagenforschung ebenso wie anwendungsbezogene Forschung und Forschung zu Demonstrationszwecken auf allen Gebieten der Wissenschaft, Technik und der Mathematik. Darunter – ohne den Anspruch einer abschließenden Aufzählung erheben zu wollen – Forschung in den Wirtschaftswissenschaften, auf dem Gebiet der Bildung und Erziehung, Linguistik, Medizin, Psychologie, Sozialwissenschaften, Statistik, sowie Forschung unter Einbezug von Versuchspersonen oder Versuchstieren. Erfindung

icy, 68 Fed. Reg. 53862 (53862) (September 12, 2003), Definitions; Department of Transportation (DOT), Implementation Guidance for Executive Office of the President Office of Science and Technology Policy "Federal Policy on Research Misconduct" (February 2002), III.; Environ-mental Protection Agency (EPA), Order No. 3120.5, Policy and Procedures for Addressing Research Misconduct, No. 5; National Aeronautics and Space Administration (NASA), Investigation of Research Misconduct, 69 Fed. Reg. 42102 (42104) (July 14, 2004), § 1275.101; Veterans Health Service, VHA Handbook 1058.2 (May 4, 2005), 3.; National Science Foundation (NSF), Research Misconduct, 67 Fed. Reg. 11936 (11937) (March 18, 2002), § 689.1.

425 *"Research misconduct is defined as fabrication, falsification, or plagiarism in proposing, performing, or reviewing research, or in reporting results"*, OSTP, Federal Policy on Research Misconduct, 65 Fed. Reg. 76260 (76262) (December 6, 2000), I.

426 *"Research, as used herein, includes all basic, applied, and demonstration research in all fields of science, engineering, and mathematics. This includes, but is not limited to, research in economics, education, liguistics, medicine, psycholgy, social sciences, statistics, and research involving human subjects or animals. Fabrication is making up data or results and recording or reporting them. Falsification is manipulating research materials, equipment, or processes, or changing or omitting data or results such that the research is not accurately represented in the research record. Falsification is manipulating research materials, equipment, or processes, or changing or omitting data or results such that the research is not accurately represented in the research record. Plagiarism is the appropriation of anothers person's ideas, processes, results, or words without giving appropriate credit."* OSTP, Federal Policy on Research Misconduct, 65 Fed. Reg. 76260 (76262) (December 6, 2000), I.

(fabrication) meint das Erfinden von Daten oder Ergebnissen und deren Aufzeichnung oder Berichterstattung. Fälschung *(falsification)* beinhaltet die Manipulation von Forschungsmaterialien, Ausstattung oder Arbeitsabläufen, oder die Änderung oder Auslassung von Daten oder Ergebnissen in der Weise, dass Forschung nicht richtig in den jeweiligen Nachweisdokumenten *(research record)* wiedergegeben ist. Wobei der *research record* die Gesamtheit aller Aufzeichnungen von Daten oder Ergebnissen, welche die aus wissenschaftlicher Untersuchung gewonnenen Fakten symbolisieren und – ohne darauf beschränkt zu sein – Forschungsanträge, Laboraufzeichnungen und -unterlagen in körperlicher und elektronischer Form, Zwischenberichte, Zusammenfassungen, Doktorarbeiten, mündliche Präsentationen, interne Berichte und Zeitungsartikel einschließt, dagegen keine rein mündlichen Äußerungen erfasst[427]. Plagiat *(plagiarism)* ist schließlich die Verwendung des Ideenguts, der Arbeitsabläufe, der Ergebnisse oder der Textes einer anderen Person, ohne entsprechende Würdigung.

An diese Aufspaltung des Grundtatbestandes in näher spezifizierte Einzelhandlungen schließt sich eine allgemeine Beschränkung des Tatbestandes an, wonach Fehlverhalten in der Forschung keine redliche Fehler oder Meinungsverschiedenheiten umfasst. Diese Einschränkung im zweiten Satz soll Bedenken entgegentreten, dass durch Unaufmerksamkeit verursachte, versehentliche Fehler bei der Datenaufzeichnung und -angabe oder inkorrekte, aber redliche erzielte Schlussfolgerungen hinsichtlich des Ergebnisses zur Feststellung wissenschaftlichen Fehlverhaltens führen können.[428]

2. Zusatzanforderungen und subjektiver Maßstab

Die Federal Policy on Research Misconduct formuliert darüber hinaus Anforderungen hinsichtlich der Schwere des Fehlverhaltens und des subjektiven Maßstabes, den die Feststellung wissenschaftlichen Fehlverhaltens voraussetzt. Danach muss eine wesentliche Abweichung von der üblichen Praxis der maßgeblichen *research community*[429] vorliegen. In diesem Definitionsbestandteil spiegelt sich eine umgekehrte Variante der so genannten *other serious deviation*-Klausel, welche in dieser Form weniger eine Schwemme von unbegründeten Fehlverhaltensrügen hervorzurufen droht, als dass sie die Feststellung von Fehlverhalten auf diejenigen Fälle gravierender Verfehlungen aus dem Bereich von Erfindung, Fälschung und Plagiat begrenzt.[430]

427 *Goodman*, The Scientist, Vol. 14 (2000), No. 2, S. 1 (12).
428 *Price*, The Journal of Higher Education, Vol. 65 (1994), S. 286 (288).
429 *"There be a significant departure from accepted practices of the relevant research community"*, OSTP, Federal Policy on Research Misconduct, 65 Fed. Reg. 76260 (76262) (December 6, 2000), II.
430 *Goodman*, The Scientist, Vol. 14 (2000), No. 2, S. 1 (12); *Hileman*, Chemical & Engineering News (August 4, 1997), S. 28; *Bird/Dustira*, Science and Engineering Ethics Vol. 6 (2000), S. 123 (127).

Das Fehlverhalten muss schließlich in subjektiver Hinsicht absichtlich, wissentlich oder grob fahrlässig begangen sein.[431]

3. Reaktionen und kritische Würdigung

Diese Definition wurde wegen ihrer limitierten Reichweite und Kürze – sie beschränkt wissenschaftliches Fehlverhalten im Grundtatbestand auf Erfindung, Fälschung und Plagiat (FFP) – und ihrer Ähnlichkeit mit dem 1992 durch das Gremium der National Academy of Science (NAS), einberufen durch das Committee on Science Engineering and Public Policy (COSEPUP), vorgeschlagenen Wortlaut recht positiv von der *scientific community* aufgenommen.[432] Trotz der Beschränkung auf *fabrication*, *falsification* und *plagiarism* (FFP) berücksichtigt die Definition erstmalig in den USA, dass Fehlverhalten auch während des Begutachtungsprozesses durch Finanzierungsträger und Fachzeitschriften auftreten kann.[433]

Gleichzeitig spiegelt sie eine Kompromisslösung zwischen den unterschiedlichen Ansichten von NSF und PHS wider.[434] Die zuvor geltenden Definitionen der NSF[435] und des PHS[436] enthielten im Gegensatz zu der Neufassung stets beide eine leicht abweichend formulierte *other serious deviation* Klausel, die sonstige unbenannte Verstöße gegen Wissenschaftsstandards umschrieb, folglich auf die Einhaltung der Standards guter wissenschaftlicher Praxis der *scientific community* insgesamt abzielte[437], aber von zahlreichen Wissenschaftlern wegen ihrer Ungenauigkeit als Bedrohung für Kreativität in der Wissenschaft empfunden wurde.[438] Während aber die NSF Erfindung, Fälschung und Plagiat als Regelbeispiele gravierender Abweichung von Standards guter wissenschaftlicher Praxis betrachtete[439], fasste der PHS diese

---

431 *"The misconduct be committed intentionally or knowingly, or recklessly"*, OSTP, Federal Policy on Research Misconduct, 65 Fed. Reg. 76260 (76262) (December 6, 2000), II.

432 *Goodman*, The Scientist, Vol. 14 (2000), No. 2, S. 1 (12).

433 *Bird/Dustira*, Science and Engineering Ethics, Vol. 6 (2000), S. 123 (124); *Goodman*, The Scientist, Vol. 14 (2000), No. 2, S. 1 (12).

434 *Hollander*, in: Max-Planck-Gesellschaft (Hrsg.), Max Planck Forum 2, Ethos der Forschung, Ethics of Research, Ringberg-Symposium Oktober 1999, S. 199 (202).

435 42 C.F.R. § 50.102 (1998) (alte Fassung): *"Misconduct or Misconduct in Science means fabrication, falsification, plagiarism, or other practices that seriously deviate from those that are commonly accepted within the scientific community for proposing, conduction, or reporting research. It does not include honest error or honest differences in interpretations or judgement of data."*

436 45 C.F.R. § 689.1(a) (1998) (alte Fassung): *"Misconduct means fabrication, falsification, plagiarism, or other serious deviation from accepted practices in proposing, carrying out, or reporting results from activities funded by the NSF; or Retaliation of any kind against a person who reported or provided information about suspected or alleged misconduct and who has not acted in bad faith."*

437 *Goodman*, The Scientist, Vol. 14 (2000), No. 2, S. 1 (12).

438 *Price*, The Journal of Higher Education, Vol. 65 (1994), S. 286 (291); *Schachmann*, Science Vol. 261, (1993), S. 148; *Goodman*, The Scientist, Vol. 14 (2000), No. 2, S. 1 (12).

439 *Buzzelli*, Science Vol. 259 (1993), S. 564 (647).

Verstöße als einzelne inakzeptable Praktiken, die in ihrer Gesamtheit wissenschaftliches Fehlverhalten abschließend ausmachen, auf. Andere gravierende Abweichungen sollen dagegen eigenständige vom misconduct-Begriff losgelöste Fehlverhaltenselemente erfassen.[440] Der signifikanteste Unterschied zwischen den beiden Interpretationen spiegelt sich in deren Reichweite. Während die NSF an einer Definition festhalten wollte, die einen gewissen Ermessensspielraum bei der Bewertung von misconduct eröffnet[441], befürwortete der PHS einen restriktiven Maßstab.[442] Erfindung, Fälschung und Plagiat können für sich genommen nicht flexibel sämtliche ethischen Grundsätzen widersprechenden Handlungsweisen erfassen, Einheitlichkeit und Klarheit der materiellen Maßstäbe kann eben nur durch die Beschränkung auf diese signifikanten Verstöße, die in allen Institutionen und in allen Forschungsbereichen als Fehlverhalten angesehen werden, erzielt werden.[443]

Um ihren Standpunkt zu untermauern haben die Verantwortlichen der NSF stets auf ein prominentes Beispiel sexueller Belästigung von Studentinnen durch einen führenden Wissenschaftler hingewiesen.[444] Obwohl dieses Verhalten nicht unter Erfindung, Fälschung und Plagiat subsumiert werden konnte, hat die NSF unter Anwendung der Generalklausel die Förderung mit der Begründung eingestellt, dass das sexuelle Vergehen die Integrität des Forschungsprozesses, welcher auch die Ausbildung und Betreuung von Nachwuchswissenschaftlern und Studenten einschließe, beeinträchtigt habe.[445] Das Fehlverhalten wurde als Teil der Ausübung der Funktion des wissenschaftlichen Mentors und Ausbilders auf dem Gebiet der geförderten Forschung betrachtet. Kritisch betrachtet, kann die gleiche Argumentation für jedwedes arbeitsbezogene Fehlverhalten eines Forschers – wie z.B. das Verbreiten sexistischer oder rassistischer Witze etc. – herangezogen werden, obwohl es möglicherweise bereits unter die strafrechtliche oder zivilrechtliche Verantwortlichkeit fällt.[446] Die potentielle Breite, mit der die NSF ihre Definition anwenden wollte, drohte jedes ungebührliche Verhalten eines Wissenschaftlers zu wissenschaftlichem

---

440 *Hollander*, in: Max-Planck-Gesellschaft (Hrsg.), Max Planck Forum 2, Ethos der Forschung, Ethics of Research, Ringberg-Symposium Oktober 1999, S. 199 (202).

441 *Hollander*, in: Max-Planck-Gesellschaft (Hrsg.), Max Planck Forum 2, Ethos der Forschung, Ethics of Research, Ringberg-Symposium Oktober 1999, S. 199 (202); *Buzzelli,* Science, Vol. 259 (1993), S. 584 (585, 647); *Hileman*, Chemical & Engineering News (August 4, 1997), S. 28.

442 *Parrish*, Science and Engineering Vol. 5 (1999), S. 299 ff.

443 Um dennoch die Einhaltung fachspezifischer Standards voranzutreiben schlug Stefanie Bird, Mitherausgeberin der Zeitschrift Science and Engineering Ethics, vor, dass die *policies* der verantwortlichen *agencies* und Forschungseinrichtungen weitere unmoralische Verhaltensweisen miteinbeziehen könnten, vgl. das Zitat bei *Goodman*, The Scientist, Vol. 14 (2000), No. 2, S. 1 (12).

444 Officer of Inspector General, Semiannual Reports to Congress, 3 (30 September 1990), S. 26-27 und 4 (31 March 1991), S. 25; vgl. zu den Einzelheiten des Falles auch die Zusammenfassung bei *Buzzelli,* Science, Vol. 259 (1993), S. 584 (585/647).

445 *Buzzelli,* Science, Vol. 259 (1993), S. 584 (647).

446 *Steinberg*, Southern California Interdisciplinary Law Journal Vol. 10 (2000), S. 39 (60).

Fehlverhalten zu machen und wurde zum Teil heftig kritisiert.[447] Der PHS dagegen hatte es bewusst vermieden, sich unter der Geltung der nunmehr abgelösten PHS-Definition auf die Generalklausel zu berufen.[448]

Trotz der Anlehnung an die Definition des COSEPUP Gremiums wurde auch der dort favorisierte Alternativansatz zu *other serious deviation*, der abgestuft nach Schwere des Fehlverhaltens drei Kategorien von unredlichen Verhaltensweisen, nämlich Fehlverhalten in der Wissenschaft, zweifelhaften Forschungspraktiken und anderweitiges Fehlverhalten, unterschied[449], nicht umgesetzt. Zweifelhafte Forschungspraktiken sind solche, die der Integrität des Forschungsprozesses nicht direkt schaden. Deshalb erfüllen sie nicht die notwendigen Kriterien für eine Einbeziehung in die Definition von wissenschaftlichem Fehlverhalten. Unter diese Kategorie sollte

---

447 *Schachmann*, Science Vol. 261 (1993), S. 148 (149).

448 *Pascal*, Science and Engineering Ethics, Vol. 5 (1999), S. 183 (192). Der einzige (gerichtliche) Fall, anlässlich dessen der Versuch einer Auslegung des Merkmals „andere Praktiken, die ernsthaft abweichen" gemacht wurde, war Physicians Committee for Responsible Medizin v. Sullvian, No. CIV. A. 90-0084, 1990 WL 95430, (D.D.C., June 28, 1990). Die Kläger beantragten, neurobiologische Experimente an Affen unter der Verantwortung der NIH zu verhindern. Sie begehrten mit einer gerichtliche Verfügung, das staatliche Office of Scientific Integrity Review (OSIR), die Vorgängerbehörde des ORI, zur Vornahme einer *inquiry* oder *investigation* wegen wissenschaftlichen Fehlverhaltens zu verpflichten, sowie darüber hinaus die gerichtliche Feststellung, dass das Versuchsprotokoll wissenschaftliche Täuschung und wissenschaftliches Fehlverhalten im Sinne des Public Health Service Act und der diesen umsetzenden Verordnungen darstellte. Die Antragsteller beriefen sich auf die Klausel "andere Praktiken, die ernsthaft abweichen" und behaupteten, dass das Vorhabenprotokoll eine deutliche Abkehr von wissenschaftlichen Normen beinhalte, weil es nicht den grundlegenden wissenschaftlichen Anforderungen für den Vorschlag eines Forschungsvorhabens genüge und weil das Experiment zudem keinen wissenschaftlichen Verdienst erwarten lasse. Das Gericht kam dem Begehren nicht nach, sondern bestätigte die Feststellung des OSIR, dass es sich um einen Streit über die Qualität des Protokolls handele, der in den Rahmen redlicher Auslegungs- und Beurteilungsunterschiede fällt und daher kein wissenschaftliches Fehlverhalten darstellt. Als Memorandum Order hat der Fall keine präjudizielle Bedeutung. Aber die Entscheidung und die Tatsache, dass seit dem keine ähnlichen Streitigkeiten entschieden wurden, führten dazu, dass weder das OSIR – oder spätere ORI – noch die Gerichtsbarkeit eine Tendenz entwickelte, in Streitigkeiten über den wissenschaftlichen Nutzen eines Vorhabens einzugreifen.

449 (1) *Misconduct in science*, (2) *questionable research practices*, and (3) *other misconduct*; vgl. Panel on Scientific Responsibility and the Conduct of Research, Committee on Science, Engineering and Public Policy, National Academy of Science, National Academy of Engineering, Institute of Medicine, Responsible Science: Ensuring the Integrity of the Research Process, Vol. 1, S. 4 und 25. Die erste Kategorie, d.h. „*misconduct in science*" wurde definiert als: "*Erfindung, Fälschung oder Plagiat bei der Beantragung, Durchführung oder Berichterstattung über Forschung. Fehlverhalten in der Wissenschaft beinhaltet nicht Fehler bei der Beurteilung, Fehler bei der Aufzeichnung, Selektion oder Analyse von Daten oder Fehlverhalten, welches nicht mit dem Forschungsprozess in Zusammenhang steht.*" Unter „*zweifelhaften Forschungspraktiken*" wurde verstanden: "*Handlungen, die traditionelle Werte des Forschungsbetriebes verletzen und sich nachteilig auf den Forschungsprozess auswirken können.*" Jedoch gibt es gegenwärtig weder ein weit reichendes Einvernehmen hinsichtlich der Schwere dieser Handlungen noch Übereinstimmung über Standards für ein Verhalten in diesen Angelegenheiten.

114

beispielsweise die unzureichende Dokumentation bedeutender oder gar bereits veröffentlichter Forschungsdaten für einen angemessenen Zeitraum, oder die Verleihung bzw. das Einfordern von Autorenschaft aufgrund eines besonderen Dienstes oder Beitrages, der nicht in wesentlichem Zusammenhang mit der Forschungsarbeit steht, fallen. Zweifelhafte Forschungspraktiken verdienen nach verbreiteter Ansicht Beachtung, weil sie das Vertrauen in die Integrität des Forschungsprozesses untergraben, mit der Wissenschaft verbundene Traditionen verletzen, wissenschaftliche Schlussfolgerungen beeinflussen und die Ausbildung von Nachwuchswissenschaftlern schwächen. Anderweitiges Fehlverhalten sollte inakzeptable Verhaltensweisen, die eindeutig nicht auf die Durchführung von Forschung beschränkt sind, umfassen, obwohl sie sich auch im Labor oder im Forschungsumfeld ereignen können. Solche Verhaltensweisen, die Gegenstand allgemein anwendbarer Strafnormen sind, umfassen beispielsweise sexuelle Belästigung oder andere Formen der Bedrohung, den Missbrauch von Geldmitteln, Vandalismus, etc.[450]

Schließlich hatte das OSTP auch auf den in der früheren NSF Definition enthaltenen Whistleblowerschutz verzichtet. Vergeltungsmaßnahmen gegen eine Person, die den Verdacht eines Fehlverhaltens in redlicher Absicht mitgeteilt oder Informationen zur Verfügung gestellt hat, ohne wider besseren Wissens zu handeln[451], waren vor Umsetzung der Federal Policy durch die NSF ihrerseits als wissenschaftliches Fehlverhalten geahndet worden.[452]

Die Definitionselemente des staatlichen Beratungsgremiums, der Commission on Research Integrity (CRI)[453], wurde nicht zuletzt deshalb nicht umgesetzt, weil sie

---

450 Panel on Scientific Responsibility and the Conduct of Research, Committee on Science, Engineering and Public Policy, National Academy of Science, National Academy of Engineering, Institute of Medicine, Responsible Science: Ensuring the Integrity of the Research Process, Vol. 1, S. 6 f. Zum Bedürfnis nach der Normierung von abgestuften Fehlverhaltensweisen, *Agnew*, NIH Research Vol. 5 December 1993, S. 10.

451 45 C.F.R. § 689.1(a) (1998) (alte Fassung), vgl. oben Fn. 436.

452 *Price*, The Journal of Higher Education, Vol. 65 (1994), S. 286 (290).

453 *Steinberg*, Southern California Interdisziplinary Law Journal Vol. 10 (2000), S. 39 (62) Vorgeschlagener Wortlaut: *„Fehlverhalten in der Forschung ist erhebliches Fehlverhalten, durch welches jemand sich missbräuchlich geistiges Eigentum oder Beiträge anderer aneignet, welches den Forschungsfortschritt behindert, oder welches droht, das wissenschaftliche Schriftgut (scientific record) zu beschädigen oder die Integrität wissenschaftlicher Praktiken zu gefährden. Solche Verhaltensweisen sind bei Beantragung, Durchführung oder Berichterstattung von Forschung, oder der Begutachtung von Anträgen und Forschungsberichten anderer unmoralisch und inakzeptabel. Nachfolgend näher bezeichnete Verhaltensweisen sind nicht abschließende Beispiele für Fehlverhalten in der Forschung:*
Widerrechtliche Verwendung (misappropriation): Ein Forscher oder Rezensent soll nicht vorsätzlich oder leichtfertig a) plagiieren, worunter die Darstellung von dokumentierten Texten und Ideen anderer als eigene verstanden werden sollte, oder b) anlässlich der Begutachtung von Förderungsanträgen von irgendwelchen Informationen unter Verstoß gegen Geheimhaltungspflichten Gebrauch machen.
Beeinträchtigung (interference): Ein Forscher oder Gutachter soll nicht vorsätzlich oder ohne Berechtigung irgendwelches forschungsbezogene Eigentum einschließlich der Geräte, Proben, biologischen Materials, schriftlicher Ausführungen, Daten, Hard- und Software oder sonstige zu Forschungszwecken benötigte oder hergestellte Stoffe oder Hilfsmittel eines ande-

sich stark von den der *scientific community* vertrauten und wissenschaftsgeprägten Begrifflichkeiten und Bezeichnungen der Definitionen von PHS and NSF unterschied[454], sodass ihr eine zu starke Verrechtlichung zum Vorwurf gemacht wurde. Beispielsweise wurde *"fabrication, falsification or plagiarism"* zu *"misappropriation, interference or misrepresentation"*, Begriffen die in der US-amerikanischen Rechtssprache fest verankert sind.[455]

III. Maßstäbe dezentraler Forschungseinrichtungen

Neben der staatlichen Definition der Federal Policy wenden die einzelnen Forschungseinrichtungen auch interne Maßstäbe und Standards an, nach denen sie das Vorliegen wissenschaftlichen Fehlverhaltens auf Institutsebene beurteilen.[456] Infolgedessen kann eine Forschungseinrichtung ungeachtet der Beurteilung nach den harmonisierten *agency*-Regeln bzw. der Federal Policy nach ihren individuellen Maßstäben auf Vorliegen wissenschaftlichen Fehlverhaltens erkennen und entsprechende Maßnahmen ergreifen.[457]

Die staatlichen Definitionen haben allerdings die Maßstäbe der Forschungseinrichtungen in der Vergangenheit nachhaltig beeinflusst. Zwei Bestandsaufnahmen des PHS aus den Jahren 1995 und 2000 unter Berücksichtigung von je 46 und 156 PHS-geförderten Institutionen ergab, dass die überwiegende Anzahl dieser Einrich-

ren an sich nehmen, beschlagnahmen oder wesentlich beschädigen.

Falsche Angaben (misrepresentation): Ein Forscher oder Rezensent sollte nicht mit Täuschungsvorsatz oder leichtfertiger Vernachlässigung der Wahrheit (a) etwas wesentlich oder signifikant Unwahres erklären oder präsentieren; oder (b) eine Tatsache auslassen, so dass das Erklärte oder Präsentierte insgesamt eine wesentliche oder erhebliche Unwahrheit darstellt.

454   Siehe *Goodman*, The Scientist, Vol. 10 (1996), No. 15, S. 3 (6).

455   Insbesondere die Federation of American Societies of Experimental Biology (FASEB) wendete sich in einer gemeinsamen Stellungnahme gegenüber dem DHHS zu den Vorschlägen der Ryan Commission an das DHHS gegen den Einsatz der angeblich unklaren, allzu juristischen Terminologie. Die Definition begünstige aufgrund der erhöhten Gefahr von Fehlverhaltens anklagen unerwünschte Beeinträchtigungen der intellektuellen Kreativität. Die Federation befürwortete hingegen die Fehlverhaltensdefinition des Committee on Science, Engineering, and Public Policy (COSEPUP) der National Academy of Science, welche *„fabrication, falsification and plagiarism"* einschließt. Vgl. FASEB, Coalition of Biological Scientists Meets to Address Report of Commission on Research Integrity, FASEB Newsletter, Vol. 29 (1996), Nr. 4, S. 1 (3 und 5) und FASEB, Scientists Urge HHS to Reject Recommendations of Report on Scientific Misconduct, Press Release vom 13 May, 1996, unter: http://opa.faseb.org/pdf/cri-press.pdf (15.02.2007).

456   *Hollander*, in: Max-Planck-Gesellschaft (Hrsg.), Max Planck Forum 2, Ethos der Forschung, Ethics of Research, Ringberg-Symposium Oktober 1999, S. 199 (204 f.). *Guston*, Science and Engineering Ethics Vol. 5 (1999), S. 137 (138), der die adäquate Definition von der jeweiligen Zielsetzung und dem institutionellen Kontext abhängig machen will.

457   Shovlin v. University of Medicine and Dentistry of New Jersey, 50 F. Supp. 2 d 297, 314 (D.N.J. 1998).

tungen die frühere PHS Definition entweder wörtlich übernommen oder die einzelnen Definitionsmerkmale unter Beibehaltung der Kernelemente detaillierter ausformuliert hatten.[458] Einige der begutachteten Einrichtungen beschränkten wissenschaftliches Fehlverhalten auf das bloße Fälschen oder Erfinden von Daten.[459] Einige hatten erweiternde Umschreibungen aufgenommen oder zusätzliche Tatbe-Tatbestandsmerkmale eingeführt.[460]

Manche Einrichtungen erreichten einen enormen – über die *other serious deviation*-Klausel weit hinausreichenden – Interpretationsspielraum ihrer Definitionen, indem sie so unbestimmte Klauseln wie etwa „akademisches Fehlverhalten schließt jedes Handeln ein, das die Integritätsanforderungen schulischer oder wissenschaftlicher Forschung und Kommunikationsprozesse verletzt" *(academic misconduct includes any act that violates the standard of integrity in the conduct of scholarly and scientific research and communications)* zur Anwendung bringen.[461]

---

458 Office of Research Integrity, Institutions Elaborate PHS Definition on Scientific Misconduct, ORI Newsletter, Vol. 3 (1995), Nr. 2, S. 8 f.: 17 der erfassten 46 Einrichtungen hatten die Definition wörtlich übernommen und wiederum 16 der autonom entwickelten Definitionen enthielten die gleichen Kernelemente, waren aber detaillierter ausgearbeitet als die PHS Definition. In den 13 verbleibenden Definitionen fehlten besonders häufig die Elemente „andere Praktiken", „Beantragung" und „Dokumentation"; CHPS Consulting, Final Report, Analysis of Institutional Policies for Responding to Allegation of Scientific Misconduct, S. 2-2: Bei 53 % der untersuchten Einrichtungen konnte ein weiterer als der frühere PHS-Maßstab festgestellt werden.

459 Office of Research Integrity, Institutions Elaborate PHS Definition on Scientific Misconduct, ORI Newsletter, Vol. 3 (1995), Nr. 2 , S. 8 (9).

460 Z.B. „Fälschen oder Erfinden von Daten, Zitaten *(citations)* oder Informationen *(information)*", „von Erfindung bis hin zu trügerischer selektiver Berichterstattung, einschließlich gezielter Auslassung widersprüchlicher Daten in der Absicht, Ergebnisse zu fälschen *(ranging from fabrication to deceptively selective reporting, including the purposeful omission of conflicting data with the intent to falsify results)*" oder "Erfinden und Fälschen von Daten einschließlich irreführender Berichterstattung und der Fälschung von Angaben mit akademischem Bezug, wie akademische Graden oder Veröffentlichungen *(fabrication or falsification of data including misleading selective reporting and the falsification of academically related information, such as degrees earned or works published)*", Office of Research Integrity, Institutions Elaborate PHS Definition on Scientific Misconduct, ORI Newsletter, Vol. 3 (1995), Nr. 2, S. 8 (9). Die häufigsten ergänzten Fehlverhaltenshandlungen waren im September 2000: Nichteinhaltung staatlicher Verordnungen *(material failure to comply with governmental regulations)*, unberechtigtes Verwenden vertraulicher Informationen *(unauthorized use of confidential information)*, Vergeltungsmaßnahmen oder Androhung von Vergeltungsmaßnahmen gegenüber Personen, die einen Verdacht wissenschaftlichen Fehlverhaltens erhoben haben *(retaliation or threat of retaliation against persons involved in the allegation or investigation of misconduct)*, ungerechtfertigte Autorschaften *(Improprieties of authorship)*, CHPS Consulting, Final Report, Analysis of Institutional Policies for Responding to Allegation of Scientific Misconduct, S. 2-2.

461 Weitere Beispiele: „*Academic fraud can take many forms, including...*"; „*Academic misconduct involves any form of behaviour which entails an act of deception whereby...*"; „*A failure to maintain a high level of integrity in...*"; „*Research misconduct is defined as actions which cast doubt on the integrity of research and research results, such as...*"; Office of

117

Es bleibt abzuwarten, ob die durch die Natur und Struktur der Einrichtungen bedingten Divergenzen unter dem Einfluss eines einheitlichen Regierungsmaßstabes weiter zurückgehen, oder ob die Einrichtungen intern an ihren abweichenden Maßstäben festhalten werden.

F. Die Ausgestaltung von Fehlverhaltensverfahren in den USA

Gegenstand der folgenden Erörterungen wird die Ausgestaltung der Verfahren zum Umgang mit Fehlverhaltensfällen in den USA sein. Dabei sollen sich die Ausführungen nicht auf eine der beiden Gruppe von Akteuren beschränken. Ziel ist es vielmehr, übergreifend die strukturelle Ausgestaltung der Verfahren unter Berücksichtigung der Aufteilung der Verantwortlichkeiten zwischen *agencies* und Forschungseinrichtungen zu analysieren. Die Prozesse weisen aufgrund ihrer staatlichen Vorformung sehr starke Ähnlichkeiten unter den forschungsfördernden *agencies* auf, sind aber mehr oder weniger detailliert kodifiziert. Die nachfolgende Darstellung orientiert sich maßgeblich an den für die PHS geförderte Forschung geltenden Normen.

I. Allgemeine Verfahrensgrundsätze und -charakteristika

1. Administrative Mehrstufigkeit des Verfahrens

Die Reaktion einer Forschungseinrichtung und der finanzierenden *funding agency* auf einen Fehlverhaltensvorwurf ist grundsätzlich mehrstufig ausgestaltet. Ein reguläres Verfahren durchläuft mindestens drei Verfahrensstufen, nämlich die beiden Untersuchungsphasen der *inquiry* und der *investigation* und die Entscheidungsphase der *adjudication*.[462] Die *adjudication* kann noch eine *appeal*- oder *hearing*-Stufe einschließen, so dass bisweilen auch von einem vierstufigen Verfahrensaufbau die Rede ist.[463]

Die *inquiry* stellt eine Art Vorermittlungsphase dar, innerhalb derer festzustellen ist, ob ein Fehlverhaltensvorwurf Substanz aufweist und ob eine sich daran anschließende *investigation* gerechtfertigt ist.[464] Weist das Ergebnis der *inquiry* darauf

Research Integrity, Institutions Elaborate PHS Definition on Scientific Misconduct, ORI Newsletter, Vol. 3 (1995), Nr. 2, S. 8 (9).

462 OSTP, Federal Policy on Research Misconduct, 65 Fed. Reg. 76260 (76263), (December 6, 2000), III.

463 Vgl. z.B. National Aeronautics and Space Administration (NASA), Investigation of Research Misconduct, 69 Fed. Reg. 42102, 42103 (July 14, 2004).

464 OSTP, Federal Policy on Research Misconduct, 65 Fed. Reg. 76260 (76263), (December 6, 2000), III.; vgl. von den *agencies* z.B. National Science Foundation (NSF), Research Misconduct, 67 Fed. Reg. 11936 (11937) (March 18, 2002), § 689.2 (b).

hin, dass der Vorwurf gerechtfertigt ist, geht die Forschungseinrichtung zur *investigation* über, um zu bestimmen, ob wissenschaftliches Fehlverhalten vorgefallen ist. Eine *investigation* beinhaltet die förmliche Untersuchung und Auswertung aller relevanten Tatsachen, die darauf abzielt, festzustellen, ob, in welchem Ausmaß und mit welchen Konsequenzen sich wissenschaftliches Fehlverhalten ereignet hat.[465]

Nach Bestätigung des Fehlverhaltensverdachts in den Untersuchungsphasen schließt sich ein mehr oder weniger förmliches Verfahren der Streitfallentscheidung, die *adjudication*, an. Darin werden die aus der Untersuchung resultierenden Feststellungen überprüft und geeignete Sanktionsmaßnahmen bestimmt.[466]

Ferner kann die Verhängung einiger Sanktionsmaßnahmen, wie der Ausschluss von Einrichtungen und Fördermitteln der involvierten *agency (debarment and suspension)* die Einhaltung weiterer adjudikativer Verfahrensschritte entsprechend der allgemeinen *debarment and suspension regulations* erfordern.[467]

Die skizzierte Abfolge entspricht dem klassischen Muster administrativer Untersuchungs- und Entscheidungsverfahren der US-amerikanischen Exekutive. *Inquiry* und *investigation* bilden den rationalen systematischen Prozess der Tatsachen- und Beweisermittlung ab.[468] Die *adjudication* umfasst das administrative Verfahren, welches in der US-amerikanischen Verwaltung allgemein zum Erlass einer Einzelfallentscheidung führt. Es weist bisweilen deutliche Charakteristika eines gerichtlichen Verfahrens auf, was nicht zuletzt darauf zurückzuführen ist, dass aus US-amerikanischem Blickwinkel die Handlungsform nicht auf einen bestimmtes Endprodukt (Verwaltungsakt, Vertrag etc.) ausgerichtet ist, sondern auf die vortreffliche Lösung eines Streitstandes zwischen Verwaltung und Bürger abzielt.[469] Infolgedessen haben eine Reihe prozessrechtlicher Garantien für ein objektives und faires Verfahren in das Verwaltungsverfahren Eingang gefunden, worüber an geeigneter Stelle noch zu berichten sein wird.

Keine der behandelten *agencies* ist für die Entscheidung eines Fehlverhaltensfalls gesetzlich an eine *formal adjudication* im Sinne des APA gebunden.[470] Dennoch sind in dieser Phase jeweils gewisse regulativ verankerte Formerfordernisse zu beachten, welche die angesprochenen *appeal*- oder *hearing*- Möglichkeiten einschlie-

---

465 OSTP, Federal Policy on Research Misconduct, 65 Fed. Reg. 76260 (76263), (December 6, 2000), III., vgl. von den *agencies* z.B. National Science Foundation (NSF), Research Misconduct, 67 Fed. Reg. 11936 (11937) (March 18, 2002), § 689.2 (b).

466 OSTP, Federal Policy on Research Misconduct, 65 Fed. Reg. 76260 (76263), (December 6, 2000), III.

467 Vgl. etwa National Science Foundation (NSF), Research Misconduct, 67 Fed. Reg. 11936 (11937, 11939) (March 18, 2002), §§ 689.2 (e), § 689.8 (b) unter Verweis auf 45 CFR part 620.

468 Zu diesem Stadium des Verwaltungshandelns vgl. *Gellhorn/Levin*, Administrative Law and Process, S. 138 ff.

469 Die gerichtliche Kontrolle von Verwaltungsmaßnahmen ist in den USA weniger stark ausgeprägt als das in Deutschland der Fall ist. Ein großer Teil des Aufgabenbereichs Streitentscheidung, die an sich die Gerichte übernehmen, ist in den Vereinigten Staaten in die Verwaltung hinein verlagert. Vgl. *Jarass*, DÖV 1985, S. 377 (380).

470 Vgl. dazu oben 2. Teil, D. II. 3., S. 89 ff., insbesondere Fn. 339.

ßen. Insbesondere die Verhandlung vor einem ALJ ist mit einer abgeschlossenen deutsche Zivilgerichtsverhandlung und dem dort gegebenen Parteieinfluss vergleichbar. Der Verhandlungsablauf wird – wie auch im *adversary system of trial* – sehr stark durch die Parteien mitbestimmt.

Eine Anpassung an den sensiblen Regelungsgegenstand Fehlverhalten in der Forschung ist in der Verfahrensstruktur nur bedingt dadurch wahrnehmbar, dass man die *due process* Verfahrensanforderungen in der Untersuchungs- ebenso wie in der Entscheidungsphase nach und nach in dem Bewusstsein um die beruflichen, ökonomischen wie persönlichen Interessen, die bei allen Beteiligten auf dem Spiel stehen, verstärkt hat.[471] Dies spiegelt die US-amerikanische verfassungsrechtlich implizierte Tendenz wider, die Leistungsfähigkeit eines Ansatzes durch striktere Verfahrensanforderungen zu erhöhen.

2. Aufgabentrennung innerhalb der Agencies – Trennung von Untersuchung und Entscheidung *(Separation of Functions)*

Die Verfahrensstufen der *investigation* und der *adjudication* unterliegen ähnlich wie im deutschen Strafverfahren aber konträr zum hiesigen Prozedere in Verwaltungssachen, bei dem administrative Ermittlung und Entscheidung zu einem bestimmten Sachverhalt in der Regel in einer Hand ruhen[472], einer strengen organisatorischen Trennung.[473] Die endgültige Entscheidung über das Vorliegen oder Nichtvorliegen wissenschaftlichen Fehlverhaltens darf aus Gesichtspunkten der Verfahrensfairness nicht durch dieselbe Organisationseinheit erfolgen, welche zuvor bereits die Untersuchung führt.[474] In gleicher Weise sind *hearings* und *appeals* von den Untersuchungsphasen zu separieren. Diese Trennung entspricht der Unterscheidung zwischen exekutiver und richterlicher Gewalt der US-amerikanischen Regierung. Die Aufgabentrennung sichert eine unparteiische Bewertung und Auslegung von Fehlverhalten in der Wissenschaft durch einen unvoreingenommenen *adjudicator*, der stets eine eigene Bewertung der ihm präsentierten Tatsachen vornimmt, um sich eine Einschätzung von dem jeweiligen Fall zu bilden.[475] So sorgt die Aufgabentrennung für die Gewährleistung von *due process* im Verwaltungsverfahren und wirkt zu-

---

471 Vgl. die Verweise auf die allgemeinen Untersuchungsverfahrensabläufe des Veterans Health Administration, VHA Handbook 1058.2 (May 4, 2005), 12. a. (Handbook 0700) und des Department of Labour (USDOL), Research Misconduct; Statement of Policy, 68 Fed. Reg. 53862 (53862) (September 12, 2003), Supplementary Information (The Department of Labour ManualSeries (DLMS) 8, Audits and Investigations, Chapter 700).

472 *Jarass*, DÖV 1985, S. 377 (380).

473 *Goodman*, The Scientist, Vol. 14 (2000), No. 2, S. 1 (12).

474 OSTP, Federal Policy on Research Misconduct, 65 Fed. Reg. 76260 (76263), (December 6, 2000), III.; *Goldman Herman/Sunshine/Fisher/Zwolenik/Herz*, Journal of Higher Education Vol. 65 (1994), S. 384 (392).

475 *Goldman Herman/Sunshine/Fisher/Zwolenik/Herz*, Journal of Higher Education Vol. 65 (1994), S. 384 (392 f.).

gleich wissenschaftsspezifischen Bedenken entgegen, dass ein Fehlverhaltensurteil durch eine fehlgeleitete Interpretation des Handeln durch einzelne Personen entstehen könnte, mit der die Mehrzahl der Wissenschaftler nicht übereinstimmt.

Bevor diese Aufgabentrennung für Fehlverhaltensverfahren durch die Federal Policy regierungsweiter Standard wurde, hat das ORI – überspitzt formuliert – lange Zeit als Vertreter der Anklage, Richter und Jury einem gewirkt.[476] Inzwischen sind Zuständigkeiten dahingehend geändert worden, dass das Office of Inspector General – sofern notwendig – die weitere Tatsachenaufklärung im Anschluss an eine einrichtungsinterne Untersuchung übernimmt. Das ORI überprüft die Untersuchung, entscheidet, ob der Tatsachenbefund ein Fehlverhaltensurteil rechtfertigt und schlägt gegebenenfalls Sanktionen vor. Der Assistant Secretary for Health trifft schließlich – eventuell nach einem *hearing* vor dem ALJ – die endgültige Entscheidung über Sanktionen. So kann der OIG dem Maßstab wissenschaftlichen Fehlverhaltens nicht einseitig überspannen. Umgekehrt können der ALJ und der ASH die Fakten bei der Entscheidung über Sanktionen nicht so verdrehen, dass sie eine vorgefasste Entscheidung stützen, wenn andere Personen die *investigation* durchführen.[477]

3. Beweisregeln und Beweislast *(burden of proof)*

Ein neuralgischer Punkt der US-amerikanischen Debatte ist die Frage der Beweisregeln insbesondere der Beweislast. Die *federal policy* verlangt ebenso wie die eigenen *policies and procedures* der *agencies* den Beweisstandard des *preponderance of the evidence*[478], obwohl angesichts der folgenschweren Bedeutung einer Feststellung wissenschaftlichen Fehlverhaltens teilweise ein *beyond a reasonable doubt* Standard gefordert wird[479].

Preponderance of the evidence ist der Beweisstandard, der üblicherweise im US-amerikanischen Zivilprozess Anwendung findet. Für das Obsiegen einer Partei genügt es, dass dieser eine qualitativ überzeugendere Beweisführung gelingt, als der Gegenseite. Dies erfordert die Vorlage von Beweismaterial von – verglichen mit

---

476 *Goodman*, The Scientist, Vol. 14 (2000), No. 2, S. 1 (12).

477 *Goldman Herman/Sunshine/Fisher/Zwolenik/Herz*, Journal of Higher EducationVol. 65 (1994), S. 384 (393).

478 National Science Foundation (NSF), Research Misconduct, 67 Fed. Reg. 11936 (11937) (March 18, 2002), § 689.2 (c); Department of Labour (USDOL), Research Misconduct; Statement of Policy, 68 Fed. Reg. 53862 (53862) (September 12, 2003), Definitions (2); vgl. auch *Howard*, Hastings Law Journal Vol. 45 (1994), S. 309, (337-349).

479 *Spece/Marchalonis*, 11 Health Matrix: Journal of Law-Medicine Vol. 11 (2001), S. 571 (572) Fn. 4; *Goodman*, The Scientist, Vol. 14 (2000), No. 2, S. 1 (13); *Bird/Dustira*, Science and Engineering Ethics Vol. 6 (2000), S. 123 (127 f.); Siehe auch National Science Foundation (NSF), Research Misconduct, 67 Fed. Reg. 11936 (March 18, 2002), § 689.2 (h), wonach die NSF den einzelnen Forschungseinrichtungen überlässt, sich einen strengeren Maßstab zu Eigen zu machen. Damit die *agency* an die Untersuchung anknüpfen kann, sollen die Einrichtungen aber gleichzeitig prüfen, ob ein Vorwurf durch *preponderance of evidence* bewiesen ist.

dem von der Gegenseite dargebrachtem Beweis – überzeugenderem Gewicht oder überwiegender Glaubwürdigkeit. Der Beweis ist erbracht, wenn nach der Beweisaufnahme die Wahrscheinlichkeit größer ist, dass die strittige Tatsache wahr ist, als dass sie unwahr ist. *Beyond a reasonable doubt* muss hingegen grundsätzlich der Nachweis über die die Verurteilung begründenden Tatsachen in einem Strafprozess geführt werden.

Die Beweislast für das Vorliegen wissenschaftlichen Fehlverhaltens trägt bei PHS-geförderter Forschung die untersuchende Einrichtung oder das DHHS, im *hearing*-Verfahren das ORI. Gelingt es einer der beiden Institutionen, mit *preponderance of the evidence* nachzuweisen, dass der Betroffene absichtlich, wissentlich oder grob fahrlässig seine Forschungsdatendokumentation *(research record)* zerstört oder nicht aufbewahrt hat oder dass er noch vorhandenes Datenmaterial nicht innerhalb eines angemessenen Zeitraums zu reproduzieren vermag und dass gerade dies ein signifikantes Abweichen von der üblichen Praxis der relevanten *research community* beinhaltet, kommt eine Erleichterung der Beweislast zum tragen. Beweis über wissenschaftliches Fehlverhalten ist in diesem Fall allein durch den Nachweis der vorsätzlichen oder grob fahrlässigen Zerstörung, des Mangels an Datenmaterial oder des Scheiterns der Reproduktion erbracht.[480]

Dem Betroffenen obliegt es hingegen, Einreden vorzubringen und deren Richtigkeit nach Maßgabe des *preponderance of the evidence* Standards nachzuweisen. Zu den Einreden zählen auch die positive Darlegung und der Beweis redlicher Irrtümer oder Meinungsverschiedenheiten im Sinne der Definition wissenschaftlichen Fehlverhaltens durch den Betroffen.[481] Das DHHS triff mithin nicht die Pflicht zur Widerlegung dieser Umstände durch die Einrichtung oder das ORI.[482] Bei der Beurteilung darüber, ob der Beweisstandard durch die untersuchungsführende Einrichtung eingehalten wurde, muss jedoch jedes zulässige und glaubhafte Beweisangebot des Betroffenen für redlichen Irrtum oder Meinungsunterschiede hinreichend gewichtet werden. Der Betroffene trägt außerdem die Darlegungs- und Beweislast hinsichtlich aller mildernden Faktoren, die für die Entscheidung über die Verhängung von Verwaltungsmaßnahmen von Relevanz sind.[483]

---

480 Department of Health and Human Services (DHHS), Public Health Service Policies on Research Misconduct, 70 Fed. Reg. 28370 (28386, 29398) (May 17, 2005), §§ 93.106, 93.516. Die ursprünglich geplante Einführung einer widerlegbaren Vermutung *(rebuttable presumption)* wurde wegen der kritischen Reaktionen im Rulemaking wieder verworfen.
481 Vgl. oben 2. Teil, E. II. 1., S. 110 f.
482 Office of Research Integrity, Questions and Answers – 42 CFR Part 93, S. 2, erhältlich unter http://ori.dhhs.gov/policies/QAreg.pdf (abgefragt am 30.08.2005).
483 Department of Health and Human Services (DHHS), Public Health Service Policies on Research Misconduct, 70 Fed. Reg. 28370 (28386, 29398) (May 17, 2005), §§ 93.106, 93.516.

4. Vertraulichkeit

Soweit rechtlich zulässig, verpflichten sich die Einrichtungen und die *federal agencies* durch ihre *policies and procedures*, über die Identität der beteiligten Personen während eines Fehlverhaltensverfahrens Stillschweigen zu bewahren.[484] Die Verfahrensakten werden soweit zulässig als Ausnahme zu dem Freedom of Information Act (5 U.S.C. 552) und dem Privacy Act (5 U.S.C. 552a) behandelt und unterliegen nicht der allgemeinen Aktenöffentlichkeit und amtlichen Informationspflicht der Behörden.[485]

Identifikationsträchtige Informationen aus Fehlverhaltensverfahren, einschließlich der Untersuchungsakten und Beweismittel dürfen nur an diejenigen Personen weitergegeben werden, die dieser Kenntnis bedürfen, um eine sorgfältige, sachkundige objektive und faire Verfahrensführung gewährleisten zu können.[486] Mit Eintritt in den Reviewprozess ist mithin eine Übermittlung der Informationen von der untersuchungsführenden Institution an die Aufsichtsbehörde, beim PHS an das ORI, zulässig. Nach Abschluss des Verfahrens wird Vertraulichkeit je nach Ausgang von *investigation* und *adjudication* differenziert gehandhabt. Kann wissenschaftliches Fehlverhalten nicht festgestellt werden, bleibt der Fall vertraulich. Abgesehen von der anonymisierten Falldarstellung in den Jahresberichten und auf der Internetseite des ORI erfolgt keine Publikation. Anders verhält es sich dagegen, wenn ein vermeintlicher Fehlverhaltensfall in einem öffentlichen *hearing* vor dem ALJ aufgerollt und mündlich verhandelt wird.[487]

Wiederum anders als während der Durchführung eines Verfahrens stellt sich die Öffentlichkeit der Verfahrensergebnisse dar. Bei dem PHS werden Wissenschaftler in ein sogenanntes ALERT System (ALERT Records Concerning Individuals Found to Have Committed Scientific Misconduct in PHS Sponsored Research) eingespeist, wo öffentlich einsehbar ist, wenn jemand des Fehlverhaltens überführt ist.[488] Stellt

---

484 OSTP, Federal Policy on Research Misconduct, 65 Fed. Reg. 76260 (76 264) (December 6, 2000), IV. Vgl. exemplarisch auch National Science Foundation (NSF), Research Misconduct, 67 Fed. Reg. 11936 (11937) (March 18, 2002), § 689.2 (h); Veterans Health Administration, VHA Handbook 1058.2 (May 4, 2005), 10. b.

485 Siehe McCutchen v. DHHS, 30 F. 3 d. 183 (D.C. Cir. 1994).

486 OSTP, Federal Policy on Research Misconduct, 65 Fed. Reg. 76260 (76 264) (December 6, 2000), IV.

487 Department of Health and Human Services (DHHS), Public Health Service Policies on Research Misconduct, 70 Fed. Reg. 28370 (28399) (May 17, 2005), § 93.517 (g).

488 Das 1982 unter der Bezeichnung „ALERT Records Concerning Individuals under Investigation for Possible Misconduct in Science or Subject to Sanction for Such Misconduct" eingerichtete *ALERT system* hielt Informationen über Wissenschaftler, die Gegenstand von Fehlverhaltensuntersuchungen geworden sind. In der Regel wurde der Name eines Wissenschaftlers in dieses System eingespeist, sobald eine Untersuchung begann. Die Information hierüber wurde auf diese Weise an alle *agencies* des PHS tradiert, die Forschungsförderung betreiben. Mit der Umstrukturierung des PHS Verfahrensmodells fand eine Eintragung nur noch statt, nachdem das ORI auf Feststellung wissenschaftlichen Fehlverhaltens plädiert hatte, *Hamilton*, Science Vol. 256 (1992), S. 1751.

der Adjudication Official wissenschaftliches Fehlverhalten fest, verhängt er Sanktionen oder kommt es zu einer vergleichsweisen Erledigung eines Falles, so wird der Fall unter Angabe der persönlichen Daten des Wissenschaftlers, der untersuchungsführenden Institution, des Förderprogramms, des festgestellten Sachverhalts und der Sanktionsmaßnahmen auch im Federal Register, im ORI Newsletter und auf der Internetseite des ORI veröffentlicht.[489] Dieses Vorgehen dient zum einen der Realisierung der spezifischen Sanktionsmaßnahmen durch Information. Zum anderen können potentielle Arbeitgeberinstitutionen durch Einsehen der Listen vermeiden, einen Forscher einzustellen, der durch Fehlverhalten bereits negativ in Erscheinung getreten ist.

Ein weiterer Eintrag in die so genannte GSA List (General Services Administration's List of Parties excluded from Federal Procurement and Nonprocurement Programs) erfolgt, wenn ein Forscher im Anschluss an die Feststellung wissenschaftlichen Fehlverhaltens generell von allen staatlichen Förderleistungen ausgeschlossen wird. Die GSA List ist ebenfalls elektronisch über das Internet zugänglich, wird aber auch monatlich in Schriftform von der Government Printing Office veröffentlicht.[490]

5. Neutralität und Ausschluss von Befangenheit

Weder die institutionsinternen noch die Verantwortlichen der *agencies* dürfen sich in einem offensichtlichen Interessenkonflikt in Bezug auf den betroffenen Wissenschaftler befinden. Zur Vermeidung von Neutralitätsdefiziten bedienen sich die Forschungseinrichtungen einer Bandbreite unterschiedlicher Sicherheitsvorkehrungen, darunter externer Sachverständiger, der generelle Ausschluss des Einsatzes von Verfahrensbeteiligten aus der organisatorischen Einheit des Betroffenen oder schriftlicher Erklärungen über das Vorliegen bzw. Nichtvorliegen von Konfliktsituationen.[491] Ein häufig in den *policies* kodifizierter Mechanismus ist die Befangenheitsrüge des Betroffenen oder des Whistleblowers gegenüber Mitgliedern des Untersuchungskomitees.[492] Der RIO muss die von den Fehlverhaltensvorwürfen betroffene Person und ggf. auch den Whistleblower über die Auswahl der Mitglieder der Untersuchungskommission in Kenntnis setzen. Der Betroffene und der Informant haben im Fall des Bestehens eines Interessenkonflikts oder bei Befangenheit die Möglichkeit, einen schriftlichen Einspruch gegen jedes ernannte Mitglied zu erheben.[493] In

---

489 Department of Health and Human Services (DHHS), Public Health Service Policies on Research Misconduct, 70 Fed. Reg. 28370 (28394) (May 17, 2005), § 93.414; vgl. http://ori. dhhs.gov/misconduct/cases/index.shtml (abgerufen am 31.08.2005).

490 U.S. General Services Administration (GSA), News Release: GSA Posts Debarment and Suspension List on World Wide Web (March 17, 1997).

491 Vgl. für die PHS geförderten Einrichtungen CHPS Consulting, Final Report, Analysis of Institutional Policies for Responding to Allegation of Scientific Misconduct, S. 4-4 ff.

492 CHPS Consulting, Final Report, Analysis of Institutional Policies for Responding to Allegation of Scientific Misconduct, S. 4 f.

493 Vgl. Handling Misconduct, http://ori.dhhs.gov/misconduct/inquiry_issues.shtml.

einigen Einrichtungen entscheidet der Einrichtungsleiter, in anderen der RIO darüber, ob das angegriffene Mitglied durch einen Stellvertreter ersetzt wird.[494]

6. Dokumentation und Aufbewahrung

Sowohl die PHS-*regulation*, als auch die institutseigenen *policies* und *procedures* treffen sehr detaillierte Regelungen über die Führung und Aufbewahrung der Verfahrensakten sowie die Verwahrung der Beweismittel, da diese Aufgabe in den Verantwortungsbereich der Einrichtungen fällt.[495] Sofern das DHHS die Archivierung nicht selbst übernimmt, ist die untersuchungsführende Einrichtung nach Abschluss der letzten Verfahrensstufe verpflichtet, sämtliche verfahrensrelevanten Unterlagen und Daten für einen Zeitraum von sieben Jahren aufzubewahren.[496]

7. Beschleunigungsmaxime

Alle Stufen des Verfahrens müssen – freilich unter Einhaltung der gebotenen Sorgfalt – zügig und ohne schuldhaftes Zögern durchgeführt werden. Der PHS hat für jede Verfahrensstufe eine Höchstdauer bestimmt, die es nicht zu überschreiten gilt.

II. Allgemeine Verfahrensvoraussetzungen

1. Örtliche Zuständigkeit

Örtliche Zuständigkeit des DHHS und seiner Verfahrensbehörden besteht unabhängig von der geographischen Lage und dem Sitz der betreffenden Einrichtungen und Personen, überall dort wo PHS geförderte Forschung betrieben wird. Die örtliche Zuständigkeit der untersuchungsverantwortlichen geförderten Forschungseinrichtungen beschränkt sich auf den Sitz der ihnen angehörenden Wissenschaftler.

---

494 ORI, Model Policy for Responding to Allegations of Scientific Misconduct, S. 8, 12: RIO; Veterans Health Service, VHA Handbook 1058.2 (May 4, 2005), 14.e.(2), 15.e. (8).
495 Department of Health and Human Services (DHHS), Public Health Policies on Research Misconduct, 70 Fed. Reg. 28370 (28389 ff., 28392) (May 17, 2005), §§ 93.305, 93.307 (b), 93.310 (d), 93.317.
496 Die Dokumentationspflicht war von ehemals drei auf sieben Jahre ausgedeht worden, um dem DHHS oder dem Department of Justice hinreichend Zeit für die Untersuchung von *civil* oder *criminal fraud cases* zu geben.

2. Sachliche Zuständigkeit

Die Zuständigkeit des PHS wird allgemein durch den Anwendungsbereich der PHS *regulation* näher konkretisiert und definiert sich über die betroffenen Forschungsdisziplinen, die Art der bestehenden Verbindung zu PHS Förderung sowie die betreibende Einrichtung und die Stellung der betroffenen Personen. Ein Fehlverhaltensverdacht, der von den geförderten Einrichtungen des PHS untersucht und anschließend durch das ORI überprüft wird, muss sich auf biomedizinische Forschung oder Verhaltensforschung oder forschungsbezogene Schulungsprogramme an externen Einrichtungen oder nachgeordneten Bundeslaboratorien beziehen.[497] Der Zuständigkeitsbereich umfasst PHS-bezogene Forschung in jedem Stadium, einschließlich der Einwerbung der erforderlichen Mittel, des Reviewprozesses, der Berichterstattung – und zwar unabhängig davon, ob die Förderungsunterstützung tatsächlich gewährt wurde – ebenso wie PHS-finanzierte Ausbildungsprogramme und damit zusammenhängende Tätigkeiten. Seit der letzten Änderung der PHS *regulation* werden auch Plagiate von unter der Protektion des PHS entstandenen Forschungsdaten erfasst.[498]

Untersuchungen des PHS werden gegenüber sämtlichen Personen, die in PHS-geförderte Forschung involviert sind, angestrengt. Hierzu gehören neben promovierten Wissenschaftler *(postdoctoral fellows)*, Ärzte im Praktikum *(residents)*, Studenten im Aufbaustudium *(graduate students)*, Studenten ohne Abschluss *(undergraduate students)* auch Krankenschwestern *(nurses)*, Techniker *(technicians)* und der verbleibende Mitarbeiterstab.[499] Einrichtungsinterne *policies* und *procedures* können die sachliche Zuständigkeit nicht auf Fakultätsmitarbeiter und die qualifiziert ausgebildete Belegschaft begrenzen.

3. Zuständigkeitskonflikte

Für den Fall, dass ein Vorwurf wissenschaftlichen Fehlverhaltens der Hoheitsgewalt mehrerer *agencies* im Geschäftsbereich der Bundesregierung unterliegt, bestimmen die Policies on Research Misconduct des PHS in § 93.109, dass das DHHS in Kooperation mit den anderen zuständigen Behörden eine federführende *agency* nominiert, um die Reaktion auf den Vorwurf koordinieren zu können. Ausschlaggebende Faktoren für die Bestimmung der Federführung sind der Anteil am Förderungsvo-

---

497 Anders als noch unter der Geltung der PHS, Responsibilities of Awardee and Applicant Institutions for Dealing With and Reporting Misconduct in Science, 54 Fed. Reg. 32446 (32449 ff.) § 50.101 (August 8, 1989) wird davon auch agencyinterne Forschung in nachgeordneten Forschungseinheiten des DHHS erfasst.

498 Office of Research Integrity, Questions and Answers – 42 CFR Part 93, S. 2, erhältlich unter http://ori.dhhs.gov/policies/QAreg.pdf (abgefragt am 30.08.2005).

499 Vgl. ORI adresses Issues in Inquiries and Investigations, http://ori.dhhs.gov/misconduct/inquiry_issues.shtml (15.02.2007).

lumen, die Bewilligung des betreffenden Forschungsvorhabens, die Arbeitgeberei-
genschaft, die Eignung der personellen und institutionellen Voraussetzungen zur
Durchführung einer Untersuchung.[500] Übernimmt das DHHS nicht selbst die Verantwortung, so kann es im Einvernehmen mit der Federführung geeignete Maßnahmen ergreifen, um dennoch die maßgeblichen Schutzrichtungen und Ziele der PHS
regulation zu verfolgen. Dazu zählen insbesondere der Schutz von Gesundheit und
Sicherheit des Volkes, die Förderung von Integrität in der PHS unterstützten Forschung und die Erhaltung staatlicher Finanzmittel. Dazu kann etwa ein gemeinsames
Untersuchungsverfahren angestrengt werden oder die Entsendung eines PHS-
Wissenschaftlers in die Verfahrensgremien der Einrichtungen mit konkurrierender
Zuständigkeit erfolgen.

4. Einleitung des Verfahrens

Fehlverhaltensverfahren in den USA bedürfen keiner einheitlichen förmlichen Einleitung in Form etwa einer schriftlichen Anzeige unter Übermittlung spezifischer
Daten und Informationen an eine institutionsinterne Stelle oder die zuständige *agency*. Zwar beinhalten zahlreiche *institutional policies* entsprechende Einleitungs- und
Übermittlungsanforderungen.[501] Sobald jedoch staatliche Fördermittel im Spiel sind,
werden diese Anforderungen irrelevant, da sie durch die Anzeige eines Verdachtsfalls gegenüber einer der Verfahrensbehörden des forschungsfördernden *depart-
ments* oder der *agency* unproblematisch umgangen werden können. In diesem Fall
leitet die verantwortliche *agency* den Fall der Einrichtung zur Untersuchung weiter.
Selbst ein Herantreten an tatsächlich unzuständige staatliche Einheiten, wie etwa das
Federal Bureau of Investigation (FBI) hat nach der Weiterleitung an die zuständigen
Stellen in der Vergangenheit regelmäßig zu einer Verfahrensaufnahme geführt.[502]
Anders verhält es sich freilich, wenn der Verdachtsfall sich nicht auf staatlich geförderte Forschung bezieht. In diesem Fall sind die mitunter sehr unterschiedlich ausgestalteten Anforderungen der einzelnen Forschungseinrichtungen zu berücksichtigen. Nur wenige Einrichtungen verpflichteten ihre Mitglieder und Arbeitnehmer
ausdrücklich zur Bekanntgabe jeden Verdachts auf wissenschaftliches Fehlverhalten.[503]

Auch anonym, unter einem Pseudonym oder über eine Verbindungsstelle erhobene Fehlverhaltensvorwürfen mit Bezug zu staatlichen Fördergeldern wurde in der
Vergangenheit ausführlich nachgegangen, obwohl die meisten Forschungseinrich-

---

500 So für die Veterans Health Administration ausdrücklich Veterans Health Service, VHA
    Handbook 1058.2 (May 4, 2005), 12 c. (4).
501 Siehe für die PHS geförderten Einrichtungen CHPS Consulting, Final Report, Analysis of
    Institutional Policies for Responding to Allegation of Scientific Misconduct, S. 3-4 ff.
502 Vgl. etwa *Price*, Academic Medicine Vol. 73 (1998), S. 467 (469 f.), Case 7.
503 CHPS Consulting, Final Report, Analysis of Institutional Policies for Responding to Alle-
    gation of Scientific Misconduct, S. 3-3.

tungen diesen Fall nicht ausdrücklich in ihren *policies* berücksichtigen[504] und obwohl die Erfahrungen gezeigt haben, dass diese Vorwürfe häufig einer die Verfahrensfortführung rechtfertigenden Tatsachengrundlage entbehren. Insbesondere die der weiteren Informationsbeschaffung dienende Kontaktaufnahme mit dem Whistleblower behindert die Fortsetzung des Verfahrens.[505]

5. Frist und Verjährung

Ein Fehlverhaltensverdacht im Zuständigkeitsbereich des PHS unterliegt seit Inkrafttreten der überarbeiteten PHS Policies on Research Misconduct einer sechsjährigen Verjährungsfrist, gemäß § 93.104 (a). Fehlverhaltensvorkommnisse, die von dem Zeitpunkt der Kenntnis des DHHS oder einer Forschungseinrichtung mehr als sechs Jahre zurückliegen, sind von den Fehlverhaltensverfahren ausgeschlossen.[506] Diese Regelung soll eine potentiell unfaire Benachteiligung derjenigen Betroffenen ausscheiden, die sich gegen länger zurückliegende Vorwürfe verteidigen müssen.[507]

Von der Grundregel statuiert § 93.105(b) drei Ausnahmen. Die erste betrifft den Fall der Aktualisierung des Fehlverhaltens durch eine Folgehandlung innerhalb des Zeitraums von sechs Jahren *(Subsequent use exception)*. Sie kommt zum Tragen, wenn der Betroffene eine vorausgegangenes verdachtsbegründendes Ereignis innerhalb der Sechsjahresfrist wieder aufleben lässt, indem er eine betroffene Literaturstelle rezitiert, erneut publiziert oder in sonstiger Weise die verdachtsbehafteten Forschungsdaten zu seinen Gunsten wieder verwendet. Die zweite Ausnahme greift, wenn aufgrund des vermeintlichen Fehlverhaltens eine erhebliche Beeinträchtigung der öffentlichen Gesundheitspflege oder der öffentlichen Sicherheit droht *(Health or safety of the Public exception)*. Schließlich unterliegen alle Vorwürfe, die vor dem Inkrafttreten der revidierten PHS Policies on Research Misconduct erhoben wurden, nicht der Verjährung *("Grandfather" exception)*.

---

504 CHPS Consulting, Final Report, Analysis of Institutional Policies for Responding to Allegation of Scientific Misconduct, S. 3-3.

505 Vgl. in Bezug auf das ORI *Price*, Academic Medicine Vol. 73 (1998), S. 467 (468, 469 f.). Von den 82 im Zeitraum von 1993 bis einschließlich 1997 anonym gegenüber dem ORI erhobenen Fehlverhaltensvorwürfen (8 % der Gesamtzahl von 986 Fehlverhaltensvorwürfen in diesem Zeitraum) wurden lediglich sieben zum Gegenstand eines Untersuchungsverfahrens, eine förmliche *investigation* fand in nur zwei Fällen statt. Ausschließlich in einem Fall konnte Fehlverhalten förmlich festgestellt werden.

506 Die Verjährungsregelung wurde an die Rechtslage der qui tam Vorschriften nach dem False Claims Act angepaßt, dazu unten Fn. 623, Office of Research Integrity, Questions and Answers – 42 CFR Part 93, S. 4, erhältlich unter http://ori.dhhs.gov/policies/QAreg.pdf (15.02. 2007).

507 Office of Research Integrity, Questions and Answers – 42 CFR Part 93, S. 2, erhältlich unter http://ori.dhhs.gov/policies/QAreg.pdf (15.07.2007).

III. Verfahrensrechte der Beteiligten

Die verfahrensführende Einrichtung muss alle vernünftigen und praktikablen Anstrengungen unternehmen, die sich als geeignet erweisen, um die Reputation des
Wissenschaftlers, gegen den sich der Verdacht richtet, während des Verfahrens zu
schützen sowie dann, wenn sich wissenschaftlichen Fehlverhaltens nicht bestätigt
hat, zu sanieren.[508] Den Schutz der Arbeitsstelle und des Ansehens sonstiger beteiligter Personen gilt es in gleicher Weise – unabhängig von dem Ausgang des Verfahrens – zu gewährleisten. Die Einrichtungen müssen Benachteiligungen von Be-
schwerdeführern, Zeugen und Komiteemitgliedern entgegentreten.

1. Schutz von Whistleblowern

In den USA existieren neben dem verfassungsrechtlichen Schutz der freien Meinungsäußerung zahlreiche Schutzgesetze für Whistleblower in ganz und gar unterschiedlichen Rechtsbereichen. Entsprechende Regelungen befinden sich in den jeweiligen Fachgesetzen auf bundes- und einzelstaatlicher Ebene.[509] Diese umfassen
jedoch jeweils nur diejenige Gruppe von Personen beziehungsweise Arbeitnehmern,
die unter den Geltungsbereich des jeweiligen Gesetzes fallen.[510] In der Regel enthalten diese Whistleblowerschutzregeln Abhilferechtsmittel und Ansprüche, etwa auf
Entschädigung für verlorenes Gehalt oder auf Wiedereinstellung nach Verlust des
Arbeitsplatzes.[511] Sie setzten voraus, dass die Vorwürfe in gutem Glauben an ihre
Richtigkeit erhoben wurden.[512] Whistleblower, die bei der Bundesregierung beschäftigt sind, können Entschädigungen nach dem Civil Service Reform Act (CSRA) in
der Fassung, dieser durch den Whistleblower Protection Act von 1989[513] erhalten
hat, verlangen. Dieser verbietet es, als Reaktion auf die Enthüllung von Gesetzesver-
stößen oder anderen Missständen, wie etwa die Verschwendung von Steuergeldern,
personelle Maßnahmen gegen die verantwortliche Person zu ergreifen, und instal-

---

508 Das Department of Health and Human Services (DHHS), Public Health Policies on Research
      Misconduct, 70 Fed. Reg. 28370 (28389), verlangt gemäß § 93.304 (k), dass die Forschungs-
      einrichtungen entsprechende Regelungen in ihre Verfahrensordnungen aufnehmen.
509 Einen Überblick zum State and Federal Whistleblower Law bieten: *Barnett*, Labour Law
      Journal Vol. 43 (1992), S. 440 ff.; *Boyle*, Labour Law Journal Vol. 41 (1990), S. 821 ff.; *Cal-
      lahan/Dworkin*, American Business Law Journal Vol. 38 (2000), S. 99 ff.
510 *Poon*, The Journal of Law, Medicine & Ethics Vol. 23 (1995), S. 88 (89).
511 Viele Regelwerke sehen auch die Erstattung von Gerichts- und Rechtsanwaltskosten sowie
      weitere *compensatory damages* vor. Andere beinhalten sogar *exemplary damages* mit Straf-
      zweck, *Poon*, The Journal of Law, Medicine & Ethics Vol. 23 (1995), S. 88 (89); siehe auch
      Vaughn, Administrative Law Review, Vol. 51 (1999), S. 581 (611 ff.).
512 *Gunsalus*, Science and Enginering Ethics (1998), Vol. 4, S. 51 (53 f.); *Poon*, The Journal of
      Law, Medicine & Ethics Vol. 23 (1995), S. 88 (90).
513 Pub. L. No. 101-12, 103 Stat. 16 (1989) (codified at 5 U.S.C. §§ 1201-1222 (1994 & Supp.
      III 1997). Siehe im Detail *Devine*, Administrative Law Review Vol. 51 (1999), S. 531 ff.

liert einen erleichterten Beweisstandard für Whistleblower.[514] Er findet aber nur auf staatliche Angestellte Anwendung und kann daher auch Whistleblower über wissenschaftliches Fehlverhalten nicht umfassend schützen.[515] Einen Schutzmechanismus für private Arbeitnehmer bietet die *public policy exeption* der US-amerikanischen *employment-at-will-doctrine*.[516] Die geschützte *public policy* kann ihren Ursprung im Gesetzesrecht, in Verordnungen, administrativen Einzelentscheidungen, gerichtlichen Entscheidungen oder aber berufsbezogenen (Ethik-)kodizes haben.[517] Im Falle der Enthüllung von wissenschaftlichem Fehlverhalten kann der benachteiligte Whistleblower sich auf wissenschaftliche Verhaltensstandards berufen und die Forschungseinrichtung aus Vertragsverletzung *(breach of express or implied contract)* oder unerlaubter Handlung *(tort)* auf Schadensersatz in Anspruch nehmen.[518]

Für den speziellen Bereich der Wissenschaft, wo die Offenbarung beobachteten Fehlverhaltens nicht selten gravierende Folgen für die betreffende Person nach sich zieht, hat in den USA bereits Mitte der 90er Jahre eine umfangreiche Diskussion über die Rolle und den ausreichenden Schutz von Whistleblowers stattgefunden.[519] Eine durch das ORI in Auftrag gegebene empirische Umfragestudie bestätigte, dass die Mehrzahl der Informanten in wissenschaftlichen Fehlverhaltensfällen negative Konsequenzen erleiden.[520] Eine konkrete regierungsweite Regelung des Whistleblowerschutzes in Fällen wissenschaftlichen Fehlverhaltens ist daraus nicht gefolgt.

---

514 Gergick v. General Services Administration, 43 M.S.P.R. 651, 659, 663 (1990); *Poon*, The Journal of Law, Medicine & Ethics Vol. 23 (1995), S. 88 (92).

515 Whistleblowerschutzgesetze der Einzelstaaten erstrecken ihren Schutz zum Teil auch auf privatrechtlich angestellte Arbeitnehmer, *Poon*, The Journal of Law, Medicine & Ethics Vol. 23 (1995), S. 88 (90).

516 Grundsätzlich ermöglicht die *employment-at-will-doctrine* die Kündigung eines Arbeitsverhältnis ohne Einhaltung einer Frist und ohne die Existenz oder Angabe von Kündigungsgründen. Die *public policy exception* nimmt davon Handlungen aus, welche gegen diejenigen öffentlichen Grundsätze verstoßen, durch die die Vertrags- und Verfügungsfreiheit einer Person zum Besten der Allgemeinheit rechtlich eingeschränkt wird, vgl. Petermann v. Teamsters Local 396, 174 Cal. App. 2d 184, 344 P.2d 25 (1959).

517 Pierce v. Ortho Pharmaceutical Corp., 84 N.J. 58, 417 A.2d 505, 512 (1980); Palmateer v. International Harvester Co. 85 Ill. 2d 124, 421 N.E.2d 876 (1981); *Poon*, The Journal of Law, Medicine & Ethics Vol. 23 (1995), S. 88 (90).

518 Pierce v. Ortho Pharmaceutical Corp., 84 N.J. 58, 417 A.2d 512 (1980).

519 *Price*, Academic Medicine Vol. 73 (1998), S. 467 ff. vergleicht die Ergebnisse anonym erhobener Fehlverhaltensvorwürfe mit solchen, die in denen die Identität der Whistleblower bekannt war; *Gunsalus*, Science and Engineering Ethics Vol. 4 (1998), S. 51 (55 ff.). liefert mit ihren „Rules for Responsible Whistleblowing" und „Step-by-Step Procedures for Responsible Whistleblowing" eine Verfahrensanleitung für potentielle Whistleblower, die die Gefahr der Selbstschädigung eindämmen wollen.

520 Von insgesamt 68 an der Umfrage teilnehmenden Whistleblowern wußten 47 mindestens eine negative Konsequenz zu berichten. Dazu zählen neben den Verlust des Arbeitsplatzes und der Verweigerung weiterer Karriereschritte, unter anderem der Verlust von Forschungsressourcen sowie Gegenvorwürfe, gerichtliche Verfahren, unter Druck setzen und Ausgrenzung der Person des Whistleblowers; Research Triangel Institute, Consequences of Whistleblowing for the Whistleblower in Misconduct in Science Cases (1995); S. 14 ff. Zu dieser Studie auch *Lubalin/Matheson*, Science and Engineering Ethics Vol. 5 (1999), S. 229 ff.

Die Federal Policy behandelt diese Problematik in generalisierender Manier, indem sie an ein faires Verfahren von *agencies* und Forschungseinrichtungen die Anforderung stellt, dass gutgläubig erhobene Fehlverhaltensvorwürfe *(good faith allegations)* einer sorgfältigen Prüfung unterzogen werden und Schutzmaßnahmen implementiert werden müssen, die den *good faith* Whistleblower vor Repressalien bewahren.[521]

Für den PHS erforderten die bislang auf Grundlage von Section 493 des Public Health Service Act in der Fassung den dieser durch den NIH Revitalisation Act erlangt hat, erlassenen *regulations* zum Umgang mit Vorwürfen wissenschaftlichen Fehlverhaltens, dass die *policies* und *procedures* der Forschungseinrichtungen Vorschriften beinhalten, wonach die Einrichtungen besondere Anstrengungen unternehmen müssen, um die Arbeitsstellen und den Ruf derjenigen Personen zu schützen, die im guten Glauben *(good faith)* an das tatsächliche Geschehen einen Vorwurf wissenschaftlichen Fehlverhaltens erhoben haben.[522] Bei akutem Bedarf nach staatlichem Schutz der Whistleblowerinteressen sind die Institutionen zur Benachrichtigung des ORI aufgefordert.[523] Damit wird ebenfalls nicht spezifisch angeordnet, welche Maßnahmen die Institutionen ergreifen müssen. Jedoch enthält das Ermächtigungsgesetz der PHS-Verordnung bereits Anforderungen, denen die Einrichtungen gerecht werden müssen, die lediglich in den bisherigen Verordnungen nicht hinreichend zum Ausdruck kamen.[524] Hierzu zählt die Einführung und Überwachung von Standards, die der Vorbeugung und der Reaktion auf Vergeltungsmaßnahmen gegen Whistleblower seitens der Forschungseinrichtung, deren Angestellter oder gesetzlicher Vertreter dienen. Wobei als Whistleblower nicht nur diejenigen Personen gelten, die einen Verdacht wissenschaftlichen Fehlverhaltens kommunizieren, sondern auch diejenigen Personen, die in gutem Glauben den Verdacht äußern, dass die verantwortliche Institution einem Fehlverhaltensvorwurf nicht angemessen nachgeht, oder die gutgläubig bei einer Fehlverhaltensuntersuchung mitwirken. Bei Verletzung dieser Standards sollen dem benachteiligten Whistleblower Rechtsbehelfe zur Verfügung stehen, die beispielsweise die Einstellung der Finanzierung eines

---

521 OSTP, Federal Policy on Research Misconduct, 65 Fed. Reg. 76260, 76263 (December 6, 2000), unter IV. Zwei Drittel aller institutsinternen *policies* und *prodedures* warnen vor *bad faith allegations*, nur wenige aber haben teils vage Kriterien ausformuliert, woran sich beurteilen lässt, ob ein Vorwurf böswillig oder in gutem Glauben erhoben wurde. Diese Kriterien zollen der Motivation mit der ein Whistleblower seine Vorwürfe erhebt, besondere Aufmerksamkeit, CHPS Consulting, Final Report, Analysis of Institutional Policies for Responding to Allegation of Scientific Misconduct, S. 7-7.

522 Siehe Department of Health and Human Services (DHHS), Public Health Service Policies on Research Misconduct, 70 Fed. Reg. 28370 (28393) (May 17, 2005), § 93.300(d), § 93.304 (k) (1) sowie die Vorgängerregelungen unter 42 C.F.R. § 50.103 (d) (13), § 50.104 (b) (3).

523 Siehe Department of Health and Human Services (DHHS), Public Health Service Policies on Research Misconduct, 70 Fed. Reg. 28370 (28393) (May 17, 2005), § 93.318 (e) sowie die Vorgängerregelungen unter 42 C.F.R. § 50.105 (b) (3).

524 NIH Revitalization Act of 1993, Publ.L. 103-43, Title I, § 163 42 U.S.C. 289b (PHS Act § 493 (e)).

Projekts oder gar die Verpflichtung zur Rückerstattung von Finanzierungsleistungen nach sich ziehen.

Das ORI hat anstelle einer speziellen förmlichen *whistleblower-regulation*, die diese Gesetzesvorgaben umsetzt, bisher lediglich ergänzende an die verfahrensverantwortlichen Forschungseinrichtungen gerichtete *guidelines* entwickelt.[525] Die Einrichtungen sind nicht zur Einhaltung der *guidelines* verpflichtet. Ihnen steht es frei, den Schutz von Position und Ansehen eines Whistleblowers durch Einführung anderer Maßnahmen sicherzustellen. Die *guidelines* beinhalten in erster Linie Soll- und Kann-Bestimmungen für formalisierte institutsinterne Verfahren zum Umgang mit Beschwerden benachteiligter Whistleblower. Diese Verfahren sollen mit einer Beschwerde an einen benannten Verantwortlichen der Forschungseinrichtung beginnen. Daraufhin wird das ORI informiert, damit es auch hier seiner Aufsichtsfunktion nachkommen kann. Für das Verfahren stehen dem Verantwortlichen zwei Optionen zur Verfügung.[526] Es wird entweder eine *institutional investigation* durchgeführt, um festzustellen, ob der Whistleblower tatsächlich Benachteiligungen hat hinnehmen müssen. Ist dies der Fall, entscheidet der institutsinterne Verantwortliche über die notwendigen Mittel, Ruf und Position des Whistleblowers wiederherzustellen. Des Weiteren steht die Möglichkeit eines Schiedsverfahrens zur Verfügung, auf dessen Durchführung sich die Einrichtung und der Whistleblower unter Benennung einer unabhängigen Schiedsstelle schriftlich einigen können. Der Schiedsspruch soll endgültige und bindende Wirkung haben und soll ebenfalls die gebotenen Ausgleichsmaßnahmen der Institution gegenüber dem Whistleblower anordnen. Unabhängig davon, welches der beiden Verfahren gewählt wird, soll als ergänzende Option zu jedem beliebigen Zeitpunkt ein Vergleich abgeschlossen werden können.

In Vorbereitung ist überdies seit längerem der Erlass einer flankierenden Whistleblower-*regulation*, die auf eine detailliertere Umsetzung der gesetzlichen Ermächtigung des Public Health Service Act abzielt und die unverbindlichen *guidelines* des ORI ersetzen wird.[527] Die Verordnung wird den Forschungseinrichtungen die Sicherstellung von konkreten Mindestanforderungen für den Schutz von Whistleblowern, die in gutem Glauben Vorwürfe des Fehlverhaltens gegenüber der Institution oder deren Mitarbeitern erhoben haben, abverlangen.

Gegenüber Zivilklagen wegen Beleidigung oder Verleumdung gereicht *good faith* Whistleblowern ein haftungsausschließender Rechtfertigungsgrund zum Vorteil, nämlich das Recht, eine an sich diffamierende Behauptung wissenschaftlichen Fehlverhaltens ohne spätere Inanspruchnahme aufstellen zu dürfen, solange der gute

---

525 ORI Guidelines for Institutions and Whistleblowers: Responding to Possible Retaliation Against Whistleblowers in Extramural Research, November 20, 1995. Dies geschah in Umsetzung der Whistleblower Bills of Rights, vgl. U.S. Department of Health and Human Services, Public Health Service (Hrsg.), Report of the Commission on Research Integrity, Integrity and Misconduct in Research, S. 23.

526 *Pascal*, Science and Engineering Ethics, Vol. 5 (1999), S.183 (189).

527 DHHS, Notice of Proposed Rulemaking (NPRM): Public Health Service Standards for the Protection of Research Misconduct Whistleblowers, 65 Fed. Reg. 70830 (28 November, 2000).

Glaube an die Richtigkeit der Vorwürfe besteht *(conditional privilege)*.[528] Voraussetzung ist jedoch, dass die Aufdeckung eines Fehlverhaltensverdachts gegenüber einer autorisierten Einrichtung oder Person erfolgt, die zum Handeln in Fehlverhaltensfällen ermächtigt ist.[529] Dies können bei PHS geförderter Forschung entweder die Verfahrensverantwortlichen der betroffenen Forschungseinrichtung oder das ORI selbst sein. Eine Veröffentlichung des Verdachts gegenüber der Presse würde dagegen kein *conditional priviledge* auslösen.[530]

Neben der bereits erwähnten Möglichkeit der anonymen Bekanntgabe eines Fehlverhaltensverdachts hat das ORI in der Vergangenheit auch dem Wunsch des Whistleblowers nach Geheimhaltung seiner Identität gegenüber anderen Verfahrensverantwortlichen und -beteiligten Folge geleistet. Der Informant wird in diesen Fällen umfassend darüber aufgeklärt, dass der Ausgang eines Verfahrens entscheidend von ihrer Bereitschaft abhängt, an der Aufklärung im Rahmen von *inquiry* und *investigation* mitzuwirken und in der *adjudication* Phase gegebenenfalls als Zeuge auszusagen.[531] Nach Maßgabe des ORI soll die Rolle des Whistleblowers trotz seiner widersprüchlichen Bezeichnung als *complainant*[532], was seine Parteistellung nahe legt, im Rahmen eines Fehlverhaltensverfahrens auf die eines Zeugen beschränkt sein. Um die Objektivität des Verfahrens nicht zu gefährden, soll er weder als Partei die Aufklärung des Sachverhalts mitbetreiben noch auf andere Weise den Verfahrensablauf in ähnlicher Form wie die Untersuchungs- und Entscheidungsverantwortlichen mitsteuern können.[533]

2. Verfahrensrechte und Schutz des Betroffenen

Die Verfahrensrechte des vom Fehlverhaltensverdacht Betroffenen sind von Verfahrensstufe zu Verfahrensstufe und von Einrichtung zu Einrichtung unterschiedlich ausgestaltet und beinhalten während der *inquiry* und der *investigation* vornehmlich Zugangs-, Mitteilungs-, Informations-, Anhörungs- und Stellungnahmerechte, in der

---

528 Siehe Office of Research Integrity, The Whistleblower's Conditional Privilege To Report Allegations of Scientific Misconduct, Position Paper December 1993, erhältlich unter http:// ori.dhhs.gov/misconduct/Whistleblower_Privilege.shtml (15.02.2007); *Poon*, The Journal of Law, Medicine & Ethics Vol. 23 (1995), S. 88 (92 f.). Das Institut des *conditional privilege* dient dem sozial motivierten Schutz der freien Rede zum Schutze öffentlicher oder privater Interessen.

529 Office of Research Integrity, The Whistleblower's Conditional Privilege To Report Allegations of Scientific Misconduct, Position Paper December 1993, S. 2 f., erhältlich unter http://ori.dhhs.gov/misconduct/Whistleblower_Privilege.shtml (15.02.2007).

530 *Poon*, The Journal of Law, Medicine & Ethics Vol. 23 (1995), S. 88 (93.).

531 *Price*, Academic Medicine Vol. 73 (1998), S. 467 (472).

532 Department of Health and Human Services (DHHS), Public Health Policies on Research Misconduct, 70 Fed. Reg. 28370 (28387) (May 17, 2005), § 93.203.

533 Office of Research Integrity, The Complainant's Role in an Inquiry, Investigation or Hearing, ORI Newsletter Vol. 8 No. 1 (December 1999), S. 8 f.; vgl. auch http://ori.dhhs.gov/ misconduct/Whistleblower_Policy.shtml (15.02.2007).

adjudication-Phase auch die Gelegenheit zum Beweisantritt.[534] Die Mindestanforderungen, die das DHHS in seiner *regulation* an PHS-geförderte Einrichtungen stellt, sind aus dem nachfolgenden Abschnitt über den Ablauf der Untersuchungsverfahren heraus erkennbar. Zum Teil formulieren die Einrichtungen in ihren *policies* und *procedures* weitere Rechte für den spezifischen einrichtungsinternen Verfahrensablauf.[535] Sofern keine besonderen Umstände gegen die Fortsetzung der Forschungsarbeit durch den Betroffenen sprechen, steht es im Ermessen der zuständigen Forschungseinrichtung, diesem durch Zugang zu den Forschungsdaten auch die Möglichkeit zur Weiterarbeit einzuräumen. Jedenfalls aber ist dem Betroffen unter Beaufsichtigung zur Vorbereitung seiner Verteidigung Zugang zu den maßgeblichen Daten zu gewähren.[536]

Das ORI lässt die Hinzuziehung eines Rechtsbeistandes zu, verlangt diesen aber nicht und stellt selbst keine Rechtsbeistände für den Betroffenen, den Beschwerdeführer oder sonstige Verfahrensbeteiligte zur Verfügung.[537] Jede Einrichtung entscheidet selbst darüber, ob und wem der Verfahrensbeteiligten sie einen Rechtsbeistand an die Seite stellt. Einige Einrichtungen sehen routinemäßig einen Rechtsbeistand für alle oder einen Teil der Verfahrensbeteiligten vor, während andere grundsätzlich keinen Rechtsbeistand vorhalten und den Betroffenen gegebenenfalls auf die Möglichkeit der Hinzuziehung Externer verweisen. Das ORI empfiehlt grundsätzlich die Beiziehung externer Rechtsbeistände, um potentiellen Interessenkonflikten zwischen den institutionellen und den individuellen Bedürfnissen entgegenzuwirken und die Einhaltung der PHS *regulation* sicherzustellen.[538]

Abgesehen von der Notwendigkeit, sich im Verlauf eines Fehlverhaltensverfahrens hinreichend verteidigen zu können, wird in den USA besonderer Wert darauf gelegt, dass Personen, die zu Unrecht des wissenschaftlichen Fehlverhaltens verdächtigt worden sind, im Anschluss die notwendigen Rehabilitationsmaßnahmen zu Teil werden.[539] Insoweit bleibt es den Einrichtungen überlassen, spezifische Schritte zur Wiederherstellung des wissenschaftlichen Rufes in ihren *policies* und *procedures* zu benennen. Eine Konkretisierung hat unter den PHS-geförderten Einrichtungen

---

534 Vgl. für die PHS geförderten Einrichtungen, Office of Research Integrity, Questions and Answers – 42 CFR Part 93, S. 9 f., erhältlich unter http://ori.dhhs.gov/policies/QAreg.pdf (30.08.2005); CHPS Consulting, Final Report, Analysis of Institutional Policies for Responding to Allegation of Scientific Misconduct, S. 5-2.

535 CHPS Consulting, Final Report, Analysis of Institutional Policies for Responding to Allegation of Scientific Misconduct, S. 5-2 ff.

536 Office of Research Integrity, Questions and Answers – 42 CFR Part 93, S. 10, erhältlich unter http://ori.dhhs.gov/policies/QAreg.pdf (15.02.2007).

537 Vgl. Handling Misconduct, unter (10), http://ori.dhhs.gov/misconduct/inquiry_issues.shtml (15.02.2007).

538 Vgl. Handling Misconduct, unter (10), http://ori.dhhs.gov/misconduct/inquiry_issues.shtml (15.02.2007).

539 Department of Health and Human Services (DHHS), Public Health Policies on Research Misconduct, 70 Fed. Reg. 28370 (28389), § 93.304 (k); siehe auch die zu diesem Thema durchgeführte Studie des Research Triangel Institute, Survey of Accused but Exonerated Individuals in Research Misconduct Cases, 1996.

nur etwa ein Drittel vorgenommen. Mögliche Schritte zur Unterstützung des Betroffenen sind demnach die eingehende individuelle Unterrichtung derjenigen Personen, die von dem Fehlverhaltensverdacht Kenntnis erlangt haben, eine öffentliche Bekanntmachung oder die Entfernung von Hinweisen auf den Fehlverhaltensvorwurf aus den Personalakten des Betroffenen.[540]

IV. Ablauf des Untersuchungsverfahrens

Die Aufklärung eines Verdachtsfalles wissenschaftlichen Fehlverhaltens erfolgt im Regelfall in einer institutsinternen *inquiry* und einer ebensolchen *investigation*. Die nachfolgend geschilderten Abläufe sind im Zuständigkeitsbereich des PHS durch die PHS *regulation* in dieser Form vorbestimmt.

1. Institutsinterne Inquiry

Die *inquiry* beginnt im Regelfall in der Forschungseinrichtung des Betroffenen und dient der Verfahrenseinleitung und Beweissicherung.

a) Vorabprüfung (preliminary assessment)

Wird gegenüber dem Research Integrity Officer einer Forschungseinrichtung ein Verdacht wissenschaftlichen Fehlverhaltens geäußert, führt diese zunächst eine Vorabprüfung, ein so genanntes *preliminary assessment,* durch. Darin wird anhand von drei Kriterien geprüft, ob die eigentliche Voruntersuchung *(inquiry)* eröffnet wird. Maßgeblich ist zunächst, ob der erhobene Fehlverhaltensvorwurf geeignet ist, die Voraussetzungen der Definition wissenschaftlichen Fehlverhaltens zu erfüllen. Um nach Maßgabe der PHS-*regulation* behandelt zu werden, muss der Verdacht zudem in den Anwendungsbereich der Norm fallen, also in Zusammenhang mit der PHS Forschungsförderung stehen. Schließlich muss er sich durch hinreichende Glaubwürdigkeit und Konkretheit auszeichnen, damit sich potentielle Beweismittel identifizieren lassen.

Wird der Verdacht gegenüber dem ORI vorgebracht oder von Einheiten der NIH an das ORI überliefert verweist die Behörde die Vorwürfe nach dem *preliminary assessment* an diejenige Einrichtung, bei der der Forscher angestellt ist, damit dort eine Untersuchung der Vorwürfe durchgeführt werden kann.[541] Das ORI kann einen

---

540 CHPS Consulting, Final Report, Analysis of Institutional Policies for Responding to Allegation of Scientific Misconduct, S. 5-5 ff.
541 Für das ORI, dass den Fall wahlweise auch an die verantwortliche Behörde des DHHS zur Untersuchung weiterleiten kann, vgl. Department of Health and Human Services (DHHS),

Verdachtsfall, der nicht in seinen Zuständigkeitsbereich fällt, auch an eine verantwortliche zentral- oder bundesstaatliche Behörde abgeben.[542]

b) Sicherung von Beweismaterial

Die untersuchungsführende Forschungseinrichtung ist ermächtigt, vor Beginn der eigentlichen Untersuchung und der Bekanntgabe des Verdachts gegenüber dem Betroffenen alle geeigneten und angemessenen Maßnahmen zu ergreifen, um verfahrensrelevante Forschungsdaten, -aufzeichnungen und sonstige Beweismittel in ihren Gewahrsam zu bringen.[543] Das ORI hat insoweit stets einen radikalen Ansatz verfolgt, und die zuständigen Einrichtungen angehalten, sämtliche Dokumente und Materialien von möglicher Relevanz im Vorhinein zu sichern.[544] Befinden sich unter den Asservaten Urkunden mit wissenschaftlichem Inhalt, die regulär mehreren Benutzern dauerhaft zur Verfügung stehen, sollen von solchen Beweisurkunden – soweit möglich – Kopien angefertigt werden, die dem Beweiswert des Originals entsprechen.

Die vollständige Inventarisierung und Sequestrierung des Beweismaterials liegt ebenfalls in der Verantwortung der Einrichtungen.[545] Diese müssen während des kompletten Verfahrensverlaufs dafür sorgen, dass alle weiteren aufgedeckten Beweise entsprechend gesichert werden.

c) Anzeige gegenüber dem Betroffenen

Vor oder zum eigentlichen Zeitpunkt des Beginns der *inquiry* muss die Forschungseinrichtung einem Betroffenen *(respondent)*[546] den Beginn des Untersuchungsver-

Public Health Service Policies on Research Misconduct, 70 Fed. Reg. 28370 (28393) (May 17, 2005), § 93.402.

542 Etwa 15 bis 20 Prozent der beim ORI eingehenden Verdachtsfälle führen zu einer Eröffnung eines Untersuchungsverfahrens, vgl. Department of Health and Human Services (DHHS), Office of Research Integrity, Annual Report 2004, S. 2 f. und Department of Health and Human Services (DHHS), Public Health Service Policies on Research Misconduct, 70 Fed. Reg. 28370 (28393) (May 17, 2005), § 93.401.

543 Department of Health and Human Services (DHHS), Public Health Service Policies on Research Misconduct, 70 Fed. Reg. 28370 (28389) (May 17, 2005), § 93.307(b), § 93.305.

544 *Hilemann*, Chemical & Engineering News (June 23, 1997), S. 24 (25); Kritisch *Spece/Marchalonis*, 11 Health Matrix: Journal of Law-Medicine Vol. 11 (2001), S. 571 (574, 559), die sich für eine Auswahl der sicherzustellenden Beweismaterials unter Beteiligung wissenschaftlicher Expertise aussprechen.

545 Das ORI stellt umfassende Technical Assistence bereit.

546 Als *"Respondent"* wird diejenige Person bezeichnet, die eines wissenschaftlichen Fehlverhaltens verdächtigt wird und sich gegen den Verdacht im Verfahren verteidigen muss; vgl. Department of Health and Human Services (DHHS), Public Health Service Policies on Research Misconduct, 70 Fed. Reg. 28370 (28389) (May 17, 2005), § 93.225.

fahrens schriftlich anzeigen. Sollte sich während der *inquiry* herausstellen, dass weitere Personen in den Fehlverhaltensverdacht involviert sind, trifft die Institution auch diesen Personen gegenüber eine Anzeigepflicht.

d) Sichtung des wesentlichen Beweismaterials

Um festzustellen, ob die Durchführung einer vollständigen Fehlverhaltensuntersuchung – einschließlich *investigation* – angezeigt ist, prüfen die Verantwortlichen der zuständigen Einrichtung kursorisch die mit der Behauptung wissenschaftlichen Fehlverhaltens verknüpften Beweismittel. Die Schwelle für die Einleitung einer förmlichen Untersuchung orientiert sich der Sache nach wieder an den vorgenannten Kriterien für die Durchführung der *inquiry*, der erforderliche Grad der Wahrscheinlichkeit der Erfüllung dieser Kriterien ist jedoch höher. Die Eröffnung der *investigation* ist erst dann gerechtfertigt, wenn es eine begründete Basis für die Schlussfolgerung gibt, dass der Verdacht unter die Definition wissenschaftlichen Fehlverhaltens fällt, PHS geförderte Forschung involviert ist und dass der Verdacht ausweislich der vorläufig eingezogenen Informationen und der bisherigen Tatsachenfeststellungen von Substanz ist.

e) Berichterstattung, Stellungnahme des Betroffenen und Verfahrensdauer

Die Forschungseinrichtung fertigt einen Bericht über Verlauf und Ergebnis der Voruntersuchung.[547] Der Betroffene erhält nach dessen Fertigstellung Gelegenheit zur Durchsicht und Stellungnahme. Etwaige Kommentierungen müssen dem Bericht beigefügt werden.

Für den Abschluss der Inquiryphase ist durch die PHS-*regulation* ein Zeitlimit von 60 Kalendertagen vorgesehen.[548] Im Einzelfall können die Umstände des Falles eine längere Untersuchungsdauer zulassen. Die Gründe für das Überschreiten der Frist müssen in der Inquiryakte dokumentiert werden.

f) Mitteilung der Ergebnisse an den Betroffenen und den Anzeigenden

Die Einrichtung muss sowohl dem Betroffenen als auch dem Anzeigenden offiziell und unter Übergabe jeweils einer Ausfertigung des Verfahrensberichts und der maßgeblichen Verfahrensregeln über den Ausgang der *inquiry* informieren.

---

547 Department of Health and Human Services (DHHS), Public Health Service Policies on Research Misconduct, 70 Fed. Reg. 28370 (28390) (May 17, 2005), § 93.307 (e).
548 Department of Health and Human Services (DHHS), Public Health Service Policies on Research Misconduct, 70 Fed. Reg. 28370 (28390) (May 17, 2005), § 93.307 (g).

137

g) Berichterstattung an das ORI und Dokumentation

Die Berichterstattung an das ORI erfolgt nur, wenn Resultat der *inquiry* die Einleitung einer förmlichen Untersuchung ist.[549] Dies hat ausgehend vom Zeitpunkt der Entscheidungsfindung binnen 30 Tagen zu erfolgen. Dem schriftlichen Ergebnis sind, neben einer Ausfertigung des Verfahrensberichts einschließlich Stellungnahmen, mindestens Name und Position des Betroffenen, eine Beschreibung der Vorwürfe, die Gründe für die Befürwortung einer *investigation* und die genaue Bezeichnung der involvierten Förderleistung beizufügen.[550] Endet die *inquiry* mit dem Ergebnis, dass eine *investigation* nicht gerechtfertigt ist, muss die Voruntersuchung einschließlich der Entscheidungsgründe detailliert dokumentiert werden. Die Verfahrensakten sind mindestens sieben Jahre aufzubewahren, um eine jederzeitige Überprüfung durch das ORI zu ermöglichen.

Die eingeschränkte Berichtspflicht verhindert nicht, dass das ORI im Regelfall bereits während der *inquiry* in eine Untersuchung involviert wird, weil ihm entweder die Vorwürfe direkt zugeleitet wurden oder aber es von der verantwortlichen Einrichtung um Hilfestellung gebeten wird. Unter diesen Umständen ist die untersuchungsführende Einrichtung grundsätzlich verpflichtet, über das Ergebnis der *inquiry* Bericht zu erstatten.[551]

2. Institutsinterne Investigation

Die Investigationphase beginnt spätestens 30 Tage nach Abschluss der *inquiry*. Ihr kann die Sicherstellung weiterer relevanter Beweismittel vorausgehen. Sie dient vornehmlich der Tatsachenermittlung im Detail und um die sorgfältige Ermittlung aller signifikanten Gesichtspunkte eines Vorwurfs sowie die etwaigen weiteren Vorkommnisse voranzutreiben.[552]

---

549 *Hamilton*, Science Vol. 255 (1992), S. 1344 (1345) kritisiert, dass die Universitäten und Forschungseinrichtungen keine *inquiries* berichten müssen, die kein wissenschaftliches Fehlverhalten vermuten lassen. Es bestehe die Gefahr, dass durch diese Praxis viele Fälle bereits in der *inquiry*-Phase unter den Tisch fallen. Er schlägt vor, die Berichte aller *inquiries* oder Informationen von Whistleblowers über eine zentrale Anlaufstelle zu organisieren.

550 Auf Anfrage muss die Einrichtung weitere Informationen, wie die einrichtungsinternen Policies und Procedures sowie Kopien aller relevanten Dokumente bereitstellen, Department of Health and Human Services (DHHS), Public Health Service Policies on Research Misconduct, 70 Fed. Reg. 28370 (28389) (May 17, 2005), § 93.309 (b).

551 Department of Health and Human Services (DHHS), Office of Research Integrity, Annual Report 2004, S. 6.

552 Department of Health and Human Services (DHHS), Public Health Service Policies on Research Misconduct, 70 Fed. Reg. 28370 (28389) (May 17, 2005), § 93.310 (h) und (c).

a) Anzeige gegenüber dem Betroffenen

Die Einrichtung muss dem Betroffenen innerhalb eines angemessenen Zeitraums nach der Bekanntgabe des Ergebnisses der *inquiry*, aber noch vor dem eigentlichen Beginn der Untersuchung, also spätestens 30 Tage nach der Entscheidung über deren Durchführung, schriftlich den Übergang in die Investigationsphase mitteilen. Im weiteren Verfahren ist sie verpflichtet, dem Betroffenen jede zusätzliche Verfolgung von Vorwürfen anzuzeigen, die nicht bereits Gegenstand der *inquiry* oder dieser Mitteilung waren.[553]

b) Befragung von Beteiligten und Zeugen

Investigations sind *non adversarial*, da zum Zeitpunkt ihrer Durchführung (noch) keine Gegenüberstellung gegnerischer Parteien stattfindet. Der Informant oder Whistleblower und der Betroffene sollen aber ebenso wie alle weiteren Personen, die relevante Informationen zur Aufklärung eines Falles beisteuern können, einschließlich der durch den Betroffenen benannten Zeugen, unabhängig voneinander befragt werden.[554] Die Aufzeichnungen oder Protokolle der Anhörungen müssen den befragten Personen zur Korrektur zugänglich gemacht werden und anschließend zu den Akten genommen werden.

c) Stellungnahme des Betroffenen und des Anzeigenden

Nach Abschluss der wesentlichen Untersuchungen erhält der Betroffene erneut Gelegenheit zur Stellungnahme. Ihm ist der Entwurf des Untersuchungsberichts und Zugang zu den maßgeblichen Beweismitteln zu verschaffen. Auch der Anzeigende erhält Gelegenheit zu Stellungnahme, aber lediglich zu dem Untersuchungsbericht oder relevanten Teilen des Berichts.[555] Anmerkungen beider Personen zum Entwurf des Untersuchungsberichts müssen innerhalb von 30 Tagen übermittelt werden.

d) Untersuchungsbericht

Der Untersuchungsbericht muss nach Maßgabe der PHS *regulation* die Feststellung des Untersuchungsergebnisses zu allen Anklagepunkten wissenschaftlichen Fehl-

---

553 Department of Health and Human Services (DHHS), Public Health Service Policies on Research Misconduct, 70 Fed. Reg. 28370 (28389) (May 17, 2005), § 93.310 (b) und (c).
554 Department of Health and Human Services (DHHS), Public Health Policies on Research Misconduct, 70 Fed. Reg. 28370 (28391) (May 17, 2005), § 93.310 (g).
555 Department of Health and Human Services (DHHS), Public Health Policies on Research Misconduct, 70 Fed. Reg. 28370 (28391) (May 17, 2005), § 93.312.

verhaltens, welche zum Gegenstand des Verfahrens geworden sind, beinhalten.[556] Er soll vorliegendes Fehlverhalten nach den tatbestandsmäßigen Handlungen Erfindung, Fälschung und Plagiat und der subjektiven Begehungsweise kategorisieren. Tatbestand, Gründe und das der Entscheidung zugrunde liegende Beweismaterial müssen zusammengefasst[557] und auch die wesentlichen Punkte der Verteidigung des Betroffenen einschließlich der Stellungnahmen zum Entwurf des Abschlussberichts berücksichtigt werden. Der Bericht wiederholt und ergänzt die mit Abschluss der *inquiry* schon einmal an das ORI übermittelten Informationen, um eine Liste derjenigen Unterstützungsleistungen die der Betroffene von anderen *federal agencies* erhält, oder die er einzuwerben versucht sowie um die Angabe derjenigen Publikationen, die korrigiert oder zurückgezogen werden müssen.

e) Verfahrensdauer

Die Dauer einer *investigation* darf einen Zeitraum von 120 Tagen nicht überschreiten. Dieser Zeitraum schließt die Durchführung der Untersuchung hinsichtlich aller Aspekte ebenso ein wie die Berichterstattung mit anschließender Kommentierung und die Versendung des Abschlussberichts.[558] Eine Verlängerung der Untersuchungsfrist muss bei dem ORI schriftlich beantragt werden. Die Fristverlängerung kann unter der Voraussetzung gewährt werden, dass die Einrichtung zyklisch über die Fortschritte Bericht erstattet.

3. Abschluss des Verfahrens

a) Vorzeitige Beendigung der Untersuchung durch Vergleich

Das ORI erwartet, dass die PHS-geförderten Forschungseinrichtungen ihre Untersuchungen sorgfältig zum Abschluss bringen. Ausnahmsweise können die Einrichtungen einen Fall aber auch in einem früheren Verfahrensstadium auf der Basis eines Geständnisses oder einer vergleichsweisen Erledigung beenden. Dieses Vorgehen muss dem ORI nach Maßgabe der revidierten PHS *regulation* rechtzeitig angezeigt werden, um ein Eingreifen der weisungsberechtigten Behörde zu ermöglichen.[559] Das ORI kann der Beendigung des Verfahrens zustimmen oder die Einrichtung

---

556 Department of Health and Human Services (DHHS), Public Health Policies on Research Misconduct, 70 Fed. Reg. 28370 (28391) (May 17, 2005), § 93.313.
557 Beweismaterial, das in Gewahrsam genommen, aber nicht gesichtet wurde, muss ebenfalls in den Bericht aufgenommen werden.
558 Department of Health and Human Services (DHHS), Public Health Policies on Research Misconduct, 70 Fed. Reg. 28370 (28391) (May 17, 2005), § 93.311.
559 Department of Health and Human Services (DHHS), Public Health Policies on Research Misconduct, 70 Fed. Reg. 28370 (28391 f.) (May 17, 2005), § 93.316.

anweisen, das Untersuchungsverfahren weiter fortzuführen. Es kann die Angelegenheit auch an den OIG des DHHS zur weiteren Untersuchung verweisen. Diese Regelung soll verhindern, dass die Untersuchung beendet wird, ohne dass das Geständnis oder die getroffene Vereinbarung eine hinreichende Basis für einen Abschluss des Falles bietet.

In der Vergangenheit ist es vorgekommen – insbesondere wenn der Beschuldigte die Forschungseinrichtung verlassen hat, oder als Teil einer Vergleichsregelung angeboten hat, seinen Arbeitsplatz aufzugeben, dass die Forschungseinrichtungen an Stelle der vollständigen Durchführung einer *investigation* ein Geständnis *(confession, admission of misconduct)* akzeptiert haben. In diesen Konstellationen ist es vorgekommen, dass die Beschuldigten ihr Geständnis widerrufen haben, nachdem der Bericht der Forschungseinrichtung an das ORI versandt worden war.[560] In der Konsequenz hat das ORI gefordert, dass Geständnisse vollständig und unter Verwendung der Terminologie der Fehlverhaltensdefinition in den Untersuchungsakten dokumentiert werden. Der Beschuldigte muss bedingungslos anerkennen, dass seine Handlung wissenschaftliches Fehlverhalten beinhaltet. Andernfalls kann das ORI von der Einrichtung die vollständige Durchführung der *investigation* verlangen.

b) Einrichtungsinterne Entscheidung

Nach Abschluss der *investigation* muss die Forschungseinrichtung eine Feststellung darüber treffen, ob im Ergebnis wissenschaftliches Fehlverhalten vorliegt und dieses Untersuchungsergebnis gemeinsam mit dem Untersuchungsbericht an das ORI übermitteln.[561] Einrichtungsinterne Sanktionsmaßnahmen gegenüber dem Betroffenen bedürfen ebenfalls der Mitteilung. Sofern eine Forschungseinrichtung von der Option ein eigenes *appeal* Verfahren einzurichten, Gebrauch gemacht hat, kann die Entscheidung innerhalb von höchstens 129 Tagen in einem *appeal* überprüft werden.[562]

V. Agency Review und Adjudication

Das ORI überwacht als staatliche Aufsichtsbehörde die institutionsintern durchgeführten Fehlverhaltensverfahren der PHS-geförderten Einrichtungen. Es trifft im Wege der *informal adjudication* eine eigene Entscheidung über das Vorliegen wis-

---

560 Vgl. "Handling misconduct" unter http://ori.dhhs.gov/misconduct/inquiry_issues.shtml (15. 02. 2007).
561 Department of Health and Human Services (DHHS), Public Health Policies on Research Misconduct, 70 Fed. Reg. 28370 (28391) (May 17, 2005), § 93.315.
562 Department of Health and Human Services (DHHS), Public Health Policies on Research Misconduct, 70 Fed. Reg. 28370 (28391) (May 17, 2005), § 93.314.

senschaftlichen Fehlverhaltens und den weiteren Umgang mit dem Verfahrensergebnis.[563]

1. Die Reviewpraxis des ORI

Die Untersuchungsverfahren und die Verfahrensergebnisse der Forschungseinrichtungen werden anhand der übermittelten Abschlussberichte, der Verfahrensakten
und die überlassenen Beweismaterialien durch die Division of Investigative Oversight (DIO) des ORI überprüft. Die Revision zielt zunächst auf eine Rechtmäßig-
keitskontrolle über die Einhaltung der gesetzlichen Vorschriften. Im Mittelpunkt der
Rechtsprüfung stehen die Zuständigkeit des PHS, eine faire und objektive Verfahrensführung, Gründlichkeit, und sachverständige Durchführung.[564] Die Untersuchungsergebnisse müssen vertretbar, gut durch Beweismaterial belegt und die endgültige Beschlussfassung zu den Vorwürfen muss tragbar sein.

Das ORI prüft darüber hinaus in Ausübung seiner Fachaufsicht auch die Zweck-
mäßigkeit und Suffizienz jeder Auswertung, die die Einrichtung durchgeführt hat.
Es kann zu diesem Zweck alle wesentlichen Unterlagen und Belegmaterialien, die
die Forschungseinrichtung herangezogen oder während der *inquiry* oder der *investigation* zusammengestellt hat, durchsehen. Dies beinhaltet Forschungsanträge, Veröffentlichungen, Dateien, Forschungsdaten, Dias, Briefe, Vermerke, Kopien, Vernehmungsprotokolle, etc.

Kann die Einrichtung keine ausreichende Rechtfertigung für die gezogenen
Schlussfolgerungen und ihre Verfahrensergebnis vorweisen, bleibt es dem ORI
überlassen, eine neuerliche Auswertung der einbezogenen Dokumente, Daten und
Materialien vorzunehmen, bevor es über die Anerkennung der Schlussfolgerungen
der Einrichtung entscheidet. Häufig werden in diesem Zusammenhang die Einrichtungen aufgefordert, zusätzliche Informationen zur Verfügung zu stellen, zusätzliche
Gesichtspunkte zu berücksichtigen oder eine weiterführende Untersuchung durchzuführen. In der Regel gelingt es, zwischen dem ORI und der betroffenen Einrichtung
Einvernehmen über die Feststellungen herzustellen. Zielzeitraum für die Wahrnehmung der Aufsichtsverantwortung sind acht Monate.[565]

563 Die NSF lässt Abschlussberichte der geförderten Einrichtungen durch das Office of Inspector
General (OIG) überprüfen. Dieses benachrichtigt die von der Untersuchung betroffenen Personen und holt vor Weitergabe von Empfehlungen hinsichtlich der zu ergreifenden Maßnahmen an den Deputy Director der NSF deren Stellungnahmen ein. Wenn allerdings ein Ausschluss (von der Antragsberechtigung) für angemessen erachtet wird, wird der Fall an den
Ausschlussbeamten *(debarring official)*, entweder den NSF Deputy Director oder eine andere
für dieses Amt ernannte Person weitergeleitet und der Untersuchungsbericht wird dem Betroffenen als Teil der Bekanntgabe des vorgeschlagenen Ausschlusses zugeleitet.
564 Department of Health and Human Services (DHHS), Public Health Service Policies on Research Misconduct, 70 Fed. Reg. 28370 (28393) (May 17, 2005), § 93.403.
565 Department of Health and Human Services (DHHS), Office of Research Integrity, Annual
Report 2004, S. II.

2. Abschluss des Reviewprozesses – Adjudication

Nach Abschluss der Überprüfung verfasst das ORI gewöhnlich einen Aufsichtsbericht *(oversight report)*, der das einrichtungsinterne Verfahren und die Begründung für die Annahme, dass ein Fehlverhaltensvorwurf bewiesen oder nicht bewiesen ist, einschließt. Wenn der Vorwurf nicht gerechtfertigt war, lässt das ORI der Einrichtung eine Ausfertigung des Berichts zukommen und fordert diese auf, den Beschuldigten und den Whistleblower direkt über das Ergebnis der Untersuchung zu informieren.[566] War der Vorwurf jedoch gerechtfertigt, kann das ORI entweder auf den Abschluss eines Vergleichs hinwirken oder dem DHHS einen eigenen Vorschlag zu Entscheidung des Falles einschließlich der zu ergreifenden Verwaltungsmaßnahmen unterbreiten.

a) Vergleich (Settlement Agreement)

Das ORI kann mit dem Betroffenen eine Schlichtungsvereinbarung *(settlement agreement)*, ein sogenanntes "Voluntary Exclusion Agreement" (VEA) aushandeln, in dem der Beschuldigte die Auferlegung von Verwaltungsmaßnahmen akzeptiert ohne notwendigerweise das Fehlverhalten einzugestehen.[567] Die Bezeichnung rührt daher, dass diese Vereinbarungen regelmäßig aber nicht zwingend eine Klausel enthalten, gemäß derer der betroffene Wissenschaftler seinem Ausschluss aus der staatlichen Förderung für einen näher bestimmten Zeitraum zustimmt.[568] Gegenstand der Vereinbarung kann auch lediglich eine Beaufsichtigung *(supervision)* des beschuldigten Wissenschaftlers sein.[569] *Settlement agreements* haben den Vorteil, dass sie den zeitlichen ebenso wie den finanziellen Aufwand von Fehlverhaltensverfahren senken. Der Wissenschaftler kann sich bewusst gegen eine Verteidigung und gegen die drohende Feststellung wissenschaftlichen Fehlverhaltens entscheiden und den Streit beenden.

Angeblich sind alle *federal agencies* aus Praktikabilitätsgründen sogar durch *order* des Präsidenten verpflichtet, in Ausschluss- und Suspendierungsfällen wenn möglich, einen Vergleich abzuschließen, wodurch sie ein *hearing* und dessen Bekannt werden in der Öffentlichkeit umgehen.[570]

---

566 Vgl. die Beschreibung des Aufsichtsprozesses auf der ORI Webseite unter http://ori.dhhs. gov/misconduct/oversight.shtml (15.02.2007).

567 In bislang sieben Fällen ist ein dreiseitiges Übereinkommen *(three-way-agreement)* zwischen dem Office of the General Counsel des DHHS, dem Rechtsbeistand der Institutionen und den Anwälten des Betroffenen vereinbart worden, um den Fall zügig beizulegen, Department of Health and Human Services (DHHS), Office of Research Integrity, Annual Report 2004, S. 5.

568 *Parrish*, Journal of College and University Law Vol. 24 (1998), S. 581 (615) Fn. 180.

569 *Parrish*, Journal of College and University Law Vol. 24 (1998), S. 581 (615) Fn. 180.

570 *Goldman Herman/Sunshine/Fisher/Zwolenik/Herz*, Journal of Higher Education Vol. 65 (1994), S. 384 (392).

b) PHS-eigenes Untersuchungsverfahren

Gelegentlich kommt das ORI zu dem Schluss, dass der PHS sich nicht auf die Untersuchungsergebnisse der Einrichtung stützen kann, etwa weil die Einrichtung eine abweichende Definition wissenschaftlichen Fehlverhalten oder einen anderen Beweismaßstab anwendet, oder sonstige Unterschiede im Hinblick auf entsprechende Einflussfaktoren bestehen. Unter diesen Umständen kann das ORI die weitere Verfolgung des Vorwurfes aufgeben oder den Fall an das Office of Inspector General zur PHS-eigenen *investigation* weiterleiten. Hierdurch wird die erforderliche Trennung von *investigation* und *adjudication* gewährleistet, da die Untersuchungsverantwortung entweder bei der Forschungseinrichtung liegt und bei ergänzendem Tätigwerden des PHS der IG nicht aber das ORI die eigentliche Tatsachenaufklärung fortsetzt.[571]

Stellt das ORI erst während der Revision fest, dass die Kriterien für die Einleitung eines Verfahrens nicht vorlagen, wird das Verfahren auf dem Verwaltungswege beendet.

c) Entscheidung (Finding of Research Misconduct) und Vorschlag von Verwaltungsmaßnahmen (Proposed Administrative Action)

Kann eine Vereinbarung nicht erzielt werden und ist die Untersuchung abgeschlossen, entscheidet das ORI über das Vorliegen wissenschaftlichen Fehlverhaltens *(findings of research misconduct)* und schlägt gegebenenfalls dem Assistant Secretary for Health die Verhängung von spezifischen Verwaltungsmaßnahmen zur Sanktionierung des Verhaltens vor.[572] Die Entscheidung des ORI kennzeichnet zugleich den Übergang in die *adjudication* Phase. Gewöhnlich führt das *agency review* zu einer Übereinkunft der jeweiligen Einrichtung und des ORI über die Untersuchungsergebnisse und die Feststellung wissenschaftlichen Fehlverhaltens.

3. Bekanntgabe der Entscheidung (Charge Letter)

Das ORI gibt dem Betroffenen die begründete Entscheidung des PHS und die zu verhängenden und vollstreckenden Verwaltungsmaßnahmen in einem schriftlichen Bescheid *(charge letter)* bekannt.[573] Soll ein vorläufiger oder endgültiger Ausschluss von PHS-Mitteln entsprechend den regierungsweit einheitlichen *debarment and*

---

571 Department of Health and Human Services (DHHS), Public Health Service Policies on Research Misconduct, 70 Fed. Reg. 28370 (28374 f.) (May 17, 2005), II. R.
572 Department of Health and Human Services (DHHS), Public Health Service Policies on Research Misconduct, 70 Fed. Reg. 28370 (28393) (May 17, 2005), §§ 93.404.
573 Department of Health and Human Services (DHHS), Public Health Service Policies on Research Misconduct, 70 Fed. Reg. 28370 (28393) (May 17, 2005), §§ 93.405.

suspension regulations verhängt werden, beinhaltet der *charge letter* zugleich den Vorschlag des zuständigen Ausschlussbeamten *(debarring official)* über die zu verhängende Ausschlussmaßnahme *(notice of proposed debarment or suspension)*. Der Bescheid ist mit einer Rechtsbehelfsbelehrung versehen, die auf die Möglichkeit der Anfechtung der Feststellung wissenschaftlichen Fehlverhaltens im *administrative hearing* hinweist. Die Zustellung erfolgt via Einschreiben oder privatem Zustelldienst.

Ficht der Betroffene den Bescheid nicht innerhalb von 30 Tagen an, so reifen die Feststellung wissenschaftlichen Fehlverhaltens durch das ORI und die vorgeschlagenen Verwaltungsmaßnahmen zur endgültigen rechtskräftigen Entscheidung des PHS. Es sei denn, es folgt eine endgültige Ausschlussmaßnahme des *debarring official*, deren Anfechtbarkeit sich nach den einheitlichen *debarment and suspension regulations* bestimmt.[574] Die Entscheidungen und Maßnahmen des PHS werden der Institution dem Informant, des Verfahrensverantwortlichen des PHS und erneut dem Betroffenen bekannt gegeben.

4. Aufsichtsmaßnahmen gegenüber der Forschungseinrichtung bei Nichterfüllung der Verfahrensanforderungen

Stellt das ORI während des Review-Verfahrens eine Missachtung der durch den PHS aufgestellten vorbeschriebenen Verfahrens-, Information- und Kooperationsanforderungen durch die Forschungseinrichtungen fest, so stehen der Aufsichtsbehörde repressive Zwangsmaßnahmen zu Verfügung.[575] In Betracht kommen neben der schriftliche Beanstandung der durchgeführten Maßnahmen, beispielsweise die Anordnung der Durchführung von Fehlverhaltensverfahren durch das DHHS oder die Anordnung eines verschärften Kontrollstatus. Ferner kann das ORI verlangen, dass die Einrichtung Abhilfemaßnahmen einleitet, oder aber den Ausschluss der Einrichtung aus der staatlichen Förderung empfehlen. Die Einhaltung der Verfahrensvorgaben kann zudem durch die Veröffentlichung der Verstöße und der sich daran anschließenden Zwangsmaßnahmen auf der Internetseite des ORI oder die Aufhebung der geltenden Zusicherung *(assurance)* über die Umsetzung und Einhaltung der rechtlichen Vorgaben und über die Weitergabe aller verfahrensrelevanten Informationen an den PHS durchgesetzt werden.[576]

Es liegt im Ermessen der Aufsichtsbehörde, ob und welche Zwangsmaßnahmen sie anwenden will. Sie muss bei geringfügigen, eher dem institutionellen Unvermögen denn der bewussten Missachtung entspringenden Abweichungen nicht auf Auf-

574 Department of Health and Human Services (DHHS), Public Health Service Policies on Research Misconduct, 70 Fed. Reg. 28370 (28393) (May 17, 2005), §§ 93.406.
575 Department of Health and Human Services (DHHS), Public Health Service Policies on Research Misconduct, 70 Fed. Reg. 28370 (28394) (May 17, 2005), §§ 93.412, 93.413.
576 Office of Research Integrity, Questions and Answers – 42 CFR Part 93, S. 7, erhältlich un-ter http://ori.dhhs.gov/policies/QAreg.pdf (abgefragt am 30.08.2005).

sichtsmittel zugreifen, sondern kann sich gegebenenfalls auf die schlichte Hilfestellung im Rahmen des *Technical Assistance Program* beschränken.

VI. Das DAB Hearing

Der Betroffene *(respondent)* hat im Anschluss an den Erhalt des Abschlussberichts und den Bescheid über das Untersuchungsergebnis sowie die geplanten Verwaltungsmaßnahmen die Möglichkeit, ein gerichtsähnliches Verfahren in Verwaltungssachen über den Untersuchungsbefund und/oder die Verwaltungsmaßnahmen vor einem Administrative Law Judge (ALJ) des Department Appeals Board (DAB) anzustrengen, sofern das Ergebnis des Verfahrens auf Feststellung wissenschaftlichen Fehlverhaltens durch das ORI lautet. In Fällen, in denen Fehlverhalten nicht festgestellt werden konnte, findet eine Überprüfung nicht statt.

1. Allgemeines

Das DHHS hatte bereits 1992 im Anschluss an die Stellungnahmen zu der erstmaligen Veröffentlichung der Policies and Procedures for Dealing With Possible Misconduct in Extramural Research[577] sowie die Vorgaben des PHS Advisory Committees on Scientific Integrity ein *administrative hearing*[578] eingeführt. Das Rechtsmittel stand seither ad hoc jeder Person zur Verfügung, bei der das ORI wissenschaftliches Fehlverhalten festgestellt hat, das mit Forschung, Forschungsfortbildung oder anderen Forschungsaktivitäten, für die Forschungsgelder des PHS zur Verfügung gestellt oder beantragt sind, in Zusammenhang steht.[579]

Administrative hearings vor dem DAB folgten bis zum Inkrafttreten der aktuellen PHS-*regulation* formlosen unverbindlichen Richtlinien *(informal guidelines)* unter der Bezeichnung "Departmental Appeals Board Guidelines, Hearings Before the Research Integrity Adjudications Panel"[580] (RIAP Guidelines). Zuständig war zunächst ein dreiköpfiges Gremium *(hearing panel)* des DAB, das mit der Neuregelung durch den ALJ[581] ersetzt wurde. Das *hearing* beinhaltet eine vollständig neue eigene Bewertung und Beurteilung des Falles auf der Tatsachengrundlage der *inquiry* und *investigation*. Der ALJ überprüft nicht das Untersuchungsverfahren der For-

577 56 Fed. Reg. 27384 (June 13, 1991).
578 Ein *administrative hearing* ist eine mündliche Verhandlung vor einer administrative agency. Die Verfahrensanforderungen sind gegenüber denen strafrechtlicher oder zivilrechtlicher Gerichtsverhandlungen weniger streng.
579 Department of Health and Human Services, Opportunity for a Hearing on Office on Research Integrity Scientific Misconduct findings, 57 Fed. Reg. 53125 (Nov. 6, 1992).
580 Department of Health and Human Services, Office of the Secretary, Haring Procedures for Scientific Misconduct, 59 Fed. Reg. 29809-29811 (June 9, 1994).
581 Vgl oben 2. Teil, D. III. 2. d), S. 105 ff.

schungseinrichtung oder des DHHS nach, er trifft eine eigene Entscheidung.[582] Die dargelegten Beweisregel und die Beweislastverteilung gelten auch für das *hearing*.[583] Das ORI muss die Tatsachen für die Feststellung wissenschaftlichen Fehlverhaltens und die Angemessenheit der vorgeschlagenen Verwaltungsmaßnahmen nachweisen. Der Betroffene trägt die Beweislast für geltend gemachte mildernde Umstände, die für die Sanktionsentscheidung von Bedeutung sind.[584]

2. Die Verfahrensbeteiligten des DAB Hearing

Das Verfahren vor dem ALJ einschließlich der mündlichen Verhandlung *(hearing)* steht aufgrund des starken Parteieinflusses einem amerikanischen Zivilgerichtsverfahren näher als dem klassischen deutschen Verwaltungs- oder Verwaltungsgerichtsverfahren. Die Rolle der Parteien und die nachfolgende Ablaufschilderung machen deutlich, dass das *hearing* de facto weniger durch den ALJ als durch die Parteien gesteuert wird.

a) Die Parteien und ihre Verfahrensrechte

Parteien des Verfahrens sind ähnlich wie in einer *formal adjudication* nach dem APA[585] der Adressat eines Bescheids *(respondent)* und das ORI selbst, nicht aber die untersuchungsführende Einrichtung oder etwa der Informant.

Die Rechte der Parteien, des Beschuldigten, sind insbesondere gegenüber denen des Beschuldigten im Untersuchungsverfahren erweitert: Sie können sich durch einen Rechtsbeistand vertreten lassen, an Besprechungen und Verhandlungen teilnehmen, die der ALJ anberaumt, Urkunden und andere körperliche Gegenstände vorlegen, Vereinbarungen der Prozessparteien schließen, schriftliche Anträge an den ALJ stellen, in einem öffentlichen Anhörungstermin Beweis antreten, Zeugen vorführen und ins Kreuzverhör nehmen, mündliches Parteivorbringen äußern, Schriftsätze und Entscheidungsvorschläge einreichen und erwidern, versiegelte Materialien einreichen, deren Vertraulichkeit gewahrt werden soll.

582 Department of Health and Human Services (DHHS), Public Health Service Policies on Research Misconduct, 70 Fed. Reg. 28370 (28399) (May 17, 2005), § 93.517 (b).
583 Vgl. oben 2. Teil, F. I. 3., S. 121 ff.
584 Department of Health and Human Services (DHHS), Public Health Service Policies on Research Misconduct, 70 Fed. Reg. 28370 (28399), § 93.516.
585 Vgl. oben 2. Teil, D. II. 3., S. 89 f., insbesondere Fn. 339.

b) Rolle des ALJ und seine Befugnisse

Der ALJ übernimmt die Rolle des unparteiischen Zuhörers und Verfahrensleiters, der für eine faire und zügige Verfahrensführung zu sorgen hat.[586] Er bestimmt die Termine und den Verhandlungsort für das mündliche *hearing*, regelt den Ablauf der Verhandlung, beraumt ergänzende Beratungen mit den Beteiligten an, entscheidet über deren Anträge, veranlasst das Erscheinen und die Vernehmung von Zeugen und die Offenlegung von bedeutsamen Tatsachen und Urkunden, ordnet gegebenenfalls Verfahrensunterbrechungen und Ordnungsmaßnahmen an, etc. Er ist an bundesstaatliche Gesetze und Verordnungen sowie an sämtliche *policies* und *procedures* des DHHS gebunden, aber nicht berechtigt, eine allein auf rechtlichen Erwägungen basierende Entscheidung über den Fehlverhaltensfall zu treffen oder Sanktionsmaßnahmen des vorgesetzten Ministers zu untersagen.

3.   Das Verfahren vor dem Administrative Law Judge (ALJ)

Das Verfahren vor dem ALJ einschließlich der mündlichen Verhandlung *(hearing)* steht aufgrund des starken Parteieinflusses einem amerikanischen Zivilgerichtsverfahren näher als dem klassischen deutschen Verwaltungs- oder Verwaltungsgerichtsverfahren. Die nachfolgende Ablaufschilderung macht deutlich, dass das *hearing* de facto weniger durch den ALJ als durch die Parteien gesteuert wird.

a)   Einleitung des Verfahrens und Einlegungsfrist

Der Antrag auf ein *hearing* muss durch den betroffenen Wissenschaftler oder dessen rechtlichen Vertreter innerhalb von 30 Tagen nach Zugang des ORI Abschlussberichts und der schriftlichen Bekanntgabe des Untersuchungsergebnisses einschließlich der geplanten Verwaltungsmaßnahmen schriftlich bei dem DAB Vorsitzenden und dem ORI im Wege der förmlichen Zustellung eingereicht werden.[587] Wird ein Antrag verspätet oder überhaupt nicht eingereicht, werden die vorgeschlagenen Untersuchungsergebnisse und Verwaltungsmaßnahmen mit Fristablauf endgültig rechtskräftig.[588] Eine verfristete oder nicht formgerechtes Gesuch führt zur Zurückweisung durch den ALJ.

---

586   Department of Health and Human Services (DHHS), Public Health Service Policies on Research Misconduct, 70 Fed. Reg. 28370 (28396), § 93.506.
587   Department of Health and Human Services (DHHS), Public Health Service Policies on Research Misconduct, 70 Fed. Reg. 28370 (28395) (May 17, 2005), § 93.501 (b).
588   Ausgenommen sind hiervon etwaige Ausschussmaßnahmen, da hierüber der Debarrment Official eine endgültige Entscheidung treffen muss Department of Health and Human Services (DHHS), Public Health Service Policies on Research Misconduct, 70 Fed. Reg. 28370 (28395) (May 17, 2005), § 93.503 (c).

b) Inhaltliche Anforderungen an den Antrag und die Antragsbegründung

Der Antrag muss eine Stellungnahme zu sämtlichen Feststellungen und Verwaltungsmaßnahmen des ORI beinhalten. Dabei muss der *respondent* dezidiert und begründet darlegen, welche Entscheidungsbestandteile er akzeptiert und welche er angreift. Ein generelles Leugnen oder Geltendmachen von Fehlern hinsichtlich der Feststellungen und der vorgeschlagenen Verwaltungsmaßnahmen reicht als Begründung nicht aus und führt zur Zurückweisung. Feststellungen und Verwaltungsmaßnahmen, die nicht mit dem Antrag ausdrücklich angefochten werden, werden als zugestanden betrachtet.[589] Der Antrag soll außerdem alle Rechtsfragen, die der *respondent* aufwerfen möchte, genau bezeichnen. Sanktionsmildernde Faktoren müssen detailliert vorgebracht werden. Demnach begrenzen der schriftliche Bescheid, sowie jeder Teil des Untersuchungsberichts, auf den sich der Bescheid stützt, und der Antrag des *respondent* den Streitgegenstand im *hearing* Prozess vor dem ALJ. Will das DHHS neue beabsichtigte Fehlverhaltensfeststellungen in das Verfahren einführen, muss es seine Feststellungen rechtzeitig abändern beziehungsweise ergänzen.

Sowohl die Nichteinhaltung der inhaltlichen Anforderungen als auch ein Fristversäumnis führen zur Verwerfung des *appeal*. Aus wichtigem Grund kann der *respondent* binnen zehn Tagen nach Einsetzung des ALJ die Wiedereinsetzung in den vorherigen Stand zur Ergänzung seines Antrags beantragen. Der ALJ muss dem Gesuch stattgeben, wenn ein echter Streitfall über für das Entscheidungsergebnis wesentliche Tatsachen oder Rechtsfragen vorliegt.

c) Beiziehung von Sachverständigen

Der ALJ kann eine oder mehrere neutrale Personen mit einschlägiger wissenschaftlicher und technischer Expertise als Sachverständige beiziehen, um komplexe wissenschaftliche und technische Gesichtspunkte, die mit dem Fehlverhaltensvorwurf in Zusammenhang stehen, aufzuklären.[590] Auf Antrag einer Partei muss ein Sachverständiger beigezogen werden. Die Konsultation folgt einem näher bestimmten Verfahren, das die Auswahl geeigneter Sachverständiger und ein faires beschleunigtes Verfahren sichern soll. Die Parteien sind insoweit vorschlagsberechtigt. Ernannt werden Personen, auf die sich die Parteien und der ALJ einigen können. Kommt eine Einigung nicht zustande, wählt der ALJ einen Experten aus. Der ALJ kann während des Verfahrens jederzeit den Rat der Sachverständigen einholen. Die Beratung erfolgt in Form von schriftlichen Berichten, die den Parteien innerhalb von zehn Tagen nach Vorlage an den ALJ mit Gelegenheit zu Stellungnahme zugestellt werden und über Hintergrund und Qualifikation des Experten Auskunft geben müs-

---

589 Department of Health and Human Services (DHHS), Public Health Service Policies on Research Misconduct, 70 Fed. Reg. 28370 (28395) (May 17, 2005), § 93.503 (b).
590 Department of Health and Human Services (DHHS), Public Health Service Policies on Research Misconduct, 70 Fed. Reg. 28370 (28395) (May 17, 2005), § 93.501 (b).

sen. Die Parteien sind zu Einwendung gegenüber der Qualifikation und den Ratschlägen der Sachverständigen mittel eines schriftlichen Antrags oder mit Hilfe eigener sachverständiger Zeugen, die während der mündlichen Anhörung zu den Berichten Stellung nehmen berechtigt, solange dies nicht zu unbilligen Verzögerung des Verfahrens führt oder eine solche Zeugenaussage als unzulässiges Beweismittel eingestuft werden muss. Diese Vorgehensweise wurde gewählt, um die Detailgenauigkeit und Qualität der Sachverständigenberatung zu verbessern, damit der Einbezug von Sachverstand Transparenz und zugleich das Vertrauen der *scientific community* genießt.[591] Im Falle eines Interessenkonflikts können die Parteien einen Befangenheitsantrag auf Ausschluss des Sachverständigen von dem weiteren Verfahren stellen, über den der ALJ und der schließlich der Chief ALJ entscheiden.

d) Vorbesprechung (Prehearing Conference)

Der nächste Verfahrensschritt besteht in der Durchführung einer oder mehrerer *prehearing conferences*. Der erste dieser Vorbesprechungstermine für die mündliche Anhörung muss innerhalb von 30 Tagen nach der Zuweisung eines Falles an den ALJ anberaumt werden, der letzte findet 15 Tage vor dem eigentlichen *hearing* Termin statt.[592] Die *prehearing conferences* dienen dem ALJ zur Identifizierung der wichtigsten Streitpunkte über Tatsachen und Rechtsfragen des Falles, der Erörterung der Terminplanung und sämtlichen sonstigen Aspekten, die einen fairen und effizienten Fortgang des Verfahrens ermöglichen, einschließlich: notwendiger Änderungen und Ergänzungen des bisherigen Vortrags und der Anträge der Beteiligten, einer möglichen Einigung der Beteiligten auf unstreitige Tatsachen, des eventuellen Verzichts des Betroffenen auf eine mündliche Anhörung[593], des Zeitpunkts, Orts und der vermutlichen Dauer des *hearings*, der Identität der Zeugen der Parteien und sonstiger Beweismittel, der Spezifizierungen der streitigen Tatsachen und deren Erheblichkeit für die Feststellungen wissenschaftlichen Fehlverhaltens sowie jedes anderen Gegenstands, den das den Vorsitz führende Kommissionsmitglied für sachdienlich und erörterungsbedürftig erachtet.[594]

---

591 Department of Health and Human Services (DHHS), Public Health Service Policies on Research Misconduct, 70 Fed. Reg. 28370 (28375) (May 17, 2005).

592 Department of Health and Human Services (DHHS), Public Health Service Policies on Research Misconduct, 70 Fed. Reg. 28370 (28397) (May 17, 2005), § 93.511 (a) und (f).

593 Department of Health and Human Services (DHHS), Public Health Service Policies on Research Misconduct, 70 Fed. Reg. 28370 (28397) (May 17, 2005), § 93.511 (b) (3), § 93.503 (d). Der Betroffene kann im alle der Zulassung des hearing auf die eigentliche mündliche Anhörung verzichten und dem ALJ die Entscheidung nach Lage der Akten überlassen. Der Verzicht kann auch unter der Bedingung erfolgen, dass Gelegenheit zur Ergänzung des schriftlichen Parteivortrags und zum Beweisantritt durch Urkunden erteilt wird.

594 Department of Health and Human Services (DHHS), Public Health Service Policies on Research Misconduct, 70 Fed. Reg. 28370 (28397) (May 17, 2005), § 93.511.

Von der Besprechung wird eine Tonbandaufzeichnung angefertigt, von der die Beteiligten auf Nachfrage eine Kopie erhalten.[595] Mündliche Entscheidungen innerhalb von zehn Tagen nach der *prehearing conference* schriftlich verfasst werden.

e) Verfahren zur ergänzenden Sachverhaltsermittlung (Discovery)

Die erneute Untersuchung des Sachverhalts ist im Allgemeinen nur selten Bestandteil eines *adjudication* Verfahrens.[596] Sie erfolgt gerade in den Fällen zumeist nicht, in denen eine Untersuchung des Sachverhalts durch Personal der zuständigen *agency* vorausgegangen ist, da diese meist einen umfassenderen Anspruch als die Aufklärung durch andere Einrichtungen hat. Dementsprechend ist die *discovery* nach Einleitung eines *hearing* Verfahrens vor dem ALJ des DHHS auf den Austausch von wesentlichen Dokumenten und Beweisgegenständen begrenzt. Die Beteiligten haben in diesem Rahmen Gelegenheit, die Gegenseite zur Beibringung von ergänzenden Dokumenten und Beweisgegenständen aufzufordern, die nicht aus rechtlichen Gründen der Geheimhaltung unterliegen.[597] Die Gegenseite muss auf ein solches Gesuch innerhalb von 30 Tagen durch Vorlage der verlangten Gegenstände reagieren oder eine schriftlich begründete Ablehnung verfassen.[598] Im Falle der Ablehnung hat die ersuchende Partei Gelegenheit, die Verpflichtung zur Vorlage vor dem ALJ zu beantragen. Dieser entscheidet nach eigener Inaugenscheinnahme unter Ausschluss der Öffentlichkeit über den Antrag. Der ALJ muss dem Antrag auf Verpflichtung zur Vorlage stattgeben, solange die Unterlagen nicht der Vertraulichkeit unterliegen, irrelevant oder für das Verfahren von subsidiärer Bedeutung sind, die Vorlage nicht einen zu hohen Kosten- oder Organisationsaufwand mit sich bringt, das Verfahren unbillig verzögert oder einer der Beteiligten unangemessen benachteiligt wird. Bei Verweigerung trotz Verpflichtung zur Vorlage kann der ALJ Abhilfemaßnahmen ergreifen, etwa den Beteiligten in einer förmlichen Parteivernehmung unter Eid stellen oder eine derjenigen Maßnahmen ergreifen, die auch bei der Verletzung der Anordnungen des ALJ zulässig sind.[599] Darunter fallen beispielsweise die Streichung einer Begründung des *appeals* oder einer Erwiderung hierauf, die Nichtberücksichtigung weiterer Anträge die Anordnung des Ruhens des Verfahrens oder der Erlass einer Versäumnisentscheidung.

---

595 Department of Health and Human Services (DHHS), Public Health Service Policies on Research Misconduct, 70 Fed. Reg. 28370 (28397) (May 17, 2005), § 93.511 (d).
596 *Gellhorn/Levin*, Administrative Law and Process, S. 248.
597 Department of Health and Human Services (DHHS), Public Health Service Policies on Research Misconduct, 70 Fed. Reg. 28370 (28398) (May 17, 2005), § 93.512.
598 Department of Health and Human Services (DHHS), Public Health Service Policies on Research Misconduct, 70 Fed. Reg. 28370 (28398) (May 17, 2005), § 93.512 (d). Alternativ kann eine Schutzanordnung des ALJ beantragt werden, die die jeweilige Seite von der Offenlegung der verlangten Dokumente und Gegenstände entbindet.
599 Department of Health and Human Services (DHHS), Public Health Service Policies on Research Misconduct, 70 Fed. Reg. 28370 (28398) (May 17, 2005), §§ 93.512 (e), 93.515.

f) Benennung von Zeugen und Vorlage von Zeugenaussagen

Spätestens 60 Tage vor dem anberaumten mündlichen Anhörungstermin *(hearing)* müssen die Parteien entsprechend den Regeln für den amerikanischen Zivilprozess[600] eine Liste ihrer Zeugen unter Angabe der Tatsachen, zu denen die Vernehmung erfolgen soll, sowie vorausgegangene schriftliche Äußerungen und Vernehmungsprotokolle dieser Zeugen und Expertengutachten der sachverständigen Zeugen übermitteln.[601] Nicht rechtzeitig benannte Beweismittel werden durch den ALJ ausgeschlossen. Die Parteien müssen vor dem mündlichen *hearing* Gelegenheit erhalten, die angebotenen Beweismittel abzulehnen, andernfalls gilt das Beweismaterial als glaubwürdig und für das Verfahren rechtserheblich relevant und wesentlich.

g) Das Hearing

Der ALJ führt schließlich das öffentlich zugängliche eigentliche *hearing* im Sinne einer mündlichen Verhandlung durch, bei der die Parteien oder deren prozessbevollmächtigte Anwälte anwesend sein müssen.[602] Die Verhandlungsgegenstände des *hearings* sind nicht auf die bisherigen Feststellungen oder die im *charge letter* oder mit dem *hearing* Antrag übermittelten Beweisangebote begrenzt. Der ALJ kann Ausnahmen von dem Grundsatz der Verfahrensöffentlichkeit aus wichtigem Grund vorsehen, aber keine der Parteien oder der wesentlichen Zeugen ausschließen.[603]

Während des *hearing* erfolgt eine Zeugenvernehmung unter Eid *(oath)* oder eidesgleicher Bekräftigung *(affirmation)*. Die Parteien erhalten Gelegenheit die zugelassenen und geladenen Zeugen mündlich zu befragen und ins Kreuzverhör zu nehmen.[604] Das ORI beginnt mit der Vorstellung des Falles und seiner Beweismittel, danach erhält der Betroffene Gelegenheit zur Präsentation. Anschließend können beide Parteien Gegenbeweis antreten. Der ALJ überwacht in angemessener Form die

---

600 Federal Rules of Civil Procedure, Rule 26 (a) (2) (B), erhältlich unter http://judiciary.house. gov/media/pdfs/printers/108th/civil2004.pdf (15.02.2007).

601 Unter besonderen Umständen kann der ALJ die Ergänzung dieser Zeugenliste bis zu 30 Tage vor dem *hearing* zulassen, wenn dadurch keine Partei unangemessen benachteiligt wird. Die Verspätung berechtigt die Gegenseite zu einem Antrag auf Terminsverlegung, um etwaige Ablehnungsanträge und die Terminsvorbereitung hinsichtlich der später eingeführten Beweismaterialien leisten zu können, Department of Health and Human Services (DHHS), Public Health Service Policies on Research Misconduct, 70 Fed. Reg. 28370 (28398) (May 17, 2005), § 93.513 (a), (b) und (d).

602 Department of Health and Human Services (DHHS), Public Health Service Policies on Research Misconduct, 70 Fed. Reg. 28370 (28399) (May 17, 2005), § 93.517 (a) und (f).

603 Department of Health and Human Services (DHHS), Public Health Service Policies on Research Misconduct, 70 Fed. Reg. 28370 (28399) (May 17, 2005), § 93.517 (g).

604 Schriftliche Zeugenaussagen können zugelassen werden, wenn der Zeuge für ein Kreuzverhör zur Verfügung steht. Diese müssen den anderen beteiligten zugänglich gemacht werden. Department of Health and Human Services (DHHS), Public Health Service Policies on Research Misconduct, 70 Fed. Reg. 28370 (28399) (May 17, 2005), § 93.518 (c).

Art und Weise und die Reihenfolge der Zeugenvernehmung sowie die Zulässigkeit weiterer während des *hearing* angebotener Beweismittel.[605] Bei der Bewertung orientiert er sich an den für die Verfahren vor den amerikanischen Gerichten geltenden Federal Rules of Evidence (FRE)[606], wonach irrelevantes oder unwesentliches Beweismaterial ebenso wie Duplikate vom Verfahren ausgeschlossen werden können, fallrelevantes Material dagegen nur, wenn negative Implikationen, wie etwa die Gefahr einer unfairen Benachteiligung, der Konfusion von Beweisgegenständen oder der Verspätung den Beweiswert überwiegen oder wenn die Beweise dem Schutz des Mandatsverhältnisses zwischen Partei und Prozessvertreter oder gesetzlichen Schutznormen unterliegen.[607] Der ALJ kann auch aus Eigeninitiative oder auf Antrag einer Partei, Tatsachen als offenkundig anerkennen, so dass es keines Beweises durch die Parteien bedarf. Die Wiedergabe von Behauptungen Dritter *(hearsay evidence)* ist nur dann auszuschließen, wenn die Gegenseite aufzeigen kann, dass es sich nicht um eine vertrauenswürdige Quelle handelt. Ausgeschlossene Beweismittel müssen in ein *hearing*-Protokoll aufgenommen werden, welches den Parteien auf Nachfrage zugänglich gemacht wird.[608]

h) Verfahrensabschluss

Im Nachgang zu der mündlichen Verhandlung können die Parteien bei Bedarf Anträge auf Berichtigung des Verhandlungsprotokolls stellen und unter Einhaltung eines Schriftsatznachlasses durch den ALJ nachbereitende Schriftsätze *(post-hearing-briefs)* austauschen, in denen sie tatsächliche und rechtliche Ergebnisfeststellungen vorschlagen.[609] Über die Änderungsanträge entscheidet der ALJ durch einheitliche Verfügung. Der korrekt festgehaltene Inhalt der Protokolle ist besonders wichtig, kann doch die Entscheidung des ALJ und des ASH allein auf die in der Verhandlung vorgetragenen und im Protokoll festgehaltenen Gesichtspunkte gestützt werden.[610]

---

605 Department of Health and Human Services (DHHS), Public Health Service Policies on Research Misconduct, 70 Fed. Reg. 28370 (28399) (May 17, 2005), § 93.518 (d).

606 Federal Rules of Evidence, insbesondere Rule 201, 401-403, 408, 608, erhältlich unter http://judiciary.house.gov/media/pdfs/printers/108th/evid2004.pdf (15.02.2007).

607 Department of Health and Human Services (DHHS), Public Health Service Policies on Research Misconduct, 70 Fed. Reg. 28370 (28399) (May 17, 2005), § 93.519.

608 Department of Health and Human Services (DHHS), Public Health Service Policies on Research Misconduct, 70 Fed. Reg. 28370 (28399) (May 17, 2005), § 93.520 (a).

609 Department of Health and Human Services (DHHS), Public Health Service Policies on Research Misconduct, 70 Fed. Reg. 28370 (28400) (May 17, 2005), §§ 93.521, 93.522.

610 Zur vergleichbaren *formal adjudication* nach dem APA (5 U.S.C.A. § 557 (c)), *Jarass*, DÖV, 1985, S. 377 (382).

4. Entscheidung des ALJ

Der ALJ soll spätestens 60 Tage nach dem letzten Parteivorbringen einen schriftlichen Entscheidungsvorschlag gegenüber den Parteien und dem Assistant Secretary of Health (ASH) eröffnen.[611] Es handelt sich um eine Entscheidungsempfehlung an den ASH, der die Entscheidung anschließend einsieht und diese nach eigenem Ermessen überprüfen und gegebenenfalls korrigieren beziehungsweise ganz oder teilweise als willkürlich oder fehlerhaft zurückweisen kann. Der ASH muss den Parteien seine Überprüfungsabsicht binnen 30 Tagen nach Zustellung der Entscheidungsempfehlung förmlich mitteilen, andernfalls entfällt die Möglichkeit der Revision und die Entscheidung wird bindend. Erfolgt eine Korrektur gilt erst die modifizierte Entscheidung des ASH als die endgültige *final action*. Entscheidungsempfehlungen des ALJ über den Ausschluss von Förderleistungen bedürfen der abschließenden Entscheidung des für Ausschlüsse zuständigen Beamten (Debarring Official) des HHS.[612] Sie dienen diesem lediglich als Tatsachenfeststellung. Unabhängig vom Ausgang des Verfahrens wird das Ergebnis sowohl derjenigen Einrichtung, die die *investigation* durchgeführt hat, als auch im Falle des Arbeitsplatzwechsels dem gegenwärtigen Arbeitgeber des Beklagten schriftlich bekannt gegeben.

5. Exkurs: Rechtsmittel anderer Agencies

Auch bei den anderen forschungsfördernden *agencies* besteht die Möglichkeit einer verwaltungsinternen Überprüfung der Entscheidung des Deputy Directors. Bei der NSF kann entweder der betroffene Forscher oder die untersuchungsführende Einrichtung einen *appeal* beantragen.[613] Die Rechtsmittelfrist beträgt wie bei dem PHS 30 Tage, Fristbeginn ist der Erhalt der schriftlichen Entscheidung. Nach Ablauf dieser Frist wird die Entscheidung als *final administrativ action* bestandskräftig. Der Rechtsmittelantrag ist bei dem *Director* zu stellen, welcher einen bislang nicht in den Fall involvierten NSF Beamten oder Angestellten benennt, welcher die Entscheidung überprüft.[614] Die endgültige Entscheidung wird dem Antragsteller innerhalb von 60 Tagen nach Einlegung des Rechtmittels bekannt gegeben. Es handelt sich dabei um die *final administrativ action* der NSF.[615] Bei der NASA ist das *ap-*

---

611 Department of Health and Human Services (DHHS), Public Health Service Policies on Research Misconduct, 70 Fed. Reg. 28370 (28400) (May 17, 2005), § 93.523.

612 Department of Health and Human Services (DHHS), Public Health Service Policies on Research Misconduct, 70 Fed. Reg. 28370 (28400) (May 17, 2005), § 93.523. Siehe die Governmentwide Debarment and Suspension Regulations, für das DHHS unter 45 C.F.R. 76.845 (c).

613 National Science Foundation (NSF), Research Misconduct, 67 Fed. Reg. 11936 (11939) (March 18, 2002), §§ 689.10 (a).

614 National Science Foundation (NSF), Research Misconduct, 67 Fed. Reg. 11936 (11939) (March 18, 2002), §§ 689.10 (b).

615 National Science Foundation (NSF), Research Misconduct, 67 Fed. Reg. 11936 (11939) (March 18, 2002), § 689.10 (c).

peal Verfahren zu dem NASA *appeals official* ähnlich ausgestattet. Wie bei dem DHHS ist hier nur der Betroffene antragsberechtigt.[616] Gleiches gilt für den *appeal* vor dem Under Secretary for Health des Department of Veterans Affairs.[617] Detailregeln über den spezifischen Verfahrensablauf im *appeal*-Verfahren fehlen in den meisten *agencies*.

G. Rechtsfolgen – die Sanktionierung wissenschaftlichen Fehlverhaltens

Den Forschungseinrichtungen und den Forschungsförderungsagencies steht eine große Bandbreite an Sanktionen zur Verfügung.

I. Sanktionsmaßnahmen der Forschungsförderungsagencies

Die Forschungsförderungagencies können zur Sanktionierung wissenschaftlichen Fehlverhaltens oder wegen Verletzung wesentlicher Klauseln eines *settlement agreements* Verwaltungsmaßnahmen *(administrative actions)* verhängen. Sie haben in erster Linie die Möglichkeit, die betroffenen Forscher unter Einhaltung der regierungsweit geltenden Ausschlussregelung (Governmentwide Debarment und Suspension (Nonprocurement))[618] von den staatlichen Förderleistungen auszuschließen. Daneben sind je nach Ernsthaftigkeit und Schwere des Fehlverhaltens auch weniger einschneidende Maßnahmen möglich.

Debarment, das heißt der dauerhafte förmliche Ausschluss von staatlichen Förderprogrammen und *research grants*, aus denen der verantwortliche Wissenschaftler finanzielle und sonstiger Unterstützung bezogen hat, ist die härteste Sanktion, welche die *federal agencies* für wissenschaftliches Fehlverhalten verhängen können. Die *debarment*-Entscheidung nur einer betroffenen *agency* bewirkt zugleich den Ausschluss von sämtlichen staatlichen Förderleistungen und staatlich geförderten Forschungsprogrammen, unabhängig davon, durch welcher *agency* sie vergeben wurden.[619] Sie kann zeitlich befristet oder unbefristet wirken. *Suspension* meint dagegen die komplementäre vorläufige Suspendierung von staatlichen Leistungen während einer *investigation* und anderen administrativen und gerichtlichen Streitigkeiten, einschließlich der *demarment*-Prozedere, die sich daraus ergeben.[620]

---

616 National Aeronautics and Space Administration (NASA), Investigation of Research Misconduct, 69 Fed. Reg 42102, 42106 (July 14, 2004), 14 C.F.R. Part 1275, § 1275.108.
617 Veterans Health Service, VHA Handbook 1058.2 (May 4, 2005), 19.
618 Vgl. Governmentwide Debarment and Suspension (Nonprocurement) and Governmentwide Requirements for Drug-Free Workplace (Grants), 68 Fed. Reg 66534 (November 26, 2003).
619 Siehe etwa 45 C.F.R. § 76.800 (c); *Sise*, San Diego Law Review Vol. 28 (1991), S. 401 (417 f.).
620 Etwa 45 C.F.R. § 76.1015.

Alternative Sanktionsmöglichkeiten bestehen in der Verpflichtung zur Klarstellung, Korrektur oder zum Rückzug von Forschungsdaten und Forschungsauszeichnungen oder in der Erteilung eines administrativen Verweises. Die *agency* kann einem Wissenschaftler auch spezielle Bestätigungs- oder Zusicherungsbedingungen auferlegen, um die Einhaltung der *agency regulation* sowie der übrigen Förderbedingungen sicherzustellen. Des Weiteren kommen die Unterbrechung oder Beendigung einer Beihilfe *(grant)*, eines Forschungsvertrages *(contract)* oder einer Kooperationsvereinbarung *(cooperative agreement)* oder die Beschränkung einer dieser Förderleistungen auf spezifische Aktivitäten oder Ausgaben in Betracht. Die *agency* kann die fortlaufende Förderung unter erhöhte Aufsichtsanforderungen stellen sowie alle Forschungsanträge des Betroffenen einer besonderen Revision unterziehen. Sie kann bei jedem zukünftigen Unterstützungsersuchen und allen Berichten an den PHS die Bestätigung der Authentizität von Dokumenten und anderen Vorlagen im Sinne einer Beglaubigung verlangen. Schließlich werden Wissenschaftler, die sich des Fehlverhaltens schuldig gemacht haben regelmäßig von einer beratenden Funktion gegenüber dem PHS ausgeschlossen. Gegen sie können unter Einhaltung der relevanten Gesetzesvorschriften arbeits- oder dienstrechtliche Sanktionen ergehen, wenn es sich bei den Wissenschaftlern um Angestellte des Bundes handelt.[621]

Da die jeweils ergriffene(n) Maßnahme(n) mit der Schwere des Fehlverhaltens und dem Bedarf nach Schutz der Gesundheit und Sicherheit der Öffentlichkeit korrespondieren müssen, sind bei der Sanktionsentscheidung sowohl mildernde aus auch erschwerende Gesichtspunkte zu berücksichtigen. Von Bedeutung ist insoweit, ob das Fehlverhalten absichtlich wissentlich oder grob fahrlässig begangen wurde, ob das Fehlverhalten ein einmaliges Vorkommnis oder Teil eines permanenten unredlichen Verhaltensmusters war, welche Auswirkung das Verfahren auf andere Forschungsarbeiten, den Forschungsgegenstand, andere Wissenschaftler, die Einrichtung und die Volksgesundheit hatte, ob der Betroffene die Verantwortung für sein Handeln übernimmt und dieses eingesteht oder andere dafür verantwortlich macht oder gar zu Vergeltungshandlungen neigt und ob der betroffene Wissenschaftler gegenwärtig PHS-geförderte Forschung betreibt.[622]

Neben einer oder mehreren der aufgezählten Sanktionsmaßnahmen leiten die *agencies* in zahlreichen Fällen auch die strafrechtliche Verfolgung der betroffenen Wissenschaftler wegen Verletzungen der strafrechtlichen False Statements und False Claims Statutes ein.[623] Aus zivilrechtlicher Sicht kann wissenschaftliches Fehlver-

---

621 Vgl. zu allen Maßnahmen Department of Health and Human Services (DHHS), Public Health Service Policies on Research Misconduct, 70 Fed. Reg. 28370 (28393) (May 17, 2005), § 93.393.

622 Department of Health and Human Services (DHHS), Public Health Service Policies on Research Misconduct, 70 Fed. Reg. 28370 (28394) (May 17, 2005), § 93.407.

623 Verschiedene *agencies* haben schwere Fehlverhaltensfälle wegen Verstoßes gegen das False Statement Statute, 18 U.S.C. section 1001, verfolgt. Das Gesetz belegt denjenigen mit einer Strafe, der in einer Angelegenheit, die in den Zuständigkeitsbereich eines *departments* oder einer *agency* der United States fällt, wissentlich und willentlich mittels eines Tricks, einer Intrige oder eines Plans wesentliche Tatsachen verheimlicht oder verdeckt oder falsche, fiktive

halten nach dem Federal False Claims Act geahndet werden.[624] Mehrfach haben in der Vergangenheit die Regierung oder frühere Forschungskollegen und andere Informanten als *qui tam* Kläger gleichzeitig im Namen und Interesse des Staates Ansprüche auf Schadensersatz geltend gemacht.[625]

II. Sanktionsmaßnahmen der Forschungseinrichtungen

Die Forschungseinrichtungen sind nach Maßgabe ihrer Verfahrensordnungen ebenfalls berechtigt, sowohl vorläufige institutsinterne Maßnahmen zum Schutz der öffentlichen Gesundheit und staatlicher Finanzmittel und Ausstattung als auch – in Reaktion auf die Feststellung wissenschaftlichen Fehlverhaltens – geeignete endgültige Maßnahmen zu ergreifen.[626] Die Sanktionsentscheidung obliegt im Regelfall einem *senior institutional official* der betroffenen Einrichtung oder dem zuständigen *dean*.[627] Die häufigsten Sanktionsmaßnahmen sind im Verhältnis zum wissenschaft-

oder betrügerische Äußerungen oder Darstellungen tätigt oder ein Schriftstück oder eine Urkunde in dem Wissen anfertigt oder gebraucht, dass diese falsche, fiktive oder betrügerische Äußerungen enthält. Dabei reicht es aus, dass die Handlung geeignet ist, die Aufgabenwahrnehmung einer *agency* zu beeinflussen. Jeder Antrag um Forschungsgelder und jeder Bericht, der in Kenntnis des darin enthaltenen gefälschten Datenmaterials im Rahmen der Einwerbung von Forschungsgeldern an eine *agency* weitergeleitet wird, beinhaltet eine Verletzung dieses Gesetzes. Infolgedessen wurde etwa der Wissenschaftler Stephen Breuning wegen Verstoßes gegen das False Statement Statute verurteilt, United States v. Breuning, Criminal No. K-88-0135 (D.C.Md. Nov. 10, 1988). Darüber hinaus kommt in Fehlverhaltensfällen regelmäßig eine Strafbarkeit nach § 18 U.S.C. section 287, dem Criminal False Claims Statute, in Betracht. Dies setzt das Geltendmachen eines tatsächlich nicht bestehenden Anspruchs gegenüber einem *department* oder einer *agency* voraus. Vgl. zur zivil- und strafrechtlichen Sanktionierung von wissenschaftlichem Fehlverhalten weiter *Sise*, San Diego Law Review Vol. 28 (1991), S. 401 (418 ff.); *Edgar*, in: National Con-ference of Lawyers and Scientists No. 3, S. 139; *Protti*, Journal of Information Ethics Spring 1996, S. 59 (66 ff.).

624 Nicht nur einzelne Wissenschaftler sondern auch nachlässige Forschungseinrichtungen werden bisweilen in Anspruch genommen, z.B. United States ex rel. Zissler v. Regents of the University of Minnesota, 992 F.Supp.1097 (D. Minn. 1998); *Mishkin*, Science and Engineering Ethics (1999) Vol. 5 (1999), S. 283 (285 ff.); *Stankovic*, Wisconsin Law Review 2004, S. 975 (995).

625 Der Civil False Claims Act, 31 U.S.C. §§ 3729-3733 (1988), ermächtigt den Staat oder einen privaten „*qui tam*" Kläger zur Erhebung einer Schadensersatzklage, um den aufgrund eines *false claims* entstandenen Verlust auszugleichen. Eine *qui tam action* ist eine Klage, die von einer Person im eigenen und im Interesse des Staates erhoben werden kann, um eine Geldstrafe beizutreiben, von der gesetzlich ein Teil dem Kläger zugesprochen wird, während der Restbetrag dem Staat zusteht, *Mishkin*, Science and Engineering Ethics Vol. 5 (1999), S. 283 (286 ff.); *Sise*, San Diego Law Review Vol. 28 (1991), S. 401 (423 ff.). kritisch *Perzan*, Washington Law Quaterly Vol. 70 (1992), S. 639 (655 ff., 660 ff.).

626 So die Vorgaben des Department of Health and Human Services (DHHS), Public Health Service Policies on Research Misconduct, 70 Fed. Reg. 28370 (28389) (May 17, 2005), § 93.304 (h) und (j).

627 CHPS Consulting, Final Report, Analysis of Institutional Policies for Responding to Allegation of Scientific Misconduct, S. 7-1.

lichen Lehrkörper oder zu Forschungsmitarbeitern die Beendigung des Arbeitsverhältnisses, die Abmahnung oder die Auferlegung einer Bewährungsfrist und Beschränkungen der beruflichen Entfaltungsmöglichkeiten.[628] Einige *institutional policies* sehen die Suspendierung des Betroffenen sowie die Herabsetzung in der dienst-
lichen Rangordnung verbunden mit Kürzungen des Gehalts vor. Studenten droht
zumeist der Ausschluss von der Universität.

H. *Rechtsbehelfe gegen Entscheidungen der Federal Agencies*

Im gerichtlichen Verfahren angreifbar sind nur verfahrensabschließende Verwal-
tungsentscheidungen *(final agency action)* der *federal agencies*, da vorhergehende
Zwischenschritte im administrativen Verfahren keine Rechtsgültigkeit entfalten.
Beispielsweise sind die staatlichen Gerichte nicht zuständig, die bloße Veröffentlichung des Namens eines betroffenen Wissenschaftlers in dem PHS Alert System zu
überprüfen, solange dieser daraus keine gegenwärtige Beeinträchtigung ableiten
kann.[629] Die *final decision* des ASH kann theoretisch einer gerichtlichen Überprüfung unterzogen werden[630], welche sich allerdings überwiegend auf Rechts- und
Verfahrensfragen konzentriert. In Bezug auf Tatsachenfragen sind die Kontroll-
möglichkeiten limitiert, weil die Gerichte in Verwaltungssachen regelmäßig nicht
selbst Tatsachen durch Beweiserhebung klären, sondern lediglich die Beweiserhebung der Verwaltung überprüfen. Das Verhältnis zwischen Verwaltung und Gerichten gleicht in den USA insoweit dem zwischen Tatsacheninstanz und Revisions-
instanz.[631] Aus diesem Grund sind im Regelfall die *courts of appeal* die Eingangs-
instanz bei Verwaltungsstreitigkeiten.[632] In Fehlverhaltensfällen, die naturgemäß ein
Übergewicht an Tatsachenfragen oder jedenfalls *mixed questions* der Anwendbarkeit
und Auslegung von rechtlichen Normen beinhalten, haben aber die *federal agencies*
die systembedingt größere Kompetenz zur angemessenen Fallbehandlung. Die Anfechtung von *final decisions* über Fehlverhalten und Sanktionsmaßnahmen vor den
Gerichten ist daher selten.

Verschiedentlich haben betroffene Wissenschaftler jedoch versucht, unabhängig
vom Ausgang ihrer Fehlverhaltensuntersuchungen, die am Verfahren beteiligten
Personen, Forschungseinrichtungen oder *agencies* ihrerseits für ihr Handeln auf
Zahlung von Schadensersatz nach dem False Claims Act in Anspruch zu nehmen
und auf diesem Wege eine gerichtliche Entscheidung in der Sache zu erzielen.[633]

628 CHPS Consulting, Final Report, Analysis of Institutional Policies for Responding to Allegation of Scientific Misconduct, S. 7-3.
629 Abbs v. Sullivan, 963 F.2d 918 (17th Cir.1992).
630 Administrative Procedure Act (APA), 5 U.S.C.A. § 1631.
631 *Jarass*, DÖV 1985, S. 377 (386).
632 *Gellhorn/Levin*, Administrative Law and Process, S. 347; *Pierce/Shapiro/Verkuil*, Administrative Law and Process, S. 121, 123.
633 *Goldner*, American Journal of Law and Medicine Vol. 24 (1998), S. 293 (322 ff.); *Mishkin*,
Science and Engineering Ethics Vol. 5 (1999), S. 283 (286 ff.). Siehe auch die Fälle in: De-

Der wohl bekannteste Fall in den USA ist der des Kimon Angelides, ehemaliger Wissenschaftler am Baylor College of Medicine, der gegen seinen Arbeitgeber, Mitglieder des dort gegen ihn ermittelnden *investigation committees* und gegen Zeugen klagte.[634] Die Klage wurde schließlich – nachdem durch das damals zuständige DAB wissenschaftliches Fehlverhalten förmlich festgestellt worden war[635] – überwiegend abgewiesen, im Übrigen verglichen. Zuvor hatte das DHHS im Zusammenwirken mit dem Department of Justice das College mit einen Amicus-Schriftsatz *(amicus curiae brief)* zur Unterstützung der Beklagten formuliert, der auf die staatliche Verpflichtung zur Untersuchungswissenschaftlichen Fehlverhaltens abhob.[636] *Federal agencies* und Forschungseinrichtungen fürchten mit zunehmender Popularität dieser Prozesse, dass Wissenschaftler und Einrichtungen angesichts des Prozessrisikos die Mitwirkung im Untersuchungsverfahren scheuen und haben sich für eine gesetzliche Immunitätsregelung ausgesprochen.[637]

partment of Health and Human Services (DHHS), Office of Research Integrity, Annual Report 1996, S. 32 ff. Zur Verantworlichkeit der Mitglieder von Untersuchungskomitees, *Berg/ Fisher*, Villanova Law Review Vol. 37 (1992), S. 1361 ff.

634 *Dalton*, Nature Vol. 384 (1997), S. 105.

635 DAB Decision No. 1677 (1999), 1999 WL 88783 (H.H.S.) abrufbar auf der Internetseite des ORI http://ori.hhs.gov/misconduct/legal_DAB.shtml. Siehe im Einzelnen Kaiser, Science Vol. 283 (1999), S. 1091.

636 Siehe Angelides v. Baylor College of Medicine, et al, No. 95-24248 (11th D.C. Harris County, Texas, Aug. 29, 1995); Angelides v. Baylor College of Medicine, 117 F. 3rd 830 (5th Cir. 1997) und *Pascal*, Science and Engineering Ethics Vol. 5 (1999), S. 183 (191).

637 *Mishkin*, Science and Engineering Ethics Vol. 5 (1999), S. 283 (289); zu den vorhandenen Privilegien *Berg/Fisher*, Villanova Law Review Vol. 37 (1992), S. 1361 (1368 ff.); *Pascal*, Science and Engineering Ethics Vol. 5 (1999), S. 183 (191 f.).

3. Teil: Wissenschaftseigene Verfahren zur Begegnung wissenschaftlichen Fehlverhaltens in Dänemark

A. *Institutionelle Rahmenbedingungen: Strukturen und Akteure der Forschung und Forschungsförderung in Dänemark*

Zunächst sollen die elementaren Strukturen von Forschung und Forschungsförderung in Dänemark skizziert werden, um einen Überblick über das Gesamtsystem dänischer Forschung zu gewährleisten, welches den Rahmen für die nationale Behandlung des Phänomens wissenschaftlichen Fehlverhaltens bildet.

Das dänische Forschungssystem befindet sich am Ausgang einer Phase des Umbruchs, welche 2001 mit einem Regierungswechsel und der Erarbeitung eines Gutachtens durch eine forschungspolitische Fachkommission (Forskningskommision)[1] eingeläutet wurde. In der Folgezeit wurden zahlreiche strukturelle Neuerungen bei den öffentlichen Forschungs- und Forschungsförderungseinrichtungen einhergehend mit wesentlichen Änderungen forschungsbezogener Gesetze[2] umgesetzt.

I. Forschung und Entwicklung in Dänemark

Das dänische Forschungssystem kann in einen staatlichen und ein privaten Sektor unterteilt werden. Forschung in öffentlichen Einrichtungen unter staatlicher Trägerschaft findet überwiegend an Universitäten und Hochschulen sowie an so genannten staatlichen Sektorforschungsinstituten (Sektorforskningsinstitutioner) und an Krankenhäusern statt. Der private Sektor wird von forschungsbetreibenden privatwirtschaftlichen Unternehmen bestimmt.

---

1 Forskningskommissionen, Betænkning nr. 1406, Bind 1 og 2.
2 Das Universitätsgesetz (Universitetslov) neugefasst durch das Lov om universiteter nr. 403 af 28/05/2003, in Kraft getreten am 1. Juli 2003, das Gesetz über Ratgebung in der Forschung (Lov om Forskningsrådgiving) neugefasst durch das Lov om Forskningsrådgivning m.v. nr. 405 af 28/05/2003, in Kraft getreten am 1. Januar 2004, und das Gesetz über die Grundforschungsstiftung (Lov om Grundforskningsfond) ebenfalls 2003 zuletzt geändert (Lov om ændring af lov om Danmarks Grundforskningsfond nr. 404 af 28/05/2003) und neu bekannt gemacht (Bekendtgørelse af Lov om Danmarks Grundforskningsfond nr. 876 af 08/10/2003). Für das Sektorforschungsgesetz (Lov om Sektorforskningsinstitutioner, nr. 1076 af 20/12/1995) liegt dem dänischen Parlament ein Änderungsvorschlag des Forschungsministeriums (Lovforslag nr. L 19 til Lov om sektorforskningsinstitutioner) vor.

1. Forschung an öffentlichen Einrichtungen

a) Universitäten

Das dänische Universitätssystem besteht aus den zwölf staatlichen Universitäten, die von dem im Juli 2003 in Kraft getretenen neuen Universitätsgesetz (Universitetslov)[3] erfasst werden. Dies regelt insbesondere die einheitliche Zielsetzung und Organisation der Universitäten, die in Bezug auf ihre Größe, ihr akademisches Profil und ihre geschichtliche Entwicklung erhebliche Unterschiede aufweisen.[4] Fünf dieser Universitäten sind in den städtischen Ballungszentren Dänemarks angesiedelt und untergliedern sich in jeweils mehrere Fakultäten. Es handelt sich dabei um die Universitäten von Kopenhagen (Københavns Universitet), Aarhus (Århus Universitet), Roskilde (Roskilde Universitetscenter), Aalborg (Aalborg Universitet) sowie die Süddänische Universität (Syddansk Universitet) in Odense. Weitere fünf Universitäten aus dem Kopenhagener Raum sind auf jeweils einen Fachbereich konzentriert.[5] Darüber hinaus existieren in Aarhus und Kopenhagen reine Wirtschaftshochschulen.[6] Gemeinsam decken die dänischen Universitäten alle wissenschaftlichen Klassen ab.[7] Infolge des Regierungswechsels im Jahre 2001 wurden die Universitäten dem Geschäftsbereich des neu eingerichteten Ministeriums für Wissenschaft, Technologie und Entwicklung unterstellt, um eine engere Verbindung und stärkeren Wissenstransfer zwischen den Universitäten und anderen Forschungseinrichtungen sowie dem wirtschaftlichen Sektor und der Gesellschaft zu gewährleisten.[8] Die Universitäten tragen die Verantwortung für die dänische Grundlagenforschung und sind daher im Zusammenhang mit Fehlverhalten in der Forschung von besonderem Interesse.

Neben den Universitäten bestehen zahlreiche universitätsähnliche höhere Bildungseinrichtungen. In den Geschäftsbereich des Kultusministeriums fallen Hochschulen für Kunst, Architektur, Musik, Design, Theater etc., die auch Forschung in den entsprechenden Disziplinen betreiben. Das Bildungsministerium ist verantwortlich für zahlreiche Fachhochschulen und Akademien, die überwiegend Lehrtätigkeit betreiben.

---

3   Lov om universiteter nr. 403 af 28/05/2003.
4   Ministry of Science Technology and Innovation, Danish universities – in transition, S. 1 ff.; The Danish Institute for Studies in Research and Research Policy, Changes in Research Management at Danish Universities and Government Research Institutes, S. 33 ff.
5   Es handelt sich um die Technische Universität Dänemarks (Danmarks tekniske Universitet), die Königliche Universität für Veterinärwissenschaft und Landwirtschaft (Den Kgl. Veterinær- og Landbohøjskole), die Pädagogische Universität (Danmarks Pædagogiske Universitet), die Pharmazeutische Universität (Danmarks Farmaceutiske Universitet) und die IT Universität in Kopenhagen (IT-Universitetet i København).
6   Handelshøjskolen i København, Handelshøjskolen i Århus.
7   The Danish Institute for Studies in Research and Research Policy, Changes in Research Management at Danish Universities and Government Research Institutes, S. 35.
8   Ministry of Science Technology and Innovation, Danish universities – in transition, S. 5.

b) Sektorforschungsinstitute

Außerhalb des universitären Bereichs gibt es eine Reihe so genannter Sektorforschungseinrichtungen (Sektorforskningsinstitutioner) zur Förderung spezieller Zielsetzungen, deren Inhalte im Gegensatz zu der akademischen Forschung an Universitäten von den Bedürfnissen gesteuert werden, die von der Gesellschaft durch die Ministerien und deren beratende Organe formuliert werden. Die Sektorforschungsinstitutionen betreiben überwiegend angewandte Forschung und Entwicklung, sie unterstützen die Verbreitung und Verwertung neuer Erkenntnisse im öffentlichen Interesse und schaffen Grundlagen als Entscheidungshilfe für politisches Handeln in verschiedenen Gesellschaftsbereichen.[9] Ebenso wie bei den dänischen Universitäten bestehen zwischen den derzeit fünfundzwanzig Institutionen[10] erhebliche Unterschiede in Bezug auf wissenschaftliche Ausrichtung, Größe und Entstehungsgeschichte.[11] Die Sektorforschungsinstitutionen unterstehen als verselbständigte Einheiten zehn verschiedenen Ressortministerien. Im Zuge der Umstrukturierung des dänischen Forschungssystems ist die Verschmelzung einiger Sektorforschungseinrichtungen geplant, andere wiederum sollen in vorhandene universitäre Strukturen eingegliedert werden.[12] Die Leitungsebene soll eine unabhängigere Stellung gegenüber dem jeweiligen Ministerium erhalten. Zusammengenommen betreiben die Sektorforschungsinstitute etwa ein Fünftel der öffentlichen Forschung in Dänemark.[13]

c) Sonstige

Zum staatlichen Forschungssektor gehört des Weiteren die Forschung, die an den mehr als 100 Krankenhäusern des Landes betrieben wird. Ferner zählen hierzu die

---

9   Forskningskommissionen, Betænkning nr. 1406, Bind 2, S. 38, 40.
10 Beispielhaft seien hier das über die Grenzen Dänemarks hinaus bekannte nukleare Forschungszentrum Risø (Forskningscenter Risø) und das John F. Kennedy Institut (John F. Kennedy Instituttet), welches vorwiegend im Bereich der Diagnostik und Behandlung von Phenylketonurie und anderer Erbkrankheiten tätig ist.
11 The Danish Institute for Studies in Research and Research Policy, Changes in Research Management at Danish Universities and Government Research Institutes, S. 43, 112.
12 The Danish Institute for Studies in Research and Research Policy, Changes in Research Management at Danish Universities and Government Research Institutes, S. 43. Eine Neufassung des Gesetzes über die Sektorforschungsinstitutionen steht noch aus. Das dänische Wissenschaftsministerium hat auf der Grundlage eines Berichts von Dänemarks Forschungsrat (Danmarks Forskningsråd), Gennemgang af sektorforskningen, 2002, einen Gesetzesvorschlag (Lovforslag nr. L 19 til Lov om sektorforskningsinstitutioner) erarbeitet, der um die Umsetzung von zehn grundlegende Prinzipien der Sektorforschung bemüht ist.
13 Forskningskommissionen, Betænkning nr. 1406, Bind 2, S. 38. Die Sektorforschungseinrichtungen führten 2001 Forschungsarbeit für insgesamt 2,2 Mia. Kr. aus.

staatlichen Museen, Bibliotheken und Archive sowie einige privatrechtlich ausgestaltete gemeinnützige Organisationen.[14]

2. Forschung an privaten Einrichtungen

Die Industrieforschung ist in Dänemark aufgrund der geringen Anzahl großer finanzkräftiger Unternehmen eher gering ausgeprägt, übersteigt jedoch mit einem Anteil von etwa 60 % am gesamten Forschungsvolumen deutlich den öffentlichen Sektor[15]. Die forschungsintensivsten Bereiche dieses Forschungstypus sind die Medizinal-, Motoren- und Nahrungs- und Genussmittelindustrie.[16] Die unternehmensinternen Forschungsabteilungen arbeiten eng mit dänischen und ausländischen Universitätsinstituten zusammen.

II. Forschungsförderung in Dänemark

Die Forschungsförderungsbedingungen in Dänemark werden im Wesentlichen reduziert auf die Forschungsfinanzierung dargestellt. Innerhalb des staatlichen Beratungs- und Forschungsfinanzierungssystems übernehmen einige Forschungsförderungsinstitutionen allerdings gleichzeitig sowohl Finanzierung- als auch forschungspolitische Beratungsfunktion. Diesem aus verschiedenen Räten bestehenden System soll im Kontext der öffentlichen Forschungsförderung besondere Aufmerksamkeit gelten, weil es eine historische und regelungstechnische Verknüpfung mit dem dänischen Verfahrensmodell zur Aufklärung wissenschaftlichen Fehlverhaltens aufweist.[17]

---

14 The Danish Institute for Studies in Research and Research Policy, Changes in Research Management at Danish Universities and Government Research Institutes, S. 111.

15 Diese Entwicklung hat Anfang der 80er Jahre eingesetzt, Forskningsministeriet, Fakta om Forskning, S. 8.

16 Im Jahr 2001 beliefen sich die Ausgaben für Forschung und Entwicklung in diesen Wirtschaftszweigen auf rund 6.730 Mio. dänische Kronen und damit auf mehr als die Hälfte der gesamten Ausgaben für Forschung und Entwicklung in der dänischen Wirtschaft (12.668 Mio. dän. Kr.), vgl. Analyseinstitut for Forskning, Ervervslivets forskning og udviklingsarbejde, S. 11, 108 f.

17 Vgl. unten 3. Teil, C. I. und III., S. 173 ff. und 186 ff.

1. Öffentliche Forschungsförderung

a) Allgemeines

Die öffentlichen Mittel für Forschung und Entwicklung in Dänemark übersteigen jährlich ein Budget von 10 Mrd. Kr.[18] Sie resultieren aus fünf verschiedenen Finanzierungsquellen, nämlich aus dem Staatshaushalt, aus internationaler Forschungs- und Entwicklungszusammenarbeit[19], aus den Gemeindehaushalten, aus dem dänischen Grundforschungsstiftung (Grundforskningsfond) sowie dem Wachstumsfond (Vækstfond).[20]

Öffentliche Forschungsmittel werden ganz überwiegend zur Finanzierung des öffentlichen Forschungssektors verwandt.[21] Ein Teil fließt jedoch auch in die Unternehmensforschung. Umgekehrt wird der öffentliche Forschungssektor zu einem geringen Teil auch aus privaten Fördermitteln finanziert.[22]

Staatliche Forschungsfördermittel werden in Dänemark durch einen zweigleisigen Verteilungsmodus auf die öffentlichen Förderungsempfänger umgelegt.[23] Es existiert zum einen eine festgelegte institutionelle Kernfinanzierung der konstanten Forschungs- und Lehrtätigkeit an Universitäten und staatlichen Forschungseinrichtungen. Andererseits wird ein nicht unbedeutender Teil staatlicher Fördergelder befristet in Form antragsabhängiger und programmorientierter Drittmittelvergabe für konkrete Projekte im freien Wettbewerb unter den öffentlichen Forschungseinrichtungen vergeben.[24] Die Vergabe erfolgt durch die nachfolgend skizzierten Institutionen des ausdifferenzierten dänischen Beratungs- und Forschungsfinanzierungssystems.

---

18   2003 betrug das Forschungs- und Entwicklungsbudget 10, 84 Mia. Kr. im Vergleich zu 10,89 Mrd. Kr. Im Vorjahr und 11,18 Mrd. Kr. in 2001, vgl. Analyseinstitut for Forskning, Offentligt forskningsbudget, S. 9.

19   Sowohl die private als auch die öffentliche dänische Forschung sind von internationaler Zusammenarbeit und Geldmitteln aus internationalen Projekten abhängig. Besondere Bedeutung hat die dänische Teilnahme an EU-Forschungsprojekten zur Verbesserung der wissenschaftlichen und technologischen Grundlagen für die europäische Wirtschaft und an der EUREKA-Zusammenarbeit, deren Projekte die Wettbewerbsfähigkeit des einzelnen Unternehmens fördern sollen.

20   Analyseinstitut for Forskning, Offentligt forskningsbudget, S. 8 ff.

21   Im Jahr 2001 wurde Forschungs- und Entwicklungsarbeit in öffentlichen Forschungseinrichtungen zu 81 % aus staatlichen und kommunalen Fördermitteln finanziert, weitere 10 % Finanzierungsleistung erbrachten Private Organisationen, Fonds und Nonprofit-Einrichtungen, Analyseinstitut for Forskning, Forskning og udviklingsarbejde i den offentlige sektor, S. 11.

22   Analyseinstitut for Forskning, Forskning og udviklingsarbejde i den offentlige sektor, S. 11.

23   Analyseinstitut for Forskning, Offentligt forskningsbudget, S. 35.

24   Das Verhältnis von Kernfinanzierung und eingeworbenen Zuschüssen beläuft sich bei den dänischen Universitäten etwa auf 60/40, Ministry of Science Technology and Innovation, Danish universities – in transition, S. 31.

b) Das dänische Beratungs- und Forschungsfinanzierungssystem

Das staatliche dänische Beratungs- und Forschungsfinanzierungssystem verknüpft forschungspolitische und fachliche Beratungsaufgaben mit Aufgaben der Forschungsfinanzierung. Es setzt sich aus einer Reihe staatlicher Institutionen mit unterschiedlichen Aufgaben zusammen, die im Zuge der Reform des dänischen Forschungssystems Gegenstand zahlreicher struktureller Änderungen geworden sind.[25] Die Umstrukturierung wurde im Wesentlichen durch eine Ende Mai 2003 beschlossene und am 01.01.2004 in Kraft getretenen Änderung des Gesetzes über Ratgebung in der Forschung (Lov om Forskningsrådgivning) (RiFG) umgesetzt.[26] Durch die Neuregelung wurde die frühere Struktur der Forschungsberatung und -finanzierung, bestehend aus Dänemarks Forschungsrat (Danmarks Forskningsråd)[27], den sechs staatlichen Forschungsräten (de statslige Forskningsråd)[28] mit dem gemeinsamen Forschungsforum (Forskningsforum)[29], dem Forscherausbildungsrat (Forskeruddan-

---

25 Ziel der Neustrukturierung war es, Entscheidungen im Forschungsbereich besser koordinieren zu können, vor allem aber Verfahren und Zuständigkeiten für die Bewilligung von Fördermitteln für antragstellende Forscher transparenter zu machen. Einen Überblick über die institutionellen Veränderungen geben *Djurhuus/Tornøe*, Ugeskrift Læger 2003, S. 3329 f.

26 Das Lov om Forskningsrådgivning m. v., nr. 405 af 28/05/2003 löste die alte Fassung des Gesetzes über Ratgebung in der Forschung (RiFG a.F.) laut Bekanntmachung vom 19.08.1997 (Bekendtgørelse af lov om forskningsrådgiving m.v., nr. 676 af 19/08/1997) ab.

27 Dänemarks Forschungsrat (Danmarks Forskningsråd) bestand aus einem Vorsitzenden und acht weiteren anerkannten Forschern, die unterschiedliche dänische Forschungstypen, nämlich universitäre Forschung, Sektorforschung und Industrieforschung repräsentieren sollten. Seine Hauptaufgabe bestand in der forschungspolitischen Beratung des Wissenschaftsministerium und der übrigen Ministerien sowie des Parlaments in Fragen der Koordination und Bewertung forschungsrelevanten Ressourcen und Rahmenbedingungen (vgl. §§ 2-4 RiFG a.F.)

28 Die sechs staatlichen Forschungsräte (de statslige Forskningsråd) waren zuständig für forschungsbezogene Beratung und Finanzierung in unterschiedlichen Wissenschaftsgebieten. Es gab je einen Forschungsrat für die Geisteswissenschaften (Humanistiske Forskningsråd (SHF)), für Landwirtschaft und Tiermedizin (Statens Jordbrugs- og Veterinærvidenskabelige Forskningsråd (SJVF)), für Naturwissenschaften (Statens Naturvidenskabelige Forskningsråd (SNF)), Sozialwissenschaft (Statens Samfundsvidenskabelige Forskningsråd (SSVF)), für das Gesundheitswesen bzw. die Medizin (Statens Sundhedsvidenskabelige Forskningsråd (SSVF)) und die technischen Disziplinen (Statens TeknikVidenskabelige Forskningsråd (STVF)). Jeder dieser Forschungsräte bestand aus 14 anerkannten wissenschaftlichen Mitgliedern. Jeder Rat hatte neben der sowohl forschungspolitischen als auch fachlichen Beratungsfunktion vier weitere Hauptfunktionen zur Unterstützung dänischer Forschungstätigkeit: Nämlich eine Finanzierungsfunktion durch Vergabe individuelle Zuschüsse; eine Strategiefunktion für Forschungsplanung; eine Initiativfunktion für die Festlegung besonderer wissenschaftlicher Einsatzbereiche; und eine Verwaltungsfunktion für strategische Forschungsprogramme (vgl §§ 4a-4d RiFG a.F.).

29 Das Forschungsforum (Forskningsforum) war 1997 als zentrales Leitungsorgan für die sechs staatlichen Forschungsräte eingerichtet worden. Es bestand aus einem Vorsitzenden und zwölf Mitgliedern, von denen je ein Mitglied aus jedem der sechs Forschungsräte rekrutiert wurde. Das Forschungsforum war mit Aufgaben von gemeinsamem Interesse und besonderer Bedeutung für die interdisziplinäre und strategische Tätigkeit der Forschungsräte befasst. Es

nelsesråd)[30] und den öffentlichen Forschungskomitees (offentlige Forskningsudvalg)[31], modifiziert. Die Einrichtungen wurden durch vier neue Institutionen, nämlich Dänemarks Forschungspolitischen Rat (Danmarks Forskningspolitiske Råd), den Strategischen Forschungsrat (Strategiske Forskningsråd), den Freien Forschungsrat (Frie Forskningsråd) und das Koordinationskomitee (Koordinationsudvalget) ersetzt.[32]

Ein Teil der heute bestehenden Institutionen hat sowohl Beratungsfunktion als auch Finanzierungsfunktion, andere kommen wiederum nur einer dieser beiden Aufgaben nach. Forschungspolitische und fachliche Beratungsaufgaben wurden institutionell getrennt.

Der Strategische Forschungsrat[33] und der Freie Forschungsrat[34] sind im Wesentlichen an der fachlichen Beratung von Regierung, Parlament und sonstigen öffentlichen Stellen in Forschungsangelegenheiten sowie der Bewilligung von Forschungsgeldern beteiligt. Der Strategische Forschungsrat ist untergliedert in ein Leitungsgremium und mehreren Programmkomitees. Er behandelt Projektanträge im Rahmen thematisch abgegrenzter Förderprogramme sowie in Bereichen, denen politische Priorität eingeräumt wird. Er fördert das Zusammenspiel öffentlicher und privater Forschung und deren beider strategischen Einsatz im Dienste der Gesellschaft. Der Freie Forschungsrat ist untergliedert in ein Leitungsgremium und sechs Fachräte (Faglige Forskningsråd) für verschiedene Wissenschaftsdisziplinen, besetzt mit anerkannten Forschern auf dem jeweiligen Gebiet. Der Freie Forschungsrat ist für die Entscheidung über Förderanträge zuständig, die auf eigene Initiativen von Forschern oder Forschergruppen zurückgehen und die nicht in spezifische Programme einge-

war zudem zuständig für die Verteilung der bereitgestellten Mittel unter den sechs staatlichen Forschungsräten. Er war jedoch anders als diese nicht berechtigt, selbst Fördermittel zu bewilligen. Seine Kompetenz beschränkte sich auf die Möglichkeit des Einsatzes ihrerseits zur Bewilligung berechtigter Programmkomitees sowie auf allgemeine Koordinierungsaufgaben (vgl. §§ 4e-4i RiFG a.F.).

30   Dem Forscherausbildungsrat (Forskeruddannelsesrådet) oblag die Förderung der Qualitätsentwicklung und Internationalisierung der dänischen Forscherausbildung. Er nahm überwiegend Beratungsaufgaben gegenüber dem Wissenschaftsministerien und den anderen Räten in allen wissenschaftlichen Ausbildungsdisziplinen wahr und war an der Vergabe von Zuschüssen für Ausbildungseinrichtungen und individuelle Stipendien beteiligt.

31   Die öffentlichen Forschungskomitees (offentlige Forskningsudvalg) waren in den einzelnen Ressortministerien lokalisierte Komitees, bestehend aus mindestens acht und höchstens 18 Mitgliedern. Sie übernahmen Beratungsfunktion gegenüber den jeweiligen Ministern im Hinblick auf die Tätigkeit der Sektorforschungsinstitutionen und die strategische Forschungsplanung (vgl. §§ 5-11 RiFG a.F.).

32   Vgl. zur den einzelnen Institutionen des modifizierten Beratungs- und Finanzierungssystems das Lov om Forskningsrådgivning m.v. nr. 405 af 28/05/2003, in Kraft getreten am 1. Januar 2004; die Beschreibung auf der Homepage des Wissenschaftsministeriums http://videnskabsministeriet.dk/site/forside/forskning/Forskningsraadssystemet (30.03.2007); sowie *Djurhuus/Tornøe*, Ugeskrift Læger 2003, S. 3329 f.

33   Zur Zusammensetzung und den Funktionen des Strategischen Forschungsrats vgl. §§ 17-24 RiFG.

34   Zur Zusammensetzung und den Funktionen des Freien Forschungsrats vgl. §§ 7-16 RiFG.

bunden sind. Beide Räte übernehmen gemeinsam die Aufgaben der früheren sechs staatlichen Forschungsräte.[35]

Der Dänische Forschungspolitische Rat (Danmarks Forskningspolitiske Råd) hat hingegen ausschließlich forschungspolitische Beratungsfunktion, d.h. sein Hauptzweck besteht darin, dem dänischen Parlament und der dänischen Regierung, insbesondere dem Wissenschaftsministerium, eine unabhängige und sachkundige forschungspolitische Beratung zu sichern.[36] Insoweit übernimmt er in erster Linie Aufgaben von Dänemarks Forschungsrat, aber in untergeordnetem Umfang auch der früheren sechs staatlichen Forschungsräte und des Forschungsforums.[37]

Das neue Koordinationskomitee ist die Koordinierungsinstitution für die gesamte öffentliche Forschungsförderung.[38] Es sichert insbesondere die Zusammenarbeit von Strategischem Forschungsrat, Freiem Forschungsrat und der dänischen Grundforschungsstiftung (Grundforskningsfond).[39]

Der Strategische Forschungsrat, der Freie Forschungsrat und das Koordinationskomitee Institutionen sind durch eine zentrale Forschungsbehörde (Forsknings- og Innovationsstyrelsen) unter der Ägide des Wissenschaftsministeriums, die unter anderem als Sekretariat für die Forschungsräte fungiert, verbunden.

Mitunter wird auch Dänemarks Grundforschungsstiftung, eine unabhängige, 1991 spezialgesetzlich[40] errichtete Forschungsförderungseinrichtung ausgestattet mit 2 Mrd. Kr. staatlichem Grundkapital, zu dem Beratungs- und Forschungsfinanzierungssystem gezählt. Sie dient dem Zweck der Stärkung der forschungsbezogenen Entwicklungsfähigkeit Dänemarks durch Finanzierung besonderer Forschungsvorhaben auf internationalem Niveau. Sie fördert die Errichtung sowie die Forschungstätigkeit so genannter Leistungszentren, die mit besonders qualifizierten Wissenschaftlern besetzt sind.[41]

2. Private Forschungsförderung

Forschungsgelder aus privaten Quellen werden ganz überwiegend durch den dänischen Wirtschaftssektor bereitgestellt und zur Finanzierung interner und externer

---

35 Vgl. oben 3. Teil, A. II. 1. b), Fn. 28.
36 Zusammensetzung und Aufgaben von Dänemarks Forschungspolitischem Rat sind in §§ 3-6 RiFG geregelt.
37 Vgl. 3. Teil, A. II. 1. b), Fn. 28 und 29.
38 Zusammensetzung und Aufgaben des Koordinationskomitees sind in §§ 25-30 RiFG geregelt.
39 Darüber hinaus übernimmt es die Beratungsfunktion des früheren Forscherausbildungsrates. Vgl. oben 3. Teil, A. II. 1. b), Fn. 30.
40 Bekendtgørelse af Lov om Danmarks Grundforskningsfond, nr. 876 af 8. oktober 2003.
41 Danish National Research Foundation, Evaluation of the Danish National Research Foundation Centres of Excellence, S. 6, 9. Diese Zentren sind angesiedelt an dänischen Universitäten oder anderen Forschungseinrichtungen und werden mit erheblichen Zuschüssen, die einen jährlichen Gesamtförderungsbetrag von 250 Mio. Kr. jährlich nicht übersteigen dürfen, für einen Zeitraum von bis zu zehn Jahren bedacht.

Forschungsaufwendungen der Wirtschaft verwandt.[42] Dänische Wirtschaftsforschung wird außerdem verstärkt durch ausländische Mittel aus dem Wirtschaftssektor gefördert.[43]

B. *(Verfassungs-)rechtliche Rahmenbedingungen für wissenschaftsspezifische Verfahren*

Im Folgenden werden die (verfassungs-)rechtlichen Rahmenbedingungen für Verfahren zur Untersuchung wissenschaftlichen Fehlverhaltens in Dänemark nachgezeichnet.

I. Recht auf Wissenschafts- und Forschungsfreiheit

1. Grundrechtsschutz durch die dänische Verfassung

Die dänische Verfassung, das Grundgesetz des dänischen Reichs (Danmarks Riges Grundlov)[44] vom 5. Juni 1953, enthält keine Bestimmung, die sich auf Wissenschaft, Forschung und Lehre bezieht. Ein ausdrücklicher verfassungsrechtlicher Schutz der Wissenschaftsfreiheit in Gestalt einer individuellen oder institutionellen Freiheitsgarantie ist mithin nicht existent. Ebenso wenig besteht eine verfassungsrechtliche Pflicht der öffentlichen Hand, Wissenschaft und Forschung zu fördern.[45]

Zu einem gewissen Grad wird wissenschaftliche Betätigung bei Veröffentlichung in „Druck, Wort und Schrift" von dem durch § 77 des dänischen Grundgesetzes[46] geschützten Recht der freien Meinungsäußerung (Ytringsfrihed) umfasst. Neben diesen ausdrücklich genannten mündlichen und schriftlichen Äußerungsmitteln wird auch der Schutz von Äußerungen in Gestalt von Bildern und graphischen Darstellungen anerkannt.[47] Während die traditionelle Auslegung in § 77 des dänischen

---

42 Die Eigenfinanzierungsquote lag 2001 bei 81 %, vgl. Analyseinstitut for Forskning, Er
ervslivets forskning og udviklingsarbejde, S. 18.

43 Forskningsministeriet, Fakta om Forskning, S. 24.

44 Der Verfassungstext ist in deutscher Fassung abgedruckt bei: *Kimmel*, die Verfassungen der EG-Mitgliedsstaaten, S. 41 ff.

45 Vgl. *Gralla*, Der Grundrechtsschutz in Dänemark, S. 321; Information Henrik Zahle.

46 Dänischer Wortlaut: *"Enhver er berettiget til på tryk, i skrift og tale at offentliggøre sine tanker, dog under ansvar for domstolene. Censur og andre forebyggende forholdsregler kan ingen sinde på ny indføres."*
Bei *Kimmel*, die Verfassungen der EG-Mitgliedsstaaten, S. 52, findet sich nachfolgende Übersetzung ins Deutsche: „*Jedermann ist – unbeschadet seiner Verantwortlichkeit gegenüber den Gerichten – berechtigt, seinen Gedanken in Druck, Wort und Schrift öffentlich Ausdruck zu verleihen. Zensur und andere vorbeugende Maßnahmen dürfen niemals wieder eingeführt werden.*"

47 *Ross*, Dansk statsforfatningsret, S. 711; *Sørensen*, Statsforfatningsret, S. 370.

Grundgesetzes lediglich ein „formelles" Zensurverbot sieht, erkennen neuere Meinungen den Schutz einer „materiellen" Meinungsäußerungsfreiheit im Sinne eines Schutzes gegen unangemessene Einschränkungen durch den Gesetzgeber an[48], deren Funktion nicht allein demokratiesichernd ist, sondern die auch dem Schutz kultureller Entfaltung oder wissenschaftlicher Diskussion dient.[49] Der auf wissenschaftlicher Eigengesetzlichkeit beruhende Prozess der Gewinnung wissenschaftlicher Erkenntnisse durch methodisches Vorgehen hingegen genießt durch § 77 des dänischen Grundgesetzes keinen besonderen Schutz.

Ferner werden von dem Schutz des in § 73 des dänischen Grundgesetzes statuierten Eigentumsrechts alle vermögenswerten Rechtspositionen eines Wissenschaftlers, so auch dessen Verfasser- beziehungsweise Urheberrechte an Forschungsarbeiten erfasst. In gleicher Weise können andere Freiheitsrechte auch für Teilbereiche der wissenschaftlichen Betätigung fruchtbar gemacht werden, sobald ihr spezieller Normbereich tangiert ist.

Dieser verhältnismäßig gering ausgeprägte Grundrechtsschutz im Hinblick auf Wissenschaft und Forschung vermag nicht zu verwundern, wenn man berücksichtigt, dass in Dänemark lediglich elementare Grundfreiheiten, die überwiegend von grundlegender Bedeutung für das dänische Demokratieverständnis und die Funktionsfähigkeit der demokratischen Grundordnung sind, einen Schutz von Verfassungsrang genießen.[50] Selbst die in dem kurzen Grundrechtskatalog des VII. und VIII. Kapitels der Verfassung zusammengefassten so genannten Freiheitsrechte (Fridhedsrettigheder)[51] haben gegenüber dem im Übrigen gegebenen Grundrechts-

---

48 Die Unterscheidung zwischen formellem und materiellem Gewährleistungsgehalt eines Grundrechts ist eine dem deutschen Recht in dieser Form unbekannte Differenzierung der dänischen Grundrechtsdogmatik zwischen der Abwesenheit staatlicher Repressalien im Vorfeld der Wahrnehmung eines Freiheitsrechts (Vorzensur) einerseits (formelle Freiheit) und dem Schutz gegen unangemessene Einschränkungen des jeweiligen Freiheitsrechts im Rahmen eines nachträglichen Zur-Verantwortung-Ziehens durch den Gesetzgeber andererseits (materielle Freiheit), vgl. zur Abgrenzung „formeller" und „materieller" Freiheitsgarantie nach dänischem Verständnis *Gralla*, Der Grundrechtsschutz in Dänemark, S. 106 ff., 327 mit umfassenden Nachweisen aus der dänischen Literatur. Dieser materielle Ansatz findet seine Begründung teilweise in Wesensgehaltsüberlegungen, so *Germer*, Ytringsfrihedens væsen, S. 200 ff., teilweise in einer Gesamtschau anderer verfassungsrechtlicher Bestimmungen, vgl. die Nachweise bei *Zahle*, Dansk forfatningsret 3, Menneskerettigheder, S. 76 ff.

49 *Zahle*, Dansk forfatningsret 3, Menneskerettigheder, S. 65 ff. (80).

50 *Dübeck*, Introduktion til Dansk Ret, Einführung in das dänische Recht, S. 33.

51 In den §§ 71-79 des Kapitel VIII sind eine Reihe grundlegender Freiheitsrechte, wie der Schutz der persönlichen Freiheit (§ 71), der Schutz des Privatlebens und der Intimsphäre (§ 72), die Versammlungs- und Vereinigungsfreiheit (§§ 78,79), etc. normiert. Die §§ 67, 68 und 70 des Kapitel VII über die kirchlichen Verhältnisse gewährleisten den Schutz der Glaubensfreiheit. Der Katalog von Freiheitsrechten geht auf das erste dänische Grundgesetz vom 5. Juni 1849 zurück, welches wiederum von der amerikanischen Unabhängigkeitserklärung von 1776 und der französischen Menschen- und Bürgerrechtserklärung von 1789 maßgeblich beeinflusst war. Die spätere Abfassung in dem Grundgesetz von 1953 erfolgte vor dem Hintergrund der Menschenrechtserklärung der Vereinten Nationen von 1948 und der Europäischen Menschenrechtskonvention von 1950, die auch 1953 von Dänemark ratifiziert wurde, *Thygesen*, EuGRZ 1978, 438 (439).

schutz durch Gesetze[52] insgesamt eine vergleichsweise geringe Bedeutung. Dies ist unter anderem auf die starke dänische Freiheitstradition der Legislative (Folketing)[53], die nur zögerliche und partielle Ausdehnung der Schutzwirkung der Grundrechte in Rechtsprechung und Lehre[54], die Kontrollfunktion des Ombudsmans des Parlaments (Folketingets Ombudsmand)[55] sowie das Fehlen einer Verfassungsgerichtsbarkeit[56] zurückzuführen.[57] Das dänische System des Grundrechtsschutzes nimmt demnach eine Zwischenstellung zwischen dem kontinentaleuropäischen Ansatz eines gerichtlich etablierten, intensiven Grundrechtsschutzes und dem britischen System eines überwiegend ungeschriebenen Freiheitsschutzes in Verbindung mit einer starken Freiheitstradition ein.[58]

2. Schutz und Einschränkung der Wissenschaftsfreiheit durch die Legislative

Es ist an dieser Stelle noch mal hervorzuheben, dass in Dänemark ein intensiver Grundrechtsschutz gerade durch die stark freiheitsrechtlich orientierte Legislative selbst erfolgt. Der einfache Gesetzgeber hat in der Vergangenheit in zahlreichen Rechtsgebieten Lücken im System des verfassungsrechtlichen Grundrechtsschutzes durch eine freiheitssichernde Ausgestaltung der jeweiligen Materie geschlossen. Dies ist teilweise durch Einrichtung eines die defizitären Verfassungsgarantien flankierenden gesetzlichen Schutzes oder sogar durch die Konstituierung eines aus-

---

52 Zur Bedeutung des einfachen Gesetzesrechts als ergänzende Quelle des Verfassungsrechts: *Germer*, Dänemark, in: Grabitz (Hrsg.), Grundrechte in Europa und USA, S. 85 (90).

53 Zur Bedeutung der dänischen Freiheitstradition als Schranke legislativer und administrativer Grundrechtsverletzungen: *Gralla*, Der Grundrechtsschutz in Dänemark, S. 130 ff.

54 Der materiellrechtliche Gewährleistungsgehalt, der den dänischen Freiheitsrechten zugebilligt wird, reicht je nach Konzeption der einzelnen Verbürgungen von reinen Programmsätzen bis hin zu durchsetzbaren subjektiv-öffentlichen Rechten, wobei die dänische Grundrechtsdogmatik eine eindeutige Systematisierung lange vermissen ließ, *Gralla*, Der Grundrechtsschutz in Dänemark, S. 81 ff. In der jüngeren Literatur findet sich bei *Zahle*, Dansk forfatningsret 3, Menneskerettigheder, S. 23 ff., eine Unterscheidung zwischen Abwehrrechten und Leistungsrechten.

55 Zu Stellung und Funktion des Ombudsmans des Parlaments, der einen gesetzlich ausgestalteten öffentlichen Kontrollauftrag hinsichtlich administrativer Handlungen hat, und dessen Stellungnahmen (ombudsmandens udtalelser) zwar keine rechtlich bindende Wirkung entfalten, aber von der Verwaltung in aller Regel berücksichtigt werden, vgl. *Larsen*, Folketingets Ombudsman, Juridisk Grundbog, 4 § 13; *Zahle*, Dansk forfatningsret 2, Regering, forvaltning og dom, S. 193 ff.; *Christensen*, Forvaltningsret, prøvelse, S. 275 ff. *Holm, Buesck* und *Larsen* geben einen Überblick über die Institution und Geschichte des dänischen Parlamentarischen Ombudsmans in englischer Sprache, in: *Gammeltoft-Hansen* (Hrsg.), The Danish Ombudsman, S. 13 ff., 23 ff. und 39 ff.

56 Zum dänischen Gerichtssystem vgl. 3. Teil, C. I. 2. b), unten Fn. 88.

57 *Thygesen*, EuGRZ 1978, S. 438 (440).

58 *Thygesen*, EuGRZ 1978, S. 438 (440); *Germer*, Dänemark, in: Grabitz (Hrsg.), Grundrechte in Europa und USA, S. 86 f.

schließlich einfachgesetzlichen Grundrechtsschutzes geschehen.[59] Exemplarisch seien das Gesetz betreffend die behördlichen Register zur Gewährleistung des Datenschutzes und der Ausgleich der fehlenden Garantie der Gleichbehandlung der Geschlechter durch das dänische Gleichbehandlungsgesetz erwähnt.

Obwohl die Freiheit der Wissenschaft und Forschung in Dänemark keinerlei Gewährleistungsgehalt von Verfassungsrang genießt und der Gesetzgeber somit ungehindert Beschränkungen vornehmen kann[60], lässt sich auch diesbezüglich auf einfachgesetzlicher Ebene ein gewisser Schutz gegenüber einer absoluten staatlichen Einwirkung auf den Prozess der Gewinnung und Vermittlung wissenschaftlicher Erkenntnisse durch Gesetz feststellen.[61] Aktuelles und prominentes Beispiel, dass zu einer umfangreichen Debatte über Wissenschaftsfreiheit in Dänemark geführt hat, ist das am 1. Juli 2003 in Kraft getretene neue Universitätsgesetz (Universitetslov).[62] § 2 Abs. 2 dieses Gesetzes formuliert folgenden Grundsatz: „Die Universität genießt Forschungsfreiheit und soll sowohl deren Wahrung als auch die Wahrung der Wissenschaftsethik sichern."[63] Diese Regelung sichert den Universitäten im Sinne einer institutionellen Autonomie einen von staatlicher Einflussnahme freien Raum zur Übernahme selbstgewählter Forschungsaufgaben, der freilich nur innerhalb der vom Forschungsministerium bereitgestellten Finanzmittel wahrgenommen werden kann. Auf heftigen Widerstand in Wissenschaftlerkreisen ist das Universitätsgesetz deshalb gestoßen, weil es einerseits zwar Forschungsfreiheit garantiert, andererseits aber zumindest die individuelle Forschungsfreiheit der Universitätsmitglieder stärker beschneidet als zuvor, indem es eine neue Organisationsstruktur, charakterisiert durch eine aus überwiegend externen Mitgliedern bestehenden Universitätsleitung, mit der Erweiterung der Direktionsbefugnisse von Institutsleitern kombiniert.[64]

59 *Germer*, Dänemark, in: Grabitz (Hrsg.), Grundrechte in Europa und USA, S. 85 (90).

60 Allgemein zur Beschränkung verfassungsrechtlicher Freiheiten in Dänemark: *Zahle*, Dansk forfatningsret 3, Menneskerettigheder, S. 33 ff.

61 Zum gesetzlichen Schutz einer institutionellen Autonomie von Universitäten durch das seit Inkrafttreten des ersten Universitätsgesetzes (Universitetsloven) 1999 aufgehobene Gesetz über die Leitung höherer Bildungseinrichtungen (Lov om styrelse af højere uddannelsesinstitutioner, jf. lovbekendtgørelse nr. 358 af 26. maj 1989), vgl. *Groß*, Die Autonomie der Wissenschaft im europäischen Rechtsvergleich, S. 95.

62 Lov om universiteter (Universitetsloven) nr. 403 af 28. maj 2003.

63 Der Originalwortlaut lautet wie folgt: „*Universitetet har forskningsfrihed og skal værne om denne og om videnskabsetik.*" Eine ähnliche Regelung fand sich bereits in dem abgelösten Universitätsgesetz von 1999, vgl. Bekendtgørelse af lov om universiteter m.fl. nr. 1177 af 22. december 1999, § 1 Stk. 2.

64 Die Kritik galt insbesondere dem unverändert umgesetzten § 17 Abs. 2 des Gesetzesvorschlages vom 15. Januar 2003, wonach der Institutsleiter seine Mitarbeiter einerseits mit der Lösung bestimmter Aufgaben beauftragen können soll und die wissenschaftlichen Mitarbeiter andererseits in der Zeit, in der sie nicht mit solchen Aufgaben betraut sind, nur innerhalb des forschungsstrategischen Rahmens der Universität frei forschen können sollten. Insbesondere die zweite Einschränkung gab in Ermangelung einer hinreichend konkreten Freiheitsgewährleistung Anlass zur Diskussion, da die einzelne Universität selbst festlegen kann, wie weit sie die Gelegenheit der Wissenschaftler zum freien Forschen selbst weiter einschränkt. Zumal die Auffassungen darüber auseinander gehen, in welchem Umfang wis-

Forscher, die an einer der dänischen Universitäten oder wissenschaftlichen Hochschulen wissenschaftlich tätig sind, trugen früher ein hohes Maß an Eigenverantwortung für ihre Forschungsinhalte und waren in der Auswahl derer weitgehend frei.[65] Diese individuelle Freiheit ist jetzt zugunsten einer zentralen strategischen Forschungsplanung und Steuerung eingeschränkt worden.[66]

II. Verfassungsimmanente Vorgaben für die Verfahrensgestaltung

Die dänische Verfassung enthält keine allgemeinen Garantien über ein rechtsstaatliches Verfahren, welche neben den allein für die Judikative geltenden Bestimmungen des VI. Kapitels der Verfassung auch auf Verwaltungsverfahren oder außerstaatliche Verfahren Anwendung finden könnten.[67] Auch den verfassungsrechtlich geschützten Freiheitsrechten wird in Rechtsprechung und Literatur keine Grundrechtsdimension entnommen, die Maßstäbe für eine den Grundrechtsschutz effektuierende Organisations- und Verfahrensgestaltung setzt.[68]

III. Fazit

Die verfassungsrechtliche Betrachtung unter Einbezug des einfachgesetzlichen Grundrechtsschutzes lässt den Schluss zu, dass dem dänischen Gesetzgeber im Hinblick auf die Einführung und Ausgestaltung eines Verfahrens zum Umgang mit wissenschaftlichem Fehlverhalten ein weiter Handlungsspielraum zukommt. Der individuelle Forscher ist vor staatlichen Übergriffen im Wesentlichen nur durch die verfassungsrechtliche Gewährleistung der Meinungsäußerungsfreiheit geschützt. Eine Verfassungsdimension, welche die verfahrensrechtliche Ausgestaltung beeinflusst, ist nicht existent.

---

senschaftliche Mitarbeiter einer Universität bereits zuvor – etwa durch ihren Anstellungsvertrag – in der freien wissenschaftlichen Betätigung beschränkt sind. *Øllegaard*, Forskerforum 2003 Nr. 163, S. 5; Ein früherer Entwurf enthielt außerdem den zweideutigen Hinweis, dass ein Wissenschaftler sich für den Bereich seiner freien Forschung externe Finanzmittel suchen kann, Rektorkollegiet, Skema: Fra udkast til lovforslag, verfügbar unter: http://www.rektorkollegiet.dk/typo3conf/ext/naw_securedl/secure.php?u=0&file=fileadmin/user_u pload/downloads/fra_udkast_til_lov.pdf&t=1172784258&hash=95393956fa5ff0dab9502490 6aa6120 (15.02.2007).

65 An Sektorforschungsinstituten oder in der Forschung privater Unternehmen war der Freiraum eines Forschers dagegen naturgemäß von je her beschränkt, da dieser mit Forschungsaufträgen aus einem ganz klar vorbestimmten Bereich betraut wird.

66 *Søndergaard*, Forskerforum, 2003 Nr. 163, S. 2.

67 *Germer*, Dänemark, in: Grabitz (Hrsg.), Grundrechte in Europa und USA, S. 85 (97).

68 *Gralla*, Der Grundrechtsschutz in Dänemark, S. 181 ff.

C. Geschichtliche Entwicklung des Dänischen Verfahrensmodells

Die Einrichtung einer verantwortlichen Institution und eines Verfahrens zum Umgang mit Vorwürfen wissenschaftlichen Fehlverhaltens nahm in Dänemark ihren Ausgangspunkt im Jahr 1991 mit dem Beginn der Aktivitäten einer Arbeitsgruppe des Dänischen Medizinischen Forschungsrats (Statens Sundhedsvidenskabelige Forskningsråd (SSVF)).[69] Auf dessen Empfehlung erfolgte Ende 1992 die Einsetzung eines Danish Committee on Scientific Dishonesty (Udvalg Vedrørende Videnskabelig Uredelighed (UVVU))[70], das ausschließlich für die medizinischen Forschungsdisziplinen zuständig war.[71] Nach einem fünfjährigen Erprobungszeitraum wurde die Anzahl der Komitees auf drei erweitert und die Zuständigkeit über den medizinischen Bereich hinaus auf andere Forschungsdisziplinen ausgedehnt.

I. Das Verfahrensmodell der Arbeitsgruppe des Dänischen Medizinischen Forschungsrats

1. Einsetzung der Arbeitsgruppe

Der Dänische Medizinische Forschungsrat beschloss im März 1991, das Problem wissenschaftlichen Fehlverhaltens mit der Einsetzung einer unabhängigen sachverständigen Arbeitsgruppe, welche die Ausarbeitung eines Berichts mit Empfehlungen zur Begegnung wissenschaftlichen Fehlverhaltens ausarbeiten sollte, zu adressieren.[72] Die Arbeitsgruppe sollte einerseits Vorschläge für die Prävention gegen wis-

---

69   Der Dänische Medizinische Forschungsrat war bis zum 1.1.2004 als einer von sechs Forschungsräten, die jeweils unterschiedliche Forschungsdisziplinen abdecken, Teil des dänischen Beratungssystems in Forschungsangelegenheiten, vgl. oben 3. Teil, A. II. 1. b), Fn. 28. Seine 15 Mitglieder werden durch den dänischen Forschungsminister ernannt. Der Dänische Medizinische Forschungsrat war mit der Aufgabe der Förderung von Wissenschaft und Forschung auf dem Gebiet der Medizin betraut. In diesem Rahmen war er verantwortlich für die Vergabe von Fördermitteln, die Beratung des dänischen Parlaments, der Regierung und anderer Einrichtungen in forschungspolitischen und anderen konkret forschungsbezogenen Angelegenheiten. Darüber hinaus lokalisierte er innovative Forschungsziele und trieb diese als unabhängiger Initiator voran.

70   Da die Verwendung der dänischen Bezeichnung im deutschen Sprachraum eher unüblich ist, sich jedoch keine feststehende deutsche Übersetzung eingebürgert hat, soll im Folgenden die autorisierte englische Bezeichnung des Komitees (bzw. der späteren drei Komitees) Danish Committee(s) on Scientific Dishonesty (DCSD) verwandt werden.

71   Ein Nachweis in deutscher Sprache findet sich in dem Bericht der DFG, Sicherung guter wissenschaftlicher Praxis, Denkschrift, S. 39.

72   So die Einleitung des Ergebnisberichts von *Andersen/Attrup/Axelsen/Riis*, Scientific Dishonesty and Good Scientific Practice, S. 14. (Der Titel der dänischen Fassung lautet: *„Videnskabelig uredelighed og god videnskabelig praksis"*.) Die Aktivitäten der Arbeitsgruppe waren – auch wenn dies aus dem Titel ihres Berichts nicht hervorgeht – auf den Bereich der Gesundheitswissenschaften, im Wesentlichen der Medizin, beschränkt. Die Arbeitsgruppe setzte sich aus dem amtierenden und dem ehemaligen Präsidenten des Dänischen Medizini-

senschaftliches Fehlverhalten entwickeln und andererseits Empfehlungen nebst einem Regelungsentwurf für die Einrichtung eines Untersuchungssystems für den Umgang mit Fehlverhaltensvorwürfen bereitstellen.[73]

Bemerkenswert ist die Tatsache, dass die Initiative des Dänischen Medizinischen Forschungsrats zur Entwicklung eines dänischen Verfahrensmodells nicht auf das vermehrte Auftreten von schweren Fällen wissenschaftlichen Fehlverhaltens in Dänemark zurückgeht, sondern vornehmlich aufgrund sorgfältiger Beobachtung der amerikanischen Entwicklungen das Bedürfnis nach einer gewissermaßen vorbeugenden Regelung der Behandlung von Fehlverhaltensvorwürfen ausgemacht wurde.[74] Der Dänische Medizinische Forschungsrat ging davon aus, dass Bemühungen um eine dänische Lösung, die unabhängig von akut aufgetretenen Fehlverhaltensfällen getätigt werden, zu einem ausgewogeneren Ergebnis führen würden, welches geeignet ist, das Vertrauen der *scientific community* zu gewinnen.[75]

Mit ihrem im März 1992 veröffentlichten Bericht „Videnskabelig uredelighed og god videnskabelig praksis" („Wissenschaftliche Unredlichkeit und gute wissenschaftliche Praxis") lenkte die Arbeitsgruppe des Dänischen Medizinischen Forschungsrates die Aufmerksamkeit auf das in Dänemark bis dato wenig bekannte und behandelte Problem wissenschaftlichen Fehlverhaltens. Die ausgesprochenen Empfehlungen können sowohl im Hinblick auf die Organisation und Struktur des dänischen Verfahrenssystems als auch die Reichweite des der Beurteilung wissenschaftlichen Fehlverhaltens zugrunde liegenden Unredlichkeitsbegriffs als richtungsweisende Vorarbeit zur Entwicklung des heutigen dänischen Verfahrensmodells bebetrachtet werden.[76]

---

schen Forschungsrats und Mitgliedern der drei medizinischen Fakultäten der dänischen Universitäten, der zum damaligen Zeitpunkt noch unabhängigen Königlichen Zahnmedizinischen Hochschulen of Kopenhagen and Aarhus, der Königlichen Phar-mazeutischen Hochschule, des Journal of the Danish Medical Association (Ugeskrift for Læger), der Danish Medical Society (Dansk Medicinsk Selskab), des Zentralen Wissenschaftsethischen Komitees (Centrale Videnskabsetiske Komité) als Teil des dänischen Komiteesystems für Wissenschaftsethik, welches sich aus dem zentralen Komitee und sieben weiteren regionalen Ethikkomitees zusammensetzt, sowie drei Mitgliedern mit speziellen Sachkenntnissen zusammen.

73 Im Einzelnen sollte die Arbeitsgruppe folgende Punkte erarbeiten: (1) eine Definition des Begriffes „wissenschaftliches Fehlverhalten", (2) Vorschläge für die Einsetzung von ad hoc Untersuchungskomitees in Verdachtsfällen, (3) einen Regelungsentwurf für die Arbeit der Untersuchungskomitees, (4) Vorschläge für die Anforderungen, die Forschungseinrichtungen an die Anfertigung von Forschungsprotokolle und die Aufbewahrung von Daten stellen können, (5) Empfehlungen für die weitere Behandlung der Fälle in den Einrichtungen und (6) Maßnahmen zur Prävention wissenschaftlichen Fehlverhaltens.

74 *Andersen/Axelsen/Riis,* Danish medical bulletin 40, 1993, S. 250.

75 *Andersen/Attrup/Axelsen/Riis,* Scientific Dishonesty and Good Scientific Practice, S. 14, 38 f.

76 So auch *Zahle,* Ugeskrift for Retsvæsen (UfR) 2003, Litterær afdeling, S. 91 (91 f.).

174

2. Empfehlungen der Arbeitsgruppe

Die Arbeitsgruppe verständigte sich darauf, dass ein dänisches Verfahrensmodell in erster Linie das gesamte Spektrum staatlich finanzierter medizinischer Forschung erfassen und auf sämtliche in staatlichen Forschungseinrichtungen tätige Wissenschaftler Anwendung finden sollte. Rechtliche Grundlage für den Einsatz von Institutionen und Verfahren zur Aufklärung von Fehlverhaltensvorwürfen sollte eine Vereinbarung zwischen den betreffenden Einrichtungen und Berufsverbänden sein, die Bestandteil des Arbeitsvertrages der einzelnen angestellten Forscher werden sollte.[77] Durch nicht näher beschriebene besondere Vereinbarungen sollten darüber hinaus auch in privaten Einrichtungen und Unternehmen beschäftigte Forscher von dem Modell erfasst werden.[78]

a) Struktur des Verfahrensmodells

Die Arbeitsgruppe empfahl die Einrichtung eines zentralisierten Untersuchungssystems, welches sich aus zwei regionalen Komitees und einem nationalen Komitee für die Untersuchung von Vorwürfen wissenschaftlichen Fehlverhaltens zusammensetzen sollte.[79] Die regionalen Komitees sollten für die erstinstanzliche Untersuchung von Fehlverhaltensfällen in den Landesteilen westlich und östlich des Großen Belt zuständig sein.[80] Das nationale Komitee sollte vornehmlich die Rolle einer Berufungsinstanz für die beiden Regionalkomitees übernehmen und darüber hinaus Fälle aus Grönland und von den Färöer Inseln[81], Fälle, die von ausländischen Forschern oder Forschungseinrichtungen an das Komiteesystem herangetragen werden, sowie solche, die dänische Projekte in Entwicklungsländern betreffen, erstinstanzlich untersuchen.[82] Darüber hinaus war dem nationalen Komitee eine Beratungsfunktion

---

77 Angesichts des Umstandes, dass diese Form der Implementierung zu einer Verbindlichkeit nur für Personen führt, die nach Abschluss der Vereinbarung angestellt werden, hat sich die Arbeitsgruppe im Übrigen für eine allgemeine Beachtung der maßgeblichen Vorschriften und Verfahren auf freiwilliger Basis ausgesprochen. *Andersen/Attrup/Axelsen/Riis*, Scientific Dishonesty and Good Scientific Practice, S. 62.

78 *Andersen/Attrup/Axelsen/Riis*, Scientific Dishonesty and Good Scientific Practice, S. 62.

79 *Andersen/Attrup/Axelsen/Riis*, Scientific Dishonesty and Good Scientific Practice, S. 61 ff., 112.

80 Die Regionalkomitees sollten mit Ihren Geschäftsstellen der medizinischen Fakultät der Universität Kopenhagen (Regionalkomitee für den östlichen Teil Dänemarks) und den kooperierenden medizinischen Fakultäten der Universitäten von Odense und Aarhus (Regionalkomitee für den westlichen Teil Dänemarks) angegliedert werden.

81 Die Behandlung von Fällen aus Grönland und von den Färöer Inseln sollte nur unter der Bedingung erfolgen, dass die betreffenden Regierungen einer solchen Praxis zustimmen.

82 *Andersen/Attrup/Axelsen/Riis*, Scientific Dishonesty and Good Scientific Practice, S. 65 und 112 f.

gegenüber den regionalen Komitees zugedacht.[83] Das nationale Komitee sollte dem dänischen Forschungsministerium unterstellt werden.[84]

Das vorgeschlagene Untersuchungssystem akzentuierte bereits die Unabhängigkeit der Entscheidung der jeweiligen in der Arbeitgeberrolle befindlichen Forschungseinrichtung über eventuelle Sanktionen gegenüber dem angestellten Forscher von den Entscheidungen der Komitees. Während es Aufgabe der Untersuchungskomitees sein sollte, den Nachweis wissenschaftlicher Unredlichkeit zu erbringen, das Ergebnis seiner Untersuchung gemeinsam mit einem Ausspruch darüber, ob wissenschaftliche Abhandlungen des betroffenen Forschers widerrufen werden sollten, festzustellen und den Beteiligten einschließlich der Arbeitgebereinrichtung mitzuteilen, sollte es der jeweiligen Forschungseinrichtung obliegen, gegenüber dem Wissenschaftler Sanktionen zu verhängen.[85] Dem die Untersuchung abschließenden Bericht des untersuchenden Komitees sowie dessen Schlussfolgerungen hinsichtlich des Nachweises wissenschaftlicher Unredlichkeit sollte nach Auffassung der Arbeitsgruppe weder im Falle der Feststellung wissenschaftlicher Unredlichkeit noch im Falle der Unschuld des betroffenen Wissenschaftlers eine verbindliche Rechtswirkung zukommen. Die Feststellungen des untersuchenden Komitees sollten lediglich der Orientierung und Information dienen.

Allerdings verfolgte die Arbeitsgruppe mit dem vorgeschlagenen System auch das Ziel einer Vereinheitlichung der dänischen Sanktionierungspraxis, und zwar im Einklang mit der internationalen Praxis auf diesem Gebiet.[86] Die Institution sollte daher im Sinne eines Erfahrungsaustausches nach Erhalt des Untersuchungsberichts die Gelegenheit haben, sich mit dem verantwortlichen Komitee über etwaige Sanktionen zu beraten, in jedem Fall sollte sie verpflichtet sein, dem Komiteesystem die getroffene Sanktionsentscheidung mitzuteilen.[87] Auf der Basis der auf diese Weise gewonnen Erfahrungen sollten die Komitees zunehmend in die Lage versetzt werden, die Einrichtungen auf deren Wunsch in Sanktionsfragen beraten zu können.

b) Organisation der Komitees

Gemäß den Empfehlungen der Arbeitsgruppe sollten sich die zwei Regionalkomitees jeweils aus drei Mitgliedern und drei Ersatzmitgliedern zusammensetzen, davon jeweils ein Voll- und ein Ersatzmitglied mit der Befähigung zum Richteramt. Die übrigen Voll- und Ersatzmitglieder sollten Forschung auf dem Gebiet des Gesundheitswesens betreiben. Die Ernennung der nichtjuristischen Mitglieder sollte durch den Dänischen Medizinischen Forschungsrat, die Ernennung der Juristen auf Vor-

---

83 *Andersen/Attrup/Axelsen/Riis*, Scientific Dishonesty and Good Scientific Practice, S. 114.
84 *Andersen/Attrup/Axelsen/Riis*, Scientific Dishonesty and Good Scientific Practice, S. 113.
85 *Andersen/Attrup/Axelsen/Riis*, Scientific Dishonesty and Good Scientific Practice, S. 79.
86 *Andersen/Attrup/Axelsen/Riis*, Scientific Dishonesty and Good Scientific Practice, S. 79.
87 *Andersen/Attrup/Axelsen/Riis*, Scientific Dishonesty and Good Scientific Practice, S. 75, 79.

schlag der Präsidenten der zwei dänischen Landgerichte (des Vestre Landsret und des Østre Landsret)[88], erfolgen.[89]

Das nationale Komitee hingegen sollte aus einem Vorsitzenden mit der Stellung eines Richters am Landgericht, der ebenfalls auf Vorschlag der Präsidenten der Landgerichte ernannt sollte, und jeweils sechs weiteren Voll- und Ersatzmitgliedern, Wissenschaftlern auf dem Gebiet des Gesundheitswesens, bestehen. Die Ernennung der wissenschaftlichen Voll- und Ersatzmitglieder durch den Dänischen Medizinischen Forschungsrat sollte nach einer Nominierung von je einem Mitglied und einem Ersatzmitglied seitens der beiden Regionalkomitees[90], der Dänischen Medizinischen Vereinigung, der Vereinigung der Bezirksräte und der Stadtgemeinden Kopenhagen und Frederiksberg, des Direktorenkomitees der staatlichen Forschungsinstitute und der Hochschulrektorenkonferenz[91] erfolgen.[92] Der Dänische Medizinische Forschungsrat sollte für ein ausgeglichenes Verhältnis der Mitglieder im Hinblick auf Geschlecht, Alter und fachlicher Tätigkeit sorgen.[93]

c) Materieller Beurteilungsmaßstab: wissenschaftliche Unredlichkeit

Angesichts der enormen Reichweite des Begriffes wissenschaftlicher Unredlichkeit (videnskabelig Uredelighed)[94] hat die Arbeitsgruppe den Versuch unternommen, den

---

88 Das dänische Gerichtssystem besteht aus 82 Amtsgerichten (Byretter), zwei Landgerichten (Landsretter) in Viborg und Kopenhagen (Vestre Landsret und Østre Landsret), dem See- und Handelsgericht in Kopenhagen (Sø- og Handelsret) und dem Dänischen Obersten Gerichtshof (Højesteret). Neben den allgemeinen Gerichten existiert ein besonderes Gericht (Særlige Klageret), das Disziplinarverfahren gegen Richter durchführt und für die Wiederaufnahme bereits abgeschlossener Strafverfahren zuständig ist, vgl. *Gammeltoft-Han-sen* in: *Gammeltoft-Hansen/Gomard/Philip*, Danish Law A general Survey, S. 337 (386 f.), *Spaude*, Das dänische Rechtswesen, S. 1 ff.
    In Dänemark gibt es keine gesonderte Verwaltungsgerichtsbarkeit und kein Verfassungsgericht. Verwaltungs- und verfassungsrechtliche Streitigkeiten werden von dem allgemeinen Gerichtssystem erfasst, in dessen letzter Instanz der Dänische Oberste Gerichtshof (Højesteret) entscheidet. Jedoch können die Bürger verwaltungsrechtliche Entscheidungen bei verwaltungsinternen Beschwerdeinstanzen angreifen. Die vorherige Durchführung dieser Verfahrens ist zum Teil Voraussetzung für die Anrufung der Gerichte, vgl. *Dübeck*, Introduktion til Dansk Ret, Einführung in das dänische Recht, S. 33.
89 *Andersen/Attrup/Axelsen/Riis*, Scientific Dishonesty and Good Scientific Practice, S. 63 und 112.
90 Es war vorgesehen, dass die Regionalkomitees jeweils zwei eigene Mitglieder nominieren, so dass insgesamt zwei Voll- und zwei Ersatzmitglieder des nationalen Komitees gleichzeitig in den Regionalkomitees tätig werden. Mitglieder, die an der Verhandlung eines Falles in einem der Regionalkomitees beteiligt waren, sollten im gleichen Fall jedoch nicht auch an dem Verfahren vor dem nationalen Komitee teilnehmen.
91 Dänisch: "Rektorkollegiet".
92 *Andersen/Attrup/Axelsen/Riis*, Scientific Dishonesty and Good Scientific Practice, S. 64 f. und 113.
93 *Andersen/Attrup/Axelsen/Riis*, Scientific Dishonesty and Good Scientific Practice, S. 64.
94 Vgl. zu dem begrifflichen Hintergrund unten 3. Teil, E. I., S. 212 ff.

Rahmen derjenigen unredlichen Verhaltensweisen, auf die das vorgeschlagene Verfahren Anwendung finden sollte, zu abzugrenzen. Sie differenzierte zwischen drei Ausprägungsformen wissenschaftlicher Unredlichkeit[95], von denen nur eine in den Kompetenzbereich des vorgeschlagenen Untersuchungssystems fallen sollte. Diese beinhaltete besonders schwere unredliche Verhaltensweisen, die geeignet sind, wissenschaftliche Inhalte zu verfälschen oder Forschungsleistungen der falschen Person zuzuordnen. Auf den Inhalt der drei Kategorien wird im Zusammenhang mit dem heute geltenden Beurteilungsmaßstab näher eingegangen.[96]

d) Behandlung von Fällen wissenschaftlicher Unredlichkeit durch die
   Untersuchungskomitees und Forschungseinrichtungen

Die Arbeitsgruppe hat analog der ihr übertragenen Aufgabenbereiche[97] sowohl Vorschläge hinsichtlich der Arbeitsweise der Komitees, insbesondere hinsichtlich der Behandlung von wissenschaftlichen Fehlverhaltensfällen, als auch hinsichtlich des sich daran anschließenden Umgangs mit diesen Fällen in den betroffenen Forschungseinrichtungen unterbreitet. Diese Verfahrensempfehlungen sollen im Folgenden kurz referiert werden, da sie aus heutiger Sicht in weiten Teilen die Basis für Struktur und Ablauf des heutigen Verfahrens in Fehlverhaltensangelegenheiten in Dänemark bilden.

Nach den Empfehlungen der Arbeitsgruppe sollte das Aufklärungsverfahren derart ausgestaltet sein, dass die Behandlung eines Falles durch eines der Regionalkomitees mit der Äußerung eines Verdachts über wissenschaftliches Fehlverhalten durch jede beliebige Person oder Einrichtung oder aber auf eigene Initiative eines der Komitees in Gang gesetzt werden konnte.[98] An die Einleitung des Verfahrens

---

95 *Andersen/Attrup/Axelsen/Riis*, Scientific Dishonesty and Good Scientific Practice, S. 20.
96 Vgl. unten 3. Teil, E. I. 2., S. 213 ff.
97 Vgl. oben 3. Teil, C. I. 1., S. 173 f.
98 *Andersen/Attrup/Axelsen/Riis*, Scientific Dishonesty and Good Scientific Practice, S. 66 u. 71. Das nationale Komitee sollte diejenigen Fälle, die es nicht erstinstanzlich untersuchen sollte, an die Regionalkomitees verweisen.
    Für die Fälle des Auftretens eines Verdachts in besonderen Konstellationen, wie im Rahmen der Begutachtung eines Manuskripts durch einen Redaktionsausschuss oder einer Dissertation durch deren Gutachter, hat die Arbeitsgruppe die zu ergreifenden Maßnahmen bis hin zur Benachrichtigung eines der Regionalkomitees detailliert beschrieben, um eine strikte Trennung der Verfahrensabläufe zugunsten der Wahrung der Rechtsstellung des betroffenen Forschers durch ein Verfahren des Komiteesystems zu gewährleisten: Tritt der Verdacht während der Begutachtung eines Manuskripts auf, sollten zunächst der verantwortliche Herausgeber und der Hauptautor informiert werden, eine direkte Kontaktaufnahme mit dem betroffenen Forscher oder die Eröffnung einer eigenen Untersuchung sollte vermieden werden. Sollten Angaben des Hauptautors zu keiner befriedigenden Klärung beizutragen können, sollte das zuständige Regionalkomitee informiert werden. Auch die Gutachter einer Dissertation sollten zunächst die zuständige Stelle der jeweiligen Einrichtung, d.h. den Fakultätsrat oder den Promotionsausschuss etc., benachrichtigen, aber keine eigene Untersuchung gegen den betroffe-

sollte sich in Anlehnung an die Durchführung von Fehlverhaltensuntersuchungen in den USA ein zweistufiges Verfahren anschließen.

Der erste Schritt sollte in einer Vorprüfung bestehen, im Rahmen derer der in Verdacht geratene Wissenschaftler von den gegen ihn im Raum stehenden Vorwürfen – gegebenenfalls unter Übersendung notwendigen Dokumentationsmaterials - schriftlich unterrichtet und zu einer schriftlichen Stellungnahme aufgefordert werden sollte. Gleichzeitig sollte eine Unterrichtung über die Arbeit und Verfahrensweise des Untersuchungssystems sowie die Rechte des Betroffenen stattfinden.[99]

Vor Eintritt in den zweiten Verfahrensabschnitt sollte sich eine Entscheidung des Regionalkomitees darüber anschließen, ob die Verdachtsmomente durch den betroffenen Wissenschaftler ausgeräumt werden konnten. Sofern der Fall als abgeschlossen betrachtet werden würde, sollte der Informant die Gelegenheit zu einer erneuten Darstellung seines Verdachts erhalten, welche zur Wiederaufnahme des Falles durch das Regionalkomitee führen können sollte. Würde die Wiederaufnahme abgelehnt, sollte dem Informanten die Möglichkeit offen stehen, den Fall vor das Nationale Komitee zu bringen.[100]

Für den Fall, dass das Regionalkomitee entweder sogleich oder auf erneutes Gesuch des Informanten befinden würde, dass ein begründeter Verdacht bestehen bleibt, sahen die Empfehlungen der Arbeitsgruppe den Eintritt in die eigentliche Untersuchung vor. Über diesen Verfahrensfortgang sollten der Informant, der betroffene Wissenschaftler sowie dessen Arbeitgeber informiert werden.[101] Letztere sollten während des Ablaufs der Untersuchung verpflichtet sein, dem Regionalkomitee

nen Wissenschaftler einleiten. Die Institution selbst sollte im Anschluss eine Stellungnahme des Betroffenen erbeten. Sofern dessen Erklärung den Verdacht nicht beseitigen können würde, sollte es der Forschungseinrichtung obliegen, den Fall an das zuständige Regionalkomitee zu verweisen.

Bei Entstehen eines Verdachts innerhalb des gewohnten Forschungsumfeldes billigte die Arbeitsgruppe einem Wissenschaftler mit ranghöherer Stellung in der Forschungseinrichtung ausnahmsweise die Bewertung der Erklärung eines in Verdacht geratenen jüngeren Kollegen zu. Hätte der Verdacht nach Auffassung des erfahreneren Kollegen nicht ausgeräumt werden können, sollte dieser die Abteilungsleitung oder eine andere zuständige Stelle der Institution in Kenntnis setzen, die den Fall an das zuständige Regionalkomitee weiterleiten sollte. Sollte die betroffene Forschungseinrichtung eine Einschaltung des zuständigen Regionalkomitees nicht für geboten halten, sollte es dem Wissenschaftler selbst überlassen bleiben, den Fall einem Regionalkomitee zur weiteren Untersuchung vorzulegen. Ebenso sollte dieser die Möglichkeit haben, das Komitee sogleich, d.h. ohne eigene Vorprüfung, einzuschalten. Im umgekehrten Fall des Verdachts eines Nachwuchswissenschaftlers gegenüber einem vorgesetzten Kollegen sollte eine Bewertung des Vorbringens des betroffenen Kollegen allein durch eine zuständige Stelle der Einrichtung erfolgen können. Der Nachwuchswissenschaftler sollte sich allerdings ebenfalls entweder sogleich oder nach einer ergebnislos verlaufenen Beurteilung der Umstände durch die Institution an ein Regionalkomitee wenden können.

99 *Andersen/Attrup/Axelsen/Riis*, Scientific Dishonesty and Good Scientific Practice, S. 71.
100 *Andersen/Attrup/Axelsen/Riis*, Scientific Dishonesty and Good Scientific Practice, S. 72.
101 *Andersen/Attrup/Axelsen/Riis*, Scientific Dishonesty and Good Scientific Practice, S. 72.

Zugang zu dem gesamten relevanten Datenmaterial zu gewähren.[102] Überdies sollte das Regionalkomitee Zugang zu den Forschungsräumlichkeiten, z.B. Laboratorien und Krankenhausstationen, haben, soweit dies zur Aufklärung eines Falles sachdienlich sein würde. Forschungsergebnisse, die in Ermangelung einer hinreichenden Dokumentation nicht nachvollzogen werden könnten, sollten auf ihre Reproduzierbarkeit hin überprüft werden.[103] Das Regionalkomitee sollte Befragungen des Informanten, des Wissenschaftlers, dessen Mitarbeiter sowie von weiteren relevanten Personen durchführen können.[104]

Das Regionalkomitee sollte sich im Stadium der Untersuchung der Einsetzung eines besonderen Expertenkomitees, bestehend aus drei oder fünf Mitgliedern, bedienen können. Dabei sollte der betroffene Wissenschaftler Vorschläge und Einwände hinsichtlich der personellen Besetzung vorbringen können, ohne jedoch über tatsächliches Vetorecht zu verfügen. Das Expertenkomitee sollte seine Arbeit mit einem detaillierten Untersuchungsbericht abschließen, den das Regionalkomitee seiner eigenen Entscheidung zugrunde legt.[105]

Die Entscheidung des Regionalkomitees sollte nach Auffassung der Arbeitsgruppe einen Ausspruch über das Vorliegen wissenschaftlicher Unredlichkeit sowie über die Notwendigkeit des Widerrufs wissenschaftlicher Arbeiten und Veröffentlichungen beinhalten.[106] Der Entwurf des Berichts einschließlich der getroffenen Entscheidung darüber, ob der Nachweis wissenschaftlicher Unredlichkeit erbracht werden konnte, sollte der Forschungseinrichtung, dem Informanten und dem betroffenen Wissenschaftler vorgelegt werden. Letzterer sollte damit Gelegenheit erhalten, zu den Feststellungen des Komitees Stellung zu nehmen.[107] Sofern auf etwaige Remonstrationen des Forschers keine Änderungen vorgenommen würden, sollte ein

---

102 In Übereinstimmung mit den Regeln, die die Arbeitsgruppe für Forschungsprotokolle und Datenspeicherung vorgeschlagen hat, sollen Forschungsdaten an Forschungseinrichtungen grundsätzlich für einen Mindestzeitraum von acht bis zehn Jahren gespeichert werden, vgl. *Andersen/Attrup/Axelsen/Riis*, Scientific Dishonesty and Good Scientific Practice, S. 69, 85 f. Über Datenmaterial, welches sich im Besitz des Wissenschaftlers selbst befindet, kann nicht verfügt werden, solange dieser einer entsprechenden Vereinbarung nicht zugestimmt hat.

103 In diesem Zusammenhang betont die Arbeitsgruppe, dass ein Forscher die übliche Praxis innerhalb der Scientific Community missachtet, wenn er die Richtigkeit veröffentlichter Ergebnis nicht nachzuweisen vermag. Es sei nicht die Aufgabe anderer Personen, wie z.B. der Herausgeber wissenschaftlicher Zeitschriften, die Unrichtigkeit der vorgelegten Ergebnisse zu beweisen. Im Rahmen einer Untersuchung durch das Komiteesystem soll ein Fehlen hinreichender Dokumentation jedoch noch nicht das Vorliegen wissenschaftlicher Unredlichkeit begründen können, selbst wenn der Fall aus diesem Grund nicht vollständig geklärt werden kann. Gleichzeitig die Aussicht des betroffenen Forschers, sich vollständig von dem Verdacht eines Fehlverhaltens befreien zu können. Deshalb erachtet die Arbeitsgruppe es für sinnvoll, den Forscher den Versuch einer Reproduktion seiner Forschungsleistung unternehmen zu lassen.

104 Eine Zeugnispflicht soll bzw. kann daraus nicht resultieren.

105 *Andersen/Attrup/Axelsen/Riis*, Scientific Dishonesty and Good Scientific Practice, S. 74.

106 *AndersenAttrup/Axelsen/Riis*, Scientific Dishonesty and Good Scientific Practice, S. 66 u. 74.

107 Für die Formulierung seiner Einwände soll dem Wissenschaftler ein Zeitraum von mindestens einer Woche zur Verfügung stehen.

endgültiger Abschlussbericht gemeinsam mit den Anmerkungen des Wissenschaftlers an diesen, an die Forschungseinrichtung und an den Informanten übersandt werden.[108]

Die Rechte des Betroffenen sollten im Übrigen während der Durchführung der Untersuchung durch die Einhaltung der Erfordernisse des dänischen Verwaltungsverfahrensrechts gewahrt werden.

Gegen die endgültige Entscheidung des Regionalkomitees sollten der Wissenschaftler, seine Forschungseinrichtung oder der Informant vorgehen können, indem sie bei dem verantwortlichen Regionalkomitee die Überprüfung durch das nationale Komitee beantragen.[109] Das nationale Komitee sollte daraufhin entweder auf Grundlage der bislang erlangten Informationen erneut entscheiden können oder aber den Fall zur weiteren Aufklärung zunächst an das Regionalkomitee zurückverweisen bzw. eine eigene Untersuchung – auch unter Heranziehung eines Expertenkomitees – veranlassen können. Im Übrigen sollte die Untersuchung durch das nationale Komitee denselben Regeln folgen, wie sie für das Regionalkomitee beschrieben wurden.

Nach dem endgültigen Abschluss eines Falles sollte dieser bei Feststellung des Vorliegens wissenschaftlicher Unredlichkeit in anonymisierter Form in den einschlägigen Fachzeitschriften veröffentlicht werden.[110] Sollte sich jedoch herausstellen, dass der Unredlichkeitsvorwurf zu Unrecht erhoben wurde, sollte der betroffene Forscher hierüber zur Verwendung im persönlichen Interesse oder zur Veröffentlichung eine Bestätigung erhalten, die es ihm ermöglicht, seine Unschuld nachzuweisen.[111]

Die Entscheidung über die Verhängung von Sanktionen aufgrund der festgestellten wissenschaftlichen Unredlichkeit sollte der Einrichtung vorbehalten bleiben, in welcher der betroffene Forscher arbeitet. Die Forschungseinrichtung sollte sich jedoch mit dem Regionalkomitee oder dem nationalen Komitee über den Umfang der Sanktionen beraten können bzw. die Aussprache von Empfehlungen durch das nationale Komitee beantragen können.[112] Über die getroffene Sanktionsentscheidung oder den Widerruf von Publikationen sollte dem verantwortliche Regionalkomitee oder dem nationalen Komitee Bericht erstattet werden.[113]

---

108 *Andersen/Attrup/Axelsen/Riis*, Scientific Dishonesty and Good Scientific Practice, S. 74.

109 *Andersen/Attrup/Axelsen/Riis*, Scientific Dishonesty and Good Scientific Practice, S. 74. Das Nationalkomitee soll in bestimmten Fällen mit Auslandsbezug sowie solchen aus Grönland und von den Färöer Inseln, erstinstanzlich tätig werden, vgl. oben 3. Teil, C. I. 1. b), S. 176 f.

110 Die Arbeitsgruppe sieht die Anonymisierung von veröffentlichten Entscheidungen – ungeachtet der mitunter zu erwartenden Offenlegung von Namen und Daten durch andere Kanäle – als notwendigen Beitrag zu Resozialisierung betroffener Forscher an, auch wenn diese Praxis gegenüber der vollständigen öffentlichen Darlegung den Nachteil mit sich bringt, dass die Forschungseinrichtungen sich der Kritik der Medien wegen des vermeintlich unangemessenen Schutzes ihrer Reputationsinteressen ausgesetzt sehen, vgl. *Andersen/Attrup/Axelsen/ Riis*, Scientific Dishonesty and Good Scientific Practice, S. 81.

111 *Andersen/Attrup/Axelsen/Riis*, Scientific Dishonesty and Good Scientific Practice, S. 75, 68 f.

112 *Andersen/Attrup/Axelsen/Riis*, Scientific Dishonesty and Good Scientific Practice, S. 75, 69.

113 *Andersen/Attrup/Axelsen/Riis*, Scientific Dishonesty and Good Scientific Practice, S. 75, 66.

Die Arbeitsgruppe hat ein abgestuftes Sanktionssystem vorgeschlagen, welches eine dauerhafte Stigmatisierung des betroffenen Forschers möglichst auf ein Mindestmaß beschränken sollte.[114] Sie hat hierbei unterschieden zwischen: Maßnahmen, die eine Regulierung des Verhaltens in Grenzfällen von Unredlichkeit beinhalten, Sanktionen, die lediglich für einen gewissen Zeitraum und in weniger gravierenden Fällen greifen, und schweren und dauerhaften Sanktionen, welche in besonders schädlichen Fällen für die involvierten Personen (Patienten), die Gesellschaft oder die Forschung zum Einsatz kommen sollten.[115] Den einzelnen Stufen wurden noch keine konkreten Sanktionsformen zugeordnet, die Arbeitsgruppe beschränkte sich insoweit auf die reine Aufzählung tatsächlich möglicher Sanktionen im dänischen Forschungsumfeld. Hierunter fallen die Abmahnung oder ein dienstlicher Verweis, die Versetzung an eine andere Arbeitsstelle oder einen anderen Arbeitsort, die Entziehung öffentlicher Fördergelder für einen bestimmten Zeitraum bzw. die Verpflichtung zur vollständigen oder anteiligen Rückerstattung bereits erhaltener Fördermittel, die Entziehung der Lehrbefugnis, die Entziehung akademischer Grade und die Entlassung oder Relegation.

e) Weitere Aufgaben der Komitees

Die Arbeitsgruppe hat in ihrem Bericht über das Verfahren zur Untersuchung wissenschaftlicher Fehlverhaltensfälle hinaus weitere Empfehlungen über allgemeine Aufgaben des Komiteesystems formuliert. Danach sollten die Komitees – insbesondere durch Veröffentlichung von Jahresberichten über ihre Tätigkeit und Grundsatzfragen der Forschungspraxis – Informationsarbeit zur Förderung guter wissenschaftlicher Praxis leisten und die Einrichtungen des öffentlichen Gesundheitswesens beraten.[116] Das nationale Komitee sollte internationale Entwicklungen in seinem Tätigkeitsbereich verfolgen und das dänische Untersuchungssystem in der internationalen *research community* entsprechend sichtbar machen.

II. Das Danish Committee on Scientific Dishonesty von 1992

1. Gründung

Am 1. November 1992 gründete der Dänische Medizinische Forschungsrat das erste und – bis zur späteren Ausweitung des dänischen Verfahrensmodells auf weitere Fachbereiche – zunächst einzige nationale Komitee für wissenschaftliche Unredlichkeit in der medizinischen Forschung, das „Danish Committee on Scientific Dis-

---

114 *Andersen/Attrup/Axelsen/Riis*, Scientific Dishonesty and Good Scientific Practice, S. 114.
115 *Andersen/Attrup/Axelsen/Riis*, Scientific Dishonesty and Good Scientific Practice, S. 80 f.
116 *Andersen/Attrup/Axelsen/Riis*, Scientific Dishonesty and Good Scientific Practice, S. 68 f.

honesty (DCSD)"[117] (Udvalg Vedrørende Videnskabelig Uredelighed (UVVU)). In Erwartung einer geringen Anzahl zu untersuchender Fälle und um einen zügigen Erfahrungszuwachs konzentriert in der Hand einer einzelnen Institution zu gewährleisten, wurde aus Vereinfachungsgründen auf die Einrichtung zweier zusätzlicher Regionalkomitees entsprechend dem Vorschlag der Arbeitsgruppe des Dänischen Medizinischen Forschungsrats verzichtet.[118] Die Komprimierung des Vorschlags auf ein nationales Komitee dürfte darüber hinaus auf die heterogene Ansiedlungsstruktur der medizinischen Forschungseinrichtungen in Dänemark zurückzuführen sein.[119]

2. Mitgliederstruktur

Der Dänische Medizinische Forschungsrat ernannte auf Empfehlung des Präsidenten des Landgerichts Kopenhagen (Østre Landsret) einen Richter desselben Landgerichts zum Vorsitzenden.[120] Statt der in den Empfehlungen der Arbeitsgruppe für das nationale Komitee vorgesehenen sechs wurden sieben weitere Mitglieder mit besonderen beruflich erworbenen Fachkenntnissen im Gesundheitswesen sowie sieben Ersatzmitglieder mit entsprechendem Sachverstand auf Vorschlag sieben vorwiegend fachbezogener Einrichtungen ernannt.[121] Die Ernennung sämtlicher Mitglieder erfolgte zunächst für einen Erprobungszeitraum von drei Jahren mit der Option der

---

117 Es mutet sonderbar an, dass die Bezeichnung dieses ersten Komitees – ebenso wie schon der Titel des Bericht der Arbeitsgruppe, auf den es zurückgeht (vgl. oben) – keinen Rückschluss auf dessen Beschränkung auf den medizinischen Forschungsbereich zulässt, vgl. auch *Zahle*, Uredelighed i forskningen, S. 91 (91 Fn. 6). Die gilt insbesondere vor dem Hintergrund, dass den späteren drei Danish Committees on Scientific Dishonesty (vgl. unten) keine Namensänderung zu Teil wurde, vielmehr die bisherige Bezeichnung im Plural fortgeführt wurde. Dies gilt für die dänische Fassung entsprechend und führt wegen der jeweils gleichlautenden Abkürzungen (DCSD bzw. UVVU) bisweilen zu Unklarheiten.
118 Vgl. oben 3. Teil, C. I. 1. b), S. 176 f.
119 So auch die Vermutung Christiansens, Mitglied des Komitees für Natur-, Agrar-, Veterinär- und technische Wissenschaften im Gespräch vom 13.11.2003.
120 The Danish Committee on Scientific Dishonesty, Annual Report 1993, Appendix 2: Members of DCSD.
Ernannt wurde Hans Henrik Brydensholt, der in der Folgezeit durchgehend bis in das Jahr 2002 den Vorsitz der DCSD innehielt, bevor er aufgrund seiner Pensionierung als Richter aus dem Amt ausscheiden musste.
121 Darunter die drei dänischen Universitäten (einschließlich der inzwischen eingegliederten Royal Dental Colleges), der Royal School of Pharmacy, das Joint Committee of Directors of Government Research Institutes, die Association of Local Governments und die Danish Medical Society, The Danish Committee on Scientific Dishonesty. Annual Report 1993, Chapter One: The Appointment and Modus Operandum of the Committee; *Brydensholt* in: Lock/ Wells/Farthing, Fraud and Misconduct in Biomedical Research, S. 126.

Wiederernennung nach Ablauf dieser Periode.[122] Das Komitee wählte anlässlich der ersten Zusammenkunft seiner Mitglieder am 26. November 1992 einen stellvertretenden Vorsitzenden aus den eigenen Reihen.[123]

3. Normative Grundlagen

Das DCSD begann unmittelbar nach seiner Ernennung mit der Erarbeitung satzungsmäßiger Statuten (vedtægter). Es orientierte sich dabei stark an den in dem Bericht „Videnskabelig uredelighed og god videnskabelig praksis" veröffentlichten Empfehlungen der Arbeitsgruppe des Dänischen Medizinischen Forschungsrats.[124] Der Reglungsentwurf wurde durch den Dänischen Medizinischen Forschungsrat vorbehaltlich einer neuerlichen Überprüfung nach einem gewissen Zeitraum der Erprobung und Erfahrungssammlung am 18. Dezember 1992 genehmigt und trat sogleich in Kraft.[125] Die Satzung beinhaltete unter anderem eine nicht abschließende Definition von Fehlverhalten in der medizinischen Forschung, eine Bestimmung des Aufgabenbereichs des Komitees, Bestimmungen zur Zusammensetzung, Selbstorganisation und Beschlussfassung des Komitees und eine Vertrauensschutzregelung.[126] Das Komitee entschied sich nach eingehender Beratung jedoch gegen die Aufstellung expliziter Verfahrensregeln, mit dem Hinweis darauf, dass dies geschehen sollte, wenn sich Verfahrensregeln in der Praxis als notwendig erweisen würden.[127]

Um der Gefahr einer zunehmenden Verrechtlichung des Verfahrens, wie sie aus den USA bekannt war, entgegenzuwirken, war das Komitee von Beginn an bemüht, seine Verfahren so durchzuführen, dass eine Vertretung der Parteien durch Rechtsanwälte nicht erforderlich war und trotz der Notwendigkeit sorgfältiger Interessenwahrung möglichst nicht zur Regel wurde.[128]

122 The Danish Committee on Scientific Dishonesty, Annual Report 1993, Chapter One: The Appointment and Modus Operandum of the Committee; *Brydensholt* in: Lock/Wells/Farthing, Fraud and Misconduct in Biomedical Research, S. 126.
123 The Danish Committee on Scientific Dishonesty, Annual Report 1993, Chapter One: The Appointment and Modus Operandum of the Committee.
124 The Danish Committee on Scientific Dishonesty, Annual Report 1993, Apendix 1: Statutes.
125 The Danish Committee on Scientific Dishonesty, Annual Report 1994, Apendix 1: Statutes, S. 63.
126 The Danish Committee on Scientific Dishonesty, Annual Report 1994, Apendix 1: Statutes, S. 64 ff.
127 Der erste Jahresbericht des Komitees enthielt als Hintergrundinformation zu den Berichten über die untersuchten Fehlverhaltensfälle eine Beschreibung des Verfahrensablaufs; The Danish Committee on Scientific Dishonesty, Annual Report 1993, Chapter 5: Report of Scientific Dishonesty, Case procedures, S. 27.
128 Den Parteien wurde es jedoch auf ihren Wunsch hin freigestellt, sich durch einen Rechtsanwalt oder einen Berufsverband rechtlich vertreten zu lassen. Dennoch wurden die den Fall betreffenden Unterlagen niemals ausschließlich dem rechtlichen Vertreter einer Partei, sondern immer auch den Parteien selbst zugestellt; vgl. The Danish Committee on Scientific Dishonesty, Annual Report 1993, Chapter One: The Appointment and Modus Operandum of the

4. Status und Entscheidungen des Komitees

Das DCSD war eine organisatorisch zwar verselbständigte, im Übrigen aber eine dem Dänischen Medizinischen Forschungsrat, seiner Gründungs- und anfänglichen Trägerorganisation, unterworfener Institution. Man könnte es als autonom handelnden Ausschuss oder Unterkomitee des Dänischen Medizinischen Forschungsrats bezeichnen, da es jederzeit abberufbar und formal nicht selbständiger Teil der öffentlichen Verwaltung war. Das Komitee unterlag somit schon per se nicht den für die Verwaltung geltenden Vertraulichkeits- und Verfahrensvorschriften.[129] Das DCSD unterwarf sich jedoch freiwillig den maßgeblichen Vorschriften mit Ausnahme derer des Öffentlichkeitsgesetzes (Offentlighedsloven).[130] Es entschied, keinen öffentlichen Zugang zu fallbezogenen Dokumenten zu ermöglichen, bevor den Parteien die Entscheidung des Komitees mitgeteilt wurde.[131] Damit wurde dem Umstand Rechnung getragen, dass es im Interesse der Parteien liegt, die Veröffentlichung der Details eines Falles während der andauernden Begutachtung durch das Komitee zu vermeiden.[132]

Das DCSD war mangels gesetzlicher Ermächtigung nicht berechtigt, in den untersuchten Fällen rechtlich bindende Entscheidungen über das Vorliegen wissenschaftlicher Unredlichkeit zu treffen. Es konnte nach Abschluss einer Untersuchung lediglich seine Auffassung in Form einer Empfehlung zum Ausdruck bringen. Dennoch wurde den Schlussfolgerungen des Komitees aufgrund der verkörperten Konzentration an Sachverstand von den involvierten Personen und Einrichtungen beträchtliche Bedeutung beigemessen.[133] Die zunehmende Autorität des von anderen Einrichtungen unabhängig handelnden Komitees sowie die Akzeptanz seiner Entscheidungen in der Öffentlichkeit waren letztlich durch die Art seiner Gründung, Zusammensetzung und Verfahrensweise im Umgang mit Fehlverhaltensfällen bedingt.[134]

Committee; *Brydensholt* in: Lock/Wells/Farthing, Fraud and Misconduct in Biomedical Research, S. 126 f.

129 The Danish Committee on Scientific Dishonesty, Annual Report 1993, Chapter One: The Appointment and Modus Operandum of the Committee; *Brydensholt* in: Lock/Wells/Farthing, Fraud and Misconduct in Biomedical Research, S. 126 f.

130 Damit entsprach das Komitee der Empfehlung der Arbeitsgruppe das Dänischen Medizinischen Forschungsrates, wonach der betroffene Forscher Recht auf anwaltliche Beratung und Vertretung, auf Vertretung und Unterstützung durch andere Personen, auf Einsicht in Dokumente, auf Anhörung und auf Belehrung über die Einreichung von Beschwerden hat; *Andersen/Attrup/Axelsen/Riis*, Scientific Dishonesty and Good Scientific Practice, S. 70.

131 *Brydensholt* in: Lock/Wells/Farthing, Fraud and Misconduct in Biomedical Research, S. 126.

132 The Danish Committee on Scientific Dishonesty, Annual Report 1993, Chapter One: The Appointment and Modus Operandum of the Committee.

133 Die Mitglieder des Komitees waren als Meinungsführer der *scientific community* gemeinhin anerkannt; The Danish Committee on Scientific Dishonesty, Annual Report 1993, Chapter One: The Appointment and Modus Operandum of the Committee; *Brydensholt* in: Lock/Wells/Farthing, Fraud and Misconduct in Biomedical Research, S. 126 f.

134 The Danish Committee on Scientific Dishonesty, Annual Report 1993, Chapter One: The Appointment and Modus Operandum of the Committee. The Danish Committee on Scientific Dishonesty, Annual Report 1994, Preface, S. 7.

5. Finanzierung

Anfänglich wurde der Versuch unternommen, die Finanzierung der Arbeit des Komitees durch diejenigen Institutionen vornehmen zu lassen, die seine Einsetzung befürwortet hatten und denen die Arbeit des Komitees aufgrund der Beschäftigung eigenen wissenschaftlich arbeitenden Personals zum Vorteil gereichen könnte. Über eine derartige Finanzierungsregelung konnte jedoch keine Einigung erzielt werden, so dass der Dänische Medizinische Forschungsrat selbst die Finanzierung übernahm.[135]

Die Verfahrensweise des Komitees wurde nach Ablauf der ersten drei Jahre positiv bewertet, so dass das Forschungsministerium die Verantwortung für die zukünftige finanzielle Unterstützung übernahm und das ursprüngliche Komitee seine Arbeit bis Ende 1998 fortsetzen konnte.

III. Gesetzliche Verankerung und Ausweitung der Zuständigkeit der DCSD auf alle Forschungsbereiche

Im Juni 1997 trat durch eine Änderung des Gesetzes über Ratgebung in der Forschung (Lov om Forskningsrådgivning m.v.) (RiFG) erstmals eine gesetzliche Grundlage für die Errichtung von Unredlichkeitskomitees und den Erlass von Vorschriften über deren Aufgabenbereich und Verfahrensregeln in Kraft.[136] Durch § 4e Abs. 4 der Neufassung des Gesetzes über Ratgebung in der Forschung wurde das Forschungsforum (Forskningsforum)[137] ermächtigt, selbst oder nach Ersuchung durch den Forschungsminister permanente oder zeitlich begrenzte Komitees (Udvalg) mit besonderen Aufgaben gründen. Der Forschungsminister kann für diejenigen Komitees, die aufgrund seines Ersuchens gegründet sind, Regeln festsetzen.[138]

In Umsetzung dieser Ermächtigung erließ der dänische Forschungsminister die Verordnung über die Danish Committees on Scientific Dishonesty (Bekendtgørelse om Udvalgene vedrørende Videnskabelig Uredelighed) (VO-DCSD).[139] § 1 dieser Verordnung sieht vor, dass das Forschungsforum anstelle des 1992 zur Erprobung eingesetzten Einzelkomitees drei permanente Danish Committees on Scientific Dis-

---

135 Das Budget des Danish Committee on Scientific Dishonesty belief sich auf DKK 360.000. The Danish Committee on Scientific Dishonesty, Annual Report 1993, Chapter One: The Appointment and Modus Operandum of the Committee.

136 Bekendtgørelse af lov om forskningsrådgivning m.v. nr. 676 af 19. august 1997.

137 Das Forschungsforum (Forskningsforum) war früher Teil des dänischen Beratungs- und Forschungsfinanzierungssystems, vgl. oben 3. Teil, A. II. 1. b), S. 29 ff.

138 § 4 e Stk. 4: "Forskningsforum kan selv oprette eller opretter efter anmoning fra forskningsministeren permanente eller tidsbegrænsede udvalg med særlige opgaver. Ministeren kan fastsætte regler for udvalg, der oprettes efter anmodning fra denne."

139 Bekendtgørelse nr. 933 af 15. December 1998 (Executive Order No. 933 of 15 December 1998), später neugefasst durch die Bekendtgørelse nr. 668 af 28. juni 2005 (Executive Order No. 668 of 28 June 2005).

honesty (DCSD)[140] mit Verantwortungsbereichen für unterschiedliche Wissenschaftsdisziplinen errichtet. Ein Komitee ist zuständig für den Bereich der medizinischen Forschung und das Gesundheitswesen, eines für die sozialwissenschaftliche und geisteswissenschaftliche Forschung und eines für die Forschung in Naturwissenschaften, Agrarwissenschaften, Tiermedizin und in allen technischen Disziplinen.[141] Die Ausdehnung des Zuständigkeitsbereichs in Verbindung mit der Einrichtung zweier zusätzlicher Komitees ist auf den Umstand zurückzuführen, dass zunehmend auch die nichtmedizinischen Forschungsdisziplinen in den Verdacht gerieten, nicht frei von Vorwürfen und Vorkommnissen wissenschaftlicher Unredlichkeit zu sein. Diese Einsicht erlangte man einerseits durch Beobachtung der Entwicklung von Fehlverhaltensfällen in anderen Nationen andererseits aufgrund des vereinzelten Einsatzes institutionsinterner Kommissionen zur Untersuchung dänischer Fehlverhaltensfälle, die nicht in den Zuständigkeitsbereich des DCSD fielen[142].

Am 28. Mai 2003 wurde schließlich eine Neufassung des Gesetzes über Ratgebung in der Forschung (RiFG) mit weit reichenden Änderungen für die Steuerung, Koordinierung und Internationalisierung forschungspolitischer Angelegenheiten verabschiedet.[143] Das Gesetz trat am 01. Januar 2004 in Kraft[144] und beinhaltet neben dem heutigen Beratungs- und Forschungsfinanzierungssystem in Kapitel 7, §§ 31-34 eine Konkretisierung und Konsolidierung der gesetzlichen Grundlage der Danish Committees on Scientific Dishonesty. Die maßgeblichen Vorschriften schließen die ausdrückliche Ermächtigung der Komitees zur Überprüfung von Fällen wissenschaftlichen Fehlverhaltens ein und statuieren konkrete Handlungsbefug-

---

140 Die Ausweitung auf drei Komitees hatte keine Änderung in der Bezeichnung nach sich gezogen, es wird daher im weiteren Verlauf der Arbeit in der Regel von den „Danish Committees on Scientific Dishonesty" unter Weiterverwendung des bisherigen Akronyms (DCSD) gesprochen. Im Singular steht der Begriff "Danish Committee on Scientific Dishonesty" (DCSD) einerseits für jedes einzelne der drei heute existenten Einzelkomitees, andererseits aber auch für das ehemalige ausschließlich für den medizinischen Bereich zuständige Unredlichkeitskomitee von 1992. Um Missverständnisse zu vermeiden wird bei Erwähnung des ehemaligen Komitees von 1992 regelmäßig klargestellt, dass dieses gemeint ist. Entfällt eine nähere Erläuterung, ist bei der Verwendung von "Danish Committee on Scientific Dishonesty" ausschließlich von einem der heutigen Einzelkomitees (bzw. im Plural von allen drei Komitees) die Rede. Die drei nach Wissenschaftsdisziplinen unterteilten Komitees werden im weiteren Verlauf der Arbeit auch als Fachkomitees oder Unredlichkeitskomitees bezeichnet.

141 Die Zusammensetzung, Koordination und Arbeitsweise der Komitees wird unter 3. Teil, D. I., S. 195 f. und III. 1., S. 203 ff. näher beschrieben.

142 Vgl. *Brydesholt*, in: The Danish Research Councils (Hrsg.), The Danish Committee on Scientific Dishonesty, Annual Report 1995; *Zahle*, Ugeskrift for Retsvæsen 2003, S. 91 (91, 93). Beide verweisen u.a. auf den an der Universität Kopenhagen untersuchten Fall „Else Hoffmann", der zum dem Entzug des Doktortitels der betroffenen Wissenschaftlerin führte und von *Davidsen-Nielsen*, Gegenworte 1998, Heft 2, S. 25 ff. näher beschrieben wird.

143 Das Gesetz löste das bisherige System der Forschungsberatung und Forschungsfinanzierung ab und manifestierte die Errichtung vier neuer staatlicher Institutionen mit Beratungs- und Finanzierungsfunktion, vgl. oben 3. Teil, A. II. 1. b), S. 165 ff.

144 Lov om forskningsrådgiving m.v. nr. 405 af 28 may 2003, § 41.

nisse für den Fall der Feststellung wissenschaftlichen Fehlverhaltens.[145] Darüber hinaus wurde ein gesetzlicher Rahmen für die Zusammensetzung der Komitees, die Ernennung der Komiteemitglieder und den Verantwortungsbereich des Vorsitzenden geschaffen.[146] Die Ermächtigung des Forschungsministers zur konkretisierenden Normsetzung wurde neugefasst.[147]

IV. Neuere Entwicklungen

In der jüngeren Vergangenheit sind die ehemals allenfalls in Wissenschaftlerkreisen bekannten DCSD in den Mittelpunkt des gesellschaftlichen Interesses gerückt. Ausgangspunkt einer noch andauernden Debatte über die Existenzberechtigung der DCSD und die Ausformung ihrer Tätigkeit war die in mehrfacher Hinsicht umstrittene Entscheidung der drei Komitees über einen einzelnen Fall. Es handelt sich dabei um den mittlerweile weit über die Grenzen Dänemarks hinaus bekannten „Fall Lomborg". Obgleich eine eingehende Auseinandersetzung mit der Kritik an der Entscheidung aus systematischen Gründen erst im Rahmen der Betrachtung des Beurteilungsmaßstabes und des Verfahrensablaufs vor den DCSD erfolgen kann, sollen die Hintergründe und Reaktionen auf diese Entscheidung bereits an dieser Stelle referiert werden. Zumal sie den DCSD – wenige Monate vor der Verabschiedung der gesetzlichen Grundlage der DSCD im Rahmen des neuen Gesetzes über Ratgebung in der Forschung – eine bis dahin nicht gekannte Aufmerksamkeit verschafft hat und die Zukunft des dänischen Verfahrensmodells in seiner heutigen Form in Frage stellt.[148]

1. Der Fall Bjørn Lomborg

Bjørn Lomborg, ehemals Statistikprofessor am politologischen Institut der Universität Aarhus und amtierender Direktor des im Februar 2002 neu eingerichteten staatlichen Instituts für Umwelteinschätzung (Institut for Miljøvurdering)[149], ist Verfasser

---

145 Lov om forskningsrådgiving m.v. nr. 405 af 28 may 2003, § 31 Stk. 1 und 2.
146 Lov om forskningsrådgiving m.v. nr. 405 af 28 may 2003, § 31 Stk. 3, § 32.
147 Lov om forskningsrådgiving m.v. nr. 405 af 28 may 2003, § 33.
148 Die DCSD sind infolge der Lomborg- Affäre selbst in den Mittelpunkt einer grundlegenden Debatte über Durchführung und Reichweite von Unredlichkeitsuntersuchungen gerückt. Zahlreiche dänische Forscher fordern im Zuge dessen die Auflösung der Komitees, *Thørgesen*, DJØFbladet 2003, nr. 3, erhältlich unter http://www.djoef.dk/ online/view_artikel?ID=1137& attr_folder=F (15.05.07), während ca. sechshundert Wis-senschaftler aus den Bereichen der Naturwissenschaften und der Medizin eine an die Forschungsbehörde (Forsknings- og Innovationsstyrelsen) adressierte Petition zur Unterstützung der Aufrechterhaltung der Komitees signierten. Vgl. *Abott*, Nature Vol. 421 (2003), S. 681.
149 Das Institut for Miljøvurdering (IMV) ist als unabhängige staatliche Sektorforschungseinrichtung unter dem Umweltministerium mit dem Ziel errichtet worden, der dänischen Um-

des 2001 in der renommierten Cambridge University Press erschienenen skandalträchtigen Buches „The Skeptical Environmentalist – Measuring the Real State of the World"[150]. In deutscher Sprache wurde das Werk veröffentlicht unter dem Titel "Apocalypse No!- Wie sich die menschlichen Lebensgrundlagen wirklich entwickeln". Darin wirft Lomborg allen Umweltwissenschaftlern vor, ein selektiv überzeichnetes von Endzeitszenarien bestimmtes Weltbild auszumalen, obwohl eine profunde Sammlung und Auswertung der tatsächlichen Fakten über Bevölkerungswachstum, Ressourcen, Umweltverschmutzung, Klimaveränderung, Artenvielfalt etc. nach seinen Erkenntnissen eine optimistische Grundaussage für die Zukunft zulässt.[151] Bei dem Versuch, seine These von der unbegründet pessimistischen Umwelt-„Litanei" zu belegen, bedient er sich jedoch – will man der Einschätzung der DCSD[152] und Lomborgs zahlreichen namhaften Kritikern[153] Glauben schenken, derselben unlauteren Methoden, die er den Umweltexperten vorwirft. Er selektiert und kompiliert unkritisch Daten aus der Fülle der Zahlen offizieller Statistiken und

weltforschung einen innovativen Impuls zu verleihen. Die übergeordnete Leitung des Instituts erfolgt durch einen Vorstand (styrelse). Dem Vorstand gehören sieben Personen an, die von dem dänischen Umweltminister ernannt werden, drei davon auf Vorschlag des staatlichen Forschungsrats (statslige forskningsråd). Die Vertretung des Instituts nach außen und die Leitung der täglichen Geschäfte innerhalb der durch den Vorstand festgelegten Richtlinien obliegt dem Direktor.

150 *Lomborg*, The Skeptical Environmentalist. Measuring the Real State of the World, Camebridge University Press, Cambridge 2001. Es handelt sich um eine leicht geänderte und erweiterte Version des 1998 auf Dänisch erschienenen Werkes „Verdens sande tilstand" („Der wahre Zustand der Welt").

151 Das Buch schließt inhaltlich an eine Reihe von vier Artikeln an, die Lomborg zu Beginn des Jahres 1998 in der Tageszeitung „Politiken" zum selben Themenbereich veröffentlicht hatte. Bereits die Artikelreihe zog eine Welle des Protests nach sich.

152 Vgl. die Entscheidung der DCSD, 2003 Annual Report, The Danish Committees on Scientific Dishonesty, S. 27 ff.

153 Vor der Erhebung der Beschwerden vor den DCSD fand eine umfangreiche internationale Debatte über „The skeptical environmentalist", insbesondere in dem wissenschaftlichen Magazin „Scientific American" statt. Die Zeitschrift veröffentlichte im Januar 2002 unter dem Gesamttitel *„Misleasing Myths about the Earth"* vier Stellungnahmen führender Experten der unterschiedlichen Fachrichtungen, die Lomborg in seinem Werk behandelt. *Schneider*, Scientific American 286 (January 2002) S. 62 ff.; *Holdren*, Scientific American 286 (January 2002) S. 65 ff.; *Bongaarts*, Scientific American 286 (January 2002) S. 67 ff.; *Lovejoy*, Scientific American 286 (January 2002) S. 69 ff.
Der dänische ökologische Rat veröffentlichte im Mai 1999 eine Gegenpublikation mit Beiträgen namhafter Gesellschafts- und Naturwissenschaftler unter dem Titel *„Fremtidens Pris – talmagi i miljødebatten"* (*"The Price of Futur"*).
Die fachliche Kritik folgte einer Reihe exuberanter Rezensionen der vornehmlich konservativen internationalen Tagespresse: z.B. The Economist: *„This is one of the most valuable books on public policy – not merely environmental policy – to have been written for the intelligent general reader in the past ten years... The Skeptical Environmentalist is a triumph."…*

generiert daraus ein Kompendium einseitiger Zitate für jedes der zahlreichen in seinem Werk berücksichtigten umweltbezogenen Fachgebiete[154].

„The Skeptical Environmentalist" wurde zum Gegenstand einer äußerst umstrittenen Entscheidung der DCSD vom 6. Januar 2003.[155] Bjørn Lomborg wurde darin zwar von dem Verdacht wissenschaftlicher Unredlichkeit freigesprochen, seine Publikation dennoch stark kritisiert. Objektiv, so heißt es im Tenor der Entscheidung, falle die Veröffentlichung des vorliegenden Werks unter den Begriff wissenschaftlicher Unredlichkeit. Angesichts der fehlenden subjektiven Anforderungen jedoch, die Vorsatz oder grobe Fahrlässigkeit voraussetzen, kann die Publikation nicht unter den Begriff wissenschaftlicher Unredlichkeit fallen. Die Publikation werde dagegen als im Widerspruch zu den Standards guter wissenschaftlicher Praxis stehend betrachtet.[156]

Diese Entscheidung wurde in einem administrativen Rechtsbehelfsverfahren durch den dänischen Minister für Wissenschaft, Technologie und Entwicklung auf Einhaltung der Verfahrensvoraussetzungen überprüft, mit dem Ergebnis, das das Verfahren in der Entscheidung des Ministers am 17. Dezember 2003 wegen wesentlicher Verfahrensfehler an die DCSD zurückverwiesen wurde.[157] Die DCSD sahen daraufhin von der erneuten Durchführung einer Untersuchung ab und stellten das Verfahren ein.[158] Eine Beschwerde Lomborgs gegen die Ministerentscheidung ist derzeit bei dem parlamentarischen Ombudsman anhängig.[159]

---

154 In einem Interview mit "Science" begründet der ehemalige Vorsitzende der DCSD, Hans-Henrik Brydensholt, die Entscheidung der Komitees mit Lomborgs „systematischer Einseitigkeit", *Frank*, Science Vol. 299 (2003), S. 326.

155 Vgl. die Entscheidung der DCSD, 2003 Annual Report, The Danish Committees on Scientific Dishonesty, S. 27 ff.

156 Vgl. die Entscheidung der DCSD, als Fälle 4, 5 und 6/2003 publiziert, in: *Danish Research Agency*, 2003 Annual Report, The Danish Committees on Scientific Dishonesty, S. 27 ff.

157 Entscheidung des dänischen Ministeriums für Wissenschaft, Technologie und Entwicklung im Fall Lomborg vom 17. Dezember 2003.
Obwohl die VO-DCSD keine Aussage darüber trifft, inwieweit Entscheidungen der DCSD mit Rechtsmitteln angreifbar sind, wurde der Forschungsminister – als übergeordnete Verwaltungsbehörde- bis zum Inkrafttreten des § 34 RiFG zur als reguläre Rechtsmittelinstanz angesehen. Vgl. dazu 3. Teil, H. I., S. 262 ff.

158 Zur Begründung wurde angeführt, dass eine vollständige neue Untersuchung nur durch Einsatz von Ad-hoc-Komitees mit externer Expertenbeteiligung durchzuführen wäre, die einen Zeitraum von mindestens sechs bis zwölf Monaten in Anspruch nehmen würde. Die DCSD sahen im Hinblick darauf, dass in dem ersten Verfahren keine Verurteilung wegen wissenschaftlicher Unredlichkeit erfolgt war, keine dringende Veranlassung zu einer neuerlichen Untersuchung. Eine wiederholte Begutachtung des Falles unter Beschränkung auf die eigenen Kapazitäten der DCSD würde nach Auffassung der DCSD aller Wahrscheinlichkeit nach zu keinem anderen Verfahrensergebnis als dem bisherigen führen.Vgl. die Kurzzusammenfassung publiziert als Fälle 4, 5 und 6/2003, in: *Danish Research Agency*, 2003 Annual Report, The Danish Committees on Scientific Dishonesty, S. 27 ff.

159 Vgl. Politiken, „Lomborg klager over ministeriums afgørelse", 15 januar 2004. Bjørn Lomborg ist der Auffassung, dass die Entscheidung der DCSD hätte vollständig durch das Ministerium annulliert werden müssen. Des Weiteren haben Mette Hertz und Henrik Stiesdal, Beschwerde bei dem Ombudsman eingereicht, weil ihre Beschwerde vor den DCSD nicht hin-

Die Lomborg-Entscheidung, der insgesamt drei Beschwerden[160] zugrunde lagen, ist insbesondere zwei zentralen Kritikpunkten ausgesetzt. Der erste betrifft die Frage, ob ein solches Werk wie „The Skeptical Environmentalist", das sich offensichtlich nicht – oder nicht ausschließlich – an einen kleinen Kreis umweltspezifisch qualifizierter Wissenschaftler wendet, unter den Begriff „Forschung" und damit in den Zuständigkeitsbereich der DCSD fällt bzw. in Zukunft darunter fallen sollte. Lomborgs Buch spaltet die disziplinären *scientific communities* der Umwelt- und Sozialwissenschaftler sowie seine darüber hinausreichende Leserschaft in zwei Lager[161]: Diejenigen, die das Buch als das betrachten, was man gemeinhin als populärwissenschaftliches Werk oder Beitrag zur gesellschaftspolitischen Diskussion bezeichnen würde, und diejenigen, die es als wissenschaftszugehöriges Werk betrachten, welches eine Gefahr für die Glaubwürdigkeit der Wissenschaft und eine Kompromittierung der ernsthaften Forschung in den umweltspezifischen Forschungsdisziplinen in sich birgt. Die erste Gruppe fasst eine Beurteilung der Publikation nach wissenschaftsethischen Unredlichkeitskriterien als eine Beschränkung der Meinungsäußerungsfreiheit für Wissenschaftler, die einen gesellschafskritischen Diskussionsbeitrag leisten, auf.[162] Es handelt sich vorwiegend um Sozialwissenschaftler, die überdies fürchten, sich an naturwissenschaftlichen oder medizinischen Kriterien guter Forschungspraxis messen lassen zu müssen.[163] Die zweite Gruppe – hierzu zählen unter anderem die überwiegende Anzahl der Mitglieder der DCSD – rechtfertigt die Beurteilung des Werkes nach wissenschaftlichen Maßstäben entweder mit dessen inhaltlich wissenschaftlichen Anknüpfungspunkt[164], der Person des Autors oder mit der wissenschaftlichen Aufmachung des Buches, seiner entsprechenden Wahrnehmung in Forscherkreisen und dem eigenen wissenschaftlichen

reichend Berücksichtigung erfahren hat, Berlinske Tidene, „Ny klage i Lomborgsag", 7 januar 2004, vgl. auch die nachfolgende Fn.

160   Zwei Beschwerden basierten vorwiegend auf der öffentlichen Kritik an „The Skeptical Environmentalist". Es handelt sich anbei um die Beschwerden des dänischen Biologen Kåre Fog (vom 21. Februar 2002) und der Ökologen Stuart Pimm und Jeff Harvey (vom 22. März 2002). Die dritte Beschwerde (vom 7. März 2002) wurde durch Henrik Stiesdahl und Mette Hertz eingelegt und betraf eine Reihe von Artikeln und Diskussionsbeiträgen Lomborgs, die in der Tageszeitung „Politiken" erschienen und sich mit dem Treibhauseffekt befassen. Eine wesentlich später eingereichte vierte Beschwerde (vom 22. November 2002) von Torben Stockfleth Jørgensen wurde durch die DCSD nicht mehr berücksichtigt.

161   *Jastrup/Tornbjerg*, Politiken, 18 december 2003; *Thøgersen*, DJØFbladet 2003, nr. 3, erhältlich unter http://www.djoef.dk/online/view_artikel?ID=1137&attr_folder=F (15.05.2007).

162   *Jastrup*, Politiken, 29 januar 2004.

163   In einem offenen Brief einer Riege sozialwissenschaftlicher Forscher, abgedruckt in Jyllandsposten, 12. Januar 2003, wurde die Frage aufgeworfen, ob niedergeschiebene Standards für den Bereich der Sozialwissenschaften. Die Mitglieder des sozialwissenschaftlichen Fachkomitees konnten auf die „Vejledende Retningsliner for Forskningsetik i Samfundsvidenskaberne" des Forschungsrats für die Sozialwissenschaften (Statens Samfundsvidenskabelige Forskningsråd) verweisen.

164   *Zahle*, Ugeskrift for Retsvæsen (UfR) 2003, Litterær afdeling, S. 91 (95).

Anspruch des Autors.[165] Die Entscheidung löste eine allgemeine Debatte darüber aus, ob sämtliche schriftliche Beiträge eines Wissenschaftlers unabhängig von ihrem Charakter einer Beurteilung durch die DCSD unterzogen werden können sollten.[166]

Zweitens sorgte der missverständliche Tenor der Entscheidung der DCSD für Aufsehen. Dies betrifft einerseits die Aussage, dass das Werk Lomborgs objektiv betrachtet unter den Begriff wissenschaftlicher Unredlichkeit falle, obwohl wissenschaftliche Unredlichkeit mangels Vorliegen der subjektiven Voraussetzungen von Unredlichkeit nicht festgestellt werden konnte.[167] Andererseits wurde die Kompetenz der DCSD, eine Entscheidung darüber zu treffen, ob das Verhalten eines Forschers mit Standards guter wissenschaftlicher Praxis in Einklang steht, bezweifelt.[168]

Über diese beiden Hauptkritikpunkte hinaus bestehen begründete Zweifel an der Rechtmäßigkeit der Verfahrensweise, der sich die DCSD im Fall Lomborg bedient haben, indem sie diesen entgegen ihrer üblichen Praxis und der in der Verordnung über die DCSD (VO-DCSD) festgelegten Verfahrensbestimmungen einer gemeinsamen Beurteilung durch alle drei Fachkomitees unterzogen haben.[169] Die Untersuchung und Darlegung von Fakten unter Einhaltung des Untersuchungsgrundsatzes und die Argumentation der DCSD bei der Begründung der Entscheidung wurde für nicht ausreichend erachtet.[170] Nicht zuletzt ist die nichtanonymisierte Veröffentlichung der Entscheidung auf der Internetseite der Komitees unter Kritik

---

165 Vgl. Entscheidung der DCSD, lediglich als Kurzzusammenfassung publiziert, Fälle 4, 5 und 6/2003, in: *Danish Research Agency*, 2003 Annual Report, The Danish Committees on Scientific Dishonesty, S. 27 ff.

166 Die zentrale Forschungsbehörde (Forsknings- og Innovationsstyrelsen) hat im Hinblick auf den meinungsbildenden Einfluss von schriftlichen Beiträgen eines Wissenschaftlers für eine solche Regelung ausgesprochen, vgl. *Jastrup*, Politiken, 29 Januar 2004.

167 Vgl. die Entscheidung der DCSD, lediglich als Kurzzusammenfassung publiziert, Fälle 4, 5 und 6/2003, in: *Danish Research Agency*, 2003 Annual Report, The Danish Committees on Scientific Dishonesty, S. 27 ff.. Das Vorliegen von Vorsatz wurde verneint, weil Lomborg mit seinem Werk zahlreiche naturwissenschaftliche Forschungsdisziplinen berührte, für die er als Politologe kein Eperte ist, so dass man von nichtbeabsichtigten Fehlern seinerseits ausgehen musste. Zudem war man sich hinsichtlich des Unredlichkeitsmaßstabes der VO-DCSD im Unklaren darüber, ob die bewusst irreführende Anwendung statistischer Methoden und die bewusst verzerrte Interpretation von Ergebnissen und Verdrehung von Schlussfolgerungen (§ 3 Abs. 1 VO-DCSD) Vorsatz voraussetzt, oder ob grobe Fahrlässigkeit genügt. Vgl. dazu unten 3. Teil, E. I. 3. b), S. 217 f.

168 Entscheidung des dänischen Ministeriums für Wissenschaft, Technologie und Entwicklung im Fall Lomborg vom 17. Dezember 2003, S. 32 ff.

169 Nach der Beschlussfassung über die gemeinsame Behandlung durch alle drei Komitees auf Vorschlag des gemeinsamen Vorsitzenden der DCSD wurde der Fall von einer fünfköpfigen internen Arbeitsgruppe vorbereitet und anschließend einer gemeinsamen Entscheidung zugeführt. Vgl. dazu unten 3. Teil, F. III. 3., S. 245.

170 Entscheidung des dänischen Ministeriums für Wissenschaft, Technologie und Entwicklung im Fall Lomborg vom 17. Dezember 2003, S. 40 ff. Die DCSD äußerten sich nicht explizit dazu, welche Teile des Buches an welchen Stellen Abweichungen von guter wissenschaftlicher Praxis aufweisen. Es wurde nur allgemein auf die Kritik der Artikel aus Scientific American verwiesen.

ten.[171]Auf die einzelnen Kritikpunkte wird unter besonderer Berücksichtigung der Entscheidung des Ministeriums für Wissenschaft, Technologie und Entwicklung im Rahmen der Darstellung der Ausgestaltung des Untersuchungsverfahrens vor den DCSD näher eingegangen.[172]

Damit ist der durchaus mehrdimensionale Fall Lomborg nicht erschöpfend wiedergegeben. Zu der teils wissenschaftlichen teils rechtlichen Kontroverse um die Beurteilung des Falles durch die DCSD und den Inhalt der Entscheidung tritt eine politische Komponente. Die Beschwerden vor den DSCD wurden gerade zu dem Zeitpunkt erhoben, zu dem die neugewählte konservative dänische Regierung Lomborg zum Leiter ihres neu eingerichteten staatlichen Sektorforschungsinstituts für Umwelteinschätzung ernennen wollte – und in der Folge auch ernannte. Die Ernennung erfolgte, obgleich sich zwischen Regierung und Opposition im Fahrwasser der kontroversen Pressestimmen zu Lomborgs Veröffentlichung bereits ein anhaltender Konflikt über die Qualifikationen des Wissenschaftlers entsponnen hatte. Eine von dem Meinungsforschungsinstitut Megafon am 16. Januar 2003 durchgeführte Umfrage über die Haltung der dänischen Bevölkerung zur der Frage, ob Bjørn Lomborg sein Direktorenamt fortführen solle, mag die politische Brisanz des Falles illustrieren.[173] 45 % der Befragten sprachen sich für einen Verbleib Lomborgs aus, während 27 % seinen Abschied befürworteten.

Die politische Dimension der Lomborg-Affäre erstreckt sich jedoch nicht allein auf die berufliche Perspektive des Wissenschaftlers als Leiter einer staatlichen Forschungseinrichtung, umgekehrt war die Zukunft der Verfahren vor den DCSD zunächst ebenso vage. Insbesondere im Anschluss an die Zurückweisung des Falles im Rechtsmittelverfahren vor dem dänischen Minister für Wissenschaft, Technologie und Innovation wurden zunehmend Stimmen gegen die Fortsetzung der Arbeit der Komitees laut.[174]

2. Einsatz und Bericht der Arbeitsgruppe für Regeln der Forschungsethik

Vor dem Hintergrund der Aufmerksamkeit, den die Entscheidung der DCSD im Fall Lomborg in der dänischen und ausländischen Presse hervorgerufen hat, setzte die zentrale Forschungsbehörde (Forsknings- og Innovationsstyrelsen)[175] auf Anregung des dänischen Forschungsministers, Helge Sander, im Januar 2003 eine Arbeitsgruppe ein, deren acht Mitglieder auf Vorschlag verschiedener Interessengruppen

---

171 Entscheidung des dänischen Ministeriums für Wissenschaft, Technologie und Entwicklung im Fall Lomborg vom 17. Dezember 2003, S. 59 ff.
172 Vgl. unten 3. Teil, F., S. 228 ff.
173 *Pagh*, DJØFbladet Nr. 3, 2003, verfügbar unter http://www.djoef.dk/online/view_ artikel?ID= 1132 &attr_folder=F (15.05.2007).
174 *Lando*, Berlinske Tidene, 18 december 2003; *Hansen/Worm/Ravn*, Jyllands-Posten, 18 December 2003; *Termansen*, Berligske Tidene, 17 December 2003.
175 Heute: „Zentrale Forschungsbehörde für Wissenschaft, Technik und Innovation" (Forsknings- og Innovationsstyrelsen).

ernannt wurden.[176] Aufgabe dieser „Arbeitsgruppe für Regeln der Forschungsethik" war es, neben weiteren Aspekten die Notwendigkeit einer Überarbeitung der Definition des Begriffes "scientific dishonesty"[177], einer Veränderung von Form und Veröffentlichung der Entscheidungen der DCSD sowie der Spezifizierung der Arten von wissenschaftlichen Erzeugnissen, die in den Zuständigkeitsbereich der Komitees fallen, zu beurteilen.[178] Die Ergebnisse und Reformvorschläge der Arbeitsgruppe wurden im Mai 2003 in einem Untersuchungsbericht mit dem Titel „Bericht über die forschungsethischen Regeln"[179] veröffentlicht. Darin wurde unter anderem eine überarbeitete Definition wissenschaftlicher Unredlichkeit vorgeschlagen und die zunehmende Formulierung von Standards guter wissenschaftlicher Praxis empfohlen.[180] Soweit die in dem Bericht der Arbeitsgruppe behandelten Aspekte Relevanz für die vorliegende Untersuchung aufweisen, werden die Empfehlungen der Arbeitsgruppe im Hinblick auf deren Umsetzung in der Zukunft an entsprechender Stelle berücksichtigt.

3. Neufassung der Verordnung über die DCSD

Am 28. Juni 2005 schließlich erließ das dänische Ministerium für Wissenschaft, Technik und Innovation auf der Grundlage des neugefassten RiFG eine Neufassung der Verordnung über die DCSD (VO-DCSD), die am 1. August 2005 in Kraft trat[181] und das frühere Regelwerk von 1998[182] ablöste. Im Zuge dessen wurde eine überarbeitete Version der Unredlichkeitsdefinition sowie zahlreiche Verfahrensänderungen

---

176 Danish Research Agency, Report on the rules governing research ethics, S. 4 f.
   Mitglieder der Arbeitsgruppe waren: Der Vorsitzende Professor Mogens N. Pedersen (Department of Political Science and Public Management, University of Southern Denmark); Eva Zeuthen Bentsen (head of the Organisation, Management and Research Division under the Association of County Councils in Denmark, nominiert durch die Association of County Councils); Professor Peter Gundelach (Department of Sociology, University of Copenhagen, nominiert von den Research Councils); Egon Bech Hansen (Director of R&D at Danisco, nominiert durch die Danish Academy of Technical Science (ATV) und die Research Councils); Hans Peter Jensen (Vice Director of the Institute of Food Safety and Nutrition, nominiert durch die Directors' Assembly of Government Research Institutions (SEDIRK)); Pia Jørnø, MSc, (Wissenschaftsjournalist, nominiert durch die Danish Writer's Association); Professor Lars-Henrik Schmidt (Rector of the Danish University of Education (DPU), nominiert durch die Danish Rectors' Conference); Professor Else Tønnesen (consultant doctor, Aarhus University Hospital, nominiert durch die Research Councils).
177 Siehe dazu 3. Teil, E. I., S. 212 ff., insbesondere 3. Teil, E. I. 3. b). S. 217 ff.
178 Der vollständiger Katalog der der Arbeitsgruppe übertragenen Aufgaben ist am zu Beginn des Untersuchungsberichts aufgelistet, Danish Research Agency, Report on the rules governing research ethics, S. 5.
179 Dänischer Titel: "Rapport vedrørende forskingsetiske regler".
180 Danish Research Agency, Report on the rules governing research ethics, S. 4, 6 ff., 10 ff. Zum Definitionsvorschlag vgl. unten 3. Teil, E. I. 3. b), S. 217 ff.
181 Bekendtgørelse nr. 668 af 28. juni 2005 (Executive Order No. 668 of 28 June 2005).
182 Siehe oben 3. Teil, C. III., S. 186 ff.

vorgenomen, die nicht zuletzt auch auf die Erfahrungen mit dem Fall Lomburg, die Empfehlungen der „Arbeitsgruppe für Regeln der Forschungsethik" sowie mit weiteren Praxisfällen zurückgehen.[183] Insbesondere der Kompetenzbereich der DCSD wurde in diesem Zusammenhang gegenüber der Vorgängerregelung deutlich begrenzt.

D. Struktur des heutigen dänischen Verfahrensmodells

Im Folgenden soll die Grundstruktur des dänischen Verfahrensmodells beleuchtet werden. Diese zeichnet sich besonders durch ihre starke Zentralisierung und die gesetzliche Verankerung aus. Zunächst werden Zentralisierung und normative Grundlagen erörtert. Es folgt ein Blick auf die Akteure des Verfahrensmodells, insbesondere die Danish Committees on Scientific Dishonesty (DCSD).

I. Zentralisiertes Verfahrensmodell

In Dänemark findet Aufklärung wissenschaftlichen Fehlverhaltens nicht dezentral in den jeweils betroffenen Forschungseinrichtungen, sondern im Wesentlichen in der zentralen staatlichen Einrichtung, den Danish Committees of Scientific Dishonesty (DCSD) in ihrer heutigen Ausdifferenzierung in drei Fachkomitees[184], statt.

1. Reichweite und Umfang der Zentralisation

Zentralisation des Verfahrens i.S.d. dänischen Verfahrensmodells impliziert lediglich die Existenz einer in Fällen wissenschaftlichen Fehlverhaltens überwiegend in Anspruch genommenen nationalen Untersuchungsinstanz, nicht jedoch das Vorhandensein einer zentralisierten Einrichtung mit umfangreicher Sanktionskompetenz. Sieht man einmal von der Sanktionswirkung der Feststellung wissenschaftlicher Unredlichkeit, kritischer Würdigung eines Fehverhaltens und der Berechtigung der DCSD zur Weitergabe von Informationen über eine positive Unredlichkeitsentscheidung ab. Die Entscheidung über konkrete Sanktionsmaßnahmen – wie beispielsweise der Kündigung oder der Entziehung wissenschaftlicher Grade – bleibt in Dänemark der jeweils involvierten Forschungseinrichtung überlassen. Damit ist – bedient man sich der Terminologie gerichtlicher Verfahren – gewissermaßen ein Verfahrensbestandteil des Erkenntnisverfahrens, nämlich die Bemessung der

---

183 Zu den wichtigsten Änderungen siehe *Waaben*, in: Danish Agency for Science Technology and Innovation (Hrsg.), Annual Report 2005, The Danish Committees on Scientific Dishonesty, S. 16 ff.

184 Die dänische Bezeichnung lautet Udvalgene Vedrørende Videnskabelig Uredelighed (UV-VU).

Rechtsfolgenentscheidung, sowie die Vollstreckung von Sanktionen, aus dem zentralisierten Verfahren vor den DCSD herausgenommen.[185]

Teilweise wird die Auffassung vertreten, dass reine „Personalfälle" (rene personalesager) generell von den DCSD zur einrichtungsinternen Behandlung und Abwicklung an die einzelnen Forschungseinrichtungen abgegeben werden sollten.[186] Es handelt sich dabei um Fälle vermeintlich unredlichen Handelns, die mehr oder weniger stark von persönlich motivierten Streitfragen zwischen Mitarbeitern ein und derselben Forschungsinstitution geprägt sind[187] und deren Streitgegenstand zugleich zum Gegenstand eines institutionsinternen Verfahrens, beispielsweise eines Promotionsverfahrens, gemacht werden kann. Tatsächlich ist nicht von der Hand zu weisen, dass ein institutsinternes Verfahren von der Sachnähe und dem erleichterten Informationszugang eines ortsansässigen Verfahrensgremiums profitieren könnte. Unter Umständen konzentriert sich dort das für die Beurteilung eines Falles notwendige Expertenwissen. Diese Gesichtspunkte haben jedoch schon das frühere einzelne DCSD für den medizinischen Fachbereich angesichts der auf Einrichtungsebene involvierten Interessenkonflikte nicht zu einer Abgabe dieser Personalfälle an die betreffende Forschungseinrichtung veranlassen können.[188] Die Praxis der zentralen Behandlung von Personalfällen wurde auch im Zuge der Einrichtung des heutigen Verfahrenssystems nicht abgeändert.

Die Zentralisation des dänischen Verfahrensmodells schließt die Einführung bzw. das Bestehen und das investigative Tätigwerden von dezentralen institutionseigenen Aufklärungsgremien nicht kategorisch aus. Wie die Entwicklung der letzten Jahre vor und nach Einrichtung einer nationalen Untersuchungsinstanz zeigt, haben sich einige dänische Universitäten zur Aufklärung von Verdachtsfällen wissenschaftlichen Fehlverhaltens zunächst in Ermangelung einer nationalen Untersuchungsinstanz oder – später – infolge der anfänglichen Kompetenzbeschränkung des DCSD von 1992 eigener intern gebildeter Verfahrensgremien bedient.[189] Die Universität

---

185 Ausgeblendet bleibt bei dieser Betrachtungsweise die Praxis der DCSD auf Verlangen der maßgeblichen Forschungseinrichtung eine Empfehlung hinsichtlich der zu ergreifenden Sanktionen abzugeben.

186 *Brydensholt*, in: The Danish Research Councils (Hrsg.), The Danish Committee on Scientific Dishonesty, Annual Report 1994.

187 *Andersen/Brydesholt*, in: The Danish Research Councils, The Danish Committee on Scientific Dishonesty, Annual Report 1995, S. 23. (Internet Version), die darauf verweisen, dass eine Begutachtung dieser Fälle durch das DCSD die Existenz eines Unredlichkeitsvorwurfes voraussetzt, das Bestehen andersartige Vorwürfe oder anders gearteter Streitigkeiten mithin nicht ausreicht.

188 Der Vorsitzende des einzelnen Komitees und spätere gemeinsame Vorsitzende der drei heutigen Fachkomitees hat sich dahingehend ausgesprochen, dass auch ein Personalfall – in dem Umfang, in dem der Vorwurf wissenschaftlicher Unredlichkeit im Raum steht – weder im Bereich des Gesundheitswesens noch in anderen Forschungsdisziplinen der Beurteilung durch das zentrale Unredlichkeitskomitee entzogen werden sollte. *Brydensholt*, in: The Danish Research Councils (Hrsg.), The Danish Committee on Scientific Dishonesty, Annual Report 1994.

189 Vgl. hierzu die drei bei *Zahle*, Ugeskrift for Retsvæsen, Litterær afdeling, Nr. 9 (2003), S. 91, erwähnten Untersuchungen.

Aarhus (Århus Universitet) und die Süddänische Universität (Syddansk Universitet) etwa haben sich trotz der Ausdehnung der Zuständigkeit der DCSD auf alle Fachbereiche selbst Regeln guter wissenschaftlicher Praxis gegeben, welche die Errichtung eines institutsinternen Verfahrens zur Untersuchung von Fehlverhaltensfällen beinhalten.[190] Insoweit muss jedoch betont werden, dass eine wie auch immer geartete Arbeitsteilung zwischen dezentralen Gremien und den DCSD im Rahmen der Aufklärung und Untersuchung von Fällen in der Struktur des nationalen Verfahrenssystems nicht vorgezeichnet ist.[191]

Ein Ineinandergreifen der zentralen staatlichen Instanz mit den lokalen Institutionen findet nur auf der Sanktionsebene statt. Wobei die DCSD die Rolle des Übermittlers der getroffenen Feststellungen und – auf Wunsch der Forschungseinrichtung – auch des Beraters hinsichtlich der zu treffenden Sanktionsentscheidung übernimmt, die Forschungseinrichtung jedoch unabhängig die Entscheidung über weitere Maßnahmen trifft.

2. Gründe und Ursachen für die Zentralisierung

Die Wahl eines zentralisierten Verfahrensmodells zur Behandlung wissenschaftlichen Fehlverhaltens in Dänemark ist einerseits darauf zurückzuführen, dass schon die Arbeitsgruppe des Dänischen Medizinischen Forschungsrates unter Berücksichtigung der amerikanischen Erfahrungen die betroffenen Forschungseinrichtungen als ungeeigneten Schauplatz für die Aufklärung von Fehlverhaltensfällen erachtet hat.[192] Das in einem Verdachtsfall aufkeimende Gemenge gegenläufiger Interessen der beteiligten Personen und der Forschungseinrichtungen konzentriert sich zu stark im Umkreis der betroffenen Einrichtung, als dass die Gefahr der Behinderung eines sachgerechten Verfahrensablaufs auf Institutionsebene ausgeschlossen werden könnte.[193] Andererseits wurde dem Aspekt des Ausbaus und der Konzentration von Erfahrungswissen im Umgang mit Fehlverhaltensfällen in einer zentralen Institution große Bedeutung beigemessen.[194] Der schwach ausgeprägte Grundrechtsschutz bedeutete schließlich, dass einer staatlichen Zentralisierung kaum rechtliche Hindernisse entgegenstanden.

Maßgeblich für die Ausklammerung der Sanktionsentscheidung aus dem zentralisierten Verfahrensmodell war der Aspekt, dass es sich hierbei um eine originäre Angelegenheit der betroffenen Forschungseinrichtungen handele[195] – vorausgesetzt freilich, dass eine strafrechtliche Verfolgung des untersuchten Verhaltens und damit

---

190 Vgl. dazu unten 3. Teil, D. IV. 1., S. 208 ff.
191 Anders als in den USA findet keine Verantwortungsteilung zwischen den staatlichen DCSD und den einzelnen Forschungseinrichtungen statt, vgl. 2. Teil, D. I., S. 76 ff.
192 *Andersen/Attrup/Axelsen/Riis*, Scientific Dishonesty & Good Scientific Practice, S. 57 ff.
193 *Brydensholt*, Science and Engineering Ethics 6 (2000), S. 11 (19).
194 *Brydensholt*, Science and Engineering Ethics 6 (2000), S. 11 (19).
195 Vgl. *Andersen/Attrup/Axelsen/Riis*, Scientific Dishonesty & Good Scientific Practice, S. 79.

eine Einschaltung der Strafverfolgungsbehörden durch die DCSD ausscheidet. Nach Ablauf einer ersten Phase der Erprobung des Verfahrensmodells wurde der fortlaufende Verzicht auf ein zentrales Sanktionsorgan damit begründet, dass keiner der bis dahin untersuchten Fälle Anlass zu einer Entscheidung über Sanktionen gegeben hatte.[196]

II. Normative Grundlagen des Verfahrensmodells

Zwei bereits angesprochene Regelwerke bilden die rechtliche Grundlage für die Einrichtung und Ausgestaltung des dänischen Verfahrenssystems mit den DCSD als zentraler Untersuchungsinstanz: das Gesetz über Ratgebung in der Forschung (RiFG) und die Verordnung über die Danish Committees on Scientific Dishonesty (VO-DCSD). Überdies existiert eine von dem Forschungsforum (Forskningsforum) erlassene Geschäftsordnung für die DCSD (GO-DCSD). Im Folgenden sollen Charakter und Regelungsgehalt dieser Rechtsquellen des dänischen Verfahrenssystems zusammengefasst und deren Verhältnis zueinander beleuchtet werden.

1. Verordnung über die DCSD (VO-DCSD)

Ausgangspunkt einer expliziten und detaillierten staatlichen Normierung des heutigen dänischen Verfahrenssystems und ausschließliche rechtliche Grundlage für die Behandlung von Fehlverhaltensfällen bis Ende 2003 war ein Akt exekutiver Normsetzung, nämlich die durch den dänischen Forschungsminister erlassene und im Januar 1999 in Kraft getretene Verordnung Nr. 933 über die Danish Committees on Scientific Dishonesty[197] (Bekendtgørelse[198] om Udvalgene vedrørende Videnska-

---

196 *Brydensholt,* in: The Danish Research Councils (Hrsg.), The Danish Commitee on Scientific Dishonesty, Annual Report 1995. Die Argumentation bezieht sich auf die anfängliche Frage danach, ob man besser ein zentrales Untersuchungs- oder ein zentrales Sanktionsorgan einrichten solle. Sie erwähnt daher auch den Umstand, dass die Untersuchung eines Fehlverhaltensverdachts im Hinblick auf die negativen Folgen für den betroffenen Wissenschaftler weitaus größere Probleme als die Sanktionierung bereitet. Zumal im Fall der erwiesenen Unschuld seine Rehabilitation im Vordergrund stehen muss.

197 Bekendtgørelse Nr. 933 af 15 december 1998 (Order no. 933, dated 15 December 1998), später neugefasst durch die Bekendtgørelse nr. 668 af 28. juni 2005 (Executive Order No. 668 of 28 June 2005).

198 *„Bekendtgørelser"* sind abstrakt-generelle Vorschriften der Verwaltung, die wie deutsche Rechtsverordnungen i.d.R. aufgrund einer gesetzlichen Ermächtigung erlassen werden. Adressat der gesetzlichen Ermächtigung zum Erlass von "Bekendtgørelserne" können staatliche Minister, oberste staatlichen Verwaltungseinheiten oder die staatlichen Zentralverwaltung, ministerialfreie staatliche Behörden und kommunale Verwaltungseinheiten sein. Die Rechtsverordnung darf im Hinblick auf deren Inhalt, den Zweck der Regelung, die Mittel, die Person (den Personenkreis), von der sie ausgeht, nicht über den Inhalt der Ermächtigungsnorm hinausgehen bzw. aus deren Regelungsgehalt herausfallen. Eingriffsnormen dürfen etwa nur

belig Uredelighed).[199] Die Delegation der Rechtsetzungsbefugnis auf den exekutiven Normgeber erfolgte ehemals durch den 1997 in das RiFG (a.F.) inkorporierten § 4 e Abs. 4[200], der sich in die gesetzlichen Regelungen betreffend die früheren sechs staatlichen Forschungsräte (de statslige Forskningsråd) und das gemeinsame Forschungsforum (Forskningsforum) eingliederte[201]. Die Ermächtigungsnorm war zwar eigens für die Implementierung eines fachübergreifenden Komiteesystems, welches zur Untersuchung von Fehlverhaltensfällen in sämtlichen wissenschaftlichen Fachbereichen berechtigt ist, erlassen worden[202], sie war jedoch sehr unbestimmt gefasst und ließ die eigentliche Regelungsmaterie nicht erkennen. Die Norm beinhaltete zum einen die Ermächtigung des Forschungsforums zur Einrichtung „permanenter oder zeitlich begrenzter Komitees", ohne allerdings eine Angabe zur Zweckbestimmung dieser Komitees zu machen. Zum anderen beinhaltete die Norm lediglich die unbestimmte Delegation der Normsetzungsbefugnis für Regeln, die diese nicht näher definierten Komitees betreffen, an den Forschungsminister.[203] Demzufolge blieb die Determinierung von Inhalt, Zweck und Ausmaß des dänischen Verfahrenssystems zum Umgang mit wissenschaftlichem Fehlverhalten der Verordnungsgebung durch den Delegatar überlassen. Dies kommt trotz der gesetzlichen Konkretisierung noch heute – nach der Neufassung der VO-DCSD – in Inhalt und Struktur derselben zum Ausdruck. Diese enthält in § 1 Abs. 1 zunächst die konkretisierte Ermächtigung des dänischen Forschungsforums zur Errichtung von drei Einzelkomitees für wissenschaftliche Unredlichkeit, welche für jeweils unterschiedliche in § 1 Abs. 2 näher bezeichnete wissenschaftliche Fachbereiche zuständig sind und unter einem gemeinsam Vorsitzenden operieren. §§ 1 Abs. 3-5, 3, 4, 5, 6 VO-DCSD bestimmen den Kompetenzbereich der Komitees zur Prüfung von Fällen wissenschaftlicher Unredlichkeit. Den entscheidungsrelevanten Tatbestand mit den objektiven und subjektiven Voraussetzungen wissenschaftlicher Unredlichkeit (videnskabelig uredelighed) definiert § 2 VO-DCSD. Eine Regelung über die Besetzung der Komitees und der

erlassen werden, soweit die Ermächtigungsgrundlage ausdrücklich zu Eingriffen ermächtigt. Strafvorschriften können nur erlassen werden für Übertretungen der inhaltlichen Verordnungsbestimmungen und wenn dies in der Delegationsnorm vorgesehen ist, etc. Die exekutive Rechtsvorschrift muss auf die gesetzliche Ermächtigungsnorm, auf die sie zurückgeht, verweisen. Zentraladministrative Rechtsverordnungen sollen im Gesetzblatt (Lovtidene) veröffentlicht werden, es sei denn, sie sind von diesem Erfordernis besonders befreit. Zum Inhalt dänischer Rechtsverordnungen, der Verordnungsgebung und Delegationsmöglichkeiten vgl. *Zahle*, Dansk forfatningsret I, Institutioner og regulering, S. 331 ff.

199 Die Verordnung löste die von dem früheren Einzelkomitee für den medizinischen Bereich erlassene Komiteesatzung (vedtægter) ab und ähnelt dieser sowohl strukturell als auch im Hinblick auf einzelne Bestimmungen, wie beispielsweise die Definition wissenschaftlichen Fehlverhaltens.

200 Bekendtgørelse af lov om forskningsrådgivning m.v. nr. 676 af 19. august 1997 (Consolidation Act No. 676 of 19 August 1997).

201 Vgl. dazu oben 3. Teil, A. II. 1. b), S. 165 f.

202 Die Anmerkungen zum Gesetzesvorschlag verweisen auf den Einsatz von Komitees zum Zwecke der Redlichkeit in der Forschung, folketingstidene 1996-97, tillæg A, S. 4028 ff.; deutlicher insoweit *Brydesholt*, Science and Engineering Ethics 6 (2000), S. 11 (21 f.).

203 Zum Wortlaut vgl. oben 3. Teil, C. III., Fn. 138.

Berufung der Mitglieder findet sich in § 7 VO-DCSD, während die §§ 8-14 VO-DCSD die wesentlichen Verfahrensregeln und einen Maßnahmenkatalog (§ 15 Abs. 1 VO-DCSD) für den Fall der Feststellung wissenschaftlichen Fehlverhaltens statuieren. § 16 VO-DCSD ermächtigt in Abs. 1 die Komitees zum Erlass einer Geschäftsordnung. Abfolge und Inhalt der Normen lassen eine Anlehnung an die Satzung des früheren medizinischen Einzelkomitees erkennen.

2. Gesetz über Ratgebung in der Forschung (RiFG) (n.F.)

Seit Inkrafttreten der Neufassung des Gesetzes über Ratgebung in der Forschung (Lov om forskningsrådgivning m.v.)[204] am 1. Januar 2004 existiert parallel zu der zuvor näher beschriebenen VO-DCSD erstmals eine konkretisierte gesetzliche Grundlage für die DCSD. Abgesehen von der zwingenden Ermächtigung des Forschungsministers durch den parlamentarischen Gesetzgeber (Folketinget) in § 1 Abs. 2 RiFG[205] zur Errichtung der drei Unredlichkeitskomitees ergeben sich aus den Normen von Kapitel 1 (§ 1 Abs. 2) und Kapitel 7 (§§ 31-34) des RiFG, welche die DCSD betreffen, keine bedeutenden Änderungen gegenüber der vorherigen Rechtslage. Neben der gesetzlichen Konstituierung der Komitees wurden einige wesentliche materiell-gesetzliche Verordnungsinhalte in formellgesetzlicher Form manifestiert und in die Regelungen des RiFG für das Beratungssystems in Forschungsangelegenheiten eingegliedert. Dies betrifft einerseits die Zuständigkeit der DCSD zur Überprüfung von Fällen wissenschaftlichen Fehlverhaltens (§§ 1 Abs. 3-5, 3, 4, 5, 6 VO-DCSD), deren Maßnahmenkatalog (§ 15 Abs. 1 VO-DCSD), die Verantwortlichkeit des gemeinsamen Vorsitzenden für die Verteilung der Fälle und rechtliche Fragen (§§ 8 Abs. 1, 9 Abs. 4 VO-DCSD) und die Dokumentation der Tätigkeit in Jahresberichten (§ 16 Abs. 2 VO-DCSD). All diese Regelungsgegenstände sind in § 31 RiFG zusammengefasst.[206] Andererseits hat die Zusammensetzung der Komitees und die Berufung der Mitglieder (§ 7 VO-DCSD) in § 32 RiFG Niederschlag gefunden, wobei sowohl die Festsetzung der Anzahl der Komitees als auch die Anzahl der jeweiligen Komiteemitglieder aus Flexibilitätsgründen im Hinblick auf eine anpassungsfähige Organisation des Komiteesystems dem Minister für Wissenschaft, Technologie und Entwicklung überlassen wurden.[207] In Folge der gesetzlichen Kon-

204 Lov om forskningsrådgiving m.v. nr. 405 af 28 may 2003.
205 Lov om forskningsrådgiving m.v. nr. 405 af 28 may 2003, § 1 Stk. 2: "Til efterprøvelse af den videnskabelige redelighed i dansk forskning nedsætter ministeren for videnskab, teknologi og udvikling Udvalgene vedrørende Videnskabelig Uredelighed, jf. § 31."
206 Vgl. die Anmerkungen zum Gesetzesentwurf vom 29. Januar 2003 in: Danish Research Agency, Report on the rules governing research ethics, S. 28.
207 Vgl. die Anmerkungen zum Gesetzesentwurf vom 29. Januar 2003 in: Danish Research Agency, Report on the rules governing research ethics, S. 28 f. § 32 Abs. 1 bestimmt, dass die DCSD aus einem oder mehreren Komitees bestehen können, die alle wissenschaftlichen Forschungsgebiete abdecken: „Udvalgene vedrørende Videnskabelig Uredelighed består af et eller flere udvalg dækkende alle videnskabelige forskningsområder." Darin wird zwar anders

solidierung der DCSD werden in Zukunft gemäß § 32 Abs. 4 RiFG alle Mitglieder – nicht wie bisher ausschließlich der Vorsitzende – durch den Minister ernannt.[208] Darüber hinaus sind die DCSD durch § 32 Abs. 5 RiFG selbst zum Erlass einer Geschäftsordnung ermächtigt, wobei die Geschäftsordnung der Genehmigung durch den Forschungsminister bedarf.[209] Diese Kompetenzen waren (laut §§ 8 Abs. 3 S. 2, 12 Abs. 2 VO-DCSD a.f.[210]) zuvor dem der Umstrukturierung des Beratungssystems in Forschungsangelegenheiten zum Opfer gefallenen Forschungsforum (Forskningsforum), dem die DCSD untergeordnet waren[211], übertragen. Insoweit wurde mit der Neufassung der Verordnung eine Anpassung an die mit der Stärkung des Komiteesystems durch die gesetzliche Grundlage verbundenen Erfordernisse und die veränderten Voraussetzungen des neuen Beratungssystems in Forschungsangelegenheiten vorgenommen (§§ 7 Abs. 3, 16 Abs. 1 VO-DCSD).[212] § 33 RiFG beinhaltet die Neufassung der Ermächtigung des Forschungsministers zum Erlass einer konkretisierenden Verordnung über die Tätigkeit der DCSD. Eine beachtliche Neuerung ist in § 34 RiFG niedergelegt, wonach gegen eine Entscheidung der DCSD kein Rechtsbehelf mehr bei einer anderen Verwaltungsbehörde eingelegt werden kann. Damit erhalten die Komiteeentscheidungen nunmehr einen endgültigen Charakter und können nicht mehr der Überprüfung durch den Minister für Wissenschaft, Technologie und Forschung unterzogen werden.[213]

Der Überblick verdeutlicht, dass das RiFG eine inhaltliche Parallele zu wesentlichen Regeln der bereits vorher existenten Verordnung darstellt, die der dänische Gesetzgeber der Delegation an den Forschungsminister entzogen hat, ohne sie für änderungsbedürftig zu halten. Dadurch wird im delegationsrechtlichen Sinne ein höheres Maß an Bestimmtheit der Ermächtigungsnorm gewährleistet. Die Position der DCSD wurde durch die gesetzliche Untermauerung wesentlich gestärkt. Es bleibt abzuwarten, ob aus den Entscheidungen des Ministers für Wissenschaft, Technologie und Entwicklung und des parlamentarischen Ombudsmans im Fall

---

als im Hinblick auf die Festlegung der Anzahl der Komiteemitglieder (vgl. § 32 Abs. 3 S. 1: „Ministeren for videnskab, teknologi og udvikling fastsætter antallet af medlemmer.") nicht direkt auf die Zuständigkeit des Ministers verwiesen. Diese lässt sich aber aus dem Zusammenhang der § 32 Abs. 1 und 3 mit der Ermächtigung des Ministers zur Verordnungsgebung in § 33 und der bisherigen Festsetzung der Anzahl der Komitees in VO-DCSD entnehmen.

208 Vgl. die Anmerkungen zum Gesetzesentwurf vom 29. Januar 2003 in: Danish Research Agency, Report on the rules governing research ethics, S. 29.

209 Vgl. die Anmerkungen zum Gesetzesentwurf vom 29. Januar 2003 in: Danish Research Agency, Report on the rules governing research ethics, S. 29.

210 Bekendtgørelse Nr. 933 af 15 december 1998.

211 Zum Status der DCSD und der Angliederung an das System der Forschungsratgebung, vgl. 3. Teil, D. III. 1.c), S. 206 ff.

212 Dies gilt auch für die Berufung der wissenschaftlichen Voll- und Ersatzmitglieder durch den Minister, die laut Verordnungstext nach Anhörung der früheren staatlichen Forschungsräte (de statslige Forskningsråd) erfolgen sollte (vgl. § 8 Abs. 3 VO-DCSD a.F.) und nach der Umstrukturierung eine Anhörung des Freien Forschungsrats (Det Frie Forskningsråd) voraussetzt (vgl. § 32 Abs. 4 RiFG, § 7 Abs. 3 VO-DCSD).

213 Durch § 34 RiFG wurde der vorher bestehende Streit um den Zugang zum administrativen Rechtsbehelfsverfahren beigelegt, vgl. unten 3. Teil, H. I., S. 262 ff.

Lomborg weitere Änderungen resultieren werden.[214] Die Umstände dieses Falles, der von den DCSD bereits vor Erlass des RiFG entschieden wurde und die Komitees vor erhebliche Probleme gestellt hat, haben jedenfalls im Rahmen der gesetzlichen Verankerung der DCSD wenig Niederschlag gefunden, also keine grundlegenden Änderungen des Verfahrens vor den DCSD veranlasst. Dies mag unter anderem darauf zurückzuführen sein, dass der Bericht der Arbeitsgruppe für Regeln der Forschungsethik, der z.B. eine neue Definition wissenschaftlicher Unredlichkeit vorschlägt, erst nach Verabschiedung der Neufassung des RiFG veröffentlicht wurde. Anders verhält es sich dagegen in Bezug auf die Neufassung der VO-DCSD[215], die einige der dortigen Vorschläge bereits umsetzt.

3. Geschäftsordnung der DCSD (GO-DCSD)

Das ehemalige Forschungsforum hat in Zusammenarbeit mit den DCSD interne Regeln für die Komitees erarbeitet und diese aufgrund der Ermächtigung des § 12 Abs. 2 VO-DCSD im Juli 2000 in Form einer Geschäftsordnung für die DCSD (Forretningsorden for Udvalgene vedrørende Videnskabelige Uredelighed) verabschiedet.[216]

Die Geschäftsordnung beinhaltet in zweierlei Hinsicht eine Erweiterung des Aufgabenbereichs der DCSD gegenüber der in dem RiFG und der VO-DCSD geregelten Zuständigkeit zur Behandlung von Verdachtsfällen wissenschaftlicher Unredlichkeit, die in Form einer Beschwerde eingereicht werden. Zum einen zeichnet sie die Komitees über ihre Funktion als zentrale Verfahrensinstanz hinaus auch für die Förderung guter wissenschaftlicher Praxis verantwortlich, § 3 der Geschäftsordnung der DCSD (GO-DCSD). Dieses Ziel soll unter anderem durch Veröffentlichung und Verbreitung der Jahresberichte sowie Lehrveranstaltungen und Vortragsreihen verfolgt werden und kann als Fortführung der Aktivitäten des medizinischen Komitees auf diesem Gebiet[217] gesehen werden. Zweitens können die Komitees gemäß § 2 Abs. 4 GO-DCSD grundsätzliche Anfragen, die nicht in direktem Zusammenhang mit einem Verdachtsfall wissenschaftlicher Unredlichkeit stehen, behandeln. Voraussetzung hierfür ist, dass sie von allgemeinem gesellschaftlichem Interesse oder von Interesse für einen erweiterten Forscherkreis oder ein bestimmtes Forschungsmilieu sind.

Im Hinblick auf das Verfahren im Zusammenhang mit Fehlverhaltensfällen gibt die Geschäftsordnung den einzelnen Komitees in §§ 4-6 eine Reihe differenzierter

---

214 Vgl. dazu die Ausführungen zum Fall Lomborg 3. Teil, C. IV. 1., S. 188 ff., zum materiellen Beurteilungsmaßstab 3. Teil, E. I. 4., S. 219 f. und 3. Teil, E. II., S. 220 ff. und der Ausformung des Verfahrens 3. Teil, F. V., S. 253 ff.

215 Bekendtgørelse nr. 668 af 28. juni 2005 (Executive Order No. 668 of 28 June 2005).

216 Die Geschäftsordnung der DCSD ist im Anhang 2 eines jeden Jahresberichts von 2002-2005 abgedruckt.

217 Vgl. Hierzu § 3 letzter Spiegelstrich der Satzung (vedtægter) des medizinischen Komitees, wonach das Komitee für die Verbreitung guter wissenschaftlicher Praxis verantwortlich ist.

Regeln über den Ablauf des Verfahrens und die Entscheidungsfindung an die Hand. § 7 GO-DCSD konkretisiert die Aufgaben und Befugnisse des gemeinsamen Vorsitzenden. § 8 GO-DCSD normiert, welche Aufgaben von der gemeinsamen Geschäftsstelle der Komitees übernommen werden. Die §§ 9-12 GO-DCSD betreffen die Sitzungen der Komitees, unterteilt in die gemeinsamen Jahresversammlungen der drei DCSD und die Einzelsitzungen der Fachkomitees, in denen individuelle Fälle behandelt werden. In § 13 GO-DCSD folgt eine Regelung über das Nachrücken der Ersatzmitglieder in die Komitees. § 14 GO-DCSD dient der Sicherung der Kontinuität und Uniformität der Komiteetätigkeit, durch die Festsetzung, dass Entscheidungen eines Komitees durch die Verteilung einer Ausfertigung an alle Mitglieder und Ersatzmitglieder bekannt gemacht werden.

Zusammenfassend lässt sich feststellen, dass die GO-DCSD mit der Erweiterung des Aufgabenkreises der Komitees im Hinblick auf die Vermittlung und Verbreitung von Information über gute wissenschaftliche Praxis eine weitere Funktion der Komitees formuliert. Die Übernahme dieser Aufklärungs- und Informationsfunktion beruht auf der Eigeninitiative der Komitees, welche die Weiterführung der damit verbunden Aufgaben für wichtig erachtet haben, ohne dass dies in der VO-DCSD oder gesetzlich vorausgesetzt ist.[218] Im Übrigen greift die Geschäftsordnung wesentliche Regelungsgegenstände der VO-DCSD auf und führt sie einer detaillierteren praxisgerechteren Ausgestaltung zu.

III. Akteure

Im Folgenden sollen die Akteure des dänischen Verfahrensmodells vorgestellt werden. Es handelt sich hierbei insbesondere um die DCSD als zentrale Untersuchungsinstanz, der auch die Verhängung erster „weicher" Sanktionen obliegt. Ergänzend agieren die für die weitere Sanktionierung wissenschaftlicher Unredlichkeit verantwortlichen Arbeitgeberinstitutionen.

1. Die Danish Committees on Scientific Dishonesty (seit 1998)

Seit 1998 existiert ein Komitee für den Bereich der medizinischen Forschung, eines für die sozialwissenschaftliche und geisteswissenschaftliche Forschung und eines für die Forschung in Naturwissenschaften, technische Disziplinen und angewandte Forschung, Agrarwissenschaften und Tiermedizin.[219] Die Bezeichnung der einzelnen Komitees hat sich mit der Neufassung der VO-DCSD leicht geändert, ohne dass

---

218 *Brydensholt*, in: The Danish Committees on Scientific Dishonesty (Hrsg.), Annual Report 1999, S. 7.
219 Bekendtgørelse Nr. 933 af 15 december 1998, § 1 Abs. 1; Bekendtgørelse nr. 668 af 28 juni 2005, § 1 Abs. 2.

damit eine Änderung der Kompetenzbereiche verbunden ist.[220] Diese Fachkomitees sind voneinander unabhängig und in den ihnen zugewiesenen Forschungsdisziplinen eigenständig für die Untersuchung von Fällen verantwortlich. Eine Verbindung besteht jedoch durch den gemeinsamen Vorsitzenden der Komitees, der für eine gewisse Kontinuität in der Entscheidungspraxis und die Einhaltung der Verfahrensregeln sorgt[221], sowie durch die bei der zentralen Forschungsbehörde (Forsknings- og Innovationsstyrelsen) angesiedelte gemeinsame Geschäftsstelle. Zudem folgt die Organisation der Fachkomitees und der Ablauf des Untersuchungsverfahrens gleichen Regeln.

a) Zusammensetzung und Berufung der Komiteemitglieder

Gemäß § 7 Abs. 2 VO-DCSD setzt jedes der drei Fachkomitees sich aus dem gemeinsamen Vorsitzenden und nunmehr sechs weiteren Mitgliedern sowie einer entsprechenden Anzahl von Vertretern zusammen.[222] Seit der Ausdehnung des Komiteesystems auf alle Forschungsbereiche war jedes Einzelkomitee zunächst nur mit vier Vollmitgliedern und vier Ersatzmitgliedern besetzt.[223] Obwohl diese Herabsetzung der Mitgliederzahl in den Fachkomitees gegenüber dem früheren, mit einem Vorsitzenden plus weiteren sieben Mitgliedern nebst Ersatzmitgliedern ausgestatteten, medizinischen Komitee durch die Mitglieder des früheren medizinischen Fachkomitees früh kritisiert worden war[224], hat man eine erneute Aufstockung der Mitgliederzahl erst mit der Neufassung der VO-DCSD und nach den Erfahrungen im Fall Lomborg vorgenommen. Der Hauptkritikpunkt an einer Besetzung mit nur vier Mitgliedern bestand darin, dass ein Fachkomitee mit einer derart geringen Mitgliederzahl nur schwerlich Entscheidungen treffen könne, die mit hinreichender Sicherheit dem entsprechen, was anerkannte Wissenschaftler auf dem jeweiligen Forschungsgebiet als unredlich oder von guter wissenschaftlicher Praxis abweichend charakterisieren würden.[225] Dieser Punkt hat vornehmlich vor dem Hintergrund

220 *Waaben*, in: Danish Agency for Science Technology and Innovation (Hrsg.), Annual Report 2005, The Danish Committees on Scientific Dishonesty, S. 16.

221 Vgl. zur Rolle des Vorsitzenden unten 3. Teil, F. IV. 1., S. 253 f.

222 Die Vorschrift konkretisiert § 32 Abs. 3 RiFG, wonach der Minister für Wissenschaft, Technologie und Entwicklung die Anzahl der Komiteemitglieder bestimmt.

223 Anzahl, Namen, Professionen und Kontaktadressen der einzelnen Komiteemitglieder und Ersatzmitglieder können den Jahresberichten der Komitees entnommen werden: *Danish Committees on Scientific Dishonesty*, Annual Report 1998, S. 55 ff.; Annual Report 1999, S. 45 ff.; Annual Report 2000, S. 53 ff.; Annual Report 2001, S. 51 ff.; Annual Report 2002, S. 57 ff.

224 Die Kritik erfolgte anlässlich der Bestellung der drei Nachfolgekomitees 1998, *Danish Committees on Scientific Dishonesty*, Annual Report 1998, S. 47 ff.

225 *Danish Committees on Scientific Dishonesty*, Annual Report 1998, S. 48. Bezweifelt wurde daneben die Eignung eines kleinen Komitees, eine objektive Entscheidung darüber zu treffen, ob ein Fall überhaupt der Prüfung unterzogen oder sogleich abgewiesen werden sollte, sowie geeignete Personen für die Besetzung eines Expertenkomitees auszuwählen.

Berechtigung, dass die Komitees sich bei ihrer Entscheidungsfindung nicht allein an dem gesetzlich normierten Unredlichkeitstatbestand orientieren, sondern sich darüber hinaus eines nicht normativ verankerten Maßstabes für gute wissenschaftliche Praxis bzw. der Abweichung von guter wissenschaftlicher Praxis bedienen[226]. Die Subsumtion der tatsächlichen Voraussetzungen eines Falles unter die normativ geregelte Definition wissenschaftlicher Unredlichkeit dürfte auch einem Komitee mit vier qualifizierten Mitgliedern gelingen. Zumal sich die Komiteemitglieder bei der Fallbeurteilung der Unterstützung durch Ad-hoc-Expertenkomitees bedienen können, so dass auch unterbesetzte Einzeldisziplinen im Kompetenzbereich eines Komitees entsprechend den Erfordernissen eines Falles durch Hinzuziehung weiterer Fachleute gestärkt werden können. Die Entscheidung für eine erneute Erhöhung der Mitgliederzahl wurde getroffen, um eine bessere Repräsentation aller Forschungsdisziplinen innerhalb den Komitees selbst zu erzielen.[227]

Die Komiteemitglieder müssen anerkannte Wissenschaftler in den von dem Aufgabenbereich des jeweiligen Fachkomitees erfassten Forschungsdisziplinen sein. Sie werden nach der Art ihrer beruflichen und fachlichen Befähigung von dem Minister für Wissenschaft, Technologie und Entwicklung nach neuer Rechtslage – § 32 Abs. 4 S. 2 RiFG und § 7 Abs. 3 VO-DCSD – unter vorheriger Anhörung des Freien Forschungsrates (Frie Forskningsråd)[228] ernannt.[229] Dabei sollen die Mitglieder aller drei Komitees gemeinsam alle wissenschaftlichen Forschungsdisziplinen möglichst vollständig abdecken. Die Beteiligung des Freien Forschungsrates dient der Sicherstellung sowohl der individuellen Kompetenzen der Komiteemitglieder als auch der hinlänglichen Repräsentation aller Forschungsdisziplinen in den Komitees.[230]

Der gemeinsame Vorsitzende soll – wie schon zur Zeit des ehemaligen Einzelkomitees für medizinische Forschung – laut § 32 Abs. 2 RiFG und § 7 Abs. 1 VO-DCSD ein Richter am Landgericht sein. Die Vorschrift steht in engem Zusammenhang mit § 31 Abs. 3 RiFG und § 9 Abs. 4 VO-DCSD, wonach der Vorsitzende die Entscheidung in „rechtlichen Fragen", gemeint sind die für den Verfahrensablauf relevanten rechtlichen Entscheidungen, trifft.[231] Die Person des Vorsitzenden wird allein durch den dänischen Minister für Forschung, Technologie und Entwicklung ausgewählt und ernannt.

---

226 Vgl. dazu unten 3. Teil, E. II., S. 220 f.
227 *Waaben*, in: Danish Agency for Science Technology and Innovation (Hrsg.), Annual Report 2005, The Danish Committees on Scientific Dishonesty, S. 16.
228 Der Freie Forschungsrat ist Teil des dänischen Rätesystems für Ratgenbung in Forschungsangelegenheiten, vgl. oben 3. Teil, A. II. 1. b), S. 165 ff.
229 Die VO-DCSD a.F. sieht noch die Ernennung durch das Forschungsforum nach einer Anhörung der staatlichen Forschungsräte vor, Bekendtgørelse Nr. 933 af 15 december 1998, § 8 Abs. 3.
230 Vgl. die Anmerkungen zum Gesetzesentwurf vom 29. Januar 2003 in: Danish Research Agency, Report on the rules governing research ethics, S. 28 f.
231 Vgl. dazu unten 3. Teil, F. II. 4. b), S. 235 ff.

b) Amtsperiode/Amtsdauer

§ 32 Abs. 4 RiFG und § 7 Abs. 3 VO-DCSD regeln die Amtsdauer der Komitee-mitglieder und ihrer Vertreter. Diese werden in der Regel für einen Zeitraum von vier Jahren ernannt und können im Anschluss daran erneut für weitere zwei Jahre als Komiteemitglieder berufen werden. Scheidet ein (Ersatz-)Mitglied während seiner Amtsperiode vorzeitig aus, kann ein Nachfolger für einen kürzeren Zeitraum als vier Jahre ernannt werden. Der Nachfolger wird dann lediglich für die Zeit bis zum Ablauf der vierjährigen Amtsdauer auch der übrigen Komiteemitglieder ernannt, im Anschluss erfolgt eine Neubesetzung sämtlicher Mitglieder. Gesetzlich ist nicht vorgesehen, aus welchem Personenkreis ein Nachfolger bestimmt werden soll. Gemäß § 13 Abs. 2 GO-DCSD, wird ein Nachfolgemitglied für ein vorzeitig ausscheidendes Vollmitglied aus dem Kreise der Ersatzmitglieder gewählt.[232] Die Anzahl der Ersatzmitglieder wird noch in der laufenden Amtsperiode wieder auf vier aufgestockt.

c) Status der DCSD und ihre Angliederung an das Dänische System der Forschungsratgebung

Die heutigen DCSD sind verselbständigte öffentlich-rechtliche, pluralistisch besetzte Verwaltungseinheiten mit Kontrollfunktion, die der bundesstaatlichen Verwaltung zuzuordnen sind.[233]

Sie sind – ebenso wie das frühere Einzelkomitee für die medizinischen Forschungsdisziplinen, jedoch in sehr viel stärkerem Maße autonomisiert – dem staatlichen Beratungs- und Forschungsfinanzierungssystem angegliedert, welches für die sachverständige Beratung und Koordination der Wissenschaftspolitik und für Forschungsfinanzierung verantwortlich ist.[234] Dies ergibt sich einerseits aus der gesetzlichen Verankerung des Komiteesystems in dem RiFG und beruht andererseits auf der Entstehungsgeschichte der DCSD[235].

Während die Vorgängerorganisation der DCSD, das frühere medizinische Einzelkomitee, als unselbständiges Komitee oder Ausschuss seiner Gründungsinstitution, des Dänischen Medizinischen Forschungsrats, anzusehen war und durch diesen jederzeit wieder hätte abberufen werden können, haben die drei 1998 durch staatlichen Organisationsakt eingerichteten Fachkomitees eine selbständigere Stellung

232 Die Auswahl soll nach dem Wortlaut der Geschäftsordnung durch das Forschungsforum (Forskningsforum) unter Anhörung der dänischen Forschungsräte geschehen, die seit der Neuordnung des dänischen Systems für Ratgebung in der Forschung im Wesentlichen durch den neu eingerichteten Freien Forschungsrats (Det Frie Forskningsråd) ersetzt worden sind, vgl. hierzu oben 3. Teil, A. II. 1. b), S. 165 ff.

233 *Zahle*, Ugeskrift for Retsvæsen (UfR) Nr. 9 2003, Litterær afdeling, S. 91 (97).

234 Vgl. zum staatlichen Beratungssystem in Forschungsangelegenheiten oben 3. Teil, A. II. 1. b), S. 165 ff.

235 Vgl. oben 3. Teil, D. II. 2., S. 198 ff. und 3. Teil, C. I., S. 173 ff.

erlangt. Einhergehend mit der Verantwortungsübernahme durch das dänische Forschungsministerium wurde durch Erlass der VO-DCSD eine eigene Rechtsgrundlage für die Komitees geschaffen. Den staatlichen Forschungsräten[236] wurde damit die Möglichkeit zur selbstbestimmten Einrichtung von Komitees zur Untersuchung unredlichen Verhaltens entzogen, die Einflussnahmemöglichkeiten der Räte auf die Mitsprache bei der Auswahl der Mitglieder durch das übergeordnete Forschungsforum (Forskningsforum), dem die Zuständigkeit für die Einrichtung der Komitees und deren Besetzung übertragen wurde, begrenzt.

Durch die spätere Neufassung des RiFG hat die Autonomie der DCSD erneut eine Stärkung erfahren, da die wesentlichen organisatorischen Grundlagen und Kompetenzen nunmehr gesetzlich festgeschrieben wurden. Innerhalb des staatlichen Forschungsförderungsstrukturen treten sie neben das neue, für die Forschungsförderung, Internationalisierung und Forschungsfinanzierung zuständige Rätesystem, bestehend aus Dänemarks Forschungspolitischem Rat (Danmarks Forskningspolitiske Råd), dem Freien Forschungsrat (Frie Forskningsråd), dem Strategischen Forschungsrat (Strategiske Forskningsråd) und dem Koordinationskomitee (Koordinationsudvalget)[237]. Ebenso wie diese Räte untersteht das Komiteesystem auch nach der Gesetzesänderung hierarchisch dem Ministerium für Wissenschaft, Technologie und Entwicklung. Die gemeinsame Geschäftsstelle der Komitees ist wie die Sekretariate der Forschungsräte bei der zentralen Forschungsbehörde (Forsknings- og Innovationsstyrelsen) angesiedelt. Neben dem Minister hat nunmehr lediglich der Freie Forschungsrat Einfluss auf die personelle Besetzung der Fachkomitees.[238] Ein Weisungsrecht ist aber nicht vorgesehen. Mit der Neuregelung ging zudem eine Abschaffung des administrativen Rechtsmittelverfahrens zu dem Ministerium einher, so dass Entscheidungen der DCSD nicht mehr der verwaltungsinternen Überprüfung durch das Ministerium unterliegen.[239]

2. Forschungseinrichtungen als Arbeitgeber

Die durch § 31 Abs. 2 Ziffer 1) und 5) RiFG in das Verfahrensmodell integrierten Einrichtungen, die sich in dem Verhältnis zu einem unredlich handelnden Forscher in der Arbeitgeberposition befinden, spielen keine Rolle auf der Untersuchungsseite. Vielmehr kommt ihnen ausschließlich Bedeutung auf der Sanktionsseite zu. Sie werden durch die DCSD über deren Verfahrensergebnis informiert und können als weitere Akteure des Verfahrensmodells nach den allgemeinen Regeln zulässige

---

236 Gemeint sind die sechs staatlichen Forschungsräte. Diese wurden inzwischen abgelöst durch den Strategischen Forschungsrat und den Freien Forschungsrat, vgl. oben 3. Teil, A. II. 1. b), S. 165 ff.

237 Vgl. oben 3. Teil, A. II. 1. b), S. 165 ff.

238 Vgl. auch oben 3. Teil, D. III. 1. a), S. 204 ff.

239 Vgl. § 34 RiFG und die Ausführungen zur Überprüfung von Entscheidungen im administrativen Rechtsbehelfsverfahren, unter 3. Teil, H. I., S. 262 ff.

Sanktionsmaßnahmen ergreifen. Es kann sich dabei sowohl um öffentlich-rechtlich als auch um privat-rechtlich organisierte Forschungseinrichtungen handeln, maßgeblich ist nach dem Gesetzeswortlaut allein, dass der betroffene Forscher dort eine wissenschaftliche Tätigkeit ausübt.[240]

IV. Exkurs: Sonstige Institutionen und deren Rolle im Umgang mit wissenschaftlichem Fehlverhalten

1. Die Praxiskomitees der Universitäten – neuere institutionsinterne Unredlichkeitsverfahren

Einige Universitäten haben in den letzten Jahren begonnen, interne Gremien, so genannte „Praxiskomitees" (Praksisudvalgene), einzurichten, denen neben anderen Aktivitäten auch die Behandlung von Fällen wissenschaftlich unredlichen Verhaltens nach universitätseigenen Verfahrensregeln übertragen ist.[241] Diese Gremien sowie deren Verfahrensordnungen sind weder in den normativen Grundlagen des geschilderten zentralisierten Verfahrensmodells noch anderweitig gesetzlich verankert.[242] Ihre Einrichtung geht auf örtliche universitätsinterne Verwaltungsregeln zurück.[243] Da die vor institutionsinternen Gremien stattfindenden Untersuchungsverfahren somit keine Funktion in dem überwiegend staatlich motivierten Verfahrensmodell übernehmen, müssen sie als abweichende dezentrale Verfahrensansätze verstanden werden.

Die Entwicklung institutionsinterner Verfahren ist eine Reaktion auf die Verabschiedung des neuen dänischen Universitätsgesetzes (Lov om Universiteter)[244], welches den Universitäten in § 2 Abs. 2[245] eine ausdrückliche Verantwortung für die Sicherung von Forschungsfreiheit und Wissenschaftsethik auferlegt.[246] So geht die

240 Um diese sprachliche Klarstellung ist der Gesetzeswortlaut gegenüber § 6 Abs. 1 Nr. 1 der geltenden VO-DCSD ergänzt worden, weil die Information des Arbeitgebers über die Feststellung wissenschaftlicher Unredlichkeit nur dort Relevanz aufweist, wo der Inhalt der Tätigkeit Forschung ist.
241 Vgl. insbesondere die Regeln zur Sicherung guter wissenschaftlicher Praxis der Universitäten von Aarhus und Süddänemark: Aarhus Universitets regler af 29. juni 2000 til sikring af god videnskabelig praksis, abgedruckt in: Danish Research Agency, 2000 Annual Report, The Danish Committees on Scientific Dishonesty, S. 14 f.; Syddansk Universitets regler af god videnskabelig praksis, af 1 november 2002.
242 *Christiansen*, Vortrag vom 13.11.2003, anlässlich des DFG Ombudsman Symposium am 13. November 2003 in Bonn.
243 Nach Auskunft von Prof. Palle Bo *Madsen*, dem Vorsitzenden des Praxiskomitees in Aarhus, vom 12. Dezember 2003 sind die Universitätsleitungen in Dänemark berechtigt, interne administrative Regeln zu erlassen, die der Umsetzung der Ziele des Universitätsgesetzes dienen.
244 Lov nr. 403 af 28. mai 2003 om universiteter (universitetsloven).
245 § 2 Abs. 2: "Universitetet har forskningsfrihed og skal værne om denne og om videnskabsetik."
246 Danish Research Agency, Report on the rules governing research ethics, S. 19.

Einrichtung eines eigenen Verfahrens zum Umgang mit Vorwürfen wissenschaftlichen Fehlverhaltens im Fall der Universität Aarhus einerseits auf den Wunsch zurück, einen Zustand der Bereitschaft zum Umgang mit Fehlverhaltensfällen herstellen zu wollen.[247] Andererseits – und dies dürfte ein ebenso ausschlaggebender Grund für die Aktivitäten gewesen sein – werden Wissenschaftler der Universität durch Fördergelder des US Public Health Service unterstützt. Um die Berechtigung zum Empfang amerikanischer Forschungsgelder zu erhalten, war die Abfassung eines internen Regelwerks zur Behandlung von Fällen wissenschaftlichen Fehlverhaltens erforderlich, das den Anforderungen der Federal Regulation (42 CFR, Part 50, Subpart A) des Public Health Service genügt.[248]

Die Ausarbeitung der Regeln erfolgte bei der hier exemplarisch betrachteten Universität Aarhus durch ein vom Rektor eingesetztes sechsköpfiges Ethikkomitee (Etikudvalget) bestehend aus Repräsentanten der sechs Fakultäten der Universität, die in der Folge auch das örtliche Praxiskomitee besetzen.[249] Das Regelwerk wurde aufgrund § 4 Abs. 1 des dänischen Universitätsgesetzes (a.F.)[250] von dem Rektor der Universität verabschiedet und trat am 1. Juli 2000 in Kraft. Als Arbeitsgrundlage für die Erarbeitung des Regelvorschlages diente die VO-DCSD a.F.[251], deren Definition wissenschaftlicher Unredlichkeit übernommen wurde. Um die Förderungsbedingungen des Public Health Service zu erfüllen und eine rechtliche Grundlage für die Feststellung von Abweichungen von guter wissenschaftlicher Praxis zu schaffen, wurde der Verordnungsinhalt um einen Beurteilungsmaßstab für gute wissenschaftliche Praxis ergänzt.[252] Der Regelungstext operiert mit einer positiven Umschrei-

---

247 *Christiansen*, in: The Danish Research Agency (Hrsg.), 2000 Annual Report, The Danish Committees on Scientific Dishonesty, S. 13.

248 Der PHS hat die seit 1996 existierenden Regeln der Universität Aarhus für die Präsentation, Aufzeichnung und Aufbewahrung von Forschungsdaten in der medizinischen Forschung in Ermangelung von Verfahrensregelung als nicht in Einklang mit den Anforderungen der Federal regulation (42 CFR, Part 50, Subpart A) des PHS stehend erachtet, *Christiansen*, in: The Danish Research Agency (Hrsg.), 2000 Annual Report, The Danish Committees on Scientific Dishonesty, S. 13. Vgl. zum amerikanischen Verfahren und dessen rechtlichen Grundlagen insbesondere 2. Teil, D. II. 3., S. 89 f. und 2. Teil, D. II. 4., S. 92 f.

249 Århus Universitets regler af 29. juni 2000 til sikring af god videnskabelig praksis, § 2 Stk. 1.

250 § 4 Stk. 1 i lov nr. 1089 af 23. December 1992 om universiteter m.fl. Universitetsloven), jf. Lovbekendtgørelse nr. 1177 af 22. december 1999, wonach der Rektor als Leiter der Universität berechtigt ist, Entscheidungen in allen Angelegenheiten der Universität zu treffen, die nicht einem anderen Organ der Universität zugewiesen sind. Die Vorschrift wurde abgelöst durch § 14 Stk. 7 i lov nr. 403 af 28. mai 2003 om universiteter.

251 Bekendtgørelse nr. 933 af 15. december 1998 (Executive Order No. 933 of 15 December 1998).

252 Laut Auskunft von Prof. Palle Bo *Madsen*, dem Vorsitzenden des Praxiskomitees in Aarhus, vom 12. Dezember 2003 will man in Aarhus genau dieselben materiellen Beurteilungsmaßstäbe anwenden, derer sich auch die DCSD bedienen. Mit dem Unterschied, dass die Anwendung den Maßstabes guter wissenschaftlicher Praxis durch das Praxiskomitee anders als bei den DCSD auf eine rechtlichen Grundlage zurückzuführen sein soll. Vgl. zur Kritik an der Beurteilungspraxis der DCSD, 3. Teil, E. II. 3., S. 112 ff.

bung guter wissenschaftlicher Praxis sowie mit Beispielen für Verhaltensweisen, die nicht in Einklang mit guter wissenschaftlicher Praxis stehen.[253]

Die Verfahrensregelungen der Universität Aarhus und auch der Süddänischen Universität, welche sich an das Regelwerk aus Aarhus angelehnt hat, enthalten Vorschriften, die sich mit dem Konkurrenzverhältnis zwischen den universitätsinternen Verfahren und dem Unredlichkeitsverfahren der DCSD befassen. Danach haben die universitätsinternen „Praxiskomitees" (Praksisudvalgene) zwei Möglichkeiten des Umgangs mit solchen Fällen, die entweder bereits von einem der drei DCSD untersucht werden oder die auch bei den staatlichen Komitees eingebracht werden können, zur Auswahl. Sie können die Beschwerden entweder endgültig abweisen oder das eigene Verfahren aussetzen bis die Entscheidung des zuständigen DCSD vorliegt.[254] Gleichzeitig können die internen Gremien einen Verdachtsfall auch selbst vor eines der DCSD bringen, um dessen dortige Behandlung in Gang zu setzen.[255] Im Fall Lomborg, der zunächst in Aarhus anhängig war, erfolgte eine Abweisung des Falles durch das örtliche Praxiskomitee als von dritter Seite eine weitere Beschwerde bei den DCSD eingereicht wurde.[256] Die Konkurrenzvorschriften sollen verhindern, dass Verdachtsfälle wissenschaftlicher Unredlichkeit gleichzeitig vor den örtlichen Gremien und vor einem der DCSD verhandelt werden. Völlig ausgeschlossen wird diese Konstellation nicht, da es sich nicht um zwingende Vorschriften handelt. Die Gefahr, dass durch das örtliche und ein zentrales Gremium inhaltlich voneinander abweichende Feststellungen getroffen werden können, wird auch deshalb nicht beseitigt, weil die universitätsinternen Verfahrensregelungen eine eigene Entscheidung der Praxiskomitees nach Aussetzung des Verfahrens während der Untersuchung durch die DCSD nicht ausschließen. Die Regeln der Universität Aarhus und der Süddänischen Universität zur Sicherung guter wissenschaftlicher Praxis stellen lediglich klar, dass die internen Gremien von einer eigenen Beurteilung absehen und sich mit einer Äußerung über die Sanktionswahl begnügen können, wenn eines der drei DCSD in einem konkreten Fall das Vorliegen wissenschaftlicher Unredlichkeit bereits festgestellt hat.[257] Demnach scheinen die örtlichen Gremien bei Vorliegen eines Verfahrensergebnisses des zuständigen DCSD, das nicht auf wissenschaftliche Unredlichkeit lautet, eine eigene Beurteilung vornehmen zu müssen, sofern sie den Fall nicht sofort endgültig abgewiesen haben. Aus der bishe-

---

253 Aarhus Universitets regler af 29. juni 2000 til sikring af god videnskabelig praksis, § 2 Stk. 3.
254 Aarhus Universitets regler af 29. juni 2000 til sikring af god videnskabelig praksis, § 3 Stk. 6; Syddansk Universitets regler, § 3 Stk. 6.
255 Aarhus Universitets regler af 29. juni 2000 til sikring af god videnskabelig praksis, § 3 Stk. 6; Syddansk Universitets regler, § 3 Stk. 6.
256 Laut Auskunft von Prof. Palle Bo *Madsen*, dem Vorsitzenden des Praxiskomitees in Aarhus, vom 12. Dezember 2003.
257 Aarhus Universitets regler af 29. juni 2000 til sikring af god videnskabelig praksis, § 8. Ob das Gremium in jedem Fall, den die DCSD entscheiden, einen Vorschlag hinsichtlich der zu ergreifenden Sanktionen machen soll, oder ob dies nur dann gilt, wenn der betreffende Fall auch vor das interne Gremium gebracht worden ist, bleibt unklar.

rigen Praxis der örtlichen Komitees ist aber kein Fall bekannt, in dem es zu widersprüchlichen Ergebnissen gekommen ist.[258]

2. Komitee zum Schutz wissenschaftlicher Arbeit (Udvalg til Beskyttelse af Videnskabeligt Arbejde (UBVA))

Von gewisser praktischer Bedeutung im Umgang mit Fehlverhaltensfällen ist auch das ständige Komitee zum Schutz wissenschaftlicher Arbeit (Udvalg til Beskyttelse af Videnskabeligt Arbejde (UBVA)) der dänischen Zentralorganisation der Berufsverbände (Akademikernes Centralorganisation). Das UBVA befasst sich mit Urheberrechtsverletzungen und ist nicht selten mit Beschwerden von Forschern konfrontiert, die Eingriffe in ihre Rechte im Zusammenhang mit dem Scheitern von wissenschaftlichen Projekten oder anderer Formen der wissenschaftlichen Zusammenarbeit rügen.[259] Das Komitee hält Beratungsmaterial für Forscher bereit[260] und bietet praktische Unterstützung in urheberrechtlichen Prozessen. Von Zeit zu Zeit verweist das Komitee betroffene Personen an die DCSD.

3. Wissenschaftliche Fachgesellschaften und Gerichte

Die einzelnen wissenschaftlichen Fachgesellschaften, die in zahlreichen anderen Ländern insbesondere mit der Formulierung berufsethischer Verhaltenskodices befasst sind, spielen in Dänemark nur eine untergeordnete Rolle im Umgang mit guter oder schlechter wissenschaftlicher Praxis.[261]

Gleiches gilt für die dänischen Zivilgerichte, wenn diese auch im Rahmen von Rechtsstreitigkeiten über Immaterialgüterrechte oder Ehrverletzungen oder in arbeitsrechtlichen Prozessen durchaus direkt mit dem Problem wissenschaftlichem Fehlverhaltens konfrontiert werden können.[262]

---

258 Das Praxiskomitee der Universität Aarhus hat seit seiner Einrichtung ohnehin erst vier Beschwerden erhalten.

259 Vgl. im Einzelnen die Regelung des Aufgabenbereichs des UBVA (kommissorium), http://ubva.lovportaler.dk/ShowArticle.aspx?docid={C6740E63-FBBC-4FF3-A17B-5BBF7391DD47} (15.05.2007).

260 Udvalg til Beskyttelse af Videnskabeligt Arbejde, Rettighedsproblemer I forskningssamarbejder – en vejledning fra UBVA, erhältlich unter: http://ubva.lovportaler.dk/ShowDoc.aspx?docId=ubva-pub-samarb-full&q=Rettighedsproblemer+I+forskningssamarbejder (15.05.2007).

261 Danish research Agency, Report on the rules governing research ethics, S. 18.

262 Danish research Agency, Report on the rules governing research ethics, S. 18.

E. Materielle Beurteilungsmaßstäbe

In dem nun folgenden Abschnitt sollen die materiell-rechtlichen Beurteilungsmaß-stäbe, an denen sich die Entscheidungen der DCSD über das Verhalten eines For-schers orientieren, näher beleuchtet werden. Die DCSD bedienen sich in ihrer Ent-scheidungspraxis zum einen eines ausdrücklich gesetzlich formulierten Unredlich-keitstatbestandes zum anderen eines gesetzlich nicht definierten Maßstabes guter Forschungspraxis.

I. Maßstab wissenschaftlicher Unredlichkeit

1. Wissenschaftliche Unredlichkeit im weiteren Sinne

Wie aufgrund der häufigen Verwendung im dritten Teil bereits angeklungen sein mag, wird in Dänemark überwiegend der Begriff „wissenschaftliche Unredlichkeit" (videnskabelig uredelighed) bzw. *scientific dishonesty* als Oberbegriff für die ge-samte Bandbreite von Fehlverhalten in der Wissenschaft verwendet. Die Wahl die-ses Terminus geht auf die Empfehlungen der Arbeitsgruppe des Dänischen Medizi-nischen Forschungsrats zurück und wurde mit dessen weitem Bedeutungsgehalt begründet, der sich sowohl auf objektive Handlungen als auch die subjektiven Be-wusstseinsformen des Handelns erstreckt. Die Arbeitsgruppe befand, dass die über-wiegend in den Vereinigten Staaten bemühten Begriffe *scientific fraud* und *scientific misconduct* zu einseitig belegt sind. Während *scientific fraud* lediglich besonders schwere betrügerische Verstöße gegen Normen der Wissenschaftsethik erfassen soll und damit ebenso wie *scientific swindle* oder *scientific cheating* lediglich die Ver-wendung in konkreten Fällen nahe lege, lenke der Begriff *scientific misconduct* das Bewusstsein zu stark auf wissenschaftliche Verhaltensregeln und Etikette.[263] *Scienti-fic dishonesty* hingegen umfasse sowohl sämtliche bewusst betrügerischen Handlun-gen im Verlauf des Forschungsprozesses, von der Beantragung von Fördermitteln über den eigentlichen Forschungsprozess bis hin zur Veröffentlichung der Ergebnis-se, als auch Fälle grob fahrlässigen Handelns, die einem vorsätzlichen Verhalten im Hinblick auf die negativen Konsequenzen für die Vertrauenswürdigkeit und Funk-tionsfähigkeit der Wissenschaft in nichts nachstehen.[264]

---

263 *Andersen/Attrup/Axelsen/Riis*, Scientific Dishonesty and Good Scientific Practice, S. 19.
264 *Andersen/Attrup/Axelsen/Riis*, Scientific Dishonesty and Good Scientific Practice, S. 19; *Andersen/Axelsen/Riis,* Danish medical bulletin 40, 1993, S. 250.

2. Wissenschaftliche Unredlichkeit im engeren Sinne als entscheidungsrelevanter materiellen Maßstab

Wegen der großen Reichweite des Begriffes „videnskabelig uredelighed" bedurfte es in Dänemark einer Unterscheidung zwischen unredlichen Verhaltensweisen, die in den Zuständigkeitsbereich der DCSD fallen und solchen Verhaltensweisen, die zwar inakzeptabel sind, jedoch nicht der Konzeption der dänischen Verfahrensmodells zuzuordnen sind. Eine entsprechende Differenzierung erfolgte erstmals durch die Phänomenologie der Arbeitsgruppe des Dänischen Medizinischen Forschungsrates, die eine Unterscheidung von drei Ausprägungsformen bzw. Kategorien wissenschaftlicher Unredlichkeit anregte.[265]

Zur ersten Kategorie zählt nach dieser Phänomenologie unredliches Verhalten, durch welches wissenschaftliche Inhalte verfälscht oder Beitragsleistungen eines Forschers zu Unrecht beansprucht werden.[266] Hierunter sollten unter anderem das Erfinden von Daten, die Selektion „unerwünschter" Forschungsergebnisse, die missbräuchliche Anwendung statistischer Methoden mit dem Ziel, Daten in ungerechtfertigter Weise zu interpretieren, die verzerrte Interpretation von Ergebnissen und ungerechtfertigter Schlussfolgerungen, das Plagiieren fremder Ergebnisse oder Veröffentlichungen, die verzerrte Wiedergabe fremder Forschungsergebnisse, die falsche oder ungerechtfertigte Zuweisung von Autorschaft und die Irreführung in Förderungsanträgen und Bewerbungen fallen.[267] In subjektiver Hinsicht wurde Vorsatz verlangt. Ausschließlich diese erste Kategorie sollte in den Kompetenzbereich des damals vorgeschlagenen Untersuchungssystems fallen.[268]

Die zweite Kategorie umfasst unredliches Verhalten minderen Schweregrades, welches weniger die wissenschaftliche Aussage einer Forschungsleistung als die Wahrnehmung eines Forschers und seines sozialen Verhältnisses zu Kollegen von seiner Umwelt aufgrund unzutreffender Übertreibungen oder Auslassungen im Rahmen der eigenen Darstellung verzerrt.[269] Hiervon werden unter anderem nicht gekennzeichnete Mehrfachveröffentlichungen und andere künstliche Ausdehnungen von Publikationslisten sowie die öffentliche Präsentation von Forschungsergebnissen unter Umgehung wissenschaftlicher Begutachtung, die Nichtwürdigung originärer Beobachtungen anderer Wissenschaftler und die Verweigerung der Mitautorschaft trotz Beitragsleistung zu einer Veröffentlichung, erfasst. Wegen ihres geringeren Einflusses auf spezifische Forschungsergebnisse sollten die Verhaltensweisen der zweiten Kategorie nach Auffassung der Arbeitsgruppe eher nicht Gegenstand der Untersuchungstätigkeit der vorgeschlagenen Komitees sein, obgleich die beiden

---

265 *Andersen/Attrup/Axelsen/Riis*, Scientific Dishonesty and Good Scientific Practice, S. 19 f.
266 *Andersen/Attrup/Axelsen/Riis*, Scientific Dishonesty and Good Scientific Practice, S. 19 f.
267 Der Bericht enthält zählt weitere Verhaltensweisen auf, die dieser ersten Gruppe zugerechnet werden können, ohne dass sich daraus ein abschließendes Bild ergeben soll, vgl. *Andersen/ Attrup/Axelsen/Riis*, Scientific Dishonesty and Good Scientific Practice, S. 20 f.
268 Vgl. oben 3. Teil, C. I. 2. c), S. 177 f.
269 *Andersen/Attrup/Axelsen/Riis*, Scientific Dishonesty and Good Scientific Practice, S. 20 ff.

ersten Gruppen eindeutig als Ausprägungen wissenschaftliche Unredlichkeit im weiteren Sinne deklariert werden.[270]

Schließlich skizzierte die Arbeitsgruppe eine dritte Kategorie von Fällen an der Grenze zu wissenschaftlicher Unredlichkeit, deren Ausprägungsformen allgemein geeignet sind, das Forschungsumfeld sowie die Beziehungen von Wissenschaftlern untereinander und von Wissenschaftlern zu Herausgebern wissenschaftlicher Veröffentlichungen negativ zu beeinflussen und dadurch Qualität und Glaubwürdigkeit der medizinischen Forschung in Zweifel zu ziehen.[271] Zu diesen Verhaltensweisen gehört beispielsweise die sukzessive Veröffentlichung einer Studie – aufgespalten in mehrere *smallest possible units*, um zahlreiche Einzelpublikationen statt einer möglichen Gesamtpublikation zu erzielen. Ebenso fallen in diese Kategorie Formen der „Selbsttäuschung" bei der Interpretation von Daten, die bis an ein grob fahrlässiges Verhalten heranreichen können. Die Arbeitsgruppe bezeichnete die Vorkommnisse der dritten Kategorie als Verletzung der kollegialen Etikette, die gewöhnlich die Kritik der Kollegen herausfordert, sodass sich eine hinreichende Sanktionierung in Gestalt einer Rufschädigung niederschlägt.

Im Anschluss an diese Typenbildung unredlichen wissenschaftlichen Verhaltens wurde lediglich die erste der drei vorgeschlagenen Kategorien in die Konzeption des dänischen Verfahrensmodells übernommen.[272] Der Zuständigkeitsbereich des medizinischen Komitees und der heutigen drei Fachkomitees war und ist mithin auf die Beurteilung der Frage beschränkt, ob im vorgelegten Fall eine solche wissenschaftliche Unredlichkeit im engeren Sinne aufgetreten ist oder nicht. Eine Beurteilung der Frage, ob ein Verhalten im Übrigen mit den Normen guter wissenschaftlicher Forschungspraxis in Einklang steht, oder aber in weiterem Sinne unredlich ist, ist nach der Verordnungskonzeption an sich nicht umfasst. Die Begründung für diese Beschränkung des Kompetenzbereichs der DCSD bestand darin, dass in der Forschungswelt keine Einigkeit über Normen guter Forschungspraxis bestand, dass solche Normen nirgendwo kodifiziert oder schriftlich festgehalten waren und dass sie daher nicht als bindend angesehen werden konnten.[273] Trotz der Begrenzung des für das Komiteesystem maßgeblichen Unredlichkeitsmaßstabes ist dieser so breit angelegt, dass er Verhaltensweisen, die keine Reaktionsmöglichkeiten nach den herkömmlichen gesetzlichen Bestimmungen strafrechtlicher, arbeitsrechtlicher, urheberrechtlicher und sonstiger zivilrechtlicher Art auszulösen vermögen, erfassen kann.[274]

---

270 Vgl. auch: The Danish Committee on Scientific Dishonesty, Annual Report 1993, Chapter 6: The concept of dishonesty and the field of responsibility of DCSD.

271 *Andersen/Attrup/Axelsen/Riis*, Scientific Dishonesty and Good Scientific Practice, S. 21 f.

272 *Zahle*, Ugeskrift for Retsvæsen (UfR) Nr. 9 2003, Litterær afdeling, S. 91 (92). Vgl. Vedtægter af 18.12.1992 § 2 Nr. 2 u. 3.

273 *Zahle*, Ugeskrift for Retsvæsen (UfR) Nr. 9 2003, Litterær afdeling, S. 91 (92); *Andersen/Brydesholt*, in: The Danish Research Councils, The Danish Committee on Scientific Dishonesty, Annual Report 1995, S. 21.

274 Diesen Anspruch verfolgte das dänische Verfahrenssystem von Beginn an im Hinblick darauf, dass die sonstigen gesetzlichen Reaktionsmöglichkeiten nicht für den Umgang mit Fällen

3. Inhalt und Struktur der dänischen Unredlichkeitsdefinition

a) Die Unredlichkeitsdefinition nach § 2 VO-DCSD

Gemäß § 2 VO-DCSD findet seit der Neufassung der VO-DCSD[275] bei der Beurteilung von Fällen durch die DCSD nachfolgende in objektive und subjektive Anforderungen aufgespaltene Definition wissenschaftlicher Unredlichkeit Anwendung:[276]

Wissenschaftliche Unredlichkeit umfasst vorsätzliches oder grob fahrlässiges Handeln in Form der Verfälschung, des Plagiats, der Verheimlichung oder ähnliches Handeln, dass eine unzulässige Irreführung über die wissenschaftliche Arbeit und/ oder die wissenschaftlichen Ergebnisse einer Person beinhaltet. Hierunter fällt:

1)   nicht deklarierte Erfindung und Fälschung von Daten oder Substituieren durch fingierte Daten;

2)   nicht deklariertes selektives und heimliches Aussortieren der eigenen unerwünschten Ergebnisse

3)   nicht deklarierte unübliche und irreführende Anwendung statistischer Methoden;

4)   nicht deklarierte voreingenommene oder verzerrte Interpretation der eigenen Ergebnisse und Verdrehung der eigenen Schlussfolgerungen

5)   Plagiieren der Ergebnisse oder Veröffentlichungen anderer;

6)   unzutreffende Nennung als Autor oder Mitautor, Irreführung über Titel und Arbeitsplatz;

7)   Angabe mit unrichtiger Informationen über wissenschaftliche Qualifikationen[277]

---

wissenschaftlicher Unredlichkeit bestimmt und daher weniger geeignet zum Umgang mit den besonderen Bedingungen und Praktiken des Forschungswesens sind, vgl. *Andersen/Brydesholt*, in: The Danish Research Councils, The Danish Committee on Scientific Dishonesty, Annual Report 1995, S. 17. Zu den rechtlichen Reaktionsmöglichen auf wissenschaftliches Fehlverhalten außerhalb des Verfahrenssystems vgl.: *Brydensholt*, in: The Danish Research Councils, The Danish Committee on Scientific Dishonesty, Annual Report 1995, S. 4 (6 ff.).

275   Vgl. oben 3. Teil, C. IV. 3., S. 194.

276   Sehr ähnlich bereits die in der ersten Satzung des DCSD enthaltende Definition, vgl. The Danish Committee on Scientific Dishonesty, Annual Report 1994, Apendix 1: Rules, § 2 (3), S. 64.

277   Es handelt sich um eine eigene Übersetzung der Verfasserin, keine amtliche Übersetzung. Der Originalwortlaut des § 2 VO-DCSD lautet:
„Ved videnskabelig uredelighed forstås en forsætlig eller groft uagtsom adfærd i form af forfalskning, plagiering, fortielse eller lignende, der indebærer en utilbørlig vildledning om egen videnskabelig indsats og/eller videnskabelige resultater. Omfattet er herefter bl.a.:
1) Uoplyst konstruktion af data eller substitution med fiktive data.
2) Uoplyst selektiv eller skjult kassation af egne uønskede resultater.
3) Uoplyst usædvanlig og vildledende anvendelse af statistiske metoder.
4) Uoplyst ensidig eller forvredet fortolkning af egne resultater og konklusioner.
5) Plagiering af andres resultater eller publikationer.

Der objektive Tatbestand der Unredlichkeitsdefinition lässt sich unterteilen in eine relativ weitgefasste Generalklausel, die abstrakt formuliert, welche Verhaltensweisen als wissenschaftliches Fehlverhalten anzusehen sind, und eine Spezifizierung dieser Klausel anhand einer nicht abschließenden Aufzählung von sieben tatbestandsmäßigen Handlungen. Die aufgezählten Beispiele sollen einerseits die bedeutendsten Ausformungen wissenschaftlicher Unredlichkeit erfassen und andererseits als Auslegungshilfe für die Anwendung der Generalklausel auf weitere Fälle dienen.[278] Hierbei beziehen sich die ersten vier der aufgezählten Handlungsbeispiele auf den ersten Teil der Generalklausel, während die letzten drei vom zweiten personenbezogenen Teil erfasst werden.[279]

Der subjektive Tatbestand erfasst Vorsatz und grobe Fahrlässigkeit. Im Hinblick darauf, dass nach allgemeiner Auffassung mit Hilfe von Verfahren zur Untersuchung wissenschaftlichen Fehlverhaltens nur bewusst unredliche Verhaltensweisen, jedoch nicht versehentliche, auf redliche Weise entstandene Fehler aufgedeckt werden sollen, wurde darauf verzichtet, diese dem Forschungsprozess naturgemäß anhaftenden Irrtümer ausdrücklich aus der Definition wissenschaftlichen Fehlverhaltens auszunehmen.[280] Gleiches gilt für Fälle, in denen dem betroffenen Forscher der Vorwurf leichter oder mittlerer Fahrlässigkeit gemacht werden kann. Auch wenn es sich dabei nicht um standesgemäßes Verhalten handelt und diese Fälle geeignet sind, Missbilligung bei dem involvierten Berufsstand hervorzurufen, sollen diese Fälle mangels hinreichenden subjektiven Schweregehalts nicht in den Anwendungsbereich der Definition fallen. § 2 VO-DCSD zieht die Grenze hingegen dort, wo nachweislich grobe Fahrlässigkeit vorliegt. In diesem Fall soll sich ein Wissenschaftler nicht mehr auf sein mangelndes Verschulden zurückziehen können.

---

6) Uretmæssig angivelse af forfatterrolle, titel eller arbejdssted.
7) Afgivelse af urigtige oplysninger om videnskabelige kvalifikationer."

278 Vgl. zu der früheren Definition in der Komiteesatzung: The Danish Committee on Scientific Dishonesty, Annual Report 1993, Chapter 6: The concept of dishonesty and the field of responsibility of DCSD.

279 Vgl. zu der früheren Definition in der Komiteesatzung: The Danish Committee on Scientific Dishonesty, Annual Report 1993, Chapter 6: The concept of dishonesty and the field of responsibility of DCSD.

280 So schon die ähnlich lautende Definition in der früheren Komiteesatzung: The Danish Committee on Scientific Dishonesty, Annual Report 1993, Chapter 6: The concept of dishonesty and the field of responsibility of DCSD.

b) Überarbeitete Definition nach Kritik und Definitionsvorschlag der
   Arbeitsgruppe für Regeln der Forschungsethik

Diese neue, gegenüber dem Wortlaut von § 3 VO-DSCD a.f.[281] leicht veränderte
Definition wissenschaftlicher Unredlichkeit geht insbesondere auf die Kritik und
einen durch die Arbeitsgruppe für Regeln der Forschungsethik[282] verfassten Definitionsvorschlag[283] zurück.[284]
   Diese Kritik betraf insbesondere den Umstand, dass die Struktur des § 3 VO-
DCSD a.f. aufgrund der Untergliederung der Norm in zwei Absätze einerseits eine
strikte Trennung objektiver und subjektiver Tatbestandsmerkmale suggerierte, andererseits aber mehrere der in § 3 Abs. 1 VO-DCSD a.f. aufgezählten tatbestandsmäßigen Handlungen ein subjektives Element beinhalteten.[285] In Kombination mit
§ 3 Abs. 2 VO-DCSD a.f., der auf subjektiver Ebene hinsichtlich aller Unredlich-
keitshandlungen neben Vorsatz auch grobe Fahrlässigkeit ausreichen ließ, beinhalte-

---

281 Eine Gegenüberstellung beider Fassungen ist dem Jahresbericht 2005 der DCSD zu entneh-
     men: Danish Agency for Science Technology and Innovation (Hrsg.), Annual Report 2005,
     The Danish Committees on Scientific Dishonesty, S. 40 ff., 45 ff.
282 Vgl. zum Einsatz der Arbeitsgruppe oben 3. Teil, C. IV. 2., S. 193 f.
283 Der Vorschlag basiert auf einer zusammenfassenden Formulierung der geltenden Definition
     durch den dänischen Rechtswissenschaftler *Zahle*, Ugeskrift for Retsvæsen (UfR) 2003, Lit-
     terær afdeling, S. 91 (96): „*Uredelighed foreligger hereefter – hvis bekendtgørelsens begreb
     skal sammenfattes – når en forsker ved forfalskning, ved plagiering eller på lignende grov
     måde vildleder om sin videnskabelige indsats.*"
     Wortlaut (deutsche Eigenübersezung der Verfasserin):
     „*Wissenschaftliches Fehlverhalten liegt vor, wenn ein Forscher oder eine Forschergruppe
     durch (Ver-)Fälschung, Plagiieren, Verheimlichen oder auf ähnlich schwere Weise Personen
     über den wissenschaftlichen Einsatz oder Forschungsergebnisse irreführt, und umfasst unter
     anderem: (1) nicht deklariertes Fälschen oder Erfinden von Daten oder Substituierung durch
     fiktive Daten, (2) selektives und heimliches Aussortieren unerwünschter Ergebnisse, (3) nicht
     deklarierte irreführende Anwendung statistischer Methoden, (4) nicht deklarierte Missdeu-
     tung von Ergebnissen und Verdrehung von Schlussfolgerungen, (6) Plagiieren der Ergebnisse
     oder Veröffentlichungen anderer, (7) unberechtigte Bezeichnung als Autor oder Angabe des
     Arbeitsplatzes, (8) Bewerbungen mit bewusst unrichtigem Informationsgehalt.*"
     Originalwortlaut:
     „*Videnskabelig uredelighed forligger, når en forsker eller en forskergruppe ved forfalskning,
     plagiering, fortielse eller på lignende grov måde vildleder om den videnskabelige indsats el-
     ler forskningens resultater, og omfatter bl.a.:*"
     *(1) Uoplyst konstruktion af data eller substitution med fiktive data. (2) Selektiv og skjult kas-
     sation af uønskede resultater. (3) Uoplyst vildledende anvendelse af statistiske metoder.
     (4) Uoplyst forvredet fortolkning af resultater og forvridning af konklusioner. (5) Plagiering
     af andres resultater eller publikationer. (6) Groft fordrejet gengivelse af andres resultater.
     (7) Uretmæssig angivelse af forfatterrolle eller arbejdssted. (8) Ansøgninger med bevidst
     urigtige oplysninger.*"
284 Vgl. zum Einsatz der Arbeitsgruppe oben 3. Teil, C. IV. 2., S. 193 f.
285 Danish Research Agency, Report on the rules governing research ethics, S. 6; *Bergenholtz*,
     Berlingske Tidende, 16. Januar 2004, verfügbar unter http://www.berlingske.dk/ popup:print=
     396944?& (15.02.2007).

te diese Konstruktion die Gefahr des Entstehens von Missverständnissen hinsichtlich der subjektiven Anforderungen.

Aus diesem Grund wurde die Unterteilung von objektivem und subjektivem Tatbestand in zwei Absätze aufgegeben und die Aufzählung der tatbestandsmäßigen Regelbeispiele von expliziten subjektiven Anforderungen befreit. Hierdurch wird die irreführende Konstellation der Vermischung vorsätzlicher und nicht notwendig vorsätzlicher tatbestandsmäßiger Handlungen von „objektiven" und „subjektiven" Unredlichkeitsvoraussetzungen im Übrigen vermieden.[286] Die aktuelle Definition nimmt außerdem in die Umschreibung wissenschaftlicher Unredlichkeit eine nicht abschließende Aufzählung einzelner besonders schwerer unredlicher Verhaltensweisen (Verfälschung, Plagiat, Verheimlichung) auf, wodurch das diesen Verhaltensweisen innewohnende Element einer betrügerischen Absicht besonders betont wird, ohne dass subjektive Anforderungen in diesem Zusammenhang ausdrücklich formuliert werden.[287] Diese Änderung soll den DCSD in besonderen Fällen auch bei fehlendem Nachweis von Vorsatz die Feststellung wissenschaftlichen Fehlverhaltens ermöglichen. Insbesondere ist hierbei an Fälle gedacht, bei denen der Beschuldigte anerkannte Verhaltensmuster missachtet oder sich allgemein bekannten Standards guter wissenschaftlicher Praxis widersetzt obwohl ihm die Geltung dieser Regeln bekannt sein musste, auch wenn dies nicht nachweisbar ist.[288]

Die beispielhafte Aufzählung tatbestandlicher Handlungsweisen wurde im Hinblick darauf, dass einige dieser Handlungen als redlich betrachtet werden müssen, sobald sie bei der Präsentation von Forschungsergebnissen offen gelegt werden, in einigen Punkten durch den Zusatz „nicht deklariert" („uoplyst") ergänzt.

Die aktuelle Definition bezieht darüber hinaus in Abweichung von der Ausgangsversion das Verheimlichen bzw. Nichtoffenlegen von Informationen („fortielse") ein, welches zu einer Irreführung über den Beitrag eines Forschers zu einer Forschungsarbeit oder zu Forschungsergebnissen führen kann.

Keinen Eingang in die aktuelle Definition hat dagegen die Form der gemeinschaftlichen Begehensweise gefunden, obwohl der frühere Wortlaut auch wegen seines Fokus auf Forscher als Einzelpersonen – ungeachtet der Tatsache, dass Forschung überwiegend in Forschergruppen unterschiedlicher Größe durchgeführt wird – kritisiert worden war.[289] Die Neufassung der VO-DSCD berücksichtigt je-

---

286 Siehe die Stellungnahme der Arbeitsgruppe für Regeln der Forschungsethik, Danish Research Agency, Report on the rules governing research ethics, S. 8, wonach insbesondere die Trennung zwischen objektiven und subjektiven Merkmalen vermieden werden sollte. Vgl. zur Aufspaltung des Unredlichkeitsbegriffes in der Entscheidungspraxis auch 3. Teil, E. I. 4., S. 219 f.

287 Danish Research Agency, Report on the rules governing research ethics, S. 8.

288 Eine solche Entscheidung soll nur unter der Voraussetzung getroffen werden können, dass Richtlinien für gute wissenschaftliche Praxis in dem maßgeblichen Forschungsbereich existieren und der Beschuldigte die anwendbaren Standards offensichtlich kannte, ihm diese Tatsache jedoch aus unterschiedlichen Gründen nicht nachgewiesen werden kann, vgl. Danish Research Agency, Report on the rules governing research ethics, S. 8 f.

289 Siehe die Stellungnahme der Arbeitsgruppe für Regeln der Forschungsethik, Danish Research Agency, Report on the rules governing research ethics, S. 7.

doch an anderer Stelle nunmehr ausdrücklich, dass die DCSD auch Fälle, die mehrere Personen/Forschergruppen betreffen, untersuchen kann, vgl. §§ 5, 8 Abs. 4, 12 Abs. 4 VO-DCSD.

Durch diese Änderungen wurden die angesprochenen Kritikpunkte der früheren Definition größtenteils behoben. Zu Recht wurde ein vollständiger Verzicht auf die ausdrückliche Formulierung eines subjektiven Maßstabes nicht durchgehalten. Dies würde Auslegungsprobleme eher schaffen als beseitigen, da unklar bliebe, ob und in welcher Form fahrlässiges Handeln für die Verwirklichung des Unredlichkeitstatbestandes ausreicht. Die Neufassung der Definition vermittelt den Eindruck, dass der Unredlichkeitsmaßstab leicht erweitert wurde, um Fälle, die bislang nur durch den gesetzlich nicht definierten Maßstab guter Forschungspraxis erfasst werden konnten[290], als wissenschaftliche Unredlichkeit im engeren Sinne behandeln zu können. Das vermeintliche Ziel einer Erleichterung der Beweislast kommt jedoch nicht zum Ausdruck.

4. Aufspaltung des Unredlichkeitsbegriffes in der Entscheidungspraxis der DCSD

Die DCSD unterscheiden bei der Beurteilung ihrer Fälle in Anlehnung an die Struktur der Unredlichkeitsdefinition zwischen dem objektiven Inhalt und den subjektiven Anforderungen des Unredlichkeitsbegriffes. Daher wird in streng juristischem Stil zunächst geprüft, ob tatsächliche Handlungen vorliegen, die von den objektiven Begriffsmerkmalen des § 2 VO-DCSD erfasst werden. Ist dies der Fall, wird anschließend das Vorliegen von Vorsatz oder grober Fahrlässigkeit überprüft.[291] Das Verhalten des betroffenen Wissenschaftlers wird auch dann im Tenor der Entscheidung „objektiv betrachtet" als „wissenschaftliche Unredlichkeit" charakterisiert, wenn die subjektiven Unredlichkeitskriterien nicht erfüllt sind.[292] Abgesehen davon, dass die Verknüpfung objektiver und subjektiver Elemente in § 3 Abs. 1 VO-DCSD a.F. eine saubere Trennung subjektiver und objektiver Unredlichkeitsmerkmale bislang ohnehin kaum zuließ[293], trägt ein solcher Ausspruch nicht dem einheitlichen Unredlichkeitsbegriff, bestehend aus objektiven und subjektiven Merkmalen Rechnung, sondern führt zu Unklarheiten hinsichtlich der Bedeutung der Entscheidung. Eine Entscheidung im zuletzt beschriebenen Sinne erging im Fall Lomborg, wo der irreführende Wortlaut folgenden Teilausspruchs der DCSD geeignet war, über die

---

290 Vgl. unten 3. Teil, E. II., S. 220 ff.
291 *Andersen/Brydesholt*, in: The Danish Research Councils, The Danish Committee on Scientific Dishonesty, Annual Report 1995, S. 18 (Internet Version); *Bergenholtz*, Berlingske Tidende, 16. Januar 2004, verfügbar unter http://www.berlingske.dk/popup:print=396944?& (15.02.2007).
292 Vgl. Fall1/2002 „*adfærd, der objektivt set måtte karakteriseres som videnskabelig uredelig.*", abgedruckt in: Danish Research Agency, 2002 Annual Report, The Danish Committees on Scientific Dishonesty, S. 38 (39).
293 Vgl. unter 3. Teil, E. I. 3. b), S. 217 f.

darin enthaltene Feststellung des Nichtvorliegens wissenschaftlicher Unredlichkeit zu täuschen:[294]

> „Objektiv gesagt, fällt die Veröffentlichung des betreffenden Werkes unter den Begriff wissenschaftlicher Unredlichkeit. Unter Berücksichtigung der subjektiven Anforderungen, des Vorsatzes oder grober Fahrlässigkeit, kann Bjørn Lomborgs Veröffentlichung indessen nicht unter diese Charakteristik fallen...“[295]

Im Sinne der Vermeidung von Missverständnissen, die zu Lasten des betroffenen Wissenschaftlers und dessen Ansehen in der Öffentlichkeit gehen, ist nicht einzusehen, weshalb die methodische Aufspaltung des Unredlichkeitsbegriffes bei der Begutachtung auch Eingang in den Entscheidungstenor finden muss.[296] Eine Differenzierung in den Gründen würde genügen, um die Entscheidung nachvollziehbar zu machen.

II. Maßstab: Abweichung von guter wissenschaftlicher Praxis

Obwohl der Entscheidungsmaßstab der DSCS seit jeher förmlich auf eine klar umgrenzte Definition wissenschaftlicher Unredlichkeit begrenzt ist, entwickelten die Komitees eine weitergehende Entscheidungspraxis und begannen zusätzlich mit einer gesetzlich nicht verankerten Norm für gute Forschungspraxis bzw. für die Verletzung guter Forschungspraxis zu arbeiten. Trotz Nichterfüllung des Unredlichkeitstatbestandes wird in der Entscheidung auf Verletzung guter Praxis erkannt, wenn sich das Handeln als kritikwürdig erweist. Im Folgenden soll diese Entscheidungspraxis und der dabei angelegte Maßstab näher erörtert werden.

1. Hintergrund

Bereits das bis 1998 eingesetzte einzelne medizinische Komitee begann im Laufe seiner Tätigkeit nach und nach, sich bei der Fallbeurteilung über den in der damaligen Komiteesatzung festgehaltenen Unredlichkeitstatbestand[297] hinaus eines Maßstabes für gute Forschungspraxis zu bedienen. Während es dieses Komitee in einem Fall aus dem Jahre 1993 noch unterlassen hatte, das unzulängliche Zitieren eines an

---

294 Beispielhaft sei folgender Pressesartikel mit dem defamierenden Titel *„Debunker of global warming found guilty of scientific dishonesty"* genannt, wonach die DCSD auf wissenschaftliche Unredlichkeit erkannt haben sollen: *Brown*, The Guardian, 9. Januar 2003, verfügbar unter www.guardian.co.uk/print/0,3858,4579739-103690,00.html (15.02. 2007).

295 *„Objektivt findes udgivelsen af den omhandlende publication at falde ind under begrebet videnskabelig uredlighed. Under hensyn til de subjective krav, der stilles om forsæt eller grov forsømmelighed kan Bjørn Lomborgs udgivelse imidlertid ikke falde ind under denne karakteristik..."*

296 So auch die Entscheidung des dänischen Ministeriums für Wissenschaft, Technologie und Entwicklung im Fall Lomborg vom 17. Dezember 2003, S. 36.

297 Vedtægter, § 2 Stk. 2 und 3 (Statutes, § 2 Subs. 2 und 3).

der Forschungsleistung der Beschuldigten beteiligten Forscherkollegen zu kritisieren, weil das Verhalten als außerhalb des für das Verfahrensmodell maßgeblichen und in der Satzung festgeschriebenen Begriffes wissenschaftlicher Unredlichkeit liegend charakterisiert wurde[298], entschied es sich in einem ähnlich gelagerten Fall fehlender wissenschaftlicher Unredlichkeit von 1995 dafür, ausdrücklich auf eine Verletzung guter wissenschaftlicher Praxis zu erkennen.[299] Dort hatte der Beschuldigte in seiner Dissertation zu Unrecht den Eindruck vermittelt, der alleinige Urheber einer wissenschaftlichen Hypothese zu sein, deren Nachweis ihm durch eine Reihe experimenteller Arbeiten gelang.[300] Dieses Vorgehen würdigte das DCSD als ein Verhalten, welches einen eindeutigen Verstoß gegen Normen guter wissenschaftlicher Praxis darstellt.

---

298 Vgl. Fall 3/1993, abgedruckt in: The Danish Research Councils, The Danish Committee on Scientific Dishonesty, Annual Report 1993, Chapter 7: Case Summeries. In diesem Fall konnte das DCSD den drei Beschuldigten, denen der Vorwurf der unzureichenden Kennzeichnung der Übernahme von Originaldaten und der Veröffentlichung bislang unbekannter methodologischer Verbesserungen des Beschwerdeführers ohne vorherige Genehmigung des Beschwerdeführers gemacht wurde, kein Verhalten nachweisen, welches unter die damalige Definition wissenschaftlicher Unredlichkeit fiel. Denn es gab einen Beweiskonflikt über die Frage des vorausgegangenen Angebots einer Co-Autorschaft gegenüber dem Beschwerdeführer. Das DCSD ging jedoch von dem Vorliegen einer unzureichenden Zitierpraxis außerhalb der Reichweite des verfahrensmaßgeblichen Begriffes wissenschaftlicher Unredlichkeit aus, zu dem es mit Rücksicht auf den begrenzten Beurteilungsmaßstab des Komitees nicht weiter Stellung nehmen wollte, nachdem der Anwalt der Beschuldigten die diesbezüglichen Ausführungen des bei der Aufklärung eingesetzten Ad-hoc-Komitees bereits als unpassend gerügt hatte.

299 Vgl. Fall Nr. 2/1995 abgedruckt in: The Danish Research Councils, The Danish Committee on Scientific Dishonesty, Annual Report 1995, Chapter 8: Summary of Cases.

300 Vgl. Fall Nr. 2/1995 abgedruckt in: The Danish Research Councils, The Danish Committee on Scientific Dishonesty, Annual Report 1995, Chapter 8: Summary of Cases. Der dem Fall zugrunde liegende Sachverhalt stellte sich wie folgt dar: Einige Jahre vor der Dissertation des Beschuldigten hatte der beschwerdeführende Dozent eine wissenschaftliche Hypothese veröffentlicht, deren experimentelle Substantiierung und Weiterentwicklung durch einen eigenständigen späteren Forschungsbeitrag des Beschuldigten erfolgte. Die Darstellung der seiner Forschung zugrunde liegenden Hypothese in der nachfolgenden Doktorarbeit erweckte den Eindruck, als habe er diese selbst entwickelt. Den eigentlichen Urheber zitierte der Beschuldigte lediglich für andere Verdienste, nicht jedoch als Urheber der Hypothese. Das DCSD berücksichtigte bei seiner Entscheidung den Umstand, dass das Aufstellen einer Hypothese allein lediglich ein Anfangsstadium im Forschungsprozess abbildet und deren Begründer daher im Hinblick auf die wissenschaftliche Gesamtleistung einschließlich deren experimentellen Nachweises keine vorrangige Urheberschaft für sich in Anspruch nehmen kann, da der überwiegende wissenschaftliche Beitrag des Beschuldigte – gemessen an dieser Gesamtleistung – eindeutig überwog. Deshalb entschied das DCSD, dass es sich nicht um einen Fall wissenschaftlicher Unredlichkeit handelte. Gleichzeitig aber stellte es fest, dass das Unterlassen, den Beitrag des Dozenten zu erwähnen, eindeutig eine Verletzung der Normen für gute wissenschaftliche Praxis darstellt.
Ebenso bewertete das DCSD die Nichterwähnung von Forschungskollegen bei der Präsentation von gemeinschaftlich erarbeiteten Forschungsergebnissen auf einer internationalen Tagung durch den Beschuldigten.

Das DCSD vollzog diese Änderung der Entscheidungspraxis gezielt infolge seiner anfänglichen Erfahrungen im Umgang mit Fällen wissenschaftlichen Fehlverhaltens. Das Komitee sah sich in einer großen Anzahl der Fälle mit dem Problem konfrontiert, dass aufgrund der Variationsbreite kritikfähiger Handlungsweisen eine einfache Subsumtion des jeweils gerügten Verhaltens unter die Tatbestandskomponenten der Definition wissenschaftlicher Unredlichkeit nicht gelang.[301] Dies resultierte entweder daraus, dass das Verhalten von keinem der objektiven Unredlichkeitsmerkmale erfasst wurde oder dass bei Vorliegen eines oder mehrerer objektiver Merkmale die subjektiven Anforderungen des Unredlichkeitsmaßstabes nicht erfüllt waren.[302] Das Ergebnis in diesen Fällen war, dass ein Beschuldigter unter Beschränkung auf den heute in § 2 VO-DCSD definierten Maßstab wissenschaftlicher Unredlichkeit von dem Verdacht eines unredlichen Verhaltens freigesprochen werden musste, obwohl sich sein Verhalten als eines abzeichnete, welches mehr oder minder schwere Abweichungen von guter Forschungspraxis aufwies[303]. Dieses unbefriedigende Urteil versuchte man mit dem Ziel der Vorbeugung vor jeglicher Art fehlgeleiteter wissenschaftlicher Praxis durch die ergänzende Anwendung eines Maßstabes guter wissenschaftlicher Praxis mit dem konkreten Profil des Sachverhalts zu harmonisieren.[304]

Gleichzeitig fügte sich der Übergang von einer reinen Unredlichkeitskontrolle zu einem breiteren Beurteilungsmaßstab in den allgemeinen Trend der zunehmenden Ethisierung der Forschung und des Rechts ein, unter dessen Einfluss die Bildung und Anwendung von Standards „guter Praxis" für verschiedenste Tätigkeitsbereiche in den 80er und 90er Jahren stark expandierte.[305] Die Beanstandung von „Abweichungen von guter Forschungspraxis" bei Nichtvorliegen wissenschaftlicher Unredlichkeit wurde zum Inhalt einer Vielzahl der vor dem medizinischen Einzelkomitee und den heutigen drei Fachkomitees getroffenen Entscheidungen[306], deren promi-

301 *Andersen/Brydesholt*, in: The Danish Research Councils, The Danish Committee on Scientific Dishonesty, Annual Report 1995, S. 17, 21.

302 Vgl. im Hinblick auf diese Unterscheidung die Fallbeispiele bei *Andersen/Brydesholt*, in: The Danish Research Councils, The Danish Committee on Scientific Dishonesty, Annual Report 1995, S. 19 ff.

303 *Andersen/Brydesholt*, in: The Danish Research Councils, The Danish Committee on Scientific Dishonesty, Annual Report 1995, S. 19 ff. illustrieren recht plakativ die Graduierungen im Abweichungsgrad von guter wissenschaftlicher Praxis von „geringfügig" (*„mindre"*) über „deutlich" (*„klare"*) bis „erheblich" (*„væsentlige"*) anhand eines universitätsintern behandelten Falles unterschiedlicher Ausprägungen von Datenselektion im Unterschied zu wissenschaftlicher Unredlichkeit.

304 Ziel war es – wie *Zahle*, Ugeskrift for Retsvæsen (UfR) 2003, Litterær afdeling, S. 91 (93), formuliert – eine zutreffende Charakteristik des jeweiligen Falles abzugeben und nicht „blauzustempeln" (*„blåstemple"*), was nicht mit guter wissenschaftlicher Praxis in Einklang steht.

305 Vgl. *Zahle*, Ugeskrift for Retsvæsen (UfR) 2003, Litterær afdeling, S. 91 (94 f.), der sich mit dem ethischen und moralischen Klima zur Zeit der Anfänge des DCSD auseinandersetzt.

306 Eine Aufstellung von *Andersen*, in: The Danish Committee on Scientific Dishonesty (Hrsg.), The Danish Committee on Scientific Dishonesty, Annual Report 1997, S. 9 (10 ff.), welche die Tätigkeit des medizinischen Komitees bis einschließlich 1997 abdeckt, zeigt, dass das Komitee solche „sonstigen Abweichungen von guter wissenschaftlicher Praxis" (in Abgren-

nentestes Beispiel der Lomborg-Fall darstellt. Im Widerspruch zu dieser Praxis halten die DCSD jedoch im Einklang mit dem Wortlaut der VO-DCSD[307] daran fest, dass die Erhebung einer Beschwerde wegen Abweichungen von guter Forschungspraxis nicht zulässig ist. Es muss vielmehr der Vorwurf wissenschaftlicher Unredlichkeit erhoben werden, um ein Untersuchungsverfahren einzuleiten.[308]

2. Inhalt des Maßstabes guter wissenschaftlicher Praxis

Die DCSD bedienen sich zum Teil leicht unterschiedlicher Entscheidungsformeln synonymen Bedeutungsgehalts um auszusprechen, dass die Produktion oder Kommunikation von Forschungsresultaten nicht anerkannter Forschungspraxis entspricht. Die in diesem Sinne überwiegend verwendeten Formeln „Abweichung von guter wissenschaftlicher Praxis"[309] oder „im Widerspruch zu (den Regeln) guter wissenschaftlicher Sitte"[310] lassen Rückschlüsse auf den Inhalt des materiellen Beurteilungsmaßstabes zu, den die DCSD ihrer Entscheidung zugrunde legen. Dieser Maßstab setzt sich nämlich aus denjenigen, meist positiv formulierbaren, Verhaltensstandards guter wissenschaftliche Praxis zusammen, die von Wissenschaftlern als in der Forschungswelt allgemein oder innerhalb einzelner *scientific communities* für einzelne Forschungsdisziplinen geltende Verhaltensregeln anerkannt und befolgt werden. Der Beurteilungsmaßstab geht mithin weit über die Grauzone dessen, was gerade noch oder gerade nicht mehr von der Definition wissenschaftlicher Unredlichkeit umfasst wird, hinaus. Er setzt bereits am Übergang von einem standardgerechten Vorgang wissenschaftlicher Erkenntnisgewinnung und Kommunikation zu zweifelhaften, nicht ganz unbedenklich erscheinenden Praxen, die von der dänischen

---

zung zu „wissenschaftlichem Fehlverhalten", welches letztlich erst recht eine Abweichung von guter wissenschaftlicher Praxis darstellt) in neun von dreißig Beschwerden, über die entschieden wurde, festgestellt hat. Wohingegen „wissenschaftlicher Unredlichkeit", in nur vier Fällen festegestellt werden konnte.

307 §§ 1 Abs. 1, 4 der VO-DCSD (Bekendtgørelse nr. 668 af 28. juni 2005, §§ 1 Abs. 1, 4).

308 Vgl. dazu unten 3. Teil, F. III. 4. a) bb), S. 248.

309 Im Dänischen („*afvigelse/fravigelse fra god videnskabelig praksis/forskningspraksis*"), beispielsweise in Fall 4/2001, abgedruckt in Danish Research Agency, 2001 Annual Report, The Danish Committees on Scientific Dishonesty, S. 26 ff., unter Stellungnahme zu den unterschiedlichen Abweichungsgraden der streitgegenständlichen Handlungen.

310 Im Dänischen („*i modstrid med (normerne for) god videnskabelig skik praksis*"), beispielsweise in den Fällen 1/2001, abgedruckt in: Danish Research Agency, 2001 Annual Report, The Danish Committees on Scientific Dishonesty, S. 23 f., 25 f., und 1/2000, abgedruckt in: Danish Research Agency, 2000 Annual Report, The Danish Committees on Scientific Dishonesty, S. 37 f. Etwas schärfer die Tenorierung der DCSD in der Lomborg-Entscheidung vom 06.01.2003, „in deutlichem Widerspruch zu den Regeln guter wissenschaftlicher Sitte" („*i klar modstrid med normerene for god videnskabelig skik*"), lediglich als Kurzzusammenfassung publiziert als Fälle 4, 5 und 6/2003, in: *Danish Research Agency*, 2003 Annual Report, The Danish Committees on Scientific Dishonesty, S. 27 ff.

Rechtsordnung aber noch nicht als wissenschaftliches Fehlverhalten charakterisiert werden, an.

Die den Beurteilungsmaßstab skizzierenden Verhaltensstandards sind durch die DCSD oder andere Wissenschaftsorganisationen zum Teil explizit gemacht worden, um fehlgeleitete Verhaltensweisen zu verhindern. Dies gilt, soweit sie entweder in zusammenhängenden geschriebenen Kodizes verfasst wurden oder in den Entscheidungen der DCSD als einzelne soziale Normen zum Ausdruck kommen. Beispiele für die Konkretisierung und Kodifizierung von Verhaltensregeln für besonders konfliktträchtige Situationen[311] sind die durch das medizinische Komitee 1993 erstmals veröffentlichten und später überarbeiteten zwei Richtlinien für die Präsentation von Forschungsprotokollen und -berichten, Datendokumentation und Datenaufbewahrung in medizinischer Grundlagenforschung und in klinischer epidemiologischer Forschung.[312] Es folgten Richtlinien für Vereinbarungen im Zusammenhang mit der Aufnahme von Forschungsprojekten, Richtlinien betreffend Rechte und Pflichten bei der Aufbewahrung und Verwendung von Forschungsdaten sowie Autorenschaftsrichtlinien, die gemeinsam mit den beiden vorbezeichneten Regelwerken in einem gemeinsamen Richtlinienkonvolut des DCSD erschienen sind.[313] Daneben finden die Richtlinien anderer Organisationen, wie der dänischen Forschungsräte[314], der dänischen Zentralorganisation der Berufsverbände (Akademikernes Centralorganisation)[315] und auch internationaler Organisationen[316] bei der Anwendung des Maßstabes guter wissenschaftlicher Praxis Beachtung. Angesichts der Vielfalt dis-

---

311 Als solche werden erfahrungsgemäß die Einleitungsphase eines Forschungsvorhabens, die Aufbewahrung und Verwendung von Daten und die Veröffentlichung verstanden, vgl. *Andersen* in: The Danish Committee on Scientific Dishonesty (Hrsg.), The Danish Committee on Scientific Dishonesty, Annual Report 1997, S. 15.

312 Vejledning for udforming af forsøgsprotokoller og forsøgsrapporter, datadokumentation og opbevaring af data inden for sundhedsvidenskabelig basalforskning, Dan Med Bull 1997, 44, S. 87 f. und Vejledning for udforming af undersøgelsesplaner, datadokumentation og opbevaring af data inden for klinisk og klinisk-epidemiologisk forskning, Dan Med Bull 1997, 44, S. 88 f.

313 Vejledning for indgåelse af aftaler ved påbegyndelse af forskningsprojekter, Vejledning vedrørende ret og pligt til opbevaring og brug af videnskabelige data, Vejledning vedrørende forfatterskab, abgedruckt in: Duvalget vedrørende Videnskabelig Uredelighed, Vejledninger i God Videnskabelig Praxis, 1998 (The Danish Committee on Scientific Dishonesty, Guidelines for Good Scientific Practice, 1998). An der Erstellung sämtliche Richtlinien wurde ein breites Spektrum wissenschaftlicher Einrichtungen im Bereich der Medizin durch Anhörung beteiligt.

314 Siehe beispielsweise die Richtlinien für Forschungsethik in den Sozialwissenschaften des Forschungsrates für Sozialwissenschaften: Vejledende Retningslinier for Forskningsethik i Samfundsvidenskaberne von November 2002.

315 Udvalg til Beskyttelse af Videnskabeligt Arbejde, Rettighedsproblemer I forskningssamarbejder – en vejledning fra UBVA, erhältlich unter: http://ubva.lovportaler.dk/ShowDoc.aspx?docId=ubva-pub-samarb-full&q=Rettighedsproblemer+I+forskningssamarbejder (15.05.2007).

316 Vgl. *Andersen* in: The Danish Committee on Scientific Dishonesty (Hrsg.), The Danish Committee on Scientific Dishonesty, Annual Report 1997, S. 17 f. und Fn. 5-12.

ziplinspezifischer Ausprägungen von Verhaltensstandards bilden diese Regeln lediglich einen kleinen Ausschnitt des Maßstabsinhaltes ab.

3. Rechtmäßigkeit der Anwendung des Maßstabes guter wissenschaftlicher Praxis

Im Hinblick auf die Anwendung eines Maßstabes guter wissenschaftlicher Praxis durch die DCSD bestehen insofern rechtliche Bedenken, als die Komitees gesetzlich nicht zur Anwendung dieses Maßstabes ermächtigt sind. In der VO-DCSD ist erschöpfend niedergelegt, dass die DCSD das Vorliegen wissenschaftlicher Unredlichkeit überprüfen und allein hierzu Stellung nehmen können. Eine Aussage darüber, ob der betroffene Wissenschaftler im Widerspruch zu den Normen guter Forschungspraxis gehandelt hat, ist damit rechtlich nicht vorgesehen.

Die DCSD verweisen zur Rechtfertigung der Anwendung dieses erweiterten Maßstabes vornehmlich auf ihre langwährende Praxis, die ihren Ursprung bereits in der Zeit vor Entstehung der VO-DCSD und der Existenz der drei heutigen Fachkomitees hat, bei der Übernahme der Verantwortung des Forschungsministeriums beibehalten wurde, in zahlreichen Jahresberichten der Komitees Niederschlag gefunden hat und gegenwärtig von allen drei Fachkomitees weiterverfolgt wird.[317] Der Wortlaut von § 2 VO-DCSD (bzw. § 3 VO-DCSD a.F.) widerspreche der Anwendung nicht, da er nahezu demjenigen der früheren Komiteesatzung (§ 2) gleiche und keine Einschränkung im Hinblick auf die Anwendung des vorgenannten Maßstabes eingefügt worden sei.[318] Zudem hätten die Komitees übereinstimmend die Fortsetzung der bisherigen Praxis des medizinischen Komitees beschlossen.[319]

---

317 Vgl. die Stellungnahme innerhalb der Entscheidung des dänischen Ministeriums für Wissenschaft, Technologie und Entwicklung im Fall Lomborg vom 17. Dezember 2003, S. 19 f. und Fall 7/2001 abgedruckt in: Danish Research Agency, 2001 Annual Report, The Danish Committees on Scientific Dishonesty, S. 33 f. unter Verweis auf: *Brydesholt/Andersen*, in: The Danish Research Councils, The Danish Committee on Scientific Dishonesty, Annual Report 1995, S. 17 ff. und den ebenfalls dort (S. 44 f.) abgedruckten Fall Nr. 2/1995.

318 Entscheidung des dänischen Ministeriums für Wissenschaft, Technologie und Entwicklung im Fall Lomborg vom 17. Dezember 2003, S. 20, 32; Zur Begründung verweisen die Komitees auch auf eine Pressemitteilung des Forschungsministeriums, die am 30. November 1998 in Zusammenhang mit der Einsetzung des heutigen Komiteesystems erschienen ist, vgl. Zitat S. 20 der Entscheidung des Forschungsministeriums im Fall Lomborg.

319 Fall 7/2001 abgedruckt in: Danish Research Agency, 2001 Annual Report, The Danish Committees on Scientific Dishonesty, S. 33 f.; In dem Fall setzen sich die DCSD mit der Anfrage eine Gewerkschaft auseinander, die Auskunft über die Ermächtigung der DCSD zur Anwendung des Maßstabes guter wissenschaftlicher Praxis begehrt. In der Stellungnahme wird unter anderem auf den Jahresbericht von 1999, in dem die damals neu gegründeten drei Fachkomitees und deren zukünftige Arbeit vorgestellt werden, verwiesen; vgl. The Danish Committees on Scientific Dishonesty (Hrsg.), The Danish Committees on Scientific Dishonesty, Annual Report 1999, S. 9 ff.
Ergänzend verweisen die DCSD auf den nachteiligen Effekt der Praxis des norwegischen Unredlichkeitskomitees, die ausschließlich wissenschaftliche Unredlichkeit feststellen und damit

Die Argumentation mit einer administrativen Praxis der Komitees ist insofern wenig geeignet, die Anwendung des Maßstabes guter wissenschaftlicher Praxis zu rechtfertigen, als einer so entstandenen gewohnheitsrechtlichen Ermächtigung zahlreiche, auch frühe, Anfechtungen gerade dieser Praxis entgegenstehen.[320] Zumal die inkonsequente Nichtzulassung einer Beschwerde mit dem Inhalt des Verstoßes gegen Normen guter wissenschaftlicher Praxis durch die Komitees quasi als Eingeständnis mangelnder Kompetenz zur Behandlung dieser Frage gewertet werden muss.[321] Von einer näheren Auseinandersetzung mit den Voraussetzungen[322], unter denen die Entstehung von Gewohnheitsrecht eine derartige Rechtswirkung begründet, kann daher abgesehen werden.

Für die Beurteilung der Rechtmäßigkeit der Praxis der Komitees ist daher allein entscheidend, ob unverbindliche Verwaltungserklärungen bzw. -äußerungen, zu denen die DCSD ohnehin nur berechtigt sind[323], nach dänischem Recht überhaupt einer gesetzlichen Ermächtigung bedürfen.[324] Diese in der juristischen Literatur allgemein kontrovers behandelte Frage[325] ist mit Rücksicht auf die außerordentlich belastende Wirkung, welche eine ausdrückliche Stellungnahme der Komitees für die berufliche Zukunft und das Ansehen eines Wissenschaftlers haben kann, sowie die fehlende Einwilligung des betroffenen Forschers in die Beurteilung seiner Handlun-

---

alle übrigen Verhaltensweisen akzeptabel erscheinen lassen, obwohl es nicht guter wissenschaftlicher Praxis entspricht.

320 Zudem lässt sich anhand des Jahresberichts von 1999, auf den die DCSD verweisen, ein Übereinkommen zur einheitlichen Fortsetzung der Anwendung des Maßstabes durch die drei Fachkomitees nicht eindeutig nachvollziehen. So auch *Zahle*, Ugeskrift for Retsvæsen (UfR) 2003, Litterær afdeling, S. 91 (97 f.).

321 So auch *Zahle*, Ugeskrift for Retsvæsen (UfR) 2003, Litterær afdeling, S. 91 (98).

322 Die Voraussetzungen sind sehr streng und die Beispiele daher wenige, siehe *Christensen*, Forvaltningsret, 1997, S. 259 f. und *Garde* in: Garde/Jensen/Jensen/Madsen/Mathiasen/Revsbech, Forvaltningsret 2004, S. 149 f., beide jedoch im Hinblick auf bindende Rechtsakte.

323 Vgl. zur Rechtsnatur der Entscheidungen unten 3. Teil, F. V. 3. c), S. 258 ff.

324 *Zahle*, Ugeskrift for Retsvæsen (UfR) 2003, Litterær afdeling, S. 91 (97).

325 *Christensen*, Forvaltningsret, 1997, S. 260 hält eine gesetzliche Ermächtigung für unverbindliche Aussagen nicht für erforderlich. Für eine differenzierende Beurteilung dagegen *Andersen*, Forvaltningsret, 1994 S. 214 f.; *Revsbech* in: Garde/Jensen/Jensen/Madsen/Mathiassen/Revsbech, Forvaltningsret 1997, S. 83. *Zahle*, Ugeskrift for Retsvæsen (UfR) 2003, Litterær afdeling, S. 91 (97) bezieht die Wirkung unverbindlicher Äußerungen mit ein. Ist eine Stellungnahme für bestimmte Individuen besonders belastend, spreche dies für das Erfordernis einer gesetzlichen Ermächtigung. Wird die Äußerung auf Ersuchen derer, die sie betrifft getätigt muss nach seiner Auffassung der Sachverhalt anders beurteilt werden als wenn die Stellungnahme wie bei den DCSD Ergebnis eines unerwünschten Verfahrens der Verwaltungseinheit ist. Ist die Organisation und das Verfahren für unverbindliche Äußerungen der Verwaltung detailliert geregelt und deren Anwendungsbereich auf ein bestimmtes Sachgebiet begrenzt, spreche dies dafür, dass der Zuständigkeitsbereich nicht ohne Weiteres über den normierten Bereich hinaus ausgedehnt werden darf.
Das Forschungsministerium weist daraufhin, dass die Kompetenz, sich zu Abweichungen von guter wissenschaftlicher Praxis zu äußern als ein „weniger" von der Unredlichkeitsbeurteilung umfasst sein kann, vgl. die Entscheidung des dänischen Ministeriums für Wissenschaft, Technologie und Entwicklung im Fall Lomborg vom 17. Dezember 2003, S. 34.

gen dahingehend zu beantworten, dass eine Äußerung zu Abweichungen von guter wissenschaftlicher Praxis jedenfalls im Tenor der Entscheidung nicht zulässig ist, weil sie nicht vom Kompetenzbereich der Komitees erfasst wird.[326] Weiterführend deutet die enge Kompetenzzuweisung in der VO-DCSD auf eine bewusste Begrenzung der Ermächtigung zur Beurteilung des Vorliegens wissenschaftlicher Unredlichkeit hin.[327]

Anders wird teilweise über die Kommentierung zweifelhafter Handlungsweisen in der Entscheidungsbegründung der Komitees geurteilt.[328] Dort sei eine Stellungnahme zu Verletzungen guter wissenschaftlicher Praxis nicht als selbständiger Entscheidungsinhalt, sondern als Bestandteil einer freien rechtlichen Begründung aufzufassen. Diese Vorgehensweise würde aber letztlich nur darüber hinwegtäuschen, dass die Beurteilung von Abweichungen von guter Praxis inhaltlich von derjenigen wissenschaftlicher Unredlichkeit zu unterscheiden ist[329], auch wenn der Übergang von praxisgerechtem Verhalten bis hin zu Unredlichkeit im engeren Sinne fließend sein mag. Dem Missverständnis, dass ein Freispruch von Unredlichkeit mit guter wissenschaftlicher Praxis gleichzusetzen ist, würde man bereits durch den ausdrücklichen Hinweis in der Entscheidungsbegründung, dass über letztere keine Aussage getroffen werde, begegnen können.

Um einen Maßstab guter wissenschaftlicher Praxis konsequent und einheitlich zum Zwecke der Vorbeugung gegen jede Art der Verletzung guter Forschungspraxis einsetzen zu können, bedarf es einer gesetzlichen Ermächtigung nach dem Vorbild der universitätsinternen Verfahrensregeln. Sieht man von deren Erlass in der Zukunft ab, drängt sich der Verdacht auf, dass eine Erweiterung der gesetzlichen Ermächtigung der Komitees bewusst nicht in Betracht gezogen wird, sei es weil man den Eindruck hat, dass die Komitees in ihrer jetzigen Ausformung mit dem Einbezug eines Maßstabs guter wissenschaftlicher Praxis überfordert wären, sei es weil man befürchtet, dass die Komitees sich dann der im Einzelfall womöglich schwierigeren Stellungnahme zu wissenschaftlicher Unredlichkeit enthalten würden.[330]

---

326 *Zahle*, Ugeskrift for Retsvæsen (UfR) 2003, Litterær afdeling, S. 91 (97).
327 Die Universität Aarhus hat im Rahmen ihrer institutionsinternen Regeln nicht zuletzt deshalb einen erweiterten Beurteilungsmaßstab eingeführt, weil sie davon ausging, dass die DCSD sich einer unrechtmäßigen Praxis bedienen, vgl. die Auskunft von Prof. Madsen.
328 Vgl. die Entscheidung des dänischen Ministeriums für Wissenschaft, Technologie und Entwicklung im Fall Lomborg vom 17. Dezember 2003, S. 34.
329 *Zahle*, Ugeskrift for Retsvæsen (UfR) 2003, Litterær afdeling, S. 91 (98).
330 *Zahle*, Ugeskrift for Retsvæsen (UfR) 2003, Litterær afdeling, S. 91 (98 f.).

I. Ausgestaltung durch das dänische Verwaltungsverfahrensgesetz (Forvaltningslov) sowie die speziellen Rechtsquellen des dänischen Verfahrensmodells

Die Ausgestaltung des Untersuchungsverfahrens vor den DCSD richtet sich nicht allein nach den Verfahrensnormen derjenigen Regelwerke, die als normative Grundlagen des dänischen Verfahrensmodells bereits vorgestellt worden sind. Das Verfahren folgt auch den Anforderungen des dänischen *„Forvaltningslov"*, welches durch die Bezugnahme in § 4 Abs. 1 VO-DCSD mittelbar für anwendbar erklärt wird.[331] Das *„Forvaltningslov"* beinhaltet die wesentlichen formellen Anforderungen an Verwaltungsverfahren vor dänischen Verwaltungseinheiten, an deren Ende eine Entscheidung mit Regelungscharakter steht. Es beinhaltet unter anderem Rechte auf Anhörung[332], auf rechtliche Vertretung[333] und auf Akteneinsicht[334], Anforderungen an die Begründung einer Verwaltungsentscheidung[335] und die Rechtsmittelbelehrung[336] sowie Schweigepflichten[337]. Es handelt sich also entgegen dem Anschein der wörtlichen Übersetzung „Verwaltungsgesetz" um das dänische Verwaltungsverfahrensgesetz (dän. VwVfG) und wird im Folgenden auch als solches bezeichnet.

Der Bezugnahme durch § 4 Abs. 1 VO-DCSD bedarf es, weil das Verfahren vor den DCSD aus dem eigentlichen Anwendungsbereich des dän. VwVfG herausfällt. Gemäß § 1 Abs. 1 dän. VwVfG gilt dieses zwar für alle Teile der öffentlichen Verwaltung, d.h. nicht nur für die allgemeinen staatlichen und kommunalen Verwaltungsbehörden, sondern auch für besondere Verwaltungseinheiten, Ausschüsse und Räte, unter die auch die DCSD zu subsumieren sind. Das Gesetz findet jedoch nicht auf alle, von der öffentlichen Verwaltung ausgeübten Handlungsformen Anwendung. § 2 Abs. 1 dän. VwVfG bestimmt, dass dieses nur auf Verfahren Anwendung findet, in denen eine Entscheidung mit Regelungswirkung (afgørelse) getroffen wird, dabei kann es sich sowohl um den Erlass einer konkreten Verwaltungsentscheidung als auch um den Erlass einer generellen Vorschrift drehen. Da die Ent-

---

331 Durch § 12 Abs. 1 VO-DCSD a.F. wurde das dänische Verwaltungsverfahrensgesetz ausdrücklich für anwendbar erklärt. Eine entsprechende Vorschrift fehlt in der Neufassung der Verfahrensordnung. Damit bleibt unklar, ob es bei einer entsprechenden Anwendbarkeit auch unter der Neufassung verbleiben soll. Aufgrund der Bezugnahme in § 4 Abs. 1 VO-DCSD spricht einiges dafür. Auch die Beschreibung der wichtigsten Änderungen der Neufassung durch *Waaben*, in: Danish Agency for Science Technology and Innovation (Hrsg.), Annual Report 2005, The Danish Committees on Scientific Dishonesty, S. 16 ff. enthält keinen Hinweis darauf, dass die Anwendung des dänischen VwVfG nicht fortgesetzt werden soll.
332 §§ 19-21 dän. VwVfG (Forvaltningslov).
333 § 8 dän. VwVfG (Forvaltningslov).
334 §§ 9-18 dän. VwVfG (Forvaltningslov).
335 §§ 22-24 dän. VwVfG (Forvaltningslov).
336 §§ 25, 26 dän. VwVfG (Forvaltningslov).
337 §§ 27 ff. VwVfG (Forvaltningslov).

scheidungen der DCSD aber keinen verbindlichen Regelungscharakter aufweisen[338], bedurfte es der Erklärung der Anwendbarkeit in den normativen Grundlagen der DCSD.

Die Geltung der allgemeinen Verfahrensvorschriften des dän. VwVfG wird weitgehend durch die umfasssenderen und spezieller formulierten Regeln der VO-DCSD überlagert, so dass die weitere Darstellung des Verfahrens vor den DCSD im Wesentlichen auf die speziellen Vorschriften rekurriert. Ebenso wie die VO-DCSD nach seiner Neufassung formuliert das dänische VwVfG seine Verfahrensrechte aber i.d.R. nur für die „Beteiligten" (parter) eines Verwaltungsverfahrens.[339] Dies gilt insbesondere für das Recht zur förmlichen Einleitung eines Verfahren, oder aber für das Akteneinsichtsrecht oder das Recht, sich im Verfahren vertreten zu lassen. Die speziellen Verfahrensregeln in der VO-DCSD und der Geschäftsordnung der DCSD arbeiten nicht zwingend mit dem verwaltungsrechtlichen Beteiligtenbegriff und dehnen die oben angesprochenen Verfahrensrechte daher in der Regel auf alle Anzeigenden aus.

II. Allgemeine Verfahrensgrundsätze

Im folgenden Abschnitt sollen einzelne Charakteristika des Untersuchungsverfahrens vor den DCSD hervorgehoben werden, die die Verfahrensausgestaltung so maßgeblich mit beeinflussen, dass sie als allgemeine Verfahrensgrundsätze aufgefasst werden müssen.

1. Kontradiktionsprinzip (Kontradiktionsprincippet) unter freiem Zugang der Beteiligten zu allen verfahrensrelevanten Informationen

Die DCSD führen ihre Untersuchungsverfahren unter Einhaltung des Kontradiktionsprinzips (kontradiktionsprincippet) durch. Laut § 4 Abs. 2 GO-DCSD wird das streitige Verfahren unter mindestens zweifacher wechselseitiger Anhörung der Beteiligten[340] durchgeführt.[341] Dies beinhaltet, dass zunächst der Betroffene von den

---

338   Vgl. unten 3. Teil, F. V. 3. c), S. 258 ff.
339   Siehe dazu untern 3. Teil, F. III. 4. a) aa), S. 247 f.
340   Der Begriff „Beteiligte" wird hier im untechnischen Sinne gebraucht, d.h. er bezieht sich nicht auf den Beteiligtenstatus im Sinne des dänischen Verwaltungsverfahrensgesetzes (Forvaltningslov). Gemeint sind schlicht diejenigen Personen, die einen Verdacht wissenschaftlicher Unredlichkeit vor die DCSD bringen, sowie diejenigen, die von dem Verdacht betroffen sind.
341   § 4 Abs. 2 der Geschäftsordnung der DCSD (Forretningsorden for UVVU) lautet: „*Paternes oplysninger indgår i udvalgets undersøgelse og bahandling af sagen. Der foretages partshøring ved fremlæggelse af modpartens oplysninger og kmmentarer. Høringsproceduren består som udgangspunkt i to skriftlige høringer mellem den indklagede og klageren, dog fastsættes det nærmere og høringsfasen af udvalget efter en konkret vurdering.*"

gegen ihn erhobenen Unredlichkeitsvorwürfen umfassend und ohne zeitliche Verzögerung unterrichtet wird und eine Stellungnahme abgeben kann, die im Anschluss dem Beschwerdeführer zum Zwecke der Kommentierung zugeleitet wird.[342] Hinsichtlich dieses weiteren Vorbringens des Beschwerdeführers wird dem Betroffenen erneut Gelegenheit zur Stellungnahme gegeben. Auf diese Weise unterliegt sämtliches Vorbringen dem wechselseitigen Austausch unter den Verfahrensbeteiligten, wobei der jeweilige Umfang der Anhörungen und die Anzahl der Re- und Dupliken durch die Komplexität und Schwere der Vorwürfe beeinflusst wird und gemäß § 4 Abs. 2 S. 3 GO-DCSD von dem zuständigen Komitee bestimmt wird.[343] Die Verfahrensbeteiligten erhalten im Verlauf des Verfahrens nicht nur Zugang zu den jeweiligen Stellungnahmen, sondern sollen darüber hinaus zu sämtlichen neuen verfahrensrelevanten Tatsacheninformationen angehört werden, die den Mitgliedern des verfahrensführenden Fachkomitees oder eines zusätzlich eingesetzten Expertenkomitees vorliegen.[344]

2. Untersuchungsgrundsatz (Official- eller Undersøgelsesprincippet)

Das Verfahren vor den DCSD unterliegt des weiterem dem Untersuchungsgrundsatz (official- eller undersøgelsesprincippet).[345] Der Untersuchungsgrundsatz ist in Dänemark nicht gesetzlich verankert, sondern folgt aus ungeschriebenem Recht.[346] Ihm zufolge hat die einzelne Behörde, gegebenenfalls in Zusammenarbeit mit anderen Verwaltungseinheiten oder unter Mitwirken von Privaten, insbesondere den Verfahrensbeteiligten, die für die Entscheidung des Rechtsstreits erheblichen Tatsachen von Amts wegen zu ermitteln, in das Verfahren einzuführen und sich eine Überzeugung von deren Wahrheit zu bilden.[347] Die Einhaltung dieses Verfahrensprinzips ist von wesentlicher Bedeutung, weil es die materielle Rechtmäßigkeit und Richtigkeit

---

342 *Andersen*, Science and Engineering Ethics Vol. 6, 2000, S. 25 (26).
343 Vgl. auch: *Andersen*, Science and Engineering Ethics Vol. 6, 2000, S. 25 (26).
344 *Andersen*, Science and Engineering Ethics Vol. 6, 2000, S. 25 (27).
345 Um Missverständnisse zu vermeiden, wird im Deutschen die Bezeichnung „Untersuchungsgrundsatz" gewählt. Während nämlich im dänischen Recht die Begrifflichkeiten „Offizialprinzip" (officialprincip) und „Untersuchungsprinzip" (undersøgelsesprincippet) scheinbar gleichbedeutend für den aus dem deutschen Verwaltungsverfahren bekannten Untersuchungsgrundsatz verwendet werden, wird unter „Offizialprinzip" in Deutschland überwiegend der Grundsatz der Amtswegigkeit verstanden, welcher besagt, dass die Behörde Verwaltungsverfahren von Amts wegen einleitet, vgl. z.B. *Kopp/Ramsauer*, VwVfG, § 22 Rn. 1 b. Eine Einleitungsentscheidung der DCSD über den Verfahrensbeginn ist jedoch gerade nicht vorgesehen, vgl. unten 3. Teil, F. III. 4., S. 246 ff.
346 Für das Verfahren vor den DCSD formuliert § 4 Abs. 1 der Geschäftsordnung der DCSD (Forretningsorden for Udvalgene Vedrørende Videnskabelige Uredelighed) die Geltung des Untersuchungsgrundsatzes.
347 *Gammeltoft-Hansen* in: Gammeltoft-Hansen/Andersen/Engberg/Larsen/Loiborg/Olsen, Forvaltningsret 2002, S. 447 f.

der Entscheidung sichern soll.[348] Daher ist der Untersuchungsgrundsatz sowohl auf die Beibringung der tatsächlichen als auch der rechtlichen Grundlagen für die Entscheidung ausgerichtet. Die Ermittlung der Tatsachen richtet sich in erster Linie nach der Rechtsgrundlage, welche die Grundlage der Entscheidung bilden soll. Gehen die Voraussetzungen für eine Verwaltungsentscheidung klar aus dem Gesetz hervor, muss festgestellt werden, ob diese in dem betreffenden Fall tatsächlich vorliegen. Sind die Voraussetzungen gesetzlich nicht klar formuliert, bedarf es zunächst einer näheren Auseinandersetzung mit den betreffenden Normen, um festzustellen, welche Tatsachen von Bedeutung sein können, um im Anschluss daran ermitteln zu können, ob diese tatsächlich vorliegen. Die handelnde Verwaltungseinheit muss daher parallel zu der Ermittlung der tatsächlichen Umstände zu eventuellen, die Rechtsgrundlage betreffenden, Unklarheiten selbst Stellung nehmen. Feststellungen Dritter muss sie einer kritischen Würdigung unterziehen, bevor sie diese ihrer Beurteilung zu Grunde legt.[349]

Angewandt auf das Verfahren vor den DCSD erfordert der Untersuchungsgrundsatz insbesondere, dass die Komitees eine eigene Stellungnahme zum Vorliegen wissenschaftlicher Unredlichkeit abgeben und den entscheidungserheblichen Tatsachenstoff über das gerügte wissenschaftsrelevante Verhalten für eine solche Beurteilung ermitteln und auswerten müssen.[350] Einen geradezu offensichtlichen Verstoß der DCSD gegen den Untersuchungsgrundsatz musste das dänische Forschungsministerium hinsichtlich deren Entscheidung im Fall Lomborg feststellen.[351] Die DCSD haben die behauptete Einseitigkeit der Argumentation Lomborgs und der Auswahl seiner Daten nicht selbst untersucht und anhand von Tatsachen dargelegt, sondern sich lediglich auf öffentliche Kritiken führender Wissenschaftler aus den von „The Skeptical Environmentalist" tangierten Wissenschaftsdisziplinen berufen und diese in ihrer Entscheidung wiedergegeben. Einer Beurteilung der Berechtigung dieser Kritik entbehrt die Entscheidung der DCSD ebenso wie einer Subsumtion der einzelnen Arbeitsmethoden Lomborgs unter die Definition wissenschaftlicher Unredlichkeit. Es ist nicht erkennbar, welche tatsächlichen Handlungsweisen Lomborgs die objektiven Voraussetzungen des Unredlichkeitsmaßstabes erfüllen, so dass eine eigene Untersuchungstätigkeit und Überzeugungsbildung nicht erkennbar war. Die

---

348 Vgl. *Albæk Jensen/Hansen Jensen*, Grundlæggende forvaltningsret, S. 90 f. und *Gammeltoft-Hansen* in: Gammeltoft-Hansen/Andersen/Engberg/Larsen/Loiborg/Olsen, Forvaltningsret 2002, S. 447 f., die das Untersuchungsprinzip zu den sogenannten „Garantievorschriften" (*„garantiforskrifter"*) zählen, deren Nichteinhaltung zur Aufhebung der Entscheidung infolge ihrer Ungültigkeit oder zu einer Empfehlung des Ombudsmans zur Wiederaufnahme des Verfahrens mit dem Ziel der Nachholung der fehlenden Ermittlungen führen kann.

349 *Gammeltoft-Hansen* in: Gammeltoft-Hansen/Andersen/Engberg/Larsen/Loiborg/Olsen, Forvaltningsret 2002, S. 447 f.; *Andersen*, Forvaltningsret, S. 47.

350 Entscheidung des dänischen Ministeriums für Wissenschaft, Technologie und Entwicklung im Fall Lomborg vom 17. Dezember 2003, S. 40 f.

351 Siehe die Entscheidung des dänischen Ministeriums für Wissenschaft, Technologie und Entwicklung im Fall Lomborg vom 17. Dezember 2003, S. 40 ff.

Entscheidung wurde unter anderem aus diesem Grund an die Komitees zurückverwiesen.

3. Grundsatz der Vertraulichkeit und Einbezug von Öffentlichkeit

Das Unredlichkeitsverfahren vor den DCSD unterliegt ferner zur Gewährleistung eines störungsfreien Ablaufs des Prozedere sowie zum Schutze der Verfahrensbeteiligten dem Grundsatz der Vertraulichkeit. Dies beinhaltet, dass ein Verfahren von der Einleitung bis hin zu seinem Abschluss mit der Entscheidung des zuständigen Fachkomitees unter Ausschluss der Medienöffentlichkeit stattfinden soll, mithin lediglich parteiöffentlich ist.

Die Einhaltung der Vertraulichkeit des Verfahrens wurde vor der Neufassung der VO-DCSD im Hinblick auf das verfahrensleitende Gremium insbesondere durch § 10 VO-DCSD a.F. gesichert, der bestimmte, dass die Mitglieder der Komitees in gleicher Weise wie öffentliche Amtsträger im Hinblick auf alle Informationen, zu denen sie aufgrund ihrer Position Zugang erhalten, zur Verschwiegenheit (*„tavehedpligt"*) verpflichtet sind. Zwar wurde diese Vorschrift wurde nicht in die Neufassung der VO-DCSD übernommen, dennoch erfolgt die Behandlung der Fälle nach wie vor unter Einhaltung des Grundsatzes der Vertraulichkeit.

Die vertrauliche Behandlung durch das zuständige Fachkomitee beinhaltet auch, dass von Nichtbeteiligten gestellte Anträge auf Akteneinsicht während der Dauer des Verfahrens in der Regel abschlägig beschiedenen werden.[352] Zwar sieht § 4 Abs. 1 des dänische Öffentlichkeitsgesetzes (*„Offentlighedsloven"*)[353] grundsätzlich ein für jedermann geltendes Akteneinsichtsrecht (*„Retten til aktindsigt"*) in öffentliche Dokumente vor. Gemäß § 13 Abs. 1 Nr. 6) des Öffentlichkeitsgesetzes kann jedoch das Recht auf Akteneinsicht in dem Umfang eingeschränkt werden, wie dies zum Schutz besonderer privater und öffentlicher Interessen nötig ist, deren Geheim-

---

352 Diese Praxis wurde von dem früheren einzelnen Komitee übernommen, welches freilich aufgrund seinen Sonderstatus noch nicht den Regeln öffentlicher Verwaltung unterworfen war, vgl. dazu oben 3. Teil, C. II. 4., S. 185 f.

353 Lov om offentlighed i forvaltningen, lov nr. 572 af 19. december 1985 som ændret ved lov nr. 347 af 6. juni 1991.
Die Regelungen zur Öffentlichkeit staatlicher Dokumente des Öffentlichkeitsgesetzes (Offentlighedsloven) unterscheiden sich von denjenigen des dänischen Verwaltungsgesetzes (Forvaltningsloven) zum einen dadurch, dass sie jedem – darunter natürlich auch der Presse – die Möglichkeit zur Akteneinsichtnahme gewähren, während die entsprechenden Vorschriften des Verwaltungsgesetzes lediglich auf die Beteiligten eines Verfahrens Anwendung finden. Zum anderen gelten die Vorschriften des Verwaltungsgesetzes zur Akteneinsicht nur für „Entscheidungsverfahren" (*„afgørelsessager"*), das Öffentlichkeitsgesetz umfasst auch faktische Verwaltungstätigkeit. Andererseits ist das Recht auf Akteneinsicht nach dem Öffentlichkeitsgesetz weniger weit reichend als durch das Verwaltungsgesetz gewährleistet. Daher berufen sich Beteiligte in der Regel eher auf die Vorschriften des Verwaltungsgesetzes, es sei denn sie sind lediglich „Beteiligte" im Zusammenhang mit faktischer Verwaltung.

haltung nach den besonderen Umständen geboten ist.[354] Diese Voraussetzungen sind bei Verfahren vor den DCSD erfüllt. Die weit reichenden Konsequenzen, die eine öffentliche, möglicherweise unvollständige oder redigierte Wiedergabe der Beschwerde oder der vorläufigen Untersuchungsergebnisse für den Betroffenen haben könnte, erfordern mit Rücksicht auf seine Reputation eine sensible Behandlung unter Ausschluss der Öffentlichkeit. Auch das öffentliche Interesse erfordert die Nichtgewährung von Akteneinsicht, da die Effektivität des Verfahrens von großer Bedeutung für die dänische Forschung ist. Diese hängt aber wesentlich von der Bereitschaft potentieller Informanten zur Einleitung eines Unredlichkeitsverfahrens ab, welche durch die vertrauliche Behandlung des Verfahrens gesteigert wird.

Auch die Gewährung von Akteneinsicht unter Anonymisierung einzelner Dokumente scheidet aus. Hierdurch würde man nach Auffassung der DCSD den Interessen des Beschuldigten nicht hinreichend gerecht werden, zumal in einer derart begrenzten Forschergemeinde wie der dänischen trotz Anonymisierung leicht erkennbar wäre, welche Person unter Unredlichkeitsverdacht steht. Hingegen wird in Fällen, die der Öffentlichkeit bekannt sind, bisweilen Einsicht in solche Aktenstücke gewährt, deren Inhalt über die bekannt gewordenen Umstände nicht hinausgeht oder für die das Öffentlichkeitsgesetz keine Ausnahmeregelung bereitstellt.[355] Nach Abschluss eines Falles durch die DCSD muss Anträgen auf Akteneinsicht gemäß den gesetzlichen Regeln über Öffentlichkeit der Verwaltung entsprochen werden.[356]

Um die Wahrung der Vertraulichkeit auch durch die Beteiligten eines Verfahrens zu gewährleisten, empfehlen die Komitees gemäß § 5 Abs. 1 S. 1 GO-DCSD den Verfahrensbeteiligten die vertrauliche Behandlung eines Falles während der Anhängigkeit des Verfahrens. Außenstehende, einschließlich der Presse, sollen bis zu der abschließenden Entscheidung über einen Fall von Informationen hierüber ausgeschlossen bleiben, heißt es in § 5 Abs. 1 S. 2 GO-DCSD. Die Komitees verfügen allerdings über keinerlei effektive Mittel, die Parteien zur Einhaltung der Empfehlung anzuhalten. Daher hat das Forschungsministerium in einer Stellungnahme zur abschlägigen Behandlung eines Akteneinsichtsgesuches propagiert, die Beteiligten vorab mit den für eine Geheimhaltung sprechenden Aspekten vertraut zu machen.[357]

Nach Abschluss der Fälle werden die Ergebnisse der nichtöffentlichen Verfahren gemäß § 16 Abs. 2 VO-DCSD und § 5 Abs. 3 GO-DCSD ausschließlich in anonymisierter Form in den Jahresberichten der DCSD veröffentlicht. Diese Veröffentlichung dient der Prävention sowie der klarstellenden Abgrenzung unredlicher und

---

354 „§ 13. Retten til aktindsigt kann begrænses i det omfang, det er nodvendigt til beskyttelse af væsentlige hensyn til ...6) private og offentlige interesser, hvor hemmeligholdelse efter forholdets særlige karakter er påkrævet."

355 So geschehen in Fall 8/2001 abgedruckt in: Danish Research Agency, 2001 Annual Report, The Danish Committees on Scientific Dishonesty, S. 34 f.

356 Darüber hinaus stellt § 5 Abs. 2 der Geschäftsordnung der DCSD klar, dass dem Antrag auf Akteneinsicht in den Fällen, in denen Akteneinsicht unmittelbar im Zusammenhang mit der Entscheidung des Komitees begehrt wird, in der Regel stattgegeben wird.

357 Siehe Fall 8/2001 abgedruckt in: Danish Research Agency, 2001 Annual Report, The Danish Committees on Scientific Dishonesty, S. 34 f.

von guter wissenschaftlicher Praxis abweichender Verhaltensweisen von regelgerechter Praxis. § 5 Abs. 3 GO-DCSD bestimmt ergänzend, dass die Identität der Beteiligten der Öffentlichkeit nur bekannt gegeben werden kann, sofern die besonderen Umstände des Falles die Veröffentlichung erfordern. Dieser Zusatz muss jedoch in Übereinstimmung mit den Vorschriften des Öffentlichkeitsgesetzes ausgelegt werden, so dass mindestens ein Antrag auf Akteneinsicht von Pressevertretern gestellt sein muss und die Akteneinsicht nach den Umständen des Einzelfalles auch nach dessen Abschluss nicht ausgeschlossen sein darf.[358]

4. Investigation durch Peers unter Einbezug juristischen Sachverstandes

Ein weiterer wesentlicher Grundsatz der Verfahren vor den DCSD besteht darin, dass die Durchführung der Untersuchung überwiegend Peers, also Wissenschaftlern auf dem jeweils betroffenen Forschungsgebiet, obliegt, wodurch in gewisser Weise der Charakter eines zwar staatlich regulierten, aber dennoch wissenschaftlichen Dialoges bewahrt wird. Eine Sonderstellung im Gefüge der Verfahrensverantwortlichen nimmt der juristisch ausgebildete gemeinsame Vorsitzende der drei Fachkomitees ein, dem es obliegt, die Einhaltung der rechtlichen Verfahrensbestimmungen zu sichern.

a) Verfahrensdurchführung durch wissenschaftlich besetzte Fachkomitees und Einsatz externer Sachverständiger

Die Unredlichkeitsverfahren vor den DCSD sind trotz normativ vorgegebener Verfahrensstruktur bewusst in der Hand von wissenschaftlichen Kollegen, Mitgliedern der Scientific Community, belassen, um durch den Einsatz wissenschaftlichen Sachverstandes eine hohe Aufklärungsquote zu erzielen. Damit wird dem Umstand Rechnung getragen, dass die Kenntnis fachlicher Zusammenhänge, ebenso wie das Vertrautsein mit wissenschaftlichen Verhaltensstandards, wesentliche Voraussetzungen der Aufklärung von Fehlverhaltensweisen in der Forschung ist[359].

Die Begutachtung eines Falles durch Peers wird einerseits durch die zuvor näher beschriebene Besetzung der drei Fachkomitees mit jeweils sechs anerkannten wis-

---

358 Vgl. die Entscheidung des dänischen Ministeriums für Wissenschaft, Technologie und Entwicklung im Fall Lomborg vom 17. Dezember 2003, S. 59 ff., wo die nichtanonymisierte Veröffentlichung der Entscheidung durch die DCSD insbesondere deshalb auf Kritik gestoßen ist, weil das Verfahren mittelbar die Anstellung Lomborgs im öffentlichen Dienst als Leiter des Instituts für Umwelteinschätzung betraf, weshalb Sonderregeln (§ 2 Abs. 2 und 3 des Offentlichkeitsgesetzes) bei der Veröffentlichung bzw. der Gewährung von Akteneinsicht zu berücksichtigen gewesen wären, die insbesondere eine vorhergehende Anhörung Lomborgs vorausgesetzt hätten, um eine gerechte Interessenabwägung zu gewährleisten.
359 Vgl. *Stegemann-Boehl*, Gegenworte. Zeitschrift für Disput über das Wissen, Heft 2 (1998), S. 21 (23 f.).

senschaftlichen Mitgliedern aus den von dem Aufgabenbereich des jeweiligen Fachkomitees erfassten Forschungsdisziplinen[360] gewährleistet. Durch gelegentliche Hinzuziehung der jeweiligen Ersatzmitglieder ohne Stimmrecht zu den Sitzungen der Einzelkomitees wird die in den Einzelkomitees vereinigte Fachkompetenz, in der die außerordentlichen Befugnisse der Komitees ihre Berechtigung finden, aufgrund der Diskussionsbeteiligung einer größeren Anzahl von Experten zusätzlich gestärkt.[361]

Andererseits haben die Fachkomitees das Recht, externe Sachverständige zu ihrer Unterstützung hinzuzuziehen. Diese Regelung wird durch § 11 Abs. 1 VO-DCSD und die geltende Geschäftsordnung der DCSD umgesetzt, wonach die Fachkomitees mit mehreren Komiteemitgliedern, Stellvertretern und/oder externen Fachleuten besetzte Ad-hoc-Komitees bilden können[362], deren Auftrag darin besteht, den Fall zu untersuchen und anhand eines zusammenfassenden Berichts vorzubereiten[363]. Von dieser Möglichkeit wird regelmäßig Gebrauch gemacht, wobei die Ad-hoc-Komitees nicht vollständig mit externen Wissenschaftlern besetzt sind, sondern ihnen für gewöhnlich mindestens ein Mitglied oder ein Ersatzmitglied des zuständigen Fachkomitees angehört.[364] Dennoch steht die umfangreiche Delegationspraxis der Fachkomitees in der Kritik, weil sie durch die Ermächtigung zur Hinzuziehung von einzelnen Sachverständigen in der VO-DCSD gesetzlich nicht hinreichend autorisiert sei und insbesondere die zahlenmäßige Zusammensetzung der Ad-hoc-Komitees aus Mitgliedern und Nichtmitgliedern nicht festgelegt ist.[365]

b) Sicherung rechtlicher Expertise – die besondere Rolle des Vorsitzenden

Der gemeinsame Vorsitzende der drei Fachkomitees trägt dafür Sorge, dass trotz der wissenschaftlichen Besetzung der Gremien die Interessen der Verfahrensbeteiligten an einem fairen rechtsstaatlichen Verfahren hinreichend gewahrt werden. Gemäß § 31 Abs. 3 RiFG besteht seine Aufgabe darin, Entscheidungen über rechtliche Fragen zu treffen und das rechtliche Ergebnis zu formulieren.[366] Die Vorschrift steht in

---

360 Vgl. oben unter 3. Teil, D. III. 1. a), S. 204 f.

361 *Brydensholt*, in: Lock/Wells/Farthing (Hrsg.), Fraud and Misconduct in Biomedical Research, S. 126 (130), der insbesondere in dem breit gefächerten medizinischen Forschungsbereich eine personelle Stärkung des Komitees für erforderlich hält.

362 § 4 Abs. 3 GO-DCSD (Forretningsorden for Udvalgene Vedrørende Videnskabelig Uredelighed, § 4 Stk. 3).

363 § 11 Abs. 2 VO-DCSD (Bekendtgørelse nr. 668 af 28. juni 2005, § 11 Stk. 2), § 4 Abs. 3 GO-DCSD (Forretningsorden for Udvalgene Vedrørende Videnskabelig Uredelighed, § 4 Stk. 3).

364 Bisweilen sind die ad hoc Komitees auch vollständig mit Mitgliedern der Fachkomitees besetzt. Vgl. zur Mitgliedsstruktur der ad hoc Komitees die Auflistung der Mitglieder in den Jahresberichten; z.B. Danish Research Agency, 2000 Annual Report, The Danish Committees on Scientific Dishonesty, S. 56.

365 Danish Research Agency, Report on the rules governing research ethics, S. 15.

366 Die Vorschrift sichert den Fortbestand von § 9 Stk. 4 der geltenden VO-DCSD (Bekendtgørelse nr. 668 af 28. juni 2005) bzw. § 9 Stk.5 der früheren VO-DCSD (Bekendtgørelse

Zusammenhang mit § 32 Abs. 2 RiFG, wonach die Position des Vorsitzenden von einem Richter an einem dänischen Landgericht bekleidet werden soll, der hiernach über den erforderlichen juristischen Sachverstand verfügt, um die entsprechenden rechtliche Entscheidungen zu treffen.[367] Der Begriff rechtliche Fragen (*„retlige spørgsmål"*) wird durch die DCSD so ausgelegt, dass sich der Vorsitzende sowohl für die Einhaltung der spezialgesetzlich normierten Verfahrensregeln der DCSD als auch für die Wahrung des allgemeinen dänischen Verwaltungsrechts verantwortlich zeigt. Letzteres beinhaltet, dass der Vorsitzende insbesondere für die Einhaltung der im dänischen Verwaltungsverfahrensgesetz (Forvaltningslov) niedergelegten Verfahrensrechte sorgt sowie beispielsweise über Akteneinsichtsgesuche nach dem Öffentlichkeitsgesetz (Offentlighedslov) entscheidet.[368]

Durch die derzeit geltende GO-DCSD werden dem Vorsitzenden darüber hinaus weitere Aufgaben und Befugnisse verliehen. Danach obliegt es dem Vorsitzenden, für eine einheitliche Fallbehandlung durch die Einzelkomitees zu sorgen[369] und im Rahmen einer Vorprüfung eigenverantwortlich Fälle zurückzuweisen, sofern sie offensichtlich zurückgewiesen werden müssen[370]. Der Vorsitzende kann darüber beschließen, dass ein Fall durch schriftliche Abstimmung der Komiteemitglieder entschieden wird. Eine Sitzung des Fachkomitees findet in diesem Fall nicht statt. Allerdings hat jedes Mitglied des Komitees das Recht, zu jedem beliebigen Zeitpunkt verlangen zu können, dass der Fall im Rahmen einer Komiteesitzung verhandelt wird.[371] Ohne Mitentscheidungsbefugnis der übrigen Komiteemitglieder kann der Vorsitzende entscheiden, dass den Parteien ausnahmsweise mündliche Anhörung vor dem Komitee bewilligt wird[372], obwohl das Untersuchungsverfahren in der Regel schriftlich durchgeführt wird. Er kann Nichtmitglieder zu den gemeinsamen jährlichen Versammlungen der Komitees einladen.[373] Ihm obliegt die Leitung der Sitzungen des Komitees.[374]

Letztere, dem Vorsitzenden durch die GO-DCSD übertragene Aufgaben sind im Gegensatz zu der gesetzlichen Ermächtigung zur Entscheidung in rechtlichen Fragen

---

nr. 933 af 15. december 1998), wonach dem Vorsitzen auch bisher schon die Entscheidung von rechtlichen Angelegenheiten oblag.

367 Vgl. Die Erläuterungen zum Gesetzesentwurf abgedruckt in: Danish Research Agency, Report on the rules governing research ethics, S. 28.

368 So die Angaben des Sekretariats der DCSD.

369 § 7 Abs. 1 GO-DCSD (Forretningsorden for Udvalgene Vedrørende Videnskabelig Uredelighed, § 7 Stk. 1).

370 § 7 Abs. 2 GO-DCSD (Forretningsorden for Udvalgene Vedrørende Videnskabelig Uredelighed, § 7 Stk. 2), vgl. zum Prüfungsrecht des Vorsitzenden unten 3. Teil, F. V. 1., S. 253 f.

371 § 7 Abs. 3 GO-DCSD (Forretningsorden for Udvalgene Vedrørende Videnskabelig Uredelighed, § 7 Stk. 3).

372 § 7 Abs. 4 GO-DCSD (Forretningsorden for Udvalgene Vedrørende Videnskabelig Uredelighed, § 7 Stk. 4).

373 § 7 Abs. 5 GO-DCSD (Forretningsorden for Udvalgene Vedrørende Videnskabelig Uredelighed, § 7 Stk. 5).

374 § 11 GO-DCSD (Forretningsorden for Udvalgene Vedrørende Videnskabelig Uredelighed, § 11).

relativ deutlich formuliert und gehen nicht über das Maß hinaus, in dem Vorsitzenden eines Kollegialorgans üblicherweise Aufgaben durch das Organ selbst übertragen werden.[375]

Anlass zu Kritik gab hingegen die vorbezeichnete gesetzliche Formulierung „Der Vorsitzende trifft die Entscheidungen in rechtlichen Fragen,..." („*Formanden træffer afgørelse i retlige spørgsmål, ...*") des § 31 Abs. 3 RiFG, da hieraus der Umfang des dem Vorsitzenden übertragenen Kompetenzbereichs nicht hinreichend deutlich wird und den übrigen Mitgliedern jegliche Einflussnahme auf die Entscheidung rechtlicher Belange genommen wird.[376] Die Arbeitsgruppe für Regeln der Forschungsethik der zentralen Forschungsbehörde (Forsknings- og Innovationsstyrelsen) hat deshalb im Interesse der Parteien und der Komitees eine klare Definition der Bereiche, für die der Vorsitzende entscheidungsverantwortlich ist, gefordert.[377] Die Arbeitsgruppe ist letztlich zu der Auffassung gelangt, dass es trotz der erheblichen Konsequenzen, welche die Ausübung der Befugnisse der Komitees für den einzelnen Forscher haben kann, nicht der Verfahrensbeteiligung eines Juristen bedürfe, um die Rechte des Beschuldigten zu wahren.[378] Die Entscheidung des zuständigen Fachkomitees sollte eine rein akademische Fachentscheidung sein und mit einem aktiven Wissenschaftler an dessen Spitze getroffen werden, während eine rechtliche Bewertung der Entscheidung erst auf der Sanktionsstufe, bei den zuständige Stellen, welche von den DSCD im Anschluss an ihre Entscheidung informiert werden[379], stattfinden soll.[380] Zur Gewährleistung eines rechtlich ordnungsgemäßen Verfahrens sollte nach Auffassung der Arbeitsgruppe in Rechtsfragen ein administratives Rechtsbehelfsverfahren bei dem dänischen Forschungsministerium vorbehalten sein.[381] Eine solche Verlagerung rechtlicher Prüfung in ein administratives Rechtsbehelfsverfahren scheint jedoch insofern bedenklich, als die Gesamtkonzeption des Verfahrens vor den DCSD als ein gesetzlich autorisiertes zentralisiertes Verwaltungsverfahren eine Gesetzesbindung veranlasst hat, die eine Entfernung von dem reinen wissenschaftlichen Diskurs bewirkt hat. Daher ist nicht einzusehen, warum die Beachtung der geltenden prozeduralen Grundsätze nicht von einer fachkundigen Person und bereits während des eigentlichen Untersuchungsverfahrens selbst überwacht werden soll. Der Verweis der Verfahrensbeteiligten auf ein Rechtsbehelfsverfahren birgt nicht nur die Gefahr einer Beschwerdeflut in sich, sondern könnte auch zur Folge haben, das den Verfahrensbeteiligten die Wahrung ihrer Rechte erst verspätet zu Teil wird, wenn sie folgenschwere Nachteile haben hinnehmen müssen. In diesem Sinne wurde auch im Rahmen der Neufassung der VO-DCSD keine Änderung der Rolle des Vorsitzenden beschlossen.

---

375 Danish Research Agency, Report on the rules governing research ethics, S. 14.
376 Danish Research Agency, Report on the rules governing research ethics, S. 14 f.
377 Danish Research Agency, Report on the rules governing research ethics, S. 14.
378 Danish Research Agency, Report on the rules governing research ethics, S. 15.
379 Vgl. 31 Abs. 2 RiFG (Lov om forskningsrådgiving m.v. nr. 405 af 28 may 2003, § 31 Stk. 2); § 15 Abs. 1 VO-DCSD (Bekendtgørelse nr. 668 af 28. juni 2005, § 6 Stk. 1).
380 Danish Research Agency, Report on the rules governing research ethics, S. 15.
381 Danish Research Agency, Report on the rules governing research ethics, S. 15.

III. Allgemeine Verfahrensvoraussetzungen

1. Örtliche Zuständigkeit

Die Frage der örtlichen Zuständigkeit der DCSD ist weder durch die Normen des RiFG noch in der VO-DCSD hinreichend bestimmt. § 13 VO-DCSD a.f. schloss die Färöer Inseln und Grönland ausdrücklich aus ihrem Anwendungsbereich aus[382], die Neufassung der VO-DCSD hingegen enthält keinen Hinweis auf eine einsprechende Begrenzung. Die örtliche Zuständigkeit der DCSD zur Untersuchung von Unredlichkeitsvorwürfen erstreckt sich damit auf das gesamte Territorium Dänemarks.

Lange Zeit war mangels entsprechender Aussagen in den Rechtsgrundlagen der DCSD unklar, ob im Hinblick auf die Zuständigkeit der DCSD auf die Staatsangehörigkeit des Forschers abgestellt werden sollte, oder etwa darauf, an welchem Ort einzelne Forschungshandlungen, wie etwa Messungen, erbracht wurden oder wo das wissenschaftliche Produkt veröffentlicht wurde. Die DCSD haben zum Ansatzpunkt der Beurteilung der örtlichen Zuständigkeit in keinem ihrer früheren Fälle Stellung genommen, so dass erstmals die Aussage des Ministeriums für Wissenschaft, Technologie und Entwicklung im Fall Lomborg einen Anhaltspunkt vermittelte. Dort führte unter anderem die fehlende Auseinandersetzung der DCSD mit der zweifelhaften örtlichen Zuständigkeit der Komitees – der Erscheinungsort des streitgegenständlichen Werkes lag außerhalb Dänemarks – zur Zurückverweisung des Falles durch das Ministerium.[383] Nach Auffassung des Ministeriums sollte der Erscheinungsort des wissenschaftlichen Produkts gleichzeitig der Ort der Begehung unredlichen Handelns sein. Denn die Veröffentlichung sei notwendige Voraussetzung zur Tatbestandsverwirklichung und zur Anwendung des Maßstabes wissenschaftlicher Unredlichkeit. Andernfalls könne nicht – wie in § 3 VO-DCSD a.F. vorausgesetzt – von „Handlungen oder Unterlassungen in der Forschung, die zu einer Verfälschung oder Verzerrung der wissenschaftlichen Botschaft oder einer grob falschen Darstellung über die Beteiligung einer Person an der Forschung führen,..." die Rede sein. Solange nämlich die Informationen innerhalb der Privatsphäre verbleiben, liege der Öffentlichkeit keine „Botschaft" vor, die verfälscht werden könnte.

Das Ministerium hatte bereits damals angekündigt, sich im Rahmen der zukünftigen Regelung der Tätigkeit der DCSD um Klärung der örtlichen Zuständigkeit be-

---

382 Wohingegen die Satzung des ehemaligen Einzelkomitees auch diese Territorien nicht ausdrücklich von der Geltung ausnahm.

383 Siehe die Entscheidung des dänischen Ministeriums für Wissenschaft, Technologie und Entwicklung im Fall Lomborg vom 17. Dezember 2003, S. 38 f., 66 unter Verweis auf die im internationalen Recht geltenden Prinzipien der Souveränität und der Territorialhoheit, von denen allenfalls deshalb abgewichen werden könnte, wenn dem Handeln eine besondere Verknüpfung zu Dänemark nachzuweisen wäre. Sollten die DCSD zu dem Entschluss kommen, dass sie nicht zuständig sind, Lomborgs Werk in der englischen Originalfassung zu begutachten, wäre festzustellen, ob die dänische Ausgabe *„Verdens sande tilstand"* oder andere Artikel des Autors der Prüfung unterzogen werden können.

mühen zu wollen.[384] In der Konsequenz kam es zu einer gewisse Konkretisierung der örtlichen Zuständigkeit im Zuge der Neufassung der VO-DCSD: § 1 Abs. 4 VO-DCSD bestimmt nunmehr, dass das der von einer Beschwerde betroffene Forscher das ebenfalls betroffene wissenschaftliche Produkt entweder in Dänemark veröffentlicht haben (1), während einer Anstellung oder wirtschaftlichen Tätigkeit in Dänemark angefertigt haben (2), oder sich für die Erarbeitung diese wissenschaftlichen Produktes eine Förderung der dänischen öffentlichen Forschungsförderungseinrichtungen erhalten haben bzw. einen Antrag auf eine entsprechende Förderung gestellt haben muss (3). Alternativ kann die örtliche Zuständigkeit auch unter der Voraussetzung angenommen werden, dass der betroffene Forscher „in anderer Weise seine engste Beziehung zu Dänemark aufweist" (4). Welche Fälle von der letzten Alternative im Einzelfall erfasst werden sollen bleibt unklar, man wird jedoch annehmen können, dass beispielsweise die dänische Staatsbürgerschaft eines Wissenschaftlers und/oder sein Wohnsitz in Dänemark eine entsprechend enge Verbindung zu Dänemark zu begründen vermögen.

2. Sachliche Zuständigkeit

Die sachliche Zuständigkeit der DCSD hängt zum einen davon ab, ob das zu beurteilende Werk überhaupt Forschungscharakter aufweist. Darüber hinaus wird ein gewisser Bedeutungsgehalt für die dänische Forschung verlangt. Durch die Neufassung der VO-DCSD wurde die originäre sachliche Zuständigkeit der DCSD zudem weitgehend auf die öffentliche Forschung beschränkt. Außerdem dürfen die Komitees im Unterschied zu früher nunmehr nur noch Fälle begutachten, in denen der betroffene Forscher über eine wissenschaftliche Ausbildung in derjenigen Forschungsdisziplin, der auch das begutachtete Forschungsprodukt zuzuordnen ist, verfügt.

a) Verfahrensrelevante wissenschaftliche Handlungen und Produkte

Die DCSD sind sachlich durch § 1 Abs. 1 VO-DCSD ermächtigt, Fälle „wissenschaftlicher Unredlichkeit" von Bedeutung für die dänische Forschung zu beurteilen. Unter wissenschaftlicher Unredlichkeit werden die in § 2 VO-DCSD näher bestimmten wissenschaftlichen Handlungen verstanden.[385] Der Forschungs-/Wissenschaftsbegriff in diesem Sinne ist zunächst nicht auf eine bestimmte Art der Forschung begrenzt, er umfasst Grundlagenforschung und angewandte Forschung, Zweck- und Auftragsforschung, da es insoweit kontraproduktiv wäre, im Wege einer

---

384 Entscheidung des dänischen Ministeriums für Wissenschaft, Technologie und Entwicklung im Fall Lomborg vom 17. Dezember 2003, S. 40.
385 Vgl. oben 3. Teil, E. I. 3. a), S. 215 ff.

traditionellen Abgrenzung Unterschiede zwischen den verschiedenen Forschungstypen zu schaffen.[386]

Der Begriff „Wissenschaft" kann sowohl eine sich über eine gewisse Zeitspanne erstreckende Aktivität/Forschungsarbeit als auch das Ergebnis einer wissenschaftlichen Tätigkeit umfassen.[387] Dieser doppelte Bedeutungsgehalt spiegelt sich in der VO-DCSD wider, die zum einen in dem Unredlichkeitstatbestand § 2 VO DCSD sowohl eine Aufzählung tatbestandsmäßiger Handlungen im Zuge des Sammelns und Verarbeitens wissenschaftlichen Materials als auch der abschließenden Präsentation der Ergebnisse enthält.[388] Zum anderen wird durch die mehrfache Bezugnahme auf ein „wissenschaftliches Produkt"[389] das Erfordernis einer gewissen Form der Aufbereitung der Forschungsergebnis in Gestalt eines Aufsatzes, Buches, Abstracts oder ähnlichen Erzeugnisses betont.[390]

Im Hinblick auf den verfahrensbezogenen Bedeutungsgehalt des Forschungsbegriffes in § 2 VO-DCSD haben in der Praxis der Komitees selten Zweifel darüber bestanden, ob die der Beurteilung unterliegende Tätigkeit Forschung darstellt.[391] Anders hingegen verhält es sich mit der Frage, wie sich der für die DCSD maßgebliche ergebnisbezogene Bedeutungsgehalt von Forschung i.S.d. § 2 VO-DCSD abgrenzen lässt, wann also das (wissenschaftliche) Produkt der Beurteilung durch die DCSD unterliegt. Stark umstritten ist der Charakter von Veröffentlichungen von Wissenschaftlern, die einen Beitrag zu einer gesellschaftspolitischen Debatte beinhalten oder diese erst in Gang setzen, in dem sie ausgehend von wissenschaftlichen

---

386 *Zahle*, Ugeskrift for Retsvæsen (UfR) Nr. 9 2003, Litterær afdeling, S. 91 (95).
387 *Zahle*, Ugeskrift for Retsvæsen (UfR) Nr. 9 2003, Litterær afdeling, S. 91 (95).
388 Die tatbestandsmäßigen Handlungen Erfindung und Fälschung von Daten (§ 2 Nr. 1), selektives und heimliches Aussortieren unerwünschter Ergebnisse (Nr. 2) lassen darauf schließen, dass Unredlichkeit im Zusammenhang mit der Zusammentragung des Materials lokalisiert werden kann. Der Prozess der weiteren Verwertung spiegelt sich wieder in den Handlungsalternativen der bewusst irreführende Anwendung statistischer Methoden (Nr. 3), der bewusst verzerrten Interpretation von Ergebnissen und Verdrehung von Schlussfolgerungen (Nr. 4) sowie des Plagiierens der Ergebnisse oder Veröffentlichungen anderer (Nr. 5) wider. Schließlich ist Unredlichkeit während der abschließenden Präsentation des Ergebnisses im Zusammenhang mit der Angabe der Verfasserrolle (Nr. 6) oder im Rahmen einer Bewerbung (Nr. 7) denkbar.
389 Vgl. z.B. §§ 1 Abs. 4, 3 VO-DCSD (Bekendgørelse nr. 668 af 28 juni 2005 om Udvalgene vedrørende Videnskabelig Uredlighed, §§ 1 Stk. 4, 3).
390 Vgl. zur alten Rechtslage Danish Research Agency, Report on the rules governing research ethics, S. 12 mit einer Aufzählung der in den Zuständigkeitsbereich der DCSD fallenden „Forschungsprodukte".
391 In dem einzig insoweit relevanten Fall 15/2001, abgedruckt in: Danish Research Agency, 2001 Annual Report, The Danish Committees on Scientific Dishonesty, S. 37 f., haben die DCSD sich als nicht zuständig erklärt, das Plagiat eines wissenschaftlichen Textes in dem feuilletonistischen Artikel einer überregionalen dänischen Tageszeitung einer Beurteilung zu unterziehen. Der beschwerdeführende Forscher rügte den Abdruck seiner wissenschaftlichen Publikation ohne seine Zustimmung, sein Wissen oder die Angabe der Quelle. Es handelt sich also um einen Fall, in ein nicht wissenschaftlich tätiger Journalist im Rahmen der Anfertigung eines Zeitungsartikels wissenschaftliches Material missbraucht hat. Dies kann jedoch schon mangels Forschungstätigkeit keine Frage der Unredlichkeit in der Forschung sein.

Erkenntnissen einen an die Allgemeinheit gerichteten öffentlichen Diskussionsbeitrag leisten. Dass eine scharfe Abgrenzung des Forschungsbegriffes – verstanden als der zuständigkeitsbegrenzende Rahmen für eine Unredlichkeitskontrolle – insoweit nicht geltend gemacht werden kann, dürfte spätestens seit der Entscheidung der DCSD über Bjørn Lomborgs Buch „The Skeptical Environmentalist" und die Zurückverweisung des Falles durch den Minister für Wissenschaft, Technologie und Entwicklung klar sein.[392] Zwar herrschte in beiden Instanzen Einigkeit darüber, dass eine der drei Beschwerden, die Lomborg als Autor einer Reihe von Artikeln und Stellungnahmen zu umweltspezifischen Themen, erschienen in einer überregionalen dänischen Tageszeitung, wissenschaftliche Unredlichkeit vorwirft[393], von den DCSD wegen Unzuständigkeit hätte abgewiesen werden müssen, weil Diskussionsbeiträge in der Tagespresse keinen Forschungscharakter aufweisen.[394] Im Hinblick auf die Beurteilung der streitgegenständlichen Monographie jedoch waren selbst die Mitglieder der Komitees geteilter Auffassung.[395] Den Kriterien, aufgrund derer man sich letztlich für die Behandlung des Werkes „The Skeptical Environmentalist" als wissenschaftliche Publikation entschied, dürfte angesichts der kritischen Stellungnahme des Ministeriums für Wissenschaft, Technologie und Entwicklung für die Abgrenzung im Rahmen zukünftiger Fälle keine wesentliche Bedeutung zukommen.[396] Entscheidend für die Beurteilung von „The Skeptical Environmentalist" als Forschung war der Umstand, dass Lomborg das Buch selbst als wissenschaftliches Buch beworben hatte, indem er als Autor in seiner Eigenschaft als Statistikprofessor der Universität Aarhus aufgetreten war. Das Ministerium hat diesen Gesichtspunkt für unerheblich gehalten, weil das Vorliegen einer Forschungsarbeit nach objektiven Kriterien beurteilt werden müsse. Die Tatsache, dass Lomborg dem Buch durch

---

392 Vgl. oben 3. Teil, C. IV. 1., S. 188 ff.
393 Es handelt sich dabei um die am 7. März 2002 eingelegte Beschwerde von Mette Hertz und Henrik Stiesdal (Fall Nr. 612-02-0002), die Lomborg bewusst irreführende Anwendung statistischer Methoden, bewusst verzerrte Interpretation von Ergebnissen und Verdrehung von Schlussfolgerungen und bewusst verzerrte Wiedergabe der Ergebnisse anderer (§ 3 Abs. 1 Nr. 4, 5, und 7) vorwerfen, vgl. die Beschwerdeschrift vom 6. März 2002, erhältlich unter www.nepemthes.dk/dokumenter/skeptisk/stiesdalklage.pdf (04.02.2004).
394 Das Zuständigkeitsproblem wurde erstmals im Rahmen des Rechtsmittelverfahrens vor dem dänischen Forschungsministerium erörtert, nachdem die DCSD fälschlich alle drei Beschwerden im Fall Lomborg einer gemeinsamen Behandlung unterzogen hatten, ohne selbständig zu der Frage Stellung zu nehmen, ob ein Zeitungsartikel zum Gegenstand einer Unredlichkeitskontrolle gemacht werden kann, und die entsprechende Beschwerde abzuweisen. Siehe hierzu die Entscheidung des dänischen Ministeriums für Wissenschaft, Technologie und Entwicklung im Fall Lomborg vom 17. Dezember 2003, S. 49 f., aus der hervorgeht, dass die DCSD trotz des Versäumnisses einer Abweisung nicht über die Beiträge Lomborgs in der Tagespresse nicht entscheiden wollten.
395 Entscheidung der DCSD im Fall Lomborg vom 06.01.2003, als Kurzzusammenfassung publiziert unter Fälle 4, 5 und 6/2003, in: *Danish Research Agency*, 2003 Annual Report, The Danish Committees on Scientific Dishonesty, S. 27 ff.
396 Vergleiche zu der nachfolgenden Darstellung die Stellungnahme zu den vier Hauptkriterien in der Entscheidung des dänischen Ministeriums für Wissenschaft, Technologie und Entwicklung im Fall Lomborg vom 17. Dezember 2003, S. 49 ff.

Anreicherung mit umfassenden Zitaten, Anmerkungen und einem Literaturverzeichnis jedenfalls äußerlich die Form einer wissenschaftlichen Publikation verliehen hat, hat das Ministerium nicht überzeugen können, weil auch nicht wissenschaftliche literarische Werke, wie beispielsweise Biographien, mitunter mit zahlreichen Zitaten versehen sind. Darüber hinaus war für die DCSD entscheidend, dass der Titel im Jahresbericht der Universität Aarhus von 2001 unter der Kategorie Forschungspublikationen/Monographien aufgeführt wurde. Das Ministerium wollte dieser Einordnung insofern keine Bedeutung beimessen, als nicht nur Veröffentlichungen von Forschungsergebnissen sondern auch Diskussionsbeiträge die Kriterien für die Aufnahme in den Jahresbericht erfüllen und die dortige Einordnung aufgrund der fließenden Grenzen zwischen den Kategorien keine Allgemeingültigkeit aufweise. Die Argumentation der DCSD, dass „The Skeptical Environmentalist" in Forscherkreisen als wissenschaftlich fundiertes Werk angesehen werde, wurde als Beurteilung eingestuft, deren Richtigkeit mit den Mitteln der öffentlichen Verwaltung nicht nachweisbar sei. Von einer erneuten Einordnung haben die DCSD nach Zurückweisung des Lomborg-Falles durch Einstellung des Verfahrens abgesehen.

Neben dem Versuch einer Abgrenzung des ergebnisbezogenen Bedeutungsgehalts von „Wissenschaft" anhand solcher Einzelfallkriterien lassen sich in der Meinungsvielfalt zum Umgang mit öffentlichen Diskussionsbeiträgen von Wissenschaftlern unterschiedliche Ansätze ausmachen. Teilweise wird die Auffassung vertreten, dass ebenso wie Bewerbungsanträge um Fördergelder, die ebenfalls keine neuen wissenschaftlichen Erkenntnisse beinhalteten, aber unter § 2 Abs. Nr. 7 VO-DCSD subsumiert werden könnten, jeder an wissenschaftliche Erkenntnisse anknüpfende Diskussionsbeitrag eines Forschers von der Zuständigkeit der Komitees erfasst werden könne.[397] Die Gegenseite spricht sich gegen eine Beurteilung von Beiträgen zu allgemeinen öffentlichen Themen durch die DCSD aus, weil eine faktische Einschränkung der Meinungsäußerungsfreiheit für Wissenschaftler die Folge wäre. Zur Abrundung des Meinungsspektrums sei schließlich der Ansatz erwähnt, der lediglich in schriftlicher Form verfasste Beiträge der Unredlichkeitskontrolle unterziehen will, wohingegen beispielsweise Auftritte in Rundfunk und Fernsehen nicht zum Gegenstand einer Unredlichkeitskontrolle gemacht werden sollen.[398] Die Auseinandersetzung offenbart den Bedarf nach einer genaueren Definition des Wissenschaftsbegriffes. Durch die mit der Neufassung der VO-DCSD eingezogene ausdrückliche Bezugnahme auf das Erfordernis eines wissenschaftlichen Produktes allein ist noch keine Bestimmung des Bedeutungsgehalts erzielt worden.

---

397 *Zahle,* Ugeskrift for Retsvæsen (UfR) Nr. 9 2003, Litterær afdeling, S. 91 (95 f.) unter Hinweis darauf, dass in Bezug auf die Unredlichkeitskontrolle nicht derselbe strenge Forschungsbegriff angewandt werden könne, der für die Forschungsförderung gelte.

398 Diesen Ansatz verfolgt die Arbeitsgruppe für Regeln der Forschungsethik, Danish Research Agency, Report on the rules governing research ethics, S. 13.

b) Bedeutung für die dänische Forschung

Darüber hinaus verlangt § 1 Abs. 1 S. 2 VO-DCSD ausdrücklich, dass es sich um einen wichtigen Fall von Bedeutung für die dänische Forschung handeln muss.[399] Andernfalls sind die Komitees ermächtigt, periphere oder offensichtlich unbegründete Beschwerden ohne Beurteilung in der Sache oder Fälle, deren Begutachtung im Verhältnis zu ihrer Bedeutung unverhältnismäßige Kosten verursachen würde, sofort zurückzuweisen, vgl. §§ 4 Abs. 3 Nr. 2, 8 Abs. 2 VO-DCSD. Dieses Zuständigkeitskriterium weist offenbar keine besondere Praxisrelevanz auf. Aus den in den Jahresberichten der DCSD erfassten Fällen geht nicht hervor, dass jemals die Zurückweisung eines Falles mangels Bedeutung für die dänische Forschung erfolgt ist, was angesichts der unklaren Abgrenzung dieses Kriteriums nicht verwundert.

c) Weitgehende Beschränkung der sachlichen Zuständigkeit auf öffentliche Forschung

Mit der Neufassung der VO-DCSD ist in § 1 Abs. 5 VO-DCSD eine wichtige und zugleich stark umstrittene Restriktion der originären sachlichen Zuständigkeit der DCSD auf öffentliche Forschung erfolgt. Forschungsprodukte, die unter der Schirmherrschaft Privater erarbeitet worden sind, können nur unter der Voraussetzung, dass das für das Forschungsprodukt verantwortliche private Unternehmen sich freiwillig der Zuständigkeit der DCSD unterwirft, Gegenstand eines Untersuchungsverfahrens vor den DCSD werden. Daraus folgt, dass die DCSD den von einer Beschwerde betroffenen Forscher zukünftig auf die Beschränkung der Zuständigkeit aufmerksam machen und diesem so Gelegenheit zur Verteidigung mit Hilfe des Verweises auf den privaten Ursprung der Forschungsarbeit geben müssen.[400]

Der Nutzen dieser Differenzierung bleibt insbesondere angesichts der weitreichenden Verzweigung zwischen öffentlicher und privater Forschung im Verborgenen. Die zweifelhaften Folgen liegen auf der Hand. Die DCSD werden sich in der weiteren Fallpraxis erheblichen Abgrenzungsschwierigkeiten ausgesetzt sehen, dies betrifft vor allem Fälle, in denen öffentliche Forschungseinrichtungen und Forschungsförderungsinstanzen mit Wissenschaftlern aus dem Sektor der industriellen Forschung zusammenarbeiten oder wissenschaftliche Projekte sowohl aus staatli-

---

399 § 1 Abs. 1 Satz 1 VO-DCSD (Bekendgørelse nr. 668 af 28 juni 1998 om Udvalgene vedrørende Videnskabelig Uredelighed, § 1 Stk. 1 (1)): „...Udvalgene kan kun behandle sager vedrørende videnskabelig uredelighed, der har betydning for dansk forskning."
Vgl. auch den früheren Wortlaut des § 2 Abs. 2 VO-DCSD a.F. (Bekendgørelse nr. 933 af 15 december 1998 om Udvalgene vedrørende Videnskabelig Uredelighed, § 2 Stk. 2): „Sagen skal have betydning for dansk forskning..."

400 So Waaben, in: Danish Agency for Science Technology and Innovation (Hrsg.), Annual Report 2005, The Danish Committees on Scientific Dishonesty, S. 16 (17).

chen als auch privaten Mitteln finanziert werden.[401] Die DCSD werden zu klären haben, ob mit der die Differenzierung nach der Verantwortung für die Forschung maßgeblich an die Eigenschaft der finanzierenden oder diejenige der ausführenden Instanz anzuknüpfen ist.[402]

d) Ausbildung des Wissenschaftlers in der betroffenen Forschungsdisziplin

Darüberhinaus verlangt § 1 Abs. 4 DO-DCSD seit der Neufassung dieser Verordnung, dass die DCSD nur Fälle untersuchen, in denen der oder die von dem Vorwurf wissenschaftlicher Unredlichkeit betroffene(n) Wissenschaftler gerade in derjenigen Forschungsdisziplin wissenschaftlich ausgebildet sind, welcher auch das wissenschaftliche Produkt zuzuordnen ist, das Gegenstand der Untersuchung ist. Diese Einschränkung der sachlichen Zuständigkeit geht auf die Erfahrungen in dem Fall Lomborg zurück, wo nicht zuletzt der Umstand, dass das streitgegenständliche Werk nicht der mathematischen Ausbildungsdisziplin ihres Urhebers Lomborg zuzuordnen war, zu einer Kontroverse über die Zulässigkeit der Untersuchung und Beurteilung des Werkes durch die DCSD geführt hat.[403]

Die Vorschrift beinhaltet eine zweifache Restriktion der sachlichen Zuständigkeit. Zum einen muss der Autor bzw. Urheber des begutachteten wissenschaftlichen Produktes überhaupt eine wissenschaftliche Ausbildung erfahren haben, wobei die Anforderungen, die an diese wissenschaftliche Ausbildung zu stellen sind, nicht näher definiert sind. Insoweit werden die DCSD in der zukünftigen Fallpraxis dazu Stellung nehmen müssen, ob beispielsweise ein Hochschulabschluss ausreicht oder darüber hinaus eine weitere wissenschaftliche Betätigung, oder etwa der Erwerb eines wissenschaftlichen Grades, etc. erforderlich ist.[404] Des Weiteren muss die wissenschaftliche Ausbildung in der „richtigen" Disziplin erfolgt sein. Die DCSD sind nicht zuständig für wissenschaftliche Beiträge, die beispielsweise ein sozialwissenschaftlich ausgebildeter Wissenschaftler im Bereich etwa der den Naturwissenschaften oder der Medizin verfasst.[405] Insoweit sind Probleme insbesondere in Disziplinen, die traditionell unterschiedliche Ausbildungswege zulassen, wie etwa die Informatik, oder solchen Disziplinen, die sich nicht oder nur schwer von Schwesterdisziplinen abgrenzen lassen, vorprogrammiert. Es bleibt zu hoffen, dass die Beurteilung der Frage der sachlichen Zuständigkeit der DCSD in Zukunft nicht deutlich

---

401 Vgl. zur Kritik an der Begrenzung der Zuständigkeit insbesondere *Grandjean*, in: The Danish Research Agency (Hrsg.), Danish Research Agency, 2004 Annual Report, The Danish Committees on Scientific Dishonesty, S. 26 ff.

402 *Waaben*, in: Danish Agency for Science Technology and Innovation (Hrsg.), Annual Report 2005, The Danish Committees on Scientific Dishonesty, S. 16 (17).

403 Zum Fall Lomborg vgl. oben 3. Teil, C. IV. 1., S. 188 ff.

404 *Waaben*, in: Danish Agency for Science Technology and Innovation (Hrsg.), Annual Report 2005, The Danish Committees on Scientific Dishonesty, S. 16.

405 *Waaben*, in: Danish Agency for Science Technology and Innovation (Hrsg.), Annual Report 2005, The Danish Committees on Scientific Dishonesty, S. 16.

mehr Aufwand erfordert als die Begutachtung der letztlich in den Zuständigkeitsbereich der Komitees fallenden Fälle selbst.

3. Zuständigkeitsverteilung zwischen den Fachkomitees und gemeinsame Fallbehandlung

Die Zuständigkeitsverteilung zwischen den einzelnen DCSD, von denen eines für die medizinische Forschung, eines für die sozialwissenschaftliche und geisteswissenschaftliche Forschung und eines für die Forschung in Naturwissenschaften, den technischen Disziplinen, den Agrarwissenschaften und in der Tiermedizin zuständig ist, hat aufgrund der klaren Abgrenzung nach verwandten Forschungsdisziplinen, in der Praxis kaum zu Zuordnungsproblemen geführt. Mangels Regelung ist daher unklar, wie im Fall nicht eindeutiger Zuordenbarkeit eines Falles wissenschaftlicher Unredlichkeit verfahren werden muss.

Im Fall Lomborg haben die drei Fachkomitees auf Vorschlag des Vorsitzenden[406] die Untersuchung des Falles gemeinsam durchgeführt. Dies geschah zum einen deshalb, weil der Fall so unterschiedliche wissenschaftliche Disziplinen betraf, dass nach Auffassung der DCSD die Kompetenzbereiche aller drei Komitees berührt waren. Zum anderen, weil der Vorsitzende die Möglichkeit des Einsatzes unterstützender Ad-hoc-Komitees aufgrund der politischen Brisanz und des Bekanntheitsgrades des Falles als begrenzt ansah und deshalb um die Beteiligung hinreichenden wissenschaftlichen Sachverstandes an der Entscheidungsfindung fürchtete. Die gemeinsame Untersuchung wurde durch Abstimmung der Mitglieder aller drei Komitees beschlossen, obwohl ein Zusammenwirken der drei Fachkomitees in den normativen Grundlagen der DCSD nicht angelegt ist. Diese Vorgehensweise wurde durch das Forschungsministerium insofern für kritikwürdig erachtet, als dass das an sich zuständige Fachkomitee bei der Entscheidung über die gemeinsame Behandlung eines Falles von den Mitgliedern der beiden anderen Komitees überstimmt werden kann.[407] Dies könne nur dann zulässig und richtig sein, wenn ein Fall erwiesenermaßen tatsächlich in den Zuständigkeitsbereich aller drei Komitees falle.[408] Nicht jedoch, wenn dem verantwortlichen Komitee die Zuständigkeit zugunsten einer Beteiligung von disziplinfremden Wissenschaftlern entzogen wird.

---

406 Entscheidung des dänischen Ministeriums für Wissenschaft, Technologie und Entwicklung im Fall Lomborg vom 17. Dezember 2003, S. 20.
407 So die Kritik des Ministeriums für Wissenschaft, Technologie und Entwicklung in der Entscheidung des dänischen Ministeriums für Wissenschaft, Technologie und Entwicklung im Fall Lomborg vom 17. Dezember 2003. In dem Fall Lomborg hat diese Problematik jedoch keine Rolle gespielt, da der Beschluss über die gemeinsame Behandlung des Falles einstimmig getroffen worden ist.
408 So die Entscheidung des dänischen Ministeriums für Wissenschaft, Technologie und Entwicklung im Fall Lomborg vom 17. Dezember 2003, wobei das Ministerium die Beantwortung der eher fachlichen Frage, ob der Lomborg-Fall in die Kompetenzbereiche aller drei Komitees fällt nicht von seiner Prüfungskompetenz umfasst angesehen hat.

Aufgrund dieser Kritik wurde in die Neufassung der VO-DCSD mit § 8 Abs. 3 VO-DCSD eine Regelung aufgenommen, die die Komitees zu einer gemeinsamen Entscheidung berechtigt, sofern ein Fall den Zuständigkeitsbereich mehrerer Komitees betrifft.[409] Die gemeinsame Entscheidung mehrerer Komitees setzt voraus, dass das Komitee, dessen Zuständigkeit hauptsächlich berührt ist, vorab positiv über die Behandlung und Entscheidung der Angelegenheit durch die betroffenen Komitees entscheidet. Die Zuständigkeitsbereiche der einzelnen Komitees sollen in Zukunft durch die GO-DCSD deutlicher abgegrenzt werden, § 1 Abs. 3 VO-DCSD.

4. Förmliche Einleitung des Verfahren vor den DCSD

Das Verfahren vor den DCSD bedarf der förmlichen Einleitung durch Beschwerde („*klage*") eines Verfahrensbeteiligten im Sinne des dänischen VwVfG.[410] Daneben besteht sowohl die Möglichkeit der Verfahrenseinleitung durch Anzeige des von einem Verdacht wissenschaftlicher Unredlichkeit Betroffenen als auch – in Ausnahmefällen – die Aufnahme des Verfahrens von Amts wegen.

a) Beschwerde (Klage)

Die Anrufung der DCSD bei Vorliegen eines Verdachts wissenschaftlicher Unredlichkeit hat gemäß § 31 Abs. 1 RiFG und § 4 Abs. 1 VO-DCSD in Form einer (schriftlichen) Beschwerde durch einen Verfahrensbeteiligten zu erfolgen. Daher haben nichtförmliche Verdachtsäußerungen, Bitten um Stellungnahme der Komitees oder die schlichte Einsendung von Materialien und Dokumenten in der Vergangenheit regelmäßig zur Abweisung eines Falles geführt.[411]

---

409 Siehe zu Quorum und Beschlussfassung auch 3. Teil, F. V. 3. a), S. 258.
410 Die Beschwerde vor den DCSD ist nicht mit der Beschwerde als Rechtsmittel im deutschen Zivilprozess vergleichbar. Da es sich um ein Verwaltungsverfahren handelt, entspricht die Beschwerde vor den DCSD eher der Bestimmung des Bürgers über die Verfahrenseröffnung durch Antrag, mit dem wichtigen Unterschied, dass der Antrag nicht von derjenigen Person gestellt wird, die von der Entscheidung erfasst wird. Von „beantragen" wurde daher offenbar bewusst nur im Zusammenhang mit der Einleitung eines Verfahrens durch den Verdächtigen gesprochen.
411 Vgl. beispielsweise die Fälle 12/2000, 14/2000, 15/2000, 16/2000 abgedruckt in: Danish Research Agency, 2000 Annual Report, The Danish Committees on Scientific Dishonesty, S. 43 ff.

aa) Beschwerdeführer

Der Verordnungswortlaut bestimmt in § 4 Abs. 1 VO-DCSD nunmehr, dass Beschwerdeführer nur noch sein kann, wer Beteiligter im Sinne des dänischen VwVfG ist.[412] Der Beteiligtenbegriff des dän. VwVfG ist gesetzlich nicht definiert, wird aber als übereinstimmend mit dem allgemeinen ungeschriebenen verwaltungsrechtlichen Beteiligtenbegriff[413] verstanden.[414] Die als Beteiligte des Untersuchungsverfahrens bezeichneten Personen bedürfen zur Erlangung des Beteiligtenstatus nach dänischem Verwaltungsverfahrensrecht danach eines wesentlichen rechtlichen und individuellen Interesses am Ausgang des Verfahrens[415]. Es reicht nicht jedes beliebige Interesse aus, um den Beteiligtenstatus zu begründen. Unter einem wesentlichen Interesse wird vielmehr ein Interesse von gewissem Gewicht verstanden.[416] Generelle Aussagen lassen sich hierzu kaum treffen, vielmehr muss im Einzelfall darauf abgestellt werden wie eng die involvierten Interessen tatsächlich mit dem Ausgang des Verfahrens verknüpft sind.[417] Die Voraussetzung eines individuellen Interesses wird so verstanden, dass der Betreffende persönlich von einer Verwaltungsentscheidung berührt sein muss, um den Beteiligtenstatus zu erlangen. Das Beteiligteninteresse muss zudem rechtlicher Art sein, ein allgemeines ideelles oder moralisches Interesse im Hinblick auf das betreffende Verfahren reicht nicht aus.[418]

Der Adressat einer konkreten Verwaltungsentscheidung mit Regelungscharakter ist grundsätzlich Beteiligter. Gleiches gilt auch für Forscher, die Adressaten einer Entscheidung der DCSD werden, nachdem sie ein Untersuchungsverfahren vor den

---

412   Vor der Neufassung war jede beliebige Person zur Einleitung eines Verfahrens vor den DSCF berechtigt. Die aufgrund der VO-DCSD a.F. erlassene Geschäftsordnung der DCSD konkretisiert noch, dass ein Verdachtsfall grundsätzlich von jeder beliebigen Person vor die DCSD gebracht werden kann, § 2 Abs. 2 GO-DCSD (Forretningsorden for Udvalgene Vedrørende Videnskabelige Uredelighed, § 2 Stk. 2). Ein wie auch immer geartetes eigenes rechtliches Interesse des Beschwerdeführers an der Behandlung und Klärung des Falles durch die DSCD war danach nicht erforderlich, siehe auch The Danish Committees on Scientific Dishonesty, Annual Report 1999, S. 21. Auch das Motiv des Beschwerdeführers zur Offenbarung seines Unredlichkeitsverdachts gegenüber den DCSD spielte keine Rolle, sofern nur der Verdacht begründet und die Beschwerde substantiiert war. So wurde auch das Vorbringen einer Beschwerde in einer für den Beschwerdeführer günstigen Situation, z.B. zu einem Zeitpunkt, in dem der Beschwerdeführer und der Beschuldigte um die selbe Position konkurrieren, nicht als missbilligenswert erachtet.

413   Bei dessen Abgrenzung insbesondere die Praxis des parlamentarischen Ombudsmans eine besondere Rolle gespielt, vgl. FOB 1971, 48; 1973, 294; FOB 1975, 140; FOB 1979, 288.

414   *Jensen/Vesterdorf/Vogter*, Forvaltningsloven, § 2, S. 43.

415   *Andersen*, Forvaltningsret, S. 53.

416   *Albæk Jensen/Hansen Jensen*, Grundlæggende Forvaltningsret, S. 97; *Jensen/Vesterdorf/Vogter*, Forvaltningsloven, § 2, S. 44.

417   *Gammeltoft-Hansen* in: Gammeltoft-Hansen/Andersen/Engberg/Larsen/Loiborg/Olsen, Forvaltningsret 2002, S. 67 ff.

418   *Gammeltoft-Hansen* in: Gammeltoft-Hansen/Andersen/Engberg/Larsen/Loiborg/Olsen, Forvaltningsret 2002, S. 69, 71.

DCSD durchlaufen haben[419], da deren berufliche Zukunft mittelbar von dem Ausgang des Verfahrens abhängt und somit grundsätzlich starke individuelle Interessen des Betroffenen mit der Entscheidung der DCSD verknüpft sind.

Anders hingegen kann die Beurteilung im Hinblick auf den Anzeigenden, also den Beschwerdeführer, ausfallen.[420] Dieser handelt nicht notwendig zur Wahrung eigener Interessen oder zum Schutz eigener Rechte, sondern vertritt häufig allgemeine öffentliche Interessen oder ideelle Interessen nach wissenschaftlicher Redlichkeit, es sei denn das Verfahren betrifft auch seine persönlichen Verhältnisse. Der Beteiligtenstatus des Beschwerdeführers und damit die Geltung der Verfahrensrechte nach dem dän. VwVfG für seine Person ist daher von Fall zu Fall unterschiedlich zu beurteilen. Er dürfte unproblematisch beispielsweise bei Wissenschaftlern gegeben sein, dessen Werke von einer anderen Person plagiiert wurden.[421]

Damit geht einher, dass der Beschwerdeführer seine Identität gegenüber den DCSD und damit auch dem Beschuldigten zu erkennen geben muss. Anonyme Beschwerden werden nur im Falle einer Aufnahme von Amts wegen in Ausnahmefällen unter den im Rahmen des Whistleblowerschutzes erörterten Voraussetzungen weiterverfolgt.[422]

bb) Beschwerdegegenstand

Gegenstand der Beschwerde muss grundsätzlich ein Verhalten sein, welches als wissenschaftliche Unredlichkeit geltend gemacht wird. Eine Beschwerde, die sich von Beginn an lediglich auf ein Abweichen von guter wissenschaftlicher Praxis bezieht, ist nicht zulässig, obwohl die DCSD mitunter in ihren Entscheidungen lediglich solche Abweichungen feststellen.[423] Da bei Einreichung einer Beschwerde die Umstände eines Falles noch nicht vollständig bekannt sind, dürfte es maßgeblich darauf ankommen, ob die von dem Beschwerdeführer als Unredlichkeit vorgebrachten Verhaltensweisen hinreichend konkretisiert werden und zumindest allgemein geeignet sind, die Voraussetzungen der Unredlichkeitsdefinition des § 2 VO-DCSD auszufüllen.[424] Es darf nicht schon bei Erhebung der Beschwerde offensichtlich sein,

---

419 Siehe die Entscheidung des dänischen Ministeriums für Wissenschaft, Technologie und Entwicklung im Fall Lomborg vom 17. Dezember 2003, S. 47.

420 So allgemein zum Beteiligtenstatus eines Anzeigenden der Parlamentarische Ombudsman (Folketingets Ombudsmand) in den Verfahren Nr. 1995-1672-610 und nr.1997-199-610.

421 *Waaben*, in: Danish Agency for Science Technology and Innovation (Hrsg.), Annual Report 2005, The Danish Committees on Scientific Dishonesty, S. 16 (17).

422 Vgl. unten 3. Teil, F. IV. 1., S. 251 f.

423 *Danish Research Agency,* Report on the rules governing research ethics, S. 12.

424 Vgl. hierzu Fall 13/2001, abgedruckt in: *Danish Research Agency*, 2001 Annual Report, The Danish Committees on Scientific Dishonesty, S. 37 f., der zunächst sofort zurückgewiesen wurde, weil die Beschwerde auf „Verletzung guter wissenschaftlicher Praxis" lautete. Nach einer Konkretisierung der gerügten Verhaltensweisen und neuem Vortrag zur Unredlichkeit, wurde der Fall zunächst vor dem zuständigen Fachkomitee erörtert, bevor er erneut abgewiesen wurde.

dass es sich beispielsweise um ein Verhalten von deutlich anderem Charakter oder minderer Schwere handelt, oder dass die subjektiven Anforderungen nicht vorliegen.[425]

Die Beschwerde kann sowohl einzelne Personen als auch Personengruppen betreffen, deren Handeln gerügt wird, § 5 VO-DCSD.

b) Eröffnung des Verfahrens von Amts wegen

Die DCSD sind erst seit der Neufassung der VO-DCSD in 2005 gemäß § 4 Abs. 2 VO-DCSD „in begrenztem Umfang" ermächtigt, Verdachtsfällen auch von Amts wegen nachzugehen und ex officio über die Verfahrenseröffnung zu entscheiden, wenn ein Fall von gesellschaftlichem Interesse oder von Bedeutung für die Gesundheit von Menschen oder Tieren vorliegt, oder aber ein begründeter Verdacht wissenschaftlicher Unredlichkeit besteht, § 4 Abs. 2 VO-DCSD. Diese Neuerung war notwendig, um auch diejenigen Fälle auffangen zu können, die von Personen zur Anzeige gebracht werden, die nicht Beteiligte i.S.d. dän. VwVfG sind, aber dennoch die vorbezeichneten Voraussetzungen erfüllen. Darüber hinaus sind die DCSD jedoch auch ermächtigt, Fälle aufzugreifen, die ihnen auf anderem Wege, etwa aus der Presse, bekannt werden.[426] Insofern ist unklar, inwieweit es aufgrund der Formulierung „in begrenztem Umfang" tatsächlich zu einer Einschränkung der untersuchten Fälle kommen wird.[427] Die Neuregelung begegnet jedoch der Gefahr, dass jemand in rufschädigender Absicht ein unbegründete Verfahren gegen unliebsame Konkurrenten, Vorgesetzte etc. eingeleitet.

c) Antrag eines in Verdacht geratenen Forschers

Neben der Eröffnung eines Verfahrens durch Beschwerde und von Amts wegen regelt § 4 Abs. 1 S. 2 VO-DCSD für einen Forscher, der sich der Verdächtigung wissenschaftlichen Fehlverhaltens ausgesetzt sieht und eine Befreiung von diesem Gerücht sucht, ausdrücklich die Möglichkeit, sich mit einem eigenen Antrag an die DCSD zu wenden.[428] Der betroffene Forscher ist in diesem Fall verpflichtet, sämtli-

---

425 So auch die Arbeitsgruppe für Regeln der Forschungsethik: *Danish Research Agency,* Report on the rules governing research ethics, S. 12.
426 *Waaben,* in: Danish Agency for Science Technology and Innovation (Hrsg.), Annual Report 2005, The Danish Committees on Scientific Dishonesty, S. 16 (17).
427 *Waaben,* in: Danish Agency for Science Technology and Innovation (Hrsg.), Annual Report 2005, The Danish Committees on Scientific Dishonesty, S. 16 (17).
428 § 4 Abs. 1 VO-DCSD (Bekendgørelse nr. 668 af 28. juni 2005 om Udvalgene vedrørende Videnskabelig Uredelighed, § 4 Stk. 1): *„ ...Udvalgene kan også behandle sager, der rejses af en part, der ønsker at blive renset for navngivne, anonyme eller kildebeskyttede påstande om videnskabelig uredelighed, under forudsætning af, at parten giver alle nødvendige oplysninger til brug for udvalgenes behandling af sagen, jf. § 12, stk. 3."*

che für die Beurteilung des Falles durch die DCSD erforderlichen Informationen in schriftlicher Form beizubringen, §§ 4 Abs. 1, 12 Abs. 3 VO-DCSD.

Diese Möglichkeit des betroffenen Forschers, selbst ein Verfahren vor den DCSD in Gang zu setzen wurde nicht in die Neuregelung des RiFG übernommen, obwohl § 31 RiFG im Übrigen mit den Inhalten des § 2 Abs. 1 VO-DCSD a.f. korrespondiert.[429] Unklar ist bislang, ob es sich dabei um einen redaktionellen Fehler handelt, oder ob tatsächlich nur die Einleitung eines Verfahrens durch Beschwerdeerhebung einer nicht von dem Verdacht betroffenen Person gesetzlich festgeschrieben werden sollte. Die Arbeitsgruppe für Regeln der Forschungsethik hat sich für eine Ergänzung der gesetzlichen Vorschriften im Sinne einer Weiterführung der bisherigen Praxis ausgesprochen.[430]

5. Frist und Verjährung

Ein Unredlichkeitsverdacht kann seit der Neufassung der VO-DCSD grundsätzlich für unbestimmte Zeit vor die DCSD gebracht werden. § 5 Abs. 1 Satz 1 und 2 VO-DCSD a.f., wonach Beschwerden innerhalb eines angemessenen Zeitraums, nachdem der künftige Beschwerdeführer die notwendige Grundlage für eine Beschwerde erhalten hat, eingelegt werden müssen[431] und die Komitees nur in besonderen Fällen berechtigt sein sollten, Handlungen, die mehr als fünf Jahre zurückliegen, einer Prüfung zu unterziehen, sind in die Neufassung nicht aufgenommen worden.

Diese Regelung überließ den DCSD bereits einen großen Entscheidungsspielraum, innerhalb dessen die Komitees eigenverantwortlich bestimmen können, in welchen Fällen beispielsweise die mindere Komplexität eines Sachverhalts eine kurze Beschwerdefrist nahe legt, oder der besonders ernsthafte belastende Charakter eines Unredlichkeitsvorwurfs gar eine Ausdehnung der Verjährungsfrist über die Fünfjahresgrenze hinaus erfordert.[432] Nunmehr können Fälle wissenschaftlicher Unredlichkeit grundsätzlich sogar ohne jede Beachtung einer zeitlichen Grenze durch die DCSD untersucht werden.

429 Siehe die Erläuterungen zum Gesetzesentwurf, abgedruckt in: *Danish Research Agency,* Report on the rules governing research ethics, S. 27 f., wonach § 31 RiFG die Fortgeltung von § 2 Abs. 1 VO-DCSD a.f., der Vorgängerregelung, in gesetzlicher Form sichert, ohne eine Änderung der bislang geltenden Rechtslage herbeiführen zu wollen.

430 *Danish Research Agency,* Report on the rules governing research ethics, S. 13.

431 § 5 Abs. 1 VO-DCSD (Bekendgørelse nr. 933 af 15.december 1998 om Udvalgene vedrørende Videnskabelig Uredelighed, § 5 Stk. 1): „*En klage over videnskabelig uredelighed skal indgives i rimelig tid efter, at klageren har fået det nødvendige grundlag for at indgive klagen.*"

432 Die Konzeption der Verjährungsfrist ging zurück auf eine abstrakte Empfehlung von *Brydensholt,* in: The Danish Research Councils (Hrsg.), The Danish Commitee on Scientific Dishonesty, Annual Report 1994, S. 11 (24 f.) zum Ende des Erprobungszeitraumes des ersten medizinischen Unredlichkeitskomitees. Der ehemalige Vorsitzende hielt allerdings z.B. bei Autorschaftsstreitigkeiten die Anwendung einer bedeutend kürzeren Verjährungsfrist für gerechtfertigt.

§ 4 Abs. 3 VO-DCSD n.F. enthält jedoch eine neue Regelung, wonach die DCSD die Untersuchung von Fällen verweigern können, wenn im vorhinein ein festgestellt wird, dass die Kosten des Verfahrens in keinem vernünftigen Verhältnis zu der Bedeutung des Falles stehen. Diese Regelung wird voraussichtlich auch in Fällen zur Anwendung kommen, in denen der zu untersuchende Sachverhalt bereits länger als fünf Jahre zurückliegt, so dass die Aufklärung mit erheblichen zeitlichen und finanziellen Schwierigkeiten verbunden wäre.[433]

Diese offene Ausgestaltung der Verjährung ist aus Rechtssicherheitsgesichtspunkten durchaus angreifbar, harmoniert im Gegensatz zu einer starren Grenze jedoch stärker mit den Eigenheiten des Wissenschaftsbetriebes. Dort gilt es, den verschiedenen Unredlichkeitsformen, die sich in unterschiedlicher Weise auf die Qualität der Forschungsergebnisse niederschlagen und damit auch die darauf aufbauenden Forschungsleistungen gefährden können, durch eine lange Verjährungsfrist gerecht zu werden. Ferner kann das Eigeninteresse des Betroffenen an der Aufklärung eines gegen ihn erhobenen Verdachts auch nach Ablauf mehrerer Jahre noch ungebrochen sein.[434]

IV. Verfahrensrechte der Beteiligten

1. Schutz von Whistleblowers („anmeldere")?

Der Schutz von sog. „Whistleblowers", Informanten oder Anzeigenden (*„anmeldere"*), das heißt derjenigen Personen, die einen Unredlichkeitsverdacht gegenüber einer Verfahrensinstitution äußern, ist in Dänemark eher gering ausgeprägt. Zwar ist man sich der Gefahr möglicher Repressionen, die den potentiellen Anzeigeerstatter an der Weitergabe seiner Informationen hindern könnten, durchaus bewusst, wie die mehrfache Auseinandersetzung mit dem Thema „Whistleblowerschutz" zeigt.[435]

---

433 *Waaben*, in: Danish Agency for Science Technology and Innovation (Hrsg.), Annual Report 2005, The Danish Committees on Scientific Dishonesty, S. 16 (18).

434 So ähnlich auch *Brydensholt*, in: The Danish Research Councils (Hrsg.), The Danish Commitee on Scientific Dishonesty, Annual Report 1994, S. 11 (23 f.).

435 Erstmals befasste sich die Arbeitsgruppe des Dänischen Medizinischen Forschungsrates, *Andersen/Attrup/Axelsen/Riis*, Scientific Dishonesty and Good Scientific Practice, S. 58, 72, mit der Situation von Informanten und sprach sich gegen eine prinzipielle Gewährleistung von Anonymität in dem von ihr vorgeschlagenen Untersuchungssystem aus, ohne jedoch die Geheimhaltung der Identität des Informanten gegenüber dem Beschuldigten in der Anfangsphase des Verfahrens völlig auszuschließen. Bei Eingang völlig anonymer Vorwürfe empfahl sie, das weitere Prozedere, insbesondere die Konfrontation des Beschuldigten mit deren Inhalt, von der Schwere und Bedeutung der Anschuldigungen abhängig zu machen. Nach gut zweijährigem Bestehen des medizinischen Unredlichkeitskomitees griff der ehemalige Vorsitzende des bzw. der DCSD den Aspekt auf, *Brydensholt*, in: The Danish Research Councils (Hrsg.), The Danish Commitee on Scientific Dishonesty, Annual Report 1994, S. 11 ff. Nach Einsetzung der drei Fachkomitees wurde der Informantenschutz auf allgemeinerer Ebene erneut zum Gegenstand eines Jahresberichts der DCSD erhoben, vgl *Grandjean*, in: Danish Re-

Dennoch sehen weder die Vorschriften des RiFG noch die VO-DCSD eine Möglichkeit der Untersuchung anonym eingebrachter Unredlichkeitsvorwürfe oder der Geheimhaltung der Identität des Informanten in den Untersuchungsverfahren vor den DCSD vor. In der mangelnden Bereitstellung gesetzlicher Schutzinstrumente spiegelt sich die mangelnde Bereitschaft wieder, dem Informanten einen Weg zu ebnen, der dem kontradiktorischen Charakter des Verfahrens vor den DCSD zuwider laufen und den Beschuldigten einer erschwerten Verteidigungssituation aussetzen würde. Anonym eingebrachte Vorwürfe unredlichen Verhaltens sind einer Aufklärung mit den Mitteln, die den DCSD zur Verfügung stehen, nur schwer zugänglich, wenn die gewöhnlich praktizierte wechselseitige Anhörung der Beteiligten daran scheitert, dass der anonyme Beschwerdeführer nicht mit der Stellungnahme des Beschuldigten konfrontiert werden kann.[436] Hinzu kommt, dass ein anonymer Beschwerdeführer für die wissentliche Verbreitung unberechtigter Vorwürfe kaum zur Rechenschaft gezogen werden kann.

Auch die Geheimhaltung der Identität des Beschwerdeführers gegenüber dem Betroffenen, während die DCSD eingeweiht sind, ist nicht zulässig. Diese weitere Möglichkeit des Whistleblowerschutzes entbehrt einer Verankerung in den normativen Grundlagen des Verfahrens vor den DCSD, weil der Beschuldigte ungleich schlechter gestellt wäre, wenn das beurteilende Fachkomitee den beruflichen Hintergrund des Beschwerdeführers oder andere möglicherweise bedeutende Umstände kennt, während diese dem Beschuldigten vorenthalten blieben.[437] Zudem wäre die Geheimhaltung der Identität mitunter nur gewährleistet, wenn das Komitee die eingereichten Unterlagen und Dokumente daraufhin überprüfen und sondieren würde, ob sie – ohne den Einsender zu offenbaren – an den Betroffenen weitergesandt werden könnten. Das untersuchende Komitee darf dem Betroffenen jedoch keine Informationen vorenthalten, sodass die DCSD der Bitte um Wahrung der Anonymität gegenüber dem Beschuldigten nicht nachkommen können.[438]

Mittelbar wird der Zugang zu den DCSD jedoch dadurch vereinfacht, dass die DCSD die Untersuchung eines Falles von Amts wegen eröffnen können.[439] So kann das Verfahren theoretisch durch Mitteilung einer Person zur Kenntnis der Komitees gebracht werden, deren Eigeninteresse an der Aufklärung gering ist und die daher kaum Gefahr läuft, sich etwaiger Repressionen oder Vorwürfe ausgesetzt zu sehen, bzw. der der Verdacht womöglich durch eine andere Person zugetragen wurde, für

search Agency, 2000 Annual Report, The Danish Committees on Scientific Dishonesty, S. 19 ff.

436 So *Brydensholt*, in: The Danish Research Councils (Hrsg.), The Danish Commitee on Scientific Dishonesty, Annual Report 1994, S. 11 (15) mit dem Hinweis darauf, dass eine auf einer unvollständigen Grundlage getroffene Entscheidung den Beschwerdeführer möglicherweise nicht zufrieden stellen wird.

437 *Brydensholt*, in: The Danish Research Councils (Hrsg.), The Danish Commitee on Scientific Dishonesty, Annual Report 1994, S. 11 (17).

438 *Brydensholt*, in: The Danish Research Councils (Hrsg.), The Danish Commitee on Scientific Dishonesty, Annual Report 1994, S. 11 (17).

439 Vgl. die obigen Ausführungen zum Beschwerdeführer unter 3. Teil, F. III. 4. b), S. 249 f.

welche die Beschwerde vor den DCSD ein größeres Risiko bedeuten würde. Der Grundsatz der Vertraulichkeit gewährleistet zudem, dass während des Verfahrens nur Parteiöffentlichkeit herrscht.[440] Der Gefahr, dass der Name des Informanten mit einer Beschwerde in Verbindung gebracht wird, die sich von vornherein, etwa wegen Unzuständigkeit der DCSD oder fehlende Beteiligteneigenschaft des Beschwerdeführers, als unzulässig erweist, kann durch vorheriges informelles Ansprechen eines Komiteemitgliedes begegnet werden.[441] So kann der Informant verhindern, wegen eines in der Sache ergebnislosen Verfahrens als Denunziant angesehen zu werden.

2. Hinzuziehung von Rechtsbeiständen

Obwohl das Verfahren in seiner Ausgestaltung und mit einem Richter an der Spitze der Fachkomitees so angelegt ist, dass die Beteiligten einer anwaltlichen Beratung nach Auffassung der DCSD nicht bedürfen, berechtigt § 10 VO-DCSD die Beteiligten eines Untersuchungsverfahrens vor den DCSD, sich während der Verfahrensdurchführung eines Rechtsbeistandes zu bedienen.

V. Ablauf des Untersuchungsverfahrens

Das Verfahren zur Aufklärung wissenschaftlicher Unredlichkeit vor den DCSD gliedert sich in drei grobe Schritte. Es beginnt mit der Einleitung und der Vorprüfung durch den Vorsitzenden und das zuständige Fachkomitee. Hieran schließt sich die eigentliche Untersuchung des Fachkomitees an. Das Verfahren endet mit der Entscheidung des Komitees.

1. Einleitung und Vorprüfung durch den Vorsitzenden und das fachlich zuständige DCSD

Nach Erhalt einer Beschwerde quittiert das Sekretariat der DCSD bei der zentralen Forschungsbehörde (Forsknings- og Innovationsstyrelsen) deren Eingang und teilt dem Beschwerdeführer den Verfahrensablauf vor den DCSD mit.[442] Gleichzeitig wird dem gemeinsamen Vorsitzenden der drei Komitees die Beschwerde zur Vorprüfung übermittelt, vgl. § 8 Abs. 2 GO-DCSD.

---

440 Vgl. auch oben 3. Teil, F. II. 3., S. 232 ff.
441 *Brydensholt*, in: The Danish Research Councils (Hrsg.), The Danish Committee on Scientific Dishonesty, Annual Report 1994, S. 11 (18) im Hinblick auf das frühere rein medizinische Fachkomitee.
442 In der Regel wird dem Beschwerdeführer zu diesem Zeitpunkt auch die vertrauliche Behandlung des Falles nahegelegt.

Diesem stehen drei Optionen zur weiteren Behandlung des Falles zur Verfügung. Gelangt der Vorsitzende zu der Auffassung, dass die vorgebrachten Vorwürfe einer Prüfung in der Sache unterzogen werden sollten, wird die Beschwerde dem Beschuldigten mit der Bitte um Stellungnahme weitergeleitet.[443] Das zuständige Fachkomitee übernimmt den Fall.[444] Ist eine Zuordnung zu einem Komitee aufgrund der Interdisziplinarität des Forschungsansatzes nicht eindeutig möglich, kommt auch die Behandlung durch zwei oder gar alle drei Komitees in Betracht.[445]

Besteht keine Veranlassung für eine Begutachtung des Falles in der Sache durch eines der Fachkomitees, weil die Beschwerde offensichtlich nicht in den Zuständigkeitsbereich der Komitees fällt, offensichtlich unbegründet ist oder die Kosten einer Begutachtung des Falles im Verhältnis zu seiner Bedeutung unverhältnismäßig hoch sind (§ 4 Abs. 3 VO-DCSD), kann der Vorsitzende gemäß § 7 Abs. 2 S. 2 GO-DCSD selbständig die sofortige Zurückweisung der Beschwerde beschließen. Anschließend muss die Zurückweisungsentscheidung durch das zuständige Fachkomitee genehmigt werden.[446] Ist es lediglich unwahrscheinlich, dass der Beschwerde stattgegeben wird, präsentiert der Vorsitzende die Beschwerde zunächst dem zuständigen Fachkomitee zur Entscheidung, bevor nach § 7 Abs. 2 S. 1 GO-DCSD gegebenenfalls die Zurückweisung durch den Vorsitzenden erfolgt.[447] Richtet sich die Beschwerde gegen eine Gruppe von Personen, wird die Entscheidung über die Annahme oder Zurückweisung des Falles von demjenigen Fachkomitee getroffen, in dessen Zuständigkeitsbereich das wissenschaftliche Produkt fällt. Sollte sich insoweit keine eindeutige Zuordenbarkeit feststellen lassen, trifft der gemeinsame Vorsitzende die Vorabentscheidung selbständig, § 8 Abs. 4 VO-DCSD.

Scheidet eine Zurückweisung aus, wird die Beschwerde dem Beschuldigten über das Sekretariat zur Anhörung zugeleitet.[448] Das zuständige Fachkomitee übernimmt die weitere Behandlung des Falles. Im Fall der Zurückweisung wird der Beschuldigte von der Beschwerde unterrichtet und erhält eine Ausfertigung der Zurückweisung, vgl. § 8 Abs. 4 GO-DCSD.

---

443 The Danish Committees on Scientific Dishonesty, The Danish Committees on Scientific Dishonesty, Annual Report 1999, S. 22.

444 § 8 Abs. 1 u. 2 VO-DCSD (Bekendgørelse nr. 668 af 28. juni 2005 om Udvalgene vedrørende Videnskabelig Uredelighed, § 8 Stk. 1, 2) bestimmen, dass der Vorsitzende die eingehenden Beschwerden an die Einzelkomitees verteilt und diese dann über die Zurückweisung oder die weitere Behandlung des Falles entscheiden. Die Vorprüfung durch den Vorsitzenden ist dort nicht explizit erwähnt, wird aber praktiziert und hat in § 7 Abs. 2 GO-DCSD Niederschlag gefunden.

445 Vgl. oben Zuständigkeit 3. Teil, F. III. 3., S. 245 f.

446 Der Sekretariatsentwurf der schriftlichen Zurückweisung wir dem zuständigen Fachkomitee vorab zur Genehmigung zugeleitet, vgl. § 8 Abs. 4, S. 1 GO-DCSD.

447 The Danish Committees on Scientific Dishonesty, The Danish Committees on Scientific Dishonesty, Annual Report 1999, S. 22.

448 Bei dieser Gelegenheit wird der Betroffene ebenfalls über den Ablauf des Verfahrens vor den DCSD informiert und ersucht, den Fall vertraulich zu behandeln.

2. Untersuchung der Fälle in den DCSD

Die einzelnen Fachkomitees untersuchen die zu ihrem fachlichen Zuständigkeitsbereich gehörenden Fälle nach der Zuweisungsentscheidung in der Regel selbständig ohne Beteiligung von Mitgliedern der anderen Fachkomitees.[449] Sie sind verantwortlich für die Beibringung aller verfahrensrelevanten Informationen.[450] Zu diesem Zweck können sie sich entweder auf die Anhörung der Beteiligten beschränken oder ein Ad-hoc-Komitee (*„ad-hoc udvalget"*) einberufen. Die Fachkomitees bereiten die anhängigen Fälle in internen Sitzungen vor.

a) Anhörung der Verfahrensbeteiligten

Die Anhörung der Verfahrensbeteiligten erfolgt schriftlich und richtet sich nach dem oben beschriebenen Kontradiktionsprinzip.[451] Zunächst erhält in der Regel der Betroffene Gelegenheit, sich zu dem Vorwurf wissenschaftlicher Unredlichkeit zu äußern. Soweit dieser das Verfahren selbst eingeleitet hat, muss das zuständige Komitee eine schriftliche Stellungnahme des Betroffen mit allen für die Begutachtung des Falles erforderlichen Informationen einholen.[452] Wo die Beschwerden eine Gruppe von Personen betrifft, ist das zuständige Komitee verpflichtet, Informationen über die Beiträge der individuellen Personen zu dem betroffenen wissenschaftlichen Produkt zu erfragen.[453]

Anschließend wird die Stellungnahme des Betroffenen dem Beschwerdeführer zugeleitet. Dieser erwidert in einem dritten Schritt auf das Vorbringen des Betroffenen. Das Anhörungsverfahren schließt in der Regel mit der neuerlichen Erwiderung des Betroffenen.[454] Die Schriftsätze der Beteiligten werden jeweils sämtlichen Komiteemitgliedern zugeleitet. Eine mündliche Anhörung der Beteiligten vor dem zuständigen Fachkomitee findet nur in Ausnahmefällen statt, wenn die Umstände des Einzelfalls dies nahe legen.[455]

---

449 Bisher einmalig in der Geschichte der DCSD ist die im Fall Lomborg praktizierte gemeinsame Untersuchung eines Falles durch alle drei Komitees.
450 Vgl. § 12 Abs. 1 VO-DCSD (Bekendgørelse nr. 668 af 28. juni 2005 om Udvalgene vedrøren de Videnskabelig Uredelighed, § 12 Stk. 1) und § 4 Abs. 1 GO-DCSD (Forretningsorden for Udvalgene Vedrørende Videnskabelig Uredelighed, § 4 Stk. 1) sowie die Ausführungen zur Geltung des Untersuchungsgrundsatzes, oben unter 3. Teil, F. II. 2., S. 230 ff.
451 Vgl. oben 3. Teil, F. II. 1., S. 229 f.
452 Vgl. § 12 Abs. 3 VO-DCSD (Bekendgørelse nr. 668 af 28. juni 2005 om Udvalgene vedrørende Videnskabelig Uredelighed, § 12 Stk. 3).
453 Vgl. § 12 Abs. 4 VO-DCSD (Bekendgørelse nr. 668 af 28. juni 2005 om Udvalgene vedrøren-de Videnskabelig Uredelighed, § 12 Stk. 4).
454 *The Danish Committees on Scientific Dishonesty*, The Danish Committees on Scientific Dishonesty, Annual Report 1999, S. 22.
455 Der Vorsitzende ist berechtigt, über die Durchführung einer mündlichen Anhörung zu bestimmen, vgl. § 7 Abs. 4 GO-DCSD.

b) Einsatz und Tätigkeit von Ad-hoc-Komitees und Unterkomitees

Ein Ad-hoc-Komitee wird zum einen eingesetzt, wenn ein Fall einer weiteren Aufklärung, beispielsweise durch Befragung der Beteiligten oder anderer Personen, die Besichtigung von Örtlichkeiten oder etwa einer Sachverständigenbewertung, bedarf. Zum anderen kommt die Einsetzung eines Ad-hoc Komitees bei Fällen in Betracht, in denen es zusätzlichen Sachverstandes in Forschungsdisziplinen bedarf, die auch durch die Erweiterung der Mitgliederanzahl in den Komitees nicht abgedeckt werden.[456]

Die Ad-hoc-Komitees werden je nach den Bedürfnissen des Verfahrens in der Regel aus einem oder mehreren Mitgliedern oder Ersatzmitgliedern der DCSD sowie einem oder mehreren externen Sachverständigen gebildet. Die Beteiligten des Verfahrens werden über die Zusammensetzung des Ad-hoc-Komitees informiert und können hierzu innerhalb von zwei Wochen eine Stellungnahme abgeben.[457] In welchem Umfang auf diese Stellungnahmen, etwa durch nachträgliche Änderung der Zusammensetzung eines Ad-hoc-Komitees, durch die DCSD reagiert wird, ist nicht festgelegt und obliegt daher der Entscheidung der DCSD.[458]

Die neuen Tatsachen oder Gesichtspunkte, die aus der Arbeit der Komitees hervorgehen, werden in einem Gutachten zusammengefasst und den Beteiligten zur Einsicht zugesandt, damit diese die Richtigkeit der darin niedergelegten Tatsacheninformationen bestätigen. Soweit dem Ad-hoc-Komitee externe Sachverständige angehören, ist eine erneute Anhörung der Beteiligten im Hinblick auf die mit dem Gutachten festgehaltenen Tatsachen obligatorisch.[459] Etwaige Kritikpunkte sollen gegenüber dem Ad-hoc-Komitee vorgebracht werden. Anschließend haben wiederum die Expertenmitglieder des Ad-hoc-Komitees Gelegenheit, zur Ergänzung. Das Gutachten wird den Mitgliedern des zuständigen Fachkomitees nach Abschluss dieses Verfahrensabschnittes samt der nachträglichen Ergänzungen zugeleitet.[460] Es nimmt nicht die endgültige Entscheidung des Komitees vorweg. Das Gutachten einschließlich der Anmerkungen der Beteiligten und der nachträglichen Ergänzungen des Ad-hoc-Komitees stellt jedoch einen Teil der Entscheidungsgrundlage der DCSD dar.[461]

---

456 Vgl. dazu oben 3. Teil, D. III. 1. a), S. 204 f.
457 § 11 Abs. 1 VO-DCSD (Bekendgørelse nr. 668 af 28. juni 2005 om Udvalgene vedrørende Videnskabelig Uredelighed, § 11 Stk. 1) und § 4 Abs. 3 GO-DCSD (Forretningsorden for Udvalgene Vedrørende Videnskabelig Uredelighed, § 4 Stk. 3).
458 Nach Auskunft des Sekretariats der DCSD (Hanne Koktvedgaard) kann beispielsweise das Bestehen eines Interessenkonflikts dazu führen, dass Fachleute zurückgewiesen werden. Die Beteiligten sind nicht berechtigt, selbst Mitglieder der Ad-hoc-Komitees zu benennen.
459 § 11 Abs. 2 VO-DCSD (Bekendgørelse nr. 668 af 28. juni 2005 om Udvalgene vedrørende Videnskabelig Uredelighed, § 11 Stk. 2).
460 Vgl. § 4 Abs. 4 GO-DCSD (Forretningsorden for Udvalgene Vedrørende Videnskabelig Uredelighed, § 4 Stk. 4) und *The Danish Committees on Scientific Dishonesty*, The Danish Committees on Scientific Dishonesty, Annual Report 1999, S. 23.
461 § 4 Abs. 4 GO-DCSD (Forretningsorden for Udvalgene Vedrørende Videnskabelig Uredelighed, § 4 Stk. 4).

Von den Ad-hoc-Komitees sind bisweilen eingesetzte so genannte Unterkomitees oder Arbeitsgruppen eines Fachkomitees zu unterscheiden, die allein mit Mitgliedern oder Ersatzmitgliedern der DCSD besetzt sind. Diese intern fallbezogen eingesetzten Unterkomitees übernehmen verfahrensvorbereitende Sekretariatsaufgaben, führen aber nicht selbst Tatsachenaufklärung durch und fertigen kein Gutachten an. [462]

c) Sitzungen der Komitees

Die einzelnen Fachkomitees führen nach Bedarf Sitzungen zur Behandlung der anhängigen Fälle durch. Die Ladung der Mitglieder soll zwei Wochen im Voraus unter Bekanntgabe der zu beratenden Fälle erfolgen. [463]

3. Entscheidung des zuständigen DCSD

Die Entscheidung des zuständigen Fachkomitees schließt sich entweder an die wechselseitige Anhörung der Parteien oder die Untersuchungstätigkeit eines Ad-hoc-Komitees an.

a) Schriftliche Stellungnahme

Nach Abschluss der Untersuchungen fertigt das Fachkomitee gemäß § 13 Abs. 1 VO-DCSD einen schriftlichen Bericht mit einer begründeten Stellungnahme zu der Beschwerde an. Dieser soll die dem Fall zugrunde liegenden Tatsachen, die Stellungnahmen der Beteiligten, die maßgeblichen Erwägungen des zuständigen Komitees, das voraussichtliche Verfahrensergebnis sowie die Anzahl der Mitglieder, die die Entscheidung stützen, enthalten. Zu diesem Bericht werden die Parteien im Sinne des Kontradiktionsprinzips regelmäßig erneut angehört und können Einwände geltend machen, bevor die endgültige Beschlussfassung erfolgt. Ist die Feststellung wissenschaftlicher Unredlichkeit beabsichtigt, so ist diese erneute Anhörung des Betroffenen obligatorisch und dient als letzte Gelegenheit, die Entscheidung zu beeinflussen und etwaige Missverständnisse auszuräumen. [464]

---

462 So die DCSD auf Befragung des Ministeriums zum Fall Lomborrg, Entscheidung des dänischen Ministeriums für Wissenschaft, Technologie und Entwicklung im Fall Lomborg vom 17. Dezember 2003, erhältlich unter, S. 54 f.

463 § 10 GO-DCSD (Forretningsorden for Udvalgene Vedrørende Videnskabelig Uredelighed, § 10).

464 *Waaben*, in: Danish Agency for Science Technology and Innovation (Hrsg.), Annual Report 2005, The Danish Committees on Scientific Dishonesty, S. 16 (18).

b) Beschlussfassung

Soweit möglich, soll gemäß § 9 Abs. 3 S. 1 VO-DCSD unter den Mitgliedern der Fachkomitees über die abschließende Bewertung der Fälle einstimmig entschieden werden. Das Quorum ist erreicht, wenn der Vorsitzende und vier Mitglieder eines Fachkomitees bzw. – im Falle der Verhinderung einzelner Mitglieder – eine entsprechende Anzahl von Vertretern anwesend sind.[465]

§ 9 Abs. 2 VO-DCSD bestimmt für gemeinsame Entscheidungen mehrerer Komitees, dass Beschlussfähigkeit nur dann vorliegt, wenn der Vorsitzende sowie von jedem Einzelkomitee mindestens vier Mitglieder (oder Vertreter) anwesend sind.

Kann kein Konsens unter den Abstimmenden erzielt werden, so wird durch einfache Stimmenmehrheit entschieden, § 9 Abs. 3 S. 2 VO-DCSD. Auf Ersuchen eines Komiteemitgliedes, dessen Auffassung der Mehrheitsentscheidung widerspricht, muss dessen abweichendes Votum in die schriftliche Stellungnahme/Entscheidung aufgenommen werden, vgl. § 13 Abs. 2 VO-DCSD.

c) Verbindliche Regelungswirkung und Rechtsnatur der Entscheidung

Innerhalb der Handlungsformen der dänischen Verwaltung wird zwischen tatsächlichen Handlungen der Verwaltung *(faktisk forvaltning)* und solchen Maßnahmen unterschieden, die auf eine bindende Regelung eines Sachverhalts gegenüber dem Bürger gerichtet sind.[466] Letztere werden als *„afgørelser"* (Regelungen oder Entscheidungen) bezeichnet. Die Anwendbarkeit des dänischen Verwaltungsverfahrensgesetzes *(Forvaltningslov)* (dän. VwVfG) ist mit dem Begriff der *„afgørelse"* verknüpft, vgl. § 2 Abs. 1 dän. VwVfG.[467] Ausschließlich auf sogenannte *„afgørelsessager"*, gemeint sind Verfahren, die auf den Erlass einer verbindlichen Regelung gegenüber Bürgern gerichtet sind, finden die Regeln des Verwaltungsverfahrensgesetzes *(Forvaltningslov)* Anwendung[468], wenn diese nicht, wie für das Verfahren vor den DCSD, durch gesetzestechnische Bezugnahme eingebunden werden[469]. Man

---

465 Entgegen dem Wortlaut in § 9 Abs. 1 VO-DCSD *„til stede"* (Bekendtgørelse nr. 668 af 28. juni 2005, § 9 Stk. 1) ermöglicht die Geschäftsordnung der DCSD (Forretningsorden for Udvalgene Vedrørende Videnskabelig Uredelighed in § 7 Abs. 3 eine schriftliche Abstimmung, wo diese Verfahrensweise unbedenklich erscheint. Der Regelfall soll jedoch die mündliche Abstimmung im Rahmen der Sitzung der Einzelkomitees sein, vgl. § 6 Abs. 1 GO-DCSD.

466 *Jensen/Vesterdorf/Vogter*, Forvaltningsloven, § 2, S. 37 ff.

467 § 2 Abs. 1 dän. VwVfG: *„Loven gælder for behandlingen af sager, hvori der eller vil blive truffet afgørelse af en forvaltningsmyndighed."*

468 *Vogter*, Forvaltningsloven med kommentarer, § 2, S. 51 f.; vgl. auch die Richtlinie des Justizministeriums zum Verwaltungsverfahrensgesetz *(vejledning om forvaltningsloven)*, Punkt 10 sowie die Vorarbeiten zum Erlass des Verwaltungsverfahrensgesetzes, Folketingstidende 1985/86, tillæg A, sp. 115.

469 Vgl. oben 3. Teil, F. I., S. 228 ff.

unterscheidet konkrete und generelle „afgørelser".[470] Generelle afgørelser liegen bei Erlass abstrakt genereller Rechtsvorschriften vor.[471] Konkrete afgørelser, auf welche das dänische Verwaltungsgesetz (Forvaltningslov) in § 2 Abs. 1 durch den Ausdruck „truffet afgørelse" vornehmlich Bezug nimmt[472], sind Rechtsakte, die gegenüber einer bestimmten Person oder einem näher bestimmbaren Personenkreis erlassen werden. Sie werden ebenso wie im deutschen Recht als Verwaltungsakte (forvaltningsakter) bezeichnet. Ein „forvaltningsakt" beinhaltet definitionsgemäß eine einseitige konkrete Regelung seitens der Verwaltung, die verbindlich festlegt, was im Hinblick auf einen bestimmten Sachverhalt Recht sein soll.[473]

Folgt man dieser herkömmlichen Betrachtungsweise, handelt es sich bei den Entscheidungen der DCSD nicht um „forvaltningsakter" bzw. „afgørelser" im Sinne des § 2 Abs. 1 des dänischen Verwaltungsverfahrensgesetzes (Forvaltningslov), da die Entscheidungen der DCSD unabhängig von ihrem konkreten Inhalt eines nach traditionellem Verständnis der „afgørelse" notwendigen rechtlich verbindlichen Regelungsgehalts entbehren.[474] Dies wird zum einen aus der gesetzlichen Formulierung der Sanktionskompetenzen der DCSD in § 31 Abs. 2 RiFG geschlossen, wonach die Komitees nur informative und empfehlende Kompetenzen haben.[475] Zum anderen war das Untersuchungsverfahren vor den DCSD von Beginn an darauf ausgerichtet, einfache unverbindliche Feststellungen bzw. Äußerungen über bestimmte Forschungshandlungen zu treffen.[476]

Nach neuerem Verständnis wird der Begriff der „afgørelse" teilweise auf Verwaltungshandlungen ausgedehnt, die zwar keine verbindliche Regelungswirkung entfalten, jedoch einen besonderen Eingriffscharakter aufweisen, mithin eine stark belastende Wirkung für den betroffenen Bürger erzeugen.[477] Diese Ausdehnung

470 Jensen/Vesterdorf/Vogter, Forvaltningsloven, § 2, S. 37 ff.

471 Jensen/Vesterdorf/Vogter, Forvaltningsloven, § 2, S. 40.

472 Richtlinie des Justizministeriums zum Verwaltungsverfahrensgesetz (vejledning om forvaltningsloven), Punkt 10.

473 Albæk Jensen/Hansen Jensen, Grundlæggende Forvaltningsret, S. 60; zu den einzelnen Voraussetzungen eines „forvaltningsaktes" vergleiche auch Andersen, Forvaltningsret, S. 18 f.

474 Zahle, Ugeskrift for Retsvæsen (UfR) Nr. 9 2003, Litterær afdeling, S. 91 (99); a.A.: Pagh, DJØFbladet Nr. 3, 2003, verfügbar unter Pagh, DJØFbladet Nr. 3, 2003, verfügbar unter http: //www.djoef.dk/online/view_artikel?ID=1132 &attr_folder=F (15.5.2007), der wegen der in § 12 Abs. 1 VO-DCSD angeordneten Anwendbarkeit des Verwaltungsverfahrensgesetzes (Forvaltningslov) automatisch auf den Verwaltungsaktcharakter der Entscheidungen der DCSD schließen will.

475 So Zahle, Ugeskrift for Retsvæsen (UfR) Nr. 9 2003, Litterær afdeling, S. 91 (97) unter Bezugnahme auf den nahezu gleichlautenden § 6 VO-DCSD, insbesondere die dortigen Formulierungen „orientere" (informieren), „henstille" (empfehlen), und „anmelde" (anzeigen).

476 Vgl. die Empfehlungen der Arbeitsgruppe des Dänischen Medizinischen Forschungsrates, Andersen/Attrup/Axelsen/Riis, Scientific Dishonesty and Good Scientific Practice, S. 79 f. sowie zum unverbindlichen Charakter der Feststellungen des früheren medizinischen Einzelkomitees oben 3. Teil, C. II. 4., S. 185 f.

477 FOB 1992 S. 296 und FOB 1998, S. 284 (296 f.); siehe auch Rønsholdt, Forvaltningsret, S. 98 f. und Gammeltoft-Hansen, in: Gammeltoft-Hansen/Andersen/Larsen/Loiborg, Forvaltningsret 1994, S. 42 f.

wird im Allgemeinen damit begründet, dass der Eingriffscharakter solcher Behördenmaßnahmen eine Anwendung des Verwaltungsverfahrensgesetzes *(Forvaltningslov)* nahe legt, um die Wahrung der Interessen des betroffenen Bürgers sicherzustellen.[478] Daher gäbe es angesichts des für spätere Sanktionen wegweisenden Charakters und der belastenden Wirkung der Äußerungen der DCSD guten Grund, diese den *„afgørelser"* gleichzustellen und damit den verwaltungsrechtlichen Vorschriften zu unterwerfen.[479] Diese Beurteilung entspräche einerseits der Tatsache, dass für die Verfahren vor den DCSD die Geltung des Verwaltungsverfahrensgesetzes *(Forvaltningslov)* ohnehin angeordnet wird, ist aber andererseits gerade wegen dieser Verweisung nicht zwingend erforderlich.

G. Rechtsfolgen der Entscheidung – Sanktionierung

Wie bereits oben erwähnt , sind die DCSD als Verfahrensinstitution im Dienste der Aufklärung wissenschaftlicher Unredlichkeit eingerichtet worden, wohingegen die Sanktionierung von aufgedeckten Fehlverhaltensweisen in Dänemark im Wesentlichen losgelöst von dem zentralisierten Aufklärungsverfahren durch die betroffenen sanktionsberechtigten Institutionen stattfindet. Vor der eigentlichen Sanktionierung bedarf es jedoch – gewissermaßen als Vorstufe – der Formulierung und Übermittlung des Verfahrensergebnisses durch die DCSD, Handlungen, denen für sich betrachtet bereits Sanktionscharakter innewohnt. Im Folgenden sollen diese beiden aufeinander folgenden „Sanktionsstufen" beleuchtet werden.

I. Erste „weiche" Sanktionsmaßnahmen der DCSD

Die DCSD sind durch § 31 Abs. 2 RiFG, § 15 Abs. 1 VO-DCSD im Falle der Feststellung des Vorliegens wissenschaftlicher Unredlichkeit zum Ergreifen folgender fünf Maßnahmen ermächtigt: Sie können den Arbeitgeber des unredlichen Wissenschaftlers informieren, sofern der Wissenschaftler dort als Forscher beschäftigt ist (Nr. 1)[480], dem Forscher den Widerruf der wissenschaftlichen Arbeit empfehlen (Nr. 2), die aufsichtsführende Behörde des Bereichs in Kenntnis setzen (Nr. 3) und – sofern eine strafbare Handlung vorliegt, Anzeige bei der Polizei erstatten (Nr. 4). Schließlich können sich die DCSD auf Ersuchen der anstellenden Forschungsein-

---

478 FOB 1992 S. 296 und FOB 1998, S. 284 (296 f.).

479 So auch *Zahle*, Ugeskrift for Retsvæsen (UfR) Nr. 9 2003, Litterær afdeling, S. 91 (99).

480 Die Einschränkung, dass der Betroffene eine Anstellung als Forscher innehaben muss (*„hvis vedkommende er ansat som forsker"*), wurde im Hinblick darauf in die gesetzliche Neuregelung aufgenommen, dass die Feststellung wissenschaftlicher Unredlichkeit nur dann relevant ist, wenn der Inhalt des Arbeitsverhältnisses von einer Forschungstätigkeit bestimmt wird. Vgl. die Anmerkungen zum Gesetzesentwurf, abgedruckt in Danish Research Agency, Report on the rules governing research ethics, S. 28.

richtung zum Grad der wissenschaftlichen Unredlichkeit äußern (Nr. 5). Die Vorschriften enthalten eine Fortführung des § 6 VO-DCSD a.F., mit dessen Wortlaut sie weitgehend übereinstimmen. § 6 Nr. 5 VO-DCSD sah allerdings abweichend von § 31 Abs. 2 Nr. 5 RiFG und § 15 Abs. 1 VO-DCSD vor, dass sich der Arbeitgeber des betroffenen Wissenschaftlers bei den DCSD hinsichtlich der Auswahl von Sanktionen Rat einholen kann. Der Grund für die Nichtberücksichtigung dieser Option im Gesetzeswortlaut ist vermutlich in dem Wunsch nach einer vollständigen Entkopplung von Untersuchungsverfahren und harter Sanktionierung zu suchen. Der neue Gesetzeswortlaut wurde vornehmlich im Hinblick auf die Unterscheidung von „Graden" wissenschaftlicher Unredlichkeit als zu unpräzise und nicht umsetzbar charakterisiert.[481] Die Neufassung der VO-DCSD ergänzt die formalgesetzliche Regelung nunmehr um die generelle Verpflichtung der Komitees zur Anfertigung einer kritischen Stellungnahme bei Vorliegen wissenschaftlicher Unredlichkeit einschließlich einer Bewertung der Bedeutung der Unredlichkeit für die wissenschaftliche Aussage des betroffenen wissenschaftlichen Produktes, § 15 Abs. 2 VO-DCSD.[482]

Da die aufgeführten Maßnahmen die Kritik der DCSD an der Praxis des betroffenen Forschers formulieren und zu dessen Nachteil gegenüber Nichtverfahrensbeteiligten zum Ausdruck bringen, kann man diese als eine erste „weiche" Form der Sanktionierung verstehen.

II. Nachfolgende „harte" Sanktionsmaßnahmen anderer Einrichtungen

Die Ergreifung „harter" Sanktionsmaßnahmen obliegt denjenigen Stellen, die durch die DCSD von dem Vorliegen eines Unredlichkeitsfalles erfahren, also insbesondere dem Arbeitgeber des betroffenen Wissenschaftlers. Die Auswahl und Verhängung dieser Sanktionen richtet sich nach der allgemeinen Rechtsordnung, die für den Arbeitgeber insbesondere arbeitsrechtliche Sanktionen, wie beispielsweise die Kündigung des Wissenschaftlers bereithält. Auf Beamte findet das Disziplinarrecht Anwendung. Einschlägig kann darüber hinaus auch das Urheberrecht oder das zivile Vertragsrecht sein.[483] Die einschlägigen Rechtsgrundlagen richten sich im Einzelfall nach den angestrebten Rechtsfolgen und der Rechtsnatur der zwischen den Beteiligten bestehenden Beziehungen. Eine systematische Darstellung würde die umfassende Auseinandersetzung mit der Ausgestaltung der genannten Rechtsgebiete in Dänemark erfordern und damit den Rahmen dieser Arbeit sprengen. Die jeweiligen

---

481 Danish Research Agency, Report on the rules governing research ethics, S. 17.
482 Fälle von geringer Bedeutung für die wissenschaftliche Bedeutung eines Produktes können die Komitees zurückstellen, vgl. § 15 Abs. 3 VO-DCSD (Bekendtgørelse nr. 668 af 28. juni 2005, § 15 Stk. 3).
483 Einen Überblick über die rechtlichen Reaktionsmöglichkeiten gibt *Brydesholt,* in: The Danish Research Councils, The Danish Committee on Scientific Dishonesty, Annual Report 1995, S. 5 ff.

gesetzlich vorgesehene Entscheidungsverfahren müssen durchgeführt werden. An das Untersuchungsergebnis der DCSD kann angeknüpft werden, ohne dass dies eine Art rechtlicher Bindungswirkung im Hinblick auf die Entscheidungen über harte Sanktionen entfalten könnte.

H. Rechtsbehelfe gegen die Entscheidungen der DCSD

I. Wiederaufnahme des Verfahrens

Der neugefasste § 14 VO-DCSD berechtigt die DCSD nunmehr, bereits abgeschlossene Fälle auf Antrag eines Beteiligten neu aufzugreifen, sofern neue Informationen verfügbar sind, die voraussichtlich zu einem abweichenden Verfahrensergebnis geführt hätten, wenn Sie zum Zeitpunkt der erstmaligen Begutachtung des Falles bereits bekannt gewesen wären.

II. Verwaltungsbehördliche Überprüfung durch den Minister für Wissenschaft, Technologie und Entwicklung (administrativ Rekurs) nach alter Rechtslage

Durch Einführung des § 34 RiFG[484], der bestimmt, dass die Entscheidungen der DCSD nicht bei einer anderen Verwaltungsbehörde angefochten werden können[485], ist die Zulässigkeit eines administrativen Rechtsbehelfsverfahrens gegen Entscheidungen der DCSD zum 1. Januar 2004 entfallen. Zuvor bestand die nicht unumstrittene Möglichkeit, eine Entscheidung der DCSD durch Anrufung des Ministers für Wissenschaft, Technologie und Entwicklung überprüfen zu lassen.

Obwohl die auf einen Gesetzesentwurf des Ministeriums für Wissenschaft, Technologie und Entwicklung zurückgehende Neuregelung angesichts der Verschärfung der politischen Dimension des Lomborg-Falles durch die dortige Ministervorlage[486] als vorteilhaft für die Unabhängigkeit der Komiteeentscheidungen gelten mag, stellt sie andererseits eine Beschneidung des Rechtsweges dar, die mit einer aus deutschem Blickwinkel ungewöhnlichen Begründung gerechtfertigt wird. Da der gemeinsame Vorsitzende der Komitees ein Richter am Landgericht sein muss und die rechtlichen Verfahrensfragen durch den Vorsitzenden entschieden werden, soll ein rechtmäßiges Verfahren hinreichend gesichert sein.[487] Einer Überprüfungsinstanz bedürfe es daher nicht. Ein wesentlicher Argumentationspunkt ist in diesem Zu-

---

484 Lov om forskningsrådgiving m.v. nr. 405 af 28 may 2003.
485 § 34 RiFG (Lov om forskningsrådgivning m.v. nr. 405 af 28 maj 2003, § 34): „Udvalgene vedrørende Videnskabelig Uredeligheds afgørelser kan ikke indbringes for anden administrativ myndighed."
486 Vgl. oben 3. Teil, C. IV. 1., S. 188 ff.
487 Vgl. die Anmerkungen zum Gesetzesentwurf, abgedruckt in Danish Research Agency, Report on the rules governing research ethics, S. 29.

sammenhang auch die Unabhängigkeit der Gerichte gegenüber der Regierung. Es soll daher nicht die Möglichkeit bestehen, dass ein Mitglied der Regierung das Urteil eines Richters begutachtet.[488] Zweifel an der Schlüssigkeit dieser Argumentation bestehen insofern, als es sich bei der Komiteeentscheidung gerade nicht um eine gerichtliche Entscheidung handelt. Der Vorsitzende wird zwar gerade wegen seiner richterlichen Funktion ernannt, um eine hinreichende rechtliche Expertise zu sichern. Er entscheidet jedoch nicht in seiner richterlichen Funktion. Einleuchtender sprechen die Struktur und die unabhängige Stellung der Komitees für eine Abschaffung des verwaltungsinternen Rechtsbehelfsverfahrens mit Devolutiveffekt (administrativ rekurs). Denn auch die Entscheidungen von anderen staatlichen, pluralistisch besetzten Kollegialorganen, wie Räten oder Ausschüssen, können nach den ungeschriebenen allgemeinen Regeln nur im Wege des Verwaltungsverfahrens angefochten werden, wenn dies ausdrücklich gesetzlich bestimmt ist[489]; wohingegen die Entscheidungen der staatlichen Verwaltungsbehörden dem administrativ rekurs der übergeordneten Verwaltungseinheit unterliegen, ohne dass es einer ausdrücklichen Regelung bedarf[490].

Zur Beurteilung der Abschaffung des verwaltungsinternen Rechtsbehelfsverfahrens ist eine Betrachtung der früheren Rechtslage interessant, um die sich der Streit um die Zulässigkeit der Überprüfung von Entscheidungen der DCSD durch den Minister für Wissenschaft, Technologie und Entwicklung rankte. Der rechtliche Hintergrund soll auch in Anbetracht der erst kürzlich ergangenen Entscheidung des Ministeriums im Fall Lomborg nicht unerwähnt bleiben. Die Zweideutigkeit der alten Rechtslage resultierte daraus, dass § 4 m RiFG (a.F.)[491] den Forschungsminister ermächtigte, per Rechtsverordnung eine Anfechtungsmöglichkeit im Hinblick auf rechtliche Fragen im Zusammenhang mit Entscheidungen der Staatlichen Forschungsräte, des Forschungsforums oder der von diesen Institutionen eingesetzten Komitees bei dem Forschungsminister einzurichten[492], die VO-DCSD jedoch einer

---

488 Vgl. die Anmerkungen zum Gesetzesentwurf, abgedruckt in Danish Research Agency, Report on the rules governing research ethics, S. 29.

489 *Andersen*, Forvaltningsret, S. 189; *Christensen*, Nævn og Råd, S. 64 ff., 379 ff.

490 Allgemein zum verwaltungsinternen Rechtsbehelfsverfahren mit (administrativ rekurs): *Andersen*, Forvaltningsret, S. 187 ff.; *Christensen*, Forvaltningsret Prøvelse, S. 231 ff.; *Loiborg* in: Gammeltoft-Hansen/Andersen/Engberg/Larsen/Loiborg/Olsen, Forvaltningsret 2002, S. 631 ff.

491 Siehe Bekendtgørelse nr. 676 af 19 august 1997 af lov om forskningsrådgivning m.v.: *„§ 4 m. Efter regler fastsat af forskningsministeren kan klager over retlige spørgsmål i forbindelse med afgørelser truffet af de statslige forskningsråd, forskningsforum eller udvalg nedsat heraf indbringes for ministeren."*

492 Diese dem Ministerium fakultativ überlassene Möglichkeit der Eröffnung einer Rechtsbehelfsmöglichkeit gegen Entscheidungen der genannten Institutionen wurde unter anderem deshalb gesetzlich verankert, weil das allgemeine Verwaltungsrecht nach überwiegender Auffassung kein Rechtsbehelfe im Verwaltungsverfahren gegen Entscheidungen von Ausschüssen oder Räten bereitstellt, in der Praxis aber dennoch eine Überprüfung von Entscheidungen jedenfalls der Forschungsräte durch das Ministerium stattfand; vgl. die Stellungnahme des parlamentarischen Ombudsmans vom 5. April 2001 (Folketingets Ombudsmands udtalelse af

Bestimmung über administrative Rechtsbehelfe entbehrte. Obwohl das Ministerium zunächst mit dem Argument, man habe mit Rücksicht auf die Zusammensetzung der DCSD und deren besondere Aufgabe bewusst keine Rechtsbehelfsmöglichkeit eingerichtet[493], seine Zuständigkeit zur Überprüfung von Entscheidungen der Komitees bezweifelt hatte[494], wurde die Rechtslage durch den dänischen parlamentarischen Ombudsman (Folketingets Ombudsmand) dahingehend interpretiert, dass das Forschungsministerium sich zugunsten einer stärkeren Gewährleistung von Rechtssicherheit in der Rolle einer Rechtsbehelfsinstanz befinde.[495] Nach Einschätzung des Ombudsmans eröffnete § 4 m RiFG (a.F.) direkt einen administrativen Rechtsbehelf zu dem Forschungsministerium, lediglich die förmliche Ausgestaltung des Verfahrens sei einer Verordnung des Ministers vorbehalten geblieben.[496] Das Ministerium folgte vorübergehend der Rechtsauffassung des Ombudsmans, um sich schließlich anlässlich der gesetzlichen Verankerung der DCSD im Zuge der Neuordnung des dänischen Systems für Forschungsratgebung um eine Klarstellung der Rechtslage im Sinne der Abschaffung des verwaltungsinternen Rechtsbehelfs zu bemühen.[497]

---

5. april 2001), FOB j.nr. 1999-2401-701, S. 2 und 5 ff. und Betænkning nr. 1317 om Forskningsrådenes sagsbehandling m.m, 1996, S. 66.

493 Das Forschungsministerium war der Auffassung, dass die DCSD – anders als etwa die staatlichen Forschungsräte – durch ihren gemeinsamen Vorsitzende über hinreichend juristische Expertise verfügten, um ein rechtmäßiges Verfahren zu gewährleisten, so dass es keiner Rechtsmittel bedürfe.

494 Ähnlich hatten sich auch die DCSD mit dem besonderen Hinweis darauf ausgesprochen, dass die Tätigkeit der DCSD – anders als bei den früheren Forschungsräten – im Übrigen vollständig durch Verordnung geregelt werde, vgl. die Stellungnahme des parlamentarischen Ombudsmans vom 5. April 2001 (Folketingets Ombudsmands udtalelse af 5. april 2001), FOB j.nr. 1999-2401-701, S. 5, 13 f.

495 In dem zugrunde liegenden Fall hatte Danmarks Radio den Facharzt Carl Hugold um eine Besprechung des wissenschaftlichen Materials gebeten, auf dem die Zulassung des Medikaments Cipramil basiert. Der Mediziner rief die DCSD an, um die betreffenden Materialien auf wissenschaftliche Unredlichkeit überprüfen zu lassen. Danmarks Radio beantragte bei den DCSD Akteneinsicht in die bereits vorliegenden und künftig anfallenden Dokumente in diesem Verfahren. Nachdem der Antrag unter Hinweis auf die Vertraulichkeit des Verfahrens durch den Vorsitzenden der DCSD abschlägig beschieden wurde, rief Danmarks Radio den Ombudsman des Parlaments (Folketingets Ombudsmand) an. Dieser verwies darauf, dass das Ministerium die zutreffende Rechtsmittelinstanz sei, vgl. Stellungnahme des parlamentarischen Ombudsmans vom 5. April 2001 (Folketingets Ombudsmands udtalelse af 5. april 2001), FOB j.nr. 1999-2401-701, S. 15.

496 Stellungnahme des parlamentarischen Ombudsmans vom 5. April 2001 (Folketingets Ombudsmands udtalelse af 5. april 2001), FOB j.nr. 1999-2401-701, S. 12 ff. Für dieses Verständnis der Norm sprach die Praxis des Forschungsministerium, das sich ebenfalls mit einer Beschwerde hinsichtlich eines der damaligen Forschungsräte befasst hatte, ohne dass insoweit das verwaltungsinterne Rechtsbehelfsverfahren zu dem Ministerium durch Rechtsverordnung eröffnet war.

497 Dieses Vorhaben hatte das Ministerium gegenüber dem Ombudsman bereits im Rahmen der Vorbereitung zu dessen Stellungnahme geäußert, vgl. die Stellungnahme des parlamentarischen Ombudsmans vom 5. April 2001 (Folketingets Ombudsmands udtalelse af 5. april 2001), FOB j.nr. 1999-2401-701, S. 15 sowie die Anmerkungen zum Gesetzesentwurf, abgedruckt in Danish Research Agency, Report on the rules governing research ethics, S. 29.

Die Reichweite der Prüfungskompetenz des Ministers erstreckte sich entsprechend dem früheren Gesetzeswortlaut ausschließlich auf rechtliche Verfahrensgesichtspunkte, nicht auf fachliche Fragen, so dass der Minister keine Entscheidung darüber treffen konnte, ob wissenschaftliche Unredlichkeit vorliegt oder nicht.

III. Überprüfung durch den Ombudsman des Parlaments (Folketingets Ombudsman)

Der jedermann in Dänemark gegenüber Handlungen der öffentlichen Verwaltung eröffnete außerordentliche Rechtsbehelf zu dem in § 55 des dänischen Grundgesetzes (Danmarks Riges Grundlov)[498] verankerten parlamentarischen Ombudsman (Folketingets Ombudsmand) kann auch im Hinblick auf das Verfahren und die Entscheidungen der DCSD beschritten werden.[499] Status und Kompetenzen des parlamentarischen Ombudsman sowie das Verfahren werden durch das Ombudsmangesetz (Ombudsmandsloven)[500] näher ausgestaltet. Ein Verfahren vor dem Ombudsman kann sowohl gegen konkrete Entscheidungen als auch gegen generelle Vorschriften oder tatsächliche Verwaltungstätigkeit gemäß § 13 Abs. 1 des Ombudsmangesetzes auf Antrag eines jeden Bürgers (actio popularis)[501] oder auf Initiative des Ombudsmans eingeleitet werden. Die Erfüllung der nach § 14 des Ombudsmangesetzes erforderliche Voraussetzung der vorherigen Ausschöpfung der administrativen Rechtsbehelfe entfällt für ein Vorgehen gegen das Handeln der DCSD seit der „administrativ rekurs" zu dem dänischen Forschungsminister gesetzlich ausgeschlossen wurde.[502] Die Ombudsmanbeschwerde gegen die Entscheidung der DCSD im Fall Lomborg wurde hingegen zunächst zurückgewiesen, weil die neue Rechtslage noch nicht in Kraft

---

498 „*Ved lov bestemmes, at Folketinget vælger en eller to personer, der ikke er medlemmer af Folketinget, til at have indseende med statens civile og militære forvaltning.*"
Der Verfassungstext ist in deutscher Fassung abgedruckt bei: *Kimmel*, die Verfassungen der EG-Mitgliedsstaaten, S. 38 ff.

499 Die Institution des parlamentarischen Ombudsmans dient dem Schutz der Bürger gegenüber der Verwaltung und kann in dieser Funktion als Ergänzung zu der richterlichen Kontrolle der Verwaltung verstanden werden. Gleichzeitig überwacht der Ombudsman die Verwaltung im Namen des Parlaments und ist damit Instrument der parlamentarischen Kontrolle über die Verwaltung. Die Zuständigkeit des Ombudsmans erstreckt sich nicht auf Gerichtsentscheidungen oder Entscheidungen bestimmter gesetzlich ausgenommener gerichtsähnlicher Organe, wie besonderer Schiedsstellen (vgl. § 7 Abs. 2 und 3 des Ombudsmangesetzes). Teilweise hat der Ombudsman darüber hinaus seine Zuständigkeit im Hinblick darauf verneint, dass dem Organ, dessen Entscheidung angefochten wurde, Richter angehören; vgl. zu den Umständen im einzelnen *Larsen*, in: Gammaltoft-Hansen (Hrsg.), The Danish Ombudsman, S. 39 (41 ff., 44); *Albæk Jensen/Hansen Jensen*, Grundlæggende Forvaltningsret, S. 220 ff. Die Beteiligung von Richtern ist jedoch kein grundsätzlicher Ausschlussgrund für die Behandlung einer Beschwerde durch den Ombudsman. So hat sich dieser nicht gegen eine Behandlung von Beschwerden über die Entscheidungen der DCSD ausgesprochen.

500 Lov nr. 473 af 12. juni 1996 om Folketingets Ombudsmand.

501 Der Betreffende muss also nicht Beteiliger des Verfahrens vor den DCSD sein.

502 Vgl. oben 3. Teil, H. I., S. 262 ff.

getreten und der noch zulässige Rechtsweg zu dem Forschungsminister noch nicht erschöpft war.[503]

Das Ombudsmanverfahren ist eher formlos ausgestaltet und überdies kostenlos.[504] Es gilt der Untersuchungsgrundsatz (officialprincippet). Dem Ombudsman ist eine Reihe von Untersuchungsbefugnissen an die Hand gegeben. Die Verwaltungseinrichtung, deren Handeln der Ombudsmankontrolle unterliegt, ist verpflichtet, dem Ombudsman Auskunft zu erteilen und ihm sämtliche verfahrensrelevanten Dokumente auszuhändigen, vgl. § 19 Abs. 1 Ombudsmangesetz.[505] Die Überprüfung der Verwaltungstätigkeit durch den Ombudsman beinhaltet zum einen die Kontrolle der Rechtmäßigkeit des Handelns, wobei Prüfungsmaßstab das geltende Recht ist. Zum anderen prüft der Ombudsman, ob das Handeln im Einklang mit guter Verwaltungssitte (god forvaltningsskik) steht.[506] Bei Ermessensentscheidungen unterliegen nur die Grenzen des Ermessens der Nachprüfung. Der Ombudsman hat verschiedene Möglichkeiten ein Verfahren abzuschließen. Er kann entweder ausschließlich seine Rechtsauffassung vorbringen. Diese kann aber auch von einer an die betreffende Verwaltungseinrichtung gerichteten Empfehlung zur Änderung oder Aufhebung der getroffenen Entscheidung begleitet werden. Zusätzlich ist ein Vorbringen ausdrücklicher Kritik möglich.[507] Obwohl der Ombudsman keine bindende Entscheidung treffen kann, wird seinem Urteil große Bedeutung beigemessen und seine Empfehlungen in der überwiegenden Anzahl der Fälle auch umgesetzt.[508]

IV. Gerichtliche Überprüfung

Die unverbindlichen Entscheidungen der DCSD können ebenso wie Verwaltungsakte mit verbindlichem Regelungsgehalt (forvaltningsakter/afgørelser)[509] auch gerichtlich angefochten werden, obwohl in Dänemark eine Verwaltungsgerichtsbarkeit

---

503 Es handelte sich um den Antrag von Dr. Jur. Peter Pagh, Professor der Universität Kopenhagen, der Lomborg auch im späteren administrativ Rekurs vor dem Ministerium für Wissenschaft, Technologie und Entwicklung vertrat und im Anschluss an die Entscheidung des Ministeriums erneut Ombudsmanbeschwerde einlegte.

504 *Holm*, in: Gammeltoft-Hansen (Hrsg.), The Danish Ombudsman, S. 13 (18).

505 Nach § 19 Abs. 2 des Ombudsmangesetzes kann der Ombudsman der Verwaltungsbehörde eine schriftliche Äußerung abverlangen und Stellungnahmen zu bestimmten rechtlichen Fragen erbeten. § 19 Abs. 3 berechtigt ihn zur Vorladung und Vernehmung von Personen. Er hat Zugang zu den Dienststellen, § 19 Abs. 4 Ombudsmangesetz.

506 Was Inhalt guter Verwaltungssitte ist, lässt sich schwer abschließend umschreiben, beispielhaft sei die Inanspruchnahme einer angemessenen Verfahrensdauer bzw. ein insgesamt rücksichtsvolles Handeln erwähnt.

507 Der Ombudsman kann eine Verwaltungsentscheidung hingegen nicht selbst aufheben oder berichtigen, vgl. *Christensen*, Forvaltningsret. Prøvelse, S. 284.

508 Entspricht die Verwaltung nicht der Empfehlung des Ombudsmans kann die beschwerdeführende Person unter Umständen von den Gerichtskosten befreit werden, die bei einer gerichtlichen Überprüfung des Sachverhalts anfallen, vgl. § 23 Ombusmangesetz.

509 Zu der Unterscheidung siehe oben 3. Teil, F. V. 3. c), S. 258 ff.

nicht existent ist. Das bedeutet, das Klagen mit verwaltungsrechtlichem Inhalt entweder nach strafprozessualen oder zivilprozessualen Regeln behandelt werden.[510] Voraussetzungen und Inhalt der gerichtlichen Überprüfung von Verwaltungsakten sind in der verwaltungsrechtlichen Literatur umfassend erörtert.[511] Anders verhält es sich in Bezug auf andere Handlungsformen der Verwaltung, insbesondere tatsächliches Verwaltungshandelns, als das das Handeln der DCSD aufgefasst wird[512]. Die gerichtliche Überprüfung solchen Handelns wird zwar allgemein als zulässig erachtet, Voraussetzungen und Inhalt des Verfahrens sind jedoch in der Literatur kaum behandelt.[513] Die Klagebefugnis liegt nur vor, wenn der Kläger ein wesentliches und individuelles Interesse (*„væsentlig og individuel interesse"*) am Ausgang des Verfahrens hat, der Kläger also Beteiligter im Sinne des Beteiligtenbegriffes des allgemeinen dänischen Verwaltungsrechts ist.[514] Dies trifft unproblematisch auf den betroffenen Wissenschaftler zu, gegenüber dem eine Entscheidung der DCSD ergeht. Auch der Beschwerdeführer kann unter Umständen ein solches Interesse haben, wenn er in dem Verfahren vor den DCSD Verfahrensbeteiligter im Sinne des Verwaltungsverfahrensgesetzes ist.

---

510 Vgl. *Christensen*, Forvaltningsret. Prøvelse, S. 23 ff. und 40 f. Häufiger findet die Überprüfung von Verwaltungsakten auf dem Zivilrechtsweg nach den allgemeinen zivilprozessrechtlichen Vorschriften statt. Als Parteien eines solchen Verfahrens stehen sich ein Bürger und ein Verwaltungsorgan gegenüber. Das typische Prüfungsverfahren wird durch einen Bürger, der sich mit einem Verwaltungsakt unzufrieden zeigt, gegenüber dem verantwortlichen Verwaltungsorgan angestrengt. Aber auch ein Verwaltungsorgan kann unter gewissen Voraussetzungen die Klage anstrengen.

511 *Christensen*, Forvaltningsret. Prøvelse, S. 19 ff.

512 Vgl. oben 3. Teil, F. V. 3. c), S. 258 ff.

513 *Christensen*, Forvaltningsret. Prøvelse, S. 311.

514 Zum Beteiligtenbegriff vgl. oben 3. Teil, F. I., S. 228 f.

4. Teil: Wissenschaftseigene Verfahren zur Begegnung wissenschaftlichen Fehlverhaltens in Deutschland

A. *Institutionelle Rahmenbedingungen: Strukturen und Akteure der Forschung und Forschungsförderung in Deutschland*

Die Akteure und Einrichtungen des deutschen Forschungssystems lassen sich nach ganz unterschiedlichen Gesichtspunkten kategorisieren, weshalb eine umfassende systematische Darstellung den hiesigen Rahmen sprengen würde. Gängige Ordnungskriterien sind neben der Funktion einer Einrichtung als forschungstreibende oder forschungsfördernde Einrichtung[1], welche hier wie in den beiden vorangestellten Länderberichten als höchste Anknüpfungsebene dienen soll (I. und II.), die klassische Unterscheidung zwischen universitären und außeruniversitären Forschungseinrichtungen[2], die Einordnung nach intern ausgeführten Disziplinen oder Forschungstypen[3], oder auch die Art der Förderung durch institutionelle, projektbezogene oder indirekte Förderung[4]. Klassisch ist schließlich die Unterscheidung anhand der staatliche Anbindung der deutschen Forschungseinrichtungen[5], welche auf der zweiten Ebene der Darstellung von Relevanz sein wird.

I. Forschung und Entwicklung in Deutschland

Je nach staatlicher Einflussnahme und Trägerschaft können deutsche Forschungseinrichtungen dem staatlichen Bereich oder dem privaten Bereich zugeordnet werden. Für die Unterscheidung zwischen staatlichen und privaten Einrichtungen ist nicht notwendig die Rechtsform entscheidend, sondern vielmehr der Umfang staatlicher Einflussnahme durch Finanzierung, Mitgliedschaft und Einflussreichtum staatlicher Vertreter in den Organisationsstrukturen der Einrichtungen, Aufsichtsvorgänge und

---

1   *Meusel*, Außeruniversitäre Forschung im Wissenschaftsrecht, Rn. 26 ff.
2   Zur Unterscheidung zwischen universitärer und außeruniversitärer Forschung vgl. *Thieme*, Deutsches Hochschulrecht, Rn. 460 ff.
3   Vgl. *Trute*, Die Forschung zwischen grundrechtlicher Freiheit und staatlicher Institutionalisierung, S. 86 ff., der im Kontext der Elemente des Normbereichs der Wissenschaft freilich keine Kategorisierung von Einrichtungen vornimmt, aber Forschungsdisziplinen und Typen als Strukturelemente der Wissenschaft herauspräpariert.
4   Vgl. dazu allgemein *Albers*, Organisatorische Gestaltung der Forschungsförderung, S. 21 ff.; *Brockhoff*, Forschung und Entwicklung: Planung und Kontrolle, S. 124 ff.; *Seer*, in: Flämig (u.a. Hrsg.), Handbuch des Wissenschaftsrechts, S. 1441 ff.
5   *Meusel*, Außeruniversitäre Forschung im Wissenschaftsrecht, Rn. 13 ff., 22 ff.

Handlungsformen.[6] Diese Zuordnung wird vor dem Hintergrund getroffen, dass einerseits die Rechtsformgebung bisweilen eher zufällig erfolgt oder rein historisch erklärbar ist[7] und andererseits für die Struktur des Deutschen Wissenschaftssystems im außeruniversitären Bereich eine Aufspaltung in Dachgesellschaften charakteristisch ist, deren Mitglieder man bei strikter Kategorisierung nach Rechtsformgesichtspunkten – unter Verzicht auf die Berücksichtigung der gemeinsamen Zielsetzung – aufspalten müsste. Zudem hat sich hinsichtlich der Rechtsformen deutscher Forschungseinrichtungen ein gewisser Assimilierungsprozess vollzogen, der daher rührt, dass keine Rechtsform originär auf den Betrieb von Forschung ausgerichtet ist. So haben einige typischerweise im Wissenschaftsbetrieb eingesetzte Rechtsformen eine organisatorische Anpassung an die forschungsbezogenen Aufgaben erfahren, um einen Ausgleich zwischen wissenschaftlichem Selbstverwaltungsanspruch und staatlichem Einfluss zu ermöglichen. Diese für die Auffächerung des deutschen Wissenschaftssystems relevanten Gesichtspunkte dürfen allerdings nicht über die Verantwortlichkeit der Rechtsstellung von Wissenschaftseinrichtungen für das Rechtsregime, unter dem Verfahrensgenese und -ausgestaltung stattfindet, hinwegtäuschen.[8] Hierauf wird an späterer Stelle einzugehen sein.

1. Forschung an staatlich finanzierten und (mit-)gesteuerten Forschungseinrichtungen

Neben den staatlichen Hochschulen und den rechtlich unselbstständigen Ressortforschungseinrichtungen existieren in Deutschland zahlreiche staatlich gegründete und finanzierte außeruniversitäre Forschungseinrichtungen, die ihrer Rechtsform nach zwar häufig privatrechtlicher Natur sind, jedoch in mehr oder minder ausgeprägtem Umfang in ihrer Programmautonomie, ihren Selbstorganisations- und Selbstverwaltungsrechten beschränkt und von staatlicher Einflussnahme abhängig sind.

---

6   *Trute*, Die Forschung zwischen grundrechtlicher Freiheit und staatlicher Institutionalisierung, S. 215 ff.; ähnlich auch *Classen*, Wissenschaftsfreiheit außerhalb der Hochschule, S. 32 ff. Stärker auf die Rechtsform abstellend, *Schmidt-Aßmann*, AöR 116 (1991), S. 329 (344 f.).

7   *Schmidt-Aßmann*, NJW 1998, S. 1225 (1232). Privatrechtliche Rechtsformen wurden zum Teil deshalb gewählt, weil sie eine gemeinsame Beteiligung von Bund und Ländern ermöglichten und den Einrichtungen größere haushaltsrechtliche Freiheiten zubilligen, vgl. für den Bereich der Großforschung *Cartellieri*, Die Großforschung und der Staat, Teil II, S. 60 ff.; *Wiedermann*, Rechtliche und verwaltungswissenschaftliche Probleme der Steuerung von privatrechtlich organisierten Großforschungseinrichtungen durch den Bund, S. 128 ff.; ausführlich auch *Ehlers*, Verwaltung in Privatrechtsform, S. 292 ff.

8   Vgl. *Schmidt-Aßmann*, NJW 1998, S. 1225 (1229 f.), der auf den Dualismus der einschlägigen Rechtsregime und die Zuweisungsfunktion der Organisationsrechtsform hinweist.

a) Hochschulen

Die Hochschulen nehmen als Träger des größten und thematisch am breitesten gefächerten Potenzials öffentlich finanzierter Forschung und gleichzeitig institutionelle
Verbindung von Forschung, Lehre und wissenschaftlicher Nachwuchsausbildung
eine zentrale Rolle im deutschen Forschungssystem ein.[9] Traditionell betreiben die
Universitäten in der Bundesrepublik Deutschland die Grundlagenforschung. Neben
den wissenschaftlichen Hochschulen führen in zunehmendem Maße auch die Fachhochschulen praxisbezogene Forschung und technische Entwicklung durch.[10] Die
deutschen Hochschulen haben sich größtenteils in der Hochschulrektorenkonferenz
(HRK) zusammengeschlossen.[11]

Hochschulen sind bis auf einige wenige private Einrichtungen[12] als staatliche
Körperschaften des öffentlichen Rechts und zugleich Einrichtungen des jeweiligen
Sitzlandes zu klassifizieren.[13] Sie haben gemäß § 58 Abs. 1 Satz 3 HRG das Recht
der Selbstverwaltung im Rahmen der Gesetze.

Seit dem Rückzug des Bundes aus der inneren Organisation der Hochschulen ist
diese nicht mehr durch das HRG determiniert. Die Organisationsgewalt liegt vielmehr bei dem zuständigen Landesgesetzgeber, der diese auch auf die Hochschulen
übertragen kann.[14] Die Einrichtung der zentralen Organe folgt gleichwohl vielfach
dem ehemaligen Grundmuster.[15] Neben einem Leitungsorgan, dem Rektor oder
einem an dessen Stelle getretenen Präsidium, verfügen die meisten Hochschulen
über zwei zentrale Kollegialorgane, von denen eines, der Konzil oder Große Senat[16],
für die Beschlussfassung über die Satzung zuständig ist, das andere, häufig als Akademischer Senat bezeichnet[17], über die wichtigsten hochschulischen Inhalts-, Ord-
nungs-, Organisations- und Finanzfragen entscheidet. Teilweise wurde in jüngerer

---

9 Zu den Aufgaben der Hochschulen vgl. *Thieme*, Deutsches Hochschulrecht, Rn. 300 ff.
10 BMBF, Bundesbericht Forschung 2004, S. 31 f.
11 *Thieme*, Deutsches Hochschulrecht, Rn. 250 ff.
12 Z.B. Accadis School of International Business, Bad Homburg; ESCP-EAP Europäische Wirt-
    schaftshochschule Berlin; HfB - Business School of Finance & Management, Private Hoch-
    schule der Bankakademie e.V., Frankfurt a.M; HSBA Hamburg School of Business Adminis-
    tration, etc.
13 Vgl. § 58 Abs. 1 S. 1 HRG; ausführlich *Kimminich*, in: Flämig (u.a. Hrsg.), Handbuch des
    Wissenschaftsrechts, S. 227 ff. Die 4. HRG-Novelle hat überdies die Möglichkeit eröffnet,
    Hochschulen auch in anderen Rechtsformen zu gründen, *Geis*, in: Hailbronner/Geis, Kom-
    mentar zum HRG, § 58 Rn. 10; *Reich*, HRG Kommentar, Rn. 2.
14 Diese Entwicklung ist Teil der 4. HRG-Novelle 1998; *Detmer*, NVwZ 1999, S. 828 (833).
15 *Thieme*, Deutsches Hochschulrecht, Rn. 995.
16 Auch als Versammlung (Art. 27 BayHG; §§ 69, 70 RPHG), Konvent (§ 79 BremHG; §§ 14,
    15 HeUG) oder Konsistorium (§§ 37, 38 SHHG) bezeichnet.
17 In diesem Organ sind die Mitgliedergruppen nach § 37 HRG repräsentiert. Darüber hinaus
    wird versucht, die Repräsentanz der Fachbereiche zu gewährleisten ohne den Senat zu stark
    anwachsen zu lassen, vgl. *Thieme*, Deutsches Hochschulrecht, Rn. 1020 Fn. 82.

Zeit zusätzlich die Einrichtung eines Hochschulrats nach amerikanischem Vorbild verwirklicht.[18]

b) Staatliche Ressortforschungseinrichtungen

In erster Linie der Unterstützung staatlicher Organe bei der Wahrnehmung von Ressortaufgaben dient eine Vielzahl sogenannter Ressortforschungseinrichtungen des Bundes und der Länder.[19] Sie betreiben Forschung, die auf die Gewinnung wissenschaftlicher Erkenntnisse mit direktem Bezug zu den Tätigkeitsfeldern eines Ressorts bzw. Ministeriums zielt.[20] Entsprechend gering ist der autonome Spielraum bei der Wissensproduktion. Neben ihrem Forschungsauftrag übernehmen sie vielfach wissenschaftliche geprägte verwaltungsbehördliche Überwachungs-, Kontroll- und Dienstleistungsaufgaben.[21] Zu dem von den Ressortforschungsinstitutionen begrifflich abzugrenzenden Forschungstypus der Ressortforschung sind auch die nichtinstitutionalisierten Formen der Auftragsforschung als Form der externen Ressortforschung zu zählen.[22]

Ressortforschungseinrichtungen sind organisatorisch überwiegend einem Bundes- oder Landesministerium nachgeordnet und genießen als mehrheitlich nichtrechtsfähige Anstalten öffentlichen Rechts keine rechtliche Autonomie gegenüber ihren Trägern.[23] Die Bundeseinrichtungen sind teilweise als Bundesoberbehörden[24], andere als nachgeordnete Dienststellen oder Abteilungen von Ministerien errichtet.[25]

---

18 Vgl. *Kersten*, DVBl. 1999, S. 1704 ff.; *Laqua*, Der Hochschulrat zwischen Selbstverwaltung und staatlicher Verwaltung; *Püttner*, in: Dörr/Fink/Hillgruber/Kempen/Murswiek (Hrsg.), Festschrift für Schiedermair, S. 557 ff.

19 *Jakob*, Der Staat 24 (1985), S. 527 (546); *Trute*, Die Forschung zwischen grundrechtlicher Freiheit und staatlicher Institutionalisierung, S. 99 m.w.N.; Wissenschaftsrat, Empfehlungen zu Organisation, Planung und Förderung der Forschung, S. 64.

20 BMBF, Bundesbericht Forschung 2004, S. 118.

21 *Hohn/Schimank*, Konflikte und Gleichgewichte im Forschungssystem, S. 307 ff.; *Lundgreen*, in: (ders. u. a. Hrsg.), Staatliche Forschung in Deutschland 1870-1980, S. 29 ff., 195 ff.

22 Zur Unterscheidung von staatsinterner und externer Ressortforschung, *Dickert*, Naturwissenschaften und Forschungsfreiheit, S. 82. Der Staat bedient sich zur Ausführung externer Ressortforschung zahlreicher anderer Forschungseinrichtungen, wie beispielsweise der Universitäten und der Großforschungseinrichtungen, aber auch rein privatfinanzierter Institutionen, vgl. *Köstlin*, in: Flämig (u.a. Hrsg.), Handbuch des Wissenschaftsrechts, S. 1365 (1366 f.).

23 Die sogenannten Bundeseinrichtungen mit Forschungsaufgaben sind im BMBF, Bundesbericht Forschung 2004, S. 188 ff. unter Bezeichnung der Ressortzugehörigkeit, der Rechtsform und der Aufgabenschwerpunkte aufgeführt. Auf Seite 129 ff. des Berichts folgen die Landeeinrichtungen unter Angabe von Rechtsform und Sitzland. Rechtsfähig ist der Deutsche Wetterdienst.

24 Z.B. das Bundesamt für Strahlenschutz (Gesetz über die Errichtung eines Bundesamts für Strahlenschutz vom 9. Oktober 1989 BGBl. I S. 1830).

25 Vgl. *Köstlin*, in: Flämig (u.a. Hrsg.), Handbuch des Wissenschaftsrechts, S. 1365 (1372).

Privatrechtlich ist eine geringere Anzahl von Einrichtungen als eingetragene Vereine organisiert.[26]

Ressortforschungseinrichtungen sind in Finanz- und internen Organisationsfragen stark durch den Einfluss des jeweiligen Ministeriums geprägt. Die Anstaltsleitung, die nachgeordneten leitenden Beamten und die Mitglieder beratender Gremien werden durch das übergeordnete Ministerium bestimmt und unterliegen dessen Weisungen und Aufsichtsbefugnissen.[27] Echte Selbstverwaltungsstrukturen existieren nicht.[28] Die Letztentscheidung über den öffentlich finanzierten Haushalt obliegt regelmäßig dem zuständigen Ressortminister.[29]

Trotz des Schattendaseins, das die Ressortforschungseinrichtungen innerhalb des deutschen Forschungssystems, aber noch viel mehr in der deutschen Öffentlichkeit führen[30], übertreffen sie den Finanzaufwand zahlreicher sonstiger außeruniversitären Forschungseinrichtungen.[31]

c) Großforschungseinrichtungen

In der Helmholz-Gemeinschaft Deutscher Forschungszentren (HGF) sind fünfzehn Großforschungseinrichtungen organisiert.[32] Sie sollen langfristige, komplexe und infrastrukturbedürftige Forschungsvorhaben von grundlegender überregionaler Bedeutung durchführen, die einen hohen Planungs- und Managementaufwand gepaart mit einem hohen Finanzierungsvolumen voraussetzen.[33] Das Spektrum reicht von

---

26 Unter den Bundeseinrichtungen etwa das Deutsche Jugendinstitut e.V. (DJV) oder das Institut für Erhaltung und Modernisierung von Bauwerken e.V. (IEMB).

27 Anders verhält es sich natürlich bei den wenigen privatrechtlich ausgestalteten Einrichtungen, in denen die Rechtsform ein Weisungsrecht ausschließt. Hier steuern Bund und Länder die Einrichtungen über Bewirtschaftungsbedingungen und mit Vetorechten ausgestattete Vertreter in den Einrichtungsgremien, vgl. *Köstlin*, Kulturhoheit des Bundes, S. 203 ff.

28 *Köstlin*, in: Flämig (u.a. Hrsg.), Handbuch des Wissenschaftsrechts, S. 1365 (1372 ff.).

29 Im einzelnen *Meusel*, Außeruniversitäre Forschung im Wissenschaftsrecht, Rn. 126.

30 Vgl. *Köstlin*, in: Flämig (u.a. Hrsg.), Handbuch des Wissenschaftsrechts, S. 1365 (1376 f.); *Meusel*, Außeruniversitäre Forschung im Wissenschaftsrecht, Rn. 122.

31 Allein die Forschungs- und Entwicklungsausgaben der ca. 50 Bundeseinrichtungen machten 2004 rund 826 Mio. Euro aus. Dies entspricht einem Anteil von ca 12 % an den gesamten Forschungs- und Entwicklungsausgaben aller Forschungseinrichtungen von 7310 Mio. Euro, BMBF, Bundesbericht Forschung 2004, S. 663.

32 Zur Entwicklung von Großforschung und Großforschungseinrichtungen siehe *Ritter*, Großforschung und Staat in Deutschland; *Szöllösi-Janze*, Großforschung in Deutschland; *Weiss*, in: Poser/Burrichter (Hrsg.), Die geschichtliche Perspektive in den Disziplinen der Wissenschaftsforschung, S. 149 ff.

33 Bundesregierung, Status und Perspektiven der Großforschung, BT-Drucksache 10/1327 vom 16.04.1984, S. 19; *Cartellieri*, Die Großforschung und der Staat, Teil I, S. 54 ff.; *Meusel*, Außeruniversitäre Forschung im Wissenschaftsrecht, Rn. 5.

Grundlagenforschung bis hin zu anwendungsorientierter Forschung und Entwicklung.[34]

Die Mehrheit der Großforschungseinrichtungen ist privatrechtlich als GmbH errichtet, daneben existieren als Rechtsformen der eingetragene Verein und Stiftungen des bürgerlichen wie des öffentlichen Rechts.[35] Die Großforschungseinrichtungen unterliegen staatlicher Globalsteuerung, welche sowohl die abstrakte Aufgabenbestimmung als auch die damit verknüpfte Organisationsgestaltung umfasst.[36] Die inneren Strukturen staatlicher und privater Großforschungseinrichtungen ähneln sich trotz der unterschiedlichen Rechtsformen auf eine Weise, die das Verhältnis von staatlicher Einflussnahme und wissenschaftlicher Selbstverwaltung gleichmäßig – mit leichten Verschiebungen je nach grundlagen- oder anwendungsorientierter Aufgabenstellung – dimensionalisiert.[37] Die Finanzierung der Großforschungseinrichtungen erfolgt durch den Bund und die jeweiligen Sitzländer[38] im Rahmen einer programmorientierten Förderung unterteilt nach Forschungsbereichen. So ausgerich-

---

34 Es lassen sich je nach Schwerpunktsetzung mindestens drei Gruppen von Großforschungseinrichtungen unterscheiden, bei denen jeweils entweder die Grundlagenorientierung, die Technologieorientierung oder die Daseinsvorsorge überwiegt, vgl. *Trute*, Die Forschung zwischen grundrechtlicher Freiheit und staatlicher Institutionalisierung, S. 541; *Krech*, in: Flämig (u.a. Hrsg.), Handbuch des Wissenschaftsrechts, S. 1307 (1308 f.).

35 Von den insgesamt 15 in der Helmholtz-Gemeinschaft Deutscher Forschungszentren e.V. (HFG) zusammengeschlossenen Großforschungseinrichtungen sind elf privatrechtliche Forschungszentren: Forschungszentrum Jülich GmbH (FZJ), Gesellschaft für Schwerionenforschung (GSI), Forschungszentrum Karlsruhe GmbH (FZK), Gesellschaft für Biotechnologische Forschung mbH (GBF), GKSS-Forschungszentrum Geesthacht GmbH (GKSS), GSF-Forschungszentrum für Umwelt und Gesundheit GmbH (GSF), Gesellschaft für Schwerionenforschung mbH (GSI), Hahn-Meitner-Institut Berlin GmbH (HMI), UFZ-Umweltforschungszentrum Leipzig-Halle GmbH (UFZ), Deutsches Elektronen Synchrotron (DESY), Deutsche Zentrum für Luft- und Raumfahrt e.V. (DLR).
Die übrigen Großforschungseinrichtungen sind – mit Ausnahme des Max-Planck-Instituts für Plasmaphysik (IPP), welches einen Teil der Max-Planck-Gesellschaft bildet – öffentlich-rechtlich organisiert: Alfred-Wegener-Institut für Polar- und Meeresforschung (AWI), Deutsches Krebsforschungszentrum (DKFZ), GeoForschungsZentrum Potsdam (GFZ), Max-Delbrück-Zentrum für Molekulare Medizin (MCD).

36 Dazu *Trute*, Die Forschung zwischen grundrechtlicher Freiheit und staatlicher Institutionalisierung, S. 556 ff., der hinsichtlich der Organisationssteuerungsansätze zwischen Grundlagenforschungseinrichtungen und stärker anwendungsorientierten Großforschungseinrichtungen differenziert.

37 Staatliche Einflussnahme findet vornehmlich durch die satzungsgemäßen Kompetenzen und die Besetzung des Aufsichtsorgans (Aufsichtsrat, Senat, Kuratorium oder Verwaltungsrat) statt. Der Einfluss der einrichtungsangehörigen Wissenschaftler wird über wissenschaftliche Programmorgane (Wissenschaftlichtechnischer Rat, Wissenschaftlicher Ausschuss, Wissenschaftliche Leitung oder Sektion) entfaltet. Über die Vorschlags- und Benehmensrechte des Aufsichtsorgans ist staatliche Mitsprache auch bei der Besetzung des Leitungsorgans der Einrichtungen (Vorstand, Geschäftsführung oder Direktorium) gewährleistet.

38 Das Finanzierungsverhältnis entspricht 90:10, vgl. Art. 6 Abs. 1 Nr. 3 der Rahmenvereinbarung zwischen Bund und Ländern über die gemeinsame Förderung der Forschung nach Art. 91 b GG vom 28. November 1975, in der Fassung vom 11.04.2001, mit Ausführungsvereinbarung über die gemeinsame Förderung der DFG in der Fassung vom 20.03.2001.

tet und strukturiert kennzeichnet die Großforschung eine besondere Stellung im Gefüge Wissenschaft-Staat, welche die Zuordnung zum staatlichen Bereich rechtfertigt.[39]

d) Fraunhofer Gesellschaft

Die Institute der Trägerorganisation Fraunhofer Gesellschaft zur Förderung der angewandten Forschung e. V. (FhG) forschen als Einrichtungen der Vertragsforschung vorwiegend anwendungsorientiert für Wirtschaft und öffentliche Hand.[40] Darüber hinaus übernehmen sie satzungsgemäß staatlich übertragene Aufgaben und frei gewählte Forschungsvorhaben.[41] Sie stehen zugleich in enger räumlicher und fachlicher, für beide Kooperationspartner nutzbringender, Verbindung zu den Hochschulen.[42]

Die FhG ist als eingetragener Verein organisiert, ihre Binnenstruktur ähnelt der einer staatlich beteiligten Kapitalgesellschaft.[43] Die Institute der FhG sind rechtlich unselbständig, wirtschaftlich aber selbständige Profitcenter, welche für die Übernahme und Durchführung von Forschungsprojekten selbstverantwortlich agieren. Ihre Unterstützung durch die Trägerebene beschränkt sich auf Servicefunktionen sowie Führungs- und Planungsaufgaben.[44] Die Institute werden durch Kuratorien, die aus Vertretern von Wissenschaft, Wirtschaft und Staat gebildet sind, in Forschungsprogramm-, Finanz- und Personalfragen beraten.[45] Die FhG ist in die gemeinsame Bund-Länder-Finanzierung nach Art. 91 b GG einbezogen, staatliche Finanzmittel werden jedoch anders als bei den übrigen Zuwendungsempfängern im Wege einer markt- und nutzerorientierten erfolgsabhängigen Finanzierung relativ zur Summe der eingeworbenen Vertragsforschungsmittel gewährt.[46] Dieser Finan-

---

39 So auch *Trute*, Die Forschung zwischen grundrechtlicher Freiheit und staatlicher Institutionalisierung, S. 556 unter Ausnahme des Max-Planck-Instituts für Plasmaphysik.

40 Zur Entstehung vgl. *Hohn/Schimank*, Konflikte und Gleichgewichte im Forschungssystem, S. 171 ff., 223 ff. und *Polter*, in: Flämig u.a. (Hrsg.), Handbuch des Wissenschaftsrechts, S. 1301 ff.

41 § 1 Abs. 1 S. 2 der Satzung der Fraunhofer Gesellschaft in der Fassung vom 24. Oktober 1991, abgedruckt in: *Meusel*, Außeruniversitäre Forschung im Wissenschaftsrecht, S. 564 ff.

42 Die Fraunhofer-Institute rezipieren Forschungsergebnisse aus der Grundlagenforschung und rekrutieren an den Universitäten ihren wissenschaftlichen Nachwuchs. Die Hochschulen können ihrem wissenschaftlichen Nachwuchs praxisrelevante Forschungsthemen nahe bringen, vgl. *Polter*, in: Flämig (u.a. Hrsg.), Handbuch des Wissenschaftsrechts, S. 1301 (1304). Charakteristisch für die Kooperation sind ebenso die gemeinsamen Berufungen, vgl. *Weberling*, WissR 25 (1992), S. 155 (161).

43 *Polter*, in: Flämig u.a. (Hrsg.), Handbuch des Wissenschaftsrechts, S. 1301 (1303 f.).

44 *Meusel*, Außeruniversitäre Forschung im Wissenschaftsrecht, Rn. 104.

45 § 23 der Satzung der Fraunhofer Gesellschaft in der Fassung vom 24. Oktober 1991, abgedruckt in: *Meusel*, Außeruniversitäre Forschung im Wissenschaftsrecht, S. 564 ff.

46 Rahmenvereinbarung zwischen Bund und Ländern über die gemeinsame Förderung der Forschung nach Art. 91 b GG vom 28. November 1975, in der Fassung vom 11.04.2001 über die gemeinsame Förderung der Fraunhofer Gesellschaft vom 17. März/26. August 1977.

zierungsmodus sichert einerseits ein Mindestmaß an Freiheit gegenüber Staat und Wirtschaft, gewährleistet aber gleichzeitig eine stringente Beibehaltung des Aufgabenbezuges der FhG.[47]

e) Einrichtungen der Leibnitz-Gemeinschaft („Blaue Liste")

In der so genannten „Blauen Liste" der Rahmenvereinbarung Forschungsförderung[48] sind als Teil der gemeinsamen Forschungsförderung durch Bund und Länder rund 80 weitere, in struktureller und inhaltlicher Hinsicht stark heterogen ausgerichtete Einrichtungen zusammengefasst, die überwiegend Forschungs-, teilweise aber auch reine Servicefunktionen übernehmen.[49] Sie haben sich zur Vertretung ihrer gemeinsamen Interessen in der Wissenschaftsgemeinschaft Gottfried-Wilhelm-Leibniz zusammengeschlossen[50], ohne jedoch innerhalb der deutschen Forschungslandschaft eine klare forschungspolitische Funktion zu übernehmen.

Die Blaue Liste umfasst Einrichtungen deutlich unterschiedlicher Rechtsnatur und Organisationsstruktur. Die Mehrzahl ist privatrechtlich als GmbH, Verein oder Stiftung organisiert, öffentlich-rechtliche Einrichtungen sind als nichtrechtsfähige Anstalten, Stiftungen oder nachgeordnete Dienststellen eingerichtet.[51] Die innere Ordnung der Einrichtungen ist entsprechend ihrer Rechtsnatur und Aufgabenstellung unterschiedlich stark von staatlicher Einflussnahme geprägt.[52] Die Finanzierung wird vom Grundsatz her hälftig durch Bund und Sitzländer getragen, wobei der Finanzierungsschlüssel bei serviceorientierten Einrichtungen dahingehend abweicht, dass der Bundesanteil steigt und der Länderanteil größtenteils auf alle Bundesländer umgelegt wird.[53] Die große Variationsbreite der Blaue-Liste-Einrichtungen steht exemplarisch für den von der Durchdringung von Staat und Gesellschaft gekennzeichneten Bereich der Forschung und macht eine einheitliche Qualifizierung der

---

47 *Trute*, Die Forschung zwischen grundrechtlicher Freiheit und staatlicher Institutionalisierung, S. 438 f.

48 Rahmenvereinbarung zwischen Bund und Ländern über die gemeinsame Förderung der Forschung nach Art. 91 b GG, Anlage zur Ausführungsvereinbarung Forschungseinrichtungen.

49 *Meusel*, Außeruniversitäre Forschung im Wissenschaftsrecht, Rn. 115; *Helfrich*, WissR 23 (1990), S. 244 (250 f.).

50 Zum Integrationsprozess der Blaue-Liste-Einrichtungen vgl. *Vierkorn-Rudolph*, Wissenschaftsmanagement 1997, S. 265 ff.; *Paulig*, in: Flämig u.a. (Hrsg.), Handbuch des Wissenschaftsrechts, S. 1325 ff.

51 Vgl. *Meusel*, Außeruniversitäre Forschung im Wissenschaftsrecht, Rn. 116 und die aktuelle Auflistung im BMBF, Faktenbericht Forschung 2004, S. 102 ff.

52 Einzelne Einrichtungen ähneln in ihrer Struktur den Großforschungseinrichtungen, andere wiederum verfügen weder über Selbstverwaltungsrechte noch Satzungsautonomie, *Helfrich*, WissR 23 (1990), S. 244 (246 ff., 249).

53 Der auf die Länder entfallende Anteil wird mindestens in Höhe von 25%, bei Serviceeinrichtungen in Höhe von 75% auf alle Länder nach dem Verhältnis ihrer Steuereinnahmen und ihrer Bevölkerungszahl umgelegt. Die verbleibenden 75% bzw. 25% werden vom jeweiligen Sitzland getragen.

Institutionen nahezu unmöglich. Die Einordnung in den staatlichen Bereich erfolgt daher vorbehaltlich einer Einzelqualifizierung, die in diesem Rahmen nicht geleistet werden soll.

2. Forschung an privaten Einrichtungen

a) Max-Planck-Institute

Die Max-Planck-Gesellschaft (MPG) betreibt als Nachfolgeorganisation der Kaiser-Wilhelm-Gesellschaft[54] durch Gründung und Unterhaltung eigener Forschungsinstitute außeruniversitäre Grundlagenforschung unter gegenüber den Hochschulen verbesserten Organisations- und Arbeitsbedingungen.[55] Ihr obliegt im System der institutionalisierten Forschung eine Schwerpunktsetzungs- und Ergänzungsfunktion. Sie übernimmt Forschung in besonders zukunfträchtigen, häufig interdisziplinären Forschungsgebieten jenseits universitärer Disziplinen und hochschulischer Einrichtungs- und Personalmittel.[56]

Die Max-Planck Gesellschaft ist als eingetragener Verein gegründet und unterhält 77 eigene, in wissenschaftlichen Angelegenheiten freie und unabhängige, Institute, Forschungsstellen und Forschergruppen, welche regelmäßig keine eigene Rechtspersönlichkeit aufweisen[57]. Sie ist ebenso wie die dem staatlichen Bereich zugeordneten Institutionen von den Finanzzuwendungen des Staates abhängig[58], genießt jedoch als autonome Selbstverwaltungseinrichtung nicht zuletzt aufgrund ihres hohen internationalen Ansehens relative Freiheit von staatlicher Einflussnahme. Staatliche Repräsentanz findet auf Trägerebene in nicht mehrheitsfähigem Umfang allein im Senat

54 Zur Gründung und Entwicklung von Kaiser-Wilhelm-Gesellschaft und Max-Planck-Gesellschaft v. *Brocke*, in: Vierhaus/v. Brocke (Hrsg.), Forschung im Spannungsfeld von Politik und Gesellschaft, S. 17 (17, 20 ff.), S. 197 ff.; *ders.* u.a., in: v. Brocke/Laitko (Hrsg.), Die Kaiser-Wilhelm/Max-Planck-Gesellschaft und ihre Institute, S. 1 ff.; *Albrecht/Hermann*, ebenda, S. 356 ff.; *Heinemann*, ebenda, S. 407 ff.; *Burchardt*, Wissenschaftspolitik im Wilhelminischen Deutschland, S. 7 ff.

55 *Hohn/Schimank*, Konflikte und Gleichgewichte im Forschungssystem, S. 90 ff.; *Trute*, Die Forschung zwischen grundrechtlicher Freiheit und staatlicher Institutionalisierung, S. 516 f.

56 *Meusel*, Außeruniversitäre Forschung im Wissenschaftsrecht, Rn. 100; Wissenschaftsrat, Empfehlungen zur Organisation, Planung und Förderung, S. 196 ff.; MPG (Hrsg.), Wechselwirkungen, S. 7 ff.

57 Ausnahmen bilden die Max-Planck-Institute für Kohleforschung (GmbH) und für Eisenforschung (rechtsfähige Stiftung), welche sich weitgehend selbst finanzieren. Das Max-Planck-Institut für Plasmaphysik war bis 1970 eine GmbH und unterliegt noch heute als rechtlich unselbständige Großforschungseinrichtung besonderen Organisations- und Finanzierungsbedingungen.

58 Zum Finanzierungsmodus vgl. *Hohn/Schimank*, Konflikte und Gleichgewichte im Forschungssystem, S. 98 ff., 111 ff., 127 ff.

und in der wenig einflussreichen Hauptversammlung statt.[59] Die Beteiligung von Wissenschaftlern an den Entscheidungen der Gesellschaft findet im Wissenschaftlichen Rat und auf Institutsebene statt.[60] Daraus resultiert eine Sonderstellung der MPG zwischen Staat, Wirtschaft und Gesellschaft, die – im Verlauf der Entwicklungsstufen der Gesellschaft – bereits zu unterschiedlichen Zuordnungen zum staatlichen oder privaten Bereich geführt hat.[61] Die hier getroffene Organisationszurechnungsentscheidung rechtfertigt sich aufgrund der geringen rechtlichen Überdeterminierung der Finanzierung der MPG im Bereich staatlicher Institutionalisierung von grundrechtlichen Freiheitsausübungsmöglichkeiten.[62]

b) Forschungseinrichtungen der industriellen Privatwirtschaft

Auch deutsche Industrieunternehmen leisten sich eigene Forschungseinrichtungen, um am Markt mit Hilfe eigener Forschungsanstrengungen und daran anknüpfender Entwicklung konkurrenzfähig zu bleiben.[63] Durch die Einbindung in unternehmerische Ziele und ihre Determination durch ökonomische und unternehmenspolitische Gesichtspunkte ist die Industrieforschung stark anwendungsorientiert ausgerichtet.[64] Besonders forschungsintensiv sind die chemische Industrie, der Maschinen- und Fahrzeugbau sowie Elektrotechnik, Medizin-, Mess- und Regelungstechnik.[65]

---

59   Gleichwohl ist die Senatsbesetzung nicht auf eine Interessenrepräsentanz der in den Instituten beschäftigten Wissenschaftler, sondern auf das Zusammenwirken staatlicher und gesellschaftlicher Kreise ausgerichtet. Zu den Organen der MPG und ihrer Besetzung vgl. *Meusel*, Außeruniversitäre Forschung im Wissenschaftsrecht, Rn. 97 ff.; *Trute*, die Forschung zwischen grundrechtlicher Freiheit und staatlicher Institutionalisierung, S. 518 ff., 529 f.

60   *Trute*, die Forschung zwischen grundrechtlicher Freiheit und staatlicher Institutionalisierung, S. 532 ff., der die Sachgerechtigkeit der Organisationsgestaltung für eine Selbstverwaltungseinrichtung bezweifelt. A.A. *Meusel*, in: Flämig u.a. (Hrsg.), Handbuch des Wissenschaftsrechts, S. 1293 (1299 f.).

61   *Schuppert*, Die Erfüllung öffentlicher Aufgaben durch verselbständigte Verwaltungseinheiten, S. 181 ff. („fast-staatliche Organisation"); *Müller-Thoma*, Der halbstaatliche Verein, S. 18 ff. (20); *Zierold*, DÖV 1961, S. 687 (689). Ausführlich zur Einordnung der MPG *Trute*, Die Forschung zwischen grundrechtlicher Freiheit und staatlicher Institutionalisierung, S. 521 ff.

62   Trute, Die Forschung zwischen grundrechtlicher Freiheit und staatlicher Institutionalisierung, S. 218, 522 f.; a.A. *Dickert*, Naturwissenschaften und Forschungsfreiheit, S. 323 ff.

63   Die deutsche Wirtschaft führt über zwei Drittel der jährlich im Inland getätigten Forschung durch und war im Jahr 2002 nach einer deutlichen Expansion in der zweiten Hälfte der neunziger Jahre für Forschung und Entwicklung in einem Finanzvolumen von 36,45 Mrd. Euro verantwortlich, BMBF, Bundesbericht Forschung 2004, S. 161.

64   *Classen*, Wissenschaftsfreiheit außerhalb der Hochschule, S. 34 f.; *Brockhoff*, Forschung und Entwicklung, S. 98 ff.; *Kern/Schröder*, Forschung und Entwicklung in der Unternehmung, S. 130 ff.; *Majer*, Industrieforschung in der Bundesrepublik Deutschland, S. 114 ff.; *Zündorf/Grunt*, Innovation in der Industrie, S. 12, 70.

65   BMBF, Bundesbericht Forschung 2004, S. 162, 648 ff.

Forschungs- und Entwicklungsarbeit wird überwiegend in internen in die Unternehmenshierarchie eingebundenen Abteilungen geleistet, deren Organisation verschiedenartigen Mustern folgt.[66] Idealtypisch ist eine Aufteilung nach Entwicklungsprozessstufen oder eine Gliederung nach Produktgruppen.[67] Je geringer die Distanz von originärer Forschung zum Entwicklungs- und Produktionsprozess, desto geringer sind autonome Spielräume und eine durch die Kommunikation mit der *scientific community* geprägte Erzeugung wissenschaftlichen Wissens.[68] Selbstverwaltungsstrukturen sind der Industrieforschung unbekannt.

c) Einrichtungen der industriellen Gemeinschaftsforschung

Im Bereich der Industrieforschung existieren darüber hinaus institutionalisierte Forschungskooperationen, die von den über 100 Forschungsvereinigungen der deutschen Wirtschaft getragen werden.[69] Sie dienen der gemeinsamen ökonomischen Lösung technologischer Problemstellungen vorwiegend kleinerer und mittelständischer Unternehmen.[70] Die Forschungsergebnisse werden allen interessierten Unternehmen zur Verfügung gestellt.[71] Die Trägervereinigungen der so genannten industriellen Gemeinschaftsforschung sind in der Arbeitsgemeinschaft industrieller Forschungsvereinigungen „Otto von Guericke" e.V. (AiF) organisiert, die gleichzeitig als Projektträger firmenspezifischer Maßnahmen des Bundes zur Förderung von Forschung und Entwicklung in kleineren und mittleren Unternehmen fungiert[72].

II. Forschungsförderung in Deutschland

Die Strukturen der deutschen Forschungsförderung sind ebenso komplex wie die Landschaft der forschungsdurchführenden Einrichtungen.[73] Um eine ausufernde

---

66 *Zündorf/Grunt*, Innovation in der Industrie, S. 46 f., 51 f.
67 Siehe *Gerpott* und *Kieser*, in: Domsch/Jochum (Hrsg.), Personalmanagement in der industriellen Forschung und Entwicklung (F & E), S. 28 (38), S. 48 (54 ff.); *Engelke*, Integration von Forschung und Entwicklung in die unternehmerische Planung und Steuerung, S. 98 ff.
68 *Trute*, Die Forschung zwischen grundrechtlicher Freiheit und staatlicher Institutionalisierung, S. 105 ff.
69 *Classen*, Wissenschaftsfreiheit außerhalb der Hochschule, S. 39; *Fuchs*, Kartellrechtliche Grenzen der Forschungskooperation, S. 45 f.
70 Bundesverband der deutschen Industrie e.V. (Hrsg.), Industrielle Gemeinschaftsforschung, S. 5.
71 Dies gilt selbst für die an der Forschungsvereinigung nicht unmittelbar beteiligten Unternehmen, vgl. auch *Ullrich*, Privatrechtsfragen der Forschungsförderung in der Bundesrepublik Deutschland, S. 40 Fn. 225.
72 BMBF, Bundesbericht Forschung 2004, S. 24 f.; *Classen*, Wissenschaftsfreiheit außerhalb der Hochschule, S. 68.
73 Vgl. die Übersichten in BMBF, Bundesbericht Forschung 2004, S. 4 und 8 sowie die rechtliche Betrachtung von *Heinrich*, Die rechtliche Systematik der Forschungsförderung in

Darstellung zu vermeiden, wird im Wesentlichen auf die forschungsfinanzierenden Einrichtungen abgestellt.

1. Öffentliche Forschungsförderung

Bund und Länder wirken gemäß Art. 91 b Grundgesetz bei der Förderung von Einrichtungen und Vorhaben der wissenschaftlichen Forschung von überregionaler Bedeutung zusammen. Finanzielle staatliche Forschungsförderung erfolgt als direkte Fördermaßnahme[74] in der Hauptsache durch das Bundesministerium für Bildung und Forschung, entsprechende Landesministerien, weitere Ressorts sowie durch eine Reihe rechtlich selbständiger institutionell geförderter Einrichtungen.[75] Die gemeinsame Forschungsförderung von Bund und Ländern erfolgt im Wege institutioneller Förderung, besondere Projekte werden im Projektträgerverfahren durch ausgesuchte Projektträger betreut, im Übrigen erfolgt eine direkte Projektförderung im Rahmen von Förderprogrammen.[76]

a) Forschungsministerien Bund und Länder

Das Bundesministerium für Bildung und Forschung (BMBF) und die Wissenschaftsressorts der Länder sind die zentralen forschungsfördernden Exekutivorgane. Während der Bund einen größeren Einfluss auf die außeruniversitäre Forschung ausübt, sind die Landesministerien für die Hochschulforschung verantwortlich.[77]

Deutschland und den Europäischen Gemeinschaften unter Beachtung von Wissenschaftsfreiheit und Wettbewerbsrecht.

74 Direkte Forschungsförderung wird durch gezielte Bezuschussung von Forschungsprojekten und -einrichtungen gewährleistet, während indirekte Förderung vor allem durch Einräumung von steuerlichen Vergünstigungen erfolgt, vgl. dazu im einzelnen *Meusel*, Außeruniversitäre Forschung im Wissenschaftssystem, Rn. 386 ff.

75 Daneben existieren forschungsfördernde Arbeitsstrukturen, wie die Bund-Länder-Kommission für Bildungsplanung und Forschungsförderung (BLK) (dazu *Schlegel*, in: Flämig (u.a.), Handbuch des Wissenschaftsrechts, S. 1689 ff.), der Wissenschaftsrat (ausführlich *Röhl*, Der Wissenschaftsrat), die Ständige Konferenz der Kultusminister (KMK) (vgl. *Schulz-Hardt*, in: Flämig (u.a.), Handbuch des Wissenschaftsrechts, S. 1655 ff.) oder der Planungsausschuss für den Hochschulbau (BMBF, Bundesbericht Forschung 2004, S. 4), welche vornehmlich politische und strukturelle Planungs-, Beratungs- und Koordinationsaufgaben wahrnehmen.

76 BMBF, Bundesbericht Forschung 2004, S. 5.

77 *Meusel*, Außeruniversitäre Forschung im Wissenschaftsrecht, Rn. 202 ff.

b) Deutsche Forschungsgemeinschaft DFG

Die Deutsche Forschungsgemeinschaft (DFG) ist die zentrale Selbstverwaltungsorganisation der deutschen Wissenschaft.[78] Sie leistet finanzielle Unterstützung der Hochschulforschung und sonstiger öffentlicher Forschungseinrichtungen. Darüber hinaus fördert die DFG die Zusammenarbeit zwischen den Forschern, sie unterstützt den wissenschaftlichen Nachwuchs, berät Parlamente und Verwaltung und macht sich um die Pflege der Verbindungen zu ausländischen Forschungs- und Wissenschaftsorganisationen verdient.[79] Die DFG praktiziert vier grundlegende Förderungsarten: die Einzelförderung im Normalverfahren, die Förderung von Forschergruppen und Sonderforschungsbereichen sowie das Schwerpunktverfahren.[80]

Die DFG ist als eingetragener Verein organisiert. Mitglieder der DFG sind wissenschaftliche Hochschulen, wissenschaftliche Akademien und andere Forschungseinrichtungen sowie wissenschaftliche Verbände von allgemeiner Bedeutung.[81] Zu den Organen der DFG zählen der Senat als zentrales wissenschaftliches Entscheidungsgremium, der für die finanzielle Förderung zuständige Hauptausschuss, die Mitgliederversammlung, das Präsidium und der Vorstand.[82] Die Bewilligungsaus-

---

78 Zur Gründung als Notgemeinschaft der deutschen Wissenschaft 1920, Wiederbegründung 1949 und der anschließenden Entwicklung der DFG vgl. *Zierold*, Forschungsförderung in drei Epochen, S. 275 ff.; *Nipperdey/Schmugge*, 50 Jahre Forschungsförderung in Deutschland – Ein Abriss der Geschichte der Deutschen Forschungsgemeinschaft, S. 69 ff.; *Schöne*, Deutsche Forschungsgemeinschaft, S. 13 ff., *Letzelter*, in: Flämig (u.a.), Handbuch des Wissenschaftsrechts, S. 1381 ff.

79 § 1 der Satzung der DFG, beschlossen von der Mitgliederversammlung der Notgemeinschaft der deutschen Wissenschaft am 18. Mai 1951 in München und am 2. August 1951 in Köln, in der Fassung vom 03.07.2002.

80 Das Normalverfahren beinhaltet die Förderung von Forschungsvorhaben, die auf Initiative einzelner Forscher beantragt werden, und zwar unabhängig davon, ob die Einrichtung, bei der sie beschäftigt sind, Mitglied der DFG ist. Forschergruppen sind Zusammenschlüsse von Wissenschaftlern zur gemeinsamen Bearbeitung besonders innovativer Forschungsvorhaben für die Dauer von bis zu sechs Jahren. Sonderforschungsbereiche sind auf eine Dauer von bis zu zwölf Jahren an Hochschulen – häufig in Zusammenarbeit mit außeruniversitären Forschungseinrichtungen – eingerichtete Forschungsinstitutionen, die der Zusammenarbeit in Fächerübergreifenden Forschungsprogrammen dienen. In den sogenannten Schwerpunktverfahren erfolgt eine Finanzierung und Koordinierung von Vorhaben zu einer einheitlichen Thematik. Ausführlich *Trute*, die Forschung zwischen grundrechtlicher Freiheit und staatlicher Institutionalisierung, S. 663 ff.

81 Zu den Mitgliedern gehören ausschließlich Korporationen, insbesondere fast alle wissenschaftlichen Hochschulen, die MPG, die FhG, einige Akademien und Großforschungseinrichtungen, etc., vgl. die Liste der Mitglieder in: DFG, Aufbau und Aufgaben, S. 37 f.

82 Der Senat der DFG bestimmt die forschungspolitischen Grundsätze der DFG, er besteht aus 39 Mitgliedern, von denen 36 durch die Mitgliederversammlung gewählt werden. Die Mitgliederversammlung beschließt darüber hinaus über die Aufnahme von Mitgliedern und wählt das Präsidium. Das Präsidium besteht aus einem Präsidenten und acht Vizepräsidenten sowie dem Vorsitzenden des Stifterverbandes für die deutsche Wissenschaft. Der Präsident und der auf Vorschlag des Präsidiums durch den Hauptausschuss bestellte Generalsekretär der DFG bilden gemeinsam den Vorstand. Das Präsidium erledigt die laufenden Geschäfte der DFG

schüsse übernehmen konkrete Förderentscheidungen hinsichtlich der jeweiligen Förderarten, auf die sich ihre Zuständigkeit erstreckt. Die Finanzierung der DFG erfolgt seit 2002 programmeinheitlich nach einem Finanzierungsschlüssel von 58% Bund- zu 42% Länderfinanzierung.[83] Die DFG wird überwiegend – teilweise unter Differenzierung nach der Dimension staatlichen Einflusses auf die jeweiligen Vergabeentscheidungen - als Selbststeuerungsorganisation der Wissenschaft mit besonderer Nähe zum staatlichen Bereich eingeordnet.[84]

c) Deutscher Akademischer Austauschdienst (DAAD)

Der Deutsche Akademische Austauschdienst (DAAD) übernimmt als gemeinsame Einrichtung der deutschen Hochschulen die öffentliche Aufgabe, durch den Austausch von Wissenschaftlern und Studierenden im Rahmen einer Vielzahl von Programmen die hochschulischen Beziehungen in Ausland zu fördern.[85] Der DAAD ist von seiner Rechtsnatur ein privatrechtlicher Verein, dessen Mitglieder sich aus den in der Hochschulrektorenkonferenz vertretenen Hochschulen sowie den Studentenschaften dieser Hochschulen zusammensetzen.[86] Seine Finanzierung erfolgt überwiegend aus Bundesmitteln und EU-Mitteln.[87]

---

unterstützt von einer zentralverwaltenden Geschäftsstelle. Der Hauptausschuss setzt sich aus den 39 Mitgliedern des Senats sowie inzwischen 16 Vertretern der Länder, zwei Vertretern des Bundes (mit 16 Stimmen) und zwei Vertretern des Stifterverbandes für die deutsche Wissenschaft zusammen. Er ist als zentrales Gremium der DFG für die finanzielle Förderung der Forschung zuständig und setzt die Bewilligungsausschüsse für die allgemeine Forschungsförderung, die Sonderforschungsbereiche und die Graduiertenkollegs ein. Vgl. DFG, Aufbau und Aufgaben, S. 5 ff.

83   Art. 6 Abs. 1 Nr. 1 der Rahmenvereinbarung zwischen Bund und Ländern über die gemeinsame Förderung der Forschung nach Art. 91 b GG vom 28. November 1975, in der Fassung vom 11.04.2001, mit Ausführungsvereinbarung über die gemeinsame Förderung der DFG in der Fassung vom 20.03.2001. Ein verschwindend geringer Anteil an Finanzmitteln stammt regelmäßig aus privaten Zuwendungen, überwiegend aus den Mitteln des Stifterverbandes für die deutsche Wissenschaft.

84   Ausführlich die nach Aufgabenbereichen differenzierende Betrachtung von *Trute*, Die Forschung zwischen grundrechtlicher Freiheit und staatlicher Institutionalisierung, S. 677 ff., eindeutiger noch *Salaw-Hanslmaier*, Die Rechtsnatur der deutschen Forschungsgemeinschaft, S. 115, 184 f. Siehe außerdem *Oppermann*, Kulturverwaltungsrecht, S. 429 ff.

85   *Bode*, in: (Flämig u.a. Hrsg.), Handbuch des Wissenschaftsrechts, S. 1401 ff.

86   Organe des Vereins sind die Mitgliederversammlung, das aus bestellten Vertretern von Bund, Ländern, Hochschullehrer, Studierenden, wissenschaftlichen Mitgliedern und gewählten Vertretern der Mitgliederversammlung bestehende Kuratorium und der Vorstand, vgl. die Satzung des DAAD. Hinsichtlich der Zuordnung des DAAD zum staatlichen Bereich vgl. *Bode*, in: (Flämig u.a. Hrsg.), Handbuch des Wissenschaftsrechts, S. 1401 (1405 ff.).

87   BMBF, Bundesbericht Forschung 2004, S. 16, wonach dem DAAD im Jahr 2004 262,62 Mio. Euro zur Verfügung standen.

d) Alexander von Humboldt-Stiftung (AvH)

Die Alexander von Humboldt-Stiftung ist eine von der Bundesrepublik Deutschland errichtete rechtsfähige staatsnahe Stiftung des bürgerlichen Rechts, deren wesentliche Aufgabe darin besteht, qualifizierten Akademikern durch die Vergabe von Forschungsstipendien die Möglichkeit der Durchführung eines Forschungsvorhabens in Deutschland zu ermöglichen.[88]

2. Private Forschungsförderung

Private Forschungsförderung betreiben auf vielfältige Art und Weise zahlreiche Stiftungen und Vereine. Sie ergänzen die staatliche Forschungsförderung und sind als Ausdruck privaten Engagements durch eine enge Verbundenheit zu den Forschungseinrichtungen, deren Unterstützung sie sich verpflichtet haben, gekennzeichnet.[89] Beispielhaft sei der Stifterverband für die Deutsche Wissenschaft[90] erwähnt, der einerseits für die Allokation privater Spenden an die Wissenschaft sorgt und andererseits treuhänderisch Stiftungen und Stiftungsfonds verwaltet.[91] Zu den bedeutendsten großen deutschen wissenschaftsfördernden privaten Stiftungen zählt etwa die Thyssen-Stiftung.[92]

B. (Verfassungs)rechtliche Rahmenbedingungen für wissenschaftsspezifische Verfahren

Die in Art. 5 Abs. 3 GG verfassungsrechtlich garantierte Freiheit der Wissenschaft, Forschung und der Lehre weist der Forschungsfreiheit in Deutschland eine besondere Bedeutung zu. Während Dänemark und zahlreiche andere westliche Verfassungsstaaten die Wissenschafts- bzw. Forschungsfreiheit nicht explizit hervorheben[93], sondern als Unterfall der Meinungsfreiheit betrachten, garantiert das Grundgesetz die Wissenschaftsfreiheit nicht nur selbständig sondern sogar ohne Gesetzesvorbehalt.[94] In der Konsequenz sind Beschränkungen des Freiheitsrechts nur unter engen Voraussetzungen zulässig.

---

88 Vgl. ausführlich *Berberich*, (Flämig u.a. Hrsg.), Handbuch des Wissenschaftsrechts, S. 1409 ff.; *Classen*, Wissenschaftsfreiheit außerhalb der Hochschule, S. 67 f.
89 *Classen*, Wissenschaftsfreiheit außerhalb der Hochschule, S. 41.
90 Zu Gründung und historischen Aktivitäten des Deutschen Stifterverbandes, *Zierold*, Forschungsförderung in drei Epochen, S. 29 ff.
91 Ende 2002 betreute der Stifterverband 347 Stiftungen und verwaltete ein Vermögen von ca. 1,4 Mrd. Euro, BMBF, Bundesbericht Forschung 2004, S. 9.
92 Dazu *Classen*, Wissenschaftsfreiheit außerhalb der Hochschule, S. 42; *Köstlin*, in: (Flämig u.a. Hrsg.), Handbuch des Wissenschaftsrechts, S. 1417 (1424 f.).
93 *Groß*, ERPL 7 (1995), S. 109 (115 ff.).
94 *Schulze-Fielitz*, WissR 37 (2004), S. 100 (102).

Angesichts der umfangreich vorhandenen Literatur zu diesem Themenbereich sollen die zentralen dogmatischen Grundlagen der grundgesetzlichen Wissenschafts- und Forschungsfreiheit im Überblick entfaltet werden (I.). Daran anknüpfend werden die besonderen verfassungsrechtlichen Impulse für die Verfahrensgestaltung ausführlich analysiert (II.).

I. Grundlegendes: Recht auf Wissenschafts- und Forschungsfreiheit

1. Grundrechtsschutz durch Art. 5 Abs. 3 Satz 1 GG

Art. 5 Abs. 3 Satz 1 GG formuliert „Wissenschaft, Forschung und Lehre sind frei."

a) Grundrechtstatbestand

Der Grundrechtstatbestand gliedert sich auf in den sachlichen und den persönlichen Schutzbereich.

aa) Sachlicher Schutzbereich

(1) Normstruktur

In Rechtsprechung und Wissenschaft vorherrschend ist die Auffassung von einer einheitlichen Gewährleistungsstruktur des Grundrechts, bei der die Wissenschaft den Oberbegriff für die beiden nachgenannten Handlungsformen wissenschaftlicher Tätigkeit, die Forschung und die Lehre, bildet.[95] Wenngleich unterhalb der Verklammerung zunehmend eine gewisse Eigenständigkeit der Normbereiche Wissenschaft, Forschung und Lehre Raum greift, die insbesondere der Verselbständigung

---

95 BVerfGE 35, 79 (113); *Fehling*, in: Dolzer/Vogel/Graßhof (Hrsg.), Bonner Kommentar, Art. 5 Abs. 3 Rn. 58 f.; *Denninger*, in: Denninger/Hoffmann-Riem/Schneider/Stein (Hrsg.), Kommentar zum Grundgesetz für die Bundesrepublik Deutschland, Art. 5 Rn. 13; *Pernice*, in: Dreier (Hrsg.), Grundgesetz-Kommentar, Art. 5 Abs. 3 Rn. 24; *Scholz*, in: Maunz/Dürig (u.a. Hrsg.), Grundgesetz, Art. 5 Abs. 3 Rn. 85; *Schulze-Fielitz*, in: Benda/Maihofer/Vogel (Hrsg.), Handbuch des Verfassungsrechts, § 27 Rn. 2; *Wendt*, in: v. Münch/Kunig (Hrsg.), Grundgesetz-Kommentar, Art. 5 Rn. 100; *Oppermann*, in: Isensee/Kirchhof (Hrsg.), Handbuch des Staatsrechts, Bd. VI, § 145 Rn. 37; *Dickert*, Naturwissenschaften und Forschungsfreiheit, S. 162 ff., 166 f. A.A. *Blanknagel*, AöR 105 (1980), S. 35 (38, 70), der bereits tatbestandlich zwischen Hochschul- und sonstiger Wissenschaft differenzieren will, und *Hailbronner*, Die Freiheit der Forschung und der Lehre als Funktionsgrundrecht, S. 73 ff., 85 ff., indem er zwischen der allgemeinen Wissenschaftsfreiheit als Jedermannrecht und der Freiheit von Forschung und Lehre als Funktionsgrundrecht im universitären Wissenschaftsbetrieb unterscheidet.

außeruniversitärer Forschung in unterschiedlichen Forschungstypen Rechnung trägt.[96] Die Einheit von Forschung und Lehre ist institutionell nicht verfassungsrechtlich verbürgt.[97]

(2) Begriffbestimmung und Definitionsverantwortung

Die dezidierte rechtliche Bestimmung der Inhalte von Wissenschaft, Forschung und Lehre sieht sich in dem Versuch, einer definitorischen Verkürzung des Normbereichs entgegenzuwirken, einer Debatte über die Definitionskompetenz sowie deren Selbst- und Fremddefinitionsgehalte ausgesetzt. Die Auffassungen reichen von der Forderung nach einem Definitionsverbot, welche allein die Selbsteinschätzung des potentiellen Grundrechtsträgers zum Maßstab machen will[98], über ein Abstellen auf Drittanerkennung durch die *scientific community*[99] bis hin zu einem staatlichen Definitionsgebot[100] mit der Einschränkung, dass ein verfassungsrechtliches Begriffsverständnis nicht die außerrechtlich bedingte Offenheit des Lebenssachverhalts Wissenschaft als solche in Frage stellen oder aushöhlen darf. Diese Problematik soll an dieser Stelle nicht wiederholt umfangreich erörtert werden.[101] Die Interpretation obliegt letztlich staatlichen Instanzen, die zur Berücksichtigung des außerrechtlichen Selbstverständnisses der Wissenschaft aufgerufen sind, und in diesem Sinne eine

---

96 *Trute*, Die Forschung zwischen grundrechtlicher Freiheit und staatlicher Institutionalisierung, S. 110 ff, 132 ff. Dem Ansatz Trutes liegt eine Entkoppelung von Wissenschaft, Forschung und Lehre zugrunde. Dabei soll Wissenschaft weiterhin als Oberbegriff von Forschung und Lehre dienen, ohne dass aus dieser Interpretation eigenständige dogmatische Folgerungen abgeleitet werden. Von der Einheit von Forschung und Lehre kann lediglich auf organisatorischer und institutioneller Ebene im Bereich der Universitäten die Rede sein, während die Begriffe im Übrigen für unterschiedliche Handlungsweisen stehen, die in einen jeweils eigenen Handlungskontext eingebettet sind. Auch eine konditionale Verknüpfung von Forschung und Lehre existiert nicht.

97 *Fehling*, in: Dolzer/Vogel/Graßhof (Hrsg.), Bonner Kommentar, Art. 5 Abs. 3 Rn. 94 f.; siehe auch *Schulz-Priessnitz*, Einheit von Forschung und Lehre, S. 104 und 126 ff.

98 Vgl. *Ridder*, Die soziale Ordnung des Grundgesetzes: Leitfaden zu den Grundrechten einer demokratischen Verfassung, S. 134 ff.

99 *Schulze-Fielitz*, in: Benda/Maihofer/Vogel (Hrsg.), Handbuch des Verfassungsrechts, § 27 Rn. 2.

100 *Scholz*, in: Maunz/Dürig (u.a. Hrsg.), Grundgesetz, Art. 5 Abs. 3 Rn. 8, 88; *Dickert*, Naturwissenschaften und Forschungsfreiheit, S. 176; *Bauer*, Wissenschaftsfreiheit in Lehre und Studium, S. 28 ff.

101 Vgl. die Zusammenfassung des Meinungsstandes jeweils mit w. N. bei *Dickert*, Naturwissenschaften und Forschungsfreiheit, S. 168 ff.; *Alber-Malchow/Steigleder*, in: Wagner (Hrsg.), Rechtliche Rahmenbedingungen für Wissenschaft und Forschung, Bd. 1 S. 23 (32); *Isensee*, Wer definiert die Freiheitsrechte?; *Höfling*, Offene Grundrechtsinterpretation, S. 88 ff.; *Schulz-Prießnitz*, Einheit von Forschung und Lehre, S. 24 ff.; *Bauer*, Wissenschaftsfreiheit in Lehre und Studium, S. 22 ff.

formale, an bestimmte Tätigkeitsmerkmale anknüpfende, Begriffsbestimmung bemühen.[102]

(3) Wissenschafts- und Forschungsbegriff – geschütztes Verhalten

Die soeben erörterten Ansätze der Begriffsbildung haben mehr formal oder mehr material orientierte Definitionen des Wissenschaftsbegriffes hervorgebracht. Da es nicht Ziel der Arbeit ist, einen eigenständigen Lösungsansatz zu entwickeln wird auf die einschlägigen Zusammenfassungen in der Literatur verwiesen.[103]

Nach der Definition des BVerfG[104] gilt unter Zustimmung des BVerwG[105] und wichtiger Stimmen der Literatur[106] als wissenschaftliche Tätigkeit „alles, was nach Inhalt und Form als ernsthafter, planmäßiger Versuch zur Ermittlung von Wahrheit anzusehen ist." Dies wird dahingehend präzisiert, dass die Voraussetzung von Ernsthaftigkeit das Anknüpfen an einen gewissen Kenntnisstand zum Ausdruck bringt.[107] Das planmäßige Bemühen um rationale Erklärungen beinhaltet die methodische Einordnung der individuellen Forschung in wissenschaftliche Gesamtzusammenhänge und erfordert dementsprechend ein methodisch geordnetes Denken. Zur Ermittlung der Wahrheit bedarf es der Nachprüfbarkeit von Erkenntnissen und der Bereitschaft, einmal gewonnene Erkenntnisse ständig erneut kritisch in Frage zu stellen.

Wissenschaftliche Forschung wird in der Konsequenz als geistige Tätigkeit mit dem Ziel planmäßig-methodischer Suche nach neuen Erkenntnissen gesehen.[108] Geschützt sein soll die Entscheidung über die Fragestellung, die angewandte Me-

---

102 Die Anknüpfung an materielle Kriterien unter Zugrundelegung einer bestimmten Wissenschaftstheorie ließe die Freiheitsgarantie weitgehend leer laufen, da neuer bisher nicht anerkannter wissenschaftlicher Erkenntnis der Grundrechtsschutz verwehrt würde, *Classen*, Wissenschaftsfreiheit außerhalb der Hochschule, S. 73 ff. Vgl. im Übrigen: BVerfGE 35, 79 (113 f.); *Scholz*, in: Maunz/Dürig (u.a. Hrsg.), Grundgesetz, Art. 5 Abs. 3 Rn. 87 ff.; *Schmitt Glaeser*, WissR 7 (1974), S. 107 (115); *Mayen*, Der grundrechtliche Informationsanspruch des Forschers gegenüber dem Staat, S. 88 f.; *Knemeyer*, Lehrfreiheit, S. 24 f.; *Matz*, in: Maier/Ritter/Matz (Hrsg.), Politik und Wissenschaft, S. 401 (413 f.).
103 Insbesondere *Dickert*, Naturwissenschaften und Forschungsfreiheit, S. 168 ff.
104 BVerfGE 35, 79 (113); 47, 327 (367 f.).
105 BVerwGE 29, 77 (78 f.).
106 *Scholz*, in: Maunz/Dürig (u.a. Hrsg.), Grundgesetz, Art. 5 Abs. 3 Rn. 91; *Knemeyer*, Lehrfreiheit, S. 25; *Schmitt Glaeser*, WissR 7 (1974), S. 107 ff. (115 f.); *Wendt*, in: v. Münch/Kunig (Hrsg.), Grundgesetz-Kommentar, Art. 5 Rn. 100.
107 *Pieroth/Schlink*, Grundrechte, Rn. 681.
108 BVerfGE 35, 79 (113 f.) unter Bezugnahme auf den Bundesbericht Forschung III, BT-Drucksache V/4335 S. 4; *Fehling*, in: Dolzer/Vogel/Graßhof (Hrsg.), Bonner Kommentar, Art. 5 Abs. 3 Rn. 71; *Wendt*, in: v. Münch/Kunig (Hrsg.), Grundgesetz-Kommentar, Art. 5 Rn. 100 f.

thode, die praktische Durchführung sowie die Bewertung und die Verbreitung der Forschungsergebnisse.[109]

Die wissenschaftliche Lehrfreiheit umfasst nach diesem Ansatz schließlich die Wiedergabe und Weitervermittlung eigener sowie auch fremder wissenschaftlicher Erkenntnisse.[110]

Diese weiträumig verwendete verfassungsgerichtliche Begriffsbestimmung entfaltet und repräsentiert die Strukturen der Eigengesetzlichkeit der Wissenschaft allerdings noch nicht hinreichend und zieht so die Gefahr einer Normbereichsverkürzung nach sich. Diese sind durch die Organisation der wissenschaftlichen Arbeit sowie durch die Handlungspraxis der Wissenschaft in der Gesamtheit der wissenschaftsrelevanten Handlungen geprägt.[111] Die Eigengesetzlichkeit ist damit Ausdruck eines sich selbst stetig aktualisierenden Selbstverständnisses der Wissenschaft.[112] Sie bietet schlicht ein Abbild dessen, was Wissenschaft ist, ohne dabei individueller Beliebigkeit zu unterliegen und infolgedessen den Ruf nach einem staatlichen Definitionsgebot laut werden zu lassen.[113] Sie vollzieht sich in einem Kommunikations- und Handlungszusammenhang, der vorwiegend die objektivrechtliche Dimension der Wissenschaftsfreiheitsgarantie determiniert.[114] Dieser kommunikations- und handlungsbezogene Ansatz lässt eine Verschiebung des Blickwinkels von den durchaus berücksichtigungsfähigen aber verstärkt individualbezogenen kognitiven Kriterien des Bundesverfassungsgerichts hin zu dem tatsächlichen Inhalt wissenschaftlicher Kommunikationszusammenhänge zu.

---

109 BVerfGE 35, 79 (113); *Schulze-Fielitz*, in: Benda/Maihofer/Vogel (Hrsg.), Handbuch des Verfassungsrechts, § 27 Rn. 3; *Starck*, in: v. Mangoldt/Klein/Starck, Das Bonner Grundgesetz, Art. 5 Abs. 3 Rn. 331; *Pernice*, in: Dreier (Hrsg.), Grundgesetz-Kommentar, Art. 5 Abs. 3 Rn. 30; *Oppermann*, in: Isensee/Kirchhof (Hrsg.), Handbuch des Staatsrechts, Bd. VI, § 145 Rn. 28; *Meusel*, Außeruniversitäre Forschung im Wissenschaftsrecht, Rn. 152 f. Die schriftliche oder mündliche Verbreitung von Forschungsergebnissen kann Überschneidungen zur Lehre aufweisen, *Denninger*, in: Denninger/Hoffmann-Riem/Schneider/Stein (Hrsg.), Kommentar zum Grundgesetz für die Bundesrepublik Deutschland, Art. 5 Rn. 47; *Classen*, Wissenschaftsfreiheit außerhalb der Hochschule, S. 90, rechnet die Veröffentlichung von Forschungsergebnissen ausschließlich der Schriftlehre zu.

110 *Jarass*, in: Jarass/Pieroth, Grundgesetz, Art. 5 Rn. 123.

111 *Trute*, Die Forschung zwischen grundrechtlicher Freiheit und staatlicher Institutionalisierung, S. 62, 86 ff., 110 ff.

112 Es handelt sich insoweit um Selbstdefinitionsprozesse eines sozialen Teilsystems Wissenschaft, vgl. *Trute*, Die Forschung zwischen grundrechtlicher Freiheit und staatlicher Institutionalisierung, S. 61, 80 ff. unter Verweis auf *Maintz*, in: Maintz/Rosewitz/Schimank/Stichweh (Hrsg.), Differenzierung und Verselbständigung, S. 11 (17 ff., 30 ff.).

113 *Trute*, Die Forschung zwischen grundrechtlicher Freiheit und staatlicher Institutionalisierung, S. 59 ff.

114 *Trute*, Die Forschung zwischen grundrechtlicher Freiheit und staatlicher Institutionalisierung, S. 64 unter Verweis auf *Denninger*, in: Tohidipur (Hrsg.), Verfassung, Verfassungsgerichtsbarkeit, Politik, S. 163 (170).

Als wissenschaftliche Handlungen sind danach all diejenigen Handlungen, die den Kommunikationszusammenhang der Wissenschaft konstituieren, anzusehen.[115] Erfasst sind in erster Linie Tätigkeiten, die der Veröffentlichung und Distribution von Forschungsergebnissen und Wissen dienen. Hierunter fällt im engeren Sinne die Publikation in Zeitschriften, Büchern und anderen Veröffentlichungsmedien. Aber auch die Veröffentlichung und Verbreitung über informelle Kommunikationskanäle. Dabei bildet nicht der divergent konzeptionierte und in dieser Breite für die verfassungsrechtliche Begriffsbestimmung zu Recht als unzulänglich kritisierte Wahrheitsbegriff[116] das Abgrenzungskriterium zu unwissenschaftlichem Handeln. Vielmehr wird den Kriterien der beruflichen Stellung und dem Medium der Kommunikation des sich wissenschaftlich Äußernden sowie allgemein der Berücksichtigung einer Thematik in wissenschaftlichen Kommunikationszusammenhängen besondere Bedeutung beigemessen.[117] In diesem Sinne zählen auch Ausübungshandlungen der wissenschaftlichen Selbstverwaltung, Förderungshandlungen, Entscheidungsmechanismen, die über Publikationsfähigkeit oder die Förderungsfähigkeit eines Vorhabens entscheiden, und weitere wissenschaftsspezifische Handlungen zu den geschützten Tätigkeiten.

Geschütztes Forschungshandeln ist in Abgrenzung zur Wissenschaft das Handeln in der Absicht der Erzeugung neuen Wissens, als wissenschaftlich methodisches Verfahren zur Problemidentifizierung und Lösung. Typisierend ist die dem Forschungshandeln innewohnende Verknüpfung zwischen experimenteller Erkenntnisgewinnung und Interpretation vor dem Hintergrund theoretischer Zusammenhänge.[118] Im Einzelnen zählen neben den Handlungen der eigentlichen Durchführung von Forschung auch Vorbereitungshandlungen, wie etwa die Ermittlung des aktuellen Forschungsstandes durch Materialsammlung und dessen Interpretation, und die noch nicht in den Bereich der Veröffentlichung fallende Dokumentation von Ergebnissen zur Forschung.[119] Die Bewertung und Verbreitung der Forschungsergebnisse hingegen fällt aufgrund der zunehmenden Verselbständigung des Normbereichs der Wissenschaft nicht mehr unter Forschung, da sie vornehmlich anderen Zwecken als der Erzeugung von Wissen dient.[120] Die Abgrenzungskriterien für Forschungshand-

---

115 *Trute*, Die Forschung zwischen grundrechtlicher Freiheit und staatlicher Institutionalisierung, S. 112 f.

116 Siehe zum Wahrheitsbegriff *Luhmann*, Die Wissenschaft der Gesellschaft, S. 167 ff. Gegen seine Verwendung auch *Blanknagel*, AöR 105 (1980), S. 35 (47); *Dickert*, Naturwissenschaften und Forschungsfreiheit, S. 203 ff.

117 *Trute*, Die Forschung zwischen grundrechtlicher Freiheit und Staatlicher Institutionalisierung, S. 115 ff.; *Roellecke*, WissR 24 (1991), S. 1 (11 ff.).

118 *Trute*, die Forschung zwischen grundrechtlicher Freiheit und staatlicher Institutionalisierung, S. 122 unter Verweis auf *Krohn/Küppers*, Die Selbstorganisation der Wissenschaft; S. 28 ff.; Wissenschaftsrat, Empfehlungen zur Organisation, Planung und Förderung der Forschung, S. 25.

119 BVerfGE 35, 79 (112 f.); *Starck*, in: v. Mangoldt/Klein/Starck (Hrsg.), Das Bonner Grundgesetz, Art. 5 Abs. 3 Rn. 331.

120 Publikationen dienen der Verbreitung, Überprüfung und Erhaltung von Wissen und fördert die Reputationsgewinnung von Wissenschaftlern, *Trute*, die Forschung zwischen grund-

lungen von anderen Tätigkeiten sind gegenüber den wissenschaftlichen Handlungen eingeschränkt, da neben der Berücksichtigung der Stellung des Forschers die Anknüpfungsmöglichkeit an ein Kommunikationsmedium fehlt.

Die Lehre bildet eine eigenständige Kommunikationsform und Handlungspraxis jenseits von Wissenschaft und Forschung.[121] Sie ordnet und vermittelt Wissensinhalte über didaktische geprägte Kommunikationsmittel, bei denen anders, als dies in den allgemeinen wissenschaftlichen Kommunikationszusammenhängen der Fall ist, Ausbildungsgesichtspunkte besondere Berücksichtigung finden und eigenständigen Anforderungen gehorchen müssen.[122] Zur Abgrenzung von anderen Formen der Wissensvermittlung eignet sich aufgrund der institutionellen Einbindung der Lehre der Rekurs auf Organisation, Funktion und Rolle von Lehre und Lehrenden.[123]

(4) Der Schutz von verfahrensrelevanten Handlungen

Ausgehend von dem soeben konkretisierten Wissenschaftsbegriff soll es im Folgenden darum gehen, welche im Zusammenhang mit wissenschaftseigenen Fehlverhaltensverfahren bedeutsamen Handlungen vom Schutzbereich des Art. 5 Abs. 3 Satz 1 GG umfasst sind. Diese Frage stellt sich insbesondere für das vermeintliche Fehlverhalten, welches den Gegenstand von Fehlverhaltensverfahren bildet, aber auch für das Verfahrenshandeln der Akteure des deutschen Verfahrensmodells sowie das informatorische Tätigwerden von Whistleblowers.

(a) Fehlverhalten in der Wissenschaft – Schutzbereichsdefinition durch Standards guter wissenschaftlicher Praxis und Fehlverhaltenstatbestände

Für die vorliegende Untersuchung ist zunächst von Relevanz, ob und unter welchen Voraussetzungen ein Abweichen von Standards guter wissenschaftlicher Praxis –

---

rechtlicher Freiheit und staatlicher Institutionalisierung, S. 125. Die Forschung selbst ist – wie die Industrieforschung verdeutlichen mag – nicht notwendig mit der Publikation der Forschungsergebnisse verbunden. Vgl. auch *Krohn/Küppers*, Die Selbstorganisation der Wissenschaft, S. 80 ff.; *Trute*, die Forschung zwischen grundrechtlicher Freiheit und Staatlicher Institutionalisierung, S. 125.

121 Zur Gegenansicht vgl. exemplarisch *Scholz*, in: Maunz/Dürig (u.a. Hrsg.), Grundgesetz, Art. 5 Abs. 3, Rn. 105 ff., wonach die Lehre mit den allgemeinen wissenschaftlichen Kommunikationsvorgängen übereinstimme und mitunter nur die Kommunikation eigener Forschungsergebnisse erfasse.

122 *Krohn/Küppers*, Die Selbstorganisation der Wissenschaft, S. 95 ff.; *Trute*, Die Forschung zwischen grundrechtlicher Freiheit und staatlicher Institutionalisierung, S. 129; siehe auch *Schulz-Prießnitz*, Einheit von Forschung und Lehre, S. 21 f., 94.

123 *Denninger*, in: Denninger/Hoffmann-Riem/Schneider/Stein (Hrsg.), Kommentar zum Grundgesetz für die Bundesrepublik Deutschland, Art. 5 Abs. 3 Rn. 30; *Schulz-Prießnitz*, Einheit von Forschung und Lehre, S. 102 ff.

wie sie vielfach in deutschen Wissenschaftseinrichtungen formuliert worden sind –
oder gar den Tatbestand einer Fehlverhaltensnorm erfüllende Handlungen[124] vom
Schutzbereich des Art. 5 Abs. 3 Satz 1 GG umfasst sind.

Die rein formale Bestimmung der Wissenschaftlichkeit über die erwähnten Kriterien der Institution, der Rolle involvierter Einrichtungen und Personen, die Funktion
der Äußerung und des benutzen Mediums[125] führt dazu, dass fehlgeleitete Handlungen, die nicht primär der Erzeugung neuen Wissens dienen, regelmäßig vom
Schutzbereich der Wissenschaftsfreiheit umfasst würden. Auch geschönte Daten
oder Veröffentlichungen werden unter dem Eindruck der Wissenschaftlichkeit in
wissenschaftlichen Kommunikationszusammenhängen veröffentlicht und diskutiert.
Über die Wissenschaftlichkeit von Fehlverhalten kann daher nur über methodische
oder thematische Kriterien eine inhaltliche Abgrenzung erreicht werden. Diese wird
über die Standards guter wissenschaftlicher Praxis, Fehlverhaltensnormen und deren
Interpretation und Konkretisierung in wissenschaftlichen Selbstkontrollmechanismen gesucht.

Vor dem Hintergrund, dass zur Bestimmung des Schutzbereichs des Art. 5 Abs. 3
Satz 1 GG auf die Eigengesetzlichkeit der Kommunikations- und Handlungszusammenhänge der Wissenschaft vermittels deren Selbstverständnis abzustellen ist, gilt
es zwei grundlegend differierende Auffassungen über den Selbstdefinitionsgehalt
von Standards guter wissenschaftlicher Praxis zu berücksichtigen. Zum Teil wird
angenommen, es handele sich um autonome Selbstbeschränkungen der Wissenschaft, mit denen diese eine Selbstbindung an bestimmte Werte schafft.[126] Diese
Auffassung billigt den Standards keine schutzbereichsdefinierende Wirkung zu,
sondern fasst sie als selbstauferlegte Beschränkungen der wissenschaftlichen Freiheit auf, anhand derer keine Aussage darüber getroffen werden kann, welches Handeln vom Schutzbereich der Wissenschaftsfreiheit noch umfasst ist. Abweichend
davon wird vertreten, dass Standards guter wissenschaftlicher Praxis im Anschluss
an die Merton'schen Normen[127] die Funktionslogik der Wissenschaft explizieren, so
dass aus ihnen das Selbstverständnis wissenschaftlicher Praxis herauszulesen sei.[128]
Der Rückgriff auf Normen bei der Schutzbereichsbestimmung, welche die Produkti-

---

124 Vgl. dazu im Einzelnen unten 4. Teil, E. II., S. 384 ff.
125 Vgl. oben unter 4. Teil, B. I. 1. a) aa) (3), S. 285 ff. und *Trute*, Die Forschung zwischen
    grundrechtlicher Freiheit und staatlicher Institutionalisierung, S. 115 ff.
126 *Schulze-Fielitz*, in: Benda/Maihofer/Vogel (Hrsg.), Handbuch des Verfassungsrechts, § 27
    Rn. 31; *Heldrich*, Freiheit der Wissenschaft – Freiheit zum Irrtum?, S. 22 f.
127 Auf *Merton*, in: ders. (Hrsg.), Entwicklung und Wandel von Forschungsinteressen, S. 86
    (90 ff.) sowie *ders.*, in: Weingart (Hrsg.), Wissenschaftssoziologie Bd. 1, S. 45 (47 ff.), geht
    die Beschreibung des Ethos der Wissenschaft durch vier grundlegende, funktionale Normen
    des Wissenschaftssystems zurück: Die Normen des Universalismus, des Kommunismus der
    Uneigennützigkeit und des organisierten Skeptizismus. Diese Normen beziehen sich funktio-
    nal auf das Ziel der Wissenschaft, die Ausweitung gesicherten Wissen. Vgl. auch *Storer*, in:
    Weingart (Hrsg.) Wissenschaftssoziologie Bd. 1 S. 60 (65) und *Weingart*, in: ders. (Hrsg.),
    Wissenschaftssoziologie Bd. 1, S. 11 (30).
128 *Hartmann/Fuchs*, WissR 36 (2003), S. 204 (210); *Hartmann*, Grundsätze guter wissenschaft-
    licher Praxis unter qualitätssicherungs- und rechtsfolgenbezogenem Blickwinkel, S. 97 f.

on gesicherten Wissens garantieren und zu diesem Zweck methodologische Aspekte nicht außer Acht lassen[129], verdient im Grundsatz Zustimmung. Standards guter wissenschaftlicher Praxis dienen sowohl der Definition als auch der Begrenzung des Wissenschaftsbegriffs und in der Konsequenz des grundrechtlichen Freiheitsbereichs.[130] Allerdings – und insoweit greift der Ansatz für eine konkrete Schutzbereichsbestimmung zu kurz – vermögen weder die explizierten Standards guter wissenschaftlicher Praxis noch die um subjektive Merkmale ergänzten Fehlverhaltensdefinitionen institutseigener Verfahrensordnungen ein hinreichend konkretes Qualifizierungsraster zur verfassungsrechtlichen Unterscheidung von geschütztem und nicht geschütztem Handeln bereitzustellen. Vielfach weisen insbesondere Fehlverhaltensdefinitionen erhebliche Formulierungsunterschiede auf[131], greifen einzelne besonders schwere Verstöße gegen den wissenschaftlichen Kommunikations- und Funktionszusammenhang heraus, die dem Wissenschaftsbegriff nicht mehr zurechenbar sind, lassen aber an anderer Stelle Raum für die Erfassung sonstiger nicht aufgezählter Verstöße aus einer nur grob umrissenen Grauzone.[132] Mit dem Verweis auf die Erarbeitung einer Definition durch fachspezifisch besetzte Kommissionen ist nicht viel gewonnen.[133] Die Praxis hat gezeigt, dass eine der Abgrenzung wissenschaftlichen Fehlverhaltens folgende Schutzbereichsbegrenzung auf diesem Weg bisher nicht gelungen ist. Mithin kann die Begrenzung des Schutzbereichs allein mittels Standards und Fehlverhaltensdefinitionen nicht erfolgen, zumal sich die Schwierigkeiten bei der normativen Konkretisierung im Bereich der Ermittlung des Tatsächlichen fortsetzen[134].

Mit der Aufklärung vermeintlich fehlgearteter Verhaltensweisen in wissenschaftseigenen Fehlverhaltensverfahren hat die Wissenschaft neben den explizierten Standards und Fehlverhaltensdefinitionen ein zusätzliches wissenschaftseigenes Korrektiv bereitgestellt, welches gerade wegen der Schwierigkeiten der Differenzierung zwischen noch tolerabler Forschungspraxis und nicht mehr wissenschaftlichem Handeln zum Einsatz kommt.

In letzter Konsequenz sind es daher nicht Standards guter wissenschaftlicher Praxis und Fehlverhaltensnormen, die den Rahmen der Wissenschaftlichkeit abstecken, sondern die Entscheidungen der verantwortlichen wissenschaftlichen Gremien im Einzelfall. Sie orientieren sich an den Standards und konkretisieren diese in objekti-

---

129 *Hartmann/Fuchs*, WissR 36 (2003), S. 204 (212).

130 *Hartmann*, Grundsätze guter wissenschaftlicher Praxis unter qualitätssicherungs- und rechtsfolgenbezogenem Blickwinkel, S. 97.

131 *Hartmann/Fuchs*, WissR 36 (2003), S. 204 (212); *Hartmann*, Grundsätze guter wissenschaftlicher Praxis unter qualitätssicherungs- und rechtsfolgenbezogenem Blickwinkel, S. 109 f.

132 Vgl. beispielsweise die Definition der MPG, Verfahrensordnung bei Verdacht auf wissenschaftliches Fehlverhalten, beschlossen vom Senat der Max-Planck-Gesellschaft am 14. November 1997, geändert am 24. November 2000, Anlage 1. Zum ganzen auch *Schulze-Fielitz*, WissR 37 (2004), S. 100 (105).

133 So aber *Hartmann*, Grundsätze guter wissenschaftlicher Praxis unter qualitätssicherungs- und rechtsfolgenbezogenem Blickwinkel, S. 111.

134 *Schmidt-Aßmann*, NVwZ 1998, S. 1225 (1226).

ver wie in subjektiver Hinsicht in einer Vielzahl von Einzelentscheidungen. Sie bilden den Abschluss des Selbstdefinitionsprozesses und lassen eine klare Aussage über Schutzbereichszugehörigkeit eines Verhaltens erst nach dessen Qualifizierung als wissenschaftlich oder unwissenschaftlich zu.[135]

Im Ergebnis wird man daher annehmen müssen, dass ein Abweichen von Standards für sich genommen nicht notwendig geeignet ist, eine Handlung aus dem Schutzbereich der Wissenschaft herausfallen zu lassen. Ebenso wenig genügt der erste vermeintliche Eindruck der Erfüllung aller Tatbestandsvoraussetzungen einer Fehlverhaltensnorm. Erst wenn der Selbstdefinitionsprozess entweder im Einzelfall abschließend vollzogen oder dessen Ergebnis aufgrund einer durch eine Vielzahl vorausgegangener Entscheidungen bereits erreichten Konkretisierung derart eindeutig vorausschaubar ist, dass es der Prozeduralisierung ausnahmsweise nicht mehr bedürfte, ist die eindeutige Zuordnung zum Wissenschaftsbegriff und Schutzbereich getroffen. Ein Fehlverhalten ist dann nicht mehr vom Schutzbereich des Art. 5 Abs. 3 Satz 1 GG umfasst, wenn ein wissenschaftseigenes Verfahrensgremium dessen Unwissenschaftlichkeit festgestellt hat. Zuvor kann aber auch das Erfinden, Verfälschen und Verwenden geschönter Daten, die Verletzung geistigen Eigentums und die Beeinträchtigung von Forschungstätigkeit anderer nicht kategorisch aus dem Schutzbereich ausgeschlossen werden.[136] Grundsätzlich kommt es auf den konkreten Handlungsbeitrag eines Forschers und dessen subjektiven Umstände sowie die Bedeutung und Schwere des Verstoßes an.[137]

(b) Offenbarung eines Fehlverhaltensverdachts („Whistleblowing")

Die Einleitung eines wissenschaftlichen Klärungsverfahrens erfolgt regelmäßig durch den Hinweis einzelner Personen auf vermeintliches Fehlverhalten. Diese Äußerung eines Verdachts auf unwissenschaftliches Handeln durch einen Informanten ist als Bestandteil wissenschaftlicher Kommunikationsvorgänge vom Schutzbereich des Art. 5 Abs. 3 S. 1 GG erfasst. Da das Verhalten nicht der Erzeugung neuen Wissens dient, ist es nach der zuvor erörterten Aufspaltung des Normbereichs in Wissenschaft, Forschung und Lehre, der Wissenschaft im engeren Sinne zuzuordnen.

---

135 *Schulze-Fielitz*, WissR 37 (2004), S. 100 (106), betont die Konkretisierungsfunktion von wissenschaftseigenen Ombuds- und Untersuchungsverfahren, bringt diese jedoch eng mit Prozedurarisierungsmaßnahmen der Rechtsordnung in Verbindung, obwohl die rechtliche Qualität zweifelhaft und zudem unterschiedlich ausfallen kann.

136 Anders wohl *Stegemann-Böhl*, Fehlverhalten von Forschern, S. 38.

137 Zu den subjektiven Maßstäben auch *Stegemann-Boehl*, Fehlverhalten von Forschern, S. 39 f.

(c) Verfahrenshandeln der verantwortlichen Akteure

Gleiches gilt für rationale der Klärung dienende Verfahrenshandlungen, die von den Verfahrensverantwortlichen wissenschaftseigener Untersuchungsverfahren vorgenommen werden.[138] Als Teil institutionalisierter Kommunikationszusammenhänge dienen die Mechanismen zum Umgang mit wissenschaftlichem Fehlverhalten ebenso wie die Gutachtertätigkeit über beabsichtigte Publikationen oder förderungswürdige Projekte der Ausbildung wissenschaftlicher Kriterien.[139] Sie leisten die Bestimmung dessen, was unter wissenschaftlichem Wissen und Handeln zusammengefasst werden kann. Weder die konkreten Diskussionsumstände noch die Möglichkeit, dass das Resultat einer solchen Diskussion die Feststellung des Vorliegens eines Fehlverhaltens beinhalten kann, schränken den Vorgang derart ein, dass man von einem außerhalb wissenschaftlicher Kommunikationszusammenhänge stehenden Verhalten sprechen könnte.

bb) Persönlicher Schutzbereich

Träger der Wissenschaftsfreiheit können neben dem einzelnen Wissenschaftler selbst auch die Hochschulen oder sonstige Forschungseinrichtungen und deren Untergliederungen, sowie Forschungsförderungseinrichtungen sein.

(1) Wissenschaftler

Träger des Grundrechts der Wissenschaftsfreiheit ist jeder wissenschaftlich Tätige, unabhängig von seiner beruflichen Position, seiner Qualifikation und seiner Zugehörigkeit zu einer Hochschule oder außeruniversitären Forschungseinrichtung.[140] Auch Nachwuchswissenschaftler und Studenten können sich auf die Wissenschaftsfreiheit berufen, wenn sie sich selbständig wissenschaftlich betätigen.

---

138 Anders hinsichtlich der Bewertung von Forschungsleistungen durch eine universitätsinterne Kommission, BVerwGE 102, 304 (309), vgl. auch *Fehling*, in: Dolzer/Vogel/Graßhof (Hrsg.), Bonner Kommentar, Art. 5 Abs. 3 Rn. 126, 167.

139 Vgl. für das *peer review Trute*, die Forschung zwischen grundrechtlicher Freiheit und staatlicher Institutionalisierung, S. 119.

140 BVerfGE 15, 256 (263 f.); *Denninger*, in: Denninger/Hoffmann-Riem/Schneider/Stein (Hrsg.), Kommentar zum Grundgesetz für die Bundesrepublik Deutschland, Art. 5 Abs. 3 Rn. 27; *Oppermann*, in: Isensee/Kirchhof (Hrsg.), Handbuch des Staatsrechts, Bd. VI, § 145 Rn. 34; *Sterzel*, die Wissenschaftsfreiheit des angestellten Forschers, S. 38 ff.; *Classen*, Wissenschaftsfreiheit außerhalb der Hochschule, S. 108. Anderer Auffassung hinsichtlich des Erfordernisses einer bestimmten beruflichen Qualifikation offenbar: *Dickert*, Naturwissenschaften und Forschungsfreiheit, S. 221 f.; *Scholz*, in: Maunz/Dürig (u.a. Hrsg.), Grundgesetz, Art. 5 Abs. 3 Rn. 119; *Schrödter*, Die Wissenschaftsfreiheit des Beamten, S. 58.

(2) Hochschulen

Die Beurteilung der Grundrechtsträgerschaft von Hochschulen und anderen Forschungs- und Forschungsförderungseinrichtungen erfolgt im Einzelfall nach Maßgabe des Art. 19 Abs. 3 GG, wonach die Grundrechte auch für inländische juristische Personen gelten, soweit sie ihrem Wesen nach auf diese anwendbar sind.[141] Eine Grundrechtsträgerschaft der Hochschule kann nur aus der Anwendbarkeit des Art. 19 Abs. 3 GG resultieren, da sich eine institutionelle Garantie der Hochschule verfassungsrechtlich nicht begründen lässt.[142]

Der Begriff der juristischen Person im Sinne des Art. 19 Abs. 3 GG hat sich als verfassungsrechtlicher Begriff nicht nach einfachgesetzlichen Vorgaben zu richten, sondern ist aus der Verfassung heraus zu bestimmen.[143] Entscheidend ist danach, ob eine organisatorische Einheit Zuordnungssubjekt von Rechten und Pflichten sein kann, eine hinreichend verfestigte verselbständigte und formalisierte Struktur aufweist und damit zur internen Willensbildung in der Lage ist.[144] Hochschulen erfüllen mit ihrer körperschaftlichen Struktur diese Voraussetzungen.

Die Formulierung „ihrem Wesen nach anwendbar" wird in Rechtsprechung und Literatur unterschiedlich interpretiert. In der Rechtsprechung des Bundesverfassungsgerichts, welches deutlich zwischen staatlicher Kompetenzordnung und grundrechtlicher Freiheit unterscheidet, genießen juristische Personen des öffentlichen Rechts als staatlich eingerichtete Organisationseinheiten einen äußerst restriktiven Grundrechtsschutz.[145] Ihre Einbeziehung in den Schutzbereich der Grundrechte, insbesondere des Art. 5 Abs. 3 Satz 1 GG, soll wegen der primär individualrechtlichen Ausrichtung der Grundrechte nur gerechtfertigt sein, wenn ihre Bildung und Betätigung Ausdruck der freien Entfaltung natürlicher Personen ist, wenn ein perso-

---

141 *Meusel*, Außeruniversitäre Forschung im Wissenschaftsrecht, Rn. 163 ff.

142 Vgl. *Mager*, Einrichtungsgarantien, S. 276 f.; *Erichsen/Scherzberg*, NVwZ 1990, S. 8 (10 ff.). Für eine institutionelle Garantie noch *Köttgen*, Das Grundrecht der deutschen Universität, S. 23 ff.

143 BVerfGE 3, 383 (391 f.); *Ladeur*, in: Denninger/Hoffmann-Riem/Schneider/Stein (Hrsg.), Kommentar zum Grundgesetz für die Bundesrepublik Deutschland, Art. 19 Abs. 3 Rn. 25 f., 29; *Isensee*, in: Isensee/Kirchhof (Hrsg.), Handbuch des Staatsrechts, Bd. V., § 118 Rn. 22 f.; *Classen*, Wissenschaftsfreiheit außerhalb der Hochschule, S. 114; *Dickert*, Naturwissenschaften und Forschungsfreiheit, S. 313; a.A. v. *Mutius*, in: Dolzer/Vogel/Graßhof (Hrsg.) Bonner Kommentar, Art. 19 Abs. 3 Rn. 43 ff.; *Rüfner*, AöR 89 (1964), S. 261 (266 ff.); *Köstlin*, Die Kulturhoheit des Bundes, S. 153; *Rupp-v. Brünneck*, in: Ehmke/Schmid/Scharoun (Hrsg.), Festschrift für Arndt, S. 349 (379 f.); zweideutig *Zimmermann*, Der grundrechtliche Schutzanspruch juristischer Personen des öffentlichen Rechts, S. 64.

144 *Ladeur*, in: Denninger/Hoffmann-Riem/Schneider/Stein (Hrsg.), Kommentar zum Grundgesetz für die Bundesrepublik Deutschland, Art. 19 Abs. 3 Rn. 28; *Bethge*, Die Grundrechtsberechtigung juristischer Personen, nach Art. 19 Abs. 3 Grundgesetz, S. 31 f.; *Dickert*, Naturwissenschaften und Forschungsfreiheit, S. 312 f.; mit besonderer Betonung auf dem Grad der Verselbständigung als maßgeblichem Kriterium im Bereich der Wissenschaft auch *Trute*, Die Forschung zwischen grundrechtlicher Freiheit und staatlicher Institutionalisierung, S. 362 f.

145 Prinzipiell lehnt das BVerfG eine Grundrechtsgeltung für juristische Personen des öffentlichen Rechts ab. BVerfGE 21, 362 (369 ff.); 68, 193 (205 ff.); BVerfG, NJW 1996, S. 1588 f.

nales Substrat erkennbar sei, also ein Durchgriff auf die hinter der juristischen Person stehenden Menschen dies als sinnvoll oder erforderlich erscheinen lässt.[146] Dieses personale Substrat soll bei den juristischen Personen des öffentlichen Rechts regelmäßig nicht erkennbar sein. das BVerfG geht davon aus, dass sie nicht zugleich Grundrechtsberechtigte und Grundrechtsverpflichtete sein können.[147] Eine Lockerung dieses Grundsatzes der strikten Trennung zwischen staatlicher Organisation und Aufgabenerfüllung einerseits und privatem Freiheitsgebrauch andererseits erkennt es für solche juristischen Personen des öffentlichen Rechts an, die dem grundrechtlich geschützten Sachbereich der Bürger eindeutig zuzuordnen sind. Dies ist der Fall bei Organisationen, die den Bürgern zur Verwirklichung ihrer Grundrechte dienen, die im außerstaatlichen Bereich wurzeln und auch als vom Staat unabhängige, jedenfalls aber distanzierte, Einrichtungen ausgestaltet sind.[148] So stellen die Universitäten mit ihrer Ausstattung regelmäßig erst die notwendigen Grundvoraussetzung für die Ausübung wissenschaftlicher Freiheit bereit, sie nehmen für ihre einzelnen wissenschaftlichen Mitglieder eine freiheitskonstituierende Funktion wahr und erlangen somit Grundrechtssubjektivität.[149] Auf das Bestehen von Selbstverwaltungsrechten soll es dabei nicht entscheidend ankommen, obwohl das Selbstverwaltungsrecht freiheitskonstituierende und stabilisierende Wirkung entfalten und sich daher auf die Grundrechtsfähigkeit begünstigend auswirken kann.[150]

Diese Durchgriffsrechtsprechung des BVerfG wird zu Recht wegen ihrer Überakzentuierung der Mitgliederindividualrechte kritisiert.[151] Die Dogmatik ignoriert die Existenz von institutionellen Eigenschaften, Beziehungen und Abläufen, die gerade keine Repräsentanz von Individualinteressen verkörpern, gleichwohl aber aufgrund ihrer Bedeutung für die Wissenschaft dem Zugriff des Staates entzogen und als eigenständiges Gefüge grundrechtlich geschützt sein müssen. Hierzu zählen nicht zuletzt Handlungen, die der Identifizierung und Lösung von Forschungsproblemen, wie beispielsweise dem Umgang mit wissenschaftlichem Fehlverhalten, gelten.[152] Die Konstruktion einer Sachwalterposition der Organisation begünstigt die Konfusion von Organisations- und Individualrechten.[153] Gerade im Binnenbereich von Wis-

---

146 BVerfGE 21, 362 (369 ff.); 61, 82 (101); 68, 193 (205 ff.).

147 BVerfGE 15, 256 (261 f.); 21, 362 (369 ff.).

148 BVerfGE 21, 362 (373 f.); 31, 314 (322); dagegen erkennt *Frenz*, VerwArch 85 (1994), S. 22 (41 ff.), trotz personaler Grundrechtskonzeption eine weitergehendere Grundrechtsgeltung juristischer Personen an.

149 BVerfGE 15, 256 (262); 21, 362 (373 f.); 31, 314 (322); 61, 82 (102); 75, 192 (196 f.); 85, 360 (384).

150 BVerfGE 39, 302 (314); 61, 82 (103).

151 Ausführlich *Bettermann*, NJW 1969, 2321 (1324 ff.); *v. Mutius*, in: Dolzer/Vogel/Graßhof (Hrsg.), Bonner Kommentar, Grundgesetz, Art. 19 Abs. 3 Rn. 30 ff.; *Krebs*, in: v. Münch/Kunig (Hrsg.), Grundgesetz-Kommentar, Art. 19 Rn. 34 ff., 38; *Erichsen/Scherzberg*, NVwZ 1990, S. 8 (10 f.); *Bleckmann/Helm*, DVBl. 1992, S. 9 ff.

152 Generell *Trute*, Die Forschung zwischen grundrechtlicher Freiheit und staatlicher Institutionalisierung, S. 365.

153 *Trute*, Die Forschung zwischen grundrechtlicher Freiheit und staatlicher Institutionalisierung, S. 364 f.

senschaftsorganisationen kann es aber zu Kollisionen kommen, deren Auflösung nach einer sauberen Trennung von Individual- und Organisationshandlungen verlangt.[154]

In diesem Sinne knüpft die herrschende Literaturmeinung[155] bei der Beurteilung der Grundrechtsträgerschaft juristischer Personen des öffentlichen wie auch des privaten Rechts an die korporative Ausübbarkeit des Grundrechts, die tatsächliche Ausübung grundrechtlich geschützter Tätigkeit und an das Vorliegen einer grundrechtstypischen Gefährdungslage an.[156] Im Ergebnis will dieser Ansatz den juristischen Personen die eigene Grundrechtsträgerschaft als solche zuerkennen, wenn sie sich in einer vom Schutzzweck der in Betracht kommenden Grundrechtsnorm umfassten Situation befinden.[157] Die Ausübbarkeit hängt von der kommunikativen, die Eigengesetzlichkeit der wissenschaftlichen Prozesse ermöglichenden, binnenorganisatorischen Struktur ab.[158] Die Qualifikation einer grundrechtstypischen Gefährdungslage einer staatlich errichteten Organisation erfolgt über die grundrechtsbezogene Aufgabenbestimmung und die Lokalisierung von hinreichenden Autonomiebereichen innerhalb dieser Zuweisung.[159] Für die Universitäten führt dies zu dem gleichlautenden Ergebnis der Grundrechtsträgerschaft, allerdings in von der Sachwalterschaft losgelöster, verselbständigter Form. Die Hochschulen eröffnen mit ihrer

---

154 Anders BVerwGE 102, 304 (309), wonach dem Grundrecht der Forschungsfreiheit des Hochschullehrers nicht ein Grundrecht der Universität auf Wissenschaftsfreiheit dergestalt gegenüber steht, dass in ihrem Verhältnis zum einzelnen Hochschullehrer eine praktische Konkordanz herzustellen und deshalb die Hochschule berechtigt wäre, die Forschungsergebnisse eines Wissenschaftlers zu bewerten. Vgl. zur Trennung von Individual- und Organisationsrechten *Ladeur*, in: Denninger/Hoffmann-Riem/Schneider/Stein (Hrsg.), Kommentar zum Grundgesetz für die Bundesrepublik Deutschland, Art. 5 Abs. 3 Rn. 18 f.; *Bethge*, Grundrechtsberechtigung juristischer Personen nach Art. 19 Abs. 3 GG, S. 28; *Kimminich*, in: Flämig (u.a. Hrsg.), Handbuch des Wissenschaftsrechts, S. 121 (134 f.).

155 Tatsächlich existieren vielschichtige, mehr oder minder stark voneinander abweichende Ansätze in der Literatur, deren Erörterung in allen Einzelheiten im Rahmen dieser Arbeit nicht geleistet werden kann. Ausführlich dazu *Zimmermann*, Der grundrechtliche Schutzanspruch juristischer Personen des öffentlichen Rechts, S. 29 ff.; *Bethge*, Die Grundrechtsberechtigung juristischer Personen nach Art. 19 Abs. 3 GG, S. 61 ff.; *Stern*, Das Staatsrecht der Bundesrepublik Deutschland, Bd. III/ 1, § 71 S. 1077 ff. (insbesondere VII 4, S. 1157 ff.).

156 *Stern*, Das Staatsrecht der Bundesrepublik Deutschland, Bd. III/ 1, § 71 VII 4, S. 1158 f.; *Krebs*, in: v. Münch/Kunig (Hrsg.), Grundgesetz-Kommentar, Art. 19 Rn. 39; Pieroth/ Schlink, Grundrechte, Rn. 152; *Erichsen/Scherzberg*, NVwZ 1990, S. 8 (11); *Tomerius*, Die Hochschulautonomie und ihre Einschränkungen beim Zusammenwirken von Land und Hochschule, S. 88 ff.; *Kröger*, JuS 1981, S. 26 (29).

157 *Trute*, die Forschung zwischen grundrechtlicher Freiheit und staatlicher Institutionalisierung, S. 364 f.

158 *Trute*, die Forschung zwischen grundrechtlicher Freiheit und staatlicher Institutionalisierung, S. 364 unter Verweis auf *Dickert*, Naturwissenschaften und Forschungsfreiheit, S. 316 ff., der jedoch den Ansatzpunkt der Rechtsprechung verfolgt.

159 *Trute*, Die Forschung zwischen grundrechtlicher Freiheit und staatlicher Institutionalisierung, S. 360 ff.; ähnlich *Erichsen/Scherzberg*, NVwZ 1990, 8 (11). Stärker an die Außenrechtsbeziehungen anknüpfend dagegen: *Pieroth/Schlink*, Grundrechte, Rn. 193; *v. Mutius*, Dolzer/ Vogel/Graßhof (Hrsg.), Bonner Kommentar, Art. 19 Abs. 3 Rn. 106.

Untergliederung in akademisch-disziplinäre Strukturen Räume für wissenschaftliche Handlungen und Kommunikationsformen und übernehmen als rechtlich verselbständigte weisungsunabhängige Rechtssubjekte autonom Organisations-, Förderungs- und Schutzfunktionen von Wissenschaft, Forschung und Lehre, die eigenständiger grundrechtlicher Sicherung unterfallen.[160]

(3) Außeruniversitäre Forschungseinrichtungen

Prinzipiell ist die Grundrechtsträgerschaft von Wissenschafts- und Forschungseinrichtungen nach den soeben im Zusammenhang mit den Hochschulen eingeführten Kriterien für jede Einrichtung gesondert zu bestimmen.[161] Ob eine außeruniversitäre Forschungseinrichtung aus Art. 5 Abs. 3 GG berechtigt ist, hängt insbesondere davon ab, ob eine hinreichende organisatorische Verselbständigung gegeben ist und ob im Innenbereich auf der Trägerebene die Sachgesetzlichkeiten wissenschaftlicher Prozesse respektiert werden. Darüber hinaus bedürfen insbesondere staatlich beherrschte Einrichtungen einer hinreichenden Autonomie bei der aufgabengemäßen Erfüllung grundrechtlich geschützter Handlungen.[162] Soweit dies im Anschluss an die oben vorgestellten Eigenheiten der deutschen Forschungslandschaft möglich ist, sollen sich die Ausführungen mit Rücksicht auf den Umfang der Arbeit dennoch auf eine kurze typologische Einordnung beschränken.

Jedenfalls bei den nichtverselbständigten Ressortforschungseinrichtungen bestehen aufgrund ihrer Einbindung in die Hierarchie der unmittelbaren Staatsverwaltung und der staatlichen Aufgabenerfüllung erhebliche Zweifel an der Grundrechtsträgerschaft.[163] Es fehlt insoweit an der erforderlichen aufgabenbezogenen Autonomie, die eine grundrechtstypische Gefährdungslage begründen könnte.[164] Die Grundrechtssubjektivität von Ressortforschungseinrichtungen ist jedoch nicht schlechthin zu negieren. Wo Ressortforschungseinrichtungen eine gewisse Verselbstständigung aufweisen und innerhalb ihrer Binnenstruktur eigenständigen wissenschaftlichen Handlungsrationalitäten folgen können, kann die Grundrechtsträgerschaft im Einzelfall gegeben sein.[165]

160 *Jarass*, in: Jarass/Pieroth, Grundgesetz, Art. 19 Rn. 26; *Scholz*, in: Maunz/Dürig (u.a. Hrsg.), Grundgesetz, Art. 5 Abs. 3 Rn. 124; *Tomerius*, Die Hochschulautonomie und ihre Einschränkungen beim Zusammenwirken von Land und Hochschule, S. 91; *Droste*, Die Grundrechtsfähigkeit der Universität, S. 88 ff.

161 *Meusel*, Außeruniversitäre Forschung im Wissenschaftsrecht, Rn. 163.

162 *Fehling*, in: Dolzer/Vogel/Graßhof (Hrsg.), Bonner Kommentar, Art. 5 Abs. 3 Rn. 133; Den Autonomieaspekt besonders betonend, *Kleindiek*, Wissenschaft und Freiheit in der Risikogesellschaft, S. 259 ff.

163 *Pernice*, in: Dreier (Hrsg.), Grundgesetz-Kommentar, Art. 5 Abs. 3 Rn. 30; *Dickert*, Naturwissenschaften und Forschungsfreiheit, S. 320.

164 Im Ergebnis ebenso *Dickert*, Naturwissenschaften und Forschungsfreiheit, S. 366, der allerdings mit dem Ansatz der Rechtsprechung argumentiert.

165 Für einen gewissen Schutz, allerdings zwingend ausdrücklich auf die Grundrechtsträgerschaft der Einrichtung abstellend: *Köstlin*, in: Flämig (u.a. Hrsg.), Handbuch des Wissenschafts-

Die Großforschungseinrichtungen stehen je nach Aufgabenbestimmung zwar unter mehr oder minder starkem Lenkungseinfluss der öffentlichen Hand, sind jedoch verselbständigte Organisationseinheiten und verfügen größtenteils über eine ausgeprägte forschungstypische binnenorganisatorische Struktur sowie satzungsmäßige Autonomie in wissenschaftlichen Fragen. Dies dürfte hinsichtlich der überwiegenden Zahl der Einrichtungen die Anerkennung der Grundrechtssubjektivität rechtfertigen.[166]

Ebenso verhält es sich bei den Einrichtungen der Blauen Liste, sofern sie sich nach Verselbständigungsgrad und Binnenstruktur nicht dem klassischen Typus der Ressortforschungseinrichtungen annähern. Unabhängig davon, ob sie als juristische Personen des öffentlichen Rechts oder des Privatrechts ausgestaltet sind, verfügen sie über die notwendige Selbständigkeit und Fähigkeit zur eigenständigen Willensbildung und sind gleichermaßen mit autonomer Handlungsfähigkeit in wissenschaftsrelevanten Fragen ausgestattet. Der Gleichlauf hinsichtlich Zweckbestimmung und eingeräumter Autonomie öffentlicher und privater Einrichtungen offenbart die mangelnde Rechtfertigung einer unterschiedlichen Reichweite des Grundrechtsschutzes besonders deutlich.[167]

Dem privaten Bereich zugeordnete Einrichtungen, wie insbesondere die Max-Planck-Gesellschaft, verfügen regelmäßig über Grundrechtssubjektivität. Problematisch erscheint die Einordnung von Industrieforschungseinrichtungen, in denen wissenschaftliche Sachgesetzlichkeiten folgende Prozesse durch ökonomische Erfordernisse eingeschränkt werden und Forschungsabteilungen innerhalb eines Unternehmens nicht organisatorisch verselbständigt sind.[168] In diesem Bereich hängt vieles von den Umständen des Einzelfalls ab.

(4) Untergliederungen von Forschungseinrichtungen

Sobald Untergliederungen einer Organisation selbst über eine hinreichende Form der organisatorischen Verselbständigung im Sinne eines eigenen Handlungssystems mit eigenen Willensbildungsstrukturen und Organen verfügen, kommt auch für sie

rechts, Bd. 2, S. 1374 ff.; *Starck*, in: v. Mangoldt/Klein/Starck (Hrsg.), Das Bonner Grundgesetz, Art. 5 Abs. 3 Rn. 325; *Thieme*, DÖV 1994, S. 150 (153, 155); ausführlich *Trute*, Forschung zwischen grundrechtlicher Freiheit und staatlicher Institutionalisierung, S. 99 ff., 366 f.

166 *Trute*, Die Forschung zwischen grundrechtlicher Freiheit und staatlicher Institutionalisierung, S. 561 f.

167 *Meusel*, Außeruniversitäre Forschung im Wissenschaftsrecht, Rn. 166; *Thieme*, DÖV 1994, S. 150 (151).

168 Vgl. *Fehling*, Dolzer/Vogel/Graßhof (Hrsg.), Bonner Kommentar, Art. 5 Abs. 3 Rn. 136. *Blanknagel*, AöR 125 (2000), S. 70, (101 f.) bezweifelt bei vermarktungsorientierten Einrichtungen die Unabhängigkeit der wissenschaftlichen Arbeit und verneint deshalb die Grundrechtsfähigkeit.

Grundrechtssubjektivität in Betracht.[169] Für Fachbereiche und Fakultäten ist dies selbst von der Rechtsprechung seit langem anerkannt.[170] Aber auch Institute der Universitäten, der Max-Planck-Gesellschaft, der Großforschungseinrichtungen und anderweitig institutionalisierte Forschergruppen können mit eigener Grundrechtsfähigkeit ausgestattet sein.[171]

(5) Forschungsförderungseinrichtungen

Hinsichtlich der forschungsfördernden Mittlerorganisationen ist der Grundrechtschutz über Art. 19 Abs. 3 GG angesichts angeblich mangelnden Bezugs zur wissenschaftlichen Betätigung umstritten.[172] Die Ablehnung des Grundrechtsschutzes erscheint jedoch nur unter Heranziehung des Wissenschaftsbegriffs der Rechtsprechung plausibel, der nicht die gesamte Bandbreite wissenschaftlicher Kommunikations- und Handlungszusammenhänge erfasst und dabei insbesondere Förderungshandlungen und darauf gerichtete Entscheidungen wie deren eigengesetzliche Steuerung ausklammert[173]. Jedenfalls bei den typischerweise strukturell verselbständigten philantrophischen Mittelgebern ist je nach Existenz einer den Eigengesetzlichkeiten des Wissenschaftssystems folgenden Binnen- und Entscheidungsstruktur und grundrechtsbezogener Zweckbestimmung zu differenzieren, während klassische Auftraggeber schon keine primär wissenschaftsbezogene Motivation verfolgen und damit auch keine eigengesetzlichen Programme und Kriterien bilden, sondern an einem bestimmten Forschungsergebnis interessiert sind[174]. Zahlreiche Fördereinrichtungen, darunter die DFG[175], haben sich mit ihren Auswahl- und Gutachtersystemen

---

169 *Trute*, Die Forschung zwischen grundrechtlicher Freiheit und staatlicher Institutionalisierung, S. 367.

170 BVerfGE, 15, 256 (261 f.); BVerwGE 45, 39 (42); vgl. auch *Schmidt-Aßmann*, in: Becker/Bull/Seewald (Hrsg.), Festschrift für Thieme, S. 697 (707); *Scholz*, in: Maunz/Dürig (u.a. Hrsg.), Grundgesetz Kommentar, Art. 5 Abs. 3 Rn. 124.

171 *Trute*, Die Forschung zwischen grundrechtlicher Freiheit und staatlicher Institutionalisierung, S. 367.

172 Gegen Grundrechtsschutz: *Scholz*, in: Maunz/Dürig (u.a. Hrsg.), Grundgesetz, Art. 5 Abs. 3 Rn. 126; *Meusel*, Außeruniversitäre Forschung im Wissenschaftsrecht, Rn. 167; *Sauer*, DÖV 1986, S. 941 (944 Fn. 17); *Rudolf*, in: Delbrück/Ipsen/Rauschning (Hrsg.) Festschrift für Menzel, S. 141 (148); a.A. *Starck*, in: v. Mangoldt/Klein/Starck (Hrsg.), Das Bonner Grundgesetz, Art. 5 Abs. 3 Rn. 370; *Oppermann*, in: Isensee/Kirchhof (Hrsg.), Handbuch des Staatsrechts, § 145 Rn. 60; *ders.*, Zur Finanzkontrolle der Stiftung Volkswagenwerk, S. 89 f.; *Classen*, Wissenschaftsfreiheit außerhalb der Hochschule, S. 112 f.; *Liermann*, WissR 9 (1976), S. 248 (254).

173 Vgl. oben 4. Teil, B. I. 1. a) aa) (3), S. 285 ff.

174 Vgl. zu dieser Unterscheidung *Lux*, Rechtsfragen der Kooperation zwischen Hochschulen und Wirtschaft, S. 55.

175 *Trute*, Die Forschung zwischen grundrechtlicher Freiheit und staatlicher Institutionalisierung, S. 690 ff.; *Fehling*, in: Dolzer/Vogel/Graßhof (Hrsg.), Bonner Kommentar, Art. 5 Abs. 3 Rn. 141; ein institutionelles Grundrecht statuieren wollend auch *Meusel*, Außeruniversitäre Forschung im Wissenschaftssystem, Rn. 168.

den Handlungsrationalitäten des Wissenschaftssystems angeschlossen und können daher Grundrechtsträger sein.

b) Gewährleistungsdimensionen

Nach Auslegung durch die Rechtsprechung des BVerfG und die Lehre enthält Art. 5 Abs. 3 Satz 1 GG neben einem individuellen Abwehrgrundrecht, welches den einzelnen Wissenschaftler vor einer staatlich veranlassten Verkürzung der wissenschaftlichen Freiheitssphäre schützt[176], auch eine objektiv-rechtliche, das Verhältnis von Wissenschaft, Forschung und Lehre zum Staat regelnde, Grundsatznorm[177].

aa) Individuelles Abwehrrecht

Die klassische Funktion des Art. 5 Abs. 3 Satz 1 GG ist die des individuellen Abwehrrechts eines Wissenschaftlers gegen staatliche Eingriffe. Daraus folgt ein Anspruch auf Abwehr jeder staatlich veranlassten Verkürzung der wissenschaftlichen Freiheitssphäre, die sich verfassungsrechtlich nicht rechtfertigen lässt.[178] Das Abwehrrecht schützt nicht allein gegen finale unmittelbar staatliche Eingriffe sondern auch gegen faktische Grundrechtseinschränkungen. Ebenso schützt das Grundrecht vor Handlungen wissenschaftlicher Selbstverwaltungseinrichtungen wie etwa der Universitäten oder öffentlich verfassten und dem öffentlichen Bereich zuordenbaren außeruniversitären Forschungseinrichtungen, die ihrerseits selbst grundrechtsberechtigt sind, wenn diese das Handeln des einzelnen Wissenschaftlers reglementieren.[179]

---

176 Vgl. BVerfGE 35, 79 (112 f.); 47, 327 (367); 90, 1 (11 f.); *Fehling*, in: Dolzer/Vogel/Graßhof (Hrsg.), Bonner Kommentar, Art. 5 Abs. 3 Rn. 18 f.; *Leibholz/Rinck/Hesselberger*, Grundgesetz, Art. 5 Rn. 1091; *Pernice*, in: Dreier (Hrsg.), Grundgesetz-Kommentar, Art. 5 Abs. 3 Rn. 36 ff.; *Bethge* in: Sachs (Hrsg.), Grundgesetz, Art. 5 Rn. 201, 217; *Scholz*, in: Maunz/Dürig (u.a. Hrsg.), Grundgesetz, Art. 5 Abs. 3 Rn. 82; *Wendt*, in: v. Münch/Kunig (Hrsg.), Grundgesetz-Kommentar, Art. 5 Rn. 104; *Dickert*, Naturwissenschaften und Forschungsfreiheit, S. 137 f.; kritisch: *Groß*, WissR 35 (2002), 307 (310).

177 BVerfGE 93, 85 (95); *Jarass*, in: Jarass/Pieroth, Grundgesetz, Art. 5 Rn. 118; *Starck*, in: v. Mangold/Klein/Starck (Hrsg.), Das Bonner Grundgesetz, Art. 5 Abs. 3 Rn. 347 f.; *Schulze-Fielitz*, in: Benda/Maihofer/Vogel (Hrsg.), Handbuch des Verfassungsrechts, § 27 Rn. 6 ff.

178 BVerfGE 35, 79 (112 f.); 47, 327 (367); 90, 1 (11 f.); *Leibholz/Rinck/Hesselberger*, Grundrechte, Art. 5 Rn. 1091; *Pernice*, in: Dreier (Hrsg.), Grundgesetz-Kommentar, Art. 5 Abs. 3 Rn. 30 f.; *Bethge*, in: Sachs (Hrsg.), Grundgesetz, Art. 5 Rn. 201 ff.; *Schmidt-Aßmann*, in: Becker/Bull/Seewald (Hrsg.), Festschrift für Thieme, S. 697 (703 ff.); *Classen*, Wissenschaftsfreiheit außerhalb der Hochschule, S. 120 ff.; *Wahl/Masing*, JZ 1990, S. 553 ff.

179 Es wird davon ausgegangen, dass die Selbstverwaltungsorgane insoweit mittelbare Staatsverwaltung ausüben *Scholz*, in: Maunz/Dürig (u.a. Hrsg.), Grundgesetz, Art. 5 Abs. 3 Rn. 128; *Starck*, in: v. Mangoldt/Klein/Starck (Hrsg.), Das Bonner Grundgesetz, Art. 5 Abs. 3 Rn. 371; *Oppermann*, in: Isensee/Kirchhof (Hrsg.), Handbuch des Staatsrechts, Bd. VI, § 145 Rn. 33; zu den prozessualen Konsequenzen vgl. *Fink*, WissR 27 (1994), S. 126 (133 ff.). In-

Daraus entsteht die vielzitierte janusköpfige Grundrechtssituation, innerhalb derer dieselben Personen und Institutionen zugleich Grundrechtsberechtigte und Grundrechtsverpflichtete sein können.[180] Die Abwehrdimension wird von der Rechtsprechung auch auf die Situation projiziert, in der in einer staatlichen Institution durch interne Verfahrensgremien Aufklärung wissenschaftlicher Fehlverhaltensweisen betrieben wird[181], obwohl in diesem Zusammenhang wissenschaftliche Kommunikations- und Handlungszusammenhänge berührt sind, die ihrerseits wissenschaftlicher Funktionslogik entspringen und vom Schutz des Art. 5 Abs. 3 S. 1 GG erfasst werden müssten.[182]

bb) Objektiv-rechtliche Gehalte

Hinter dem objektiv-rechtlichen Gehalt der Wissenschaftsfreiheit verbirgt sich insbesondere eine organisations- und verfahrensrechtliche Grundrechtsdimension, welche für die organisatorische Umhegung des Individualgrundrechts sorgt und so die Freiheitsausübung im Rahmen staatlicherseits bereitgestellter Organisationsstrukturen erst ermöglicht.[183] Organisation in diesem Sinne beinhaltet die permanente Institutionalisierung von Zwecken, Rollen, Positionen und Beziehungen zwischen Individuen in einem systematischen Zusammenspiel, welches nicht auf die freie Entfaltung der individuellen Persönlichkeit reduziert werden kann.[184] Dabei ist jedoch den Trägern des Individualgrundrechts durch Implementierung geeigneter freiheitlicher Strukturen so viel Freiheit einzuräumen, wie dies im Gefüge der Organisationsaufgaben und der Grundrechte der unterschiedlichen Beteiligten möglich

---

wieweit auch Verfahrensgremien zum Umgang mit wissenschaftlichem Fehlverhalten der Grundrechtsbindung unterliegen, ist keiner pauschalen Bewertung zugänglich, sondern hängt von ihrer Organisationszugehörigkeit, ihrer Zusammensetzung sowie ihren Aufgaben und Befugnissen im Einzelfall ab, vgl. *Fehling*, in: Dolzer/Vogel/Graßhof (Hrsg.), Bonner Kommentar, Art. 5 Abs. 3 Rn. 19; für die Grundrechtsbindung von Ombudsgremien spricht sich Deutsch, ZRP 2003, S. 163 aus.

180   *Fehling*, in: Dolzer/Vogel/Graßhof (Hrsg.), Bonner Kommentar, Art. 5 Abs. 3 Rn. 19; *Starck*, in: v. Mangold/Klein/Starck (Hrsg.), Das Bonner Grundgesetz, Art. 5 Abs. 3 Rn. 371; *Schmidt-Aßmann*, in: Becker/Bull/Seewald (Hrsg.), Festschrift für Thieme, S. 697 (702 ff.).

181   Vgl. BVerwGE 102, 304 (307 ff.).

182   Vgl. hierzu ausführlich unten 4. Teil, B. II. 1. b), S. 309 f., 4. Teil, B. II. 1. d), S. 311 ff.

183   BVerfGE, 35, 79, (115); *Schmidt-Aßmann*, in: Becker/Bull/Seewald (Hrsg.), Festschrift für Thieme, S. 697; *ders.*, in: Winkler (Hrsg.) FS für Meusel, S. 217 (223 f.); allgemein zum Grundrechtsschutz durch Organisations- und Verfahrensgestaltung: *Goerlich*, Grundrechte als Verfahrensgarantien, 1981; *Hill*, Das fehlerhafte Verfahren und seine Folgen im Verwaltungsrecht, S. 229 ff.; *Huber*, Grundrechtsschutz durch Organisation und Verfahren als Kompetenzproblem in der Gewaltenteilung und im Bundesstaat, S. 65 ff.; *Denninger*, in: Isensee/Kirchhof (Hrsg.) Handbuch des Staatsrechts, Band V, § 113 Rn. 19 ff.

184   *Kleindiek*, Wissenschaft und Freiheit in der Risikogesellschaft, S. 240 unter Bezugnahme auf *Trute*, die Forschung zwischen grundrechtlicher Freiheit und staatlicher Institutionalisierung, S. 359.

erscheint.[185] Neben den Anforderungen an die Organisation setzt Art. 5 Abs. 3 Satz 1 GG zugleich Maßstäbe für eine das Verhältnis von Wissenschaft Staat und Gesellschaft grundrechtskonform akzentuierende Verfahrensgestaltung.[186]

In der objektiv-rechtlichen Dimension der Wissenschaftsfreiheit wurzeln schließlich Schutzpflichten des Staates, die grundrechtlich geschützten Rechtgüter vor Beeinträchtigungen von dritter Seite zu bewahren[187], sowie eine Leistungs- bzw. Teilhabekomponente[188]. Schutzpflichten wenden sich in erster Linie an den Gesetzgeber, können aber beispielsweise auch Handlungsverpflichtungen der Hochschulen gegenüber ihren Mitgliedern begründen.[189] Originäre Leistungsrechte werden Art. 5 Abs. 3 Satz 1 GG nur in höchst eingeschränktem Umfang entnommen, nämlich für den Fall, dass eine freie wissenschaftliche Betätigung mangels Bereitstellung von Ressourcen ausscheidet, mithin das Grundrecht in seine unantastbaren Kernbereich betroffen ist.[190] Leistung ist somit auf ein derivatives Teilhaberecht im Sinne einer angemessenen Berücksichtigung bei der Ressourcenallokation und des Zugangs zu Infrastruktureinrichtungen beschränkt.[191]

---

185 BVerfGE 35, 79 (121 ff.); *Trute*, Die Forschung zwischen grundrechtlicher Freiheit und staatlicher Institutionalisierung, S. 295 ff.

186 Eingehend zum Grundrechtsschutz des Art. 5 Abs. 3 GG durch Organisation und Verfahren, *Trute*, Die Forschung zwischen grundrechtlicher Freiheit und staatlicher Institutionalisierung, S. 280 ff., 307 ff.; Classen, Wissenschaftsfreiheit außerhalb der Hochschule, S. 130 ff; *Wagner*, in: ders. (Hrsg.), Rechtliche Rahmenbedingungen für die Wissenschaft und Forschung Bd. 1, S. 267 (269 ff.).

187 Die Existenz der Schutzdimension von Grundrechten wird im Ergebnis kaum bestritten, unterschiedlich fällt jedoch ihre dogmatische Begründung aus. Das BVerfG und ein Großteil der Literaturstimmen führen die Schutzdimension auf die objektive Werteordnung zurück, vgl. BVerfGE 39, 1 (41 f.); 49, 89, (142 f.); *Stern*, Das Staatsrecht der Bundesrepublik Deutschland, Bd. III/1, § 67 V 2, S. 728 ff.; *Pieroth/Schlink*, Grundrechte, Staatsrecht II, Rn. 88 ff. Kritisch: *Isensee*, in: Isensee/Kirchhof (Hrsg.), Handbuch des Staatsrechts, Bd. V, § 111, Rn. 80 ff.; *Denninger*, in: Denninger/Hoffmann-Riem/Schneider/Stein (Hrsg.), Kommentar zum Grundgesetz für die Bundesrepublik Deutschland, vor Art. 1 Rn. 33, 34. Andere suchen eine abwehrrechtliche Begründung, *Schwabe*, Probleme der Grundrechtsdogmatik, S. 213 ff.; *Murswiek*, Die staatliche Verantwortung für Risiken der Technik, S. 57 ff.; oder bemühen das Sozialstaatsprinzip: *Lübbe-Wolff*, Die Grundrechte als Eingriffsabwehrrechte, S. 14 ff. Zu Art. 5 Abs. 3 GG im Besonderen vgl. BVerfGE 55, 37 (68); *Starck*, in: v. Mangoldt/Klein/Starck (Hrsg.), Das Bonner Grundgesetz, Art. 5 Abs. 3 Rn. 342 und 352; *Scholz*, in: Maunz/Dürig (u.a. Hrsg.), Grundgesetz, Art. 5 Abs. 3 Rn. 9.

188 BVerfGE 35, 79 (115 f.); *Wendt*, in: v. Münch/Kunig, Grundgesetz-Kommentar, Art. 5 Rn. 104; *Schulze-Fielitz*, in: Benda/Maihofer/Vogel (Hrsg.), Handbuch des Verfassungsrechts, § 27 Rn. 8; *Mayen*, Der grundrechtliche Informationsanspruch des Forschers gegenüber dem Staat, S. 226 ff.; differenzierend *Trute*, Die Forschung zwischen grundrechtlicher Freiheit und staatlicher Institutionalisierung, S. 412 ff, 420 ff.

189 *Fehling*, in: Dolzer/Vogel/Graßhof (Hrsg.), Bonner Kommentar, Art. 5 Abs. 3 Rn. 28; *Lux*, Rechtsfragen der Kooperation zwischen Hochschulen und Wirtschaft, S. 32 ff.

190 Vgl. *Fehling*, in: Dolzer/Vogel/Graßhof (Hrsg.), Bonner Kommentar, Art. 5 Abs. 3 Rn. 40; *Brehm/Zimmerling*, WissR 34 (2001), S. 329 (348 f.); *Kirchhof*, JZ 1998, S. 275 (277 f.).

191 Es sind dem Wissenschaftler nur die für die Ermöglichung der Forschung notwendigen Grundmittel zur Verfügung zu stellen, eine bestimmte Höhe finanzieller Zuwendungen kann nicht verlangt werden. Vgl. *Breuer*, in: Bachof/Heigl/Redeker (Hrsg.), Verwaltungsrecht zwi-

Flankierend wird aus Art. 5 Abs. 3 Satz 1 GG mitunter eine institutionelle Garantie für den Grundtypus der klassischen wissenschaftlichen Hochschule, aber auch des Hochschulsystems in seiner Gesamtheit oder der Wissenschaftsfreiheit als solcher abgeleitet.[192] Hiergegen häufen sich in jüngerer Zeit die ablehnenden Stimmen – vorwiegend unter Verweis auf den Bedarf nach Eigenentwicklungsoffenheit der Wissenschaft.[193]

cc) Das Spannungsverhältnis von individuellem Abwehrrecht und objektiv-rechtlicher Grundrechtsdimension

Obgleich die grundrechtlichen Gewährleistungsdimensionen vordringlich dem gemeinsamen Ziel eines möglichst umfassenden Schutzes der Wissenschaftsfreiheit dienen, kann es im Einzelfall zu Spannungen zwischen der individualschützenden Abwehrfunktion und der objektiv-rechtlichen Grundrechtsdimension in ihrer verfahrensrechtlichen Ausprägung kommen. Die objektiv-rechtliche Dimension entfaltet gestalterische Impulse für wissenschaftseigene Klärungsverfahren und deren verantwortliche Akteure. Diese müssen geeignet sein, wissenschaftsadäquaten Entscheidungslinien zu folgen. Dabei können sie im Einzelfall freiheitsverkürzende Wirkung für die verfahrensverantwortliche Wissenschaftseinrichtung entfalten.[194] Diese Konfliktlage zu lösen ist eine der Herausforderungen vor die das Wissenschaftssystem gestellt ist. Dabei kommt es entscheidend darauf an, dass objektiv-rechtliche und subjektiv-rechtliche Dimension zu einem gelungenen Ausgleich gebracht werden, der eine Überinterpretation des subjektiv-rechtlichen Charakters vermeidet, ohne aber eine sorgfältige Rechtfertigung von freiheitstangierenden Om-

---

schen Freiheit, Teilhabe und Bindung, S. 89, (112 f., 118 f.) und – unter Beschränkung auf die dem Theoriefortschritt dienende disziplinäre Forschung und besonderer Berücksichtigung der Institutionenabhängigkeit des Wissenschaftsbetriebs – *Trute*, Die Forschung zwischen grundrechtlicher Freiheit und staatlicher Institutionalisierung, S. 424 ff.

192 *Bethge*, in: Sachs (Hrsg.), Grundgesetz, Art. 5 Rn. 202 f.; *Ossenbühl*, in: Hanau/Ossenbühl (Hrsg.), Kündigungsschutz und Wissenschaftsfreiheit, S. 65 (70 ff.); *Oppermann*, in: Isensee/Kirchhof (Hrsg.), Handbuch des Staatsrechts, Bd. VI, § 145 Rn. 51; *Hendler*, Selbstverwaltung als Organisationsprinzip, S. 209 f.; *Fink*, WissR 27 (1994), S. 126 (137 ff.); Köttgen, Das Grundrecht der deutschen Universität, S. 17 ff., 23 ff.; *Weber*, Die Rechtsstellung des deutschen Hochschullehrers, S. 28 ff.

193 *Hailbronner*, Die Freiheit der Forschung und Lehre als Funktionsgrundrecht, S. 79; *Trute*, Die Forschung zwischen grundrechtlicher Freiheit und staatlicher Institutionalisierung, S. 257 f.; *ders.* WissR 33 (2000), S. 134 (139). Des Weiteren wird auf die fehlende Berücksichtigung der Hochschule im Wortlaut der Verfassungsnorm, vgl. *Pieroth/Schlink*, Grundrechte, Staatsrecht II, Rn. 72, die systematische Stellung innerhalb des Grundrechtskataloges, vgl. dazu die Argumentation m.w.N. bei *Lux*, Rechtsfragen der Kooperation zwischen Hochschulen und Wirtschaft, S. 41 Fn. 129, sowie die Länderkompetenz zur Organisation des Wissenschaftsbetriebs verwiesen, vgl. *Erichsen/Scherzberg*, NVwZ 1990, S. 8 (9).

194 *Classen*, Wissenschaftsfreiheit außerhalb der Hochschule, S. 121; *Kleindiek*, Wissenschaft und Freiheit in der Risikogesellschaft, S. 236. Vgl. auch BVerwGE 102, 304 (307 ff.).

buds- und Untersuchungsverfahren vollständig auszusparen.[195] Hierauf wird bei der konkreten Behandlung der verfassungsimmanenten Verfahrensvorgaben noch einzugehen sein.[196]

c) Schranken der Wissenschafts- und Forschungsfreiheit

Die Freiheit der Wissenschaft, Forschung und Lehre des Art. 5 Abs. 3 beinhaltet keinen Gesetzesvorbehalt. Dies impliziert jedoch nicht, dass das Grundrecht schrankenlos gewährleistet würde. Die Wissenschaftsfreiheit unterliegt verfassungsimmanenten Schranken mit der Konsequenz, dass sich das Ziel eines Eingriffs in das Grundrecht aus Art. 5 Abs. 3 Satz 1 GG materiell aus der Verfassung selbst ableiten lassen muss.[197] Die Konflikte zwischen der Gewährleistung der Wissenschaftsfreiheit und dem Schutz anderer verfassungsrechtlich garantierter Güter müssen nach Maßgabe der grundgesetzlichen Werteordnung und unter Berücksichtigung der Einheit des Wertesystems mittels Verfassungsauslegung einer Lösung zugeführt werden (Praktische Konkordanz).[198] In formeller Hinsicht ist in Fällen einer klaren Eingriffssituation eine präzise gesetzliche Grundlage erforderlich.[199] Jeder Eingriff muss sich an den Maßstäben des Verhältnismäßigkeitsgebots messen lassen. Die dabei gebotene Abwägung hat einerseits Zweck und Intensität des jeweiligen Eingriffs sowie andererseits das Gewicht der betroffenen Rechtsgüter zu berücksichtigen.[200]

Im Bereich der Einschränkbarkeit der Wissenschaftsfreiheit und deren Rechtfertigung sind viele Einzelheiten umstritten.[201] Mitunter werden Begrenzungen des Grundrechtsschutzes auch in die Tatbestandsebene hinein verlagert[202]. Auf detail-

---

195 *Schulze-Fielitz*, WissR, 37 (2004), S. 100 (103).

196 Vgl. unten 4. Teil, B. II., S. 305 ff.

197 BVerfGE 47, 327 (369); *Leibholz/Rinck/Hesselberger*, Grundgesetz, Art. 5 Rn. 1103; *Oppermann*, in: Isensee/Kirchhoff (Hrsg.) Handbuch des Staatsrechts, Band VI, § 145 Rn. 27; *Classen*, Wissenschaftsfreiheit außerhalb der Hochschule, S. 124; *Kimminich*, WissR 18 (1985), S. 116 (125 ff.); *Starck*, in: v. Mangoldt/Klein/Starck (Hrsg.), Das Bonner Grundgesetz, Art. 5 Abs. 3 Rn. 374 ff.; *Ossenbühl*, in· Dörr/Fink/Hillgruber/Kempen/Murswiek (Hrsg.), Festschrift für Schiedermair, S. 505 (515 f.).

198 BVerfGE 47, 327 (369 f.).

199 Es gilt insoweit die Wesentlichkeitsgarantie des BVerfGE, 34, 165 (192. f.); 41, 251 (259 f.); 45, 400 (417); 47, 46 (78 f.); 83, 130 (152); *Pieroth/Schlink*, Grundrechte, Staatsrecht II, Rn. 261 ff.

200 *Pieroth/Schlink*, Grundrechte, Staatsrecht II, Rn. 289 ff.

201 Ausführlich *Losch*, Wissenschaftsfreiheit, Wissenschaftsschranken, Wissenschaftsverantwortung, S. 65 ff., 83 ff., 170 ff.

202 Vgl. dazu allgemein *Alexy*, Theorie der Grundrechte, S. 290 ff.; für die Wissenschaftsfreiheit *Losch/Radau*, NVwZ 2003, S. 392 f.; *Fehling* in: Dolzer/Vogel/Graßhof (Hrsg.), Bonner Kommentar, Art. 5 Abs. 3 Rn. 146 ff.; *Trute*, Die Forschung zwischen grundrechtlicher Freiheit und staatlicher Institutionalisierung, S. 139 ff.

lierte Ausführungen wird zugunsten der für den Verlauf der Arbeit relevanten Gesichtspunkte verzichtet.

Nach Auffassung des BVerwG kann auch die öffentliche Kritik vermeintlich fehlerhafter Arbeiten eines Hochschulmitglieds durch eine universitätsintern eingesetzte Untersuchungskommission einen Eingriff in die Wissenschaftsfreiheit des Betroffenen darstellen.[203] Solange keine konkreten Sanktionen verhängt werden, die das Handeln des Wissenschaftlers unmittelbar betreffen, handelt es sich um eine faktische Beeinträchtigung, da diese Kritik darauf abzielt, durch Erzeugung eines gewissen Drucks, Einfluss auf das zukünftige Verhalten des Wissenschaftlers zu nehmen. Als Schranken können in diesem Zusammenhang – insbesondere im Bereich der medizinischen Forschung – das Recht anderer Personen auf Leben und körperliche Unversehrtheit (Art. 2 Abs. 2 GG) und der Menschenwürde (Art. 1 Abs. 1 GG) dienen.[204] Ein Forscher darf sich bei seiner Tätigkeit auch nicht über die Eigentumsrechte seiner Mitbürger hinwegsetzen (Art. 14 Abs. 1 GG). Des Weiteren wird das Grundrecht durch die Wissenschaftsfreiheit anderer begrenzt.

2. Landesverfassungsrechtliche und sonstige Gewährleistungen

Neben der grundgesetzlichen Verankerung der Wissenschaftsfreiheit gelten weitere in die Landesverfassungen der Länder aufgenommene Absicherungen wissenschaftlicher Freiheit. Vergleichbar der Formulierung in Art. 5 Abs. 3 Satz 1GG wird die Freiheit von Wissenschaft, Forschung und Lehre landesverfassungsrechtlich garantiert.[205] Daneben wird in der überwiegenden Zahl der Landesverfassungen die Hochschulautonomie[206] einschließlich einer institutionellen Rechtssubjektsgarantie der

---

203 BVerwGE 102, 304 (311).

204 Vgl. exemplarisch *Losch*, Wissenschaftsfreiheit, Wissenschaftsschranken, Wissenschaftsverantwortung, S. 28 ff., 193 ff.; *Classen*, DVBl. 2002, S. 141 ff; *Morsey*, in: Wagner (Hrsg.), Rechtliche Rahmenbedingungen für Wissenschaft und Forschung, Bd. 1, S. 293 ff.

205 Art. 108 Bayrische Landesverf.; Art. 31 Abs. 1 Landesverf. Brandenburg; Art. 11 Landesverf. Bremen; Art. 21 Landesverf. Berlin; Art. 10 Hessische Landesverf.; Art. 7 Abs. 1 Landesverf. Mecklenburg-Vorpommern; Art. 5 Abs. 1 Niedersächsische Verfassung; Art. 18 Abs. 1 Landesverf. NRW; Art. 9 Abs. 1 Landesverf. Rheinland-Pfalz; Art. 5 Landesverf. Saarland; Art. 21 Landesverf. Sachsen; Art. 10 Abs. 3 Landesverf. Sachsen-Anhalt; Art. 9 Abs. 1 Landesverf. Schleswig-Holstein; Art. 27 Abs. 1 Landesverf. Thüringen. Die Baden-Würtembergische und die Hamburger Landesverf. enthalten keine entsprechende Gewährleistung. Die genannten Regelungen haben keinen von Art. 5 Abs. 3 Satz 1 abweichenden Gehalt, vgl. *Tettinger*, in: Starck/Stern (Hrsg.), Landesverfassungsgerichtsbarkeit, Bd. III, S. 271 (288 ff.) in Bezug auf die Regelungen in Bremen und Bayern.

206 Art. 138 Abs. 2 Bayrische Landesverfassung; Art. 20 Abs. 1 und 2 Landesverf. Baden-Würtemberg; Art. 32 Abs. 1 und 2 Landesverf. Brandenburg; Art. 60 Abs. 1 Hessische Landesverf.; Art. 7 Abs. 3 Landesverf. Mecklenburg-Vorpommern; Art. 5 Abs. 3 Niedersächs. Landesverf.; Art. 16 Abs. 1 Landesverf. NRW; Art. 39 Abs. 1 Landesverf. Rheinland-Pfalz; Art. 33 Landesverf. Saarland; Art. 107 Abs. 1 und 2 Landesverf. Sachsen; Art. 31 Abs. 1 und 2 Landesverf. Sachsen-Anhalt; Art. 28. Abs. 1 Landesverf. Thüringen. Die Landesverf.

Hochschule[207] und einer objektiven Rechtsinstitutionsgarantie hochschulischer Selbstverwaltung[208] zur Erfüllung ihrer Forschungs- und Lehraufgaben gewährleistet. Hierdurch erlangen die Landesverfassungsgarantien gegenüber Art. 5 Abs. 3 GG eigene Bedeutung und gelten gleichzeitig parallel zu § 58 Abs. 1 Satz 3 HRG, der das Selbstverwaltungsrecht der Hochschulen bundesrahmenrechtlich gewährleistet.[209]

II. Verfassungsimmanente Vorgaben für die Verfahrensgestaltung

Obwohl die Bildung wissenschaftseigener Klärungsverfahren sich in Deutschland innerhalb des Wissenschaftssystems vollzogen hat und aufgrund dessen sehr viel stärker als in den Vergleichsländern von sachlichen Eigengesetzlichkeiten geprägt ist, bewegen sich Ombuds- und Untersuchungsverfahren nicht in einem rechtsfreien Raum.[210] Den zugrunde liegenden Standards und Verfahrensregeln wird ein außerrechtlicher Ursprung zugebilligt, der in zunehmendem Maße und mit Konsequenzen hinsichtlich Normbindung, Legitimität und Qualität der Verrechtlichung unterliegt.[211] Ihr durch die Bewertung des Handelns von Personen und Einrichtungen ausgeübter Einfluss auf die Rechtsgüter mittelbar oder unmittelbar Verfahrensbeteiligter wirft die Frage nach der Unterwerfung der prozeduralen und organisatorischen Grundelemente des Verfahrens unter die verfassungsrechtlichen Anforderungen einer rechtswahrenden, fairen und zwecktauglichen Erkenntnisgewinnung auf.[212] Dies wird umso deutlicher verlangt je weiter von einem individuellen Diskurs abgewichen und auf institutionalisierte innerorganisatorische Verfahrensweisen der

---

Mecklenburg-Vorpommern gewährleistet darüber hinaus in Art. 7 Abs. 4 auch das Recht der Selbstverwaltung anderer wissenschaftlicher Einrichtungen.

207 *Tettinger*, in: Starck/Stern (Hrsg.), Landesverfassungsgerichtsbarkeit, Bd. III., S. 271 (295); *Erichsen/Scherzberg*, NVwZ 1990, S. 8 (12); *Tomerius*, Die Hochschulautonomie und ihre Einschränkungen beim Zusammenwirken von Land und Hochschule, S. 84 f.

208 *Kühne*, DÖV 1997, S. 1 (3); *Hillermann*, Die Durchsetzung des Selbstverwaltungsrechts vor dem Bundesverfassungsgericht und den Landesverfassungsgerichten, S. 64, 71 f.; *Karpen/Freund*, Hochschulgesetzgebung und Hochschulautonomie, S. 10; *Hendler*, Selbstverwaltung als Ordnungsprinzip, S. 213 f.

209 Vgl. zum Ganzen den Überblick bei *Lux*, Rechtsfragen der Kooperation zwischen Hochschulen und Wirtschaft, S. 63 ff.

210 *Schulze-Fielitz*, WissR 37 (2004), S. 100 (107); *Schmidt-Aßmann*, NVwZ 1998, S. 1225.

211 *Rupp*, in: Anderbrügge/Epping/Löwer (Hrsg.), Dienst an der Hochschule: Festschrift für Leuze, S. 437 (441). Dabei ist insbesondere im Bereich der Wissenschaft nicht selten unklar, welche Verhaltensnormen rechtlicher und welche nichtrechtlicher Natur sind, *Schulze-Fielitz*, WissR 37 (2004), S. 100 (107). Eine Analyse der einschlägigen universitären Verfahrensregeln ergibt etwa, dass ein Großteil der die Funktionslogik der Wissenschaft aus sich heraus abbildenden Standards und Verfahrensregeln objektiv den Charakter von Satzungen aufweisen vgl. unten 4. Teil, D. II. 3. b) cc), S. 334 ff.

212 *Schmidt-Aßmann*, NVwZ 1998, S. 1225, 1230 f.; *Rupp*, in: Anderbrügge/Epping/Löwer (Hrsg.), Dienst an der Hochschule: Festschrift für Leuze, S. 437 (442).

Auseinandersetzung mit entsprechenden Verfahrensinstanzen und einem verfestigten Verfahrenskodex zurückgegriffen wird.[213]

Die verfassungsimmanenten Vorgaben finden ihre Grundlage nicht nur in den einschlägigen Gewährleistungen des Art. 5 Abs. 3 GG sondern auch in dem Rechtsstaatsprinzip und der Gewährleistung der Menschenwürde. Die den deutschen Fehlverhaltensverfahren zugrunde liegenden Verfahrensbestimmungen dienen der Übersetzung dieser grundgesetzlichen Werte und Strukturen in eine konkrete Verfahrensordnung. Aber auch ohne konkrete Festlegung bedürfen diese allgemeinen Rechtsanforderungen in den Verfahren als grundlegende Maximen der Beachtung.

1. Der Rahmen des Art. 5 Abs. 3 GG

Wie innerhalb der Ausführungen zur Ausgestaltung des Grundrechtsschutzes bereits angedeutet, haben die grundrechtlichen Gewährleistungen spannungsreichen Einfluss auf wissenschaftseigene Klärungsverfahren.

Der rechtliche Handlungsspielraum für den Umgang mit wissenschaftlichem Fehlverhalten ist durch die Lohmann-Entscheidung des BVerwG vom 11. Dezember 1996[214] näher definiert worden.

a) Prämissen der Rechtsprechung - die Lohmann-Entscheidung des BVerwG

Gegenstand der Entscheidung war die Frage, ob eine vom Dekan des Fachbereichs eingesetzte universitätsinterne „ad-hoc-Kommission" zur Aufklärung von Unstimmigkeiten in wissenschaftlichen Veröffentlichungen in die Forschungsfreiheit eines universitätsangehörigen Wissenschaftlers eingreift, wenn sie kritische Feststellungen hinsichtlich der Forschungsarbeit trifft und zugleich Forderungen mit dem Ziel erhebt, auf die wissenschaftlichen Äußerungen Einfluss zu nehmen.[215] Der Kläger sah sich als Hochschullehrer der Universität Gießen dem Vorwurf eines früheren Mitarbeiters ausgesetzt, in einer Fachzeitschrift publizierte Messdaten gefälscht zu haben. Obwohl es der aus mehreren Professoren zusammengesetzten Kommission nicht gelang, den Nachweis der Datenfälschung durch den Kläger zu erbringen, weil die Originalunterlagen nicht mehr auffindbar waren, fasste die Kommission „Feststellungen und Beschlüsse", in denen die Methoden des Klägers als wissenschaftlich nicht abgesichert gekennzeichnet wurden. Außerdem wurde der Kläger aufgefordert, seine Ergebnisse und Aussagen zu revidieren. Der stigmatisierende Bericht der Kommission wurde an zahlreiche Personen verschickt. Mit seiner gegen die Fest-

---

213 *Schmidt-Aßmann*, NVwZ 1998, S. 1225, 1230 ff.; *Rupp*, in: Anderbrügge/Epping/Löwer (Hrsg.), Dienst an der Hochschule: Festschrift für Leuze, S. 437 (442).

214 BVerwGE, 102, 304 ff.

215 BVerwGE, 102, 304 (305 f.); vgl. zum Sachverhalt auch die tatbestandlichen Ausführungen der Vorinstanz VGH Kassel, DVBl. 1995, S. 1362 ff.

stellungen gerichteten Klage hatte der verdächtigte Wissenschaftler in allen Instanzen Erfolg.

Das BVerwG setzt sich in der Lohmann-Entscheidung eingehend mit der Ausgestaltung institutioneller Verfahren wissenschaftseigener Klärung vor dem Hintergrund der Garantie der Wissenschaftsfreiheit auseinander. Es begrenzt Einsatz und Funktionsweise wissenschaftseigener Klärungsverfahren, indem es im Einflussbereich staatlicher Einrichtungen allein auf die klassische Abwehrsituation zwischen Bürger und Staat abstellt und daraus einen eng definierten verfassungsrechtlichen Rahmen garantierter Forschungsfreiheit konstruiert, in den sich das Verfahrensinstrument einfügen muss.[216] Der Universität soll kein der subjektiven Wissenschaftsfreiheit des einzelnen Hochschullehrers entsprechendes gleichwertiges Recht zuzuerkennen sei, welches sie berechtigen würde, die Forschungsergebnisse eines Wissenschaftlers zu bewerten und damit dessen Wissenschaftsfreiheit einzuschränken.[217] Das Gericht hält jedoch den Einsatz einer hochschulischen Untersuchungskommission im Sinne der Gewährleistung funktionsfähiger Institutionen eines freien Wissenschaftsbetriebs zur Aufklärung von Missbrauchsvorwürfen gegen eines der Hochschulmitglieder nicht generell für unzulässig. Der objektive Gehalt der Forschungsfreiheit eröffne aufgrund des Verzichts auf staatliche Fremdkontrolle und aufgrund der Autonomie der Wissenschaft grundsätzlich die Kompetenz zur Untersuchung von Vorwürfen wissenschaftlichen Fehlverhaltens und zum Einsatz einer sachverständig besetzten Kommission.[218] Das Gericht spricht sich für die Übertragung der Verfahrensverantwortung an eine Fachbereichskommission aus, lässt aber auch ein Hochschulgremium genügen, in dem die Hochschullehrer den ausschlaggebenden Einfluss haben.[219]

Das Gericht verweist diese Kompetenz aber in zweifacher Hinsicht in ihre Grenzen, indem es einerseits eine Einsetzungsschwelle mit Voraussetzungen für Beginn und Reichweite des Tätigwerden einer Kommission und andererseits eine höhere Schwelle für den Ausspruch verfahrensbeendender Feststellungen des Gremiums formuliert.[220] Der Fachbereich oder eine von ihm eingesetzte Kommission soll nur

---

216 BVerwGE, 102, 304 (309 ff.).
217 BVerwGE, 102, 304 (309) unter Verweis auf *Fink*, WissR 27 (1994), S. 126 (135). Weitere Rechtfertigungsgründe, wie beispielsweise der Schutz von Leben und Gesundheit Dritter schieden aus, weil die Forschungsarbeiten den Bereich der theoretischen Erwägungen noch nicht überschritten hatten.
218 BVerwGE, 102, 304 (309 f.) *„Der Verzicht staatlicher Fremdkontrolle und die der Wissenschaft eingeräumte Autonomie gebieten es aber, den zuständigen Organen der Hochschule die notwendige Kompetenz einzuräumen, dann, wenn konkrete Anhaltspunkte dafür bestehen, dass ein Hochschullehrer seine Forschungsfreiheit möglicherweise missbraucht oder verfassungsrechtlich geschützte Rechtsgüter anderer gefährdet oder verletzt, diesen nachzugehen und gegebenenfalls eine Kommission zur Prüfung des Sachverhalts sowie etwaige Konsequenzen einzusetzen."*
219 BVerwGE 102, 304 (310 f.) unter Verweis auf BVerfGE 47, 327 (384).
220 Laut Nichtannahmebeschluss des BVerfG auf die nachgehende Verfassungsbeschwerde der Universität, vgl. BVerfG, DVBl. 2000, S. 1781 = NJW 2000, 3635, brauche nicht entschieden werden, ob sich die Universität bei Binnenkonflikten um Fragen der Wissenschaftlichkeit ih-

dann und nur gegenständlich begrenzt tätig werden können, wenn und soweit gegen einen Wissenschaftler aufgrund von konkreten Anhaltspunkten schwerwiegende Vorwürfe erhoben wurden, etwa, dass er verantwortungslos gegen grundlegende Prinzipien der Wissenschaftlichkeit verstoßen oder die Forschungsfreiheit missbraucht hat, oder dass seinen Arbeiten der Charakter der Wissenschaftlichkeit abzusprechen sei.[221] Amtliche Feststellungen der Kommission und Kritik an der Arbeit des Forschers sollen darüber hinaus auf die Fälle beschränkt sein, in denen die Grenzen der Wissenschaftsfreiheit zweifelsfrei überschritten sind und die Arbeiten des Wissenschaftlers nicht mehr als ernsthafter Versuch zur Ermittlung von Wahrheit beurteilt werden können. Sie folglich nicht den Schutz des Art. 5 Abs. 3 GG genießen.[222]

An konkreten Vorgaben für die Verfahrensgestaltung ist dem Urteil damit die Forderung nach detailliert ausgearbeiteten Tatbeständen, die wissenschaftliches Fehlverhalten in Abgrenzung zu guter wissenschaftlicher Praxis einschließlich der subjektiven Voraussetzungen festlegen, zu entnehmen.[223] Eine abstrakt-generelle Bestimmung würde nicht berücksichtigen, dass das Überschreiten der Grenzen eines vorbehaltlos gewährleisteten Freiheitsrechts nur im Einzelfall feststellbar ist.[224] Sobald der anfängliche Vorwurf keine der tatbestandlichen Handlungen betrifft oder sich abzeichnet, dass ein geeigneter Verdacht sich nicht erhärtet, sollen Auseinandersetzungen mit Forschungsarbeiten auf der Ebene des wissenschaftlichen Diskurses frei von Einflüssen der Untersuchungsgremien zwischen einzelnen Grundrechtsträgern geführt werden.[225] Damit wird impliziert, das ein institutionalisiertes Verfahren – sofern es im Hinblick auf die Verdachtslage überhaupt eingeleitet werden durfte – jedenfalls ohne oder mit einem streng wertungsfreien Verfahrensbericht zügig einzustellen oder abzuschließen ist, wenn sich im Verfahrensverlauf herausstellen sollte, dass der betroffene Wissenschaftler den ernsthaften Versuch unternimmt, dem Anspruch von Wissenschaftlichkeit zu genügen.

Weitergehend verweist das Gericht in seiner Entscheidung darauf, dass zu den Verfahrensstandards auch eine normative Grundlage zählen sollte und dass die Vertraulichkeit zum Schutz des Betroffenen gewahrt werden sollte, um zu verhindern, dass nicht schon ungesicherte Vorwürfe gravierender Art die Öffentlichkeit erreichen. Dabei sollten sich die Anforderungen an denen eines förmlichen Disziplinarverfahrens orientieren.

---

rerseits auf das Grundrecht der Wissenschaftsfreiheit berufen kann, da sie auch aus einer entsprechenden Grundrechtsposition aus Art. 5 Abs. 3 GG keine weitergehenden Verfahrensbefugnisse ableiten ließen.

221 BVerwGE 102, 304 (311).
222 BVerwGE 102, 304 (312).
223 *Schmidt-Aßmann*, NVwZ 1998, S. 1225 (1233).
224 Zur Problem abstrakter Grenzen *Turner*, ZRP 1986, S. 172 ff.
225 BVerwGE 102, 304 (312).

b) Zur grundrechtsdogmatischen Kritik

Universitäten oder andere staatlich institutionalisierte Forschungseinrichtungen werden im Lichte der Lohmann-Entscheidung trotz ihres mehr oder weniger stark ausgeprägten intermediären Charakters[226] in der Hauptsache als staatliche Vertreter, das heißt als Grundrechtsverpflichtete wahrgenommen und damit entgegen ihrer Fähigkeit, selbst Träger der Wissenschaftsfreiheit zu sein, aus dem Gesamtsystem der Wissenschaftseinrichtungen herausgenommen. Dabei sind die Institutionen des deutschen Wissenschaftssystems bekanntlich mehr oder weniger zufällig teils in öffentlich-rechtlicher, teils in privatrechtlicher Form verfasst.[227] Neben der mangelnden Berücksichtigung des qualitätssichernden wissenschaftsinternen Charakters der Verfahren ist ein wesentlicher Kritikpunkt an der Entscheidung daher die Überbewertung der individuellen Wissenschaftsfreiheit gegenüber institutionellen Interessen der Forschungseinrichtung.[228]

Bei der Wissenschaftsfreiheit handelt es sich um ein Organisationsgrundrecht[229], welches eine starke Einbindung des Einzelnen in organisierte Handlungs- und Kommunikationsgefüge begünstigt.[230] Diese Prägung gilt es zu berücksichtigen, indem man der individuellen Wissenschaftsfreiheit keinen überproportionalen Vorrang nach einem möglicherweise überkommenen Vorstellungsbild einräumt.[231] Auch staatlich institutionalisierte Forschungseinrichtungen sind Teil des Wissenschaftssystems und nicht nur Träger klassischer Hoheitsfunktionen. Es bedarf daher einer Annäherung der Anforderungen wissenschaftlicher Selbstkontrolle, an die in allen Bereichen die gleichen Grundvoraussetzungen – mit lediglich forschungstypbedingten Ausprägungen – zu stellen sind.

Darüber hinaus wird der objektiv-rechtliche Gehalt der Wissenschaftsfreiheit auch zu eng interpretiert. So ist der Umgang mit vagen Vorwürfen, denen es an

---

226 *Trute*, Die Forschung zwischen grundrechtlicher Freiheit und staatlicher Institutionalisierung, 1994, S. 489 ff.; *Trute*, Die Verwaltung 1994, S. 301 (318 f.) unter Betrachtung der DFG als klassisches Beispiel einer intermediären Einrichtung.

227 Vgl. oben 4. Teil, A. I., S. 268 ff. sowie die Auflistung außeruniversitärer Forschungseinrichtungen bei *Meusel*, Außeruniversitäre Forschung im Wissenschaftsrecht, Rn. 13 ff. oder die Liste der Großforschungseinrichtungen bei *Krech*, in HdbWissR, 2. Aufl. (1996), S. 1307 (1310 ff.). Anschaulich im Hinblick darauf, dass die Abhängigkeit vom Staat nicht mit der Rechtsform gleichzusetzen ist, die unterschiedlichen Formen der Anbindung *Schuppert*, DÖV 1981, S. 153 (155) und *Meusel*, Außeruniversitäre Forschung im Wissenschaftsrecht, Rn. 22 ff.

228 *Schmidt-Aßmann* bezeichnet die Gegenüberstellung der Rechtspositionen des betroffenen Forschers einerseits und der Universität andererseits durch das BVerwG als „Modell radikaler Asymmetrie", NVwZ 1998, S. 1225 (1233).

229 *Trute*, Die Forschung zwischen grundrechtlicher Freiheit und staatlicher Institutionalisierung, 1994, S. 245 ff., 253 ff., 276; *Schmidt-Aßmann*, in: Bull (Hrsg.), Festschrift für Thieme, 1994, S. 697 ff.

230 *Kleindiek*, JZ 1993, S. 996 (997); *Trute*, Die Forschung zwischen grundrechtlicher Freiheit und staatlicher Institutionalisierung, 1994, S. 280 ff.

231 *Schmidt-Aßmann* vertritt ein „Modell gemäßigter Asymmetrie", NVwZ 1998, S. 1225 (1233).

Gewicht oder Klarheit fehlt – im Hinblick auf das Eigeninteresse der Wissenschaft am Funktionieren der Selbststeuerung – Bestandteil des Wissenschaftssystems und Teil des objektiv-rechtlichen Gehalts des Art. 5 Abs. 3 GG. Dieser verlangt eine umfassende organisatorische Umsetzung wissenschaftlicher Selbststeuerung, die nicht bei dem Ergebnis der nicht eindeutigen Nachweisbarkeit anhält und entsprechende Fälle dem offenbar überforderten wissenschaftlichen Diskurs überlässt. Zu berücksichtigen ist hierbei, dass die wissenschaftseigenen Klärungsverfahren der Einhaltung selbst gesetzter und keineswegs staatlich überformter Anforderungen an die Wissenschaft dienen. Sie führen auf organisatorischem Wege fort, was mit der Standardsetzung begonnen wurde, nämlich Selbstorganisation organisationsgeprägter, qualitativer Wissenschaft. Für diese Argumentation spricht auch das Schutzgut, dem die Verfahren dienen sollen, nämlich dem der Vertrauenswürdigkeit und Funktionsfähigkeit der Wissenschaft.[232] Es ist daher verfehlt, von der staatlichen Institutionalisierung der Forschungseinrichtung, insbesondere der Nutzung öffentlich-rechtlicher Organisationsformen, einseitig auf den Eingriff in Grundrechte rückzuschließen.

c) Die verfassungsrechtliche Bedeutung unterschiedlicher Verfahrenskonzepte

Die Forderungen nach einem engen Verfahrensrahmen, wie ihn das BVerwG für hochschulische Kommissionsverfahren stellt, können allenfalls dort gerechtfertigt sein, wo Fehlverhaltensweisen zum Gegenstand von strikt kontradiktorisch geführten Verfahren gemacht werden, an deren Ende harte wissenschaftsspezifische Sanktionen stehen sollen. Denkbar sind aber durchaus auch eher konsensorientierte Verfahren, die auf Schlichtung ausgelegt sind und eines offeneren verfassungsrechtlichen Rahmens bedürfen.[233]

Indem das BVerwG die Kompetenz der Kommission ebenso wie die Reichweite des Untersuchungsrahmens an die Qualität des Vorwurfs und die Reaktion der Kommission an die zweifelsfreie Feststellung wissenschaftlichen Fehlverhaltens knüpft, begrenzt es Spielraum und Effektivität wissenschaftseigener Verfahren erheblich. Problematisch sind vor allem diejenigen Fälle, welche nicht verlässlich unter die Definition wissenschaftlichen Fehlverhaltens subsumiert werden können, oder in denen sich der Vorwurf eines bewussten Fehlverhaltens während der Vorprüfung nicht hinreichend bestätigt, dennoch aber ein gravierender objektiver Verstoß gegen Regeln guter wissenschaftlicher Praxis vorliegt. Die Grauzone unsicherer Fallgestaltungen ist sehr breit.[234] Auch dort sollte ein auf wissenschaftliche Selbstkontrolle ausgerichtetes Verfahren ansetzen und Unregelmäßigkeiten feststellen

---

232 Empfehlungen der Kommission „Selbstkontrolle in der Wissenschaft", Empfehlung 8, veröffentlicht in: DFG, Sicherung guter wissenschaftlicher Praxis, Denkschrift, S. 14.
233 Vgl. oben und *Schmidt-Aßmann*, NVwZ 1998, S. 1225 (1235).
234 *Trute*, Forschung & Lehre, Heft 6/2000, S. 287 ff.; MPG (Hrsg.), Verantwortliches Handeln in der Wissenschaft, Max-Planck-Forum 3, S. 32 ff.

können. Nicht nur für diesen Fall sind durchaus diskursivere oder abgestufte Verfahrenstypen mit weniger einschneidenden Verfahrensergebnissen konstruierbar, als dasjenige, welches dem Urteil zugrunde lag.[235] Das bereits angesprochene Ombudsverfahren geht in diese Richtung, ebenso ein Konzept vorrangiger Schlichtung im Sinne einer einvernehmlichen Lösung in der Kommission[236]. Für diese Verfahrenstypen können aber nicht dieselben strengen Maßstäbe gelten.

Dies gilt umso mehr vor dem Hintergrund, dass die Kompetenzen der Kommission von dem zu Beginn seines Auftretens regelmäßig nicht voraussehbaren Umfang und Gewicht eines Verdachts und damit vom Ergebnis erster Aufklärungsversuche abhängig gemacht werden. Die Aufgabe der Vorprüfung übernehmen seit der weit reichenden Umsetzung der Musterordnungen der Kommission der DFG und der Hochschulrektorenkonferenz in der Regel Ombudsleute als unabhängige Ansprechpartner der jeweiligen Forschungseinrichtung.[237] Mangels Ausstattung mit investigativen Befugnissen wird es diesen in der Regel jedoch nur bedingt gelingen, den an sie herangetragenen Vorwurf oder Verdacht hinreichend auf ein sicheres Überschreiten der Zulässigkeitsschwelle für die förmliche Untersuchung abzuklopfen. Zweifelhaft ist auch, ob die teilweise vorgesehene Schlichterfunktion des Ombudsmans bei Vorwürfen minderer Schwere[238] noch in den Bereich des gerichtlich vorgesehenen wissenschaftlichen Diskurses fällt.

d) Implikationen der Rechtsstellungsvielfalt von Wissenschaftseinrichtungen

Die Organisationsvielfalt deutscher Forschungseinrichtungen hat zur Folge, dass ihr Handeln unter dem Einfluss unterschiedlicher Rechtssysteme steht. Die grundrechtsdogmatische Ausgestaltung der Wissenschaftsfreiheit nimmt auch jenseits der verfahrensleitenden Folgerungen für die Hochschulen im Bereich der außeruniversitären Forschung durch Privatrechtssubjekte, Einfluss auf Verfahren und Strukturen zur Aufklärung wissenschaftlichen Fehlverhaltens. Die Gestaltungs- und Bewegungsfreiheit der privatrechtlich verfassten Einrichtungen ist aber im Vergleich zu den staatlichen Einrichtungen nach Maßgabe des für sie geltenden Privatrechts weiter, obwohl die Probleme des Fehlverhaltens in der Forschung der Sache nach die gleichen wie in staatlichen Einrichtungen sind.[239] Privatrechtssubjekte können anders als öffentlich-rechtlich organisierte Forschungsinstitutionen den Grundrechtsschutz für

---

235 *Schmidt-Aßmann*, NVwZ 1998, S. 1225 (1235) zum Konzept eines diskursiven Verfahrens.

236 Empfehlungen der Kommission „Selbstkontrolle in der Wissenschaft", Empfehlung 8, veröffentlicht in: DFG, Sicherung guter wissenschaftlicher Praxis, Denkschrift, S. 14.

237 Empfehlungen der Kommission „Selbstkontrolle in der Wissenschaft", Empfehlung 5, veröffentlicht in: DFG, Sicherung guter wissenschaftlicher Praxis, Denkschrift, S. 10; Hochschulrektorenkonferenz (Hrsg.), Zum Umgang mit wissenschaftlichem Fehlverhalten – Empfehlungen des 185. Plenums der Hochschulrektorenkonferenz, Bonn 1998, S. 11.

238 Dazu *Muckel* in: Hanau/Leuze/Löwer/Schiedermair (Hrsg.), Wissenschaftsrecht im Umbruch, Gedächtnisschrift für Hartmut Krüger, 2001, S. 275 (278 f.).

239 *Schulze-Fielitz*, WissR Bd. 37 (2004), S. 100 (108).

sich beanspruchen, ohne selbst unmittelbar an Grundrechte gebunden zu sein.[240] Ihr Verhältnis zu den beschäftigten Wissenschaftlern bewegt sich auf einer Ebene der Gleichordnung, frei von einseitigen Bindungen. Für ein Fehlverhaltensverfahren unter Einfluss des Privatrechtsregimes spielen die Wertungen des Art. 5 Abs. 3 GG nach traditionellem Grundrechtsverständnis daher lediglich unter dem Gesichtspunkt der Drittwirkung der Grundrechte eine Rolle. Etwas anderes kann nur gelten, wenn Privatrechtssubjekte aufgrund ihres besonderen Näheverhältnisses zum Staat Sonderbindungen unterliegen, welche die Rechtsfigur des Verwaltungsprivatrechts anwendbar machen.[241] Im Institutionengefüge der Wissenschaft tendieren intermediäre Einrichtungen als Kooperationsformen zwischen Staat, Wissenschaft und Gesellschaft zu einer noch komplexeren Zwischenstellung.[242]Eine an den jeweiligen Kontextsituationen und Interessenlagen innerhalb des Wissenschaftssystems orientierte eigene Dogmatik für diese Zwischenbereiche ist noch in der Entwicklung. [243]

2. Prägung der Verfahren durch weitere elementare Verfassungsanforderungen

Über die spezifischen Wirkungen des Art. 5 Abs. 3 GG hinaus lassen sich aus dem Rechtsstaatsprinzip und der Menschenwürde, gegebenenfalls in Verbindung mit anderen Verfassungsbestimmungen grundlegende Verfahrensstandards ableiten, die für die Klärungsverfahren öffentlich wie privatrechtlich organisierter Wissenschaftseinrichtungen Geltung beanspruchen.[244] Es handelt sich um Basisregeln der Verfahrensfairness und Waffengleichheit[245], die ebenso wie Art. 5 Abs. 3 GG je nach prozessualem Anwendungsfeld, Verfahrenstyp und involviertem Rechtsregime unterschiedliche Ausprägung entfalten.[246] Genannt werden sollen an dieser Stelle nur die Gewährung rechtlichen Gehörs, Neutralität der Verfahrensbeteiligten und die Vertraulichkeit des Verfahrens. Bei der Behandlung der tatsächlichen Ausgestaltung der Verfahren werden diese einer genaueren Einzelbetrachtung unterzogen.[247]

---

240 *Schmidt-Aßmann*, NVwZ 1998, S. 1225 (1230).
241 *Schmidt-Aßmann*, NVwZ 1998, S. 1225 (1231).
242 Vgl. *Trute*, Die Verwaltung 1994, S. 301 (318 ff.); *ders.*, Die Forschung zwischen grundrechtlicher Freiheit und staatlicher Institutionalisierung, S. 489 ff.
243 *Schmidt-Aßmann*, NVwZ 1998, S. 1225 (1231).
244 *Höhne*, Rechtsprobleme bei der Kontrolle der Lauterkeit in der Forschung, S. 139 ff.
245 *Schmidt-Aßmann*, NVwZ 1998, S. 1225 (1230); Tettinger, Fairness und Waffengleichheit; *Sommermann*, in: v. Mangoldt/Klein Starck (Hrsg.) Bonner Grundgesetz Kommentar, Art. 20 Rn. 314.
246 Dazu *Deutsch*, VersR 2003, S. 1197 (1201).
247 Siehe unten 4. Teil, F. II., S. 390 ff.

C. Geschichtliche Entwicklung des Deutschen Verfahrensmodell

Ähnlich wie in den USA standen auch in Deutschland Vorkommnisse missbräuchlicher Praktiken renommierter Wissenschaftler am Anfang der 1997 begonnenen Entwicklung präventiver und repressiver Maßnahmen gegen wissenschaftliches Fehlverhalten.[248] An die aufkeimende Debatte über Effizienz und Ursachen des Versagens existierender Qualitätssicherungsmechanismen schloss sich zügig die ebenfalls aus den USA bekannte Diskussion über die Notwendigkeit staatlichen Eingreifens an.[249]

I. Auftreten wissenschaftlichen Fehlverhaltens

Flankiert von einigen weniger Aufsehen erregenden aber keineswegs unbedeutenden Fällen wissenschaftlichen Fehlverhaltens[250] drang 1997 der wohl bekannteste und für die deutsche Wissenschaft folgenschwerste Fälschungsskandal um die beiden Medizinprofessoren und Krebsforscher Friedhelm Herrmann und Marion Brach an die Öffentlichkeit.[251] Wie die rasch eingesetzte und mit Vertretern der betroffenen

248 *Detmer*, in: Hartmer/Detmer (Hrsg.), Hochschulrecht, Kapitel II Rn. 172.
249 DFG, Sicherung guter wissenschaftlicher Praxis, Denkschrift, S. 3.
250 Mitte der neunziger Jahre beschäftigte auch der Fall des Bonner Chemiedoktoranden Guido Zadel, der der Fälschung wesentlicher Daten und Ergebnisse seiner preisgekrönten Doktorarbeit verdächtigt und überführt wurde, die Öffentlichkeit, *Stegemann-Boehl*, WissR 1996, S. 139; *Finetti/Himmelrath*, Der Sündenfall, S. 109 ff. Der Fall des Biophysikers Wolfgang Lohmann, der nichtreproduzierbare Ergebnisse aus der Hautkrebsforschung veröffentlicht hatte, drang sogar bis vor das höchste Verwaltungsgericht, vgl. BVerwGE 102, 304; kritisch zum erstinstanzlichen Urteil des VG Gießen vom 23.2.1993, Az. III/V E 651/9, *Kleindiek*, JZ 1993, S. 996 ff. Weitere Verdachtsfälle rankten sich um den Mediziner Meinolf Goertzen, VG Düsseldorf v. 11.04.1997, Az. 15 L 4204/96 (unveröffentlicht), die Tübinger Krebsforscher Alexander Kugler und Gernot Stuhler, *Bartens/Albrecht*, Die Zeit Nr. 29 (2001), den Göttinger Urologen Hermann Ringert, den Physiker Hendrik Schön, *Rauner*, Die Zeit, Nr. 25 (2002) und den Zoophysiologen und Leibnitz Preisträger Heinz Breer, *Schnabel/Bartens*, Die Zeit Nr. 21 (2003). Zu einigen genannten und weiteren Fällen Finetti/Himmelrath, Der Sündenfall, S. 108 ff., 124 ff.
Anders gelagert war der im Jahr 1990 bekannt gewordene Fall der Philosophieprofessorin Ströker, die sich dem unberechtigten Vorwurf einer Kollegin ausgesetzt sah, in ihrer Doktorarbeit von bedeutende Philosophen abgeschrieben zu haben. Die von den philosophischen Fakultäten Bonn und Köln eingesetzten Kommisionen sahen sich letztendlich nicht in der Lage, die Vorwürfe aufrecht zu erhalten. Dennoch wurde die Angelegenheit zum Nachteil der Betroffenen über Jahre hinweg mediatisiert. Zu Hintergründen und Aufklärungsbemühungen der Betroffenen vgl. Stellungnahme des Ombudsmans der DFG, wissenschaftliches Fehlverhalten durch ungeprüft geäußerte Vorwürfe, von März 2001, vgl. http://www.rrz.uni-hamburg.de/dfg_ombud/publ_stellungnahme_03-2001.html (15.02.2007); *Ströker*, Im Namen des Wissenschaftsethos. Jahre der Vernichtung einer Hochschullehrerin in Deutschland 1990-1999.
251 Ausführlich dazu *Finetti/Himmelrath*, Der Sündenfall, S. 33 ff.; *Altenmüller*, Spektrum der Wisenschaft, S. 98, 101 ff.

Einrichtungen besetzte gemeinsame Kommission zur Aufklärung der Vorwürfe wissenschaftlicher Fälschung und die „Task-Force F.H." der geschädigten Fördereinrichtungen DFG und Dr. Mildred-Scheel-Stiftung – Deutsche Krebshilfe[252] aufdeckten, hatten die beiden Wissenschaftler von 1988 bis 1997 während ihrer gemeinsamen Tätigkeit an den Universitäten Mainz, Freiburg und Ulm, sowie am Max-Delbrück-Centrum in Berlin in erheblichem Umfang Ergebnisse und Aussagen in ihren wissenschaftlichen Publikationen gefälscht, um die geschönten Forschungsergebnisse erfolgreich für die Einwerbung von Drittmitteln einzusetzen.[253] Die Praktiken kamen durch den Einsatz eines jungen Molekularbiologen und Mitarbeiters zum Vorschein, dem die Manipulation publizierter Abbildungen mit einem Bildbearbeitungsprogramm auffiel.

Neben dem Fälscherpaar waren in die Affäre eine Vielzahl von Koautoren, darunter ihr früherer Lehrer und Freiburger Klinikautor Roland Mertelsmann[254], verwickelt. Ein Großteil der involvierten Wissenschaftler zog sich darauf zurück, als „Ehrenautor" eingesetzt worden zu sein, ohne die manipulierten Untersuchungen zu kennen.

II. Die Initiative der DFG

Der im In- und Ausland viel diskutierte Fall Herrmann-Brach motivierte die DFG, welche Mitte der neunziger Jahre bereits Grundsätze für den Umgang mit DFG-internen Verdachtsfällen und einen Katalog mit Fehlverhaltenssanktionen aufgestellt hatte[255], zum Tätigwerden. Wie in Dänemark – nur unter gewissermaßen U.S.-amerikanischen, das heißt durch konkrete Vorkommnisse geprägten Rahmenbedingungen – behalf man sich mit dem Einsatz einer wissenschaftlichen Expertenkommission.

---

252 Die Gemeinsame Kommission zur Untersuchung der Fälschungsvorwürfe übernahm unter dem Vorsitz Wolfgang Goreks von der Universität Freiburg die zentrale Aufklärung der Vorwürfe. Sie kooperierten mit mehreren lokal gebildeten Untersuchungsgremien der Einrichtungen in Lübeck, Ulm, Berlin, Mainz und Freiburg. Die „Task Force F.H." unter der Leitung des Würzburger Zellbiologen Rapp verfolgte eine gründliche Analyse des Publikationswerks von Friedhelm Hermann im einem Umfang von insgesamt 347 Veröffentlichungen. In ihrem Abschlußbericht kam sie zu dem Ergebnis, dass insgesamt 94 der untersuchten Veröffentlichungen konkrete Hinweise auf Datenmanipulationen beinhalteten. 132 Publikationen führten zu Entlastungen.

253 DFG-Pressemitteilung Nr. 26, vom 19. Juni 2000; *Finetti/Himmelrath*, Der Sündenfall, S. 33 ff.

254 Mertelsmann wurde nach einem zweiten Untersuchungsbericht, der ihm gravierende Mängel bei der Erhebung, Dokumentation und Publikation von Daten sowie die Vernachlässigung seiner Aufsichtpflicht vorwarf, für drei Jahre von seiner Tätigkeit als Gutachter und in den Gremien der DFG und von der Antragstellung der DFG ausgeschlossen. Er blieb jedoch ärztlicher Direktor der Universitätsklinik Freiburg.

255 *Frühwald*, Forschung – Mitteilungen der DFG 2-3 1995, S. 3, 30-31.; *Altenmüller*, Spektrum der Wissenschaft, Oktober 2000, S. 98.

1. Einsetzung, Mitglieder und Arbeitsauftrag der Kommission „Selbstkontrolle in der Wissenschaft" der DFG

Das Präsidium der DFG berief 1997 die international besetzte Kommission „Selbstkontrolle in der Wissenschaft" ein.[256] Diese erhielt den Auftrag, eine Analyse der Ursachen von Unredlichkeit im Wissenschaftssystem zu betreiben, präventive Gegenmaßnahmen zu diskutieren sowie die existierenden Mechanismen wissenschaftlicher Selbstkontrolle zu überprüfen und Empfehlungen zu ihrer Sicherung zu geben.[257] Ein wichtiges bereits in der Bezeichnung der Kommission manifestiertes Anliegen war es, trotz anders lautender Forderungen nach mehr öffentlicher Kontrolle aus den Lagern von Presse und Politik einen internen Lösungsweg für das deutsche Wissenschaftssystem zu finden, der dieses vor einem Eingreifen von außen bewahrte.[258] So war klar, dass man bei den Beratungen über einen deutschen Weg das U.S.-amerikanische und das dänische Verfahrensmodell mit seinen zentralen staatlichen Akteuren zwar nicht außer Acht lassen, aber diesen im Sinne des Grundsatzes wissenschaftlicher Selbstkontrolle auch nicht folgen werde.[259]

Mitglieder der Kommission waren neben dem den Vorsitz der Kommission führenden Präsidenten der DFG zwölf Professoren aus unterschiedlichen Forschungsdisziplinen.[260] Die Mehrzahl der Wissenschaftler stammte aus den naturwissenschaftlichen und medizinischen Bereich, des Weiteren befand sich ein Rechtswissenschaftler und als Präsident der DFG ein Germanist unter den Mitgliedern.

2. Empfehlungen der Arbeitsgruppe

Als Ergebnis ihrer Beratungen präsentierte die Kommission „Selbstkontrolle in der Wissenschaft" am 9. Dezember 1997 sechzehn einstimmig verabschiedete Verhaltens-Empfehlungen[261], die mit ergänzenden Begründungen und Kommentaren zur

---

256 *Meusel*, Außeruniversitäre Forschung im Wissenschaftsrecht, Rn. 252a; *Rupp*, in: Anderbrügge/Epping/Löwer (Hrsg.), Anderbrügge/Epping/Löwer (Hrsg.), Dienst an der Hochschule: Festschrift für Leuze, S. 437.

257 DFG, Sicherung guter wissenschaftlicher Praxis, Denkschrift, S. 3.

258 Vgl. *Finetti/Himmelrath*, Der Sündenfall, S. 183 ff. unter Verweis auf zahlreiche Pressestimmen. Entsprechend deutlich wird schon in den Vorbemerkungen zu den Empfehlungen der Arbeitsgruppe darauf hingewiesen, dass es zur Verhinderung von Unredlichkeit in der Forschung keiner staatlichen Maßnahmen bedürfe, sondern dass sich Wissenschaftler und die verfassten Institutionen der Wissenschaft die Normen guter wissenschaftlicher Praxis in ihrer täglichen Praxis zu eigen machen müssten, vgl. DFG, Sicherung guter wissenschaftlicher Praxis, Denkschrift, S. 6; *Bäste/Kälke*, Spektrum der Wissenschaft Dez. 1998, S. 72 (73).

259 Vgl. *Finetti/Himmelrath*, Der Sündenfall, S. 198 f.

260 Siehe die Mitgliederliste in: DFG, Sicherung guter wissenschaftlicher Praxis, Denkschrift, S. 3.

261 Die Empfehlungen waren zunächst als „Ehrenkodex für gutes wissenschaftliches Verhalten" betitelt worden, sie DFG Pressemitteilung Nr. 31 vom 16.12.1997.

Umsetzung im Frühjahr 1998 in Buchform veröffentlicht wurden.[262] Damit konnte die Kommission an vereinzelt bereits zuvor existierende, aber wenig beachtete Regeln der deutschen Wissenschaft anknüpfen. Die DFG selbst sah seit 1992 in ihren Merkblättern und Richtlinien für Antragsteller und Gutachter vorbeugende Verhaltensregeln gegen Fehlverhalten vor.[263] Im Falle eines hinreichenden Fehlverhaltensverdachts sollte schon damals vor einem fünfköpfigen Untersuchungsausschuss eine Untersuchung einzuleiten sein.[264] Überdies hatten einige Fachgesellschaften positive Verhaltenskodizes für die jeweilige Profession formuliert.[265]

Die neuen Empfehlungen richteten sich nun einerseits an die verfassten Institutionen der deutschen Wissenschaft, aber auch an alle wissenschaftlich tätigen Mitglieder dieser Einrichtungen. Hinsichtlich der einzelnen Inhalte wird auf die späteren Ausführungen im Abschnitt über die normativen Grundlagen verwiesen.[266]

3. Errichtung des Ombudsmans der DFG

In Umsetzung der Schlussempfehlung der Kommission „Selbstkontrolle in der Wissenschaft", schuf die DFG den Ombudsman der DFG als unabhängige wissenschaftsinterne Instanz mit beratender und vermittelnder Funktion, die allen Wissenschaftlern, unabhängig davon, in welcher Einrichtung diese tätig sind und ob ein Zusammenhang mit der Fördertätigkeit der DFG besteht, zur Beratung und Unter-

---

262 Empfehlungen der Kommission „Selbstkontrolle in der Wissenschaft" veröffentlicht in: DFG, Sicherung guter wissenschaftlicher Praxis, Denkschrift, S. 3 und NJW 1998, S. 1764 f.

263 Das Präsidium hatte 1992 auf Initiative des damaligen Vizepräsidenten Albin Eser beschlossen, einzelne vorbeugende Verhaltensregeln in die Merkblätter für Anträge auf Sachbeihilfen, für Anträge auf Stipendien, zum Doktorandenprogramm und für Anträge auf Reisebeihilfen sowie die Leitsätze für die Förderung von Sonderforschungsbereichen einzufügen, die sich insbesondere auf eine vollständige und den wissenschaftlichen Gepflogenheiten entsprechende Darstellung des gegenwärtigen Forschungsstandes unter Angabe der verwendeten Literatur bezogen. In den Richtlinien für Fachgutachter war die Vertraulichkeit besonders unveröffentlichter Daten stärker hervorgehoben worden. Vgl. auch die erweiterte aktuelle Fassung folgender Merkblätter: DFG, Merkblatt und Leitfaden für die Antragstellung (1.02), unter IV.; DFG, Verwendungsrichtlinien für Sachbeihilfen mit Leitfaden für Abschlussberichte und Regeln guter wissenschaftlicher Praxis (2.01), unter III.; DFG, Verwendungsrichtlinien für Sachbeihilfen – Drittmittel – mit Leitfaden für Abschlussberichte und Regeln guter wissenschaftlicher Praxis (2.02), unter III.

264 Das Präsidium hatte sich auf ein Verfahren bei Verdacht auf Fehlverhalten geeinigt, bei dem eine Vorprüfung mit Gelegenheit zur Stellungnahme für den von Verdacht Betroffenen durch die zuständigen Bereichsleiter erfolgen sollte. Die anschließende förmliche Untersuchung durch den Untersuchungsausschuss erfolgte in freier Beweiswürdigung, deren Ergebnis dem Hauptausschuss der DFG zur weiteren Entscheidung vorgelegt wurde.

265 Deutsche Gesellschaft für Soziologie (Hrsg.), Ethik Kodex der Deutschen Gesellschaft für Soziologie (DGS) und des Berufsverbandes deutscher Soziologen (BDS) vom 27.11.1992, in: DGS-Informationen 1/93, S. 13 ff.; Gesellschaft Deutscher Chemiker (GDCh) (Hrsg.), Verhaltenskodex der Gesellschaft Deutscher Chemiker, von 1994.

266 Vgl. 4. Teil, D. II. 2., S. 323 ff.

stützung in Fragen guter wissenschaftliche Praxis und ihrer Verletzung durch wissenschaftliches Fehlverhalten zur Verfügung steht.[267]

Der Ombudsman der DFG wurde als Kollegialorgan mit drei Mitgliedern durch Senatsbeschluss vom 28. Januar 1999 eingerichtet und nahm im Juli 1999 seine Arbeit auf.[268] Das erste Gremium war über einen Zeitraum von knapp sechs Jahren in unveränderter Besetzung tätig, bis Mitte April 2005 die Übergabe der Amtsgeschäfte an eine Nachfolgebesetzung stattfand.

4. Anknüpfung der Fördermittelvergabe an die Standardumsetzung

Mit einem Rundschreiben an alle Rektoren und Präsidenten der Mitgliedereinrichtungen teilte die DFG bereits im Jahre 1998 mit, dass es für die Inanspruchnahme von Fördermitteln zukünftig darauf ankäme, dass die Empfehlungen der Kommission Selbstkontrolle in der Wissenschaft in den Mitgliedseinrichtungen umgesetzt würden.[269] Die Mitgliederversammlung der DFG hatte zuvor beschlossen, nach Verabschiedung einer Musterverfahrensordnung durch die Hochschulrektorenkonferenz und einer sich anschließenden Übergangsfrist die Vergabe von Fördermitteln an die Einhaltung ihrer Empfehlungen zu knüpfen.[270] Seit dem 1. Juli 2002 müssen die Empfehlungen 1 bis 8 einschließlich der Verfahrensempfehlung, wonach Hochschulen und Forschungseinrichtungen durch legitimierte Organe und unter Berücksichtigung einschlägiger rechtlicher Regelungen beschlossene Verfahren zum Umgang mit Vorwürfen wissenschaftlichen Fehlverhaltens vorsehen müssen, vollständig umgesetzt werden.

III. Standard- und Verfahrensimplementation durch MPG, Hochschulrektorenkonferenz und weiterer Forschungs- und Forschungsförderungseinrichtungen

Die Max-Planck-Gesellschaft und die Hochschulrektorenkonferenz begannen parallel zu der Initiative der DFG, Regelwerke für den Umgang mit wissenschaftlichem Fehlverhalten zu erarbeiten. Alle sonstigen Forschungseinrichtungen – insbesondere die Mitglieder der DFG – trieben spätestens seit 2002 die korrekte interne Umsetzung der DFG-Empfehlungen voran.

---

267 Vgl. ausführlich unten 4. Teil, D. III. 2. a), S. 379 ff.
268 Beschluss des Senats der DFG zur Einrichtung eines Ombudsman vom 28. Januar 1999.
269 *Rupp*, in. Anderbrügge/Epping/Löwer (Hrsg.), Dienst an der Hochschule: Festschrift für Leuze, S. 437 (440); siehe auch Empfehlungen der Kommission „Selbstkontrolle in der Wissenschaft", veröffentlicht in: DFG, Sicherung guter wissenschaftlicher Praxis, Denkschrift, S. 721 f.
270 *Rupp*, in. Anderbrügge/Epping/Löwer (Hrsg.), Dienst ander Hochschule: Festschrift für Leuze, S. 437 (441).

1. Max-Planck-Gesellschaft

Die Max-Planck-Gesellschaft, welche bereits im November 1997, unbeeinflusst durch den Herrmann/Brach Fall, eine erste singuläre für den Umgang mit wissenschaftlichem Fehlverhalten geltende Verfahrensordnung verabschiedet hatte[271], sah sich durch die aktuellen Geschehnisse veranlasst, im Juni 1998 einen Arbeitskreis zur Erarbeitung eines eigenen Gesamtregelwerks gegen wissenschaftliches Fehlverhalten zu bilden.[272] Die Edelstein-Kommission, benannt nach ihrem Vorsitzenden Wolfgang Edelstein, wurde durch den Präsidenten der MPG in Abstimmung mit dem Vorsitzenden des wissenschaftlichen Rats der Gesellschaft einberufen.[273] Die Arbeitsgruppe analysierte die historische Entstehung und Entwicklung des Problems, befasste sich in ihrem Bericht „Verantwortliches Handeln in der Wissenschaft"[274] eingehend mit speziellen Konfliktthemen und formulierte schließlich Regeln zur Sicherung guter wissenschaftlicher Praxis[275] sowie eine Neufassung der „Verfahrensordnung bei Verdacht auf wissenschaftliches Fehlverhalten".[276] Der Senat der MPG verabschiedete beide Regelwerke einschließlich eines „Katalogs von Fehlverhaltensweisen, die als wissenschaftliches Fehlverhalten anzusehen sind" und eines „Katalogs möglicher Sanktionen bzw. Konsequenzen bei wissenschaftlichem Fehlverhalten" am 24. November 2000.

Bereits das mit der ersten Verfahrensordnung implementierte Max-Planck-Verfahren war besonders detailliert ausgestaltet und diente mit einem zweistufigen, in einen straffen Zeitrahmen eingepasstem Konzept, auf dessen zweiter Stufe ein Untersuchungsausschuss zum Einsatz kam, und einem Katalog von Fehlverhaltens-tatbeständen als Vorbild für die heutigen Verfahrensgestaltungen.

---

271 Die hierfür zuständige Expertenkommission um Albin Eser hatte der MPG-Präsident Hubert Markl bereits im Vorfeld des Bekanntwerdens des Falls Hermann/Brach versammelt, so dass das zeitliche Zusammentreffen der Verabschiedung der ersten MPG-Verfahrensordnung „Verfahrensordnung bei Verdacht auf wissenschaftliches Fehlverhalten" durch den Senat am 14.11.1997 mit den Ereignissen um Herrmann/Brach dem Zufall entsprach, vgl. die Inhalte der Jahrespressekonferenz 1997 http://www.mpg.de/bilderBerichteDokumente/dokumentation/pressemitteilungen/1997/jahrespr.htm (15.02.2007) sowie *Finetti/Himmmelrath*, der Sündenfall, S. 207.

272 *Edelstein*, in: MPG (Hrsg.), Ethos der Forschung, Ringberg-Symposium Oktober 1999, Max-Planck-Forum 2, S. 169 (170).

273 *Edelstein*, in: MPG (Hrsg.), Ethos der Forschung, Ringberg-Symposium Oktober 1999, Max-Planck-Forum 2, S. 169 (170). Mitglieder der Kommission waren: Wolfgang Edelstein, Hans-Peter Hofschneider (Vorsitzende); Karl-Ludwig Kompa, Georg Kreutzberg, Renate Mayntz, Ansgar Ohly, Jürgen Renn, Wolf Singer, Rüdiger Wolfrum (weitere Mitglieder).

274 MPG, Verantwortliches Handeln in der Wissenschaft, Analysen und Empfehlungen.

275 Regeln zur Sicherung guter wissenschaftlicher Praxis, beschlossen vom Senat der Max-Planck-Gesellschaft in seiner Sitzung am 24. November 2000.

276 Verfahrensordnung bei Verdacht auf wissenschaftliches Fehlverhalten, beschlossen vom Senat der Max-Planck-Gesellschaft am 14. November 1997, geändert am 24. November 2000.

2. Hochschulrektorenkonferenz

Am 6. Juli 1998 gab das 185. Plenum der Hochschulrektorenkonferenz[277] auf Bitten der Kommission „Selbstkontrolle in der Wissenschaft"[278] und unter Berücksichtigung der Implikationen der Lohmann-Entscheidung[279] weitere „Empfehlungen zum Umgang mit wissenschaftlichem Fehlverhalten" heraus.[280] Das Regelwerk wurde unter Einbezug der Verfahrensordnung der MPG formuliert.[281] Es sollte als Musterverfahrensordnung für die deutschen Hochschulen der zügigen Umsetzung und der Einheitlichkeit in der Verfahrensgestaltung dienen, ohne dass eine Umsetzung erzwungen werden konnte.[282] Die Handreichung regte die Einsetzung von hochschulinternen Ombudsleuten, welche im Verdachtsfall als Ansprechpartner aller Hochschulangehörigen dienen, und einer ständigen Kommission zur Untersuchung von Fehlverhaltensvorwürfen an.[283]

3. Hochschulen und sonstige außeruniversitäre Forschungseinrichtungen

Die breite Streuung und die praktische Relevanz der DFG-Fördermittel führten gepaart mit den wegweisenden Vorarbeiten der Spitzeninstitutionen innerhalb weniger Jahre zu einer starken Umsetzungsdichte der Empfehlungen zur Sicherung guter wissenschaftlicher Praxis im deutschen Wissenschaftssystem. An Hochschulen, Fachhochschulen und außeruniversitären Forschungseinrichtungen staatlicher und privater Trägerschaft, bisweilen auch an deren Dach-[284] oder Unterorganisationen[285],

---

277 Der Rechts- und Finanzträger der HRK ist die Stiftung zur Förderung der HRK. Die Organe der Stiftung sind der Vorstand, der Beirat sowie das HRK-Plenum. Beirat und Plenum haben eher beratende bzw. kontrollierende Funktion.

278 Die Hochschulrektorenkonferenz war in der DFG Kommission durch Cornelius Weiss, den früheren Rektor der Universität Leipzig vertreten.

279 BVerwGE 102, 304 ff., vgl. dazu oben 4. Teil, B. II. 1. a), S. 283 ff.

280 HRK, Empfehlungen des 185. Plenums vom 6. Juli 1998 zum Umgang mit wissenschaftlichem Fehlverhalten in den Hochschulen, Ds. Nr. 1 85/9 HRK.

281 HRK, Empfehlungen des 185. Plenums vom 6. Juli 1998 zum Umgang mit wissenschaftlichem Fehlverhalten in den Hochschulen, Ds. Nr. 1 85/9 HRK.

282 Die Landeshochschulpräsidentenkonferenz (LHPK) des Landes Rheinland-Pfalz legte am 25. März 1999 ein ergänzendes Papier „Sicherung guter wissenschaftlicher Praxis durch Verfahren" vor.

283 HRK, Empfehlungen des 185. Plenums vom 6. Juli 1998 zum Umgang mit wissenschaftlichem Fehlverhalten in den Hochschulen, Ds. Nr. 1 85/9 HRK.

284 So haben die Dachgesellschaft der Einrichtungen der Blauen Liste, die Gottfried-Wilhelm-Leibniz-Gesellschaft, und der Großforschungseinrichtungen, die Herrmann von Helmholtz-Gemeinschaft Deutscher Forschungszentren, Grundsätze guter wissenschaftlicher Praxis erlassen: WGL, Regeln guter wissenschaftlicher Praxis vom 15.10.1999; HGF, Sicherung guter wissenschaftlicher Praxis und Verfahren bei wissenschaftlichem Fehlverhalten, vom 9.9.1998. Siehe außerdem: Forschungsverbund Berlin e.V., Verfahren beim Verdacht auf wissenschaftliches Fehlverhalten im Forschungsverbund Berlin e.V. vom 17. März 2003; Arbeitsgemeinschaft industrieller Forschungsvereinigungen „Otto von Guericke" e.V. (AiF),

wurden „Regeln guter wissenschaftlicher Praxis" einschließlich Verfahrensregeln für den Umgang mit wissenschaftlichem Fehlverhalten erlassen und Verfahrensgremien eingesetzt. Obwohl die Einrichtungen sich von Beginn an inhaltlich stark an den Empfehlungen der DFG und den Vorgaben der MPG und der HRK orientiert hatten, machte die spätere Anbindung der Fördermittelvergabe an die korrekte Umsetzung der Empfehlungen in zahlreichen Einrichtungen eine Überarbeitung der frühen Regelwerke erforderlich.[286]

Ergänzend wurde in Erfüllung der Vorgaben der zentralen Empfehlungen und der individuellen Regelwerke für die Installation der internen Verfahrensgremien gesorgt.[287]

D. Struktur des deutschen Verfahrensmodells

Deutschland hat gegenüber den USA und Dänemark einen dritten Weg zum Umgang mit Fehlverhalten in der Wissenschaft eingeschlagen, der auf Dezentralität beruht und wie kein anderer das Prinzip der Eigenverantwortung und Selbstkontrolle verfolgt. Parallel zu den zuvor geschilderten Verfahrensmodellen sollen Charakter, Rechtsgrundlagen und Akteure des deutschen Verfahrensmodells im Überblick erläutert werden.

Regeln zur Sicherung guter wissenschaftlicher Praxis in der Industriellen Gemeinschaftsforschung vom 30.06.2002.

285 Z.B. Johannes-Gutenberg-Universität Mainz, Fachbereich Sport, Regeln guter wissenschaftlicher Praxis vom 08.05.2002, und Fachbereich Medizin, Empfehlungen des Fachbereichs Medizin der Johannes-Gutenberg-Universität Mainz zur Sicherung guter wissenschaftlicher Praxis vom 28.10.1999.

286 Insbesondere unter den Universitäten ist zu beobachten, dass diese zunächst Regelwerke für den Umgang mit Vorwürfen wissenschaftlichen Fehlverhaltens erließen und später zur Ergänzung um positive Verhaltensregeln guter wissenschaftlicher Praxis gezwungen waren. Teilweise wurden die vorhandenen Regelwerke zu diesem Zweck aufgefüllt und umbenannt, teilweise entschied man sich auch für die Formulierung eines getrennten Regelwerks. Vgl. z.B. Rheinische Friedrich-Wilhelms-Universität Bonn, Grundsätze für das Verfahren bei Verdacht auf wissenschaftliches Fehlverhalten in der Rheinischen Friedrich-Wilhelms-Universität Bonn vom 10.11.1998 ergänzt um Grundsätze zur Sicherung guter wissenschaftlicher Praxis an der Rheinischen Friedrich-Wilhelms-Universität Bonn vom 05.06.2002; Friedrich-Alexander-Universität Erlangen-Nürnberg, Verfahren bei Verdacht auf wissenschaftliches Fehlverhalten vom 22.12.1999, ersetzt durch Richtlinien der Friedrich-Alexander-Universität Erlangen-Nürnberg zur Sicherung guter wissenschaftlicher Praxis vom 13.05.2002.

287 Den Anfang machte die Universität Konstanz. Sie setzte Mitte Januar 1998 den Physiker Rudolf Klein als Ombudsman für die Wissenschaft ein. Nach der Konstanzer folgte im März desselben Jahres die von dem Fall Herrmann Brach besonders betroffene Freiburger Universität mit in einer Arbeitsgruppe erarbeitete Verhaltensrichtlinien. Weitere Hochschulen, darunter die Universitäten Mannheim, Münster und Tübingen, verabschiedeten noch innerhalb desselben Jahres mindestens ein Verfahrensregelwerk zum Umgang mit wissenschaftlichem Fehlverhalten, vgl. *Finetti/Himmelrath*, Der Sündenfall, S. 210 ff.

I. Dezentralisiertes Verfahrensmodell

Das deutsche Verfahrensmodell arbeitet mit dezentral in den verfassten Forschungs- und Forschungsförderinstitutionen des Wissenschaftssystems der Bundesrepublik Deutschland angesiedelten Institutionen und Verfahren zur Feststellung und Sanktionierung sowie zur Prävention wissenschaftlichen Fehlverhaltens. Anders als in Dänemark oder den USA existiert weder eine zentrale staatliche Einrichtung, die selbst Aufklärung von Verdachtsfällen wissenschaftlichen Fehlverhaltens betreibt (Dänemark), noch eine oder mehrere staatliche Institution, welche die Aufsicht über Verfahren der dezentral angesiedelten Institutionen ausüben und als staatliche Kontroll- und Sanktionsinstanz fungieren (USA).[288]

1. Reichweite und Umfang der Dezentralisation

Einzige Institution mit einem zentralen Ansatz der Bekämpfung wissenschaftlichen Fehlverhaltens ist der Ombudsman der DFG. Er steht allen Wissenschaftlern unabhängig davon, in welcher Einrichtung sie tätig sind, und ob sie oder das betroffene wissenschaftliche Projekt einen Bezug zu der DFG aufweisen, zur Verfügung.[289] Sein Verfahren ist allerdings auf eine beratende, unterstützende und gegebenenfalls auch vermittelnde Tätigkeit beschränkt. Es handelt sich damit nicht um eine den dänischen Unredlichkeitskomitees oder den amerikanischen *federal agencies* vergleichbare zentrale Untersuchungsinstanz.

Daneben lässt sich eine gewisse hochstufige Konzentration von Verfahren bei Forschungsförderungseinrichtungen oder Dachgesellschaften deutscher Forschungseinrichtungen feststellen. Prominentes Beispiel ist die DFG, welche Fehlverhaltensfälle mit DFG-Bezug – unabhängig davon, ob die betroffenen Forschungseinrichtungen ebenfalls aktiv geworden sind – durch ihren eigenen Untersuchungsausschuss untersuchen lässt. Da die DFG nicht an Stelle anderer Einrichtungen tätig wird und ebenso wenig die Ergebnisse anderer kontrolliert, ist dieser Zentralisationsansatz jedoch nur eine scheinbarer, durch die besondere Bedeutung der DFG bei der Finanzmittelvergabe bedingter Ansatz. Die DFG führt Zweitverfahren durch, um gegebenenfalls die Fördermittelvergabe betreffende Sanktionen aussprechen und damit ihrer eigenen organisationsbezogenen Verantwortung bei der Bekämpfung wissenschaftlichen Fehlverhaltens gerecht werden zu können.

Anders verhält es sich bei Dachgesellschaften mit intern zentralisiertem Verfahrensansatz, wie ihn etwa die Wissenschaftsgemeinschaft Gottfried Wilhelm Leibniz e.V. (WGL) und der dort angeschlossene Unterverband Forschungsverbund Berlin e.V. (FVB) eingerichtet haben. Beide Organisationen bilden zentrale Untersuchungsausschüsse, die bei Bedarf von allen verbandsangehörigen Forschungsinstitu-

---

288 *Finetti/Himmelrath*, Der Sündenfall, S. 213.
289 Verfahrensgrundsätze des Ombudsmans der DFG. erhältlich unter: http://www1.uni-hamburg.de/dfg_ombud//verfahren.html (15.02.2007).

tionen in Anspruch genommen werden können.[290] So betreibt die Mehrheit der selbständigen Mitgliedseinrichtungen von WGL und FVB ihre Fehlverhaltensverfahren nur zu Verfahrensbeginn einrichtungsintern, danach geben sie an die zentral eingerichteten Gremien ab.[291] Die Hermann von Helmholz-Gemeinschaft Deutscher Forschungszentren regt an, dass ein gemeinsamer Vorsitzender alle durch die Mitgliedseinrichtungen eingesetzten Untersuchungskommissionen leiten soll.[292] Diesbezüglich kann aber von einer Zentralisation nur in Bezug auf die jeweiligen Förder-

---

290 Dem Untersuchungsausschuss der WGL gehören ein ständiger vom Senat gewählter externer Vorsitzender und dessen Stellvertreter, der Vorsitzende des wissenschaftlichen Beirats des jeweiligen Instituts und/oder der zuständige Sektionssprecher, zwei Schlichtungsberater aus verschiedenen Sektionen und ein Vertreter mit juristischem Sachverstand an, Wissenschaftsgemeinschaft Gottfried Wilhelm Leibniz e.V. (WGL), Empfehlungen zur Sicherung guter wissenschaftlicher Praxis in den Instituten der Leibnitz-Gemeinschaft vom 19.11.1998, unter B. Der FVB-Untersuchungsausschuss setzt sich aus je einem Repräsentanten der Bereiche der naturwissenschaftlichen und lebens-/ umweltwissenschaftlichen Institute sowie beratend dem Justitiar des Forschungsverbundes zusammen, Forschungsverbund Berlin e.V. (Einrichtungen der WGL), Verfahren bei Verdacht auf wissenschaftliches Fehlverhalten, Verfahrensordnung vom 17.03.2000, unter 2.

291 Vgl. z.B. folgende Institutsregelungen von Mitgliedseinrichtungen der WGL: Institut für deutsche Sprache (IDS), Regeln zur Sicherung guter wissenschaftlicher Praxis am IDS und Verfahren zum Umgang mit wissenschaftlichem Fehlverhalten, §§ 10 und 11; Institut für Wissensmedien (IWM), Regeln zur Sicherung guter wissenschaftlicher Praxis am IWM und Verfahren zum Umgang mit wissenschaftlichem Fehlverhalten vom 23.10.2002, Teil II. 2.; Berliner Elektronenspeicherring-Gesellschaft für Synchrotronstrahlung mbH (BESSY), Regeln zur Sicherung guter wissenschaftlicher Praxis bei BESSY und Verfahren zum Umgang mit wissenschaftlichem Fehlverhalten, § 6 2. (1); Institut für Agrartechnik Bornim e.V. (ATB), Regeln zur Sicherung guter wissenschaftlicher Praxis am ATB und Verfahren zum Umgang mit wissenschaftlichem Fehlverhalten vom 12.04.2002 unter 2.3; Forschungsinstitut für die Biologie landwirtschaftlicher Nutztiere, Dummerstorf (FBN), Regeln zur Sicherung guter wissenschaftlicher Praxis am FBN und Verfahren zum Umgang mit wissenschaftlichem Fehlverhalten vom 10.04.2002, § 11, etc.
Das Kiepenheuer-Institut für Sonnenphysik (KIS), Sicherung guter wissenschaftlicher Praxis und Verfahren zum Umgang mit wissenschaftlichem Fehlverhalten vom 04.06.2002, § 11, das ifo Institut für Wirtschaftsforschung e.V. München (ifo), Betriebsvereinbarung zur Umsetzung von Regeln wissenschaftlicher Praxis im Institut, unter 3.1., das Wissenschaftszentrum Berlin für Sozialforschung GmbH (WZB), Verfahren zur Sicherstellung guter wissenschaftlicher Praxis durch Bestellung einer Ombudsperson am WZB vom 04.07.2000 und weitere Einrichtungen ermöglichen eine Abgabe an den Untersuchungsausschuss der WGL alternativ zum Rückgriff auf eigene Verfahrensverantwortliche.
Diejenigen Einrichtungen, die zugleich im Forschungsverbund Berlin e.V. organisiert sind, lassen ihre Untersuchungsverfahren vor dem zentralen Gremium dieses Unterverbandes durchführen. Sie haben keine eigenen Verfahrensregeln verabschiedet, vgl. beispielsweise Max-Born-Institut für Nichtlineare Optik und Kurzzeitspektroskopie (MBI) im Forschungsverbund Berlin e.V., Dienstanweisung zur Umsetzung der Regeln zur Sicherung guter wissenschaftlicher Praxis, Präambel.

292 Hermann von Helmholz-Gemeinschaft Deutscher Forschungszentren (HGF), Sicherung guter wissenschaftlicher Praxis und Verfahren bei wissenschaftlichem Fehlverhalten vom 09.09.1998, Regel 4.4.

leistungsempfänger oder die internen Mitgliedseinrichtungen eines Verbundes die Rede sein, nicht hingegen in Bezug auf das gesamte deutsche Forschungssystem.

2. Gründe und Ursachen für die Dezentralisierung

Die Konzeption eines dezentralisierten Verfahrensmodells fußt auch in Deutschland wie in den USA nicht zuletzt auf dem Gedanken, dass die Aufklärung von Fehlverhalten am sachgerechtesten vor Ort durch die lokal ansässige Institution vorgenommen werden kann. Sehr viel größere Bedeutung als das Argument der Sachnähe hat für die Entwicklung eines dezentralen Verfahrensmodells jedoch die hiesige Überzeugung gespielt, dass die Sorge um die Einhaltung der Grundprinzipien guter wissenschaftlicher Praxis eine Kernaufgabe der Selbstverwaltung der Wissenschaft ist.[293] Die ausgeprägte grundrechtliche Verbürgung der Wissenschafts- und Forschungsfreiheit verlangt eine Zuständigkeitsverteilung, die mit dem internen Charakter wissenschaftseigener Fehlverhaltensverfahren korrespondiert[294], das heißt an die verfassten Institutionen des Deutschen Wissenschaftssystems anknüpft, statt eine Fremdbestimmung durch einrichtungsexterne Institutionen herbeizuführen.

II. Normative Grundlagen des Verfahrensmodells

1. Hochschulgesetze

Gesetzliche Grundlagen, die generell für alle Wissenschaftler, den Umgang mit wissenschaftlichem Fehlverhalten regeln, sind in Deutschland nicht existent. Lediglich die Hochschulgesetze der Länder Baden-Württemberg[295] und Sachsen[296] greifen die Thematik auf. Sie verpflichten alle an der Universität wissenschaftlich Tätigen

---

293 Empfehlungen der Kommission „Selbstkontrolle in der Wissenschaft", veröffentlicht in: DFG, Sicherung guter wissenschaftlicher Praxis, Denkschrift, S. 5 f.; *Bäste/Kälke*, Spektrum der Wissenschaft Dez. 1998, S. 72 (73).

294 Vgl. für den Bereich der Universitäten *Höhne*, Rechtsprobleme bei der Kontrolle der Lauterkeit in der Forschung, S. 120 f.

295 § 56 a Abs. 1 BWUG. Baden-Würtemberg ist neben Rheinland-Pfalz und dem Saarland eines der drei Bundesländer, welche anstelle eines einheitlichen, für alle Hochschulen geltenden, Hochschulgesetzes spezielle Gesetze für die einzelnen Hochschultypen erlassen haben. Für die Fachhochschulen im Lande Baden-Württemberg bestimmt § 40 c Abs. 2 Fachhochschulgesetz (BWFHG) die entsprechende Geltung von § 56a Abs. 1 BWUG. Nach § 40 c Abs. 3 BWFHG sollen auch die Fachhochschulen Regeln zur Einhaltung der allgemein anerkannten Grundsätze guter wissenschaftlicher Praxis und zum Umgang mit wissenschaftlichem Fehlverhalten aufstellen. Für die Pädagogischen Hochschulen gilt das Gesetz über die Pädagogischen Hochschulen (BWPHG). § 42 Abs. 2 BWPHG verlangt die entsprechende Anwendung des § 56 a BWUG. Das Kunsthochschulgesetz enthält eine dem Universitätsgesetz (BWUG) wörtlich entsprechende Norm (§ 35 a BWKHG).

296 § 59 Abs. 1 SächsHG.

auf die Einhaltung der allgemein anerkannten Grundsätze guter wissenschaftlicher Praxis und konkretisieren im Wege einer nicht abschließenden Aufzählung unzulässiger Verhaltensweisen, wann ein Verstoß gegen diese Grundsätze vorliegt.[297] Daran schließt sich in den Gesetzen der vorbenannten Länder eine Ermächtigung zum Erlass von Regeln zur Einhaltung der allgemein anerkannten Grundsätze guter wissenschaftlicher Praxis und zum Umgang mit wissenschaftlichem Fehlverhalten an.[298]

2. DFG-Empfehlungen

Die „Empfehlungen zur Sicherung guter wissenschaftlicher Praxis" der DFG wenden sich an die Institutionen der deutschen Wissenschaft. In Empfehlung 2 werden sämtliche Forschungseinrichtungen aufgerufen, unter Beteiligung ihrer wissenschaftlichen Mitglieder selbst Regeln guter wissenschaftlicher Praxis sowie korrespondierende Verfahrensregeln für den Umgang mit wissenschaftlichem Fehlverhalten zu formulieren und ihre Mitglieder darauf zu verpflichten.[299] Empfehlung 1 gibt die Grundthemen vor, zu denen die Forschungseinrichtungen entweder allgemein oder für einzelne Disziplinen spezifiziert, Regeln verfassen sollen. Hierzu zählen positive Verhaltensregeln, die die allgemeinen Prinzipien wissenschaftlicher Arbeit abbilden ebenso wie besondere Regeln der Zusammenarbeit und Leitungsverantwortung, der Betreuung des wissenschaftlichen Nachwuchses, der Sicherung und Aufbewahrung von Primärdaten und wissenschaftlicher Veröffentlichungen.[300] Weitere Empfehlungen formulieren ganz konkrete Verhaltensregeln und wenden sich dabei teilweise an besondere Akteure beziehungsweise Gruppen von Akteuren des deutschen Wissenschaftssystems.[301]

Die wesentlichen Grundlagen des deutschen Verfahrensmodells finden sich in Empfehlungen 5, 8 und 16 wieder.[302] Empfehlung 5 verlangt, dass Hochschulen und

---

297 § 59 Abs. 1 SächsHG; § 56a Abs. 1 BWUG.

298 § 59 Abs. 2 SächsHG; § 56a Abs. 2 BWUG. Umgesetzt durch: Technische Universität Chemnitz, Grundsätze zur Sicherung guter wissenschaftlicher Praxis und über das Verhalten bei Verdacht auf wissenschaftliches Fehlverhalten für die Technische Universität Chemnitz vom 26. November 2002.

299 Empfehlungen der Kommission „Selbstkontrolle in der Wissenschaft", veröffentlicht in: DFG, Sicherung guter wissenschaftlicher Praxis, Denkschrift, S. 7 und 13.

300 Diese Themen werden teilweise in späteren Empfehlungen näher ausgeführt, so wird die wissenschaftsadäquate Organisation von Forschungseinrichtungen einschließlich der Wahrnehmung von Leitungsaufgaben in Empfehlung 3 ausführlich behandelt. Empfehlung 4 konzentriert sich auf die Betreuung und Förderung des wissenschaftlichen Nachwuchses. Empfehlung 7 verlangt eine zehnjährige Aufbewahrungsdauer für Primärdaten und Empfehlung 11 legt die gemeinsame Verantwortung wissenschaftlicher Mitautoren fest und schließt die Ehrenautorenschaft aus.

301 Siehe *Hartmann*, Grundsätze guter wissenschaftlicher Praxis unter qualitätssicherungs- und rechtsfolgenbezogenem Blickwinkel, S. 54 ff.

302 Empfehlungen der Kommission „Selbstkontrolle in der Wissenschaft", veröffentlicht in: DFG, Sicherung guter wissenschaftlicher Praxis, Denkschrift, S. 10 ff., 13 ff., 24.

Forschungseinrichtungen unabhängige Vertrauenspersonen als Ansprechpartner vorsehen, an die sich ihre Mitglieder in Konfliktfällen und in Fragen wissenschaftlichen Fehlverhaltens wenden können. In Empfehlung 8 ist gefordert, dass Hochschulen und Forschungseinrichtungen Verfahren zum Umgang mit Vorwürfen wissenschaftlichen Fehlverhaltens vorsehen sollen. Diese müssen von dem dafür legitimierten Organ beschlossen sein und die einschlägigen rechtlichen Regelungen einschließlich des Disziplinarrechts berücksichtigen. Zu den empfohlenen Inhalten einer institutionsinternen Verfahrensordnung zählen eine Definition von Tatbeständen wissenschaftlichen Fehlverhaltens[303], Regeln über die Zuständigkeit, über Verfahren und Fristen zur Sachverhaltsermittlung, über die Anhörung Beteiligter, zur Wahrung der Vertraulichkeit und zum Ausschluss von Befangenheit sowie Regeln über die Sanktionierung wissenschaftlichen Fehlverhaltens.[304]

Die DFG-Regeln erlangen als solche nach außen keine normative Verbindlichkeit, da sie von einer privatrechtlich organisierten Einrichtung erlassen sind, die über keinerlei staatlich vermittelte Normsetzungskompetenz verfügt. Auch sind die Empfehlungen nicht als Innenrecht auf die Entfaltung rechtlicher Wirkungskraft ausgerichtet, sondern sollen wissenschaftsethische Normen explizieren.[305] Es wäre überzogen, ihnen die Qualität vereinsrechtlicher Satzungsnormen oder sonstigen Vereinsrechts beimessen zu wollen[306], auch wenn Mitgliedseinrichtungen sich via Mitgliederbeschluss verpflichtet haben, selbst den Empfehlungen entsprechende Regeln zu verabschieden und die DFG die Etablierung der wichtigsten Empfehlungen seit dem 1. Juli 2002 zur Voraussetzung der Förderung durch DFG-Mittel erhoben hat.[307] Eine vereinsweite direkte Geltung der Regeln wurde nicht Inhalt des Beschlusses.

Durch die Anknüpfung an die Mittelvergabe hat sich die DFG eines finanziellen Steuerungsinstruments nach dem Vorbild der US-amerikanischen *federal agencies* bedient, war in der Umsetzung mangels hoheitlicher Normsetzungskompetenz gegenüber den Geförderten aber auf die vertragliche Ebene verwiesen. Die Empfehlungen richten sich schließlich nicht ausschließlich an DFG-Mitglieder und Förderleistungsempfänger, sondern an alle Wissenschaftler und verfassten Institutionen des deutschen Wissenschaftssystems.

---

303 Vgl. zu den Begrifflichkeiten und zum Inhalt unten 4. Teil, D. II. 3. a), S. 326 f.
304 Empfehlungen der Kommission „Selbstkontrolle in der Wissenschaft", veröffentlicht in: DFG, Sicherung guter wissenschaftlicher Praxis, Denkschrift, S. 13.
305 Empfehlungen der Kommission „Selbstkontrolle in der Wissenschaft", veröffentlicht in: DFG, Sicherung guter wissenschaftlicher Praxis, Denkschrift, Vorbemerkungen, S. 5.
306 So auch *Rupp*, in: Anderbrügge/Epping/Löwer (Hrsg.), Dienst an der Hochschule: Festschrift für Leuze, S. 437 (442 f.), der daran anschließend aber unzutreffend davon ausgeht, dass Verhaltensnormen guter wissenschaftlicher Praxis grundsätzlich keine Rechtsnormen sein können und die Feststellung eines Fehlverhaltens nicht die Qualität eines Rechtsakts haben kann.
307 Vgl. auch Deutsche Forschungsgemeinschaft, Vordruck 2.01 III, S. 18; Vordruck 2.02, III., S. 13; Empfehlungen der Kommission „Selbstkontrolle in der Wissenschaft", veröffentlicht in: DFG, Sicherung guter wissenschaftlicher Praxis, Denkschrift, Vorbemerkungen, S. 21 f.

Allerdings garantiert die Konzeption von grundlegenden Vorgaben für die Erstellung von Grundsätzen guter wissenschaftlicher Praxis durch die DFG mit ihrer pluralistischen Mitgliederstruktur und ihrer interdisziplinären Sachkompetenz eine hohe Akzeptanz innerhalb des deutschen Wissenschaftssystems. Sie wird darüber hinaus den Maßstäben gerecht, die an eine Einrichtung mit Steuerungszuständigkeit innerhalb eines gesellschaftlichen Teilsystems gestellt werden.[308]

Der mangelnde Rechtscharakter der Empfehlungen sagt nichts über die Qualität derjenigen Regeln aus, die zur Umsetzung der Empfehlungen in den einzelnen Forschungseinrichtungen verabschiedet werden. Empfehlung 2 der DFG sieht gerade die verbindliche Formulierung von Regeln guter wissenschaftlicher Praxis in Hochschulen und außeruniversitären Forschungseinrichtungen vor[309], was – wo dies mit Blick auf die Normsetzungskompetenz der Einrichtung möglich ist – durchaus im Sinne einer verbindlichen Normierung verstanden werden kann.[310] Für Regeln, die das Verfahren zur Ermittlung wissenschaftlichen Fehlverhaltens betreffen, wird die Umsetzung in rechtliche Regelwerke mit Blick auf die verbindliche Festschreibung grundlegender Verfahrensrechte und die gesteigerte Akzeptanz der Verfahrensergebnisse zum Teil sogar für notwendig gehalten.[311]

3. Verfahrensregeln und Regeln guter wissenschaftlicher Praxis der einzelnen Forschungs- und Forschungsförderungseinrichtungen

a) Inhalt

Die Inhalte der Regeln DFG finanzierter Einrichtungen sind durch die Kopplung an die Mittelvergabe der DFG und die Handreichung der HRK vorskizziert.[312] Aber auch die mehr oder weniger unabhängig von DFG-Mitteln operierenden Einrichtungen haben inhaltlich bei den genannten Vorgaben Anleihen genommen.[313] Verfah-

---

308 *Hartmann*, Grundsätze guter wissenschaftlicher Praxis unter qualitätssicherungs- und rechtsfolgenbezogenem Blickwinkel, S. 53 unter Verweis auf *Steigleder*, in: Wagner (Hrsg.), Rechtliche Rahmenbedingungen für Wissenschaft und Forschung, Bd. 1, S. 125 (139 f.).

309 Empfehlungen der Kommission „Selbstkontrolle in der Wissenschaft", veröffentlicht in: DFG, Sicherung guter wissenschaftlicher Praxis, Denkschrift, S. 7 f.

310 So wohl *Lippert*, WissR Bd. 33 (2000), S. 210, (215); vgl. auch *Rupp*, in: Anderbrügge/Epping/Löwer (Hrsg.), Dienst an der Hochschule: Festschrift für Leuze, S. 437 (444 f.), der aber einen rechtlichen Regelungsgehalt nur für die Verfahrensregeln zum Umgang mit wissenschaftlichem Fehlverhalten anerkennen will.

311 *Rupp*, in: Anderbrügge/Epping/Löwer (Hrsg.), Dienst an der Hochschule: Festschrift für Leuze, S. 437 (444); *Grunwald*, in: Hanau/Leuze/Löwer/Schiedermaier, Wissenschaftsrecht im Umbruch, Gedächtnisschrift für Krüger, S. 127 (138).

312 *Hartmann*, Grundsätze guter wissenschaftlicher Praxis unter qualitätssicherungs- und rechtsfolgenbezogenem Blickwinkel, S. 52 f.

313 Dies ist z.B. bei einigen Ressortforschungseinrichtungen der Fall, vgl. z.B. gute wissenschaftliche Praxis der Biologischen Bundesanstalt für Land- und Forstwirtschaft vom 20.06.2000.

rensregeln und positive Verhaltensregeln sind anders als in den USA häufig in einem einheitlichen Regelwerk zusammengefasst.[314]

Die positiven Verhaltensregeln der Forschungseinrichtungen formulieren Verhaltensanforderungen an die am Prozess der Wissensproduktion Beteiligten. Ebenso wie die DFG-Empfehlungen explizieren sie das über die Merton'schen Normen beschriebene Ethos der Wissenschaft.[315] Teilweise – wie etwa bei der Max-Planck-Gesellschaft[316] – werden die Inhalte deutlich dezidierter formuliert oder weisen disziplin- oder institutsspezifische Schwerpunkte und Besonderheiten – beispielsweise Festlegungen zu Größe und Organisation medizinischer Laborarbeitsgruppen – auf.[317]

Die im Kontext dieser Arbeit stärker interessierenden Verfahrensnormen regeln die Ausgestaltung und den Ablauf von Vermittlungs-, Aufklärungs- und Untersuchungsverfahren vor institutsinternen Verfahrensgremien. Sie formulieren ebenso Vorgaben für die Bildung und Besetzung dieser Verfahrensgremien. Damit sind sie allerorts Ausdruck der organisatorischen Umsetzung einer werte- und normadäquaten Qualitätssicherung des selbstgesteuerten deutschen Wissenschaftsbetriebs. Ihre Inhalte sind durch die DFG-Empfehlung 8[318] nur grob vorbestimmt, dennoch sind aufgrund der Orientierung vieler Einrichtungen an den ausführlichen Erläuterungen zu dieser Empfehlung[319] deutliche Parallelitäten unter den Verfahrensregeln verschiedener Forschungseinrichtungen auszumachen. So folgt etwa die überwiegende Zahl aller Einrichtungen dem dort vorgeschlagenen abgestuften Verfahren, mindestens unterteilt in ein Vorermittlungs- und Hauptverfahren. Sämtliche Verfahrensordnungen enthalten darüber hinaus eine materielle Definition wissenschaftlichen Fehlverhalten. Ferner haben die Forschungseinrichtungen einen Katalog möglicher Sanktionen beziehungsweise Konsequenzen bei wissenschaftlichem Fehlverhalten

---

314 Einige Einrichtungen haben ausschließlich Verfahrensregeln erlassen, z.B.: Forschungsverbund Berlin e.V., Verfahren beim Verdacht auf wissenschaftliches Fehlverhalten im Forschungsverbund Berlin e.V.

315 Vgl. *Weingart*, Gegenworte 2/1998, S. 12 ff.; *Hartmann*, Grundsätze guter wissenschaftlicher Praxis unter qualitätssicherungs- und rechtsfolgenbezogenem Blickwinkel, S. 55 ff., gleicht die DFG Empfehlungen mit dem Inhalt der Normen des Universalismus, Kommunismus/ Kommunalismus, Uneigennützigkeit und organisierten Skeptizismus ab. Je nach Orientierungsumfang an den Vorgaben der DFG-Regeln dürfte sich bei den Forschungseinrichtungen ein ähnliches Bild ergeben. Mit dem Ergebnis, dass sämtliche Normen umgesetzt werden, ohne dass eine vollständige Abbildung stattfindet. Ausführlich zum Ethos der Wissenschaften: *Merton*, in: Weingart, Wissenschaftssoziologie Bd. 1, S. 45, (47 ff.); *Merton*, in: ders. (Hrsg.), Entwicklung und Wandel von Forschungsinteressen, S. 86 ff.

316 MPG, Verfahrensordnung bei Verdacht auf wissenschaftliches Fehlverhalten, durch den Senat beschlossen am 14.11.1997, abgeändert am 24.11.2000.

317 Hierzu ausführlich *Hartmann*, Grundsätze guter wissenschaftlicher Praxis unter qualitätssicherungs- und rechtsfolgenbezogenem Blickwinkel, S. 60 ff.

318 Vgl. oben 4. Teil, D. II. 2., S. 388 ff.

319 Empfehlungen der Kommission „Selbstkontrolle in der Wissenschaft", veröffentlicht in: DFG, Sicherung guter wissenschaftlicher Praxis, Denkschrift, S. 13 ff.

aufgenommen. Für die Einzelheiten wird auf die spätere ausführliche Darstellung der Ausgestaltung der Fehlverhaltensverfahren verwiesen.[320]

b) Rechtsqualität der Verfahrensregeln

Die Rechtsqualität von Verfahrensregeln deutscher Forschungseinrichtungen folgt keiner einheitlichen juristischen Konstruktion. Je nach Einrichtungstyp, Organisationsrechtsform, internem Regelungsgeber, dessen Normerlasskompetenz, sowie Regelungsinhalt zeichnet sie eine beachtliche Heterogenität aus. Daraus können divergente materielle wie verfahrensrechtliche Rechtswertungen resultieren, die geeignet sind, variable Verfahrensausprägungen des dem Anspruch nach rein wissenschaftsbezogenen Verfahrens zu bedingen.[321] Insbesondere vertragliche Ausgestaltungen sprechen für eine Einwilligung in nachfolgende Eingriffe in die Wissenschaftsfreiheit. Die Rechtsqualität der Regelwerke soll im Anschluss exemplarisch für verschiedene Einrichtungstypen der deutschen Wissenschaft näher beleuchtet werden. Anknüpfungspunkte für die Einordnung sind zum einen formale Qualifikationsmerkmale, wie die an der Errichtung der Verfahrensregeln beteiligten Organe, Bezugnahmen auf andere Regelungen oder die Einhaltung von Formerfordernissen. Zum anderen dienen materielle Kriterien wie der Regelungsinhalt, die Adressaten, und die Rechtswirkungen der Regelung der Bestimmung der Rechtsqualität.

aa) Verfahrensordnung des Hauptausschusses der DFG

Die DFG hat neben ihren Empfehlungen zur Sicherung guter wissenschaftlicher Praxis durch den Hauptausschuss auch eine eigene „Verfahrensordnung zum Umgang mit wissenschaftlichem Fehlverhalten" beschlossen.[322] Diese regelt den Umgang der DFG in Fällen des Verdachts auf wissenschaftliches Fehlverhalten mit Antragstellern, Bewilligungsempfängern, anderen für den Einsatz von DFG-Mitteln Verantwortlichen, DFG-finanzierten Mitarbeitern sowie Gutachtern und an Beratungs- und Entscheidungsverfahren mitwirkenden Mitgliedern der Gremien der DFG.[323]

---

320 Vgl. unten 4. Teil, F., S. 388 ff., insbes. unter V. auf S. 400 ff.
321 Zur Variabilität der sich auf Rechtsfolgenseite entfaltenden Auseinandersetzungen *Schmidt-Aßmann*, NJW 1998, S. 1225 (1229 f.).
322 Verfahrensordnung zum Umgang mit wissenschaftlichem Fehlverhalten, beschlossen durch den Hauptausschuss am 26. Oktober 2001, Präambel.
323 Verfahrensordnung zum Umgang mit wissenschaftlichem Fehlverhalten, beschlossen durch den Hauptausschuss am 26. Oktober 2001, Präambel.

Mit Rücksicht auf den Rechtscharakter der DFG und die Verabschiedung durch ein Vereinsorgan[324] können die Bestimmungen der Verfahrensordnung als privatrechtliche Vereinsregeln, welche analog den Verbandsstrafverfahren der Sportverbände zu behandeln sind, qualifiziert werden.[325] Für diese Kategorisierung spricht auch der Umstand, dass die Verfahrensordnung des Hauptausschusses einen DFG-spezifischen Sanktionskatalog mit Sanktionen, die von der schriftlichen Rüge bis hin zum Ausschluss von der Antragsberechtigung oder Gutachtertätigkeit reichen, enthält, der ähnlich einem Vereinsstrafkatalog an den Verstoß gegen verbandsinterne Regeln anknüpft.

Unter Zugrundelegung der wohl herrschenden modifizierten Normentheorie werden solche Verbandsnormen als für alle oder einen Teil der Mitglieder verbindliche objektive Normen behandelt.[326] Sie sind keine von einer äußeren Autorität herrührenden Rechtsnormen. Differenziert man nach dem überwiegenden Inhalt unter den vereinsinternen Regelwerken zwischen der für alle Vereinsmitglieder verbindlichen Satzung[327], den sonstigen Vereinsordnungen (Nebenordnungen) sowie den reinen Geschäftsordnungen im engeren Sinne[328], muss die spezifische Zuordnung zu der Kategorie der Vereinsnebenordnungen erfolgen. Während nämlich die Vereinssatzung als verbandsautonom geschaffene Grundordnung des Vereinsrechts materiellrechtlich die korporativen Gesetzesregeln der Vereinsverfassung ergänzt[329], weisen sonstige Vereinsordnungen meist weniger oder keine Leitprinzipien des Vereinslebens und damit allenfalls in begrenztem Umfang materielle Satzungsbestandteile auf. Inhaltlich konkretisieren sie bestimmte Sachkomplexe des Vereinslebens durch

---

324 Zur Organisation der DFG vgl. oben unter 4. Teil, A. II. 1. b), S. 280 ff. Der Hauptausschuss besteht aus den Mitgliedern des Senats, aus Vertretern des Bundes, die insgesamt 16 Stimmen führen, aus 16 Vertretern der Länder sowie aus zwei Vertretern des Stifterverbandes für die Deutsche Wissenschaft, vgl. die Satzung der DFG, Beschlossen von der Mitgliederversammlung der Notgemeinschaft der deutschen Wissenschaft am 18. Mai 1951 in München und am 2. August 1951 in Köln, zuletzt geändert am 3. Juli 2002 in Bonn, § 7 Nr. 1.

325 So auch *Deutsch*, ZRP 2003, S. 159 (162).

326 BGHZ 47, 172 (179 ff.); 49, 396 (398); *Reichert*, Handbuch des Vereins- und Verbandsrechts, Rn. 380 f. Danach ist die Satzung ist anfangs ein von den Gründern des Vereins geschlossener Vertrag, der sich mit der Entstehung des Vereins von den Gründerpersonen löst und ein rechtliches Eigenleben erhält. Die gegenläufige Vertragstheorie hingegen stuft die Satzung als privatautonom geschlossenen Vertrag ein.

327 Der Begriff der Satzung wird in zweifacher Bedeutung verwendet. Sowohl der rechtsgeschäftlich geschaffene Teil der Verfassung als auch die Satzungsurkunde wird als Satzung bezeichnet. *Meyer-Cording*, Die Vereinsstrafe, S. 31, unterscheidet sogar zwischen drei Bedeutungen: Der Urkunde, dem kreatorischen Akt der Rechtserzeugung sowie dem Ergebnis des schöpferischen Aktes.

328 Siehe die Unterscheidung bei *Reichert*, Handbuch des Vereins- und Verbandsrechts, Rn. 386 ff., 410 ff., 418 ff., 431 ff. und *Kirberger*, Die Nebenordnungen im Vereins- und Verbandsrecht, S. 31 ff., 47 ff. *Sauter/Schweyer/Waldner*, Der eingetragene Verein, Rn. 151 ff. und *Stöber*, Handbuch zum Vereinsrecht, Rn. 657 ff. (665 f.) unterscheiden begrifflich nicht deutlich zwischen sonstiger Vereinsordnung und Geschäftsordnung, sondern klassifizieren sonstige Vereinordnungen als Geschäftsordnungen (im weiteren Sinne).

329 *Reichert*, Handbuch des Vereins- und Verbandsrechts, Rn. 386.

vereinsinterne Durchführungs- und Ablaufbestimmungen sowie allgemeine Anordnungen im Rahmen von Gesetz und Satzung.[330] Bei Geschäftsordnungen handelt es sich im Gegensatz dazu regelmäßig um reine von einem oder mehreren Vereinsorganen für das von diesen oder deren Geschäftsstelle zu beachtende Verfahren aufgestellte innerverbandliche Organisationsnormen.[331] Die Verfahrensordnung zählt zu den neben der Vereinssatzung der DFG stehenden Vereinsnebenordnungen, dort nominell zum Typ der für die vereinsrechtlichen Schlichtungs- und Sanktionsverfahren maßgeblichen Rechts- und Verfahrensordnungen[332], da sie die Regelung verfahrenstechnischer Aspekte eines dem Vereinsstrafverfahren vergleichbaren Verfahrens beinhaltet[333]. Von einer reinen vereinsinternen Geschäftsordnung unterscheidet sich die Verfahrensordnung zum Umgang mit wissenschaftlichem Fehlverhalten abgesehen von den enthaltenen materiellrechtlichen Tatbestands- und Sanktionsgrundlagen insbesondere dadurch, dass die Untersuchung von Fehlverhaltensfällen nicht Gegenstand der allgemeinen Vereinsorganisation bzw. der sogenannten laufenden Vereinsverwaltung ist. Insoweit fehlt der Verfahrensordnung nämlich die typische Geschäftsordnungseigenschaft, die dadurch gekennzeichnet ist, dass sich die erfassten Abläufe in gleicher Weise regelmäßig zu kalkulierbaren Zeitpunkten und unter gleichartigen Voraussetzungen wiederholen und dass die Vorgänge Auswirkungen auf den Verein als Organisation oder alle seine Mitglieder haben.

Mit dieser Zuordnung ist jedoch noch nichts über die konkrete Rechtsqualität der Einzelregelungen der Verfahrensordnung der DFG gesagt. Das maßgebliche Kriterium für die rechtliche Einordnung ist weder die äußerlich beigelegte Bezeichnung noch die Aufnahme einer Bestimmung in einen bestimmten Normzusammenhang, sondern allein der materielle Inhalt als – im Falle einer Grundprinzipienregelung – satzungsrelevant oder – bei Normen nicht prinzipieller Art – nicht satzungsrelevant.[334] Daraus ergibt sich, dass auch die Verfahrensordnung zum Umgang mit wissenschaftlichem Fehlverhalten der DFG trotz ihrer Herauslösung aus der Satzungsurkunde nicht frei von Bestimmungen sein muss, die wegen ihres grundsätzlichen Inhalts Satzungsrelevanz aufweisen. Insbesondere die Rechtsprechung legt insoweit

---

330 Z.B. Haus-, Benutzungs-, Wahl- oder Finanzordnungen. In der Satzung selbst ihre Stütze finden müssen nur die Grundentscheidungen des Vereinslebens, während die konkrete Ausgestaltung, grundsätzlich auch in anderer Form geregelt werden kann. Vgl. zu den Nebenordnungen allgemein *Kirberger*, Die Nebenordnungen im Vereins- und Verbandsrecht, S. 31 ff.; *Reichert*, Handbuch des Vereins- und Verbandsrechts, Rn. 410, 418 ff.; *Lukes*, NJW 1972, S. 121 (126); *Hadding*, in: Soergel (Begr.), Bürgerliches Gesetzbuch, § 25 Rn. 8.

331 Sie werden bisweilen auch als Unterfall der Nebenordnungen behandelt, können aber anders als diese keine Normen der Vereinsverfassung enthalten, *Reichert*, Handbuch des Vereins- und Verbandsrechts, Rn. 431 ff.; *Kirberger*, Die Nebenordnungen im Vereins- und Verbandsrecht, S. 47, 49 f.

332 Vgl. die Klassifizierung bei *Kirberger*, Die Nebenordnungen im Vereins- und Verbandsrecht, S. 47 ff.

333 Zum Vereinsstrafrecht ausführlich *Stöber*, Handbuch zum Vereinsrecht, Rn. 667 ff. m.w.N.

334 *Stöber*, Handbuch zum Vereinsrecht, Rn. 33, 657 ff.; *Kirberger,* Die Nebenordnungen im Vereins- und Verbandsrecht, S. 204 f.; a.A. offenbar *Sauter/Schweyer/Waldner*, Der eingetragene Verein, Rn. 151 ff.

einen strengen Maßstab an, der es nahe legt, jedenfalls dem enthaltenen Sanktionskatalog Satzungscharakter beizumessen[335]. Daran knüpfen sich Wirksamkeitsbedenken im Hinblick auf den Legitimationsbedarf bei Verabschiedung der Verfahrensordnung durch den Hauptausschuss anstelle der Mitgliederversammlung, das Fehlen einer entsprechenden satzungsrechtlichen Ermächtigung und die mangelnde Eintragung der Bestimmung in das Vereinsregister an.[336] Dem lassen sich generelle Praktikabilitätsgesichtspunkte entgegenhalten, die es Großverbänden wie der DFG unmöglich machen, jede das Vereinsleben beeinflussende Norm in die Satzungsurkunde aufzunehmen.[337] Darüber hinaus entfalten die Normen der Verfahrensordnung der DFG keine Wirkung gegenüber Mitgliedern, so dass das Rechtsprechungsargument des Mitgliederschutzes durch Aufnahme satzungsrelevanter Regeln in eine exponierte Satzungsurkunde ausgehebelt werden kann.[338]

Allerdings wirft die Zuordnung zu den Vereinsordnungen gerade unter dem Gesichtspunkt der Unterwerfung von Nichtmitgliedern unter die Verbandsgewalt Probleme auf, da der Adressatenkreis der Verfahrensordnung sich weitgehend aus Personen rekrutiert, die in keinem mitgliedschaftlichen Verhältnis zur DFG stehen. Sowohl Förderleistungsempfänger als auch Gutachter und Gremienmitglieder der DFG gehören nicht deren auf Forschungseinrichtungen beschränkten Mitgliederkreis an. Gegenüber Nichtmitgliedern kann die vereinsinterne Regelungsmacht – unabhängig von der rechtlichen Qualifikation der maßgeblichen Einzelregelungen einer Nebenordnung – wegen deren fehlender Eingliederung in den körperschaftlichen Rahmen nur in engen Grenzen Verbindlichkeit erzeugen.[339] Dies geschieht in der Regel durch rechtsgeschäftlichen Einzelakt, durch den sich die betreffenden Nichtmitglieder dem Verbandsrecht unterwerfen[340] und kommt insbesondere dann in Betracht, wenn Nichtmitglieder Einrichtungen des Verbandes in Anspruch nehmen oder wie etwa im Sportbereich an einem von dem Verband nach seinen Regeln ausgeschriebenen Sportbetrieb teilnehmen.[341] Die einschlägige Rechtsprechung lässt es

335 BGHZ 47, 172 (177 f.); BGH WM 1984, S. 552 (553), freilich unter dem hier nicht geteilten Gesichtspunkt, dass die satzungsrelevanten Normen auch in dem zentralen Regelwerk des Vereins festegehalten werden. Ausführlich *Vieweg*, Normsetzung und -anwendung deutscher und internationaler Verbände, S. 199 ff. Für einen engeren Satzungsbegriff sprechen sich dagegen *Schlosser*, Vereins- und Verbandsgerichtsbarkeit, S. 61 f. und *Grunewald*, ZHR 152 (1988), S. 242 (247 ff.), aus.

336 Vgl. allgemein zur Problematik der Regelung satzungsrelevanter Vereinsnormen in einer Nebenordnung, *Kirberger*, Die Nebenordnungen im Vereins- und Verbandsrecht, S. 219 ff., 234 ff.

337 *Schlosser*, Vereins- und Verbandsgerichtsbarkeit, S. 61 f.

338 Auf den Mitgliederschutz stellt ausdrücklich ab BGHZ 105, 306 (314); 47, 172 (175); siehe auch *Steffen*, in: BGB-RGRK, § 25 Rn. 7.

339 *Kirberger*, Die Nebenordnungen im Vereins- und Verbandsrecht, S. 246.

340 *Lukes*, in: Gmür/Brox (Hrsg.), Festschrift für Westermann, S. 325 ff.; siehe unten Urteile BGHZ, 128, 93 (96, 97) mit Anmerkung *Pfister*, JZ 1995, S. 464 (465); OLG Frankfurt, NJW-RR 2000, S. 1117 (1119); *Heinrichs*, in: Palandt (Begr.), BGB, § 25 Rn. 15; *Hadding*, in: Soergel (Begr.), Bürgerliches Gesetzbuch, § 25 Rn. 35.

341 BGHZ 128, 93 (97), OLG Hamm, OLG-Report 2003, S. 100. Der Vertrag zwischen dem Verband und dem Nichtmitglied kann auf unterschiedliche Weisen zustande kommen, etwa durch

genügen, dass die Möglichkeit besteht, von den Vereinssanktionen Kenntnis zu erlangen.[342] Eine gleichwertige Situation entsteht bei der DFG durch die Stellung von Förderanträgen und die Teilnahme am Peer-Review-System nach den Verbandsregeln. Bei der Individualförderung von Nichtmitgliedern durch die DFG erfolgt die Unterwerfung im Rahmen der Bewilligung einer Förderleistung, welche regelmäßig den Abschluss eines privatrechtlichen Vertrages unter Verpflichtung auf die Einhaltung der Regeln guter wissenschaftlicher Praxis und die Anerkennung der Sanktionsregelungen bei wissenschaftlichem Fehlverhalten beinhaltet.[343] Die DFG-Gutachter verpflichten sich im Rahmen ihrer Beauftragung ebenfalls ausdrücklich auf die Beachtung der Regeln guter wissenschaftlicher Praxis und die Vermeidung der sanktionsbedrohten Fehlverhaltensweisen.[344] Für die gewählten Mitglieder der Fachkollegien der DFG, enthält die Rahmengeschäftsordnung für die Fachkollegien nach § 8 Nr. 4 der DFG-Satzung eine Verpflichtung der Mitglieder.[345]

Eine Erstreckung der Vereinsgewalt der DFG gegenüber Nichtmitgliedern begegnet in Bezug auf die Verfahrensordnung der DFG auch keinen grundsätzlichen Zulässigkeitsbedenken. Die Schaffung, Fortschreibung, Überwachung und Durchsetzung von Verfahrens- und Sanktionsregeln betreffend die regelgerechte Verwendung von Fördermitteln ist eine von der DFG, die sich der Förderung der Wissenschaft durch finanzielle Unterstützung von Forschungsaufgaben und die Förderung der Zusammenarbeit unter den Forschern widmet, mangels Übertragung öffentlich-rechtlicher Handlungsbefugnisse aber nur in Rechtsformen des Privatrechts handeln kann, in Ausübung ihrer Verbandsautonomie (Art. 9 GG) zu erfüllende Aufgabe. Dabei sind die der DFG zufallenden Aufgaben mit rein verbandsintern rechtlichen Mitteln nicht verbindlich zu lösen, da nicht alle Antragsteller, Bewilligungsempfänger und sonstige für den Einsatz von DFG-Mitteln verant-wortlichen Personen Mitglieder der DFG sind. Andererseits kann diese Aufgabe unter den strukturellen Gegebenheiten des deutschen Forschungssystems angesichts mangeln-

die Teilnahme an einer nach den Regeln des Vereinsrechts organisierten Sportveranstaltung oder durch den Erwerb einer generellen Lizenz oder Spielerlaubnis. Zur Bindung an Vereinsbestimmungen, welche Sachverhalte außerhalb des Sport und Wettkampfgebiets regeln, *Haas/Adolphsen*, NJW 1995, S. 2146 f. Zu Inhalt und Zulässigkeit des rechtsgeschäftlichen Erstreckungsvertrages *Mogk*, Der Vereinverband und seine rechtlichen Beziehungen zu Mitgliedern und Nichtmitgliedern, S. 180 ff. m.w.N.

342 BGHZ 128, 93 (105).
343 Siehe die maßgeblichen DFG-Merkblätter, z.B. DFG, Merkblatt Forschungsstipendien (DFG Vordruck 1.04 – 3/05 – II 8), S. 7 f.; DFG, Merkblatt für Anträge auf Sachbeihilfen (DFG Vordruck 1.02 – 9/04 – II 3), S. 8 f.; DFG Merkblatt für die Förderung von Forschergruppen (DFG-Vordruck 1.05 – 8/03 – II 10), S. 4 f. sowie *Streiter*, WissR 38 (2005), S. 2 (13, 16 ff.). Zum Vertragscharakter von Stipendien auch *Stegemann-Boehl*, Fehlverhalten von Forschern, S. 98 f.; *Edenfeld*, WissR 30 (1997), S. 235 (239 f.). Entgegen der Charakterisierung von *Trute*, in: Hoffmann-Riem/Schmidt-Aßmann (Hrsg.), Öffentliches Recht und Privatrecht als wechselseitige Auffangordnungen, S. 167 (216 f.) handelt es sich bei einem Stipendium nicht um eine Auslobung in Form eines Preisausschreibens nach §§ 657 ff., 661 BGB.
344 Siehe DFG, Hinweise für die Begutachtung (DFG Vordruck 10.20 – 10/04 – II 29), S. 4.
345 DFG, Rahmengeschäftsordnung für die Fachkollegien, Beschluss des Senats am 23.10.2003, Punkt 11.

der Ausschlussbefugnis von der Antragsberechtigung oder Gutachtertätigkeit bei der DFG, mangelnder Befähigung zur Rücknahme von Förderentscheidungen und im Sinne einer gleichmäßigen, rechtsstaatlichen Grundsätzen entsprechenden Regelanwendung auch nicht auf der Ebene der einzelnen Forschungseinrichtungen selbst gelöst werden. So rechtfertigt sich die Existenz der auf übergeordneter Ebene ansetzenden DFG-Verfahrensordnung aus den systemprägenden Gegebenheiten.[346]

Die Verfahrensordnung der DFG ist wie eine Vereinsordnung der Inhaltskontrolle zugänglich, da die DFG eine staatsnahe Machtstellung im sozialen Bereich hat, und die von der Regelung betroffenen Personen auf die Inanspruchnahme angewiesen sind.[347] Sie unterliegt den Grenzen des § 242 BGB, wonach ein Verein trotz Verbandsautonomie sowohl gegenüber Mitgliedern als auch gegenüber außenstehenden Dritten, die seine Einrichtung benutzen wollen, nur zur Setzung gerechter und angemessener Regeln im Rahmen seiner satzungsmäßigen Zwecke befugt ist.

bb) Verfahrensgrundsätze des Ombudsman der DFG

Mittelbar der DFG zuordenbar sind auch die Verfahrensgrundsätze, die sich das unabhängige Verfahrensgremium Ombudsman der DFG im Verlauf seiner ersten Amtsperiode gegeben hat.[348] Wegen des exponierten Status dieses Gremiums als zentralem Beratungs- und Schlichtungsgremium innerhalb des deutschen Verfahrensmodells sowie den dortigen Verfahrensbesonderheiten sei auf nachgeordnete Abschnit-te verwiesen.[349]

Die Verfahrensordnung des Ombudsmans der DFG weist im Gegensatz zu der Verfahrensordnung der DFG zum Umgang mit wissenschaftlichem Fehlverhalten keinen vereinsrechtlichen Charakter auf. Es handelt sich weder um eine Vereinsnebenordnung der DFG noch um eine Geschäftsordnung des Ombudsgremiums. Die Vereinszuordnung ist angesichts der exponierten Stellung des beschließenden Gremiums, welches sich zwar in die Organisationsstruktur der DFG einfügt, aufgrund seiner unabhängigen Tätigkeit aber nicht an Fälle mit DFG-Bezug anknüpft,[350] eher abwegig. Die Verfahrensordnung hat damit keine organisatorisch technischen Gesichtspunkte des Vereinslebens schlechthin zum Gegenstand. Ihrem Inhalt nach sind die Verfahrensgrundsätze des Ombudsmans der DFG auch nur zum Teil selbstver-

---

346 Vgl. insoweit die Parallelsituation der von Landes- und Spitzenverbänden verfassten Sportordnungen und deren allgemeinen Geltungsanspruch gegenüber Nichtmitgliedern, *Lindemann*, SpuRT 1994, S. 17 (19 f.); BGHZ 128, 93 (97 ff.).

347 Vgl. insoweit für die Rechtsstellung der Mitglieder regelnde interne Normen, BGHZ 93, 151 (152 ff.); 105, 306 (318) für Externe BGH, WM 1972, S. 1249. In der Literatur wird teilweise die alle Vereine umfassende Inhaltskontrolle befürwortet, *Heinrichs*, in: Palandt (Begr.), BGB § 25 Rn. 9; *Hadding*, in: Soergel (Begr.), Bürgerliches Gesetzbuch, § 25 Rn. 25, 25a.

348 Verfahrensgrundsätze des Ombudsmans der DFG mit Erläuterungen, erhältlich unter http://www.rrz.uni-hamburg.de/dfg_ombud/ (15.02.2007).

349 Vgl. unten 4. Teil, D. III. 2. a), S. 379 ff.

350 Vgl. unten 4. Teil, D. III. 2. a), S. 379 ff.

fasste Organisationsbestimmungen über den internen Arbeitsablauf dieser Beratungs- und Vermittlungsinstanz und damit gremieninternes nicht heteronomes Recht. Teilweise entfalten sie einen nicht unbedeutenden materiellrechtlichen Gehalt, der den Inhalt der Beziehung zu den Verfahrensbeteiligten – wie etwa die Berechtigung des Gremiums, eine Vereinbarung über künftiges Verhalten vorzuschlagen und eine abschließende Bewertung der Angelegenheit zu äußern – näher definiert. Dieser begründet die Klassifizierung der Verfahrensgrundsätze des Ombudsmans als allgemeine Geschäftsbedingungen. Die Verfahrensordnung wird Teil eines zwischen der DFG auf der einen und den Verfahrensbeteiligten auf der anderen Seite abgeschlossenen Ombuds- oder Schlichtungsvertrags. Dieser Einordnung entspricht die praktische Handhabung der Verfahrensgrundsätze. Sie werden den Beteiligten regelmäßig vor dem Eintritt in Sachverhaltserörterungen zugesandt und so zur Kenntnis gegeben.

Rechtlich lassen sich aufgrund der Sondersituation, dass beide Regelwerke – die Verfahrensordnung der DFG und die Verfahrensgrundsätze des Ombudsmans der DFG – auf den Umgang mit Nichtmitgliedern zielen, aus den Feststellungen kaum Besonderheiten gegenüber der Verfahrensordnung des Hauptausschusses folgern. Die Bindungen zu den Verfahrensbeteiligten beruhen hier wie dort letztlich auf deren Anerkennung.

cc) Verfahrensordnungen staatlicher Hochschulen

Deutsche Hochschulen sind kraft ihrer Autonomie, ihres Selbstverwaltungsrechts sowie von Gesetzes wegen mit Normsetzungsbefugnissen ausgestattet.[351] § 58 Abs. 2 HRG gibt ihnen das Recht, sich Grundordnungen zu geben, die der Genehmigung des Landes bedürfen.[352] Darüber hinaus haben sie nach Maßgabe der Landeshochschulgesetze das Recht, die Rechtsverhältnisse ihrer Mitglieder und ihre innere Organisation im Rahmen der Gesetze autonom durch Satzung zu regeln.[353] Dies legt die – durch die Titulierung zahlreicher Regelwerke als Satzung zusätzlich gestützte[354] – Annahme nahe, dass von den Universitäten erlassene Regeln guter

---

351 Eingehend *Knemeyer*, in: Flämig (u.a. Hrsg.), Handbuch des Wissenschaftsrechts, Bd. 1 S. 237 ff; *Karpen/Freund*, Hochschulgesetzgebung und Hochschulautonomie; *Tomerius*, Die Hochschulautonomie und ihre Einschränkungen.

352 Die Länder haben diese Vorgabe in ihren Landeshochschulgesetzen umgesetzt, z.B. § 3 Abs. 1 S. 1 BrmHG, §§ 2 Abs. 1 S. 2 und 3 BerlHG, § 2 Abs. 4 HG NRW, § 7 Abs. 1 HG Rheinl. Pf., § 10 Abs. 1 UG SaarL., § 12 Abs. 1 HG S.-H.; ausführlich zum Thema *Thieme*, Deutsches Hochschulrecht, Rn. 96 f.

353 Vgl. die Landeshochschulgesetze § 3 Abs. 2 BremHG, § 2 Abs. 1 S. 2 BerlHG, § 2 Abs. 4 HG NRW, § 7 Abs. 1 und 2 HG Rheinl. Pf., § 10 Abs. 2 UG Saarl, § 12 Abs. 2 HG S.-H; *Thieme*, Deutsches Hochschulrecht, Rn. 98; *Kempen*, in: Hartmer/Detmer (Hrsg.), Hochschulrecht, Kapitel I Rn. 127 ff.

354 Beispiel: Ruprecht-Karls- Universität Heidelberg, Satzung zur Sicherung guter wissenschaftlicher Praxis und zum Umgang mit wissenschaftlichem Fehlverhalten in der Wissenschaft vom 10.11.1998.

wissenschaftlicher Praxis mit Verfahrensordnungen oder getrennt verfasste Verfahrensordnungen als Satzungen erlassen werden. Zwar lässt sich grundsätzlich nicht von der Bezeichnung eines Regelwerks auf dessen Rechtsqualität schließen.[355] Doch wird diese Annahme durch Form und Inhalt eines Großteils der Regelwerke tatsächlich bestätigt.[356] Berechtigte Anhaltspunkte für diese rechtliche Einordnung liefern die mehrheitliche Verabschiedung der hochschulischen Regelwerke durch den Senat beziehungsweise den Akademischen Senat, das zentrale kollegiale Beschlussorgan der jeweiligen Hochschule[357], sowie die Verkündung als untergesetzliche Rechtsnormen in einem Blatt für amtliche Bekanntmachungen der Universität oder des Trägerlandes.[358] Die Regelwerke werden ferner auf landesgesetzliche Rechtset-

---

355 *Reiß*, Die Rechtsetzungsbefugnis der Universität, S. 100; z.B. sind die "Richtlinien zur Sicherung guter wissenschaftlicher Praxis und zum Umgang mit wissenschaftlichem Fehlverhalten" der Technischen Universität Hamburg-Harburg (TUHH) nicht als Satzung tituliert, obwohl die "Grundordnung der technischen Universität Hamburg-Harburg" vom 25. August 2004 in § 4 ausdrücklich vorsieht, dass die TUHH die Sicherung guter wissenschaftlicher Praxis und Vermeidung wissenschaftlichen Fehlverhaltens durch Satzung regelt. Die Verabschiedung der betreffenden Regeln durch den Senat deutet ebenfalls auf den Satzungscharakter hin.

356 *Lippert*, WissR Bd. 33 (2000), S. 210 (215); *Detmer*, in: Hartmer/Detmer (Hrsg.) Hochschulrecht, Kapitel II Rn. 167; *Lux*, Rechtsfragen der Kooperation zwischen Hochschulen und Wirtschaft, S. 327.

357 Das durch den ehemaligen § 63 HRG vorgesehene Nebeneinander zweier zentraler Kollegialorgane innerhalb der Universität ist nach der Reform des Hochschulrechts und der veränderten organisatorische Ausgestaltung der Universitäten durch Landesrecht im Begriff der Auflösung. Statt einer Zweiheit von Kollegialorganen, von denen eines, der Große Senat oder Konzil, für die Beschlussfassung über die Grundordnung und die Wahl der Universitätsleitung zuständig ist, und das andere, in der Regel als Akademischer Senat bezeichnet, über sonstige Angelegenheiten von grundsätzlicher Bedeutung beschließt, existiert vielfach nur noch ein zentrales Kollegialorgan, welches diese Aufgaben übernimmt. Zur unterschiedlichen Reichweite der Zuständigkeitsübertragung nach neuem Recht siehe *Hartmer*, in: Hartmer/Detmer (Hrsg.), Hochschulrecht, Kapitel IV Rn. 129.

358 Hochschulen: Rheinisch-Westfälische Technische Hochschule Aachen (RWTH), Grundsätze zur Sicherung guter wissenschaftlicher Praxis an der Rheinisch-Westfälischen Technischen Hochschule Aachen vom 20.02.2000 und Grundsätze für das Verfahren bei Verdacht auf wissenschaftliches Fehlverhalten vom 11.02.1999, in: Amtliche Bekanntmachungen der RWTH Aachen, S. 2367-2373 und S. 2036; Freie Universität Berlin, Ehrenkodex, Satzung zur Sicherung guter wissenschaftlicher Praxis vom 16.06.1999, geändert am 17.04.2002, in: FU-Mitteilungen Nr. 29/2002, S. 2-4; Humboldt-Universität zu Berlin, Satzung über die Grundsätze der Humboldt-Universität zu Berlin zur Sicherung guter wissenschaftlicher Praxis und über den Umgang mit Vorwürfen wissenschaftlichen Fehlverhaltens vom 25.06.2002, in: Amtliches Mitteilungsblatt der Humboldt-Universität; Universität Bielefeld, Grundsätze zur Sicherung guter wissenschaftlicher Praxis an der Universität Bielefeld vom 02.02.2000, in: Mitteilungsblatt der Universität Bielefeld, Jahrg. 29 (2000) Nr. 2, S. 4-8; Technische Universität Carolo-Wilhelmina zu Braunschweig, Grundsätze zur Sicherung guter wissenschaftlicher Praxis an der Technischen Universität Braunschweig vom 22.03.2000, in: TU Verkündungsblatt, Amtliche Bekanntmachungen Nr. 158/2000; Universität Bremen, Verfahren bei Verdacht auf wissenschaftliches Fehlverhalten, Verfahrensordnung vom 16.06.1999, in: Amtliches Mitteilungsblatt der Universität Bremen, Nr. 6/2000, S. 72-77; Technische Universität Chemnitz, Grundsätze zur Sicherung guter wissenschaftlicher Praxis und über das Verhalten

bei Verdacht auf wissenschaftliches Fehlverhalten für die Technische Universität Chemnitz vom 26.11.2002, in: Amtliche Bekanntmachungen Nr.159/2002, S. 2114-2117; Technische Universität Clausthal, Regeln zur Sicherung guter wissenschaftlicher Praxis und Verfahren bei Verdacht auf wissenschaftliches Fehlverhalten für die Technische Universität Clausthal vom 13.02.2001, in: Mitteilungen TUC 2001, S. 96 ff; Gerhard-Mercator-Universität Duisburg, Grundsätze zur Sicherung guter wissenschaftlicher Praxis an der Gerhard-Mercator-Universität Duisburg vom 28.06.2002, in: Amtliche Mitteilungen Nr. 15/2002, S. 1-8; Universität-Gesamthochschule Essen, Grundsätze für die Sicherung wissenschaftlicher Standards an der Universität-Gesamthochschule Essen vom 04.11.1999, in: Amtliche Bekanntmachungen Nr. 47, S. 249; Technische Universität Bergakademie Freiberg, Richtlinie zur Sicherung guter wissenschaftlicher Praxis und zum Umgang mit wissenschaftlichem Fehlverhalten vom 02.01.2002, in: Amtliche Bekanntmachungen der TU BA Freiberg Nr. 3/2002, S. 1-15; Justus-Liebig-Universität Gießen, Satzung der Justus-Liebig-Universität zur Sicherung guter wissenschaftlicher Praxis in der Fassung vom 29.05.2002, in: Abl./StAnz. Nr. 33/2000 S. 3099; Tierärztliche Hochschule Hannover, Regeln zur Sicherung guter wissenschaftlicher Praxis und Verfahren bei Verdacht auf wissenschaftliches Fehlverhalten vom 20.03.2002, in: Verkündungsblatt Nr. 31/2002; Universität Hannover, Richtlinien der Universität Hannover zur Sicherung guter wissenschaftlicher Praxis und zum Umgang mit wissenschaftlichem Fehlverhalten vom 30.01.2002, in: Verkündungsblatt der Universität Hannover Nr. 2/2002; Universität Hohenheim, Richtlinien zur Sicherung guter wissenschaftlicher Praxis und zum Umgang mit wissenschaftlichem Fehlverhalten an der Universität Hohenheim vom 9.12. 1998, in: Amtliche Mitteilungen der Universität Hohenheim Nr. 396 vom 26.01.1999, S. 2-6; Universität Fridericiana zu Karlsruhe (Technische Hochschule), Richtlinien zur Sicherung guter wissenschaftlicher Praxis und zum Umgang mit wissenschaftlichem Fehlverhalten an der Universität Karlsruhe, vom 21.12.2001, in: Amtliche Bekanntmachungen der Universität Karlsruhe Nr. 1/2002 S. 2-5; Universität zu Köln, Richtlinien zur Sicherung guter wissenschaftlicher Praxis und zum Umgang mit wissenschaftlichem Fehlverhalten vom 15.11.2001, in: Amtliche Mitteilungen Nr. 37/2001, S. 1-8; Universität Leipzig, Satzung der Universität Leipzig zur Sicherung guter wissenschaftlicher Praxis vom 27.03.2002, in Amtliche Bekanntmachungen Nr. 12/2002, S. 1-15; Universität Lüneburg, Ordnung der Universität Lüneburg zur Sicherung guter wissenschaftlicher Praxis und zur Prüfung von Vorwürfen wissenschaftlichen Fehlverhaltens vom 03.07.2002, in: Universität Lüneburg INTERN; Philipps-Universität Marburg, Grundsätze und Verfahrensregeln für den Umgang mit wissenschaftlichem Fehlverhalten an der Philipps-Universität Marburg vom 25.10.2001, in: StAnz. für das Land Hessen Nr. 52/53 2001, S. 4758; Carl von Ossietzky Universität Oldenburg, Verfahren bei Verdacht auf wissenschaftliches Fehlverhalten, Verfahrensordnung vom 26.01.2000, in: Amtliche Mitteilungen der Carl von Ossietzky Universität Oldenburg, 19. Jahrgang (2000), S. 39-42; Universität Gesamthochschule Paderborn, Regeln zur Sicherung guter wissenschaftlicher Praxis und Grundsätze für das Verfahren bei Verdacht auf wissenschaftliches Fehlverhalten vom 13.08.2001, in: Amtliche Mitteilungen der Universität – Gesamthochschule Paderborn 2001; Universität Potsdam, Selbstkontrolle in der Wissenschaft – Regeln zur Sicherung guter wissenschaftlicher Praxis an der Universität Potsdam vom 14.02.2002, in: Universität Potsdam – Amtliche Bekanntmachungen Nr. 2/11. Jahrgang (2002), S. 12 ff.; Universität Regensburg, Ordnung der Universität Regensburg über die Grundsätze zur Sicherung guter wissenschaftlicher Praxis vom 01.10.1999, niedergelegt und bekannt gemacht durch Aushang in der Hochschule am 01.10.1999; Universität des Saarlandes, Richtlinie zur Vermeidung von und zum Umgang mit wissenschaftlichem Fehlverhalten in der Universität des Saarlandes vom 16.07.1999, in: Dienstblatt der Hochschulen des Saarlandes Nr. 10/1999, S. 54 – 59 und Grundsätze der Universität des Saarlandes zur Sicherung guter wissenschaftlicher Praxis vom 06.06.2001, in: Dienstblatt der Hochschulen des Saarlandes Nr. 18/2001, S. 342-344; Universität-Gesamthochschule Siegen, Grundsätze und Verfahrensrichtlinien zur

zungsermächtigungen gestützt. In Bundesländern, denen spezielle, entsprechend § 59 Abs. 2 SächsHG und § 56 a Abs. 2 BWUG verfasste, Ermächtigungen zum Erlass von Regeln zur Einhaltung der allgemein anerkannten Grundsätze guter wissenschaftlicher Praxis und zum Umgang mit wissenschaftlichem Fehlverhalten fehlen, leitet sich die Rechtsetzungsbefugnis aus den allgemeinen landesgesetzlichen Ermächtigungen zum Erlass der zur Erfüllung der hochschulischen Aufgaben erforderlichen Satzungen oder aus der jeweiligen speziellen Aufgabenzuweisungsnorm für den Senat für Fragen der Forschung von grundsätzlicher Bedeutung[359]ab.[360] Satzungsnormen einer Körperschaft des öffentlichen Rechts unterliegen nicht den strengen Voraussetzungen des Art. 80 Abs. 1 Satz 2 GG.[361] Soweit die Landesge-

Sicherung einer guten wissenschaftlichen Praxis vom 08.10.2001, in: Amtliche Mitteilungen Nr. 2/2002, S. 1-5; Eberhard-Karls-Universität Tübingen, Verfahrensordnung der Eberhard-Karls-Universität Tübingen zum Umgang mit Fehlverhalten in der Wissenschaft in der Fassung vom 29.04.1999, in: Amtliche Bekanntmachungen der Eberhad-Karls-Universität Tübingen; Universität Ulm, Satzung der Universität Ulm zur Sicherung guter wissenschaftlicher Praxis in der Fassung vom 27.09.2003, in: Amtliche Bekanntmachungen der Universität Ulm Nr. 7/2003, S. 50-57; Bergische Universität – Gesamthochschule Wuppertal, Grundsätze für das Verfahren bei Verdacht auf wissenschaftliches Fehlverhalten vom 20.07.2000, in: Amtliche Mitteilungen Nr. 17, Jahrgang 29 (2000), S. 1-3;
Fachhochschulen: Fachhochschule Aachen, Richtlinien zur Sicherung guter wissenschaftlicher Praxis und zum Verfahren bei Verdacht auf wissenschaftliches Fehlverhalten an der Fachhochschule Aachen vom 20.03.2002, in: FH- Mitteilungen Nr. 16/2003, S. 3-5; Hochschule Anhalt (FH) Hochschule für angewandte Wissenschaften, Regeln für die Sicherung guter wissenschaftlicher Praxis und für das Verfahren bei Verdacht auf wissenschaftliches Fehlverhalten an der Hochschule Anhalt (FH) vom 20.03.2002, in: Amtliche Mitteilungen der Hochschule Anhalt (FH); Fachhochschule Konstanz, Hochschule für Technik, Wirtschaft und Gestaltung, Satzung über die, Sicherung guter wissenschaftlicher Praxis vom 10.04.2002; Fachhochschule Ulm Hochschule für Technik, Satzung über die Sicherung guter wissenschaftlicher Praxis vom 18.10.2002, Hochschulöffentliche Bekanntmachung vom 28.10. bis 11.11.2002.

359 Vgl. die Zitate der Ermächtigungsgrundlagen in den universitären Regelungen: Die Rheinisch-Westfälische Technische Hochschule Aachen, die Rheinische Friedrich-Wilhelms-Universität Bonn, die Universität Gesamthochschule Paderborn, die Gerhard-Mercator-Universität Duisburg und die Gesamthochschule Wuppertal verweisen auf §§ 2 Abs. 4 (und 21 Abs. 1 Nr. 5) des früheren Universitätsgesetzes NRW vom 03.10.1993, bzw. die Nachfolgeregelung in §§ 2 Abs. 4, 22 Abs. 1 Nr. 3 und 5 Hochschulgesetz NRW vom 30.11.2004. Die Justus-Liebig-Universität Gießen zitiert § 39 Abs. 2 Nr. 2 Hessisches Hochschulgesetz; die Universität Potsdam stützt ihre Satzung ausdrücklich auf § 67 Abs. 1 Nr. 1 Brandenburgisches Hochschulgesetz, die Universität Regensburg zitiert § 6 Bayrisches Hochschulgesetz und die Universität Ulm zitiert trotz der Existenz einer spezieller Fehlverhaltensnorm in Baden-Württemberg nur § 7 Abs. 2 Universitätsgesetz Baden-Würtemberg. Die Freie Universität Berlin dagegen stützt sich auf § 9 Abs. 1 Nr. 4 und 5 der Teilgrundordnung vom 27.10.1998, wonach der Akademische Senat für den Erlass von Satzungen in akademischen Angelegenheiten und die Aufstellung von Grundsätze einschließlich fachübergreifender Verfahrensregelungen zuständig ist.

360 Anderer Auffassung *Rupp*, in: Anderbrügge/Epping/Löwer (Hrsg.), Dienst an der Hochschule: Festschrift für Leuze, S. 437 (445).

361 BVerfGE 33, 125 (157 ff.); *Karpen/Freund*, Hochschulgesetzgebung und Hochschulautonomie, S. 5.

setzgeber für die autonom erlassenen Rechtsnormen der Hochschulen einen Geneh-migungsvorbehalt[362] errichtet haben, ist auch die erfolgte Genehmigung in den Re-gelwerken einiger – freilich nicht aller – Einrichtungen vermerkt.[363]

Angesichts der Erfüllung aller formellen Satzungsvoraussetzungen und des Feh-lens einer anderweitigen Einordnung der Rechtsquellenart durch den Gesetzgeber sowie des Ausdrucks eines abweichenden Willens durch die erlassenden Hochschu-len, kann den hochschulischen Regeln der rechtliche Regelungsgehalt schwerlich abgesprochen werden. Obgleich dies für die materiellen Standards guter wissen-schaftlicher Praxis gerade im Hochschulbereich mit dem Argument versucht wird, es handele sich nicht um Rechtsregeln sondern um außerrechtliche wissenschafts-ethische Grundsätze ohne Rechtsnormcharakter.[364] Die Einordnung als rechtliche Normen rechtfertigt sich aufgrund der an die wissenschaftlich Tätigen formulierten verbindlichen Anforderungen an Verfahrensabläufe zur Aufklärung forschungsrele-vanter Sachverhalte. Der ausdrücklich empfehlende Charakter der DFG-Empfeh-lungen wird bei der hochschulischen Umsetzung durch konkrete Anordnungen an die Mitglieder der Einrichtung ersetzt.[365] Der wissenschaftsinterne und ethische Ursprung der Regeln schützt die Normen folglich nicht vor einer Einbindung in rechtsnormative Regelungszusammenhänge. Vielmehr garantiert solch ein Rückgriff auf außerrechtlich herausgebildete Normen bei der Schaffung neuen Rechts gerade eine sachgerechte Rechtsetzung, sofern freilich eine Verletzung grundrechtlicher Freiheitsverbürgungen ausgeschlossen werden kann. Von einem fehlenden Anord-nungswillen des Normgebers und dem damit fehlenden Geltungsanspruch der Nor-men kann kaum gesprochen werden, wo ethisches Wissenschaftsverständnis zu einer rechtlichen Geltungsanordnung erhoben wird.[366] Eine Differenzierung zwischen den in rechtliche Form gegossen „ethischen Grundsätzen guter wissenschaftlicher Praxis" und hochschulischen Verfahrensregeln nach ihrem materiellen Regelungsin-halt kann auch regelungstechnisch nicht gewollt sein, weil dies vielerorts die unter-schiedliche Klassifizierung in einem einheitlichen Regelwerken erlassener Standards und Verfahrensregeln bedeuten würde.[367]

---

362 Dazu ausführlich *Stieler*, Satzungsgebung der Universitäten, S. 73 ff.; *Reiß*, Die Rechtset-zungsbefugnis der Universität, S. 77.

363 Vgl. z.B. Universität Bremen, Verfahren bei Verdacht auf wissenschaftliches Fehlverhalten, Verfahrensordnung vom 16.06.1999.

364 So *Rupp*, in: Anderbrügge/Epping/Löwer (Hrsg.), Dienst an der Hochschule: Festschrift für Leuze, S. 437 (445).

365 Nur in Ausnahmefällen, wie etwa in den Richtlinien der Albert-Ludwigs-Universität Freiburg im Breisgau, abgedruckt bei *Löwer*, WissR Bd. 33 (2000), S. 219 (227 ff.), ist auch universi-tätsintern von reinen „Empfehlungen" die Rede.

366 Zur ethischen Beeinflussung und zum Geltungsanspruch kodifizierter Rechtsregeln des Stan-des vgl. hingegen *Taupitz*, Die Standesordnungen der freien Berufe, S. 180 ff., 567 ff.; 793 ff. mit umfassenden Literaturhinweisen. Siehe auch *Marburger*, Die Regeln der Technik im Recht, S. 287 Fn. 9.

367 Dem Vorschlag einer kennzeichnenden Unterscheidung von vermeintlichen Regeln der Wis-senschaftsethik und Rechtsregeln ist man nicht gefolgt.

Als Satzungsrecht entfalten die hochschulischen Verfahrensregeln Bindungswirkung für sämtliche Hochschulmitglieder[368] und müssen sich an dem übergeordneten Gesetzesrecht sowie dem Verfassungsrecht messen lassen.

Von den vorstehend beschriebenen rechtsförmlich erlassenen hochschulischen Satzungen ist eine kleinere Gruppe hochschulischer Regelwerke abzugrenzen, die keine Satzungsqualität aufweisen. Meist fehlt es diesen Regelwerken bereits an den formellen Voraussetzungen einer Satzung. So zeichnet sich in einigen Hochschulen nicht der Senat sondern das Rektorat bzw. das Präsidium für die Beschlussfassung über Standards und Verfahrensregeln verantwortlich.[369] Oder eine förmliche den gesetzlichen Anforderungen entsprechende Verkündung ist nicht vorgesehen. Die Rechtsqualität solcher hochschulischen Ordnungen[370] bzw. Richtlinien wurde von den Normsetzenden regelmäßig offengelassen und ist zweifelhaft. Man mag in ihnen sonstige Normen akademischer Rechtsetzung oder auch bloße Empfehlungen erblicken, denen der Charakter einer rechtlichen Norm fehlt. Dies hängt von der inhaltlichen Ausgestaltung im Einzelfall ab. Da diese Regelwerke keine Verbindlichkeit für alle Hochschulmitglieder aufweisen, bedürfte es zu Erzielung der von der DFG gewollten inneruniversitären Bindung der einzelvertraglichen Umsetzung durch Unterzeichnung aller angesprochenen Personen.[371]

dd) Verfahrensregeln staatlicher Ressortforschungseinrichtungen

Die in die Bundes- oder Landesverwaltung eingegliederten Ressortforschungseinrichtungen haben nur in sehr eingeschränktem Umfang Verfahrensregeln zum Umgang mit wissenschaftlichem Fehlverhalten eingeführt. Obwohl ihnen die Sicherstel-

---

368 Zu Umfang und Voraussetzungen der Geltungserstreckung auf Nichtmitglieder, *Thieme*, Deutsches Hochschulrecht, S. 138 ff.; *Papenfuß*, Die personellen Grenzen der Autonomie öffentlich-rechtlicher Körperschaften.

369 Ruhr-Universität Bochum, Leitlinien guter wissenschaftlicher Praxis und Grundsätze für das Verfahren bei vermutetem wissenschaftlichen Fehlverhalten vom 25.06.2002; Universität Dortmund, Regeln guter wissenschaftlicher Praxis vom 02.05.2002; Fachhochschule Hannover, Richtlinien zur Sicherung guter wissenschaftlicher Praxis und zum Umgang mit wissenschaftlichem Fehlverhalten vom 07.10.2002; Fachhochschule Köln, Richtlinien zur Sicherung guter wissenschaftlicher Praxis und zum Umgang mit wissenschaftlichem Fehlverhalten vom 04.11.2002; Westfälische Willhelms-Universität Münster, Grundsätze für das Verfahren bei Verdacht auf wissenschaftliches Fehlverhalten vom 29.01.1998; Fachhochschule Niederrhein, Richtlinien zur Sicherung guter wissenschaftlicher Praxis und zum Verfahren bei Verdacht auf wissenschaftliches Fehlverhalten vom 02.07.2002.
Auf einem Beschluss sowohl des Rektorats als auch des Senats basieren folgende Regelungen: Universität zu Köln, Richtlinien zur Sicherung guter wissenschaftlicher Praxis und zum Umgang mit wissenschaftlichem Fehlverhalten vom 15.11.2001; Universität Rostock, Regeln zur Sicherung guter wissenschaftlicher Praxis und zur Vermeidung wissenschaftlichen Fehlverhaltens vom 03.07.2002.

370 Vgl. zum Begriff der Ordnung *Reiß*, Die Rechtsetzungsbefugnis der Universität, S. 84 f.

371 Vgl. *Rupp*, in: Anderbrügge/Epping/Löwer (Hrsg.), Dienst an der Hochschule – Festschrift für Leuze, S. 437 (444).

lung guter wissenschaftlicher Praxis und die Handhabung wissenschaftlichen Fehlverhaltens von den Geschäftsbereichen der verantwortlichen Ministerien überantwortet bleibt, überlassen diese Einrichtungen Fehlverhaltensfälle im Forschungsbetrieb weitgehend den herkömmlichen rechtlichen Verfahren des Disziplinarrechts.[372]

Die vorhandene, aber nicht repräsentative, Anzahl von Verfahrensregeln demonstriert ein heterogenes Bild. In einigen Bundesforschungsanstalten wurden Verfahrensregeln durch das Kollegium, ein Kollegialorgan bestehend aus den Leitern der Institute sowie weiteren nichtständigen Mitgliedern aus dem Kreis der wissenschaftlichen Mitarbeiter, beschlossen[373] und vermitteln so den Eindruck eines der Einordnung in vorhandene Kategorien unzugänglichen forschungsbezogenen Spezifikums dieser teils selbständigen teils unselbständigen Verwaltungseinheiten. Mangels entsprechender autonomer Organisationsbefugnisse der Anstalten[374] im allgemeinen und des Kollegiums im Besonderen handelt es sich mehr um die kollektive Bekanntgabe der Akzeptanz der DFG-Empfehlungen und die Bereitschaft zur Einleitung von Aufklärungsmaßnahmen bei Bekannt werden eines Fehlverhaltensverdachts als um eine verbindliche Regelung.[375]

Andernorts ist anstelle eines Wissenschaftlergremiums die Institutsleitung für den Erlass der Regeln verantwortlich. In diesen Fällen muss den Regelwerken, die als „Richtlinien" und „Verfügungen" überschrieben sind[376], mindestens der Charakter

---

372 So beispielsweise mitgeteilt durch die Bundesanstalt für Materialforschung und -prüfung, Herr Dr. Lexow, E-Mail von 28. Mai 2001, die Bundesanstalt für Milchforschung, Herr Dr. Pabst, E-Mail vom 29. Juni 2001 (seit dem 01.03.2004 der Bundesforschungsanstalt für Ernährung und Lebensmittel angeschlossen).

373 Bundesforschungsanstalt für Landwirtschaft (FAL), Regeln guter wissenschaftlicher Praxis in der FAL, Anlage zur Geschäftsordnung, vom 05.11.2002; Biologische Bundesanstalt für Land- und Forstwirtschaft Berlin/Braunschweig (BBA), Gute wissenschaftliche Praxis in der Biologischen Bundesanstalt für Land- und Forstwirtschaft vom 20.06.2000; Bundesforschungsanstalt für Fischerei (BFAFi), Regeln guter wissenschaftlicher Praxis in der Bundesforschungsanstalt für Fischerei vom 02.07.2002.

374 Seit jeher befindet sich die Anstalt in einem umstrittenen Spannungsverhältnis zwischen anstaltsspezifischem Verselbständigungsinteresse und den Interessen des übergeordneten Gemeinwesens, *Breuer*, in: Starck (Hrsg.), Erledigung von Verwaltungsaufgaben durch Personalkörperschaften und Anstalten des öffentlichen Rechts, S. 15 ff. (88 ff.). Gegen eine Funktion als Selbstverwaltungsträger Weber, Die Körperschaften, Anstalten und Stiftungen des öffentlichen Rechts, S. 88; *Maurer*, Allgemeines Verwaltungsrecht, § 23 Rn. 46 ff.; a.A. wohl *Berg*, NJW 1998, S. 2294 (2299 f.).

375 Bisweilen wird ausschließlich auf die „Empfehlungen zur Sicherung guter wissenschaftlicher Praxis" der DFG Bezug genommen, ohne eine Verfahrensordnung mit den erforderlichen Verfahrensgremien zu formulieren: Deutsches Archäologisches Institut (DAI), Frau Walther, E-Mail vom 6. Juni 2001; Bundesforschungsanstalt für Forst- und Holzwirtschaft (BFH), Herr Prof. Eckstein, E-Mail vom 30. Mai 2001. Die Physikalisch-Technische Bundesanstalt (PTB), eine nichtsrechtsfähige Anstalt des öffentlichen Rechts im Geschäftsbereich des Bundesministeriums für Wirtschaft und Bundesoberbehörde, hat die DFG-Empfehlungen über eine Qualitätsmanagement-Verfahrensanweisung in das Qualitätsmanagementsystem der Einrichtung integriert.

376 Paul-Ehrlich-Institut – Bundesamt für Sera und Impfstoffe – (PEI), Richtlinien zur Sicherung guter wissenschaftlicher Praxis und zum Umgang mit wissenschaftlichem Fehlverhalten vom

behördlichen Innenrechts in Form von Verwaltungsvorschriften zugesprochen werden.[377] Sie beruhen auf der Weisungskompetenz der vorgesetzten Instanz zur Erteilung genereller, die innere Ordnung von Verwaltungseinheiten betreffender Weisungen.[378] Die Ermächtigung liegt in der Befugnis zur Leitung eines Geschäftsbereichs, eine generelle Veröffentlichungspflicht in Form einer amtlichen Bekanntmachung besteht nicht[379]. Die Mitarbeiter der adressierten Einheiten werden über ihre Einhaltungspflicht belehrt und bestätigen schriftlich die Kenntnisnahme der Richtlinien. Sie sind damit – soweit die Organisationsbefugnis der erlassenden Beamten im staatlichen Innenbereich reicht – gebunden.

ee) Verfahrensordnungen privatrechtlich organisierter außeruniversitäre Forschungseinrichtungen

Unter den Verfahrensordnungen privatrechtlich organisierter außeruniversitärer Forschungseinrichtungen existieren sowohl rechtsgeschäftliche Lösungen als auch solche mit normativem Charakter. Die MPG hat ein normatives Regelwerk erlassen. Die Verfahrensordnungen der als Gesellschaften mit beschränkter Haftung verfassten Großforschungseinrichtungen repräsentieren die rechtsgeschäftliche Variante. Die ebenfalls vereinsrechtlich gebildeten WGL-Einrichtungen haben beide Typen hervorgebracht.[380]

Oktober 2000; Robert-Koch-Institut (RKI), Richtlinien zur Sicherung guter wissenschaftlicher Praxis und zum Umgang mit wissenschaftlichem Fehlverhalten vom Mai 2002; Bundesanstalt für Gewässerkunde (BfG), Hausverfügung zur Umsetzung der DFG-Empfehlungen zur Sicherung guter wissenschaftlicher Praxis vom 25.12.2003; Institut für Vogelforschung – Vogelwarte Helgoland, Richtlinien zur Sicherung guter wissenschaftlicher Praxis und zum Umgang mit wissenschaftlichem Fehlverhalten vom 12.11.2002.

377 Die persönliche Rechtssphäre der beschäftigten Wissenschaftler wird durch den Regelungsinhalt in Ressortforschungseinrichtungen schon deshalb nicht betroffen, weil die Regelwerke keine spezifischen Sanktionskataloge und keine detaillierten Verfahrensablaufvorschriften beinhalten. Es geht im Wesentlichen um die Erbringung der Dienstpflichten als Wissenschaftler unter Beachtung der allgemeinen Prinzipien wissenschaftlicher Arbeit. Darüber hinaus wird die Wahl einer Ombudsperson zum Ansprechpartner sowie die Verantwortlichkeit des Institutsleiters für die Einleitung und Durchführung der Untersuchung bestimmt. Sobald die Aufklärung eines konkreten Fehlverhaltensverdachts ansteht, müssen besondere Weisungen und Anordnungen gegenüber dem Betroffenen ergehen, die dann natürlich auch Außenrechtswirkung erzeugen können. Eine Ausnahme stellt die Bundesanstalt für Gewässerkunde (BfG), Hausverfügung zur Umsetzung der DFG-Empfehlungen zur Sicherung guter wissenschaftlicher Praxis vom 25.12.2003, dar, bei der sogar eine eigene Untersuchungskommission existiert, die nach detaillierten Verfahrensregeln (Regel 6) vorgeht.
378 *Maurer*, Allgemeines Verwaltungsrecht, § 24 Rn. 1.
379 Vgl. BVerwGE 104, 220 (224).
380 Zu den Organisationsrechtsformen der HGF- und WGL Einrichtungen, vgl. oben 4. Teil, A. I. 1. c), S. 272 ff. und e), S. 275 f.

(1) MPG

Für die vereinsrechtlich organisierte MPG hat das intern mit den wichtigsten forschungslenkenden Kompetenzen ausgestattete Organ, der Senat, die Verfahrensordnung zum Umgang mit einem Verdacht auf wissenschaftliches Fehlverhalten beschlossen. Ebenso wie bei der Verfahrensordnung der DFG handelt es sich um eine vereinsrechtliche Nebenordnung mit vorwiegend verfahrenslenkenden einfachen Vereinsnormen, welche die Institutsmitglieder und Leiter der unselbständigen MPG-Institute als satzungsmäßige „wissenschaftliche Mitglieder" des Vereins direkt binden.[381] Gegen die Wirksamkeit der Regeln bestehen aufgrund der umfassenden Delegation von Aufgaben an den Senat keine grundlegenden Bedenken, zumal der Katalog der potenziell satzungsrelevanten Sanktionen sich auf die nach den allgemeinen Vorschriften zulässigen Maßnahmen beschränkt. Hinsichtlich der Einzelheiten sei im Übrigen auf die obigen Ausführungen zu den vereinsinternen Normen verwiesen.[382] Wissenschaftler, die nicht dem Mitgliederkreis der MPG zuzurechnen sind, werden auch über einen rechtsgeschäftlichen Einzelakt, beispielsweise den Arbeitsvertrag auf die Einhaltung der Verfahrensregeln verpflichtet.[383]

(2) Großforschungs-GmbHs der HGF

Mustert man die bei Großforschungs-GmbHs an der Regelsetzung beteiligten Organe durch, fällt auf, dass die Formulierung und Verabschiedung von Verfahrensregeln der Forschungsgesellschaften durch die Geschäftsführung unter Beteiligung eines wissenschaftlichen Selbstverwaltungsgremiums mit Organstatus erfolgt. Bei Letzterem handelte es sich im Regelfall um den Wissenschaftlichen-Technischen Rat (WTR)[384] der Gesellschaften, ein Mitwirkungsorgan der wissenschaftlichen und

---

381 Die Mitglieder nach der Satzung der MPG werden unterschieden in: Fördernde Mitglieder (z.B. natürliche oder juristische Personen, die einen Mitgliedsbeitrag zahlen), Wissenschaftliche Mitglieder (Wissenschaftliche Mitglieder der Institute, Emeritierte sowie auswärtige Wissenschaftliche Mitglieder der Institute), Mitglieder von Amts wegen (Mitglieder des Senats sowie Institutsleiter, die nicht Wissenschaftliche Mitglieder von Instituten sind) und Ehrenmitglieder (durch Hauptversammlung ernannte Forscher und Förderer der Wissenschaft).
382 Vgl. oben 4. Teil, D. II. 3. b) aa), S. 328 ff.
383 Vgl. zur Einbeziehung der Verfahrensordnung in die Arbeitsverträge Max-Planck-Gesellschaft, Max-Planck-Forum 3, verantwortliches Handeln in der Wissenschaft, S. 24.
384 Das interne Beratungs- und Mitwirkungsgremium bei der GSI (Gesellschaft für Schwerionenforschung) wird laut § 20 des Gesellschaftsvertrages als Wissenschaftlicher Ausschuss (WA) bezeichnet. Die Geschäftsführung der GBF (Gesellschaft für Biotechnologische Forschung) wird von der Wissenschaftlerversammlung (WV) beraten. Die Zusammensetzung dieser Organe unterscheidet sich jedoch nicht wesentlich von derjenigen des WTR der anderen Großforschungsgesellschaften. Allen Gremien gehören die leitenden Wissenschaftler (Instituts- und Projektleiter) des Unternehmens und ca. 1/3 gewählte Mitglieder aus dem Kreis aller angestellten Wissenschaftler an.

technischen Mitarbeiter auf Exekutivebene[385], dessen Einrichtung auf ministeriale Empfehlungen zurückgeht und welches die verfassungsrechtlichen Vorgaben eines Teilhaberechts abhängig beschäftigter Wissenschaftler aus Art. 5 Abs. 3 GG durch Beteiligung an Unternehmensentscheidungen mit Forschungsbezug sichern soll. [386]

Die Verfahren werden auf diese Weise – der gesellschaftsvertraglichen Aufgabenverteilung entsprechend – auf einen Konsens der im Mitwirkungsorgan vertretenen Wissenschaftler gestellt[387], ohne dass sich daraus eine normative Geltung der Regeln – wie sie etwa die tarifvertragliche oder betriebsverfassungsrechtliche Normenverträge[388] entfalten – ergeben würde. Zwar betreffen die Regeln den Inhalt der Arbeitsverhältnisse der angestellten Forscher und enthalten einheitliche Regeln über das Zusammenwirken der Beteiligten im Arbeitsprozess, welcher in Großforschungseinrichtungen weitgehend dem arbeitsteiligen Forschungsprozess entspricht. Dabei geht es ähnlich wie in der Betriebsverfassung um die Regelung eines multilateralen Verhältnisses der einzelnen Arbeitnehmer zueinander, zu dem Arbeitgeber und zu den verfahrensleitenden Gremien, mit dem Unterschied, dass lediglich die wissenschaftlichen Mitarbeiter und ein Ausschnitt wissenschaftlicher Belange, nämlich die Sicherung guter wissenschaftlicher Praxis erfasst werden. Aber weder das an der Aufstellung der Regeln beteiligte Organ der wissenschaftlichen Mitwirkung (WTR), noch die durch Verfahrensregeln geschaffenen Gremien sind echte Betriebsverfassungsorgane oder Teil einer „Sonderbetriebsverfassung". Dem durch Gesellschaftsvertrag geschaffenen Organ sowie der Vertrauensperson und der Kom-

---

385 Mitwirkung der wissenschaftlichen und technischen Mitarbeiter findet daneben auch auf Institutsebene in den sog. Institutsleitungsausschüssen und auf Aufsichtsebene statt (sog. Ständische Mitbestimmung).

386 Leitlinien des Bundesministers für Bildung und Wissenschaft zu Grundsatz-, Struktur- und Organisationsfragen von rechtlich selbständigen Forschungseinrichtungen, an denen die Bundesrepublik Deutschland, vertreten durch den Bundesminister für Bildung und Wissenschaft, überwiegend beteiligt ist (Fassung 1971).

387 Die Mehrheitsverhältnisse im WTR erfordern allerdings nicht die Zustimmung der gegenüber den Mitarbeitern mit Leitungsfunktion in der Minderzahl befindlichen gewählten wissenschaftlichen Mitarbeiter.

388 Der Tarifvertrag hat nach überwiegender Auffassung eine rechtliche Doppelnatur. In seinem obligatorischen Teil ist er ein gegenseitiger, schuldrechtlicher Vertrag arbeitsrechtlichen Inhalts. In seinem normativen Teil ist er ein für Dritte rechtsverbindlicher zweiseitiger korporativer Normenvertrag, woraus gefolgert wird, das er selbst Gesetz im materiellen Sinne ist, *Schaub*, in: Schaub/Koch/Linck (Hrsg.), Arbeitsrechts-Handbuch, § 198 Rn. 16.
Die Betriebsvereinbarung ist als formgebundene Absprache zwischen Arbeitgeber und Betriebsrat in ihrer Rechtsnatur umstritten. Nach der heute ganz herrschenden Meinung ist sie ein privatrechtlicher Normenvertrag zur Regelung der betrieblichen und betriebsverfassungsrechtlichen Ordnung sowie Inhalt, Abschluss und Beendigung von Arbeitsverhältnissen, der zwischen Arbeitgeber und Arbeitnehmer, vertreten durch den Betriebsrat geschlossen wird, vgl. *Koch*, in: Schaub/Koch/Linck (Hrsg.), Arbeitsrechts-Handbuch, § 231 Rn. 4; ausführlich zum Theorienstreit *Kreutz*, in: Kraft/Wiese/Kreutz/Oetker/Raab/Weber/Franzen (Hrsg.), GK-BetrVG, § 77 Rn. 35 ff.

mission sind lediglich Beteiligungsrechte verliehen, für die der Betriebsrat originär oder aus Gründen des Tendenzschutzes (§ 118 BetrVG) nicht zuständig ist.[389]

Die Verfahrensregeln sind trotz ihres partiellen Einflusses auf die Binnenorganisation der Großforschungseinrichtungen weder Bestandteil des Gesellschaftsvertrages, der nach der herrschenden modifizierten Normentheorie einen Organisationsvertrag darstellt[390], noch Nebenabreden in Form von Nebenvereinbarungen oder Nebenordnungen der Forschungsgesellschaften.[391] Die weitgehend autonome Ausgestaltung der GmbH-Satzung obliegt den GmbH-Gesellschaftern, im Fall der Großforschungseinrichtungen zumeist dem Bund und dem Sitzland der Gesellschaft. Als Ausdruck der organisatorischen Umsetzung einer werte- und normadäquaten Qualitätssicherung des selbstgesteuerten Wissenschaftsbetriebs können die Verfahrensregeln den staatlichen Trägern nicht – auch nicht im Delegationswege – zugerechnet werden.

Den Schlüssel zu einer rein rechtsgeschäftlichen Natur der Verfahrensregeln in Großforschungs-GmbHs liefert schließlich ein Blick auf die in besonderem Maße mit den wissenschaftseigenen Verfahrensregeln der Großforschungseinrichtungen vergleichbaren Redaktionsstatuten privater Presse- und Rundfunkunternehmen[392]. Diese Statuten versuchen, im Sinne einer inneren Pressefreiheit die Meinungspluralität der Medienunternehmen durch journalistische Mitbestimmung der angestellten Redakteure zu sichern. Darin werden in ähnlicher Weise wie bei den Standards guter wissenschaftlicher Praxis und Verfahrensregeln zum Umgang mit wissenschaftlichem Fehlverhalten grundrechtsadäquat ausgestaltete Regelungen der Redaktionspraxis durch die Adressaten und Grundrechtsträger selbst formuliert. Redaktionsstatuten werden in aller Regel von den Redaktionsmitgliedern, den Herausgebern und der Unternehmensleitung gemeinsam beschlossen. Zu den Inhalten zählen die Implementierung einer Redakteursvertretung und die Bestimmung der Reichweite von

389 § 118 BetrVG räumt einen partiellen Dispens von der Anwendung der Vorschriften des BetrVG ein und versucht auf diesem Wege eine ausgewogene Regelung zwischen dem Sozialstaatsprinzip (Mitbestimmung) und den Freiheitsrechten der Tendenzträger zu treffen. Eine umfassende Betriebsratsmitwirkung würde eine sachfremde Einschränkung der auf Art. 5 Abs. 3 GG beruhenden Eigenständigkeit und Eigenverantwortlichkeit der Wissenschaftler zur Aufstellung, Planung und Organisation der Forschungseinrichtungen beinhalten. Beispiel: Personelle Maßnahmen im wissenschaftlichen Bereich. Der Betriebsrat steht mit der fachlichen Entscheidung mangels Kompetenz in keinem Zusammenhang. Vgl. im einzelnen *Meusel*, Außeruniversitäre Forschung im Wissenschaftsrecht, Rn. 481 ff.

390 Die Satzungserrichtung wird rechtsgeschäftlich eingeordnet, die durch sie errichtete Gesellschaftsverfassung dagegen wie objektives Recht beurteilt, *Grziwotz*, in: Priester/Mayer (Hrsg.), Münchener Handbuch des Gesellschaftsrechts, Band 3, § 18 Rn. 2. Zur umstrittenen Rechtsnatur vgl. *K. Schmidt*, Gesellschaftsrecht, § 5 I 1 b) S. 76.

391 Nebenvereinbarungen oder Nebenabreden sind schuldrechtliche Vereinbarungen zwischen Gründern oder späteren Gesellschaftern der GmbH, die sich auf Rechtsverhältnisse in oder zu der Gesellschaft beziehen, aber nicht in den notariellen Gesellschaftsvertrag aufgenommen werden, *Priester*, in: Priester/Mayer (Hrsg.), Münchener Handbuch des Gesellschaftsrechts, Band 3, § 21 Rn. 1 ff.

392 Vgl. zur Entwicklung *Holtz-Bacha*, Mitspracherechte für Journalisten, S. 12 ff.; *Holtz-Bacha*, ZUM 1986, S. 384 (385 f.).

Mitwirkungsrechten der Redakteure, welche zwischen reinen Unterrichtungs- und Informationspflichten, Anhörungspflichten sowie Beratungspflichten der Unternehmensleitung und echten Mitbestimmungsrechten der Redakteure rangieren.[393] Ähnlich wie in den wissenschaftseigenen Kodizes existieren Regeln über das Verfahren zur Bereinigung auftretender Meinungsverschiedenheiten oder Konsequenzen in Fällen der Abweichung von der publizistischen Haltung eines Blattes. Die Meinungen in Rechtsprechung und Literatur über die Rechtsnatur von Redaktionsstatuten decken sich insoweit, als deren kollektivrechtliche Vereinbarung und damit die Ausstrahlung einer normativen Wirkung einheitlich abgelehnt wird.[394] Redaktionsstatuten werden als ausschließlich der Privatautonomie unterliegende vertragliche Regelungen verstanden, durch welche der Verleger den einzelnen Redakteuren unter Einschränkung seines verfassungsrechtlich geschützten Freiraums schuldrechtlich Mitbestimmungsrechte einräumt. Differenzen bei der Qualifikation bestehen allerdings hinsichtlich der Art des vertraglichen Charakters.

Das BAG[395] behandelte das Redaktionsstatut einer Tageszeitung in einer erstmalig zu diesem Thema ergangenen Entscheidung als arbeitsvertragliche Einheitsregelung, die durch individuelle vertragliche Bezugnahme für das jeweils betroffene Arbeitsverhältnis Wirksamkeit erlangt.[396] Es ist zutreffend der Auffassung, die unmittelbare und zwingende Geltung des Statuts scheide aus,[397] da es zwar der kollektiven Regelung einer Redaktionsverfassung diene, aber dennoch keinen kollektivrechtlichen und damit normativen, sondern rein individualrechtlichen Charakter habe.[398] Die Gegenauffassung, wonach das Statut neben der arbeitsrechtlichen noch

---

393 *Branahl/Hoffmann-Riem*, Redaktionsstatute in der Bewährung, S. 127 ff.; *Stock*, Innere Medienfreiheit – Ein modernes Konzept der Qualitätssicherung, S. 100 ff. sowie Textanhang S. 184 ff.

394 *Seiler*, AfP 1999, S. 7 (17 f.); *Dieterich*, in: Dieterich/Müller-Glöge/Preis/Schaub (Hrsg.), Erfurter Kommentar, Art. 5 GG, Rn. 81; *Dörner*, in: Löffler (Begr.) PresseR, BT ArbR, Rn. 401; unklar *Koch*, in: Schaub/Koch/Linck (Hrsg.), Arbeitsrechts-Handbuch, § 214 Rn. 28 a, der Redaktionsstatuten entweder als Bestandteil der Arbeitsverträge der Redakteure oder, soweit dies gesellschaftsrechtlich zulässig ist, als Satzungen des Unternehmens einordnen will.

395 BAG, Urt. v. 19.6. 2002, Az. 1 AZR 463/00, NZA 2002, S. 397 ff. (399).

396 Das Gericht hatte sich mit der einseitigen Kündbarkeit eines Redaktionsstatuts einer Tageszeitung durch den Verlag zu befassen und in diesem Rahmen über dessen individualvertragliche und kollektive Elemente zu befinden. Das Statut war in dem konkreten Fall von den Redaktionsmitgliedern, den Herausgebern und der Unternehmensleitung beschlossen und gebilligt sowie von den Herausgebern der Zeitung und den Aufsichtsratmitgliedern unterzeichnet worden. Es sollte nach seinem Wortlaut sowie dem Inhalt der Anstellungsverträge zufolge Bestandteil derselben sein.

397 BAG, Urt. v. 19.06.2001, Az. 1 AZR 463 /00, NZA 2002, S. 397 (399); *Schaffeld*, AfP 2002, S. 139 (140).

398 Die Vorinstanz war ebenfalls zu der Auffassung gelangt, dass das Redaktionsstatut die Voraussetzungen einer Gesamtzusage erfüllt und damit einen Bestandteil der Arbeitsverträge darstellt, LAG Baden-Würtemberg, Urt. vom 05.05.2000, Az. 16 Sa 48/99, NZA-RR 2000, S. 479 (480). Unter einer Gesamtzusage wird in Rechtsprechung und Literatur die Gewährung einer zusätzlichen Leistung des Arbeitgebers durch förmliche Bekanntgabe an die Belegschaft verstanden, *Preis*, in: Dieterich/Müller-Glöge/Preis/Schaub (Hrsg.), Erfurter Kom-

eine vereinsrechtliche Beziehung zwischen den Mitgliedern der Redaktion begründet, die ihrerseits Grundlage eines Vertrages zwischen der Gesamtheit der Redakteure einerseits und der Beklagten andererseits sei,[399] vermag nicht zu überzeugen. Diesem Ansatz ist das BAG dogmatisch zu Recht mit der Begründung entgegen getreten, dass die Mitgliedschaft in einer Gesellschaft bürgerlichen Rechts oder in einem Verein unabhängig vom Bestand des Arbeitsverhältnisses bestehen müsste.[400] Weder für die Aufnahme in eine Gesellschaft bürgerlichen Rechts noch den Beitritt in einen Verein genügt der Abschluss eines Arbeitsvertrages. Voraussetzung ist die Errichtung bzw. Änderung des Gesellschaftsvertrages.[401] Gleiches gilt für die Beendigung der Mitgliedschaft in einem Verein oder den Austritt aus einer Gesellschaft. Hierfür genügt nicht allein die Aufhebung des Arbeitsverhältnisses, sondern nur eine Vereinbarung mit den anderen Mitgliedern und Gesellschaftern oder eine Kündigung der Vereinsmitgliedschaft bzw. des Gesellschaftsvertrags. Tatsächlich aber wird die Geltung eines Redaktionsstatuts nur an das Arbeitsverhältnis gekoppelt. Darüber hinaus widerspricht die bereits angesprochene Regelung arbeitsvertraglicher Verpflichtungen in dem vermeintlichen Gesellschaftsvertrag bzw. der Satzung einer unabhängigen gesellschaftsrechtlichen oder vereinsrechtlichen Beziehung. Aufgrund dieser Kombination kann eine Änderung des Statuts nicht ohne Änderung der Arbeitsverträge erfolgen.

mentar, § 611 Rn. 259. Die herrschende Auffassung sieht in der Gesamtzusage ein Vertragsangebot an jeden einzelnen betroffenen Arbeitnehmer, welches die Arbeitnehmer annehmen können, ohne dass es einer ausdrücklichen Annahmeerklärung bedarf (§ 151 BGB), BAG Urt. v. 13.03. 1975, Az. 3 AZR 446/74, DB 1975, S. 1563 f. Nach Auffassung des BAG werden Gesamtzusagen unabhängig von der dogmatischen Begründung Bestandteil des Arbeitsvertrages. Sofern die Zusage keinen Änderungs- oder Wiederrufsvorbehalt enthält, ist eine Lösung von diesem Vertragsbestandteil nur durch Änderungskündigung möglich, BAG, Urt. v. 14.06.1995, Az. 5 AZR 126/94, AP Nr. 1 zu § 611 Personalrabatt.

Das LAG knüpfte im konkreten Fall an eine Bekanntgabe der Absicht, begünstigende Regeln gewähren zu wollen, seitens der Herausgeber und des Aufsichtsrats an die Redakteure an. In Vollzug dieser vorgefassten Absicht seien die Inhalte des Redaktionsstatuts Bestandteil der Arbeitsverträge geworden. Es handele sich nicht um eine betriebsverfassungsrechtliche Einrichtung, sondern um Nebenabreden zur Ausgestaltung der Arbeitsverhältnisse der Redakteure. Anderer Auffassung über den Vertragscharakter war die Vorinstanz allerdings noch bei Entscheidung über die Unzulässigkeit des beschrittenen Rechtsweges, LAG Baden-Würtemberg. v. 19.6.1998, Az. 16 Sa 109/97 aufgehoben durch das BAG, Beschl. v. 21.05. 1999, Az. 5 AZB 31/98, NZA 1999, S. 837 ff. Dort hieß es, die sich aus dem Redaktionsstatut ergebenden Rechtspositionen gründeten nicht ursächlich in der Rechtsbeziehung zwischen Arbeitnehmer und Arbeitgeber, sondern seien Regelungen, welche die Frage nach der internen Verfassung des Presseunternehmens selbst, das heißt die Frage nach der Stellung des einzelnen Journalisten gegenüber dem Verleger, dem Herausgeber, dem Chefredakteur und nach deren gegenseitigem Verhältnis sollten beantworten helfen. Die Einbindung in das Redaktionsstatut über die arbeitsvertragliche Regelung führe zu einem gemischten Vertrag, bei welchem andere Rechtsbeziehungen mit dem Arbeitsvertrag verbunden seien.

399 Dies lässt sich dem BAG-Urteil entnehmen, BAG, Urt. v. 19.06.2001, Az. 1 AZR 463/00, NZA 2002, S. 397 (399).
400 BAG, Urt. v. 19.06.2001, Az. 1 AZR 463/00, NZA 2002, S. 397 (399).
401 BAG, Urt. v. 19.06.2001, Az. 1 AZR 463/00, NZA 2002, S. 397 (399).

Die hier vertretene Einordnung von Redaktionsstatuten bestätigt – zieht man die Parallele zu den Regelwerken der Großforschungseinrichtungen – den oben bereits angesprochen arbeitsvertraglichen Charakter der Regeln. Sie gestalten ebenso wie ein Redaktionsstatut in maßgeblichem Umfang die arbeitsvertraglichen Beziehungen zwischen Wissenschaftler und Forschungsunternehmen und sind deshalb als arbeitsvertragliche Einheitsregelung anzusehen. Zu dieser Beurteilung führt der Gesichtspunkt, dass die positiven Standards guter wissenschaftlicher Praxis die von den Angestellten zu erbringende Forschungsleistung näher konkretisieren. Hierbei handelt es sich um die Hauptleistungspflicht aus dem Arbeitsvertrag, die den explizit gemachten Normen der Wissenschaft entsprechen muss. Die gleiche gestalterische Wirkung für das Arbeitsverhältnis geht von den Verfahrensregeln im Besonderen aufgrund ihrer Bedeutung für Sicherung, Kontrolle und organisatorische Umsetzung der Qualitätssicherung im Arbeitsverhältnis aus.

Die als arbeitsvertragliche Einheitsregeln verfassten Standards und Verfahrensregeln unterliegen seit Inkrafttreten des Gesetzes zur Modernisierung des Schuldrechts am 1.1.2002 der richterlichen Inhaltskontrolle. Mit Abschaffung der zuvor geltenden Bereichsausnahme für das Arbeitsrecht sind vorformulierte Arbeitsvertragsbedingungen, die eine Vertragspartei der anderen Partei bei Abschluss eines Vertrages stellt (§ 305 Abs. 1 S. 1 BGB), in die Gesetzesregelung über die Allgemeinen Geschäftsbedingungen einbezogen.[402] Nicht notwendig ist, dass der Arbeitgeber die Vertragsbedingungen einseitig formuliert hat, so dass die Beteiligung des WTR bei der Formulierung der Verfahrensregeln nicht zu einer Ausnahme führt. Von den Allgemeinen Geschäftsbedingungen werden begrifflich alle Regelungen erfasst, die man im Arbeitsvertragsrecht bisher unter den Stichworten der Allgemeinen Arbeitsbedingungen, der Gesamtzusage des Arbeitgebers und der arbeitsvertraglichen Einheitsregelung zusammengefasst hat.[403] Allerdings dürften die Verfahrensregeln dennoch weitgehend aus dem Anwendungsbereich der §§ 305 ff BGB herausfallen, weil nach § 307 Abs. 3 BGB die Gesetzesregelung über die Inhaltskontrolle nur für Bestimmungen in Allgemeinen Geschäftsbedingungen gilt, durch die von Rechtsvorschriften abweichende oder diese ergänzenden Regelungen vereinbart werden. Andere Bestimmungen sind nur unwirksam soweit sie gegen das in § 307 Abs. 1 BGB statuierte Transparenzgebot verstoßen. Im Übrigen bleibt es bei der zuvor schon eingeschränkten Vertragsfreiheit wegen gestörter Vertragsparität unter Vornahme einer Billigkeitskorrektur nach § 242 oder 315 BGB.[404]

---

402 Vgl. § 310 Abs. 4 BGB, dazu *Richardi*, NZA 2002, S. 1057 ff.

403 Siehe *Richardi*, in: Richardi/Wlotzke (Hrsg.), Münchener Handbuch zum Arbeitsecht, Band 1, § 12 Rn. 33 ff.

404 Vgl. zunächst die Ausgangsentscheidung der richterlichen Billigkeitskontrolle, BAG, Urt. v. 31.10.1969, Az. 3 AZR 119/69, AP Nr. 1 zu BGB § 242 Ruhegehalt-Unterstützungskassen, sowie BAG, Urt. v. 21.12.1970, Az. 3 AZR 510/69, AP Nr. 1 zu § 305 Billigkeitskontrolle und schließlich BAG, Urt. v. 04.07.1972, 3 AZR 477/71, AP Nr. 6 zu HGB § 65.

(3) Mitgliedsvereine der WGL

Auch in den privatrechtlich verfassten Einrichtungen der WGL, unter denen sich überwiegend Vereine befinden, ist als häufigste Form der Umsetzung von Verfahrensregeln die Form der (arbeits-)vertraglichen Einheitsregelung vertreten. Trotz der Privilegierung der Rechtsform des Vereins in Bezug auf verbindliche Normsetzungskompetenzen für Mitgliederordnungen und der Möglichkeit rechtsgeschäftlicher Unterwerfung von Nichtmitgliedern, wird nur in seltenen Ausnahmefällen die DFG-Konstruktion einer vereinsrechtlichen Binnenordnung gewählt. Hierauf weist in den WGL-Regelwerken ein Passus der Präambel hin, wonach die Einhaltung der Regeln als arbeitsvertragliche Pflicht normiert und die Mitarbeiter bei bestehenden Verträgen durch schriftliche Erklärung hierauf verpflichtet werden.[405] Die vereins-

405 So etwa: Institut für Deutsche Sprache (IDS), Regeln zur Sicherung guter wissenschaftlicher Praxis am IDS und Verfahren zum Umgang mit wissenschaftlichem Fehlverhalten, Präambel; Institut für Wissensmedien (IWM), Regeln zur Sicherung guter wissenschaftlicher Praxis am IWM und Verfahren zum Umgang mit wissenschaftlichem Fehlverhalten vom 14.11.2002, Präambel; Kiepenheuer Institut für Sonnenphysik (KIS); Sicherung guter wissenschaftlicher Praxis am Kiepenheuer-Institut für Sonnenphysik und Verfahren zum Umgang mit wissenschaftlichem Fehlverhalten vom 04.06.2002, Präambel; Forschungsinstitut für Molekulare Pharmakologie (FMP) im Forschungsverbund Berlin e.V., Regeln zur Sicherung guter wissenschaftlicher Praxis am Forschungsinstitut für Molekulare Pharmakologie (FMP) vom 29.04.2002, Punkt I. 2.; Institut für Gewässerökologie und Binnenfischerei (IGB) im Forschungsverbund Berlin e.V., Grundsatzbeschluss zur Sicherung guter wissenschaftlicher Praxis im Leibnitz-Institut für Gewässerökologie und Binnenfischerei im Forschungsverbund Berlin e.V. vom 21.11.2000, Punkt I. 2.; Max-Born-Institut für Nichtlineare Optik und Kurzzeitspektroskopie (MBI) im Forschungsverbund Berlin e.V., Dienstanweisung zur Umsetzung der Regeln zur Sicherung guter wissenschaftlicher Praxis am Max-Born-Institut vom 25.03. 2002, Präambel; Weierstraß-Institut für Angewandte Analysis und Stochastik im Forschungsverbund Berlin e.V. (WIAS), Regeln zur Sicherung guter wissenschaftlicher Praxis im Weierstraß-Institut für Angewandte Analysis und Stochastik im Forschungsverbund Berlin e.V. vom 23.05.2002, Punkt I. 2.; Forschungsinstitut für die Biologie landwirtschaftlicher Nutztiere, Dummerstorf (FBN), Regeln zur Sicherung guter wissenschaftlicher Praxis am FBN und Verfahren zum Umgang mit wissenschaftlichem Fehlverhalten vom 10.04.2002, Präambel mit gleichberechtigtem Hinweis auf die Geltung als beamtenrechtliche Pflicht im Rahmen von Dienstverhältnissen von Beamten; Deutsches Primatenzentrum GmbH (DPZ), Regeln zur Sicherung guter wissenschaftlicher Praxis am DPZ und Verfahren zum Umgang mit wissenschaftlichem Fehlverhalten, Präambel; Institut für Spektrochemie und Angewandte Spektroskopie (ISAS), Regeln zur Sicherung guter wissenschaftlicher Praxis vom 03.05.2002, Präambel mit dem ausdrücklichen Hinweis, dass die Bestimmungen des Betriebsverfassungsgesetzes durch die Regeln nicht berührt werden; Institut für Oberflächenmodifizierung e.V. (IOM), Regeln zur Sicherung guter wissenschaftlicher Praxis am IOM und Verfahren zum Umgang mit wissenschaftlichem Fehlverhalten vom 17.12.2001 (in Kraft seit 01.01.2002), Präambel; Institut für Agrarentwicklung in Mittel- und Osteuropa (IAMO), Grundsatzbeschluss zur Sicherung guter wissenschaftlicher Praxis: Regeln guter wissenschaftlicher Praxis vom 03.06.2002, Punkt 3.; Institut für Wirtschaftsforschung Halle (IWH), Regeln zur Sicherung guter wissenschaftlicher Praxis am IWH und Verfahren zum Umgang mit wissenschaftlichem Fehlverhalten vom 10.07.2002, Präambel; Leibniz-Institut für Neurobiologie Magdeburg (IfN), Regeln zur Sicherung guter wissenschaftlicher Praxis am IfN und Verfah-

rechtliche Konstruktion einer verbindlichen Mitgliederordnung, der sich Nichtmitglieder unterwerfen, wurde bewusst nicht in Anspruch genommen, weil die Angestellten als Nichtmitglieder und ausschließliche Adressaten der Verfahrensregeln durch die einfache vertragliche Gestaltung unproblematisch erfasst werden konnten. Ebenso in diese Richtung deutet auch die Adaption der Regelwerke durch das geschäftsführende Leitungsgremium, den Vorstand oder Direktor, dieser Vereine. Insoweit ist die rechtswirksame Delegation von Normsetzungskompetenzen, die ursprünglich bei der Mitgliederversammlung eines Vereins ansetzen, zwar rechtlich nicht ausgeschlossen, aber nicht zu vermuten.[406] Überzeugender lautet das Gegenargument, dass die Verabschiedung der Standards und Verfahrensregeln Teil der Wahrnehmung von Arbeitnehmeraufgaben der Korporation durch das Leitungsgremium ist. Der geschäftsführende Direktor oder Vorstand handelt in Vertretungsbefugnis und ist für die Ausübung der Arbeitgeberfunktion durch Abschluss und Beendigung von Mitarbeiterverträgen und die Ausübung des Direktionsrechts verantwortlich. Da liegt es auf der Hand, dass bei diesem Organ auch die Verantwortlichkeit für die Ausformulierung arbeitsvertraglicher Pflichten konzentriert ist.

Soll die Regelung nach ihrem eigenen Anwendungsbereich einmal nicht nur für institutsinterne Angestellte, sondern beispielsweise auch für Gastwissenschaftler gelten[407], so kann das Regelwerk ebenso zum Bestandteil einer rechtsgeschäftlichen Vereinbarung werden, aufgrund derer der jeweilige Gastwissenschaftler an der Einrichtung tätig ist.

Die wenigen vorhandenen Ausnahmen bestätigen das Bild. Es handelt es sich um einzelne Vereine, die ihre Gesamtregelwerke aus Standards und Verfahrensregeln zum Bestandteil einer vereinsrechtlichen Nebenordnung gemacht haben.[408] Charakteristisch ist der Verzicht auf die Prefixierung als arbeitsvertragliches Pflichtenkompendium[409], obgleich die Unterwerfung der angestellten Nichtmitglieder in diesen

---

ren zum Umgang mit wissenschaftlichem Fehlverhalten vom 20.02.2002, Präambel; Institut für Wasserforschung GmbH, Regeln zur Sicherung guter wissenschaftlicher Praxis vom 15.09.2003, Präambel; Karl-Winnacker-Institut (KWI) der DECHEMA e.V., Richtlinien zur Sicherung guter wissenschaftlicher Praxis, Präambel.

406 Eine repräsentative Anzahl von Vereinssatzungen stand zur Auswertung nicht zur Verfügung.

407 Ausdrücklich berücksichtigt in folgenden Einrichtungen: Institut für Festkörper- und Werkstoffforschung (IFW) Dresden, Institutsanweisung zur Gewährleistung von guter wissenschaftlicher Praxis vom 01.07.2001, Punkt 3.; Institut für Agrarentwicklung in Mittel- und Osteuropa (IAMO), Grundsatzbeschluss zur Sicherung guter wissenschaftlicher Praxis: Regeln guter wissenschaftlicher Praxis vom 03.06.2002, Punkt 3.

408 Leibniz-Institut für Atmosphärenphysik e.V. an der Universität Rostock (IAP), Regeln zur Sicherung guter wissenschaftlicher Praxis und zur Vermeidung wissenschaftlichen Fehlverhaltens vom 28.06.2002; Akademie für Raumforschung und Landesplanung (ARL), Regeln zur Sicherung guter wissenschaftlicher Praxis in der ARL und Verfahren zum Umgang mit wissenschaftlichem Fehlverhalten vom 21.11.2003; Institut für Troposphärenforschung e.V. (IfT), Sicherstellung guter wissenschaftlicher Praxis (Datum unbekannt).

409 Vgl. Leibniz-Institut für Atmosphärenphysik e.V. an der Universität Rostock (IAP), Regeln zur Sicherung guter wissenschaftlicher Praxis und zur Vermeidung wissenschaftlichen Fehlverhaltens vom 28.06.2002, laut Präambel wird die Einhaltung der Regeln als Teil der Geschäftsordnung normiert und ist damit für alle Mitarbeiter verbindlich.

Einrichtungen ebenfalls über die arbeitsvertragliche Bezugnahme erfolgt, sowie die Einbindung in den größeren Normzusammenhang einer sogenannten Geschäftsordnung[410] und auch die Beteiligung der Mitgliederversammlung am Entstehungsprozess der Normen[411]. Die Bezeichnung Geschäftsordnung ist häufig irreführend, weil synonym für vereinsrechtliche Nebenordnung gebraucht.

Ein Exot unter den privatrechtlichen Vereinen der Blauen Liste und WGL ist darüber hinaus das ifo Institut für Wirtschaftsforschung e.V. München. Es hat die Verfahrensregeln und Regeln guter wissenschaftlicher Praxis im Wege einer „Betriebsvereinbarung zur Umsetzung von Regeln wissenschaftlicher Praxis im ifo Institut" eingeführt, welche zwischen dem Vorstand und dem Gesamtbetriebsrat des ifo Instituts für Wirtschaftsforschung abgeschlossen wurde. Terminologisch wäre es insofern richtig, von einer Gesamtbetriebsvereinbarung zu sprechen, da die Behandlung forschungsrelevanter Fragen das Gesamtunternehmen betrifft und somit aufgrund originärer Zuständigkeit des Gesamtbetriebsrats verfasst wurde.[412] Die Betriebsvereinbarung entfaltet unmittelbare Geltung für die Arbeitnehmer aller Betriebe des Instituts.[413] Die Wahl dieser Rechtsform erklärt sich möglicherweise dadurch, dass dem Vorstand des Instituts die alleinige Verantwortung für die Untersuchung von Fehlverhaltensfällen übertragen wurde, sodass nur die Arbeitgeberseite nicht aber Personen aus dem Kreis der wissenschaftlichen Angestellten mit dieser Aufgabe betraut sind.[414] Im Grunde ist der Betriebsrat als Repräsentant aller Arbeitnehmer, auch des nichtwissenschaftlichen Personals, nicht das passend legitimierte Beteiligungsorgan.

Im Gegensatz zu den arbeitsvertraglichen Einheitsregeln unterliegen Betriebsvereinbarungen keiner Inhaltskontrolle[415], die Rechtsprechung hat für sie dennoch eine Angemessenheitskontrolle entwickelt. Betriebsvereinbarungen müssen nicht nur zwingendem vorrangigem Gesetzesrecht entsprechen, sie sind überdies auf die Einhaltung des Gleichbehandlungsgrundsatzes, des Persönlichkeitsschutzes und der

---

410 Institut für Troposphärenforschung e.V. (IfT), Geschäftsordnung Punkt 7, Sicherstellung guter wissenschaftlicher Praxis.

411 Akademie für Raumforschung und Landesplanung (ARL), Regeln zur Sicherung guter wissenschaftlicher Praxis in der ARL und Verfahren zum Umgang mit wissenschaftlichem Fehlverhalten vom 21.11.2003, unter IV. C.

412 Vgl. insoweit § 50 Abs. 1 und 2 BetrVG, der das Verhältnis der Zuständigkeiten der Einzelbetriebsräte zur Zuständigkeit des Gesamtbetriebsrats betrifft und die Kommentierung bei Fitting/Engels/Schmidt/Trebinger/Linsenmaier, BetrVG, § 50 Rn. 9 ff., 73; *Kreutz*, in: Kraft/Wiese/Kreutz/Oetker/Raab/Weber/Franzen (Hrsg.), GK-BetrVG, § 50 Rn. 64 ff.; *Annuß*, in: Richardi (Hrsg.), BetrVG, § 50 Rn. 69.

413 Dies gilt auch für die betriebsratslosen Betriebe Fitting/Engels/Schmidt/Trebinger/Linsenmaier, BetrVG, § 50 Rn. 30.

414 Betriebsvereinbarung zur Umsetzung von Regeln guter wissenschaftlicher Praxis im ifo Institut, unter 3.1. Im Fall des Bestehens eines Verdachts gegen ein Vorstandsmitglied obliegt die Untersuchung dem Vorsitzenden des Verwaltungsrats. Außerdem ist die Abgabe an den Untersuchungsausschuss, den die WGL institutsübergreifend eingerichtet hat, möglich.

415 Sie fallen nach wie vor unter die Bereichsausnahme § 310 Abs. 4, *Richardi*, NZA 2002, S. 1057 (1062).

über diese Vorschriften transportierten grundrechtlichen Wertentscheidungen verpflichtet (§ 75 Abs. 1 BetrVG).[416]

ff) Wissenschaftsfördernde Dachgesellschaften

Als bürgerlich-rechtliche Vereine organisierte Dachgesellschaften wie die HGF und die WGL, deren Mitglieder wiederum Vereine oder sonstige juristische Personen sind, haben ihrerseits durch ihr Basisgremium, die Mitgliederversammlung, hochstufige Verfahrensregeln verabschiedet.[417] Diese wenden sich als bloße Empfehlungen ohne den verbindlichen Normcharakter von Vereinsordnungen an die Mitgliedseinrichtungen. Die Empfehlungen können von den Mitgliedseinrichtungen aufgegriffen werden, ihre Umsetzung ist jedoch nicht verpflichtend.[418] Selbst bei der WGL, wo auf Verbandsebene ein übergeordnetes Verfahrensgremium geschaffen wurde, welches allen Mitgliedseinrichtungen zur Verfügung steht, steht es den Mitgliedseinrichtungen frei, selbst für die Einrichtung eines lokalen Untersuchungsausschusses zu sorgen.[419]

---

416 Die Maßstäbe im Einzelnen sind ebenso wie der dogmatische Begründungsansatz umstritten, vgl. *Fitting/Engels/Schmidt/Trebinger/Linsenmaier*, BetrVG, § 77 Rn. 231 ff.; *Kreutz*, in: Kraft/Wiese/Kreutz/Oetker/Raab/Weber/Franzen (Hrsg.), GK-BetrVG, § 77 Rn. 290 ff.

417 Helmholtz-Gemeinschaft Deutscher Forschungszentren (HFG), Sicherung guter wissenschaftlicher Praxis und Verfahren bei wissenschaftlichem Fehlverhalten vom 09.09.1998; Wissenschaftsgemeinschaft Gottfried Wilhelm Leibniz e.V. (WGL), Empfehlungen zur Sicherung guter wissenschaftlicher Praxis in den Instituten der Leibnitz-Gemeinschaft vom 19.11.1998.

418 Helmholtz-Gemeinschaft Deutscher Forschungszentren (HFG), Sicherung guter wissenschaftlicher Praxis und Verfahren bei wissenschaftlichem Fehlverhalten vom 09.09.1998, Präambel: „*In ihrer Sitzung am 9.9.1998 hat die Mitgliederversammlung beschlossen, den rechtlich selbständigen Mitgliedeinrichtungen der Helmholtz-Gemeinschaft die nachfolgenden Regeln zur Umsetzung zu empfehlen. Die Mitgliedseinrichtungen werden gebeten, diese Regeln unter Berücksichtigung ihrer Besonderheiten auszufüllen und erforderliche Beschlüsse der zuständigen Gremien herbeizuführen.*"; Wissenschaftsgemeinschaft Gottfried Wilhelm Leibniz e.V. (WGL), Regeln guter wissenschaftlicher Praxis vom 15.10.1999, Präambel: „*Dieser Verfahrensvorschlag kann den Instituten als Empfehlung dienen, wie mit Verdachtsmomenten auf mögliches Fehlverhalten umgegangen werden könnte/sollte.*"

419 Vgl. z.B. das Kiepenheuer-Institut für Sonnenphysik (KIS), Sicherung guter wissenschaftlicher Praxis und Verfahren zum Umgang mit wissenschaftlichem Fehlverhalten vom 04.06. 2002, § 11 Abs. 1. Das Forschungszentrum Rossendorf e.V. (FZR), Betriebliche Regelung zur Sicherung guter wissenschaftlicher Praxis und Verfahren im Umgang mit wissenschaftlichem vom 01.07.2002, unter 2.6, und das Institut für Festkörper- und Werkstofforschung Dresden e.V. (IFW), Institutsanweisung zur Gewährleistung von guter wissenschaftlicher Praxis vom 01.07.2001, unter 2.6, weichen dahingehend ab, dass sie die förmliche Untersuchung eines Fehlverhaltensverdachts vom wissenschaftlichen Direktor bzw. dem wissenschaftlichen Direktor gemeinsam mit dem wissenschaftlichen Rat durchführen lassen.

Lediglich die gemeinsame Verfahrensordnung[420] des vereinsrechtlichen Zusammenschlusses von acht WGL-Forschungseinrichtungen zum Forschungsverbund Berlin e.v. (FVB) hat den Status einer echten Vereinsordnung.[421] Das Regelwerk wurde durch Beschluss des Vorstands des Forschungsverbundes erlassen, der einem Mitgliederbeschluss insofern gleichsteht, als der Vorstand von allen vertretungsberechtigten Leitern der Mitgliedseinrichtungen gebildet wird[422]. Der Verbund verfügt über einen für alle Mitgliedseinrichtungen zuständigen gemeinsamen Untersuchungsausschuss, der die Fehlverhaltensuntersuchungen für alle acht Mitgliedseinrichtungen bestreitet.[423] Eine Reformulierung der Verfahrensordnung in den einzelnen Einrichtungen ist nicht erfolgt, auf Institutsbasis wurden lediglich Regeln zur Sicherung guter wissenschaftlicher Praxis erlassen. Auf diese Weise gelangt man zu einer Verzahnung von normativer und rechtsgeschäftlicher Regelung in der Form, dass die Normen des Dachverbandes für dessen Mitglieder, nicht aber für die Mitglieder und Arbeitnehmer der Mitgliedseinrichtungen verbindlich sind. Verbund und Mitgliedseinrichtungen können eine Bindung ihrer Mitarbeiter an die Verfahrensordnung nur erreichen, indem sie diese rechtsgeschäftlich zu einer Unterwerfung verpflichten.[424]

III. Akteure

Gegenstand des folgenden Untersuchungsabschnitts sind die Akteure des deutschen Verfahrensmodells und die Verfahrensgremien derer sie sich beim Umgang mit Verdachtsfällen wissenschaftlichen Fehlverhaltens bedienen. Dabei ist zwischen den vielfältigen dezentralen Forschungseinrichtungen und der DFG zu unterscheiden.

---

420 Forschungsverbund Berlin e.V., Verfahren bei Verdacht auf wissenschaftliches Fehlverhalten, Verfahrensordnung vom 17.03.2000.
421 Beim Forschungsverbund Berlin e.V. hat der Vorstand die Verfahrensordnung zum Umgang mit Vorwürfen wissenschaftlichen Fehlverhaltens verabschiedet. Obwohl eine Delegation der Kompetenzen der Mitgliederversammlung zur verbindlichen vereinsinternen Rechtssetzung auf den verabschiedenden Vorstand des Forschungsverbundes nicht ausdrücklich erfolgt ist, bestehen angesichts dessen Zusammensetzung des desselben aus den geschäftsführenden Direktoren der verbandsangehörigen Einzelinstitute keine Bedenken gegen die Rechtswirksamkeit der Verfahrensordnung. Als rechtliche Vertreter der angegliederten Institute waren sie befugt deren Mitgliederinteressen wahrzunehmen.
422 Vgl. die Struktur und das Organigramm des Forschungsverbunds Berlin e.V. unter http://www.fv-berlin.de/01_struktur.html (15.02.2007).
423 Vgl. unten 4. Teil, D. III. 1. b) (2), S. 374 ff.
424 Ob und in welcher Form dies geschehen ist, geht aus der Verfahrensordnung nicht hervor. Dort ist lediglich die Bekanntmachung gegenüber allen wissenschaftlich tätigen Mitarbeitern festgelegt, vgl. Forschungsverbund Berlin e. V., Verfahren bei Verdacht auf wissenschaftliches Fehlverhalten, Verfahrensordnung vom 17.03.2000, am Ende.

1. Die deutschen Forschungseinrichtungen und ihre spezifischen Verfahrensgremien

In den Einrichtungen des deutschen Forschungssystems kommen im Rahmen von Fehlverhaltensverfahren Ombudspersonen und Untersuchungskommissionen als Organe der wissenschaftlichen Selbstverwaltung sowie einzelne geschäftsführende Organe oder leitende Angestellte zum Einsatz. Die Organisationsvielfalt der Ombudsmänner und Untersuchungsgremien korrespondiert mit derjenigen ihrer Kontexteinrichtung. Es lässt sich daher nicht auf einen Blick ausmachen, welche Stellung Ombudsmänner und Untersuchungsgremien im Gefüge ihrer jeweiligen Organisation einnehmen. Eine nähere Bestimmung wird im Rahmen der weiteren Analyse des deutschen Verfahrensmodells versucht, da sich hieraus womöglich (Rechts)folgen für das Verhältnis der Gremien gegenüber ihren Trägereinrichtungen, den dort beschäftigten Wissenschaftlern oder Außenstehenden ergeben. Zudem ist die Akzeptanz wissenschaftsinterner Verfahren an die Zusammensetzung und Unabhängigkeit der verantwortlichen Gremien gekoppelt.

a) Der Ombudsman

Auf der ersten Stufe oder aber noch im Vorfeld deutscher Fehlverhaltensverfahren kommen Personen oder Gremien zum Einsatz, die sich einer vielfältigen Titulierung erfreuen. Die hier angesiedelten Institutionen werden in Abhängigkeit vom Geschlecht des Amtsträgers als Ombudsman[425] bzw. Ombudsfrau, neutral als Ombudsperson[426], bei Mehrfachbesetzung auch als Ombudsgremium bezeichnet.[427] In Abhängigkeit von den als Orientierungsrahmen dienenden Verfahrensregeln anderer Einrichtungen (z.B. der DFG oder der HRK) ziehen einige Forschungseinrichtungen den Begriff Vertrauensperson[428]oder Vertrauensleute vor.[429] Eine darüber hinausgehende Bedeutung scheint den unterschiedlichen Bezeichnungen dagegen nicht innezuwohnen, insbesondere ist kein eindeutiger Zusammenhang zwischen Bezeichnung einerseits sowie Funktion und Befugnissen der Personen andererseits erkennbar. In

---

425 HRK, Empfehlungen des 185. Plenums vom 6. Juli 1998 zum Umgang mit wissenschaftlichem Fehlverhalten in den Hochschulen, Ds. Nr. 1 85/9 HRK, unter C. II.

426 MPG, Regeln zur Sicherung guter wissenschaftlicher Praxis vom 24. November 2000, unter 6.

427 Vgl. auch *Deutsch*, ZRP 2003, S. 159.

428 Manche Hochschulen verwenden für Personen- und Funktionsbezeichnungen stellvertretend die weibliche Form „Vertrauensfrau", vgl. z.B. Fachhochschule Aachen, Richtlinien zur guter wissenschaftlicher Praxis und Verfahren bei Verdacht auf wissenschaftliches Fehlverhalten an der Fachhochschule Aachen vom 26.03.2003, § 4 Vertrauensfrau.

429 Mancherorts ist ein „Vertrauensgremium" eingesetzt, z.B. Universität-Gesamthochschule Siegen, Grundsätze und Verfahrensrichtlinien zur Sicherung einer guten wissenschaftlichen Praxis, § 4 Nr. 1.

Anlehnung an den Ombudsman der DFG[430] wird der Einfachheit halber im weiteren Verlauf der Begriff Ombudsman oder Ombudsgremium verwendet. In dieser Bezeichnung spiegelt sich am umfassendsten wieder, was tatsächlich Aufgabe dieser Einrichtung ist, nämlich abstrakt formuliert, außergerichtliche und außerbehördliche Beratung und Vermittlung.[431] Ombudsmänner habe ihren Ursprung in den skandinavischen Ländern[432], wo sie vorwiegend als unabhängiges Überwachungsorgan und eine Art Schiedsstelle für Konflikte zwischen Bürger und Staat dienen, die aber durchaus auch aus eigener Initiative tätig werden kann.[433] In zunehmendem Maße setzt sich die Institution des Ombudsmans – freilich in anderen Kontexten, wie etwa im Versicherungs- oder Bankwesen und nun innerhalb des Forschungssystems – auch in Deutschland durch.[434]

aa) Funktion des Ombudsmans in der Forschung

Der Ombudsman ist je nach Funktionszuweisung durch die Verfahrensordnung seiner Forschungseinrichtung entweder Ansprechpartner für Fragen guter wissenschaftlicher Praxis, die nicht bereits den Vorwurf wissenschaftlichen Fehlverhaltens beinhalten, oder aber er ist zugleich zuständig für die Aufklärung von Vorgängen vermuteten wissenschaftlichen Fehlverhaltens.

In der erstgenannten Funktion agiert der Ombudsman lediglich als vorgeschalteter Vermittler, Schlichter und Berater bei im Zusammenhang mit guter wissenschaftlicher Praxis auftretenden Unstimmigkeiten und Konfliktfällen. Bei Auftreten des Verdachts auf ein wissenschaftliches Fehlverhalten übermittelt er die Anschuldigungen zur weiteren Untersuchung an andere intern zuständige Verfahrensgremien, meist die Einrichtungsleitung oder aber an die Untersuchungskommission.

---

430 Vgl. unten 4. Teil, D. III. 2. a), S. 379 ff.

431 Das LG Bonn hat in Umschreibung der Funktion des Ombudsmans der DFG auch mit der Bezeichnung „Schiedsgutachter" und Mediator" hantiert, LG Bonn, NJW 2002, S. 3260 (3261); vgl. auch *Deutsch*, ZRP 2003, S. 159 (160).

432 Im 19. Jahrhundert ist der Ombudsman als Kontrollorgan des Parlaments über die Verwaltung entstanden, *Redeker*, DVBl. 1964, S. 221.

433 Vgl. zur entsprechenden Einrichtung in Dänemark oben unter 3. Teil, H. II., S. 265 ff.

434 Unter dem Stichwort „Parlamentsbeauftragter" wurde in Deutschland zunächst – ausgelöst durch die zunehmende Bürokratisierung und eines stetig wachsenden Verwaltungsstaats in den sechziger Jahren – sowohl auf Länder- als auch auf Bundesebene über die Einführung eines dem skandinavischen Vorbild entsprechenden Ombudsmans diskutiert, ohne dass ein Ansatz zur Realisierung gefunden wurde, siehe beispielsweise *Redeker*, NJW 1967, 1297 ff. Später hat man den Ombudsman im Rahmen des Schlichtungsverfahrens zwischen Patient und Arzt bei den Ärztekammern und in weiteren Bereichen eingeführt. Zum Ombudsman der Banken siehe etwa, *Hoeren*, NJW 1992, S. 2727 ff.; *ders.* NJW 1994, S. 362 ff.; zum Ombudsman der Versicherungen *Scherpe*, NVersZ 2002, S. 97 ff.; *Römer*, NVersZ 2002, S. 289 ff. Zur Frage der Einrichtung eines Ombudsmans für Verbraucherschutz *Michaels*, Versicherungswirtschaft 2000, S. 398.

In anderen Einrichtungen wiederum ist er im Falle eines Verdachts wissenschaftlichen Fehlverhaltens auch für die Durchführung des ersten Verfahrensabschnitts zur Untersuchung dieser Vorwürfe verantwortlich.[435] Dort berät er in seiner Funktion diejenigen Personen, die ihn über einen Verdacht eines wissenschaftlichen Fehlverhaltens informieren und prüft die an ihn herangetragenen Vorwürfe unter Plausibilitätsgesichtspunkten auf Konkretheit und Bedeutung, auf mögliche Motive und im Hinblick auf die Möglichkeiten der Ausräumung der Vorwürfe.[436] Er greift darüber hinaus einschlägige Hinweise auf, von denen er zufällig oder gegebenenfalls über Dritte Kenntnis erhält. Sein Maßstab sind die Standards guter wissenschaftlicher Praxis ebenso wie die in den Verfahrensregeln der Forschungseinrichtungen formulierten Tatbestände wissenschaftlichen Fehlverhaltens.[437]

Auch im Nachgang zu einem abgeschlossenen Untersuchungsverfahren berät der Ombudsman diejenigen Personen, die in den Fall involviert sind oder waren. Insbesondere berät der Ombudsman unverschuldet in die Vorgänge wissenschaftlichen Fehlverhaltens verwickelte Nachwuchswissenschaftler und Studierende in Bezug auf die Absicherung ihrer persönlichen und wissenschaftlichen Integrität.[438]

Mit der Uneinheitlichkeit in Bezug auf die Aufgabentrennung, insbesondere zwischen Ombudsman und Untersuchungskommission, sowie weiteren Verfahrensverantwortlichen ist eine der größten Variablen innerhalb von Fehlverhaltensverfahren in deutschen Forschungseinrichtungen angesprochen. Nämlich die Frage, wie weit reichend die Befugnisse des Ombudsmans sind oder sein sollten, insbesondere ob ihm die klassische Funktion eines Beraters und Schlichters oder diejenigen einer filternden Untersuchungsinstanz gepaart mit weiterreichenden Befugnissen zuwächst.[439] Anders gewendet, lässt sich die Frage auch als solche nach dem Verhältnis zwischen Ombuds- und Untersuchungskommissionen erfassen.[440] Auch hierüber soll die nachfolgende Einzelbetrachtung Aufklärung schaffen.

---

435 Vgl. dazu unten 4. Teil, F. V. 2. a), S. 405 f.

436 HRK, Empfehlungen des 185. Plenums vom 6. Juli 1998 zum Umgang mit wissenschaftlichem Fehlverhalten in den Hochschulen, Ds. Nr. 1 85/9 HRK, unter C. II.

437 Vgl. dazu unten 4. Teil, E., S. 383 ff.

438 Siehe z.B. Universität Bielefeld, Grundsätze zur Sicherung guter wissenschaftlicher Praxis an der Universität Bielefeld vom 02.02.2000, § 8 Abs. 3.

439 *Schulze-Fielitz*, WissR 2004, S. 100, (113) sieht das Vorprüfungsverfahren einer Untersuchungskommission als das geeignetere Vorgehen an, weil es die Kooperationsbereitschaft gegenüber den Ombudspersonen erhöht.

440 Vgl. zu den Gegebenheiten an der Universität Göttingen in der frühen Phase der Entwicklung des deutschen Verfahrensmodells *Kuhn*, in: DFG und Ombudsman der DFG (Hrsg.), Wissenschaftliches Fehlverhalten – Erfahrungen von Ombudsgremien, S. 13.

bb) Ombudsmänner der deutschen Forschungseinrichtungen:
Berufung, Zusammensetzung, Amtsperiode und Status von Gremien

Die Funktion des Ansprechpartners wird in deutschen Forschungseinrichtungen, entweder von einer Person oder von einem Gremium mit mehreren Verantwortlichen wahrgenommen. Die an ihre Person und die Beziehung zur Einrichtung gestellten Voraussetzungen variieren. Je nach Institution ist die Berufung, die personelle, fachliche und zeitliche Besetzung und der Status des Ombudsmans unterschiedlich zu beurteilen. Teilweise hängt die Einordnung davon ab, wie breit die jeweilige Institution nach Fachrichtungen aufgestellt ist.[441] Andererseits ist für die Charakterisierung ebenso maßgeblich, auf welcher Ebene in der Binnenorganisation einer Forschungseinrichtung das Ombudsgremium oder einzelne Ombudsleute angesiedelt sind und welche Interdependenzen zu anderen Organisationseinheiten sie auszeichnen.

(1) Hochschulen

Die Musterempfehlungen der HRK schlagen vor, dass Hochschulen einen oder mehrere erfahrene Wissenschaftler mit nationalen oder internationalen Kontakten als Ansprechpartner für Angehörige der Hochschule, die Vorwürfe wissenschaftliches Fehlverhalten vorzubringen haben, bereitstellen.[442] Zu Ombudsleuten sollen nur Persönlichkeiten gewählt werden, die aufgrund der ihnen im Rahmen ihrer Funktion zugehenden Informationen nicht selbst zu einschlägigem Handeln, beispielsweise als Prorektor oder als Dekan oder als Dienstvorgesetzter gezwungen sind. Für den Fall der Befangenheit oder der Verhinderung soll mindestens ein Stellvertreter zur Verfügung stehen.

Unter weitgehender Berücksichtigung dieser Empfehlungen bestellen die Hochschulen entweder durch ihren Senat oder durch die Hochschulleitung, dort je nach Bestehen einer Rektorats- oder einer Präsidialverfassung[443] – das Rektorat[444] oder das Präsidium[445], eine Person mit Stellvertreter, nicht selten aber auch mehrere Per-

---

441 *Deutsch*, ZRP 2003, S. 159 (162).
442 Hochschulrektorenkonferenz, Empfehlungen des 185. Plenums vom 6. Juli 1998, zum Umgang mit wissenschaftlichem Fehlverhalten in den Hochschulen, unter C. II.
443 Vgl. dazu *Thieme*, Deutsches Hochschulrecht, 3. Aufl., Rn. 998 ff.
444 Z.B. Ruhr-Universität Bochum, Leitlinien guter wissenschaftlicher Praxis und Grundsätze für das Verfahren bei vermutetem wissenschaftlichen Fehlverhalten vom 25.06.2002, unter 6. (1); Universität Bremen, Verfahren bei Verdacht auf wissenschaftliches Fehlverhalten, Verfahrensordnung vom 16.06.1999, § 3.
445 Z.B. Technische Universität Berlin, Grundsätze für das Verfahren bei Verdacht auf wissenschaftliches Fehlverhalten in der Technischen Universität Berlin vom 30.07.1999, § 3; Fachhochschule Hannover, Richtlinien zur Sicherung guter wissenschaftlicher Praxis und zum Umgang mit wissenschaftlichem Fehlverhalten vom 07.10.2002, unter 4. a).

sonen zum Ombudsman.[446] In einigen Universitäten sind beide Hochschulorgane in der Weise beteiligt, dass eines den Besetzungsvorschlag unterbreitet, das andere den Ombudsman einsetzt.[447]

Die auserwählten Wissenschaftler sollen nach Maßgabe der hochschulischen Verfahrensordnungen erfahrene Professoren oder Wissenschaftler sein und aus dem Kreis der Universitätsangehörigen ohne Leitungsverantwortung stammen.[448] Selten sind dabei die Anforderungen ausdrücklich so formuliert, dass auch Vertreter des Akademischen Mittelbaus das Amt übernehmen können.[449] Nur in Ausnahmefällen kann auch ein Externer bestellt werden.[450] Die Christian-Albrechts-Universität Kiel beispielsweise hat als eine von ganz wenigen Hochschulen den Vorschlag der HRK umgesetzt, den Vertrauensmann der DFG zum Ombudsman der Universität zu bestellen.[451] Bei der Technischen Universität Hamburg-Harburg hingegen ernennt der Senat zum Beispiel den von der Gruppe der Hochschullehrer gewählten Sprecher der Professoren als Ombudsman.[452]

Vereinzelt bemühen sich die Hochschulen um Repräsentation der Wissenschaftsbereiche ihrer Einrichtung durch die Wahl eines mehrköpfigen Gremiums mit Mitgliedern aus unterschiedlichen Fakultäten oder Fachbereichen.[453] Die Universität

446 Ausnahmen: Bei der Universität Lüneburg erfolgt die Bestellung zwar vom Präsidenten, aber auf Vorschlag der Dekane, Universität Lüneburg, Ordnung der Universität Lüneburg zur Sicherung guter wissenschaftlicher Praxis und zur Prüfung von Vorwürfen wissenschaftlichen Fehlverhaltens vom 03.07.2002, § 8. Bei der Universität des Saarlandes, Richtlinie zur Vermeidung von und zum Umgang mit wissenschaftlichem Fehlverhalten vom 06.06.2001, unter III. 2. schlägt die Zentrale Forschungskommission den Ombudsman vor, der Universitätspräsident bestellt die Person mit Zustimmung des Senats.

447 Universität Potsdam Universität Potsdam, Selbstkontrolle in der Wissenschaft – Regeln zur Sicherung guter wissenschaftlicher Praxis vom 14.02.2002, I. 7. (2); Universität Regensburg, Ordnung der Universität Regensburg über die Grundsätze zur Sicherung guter wissenschaftlicher Praxis vom 01.10.1999, § 4 Abs. 1.

448 Selten werden darüber hinaus besondere Qualifikationen verlangt. Die Universität Osnabrück, Richtlinien zur Sicherung guter wissenschaftlicher Praxis und zum Umgang mit wissenschaftlichem Fehlverhalten an der Universität Osnabrück vom 10.02.1999, „Einzelregelungen" 7, bestellt ein Mitglied der Professorenschaft mit der Befähigung zum Richteramt.

449 Bayerische Julius-Maximilians-Universität Würzburg, Richtlinien zur Sicherung guter wissenschaftlicher Praxis und für den Umgang mit wissenschaftlichem Fehlverhalten vom 13.12. 2000, § 9 Abs. 1.

450 Deutsche Hochschule für Verwaltungswissenschaften Speyer, Grundsatzbeschluss zur Sicherung guter wissenschaftlicher Praxis, § 8 Abs. 2.

451 Christian-Albrechts-Universität zu Kiel, Regelung des Verfahrens bei wissenschaftlichem Fehlverhalten auf der Basis der Empfehlungen der HRK und der DFG vom 08.02.2000, § 3.

452 Technische Universität Hamburg-Harburg, Richtlinie zur Sicherung guter wissenschaftlicher Praxis und zum Umgang mit wissenschaftlichem Fehlverhalten von 2001, § 4 Abs. 1. Stellvertreter ist der Vertrauensdozent der Deutschen Forschungsgesellschaft.

453 Universität Bremen, Verfahren bei Verdacht auf wissenschaftliches Fehlverhalten, Verfahrensordnung vom 16.06.1999, § 3; Technische Universität Dresden, Grundsätze guter wissenschaftlicher Praxis an der Technischen Universität Dresden und Regeln für den Umgang mit wissenschaftlichem Fehlverhalten vom 02.02.2002, 2.1 (b); Universität Leipzig, Satzung der Universität Leipzig zur Sicherung guter wissenschaftlicher Praxis vom 27.03.2002, § 6 Abs. 1.

Hamburg und die Universität Jena ernennen beispielsweise ein Ombudsgremium aus vier Professoren, von denen je einer aus dem Bereich der Geistes- und Kulturwissenschaften, der Rechts- und Wirtschaftswissenschaften, der Naturwissenschaften und der Medizin stammt.[454]

Neben der Institution eines zentralen Ombudsgremiums für die gesamte Einrichtung haben einige Hochschulen zusätzliche Ombudspersonen auf Fachbereichsebene installiert, welche ausschließlich die Mitglieder ihres Fachbereichs beraten.[455] Diese Personen werden durch den Fachbereichsrat auf Vorschlag des Dekanats gewählt.[456]

Die Amtsdauer der Ombudspersonen beträgt je nach Hochschule zwei bis vier Jahre, in der Regel sind es drei Jahre. Sie korrespondiert häufig mit der Amtszeit des Senats, kann im Einzelfall sogar an diese gebunden sein.[457] Die Möglichkeit der einmaligen Wiederernennung ist in beinahe allen Verfahrensordnungen vorgesehen.

Die Mitglieder hochschulischer Ombudsgremien werden namentlich im Vorlesungsverzeichnis benannt.[458] Das Gros der Verfahrensordnungen sichert jedem universitätsangehörigen Wissenschaftler einen Anspruch darauf zu, ein Mitglied des

454 Universität Hamburg, Richtlinien zur Sicherung guter wissenschaftlicher Praxis und zur Vermeidung wissenschaftlichen Fehlverhaltens i.d.F. vom 08.03.2001, § 4 Abs. 2; Friedrich-Schiller-Universität Jena, Richtlinien zur Sicherung guter wissenschaftlicher Praxis vom 21.05.2002, § 4 Abs. 2. Ähnlich die Universität Rostock, Regeln zur Sicherung guter wissenschaftlicher Praxis und zur Vermeidung wissenschaftlichen Fehlverhaltens vom 03.07.2002, § 4 Nr. 2, die Universität Gesamthochschule Siegen, Grundsätze und Verfahrensrichtlinien zur Sicherung einer guten wissenschaftlichen Praxis vom 08.10.2001, § 4 Nr. 2 und schließlich die Eberhard-Karls-Universität Tübingen, Verfahrensordnung der Eberhard-Karls-Universität Tübingen zum Umgang mit Fehlverhalten in der Wissenschaft vom 19.04.1999, § 2 und die Bayerische Julius-Maximilians-Universität Würzburg, Richtlinien zur Sicherung guter wissenschaftlicher Praxis und für den Umgang mit wissenschaftlichem Fehlverhalten vom 13.12.2000, § 9 Abs. 1, wobei beiden letztgenannten mit nur jeweils drei Mitgliedern auf den Rechtswissenschaftler im Ombudsgremium verzichten.

455 Freie Universität Berlin, Ehrenkodex, Satzung zur Sicherung guter wissenschaftlicher Praxis vom 16.12.2002, B 1.1; Georg-August-Universität Göttingen, Richtlinien der Georg-August-Universität Göttingen zur Sicherung guter wissenschaftlicher Praxis vom 05.06.2002, § 6 Abs. 1. Die Universität Stuttgart bestellt ausschließlich Fachbereichs-Ombudspersonen mit klar abgegrenzter Zuständigkeit, Richtlinien der Universität Stuttgart zur Sicherung der Integrität wissenschaftlicher Praxis und zum Umgang mit Fehlverhalten in der Wissenschaft vom 10.02.2001, unter III. 3.
Hochschulen mit örtlich getrennten Abteilungen wird ein Ombudsman für jede Abteilung eingesetzt, vgl. Universität Koblenz-Landau, Verfahrensordnung zur Sicherung guter wissenschaftlicher Praxis vom 14.12.1999, unter C. "Zuständigkeiten".

456 Freie Universität Berlin, Ehrenkodex, Satzung zur Sicherung guter wissenschaftlicher Praxis vom 16.12.2002, B 1.1.

457 Vgl. beispielsweise: Burg Giebichenstein Hochschule für Kunst und Design Halle, Richtlinien zur Sicherung guter wissenschaftlicher Praxis an der Burg Giebichenstein Hochschule für Kunst und Design Halle und zum Umgang mit Vorwürfen künstlerischen und wissenschaftlichen Fehlverhaltens vom 17.04.2002, § 4 Abs. 7; Universität Leipzig, Satzung der Universität Leipzig zur Sicherung guter wissenschaftlicher Praxis vom 27.03.2002, § 6 Abs. 1.

458 Hochschulrektorenkonferenz, Empfehlungen des 185. Plenums vom 6. Juli 1998, zum Umgang mit wissenschaftlichem Fehlverhalten in den Hochschulen, unter C. II.

Gremiums innerhalb kurzer Frist persönlich sprechen zu können.[459] Ein beträchtlicher Anteil der Hochschulen sieht darüber hinaus vor, dass der Ombudsman an die Hochschulleitung berichtet.[460]

Die Hochschulombudsmänner sind überwiegend reine Ansprechpartner in allen Belangen guter wissenschaftlicher Praxis und vermuteten Fehlverhaltens. Sie werden lediglich in einem Teil der Hochschulen auch als Untersuchungsgremium im Vorverfahren aktiv.[461]

Der organisatorische und rechtliche Status der Ombudspersonen an Hochschulen ist aufgrund dieser variablen Einsetzungs- und Ausgestaltungsmodalitäten kaum übergeordnet bestimmbar. Ombudsgremien fallen aus der gängigen Formentypik von hochschulischen Organisationserscheinungen heraus, sind weder Teilkörperschaften noch herkömmliche Organisationseinheiten der Hochschule oder Teile von Organisationseinheiten mit eigener Struktur. Sie besitzen naturgemäß keine eigene Rechtsfähigkeit.

Ohne dass damit für die Frage der Rechtstellung viel gewonnen wäre, können zentrale Ombudspersonen als Beauftragter des Senats und oder der Hochschulleitung, Ombudsmänner der Fakultäten entsprechend als Beauftragte der Fachbereiche gelten.[462] Damit ist der Einsetzungsverantwortlichkeit folgend eine überwiegende Zuordnung zu Selbstverwaltungsorganen der Hochschulen, beziehungsweise bei zentraler Aufhängung zu denjenigen Organen getroffen, die sich die Verantwortung der die Gesamtinteressen der Hochschulen berührenden Angelegenheiten mit je nach föderalem Organisationsmodell variierendem Einflussüberhang teilen. Hochschu-

---

459 Z.B. Universität Kaiserslautern, Verfahrensordnung zur Sicherung guter wissenschaftlicher Praxis an der Universität Kaiserslautern vom WS 2001, unter C. 1.; Universität Trier, Sicherung guter wissenschaftlicher Praxis, unter C. 2.

460 Universität Konstanz, Richtlinien zur Sicherung guter wissenschaftlicher Praxis vom 15.07. 1998, unter "Einzelregelungen"; Fachhochschule Ludwigshafen Hochschule für Wirtschaft, Richtlinien zur Sicherung guter wissenschaftlicher Praxis und zum Umgang mit wissenschaftlichem Fehlverhalten vom 23.10.2002, § 3; Universität Osnabrück, Richtlinien zur Sicherung guter wissenschaftlicher Praxis und zum Umgang mit wissenschaftlichem Fehlverhalten an der Universität Osnabrück vom 10.02.1999, „Einzelregelungen" 7; Universität Ulm, Satzung der Universität Ulm zur Sicherung guter wissenschaftlicher Praxis vom 27.09.2003, unter 7. (4).

461 Siehe HRK, Empfehlungen des 185. Plenums vom 6. Juli 1998 zum Umgang mit wissenschaftlichem Fehlverhalten in den Hohschulen, Ds. Nr. 1 85/9 HRK, unter C. IV. 1. und beispielhaft die Regelwerke folgender Universitäten: Universität Bayreuth, Regeln zum Umgang mit wissenschaftlichem Fehlverhalten an der Universität Bayreuth vom 23.06.1999 unter 4.1 (2); Humboldt-Universität zu Berlin, Satzung über die Grundsätze der Humboldt-Universität zu Berlin zur Sicherung guter wissenschaftlicher Praxis und über den Umgang mit Vorwürfen wissenschaftlichen Fehlverhaltens vom 25.06.2002.
Anders jedoch (Ombudsman für die Vorprüfung verantwortlich): Otto-Friedrich-Universität Bamberg, Verfahren bei Verdacht auf Wissenschaftliches Fehlverhalten, Verfahrensordnung vom 30.06.1999, unter II.; Fachhochschule für Technik und Wirtschaft Berlin, Leitlinien zur Sicherung guter wissenschaftlicher Praxis und zum Umgang mit wissenschaftlichem Fehlverhalten vom 01.07.2002, unter B. 3.

462 Vgl z.B. die Webseite der Universität Köln, http://www.uni-koeln.de/uni/einricht_verw_beauftr.html (15.02.2007), wo der Ombudsman als Senatsbeauftragter aufgeführt wird.

lische Senats- oder sonstige Organbeauftragte sind Personen, die zur Wahrnehmung eng umrissener Aufgaben und Belange eingesetzt werden.

(2) Staatliche Ressortforschungseinrichtungen

Dort wo staatliche Ressortforschungseinrichtungen überhaupt ein Verfahren zum Umgang mit wissenschaftlichem Fehlverhalten implementiert haben, beschränken sich die forschungsspezifischen Verfahrensgremien auf einen Ombudsman.[463] Weitere Ansprechpartner und Verfahrensverantwortliche in Fällen wissenschaftlichen Fehlverhaltens sind Vorgesetzte sowie Instituts- und Einrichtungsleiter.

Angesichts der geringen Verfahrensdichte können anstelle struktureller Regelmäßigkeiten von Ombudsgremien nur exemplarisch die Lösungen weniger Einrichtungen dokumentiert werden:

Bei der Bundesforschungsanstalt für Landwirtschaft (FAL) und der Bundesforschungsanstalt für Fischerei (BFAfi) nimmt das Amt des Ombudsmans eine Einzelperson wahr, an deren Qualifikation keine besonderen Anforderungen gestellt werden. Sie wird durch ein mit Institutsleitern und weiteren nichtständigen wissenschaftlichen Mitgliedern besetztes Kollegialorgan, das so genannte Kollegium, für zwei Jahre gewählt.[464]

In der Biologischen Bundesanstalt für Land- und Forstwirtschaft (BBA) und im Robert-Koch-Institut (RKI) ernennt der Präsident – im Fall des RKI auf Empfehlung des internen Forschungsrates – eine nicht näher qualifizierte Person zum Ombudsman.[465]

Im Paul Ehrlich Institut (PEI) ist ebenfalls die Institutsleitung für die Bestellung verantwortlich, Ombudsman soll jedoch ein externer Hochschullehrer sein.[466]

Bei der Bundesanstalt für Gewässerkunde (BfG) wird in der Hausverfügung einer der Abteilungsleiter namentlich als Ombudsman benannt.[467]

---

463 Ausnahmsweise einen Untersuchungsausschuss richtet die Bundesanstalt für Gewässerkunde (BfG), Hausverfügung zur Umsetzung der DFG-Empfehlungen zur Sicherung guter wissenschaftlicher Praxis vom 25.12.2003, ein. Das Institut für Vogelforschung – Vogelwarte Helgoland, Richtlinien zur Sicherung guter wissenschaftlicher Praxis und zum Umgang mit wissenschaftlichem Fehlverhalten vom 12.11.2002, Einzelregelungen Nr. 8, bedient sich der Kommission der Universität Oldenburg.

464 Bundesforschungsanstalt für Landwirtschaft (FAL), Regeln guter wissenschaftlicher Praxis in der FAL, Anlage zur Geschäftsordnung vom 05.11.2002, unter II Nr. 5; Bundesforschungsanstalt für Fischerei (BFAFi), Regeln guter wissenschaftlicher Praxis in der Bundesforschungsanstalt für Fischerei vom 02.07.2002, unter IV. Nr. 1.

465 Biologischen Bundesanstalt für Land- und Forstwirtschaft (BBA), Gute wissenschaftliche Praxis in der Biologischen Bundesanstalt für Land- und Forstwirtschaft – Verfahrensordnung vom 20.06.2000, unter 4.; Robert-Koch-Institut (RKI), Grundlagen für wissenschaftliches Arbeiten und Handeln am Robert-Koch-Institut von Mai 2002, unter IV.

466 Paul Ehrlich Institut (PEI), Grundlagen für wissenschaftliches Handeln am Paul-Ehrlich-Institut von November 2002, unter IV.

Wiederum anders ist die Zusammensetzung des mehrköpfigen Gremiums des Konrad-Zuse-Zentrums für Informationstechnik Berlin (ZIB), wo die Mitglieder des vom Verwaltungsrat bestellten Wissenschaftlichen Beirats als neutrale, qualifizierte und persönlich integre Ombudspersonen benannt werden. [468] Als herausgehobener Ansprechpartner fungiert der Sprecher dieses Gremiums.

Bemerkenswert ist insbesondere das letztgenannte Gremium, weil sämtliche Mitglieder eines Organs der als rechtsfähige Anstalt öffentlichen Rechts organisierten Forschungseinrichtung als Ombudsgremium fungieren, womit das Gremium in seiner Zusammensetzung stets den satzungsmäßigen Organbestimmungen folgt und auf die satzungsmäßigen Organbefugnisse zurückgreifen kann.[469] Im Übrigen weisen die Ombudsleute in Ressortforschungseinrichtungen je nach Verantwortlichkeit für die Einsetzung entweder Affinität zu einem wissenschaftlichen Programmorgan oder zum Exekutivorgan der Einrichtungsleitung auf, ohne Teile dieser Organe zu sein. Wie bei den Hochschulen können sie als Beauftragte des jeweiligen Organs betrachtet werden.

Die Ombudsmänner der Ressortforschungseinrichtungen nehmen lediglich als Ansprechpartner Verdachtsmomente auf und geben diese sofern ein Vorwurf wissenschaftlichen Fehlverhaltens im Raum steht an die Institutsleitung weiter, sind aber nicht in die Aufklärung von Fehlverhaltensvorwürfen involviert.[470]

(3) Privatrechtlich organisierte außeruniversitäre Forschungseinrichtungen

Unter den privatrechtlich organisierten außeruniversitären Forschungseinrichtungen können drei Ombudsmantypen unterschieden werden.

---

467 Bundesanstalt für Gewässerkunde (BfG), Hausverfügung zur Umsetzung der DFG-Empfehlungen zur Sicherung guter wissenschaftlicher Praxis vom 25.11.2003, unter 6.2.

468 Konrad-Zuse-Zentrum für Informationstechnik (ZIB), Regeln zur Sicherung guter wissenschaftlicher Praxis, Juli 2002, unter 6.

469 Vgl. die Satzung des ZIB vom 23.10.1992 unter http://www.zib.de/General/Organization/satzung/index.html und die Organisationsbeschreibungen auf der Webseite der Einrichtung unter http://www.zib.de/General/Chart/index.de.html und http://www.zib.de/General/AdvisoryBoard/ index.de.html (15.02.2007).

470 Bundesforschungsanstalt für Landwirtschaft (FAL), Regeln guter wissenschaftlicher Praxis in der FAL, Anlage zur Geschäftsordnung, vom 05.11.2002, unter II. 5. und 6.; Biologische Bundesanstalt für Land- und Forstwirtschaft Berlin/Braunschweig (BBA), Gute wissenschaftliche Praxis in der Biologischen Bundesanstalt für Land- und Forstwirtschaft vom 20.06. 2000, unter 3.1 und 4; Robert-Koch-Institut (RKI), Richtlinien zur Sicherung guter wissenschaft-licher Praxis und zum Umgang mit wissenschaftlichem Fehlverhalten vom Mai 2002, unter IV und V.; Paul-Ehrlich-Institut – Bundesamt für Sera und Impfstoffe – (PEI), Richtlinien zur Sicherung guter wissenschaftlicher Praxis und zum Umgang mit wissenschaftlichem Fehlverhalten vom Oktober 2000, unter IV. und V. Anders jedoch: Bundesforschungsanstalt für Fischerei (BFAFi), Regeln guter wissenschaftlicher Praxis in der Bundesforschungsanstalt für Fischerei vom 02.07.2002 unter IV. 2. bis 9., wo die Vertrauensperson neben dem Leiter der Forschungsanstalt die Voraufklärung betreibt.

(a) MPG und Mitgliedsvereine der WGL

Sowohl in den Instituten der Max-Planck-Gesellschaft als auch in den Mitgliedsvereinen der WGL wurde eine Direktwahlregelung für den Ombudsman getroffen.[471] Danach sind die Ombudspersonen von allen wissenschaftlichen Mitarbeitern des Instituts (MPG)[472] beziehungsweise der jeweiligen Einrichtung (WGL) zu wählen.[473] Wer zu den wissenschaftlichen Mitarbeitern zählt, wird in den Einrichtungen der WGL zum Teil näher definiert. Es handelt sich um diejenigen gegen Entgelt beschäftigten Mitarbeiter, die ein Studium abgeschlossen haben und Forschungsaufgaben wahrnehmen.[474]

Vorschlagsberechtigt sind in der Regel ebenfalls alle wissenschaftlichen Mitarbeiter der Forschungseinrichtung. Ein Vorschlag wird nur dann berücksichtigt, wenn der Vorgeschlagene die Bereitschaft zur Übernahme des Amtes erklärt hat. Die Verfahrensordnung der MPG verlangt die Wahl einer neutralen, qualifizierten und persönlich integeren Person. Die WGL-Einrichtungen betonen, dass es sich nicht um Mitglieder der Institutsleitung handeln darf. In Ausnahmefällen kann aber ein externer Dritter das Amt übernehmen. Die Amtsperiode ist auf zwei oder drei Jahre festgelegt.

Die gewählten Ombudspersonen genießen eine von der Binnenorganisation der sie beherbergenden Einrichtung abgekoppelte unabhängige Vertreterstellung für die wissenschaftlichen Mitarbeiter. Sie leiten ihre Legitimation allein aus der mehrheitlichen Vereinigung der Wissenschaftlerstimmen auf sich ab. Dadurch erfolgt die Besetzung – abgesehen von der Aufstellung der Wahlordnung und der Ausrichtung der Wahl – unabhängig von Einfluss der Vereinsorgane, insbesondere des Leitungsorgans oder sonstigen Organisationseinheiten. Diese Unabhängigkeit wird – in den

---

471 Vgl. MPG, Regeln zur Sicherung guter wissenschaftlicher Praxis beschlossen vom Senat der Max-Planck-Gesellschaft am 24.11.2000, unter 6.; Gottfried Wilhelm Leibniz e.V. (WGL), Empfehlungen zur Sicherung guter wissenschaftlicher Praxis in den Instituten der Leibnitz-Gemeinschaft vom 19.11.1998, unter B.

472 Bei der MPG existiert darüber hinaus für jede der drei MPG-Sektionen ein für die gesamte Sektion gewählter Ombudsman.

473 Die näheren Einzelheiten zur Wahl und Funktion von Ombudspersonen werden im Fall der MPG durch Richtlinien des wissenschaftlichen Rats, gesondert geregelt. Der Erlass einer solchen Wahlordnung ist von der WGL nicht empfohlen worden, einige Mitgliedseinrichtungen sehen dennoch den Erlass von Regeln für die Wahl des Ombudsmans vor, vgl. Institut für Wissensmedien (IWM), Regeln zur Sicherung guter wissenschaftlicher Praxis am IWM und Verfahren zum Umgang mit wissenschaftlichem Fehlverhalten vom 14.11.2002 unter B. 7. Die Wahlordnung wird vom Direktor nach Erarbeitung durch das Leitungskollegium erlassen.

474 Vgl. z.B. Institut für deutsche Sprache (IDS), Regeln zur Sicherung guter wissenschaftlicher Praxis am IDS und Verfahren zum Umgang mit wissenschaftlichem Fehlverhalten, § 8 Abs. 1; Institut für Wissensmedien (IWM), Regeln zur Sicherung guter wissenschaftlicher Praxis am IWM und Verfahren zum Umgang mit wissenschaftlichem Fehlverhalten vom 14.11.2002, § 7 Abs. 1.

Mitgliedsvereinen der WGL – zusätzlich dadurch unterstrichen, dass man ihnen im Zuge der Amtsausübung Weisungsfreiheit gegenüber dem Arbeitgeber garantiert. Die Ombudspersonen der MPG und der WGL-Einrichtungen sind allerdings reine Beratungsgremien für Konfliktfälle guter wissenschaftlicher Praxis, die nicht bereits den Vorwurf wissenschaftlichen Fehlverhaltens beinhalten. Die mangelnde Nähe zur Institutsleitung lässt sie für die Durchführung des Vorprüfungsverfahrens ungeeignet erscheinen.

(b) Ifo-Institut für Wirtschaftsforschung e.V.

Im ifo Institut für Wirtschaftsforschung e.V., welches ebenfalls zu den Mitgliedern der WGL zählt und die Regeln guter wissenschaftlicher Praxis aber im Wege einer Betriebsvereinbarung umgesetzt hat[475], wird auch die Position des Ombudsmans abweichend von den übrigen WGL-Einrichtungen besetzt. Um zu gewährleisten, dass die Ombudsperson das Vertrauen der wissenschaftlichen Mitarbeiter, der leitenden Wissenschaftler und des Vorstandes besitzt, wird diese einvernehmlich von Vorstand, Sprecherausschuss der leitenden Angestellten und Betriebsrat bestimmt und von dem Vorstand für die Dauer von drei Jahren ernannt.[476]

Anders als in den vorbehandelten Einrichtungen basiert die Bestellung also auf einem Konsens der für die Vertretung aller – nicht nur der wissenschaftlichen – Mitarbeiter zuständigen betrieblichen Partizipationsorgane. Die Vertreterschaft wird damit zu einer mittelbaren, die noch dazu zum Teil auf nicht betroffene Einrichtungsmitglieder zurückgeht und durch den Arbeitgeber mitbeeinflusst ist. Die Ombudsperson soll jedoch dieselbe unabhängige Stellung wie die Ombudsmänner der sonstigen WGL-Einrichtungen genießen, da sie nach Maßgabe der verfahrensregelnden Gesamtbetriebsvereinbarung arbeitsrechtlich nicht für die im Rahmen ihrer Ombudsfunktion ausgeübten Tätigkeit belangt werden kann.[477]

(c) Großforschungs-GmbHs der HGF

In den Großforschungs-GmbHs der HGF erfolgt die Einsetzung der Ombudsmänner durch Gesellschaftsorgane der Einrichtungen. Diese setzen sich entweder aus einer Person[478] oder einem Gremium[479] von zwei bis fünf Verantwortlichen zusammen,

---

475 Vgl. oben 4. Teil, D. II. 3. b) ee) (3), S. 348 ff.
476 Betriebsvereinbarung zur Umsetzung von Regeln guter wissenschaftlicher Praxis im ifo Institut vom 19.11.1998, unter 2.1.
477 Ifo Institut für Wirtschaftsforschung e.V., Betriebsvereinbarung zur Umsetzung von Regeln wissenschaftlicher Praxis am ifo Institut, unter 2.3.
478 GKSS, Sicherung guter wissenschaftlicher Praxis und Verfahren bei wissenschaftlichem Fehlverhalten vom 06.02.2002, unter 5.1; FZK, Regeln zur Sicherung guter wissenschaftlicher Praxis von Mai 2002, unter 6.1.1. Ein Stellvertreter existiert bei GBF, Regelungen zur

deren Ernennung im Regelfall durch das geschäftsführende Organ im Einvernehmen mit dem Partizipations- und Programmorgan der wissenschaftlichen und technischen Mitarbeiter, dem Wissenschaftlich-Technischen Rat oder Wissenschaftlichen Ausschuss, erfolgt[480]. In zwei Gesellschaften werden die Ombudspersonen allein durch den Wissenschaftlichen Rat bestimmt.[481] In einer Einrichtung besteht gar Personalunion zwischen der Ombudsperson sowie deren Stellvertreter und dem Vorsitzenden des wissenschaftlichen Partizipationsorgans sowie dessen Stellvertreter.[482]

In den Verfahrensbestimmungen der Großforschungseinrichtungen ist im Hinblick auf die Qualifikation und Unabhängigkeit der Ombudsperson ein besonderes Anforderungsprofil formuliert. Die Verfahrensregeln der Helmholtz-Gemeinschaft schlagen in diesem Punkt vor, dass die Person eine leitende Stellung einnehmen und in dieser Aufgabe unabhängig wirken soll.[483] Diesen Empfehlungsrahmen füllen die untersuchten Einrichtungen nur bedingt aus, wenn sie einem „erfahrenen Wissenschaftler mit nationalen und internationalen Kontakten" die Aufgaben der Ver-

Sicherung guter wissenschaftlicher Praxis an der GBF und Verfahren bei wissenschaftlichem Fehlverhalten, unter 3.2.3: „Für den Fall der Befangenheit wird für die Ombudsperson ein Stellvertreter unter den Mitgliedern der Ombudsgruppe bestimmt."; GSI, Regeln zur Sicherung guter wissenschaftlicher Praxis und Verfahren bei wissenschaftlichem Fehlverhalten, unter 4.1.

479 GSF, Regeln zur Sicherung guter wissenschaftlicher Praxis, unter 7: „zwei Ombudsleute"; HMI, Regeln zur Sicherung guter wissenschaftlicher Praxis und zum Verfahren bei wissenschaftlichem Fehlverhalten vom 14.06.2002, unter 5.2 enthält keine genaue Zahlenangabe: „...benennt einen oder mehrere erfahrene Wissenschaftler(Innen) zu Ombudspersonen"; UFZ, Regeln zur Sicherung guter wissenschaftlicher Praxis, unter 6.2. Abs. 1: „zwei Vertrauenspersonen"; FZJ, Regeln zur Sicherung guter wissenschaftlicher Praxis vom 01.01. 2002, unter 5.1.1: „... für jeden der fünf Forschungsschwerpunkte einen erfahrenen Wissenschaftler als Vertrauensperson".

480 Vgl. FZK, Regeln zur Sicherung guter wissenschaftlicher Praxis, unter 6.1. Abs. 1; GKSS, Sicherung guter wissenschaftlicher Praxis und Verfahren bei wissenschaftlichem Fehlverhalten vom 06.02.2002, unter 5.1; HMI, Regeln zur Sicherung guter wissenschaftlicher Praxis und zum Verfahren bei wissenschaftlichem Fehlverhalten vom 14.06.2002, unter 5.1. Im Forschungszentrum Jülich (FZJ) wird die Hauptkommission, einen ständiger Ausschuss des WTR, der dessen laufenden Geschäfte wahrnimmt, beteiligt, Regeln zur Sicherung guter wissenschaftlicher Praxis vom 01.01.2002, unter 5.1.1. Bei der Gesellschaft für Schwerionenforschung (GSI), Regeln zur Sicherung guter wissenschaftlicher Praxis und Verfahren bei wissenschaftlichem Fehlverhalten, unter 4.1. benennt das Wissenschaftliche Direktorium den Ombudsman und seinen Stellvertreter. Die beiden Personen müssen vom Wissenschaftlichen Ausschuss (Mitbestimmungsorgan) und darüber hinaus vom Wissenschaftlichen Rat (externer Beirat) bestätigt werden.

481 GSF, Regeln zur Sicherung guter wissenschaftlicher Praxis, unter 7; UFZ, Regeln zur Sicherung guter wissenschaftlicher Praxis, unter 6.2 Abs. 1.

482 GSI, Regeln zur Sicherung guter wissenschaftlicher Praxis und Verfahren bei wissenschaftlichem Fehlverhalten vom 10.09.2000, unter 4.1.

483 HGF, Sicherung guter wissenschaftlicher Praxis und Verfahren bei wissenschaftlichem Fehlverhalten vom 09.09.1998, unter 4.1. Bei einem Ombudsman mit gleichzeitiger Leitungsfunktion stellt sich das Problem einer Interessenkollision bzw. eines Befangenheitskonflikts.

trauensperson übertragen.[484] Insoweit wurde zu Lasten der institutionellen Absicherung eine der Vermeidung von Interessenkonflikten dienende Lösung bevorzugt.

Die Amtsdauer, der Ombudspersonen schwankt zwischen zwei und vier Jahren und ist zum Teil auf die Amtszeit der Mitglieder des wissenschaftlichen Partizipationsorgans abgestimmt.[485]

Die Ombudsleute der Großforschungseinrichtungen sind regelmäßig nicht nur für die Beratung in Fragen guter wissenschaftlicher Praxis zuständig, sie führen auch die Voraufklärung eines Fehlverhaltensverdachts im eigentlichen Untersuchungsverfahren durch und übernehmen damit Aufgaben, die in den Zuständigkeitsbereich des WTR und der Geschäftsführung fallen.[486]

Personelle Besetzung, Aufgabenspektrum und zur Bestellung ermächtigte Organe sprechen dafür, dass die beschriebenen Ombudspersonen die organisatorische Stellung eines WTR-Ausschusses oder – wo die Besetzung durch Geschäftsführung und Mitbestimmungsorgan gemeinsam erfolgt – eines gemeinsamen Ausschusses des WTR und der Geschäftsführung einnehmen. Sie können in der Konsequenz Befugnisse der Kontextgremien für sich in Anspruch nehmen, die sich im Falle der WTR jedoch auf die Beratung der übrigen Gesellschaftsorgane, insbesondere der Geschäftsführung, in forschungsspezifischen Fragen beschränkt.

Die Gesellschaft für Biotechnologische Forschung (GBF) geht einen Sonderweg, indem sie die Wahl des Ombudsman nicht einem oder mehreren Gesellschaftsorganen, sondern der ihrerseits von allen wissenschaftlich-technischen Mitarbeitern gewählten Untersuchungskommission überlässt.[487] Damit erhält der Ombudsman in dieser Einrichtung eine ähnlich unabhängige Stellung wie dies bei den Mitgliedsein-

---

484 GSF, Regeln zur Sicherung guter wissenschaftlicher Praxis, unter 7; GSI, Regeln zur Sicherung guter wissenschaftlicher Praxis und Verfahren bei wissenschaftlichem Fehlverhalten vom 10.09.2000, unter 4.1.

485 GKSS und HMI benennen die Ombudsperson für einen Zeitraum von zwei Jahren. GSF, FZJ und FZK normieren einen Zeitraum von 3 Jahren. Keine direkten Angaben sind den Verfahrensregeln der GSI und der GBF zu entnehmen, bei der GBF lässt sich jedoch aus dem Zusammenhang einer Wahl durch die Ombudsgruppe, die ihrerseits für einen Zeitraum von vier Jahren gewählt wird, eine Bestimmung der Vertrauenspersonen für den gleichen Zeitraum ableiten, vgl. GBF, Regelungen zur Sicherung guter wissenschaftlicher Praxis an der GBF und Verfahren bei wissenschaftlichem Fehlverhalten, Regel 3.1.2 und 3.2.1. Die Ombudsperson(en) der GSI sind in ihrer Amtszeit infolge der Personalunion an diejenige des Vorsitzenden des Wissenschaftlichen Ausschusses gebunden, vgl. GSI, Regeln zur Sicherung guter wissenschaftlicher Praxis und Verfahren bei wissenschaftlichem Fehlverhalten vom 10.09. 2000, Regel 4. Beim UFZ werden die Ombudspersonen für die Dauer der laufenden WTR-Wahlperiode, laut § 15 Abs. 2 b) des Gesellschaftsvertrages des UFZ-Umweltforschungszentrums Leipzig-Halle für zwei Jahre, gewählt.

486 Z.B. GKSS, Sicherung guter wissenschaftlicher Praxis und Verfahren bei wissenschaftlichem Fehlverhalten vom 06.02.2002, unter 5.2; Forschungszentrum Jülich GmbH (FZJ), Regeln zur Sicherung guter wissenschaftlicher Praxis vom 01.01.2002, unter 5.1. und 5.2.

487 GBF, Regelungen zur Sicherung guter wissenschaftlicher Praxis an der GBF und Verfahren bei wissenschaftlichem Fehlverhalten, unter 3.2.1: „Die Ombudsgruppe wählt aus ihren Reihen eine Ombudsperson zur Vertrauensperson."; zur Wahl der „Ombudsgruppe" vgl. 3.1.1.

richtungen der WGL oder der MPG der Fall ist. Dementsprechend wirkt er ebenfalls nicht an der Aufklärung wissenschaftlicher Fehlverhaltensfälle mit.[488]

b) Untersuchungskommissionen

Auf der zweiten Stufe des wissenschaftsinternen Verfahrensrechts agieren in Deutschland ständige Kommissionen zur Untersuchung von Vorwürfen wissenschaftlichen Fehlverhaltens, kurz als Untersuchungskommissionen oder Untersuchungsausschüsse bezeichnet.

aa) Funktion der Untersuchungskommission

Die Untersuchungskommission deutscher Forschungseinrichtungen übernimmt im Dienste der Sicherung der Vertrauenswürdigkeit und Funktionsfähigkeit der Wissenschaft[489] die Aufklärung konkreter Anschuldigungen wissenschaftlichen Fehlverhaltens. Sie kommt regelmäßig auf der zweiten Stufe eines Fehlverhaltensverfahrens, der auf die Vorprüfung folgenden förmlichen Untersuchung, zum Einsatz. Übernimmt aber dort, wo weder dem Ombudsman noch einer anderen einrichtungsinternen Stelle diese Aufgabe übertragen ist – auch die erste Verfahrensstufe der Voraufklärung wissenschaftlichen Fehlverhaltens. In ihrer Aufklärungsfunktion dienen die Kommissionen ebenso wie der Ombudsman ausschließlich der wissenschaftlichen Selbstkontrolle. Sie kommuniziert ihr Verfahrensergebnis der Einrichtungsleitung, welche im Nachgang über die Verhängung von rechtlichen Sanktionen und weitere Maßnahmen entscheidet. Mittelbar trägt sie durch ihre abschließenden Stellungnahmen zur Ausdifferenzierung und Konkretisierung wissenschaftlicher Standards bei.

bb) Untersuchungskommissionen deutscher Forschungseinrichtungen: Zusammensetzung, Berufung der Kommissionsmitglieder, Amtsdauer sowie Status der Gremien

Auch die Untersuchungskommissionen können je nach Rechtsnatur der Organisation, binnenorganisatorischer Anbindung und Besetzung diverse Charakteristika aufweisen, die zu einer unterschiedlichen Einordnung der Gremien führen.

---

488 GBF, Regelungen zur Sicherung guter wissenschaftlicher Praxis an der GBF und Verfahren bei wissenschaftlichem Fehlverhalten, unter 4.2. Ebenso auch GSF-Forschungszentrum für Umwelt und Gesundheit (GSF), Regeln zur Sicherung guter wissenschaftlicher Praxis, unter 8.
489 *Schmidt-Aßmann*, NVwZ 1998, S. 1225 (1232).

(1) Hochschulen

In den Hochschulen werden die Untersuchungskommissionen in der Regel durch den Senat, zu einem geringeren Anteil aber auch – den Empfehlungen der HRK folgend – durch die Hochschulleitung oder unter deren Mitwirkung besetzt. Die Mitgliederzahl schwankt zwischen drei[490] bis zehn[491] Personen und hängt nicht zuletzt von der gewählten Besetzungstypik ab.

Anhand der Mitgliederstruktur lassen sich zwei hochschulische Besetzungsmodelle unterscheiden:

Die Mehrheit der Untersuchungskommissionen folgt dem Gruppenmodell. Darin setzen sich die Kommissionen aus einer bestimmten Anzahl von Vertretern jeder der vier Hochschulgruppen, der Gruppe der Professoren, der Gruppe der wissenschaftlichen Mitarbeiter, der Gruppe der nichtwissenschaftlichen Mitarbeiter und der Gruppe der Studierenden, zusammen.[492] Das Zahlenverhältnis der vertretenen Hoch-

---

490 Fachhochschule Mainz, Richtlinie zur Sicherung guter wissenschaftlicher Praxis und zum Umgang mit wissenschaftlichem Fehlverhalten von Juni 2002, § 7.

491 Universität Kaiserslautern, Verfahrensordnung zur Sicherung guter wissenschaftlicher Praxis an der Universität Kaiserslautern vom WS 2001, unter C. 3.; Universität Stuttgart, Richtlinien der Universität Stuttgart zur Sicherung der Integrität wissenschaftlicher Praxis und zum Umgang mit Fehlverhalten in der Wissenschaft vom 10.02.2001, unter III. 4.

492 Rheinisch-Westfälische Technische Hochschule Aachen, Grundsätze zur Sicherung guter wissenschaftlicher Praxis an der Rheinisch-Westfälischen Technischen Hochschule Aachen vom 20.02.2000, § 10; Universität Bremen, Verfahren bei Verdacht auf wissenschaftliches Fehlverhalten, Verfahrensordnung vom 16.06.1999, § 4; Technische Universität Chemnitz, Grundsätze zur Sicherung guter wissenschaftlicher Praxis und über das Verhalten bei Verdacht auf wissenschaftliches Fehlverhalten für die Technische Universität Chemnitz vom 26.11.2002, § 12; Technische Universität Clausthal, Regeln zur Sicherung guter wissenschaftlicher Praxis und Verfahren bei Verdacht auf wissenschaftliches Fehlverhalten für die Technische Universität Clausthal vom 13.02.2001, § 8 Abs. 1 i.V.m. dem Beschluss des Senats der TU Clausthal "Regelung zur Einrichtung von ständigen zentralen Senatskommissionen" in der Fassung vom 22.05.2001, § 9 a; Brandenburgische Technische Universität Cottbus, Sicherung guter wissenschaftlicher Praxis an der BTU Cottbus vom 17.07.2002, § 3 Abs. 1; Medizinische Hochschule Hannover, Grundsätze der Medizinischen Hochschule Hannover zur Sicherung guter wissenschaftlicher Praxis vom 10.02.1999, § 8 Nr. 1; Technische Universität Karlsruhe, Richtlinien zur Sicherung guter wissenschaftlicher Praxis und zum Umgang mit wissenschaftlichem Fehlverhalten vom 21.12.2001, „Organisatorische Strukturen" 2; Fachhochschule Konstanz, Hochschule für Technik, Wirtschaft und Gestaltung, Satzung über die Sicherung guter wissenschaftlicher Praxis vom 10.04.2002, § 6 abs. 3; Universität Mannheim, Richtlinien zur Sicherung guter wissenschaftlicher Praxis vom 18.09. 2000, unter 4.2; Technische Universität München, Richtlinien zur Sicherung guter wissenschaftlicher Praxis und zum Umgang mit wissenschaftlichem Fehlverhalten vom 15.05.2002, unter "Untersuchungsausschuss"; Universität Stuttgart, Richtlinien der Universität Stuttgart zur Sicherung der Integrität wissenschaftlicher Praxis und zum Umgang mit Fehlverhalten in der Wissenschaft vom 10.02.2001, unter III. 4; Universität Gesamthochschule Paderborn, Regeln zur Sicherung guter wissenschaftlicher Praxis und Grundsätze für das Verfahren bei Verdacht auf wissenschaftliches Fehlverhalten vom 13.08.2001, § 3 VIII.; Fachhochschule Ulm Hochschule für Technik, Satzung über die Sicherung guter wissenschaftlicher Praxis vom 18.10. 2002, § 6 Abs. 3; Bergische Universität – Gesamthochschule Wuppertal, Grundsätze für das

schulgruppen entspricht den Vorgaben des BVerfG[493], welche in § 37 Abs. 1 HRG und landesrechtlichen Parallelvorschriften zur Vertretung der Gruppen in den hochschulischen Gremien ihren Niederschlag gefunden haben.[494] Danach soll der besonderen Stellung der Hochschullehrer dadurch Rechnung getragen werden, dass Hochschullehrer in nach Mitgliedsgruppen zusammengesetzten Entscheidungsgremien bei der Entscheidung in Angelegenheiten der Forschung über die Mehrheit der Stimmen verfügen. Infolgedessen stellen die Hochschullehrer mindestens drei Mitglieder des Untersuchungsgremiums, während die anderen Gruppen je mit höchstens einem Mitglied, die Gruppe der Studierenden oder die der nichtwissenschaftlichen Mitarbeiter bisweilen auch gar nicht vertreten sind. Das studierende Mitglied ist vielfach auch nur mit beratender Stimme beteiligt oder hat nur dann Stimmrecht, wenn von der Untersuchung ein studentisches Mitglied der Universität betroffen ist.[495] Den Vorsitz führt regelmäßig ein von der Kommission gewählter Vertreter der Professorenschaft. Die Einsetzung erfolgt überwiegend durch den Senat.

Den Gegenpol bildet das stärker am Fachprinzip und dem Gedanken der Sachkompetenz ausgerichtete Professorenmodell, bei dem der Untersuchungskommission ausschließlich Professoren – in einigen Einrichtungen teils interne teils externe Mitglieder[496] – angehören.[497] Das Modell existiert in zwei Spielarten. Bei der ersten

Verfahren bei Verdacht auf wissenschaftliches Fehlverhalten vom 20.07.2000, § 3.
Kein studentisches Mitglied haben: Justus-Liebig-Universität Gießen, Satzung der Justus-Liebig-Universität zur Sicherung guter wissenschaftlicher Praxis vom 29.05.2002, § 9; Fern-Universität – Gesamthochschule Hagen, Grundsätze zur Sicherung guter wissenschaftlicher Praxis vom 14.03.2000, § 10 Abs. 1; Burg Giebichenstein Hochschule für Kunst und Design Halle, Richtlinien zur Sicherung guter wissenschaftlicher Praxis an der Burg Giebichenstein Hochschule für Kunst und Design Halle und zum Umgang mit Vorwürfen künstlerischen und wissenschaftlichen Fehlverhaltens vom 17.04.2002, § 4 Abs. 8; Fachhochschule Hannover, Richtlinien zur Sicherung guter wissenschaftlicher Praxis und zum Umgang mit wissenschaftlichem Fehlverhalten vom 07.10.2002, unter 4.; Philipps-Universität Marburg, Grundsätze und Verfahrensregeln für den Umgang mit wissenschaftlichem Fehlverhalten vom 25.10. 2001, unter VIII.

493 BVerfGE 35, 79 (125 ff.).

494 Vgl. z.B. Carl von Ossietzky Universität Oldenburg, Verfahren bei Verdacht auf wissenschaftliches Fehlverhalten, Verfahrensordnung vom 26.01.200, § 4 Abs. 1 unter Verweis auf § 40 Abs. 1 NHG (alte Fassung vom 21.01.1998). Zu den Anforderungen an die Besetzung insofern auch *Höhne*, Rechtsprobleme bei der Kontrolle der Lauterkeit in der Forschung, S. 134 ff.

495 Universität Leipzig, Satzung der Universität Leipzig zur Sicherung guter wissenschaftlicher Praxis vom 27.03.2002, § 8 Abs. 1.

496 Z.B. Albert-Ludwigs-Universität Freiburg im Breisgau, Selbstkontrolle in der Wissenschaft vom 16.12.1998, unter 2.3 (1).

497 Unter anderem: Technische Universität Dresden, Grundsätze guter wissenschaftlicher Praxis an der Technischen Universität Dresden und Regeln für den Umgang mit wissenschaftlichem Fehlverhalten vom 02.02.2002, 2.2 (1); Fachhochschule Köln, Richtlinien zur Sicherung guter wissenschaftlicher Praxis und zum Umgang mit wissenschaftlichem Fehlverhalten vom 04.11.2002, § 3; Hochschule für Technik, Wirtschaft und Kultur Leipzig (FH), Verfahrensordnung zur Sicherung guter wissenschaftlicher Praxis an der Hochschule für Technik, Wirtschaft und Kultur Leipzig (FH), vom 27.02.2002 unter 4 b); Fachhochschule Mainz, Richtli-

folgt die fachliche Ausrichtung der Mitglieder keinen besonderen Regeln.[498] Bei der zweiten erfolgt die Zusammensetzung aus Vertretern einzelner Fachgruppen, meist mit je einem Fachgruppenvertreter der Geistes- und Sozialwissenschaften, der Medizin, der Naturwissenschaften sowie einem mit der Befähigung zum Richteramt ausgestatteten Vertreter der Rechtswissenschaften.[499] Die Besetzung der Kommissionen wird bei diesem Modell häufiger durch die Hochschulleitung vorgenommen.

Einige Universitäten bilden Mischformen, indem sie die Besetzung der Kommission mit Mitgliedern der Statusgruppen ausdrücklich mit der Auswahl dieser Mitglieder aus den verschiedenen Fachbereichen verknüpfen.[500] Die Universität Hamburg und die Universität Jena etwa, indem sie das multidisziplinäre Ombudsgremium auch als Kommission einsetzen und in ihren Verfahrensregeln statuieren, dass auf Vorschlag der so gebildeten Kommission je ein Vertreter der im Einzelfall betei-

nie zur Sicherung guter wissenschaftlicher Praxis und zum Umgang mit wissenschaftlichem Fehlverhalten von Juni 2002, § 7; Universität Passau, Richtlinien der Universität Passau zur Sicherung guter wissenschaftlicher Praxis und für den Umgang mit wissenschaftlichem Fehlverhalten vom 13.06.2002, § 8 Abs. 1; Fachhochschule Ravensburg-Weingarten, Regelungen der Fachhochschule Ravensburg-Weingarten zur Sicherung guter wissenschaftlicher Praxis, 5.2.2.; Universität Regensburg, Ordnung der Universität Regensburg über die Grundsätze zur Sicherung guter wissenschaftlicher Praxis vom 01.10.1999, § 4 Abs. 2. Die Universität Bayreuth billigt den einzelnen Hochschulgruppen ein eigenes Vorschlagsrecht zu Universität Bayreuth, Regeln zum Umgang mit wissenschaftlichem Fehlverhalten an der Universität Bayreuth vom 23.06.1999, unter 3.2.(1).

498 Z.B. Technische Universität Dresden, Grundsätze guter wissenschaftlicher Praxis an der Technischen Universität Dresden und Regeln für den Umgang mit wissenschaftlichem Fehlverhalten vom 02.02.2002, 2.2 (1).

499 Ernst-Moritz-Arndt-Universität Greifswald, Richtlinien zur Sicherung guter wissenschaftlicher Praxis und zur Vermeidung wissenschaftlichen Fehlverhaltens vom 22.06.2002, § 3 Abs. 1; Freie Universität Berlin, Ehrenkodex, Satzung zur Sicherung guter wissenschaftlicher Praxis vom 16.12.2002, unter B. 1.2.; Johannes-Gutenberg-Universität Mainz, Sicherung guter wissenschaftlicher Praxis, Verfahren vom 15.12.2000, unter C. 3 (Naturwissenschaften, Geisteswissenschaften, Rechtswissenschaften, Medizin). So ähnlich auch Otto-von Guericke-Universität Magdeburg, Leitlinien der Otto-von Guericke-Universität Magdeburg zum Umgang mit wissenschaftlichem Fehlverhalten vom 20.01.1999, Nr. 4, mit einer Kommission aus 6 Professoren aus unterschiedlichen Fakultäten der Universität, darunter einem oder einer mit der Befähigung zum Richteramt (Professor oder Professorin für Öffentliches Recht/Zivilrecht); und Universität Potsdam Universität Potsdam, Selbstkontrolle in der Wissenschaft – Regeln zur Sicherung guter wissenschaftlicher Praxis vom 14.02.2002, II. 2.3. (1); mit einem Vertreter für jede Fakultät. Teilweise kooptiert die Kommission ein zusätzliches Mitglied aus dem von dem Fehlverhaltensverdacht betroffenen Fachgebiet, vgl. Johann Wolfgang Goethe-Universität Frankfurt am Main, Grundsätze der Goethe-Universität zur Sicherung guter wissenschaftlicher Praxis vom 22.10.2003, § 7 Abs. 2.

500 Auch wo die Verfahrensordnung der betreffenden Universität dies nicht ausdrücklich vorsieht, wird eine Repräsentation unterschiedlicher Fachbereiche und unterschiedlicher Statusgruppen versucht, vgl. z.B. Christian-Albrechts-Universität zu Kiel, Regelung des Verfahrens bei wis-senschaftlichem Fehlverhalten auf der Basis der Empfehlungen der HRK und der vom 08.02.2000, § 3. Dort sind die für die erste Amtszeit vorgeschlagenen Kommissionsmitglieder aus verschiedenen Fachbereichen ausgewählt worden, ohne dass dies notwendige Voraussetzung für die Bestellung ist.

ligten Statusgruppen mit beratender Stimme teilnehmen soll.[501] Die Gesamthochschule Siegen bestellt ein Gremium aus fünf Professoren, zwei wissenschaftlichen Mitarbeitern, einem graduierten Studenten und einem nichtwissenschaftlichen Mitarbeiter. In der Gruppe der Professoren müssen Mitglieder bestimmter Fachbereichsgruppen vertreten sein.[502] Die Technische Universität Ilmenau setzt ein fünfköpfiges Professorengremium ein, in dem jede Fakultät vertreten sein sollte, und zieht für den Fall der Betroffenheit wissenschaftlicher Mitarbeiter ein Mitglied der Gruppe der Mitarbeiter aus der entsprechenden Fakultät hinzu, das auf Vorschlag des Fakultätsrats bestimmt wird.[503]

Unabhängig von der Zuordnung zu einem der genannten Modelle soll regelmäßig mindestens ein Mitglied hochschulischer Untersuchungskommissionen die Befähigung zum Richteramt oder Erfahrungen mit außergerichtlichen Schlichtungen besitzen.[504] Hierfür ist entweder ein Professor oder aber ein Zusatzmitglied aus der Hochschulverwaltung vorgesehen.[505] Überdies ist die Untersuchungskommission regelmäßig berechtigt, weitere geeignete Personen mit beratender Stimme hinzuzuziehen.[506] Der Ombudsman und seine Stellvertreter gehören der Kommission als

---

501 Universität Hamburg, Richtlinien zur Sicherung guter wissenschaftlicher Praxis und zur Vermeidung wissenschaftlichen Fehlverhaltens vom 08.03.2001, § 5 Abs. 1; Friedrich-Schiller-Universität Jena, Richtlinien zur Sicherung guter wissenschaftlicher Praxis vom 21.05.2002, § 5 Abs. 1. Im Übrigen können die Kommissionen im Einzelfall bis zu drei weitere Personen als Sachkunde mit beratender Stimme hinzuziehen.

502 Universität Gesamthochschule Siegen, Grundsätze und Verfahrensrichtlinien zur Sicherung einer guten wissenschaftlichen Praxis vom 08.10.2001, § 4 Nr. 2. Ähnlich: Die drei Mitglieder der Professurengruppe gehören den drei Fachbereichen der FH an, Fachhochschule Ludwigshafen Hochschule für Wirtschaft, Richtlinien zur Sicherung guter wissenschaftlicher Praxis und zum Umgang mit wissenschaftlichem Fehlverhalten vom 23.10.2002, § 3.

503 Technische Universität Ilmenau, Richtlinien für das Verfahren bei Verdacht auf wissenschaftliches Fehlverhalten von Mitgliedern der Technischen Universität Ilmenau vom 18.08.2002, § 4 Nr. 1.

504 Universität Erfurt, Ethikkodex der Universität Erfurt zur Sicherung guter wissenschaftlicher Praxis vom 10.07.2002, § 3 Abs. 2 a); in der Universität Kaiserslautern lässt man ein Mitglied mit juristischer Ausbildung und Erfahrung ausreichen, vgl. Verfahrensordnung zur Sicherung guter wissenschaftlicher Praxis an der Universität Kaiserslautern vom WS 2001, unter C 3.; an der Technischen Universität Karlsruhe, Richtlinien zur Sicherung guter wissenschaftlicher Praxis und zum Umgang mit wissenschaftlichem Fehlverhalten vom 21.12.2001, unter „Organisatorische Strukturen" 2., ist ein vom Rektorat benannter Vertreter mit juristisch beratender Stimme vorgesehen.

505 Z.B. Technische Universität Carolo-Wilhelmina zu Braunschweig, Grundsätze zur Sicherung guter wissenschaftlicher Praxis an der Technischen Universität Braunschweig vom 22.03. 2000, § 10; Universität Ulm, Satzung der Universität Ulm zur Sicherung guter wissenschaftlicher Praxis vom 27.09.2003, unter 6. (1); Universität Leipzig, Satzung der Universität Leipzig zur Sicherung guter wissenschaftlicher Praxis vom 27.03.2002, § 8 Abs. 1; Eberhard-Karls-Universität Tübingen, Verfahrensordnung der Eberhard-Karls-Universität Tübingen zum Umgang mit Fehlverhalten in der Wissenschaft vom 19.04.1999, § 7.

506 Technische Universität Berlin, Grundsätze für das Verfahren bei Verdacht auf wissenschaftliches Fehlverhalten in der Technischen Universität Berlin, § 4: „Personen, die im Umgang mit solchen Fällen besonders erfahren sind"; Rheinische Friedrich-Wilhelms-Universität Bonn, Grundsätze für das Verfahren bei Verdacht auf wissenschaftliches Fehlverhalten in der Rhei-

Gastmitglieder mit beratender Stimme[507], in Ausnahmefällen auch als Vorsitzende[508] an. In wenigen Einrichtungen sind mehrere Personen zugleich Ombudsman und Kommission in Personalunion.[509]

Die Amtszeit beträgt drei bis höchstens fünf Jahre. Wiederwahl ist möglich. Meist ist die Amtszeit an diejenige der Selbstverwaltungsorgane der Hochschule angelehnt.[510] Für studentische Mitglieder gilt häufig eine verkürzte Amtszeit von nur einem Jahr.[511] Nur in Ausnahmefällen, wird die Untersuchungskommission als

nischen Friedrich-Wilhelms-Universität Bonn vom 10.11.1998, § 3; Albert-Ludwigs-Universität Freiburg im Breisgau, Selbstkontrolle in der Wissenschaft vom 16.12.1998, unter 2.3 (1); Medizinische Hochschule Hannover, Grundsätze der Medizinischen Hochschule Hannover zur Sicherung guter wissenschaftlicher Praxis vom 20.03.2002, § 8 Nr. 3; Technische Universität Ilmenau, Richtlinien für das Verfahren bei Verdacht auf wissenschaftliches Fehlverhalten von Mitgliedern der Technischen Universität Ilmenau vom 18.08.2002, § 4 Nr. 1.

507 Z.B. Universität Bayreuth, Regeln zum Umgang mit wissenschaftlichem Fehlverhalten an der Universität Bayreuth vom 23.06.1999, unter 3.2 (5); Technische Universität Carolo-Wilhelmina zu Braunschweig, Grundsätze zur Sicherung guter wissenschaftlicher Praxis an der Technischen Universität Braunschweig vom 22.03.2000, § 10; Technische Universität Clausthal, Regeln zur Sicherung guter wissenschaftlicher Praxis und Verfahren bei Verdacht auf wissenschaftliches Fehlverhalten für die Technische Universität Clausthal vom 13.02.2001, § 8 Abs. 2; Friedrich-Alexander-Universität Erlangen-Nürnberg, Richtlinien der Friedrich-Alexander-Universität Erlangen-Nürnberg zur Sicherung guter wissenschaftlicher Praxis vom 13.05.2002, § 6 Abs. 4; Medizinische Hochschule Hannover, Grundsätze der Medizinischen Hochschule Hannover zur Sicherung guter wissenschaftlicher Praxis vom 20.03.2002, § 8 Nr. 2; Universität Mannheim, Richtlinien zur Sicherung guter wissenschaftlicher Praxis vom 18.09.2000, unter 4.2; Fachhochschule Rosenheim Hochschule für Technik und Wirtschaft, Richtlinie zur Sicherung guter wissenschaftlicher Praxis und zum Umgang mit wissenschaftlichem Fehlverhalten vom 01.10.1999, „Einzelregelungen" Nr. 7.

508 Fachhochschule für Technik und Wirtschaft Berlin, Leitlinien zur Sicherung guter wissenschaftlicher Praxis und zum Umgang mit wissenschaftlichem Fehlverhalten an der FHTW Berlin vom 01.07.2002, unter 2.; Fachhochschule Dortmund, Ordnung zur Sicherung guter wissenschaftlicher Praxis und zum Umgang mit wissenschaftlichem Fehlverhalten vom 24.04.2002.

509 Universität Dortmund, Regeln guter wissenschaftlicher Praxis vom 02.05.2002, § 6 Abs. 5; Gerhard-Mercator-Universität Duisburg, Verfahrensregeln zum Umgang mit Vorwürfen von wissenschaftlichem Fehlverhalten vom 18.03.1999, § 3 Abs. 3; Universität Hamburg, Richtlinien zur Sicherung guter wissenschaftlicher Praxis und zur Vermeidung wissenschaftlichen Fehlverhaltens vom 08.03.2001, § 5 Abs. 1, mit der Möglichkeit weitere Mitglieder mit beratender Stimme hinzuzuziehen; Universität Rostock, Regeln zur Sicherung guter wissenschaftlicher Praxis und zur Vermeidung wissenschaftlichen Fehlverhaltens vom 03.07.2002, § 5 Nr. 1 zuzüglich eines Mitglieds mit der Befähigung zum Richteramt.

510 So ausdrücklich Otto-von-Guericke-Universität Magdeburg. Leitlinien der Otto-von-Guericke-Universität Magdeburg zum Umgang mit wissenschaftlichem Fehlverhalten vom 20.01. 1999, Nr. 4.

511 Universität Mannheim, Richtlinien zur Sicherung guter wissenschaftlicher Praxis vom 18.09.2000, unter 4.2; Technische Universität München, Richtlinien zur Sicherung guter wissenschaftlicher Praxis und zum Umgang mit wissenschaftlichem Fehlverhalten vom 15.05. 2002, unter „Untersuchungsausschuss"; Pädagogische Hochschule Schwäbisch Gmünd, Richtlinien der Pädagogischen Hochschule Schwäbisch Gmünd zur Sicherung guter wissenschaftlicher Praxis vom 29.10.2003, § 3 Nr. 6.

Ad-hoc-Kommission gebildet, so dass die Mitglieder ihr Amt nur für die Dauer einer einzelnen Untersuchung wahrnehmen.[512]

Die unterschiedlichen Besetzungsmodelle respektieren sämtlich, dass bei der Aufklärung wissenschaftlichen Fehlverhaltens auch fachübergreifende gesamtuniversitäre Belange – wie die Reputation der Einrichtung – zu berücksichtigen sind, denen durch die einseitige Beschickung eines Untersuchungsgremiums mit Vertretern einer Wissenschaftsdisziplin womöglich nicht der richtige Stellenwert beigemessen werden würde.[513]

Bei der Einordnung der hochschulischen Untersuchungskommissionen ist insbesondere nach Einsetzung und Mitgliedschaft zu differenzieren:

Die durch den Senat geformten Gremien des Gruppenmodells bilden in der Regel Ausschüsse beziehungsweise Kommissionen des Senats. Der Begriff der Kommission ist insofern passender, als er allgemein für ein ständiges Gremium steht, welches sich auch aus Mitgliedern verschiedener Organisationseinheiten zusammensetzt[514], während der Ausschuss meist als Unterorgan eines größeren Gremiums aus einem Teil der Mitglieder des betreffenden Gremiums besetzt wird.[515] Für den Begriff der Kommission sprechen neben der parallelen Besetzungstypik insbesondere auch die Terminologie und die organisatorische Einordnung durch die Hochschulen. Nicht nur die häufige Bezeichnung „Ständige Kommission zur Untersuchung wissenschaftlichen Fehlverhaltens"[516] deutet auf Senatskommissionen hin. Vielmehr haben einige Hochschulen ihre Kommission zur Untersuchung von Vorwürfen wissenschaftlichen Fehlverhaltens ausdrücklich als ständige zentrale Senatskommission eingerichtet.[517] Die Universität zu Köln und die Ludwig-Maximilians-Universität

---

512 Ruhr-Universität Bochum, Leitlinien guter wissenschaftlicher Praxis und Grundsätze für das Verfahren bei vermutetem wissenschaftlichen Fehlverhalten vom 25.06.2002, unter 6. (1); Fachhochschule Köln, Richtlinien zur Sicherung guter wissenschaftlicher Praxis und zum Umgang mit wissenschaftlichem Fehlverhalten vom 04.11.2002, § 3; Fachhochschule Niederrhein, Richtlinien zur Sicherung guter wissenschaftlicher Praxis und zum Verfahren bei Verdacht auf wissenschaftliches Fehlverhalten vom 02.07.2002, § 6.

513 *Höhne*, Rechtsprobleme bei der Kontrolle der Lauterkeit in der Forschung, S. 118 ff. spricht sich demgegenüber trotz der drohenden Gefahr eines Objektivitätsverlusts gegen ein Bedürfnis nach zentraler Regelung aus.

514 Vgl. *Eichhorn*, Verwaltungslexikon, S. 569.

515 *Schrimpf*, in: Denninger (Hrsg.), HRG, § 61 Rn. 25.

516 Universität Passau, Richtlinien der Universität Passau zur Sicherung guter wissenschaftlicher Praxis und für den Umgang mit wissenschaftlichem Fehlverhalten vom 13.06.2002, § 8 Abs. 1; Bayerische Julius-Maximilians-Universität Würzburg, Richtlinien zur Sicherung guter wissenschaftlicher Praxis und für den Umgang mit wissenschaftlichem Fehlverhalten vom 13.12.2000, § 10 Abs. 4.

517 Vgl. Technische Universität Clausthal, Beschluss des Senats vom 1. Juli 13. Mai 1997 in der Änderungsfassung vom 22.5.2001, Mitteilungen TUC 2001, S. 162; Brandenburgische Technische Universität Cottbus, unter http://www.tu-cottbus.de/btu/de/universitaet/hochschulorgane-und-gremien/zentrale-kommissionen/kommission-zur-untersuchung/ (15.05.2007) unter „Universität", „Hochschulorgane und Gremien", „Zentrale Kommissionen"; Universität Nürnberg-Erlangen unter http://univis.uni-erlangen.de/prg?url=http://www.uni-erlangen.de/universitaet/organisation/gremien/univis_kommissionen.shtml (15.02.2007). Die Kommissi-

München haben die Aufgabe der Untersuchung wissenschaftlichen Fehlverhaltens gar ihren bereits bestehenden ständigen Senatskommissionen für Forschung und wissenschaftlichen Nachwuchs übertragen.[518]

Eine Ausnahme in diesem Zusammenhang stellt lediglich die Untersuchungskommission der Technischen Universität Hamburg-Harburg dar, ausschließlich aus Mitgliedern des vom Hochschulsenat gewählten und mit Schlichtungsaufgaben befassten Ältestenrats[519] der Universität besteht. Hier spricht sehr viel für die Annahme, die Kommission als Ausschuss des Ältestenrates zu behandeln.

Die durch den Rektor oder den Präsidenten der Hochschule eingesetzten Kommissionen sind hingegen in der Regel als Beratungskommissionen des Leitungsorgans aufzufassen. So lautet recht deutlich auch die Einordnung der Universität Dortmund.[520]

Die Klassifizierung zur ständigen Senats- oder Rektoratskommission erhebt die Gremien hochschulintern nicht zu eigenen Organen. Tatsächlich werden ständige Kommissionen als feste Einheiten mitunter auch in die Grundordnung der Hochschulen aufgenommen, dadurch aber nicht zu Organstatus erhoben. Es handelt sich um nachgeordnete Gremien, die sich zu einer festen Einrichtung etabliert haben, denen aber Aufgaben von den Organen zugewiesen werden.[521] Sie stehen unter der Aufsicht ihrer Kontextorgane.

---

on ist aber nicht in die Verordnung über organisationsrechtliche Regelungen an der Friedrich-Alexander-Universität Erlangen-Nürnberg vom 13. Dezember 2002 (GVBl. S. 1002) aufgenommen.

518 Universität zu Köln, Richtlinien zur Sicherung guter wissenschaftlicher Praxis und zum Umgang mit wissenschaftlichem Fehlverhalten vom 15.11.2001, § 11; Ludwig-Maximilians-Universität München, Richtlinien der Ludwig-Maximilians-Universität München zur Selbstkontrolle in der Wissenschaft vom 16.05.2002, § 9 Abs. 1. Die Carl von Ossietzky Universität Oldenburg bedient sich der Kommission für Folgenabschätzung und Ethik, vgl. Carl von Ossietzky Universität Oldenburg, Verfahren bei Verdacht auf wissenschaftliches Fehlverhalten, Verfahrensordnung vom 26.01.2000, § 4 Abs. 1.

519 Der Ältestenrat der Technischen Universität Hamburg-Harburg ist als eine der „Sonstigen Organisationseinheiten" in der Grundordnung der Universität vom 24. 08.2004 verfasst. Nach § 18 Abs. 1 der universitären Grundordnung besteht der Ältestenrat aus fünf Mitgliedern, darunter der Sprecher der Hochschullehrer und vier weitere vom Hochschulsenat gewählte Mitglieder. Gemäß § 18 Abs. 2 der Grundordnung klärt er die ihm vom Präsidium oder durch Satzung zugewiesenen Konfliktfälle.

520 Universität Dortmund, Regeln guter wissenschaftlicher Praxis vom 02.05.2002, § 6 Abs. 1. Bei der Bundeswehruniversität Hamburg bestellt der Präsident zwei Professoren in ein Untersuchungsgremium, die unter der Leitung des Vizepräsidenten die Untersuchung von Fehlverhaltensfällen übernehmen. Die Amtszeit ist an die des Vizepräsidenten gebunden, Helmut-Schmidt-Universität, Universität der Bundeswehr Hamburg vom 27.01.2000, unter 3.

521 Zur Zulässigkeit der Bildung von Kommissionen, *Höhne*, Rechtsprobleme bei der Kontrolle der Lauterkeit in der Forschung, S. 126 f.

(2) Privatrechtlich organisierte Forschungseinrichtungen

Auch unter den privatrechtlich ausgestalteten Forschungseinrichtungen bestehen typenbedingte Unterschiede hinsichtlich der Bildung und Ausgestaltung von Untersuchungskommissionen.

(a) MPG

Die MPG hat sich für eine sehr differenzierte Gremienlösung entschieden, indem sie externe Unabhängigkeit in der Person des Vorsitzenden mit partiell veränderlichem internem Fachwissen und juristischem Sachverstand kombiniert. Der ständige Vorsitzende des Untersuchungsausschusses gehört nicht der MPG an und wird gemeinsam mit seinem Stellvertreter vom Senat der DFG für die Amtszeit von drei Jahren gewählt. Weitere Mitglieder sind der je nach Fallgestaltung sektionsbezogen zuständige Vizepräsident der MPG, drei Schlichtungsberater aus verschiedenen Sektionen[522] und der Leiter der Abteilung „Personal und Recht" der Generalverwaltung.[523] Diese Mitglieder werden für das jeweilige Verfahren vom Präsidenten im Benehmen mit dem ständigen Vorsitzenden des Untersuchungsausschusses bestellt. Der Untersuchungsausschuss kann im Einzelfall darüber hinaus Fachgutachter aus dem Gebiet des zu beurteilenden Sachverhalts sowie Experten für den Umgang mit Fehlverhaltensfällen als weitere Mitglieder hinzuziehen.

Die Untersuchungskommission der MPG ist ausschließlich für die Durchführung der förmlichen Untersuchung verantwortlich, nachdem sich der Verdacht eines Fehlverhaltens im Vorprüfungsverfahren vor dem geschäftsführenden Direktor des betroffenen Instituts und dem sektionszuständigen Vizepräsidenten hinreichend bestätigt hat.

Sowohl die Variationsbreite der Mitglieder – mit dem Vizepräsidenten und dem Leiter Personal und Recht ist neben den rein wissenschaftlichen Mitgliedern je ein Mitglied des Präsidiums und Verwaltungsrats beziehungsweise ein organunterstützendes Stabsmitglied vorhanden – als auch der besondere Einsetzungsmodus unter Beteiligung von Senat, externem Vorsitzenden und Präsidenten erschwert die organisationsbezogene rechtliche Einordnung dieses ad hoc Gremiums. Während der Vorsitzende des Untersuchungsausschusses als ständiger Beauftragter des Senats bereitsteht, der im konkreten Verdachtsfall stellvertretend für den Senat an der konkreten Auswahl der Schlichtungsberater, Fachgutachter und Experten beteiligt wird und so die Einflussnahme des zentralen Entscheidungs- und Aufsichtsgremiums sichert, hat der einmal zusammengetretene Untersuchungsausschuss tatsächlich die

---

522 Die Institute und Forschungseinrichtungen der Max-Planck-Gesellschaft sind drei Sektionen zugeordnet – der Chemisch-Physikalisch-Technischen, der Biologisch-Medizinischen und der Geisteswissenschaftlichen Sektion.
523 MPG, Verfahrensordnung bei Verdacht auf wissenschaftliches Fehlverhalten, beschlossen vom Senat der MPG am 14.11.1997, geändert am 24.11.2000, unter II. 1.

Stellung einer beratenden Sonderkommission von Senat und Präsident inne, die in stärkerem Maße dem Einflussbereich der Exekutive unterliegt.

Vereinsrechtlich betrachtet handelt es sich um ein aufgrund autonomer Vereinsrechtssetzung bestimmtes Gremium der Vereinsgerichtsbarkeit, welches durch die Besetzung im Ansatz aus dem Geflecht der Organe und der Verwaltungsstruktur herausgehoben ist, aber aufgrund der bestehenden Querverbindungen nicht vollständig institutionell unabhängig agiert.

(b) Mitgliedseinrichtungen der WGL und des Forschungsverbunds Berlin (FVB)

Die Mitgliedseinrichtungen der WGL haben sich mehrheitlich auf hochstufige Untersuchungsgremien verständigt, die organisatorisch außerhalb der jeweiligen Einrichtung anzusiedeln sind.[524]

Der ganz überwiegende Teil der WGL-Mitgliedseinrichtungen bedient sich entweder grundsätzlich im förmlichen Verfahren[525] oder für den Fall, dass sich der Vorgang intern nicht hinreichend klären lässt[526], des Untersuchungsausschusses des Dachverbands WGL. Dieser Ausschuss ist mit fünf bis sieben Mitgliedern besetzt. Im Zentrum dieses Gremiums stehen ein ständiger Vorsitzender und dessen Stellvertreter, welche beide nicht Instituten der WGL angehören dürfen und zentral vom Senat der WGL für eine Amtszeit von drei Jahren gewählt werden.[527] Die übrigen Mitglieder werden nicht auf Dauer, sondern ad hoc für das jeweilige Verfahren vom Präsidenten der WGL im Benehmen mit dem ständigen Vorsitzenden bestellt. Aus dem betroffenen Institut gehört der Untersuchungskommission nur der Vorsitzende des wissenschaftlichen Beirats an. Dieser kann durch den zuständigen Sektionssprecher ersetzt oder auch ergänzt werden. Zwei weitere Mitglieder aus verschiedenen

---

524 Einige Institutionen der WGL ermöglichen alternativ die Heranziehung eines eigenen Untersuchungsausschusses. So etwa das Kiepenheuer Institut für Sonnenphysik, wo die Besetzung mit institutsfremden Mitgliedern der Universität Freiburg oder anderer Forschungsinstitute vorgesehen ist, siehe Kiepenheuer-Institut für Sonnenphysik (KIS), Sicherung guter wissenschaftlicher Praxis und Verfahren zum Umgang mit wissenschaftlichem Fehlverhalten vom 04.06.2002, § 11 Abs. 1.

525 Vgl. etwa Institut für Agrartechnik Bornim e.V. (ATB), Regeln zur Sicherung guter wissenschaftlicher Praxis am ATB und Verfahren zum Umgang mit wissenschaftlichem Fehlverhalten vom 12.04.2002, unter 2.3; Forschungsinstitut für die Biologie landwirtschaftlicher Nutztiere (FBN), Regeln zur Sicherung guter wissenschaftlicher Praxis am FBN und Verfahren zum Umgang mit wissenschaftlichem Fehlverhalten vom 10.04.2002, unter § 11 Abs. 1.

526 Vgl. beispielsweise Wissenschaftszentrum Berlin für Sozialforschung gGmbH (WZB), Verfahren zur Sicherstellung guter wissenschaftlicher Praxis durch Bestellung einer Ombudsperson am WZB vom 04.07.2000, § 2 Abs. 4 und 5; Institut für Ostseeforschung Warnemünde an der Universität Rostock (IOW), Regelungen zur Sicherung guter wissenschaftlicher Praxis am Institut für Ostseeforschung Warnemünde (IOW) und Verfahren zum Umgang mit wissenschaftlichem Fehlverhalten vom 18.06.2002, § 9 Abs. 6.

527 Wissenschaftsgemeinschaft Gottfried Wilhelm Leibniz e.V. (WGL), Empfehlungen zur Sicherung guter wissenschaftlicher Praxis in den Instituten der Leibnitz-Gemeinschaft vom 19.11.1998, unter B.

Sektionen dienen als Schlichtungsberater. Außerdem sollte ein Vertreter mit juristischem Sachverstand dem Untersuchungsausschuss beiwohnen.

Der Untersuchungsausschuss des FVB verfügt dagegen mit je einem Repräsentanten aus dem Bereich der naturwissenschaftlichen und der lebens- beziehungsweise umweltwissenschaftlichen Institute und dem Justitiar des Forschungsverbunds über drei verbandsinterne ständige Mitglieder, die vom Vorstand des FVB für eine Amtszeit von drei Jahren bestellt werden.[528] Darüber hinaus können weitere Mitglieder im Einzelfall vom Vorstand ernannt werden. Der Untersuchungsausschuss selbst zieht ferner noch einen internen oder externen Fachgutachter mit Stimmrecht aus dem Gebiet des zu beurteilenden wissenschaftlichen Sachverhalts hinzu.[529]

Die Besetzungsstruktur des WGL-Gremiums weist aus der Perspektive des Dachverbands hinsichtlich der Besetzungsverantwortlichkeiten und des Zusammenspiels von internen und externen Mitgliedern Parallelen zum Gremium der MPG auf, ist aus dem Blickwinkel der einzelnen unabhängigen Einrichtungen der WGL jedoch vollständig abgekoppelt von den internen Strukturen der Mitgliedseinrichtungen. Es handelt sich hier um eine gemeinsame Sonderkommission des Senats und der Leitung der WGL, die jedoch für die Beratung des Leitungsgremiums in Mitgliedseinrichtungen eingesetzt wird. Aus dieser unabhängigen Position heraus erwachsen ihm über die ihm in den einzelnen Verfahrensregelwerken statuierten Befugnisse hinaus keine Befugnisse gegenüber den Mitarbeitern der einzelnen Einrichtung. Gleiches gilt auch für das Untersuchungsgremium des FVB, aber mit dem Unterschied, dass das Gremium hier wegen dessen Alleinverantwortlichkeit für die Besetzung ausschließlich im Geschäftsbereich des Gesamtvorstands anzusiedeln ist. Es folgt den Vereinsregeln des FVB.[530]

Die Konstruktion dieser hochstufigen Gremien bietet die Möglichkeit der Einflussnahme der Verbandsleitung auf die Verfahrensführung des Gremiums sowie die Einrichtungsentscheidung über das weitere Vorgehen nachdem das Verfahrensergebnis dem betroffenen Institut und dem Gesamtverband vorgelegt wurde. Dies gilt insbesondere für den FVB, der in seiner Verfahrensordnung ausdrücklich vorsieht, dass das Ergebnis der Untersuchung dem wissenschaftlichen Leiter des betroffenen Instituts und dem Gesamtvorstand FVB vorgelegt wird.[531] Die Mitgliedseinrichtungen sind nicht nur an diese Vereinsordnung gebunden, sondern können auch aufgrund Vorstandsbeschlusses zu einem bestimmten Handeln verpflichtet sein.

---

528 Forschungsverbund Berlin e.V., Verfahren bei Verdacht auf wissenschaftliches Fehlverhalten, Verfahrensordnung vom 17.03.2000, unter 2.1.
529 Forschungsverbund Berlin e.V., Verfahren bei Verdacht auf wissenschaftliches Fehlverhalten, Verfahrensordnung vom 17.03.2000, unter 2.2.
530 Vgl. dazu oben 4. Teil, D. II. 3. b) ff), S. 351 f.
531 Forschungsverbund Berlin e. V., Verfahren bei Verdacht auf wissenschaftliches Fehlverhalten, Verfahrensordnung vom 17.03.2000, unter 2.4.

(c) Großforschungs-GmbHs der HGF

Die Kommissionen der Großforschungs-GmbHs werden überwiegend als ad hoc Kommission[532] eingesetzt, wobei die Besetzung in jeder Einrichtung leicht abgewandelten Regelungen unterliegt. Die klassische Kommission besteht meist aus fünf[533] Personen und setzt sich überwiegend aus der wissenschaftlichen Geschäftsführung, teilweise auch der administrativen Geschäftsführung, und weiteren vom WTR und der wissenschaftlichen Geschäftsführung zu bestimmenden Mitgliedern zusammen. Die Vertrauensleute sind nur bei der GSF und der GBF Mitglieder der Kommission. Den Vorsitz soll eine vom Direktorium der HGF benannte Person, die nicht der HGF angehört, und auf die sich die HGF-Einrichtungen einigen wollen, führen.[534] Auf diese Gemeinsamkeit haben sich die HGF-Einrichtungen bei Beschlussfassung über die unverbindliche Rahmenregelung verständigt.[535] Allerdings sehen einige Verfahrensregeln der untersuchten Einrichtungen den Einsatz einer gemeinschaftsexternen Person (noch) nicht oder nur für den Fall besonderer Fallkonstellationen[536] vor. Den Vorsitz führt nach dem jetzigen Stand der Regelungen im Normalfall der wissenschaftliche oder administrative Vorstand[537] oder der WTR-

---

532 GKSS, Sicherung guter wissenschaftlicher Praxis und Verfahren bei wissenschaftlichem Fehlverhalten vom 06.02.2002, Regel 5.4: Bei komplizierten Sachverhalten von grundsätzlicher Bedeutung wird auf Grundlage des von der Vertrauensperson im Rahmen der Voraufklärung erstellten Abschlußberichts unverzüglich eine Untersuchungskommission eingesetzt. FZK, Regeln zur Sicherung guter wissenschaftlicher Praxis von Mai 2002, Regel 6.3.1.

533 GKSS, Sicherung guter wissenschaftlicher Praxis und Verfahren bei wissenschaftlichem Fehlverhalten vom 06.02.2002, Regel 5.4; FZJ, Regeln zur Sicherung guter wissenschaftlicher Praxis vom 01.01.2002, Regel 5.3.2; FZK, Regeln zur Sicherung guter wissenschaftlicher Praxis von Mai 2002, Regel 6.3.2; GBF, Regelungen zur Sicherung guter wissenschaftlicher Praxis an der GBF und Verfahren bei wissenschaftlichem Fehlverhalten, Regel 3.1.2.

534 GKSS, Sicherung guter wissenschaftlicher Praxis und Verfahren bei wissenschaftlichem Fehlverhalten vom 06.02.2002, Regel 5.4: Den Vorsitz führt die vom Direktorium der HGF benannte Person, in deren Abwesenheit die wissenschaftliche Geschäftsführung.

535 HGF, Sicherung guter wissenschaftlicher Praxis und Verfahren bei wissenschaftlichem Fehlverhalten, Regel 4.4. Unklar ist, ob eine solche Person bislang tatsächlich benannt wurde.

536 FZK, Regeln zur Sicherung guter wissenschaftlicher Praxis von Mai 2002, Regel 6.3.2: In Verdachtsfällen, die an das Forschungszentrum von außerhalb herangetragen werden, muss die Untersuchungskommission um ein externes Mitglied ergänzt werden.
FZJ, Regeln zur Sicherung guter wissenschaftlicher Praxis vom 01.01.2002, Regel 5.3.2: In Fällen von entsprechender Bedeutung soll eine externe Persönlichkeit, die nicht der HGF angehört, auf die sich die HGF-Einrichtungen aber zuvor geeinigt haben, um Wahrnehmung des Vorsitzes gebeten werden. In Verdachtsfällen, die von außerhalb des Forschungszentrums an das Forschungszentrum Jülich herangetragen werden, muss die Untersuchungskommission um ein externes Mitglied ergänzt werden.

537 FZK, Regeln zur Sicherung guter wissenschaftlicher Praxis von Mai 2002, Regel 6.3.2; FZJ, Regeln zur Sicherung guter wissenschaftlicher Praxis vom 01.01.2002, Regel 5.3.2.

Vorsitzende[538]. Bei Bedarf können nach Maßgabe einiger Verfahrensregelungen externe Sachverständige bzw. Gutachter[539] hinzugezogen werden.

Wie die Ombudsgremien der Großforschungseinrichtungen stellen auch die Untersuchungsgremien der Großforschungseinrichtungen mehrheitlich gemeinsame Gremien der Gesellschaftsorgane dar, die eigens für die in den Zuständigkeitsbereich beider Gremien fallenden Fehlverhaltensuntersuchungen eingerichtet werden.

Die von allen wissenschaftlichen Mitarbeitern gewählte Untersuchungskommission der GBF ist organisationsrechtlich ein Gebilde sui generis, dem als Vertreter aller Wissenschaftler des Unternehmens wissenschaftliche Mitbestimmungskompetenz für den spezifischen Bereich des Umgangs mit Fehlverhaltensfällen eingeräumt ist.

c) Leitende Angestellte und Leitungsorgane der Einrichtungen

In zahlreichen außeruniversitären Forschungseinrichtungen werden nicht nur spezifisch hierfür bereitgestellte Ombudsleute oder Untersuchungsgremien zu internen Verfahrensverantwortlichen der Verfahren zum Umgang mit wissenschaftlichem Fehlverhalten. Ebenso wie in den USA nehmen auch leitende Angestellte oder Leitungsorgane, beziehungsweise Teile von Leitungsorganen der Einrichtungen Verfahrensaufgaben wahr. In der Regel handelt es sich hierbei um Einrichtungs-, Sektions- oder Institutsleiter, die den forschungsbetrieblichen Einrichtungen oder internen Basiseinheiten vorstehen.

Diese Personen können in unterschiedlichen Abschnitten des Verfahrens in Erscheinung treten. Sie führen die Voruntersuchung in denjenigen Einrichtungen durch, in denen diese Aufgabe nicht von einem Ombudsman wahrgenommen wird, aber auch nicht der Untersuchungskommission übertragen ist, so insbesondere in den Einrichtungen der MPG und der WGL. Bei der MPG sind der Geschäftsführende Direktor des betroffenen Instituts und der zuständige Vizepräsident, im Falle der Selbstbetroffenheit des Geschäftsführenden Direktors, der Vizepräsident alleine für die Vorprüfung zuständig. Die WGL-Einrichtungen bedienen sich des wissenschaftlichen Direktors oder Vorstandes, bei dessen Betroffenheit ausnahmsweise dem Vorsitzenden des wissenschaftlichen Beirats.

In den Großforschungseinrichtungen entscheiden sie in Gestalt der Geschäftsführung nach Abschluss des Ombudsmanvorverfahrens über die Einstellung des Ver-

---

538 GSF, Regeln zur Sicherung guter wissenschaftlicher Praxis, Regel 7.

539 GSI, Regeln zur Sicherung guter wissenschaftlicher Praxis und Verfahren bei wissenschaftlichem Fehlverhalten vom 10.09.2000, Regel 4.4; UFZ, Regeln zur Sicherung guter wissenschaftlicher Praxis, Regel 6.3.(5); FZJ, Regeln zur Sicherung guter wissenschaftlicher Praxis vom 01.01.2002, Regel 5.3.2; GKSS, Sicherung guter wissenschaftlicher Praxis und Verfahren bei wissenschaftlichem Fehlverhalten vom 06.02.2002, Regel 5.4.

fahrens oder die Überleitung in eine förmliche kommissionsgeführte Untersuchung.[540]

Nach Abschluss des Untersuchungsverfahrens entscheiden sie in allen Einrichtungen gegebenenfalls in Abstimmung mit dem wissenschaftlichen Beratungsorgan einer Einrichtung über die Notwendigkeit weiterer Maßnahmen.

2. Die Verfahrensgremien der DFG

Die Verfahrensgremien der DFG, der Ombudsman der DFG und der Untersuchungsausschuss werden wegen ihrer Besonderheiten und ihres zentralen Ansatzes einer gesonderten Betrachtung unterzogen.

a) Ombudsman der DFG

Der Ombudsman der DFG ist eine allen Wissenschaftlern – unabhängig davon in welcher Einrichtung sie tätig sind – zugängliche wissenschaftsinterne Instanz mit beratender und vermittelnder Funktion. Er steht als neutraler Ansprechpartner in Fragen guter wissenschaftliche Praxis und ihrer Verletzung durch wissenschaftliches Fehlverhalten zur Verfügung.[541] Der Ombudsman der DFG prüft und bewertet die an ihn herangetragenen Sachverhalte, stellt aber keine Ermittlungen zur Feststellung wissenschaftlichen Fehlverhaltens an. Grundlage seiner Tätigkeit sind die Empfehlungen der DFG zur Sicherung guter wissenschaftlicher Praxis. Er übernimmt auf neutralerer Ebene die gleiche Funktion, die auch dezentralen Ombudspersonen in den Einrichtungen außerhalb eines Untersuchungsverfahrens zugedacht ist.

aa) Zusammensetzung und Berufung der Gremiumsmitglieder

Der Ombudsman der DFG besteht aus einem Gremium von drei Personen, die vom Senat der DFG berufen werden.[542] Um eine sachnähere und sachkompetentere Beratung und Hilfestellung zu gewährleisten, erfolgt die personelle Besetzung des Gremiums mit DFG-erfahrenen Wissenschaftlern aus den Bereichen Biowissenschaften, Geisteswissenschaften und Natur- und Ingenieurwissenschaften.[543] Die beiden bislang aktiven Ombudsmangremien setzten beziehungsweise setzen sich gleicher-

---

540 Insgesamt sechs der acht in GmbH-Rechtsform organisierten Großforschungseinrichtungen haben diese Zwischenentscheidung implementiert. Bei der GSF und der GBF wird die Kommission ohne eine solche Entscheidung sowohl im Vorverfahren als auch im förmlichen Untersuchungsverfahren aktiv.

541 Vgl. ausführlich unten 4. Teil, G., S. 413 ff.

542 Beschluss des Senats der DFG zur Einrichtung eines Ombudsman vom 28. Januar 1999.

543 Beschluss des Senats der DFG zur Einrichtung eines Ombudsman vom 28. Januar 1999.

maßen aus drei Professoren der Disziplinen Rechtswissenschaft, Medizin und Physik zusammen. Aus den Reihen der Mitglieder wird eines der Mitglieder zum Sprecher des Gremiums bestimmt. Die Parallelmitgliedschaft in einem anderen Gremium, welches mit der Behandlung von wissenschaftlichem Fehlverhalten konfrontiert ist, ist den Mitgliedern für die Dauer der Übernahme der Amtsgeschäfte versagt.[544]

bb) Amtsperiode

Der Ombudsman wird für eine dreijährige Amtszeit gewählt.[545] Nach Ablauf dieses Zeitraumes kann eine Wiederwahl für die Dauer einer weiteren Amtszeit von drei Jahren erfolgen. Im Anschluss daran wird ein neues Gremium gewählt.

cc) Status des Ombudsman der DFG

Der rechtliche Status des Ombudsmans im Gefüge der DFG ist nicht eindeutig, obwohl sich bei näherem Hinsehen verschiedene Anknüpfungspunkte für eine Einordnung herausfiltern lassen.[546] Der Ombudsman ist durch den Senat der DFG als unabhängige Appellationsinstanz berufen. Führt man die Einrichtung des Gremiums auf die in den DFG-Empfehlungen zur Sicherung guter wissenschaftlicher Praxis, speziell Empfehlung 16 über die Einrichtung eines Ombudsman, getroffene Einrichtungsentscheidung durch Mitgliederbeschluss[547] zurück, ließe sich über eine eigenständige Organschaft des Ombudsmans der DFG nachdenken. Die Mitgliederversammlung verfügt als oberstes Vereinsorgan über die Kompetenz-Kompetenz zur Übertragung ihrer satzungsgemäßen Zuständigkeit zur Einrichtung, Bestellung und Abberufung weiterer Vereinsorgane auf andere Organe wie den Senat.[548] Entscheidend gegen diese Konstruktion spricht allerdings, dass eine organschaftliche Stel-

---

544 Dies bezieht sich nicht nur auf eine mögliche Mitgliedschaft im Unterausschuss für Fehlverhaltensangelegenheiten, sondern beispielsweise auch auf den Hauptausschuss und Senats- oder Bewilligungsausschüsse, vgl. Beschluss des Senats der DFG zur Einrichtung eines Ombudsman vom 28. Januar 1999.
545 Verfahrensgrundsätze des Ombudsmans der DFG unter I. 2. erhältlich unter: http://www1.uni -hamburg.de/dfg_ombud//verfahren.html (15.02.2007).
546 Wie schon die Bezeichnung als „Ombudsman der DFG" suggeriert, stellt das Ombudsgremium keine eigene, von der DFG getrennte, Rechtspersönlichkeit dar. Das LG Bonn hat insoweit zutreffend in einem Rechtsstreit über das Verlangen nach Akteneinsicht und Widerruf einer Bewertung durch Vertreter des Gremiums, die DFG nicht das Gremium selbst als passiv legitimiert betrachtet, LG Bonn, NJW 2002, S. 3260 f.
547 Die Mitgliederversammlung der DFG hatte sich am 17. Juni 1998 die Empfehlungen der unabhängigen Kommission „Selbstkontrolle in der Wissenschaft" zu Eigen gemacht und sich dabei auch die Einrichtung eines DFG-Ombudsmans gemäß Empfehlung 16 befürwortet.
548 *Reichert*, Handbuch des Vereins- und Verbandsrechts, Rn. 1118 ff.

lung des Ombudsgremiums nicht durch satzungsändernden Mitgliederbeschluss auf eine korporationsrechtliche Grundlage in der Vereinssatzung gestellt wurde.

Die Einsetzung durch einen Senat der DFG, der satzungsgemäß zur Bildung von Ausschüssen ermächtigt ist, deren Mitglieder dem Senat nicht angehören brauchen[549], mag die Annahme stützen, dass der Ombudsman einen Senatsausschuss bildet. Als Vertrauensperson, die allen Wissenschaftlern und Wissenschaftlerinnen unabhängig von ihrem Bezug oder dem Bezug eines betroffenen Projekts zu der DFG zugänglich ist, fällt sein Zuständigkeitsbereich unter denjenigen des DFG-Senats, der laut Satzung insbesondere die gemeinsame Anliegen der Forschung wahrnimmt, die Zusammenarbeit in der Forschung fördert und die Interessen der deutschen Forschung im Verhältnis zur ausländischen Wissenschaft vertritt[550]. Schließlich wird der Ombudsman aus DFG-Mittels, die ebenfalls der allgemeinen Forschungsförderung gewidmet sind, finanziert.[551] Die Wahrnehmung des Amtes selbst geschieht – wie das innerhalb der Vereinsämter üblich ist – ehrenamtlich. Der Vorsitzende des Ombudsgremiums berichtet jährlich an den Senat.[552] Allerdings ist der Ombudsman in Organisationsbeschreibungen der DFG nicht unter den Senatsausschüssen sondern als separates Gremium gelistet, welches zu den Vereinsorganen in keiner Beziehung steht.[553] Korrespondierend zu seinem selbständigen Tätigkeitsbereich fasst die DFG den Ombudsman der DFG offenbar selbst als unabhängiges Gremium sui generis auf, welches sich nicht durch einen rechtlich fassbares Verhältnis zu den satzungsmäßigen Vereinsorganen oder anderen Instanzen näher definieren lässt.

b) Untersuchungsausschuss der DFG

Der Untersuchungsausschuss der DFG bildet kein dem Gremiendualismus innerhalb der deutschen Forschungseinrichtungen folgendes Pendant der DFG zum Ombudsman der DFG. Sein Zuständigkeitsbereich ist ein anderer. Er befasst sich lediglich mit einrichtungsbezogenen Vorwürfen wissenschaftlichen Fehlverhaltens gegenüber Antragstellern, Bewilligungsempfängern, anderen für den Einsatz von Mitteln der

---

549 § 6 Abs. 8 Satzung der DFG, beschlossen von der Mitgliederversammlung der Notgemeinschaft der deutschen Wissenschaft am 18. Mai 1951 in München und am 2. August 1951 in Köln, in der Fassung vom 03.07.2002.

550 § 6 Abs. 6 Satzung der DFG, beschlossen von der Mitgliederversammlung der Notgemeinschaft der deutschen Wissenschaft am 18. Mai 1951 in München und am 2. August 1951 in Köln, in der Fassung vom 03.07.2002.

551 Die Ausstattung mit Finanzmitteln erstreckt sich auf die notwendigen Arbeitsmittel einschließlich der Aufwendungen für den Unterhalt einer personell besetzten Geschäftsstelle und der Sach- und Reisemittel für die Gremiumsmitglieder und anrufende Wissenschaftler.

552 DFG, Jahresbericht 2004, S. 12.

553 Vgl. die Webseite der DFG unter http://www.dfg.de/dfg_im_profil/struktur/gremien/senat/ kommissionen_ausschuesse/index.html (15.02.2007) sowie die Berichterstattung im Jahresbericht, DFG, Jahresbericht 2004, S. 7 ff., 12.

DFG Verantwortlichen und DFG- finanzierten Mitarbeitern sowie Gutachtern und den an dem Beratungs- und Entscheidungsverfahren mitwirkenden Mitgliedern der Gremien der DFG, nicht jedoch mit Vorwürfen gegen anderweitig geförderte oder beschäftigte Wissenschaftler. [554]

aa) Zusammensetzung und Amtsperiode

Der Untersuchungsausschuss der DFG, so genannter Ausschuss zur Untersuchung von Vorwürfen wissenschaftlichen Fehlverhaltens, setzt sich aus vier ständigen wissenschaftlichen Mitgliedern sowie dem Generalsekretär der DFG zusammen.[555] Die vier wissenschaftlichen Mitglieder repräsentieren die Gebiete der Geistes, Natur-, Bio- und Ingenieurswissenschaften. Sie werden vom Hauptausschuss der DFG für die Dauer von drei Jahren gewählt. Der Generalsekretär der DFG beruft den Ausschuss ein und führt den Vorsitz. Er verfügt nicht über ein Stimmrecht. Im Einzelfall kann der Untersuchungsausschuss um bis zu zwei Gutachter aus dem Fachgebiet des zu beurteilenden wissenschaftlichen Sachverhaltes als weitere stimmberechtigte Mitglieder erweitert werden.

bb) Status des Untersuchungsausschusses der DFG

Bei dem Ausschuss zur Untersuchung von Vorwürfen wissenschaftlichen Fehlverhaltens handelt es sich mangels organisationsrechtlicher Grundlage in der Vereinssatzung und mangels Konstitutionsbeschlusses der Mitgliederversammlung nicht um ein Organ der DFG. Aber die Bestellung durch den Hauptausschuss auf der Grundlage der von diesem Organ verfassten Verfahrensordnung zum Umgang mit wissenschaftlichem Fehlverhalten stützt die Qualifizierung des Untersuchungsausschusses als ständigen Unterausschuss des Hauptausschusses und damit Teil eines Organs der DFG. Für diese Einordnung spricht weiter die Zuständigkeit des Hauptausschusses für die finanzielle Förderung der Forschung durch die DFG und alle damit zusammenhängenden Grundsatzfragen. Hiervon wird auch der Umgang mit wissenschaftlichem Fehlverhalten erfasst. Schließlich ist der Hauptausschuss im Rahmen seiner Zuständigkeit satzungsrechtlich ausdrücklich ermächtigt, Ausschüsse bilden, deren Mitglieder dem Hauptausschuss nicht anzugehören brauchen.[556] Die DFG selbst

---

554 DFG, Verfahrensordnung zum Umgang mit wissenschaftlichem Fehlverhalten, beschlossen durch den Hauptausschuss am 26. Oktober 2001, unter I.1.

555 DFG, Verfahrensordnung zum Umgang mit wissenschaftlichem Fehlverhalten, beschlossen durch den Hauptausschuss am 26. Oktober 2001, unter II. 2. a).

556 § 7 Nr. 5 der Satzung der DFG, beschlossen von der Mitgliederversammlung der Notgemeinschaft der deutschen Wissenschaft am 18. Mai 1951 in München und am 2. August 1951 in Köln, in der Fassung vom 03.07.2002.

ordnet den Untersuchungsausschuss auf ihrer Internetseite unter die Rubrik „Kommissionen und Ausschüsse des Hauptausschusses" ein.[557]

Der Unterausschuss wirkt in wissenschaftlichen Fehlverhaltensverfahren als vereinsrechtlichen Ordnungsorgan, dem die Durchsetzung der im Verband geltenden Ordnungen mitübertragen ist.

E. Materieller Beurteilungsmaßstab: Wissenschaftliches Fehlverhalten

I. Begriffe der wissenschaftlichen Unredlichkeit und des wissenschaftlichen Fehlverhaltens

Fehlverhalten ist ein Verstoß gegen Normen, Unredlichkeit ein Verstoß gegen ethische und moralische Normen. Spielen sich Normverstöße im forschungsrelevanten Umfeld ab, sodass Normen und Fehlverhaltensweisen einen spezifischen Bezug zur Wissenschaft aufweisen, rechtfertigt dies eine Limitierung des Betrachtungshorizonts auf wissenschaftliches Fehlverhaltens und wissenschaftliche Unredlichkeit.

In Deutschland herrscht der Gebrauch des Begriffs „wissenschaftliche Unredlichkeit" vor, um den Gegensatz zu guter wissenschaftlicher Praxis, zu kennzeichnen. Wissenschaftliche Unredlichkeit liegt vor, wenn bewusst auf die Einhaltung elementarer wissenschaftlicher Grundregeln der scientific community verzichtet wurde.[558]

Demgegenüber findet der breitere Begriff „wissenschaftliches Fehlverhalten" oder „Fehlverhalten in der Forschung" vorwiegend dort Anwendung, wo eine Normverletzung tatbestandlich verfasst wird und als materieller Prüfungsmaßstab das Eingreifen und die Anwendung von Verfahrensregeln lenkt.[559] Der größeren Verfahrensrelevanz des Begriffes „wissenschaftliches Fehlverhalten" ist es geschuldet, dass die Arbeit im deutschen Teil überwiegend mit diesem Begriff operiert. Nach der Schutzrichtung lässt sich im Kontext der Wissenschaft zwischen Normen, die den internen Vorgang wissenschaftlicher Erkenntnisgewinnung und Kommunikation betreffen, und Normen differenzieren, die an der externen Grenze der Wissenschaft zu anderen Interessen und Rechtsgütern anzusiedeln sind.[560] Wissenschaftliche Fehlverhaltensverfahren heben vordergründig auf Verstöße gegen den ersten Normtypus ab. Zwischen beiden Typen gibt es Überschneidungen und fließende

---

557 Vgl. http://www.dfg.de/dfg_im_profil/struktur/gremien/hauptausschuss/kommis-sionen_aus-schuese/index. html (15.02.2007).

558 Empfehlungen der Kommission „Selbstkontrolle in der Wissenschaft", Vorbemerkung in: DFG, Sicherung guter wissenschaftlicher Praxis, Denkschrift, S. 6.

559 Empfehlungen der Kommission „Selbstkontrolle in der Wissenschaft", Vorbemerkung in: DFG, Sicherung guter wissenschaftlicher Praxis, Denkschrift, S. 6. Vgl. auch *Schmidt-Aß-mann*, NJW 1998, S. 1225, (1225 f.), der den Begriff des Fehlverhaltens auf jeden Verstoß gegen Normen mit spezifischem Bezug zur Wissenschaft – unabhängig welcher Herkunft und ob kodifiziert oder nicht – verwendet.

560 *Schmidt-Aßmann*, NVwZ 1998, S. 1225.

Übergänge wie spätestens im Zusammenhang mit der Sanktionierung interner Normverstöße deutlich wird.

II. Der Tatbestand wissenschaftlichen Fehlverhaltens

Ein Untersuchungsverfahren setzt den Verdacht wissenschaftlichen Fehlverhaltens, die Reaktion eines deutschen Verfahrensgremiums auf wissenschaftliches Fehlverhalten setzt die Feststellung eines solchen Fehlverhaltens anhand eines zuvor errichteten Bewertungsmaßstabs voraus.[561] Wohingegen die eigentlichen Konsequenzen und Sanktionen wissenschaftlichen Fehlverhaltens eigenen Tatbeständen aus den Bereichen des Arbeits-, Zivil-, Straf- und Disziplinarrechts folgen. Eine wissenschaftsadäquate Konkretisierung der Fehlverhaltensdefinition ist Inhalt der institutsinternen Verfahrensregeln.

1. Inhalt und Struktur des objektiven Tatbestands

a) Tatbestände deutscher Forschungseinrichtungen

Wissenschaftliches Fehlverhalten liegt nach dem weitgehend übereinstimmendem Eingangswortlaut der Tatbestandsdefinitionen aller deutschen Forschungseinrichtungen vor, *„…wenn in einem wissenschaftserheblichen Zusammenhang bewusst oder grob fahrlässig Falschangaben gemacht werden, geistiges Eigentum anderer verletzt oder die Forschungstätigkeit Dritter erheblich beeinträchtigt wird."*[562] Diversifikationen halten sich trotz institutioneller Verantwortung in Grenzen, was maßgeblich auf den Verdienst der Verfahrensempfehlungen von Dachgesellschaften und deren Rezeption durch die Mitgliedsinstitutionen zurückzuführen ist.[563] Allerdings ist im Anschluss an die Verfahrensregeln der DFG und die Empfehlungen der

---

561 Vgl. oben unter 4. Teil, B. II. 1., S. 306 ff. und *Rupp*, in: Anderbrügge/Epping/Löwer (Hrsg.), Dienst an der Hochschule: Festschrift für Leuze, S. 437 (446).

562 DFG, Verfahrensordnung zum Umgang mit wissenschaftlichem Fehlverhalten, beschlossen durch den Hauptausschuss am 26. Oktober 2001, unter I 1; MPG, Verfahrensordnung bei Verdacht auf wissenschaftliches Fehlverhalten, beschlossen vom Senat der MPG am 14.11. 1997, geändert am 24.11.2000, Anlage 1 (Katalog von Verhaltensweisen, die als wissenschaftliches Fehlverhalten anzusehen sind); HRK, Empfehlungen des 185. Plenums vom 6. Juli 1998 zum Umgang mit wissenschaftlichem Fehlverhalten in den Hochschulen, Ds. Nr. 1 85/9 HRK, unter B. 1.; Wissenschaftsgemeinschaft Gottfried Wilhelm Leibniz e.V. (WGL), Empfehlungen zur Sicherung guter wissenschaftlicher Praxis in den Instituten der Leibnitz-Gemeinschaft vom 19.11.1998, unter C.

563 Vgl. zu einzelnen Abweichungen *Hartmann/Fuchs*, WissR 36 (2003) S. 204 (207, 216 ff.).

HRK ein Teil der institutionseigenen Normierungen mit dem tatbestandsöffnenden Hinweis versehen, dass jeweils die Umstände des Einzelfalls entscheidend sind.[564] Dieser erste allgemeine Definitionsteil umfasst drei abstrakt formulierte Tatbestandsgruppen, die einer Erweiterung zugänglich sind, wobei der Hinweis auf den Einzelfall eher nicht geeignet ist eine Tatbestandsöffnung gleicher Reichweite wie der *"other serious deviation clause"* in den USA[565] zu statuieren.[566] Im anschließenden zweiten Definitionsteil folgt ein nach Tatbestandsgruppen untergliederter nicht abschließender Katalog spezifischer tatbestandsmäßiger Handlungen. Der Katalog enthält bis zu zehn Einzelpositionen, die den Begriffskern wissenschaftlichen Fehlverhaltens konkretisieren.[567]

Als Fehlverhalten kommt danach insbesondere in Betracht:

- Falschangaben
  - das Erfinden von Daten,
  - das Verfälschen von Daten und Forschungsergebnissen, z. B. durch unvollständige Verwendung von Daten und Nichtberücksichtigung unerwünschter Ergebnisse, ohne diese offen zulegen, sowie durch Manipulation von Darstellungen oder Abbildungen,
  - unrichtige Angaben in einem Bewerbungsschreiben oder einem Förderantrag (einschließlich Falschangaben zum Publikationsorgan und zu im Druck befindlichen Veröffentlichungen).
- Verletzung geistigen Eigentums in Bezug auf ein von einem anderen geschaffenes urheberrechtliche geschütztes Werk bzw. von einem anderen stammende wesentliche wissenschaftliche Erkenntnisse, Hypothesen, Lehren und Forschungsansätze
  - die unbefugte Verwertung unter Anmaßung der Autorenschaft (Plagiat)
  - die unbefugter Verwertung Ausbeutung von Forschungsansätzen oder Ideen, insbesondere als Gutachter (Ideendiebstahl)
  - die Anmaßung oder unbegründete Annahme wissenschaftlicher Autor- oder Mitautorschaft
  - Verfälschung des Inhalts oder

---

564 Nach dem Vorbild von DFG, Verfahrensordnung zum Umgang mit wissenschaftlichem Fehlverhalten, beschlossen durch den Hauptausschuss am 26. Oktober 2001, unter I 1. und HRK, Empfehlungen des 185. Plenums vom 6. Juli 1998 zum Umgang mit wissenschaftlichem Fehlverhalten in den Hochschulen, Ds. Nr. 1 85/9 HRK, unter B. 1. z.B. die Universität Bayreuth, Regeln zum Umgang mit wissenschaftlichem Fehlverhalten an der Universität Bayreuth vom 23.06.1999, unter 2.1.

565 Dazu oben 2. Teil, E. I., S. 108 ff.

566 Anders wohl *Deutsch*, ZRP 2003, S. 159 (163).

567 Zur Unterscheidung zwischen Begriffskern und weiter gefasster Begriffsschale *Schmidt-Aß-mann*, NVwZ 1998, S. 1225 (1226); vgl. auch *Grunwald*, in: Hanau/Leuze/Löwer/Schiedermaier, Wissenschaftsrecht im Umbruch, Gedächtnisschrift für Krüger, S. 127 (128 f.).

- unbefugte Veröffentlichung und unbefugtes Zugänglichmachen gegenüber Dritten, solange eine Veröffentlichung noch nicht erfolgt ist
- Die Inanspruchnahme der (Mit-)autorenschaft eines anderen ohne dessen Einverständnis.

- Beeinträchtigung der Forschungstätigkeit anderer
  - Sabotage von Forschungstätigkeit (einschließlich des Beschädigens, Zerstörens oder Manipulierens von Literatur, Archiv- und Quellenmaterial, Versuchsanordnungen, Geräten, Unterlagen, Hardware, Software, Chemikalien oder sonstiger Sachen, die ein anderer zur Durchführung eines Forschungsvorhabens benötigt).
  - Die grob fehlerhafte, bewusst falsche oder irreführende gutachterliche Bewertung der Forschungstätigkeit anderer und die Erstellung von „Gefälligkeitsgutachten".[568]
- Die Beseitigung von Primärdaten , sofern damit gegen gesetzliche Bestimmungen bzw. gegen disziplinbezogene anerkannte Grundsätze guter wissenschaftlicher Arbeit verstoßen wird. (Dies gilt auch für die rechtswidrige Nichtbeseitigung von Daten.)[569]

Die Inanspruchnahme von Mitautorenschaft wird dabei nicht immer als eigene Tatbestandsgruppe behandelt, sondern unter die Verletzung geistigen Eigentums eingeordnet, aber durchweg als eine grundlegende Verfehlung angesehen.[570] Die letztgenannte Tatbestandsgruppe der Beseitigung von Primärdaten existiert nur in denjenigen Verfahrensregeln die sich an dem Vorbild der DFG und der HRK orientieren und dementsprechend eine erweiterungsoffene Formulierung der abstrakten Definition gewählt haben.

b) Spezialtatbestand der DFG

Die Verfahrensordnung der DFG erfasst über die vorstehenden Tatbestandsgruppen hinaus einen spezifischen Fehlverhaltenstatbestand für Gutachter und Gremienmitglieder.[571]

Danach kann wissenschaftliches Fehlverhalten bei Gutachtern und Gremienmitgliedern auch erfolgen

---

568 So die Empfehlungen der Wissenschaftsgemeinschaft Gottfried Wilhelm Leibniz e.V. (WGL), Empfehlungen zur Sicherung guter wissenschaftlicher Praxis in den Instituten der Leibnitz-Gemeinschaft vom 19.11.1998, unter C.
569 Nur bei der DFG, Verfahrensordnung zum Umgang mit wissenschaftlichem Fehlverhalten, beschlossen durch den Hauptausschuss am 26. Oktober 2001, unter I. 1. e).
570 Ausführlich *Großmann/Trute*, Physik Journal, Bd. 2 (2003), S. 3.
571 DFG, Verfahrensordnung zum Umgang mit wissenschaftlichem Fehlverhalten, beschlossen durch den Hauptausschuss am 26. Oktober 2001, unter I. 2.

durch die unbefugte Verwendung von Daten, Theorien und Erkenntnissen, von denen sie im Rahmen ihrer Tätigkeit Kenntnis erlangt haben, für eigene wissenschaftliche Zwecke,

durch die unbefugte, die Vertraulichkeit des Begutachtungsverfahrens verletzende Weitergabe von Anträgen oder darin enthaltener Daten, Theorien und Erkenntnisse an Dritte.

Der Spezialtatbestand transportiert nicht mehr als eine Klarstellung, dass auch die Kommunikations- und Handlungsprozesse im Rahmen der Begutachtung von Forschungsleistungen anderer sowie die Mitwirkung in DFG-Gremien wissenschaftliche Handlungsweisen sind.[572] Berücksichtigt man dies, können die aufgezählten tatbestandsmäßigen Handlungen bereits unter die allgemeine Tatbestandsgruppe der Verletzung geistigen Eigentums subsumiert werden.

2. Subjektiver Maßstab: bewusst oder grob fahrlässig

Irrtümlich falsche Annahmen sind ein Phänomen, welches der Wissenschaft innewohnt und auf dem Weg zum wissenschaftlichen Erkenntnisgewinn nicht nur häufig auftritt sondern diesen auch voranzubringen geeignet ist.[573] Um so sorgfältiger muss der subjektive Tatbestand einer Fehlverhaltensdefinition umrissen sein und die Aufklärung der Tatsachengrundlage erfolgen, um Fehler in der Motivationsbewertung, insbesondere eine Verwechslung zwischen bewusster Fälschung und Irrtum zu vermeiden.[574]

Nach Maßgabe der deutschen Fehlverhaltenstatbestände müssen als Begehungsform Vorsatz oder grobe Fahrlässigkeit festgestellt werden, wodurch der Konkretisierungsprozess keineswegs erleichtert wird, denn nachweisen oder ausschließen lässt sich ein bewusstes vorsätzliches Verhalten in den seltensten Fällen. Anhaltspunkte für die Bewertung mögen allenfalls die Definitionen des Vorsatzes im Strafrecht und der groben Fahrlässigkeit im Zivilrecht liefern.[575]

---

572 Vgl. zum Wissenschaftsbegriff oben 4. Teil, B. I. 1. a) aa) (3) und (4), S. 285 ff. und S. 288 ff.

573 Vgl. BVerfGE 35, 79 (113); 90, 1 (12 f.) sowie *Wagner*, Forschungsfreiheit und Regulierungsdichte, NVwZ 1998, S. 1235 (1236).

574 *Schmidt-Aßmann*, NVwZ 1998, S. 1225 (1226).

575 *Deutsch*, ZRP 2003, S. 159 (163): Grobe Fahrlässigkeit liegt beispielsweise vor, wenn die im Verkehr erforderliche Sorgfalt nach den gesamten Umständen in einem ungewöhnlich hohen Grad verletzt wurde, und jemand dasjenige unbeachtet gelassen hat, was im gegebenen Fall jedem hätte einleuchten müssen, wobei auch subjektive, in der Person des Handelnden begründete Umstände zu berücksichtigen sind (BGHZ 10, 14 (16 ff.); 89, 153 (161 f.)).

3. Mitverantwortung für Fehlverhalten und Mittäterschaft

Wissenschaftliches Fehlverhalten besteht auch in einem Verhalten, aus dem sich eine Mitverantwortung für das Fehlverhalten anderer ergibt, dementsprechend ist insbesondere die aktive Beteiligung am Fehlverhalten anderer, Mitautorenschaft an fälschungsbehafteten Veröffentlichungen und grobe Vernachlässigung der Aufsichtspflichten als Umstände formuliert, die eine Mitverantwortlichkeit auslösen. Mitwissen um Fälschungen durch andere

Die häufigsten Fälle in diesem Bereich ranken sich um Autorenschaftsstreitigkeiten, wobei die Mitverantwortung für eine fehlerbehaftete Publikation durch die Nennung als Autor indiziert wird.[576] Etwas anderes kann nur gelten, wenn sich aus der Veröffentlichung ergibt, welcher Autor für welchen Beitragsteil einzelverantwortlich ist.[577] Inwieweit darüber hinaus ein eigenes Verschulden für die Haftbarkeit verlangt werden muss, ist fraglich.

Der Katalog der Mitverantwortungsfälle wird zum Teil um den Tatbestand des Mitwissens um Fälschungen durch andere ergänzt.[578] Die Mitwisserschaft zum wissenschaftlichen Fehlverhalten zu erheben, wirft nicht nur insoweit Bedenken als dass ein Handlungsbeitrag des Mittäters anders als im Strafrecht vollständig entfallen kann. Es wird auch eine doppelte Vagheit in den Beurteilungsmaßstab einstellt, sobald nicht nur das Fehlverhalten selbst in Zweifel steht sondern auch die Kenntnis noch nicht ausgereift ist, sich eher auf eine zufällige Verdichtung von Anhaltspunkten oder Vermutungen beschränkt. Der wohl gewünschte Effekt einer aufmerksamen Kommunikation über Unregelmäßigkeiten kann sich auch ins Gegenteil verkehren.

F. Die Ausgestaltung der Fehlverhaltensverfahren vor den Gremien der Forschungseinrichtungen

Auf der Grundlage tatsächlicher Erhebungen, mit denen freilich kein Anspruch auf Vollständigkeit oder Repräsentativität im statistischen Sinne verbunden ist, werden die in den Forschungseinrichtungen implementiertem Verfahrens nach inhaltlichem Zusammenhang und Detailregelungsgegenständen veranschaulicht und – wo dies erforderlich ist – um rechtlich dogmatische Gesichtspunkte oder eine Rückkopplung zu den bisherigen Befunden ergänzt. In der Grundstruktur sind die Abläufe ähnlich, und werden daher empirisch gebündelt dargestellt. Nur punktuell weisen einige

---

576 *Großmann/Trute*, Physik Journal Bd. 2 (2003), S. 3. Siehe auch *Albert/Wagner*, in: Danish Research Agency (Hrsg.), 2003 Annual Report, The Danish Committees on Scientific Dishonesty, S. 9.

577 *Kuhn*, in: DFG und Ombudsman der DFG (Hrsg.), Wissenschaftliches Fehlverhalten – Erfahrungen von Ombudsgremien, S. 13 (17).

578 MPG, Verfahrensordnung bei Verdacht auf wissenschaftliches Fehlverhalten, beschlossen vom Senat der MPG am 14.11.1997, geändert am 24.11.2000, Anlage 1 (Katalog von Verhaltensweisen, die als wissenschaftliches Fehlverhalten anzusehen sind).

Einrichtungstypen und einzelne Institutionen Divergenzen auf, die im jeweiligen Zusammenhang aufgegriffen werden. Das Augenmerk liegt auf der Aufklärung von Verdachtsfällen wissenschaftlichen Fehlverhaltens. Für den Ablauf der vielfach von Ombudsmännern wahrgenommene Beratungs- und Vermittlungstätigkeit im Vorfeld solcher Verfahren oder im Bereich von Fragen guter wissenschaftlicher Praxis existieren mit Ausnahme der im Anschluss berücksichtigten Verfahrensgrundsätze des Ombudsmans der DFG[579] kaum fixierte Verfahrensregeln.

I. Anwendbares Verfahrensrecht

Die inhaltliche Ausgestaltung institutsinterner Verfahren folgt den vorgestellten einrichtungsinternen Verfahrensordnungen. Gesetzlich verfasste Verfahrensordnungen, namentlich etwa das VwVfG, die Verwaltungsverfahrensgesetze der Länder oder die Disziplinarordnungen, üben ungeachtet der Unterschiede zwischen den privatrechtlichen und öffentlich-rechtlichen Institutionen, und Verfahrensgrundlagen nur begrenzt Einfluss auf die Fehlverhaltensverfahren aus. Will man die direkte Anwendbarkeit des VwVfG auf die Handlungen der Gremien in den öffentlich-rechtlichen Hochschulen und Ressortforschungseinrichtungen nicht schon aufgrund der fehlenden Behördeneigenschaft der Senats bzw. Hochschulleitungskommissionen gemäß § 1 Abs. 4 VwVfG verneinen[580], weil es an der Wahrnehmung von Aufgaben der öffentlichen Verwaltung sowie einer gewissen Außenwirkung des Handelns in eigener Zuständigkeit und in eigenem Namen fehlt[581] – die Verfahrensgremien dieser Einrichtungen sind intern beratende Selbstkontrollorgane, wird man jedenfalls den Verwaltungsaktcharakter der Gremienentscheidungen mangels Regelungs- und Außenwirkung in Zweifel ziehen müssen[582]. Hinsichtlich der Einzelhei-

---

579 Vgl. unten 4. Teil, G. I., S. 413 ff.

580 *Hartmann*, Grundsätze guter wissenschaftlicher Praxis unter qualitätssicherungs- und rechtsfolgenbezogenem Blickwinkel, S. 253 nimmt die Behördeneigenschaft bedenkenlos allein aufgrund der institutionellen Verselbständigung der Verfahrensgremien als von der jeweiligen personellen Besetzung unabhängigen Verwaltungseinheiten an.

581 Die Tätigkeit muss nach außen gerichtet sein, darf insbesondere nicht nur der internen Willensbildung dienen. Zu den Anforderungen an den Behördenbegriff vgl. OVG Münster NVwZ, S. 609; *Kopp/Ramsauer*, VwVfG, § 1 Rn. 51 ff. (52); *Obermeyer*, VwVfG, § 1 Rn. 76 ff. (82). Keine Behörden sind dementsprechend in eine Behörde eingegliederte Ausschüsse, beispielsweise Prüfungsausschüsse oder beratende Ausschüsse öffentlich-rechtlicher Forschungsinstitute vgl. *Stelkens/Schmitz*, in: Stelkens/Bonk/Sachs (Hrsg.), VwVfG, § 1 Rn. 24 ff., 228.

582 Verwaltungsverfahren im Sinne des VwVfG ist die nach außen wirkende Tätigkeit der Behörden, die auf die Prüfung der Voraussetzungen, die Vorbereitung und den Erlass eines Verwaltungsakts oder den Abschluss eines öffentlich-rechtlichen Vertrages gerichtet ist, § 9 VwVfG. Dazu *Pünder*, in: Erichsen/Ehlers (Hrsg.), Allgemeines Verwaltungsrecht, § 13 Rn. 1 ff.

ten sei auf die späteren Ausführungen zum Charakter der Gremienentscheidung verwiesen.[583]

Eine direkte Anwendbarkeit des VwVfG greift nur wenigen Einzelfällen Platz greifen, wenn die Verfahrensordnung einem Gremium die Kompetenz zur abschließenden Regelung eines aufgeklärten Fehlverhaltensfalles zubilligt. Hinsichtlich aller Verfahrensgestaltungen mit schwächer ausgeprägten Außenbezug der Ausschussfeststellungen entfalten die wichtigsten Verfahrensregelungen im verwaltungsinternen Bereich als Konkretisierungen der Amtspflichten in verwaltungsinternen Verfahren, bei quasi-verwaltungsprivatrechtlichem Handeln vereins- oder gesellschaftsinterner Entscheidungsgremien als Ausdruck allgemeiner Rechtsgedanken mittelbare Wirkung.[584] Letztlich bedarf es einer ergänzenden Heranziehung der Verwaltungsverfahrensvorschriften regelmäßig nicht, da die rechtsstaatlich besonders sensiblen grundlegenden Verfahrensgrundsätze sowohl in die Verfahrensordnungen öffentlich-rechtlicher als auch privatrechtlicher Einrichtungen Eingang gefunden haben.

II. Allgemeine Verfahrensgrundsätze und Charakteristika

1. Mehrstufigkeit des Verfahrens

Die Verfahren der Institutionen des deutschen Wissenschaftssystems weisen im Prinzip eine dreistufige Ablaufstruktur auf. Sie lassen sich in ein Voruntersuchungsverfahren – auch Vorprüfungsverfahren genannt, ein förmliches Untersuchungsverfahren sowie eine daran anschließende Stufe der institutsinternen Entscheidung über das Vorliegen wissenschaftlichen Fehlverhaltens und das weitere Vorgehen unterteilen. Für die Voruntersuchung sind in einigen Forschungseinrichtungen die Ombudsleute oder Personen in Leitungsfunktionen zuständig, in anderen wiederum ist es die Untersuchungskommission, die gleichfalls für die anschließende förmliche Untersuchung verantwortlich ist.[585] Demzufolge greift eine stringente übergeordnete Aufgabentrennung – wie sie in Amerika praktiziert wird – in deutschen Forschungseinrichtungen nicht Platz. Verantwortlich für die Entscheidung auf Grundlage der Ergebnisse der Untersuchungskommission ist grundsätzlich ein leitendes Organ der jeweiligen Einrichtung.

---

583 Vgl. unten 4. Teil, F. VI., S. 410.
584 *Schulze-Fielitz*, WissR Bd. 37 (2004), S. 100 (112).
585 Vgl. dazu 4. Teil, F. V. 1., S. 401 f.

2. Rechtliches Gehör und Mündlichkeit

In nahezu allen Verfahrensordnungen deutscher Forschungseinrichtungen ist festgehalten, dass dem von den Vorwürfen eines Fehlverhaltens Betroffenen in jeder Phase des Verfahrens, spätestens jedoch vor der abschließenden Entscheidung im Vorprüfungsverfahren Gelegenheit zur Stellungnahme zu geben ist.[586]

Die Mehrzahl der Verfahrensordnung sieht darüber hinaus vor, dass sowohl dem Betroffenen als auch dem Informanten Gelegenheit zur mündlichen Äußerung zu geben ist.[587] Wo eine mündliche Anhörung nicht vorgesehen ist, greifen trotz elementarer rechtsstaatlicher Bedeutung des Gebots des rechtlichen Gehörs gewisse Unterschiede zwischen den Einrichtungstypen. Der Anspruch des Betroffenen auf Gehörsgewährung folgt bei privaten Institutionen regelmäßig nicht direkt aus Art. 103 Abs. 1 GG, rechtsstaatlichen Prinzipien oder der Achtung vor der Menschenwürde, da diese im privaten Verhältnis nur bedingt Geltung beanspruchen.

Innerhalb eines Vereinsverfahrens folgt der Anspruch auf rechtliches Gehör gewöhnlich aus einer Treuepflicht des Vereins seinen Mitgliedern gegenüber. Von einem privatrechtlichen Verein oder Verband ist im allgemeinen nicht mehr zu verlangen, als dass seine Ordnungsorgane und deren Untergliederungen gewisse allgemeingültiger Verfahrensgrundsätze beachten, damit das Verfahren, das zum Ausspruch einer Vereinsstrafe führt, nicht zum Willkürakt wird und sich das betroffene Mitglied sachgerecht verteidigen kann.[588] Dazu kann ein mündliches Anhörungsverfahren nicht gezählt werden.[589] Die Nichtgewährung des rechtlichen Gehörs hat die Nichtigkeit einer späteren Ordnungsmaßnahme zur Folge. Im Arbeitsverhältnis folgt die Gehörsgewährung aus der Verpflichtung zur Durchführung von arbeitgeberseitigen Aufklärungsmaßnahmen oder Kontrollen nach billigem Ermessen. Verfahrensunterwerfungen in Formulararbeitsverträgen unterliegen der Inhaltskontrolle der § 307 BGB. Zur Vermeidung einer unangemessenen Benachteiligung ist auch in diesem Rahmen eine schriftliche Anhörung ausreichend.

3. Untersuchungsgrundsatz

Auf wissenschaftliche Aufklärungsverfahren findet der Untersuchungsgrundsatz Anwendung.[590] Die Untersuchungskommission und die Vorverfahrensverantwortlichen ermitteln den Sachverhalt von Amts wegen. Welcher Mittel sich die Gremien zur

---

586 Z.B. MPG, Verfahrensordnung bei Verdacht auf wissenschaftliches Fehlverhalten, beschlossen vom Senat der MPG am 14.11.1997, geändert am 24.11.2000, unter I. 6.

587 DFG, Verfahrensordnung zum Umgang mit wissenschaftlichem Fehlverhalten, beschlossen durch den Hauptausschuss am 26. Oktober 2001, unter II. 2. b); HRK, Empfehlungen des 185. Plenums vom 6. Juli 1998 zum Umgang mit wissenschaftlichem Fehlverhalten in den Hochschulen, Ds. Nr. 1 85/9 HRK, unter C. IV. 2. c).

588 BGH Z 102, 265 (269).

589 BGH NJW 1980, S. 443 (444).

590 *Schulze-Fielitz*, WissR 37 (2004), S. 100 (112 f.).

Erforschung des Sachverhaltes bedienen, bleibt ihrem pflichtgemäßen Ermessen überlassen. Es können insbesondere von den Beteiligten, den Institutionsmitgliedern, dem Ombudsman und sonstigen Personen Stellungnahmen eingeholt werden, was im Sinne der Wahrung der vielfältigen involvierten Interessen eine sachgerechte Ermittlung verspricht. Allerdings sind die Verfahrensgremien überall auf das Wohlwollen und die Auskunftsbereitschaft der befragten Personen angewiesen. Ein Auskunftsverlangen gegenüber Zeugen und Sachverständigen kann nicht erzwungen werden, da die Pflicht zur Aussage nicht durch Rechtsvorschrift vorgesehen ist. Gegenüber den Verfahrensbeteiligten sind die Sonderkommissionen der Großforschungseinrichtungen auf die unter Beachtung der arbeitsrechtlichen Vorschriften verfügbaren Erkenntnisquellen beschränkt, während die vereinsinternen Gremien gegenüber Mitgliedern wie Nichtmitgliedern weniger strengen Regularien unterliegen.

Einmal eingeschaltet, wird von der Untersuchungskommission erwartet, dass sie sich nicht an die gestellten Anträge gebunden fühlt sondern eine ganzheitliche Klärung des Fehlverhaltenssachverhalts in Angriff nimmt. Dazu gehört auch, dass eine Untersuchung auf weitere Einzelvorkommnisse oder mehrere Personen ausgedehnt werden kann. Es gebieten freilich die Grundsätze des fairen Verfahrens und des rechtlichen Gehörs die Unterrichtung der Beschuldigten über eine Ausdehnung des Untersuchungsgegenstandes.[591] Das Gremium muss bei der Bewertung des Sachverhalts auch ohne ein entsprechendes Vorbringen des Betroffenen einbeziehen, ob ein Verhalten im fachlichen Umfeld toleriert, eine Auslegung von bestimmten Untersuchungsergebnissen vertretbar war.

Für den Nachweis eines Fehlverhaltens ist die Untersuchungskommission nicht auf die klassischen Beweismittel beschränkt.[592] Sie kann sich nach dem Grundsatz des Freibeweises aller rechtmäßig erlangten Erkenntnismittel bedienen, die nach den Grundsätzen der Logik und allgemeiner Erkenntnis geeignet sein können, ihre Überzeugung vom Vorhandensein oder Nichtvorhandensein bestimmter entscheidungserheblicher Tatsachen und von der Richtigkeit einer Beurteilung und Wertung zu begründen.[593]

4. Grundsatz der Vertraulichkeit und Einbezug von Öffentlichkeit

Die Untersuchungsverfahren sind nicht öffentlich. Während die Voruntersuchung häufig völlig intern stattfindet, herrscht während der förmlichen Untersuchung Par-

---

591 *Deutsch*, VersR 2003, S. 1197 (1202).
592 Zur Tatsachenerhebung durch Zeugen, Urkunden und Sachverständige *Deutsch*, VersR 2003, S. 1197 (1201).
593 *Muckel*, in: Hanau/Leuze/Löwer/Schiedermair (Hrsg.), Wissenschaftsrecht im Umbruch, Gedächtnisschrift für Hartmut Krüger, 2001, S. 275 (294) unter Bezugnahme auf das nichtförmliche Verwaltungsverfahren vgl. *Kopp/Ramsauer*, VwVfG, § 26 Rn. 9.

teiöffentlichkeit.[594] Da die Funktionsfähigkeit der Institutionen zur Ermittlung von Fehlverhalten auf die Bereitschaft zur Weitergabe eines Fehlverhaltensverdacht angewiesen ist und zugleich eine Veröffentlichung sensibler Sachverhalte im Sinne der Interessenwahrung vermieden werden soll, sind Angaben über die Beteiligten eines Verfahrens ebenso wie die bisherigen Erkenntnisse nach den Verfahrensordnungen in beiden Verfahrensabschnitten streng vertraulich zu behandeln.[595] Der Untersuchungsausschuss berät in nichtöffentlicher mündlicher Verhandlung, der – abgesehen von dem Ombudsman – in der Regel auch keine Gäste beiwohnen dürfen.

Gerade während der sensiblen Vorprüfung ist es wichtig, dass die Informanten und Beschuldigten offen gelegten Tatsachen nicht im Rahmen eines späteren öffentlichen Gerichtsverfahrens an die Öffentlichkeit dringen. Ein großes Manko liegt darin, dass sich die Benennung von Verfahrensbeteiligten als Zeugen und die Verwertung von Inhalten des Fehlverhaltensverfahrens kaum rechtssicher verhindern lässt.[596] Ein Zeugnisverweigerungsrecht der Verfahrensgremien existiert nicht.[597] Dies hat zur Folge, dass die Medienöffentlichkeit eine nicht zu leugnende Rolle beim Aufwerfen und Begleiten von Verdachtsfällen spielt.[598] Die Einschaltung der Medien verbindet die Gefahr der unberechtigten Rufschädigung aller Beteiligten mit dem durchaus auch positiven Handlungsdruck.

Nach Abschluss der förmlichen Untersuchung mit der Feststellung wissenschaftlichen Fehlverhaltens trifft die Forschungseinrichtung bisweilen eine (Sanktions-) entscheidung, über die Veröffentlichung der Vorkommnisse. Erfolgt im Rahmen der Vorprüfung oder der förmlichen Untersuchung aber eine Einstellung des Verfahrens, weil der Verdacht sich nicht bestätigt hat, muss von einer nichtanonymisierten Veröffentlichung des Verfahrens abgesehen werden.[599] Es sei denn die Beteiligten mit der Motivation ein, in der Öffentlichkeit entstandenen Gerüchten entgegenzutreten.

594 *Deutsch*, VersR 2003, S. 1197 (1200).
595 Allgemein *Schmidt-Aßmann*, NVwZ 1998, S. 1225 (1234); *Schulze-Fielitz*, WissR Bd. 37 (2004), S. 100 (115). In den Verfahrensordnungen: Z.B. Hahn-Meitner-Institut Berlin GmbH (HMI), Regeln zur Sicherung guter wissenschaftlicher Praxis und zum Verfahren bei wissenschaftlichem Fehlverhalten, unter 5.7.; Wissenschaftsgemeinschaft Gottfried Wilhelm Leibniz e.V. (WGL), Empfehlungen zur Sicherung guter wissenschaftlicher Praxis in den Instituten der Leibnitz-Gemeinschaft vom 19.11.1998, unter B.; vgl. unter den Großforschungseinrichtungen GSF-Forschungszentrum für Umwelt und Gesundheit GmbH, Regeln zur Sicherung guter wissenschaftlicher Praxis, unter 8.
596 *Schulze-Fielitz*, WissR 37 (2004), S. 100 (116 f.).
597 Vgl. zu den Zeugnisverweigerungsrechten eines Mediators *Groth/v. Bubnoff*, NJW 2001, S. 338 (339 ff.).
598 Dazu *Schnabel* in:, DFG und Ombudsman der DFG (Hrsg.), Wissenschaftliches Fehlverhalten – Erfahrungen von Ombudsgremien, S. 50 (51 ff.).
599 BVerwGE 102, 304 (311 ff.).

5. Neutralität und Ausschluss von Befangenheit

Neutralität und Schutz vor Befangenheit wird auf unterschiedlichen Ebenen des Verfahrens zu gewährleisten versucht. Neutralitätssicherung setzt zuallererst bei der Bildung der verfahrensverantwortlichen Gremien an, die weisungsfrei und unabhängig vom Einfluss Dritter agieren können sollten. Wie die Aufbereitung der Gremienstrukturen gezeigt hat, lässt die weitläufige Einbindung der Gremien in die Binnenstruktur der Institutionen dies nicht überall in gleicher Weise zu.[600] Zum Teil schützen objektive Inkompatibilitätsregeln vor einer einseitigen Interessenvertretung.[601] Die Befähigung eines Gremienmitglieds zum Richteramt dient ebenfalls professioneller Neutralität.[602] Insbesondere an die Mitglieder privater Ordnungsorgane können aber hinsichtlich der Unparteilichkeit und Unabhängigkeit nicht die Anforderungen gestellt werden, denen staatliche Entscheidungsinstanzen unterliegen.[603]

Strenger sind die Regelungen zur Vermeidung der eigenen Beteiligung von Verfahrensverantwortlichen. Für die Vorprüfung steht meist eine stellvertretender Ombudsman oder eine stellvertretende Leitungsperson zu Verfügung, welche die Ermittlungen durchführt, wenn der Erstzuständige oder dessen Umfeld selbst beteiligt sind.[604] Überdies kann nach einem Teil der Verfahrensordnungen die Befangenheit einzelner am Verfahren beteiligten Gremienmitglieder sowohl durch den von der Untersuchung Betroffenen oder die sonstigen Beteiligten des Verfahrens geltend gemacht werden und den Ausschluss dieser Person aus dem Verfahren nach sich ziehen.[605] In den Einrichtungen der WGL beschließt über den Ausschluss der Untersuchungsausschuss. Dieser Standard ist jedoch nicht flächendeckend gegeben.

---

600 Vgl oben unter 4. Teil, D. III. 1., S. 352 ff. und *Schulze-Fielitz*, Bd. 37 (2004), S. 100 (115).
601 Der Vorschlag der HRK, Empfehlungen des 185. Plenums vom 6. Juli 1998 zum Umgang mit wissenschaftlichem Fehlverhalten in den Hohschulen, Ds. Nr. 1 85/9 HRK, unter C. II., Prorektoren, Dekane oder andere Ombudsleute nicht als Ombudsleute einzusetzen, hat in zahlreiche Hochschulverfahrensregeln Eingang gefunden.
602 *Schulze-Fielitz*, Bd. 37 (2004), S. 100 (115).
603 In Bezug auf die Vereinsgerichte *Reichert*, Handbuch des Vereinsrechts, Rn. 2832.
604 Z.B. MPG, Verfahrensordnung bei Verdacht auf wissenschaftliches Fehlverhalten, beschlossen vom Senat der MPG am 14.11.1997, geändert am 24.11.2000, unter I. 1., wonach der zuständige Vizepräsident die Entscheidungen der Vorprüfung bei Selbstbetroffenheit des geschäftsführenden Direktors trifft. Oder GKSS, Sicherung guter wissenschaftlicher Praxis und Verfahren bei wissenschaftlichem Fehlverhalten vom 06.02.2002, unter 5.1, wo statt des gemeinsamen Ausschusses von WTR und Geschäftsführung auch die wissenschaftliche Geschäftsführung direkt angesprochen werden kann.
605 Vgl. Wissenschaftsgemeinschaft Gottfried Wilhelm Leibniz e.V. (WGL), Empfehlungen zur Sicherung guter wissenschaftlicher Praxis in den Instituten der Leibnitz-Gemeinschaft vom 19.11.1998 unter B. und die an diese Empfehlungen orientierten Verfahrensordnungen wie z.B. Institut für Agrartechnik Bornim e.V. (ATB), Regeln zur Sicherung guter wissenschaftlicher Praxis am ATB und Verfahren zum Umgang mit wissenschaftlichem Fehlverhalten vom 12.04.2002, Teil 2, II. 2.3 (3). Aber auch die UFZ, Regeln zur Sicherung guter wissenschaftlicher Praxis, unter 6.2 Abs. 3. und 6.3. Abs. 2. Dort entscheidet über den Ablehnungsantrag einer Ombudsperson der WTR. Ab Eintritt in das förmliche Verfahren ist der Untersuchungs-

6. Dokumentationspflicht

Die einzelnen Verfahrensschritte der Untersuchung sind im Allgemeinen zu protokollieren und zu dokumentieren. [606] Die Akten unterliegen anschließend der Aufbewahrungspflicht.

III. Allgemeine Verfahrensvoraussetzungen

An die Zulässigkeit eines Fehlverhaltensverfahrens vor den Verfahrensgremien deutscher Forschungseinrichtungen werden weitaus weniger förmliche Anforderungen gestellt, als dies in Dänemark und in Amerika der Fall ist. Zuständigkeitsfragen stellen sich jedoch auch hier.

1. Örtliche Zuständigkeit

Ohne dass in den Verfahrensordnungen ausdrückliche Zuständigkeitsregelungen verankert wären, lässt sich aus der Verfahrensimplementation über interne Satzungen, Vereinsordnungen und arbeitsvertragliche Einheitsregelungen sowie der üblichen Praxis die Regel folgern, dass die örtlichen Ombudsmänner und Untersuchungsgremien jeweils für diejenigen Wissenschaftler zuständig sind, die der Einrichtung oder dem Einrichtungsteil angehören, für den sie eingerichtet wurden. [607] Hochstufige Verfahrensgremien decken einen größeren Kreis von Institutionen ab. Deutlich weiter ist die Zuständigkeit des Untersuchungsausschusses der DFG. Als Forschungsförderungseinrichtung adressiert die DFG ihre Verfahrensordnung nicht nur an Institutionsangehörige, sondern an alle Antragssteller und Förderungsempfänger.

---

ausschuss zuständig, der über die Befangenheit in Abwesenheit der betroffenen Person entscheidet.

606 Vgl. Empfehlung des 185. Plenums der HRK vom 6. Juli 1998 zum Umgang mit wissenschaftlichem Fehlverhalten in den Hochschulen, unter C. IV. 2. i); Wissenschaftsgemeinschaft Gottfried Wilhelm Leibniz e.V. (WGL), Empfehlungen zur Sicherung guter wissenschaftlicher Praxis in den Instituten der Leibnitz-Gemeinschaft vom 19.11.1998 unter B. C. IV. 2. i).

607 *Schulze-Fielitz*, WissR Bd. 37 (2004), S. 100 (118).

2. Sachliche Zuständigkeit

Die sachliche Zuständigkeit ist im Untersuchungsverfahren bei Verdachtsmomenten auf wissenschaftliches Fehlverhalten gegeben.[608]

3. Kompetenzkonflikte

Wegen des Nebeneinanders von Verfahrensgremien und Verfahrensordnungen auf unterschiedlichen Ebenen innerhalb einer Einrichtung einerseits und verschiedener Einrichtungen andererseits, kann es in ein und demselben Verdachtsfall zu Doppelverfahren mit unterschiedlicher Verfahrensdauer und divergierenden Verfahrensergebnissen kommen.[609] Dies droht insbesondere dann, wenn ein Wissenschaftler mehreren Einrichtungen zugleich angehört oder während der Zeit über die sich die Verdachtsmomente erstrecken, bei mehr als einer Einrichtung wissenschaftlich tätig war. Auch die DFG-Förderung oder multilokale Forschungen können zu Kompetenzkonflikten führen.

Zusätzlich existiert mit dem Ombudsman der DFG ein überörtliches Schlichtungsgremium, welches grundsätzlich neben den örtlichen angerufen werden kann, ohne dass einen eindeutige Kompetenzregelung existiert.

Die Verfahrensordnungen der einzelnen Einrichtungen enthalten mehrheitlich keine Kollisionsnormen zur Auflösung dieses Konflikts. Daher wurde bereits die Abstimmung unter den zuständigen Einrichtungen sowie die Analogiebildung zu § 20 Abs. 7 S. 2 Medizinproduktegesetz (MPG) vorgeschlagen, wonach für die klinische Prüfung von Medizinprodukten bei multizentrischen Studien das zustimmende Votum einer Ethikkommission genügt.[610] Obwohl sich das Schrifttum über

---

608 Vgl. statt aller DFG, Verfahrensordnung zum Umgang mit wissenschaftlichem Fehlverhalten, beschlossen durch den Hauptausschuss am 26. Oktober 2001, unter II. 1. a).

609 *Deutsch*, ZRP 2003, S. 159 (162).

610 *Hartmann/Fuchs*, WissR 36 (2003), S. 204 (208). Tatsächlich ist die Interessenlage hier insofern eine andere, als die Durchführung von Versuchen gesetzlich an die Beratung einer unabhängigen, interdisziplinär besetzten sowie am Bundesinstitut für Arzneimittel und Medizinprodukte registrierten Ethik-Kommission geknüpft wird und die Regelung des § 20 Abs. 7 S. 2 MPG vornehmlich darauf abzielt, den Prozess bis zur Zulassung des Versuchsbeginns bei Zuständigkeit mehrerer Kommissionen nicht unverhältnismäßig in die Länge zu ziehen. Zwar sind Gremien zur Aufklärung wissenschaftlichen Fehlverhaltens ebenso wie Ethikkommissionen Instrumente professioneller institutionalisierter Selbstkontrolle, ihre Entscheidungen sind jedoch nicht per se darauf abgestimmt, als probandenschützende Anknüpfungsvoraussetzung für ein Forschungsvorhaben zu dienen. Die Entscheidungen entfalten nur begrenzte Bindungswirkungen und werden ihrerseits nicht durch eine gesetzliche Grundlage für Fehlverhaltensuntersuchungen abgestützt. Insofern fehlt es an einer planwidrigen Regelungslücke, die eine Analogie voraussetzen würde. Die dem deutschen Verfahrensmodell immanente Entscheidung für eine Behandlung wissenschaftlichen Fehlverhaltens in der lokal ansässigen und Institution, spricht gegen die Auflösung des Kompetenzkonflikts durch die Entscheidung eines beliebigen der zuständigen Gremien.

das Ausreichen eines Votums einig ist[611], können die Einrichtungsinteressen der Abgabe des Verfahrens an ein externes Gremium entgegenstehen. Sei es, dass man dem externen Gremium weniger Effektivität zutraut, oder die gerichtsfeste Durchsetzung interner Sanktionsmöglichkeiten, ein gewisses Aufklärungsbestreben erfordert. Beide Lösungen sind darüber hinaus insoweit unpraktikabel, als dass im Idealfall nur ein enger Personenkreis von der Verfahrenseinleitung Kenntnis erhält, so dass die Absprache bereits am fehlenden Wissen um die Aktivitäten anderer Einrichtungen scheitert.

4. Einleitung des Verfahrens

Die Einleitung des Verfahrens geschieht überwiegend durch formlose mündliche oder schriftliche Mitteilung konkreter Verdachtsmomente im Regelfall an den Ombudsman der betroffenen Forschungseinrichtung[612], oder aber an ein Mitglied der Untersuchungskommission zu richten[613]. Sofern er selbst im Vorprüfungsverfahren nicht zuständig ist, übermittelt der Ombudsman die Anschuldigungen wissenschaftlichen Fehlverhaltens unter Wahrung der Vertraulichkeit dem zuständigen Untersuchungsgremium.[614] Für die Fälle, in denen die Information dem Verfahrensgremium nur mündlich übermittelt wird, sehen die Verfahrensordnungen der Forschungseinrichtungen regelmäßig vor, dass ein schriftlicher Vermerk über den Verdacht und die diesen begründenden Belege aufzunehmen ist.[615]

Bei einigen der privatrechtlich verfassten außeruniversitären Forschungseinrichtungen, insbesondere der MPG und den Mitgliedsinstitutionen der WGL, müssen

---

611 *Schulze-Fielitz*, WissR 37 (2004), S. 100 (118); *Hartmann/Fuchs*, WissR 36 (2003), S. 204 (208); *Deutsch*, VersR 2003, S. 1197 (1202); A.a. nur *Streiter*, WissR Bd. 37 (2004), S. 308 (330) von der unzutreffenden Annahme ausgehend, dass jedes Verfahren dem Schutz der durchführenden Institution diene.

612 So die Empfehlungen der Kommission „Selbstkontrolle in der Wissenschaft", Empfehlung 5, veröffentlicht in: DFG, Sicherung guter wissenschaftlicher Praxis, Denkschrift, S. 10. In einigen Forschungseinrichtungen wird die Kommission laut Verfahrensordnung nur auf Antrag des Ombudsmans, eines ihrer Mitglieder, eines Mitglieds der Hochschulleitung oder eines Dekans tätig, z.B. Rheinische Friedrich-Wilhelms-Universität Bonn, Grundsätze für das Verfahren bei Verdacht auf wissenschaftliches Fehlverhalten in der Rheinischen Friedrich-Wilhelms-Universität Bonn vom 10.11.1998, § 4 Abs. 1.

613 Empfehlung des 185. Plenums der HRK vom 6. Juli 1998 zum Umgang mit wissenschaftlichem Fehlverhalten in den Hochschulen, unter C. IV. 1. a); vgl. auch Humboldt-Universität zu Berlin, Satzung über die Grundsätze der Humboldt-Universität zu Berlin zur Sicherung guter wissenschaftlicher Praxis und über den Umgang mit Vorwürfen wissenschaftlichen Fehlverhaltens vom 25.06.2002, § 12 Abs. 3.

614 Einrichtungen, die – wie beispielsweise die MPG – das anschließende Vorprüfungsverfahren durch andere Gremien als den Ombudsman oder die Untersuchungskommission durchführen lassen, schreiben in ihren Verfahrensordnungen i.d.R. die Information der dort für die Vorprüfung zuständigen Personen fest.

615 So lautet auch die Empfehlung des 185. Plenums der HRK vom 6. Juli 1998 zum Umgang mit wissenschaftlichem Fehlverhalten in den Hochschulen.

anlässlich der Einleitung eines Untersuchungsverfahrens leitungsverantwortliche Personen die mit der eigentlichen Verfahrensführung nicht befasst sind, informiert werden. Bei der MPG ist es der zuständige Vizepräsident der Einrichtung[616], bei der WGL der zuständige Sektionssprecher oder der Vorsitzende des Aufsichtsorgans[617], in den Großforschungseinrichtungen die Geschäftsführung[618]. die Hochschulen

Ein Initiativrecht der Gremien wird selten ausdrücklich erwähnt, ist aber unproblematisch gegeben, da die Information durch jede beliebige Person, die Gremienmitglieder eingeschlossen, erfolgen kann. Gleiches dürfte für die Information durch den vom Verdacht Betroffenen gelten.[619]

An den konkreten Gegenstand der Information werden in den Verfahrensordnungen keine besonderen Anforderungen gestellt, man wird jedoch eine hinlängliche Konkretisierung der Verdachtsumstände verlangen müssen, die es dem Mitteilungsempfänger ermöglichen, sich ein Vorstellungsbild von den vermeintlichen Geschehnissen machen zu können.[620] Vorhandenes Belegmaterial ist beizufügen.[621]

5. Frist und Verjährung

Fristen für die Mitteilungen von Informationen über einen Fehlverhaltensverdacht existieren kaum. Lediglich die DFG beruft sich auf die Geltung der allgemeinen gesetzlichen Regelungen[622], so dass es vom Charakter des vermeintlichen Fehlverhaltens abhängt, welche Verjährungsvorschriften gelten. Obwohl insbesondere im Bereich von Streitfällen um Veröffentlichungen eine Begrenzung der Anrufungsmöglichkeit auf einen bestimmten Zeitraum nach Publikation angemessen wäre, um

---

616 MPG, Verfahrensordnung bei Verdacht auf wissenschaftliches Fehlverhalten, beschlossen vom Senat der MPG am 14.11.1997, geändert am 24.11.2000, unter I.1.
617 Gottfried Wilhelm Leibniz e.V. (WGL), Empfehlungen zur Sicherung guter wissenschaftlicher Praxis in den Instituten der Leibnitz-Gemeinschaft vom 19.11.1998, unter B. 1., die insoweit in der Überzahl der WGL-Einrichtungen umgesetzt wurden.
618 Z.B. Forschungszentrum Jülich GmbH (FZJ), Regeln zur Sicherung guter wissenschaftlicher Praxis vom 01.01.2002, unter 5.1.5; GSF-Forschungszentrum für Umwelt und Gesundheit (GSF), Regeln zur Sicherung guter wissenschaftlicher Praxis, unter 7; UFZ, Regeln zur Sicherung guter wissenschaftlicher Praxis, unter 8. Das Forschungszentrum Karlsruhe (FZK), Regeln zur Sicherung guter wissenschaftlicher Praxis von Mai 2002, unter 6.1.5, verlangt zunächst die Information des Vorstands und sobald sich der Verdacht erhärtet die schriftliche Information aller Vorstandsmitglieder, des WTR-Vorsitzenden, sowie dem Leiter der Hauptabteilung Personal und Recht bevor das verfahren fortgesetzt wird.
619 Ausdrücklich Forschungszentrum Karlsruhe (FZK), Regeln zur Sicherung guter wissenschaftlicher Praxis von Mai 2002, unter 6.1.2.
620 Von hinlänglich konkretisierten Verdachtsmomenten ist auch in der Verfahrensordnung zum Umgang mit wissenschaftlichem Fehlverhalten der DFG, unter II. a), die Rede.
621 So ausdrücklich Forschungszentrum Jülich GmbH (FZJ), Regeln zur Sicherung guter wissenschaftlicher Praxis vom 01.01.2002, unter 5.1.2.
622 DFG, Verfahrensordnung zum Umgang mit wissenschaftlichem Fehlverhalten, beschlossen durch den Hauptausschuss am 26. Oktober 2001, unter II. 2. b).

eine unter Umständen erforderliche Korrektur noch zeitnah vornehmen zu können.[623]

IV. Besondere Verfahrensrechte der Beteiligten

1. Schutz von Informanten

Der Informant ist in Deutschland, insbesondere wenn es um die Anzeige von renommierten Wissenschaftlern und Vorgesetzten durch jüngere Nachwuchswissenschaftler geht, ebenso wie in den anderen behandelten Ländern hohen Karriererisiken ausgesetzt. Dem stehen eine schwache Ausprägung von Schutzmechanismen und eine starke Tendenz zur Diskreditierung dieser Personen gegenüber.[624] Die anonyme Übermittlung von Vorwürfen ist in der Regel nicht möglich.[625] Während des Vorprüfungsverfahrens wird der Name des Informanten nicht ohne dessen Einverständnis offenbart. In der förmlichen Untersuchung variiert der Schutz, je nachdem ob die Einrichtung ihre Prioritäten auf die Gewährleistung schrankenloser Verteidigungsmöglichkeiten des Betroffenen legt oder potentiellen Informanten möglichst weitreichende Anonymität zusichern will. Während es in einigen Einrichtungen im Rahmen der förmlichen Untersuchung weiterhin heißt, die informierende Person werde dem Betroffenen nur mit ihrem Einverständnis bekannt gegeben, formulieren andere eingeschränkt, der Name des Informanten sei dem Betroffenen im Einzelfall offen zulegen, wenn diese Information für die sachgerechte Verteidigung des Betroffenen erforderlich oder notwendig erscheint[626]. Dies kann insbesondere der Fall sein, weil der Glaubwürdigkeit des Informanten für die Feststellung des Fehlverhaltens wesentliche Bedeutung zu kommt oder die Motive des Informanten im Hinblick auf den Vorwurf zum Gegenstand der Überprüfung gemacht werden

623 *Kuhn*, in: DFG und Ombudsman der DFG (Hrsg.), Wissenschaftliches Fehlverhalten – Erfahrungen von Ombudsgremien, S. 13 (15).

624 Ombudsman der DFG, Zum Umgang mit wissenschaftlichem Fehlverhalten – Abschlussbericht Ergebnisse der ersten sechs Jahre Ombudsarbeit, S. 15.

625 So etwa ausdrücklich Humboldt-Universität zu Berlin, Satzung über die Grundsätze der Humboldt-Universität zu Berlin zur Sicherung guter wissenschaftlicher Praxis und über den Umgang mit Vorwürfen wissenschaftlichen Fehlverhaltens vom 25.06.2002, § 12 Abs. 3.

626 Z.B. DFG, Verfahrensordnung zum Umgang mit wissenschaftlichem Fehlverhalten, beschlossen durch den Hauptausschuss am 26. Oktober 2001, unter II. 2. b).

müssen.[627] Einige Einrichtungen halten die Identifikation des Informanten während der förmlichen Untersuchung grundsätzlich für geboten.[628]

2. Hinzuziehung von Personen des Vertrauens und Rechtsbeiständen

Im Allgemeinen berechtigen die Verfahrensordnungen nicht nur den Beschuldigten, sondern auch Informanten und sonstige anzuhörende Personen, eine Person ihres Vertrauens hinzuzuziehen. Ohne dass dies ausdrücklich formuliert wäre, können sie sich hierfür eines Rechtsanwalts bedienen. Die Verfahrensrechte des Beistandes sind nicht näher definiert, es ergibt sich aber aus der Natur der Sache heraus, dass diese Personen Verfahrenshandlungen vornehmen können.[629]

3. Akteneinsichtsrecht

Das Akteneinsichtsrecht der Beteiligten ist aus Vertraulichkeitserwägungen selten ausdrücklich gewährleistet. Sobald nach Offenlegung der Identitäten aller Verfahrensbeteiligten im förmlichen Verfahren ein rechtlich anerkennenswertes Interesse begründet werden kann, dürfte jedoch analog § 29 VwVfG oder nach § 810 BGB Akteneinsicht erzwingbar sein.[630]

V. Ablauf des Verfahrens

Die Verfahren der Institutionen des deutschen Wissenschaftssystems weisen die bereits erwähnte dreistufige Ablaufstruktur auf, die sich nur in Nuancen bei einzelnen Einrichtungen unterscheidet. Diese relative Gleichläufigkeit resultiert wiederum aus der Generierung auf der Grundlage der entsprechenden Empfehlungen von DFG[631], MPG[632] und HRK[633], wobei die Initiatoren der DFG Empfehlungen direkte

---

627 MPG, Verfahrensordnung bei Verdacht auf wissenschaftliches Fehlverhalten, beschlossen vom Senat der MPG am 14.11.1997, geändert am 24.11.2000, unter II. 2. b). DFG, Verfahrensordnung zum Umgang mit wissenschaftlichem Fehlverhalten, beschlossen durch den Hauptausschuss am 26. Oktober 2001, unter II. 2. b); HRK, Empfehlungen des 185. Plenums vom 6. Juli 1998 zum Umgang mit wissenschaftlichem Fehlverhalten in den Hochschulen, Ds. Nr. 1 85/9 HRK, unter C. IV. 2. d).
628 Vgl. z.B. Gesellschaft für Schwerionenforschung (GSI), Regeln zur Sicherung guter wissenschaftlicher Praxis bei GSI und Verfahren bei wissenschaftlichem Fehlverhalten vom 10.09. 2001, unter Regel 4. 5.
629 Vgl. *Deutsch*, VersR 2003, S. 1197 (1200).
630 *Schulze-Fielitz*, WissR Bd. 37 (2004), S. 100 (117). Vgl. auch LG Bonn, NJW 2002, S. 3260 (3261 f.).
631 Empfehlungen der Kommission „Selbstkontrolle in der Wissenschaft", veröffentlicht in: Deutsche Forschungsgemeinschaft, Sicherung guter wissenschaftlicher Praxis, Denkschrift.

400

Anleihen bei der Struktur US-amerikanischer Fehlverhaltensverfahren genommen haben. Die Kommission „Selbstkontrolle in der Wissenschaft" hat in Anlehnung an die Gliederung der amerikanischen Prozedere in Inquiry, Investigation und Adjudication[634] eine Aufteilung der Aufklärung in Vorermittlungsphase und Hauptverfahren vorgenommen. Das Pendant zur dritten Stufe amerikanischen Fehlverhaltensverfahren, der Adjudication, ist als Phase der Entscheidung über die zu ergreifenden Maßnahmen nicht ausdrücklich zum Gegenstand der Empfehlungen gemacht worden. Die Zurückhaltung der Kommission bei der Charakterisierung dieser dritten Stufe lässt sich nur damit erklären, dass die Verfahren deutscher Institutionen anders als in Amerika einerseits nicht generell geeignet sind, in ein förmliches Verwaltungshandeln der verantwortlichen Akteure zu münden. Andererseits ist für dieses weitere Verfahren nach Entscheidung der Untersuchungskommission keine spezifische hierfür eingerichtete Instanz mehr zuständig. Die Reaktionsmöglichkeiten der deutschen Wissenschafts-(förder)einrichtungen hängen von den Maßnahmeoptionen ab, die ihnen die allgemeine Rechtsordnung in Abhängigkeit von der rechtlichen Beziehung zu dem betroffenen Wissenschaftler an die Hand gibt. Nachfolgend wird die Ausgestaltung der drei Abschnitte deutscher Fehlverhaltensverfahren skizziert.

1. Vorprüfung durch institutionseigene Instanz

Sobald es über einen konkreter Verdachtsmoment wissenschaftlichen Fehlverhaltens informiert wird, beginnt das zuständige institutsinterne Gremium mit dem Vorprüfungsverfahren. Die Vorprüfung zielt auf eine rasche Ermittlung einer Tatsachengrundlage, welche die Beurteilung des Verdachts zulässt.[635] Es findet eine Prüfung der Vorwürfe auf Plausibilität und Wahrheitsgehalt der Vorwürfe statt.

a) Interne Zuständigkeit

Wie angedeutet, sind die Zuständigkeiten für die Vorprüfung von Einrichtungstyp zu Einrichtungstyp unterschiedlich geregelt. In den Hochschulen beginnt – den Musterempfehlungen der HRK folgend – in der Regel die Untersuchungskommission selbst mit der Vorprüfung.[636]

---

632 MPG, Verfahrensordnung bei Verdacht auf wissenschaftliches Fehlverhalten, beschlossen vom Senat der MPG am 14.11.1997, geändert am 24.11.2000.

633 HRK, Empfehlungen des 185. Plenums vom 6. Juli 1998 zum Umgang mit wissenschaftlichem Fehlverhalten in den Hochschulen, Ds. Nr. 1 85/9 HRK.

634 Vgl. oben 2. Teil, F. IV. und V., S. 135 ff. und S. 141 ff.

635 Empfehlungen der Kommission „Selbstkontrolle in der Wissenschaft", Empfehlung 8 in: DFG, Sicherung guter wissenschaftlicher Praxis, Denkschrift, S. 14.

636 Siehe HRK, Empfehlungen des 185. Plenums vom 6. Juli 1998 zum Umgang mit wissenschaftlichem Fehlverhalten in den Hochschulen, Ds. Nr. 1 85/9 HRK, unter C. IV. 1. und beispielhaft die Regelwerke folgender Universitäten: Universität Bayreuth, Regeln zum Umgang

Unter den Großforschungseinrichtungen lassen sich hingegen zwei Modelle unterschiedlicher interner Zuständigkeitsverteilungen ausmachen. In überwiegenden Teil der Einrichtungen ist der Ombudsman für die Durchführung der Vorprüfung verantwortlich , während die anderen Einrichtungen ebenfalls die Untersuchungskommission sowohl im Vorverfahren als auch in der förmlichen Untersuchung aktiv werden lässt.[637]

Einen dritten Weg gehen MPG, die privatrechtlich organisierten Einrichtungen der WGL und die DFG, indem sie Mitarbeiter in Leitungspositionen für die Aufgabe der Vorprüfung einspannen. Bei der MPG ist der geschäftsführende Direktor des betroffenen Instituts gemeinsam mit dem für die Sektion zuständigen Vizepräsidenten zuständig.[638] In den WGL-Instituten liegt die Verantwortlichkeit beim wissenschaftlichen Leiter des betroffenen Instituts.[639] Die DFG überträgt die Federführung für die Vorprüfung dem Abteilungsleiter derjenigen Abteilung, in deren Geschäftsbereich die Verdachtsmomente wissenschaftlichen Fehlverhaltens bekannt werden.[640]

Die Vorermittlung erhält ihre Prägung durch den vielzitierten zu bewerkstelligenden Balanceakt zwischen der Wahrung der Vertraulichkeit von Informationen über den verdächtigten Wissenschaftler sowie den Informanten einerseits und der möglichst genauen Sachverhaltsfeststellung innerhalb eines kurzen Zeitfensters andererseits. Die Person des Ombudsman ist mit ihrer neutralen ausgleichenden Funktion besonders geeignet auf einen Ausgleich zwischen dem Geheimhaltungsinteresse des

mit wissenschaftlichem Fehlverhalten an der Universität Bayreuth vom 23.06.1999 unter 4.1 (2); Humboldt-Universität zu Berlin, Satzung über die Grundsätze der Humboldt-Universität zu Berlin zur Sicherung guter wissenschaftlicher Praxis und über den Umgang mit Vorwürfen wissenschaftlichen Fehlverhaltens vom 25.06.2002.
Anders jedoch (Ombudsman für die Vorprüfung verantwortlich): Otto-Friedrich-Universität Bamberg, Verfahren bei Verdacht auf Wissenschaftliches Fehlverhalten, Verfahrensordnung vom 30.06.1999, unter II.; Fachhochschule für Technik und Wirtschaft Berlin, Leitlinien zur Sicherung guter wissenschaftlicher Praxis und zum Umgang mit wissenschaftlichem Fehlverhalten vom 01.07.2002, unter B. 3.

637 Vgl. oben 4. Teil, D. III. 1. a) aa), S. 354 f. und b) aa) S. 366 f.

638 In begründeten Ausnahmefällen kann unmittelbar der zuständige Vizepräsident informiert werden, der die Entscheidung bei Selbstbetroffenheit des Geschäftsführenden Direktors allein trifft, MPG, Verfahrensordnung bei Verdacht auf wissenschaftliches Fehlverhalten, beschlossen vom Senat der MPG am 14.11.1997, geändert am 24.11.2000.

639 Ist der wissenschaftliche Leiter vom Verdacht betroffen, soll ein anderes in den Verfahrensregeln benanntes zuständiges Organ informiert werden. Dies kann der Vorsitzende des wissenschaftlichen Beirats des Instituts oder auch das zuständige Aufsichtsorgan sein. Der jeweils zuständige Sektionssprecher ist in den WGL-Einrichtungen ebenfalls zu informieren, wirkt aber nicht an der Voruntersuchung mit. Ist das Institut des Sektionssprechers selbst betroffen, können auch der Vizepräsident oder der Präsident der WGL informiert werden. Vgl. zum Vorstehenden die Verfahrensempfehlungen der Wissenschaftsgemeinschaft Gottfried Wilhelm Leibniz e.V. (WGL), Empfehlungen zur Sicherung guter wissenschaftlicher Praxis in den Instituten der Leibnitz-Gemeinschaft vom 19.11.1998, unter B. 1., die insoweit in der Überzahl der WGL-Einrichtungen umgesetzt wurden.

640 DFG, Verfahrensordnung zum Umgang mit wissenschaftlichem Fehlverhalten, beschlossen durch den Hauptausschuss am 26. Oktober 2001, unter II. 1. a).

Informanten und dem auf ein entlastendes Verteidigungsvorbringen gerichteten Informationsinteresse des Betroffenen hinzuwirken.

b) Erste Anhörung des Betroffenen

Innerhalb der Vorprüfung erhält der oder die von dem Verdacht Betroffene erstmals Gelegenheit zur Stellungnahme unter Nennung der belastenden Tatsachen und Beweismittel. Hierfür ist in den Verfahrensordnungen der Universitäten und der MPG eine Frist von zwei Wochen[641] vorgesehen. Die WGL schlägt ihren Mitgliedseinrichtungen die Aufnahme einer Wochenfrist vor[642], während die DFG eine Frist von vier Wochen einräumt[643].

c) Entscheidung über den weiteren Verfahrensverlauf

Nach Eingang der Stellungnahme des Betroffenen oder nach ergebnislosem Verstreichen der Frist trifft entweder das für die Voruntersuchung verantwortliche Gremium oder ein Leitungsorgan die Entscheidung darüber, ob das Verfahren nach Abschluss der Vorprüfung einzustellen oder fortzusetzen ist. Bei den Hochschulen entscheidet häufig die im Vorverfahren bereits eingesetzte Senats- oder Hochschulleitungskommission selbst über das weitere Vorgehen[644], soweit ihr die Alleinverantwortlichkeit für das Untersuchungsverfahren übertragen ist. An denjenigen Hochschulen, die den Ombudsman im Vorverfahren einsetzen, erfolgt die Entscheidung durch diesen, gelegentlich unter Abstimmung mit dem Dekan.[645] In den Großforschungs-GmbHs entscheidet überwiegend die Geschäftsführung, nicht das zuständi-

---

641 Siehe HRK, Empfehlungen des 185. Plenums vom 6. Juli 1998 zum Umgang mit wissenschaftlichem Fehlverhalten in den Hochschulen, Ds. Nr. 1 85/9 HRK, unter C. IV. 1. c).

642 Wissenschaftsgemeinschaft Gottfried Wilhelm Leibniz e.V. (WGL), Empfehlungen zur Sicherung guter wissenschaftlicher Praxis in den Instituten der Leibnitz-Gemeinschaft vom 19.11.1998, unter B. 2.

643 DFG, Verfahrensordnung zum Umgang mit wissenschaftlichem Fehlverhalten, beschlossen durch den Hauptausschuss am 26. Oktober 2001, unter II. 1. a).

644 Vgl. HRK, Empfehlungen des 185. Plenums vom 6. Juli 1998 zum Umgang mit wissenschaftlichem Fehlverhalten in den Hochschulen, Ds. Nr. 1 85/9 HRK, unter C. IV. 2. a), deren Empfehlungen die Hochschulen gefolgt sind, vgl. z.B. Rheinisch-Westfälische Technische Hochschule Aachen, Grundsätze zur Sicherung guter wissenschaftlicher Praxis an der Rheinisch-Westfälischen Technischen Hochschule Aachen vom 20.02.2000, unter § 13; Universität Bayreuth, Regeln zum Umgang mit wissenschaftlichem Fehlverhalten an der Universität Bayreuth vom 23.06.1999, unter 4.1. (4).

645 So bei der Otto-Friedrich-Universität Bamberg, Verfahren bei Verdacht auf Wissenschaftliches Fehlverhalten, Verfahrensordnung vom 30.06.1999, unter II. Anders: Freie Universität Berlin, Ehrenkodex, Satzung zur Sicherung guter wissenschaftlicher Praxis vom 16.12.2002, unter 2.1. c).

ge Untersuchungsgremium über die Fortsetzung des Verfahrens.[646] Bei der DFG, der MPG und den WGL-Mitgliedeinrichtungen treffen die im Vorverfahren ohnehin eingesetzten Leitungsverantwortlichen der Institutionen die Entscheidung über das weitere Vorgehen.[647]

Der Vorgang wird abgeschlossen, wenn sich der Verdacht nicht hinreichend konkretisiert oder das vermeintliche Fehlverhalten sich bereits vollständig aufgeklärt hat. Im letzteren Fall kann sogleich über die Verhängung von Sanktionen nachgedacht werden. Besteht weiterer Aufklärungsbedarf, erfolgt die Überleitung in das förmliche Untersuchungsverfahren.

Für die Entscheidungsfindung ist in einigen Verfahrensvorschriften eine Frist von zwei Wochen vorgesehen.

d) Bericht an die Einrichtungsleitung

Über das Ergebnis der Voraufklärung wird meist ein abschließender Bericht verfasst. Entscheidet das für die Vorprüfung verantwortliche Gremium nach der Verfahrensordnung nicht selbst über den Fortgang des Verfahrens, enthält der Bericht einen Vorschlag zum weiteren Vorgehen an das entscheidungsberechtigte Leitungsorgan und wird vor der eigentlichen Entscheidungsfindung an dieses übermittelt.[648]

e) Mitteilung an die Beteiligten

Der von dem Fehlverhaltensverdacht Betroffene sowie der Informierende erhalten eine Mitteilung des Entscheidungsergebnisses unter Angabe der entscheidungsrelevanten Gründe.[649] Eingeschlossen dürfte regelmäßig eine kritische Stellungnahme sein.

---

646 Vgl. etwa GKSS, Sicherung guter wissenschaftlicher Praxis und Verfahren bei wissenschaftlichem Fehlverhalten vom 06.02.2002, unter 5.3. Anders verhält es sich nur bei der GBF, Regelungen zur Sicherung guter wissenschaftlicher Praxis an der GBF und Verfahren bei wissenschaftlichem Fehlverhalten, unter 4.2.3. Dort leitet die zuständige Kommission von der Vorprüfung in das förmliche Untersuchungsverfahren über.

647 DFG, Verfahrensordnung zum Umgang mit wissenschaftlichem Fehlverhalten, beschlossen durch den Hauptausschuss am 26. Oktober 2001, unter II. 1. a); MPG, Verfahrensordnung bei Verdacht auf wissenschaftliches Fehlverhalten, beschlossen vom Senat der Max-Planck-Gesellschaft am 14. November 1997, geändert am 24. November 2000, unter I. 5.

648 So insbesondere bei den Großforschungseinrichtungen.

649 Siehe HRK, Empfehlungen des 185. Plenums vom 6. Juli 1998 zum Umgang mit wissenschaftlichem Fehlverhalten in den Hochschulen, Ds. Nr. 1 85/9 HRK, unter C. IV. 1. d); DFG, Verfahrensordnung zum Umgang mit wissenschaftlichem Fehlverhalten, beschlossen durch den Hauptausschuss am 26. Oktober 2001, unter II. 1. a); anders nur: MPG, Verfahrensordnung bei Verdacht auf wissenschaftliches Fehlverhalten, beschlossen vom Senat der Max-Planck-Gesellschaft am 14. November 1997, geändert am 24. November 2000, unter

f) Remonstrationsrecht des Informanten

Einige Hochschulen berechtigen einen Informanten, der mit der Einstellung des Prüfungsverfahrens nicht einverstanden ist, innerhalb von zwei Wochen nach der Entscheidung bei der Kommission vorzusprechen. Die Kommission prüft ihre Entscheidung in diesen Fällen erneut.[650]

2. Untersuchungsverfahren

Mit Einleitung der förmlichen Untersuchung folgt ein zweiter intensiv der Sachverhaltsaufklärung gewidmeter Verfahrensabschnitt. Befindet die Einrichtungsleitung nicht selbst über Eröffnung des förmlichen Untersuchungsverfahrens teilt das zuständige Verfahrensgremium dieser ihre Entscheidung über die Eröffnung der förmlichen Untersuchung mit.[651]

a) Interne Zuständigkeit

Nach Maßgabe nahezu aller Verfahrensregeln deutscher Forschungseinrichtungen ist es die zuständige Untersuchungskommission, die berechtigt ist, in der förmlichen Untersuchung alle der Aufklärung des Sachverhalts dienstliche Schritte zu unternehmen. Eine Ausnahme bilden nur die Ressortforschungseinrichtungen, die über eine solche Kommission nicht verfügen und der Institutsleitung auch die förmliche Aufklärung überlassen.[652]

I. 5. b) Mitteilung nur an den Betroffenen, wenn sich der Verdacht nicht hinreichend bestätigt hat.

650   HRK, Empfehlungen des 185. Plenums vom 6. Juli 1998 zum Umgang mit wissenschaftlichem Fehlverhalten in den Hochschulen, Ds. Nr. 1 85/9 HRK, unter C. IV. 1. e); Bei der Freien Universität Berlin, Ehrenkodex, Satzung zur Sicherung guter wissenschaftlicher Praxis vom 16.12.2002, unter B. 2.1 d), kann im Falle eines bleibendem Dissens die dortige zentrale Vertrauensperson sowohl von dem Informanten als auch von dem Beschuldigten als letzte Appellationsinstanz angerufen werden.;

651   Vgl. HRK, Empfehlungen des 185. Plenums vom 6. Juli 1998 zum Umgang mit wissenschaftlichem Fehlverhalten in den Hochschulen, Ds. Nr. 1 85/9 HRK, unter C. IV. 2. a), deren Empfehlungen die Hochschulen gefolgt sind, vgl. z.B. Rheinisch-Westfälische Technische Hochschule Aachen, Grundsätze zur Sicherung guter wissenschaftlicher Praxis an der Rheinisch-Westfälischen Technischen Hochschule Aachen vom 20.02.2000, unter § 13. Manchmal sind darüber hinaus weitere interne Leitungsebenen zu unterrichten, z.B. der Dekan und der Direktor des Zentralinstituts bzw. des Instituts, Humboldt-Universität zu Berlin, Satzung über die Grundsätze der Humboldt-Universität zu Berlin zur Sicherung guter wissenschaftlicher Praxis und über den Umgang mit Vorwürfen wissenschaftlichen Fehlverhaltens vom 25.06.2002, § 12 Abs. 7.

652   Bundesforschungsanstalt für Landwirtschaft (FAL), Regeln guter wissenschaftlicher Praxis in der FAL, Anlage zur Geschäftsordnung, vom 05.11.2002, unter II. 6.; Biologische Bundesan-

b) Anhörung der Verfahrensbeteiligten und sonstiger Personen

Die Mehrzahl der Verfahrensordnungen sieht vor, dass sowohl dem Betroffenen als auch dem Informanten während der förmlichen Untersuchung erneut Gelegenheit zur (mündlichen) Äußerung zu geben ist. Die inzwischen gesammelten belastenden Tatsachen und Beweismittel werden dem Betroffenen zur Kenntnis gegeben. Darüber hinaus besteht die Möglichkeit, schriftlich oder mündlich alle weiteren erforderlichen Informationen und Stellungnahmen einzuholen.

c) Sitzungen der Kommission

Die Untersuchungskommission tagt in nichtöffentlichen Sitzungen, über deren Ablauf keine Verfahrensregeln verfasst sind. Die Kommission kann mit der Ermittlung des Sachverhalts im Einzelfall auch eines ihrer Mitglieder als Berichterstatter beauftragen. Der Berichterstatter stimmt seine Ermittlungen mit der Kommission ab und berichtet der Kommission anschließend über den ermittelten Sachverhalt.[653]

d) Einsatz von Fachgutachtern und Experten

Die Kommission kann im Einzelfall auch Fachgutachter aus dem betreffenden Wissenschaftsbereich oder Experten für Umgang mit Fehlverhaltensfällen hinzuziehen. Die Einzelheiten liegen in der Hand des jeweiligen Gremiums.

Die Beauftragung außenstehender Gutachter hat den Vorzug, dass durch die Auswahl dieses Sachverständigen gezielt das für den jeweiligen Einzelfall benötigte Fachwissen aktiviert werden kann. In Einrichtungen, die wie die DFG, die Universitäten und oder die MPG, in der Reichweite ihrer Forschungstätigkeit nicht auf eine oder wenige Disziplinen beschränkt sind, erlaubt der Einsatz externer Fachgutachter eine andere Prioritätensetzung bei der Besetzung der Untersuchungsgremien. Statt der Repräsentation möglichst vieler Disziplinen kann der Fokus auf eine gerechte Interessenverteilung und stärkere Unabhängigkeit des Gremiums gelegt werden. Die Hinzuziehung von Fachgutachtern führt zu mehr Transparenz über Vorgang der

stalt für Land- und Forstwirtschaft Berlin/Braunschweig (BBA), Gute wissenschaftliche Praxis in der Biologischen Bundesanstalt für Land- und Forstwirtschaft vom 20.06.2000, unter 3.1. Im Robert-Koch-Institut (RKI), Richtlinien zur Sicherung guter wissenschaftlicher Praxis und zum Umgang mit wissenschaftlichem Fehlverhalten vom Mai 2002, unter V. wird der Forschungsrat tätig, im Paul-Ehrlich-Institut – Bundesamt für Sera und Impfstoffe – (PEI), Richtlinien zur Sicherung guter wissenschaftlicher Praxis und zum Umgang mit wissenschaftlichem Fehlverhalten vom Oktober 2000, unter V., betreiben zwei Mitglieder der AG Forschung die Aufklärung.

653 Ausdrücklich die Technische Universität Berlin, Grundsätze für das Verfahren bei Verdacht auf wissenschaftliches Fehlverhalten in der Technischen Universität Berlin, § 6 Abs. 4.

Entscheidungsfindung. Die Verfahrensbeteiligten sollten im Idealfall zunächst über die Person des Sachverständigen in Kenntnis gesetzt werden, und die Möglichkeit erhalten, Einwendungen gegen seine Unabhängigkeit oder seine Fachkunde erheben zu können. Nach Erstattung eines Gutachtens sollten sie erneut Gelegenheit zur Stellungnahme erhalten. Als nachteilig könnte sich im Einzelfall die zeitliche Verzögerung erweisen, die Auswahl und Einsatz eines externen Gutachters hervorrufen.

f) Zeitrahmen

Im Regelfall existieren keine zeitlichen Vorgaben für die förmliche Untersuchung. In den Mitgliedseinrichtungen der WGL ist die Dauer auf zwei Wochen begrenzt.[654] Die Erfahrungen haben gezeigt, dass dieser Zeitraum kaum ausreichen dürfte.

g) Abschluss der förmlichen Untersuchung

Die förmliche Untersuchung endet entweder mit der Feststellung eines vorwerfbaren wissenschaftlichen Fehlverhaltens oder mit der Feststellung, dass der Vorwurf sich nicht bestätigt hat. Die Untersuchungskommissionen beschließen über das Ergebnis der Untersuchung und kommunizieren es gegenüber der Forschungseinrichtung und den Beteiligten.

aa) Beschlussfassung

Die Beschlussfassung der Untersuchungskommissionen über das Vorliegen wissenschaftlichen Fehlverhaltens erfolgt in der Regel mit einfacher Mehrheit.[655] Konkrete Verfahrensregeln, die den Abstimmungsprozess betreffen existieren nicht.

654 Wissenschaftsgemeinschaft Gottfried Wilhelm Leibniz e.V. (WGL), Empfehlungen zur Sicherung guter wissenschaftlicher Praxis in den Instituten der Leibnitz-Gemeinschaft, unter B. (Abweichend: Kiepenheuer-Institut für Sonnenphysik (KIS), Sicherung guter wissenschaftlicher Praxis und Verfahren zum Umgang mit wissenschaftlichem Fehlverhalten vom 04.06.2002, § 11 Abs. 5: 8 Wochen).
655 DFG, Verfahrensordnung zum Umgang mit wissenschaftlichem Fehlverhalten, beschlossen durch den Hauptausschuss am 26. Oktober 2001, unter II. 2. b); MPG, Verfahrensordnung bei Verdacht auf wissenschaftliches Fehlverhalten, beschlossen vom Senat der MPG am 14.11. 1997, geändert am 24.11.2000, unter II. 2. c).
Die Empfehlungen der HRK, der WGL und der HGF enthalten keine entsprechende Regelung, daher fallen die Verfahrensregeln der Hochschulen und der jeweiligen Mitgliedseinrichtungen in diesem Punkt unterschiedlich aus. Häufig genügt die einfache Mehrheit, vgl. z.B. Rheinisch-Westfälische Technische Hochschule Aachen, Grundsätze zur Sicherung guter wissenschaftlicher Praxis an der Rheinisch-Westfälischen Technischen Hochschule Aachen vom 17.02.2000, § 11 Abs. 2; Universität Erfurt, Ethikkodex der Universität Erfurt zur Siche-

bb) Berichterstattung an die Einrichtungsleitung oder Einstellung

Hält eine Untersuchungskommission das Fehlverhalten für erwiesen, so legt sie das Ergebnis ihrer Untersuchungen der Einrichtungsleitung, in den Universitäten also dem Präsidenten oder Rektorat, in den außeruniversitären Forschungseinrichtungen der Institutsleitung sowie gegebenenfalls dem wissenschaftlichen Beirat in einem Abschlussbericht vor und überlässt diesen Organen die Entscheidung über die Notwendigkeit weiterer Maßnahmen.[656] Meist ist mit der Berichterstattung schon ein Vorschlag der Kommission über das weitere Verfahren und die zu ergreifenden Maßnahmen verbunden.[657]

Insbesondere der Ausschuss zur Untersuchung von Vorwürfen wissenschaftlichen Fehlverhaltens der DFG berichtet nicht allein über das Erwiesensein wissenschaftlichen Fehlverhaltens an den Hauptausschuss, sondern legt diesem das Ergebnis seiner Untersuchung mit einem Vorschlag darüber, ob und welche DFG-spezifischen Maßnahmen gegebenenfalls erforderlich sind, vor.[658]

rung guter wissenschaftlicher Praxis vom 10.07.2002, § 3 Abs. 2 b). Bei gerader Mitgliederzahl ist teilweise geregelt, dass die Stimme des Vorsitzenden entscheidet, Universität Dortmund, Regeln guter wissenschaftlicher Praxis vom 02.05.2004, § 6 Abs. 3; FernUniversität – Gesamthochschule Hagen, Grundsätze zur Sicherung guter wissenschaftlicher Praxis vom 14.03.2000, § 10 Abs. 1. Die Fachhochschule Eberswalde verlangt dagegen eine qualifizierte Mehrheit der Stimmen der Professoren ihrer Kommission, die aus drei Professoren, einem wissenschaftlichen Mitarbeiter und einem Student besteht. Fachhochschule Eberswalde, Satzung zur Sicherung guter wissenschaftlicher Praxis vom 29.05.2002, § 2. Bei der Universität Gesamthochschule Siegen bedürfen die Beschlüsse außer der Mehrheit der Kommission auch der Mehrheit der ihr angehörenden Professoren, vgl. Universität Gesamthochschule Siegen, Grundsätze und Verfahrensrichtlinien zur Sicherung einer guten wissenschaftlichen Praxis vom 08.10.2001, § 4 Nr. 5.

656 HRK, Empfehlungen des 185. Plenums vom 6. Juli 1998 zum Umgang mit wissenschaftlichem Fehlverhalten in den Hochschulen, Ds. Nr. 1 85/9 HRK, unter IV. 2. e); Wissenschaftsgemeinschaft Gottfried Wilhelm Leibniz e.V. (WGL), Empfehlungen zur Sicherung guter wissenschaftlicher Praxis in den Instituten der Leibnitz-Gemeinschaft vom 19.11.1998, unter B; MPG, Verfahrensordnung bei Verdacht auf wissenschaftliches Fehlverhalten, beschlossen vom Senat der MPG am 14.11.1997, geändert am 24.11.2000, unter II. 2. c).

657 HRK, Empfehlungen des 185. Plenums vom 6. Juli 1998 zum Umgang mit wissenschaftlichem Fehlverhalten in den Hochschulen, Ds. Nr. 1 85/9 HRK, unter IV. 2. e); MPG, Verfahrensordnung bei Verdacht auf wissenschaftliches Fehlverhalten, beschlossen vom Senat der MPG am 14.11.1997, geändert am 24.11.2000, unter II. 2. c). Obwohl die Empfehlungen der HGF selbst keinen Hinweis auf die Formulierung weiterer Verfahrensempfehlungen durch die Kommission enthalten, werden auch dort der Geschäftsführung entsprechende Vorschläge unterbreitet, vgl. beispielsweise UFZ-Umweltforschungszentrum Leipzig-Halle GmbH (UFZ) Regeln zur Sicherung guter wissenschaftlicher Praxis im UFZ vom 24.08.2001, unter 6.3. (8); Gesellschaft für Schwerionenforschung (GSI), Regeln zur Sicherung guter wissenschaftlicher Praxis bei GSI und Verfahren bei wissenschaftlichem Fehlverhalten vom 10.09.2001, unter Regel 4. 5.

658 DFG, Verfahrensordnung zum Umgang mit wissenschaftlichem Fehlverhalten, beschlossen durch den Hauptausschuss am 26. Oktober 2001, unter II. 2. b).

Sofern die Untersuchungskommission ein Fehlverhalten nicht für erwiesen hält, sehen die Verfahrensordnungen die Einstellung Ihrer Tätigkeit vor.[659] In der Praxis erstellen die Kommissionen auch in diesem Fall einen schriftlichen Abschlussbericht.[660]

cc) Information des Betroffenen und des Informanten

Der Betroffene und der Informant – Letzterer zum Teil nur auf Verlangen – sind über das Ergebnis der Entscheidung zu informieren.[661] Dabei sind auch die wesentlichen Gründe, die zu der Entscheidung geführt haben, unverzüglich mitzuteilen. In einigen Verfahrensordnungen wird dem Beschuldigten ermöglicht, dem Abschlussbericht der Kommission eine Stellungnahme anzufügen.[662]

3. Weiteres Verfahren

Ist ein wissenschaftliches Fehlverhalten festgestellt worden, prüft ein Leitungsorgan der Forschungseinrichtung, bei der DFG ist es der Hauptausschuss, die Notwendigkeit weiterer Maßnahmen.[663] In dieser Phase des Verfahrens wird erstens festgestellt, welche der an anderer Stelle zusammengefassten Sanktionsmöglichkeiten[664]

---

659 HRK, Empfehlungen des 185. Plenums vom 6. Juli 1998 zum Umgang mit wissenschaftlichem Fehlverhalten in den Hochschulen, Ds. Nr. 1 85/9 HRK, unter C. IV. 2. e); Wissenschaftsgemeinschaft Gottfried Wilhelm Leibniz e.V. (WGL), Empfehlungen zur Sicherung guter wissenschaftlicher Praxis in den Instituten der Leibnitz-Gemeinschaft vom 19.11.1998 unter B.

660 Vgl. den insoweit generellen Inhalt der Empfehlungen der HGF, Sicherung guter wissenschaftlicher Praxis und Verfahren bei wissenschaftlichem Fehlverhalten vom 9.9. 1998, Regel 4.5. und der Wissenschaftsgemeinschaft Gottfried Wilhelm Leibniz e.V. (WGL), Empfehlungen zur Sicherung guter wissenschaftlicher Praxis in den Instituten der Leibnitz-Gemeinschaft vom 19.11.1998 unter B.

661 HRK, Empfehlungen des 185. Plenums vom 6. Juli 1998 zum Umgang mit wissenschaftlichem Fehlverhalten in den Hochschulen, Ds. Nr. 1 85/9 HRK, unter C. IV. 2. f); MPG, Verfahrensordnung bei Verdacht auf wissenschaftliches Fehlverhalten, beschlossen vom Senat der MPG am 14.11.1997, geändert am 24.11.2000, unter II. 2. d); Wissenschaftsgemeinschaft Gottfried Wilhelm Leibniz e.V. (WGL), Empfehlungen zur Sicherung guter wissenschaftlicher Praxis in den Instituten der Leibnitz-Gemeinschaft vom 19.11.1998 unter B.

662 Vgl. z.B. Gesellschaft für Schwerionenforschung (GSI), Regeln zur Sicherung guter wissenschaftlicher Praxis bei GSI und Verfahren bei wissenschaftlichem Fehlverhalten vom 10.09. 2001, unter Regel 4. 5.

663 HRK, Empfehlungen des 185. Plenums vom 6. Juli 1998 zum Umgang mit wissenschaftlichem Fehlverhalten in den Hochschulen, Ds. Nr. 1 85/9 HRK, unter C. IV. 3.; Wissenschaftsgemeinschaft Gottfried Wilhelm Leibniz e.V. (WGL), Empfehlungen zur Sicherung guter wissenschaftlicher Praxis in den Instituten der Leibnitz-Gemeinschaft vom 19.11.1998, unter B.

664 Siehe unten 4. Teil, H., S. 417 ff.

von der betroffenen Einrichtung selbst ergriffen werden können und an welche anderen Stellen die Information weiterzugeben sind, damit eine Ahndung des wissenschaftlichen Fehlverhaltens nach den jeweiligen Umständen des Einzelfalls erfolgen kann. Zweitens werden die von der jeweiligen Einrichtung selbst zu ergreifenden Maßnahmen auf ihre Zulässigkeit und Angemessenheit hin überprüft.[665] Drittens ist auch zu diesem Zeitpunkt noch die Einstellung des Verfahrens ohne weitere Maßnahmen möglich.[666]

Gegenstand und Ergebnis der Untersuchung werden nach Abschluss schriftlich festgehalten und archiviert.[667]

VI. Rechtsnatur der Entscheidungen

Bei den Entscheidungen der Untersuchungsgremien öffentlich-rechtlicher Einrichtungen, insbesondere der Senats- und Hochschulleitungskommissionen, handelt es sich nicht um Verwaltungsakte im Sinne des VwVfG.[668] Zunächst kann man den weisungsfreien Ausschüssen des Selbstverwaltungsgremiums aber auch der Hochschulleitung nur schwerlich Behördeneigenschaft i.S.d. § 1 Abs. 4 VwVfG zuerkennen. Die hochschulischen Untersuchungskommissionen widmen sich der internen Beratung der Hochschulleitung darüber, ob ein Verhalten als wissenschaftliche Fehlverhalten einzuordnen und zu sanktionieren ist. Diese Aufgabe ist weder ihnen noch den Universitäten per Gesetz als verwaltungsrechtliche Pflichtaufgabe übertragen worden.[669] Aus der selben Erwägung heraus hat man auf dem Parallelschauplatz der Einordnung von Voten der öffentlich-rechtlichen Ethikkommissionen, zu deren Hauptaufgaben die ethische und rechtliche Beurteilung medizinischer Vorhaben am Menschen zählt[670], die Behördeneigenschaft im Anfangszeitraum ihrer Einrichtung zutreffend abgelehnt.[671] Inzwischen wird dort die Wahrnehmung der öffentlichen Aufgaben daraus abgeleitet, dass die Beratungstätigkeit den Ethikkommissionen gesetzlich übertragen worden ist, wodurch eine zunehmende Rollenverschiebung vom

---

665 In den Hochschulen sind auf Fakultätsebene insbesondere die akademischen Konsequenzen zu berücksichtigen.

666 Ist vor der Untersuchungskommission zu Unrecht der Verdacht erhoben worden, ein Wissenschaftler habe sich ein wissenschaftliches Fehlverhalten zu Schulden kommen lassen, trifft die Einrichtungsleitung die notwendigen Rehabilitationsmaßnahmen.

667 HRK, Empfehlungen des 185. Plenums vom 6. Juli 1998 zum Umgang mit wissenschaftlichem Fehlverhalten in den Hochschulen, Ds. Nr. 1 85/9 HRK, unter C. IV. 2. i), wonach die HRK ihren Mitgliedshochschulen empfiehlt, die Akten der förmlichen Untersuchung 30 Jahre aufzubewahren.

668 So auch BVerwGE 102, 304 (307).

669 *Höhne*, Rechtsprobleme der Lauterkeit in der Forschung, S. 107.

670 Vgl. zum Tätigkeitsbereich insgesamt §§ 40 ff. Arzeneimittelgesetz, § 20 Medizinproduktegesetz, § 28 g Röntgenverordnung, §§ 8, 9 Transfusionsgesetz, § 92 Strahlenschutzverordnung.

671 *Sobota*, AöR 121 (1996), S. 229 (239).

Selbstkontrollorgan der Forschung hin zu einer Behörde stattgefunden hat.[672] Die hochschulischen Senats- und Leitungskommissionen sind dagegen reine Selbstkontrollorgane der Wissenschaft, denen allenfalls unter Rekurs auf den Zuweisungsgehalt einer vorhandenen satzungsrechtlichen Verfahrensordnung Behördeneigenschaft zugeschrieben werden könnte. Die vorausgegangene Betrachtung der Verfahrensregelwerke hat jedoch auch gezeigt, dass die Art der Implementierung forschungsinterner Verfahren mehr oder weniger durch die Ausdifferenzierung des deutschen Wissenschaftssystems mitbestimmt ist, da sie keineswegs in allen Hochschulen oder gar allen öffentlich-rechtlich verfassten Forschungseinrichtungen in gleicher Weise vonstatten gegangen ist. So beruht die Satzungseigenschaft der hochschulischen Verfahrensordnung mehr oder weniger zufällig darauf, dass die Hochschulen über Satzungsgewalt verfügen. sagt aber nichts darüber aus, dass hier eine Übertragung öffentlicher Aufgaben stattgefunden hat.

Darüber hinaus sind die Merkmale der Regelung und der Außenwirkung hochschulischer Kommissionsvoten problematisch. Unbestritten wird von den Voten der Verfahrensgremien de facto – nicht de jure – das Schicksal nachfolgender Sanktionsentscheidungen mitbestimmt. Ihr Ausgang beinhaltet aufgrund der Tatsachenfeststellung durch Experten ein Faktum mit erheblichem Gewicht für nachfolgende wissenschaftliche und auch rechtliche Prüfungsverfahren.[673] Dennoch kann ihnen eingedenk des forschungsrelevanten Eingriffs in die grundrechtlich geschützte Wissenschaftsfreiheit, zwar rechtliche Bedeutung aber keine rechtliche Verbindlichkeit im Sinne einer Verpflichtung zur Sanktionierung oder jedenfalls einer Feststellungswirkung für nachfolgende Sanktionsmaßnahmen beigemessen werden.[674] Die Kommissionen bewerten nach forschungsethischen Gesichtspunkten, treffen aber keine rechtsverbindlichen Entscheidungen über das Schicksal der Behandlung eines Fehlverhaltenssachverhalts. Selbst eine Feststellung zum Verfahrensabschluss kann mangels Rechtsverbindlichkeit nicht als Regelungswirkung angesehen werden.[675] Die Außenwirkung des Handelns scheitert daran, dass sie in Bezug auf ein weiteres

672 Vgl. *Taupitz*, Biomedizinische Forschung zwischen Freiheit und Verantwortung, S. 85; Die Beratungspflicht ist durch Landesgesetz vorgeschrieben oder in die Kammersatzungen der Landesärztekammern übernommen worden, zudem verlangen mehrere spezialgesetzliche Bestimmungen ein Votum der Ethikkommissionen für Forschungsvorhaben. Vgl. auch *Böse*, MedR 2002, S. 244 (246). A.a. *Rupp*, in: Kästner/Nörr/Schlaich (Hrsg.), Festschrift für Heckel zum siebzigsten Geburtstag, S. 839 (850 ff.).

673 *Grunwald*, in: Hanau/Leuze/Löwer/Schiedermaier, Wissenschaftsrecht im Umbruch, Gedächtnisschrift für Krüger, S. 127 (140).

674 So *Rupp*, in: Anderbrügge/Epping/Löwer (Hrsg.), Dienst an der Hochschule: Festschrift für Leuze, S. 437 (447). Den Eingriff ablehnend *Kleindiek*, JZ 1993, S. 996 (997).

675 A.A. wohl *Höhne*, Rechtsprobleme bei der Kontrolle der Lauterkeit in der Forschung, S. 139. Vgl. zu der Parallelsituation der Ethikkommissionen, *Sobota*, AöR 121 (1996), S. 229, (240 f.); *Classen*, MedR 1995, S. 148 (149); *Wilkening*, Der Hamburger Sonderweg im System der öffentlich-rechtlichen Ethik-Kommissionen Deutschlands, S. 57 ff.; *Stamer*, Die Ethik-Kommissionen in Baden-Württemberg, S. 111 ff.

Tätigwerden der Hochschulleitung nur vorbereitenden Charakter hat.[676] Damit ist das Handeln der hochschulischen Untersuchungskommissionen als schlicht öffentliches Verwaltungshandeln in Form von Sachäußerungen und Empfehlungen zu qualifizieren.

Hinsichtlich der mehr oder weniger stark verselbständigten untersuchungsverantwortlichen Personen und Gremien privater Einrichtungen scheidet ein Verwaltungsaktcharakter gänzlich aus. Während nämlich die hochschulischen Gremien in ein Organisationsgeflecht von korporativen Trägern hoheitlicher Gewalt eingebunden sind, beruhen die Verfahrensgremien privatrechtlich organisierter Einrichtungen auf privatem Engagement der Trägereinrichtung, welches auf Vereinsnormen zuzüglich rechtsgeschäftlicher Unterwerfung der nicht erfassten Mitarbeiter oder rein arbeitsvertragliche Verfahrensrichtlinien zurückzuführen sind. Die mitunter gewählte Bezeichnung des Vereinsverwaltungsakts für Vereinsstrafen vermag hierüber nicht hinwegzutäuschen.[677]

Voten des vereinsintern zuständigen Untersuchungsausschusses der DFG oder der Sonderkommission der MPG könnten auf den ersten Blick den Charakter einer Vereinsstrafe aufweisen. Insofern sei jedoch bemerkt, dass weder Unterausschuss noch die MPG-Kommission selbst über eine kritische Stellungnahme hinausgehenden Sanktionen verhängt. Dies bleibt nach der Verfahrensordnung dem DFG-Hauptausschuss beziehungsweise dem Präsidenten der MPG vorbehalten.[678] Die Voten sind daher privatrechtliche Gutachten interner Natur gegenüber den Vereinsorganen, denen die Kommissionen zuzuordnen sind. Dagegen können Sanktionsentscheidungen des Hauptausschusses der DFG – im Anschluss an die Normtheorie und in Abkehr von einem rein vertraglichen Verständnis – als Vereinsstrafen werden. Es handelt sich dabei nicht nach § 339 ff. BGB um Vertragsstrafen, sondern um das eigenständige vereinsrechtliche Institut einer vereinsinternen Sanktionsentscheidung, die legitimiert durch den Grundsatz der Vereinsautonomie als Durchsetzungsmittel einer privatautonom gesetzten Gruppenordnung funktioniert.[679]

Die getroffene Einschätzung hinsichtlich der Gremienfeststellungen gilt ähnlich für die externen Dachverbandsgremien der WGL und FVB. Beide beraten die Leitungsverantwortlichen der Mitgliedseinrichtungen des Verbands als schlichte Verbandsinterne Aufgabenwahrnehmung. Der Vereinsverband übt gegenüber den Mitgliedseinrichtungen in diesem Zusammenhang keine Verbandsgewalt aus, da es der Sache nach um die Beurteilung des Handelns der Mitgliedseinrichtung angehören-

---

676 *Hartmann*, Grundsätze guter wissenschaftlicher Praxis unter qualitätssicherungs- und rechtsfolgenbezogenem Blickwinkel, S. 254 f.

677 Zu dieser Terminologie vgl. *Meyer-Cording*, Die Vereinsstrafe, S. 75 f.

678 DFG, Verfahrensordnung zum Umgang mit wissenschaftlichem Fehlverhalten, beschlossen durch den Hauptausschuss am 26. Oktober 2001, unter II. 2. c); MPG, Verfahrensordnung bei Verdacht auf wissenschaftliches Fehlverhalten, beschlossen vom Senat der MPG am 14.11. 1997, geändert am 24.11.2000, unter II. 2. c) und d).

679 BGH, ZIP 2003, S. 343 (344); *Steffen*, in: BGB-RGRK, § 25 Rn. 13; *Heinrichs*, in: Palandt (Begr.), BGB, Vorb v. § 339 Rn. 7; *Rieble*, in: Staudinger, BGB, Vorbem. zu § 339 ff. Rn. 26.

den Einzelmitglieder nicht um die Mitgliedseinrichtungen selbst geht und die Mitgliedseinrichtungen dem Votum der Dachverbandskommission nach Maßgabe der Verfahren nicht folgen müssen.

Die Entscheidungen der Sonderkommissionen von WTR und Geschäftsführung der Großforschungseinrichtungen sind ebenfalls gutachterliche Beratungsvoten, die keine spezifische rechtsformabhängige Rechtsnatur aufweisen.

G. Exkurs: Das Verfahren vor dem Ombudsman der DFG

Die Tätigkeit von Ombudsleuten ist außerhalb ihres Einsatzes in Voruntersuchung informal geprägt. Einschlägige Verfahrensordnungen existieren nicht. Lediglich die Ausgestaltung des Verfahrens vor dem Ombudsman der DFG folgt spezifischen Verfahrensgrundsätzen. Auf diese soll hier stellvertretend für die Vielzahl von Ombudsgremien an deutschen Forschungseinrichtungen ergänzend eingegangen werden.

I. Verfahrensgrundsätze

Der Ombudsman handelt ebenso wie die Untersuchungsgremien nach den grundlegenden aus der Verfassung ableitbaren Verfahrensgarantien. In der Verfahrensordnung sind diese umschrieben mit Vertraulichkeit, Fairness und Transparenz.[680]

Wichtigster Verfahrensgrundsatz und in besonderem Maße zum Gelingen des Auftrags des Ombudsmans der DFG beitragender Grundsatz ist der Grundsatz der Vertraulichkeit. Gemäß der Verfahrensordnung des Ombudsmans der DFG müssen sich alle Beteiligten eines Verfahrens verpflichteten, die Vertraulichkeit zu wahren.[681] Dazu zählt insbesondere die Verpflichtung, eine von einem Beteiligten geäußerte Meinung oder eine Empfehlung hinsichtlich der möglichen Beilegung der Angelegenheit sowie Vorschläge oder Äußerungen des Ombudsmans der DFG und seiner Mitglieder oder Mitarbeiter und schließlich auch den Umstand, dass ein Beteiligter zugestimmt oder nicht zugestimmt hat, eine vom Ombudsman vorgeschlagene Lösung anzunehmen, nicht in einem späteren Verfahren als Beweismittel einzuführen.[682] Darüber hinaus wird im Sinne eines antizipierten Beweismittelverzichts als zweites wichtiges Element dieses Schutzes verlangt, dass die Beteiligten weder andere Verfahrensbeteiligte noch den Ombudsman oder seine Mitglieder oder Mitarbeiter in einem späteren Verfahren als Zeugen für die Vorgänge während des Om-

---

680 Verfahrensgrundsätze des Ombudsmans der DFG, unter Punkt II. erhältlich unter: http://www1.uni-hamburg.de/dfg_ombud//verfahren.html (15.02.2007).

681 Verfahrensgrundsätze des Ombudsmans der DFG, unter Punkt IV. 1. erhältlich unter: http://www1.uni-hamburg.de/dfg_ombud//verfahren.html (15.02.2007).

682 Verfahrensgrundsätze des Ombudsmans der DFG, unter Punkt VII. 1. erhältlich unter: http://www1.uni-hamburg.de/dfg_ombud//verfahren.html (15.02.2007).

budsverfahrens benennen.[683] Gemeint sind jeweils gerichtliche Verfahren oder andere Verfahren im Zusammenhang mit den bei dem Ombudsman erörterten Problemen. Die Verfahrensregel wurde aufgestellt, nach dem das LG Bonn dem Ombudsman die Rolle eines Schiedsgutachters zubilligt hat, der nicht Gefahr laufen soll, seine Einschätzungen vor einem staatlichen Gericht verteidigen zu müssen[684] oder für ein gerichtliches Verfahren instrumentalisiert zu werden. Das Gericht hat zugleich ein Akteneinsichtsgesuch ebenfalls unter Hinweis auf die Funktion und die Vermittlerrolle des Ombudsmans abgelehnt.[685] Akteneinsicht wird demnach im Regelfall nicht gewährt. Von dieser Regel kann unter der Voraussetzung, dass alle Beteiligten der Gewährung einer Akteneinsicht zustimmen, abgewichen werden.[686]

Gewünschte Anonymität des Anrufenden ist auch im Ombudsverfahren in Relation zu den Interessenwahrungsmöglichkeiten der anderen Beteiligten zu setzen. Dabei ist nicht nur die Verteidigungsmöglichkeit eines Beschuldigten in Abhängigkeit von der Art des angezeigten Fehlverhaltens sondern auch das angestrebte Verfahrensziel für die Gewährleistung von Anonymität von Relevanz. Die Schlichtung zwischen zwei Parteien ist nur bei beiderseitiger Kenntnis der Identität möglich.[687]

Die Veröffentlichung von anonymisierten und abstrahierten Darstellungen der Ombudsmanfälle erfolgt aus Gründen der Prävention und der präzisierten Standardbildung in den Jahresberichten und demnächst in einer öffentlich zugänglichen Datenbank des Ombudsmans.

II. Allgemeine Verfahrensvoraussetzungen

1. Örtliche Zuständigkeit

Die örtliche Zuständigkeit ist in der Verfahrensordnung des Ombudsmans nicht geregelt. Sie erstreckt sich unstreitig jedenfalls auf die Vorkommnisse, die sich auf dem Territorium der Bundesrepublik Deutschland ereignen. Dies gilt unabhängig davon, ob die beteiligten Wissenschaftler und Institutionen deutscher Nationalität oder anderer Herkunft sind.

683 Verfahrensgrundsätze des Ombudsmans der DFG, unter Punkt VII. 1. erhältlich unter: http://
     www1.uni-hamburg.de/dfg_ombud//verfahren.html (15.02.2007).
684 LG Bonn, NJW 2002, S. 3260 (3261).
685 LG Bonn, NJW 2002, S. 3260 (3262).
686 Verfahrensgrundsätze des Ombudsmans der DFG, unter Punkt IV. 2. erhältlich unter: http://
     www1.uni-hamburg.de/dfg_ombud//verfahren.html (15.02.2007).
687 Verfahrensgrundsätze des Ombudsmans der DFG, unter Punkt V. 3. erhältlich unter: http://
     www1.uni-hamburg.de/dfg_ombud//verfahren.html (15.02.2007).

2. Sachliche Zuständigkeit

Den Verfahrensgrundsätzen des Ombudsmans der DFG ist zu entnehmen, dass der Ombudsman beratend, unterstützend und vermittelnd tätig wird, wenn jemand sich von wissenschaftlichem Fehlverhalten betroffen sieht. [688] Diese Formulierung eröffnet dem Ombudsman eine unverstellte Sicht auf die gesamte Bandbreite von Problematiken, die aus dem Wissenschaftsbetrieb an ihn herangetragen werden. Seine Zuständigkeit ist nicht wie die der Untersuchungsgremien auf die harten Verdachtsfälle im Sinne der Fehlverhaltensdefinition beschränkt, sondern bezieht sich auch auf sonstige Verstöße gegen gute wissenschaftliche Praxis.[689] Andernfalls würde es seine Funktion als Einrichtung, die das öffentliche Vertrauen in die deutsche Forschung und das Funktionieren von deren Selbstkontrollmechanismen grundlegend sichern und demonstrieren soll[690], nicht erfüllen können. Eingeschlossen sind aber auch Kommunikationskonflikte, die weniger auf einer Unredlichkeit als auf einem gestörten persönlichen und beruflichen Verhältnis zwischen den Beteiligten beruhen. Die mangelnde Akzeptanz von Vermittlungsbemühungen und das hohe Fallaufkommen in diesem Bereich, lassen über einen Ausschluss dieser Fälle aus dem Zuständigkeitsbereich nachdenken.[691]

3. Einleitung des Verfahrens - Anrufung

Das Verfahren vor dem Ombudsman wird durch Anrufung eingeleitet.[692] Die Anrufung erfolgt durch Mitteilung aller Tatsachen, die nach Auffassung des Anrufenden ein wissenschaftliches Fehlverhalten begründen können oder vermuten lassen. Dabei kann sich der Anrufende an jedes der drei Mitglieder des Gremiums wenden.[693] Das angerufene Mitglied informiert die übrigen Mitglieder und leitet die zur Verfügung gestellten schriftlichen Unterlagen weiter, sofern der Anrufende nicht ausdrücklich etwas anderes wünscht.

---

688 Verfahrensgrundsätze des Ombudsmans der DFG, unter Punkt I. 1. erhältlich unter: http://www1.uni-hamburg.de/dfg_ombud//verfahren.html (15.02.2007).

689 Ombudsman der DFG, Zum Umgang mit wissenschaftlichem Fehlverhalten – Abschlussbericht der ersten sechs Jahre Ombudsarbeit, S. 6 f.

690 Erläuterung zu Empfehlung 16 der Kommission „Selbstkontrolle in der Wissenschaft", in: DFG, Sicherung guter wissenschaftlicher Praxis, Denkschrift, S. 24.

691 Ombudsman der DFG, Zum Umgang mit wissenschaftlichem Fehlverhalten – Abschlussbericht der ersten sechs Jahre Ombudsarbeit, S. 7.

692 Verfahrensgrundsätze des Ombudsmans der DFG, Punkt III., erhältlich unter: http://www1.uni-hamburg.de/dfg_ombud//verfahren.html (15.02.2007).

693 Der Anrufung geht häufig eine erste Kontaktaufnahme mit der Geschäftsstelle des Ombudsman voraus.

III. Ausgestaltung und Ablauf des Verfahrens

1. Erstberatung der Kommission

Nach der Anrufung berät der Ombudsman über die Möglichkeit wissenschaftlichen Fehlverhaltens in der vorgetragenen Angelegenheit und über das weitere Vorgehen.[694] Dabei kann sich herausstellen, dass das Gremium zu der Überzeugung gelangt, dass seine Zuständigkeit nicht gegeben ist oder dass das Vorliegen wissenschaftlich Fehlverhaltens sicher auszuschließen ist. In solchen Fallgestaltungen unterrichtet der Ombudsman der DFG den Anrufenden sogleich von dem Ergebnis seiner Beratung und beendet das Verfahren unter Verweis an eine zuständige Institution. Die flexible Handhabung schließt auch den Verweis an ein lokales Ombudsgremium nicht aus, wenn der Anrufende auf die Distanz zum örtlichen Geschehen nicht angewiesen ist.[695]

2. Stellungnahme des Beschuldigten und Anhörung

Im nächsten Schritt bittet der Ombudsman den Beschuldigten um eine Stellungnahme, sofern der Anrufende sich mit der Kontaktaufnahme einverstanden erklärt. Entweder schließt sich daran eine Bewertung des Falls an oder der Ombudsman hört die Beteiligten eines Verfahrens noch mal an. Je nach Sachverhalt kann er zu mündlichen Gesprächen laden, um den Fall in der Diskussion einer Lösung zuzuführen. Er kann sowohl Einzelgespräche als auch gemeinsame Gespräche mit den Beteiligten führen.[696] Bei fehlender fachlicher Kompetenz zieht das Gremium Sachverständige hinzu.

3. Verfahrensabschluss und Handhabung durch das Ombudsgremium

Das Verfahren vor dem Ombudsman der DFG findet im Idealfall seinen Abschluss in einer erfolgreichen Vermittlung zwischen den Beteiligten. Dies kann im Wege eines interessenausgleichenden Einigungsvorschlages geschehen, den die Beteiligten in eine Vereinbarung über die zukünftige Handhabung der Angelegenheit übersetzen. Aber auch wenn sich eine Einigungslösung nicht herbeiführen lässt, unterzieht der Ombudsman der DFG die Angelegenheit und die widerstreitenden Positionen einer abschließenden Bewertung, die er den Beteiligten mitteilt. Dieses Vorgehen

---

694 Verfahrensgrundsätze des Ombudsmans der DFG, unter Punkt V.1. erhältlich unter: http://www1.uni-hamburg.de/dfg_ombud//verfahren.html (15.02.2007).
695 Ombudsman der DFG, Zum Umgang mit wissenschaftlichem Fehlverhalten – Abschlussbericht der ersten sechs Jahre Ombudsarbeit, S. 7.
696 Verfahrensgrundsätze des Ombudsmans der DFG, unter Punkt V. 3. erhältlich unter: http://www1.uni-hamburg.de/dfg_ombud//verfahren.html (15.02.2007).

wird von den Beteiligten nicht nur erwartet, sondern dient auch der Annäherung der Positionen.

Bedarf es zum Schutze oder zur Rehabilitation eines Beteiligten der öffentlichen Stellungnahme, kann sich Ombudsman im Einzelfall und unter Abwägung aller Interessengesichtspunkte auch öffentlich zu den Vorkommnissen äußern.[697]

Ergibt sich im Laufe des Verfahrens ein begründeter Anfangsverdacht wissenschaftlichen Fehlverhaltens, regt der Ombudsman die Durchführung eines förmlichen Untersuchungsverfahrens bei den betroffenen Institutionen an. Steht der Fall in einem Bezug zur DFG, kann de Fall direkt an den Ausschuss zur Untersuchung wissenschaftlichen Fehlverhaltens der DFG weitergeleitet werden. Nachteilig wirkt sich hier die fehlende Möglichkeit zur Einflussnahme auf das weitere Vorgehen in den Institutionen aus, da die institutionelle Verantwortung nicht immer umfassend wahrgenommen wird.[698]

H. Rechtsfolgen wissenschaftlichen Fehlverhaltens - Sanktionierung

Die Rechtsfolgen wissenschaftlichen Fehlverhaltens können in wissenschaftsspezifische Konsequenzen einerseits sowie in die auf wissenschaftliche Fehlverhaltensfälle ebenso wie auf eine Vielzahl anderer Verhaltensweisen anwendbaren Sanktionen der allgemeinen Rechtsordnung andererseits unterteilt werden. Die verfahrensverantwortlichen Institutionen besitzen die Befugnis zur Verhängung wissenschaftseigener Sanktionsmaßnahmen.

Eine Tatbestandswirkung der Gremienvoten hinsichtlich des festgestellten Sachverhalts ist für sämtliche Nachfolgeentscheidungen zu verneinen. Eine solche Wirkung geht nur von Verwaltungsakten aus, die keinen feststellenden Inhalt haben, bezieht sich aber auch dann nur auf die bloße Existenz dieser Maßnahmen.[699] Eine regelrechte Feststellungswirkung, die auch an die tragenden tatsächlichen Feststellungen eines Verwaltungshandelns bindet, müsste spezialgesetzlich vorgesehen sein.[700]

697 Verfahrensgrundsätze des Ombudsmans der DFG, unter Punkt V. 6. erhältlich unter: http://www1.uni-hamburg.de/dfg_ombud//verfahren.html (15.02.2007).
698 Ombudsman der DFG, Zum Umgang mit wissenschaftlichem Fehlverhalten – Abschlussbericht der ersten sechs Jahre Ombudsarbeit, S. 7, 18 ff.
699 Ausführlich zur Bindungswirkung *Hartmann*, Grundsätze guter wissenschaftlicher Praxis unter qualitätssicherungs- und rechtsfolgenbezogenem Blickwinkel, S. 258 f.
700 Vgl. *Maurer*, Allgemeines Verwaltungsrecht, § 11 Rn. 8 f.

I. Wissenschaftsspezifische Sanktionsmaßnahmen

1. „Weiche Sanktionen" der Verfahrensgremien

Zu den weichen Sanktionen der Verfahrensgremien kann man neben der tatsächlich schon belastenden Durchführung des Verfahrens insbesondere die kritischen Stellungnahme der Untersuchungsgremien zu einzelnen Verhaltensweisen während des Vorprüfungsverfahrens oder der förmlichen Untersuchung sowie in den abschließenden Untersuchungsberichten zählen.[701] Die Kritik wird nicht selten mit nicht minder belastenden Maßnahmeempfehlungen verknüpft.[702] Meist sind dies nur die ersten Reaktionen auf Fehlverhaltensweisen, bei singulären leichteren Verstößen kann es aber im Einzelfall aber auch geboten sein, von einer nachfolgenden Verhängung harter Sanktionen abzusehen. Die Berechtigung zur kritischen Betrachtung der Verhaltensweisen folgt aus der Einordnung der Maßstäbe guter wissenschaftlicher Praxis als öffentlich-rechtliche oder privatrechtliche Nebenpflichten verbeamteter oder privatvertraglich gebundener Wissenschaftler.[703]

Selbst die Arbeit von Ombudsgremien entfaltet in diesem Sinne mitunter Sanktionswirkung, obwohl es sich nicht um primäre Untersuchungsgremien handelt und sie nach der Zuständigkeitsverteilung in den Einrichtungen selten über die Kompetenz verfügen, wissenschaftliches Fehlverhalten festzustellen oder die Nichteinleitung eines förmlichen Untersuchungsverfahrens zu begründen.[704]

2. Wissenschaftsspezifische Sanktionen der Forschungseinrichtungen

Wissenschaftsspezifische Sanktionen der Forschungseinrichtungen reichen von der Ermahnung des Betroffenen durch den Einrichtungsleiter über die öffentliche Rüge oder die offizielle Unterrichtung anderer Einrichtungen – wie beispielsweise anderer betroffener Forschungseinrichtungen, Wissenschafts- und Standesorganisationen[705], Auflagen zur Korrektur von Publikationen bis hin zum Ausschluss von internen Forschungsförderungsverfahren vor.

Darüber hinaus kann es sein, dass wissenschaftliche Publikationen, die aufgrund des wissenschaftlichen Fehlverhaltens fehlerbehaftet sind, zurückgezogen werden

---

701 Ausführlich *Schulze-Fielitz*, WissR Bd. 37 (2004), S. 100 (119 ff.).
702 BVerfGE 102, 304 (311 f.); *Muckel*, in: Hanau/Leuze/Löwer/Schiedermair (Hrsg.), Wissenschaftsrecht im Umbruch. Gedächtnisschrift für Hartmut Krüger, S. 275 (290).
703 *Schulze-Fielitz*, WissR Bd. 37 (2004), S. 100 (120); *Grunwald*, in: Hanau/Leuze/Löwer/Schiedermaier, Wissenschaftsrecht im Umbruch, Gedächtnisschrift für Krüger, S. 127 (138).
704 *Muckel*, in: Hanau/Leuze/Löwer/Schiedermair (Hrsg.), Wissenschaftsrecht im Umbruch. Gedächtnisschrift für Hartmut Krüger, S. 275 (281).
705 Z.B. MPG, Anlage 2 der Verfahrensordnung bei Verdacht auf wissenschaftliches Fehlverhalten, beschlossen vom Senat der MPG am 14.11.1997, geändert am 24.11.2000, abgedruckt in: MPG, Verantwortliches Handeln in der Wissenschaft, Analysen und Empfehlungen, S. 127 ff.

müssen. Soweit die Veröffentlichung bereits erfolgt ist, sind fehlerhafte Beiträge durch Widerruf richtig zu stellen. Hierzu sind die beteiligten Autoren und Herausgeber verpflichtet.

3. Förderungsspezifische Sanktionsmaßnahmen der DFG

Bei der DFG kommen neben den Möglichkeiten der Forschungseinrichtungen weitere Maßnahmen zum Einsatz, die an das konkrete Förderungsverhältnis anknüpfen, in Betracht. Zu den laut Verfahrensordnung zu verhängenden Maßnahmen zählen die schriftliche Rüge des Betroffenen, der Ausschluss von der Antragsberechtigung bei der DFG – je nach Schweregrad des wissenschaftlichen Fehlverhaltens – für ein bis acht Jahre, die Rücknahme von Förderentscheidungen[706], die Aufforderung des Betroffenen, eine inkriminierten Veröffentlichung zurückzuziehen oder falsche Daten zu berichtigen oder den Hinweis auf den Rückruf der Fördermittel durch die DFG in die inkriminierte Veröffentlichung aufzunehmen, sowie der Ausschluss von einer Tätigkeit als Gutachter bzw. in den Gremien der DFG und schließlich die Aberkennung des aktiven und passiven Wahlrechts für die Organe und Gremien der DFG.[707]

II. Nachfolgende Sanktionsmaßnahmen der allgemeinen Rechtsordnung

Die Verfahrensregeln enthalten darüber hinaus Kataloge möglicher Konsequenzen bei Vorliegen wissenschaftlichen Fehlverhaltens, die nach geltendem Recht anwendbaren Maßnahmen aufzeigen und den Einrichtungen als Orientierungshilfe dienen sollen.[708] Es handelt sich um Reaktionen, die keinen spezifischen wissenschaftseigenen Charakter aufweisen, sondern um solche, die von den konkret durch wissenschaftliches Fehlverhalten betroffenen Interessengruppen ausgehen können und je nach Rechtsnatur des Beziehungsverhältnisses bestimmte Ausgleichsinteressen verfolgen.[709] Sie werden in gesetzlich geregelten rechtsstaatlichen Entscheidungsverfahren getroffen, welche ein Anknüpfen an die Feststellungen der Untersuchungsgremien regelmäßig nicht voraussetzen, aber im Rahmen der Ermittlung der Tatsa-

---

706 Durch gänzlichen oder teilweisen Widerruf der Bewilligung, Rückruf von bewilligten Mitteln und Rückforderung bereits verausgabter Mittel.

707 DFG, Verfahrensordnung zum Umgang mit wissenschaftlichem Fehlverhalten, beschlossen durch den Hauptausschuss am 26. Oktober 2001, unter II. 2. c).

708 Z.B. MPG, Anlage 2 der Verfahrensordnung bei Verdacht auf wissenschaftliches Fehlverhalten, beschlossen vom Senat der MPG am 14.11.1997, geändert am 24.11.2000, abgedruckt in: MPG, Verantwortliches Handeln in der Wissenschaft, Analysen und Empfehlungen, S. 127 ff.

709 *Schmidt-Aßmann*, NVwZ 1998, S. 1225 (1229).

chengrundlage sinnvoll erscheinen lassen.[710] Die möglichen Sanktionen lassen sich grob in arbeits- und beamtenrechtliche Konsequenzen, akademische Konsequenzen, zivilrechtliche Konsequenzen, strafrechtliche Konsequenzen und den Widerruf von wissenschaftlichen Publikationen unterteilen.[711]

1. Arbeits- und dienstrechtliche Sanktionen

Arbeits- und dienstrechtliche Sanktionen sind einschlägig, wenn der Betroffene zugleich Beschäftigter der Einrichtung ist, die das Fehlverhalten untersucht.

Im Angestelltenverhältnis kann der Arbeitgeber die Verletzung arbeitsvertraglicher Pflichten mit einer verhaltensbedingten ordentlichen oder außerordentlichen Kündigung ahnden.[712] In minder schweren (Erst-)Fällen wissenschaftlichen Fehlverhaltens ist der Ausspruch einer Abmahnung angezeigt.[713]

Ist wegen der besonderen Schwere oder Anzahl der Pflichtverstöße eine außerordentliche Kündigung die adäquate Sanktionsmaßnahme, stellt das Erfordernis der Einhaltung der Zwei-Wochen-Frist des § 626 Abs. 2 BGB eine besondere Hürde für den sanktionierenden Arbeitgeber dar.[714] Ein Untersuchungsverfahren zur Aufklärung eines Fehlverhaltensverhaltens nimmt selbst bei zügiger Verfahrensführung einen längeren Zeitraum als die für die Umsetzung des Kündigungsentschlusses eingeräumte zweiwöchige Frist in Anspruch, sodass das Abwarten des Kommissionsvotums von einem nicht unerheblichen Risiko der Fristversäumung begleitet wird. Grundsätzlich beginnt die Frist mit dem Zeitpunkt zu laufen, zu dem der Kündigungsberechtigte von den für die Kündigung maßgebenden Tatsachen Kenntnis erlangt. Demnach setzt ein Verdacht, der sich erst durch die Arbeit der Untersuchungskommission auf eine manifeste Tatsachengrundlage stützen lässt, die Frist nicht vor Feststellung des wissenschaftlichen Fehlverhaltens durch das Gremium

---

710 *Schulze-Fielitz*, WissR 2004, S. 100 (119) spricht von den Ombuds- und Untersuchungsverfahren als akademischen „Durchgangsstationen".

711 Strafrechtliche und zivilrechtliche Sanktionen sind anschaulich behandelt bei *Stegemann-Boehl*, Fehlverhalten von Forschern, S. 83 ff., 105 f., 108 f., 159 ff., 175 ff., 186 ff.; *dies.*, WissR 1996, S. 139 (143 ff.).

712 Arbeitsvertraglich zur Erbringung von Forschungsleistungen beschäftigte Arbeitnehmer sind zur Einhaltung der Grundsätze guter wissenschaftlicher Praxis verpflichtet. Zu den betroffenen arbeitsrechtlichen Pflichtentatbeständen ausführlich *Hartmann*, Grundsätze guter wissenschaftlicher Praxis unter qualitätssicherungs- und rechtsfolgenbezogenem Blickwinkel, S. 228 ff.

713 Vgl. auch MPG, Anlage 2 der Verfahrensordnung bei Verdacht auf wissenschaftliches Fehlverhalten, beschlossen vom Senat der MPG am 14.11.1997, geändert am 24.11.2000, abgedruckt in: MPG, Verantwortliches Handeln in der Wissenschaft, Analysen und Empfehlungen, S. 127.

714 Zum Folgenden MPG, Anlage 2 der Verfahrensordnung bei Verdacht auf wissenschaftliches Fehlverhalten, beschlossen vom Senat der MPG am 14.11.1997, geändert am 24.11.2000, abgedruckt in: MPG, Verantwortliches Handeln in der Wissenschaft, Analysen und Empfehlungen, S. 127 f.

und Mitteilung an die Leitung der betroffenen Forschungseinrichtung in Gang. Demgegenüber ist mit zunehmender Dringlichkeit des Tatverdachts im Anfangsstadium der Verlautbarungen, die Gefahr eines vorzeitigen Fristbeginns gegeben. Der Arbeitgeber ist in diesen Fällen gezwungen innerhalb der Kündigungsfrist, eine Verdachtskündigung auszusprechen, um der Gefahr der Fristversäumung vorzubeugen. Die Wirksamkeit der Verdachtskündigung setzt insbesondere eine vorherige Anhörung des Mitarbeiters zu den vorliegenden konkreten Indizien voraus.[715] Diese kann unter Beteiligung der Untersuchungskommission erfolgen.

Fehlverhalten verbeamteter Forscher beinhaltet eine Verletzung der beamtenrechtlichen Pflicht zur gewissenhaften Aufgabenerfüllung. Der Verstoß zieht disziplinarrechtliche Konsequenzen gemäß den Landesdisziplinargesetzen nach sich, welche von einer bloßen Warnung oder einem Verweis bis hin zu Geldbußen, Gehaltskürzungen und der Entfernung aus dem Dienst reichen können.[716]

2. Akademische Sanktionen

Akademische Konsequenzen bilden die Schnittstelle zwischen wissenschaftsspezifischen und allgemeinen Sanktionen. Sie beinhalten den Entzug akademischer Grade, insbesondere des Entzug des Doktorgrades oder den Entzug der Venia legendi durch diejenigen Körperschaften, die den jeweiligen Grad verliehen hat. Zuständig ist je nach landesspezifischem Regelungskanon der Promotionsausschuss bzw. der Habilitationsausschuss oder der Fachbereich.[717] Materiellrechtlich ist die Entziehung an speziellen Landesvorschriften, etwa der jeweils geltenden Promotions- bzw. Habilitationsordnung bzw. dem als Landesrecht fortgeltenden § 4 Abs. 1 des Gesetzes über die Führung akademischer Grade (GfaG)[718], oder an § 48 LVwVfG zu messen.[719] Voraussetzung für die Entziehung ist, dass das Fehlverhalten für die Verleihung ursächlich und diese damit rechtswidrig war[720], oder dass sich der Träger als unwürdig zum Führen akademischer Grade erwiesen hat[721].

715 *Berkowsky*, in: Richardi/Wlotzke (Hrsg.), Münchener Handbuch zum Arbeitsrecht, Band 2, § 144 Rn. 6; eingehend *Hoefs*, Die Verdachtskündigung, S. 185 ff.
716 *Streiter*, WissR 37 (2004), S. 308 (317).
717 Vgl. VGH Baden-Würtemberg, DVBl. 2000, S. 1007; Hess. VGH, DVBl. 2000, S. 717 f., OVG NRW, NWVBl. 1992, S. 212 ff.
718 Zur Verfassungsmäßigkeit siehe BVerfG, Beschl. v. 30.11.1988, Az: 1 BvR 900/88 (unveröffentlicht); BVerwG, NVwZ 1992, S. 1201; *Thieme*, Deutsches Hochschulrecht, S. 386 ff.; *Starosta*, DÖV 1987, S. 1050 (1051 f.).
719 *Maurer*, in: Flämig u.a. (Hrsg.), Handbuch des Wissenschaftsrechts, S. 753 (776).
720 Vgl. VGH Baden-Würtemberg, DVBl. 2000, S. 1007.
721 OVG Berlin, NVwZ 1991, S. 188 ff.

3. Zivilrechtliche Sanktionen

Zivilrechtliche Sanktionen können je nach Fehlverhaltenssachverhalt und individueller Situation unterschiedlich ausgestaltet sein.[722] In Betracht kommen vor allem die Erteilung eines Hausverbots, die Geltendmachung von Herausgabeansprüchen gegen den Betroffenen (z.b. auf Herausgabe von entwendetem wissenschaftlichem Material etc.), die Geltendmachung von Beseitigungs- und Unterlassungsansprüchen aus Urheberrecht, Persönlichkeitsrecht, Patent- oder Wettbewerbsrecht[723], die Geltendmachung von Rückforderungsansprüchen von Stipendien, Drittmitteln oder anderen Zuwendungen[724] sowie die Geltendmachung von Schadensersatzansprüchen bei Personen- oder Sachschäden[725]. Nicht verkannt werden darf hier die Beweisführungsproblematik. Nur in den seltensten Fällen ist eine zivilrechtliche Sanktionierung lückenlos durchsetzbar.[726] Zur Lösung des Problems wurde die verstärkte Einführung von Vertragsstrafen im Verhältnis Autor oder Antragsteller gegenüber Förderungseinrichtung bzw. Fachzeitschrift angeregt, um eine Beweislastumkehr zu Lasten unredlicher Wissenschaftler zur erzielen.[727]

4. Strafrechtliche Sanktionen

Strafrechtliche Sanktionen kommen immer dann in Betracht, wenn der Verdacht besteht, dass wissenschaftliches Fehlverhalten zugleich strafrechtliche Tatbestände verletzt oder Ordnungswidrigkeiten erfüllt.[728] Sie setzten die Einschaltung der Strafverfolgungsbehörden voraus. Naheliegend ist die Verwirklichung von Straftatbeständen aus dem Bereich der Verletzung des persönlichen Lebens- und Geheimbereichs, wie das Ausspähen von Daten (§ 204 StGB) oder die Verwertung fremder

---

722 Zum Zivilrecht eingehend *Heldrich*, Freiheit der Wissenschaft – Freiheit zum Irrtum?, S. 28 ff., auch *Stegemann-Boehl*, WissR 1996, S. 139 (144 ff.); Zu den zivilrechtlichen Sanktionsmöglichkeiten der Förderorganisationen *Streiter*, WissR 37 (2004); S. 308 (319 ff.).

723 Ausführlich zum urheber- und persönlichkeitsrechtlichen Schutz wissenschaftlicher Werke *Stegemann-Boehl*, Fehlverhalten von Forschern, S. 127 ff.; *dies*, WissR 1996, S. 139 (149 ff.) mit weiteren Nennungen.

724 Wo die Zuwendungen von öffentlichen Stellen in Form von Verwaltungsakten gewährt werden, erfolgt wegen des Nichtvorliegens der Vergabevoraussetzungen bei Antragstellung eine Rücknahme des Leistungsbescheids, an die sich die Rückforderung der gewährten Leistungen anschließt, *Stegemann-Boehl*, WissR 1996, S. 139 (145).

725 Zur Haftungsprivilegierung aufgrund von Art. 5 Abs. 3 GG, *Heldrich*, Freiheit der Wissenschaft – Freiheit zum Irrtum, S. 46 ff.; Die Haftung des zur Erbringung von Forschungsleistungen verpflichteten Arbeitnehmers folgt den Besonderheiten der eingeschränkten Haftung im Arbeitsverhältnis, grundlegend *Otto/Schwarze*, Die Haftung des Arbeitnehmers.

726 *Stegemann-Boehl*, WissR 1996, S. 139 (148).

727 *Stegemann-Boehl*, Fehlverhalten von Forschern, S. 272 ff.; *dies.*, WissR 1996, S. 139 (157 ff.).

728 Eingehend *Stegemann-Boehl*, Fehlverhalten von Forschern; *dies.*, WissR 1996, S. 139 ff.; *Jerouschek*, GA 1999, S. 416 ff.

Geheimnisse (§ 204 StGB). Aus dem Bereich der Straftaten gegen das Leben und die körperliche Unversehrtheit sind insbesondere in der klinischen Forschung bei der Entwicklung von auf erfundenen oder gefälschten Daten basierenden Heilmethoden die Tatbestände der Fahrlässigen Tötung (§ 222 StGB) oder der Fahrlässigen Körperverletzung (§ 223, 229 StGB) sanktionsrelevant.[729] Für die Sanktionierung des Verwendens erfundener, gefälschter oder sonst manipulierter Daten stehen die Gruppe der Vermögensdelikte, mit Diebstahl (§ 242 StGB), Unterschlagung (§ 246 StGB), Betrug (§ 263 StGB), Subventionsbetrug (§ 264 StGB), Untreue (§ 266 StGB) und die Gruppe der Urkundsdelikte mit den Tatbeständen der Urkundenfälschung (§ 267 StGB) und der Fälschung technischer Aufzeichnungen (§ 268 StGB) zur Verfügung. Die verbreitetsten Fallkonstellationen sind das Einwerben und die Verwendung von Finanzmitteln und die Bewerbung auf Forschungsstellen.[730] Ferner kann wissenschaftliche Fehlverhalten den Tatbestand der Sachbeschädigung (§ 303 StGB), der Datenveränderung (§ 303a StGB) oder der im Urheberrechtsgesetz gesondert geschützten unerlaubte Verwertung urheberrechtlich geschützter Werke (§ 106 Urheberrechtsgesetz) erfüllen. Für den Leiter einer öffentlich-rechtlich organisierten Forschungseinrichtung kann sich die strafrechtrechtliche Verantwortlichkeit aus § 357 StGB, der Sondervorschrift für die Beteiligung an Amtsdelikten, wegen der Vernachlässigung von Aufsichtspflichten ergeben.[731] Ebenfalls unter dem Gesichtspunkt der Aufsichtspflichtverletzung kann sich jeder Instituts- oder Abteilungsleiter gemäß § 130 OWiG bußgeldpflichtig machen. Weitere einschlägige Straf- und Ordnungswidrigkeitentatbestände sind in forschungsrelevanten Spezialgesetzen, beispielsweise in §§ 95, 96 AMG, enthalten.[732]

Auch im strafrechtlichen Bereich ist die Durchsetzung dieser klassischen Sanktionen nicht selten erheblichen Beweisführungsschwierigkeiten ausgesetzt.[733]

5. Standesrechtliche Sanktionen

Gegen Forscher, die beispielsweise als Ärzte oder Rechtsanwälte Angehörige der freien Berufe sind, können überdies standesrechtliche Maßnahmen verhängt werden. Gegen Ärzte, die sich eines Verhaltens schuldig gemacht haben, aus dem sich die Unwürdigkeit oder die Unzuverlässigkeit zur Ausübung des ärztlichen Berufes ergibt, kommt nach §§ 5 Abs. 1 und 2, 3 Abs. 1 Nr. 2 Bundesärzteordnung (BÄO) die

---

729 *Stegemann-Boehl*, WissR 1996, S. 139 (144).
730 Zum Fehlverhalten in Bezug auf Drittmittelförderung *Streiter*, WissR 37 (2004), S. 308 (314 ff.).
731 Zur Strafbarkeit und Bußgeldpflichtigkeit von Verletzungen der Aufsichts- und Kontrollpflicht von Vorgesetzten vgl. *Jerouschek*, GA 1999, S. 416 (431 ff., 438 ff.).
732 *Hartmann*, Grundsätze guter wissenschaftlicher Praxis unter qualitätssicherdem und rechtsfolgenbezogenem Blickwinkel, S. 199 Fn. 594.
733 Eingehend *Stegemann-Boehl*, WissR 1996, S. 139 (146 ff.); *dies.*, Fehlverhalten von Forschern, S. 83 ff.

Rücknahme oder der Widerruf der Approbation in Betracht.[734] Der Widerruf wegen Unwürdigkeit erfordert als Entziehungstatbestand ein schwerwiegendes Fehlverhalten, welches die weitere Berufsausübung untragbar erscheinen lässt.[735] Jedenfalls solche wissenschaftlichen Verhaltensweisen, die zugleich einen oder mehrere schwere, eine Durchschnittsstraftat übersteigendes Unwerturteil übersteigende, Straftaten beinhalten, sind nach der Rechtsprechung geeignet, einen Widerruf der Approbation zu rechtfertigen.[736] Hinsichtlich der Unzuverlässigkeit ist eine Prognoseentscheidung in Bezug auf die künftige ordnungsgemäße Erfüllung der Berufspflichten vonnöten.[737]

III. Weiterführende Konsequenzen

Über die von der allgemeinen Rechtsordnung vorgesehen und in den institutionellen Verfahrensordnungen explizit niedergelegten Sanktionen für fehlerhaftes Verhalten in der Forschung hinaus können sich für den betroffenen Forscher, aber auch seine Forschungseinrichtung, weitergehende Konsequenzen anschließen. Diese visieren vordringlich andere Ziele als die Sanktionierung wissenschaftlichen Fehlverhaltens an und resultieren aus der Interferenz der wissenschaftlichen Verhaltensregeln mit der allgemeinen Rechtsordnung. Exemplarisch sei auf Qualitätssicherheitsmechanismen Bezug genommen, die die Überprüfung von Verstößen gegen Grundsätze guter wissenschaftlicher Praxis als integraler Bestandteil spezifisch forschungsbezogener Qualitätssicherungssysteme und -prozesse einschließen.[738] Das Nichterfüllen von Qualitätsanforderungen – wie etwa der Grundsätze guter Laborpraxis (GLP) gemäß Anhang 1 zum Gesetz zum Schutz vor gefährlichen Stoffen (ChemG) der Grundsätze guter experimenteller Praxis (GEP) im Rahmen des Pflanzenschutzgesetzes (PflSchG) und der Pflanzenschutzmittelverordnung (PflSchMV) oder der vielschichtigen für die Auslegung unbestimmter Rechtsbegriffe des Medizinrechts[739] nützlichen Empfehlungen für die Durchführung klinischer Versuche[740] – kann dazu

---

734 *Stegemann-Boehl*, Fehlverhalten von Forschern, S. 240.

735 BVerwG, Beschl. v. 28.1.2003, Az: 3 B149/02; VGH Baden-Württemb., NJW 2003, S. 3647 ff.

736 *Stegemann-Boehl*, Fehlverhalten von Forschern, S. 240; VGH Baden-Württemberg, NJW 2003, S. 3647 ff.

737 BVerwGE 105, 214 (220).

738 Die Verknüpfung solcher Qualitätssicherheitssysteme ist nicht ausdrücklich normiert, sondern ergibt sich aus der Formulierung vergleichbarer Anforderungen oder der Notwendigkeit der Auslegung unbestimmter Rechtsbegriffe. Zum Qualitätssicherungscharakter von Grundsätzen guter wissenschaftlicher Praxis ausführlich *Hartmann*, Grundsätze guter wissenschaftlicher Praxis unter qualitätssicherungs- und rechtsfolgenbezogenem Blickwinkel, S. 133 ff.

739 Z.B. in §§ 40 – 42 Arzneimittelgesetz (AMG), § 20 Medizinproduktegesetz (MPG).

740 Z.B. die Deklaration des Weltärztebundes von Helsinki i.d.F. der 52. Hauptversammlung in Edinburgh v. 07.10.2000, die Guidelines on Good Clinical Practice (GCP) der International Conference on Harmonization (ICH) vom 17.01.1997, vgl. *Hartmann*, Grundsätze guter wis-

führen, dass Zulassungs-, Erlaubnis-, Registrierungs- oder Anmeldeverfahren scheitern, mithin die Forschungsergebnisse keiner Verwendung zugeführt werden können oder diese im Nachhinein wieder unterbunden wird.[741] Derartige Konsequenzen flankieren an qualifizierte Verhaltensverstöße anknüpfende Sanktionsmaßnahme, konzentrieren sich aber nicht auf die Ahndung eines Individualverhaltens sondern andere Zielsetzungen wie die Prävention gegen gesundheitliche Gefahren.[742]

I. Rechtsschutz gegen die Entscheidungen der Untersuchungsgremien

Ein wissenschaftseigenes Rechtsmittelverfahren ist anders als in Amerika, wo jedenfalls die Entscheidungen der *federal agencies* in einem Appeal-Verfahren überprüft werden können[743], innerhalb des deutschen Verfahrensmodells nicht vorgesehen.[744] Welche Arten des gerichtlichen Schutzes ein Betroffener dennoch in Anspruch nehmen kann, hängt wiederum davon ab, wie Verfahren und Entscheidung in der verantwortlichen Institution einzuordnen sind.[745]

I. Hochschulen

Gegen Entscheidungen der hochschulischen Senats- oder Leitungskommissionen ist der Verwaltungsrechtsweg (§ 40 VwGO) gegeben. Zwar erlassen diese Gremien keine Verwaltungsakte und sind als forschungsinternen Selbstkontrollinstanzen tätig. Dennoch handelt es sich unter dem klassischen Blickwinkel des Individualrechtsschutzes gegen staatliche Gewalt um staatliches Handeln, dass geeignet ist, den Betroffenen Wissenschaftler in seinen Rechten aus Art. 5 Abs. 3 zu beeinträchtigen. Art. 19 Abs. 4 garantiert insoweit wirksamen Rechtsschutz. Mögliche Klagearten sind die Feststellungsklage oder die einfache Leistungsklage.[746] Voraussetzung

senschaftlicher Praxis unter qualitätssicherungs- und rechtsfolgenbezogenem Blickwinkel, S. 151 f., 153 ff.

741 *Hartmann*, Grundsätze guter wissenschaftlicher Praxis unter qualitätssicherungs- und rechtsfolgenbezogenem Blickwinkel, S. 182 ff.
742 *Hartmann*, Grundsätze guter wissenschaftlicher Praxis unter qualitätssicherungs- und rechtsfolgenbezogenem Blickwinkel, S. 197.
743 Vgl. oben 2. Teil, F. VI., S. 146 ff.
744 Die Verfahrensordnungen der Großforschungseinrichtungen weisen häufig darauf hin, dass die Rechte aus § 85 BetrVG durch das Fehlen eines formalisierten internen Beschwerdeverfahrens nicht berührt werden, z.B. FZJ, Regeln zur Sicherung guter wissenschaftlicher Praxis vom 01.01.2002, unter 5.3.4. Die Behandlung von Arbeitnehmerbeschwerden durch den Betriebsrat oder gar der Einigungsstelle ist eine theoretische, aber nur bedingt geeignete Möglichkeit der Auseinandersetzung über den Ausgang eines Fehlverhaltensverfahrens.
745 *Deutsch*, ZRP 2003, S. 159 (162).
746 Das BVerwGE 102, 304 (307) spricht sich in Anlehnung an die Rechtsschutzmöglichkeiten gegenüber ehrverletzenden Äußerungen von Universitätsorganen für die allgemeine Leistungsklage als zulässige Klageart aus.

ist freilich, dass der Kläger sich entsprechend § 42 Abs. 2 VwGO in seinen Rechten verletzt sieht. Die Klage ist gegen die Hochschule zu richten, bei der die Kommission errichtet worden ist. dabei ist der Kommission ein erheblicher Beurteilungsspielraum zuzugestehen. Nur bei wesentlichen Verfahrensmängeln, groben Fehlern im wissenschaftlichen Bereich oder Willkürlichkeit sind die Verwaltungsgerichte zum Eingreifen befugt. Einem gesonderten Rechtsschutz gegen einzelne Verfahrenshandlungen steht § 44 a Satz 1 VwGO entgegen.

II. Privatrechtlich verfasste außeruniversitäre Forschungseinrichtungen

Bei den privatrechtlich verfassten außeruniversitären Forschungseinrichtungen richten sich die Rechtsschutzmöglichkeiten gegen Voten der verantwortlichen Untersuchungsgremien nach der zwischen Forschungseinrichtung und Wissenschaftler bestehenden Rechtsbeziehung sowie dem Rechtscharakter der geltenden Verfahrensordnung.

Handeln die Untersuchungsgremien wie etwa bei der DFG als Beratungskommissionen von Vereinsorganen und hat die Einrichtung ihre Mitglieder sowie Externe durch eine Vereinsordnung auf die Verfahrensregeln verpflichtet, so erfolgt die Überprüfung der Voten ebenso wie spezifischer Ordnungsmaßnahmen der DFG gegenüber Antragstellern, Bewilligungsempfängern, DFG finanzierten Mitarbeitern sowie sonstigen für den Einsatz von DFG Mitteln Verantwortlichen und Gutachtern durch die Zivilgerichte der ordentlichen Gerichtsbarkeit. Dabei gelten für Maßnahmen des Vereins gegenüber Mitgliedern wie Nichtmitgliedern dieselben Maßstäbe.[747] Der BGH unterstellt insoweit das innere Vereinsrecht einer beschränkten inhaltlichen Kontrolle, da das staatliche Gericht seine eigenen Wertvorstellungen nicht an diejenigen der zuständigen Vereinsinstanz stellen soll. Prüfungsgrundlage ist § 242 BGB (nach der Literatur auch § 315 BGB). Die Überprüfung erfolgt auf schwere Formfehler, Gesetz- oder Sittenwidrigkeit oder grobe Unbilligkeit.[748] Eine allgemeine Inhaltskontrolle nach AGB-Bestimmungen (§§ 305 ff. BGB) kommt aufgrund des Normcharakters jedoch nicht zur Anwendung.[749] Auch im Verhältnis zu Nichtmitgliedern ist die Verfahrensordnung zum Umgang mit wissenschaftlichem Fehlverhalten kein Katalog allgemeiner Geschäftsbedingungen.

Gegenüber Handlungen von Organausschüssen der Arbeitgebereinrichtung gegenüber Mitarbeitern aufgrund einer arbeitsvertraglichen Einheitsregelung – wie bei den privatrechtlichen Großforschungseinrichtungen, ist der Rechtsweg zu den Arbeitsgerichten eröffnet (§ 2 ArbGG). Ein betroffener Wissenschaftler kann die Fest-

---

747 BGHZ 128, 93 (96 ff.).
748 Vgl. BGHZ 87, 337 (343 m.w.N.), aber auch BGHZ 102, 265 (276), wonach diese Beschränkung sich nur für diejenigen Vereinigungen aufrechterhalten lässt, die keiner Aufnahmepflicht unterliegen, die also in der Entscheidung über die Zusammensetzung ihres Mitgliederbestandes grundsätzlich frei sind.
749 BGHZ 128, 93 (101 f.); anders früher OLG Frankfurt, NJW 1973, S. 2208 (2209 f.).

stellung verlangen, dass der Verfahrensabschließende Beschluss unwirksam ist, oder den Arbeitgeber auf Unterlassung weiterer Maßnahmen in Anspruch nehmen.

Passivlegitimiert ist jeweils die Kontexteinrichtung, bei der das entscheidende Verfahrensgremium angesiedelt ist.

5. Teil: Vergleichende Betrachtung und Bewertung der Verfahrensmodelle

Die drei vorgestellten Verfahrensmodelle bilden jeweils unterschiedliche Formen kontinuierlicher Einbeziehung von Wissenschaftlern und wissenschaftlichen Gremien in staatliche Entscheidungsprozesse und staatliche Organisationszusammenhänge ab. Diese hier für einen Ausschnitt des Wissenschaftssystems in den Länderteilen sichtbar gemachten Verkopplungen tragen zugleich der tatsächlichen Verflochtenheit von wissenschaftlicher Kommunikation verschiedenartiger Akteure und der Ausübung von Staatsgewalt im Bereich der Wissenschaft insgesamt Rechnung. Sie spiegeln die generelle nationenübergreifende Durchdringung von staatlichen und gesellschaftlichen Aspekten in dem spezifischen Sachbereich der Wissenschaft wider.

Verfahren zum Umgang mit wissenschaftlichem Fehlverhalten stehen folglich erkennbar in einem Spannungsverhältnis zwischen – in Deutschland überwiegend verfassungsrechtlich motivierter – wissenschaftlicher Selbstbestimmung der Fehlverhaltensmaßstäbe, der konkreten Verfahrensweisen bei der Aufklärung von Fällen sowie der Standardbildung einerseits und dem begrenzenden oder gar hemmenden Einfluss staatlichen Rechts andererseits, welches aus einer traditionellen Betrachtungsweise heraus im Rahmen von Standardbildungsverfahren die Einhaltung strenger rechtsstaatlicher und demokratischer Anforderungen verlangt, ohne dem Einfluss von wissenschaftseigenen Kommunikationsstrukturen, Selbststeuerungsmechanismen, der Verflechtung staatlicher und nichtstaatlicher Institutionen und anderer Charakteristika des Wissenschaftssystems umfassend Rechnung zu tragen.

Dieser fünfte und abschließende Teil der Arbeit widmet sich im Ansatzpunkt zunächst einer vergleichenden Betrachtung und Bewertung der Verfahrensmodelle mit Blick auf die wesentlichen Gemeinsamkeiten und Besonderheiten. Anschließend werden die drei Verfahrensmodelle unter Zuhilfenahme der neutralen Governance-Perspektive und unter Verdichtung auf den eigentlichen Problemkreis, nämlich das anteilige Verhältnis von staatlichen und nichtstaatlichen Akteuren und ihrer jeweiligen Handlungslogik einschließlich der Anforderungen ihres Zusammenwirkens, einer Detailanalyse unterzogen, die es erlaubt, die drei landesspezifischen institutionellen Arrangements in einen Kontextvergleich zu stellen.

An die soeben skizzierten Überlegungen schließen sich sodann weiterführende legitimatorische Überlegungen an. Die Einbindung der Erfahrungen und Erkenntnisse gesellschaftlicher Handlungsakteure in teils staatlich, teils gesellschaftlich beeinflusste Regelungsstrukturen macht in Deutschland eine Reformulierung verfassungsrechtlicher Anforderungen an den Handlungsverbund erforderlich. Verfassungsrechtliche Dogmen müssen flexibel auf das sich ständig ändernde und entwicklungsfähige Arrangement abgestimmt werden.[1] Hierbei wird besonderes Augenmerk auf das Design der Legitimationsanforderungen gerichtet, die veranschlagt werden müssen, um ein gemeinwohlverträgliches Ergebnis zu erzielen.

A. Regelungsstrukturen wissenschaftlicher Fehlverhaltensverfahren und wissenschaftlicher Standardbildung

I. Vergleichende Gesichtspunkte: Unterschiede und Gemeinsamkeiten der Verfahrensmodelle

Als wesentliche Erkenntnis aus der Analyse der Verfahrensmodelle in den Länderteilen lässt sich formulieren, dass die Verfahrensmodelle der USA, Dänemarks und Deutschlands nach Überwindung anfänglicher Formulierungsdifferenzen, wie sie insbesondere in den US-amerikanischen Forschungsförderungsagencies und den von diesen geförderten Forschungseinrichtungen aufgetreten sind, gegenwärtig über Institutionen- und Landesgrenzen hinweg mit materiell nahezu gleichförmigen, mindestens aber ähnlichen, Bewertungsmaßstäben in Gestalt von Standards guter wissenschaftlicher Praxis und Fehlverhaltensdefinitionen operieren. Die Ausgestaltung der Verfahrenskoordination und -abläufe von Fehlverhaltensverfahren in den betreffenden Ländern weist hingegen erhebliche Differenzen auf. Diese resultieren aus den verschiedenartigen nationalen Rahmenbedingungen und Strukturen der Forschung und Forschungsfinanzierung und sind zugleich durch die Eigenheiten der nationalen Rechtskulturen beeinflusst.

Fehlverhaltensdefinitionen in den drei Vergleichsländern greifen mindestens den klassischen Dreiklang von Erfindung, Fälschung und Plagiat auf und spalten diesen in eine variable Anzahl benannter Einzelhandlungen auf, die wissenschaftliches Fehlverhalten begründen.[2] Sie bestimmen entweder konkret oder abstrakt diejenigen Handlungsstadien im Forschungsprozess, bei denen ein Auftreten von Fehlverhalten in Betracht kommt und definieren ferner einen subjektiven Maßstab wissenschaftlichen Fehlverhaltens.[3] Die vorhandenen Variationen in der Terminologie und Strukturierung der Maßstäbe vermögen nicht darüber hinwegzutäuschen, dass unter den Akteuren in allen drei Vergleichsländern scheinbar zunehmend Einigkeit darüber besteht, was man objektiv unter guter oder schlechter Forschungspraxis versteht, und welche subjektiven Voraussetzungen darüber hinaus bei dem betroffenen For-

---

1 Vgl. etwa *Trute*, in: Hoffmann-Riem/Schmidt-Aßmann (Hrsg.), Methoden der Verwaltungsrechtswissenschaft, S. 293 (303 ff.); *Trute*, in: Hoffmann-Riem/Schmidt-Aßmann/Voßkuhle (Hrsg.), Grundlagen des Verwaltungsrechts, Band I, § 6; *Ladeur/Gostomzyk*, Die Verwaltung 36 (2003), S. 141 ff.

2 Siehe oben 2. Teil, E. II. 1., S. 110 f. (USA), 3. Teil, E. I. 3. a), S. 215 ff. (Dänemark), 4. Teil, E. II. 1., S. 384 ff. (Deutschland).

3 Siehe oben 2. Teil, E. II. 2., S. 111 f. (USA), 3. Teil, E. I. 3. a), S. 215 ff. (Dänemark), 4. Teil, E. II. 2., S. 387 (Deutschland).

scher vorliegen müssen, um sein Handeln als wissenschaftliches Fehlverhalten bewerten und Sanktionen gegen diesen aussprechen zu können. Lediglich das Ringen um die Behandlung und Erfassung von Grenzfällen, etwa durch Einzug flexibler Definitionsbestandteile, die einen gewissen Ermessensspielraum eröffnen,[4] sowie um den Umgang mit Autorenschaftsstreitigkeiten, insbesondere die Frage der verantwortungsvollen Mitautorschaft, kennzeichnen kleinere Unebenheiten zwischen den Ansatzpunkten der drei Vergleichsländer. Die Parallelitäten in der Formulierung der materiellen Standards rühren von einem nationenübergreifenden Entwicklungsmuster her, welches nicht zuletzt durch die internationale Verknüpfung der Forschungssysteme über wissenschaftliche Tagungen, weltweit gelesene Fachpublikationen und eine den regen Austausch von Wissenschaftlern begünstigende Forschungsförderung beeinflusst wird. Gerade im Hinblick auf die Definitionsfrage haben unterschiedliche Sichtweisen innerhalb der Vergleichsländer die Auseinandersetzung mit internationalen Ansätzen gefördert und letztlich nicht nur eine nationale sondern auch eine internationale Egalisierung beschleunigt. Hierauf wird im Zusammenhang mit den nachfolgenden legitimatorischen Überlegungen noch zurückzukommen sein.[5]

Die Ausgestaltung der Fehlverhaltensverfahren selbst ist hingegen sehr viel stärker durch den Einfluss jeweils unterschiedlicher nationalhistorisch gewachsener Besonderheiten des Forschungssystems geprägt. Dabei sind es weniger die an rechtsstaatlichen Prinzipien orientierten gewachsenen Verfahrensabläufe, wie etwa wesentliche Abweichungen in der Behandlung betroffener Wissenschaftler während eines solchen Fehlverhaltensverfahrens, die den wesentlichen Unterschied zwischen den Verfahrensmodellen ausmachen. Vielmehr ist es die Einbindung jeweils anderer staatlicher, privater oder intermediärer Akteure mit dispersen Handlungsrationalitäten in den Prozess der Standardbildung und Untersuchung wissenschaftlichen Fehlverhaltens, die für die Differenzen sorgt.

Im Bereich der verfahrensleitenden Beteiligtenschutzrechte etwa, die in den Verfahrensablaufregeln das Gerüst für ein faires Verfahren zum Umgang mit wissenschaftlichem Fehlverhalten bilden, werden die Einzelheiten eines rechtssichernden Verfahrensablaufs in den drei Vergleichsländern ähnlich gelöst. Unter den Gesichtspunkten (i)Vertraulichkeit, (ii) Objektivität und wissenschaftliche Expertise, (iii) Schutz vor Rufschädigung und Benachteiligung des Whistleblowers sowie (iv) angemessene Verteidigungsmöglichkeit des betroffenen Wissenschaftlers lassen sich vier zentrale Problembereiche skizzieren, deren Behandlung adäquate Fehlverhaltensverfahren leisten müssen. Entsprechende Schutzmaßnahmen kondensieren unter anderem in Verfahrensregeln zum Ausschluss der Öffentlichkeit, der Zulassung von Expertenmeinungen und Rechtsbeiständen, von Anonymitätsregelungen und der Möglichkeit zur Durchführung einer mündlichen Anhörung. Dabei weisen einige dieser Verfahrensregeln zum Schutze des Betroffenen freilich Überschneidungen

---

4   Siehe oben 2. Teil, E. II. 3., S. 112 ff. oder aber durch die Orientierung an einem nicht gesetzlich definierten flexiblen Maßstab des Abweichens von guter wissenschaftlicher Praxis, 3. Teil, E. II., S. 220 ff. und 4. Teil, E. I., S. 383 f.
5   Vgl. unten 5. Teil, B. I. 4., S. 459 f.

auf. So beugt eine etwa eine vertrauliche Verfahrensatmosphäre beispielsweise für sich bereits der Rufschädigung von Verfahrensbeteiligten vor.

Differenzen tun sich im Wesentlichen mit Blick auf die strukturellen Arrangements auf, also dort, wo sich die Verfahrensmodelle unterschiedlicher nationaltypischer Institutionen, d.h. einerseits staatlich verwalteter Einrichtungen oder gar in die Ministerialbürokratie eingegliederter hoheitlich handelnder Behörden und andererseits privater oder intermediärer wissenschaftlicher Einrichtungen bedienen, um Fehlverhaltensaufklärung und Sanktionierung zu leisten. Durch die Einflussnahme unterschiedlicher Akteure und deren Interaktion auf dispersen Handlungs- und Kooperationsebenen mit Hilfe variabler Instrumente entstehen unterschiedliche Muster des Zusammenwirkens, die sich in voneinander abweichenden nationalen Strukturen der Fehlverhaltensmodelle niederschlagen. Beispielhaft sei vor diesem Hintergrund die Zentralisierungs- oder Dezentralisierungsdimension in den drei Verfahrenslösungen betrachtet. Obwohl die Entscheidung für ein stärker zentralisiertes oder dezentralisiertes Verfahrensmodell in allen drei Vergleichsländern durch gleiche oder zumindest ähnliche Erwägungen und strukturgebende Kriterien, nämlich die Gefahr des Entstehens von Interessenkonflikten einerseits sowie des besseren Informationszugangs und des vorhandenen Expertenwissens vor Ort andererseits motiviert ist[6], weichen die Verfahrensmodelle in entscheidenden Gesichtspunkten voneinander ab. Die drei Verfahrensmodelle knüpfen an unterschiedlichen Stellen an, um eine Aufteilung der Verantwortung zwischen Forschungseinrichtungen und zentralisierten Verfahrensinstitutionen zu erreichen und bedienen sich verschiedenartiger Institutionen. Dänemark spaltet das Verfahren unter Einsatz eines nationalen unabhängigen Wissenschaftlergremiums grundsätzlich in eine zentrale Untersuchung sowie dezentraler Sanktionierung in den Forschungsinstitutionen auf. Die USA machen die Durchführung einer zentralen Untersuchung von dem Gelingen der institutionsinternen Abwicklung von Fehlverhaltensverfahren in den teils staatlichen, teils privaten Universitäten und zahlreichen anderen Forschungseinrichtungen abhängig und beaufsichtigt die einrichtungsinterne Aufklärung von Fehlverhaltensfällen im Kontext staatlich geförderter Forschung durch staatliche Behörden. Sanktionen werden auf beiden Ebenen verhängt. Deutschland wiederum trifft mit der Entscheidung für ein dezentrales Modell mit einer reinen zentralen, aber nicht-staatlichen Schlichtungsinstanz, die parallel zu institutsinternen Gremien angerufen werden kann, eine sehr institutionen- und wissenschaftsorientierte Entscheidung.

Kurz gefasst, hat die international disperse Kommunikation über den Sachbereich des wissenschaftlichen Fehlverhaltens also in paradigmatischer Manier international gültige materielle Standards hervorgebracht, ohne dass die Vergleichsländer intern über gleiche Standardgenerierungs- und Verfahrensvoraussetzungen verfügen. Ein Fehlverhaltensfall im internationalen Kontext, der in verschiedenen Ländern untersucht würde, würde demnach zwar unterschiedliche Behandlung erfahren, aber dennoch nach dem gleichen Maßstab entschieden.

---

6   Vgl. oben 2. Teil, D. I. 2., S. 82 f. (USA); 3. Teil, D. I. 2., S. 197 f. (Dänemark); 4. Teil, D. I. 2., S. 323 (Deutschland).

Mit der Verfahrensstruktur variiert zugleich auch das Verhältnis wissenschaftlicher Prozesse zum Recht und deren Koordinierung in Formen kollektiver Regelung in den einzelnen Vergleichsländern. Die Unterschiede und Gemeinsamkeiten verdichten sich zu einem zentralen Problem wissenschaftlicher Fehlverhaltensbekämpfung durch Verfahren, nämlich dem Bedarf nach staatlicher Entscheidung in bestimmten Bereichen einerseits und der Notwendigkeit wissenschaftlicher Lösung unter Einbeziehung gesellschaftlicher Institutionen andererseits. Das Zusammenwirken staatlicher und nichtstaatlicher Anteile ist von dem Bereich gewissermaßen vorgegeben. Wissenschaftliche Standards werden überall im staatlichen Kontext verarbeitet, Unterschiede bestehen hinsichtlich der Strukturierung in den Ländern. Der folgende Abschnitt widmet sich daher der Identifizierung staatlicher und nicht staatlicher Anteile einschließlich der insoweit verwandten Instrumente und der bestehenden Spannungsmuster in den Verfahrensmodellen.

II. Grundstrukturen des Zusammenwirkens von Staat und Gesellschaft in Fehlverhaltensverfahren

Den jeweils unterschiedlichen Strukturvoraussetzungen und nicht zuletzt auch der unterschiedlichen Gewichtung von staatlichen Steuerungsinteressen und Autonomieaspekten im Lichte der jeweiligen nationaltypischen staatlichen Regulierungsbzw. der gesellschaftlichen Freiheitstradition ist es geschuldet, dass die Institutionalisierung von Fehlverhaltensverfahren in den drei Vergleichsländern heterogene Züge aufweist. Die Verfahrensausgestaltung ist in wechselndem Maße und in verschiedenartiger Ausprägung für die private Mitwirkung in Gestalt von wissenschaftlichen Selbstregulierungsprozessen unter Einbezug gesellschaftlicher Akteure geöffnet. Die Wissenschaftssysteme der Vergleichsländer bedienen sich für die Regelung desselben Sachbereichs verschiedenartiger Instrumente, Organisationsformen, Institutionen und Instanzen, um die Partizipation gesellschaftlicher Kräfte zu gewährleisten und Verantwortung auf diese rückzuverlagern. Dadurch entstehen mehr oder weniger komplexe Geflechte von staatlichen und gesellschaftlichen Anteilen in der Koordination der Verfahrensmodelle, deren Charakteristika auf verschiedenen Vermittlungsebenen, die entweder für sich betrachtet kooperative Züge aufweisen, oder durch ihr Zusammenspiel die Möglichkeit zur Vermittlung zwischen Staat und Gesellschaft aufbieten, zum Ausdruck kommen. Hinter alledem steht die Notwendigkeit, Wissenschaftler in fachlich abgestützten Fehlverhaltensverfahren an deren eigenen Maßstäben für wissenschaftliches Handeln zu messen. Dies fordert die autonomiegeschützte Dynamik des Sachbereichs ebenso wie das Wissens- und Kompetenzdefizit auf staatlicher Seite. Mit der Akzeptanz des Verfahrens oder der Entscheidung durch die betroffenen Forscher ist nur zu rechnen, wenn eine sachnahe und forschungsadäquate Regulierung erfolgt, die zugleich den Eigenheiten der staatlichen Systeme Rechnung trägt.

Es drängt sich in der Sache auf, die landesspezifischen Verfahrensstrukturen unter

Governancegesichtspunkten zu betrachten und zusammenzufassen, denn Governance als Leitbild bietet losgelöst von den bekannten rechtswissenschaftlichen Ordnungsmustern eine Forschungsperspektive auf das Handeln durch und in Institutionen[7], welche einen unvoreingenommenen unverstellten Blick auf dessen Strukturen zulässt.[8] So können insbesondere die im Bereich der wissenschaftlichen Standardbildung häufigen Kooperationsstrukturen zwischen staatlichen, privaten und hybriden Akteuren unvorbelastet durch die klassischen Orientierungsmuster jeder der vertretenen Jurisdiktionen erfasst und so zueinander in Beziehung gesetzt werden, dass ausgehend von dem Analyseergebnis normative Anforderungen für die Handlungskooperationen definiert werden können. Entscheidender Bezugspunkt sind dabei die Regelungsstrukturen, derer sich die vorgestellten Landesmodelle bedienen.[9]

1. Governance als erkenntnisleitendes Analyse- und Berwertungskonzept

Gegenstand der Ergebnisanalyse ist folglich die gegenüberstellende Präsentation von Governance-Modi und Regelungsstrukturen, deren sich die hier behandelten Nationen bei der Bewältigung wissenschaftlichen Fehlverhaltens bedienen. Hierfür bedarf es vorab einer Klärung der soeben bereits erwähnten grundlegenden Begrifflichkeiten und Konzepte ebenso wie der Governance-Typologie, welche sich die Governanceforschung im Allgemeinen sowie im besonderen Anwendungsgebiet der Rechtswissenschaften zu Nutze macht.

a) Entwicklung und Ausrichtung des Governance-Konzepts

Der Ursprung des inzwischen trans- und interdisziplinär eingesetzten Governance-Konzepts[10] liegt in der Ökonomik, wo Governance insbesondere die strukturellen Rahmenbedingungen wirtschaftlicher Selbstorganisation unter Einsatz von Überwachungs- und Durchsetzungsstrukturen zu erfassen hilft[11]. Entlehnt aus dem weiteren Anwendungsbereich der Soziologie fokussiert der Governance-Begriff statt sozialer Hierarchien und daran anschließender gesellschaftlicher Herrschafts- und Steuerungsverhältnisse horizontale und vertikale Interdependenzen zwischen organisati-

---

7   *Trute/Denkhaus/Kühlers*, Die Verwaltung 37 (2004), S. 451 (458).

8   *Franzius*, Governance und Regelungsstrukturen, WZB discussion papers, S. 1.

9   Zur Governance in und durch Regelungsstrukturen *Schuppert*, in: ders. (Hrsg.), Governance-Forschung: Vergewisserung über Stand und Entwicklungslinien, S. 371 (382 ff.); *Trute/Denkhaus/Kühlers*, Die Verwaltung 37 (2004), S. 451 (457).

10 Siehe *van Kersbergen/van Waarden*, European Journal of Political Research 43 (2004), S. 143 ff.; Kritisch bezüglich des Transfers in die rechtswissenschaftliche Diskussion, *Voßkuhle*, in: Hoffmann-Riem/Schmidt-Aßmann/Voßkuhle (Hrsg.), Grundlagen des Verwaltungsrechts, Rn. 70.

11 Grundlegend *Williamson*, Journal of Law and Economics 22 (1979), S. 233 ff.; *ders.*, The Mechanisms of Governance, 1996.

onsinternen und -externen Akteuren.[12] Anstelle der Konstitution sozialer Macht stehen Strukturen von Handlungskoordinationen verschiedener Akteure sowie deren strukturgebende Motive im Vordergrund.[13] In den Politikwissenschaften findet der Governance-Begriff vor allem in den internationalen Beziehungen ein Anwendungsfeld, das sich durch das Zusammentreffen einer Vielzahl von mehrschichtigen Handlungsebenen, Akteurskonstellationen und Kooperationsverhältnissen unter gleichzeitiger Abwesenheit einer zentralen regierenden und regulierenden Entscheidungsinstanz auszeichnet.[14]

Seine Eignung zur komplexen Analyse solch vielfältiger Rahmenbedingungen, Interdependenzen und Formen der Handlungskoordination in Mehrebenensystemen, wie wir sie im Bereich der Wissenschaft verstärkt vorfinden, ohne die Notwendigkeit der Orientierung an einer im Mittelpunkt stehenden Steuerungsinstanz macht das Governance-Konzept für die bereits vorgenommene aber noch längst nicht flächendeckend verfolgte Übertragung in die Rechtswissenschaften attraktiv.[15] Insoweit reagiert die Governance-Perspektive auf die Anpassung des Erkenntnisinteresses an eine sich vom Staatsmonopol zu einer Kooperationenvielfalt wandelnden Realität. Sie bietet ein Instrumentarium zur analytischen Erfassung und Koordination komplexer Strukturen nationaler und transnationaler Kooperationen und Systeme, sie erfasst die Verbindung von rechtlichen und nichtrechtlichen Handlungsformen, wie wir sie auch in den vorgestellten Verfahrensmodellen zum Umgang mit wissenschaftlichem Fehlverhalten vorfinden. Transferiert in die Rechtswissenschaft beobachtet und filtert der Governance-Ansatz verschiedene Erscheinungsformen der Handlungskoordinierung und deren Wirkungszusammenhänge aus einem Handlungs- und Koordinationszusammenhang heraus.[16] Dadurch werden aus rechtswissenschaftlicher Perspektive Hintergrundvoraussetzungen und Wirkungen von rechtlichen Regelungsstrukturen in die Analyse integriert, die bei einer rein rechtliche Betrachtung überwiegend ausgeklammert sind.[17] Die rechtlichen und nichtrechtlichen Strukturen lassen sich in verschiedenen Governance-Modi abbilden.

---

12 *Trute/Denkhaus/Kühlers*, Die Verwaltung 37 (2004), S. 451 (454).
13 *Trute/Denkhaus/Kühlers*, Die Verwaltung 37 (2004), S. 451 (454 f.) unter Verweis auf *Witteck*, in: Neue Governanceformen in der Forschung – Disziplinäre Theorieansätze, Schnittstellen und Integrationsmöglichkeiten, Ergebnisse des Theorieworkshops am 01./02. Juli 2004, FÖV Speyer.
14 *Franzius*, Governance und Regelungsstrukturen, WZB discussion papers, S. 2; *Trute/Denkhaus/Kühlers*, Die Verwaltung 37 (2004), S. 451 (455).
15 *Schuppert*, in: ders. (Hrsg.), Governance-Forschung: Vergewisserung über Stand und Entwicklungslinien, S. 371 (382 ff.); teilweise kritisch *Hoffmann-Riem*, in: Schuppert (Hrsg.), Governance-Forschung: Vergewisserung über Stand und Entwicklungslinien, S. 195 (197 ff.). *Franzius*, Governance und Regelungsstrukturen, WZB discussion papers, S. 1 weist unter Bezugnahme auf *Ruffert*, Globalisierung als Herausforderung an das öffentliche Recht, S. 24 ff. auf die Heterogenität der Ansätze und die durch die dominate Begriffsverwendung im Bereich Corporate Governance hervorgerufenen Irritationen hin.
16 *Franzius*, Governance und Regelungsstrukturen, WZB discussion papers, S. 1.
17 Eingehend zu den Gründen für den Perspektivenwechsel *Trute/Denkhaus/Kühlers*, Die Verwaltung 37 (2004), S. 451 (459 ff.).

Als interdisziplinär einsatzfähiges und nicht auf die Anwendung im Bereich der Rechtswissenschaften begrenztes Konzept wirft der Governance-Ansatz jedoch bisweilen Ungleichzeitigkeiten bei der Verortung des Rechts in einem von rechtlichen und nichtrechtlichen Formen der Handlungskoordination durchzogenen Gebiet auf.[18] Je nach gewünschtem Output bietet er die Möglichkeit in traditioneller Manier zwischen rechtlichen und nicht rechtlichen Formen der Handlungskoordination zu unterscheiden, indem man das staatlich gesetzte Recht als einen spezifischen Governance-Mechanismus neben anderen Modi begreift. Während das eigentliche Konzept auf der anderen Seite sein differenzierteres Anlagepotential erst entfaltet, wenn der Analysefokus weg von den klassischen Differenzierungen und hin zu einer für die rechtswissenschaftliche Forschung selbst weiterführenden Verwendung unter Entwicklung eigener Governance-Dimensionen gerichtet wird, welche in der Verbindung von rechtlichen und nicht-rechtlichen Formen der Handlungskoordination bestehen und als solche auch in der Rechtswissenschaft abbildbar sind.

b) Der Begriff der Regelungsstruktur

Der Ausarbeitung wird im weiteren Verlauf bewusst der für das Governance-Konzept in der Rechtswissenschaft anschlussfähige Begriff der Regelungsstruktur[19] zugrunde gelegt. Dieser Begriff ist ähnlich wie das Governance-Konzept auf die Erfassung des Zusammenspiels staatlicher und gesellschaftlicher Akteure ausgerichtet und wurde bereits vor einigen Jahren in die rechtswissenschaftliche Diskussion eingeführt.[20] Grund hierfür war, dass die herkömmliche seit längerem diskutierte Operation mit der Unterscheidung zwischen staatlicher Steuerung und gesellschaftlicher Selbstregulierung für eine zutreffende Widergabe der Interaktions varianten und Aufgabenteilungen von staatlichen und privaten Akteuren zu kurz greift.[21] Die am traditionellen Bild des souveränen, steuernden Staates orientierte Perspektive ist stark eindimensional auf die staatliche Funktion und Verantwortung und dessen zentralen Steuerungsansatz, die parlamentarische Gesetzgebung, ausgerichtet.[22] Sie vernachlässigt die Stellung privater Akteure und neigt dazu, einzelne Wirkungsme-

18   So beispielsweise in der sozialwissenschaftlichen Governance-Diskussion, vgl. *Trute/Denkhaus/Bastian/Hoffmann*, in: Jansen (Hrsg.), New Forms of Governance in Research Organisations – Disziplinary Approaches, Interfaces and Integration, S. 155 f.
19   Grundlegend *Mayntz/Scharpf*, in: dies. (Hrsg.), Gesellschaftliche Selbstregulierung und politische Steuerung, S. 9 (16 ff.); *Trute*, DVBl. 1996, S. 950 (951 ff.).
20   *Trute*, DVBl. 1996, S. 950 ff.; *Schuppert*, Die Verwaltung 31 (1998), S. 415 ff.
21   *Trute*, Verantwortungsteilung als Schlüsselbegriff eines sich verändernden Verhältnisses von öffentlichem und privatem Sektor, in: Schuppert (Hrsg.), Jenseits von Privatisierung und „schlankem" Staat, S. 13 ff.; *Trute/Denkhaus/Kühlers*, Die Verwaltung 37 (2004), S. 451 (457 f.).
22   *Trute*, DVBl. 1996, S. 950 (951); *Trute/Denkhaus/Kühlers*, Die Verwaltung 37 (2004), S. 451 (461 ff.); *Wahl*, Privatorganisationsrecht als Steuerungsinstrument bei der Wahrnehmung öffentlicher Aufgaben, in: Aßmann/Hoffmann-Riem (Hrsg.), Verwaltungsorganisationsrecht als Steuerungsressource, S. 301 (318 ff.).

chanismen und Strukturen hybrider Mischformen des Zusammenspiels öffentlicher und privater Akteure einseitig zu betrachten oder gar vollständig auszuklammern und so den Rahmen für die dogmatische Einordnung und Bewertung zu verengen.[23] Mit dem Anknüpfen an die Regelungsstruktur wird der Blickwinkel zugunsten einer verbesserten und zugleich neutralisierten Wahrnehmung der Stellung privater Akteure innerhalb eines Regelungszusammenhangs verbreitet und zugleich mit einem wirkungsorientierten Ansatz, der die Existenz eines zentralen steuernden Subjekts nicht voraussetzt, versehen.[24] Im Ergebnis ermöglicht die Regelungsstruktur ebenso wie das Governance-Konzept das Erfassen von Gesamtkonzepten unterschiedlicher Formen der Handlungskoordination, durch Markt, Hierarchie, Kooperationen, Wettbewerb, hybride Organisationsformen, Verhandlungssysteme und Netzwerke, von über- und nebeneinander stehenden privaten, intermediären und staatlichen Akteuren zur kollektiven Reglung gesellschaftlicher Sachverhalte im nationalen und auch supranationalen Raum.[25] Der Fokus wird dabei nicht nur auf rechtliche Formen der Handlungskoordination gerichtet sondern bezieht mit dem und durch das Recht verkoppelte nichtrechtliche Koordinationsformen mit ein, ohne die eine unter Wirksamkeitsgesichtspunkten nutzbringende und vollständige Analyse nicht möglich wäre.[26] Dies ist gerade im Bereich der Wissenschaft, der von einer spezifischen eigenen Funktionslogik durchzogen ist, von besonderer Relevanz. Ohne Rückbezug auf die in der Verknüpfung von staatlichen und gesellschaftlichen Handlungen liegenden Eigenheiten dieses gesellschaftlichen Teilbereichs ist eine rechtliche Strukturierung einzelner Teilmaterien daraus überhaupt nicht zu leisten. So ist auch die Regulierung des Umgangs mit Fehlverhalten in der Wissenschaft stark von rechtlichen und nichtrechtlichen Formen in unterschiedlicher Weise verbundener Handlungskoordinationen durchzogen.[27]

---

23 Zu den Gründen des Perspektivenwechsels aus sozialwissenschaftlicher Sicht *Mayntz*, in: Schuppert (Hrsg.) Governance-Forschung – Vergewisserung über Stand und Entwicklungslinien, S. 11 ff.

24 *Schuppert*, Verwaltungswissenschaft 2000, S. 408 ff. (412); *Franzius*, Governance und Regelungsstrukturen, WZB discussion papers S. 10 f.

25 *Trute/Denkhaus/Kühlers*, Die Verwaltung 37 (2004), S. 451 (460).

26 Zur Bedeutung der Verzahnung von rechtlichen und nichtrechtlichen Koordinationsformen für die rechtswissenschaftliche Betrachtung unabhängig von der eingenommenen Perspektive *Trute/Denkhaus/Kühlers*, Die Verwaltung 37 (2004), S. 451 (471 f.) unter Verweis auf *Hoffmann-Riem*, in: Schuppert (Hrsg.), Governance-Forschung – Vergewisserung über Stand und Entwicklungslinien, S. 209 ff. und *Schmidt-Aßmann*, Das allgemeine Verwaltungsrecht als Ordnungsidee, Kap I Rn. 49.

27 *Trute/Denkhaus/Kühlers*, Die Verwaltung 37 (2004), S. 451 (472).

c) Governance-Modi im Wissenschaftssystem

Hinter den bereits zitierten Governance-Modi verbergen sich verschiedene rechtlich abbildbare und handhabbare Formen und Ausprägungen von Governance.[28] Sie definieren sich über die handelnden Akteure, deren Handlungslogiken und die von diesen verwandten Maßstäbe und Instrumente. Die Konzeption stellt sich auf die Verbindung von rechtlichen und nichtrechtlichen Formen der Handlungskoordination ein und ist auf die Beobachtung und Beurteilung der Wirkungen gerichtet.[29] Die Charakteristika von auf bestimmte Regelungsfelder bezogenen Governance-Modi sind noch nicht hinreichend geklärt, als dass man einem Set ausdifferenzierter Modi bereits die jeweils assoziierten Instrumente und Mechanismen zuordnen könnte. Der aktuelle Forschungsprozess kann insoweit als bipolar beschrieben werden. Während Regelungsstrukturen und Governance-Modi als Folie für die vergleichende Beschreibung und Analyse von Realsituationen dienen und Aufschluss über das Design wünschenswerter Handlungskoordinationen oder die möglichen Folgen von Veränderungen einzelner Bestandteile geben, hilft umgekehrt die Analyse existenter Koordinationsstrukturen bei der Profilierung der Governance-Modi als solcher.

Im hiesigen Kontext bietet es sich an, die für den gesellschaftlichen Teilbereich der Wissenschaft bereits im Zusammenhang mit der Analyse der deutschen Universitätsreform aus rechtswissenschaftlicher Sicht identifizierten und ausdifferenzierten Dimensionen der staatlichen Regulierung *(state regulation)*, der Außensteuerung durch staatliche, hybride und private Akteure und Interessenvertreter *(stakeholder guidance)*, der hierarchischen Managementselbstverwaltung *(managerial self governance)*, der akademische Selbstorganisation *(academic self governance)* und des Wettbewerbs *(competition pressure)*[30] in den Blick zu nehmen, freilich nicht ohne diese auf ihre Anschlussfähigkeit für die Bewertung der Verfahrensmodelle zu überprüfen.

aa) Governance-Modi im Wissenschaftssystem

Die Differenzierung zwischen diesen fünf genannten Governance Basis-Dimensionen in der Wissenschaft stammt ursprünglich aus den Sozialwissenschaften und zielt dort auf die Charakterisierung der strukturellen Rahmenbedingungen von Universitätssystemen unter dem Eindruck zunehmender Internationalisierung, Privati-

---

28 *Trute/Denkhaus/Bastian/Hoffmann*, in: Jansen (Hrsg.), New Forms of Governance in Research Organisations – Disziplinary Approaches, Interfaces and Integration, S. 155 (156 ff.).

29 *Trute/Denkhaus/Kühlers*, Die Verwaltung 37 (2004), S. 451 (470 f.).

30 *Trute/Denkhaus/Bastian/Hoffmann*, in: Jansen (Hrsg.), New Forms of Governance in Research Organisations – Disziplinary Approaches, Interfaces and Integration, S. 155 (158 ff.) im Anschluss an *de Boer/Enders/Schimank*, in: Jansen (Hrsg.), New Forms of Governance in Research Organisations – Disziplinary Approaches, Interfaces and Integration, S. 137 (138 ff.).

sierung, Marketisierung und wachsendem Managerialism.[31] In den rechtswissenschaftlichen Kontext wurden sie erstmals im Zusammenhang mit einer transdisziplinären Untersuchung der Universitätsreform in Deutschland gestellt.[32]

Unter *state regulation* in diesem Sinne sind einseitige Determinierungsprozesse ohne konsensualen Charakter zu fassen, die von einer staatlichen in die Ministerialbürokratie einzuordnenden Funktionseinheit ausgehen und weder die Gesetzgebung noch die gerichtliche Kontrolle durch die Rechtsprechung einschließen. *State regulation* ist gekennzeichnet durch Instrumente hierarchischer Handlungskoordination, wie beispielsweise durch fachaufsichtliche Weisungen oder Genehmigungsvorbehalte. Von der *state regulation* ausgenommen werden Gesetzgebung und Rechtsprechung als Formen von *Meta-Governance*, die mittels einseitiger Regelung oder gerichtlicher Kontrolle Rahmenbedingungen für die übrigen Governance-Modi konfigurieren und austarieren.[33] Dem liegt zu Recht eine gewandelte Vorstellung von der Konstituierung eines gemeinwohlsichernden Rechtsrahmens zu Grunde, eines Rahmens der sich durch Reflexivität und Lernfähigkeit auszeichnen muss, um das Ungewissheitsmoment in Bezug auf Wirkungen von Handlungskonfigurationen und deren gemeinwohlsichernden Eigenschaften zu minimalisieren.[34] Während die Gesetzgebung in lernfähigen und reversiblen Meta-Strukturen bestimmte Governance-Dimensionen arrangiert und das Zusammenspiel unterschiedlicher Governance-Modi reguliert[35], prägt die Rechtsprechung als eigenständiger von der Gesetzgebung unabhängiger Akteur die konkrete Wirkweise und Interpretation des Rechts[36].

Für den Modus *stakeholder guidance* sind hingegen diejenigen Einflüsse wissenschaftsexterner Akteure kennzeichnend, die öffentliche Kontrolle von Wissenschaft durch Einflussnahme gesellschaftlicher Interessen mittels deren eigenen Handlungslogiken realisieren.[37] Dabei können dem Instrumentarium der *stakeholder guidance* je nach Art und Form der Repräsentation von Stakeholderinteressen sowohl einseitig hierarchische als auch nicht-hierarchische Instrumente, wie etwa Zielvereinba-

---

31 Siehe die Ausdifferenzierung bei *de Boer/Enders/Schimank*, in: Jansen (Hrsg.), New Forms of Governance in Research Organisations – Disziplinary Approaches, Interfaces and Integration, S. 137 (138 ff.), ähnlich schon *Enders*, in: Center for Higher Education Policy Studies (ed.), The CHEPS inaugural 2002, S. 69 (73 ff.); *Braun/Merrien*, in: dies. (eds.) Towards a new model of governance for universities? A comparative view, S. 9 ff.

32 *Trute/Denkhaus/Bastian/Hoffmann*, in: Jansen (Hrsg.), New Forms of Governance in Research Organisations – Disziplinary Approaches, Interfaces and Integration, S. 155 f.

33 *Trute/Denkhaus/Bastian/Hoffmann*, in: Jansen (Hrsg.), New Forms of Governance in Research Organisations – Disziplinary Approaches, Interfaces and Integration, S. 155 (158 f.).

34 Der ideale beobachtende uns mit gemeinwohlsichernden Steuerungskapazitäten ausgestatteten Gewährleistungsstaat ist in dieser Form nicht existent, *Jessop*, The Future of the Capitalist State, S. 242 ff.

35 Vgl. schon *Benz*, in: *ders.* (Hrsg.), Governance – Regieren in komplexen Regelsystemen: Eine Einführung, S. 11 (19); *Trute/Denkhaus/Kühlers*, Die Verwaltung 37 (2004), S. 451 (465 ff.); *Jessop*, The Future of the Capitalist State, S. 242.

36 *Trute/Denkhaus/Bastian/Hoffmann*, in: Jansen (Hrsg.), New Forms of Governance in Research Organisations – Disziplinary Approaches, Interfaces and Integration, S. 155 (159).

37 *Trute/Denkhaus/Bastian/Hoffmann*, in: Jansen (Hrsg.), New Forms of Governance in Research Organisations – Disziplinary Approaches, Interfaces and Integration, S. 155 (159 f.).

rungen, zuzurechnen sein. Maßgeblich ist lediglich, welcher konkrete Akteur in welcher konkreten Erscheinung und mit dem Ziel welcher Interessenvermittlung von ihnen Gebrauch macht. Sobald sich der Staat als handelnder Akteur auf die klassischen einseitigen Regelungsinstrumente besinnt, wird sein Handeln mit *state regulation* zu assoziieren sein, während er als Vertreter öffentlicher Interessen außerhalb der Ministerialbürokratie durchaus gesellschaftlichen Interessen mit eigener Handlungslogik vertreten kann.

Academic self governance – oder in diesem Kontext besser allgemeiner – *scientific self governance* basiert auf Selbstkoordinantionsprozessen innerhalb der scientific community, die im Wesentlichen ohne verbindliche einseitige Vorgaben einer zentralen staatlichen Instanz aktiviert werden.[38] Das bedeutet nicht notwendigerweise, dass Recht im Modus der *scientific self governance* keine Beudeutung zukommt. Wie die Analyse der Verfahrensregeln und Regeln guter wissenschaftlicher Praxis der deutschen Forschungs- und Forschungsförderungseinrichtungen gezeigt hat, bedienen sich die Mitglieder der scientific community unter anderem auch rechtlicher Elemente zur Strukturierung und Implementierung von Sebstkoordinationsprozessen.[39] Der rechtliche Zugriff staatlicher Verwaltungseinheiten ist jedoch begrenzt, um Selbstkoordinationsprozessen den notwendigen Freiraum zu geben.

Managerial self governance ist durch das Handeln eines an Effizienzmaßstäben und Output orientierten Verwaltungselements gekennzeichnet, welches in die wissenschaftliche Selbstverwaltung mittelbar eingebunden ist, jedoch nicht den Maßstäben kollegialer Interessenberücksichtigung und Verfahren des kollegialen Interessensausgleichs unterworfen ist. Den Handlungsrationalitäten der *Managerial self governance* folgen etwa Leitungsorgane in wissenschaftlichen Institutionen, denen im Sinne eines effizienten Managements der Organisation einseitige Handlungsbefugnisse zur Verfügung stehen.[40]

Wettbewerb *(competition pressure)* schließlich bildet den letzten Governance-Modus, der in unterschiedlichen Ausprägungsformen die Gestalt und Organisation von Abläufen in der Wissenschaft mitbestimmen kann und in der Regel durch bewusst eingesetzte rechtliche und nichtrechtliche Koordinationsprozesse determiniert wird.[41]

Wie oben bereits angeklungen, sind diese Governance-Modi als Set unterschiedlicher Verbindungen von rechtlichen und nicht-rechtlichen Handlungskoordinationen zu verstehen, welche Voraussetzungen und Wirkungen von Regelungsstrukturen sowie fachspezifische Handlungslogiken als Gesamtarrangements verknüpft durch Regelungsstrukturen mittransportieren und visualisieren.

---

38 *Trute/Denkhaus/Bastian/Hoffmann*, in: Jansen (Hrsg.), New Forms of Governance in Research Organisations – Disziplinary Approaches, Interfaces and Integration, S. 155 (160).
39 Siehe oben 4. Teil, D. II. 3., S. 326 ff.
40 *Trute/Denkhaus/Bastian/Hoffmann*, in: Jansen (Hrsg.), New Forms of Governance in Research Organisations – Disziplinary Approaches, Interfaces and Integration, S. 155 (160 f.).
41 *Trute/Denkhaus/Bastian/Hoffmann*, in: Jansen (Hrsg.), New Forms of Governance in Research Organisations – Disziplinary Approaches, Interfaces and Integration, S. 155 (161).

bb) Anschlussfähigkeit für die Charakterisierung der Verfahrensmodelle

Nachdem der Governance-Begriff also solcher bereits positiv auf seine rechtswissenschaftlichen Anschlussmöglichkeiten und das Governance-Konzept auf seine Eignung als Grundlage für eine Fortentwicklung der Verwaltungsrechtswissenschaft getestet wurde[42] – auf die grundsätzlichen Schwierigkeiten einer adäquaten Verortung des Rechts in einem interdisziplinär angelegten Governance-Konzept wurde in diesem Zusammenhang an anderer Stelle bereits verwiesen[43], verbleibt nunmehr die Frage, ob die identifizierten Governance-Modi im Anschluss an die sozialwissenschaftlichen und rechtlichen Überlegungen im universitären Kontext auch als (Vergleichs-)Folie für andere Strukturen im Wissenschaftssystem, insbesondere aber für die hier in Rede stehenden landesspezifischen Verfahrenslösungen zum Umgang mit wissenschaftlichem Fehlverhalten applizierbar sind und es erlauben, die Governance der Verfahrensmodelle sowie deren Entwicklung typisierend zu beschreiben. Ohne Zweifel stößt die Analyse von Verfahrensmodellen unterschiedlicher Wissenschaftssysteme auf ähnliche Herausforderungen der Einordnung von Aufgabenerledigungszusammenhängen unter staatlichen und privaten Akteuren, wie dies im Hinblick auf das Funktionieren von Universitätssystemen der Fall ist. Hier wie dort gilt es diese Verbindungen in Kategorien beschreibbar zu machen.

Die Entwicklung der Governance-Modi aus allgemeinen Subkategorien der Handlungskoordination, wie Hierarchie, Wettbewerb, Verhandlungssystemen, Netzwerken und Gemeinschaften,[44] die nicht allein auf das spezifische Anwendungsgebiet der Universitätssysteme ausgerichtet sind, spricht deutlich für deren Fortschreibungseignung, da der Konzeption der genannten Modi ein gewisses Maß an Generalität innewohnt, das ihre Anpassung auf verschiedene Regelungsbereiche, jedenfalls innerhalb der Wissenschaft, prognostiziert. Aus der Governance-Perspektive setzt sich der Wissenschaftssektor als gesellschaftliches Teilgebiet insgesamt je nach Gestalt der prägenden Akteurskonstellationen, Koordinations- und Umgebungsfaktoren aus unterschiedlichen Konfigurationen von Governance-Mechanismen zusammen.[45] Die Governance-Modi sind als analytischer Rahmen auf eben diesen Wissenschaftssektor zugeschnitten und, gegebenenfalls im Anschluss an eine weitere Ausdifferenzierung oder Ausbildung weiterer Subkategorien, durchaus geeignet, vielfältige Formen der Handlungskoordinierung innerhalb der professionellen Gemeinschaft der Wissenschaft zu beschreiben.

---

42 *Trute/Denkhaus/Kühlers*, Die Verwaltung 37 (2004), S. 451 (456 f.); *Schuppert*, in: ders. (Hrsg.), Governance-Forschung: Vergewisserung über Stand und Entwicklungslinien, S. 371 (382 ff.).

43 Oben unter 5. Teil, A. II. 1. a), S. 433 f. und *Trute/Denkhaus/Bastian/Hoffmann*, in: Jansen (Hrsg.), New Forms of Governance in Research Organisations – Disciplinary Approaches, Interfaces and Integration, S. 155 f.

44 *Trute/Denkhaus/Kühlers*, Die Verwaltung 37 (2004), S. 451 (470 f.), vgl. auch *Enders*, in: Center for Higher Education Policy Studies (ed.), The CHEPS inaugural 2002, S. 69 (73 ff.).

45 *Boer/Enders/Schimank*, in: Jansen (Hrsg.), New Forms of Governance in Research Organisations – Disciplinary Approaches, Interfaces and Integration, S. 137 (138 f.).

Einschränkungen sind lediglich insoweit vorzunehmen, als der Governance-Modus der akademischen Selbstverwaltung Gefahr läuft, bei einer Anwendung auf die Verfahrensmodelle zu kurz zu greifen, zumal er Formen der wissenschaftlichen Selbstorganisation außerhalb des Hochschulsektors und der dort vorkommenden Selbstverwaltungsstrukturen auszuklammern scheint. Dies macht die vorgeschlagene Reformulierung in einen Governance-Modus der *scientific self governance* erforderlich, der geeignet ist, Dimensionen der wissenschaftsbezogenen Selbstorganisation in und unter Beteiligung von unterschiedlichen – nicht allein rein akademischen – wissenschaftlichen Organisationsformen zu erfassen.

Überdies sei angemerkt, das Wettbewerb in Bezug auf Fehlverhaltensverfahren nur insoweit eine Rolle spielt, als dass unter den eingebundenen Organisationen gewisse Konkurrenz- und Profilierungsmechanismen auszumachen sind, während klassische Wettbewerbssituationen, etwa um die Verantwortung für die Durchführung von Verfahren, in allen drei Verfahrensmodellen eher keine oder aber eine sehr untergeordnete Rolle spielen.

2. Governancestrukturen der untersuchten Vergleichsländer

Die drei Vergleichsländer USA, Dänemark und Deutschland zeichnen sich durch drei Implementationslösungen für Fehlverhaltensverfahren aus, für die jeweils divergierende Schwerpunktstrukturen der Institutionen- und Handlungskooperation charakteristisch sind. Das Spektrum reicht von einem verstärkt durch *state regulation* und starke *Meta-Governance* beeinflussten amerikanischen Verfahrensmodell, über das sich von einem ehemals reinen *stakeholder guidance* Ansatz zu einem zunehmend durch *state regulation* beeinflussten dänischen Modell, hin zu einem deutschen Ansatz, welcher jeder gesetzlichen Grundlage entbehrt und in Folge dessen in weitaus geringerem Maße durch hierarchische staatliche Strukturanteile gestaltet ist, als die beiden anderen Modelle. Es handelt sich um ein Modell der *scientific self governance* und der *manergerial self governance*, das starke Rezeptionserfolge sowohl in staatlichen als auch privaten Forschungseinrichtungen erfährt. Würde man die Anteile staatlicher Einflussnahme in den drei Verfahrensmodellen auf einer ansteigenden Skala abbilden, so befände sich Deutschland am Fuße der Abbildung, gefolgt von dem dänischen Verfahrensmodell, das – nachdem man das Handeln der DCSD auf eine gesetzliche Grundlage gestellt hat – deutlich stärkeren staatlichen Einflüssen unterliegt als dies zu Beginn der dänischen Entwicklung der Fall war, und schließlich den USA, deren Verfahrensmodell auf der höchsten Stufe dieser Skala einzuzeichnen wäre.

a) Das US-amerikanische Governance-Regime: Dominanz der State regulation

Das US-amerikanische Verfahrensmodell ist trotz proklamierter Verantwortungsteilung zwischen *government agencies* und geförderten Forschungseinrichtungen ein im Wesentlichen von hierarchischen Handlungsvorgaben staatlicher Institutionen beeinflusstes Modell. Die forschungsfördernden *agencies* der Fachressorts und deren gemeinsames Koordinationsforum in Forschungsangelegenheiten, der National Science and Technology Council (NSTC) des Office of Scientific Technology Policy (OSTP), aber auch der US-amerikanische Gesetzgeber sind die wichtigsten strukturgebenden und kontrollierenden Akteure dieses Modells, während die Forschungsinstitutionen selbst – jedenfalls in Bezug auf die staatlich geförderten Forschungsbereiche – vorwiegend als zur Ausführung der staatlichen Vorgaben benötigte Handlungsakteure agieren.

Trotz der offensichtlichen Dominanz einseitiger staatlicher Determinierung zeigt die Analyse der Regelungsstrukturen in den USA, dass sich das amerikanische Verfahrensmodell in seinen Instrumenten seit Beginn der Vereinheitlichungsbemühungen zu Beginn des 21. Jahrhunderts nicht mehr allein auf das klassische gesetzgeberischen Handeln des Bundes in Bezug auf den Umgang mit Fehlverhalten durch das DHHS/PHS und andere Ministerialbehörden sowie auf den Erlass von administrativen Regelwerken durch die zahlreichen selbständigen oder den Fachressorts nachgeordneten forschungsfördernden *agencies* beschränkt. Ein festes durch *state regulation* beherrschtes und in Form von gesetzgeberischer *Meta-Governance* ausgestaltetes Arrangement von Regelungen der Organisation, der Handlungsmaßstäbe und der Verfahren existiert lediglich für das Anwendungsfeld der PHS finanzierten Forschung und datiert aus einer Zeit, in der man auf das akute Problem wissenschaftlichen Fehlverhaltens durch die normative Sicherstellung eines dichten und qualitativ „hochwertigen" Reaktionssystems reagieren zu müssen glaubte.

Inzwischen hält das Spektrum staatlicher Verantwortungsteilhabe für die Ausgestaltung und Koordination von Fehlverhaltensverfahren neben den über die herkömmlichen Rechtsproduktionswege der Gesetz- und Verordnungsgebung eingespeisten Verhaltensmaßstäben und Verfahrensregeln einer Reihe von staatlichen Akteuren einen spezifischen Handlungskoordinationsmechanismus bereit, der der Generierung einer in den Grundzügen einheitlichen Regulierungspraxis der strukturgebenden Akteure in Fällen wissenschaftlichen Fehlverhaltens dient. Die Rede ist von dem Konzept einer staaten- und agency-übergreifenden *federal policy*, welches unter der Ägide des National Science and Technology Councils (NSTC), angesiedelt bei dem Office of Scientific Technology Policy (OSTP), vor einigen Jahren gewissermaßen als eine zweite staatliche Handlungsebene mit ressortübergreifender Koordinierungsausrichtung und somit anderen Handlungsrationalitäten als die klassische Verordnungsgebung der *agencies* in das US-amerikanische Verfahrensmodell eingezogen wurde.[46] Die extreme Zersplitterung staatlicher Forschungsförderungs-

---

46 Vgl. oben 2. Teil, C. VI. 2., S. 75 f. und D. II. 2., S. 87 ff.

einrichtungen[47] und die daraus folgende Verteilung staatlicher Verantwortung auf einen großen Kreis verantwortlicher Behörden hatte dazu geführt, dass auf Empfehlung eines Wissenschaftlergremiums zur Vereinheitlichung der Regulierung wissenschaftlichen Fehlverhaltens im Bereich staatlich geförderter Forschung mit dem NSTC eine ausschließlich mit politischen Beratungsfunktionen bedachte Einrichtung, zum Koordinationsforum der an der Verfahrenskoordination beteiligten forschungsfördernden *agencies* für einen einheitlichen Implementationsweg nutzbar gemacht wurde. So konnten vorhandene Wissensbestände und Interessenstrukturen für das Design der Voraussetzungen und Rahmenbedingungen von Fehlverhaltensverfahren aller Ressorts in einer institutionellen Umgebung nutzbar gemacht werden. Die *agencies* haben in dem beim NSTC gemeinsam gebildeten Research Integrity Panel[48] unter Aktivierung ihrer bisherigen Erfahrungen und des vorhandenen Wissens in Zusammenarbeit und unter Nutzung dieser Institution einen gemeinsamen Grundmechanismus des Verfahrens in Fällen wissenschaftlichen Fehlverhaltens und einen einheitlichen bundesweiten materiellen Maßstab herausgearbeitet und diesen zum Zwecke der gemeinsamen Anwendung in der *federal policy* festgehalten. Obwohl diesem Harmonisierungskonzept keinerlei verbindliche Regelungswirkung zugeschrieben werden kann, es funktional außerhalb legislativer und administrativer Gesetzgebung steht, die Umsetzung in den einzelnen Behörden einerseits bereits einen mehrjährigen noch nicht abgeschlossenen Zeitraum der Transformation beansprucht hat, sowie andererseits wiederum durch verschiedenartige Regelungsinstrumente, das heißt, durch Verordnungsgebung der *agencies* oder andere administrative Mechanismen erfolgt, scheint die Akzeptanz dieses Mechanismus zur Harmonisierung des Umgangs mit wissenschaftlichem Fehlverhalten im besonderem Maße gewährleistet. Denn die einseitig durch unterschiedliche staatliche Institutionen vorgebestimmten Bedingungen wissenschaftlicher Fehlverhaltensverfahren konnten so durch Kooperation auf einen in sich logischen gemeinsamen Ausgangspunkt verdichtet werden. Die staatlichen Förderungsbehörden haben durch Ausformung einer gemeinsamen Konvention der Zersplitterung der Strukturen und Ausgangsbedingungen entlang der verantwortlichen Ressorts entgegengewirkt und die verantwortlichen Akteure an einen Tisch geholt, um durch ein neues, dem Governance-Modus *stakeholder guidance* – mit Einflüssen der *state regulation* – zuzuordnendes Instrumentarium einheitliche Mindeststandards zu sichern, ohne den einzelnen *agencies* zugleich jeglichen Spielraum für individuelle Ausgestaltungsvarianten zu nehmen. Die korrekte Umsetzung und Implementierung der Mindestanforderungen der *federal policy* selbst wird durch den Einsatz eines Hilfsakteurs des NSTC, der *interagency implementation group,* abgestützt. Das Instrument ist – nicht allein deshalb weil es die ministerialfreien *independent agencies* einbezieht – keines der klassischen Ministerialverwaltung. Durch die Ansiedelung bei der für die ressortübergreifende Forschungs- und Forschungsfinanzierungspolitik zuständigen Regierungseinheit betont es zwar einerseits den Staat als mächtigen finanziellen Förderer

---

47   Siehe dazu oben 2. Teil, A. II., S. 36 ff.
48   Vgl. oben 2. Teil, C. VI. 1., S. 74 f.

und Einflussnehmer, der den Verbleib der zur Verfügung gestellten Haushaltsmittel steuert und kontrolliert, ohne jedoch Beiträge gesellschaftlicher Handlungsträger bei der Entwicklung eines Reaktionssystems zur geeigneten und angemessenen Mittelverteilung vollkommen auszuschließen. Auch politisch unabhängige gesellschaftliche Akteure der Forschungsförderung wie etwa die National Acadamies of Science haben durch Kommentierung an der Entstehung der *federal policy* mitgewirkt. Die Vertreter der *agencies* im NSTC wirken nicht nur als Repräsentanten des Staates sondern auch als Vertreter der Interessen und Besonderheiten der einzelnen Ressorts. Insoweit geht von dem mittelbaren – weil nicht zwingenden – Instrument der *federal policy* eine Vordeterminierung und Anpassung von Elementen bisheriger *state regulation* durch *stakeholder* Interessen aus. Neben der Vereinheitlichung der vorhanden Verfahrensansätze hat die *federal policy* insbesondere auch für eine höhere Implementationsdichte von Fehlverhaltensverfahren durch die beteiligten verantwortlichen *agencies* gesorgt.

Darüber hinaus transportieren die *federal policy* und die *regulations* und *policies* der forschungsfördernden *agencies* weitere hierarchische Instrumentarien der Handlungskoordination. Es handelt sich zum einen um die an der Schnittstelle von *state regulation und stakeholder guidance* anzusiedelnde Anbindung der Vergabe staatlicher Finanzmittel an die Voraussetzung der Implementierung einer institutionseigenen Verfahrensordnung sowie der Bereitstellung von für den Umgang mit Fehlverhaltensfällen verantwortlichen Personen und Gremien im Rahmen der Zusicherung *(assurance of compliance)*, dass man ein entsprechendes Set selbstverfasster Umsetzungsregelungen mit einseitig vorgegebenem Inhalt einhalten werde.[49] Zum anderen wird die tatsächliche Umsetzung dieser institutionseigenen *policies* und *procedures* über einen der *state regulation* zuzuordnenden und die Aufsichtsverantwortung der *agency* aktivierenden Kanon von Mitteilungspflichten der Empfängereinrichtungen finanzieller Fördermittel unterstützt, welcher ein mögliches Eingreifen der zuständigen *federal agency* gewährleistet sobald die Einhaltung der Regeln durch die geförderte Einrichtung gefährdet ist.[50]

Während das erstgenannte Instrumentarium als Zulassungsvoraussetzung zu den unterschiedlichen Formen staatlicher Mittelvergabe über die Förderungsagencies anzusehen ist und auf die Minimierung der Zahl nichtregulierter Forschungseinrichtung zielt, ermöglichen die im Falle eines Verfahrens eingreifenden Informations- bzw. Anzeigepflichten den *agencies* die Wahrnehmung ihrer staatlichen Aufsichtsverantwortung gegenüber den durch sie geförderten Forschungseinrichtungen. Beide Instrumentarien sichern die Einhaltung von unter Beteiligung von Stakeholderinteressen vorgeformten und im *state regulation* Modus festgeschriebenen Mindeststandards bei der Untersuchung wissenschaftlichen Fehlverhaltens durch staatliche und nichtstaatliche Akteure, damit staatliche Behörden ohne Reibungsverluste an die Aufklärungsergebnisse der untersuchungsverantwortlichen Forschungseinrichtungen – gleich welcher Rechtsnatur, Art und Größe – anknüpfen und staatliche Sank-

---

49 Vgl. oben 2. Teil, D. I. 1. a), S. 77.
50 Vgl. oben 2. Teil, D. I. 1. b), S. 80 f.

tionen verhängen können. Zugleich bewirkt dieses Instrumentarium auch einen Schutz der betroffenen Wissenschaftler vor einem interessengesteuerten unqualifizierten Verfahren. Der einseitige hoheitliche Charakter der Regelung von Mindestanforderungen an US-amerikanische Fehlverhaltensverfahren wird dabei nicht dadurch in Frage gestellt oder gar aufgehoben, dass diese nicht allein in Verordnungen und entsprechende Regelwerke der *agencies* verbindlich festgeschrieben, sondern (auch) zum Gegenstand institutionseigener Regelwerke gemacht werden. Der Bezug auf staatliche Funktionseinheiten bleibt insoweit eindeutig, die Voraussetzungen im Bereich staatlicher Förderung so klar umrissen, dass von einer gemeinsamen Koordinierung, die gleichermaßen durch Behörden und gesellschaftliche Akteure beeinflusst wird, nicht mehr die Rede sein kann.

Etwas anderes gilt für nicht staatlich geförderte Forschungsbereiche, wo die Implementation des durch Instrumente der *state regulation* und *stakeholder guidance* geprägten Verfahrensmodells nicht einseitig durch staatliche Akteure bewirkt wird. Grundsätzlich sind die US-amerikanischen Forschungseinrichtungen insoweit nicht an die Verfahrensanforderungen von *federal policy* und *agency regulations* gebunden. Die wenigsten Forschungseinrichtungen aber differenzieren innerhalb des Anwendungsbereichs ihrer *policies* und *procedures* nach *misconduct* Fällen zwischen staatlich geförderten und nicht staatlich geförderten Projekten. Infolgedessen findet das für den Bereich staatlich geförderter Forschung kreierte Verfahrensmodell über die Verpflichtung der staatlich geförderten Forschungseinrichtungen zur Implementierung von eigenen *policies* und *procedures* mit Ausnahme der Informationspflichten und Aufsichtsmaßnahmen häufig auch in nichtgeförderten Forschungsbereichen derselben Institutionen Anwendung.[51] Sei es dass die betroffenen Einrichtungen es schlicht versäumen eine Beschränkung des internen Geltungsbereichs ihrer *policies* and *procedures* einzufügen, sei es dass sie jederzeit ohne eine vorherige Abänderung ihrer *policies* und *procedures* in der Lage sein wollen, für sämtliche ihrer Forschungsbereiche staatliche Mittel zu beantragen, oder sei es dass sie beeinflusst durch den mittelbaren Druck staatlicher Förderer absichtlich keine Unterschiede zwischen staatlich geförderter und nicht staatlich unterstützter Forschung machen, um sich nicht dem Vorwurf auszusetzen, in diesen Bereichen auf qualitativ schlechtere oder unredliche Weise Forschung zu betreiben. Die Konsequenz ist ein mehr oder weniger flächendeckender Transfer der staatlichen Verfahrensanforderungen auf nicht staatlich geförderte Forschungsbereiche jedenfalls innerhalb derjenigen Forschungseinrichtungen, die zugleich auch in den Genuss von staatlichen Forschungsmitteln kommen. Der Einsatz institutseigener *policies* und *procedures* ist mithin von der positiven Nebenerscheinung einer Übernahme der überwiegend einseitig gesetzten Anforderungen begleitet, was die in diesem Bereich geleisteten Beiträge zur Standardbildung rezeptions-, mindestens aber rekursfähig macht, ohne dass sie originär und unmittelbar von den Instrumenten der staatlichen determinier-

---

51 Die Forschungseinrichtungen sind hinsichtlich nicht staatlich geförderter Forschung jedoch grundsätzlich frei in der Wahl der Maßstäbe und der Verfahrensausgestaltung, vgl. oben 2. Teil, E. III., S. 116 f.

ten Handlungskoordination beeinflusst werden. Der Einbezug gesellschaftlicher Akteure in das Verfahrensmodell bleibt also nicht folgenlos, er versieht die einseitig staatlich vorgeprägten Handlungsvorgaben mit einem aus Sicht der staatlichen Akteure positiven Nebeneffekt, welcher als Ausnutzung wissenschaftlicher Handlungsrationalitäten für die Bildung einheitlicher Konventionen gewertet werden kann. Die Reichweite der Übertragungswirkung ist allerdings schwer kalkulierbar. Der PHS dürfte den Effekt durch das Angebot seiner *model policy* zusätzlich verstärken. Forschungseinrichtungen, die sich die Erarbeitung einer eigenen *policy*, welche den Anforderungen der *agencies* gerecht wird, ersparen wollen und sich aus diesem Grund der *model policy* bedienen, werden sich in der Regel auch in Bezug auf die nicht staatlich geförderten Forschungsbereiche bei der Durchführung von Fehlverhaltensverfahren an die *model policy* anlehnen und so für ähnliche Standardbildungsvoraussetzungen sorgen.

Folglich spielen sich die Die US-amerikanischen Fehlverhaltensverfahren im Ergebnis an der Schnittstelle zwischen überwiegender *state regulation* und neuerdings auch weniger stark betonter *stakeholder guidance* ab. Die spezifischen Vermittlungsvorgänge in Fehlverhaltensverfahren werden stärker als in den beiden anderen Nationen aus der Perspektive der staatlichen Organisation und Aufgabenerfüllung betrachtet, nachdem die Konstitution eines innerbehördlichen Vermittlungssystems zwischen Wissenschaft und Staat mit dem Modell des wissenschaftlichen Dialogs bei dem OSI des PHS gescheitert ist. Schließlich geht der US-amerikanische Ansatz so weit, dass die Organisation und das Verfahren privater Selbstnormierung staatlich vorgeprägt werden.

b) Das dänische Governance-Regime: Dominanz der stakeholder guidance

In Dänemark ist das von Beginn an durch die Governance-Dimension der *stakeholder guidance* dominierte zentralisierte Verfahrensmodell zum Umgang mit wissenschaftlichen Fehlverhaltensfällen vor den DCSD durch die spätere Ausstattung mit einem gesetzlichen Rahmen und einige Veränderungen in der Kompetenzverteilung zu einem neuen dänischen Modell umgeformt worden, welches vorübergehend verstärkt dem Einfluss von *state regulation* ausgesetzt war, sich nunmehr aber wieder stärker durch eine Betonung von Mechanismen der *stakeholder guidance* auszeichnet. Darüber hinaus existieren jenseits des zentralisierten Verfahrensmodells mit den in den vergangenen Jahren eingerichteten internen Untersuchungsverfahren wissenschaftlicher Hochschulen und anderer Forschungseinrichtungen auch Impulse, die Governance-Modi der *scientific self governance* und der *managerial self governance* zu stärken.

Das auf eine Initiative des ehemaligen Dänischen Medizinischen Forschungsrats zurückgehende und anfänglich auf den medizinischen Fachbereich beschränkte dänische Verfahrensmodell wurde unter Beteiligung von medizinischen und ethischen Fachleuten, die zugleich staatlicherseits berufene Mitglieder des medizinischen Forschungsrates oder aber Vertreter von medizinischen Forschungseinrichtungen waren, also ausschließlich von Akteuren der *stakeholder guidance* entwickelt und auch personell besetzt.[52] Sowohl die Designer des dänischen Komiteemodells als auch die Mitglieder des ersten medizinischen Komitees und des später zu einem Komiteetrio weiter entwickelten Modells handelten in ihrer Eigenschaft als Mitbegründer und Betreiber dieses Verfahrensmodells in erster Linie nicht als Mitglieder der *scientific community* nach den Regeln von *scientific self governance*, sondern nach den Handlungsrationalitäten wissenschaftsexterner Vertreter der Gesellschaft, die eine angemessene Verwendung von Forschungsgeldern sicherzustellen und einen gesellschaftlichen Einfluss auf die Redlichkeit in der Wissenschaft umzusetzen versuchen. Das Komiteemodell war ursprünglich nicht formaler Teil der öffentlichen Verwaltung[53] und lediglich von den Entscheidungen des für die Be- und Abberufung der Mitglieder zuständigen Forschungsrats abhängig. Sein Instrumentarium beschränkte sich auf die für den Modus der *stakeholder guidance* typischen, wenn auch nicht zwingend profilbildenden weicheren Formen der Handlungskoordination, nämlich insbesondere die Aussprache von Empfehlungen, wie mit den Fehlverhaltensfällen nach Abschluss der Untersuchung durch das Komitee weiter zu verfahren sei.[54]

Im Rahmen der späteren Einführung von zwei weiteren Fachkomitees und der Erweiterung der Zuständigkeit des Komiteemodells auf alle Forschungsbereiche gewann – flankiert von einer gesetzlichen Maßnahmen der *Meta-Governance*[55] – zunehmend der Governance-Modus *state regulation* Einfluss auf das dänische Verfahrensmodell. Hierfür war insbesondere die Ermächtigung des Forschungsministers zum Erlass einer die DCSD regulierenden Verordnung verantwortlich, die der dänischen Ministerialbürokratie zunehmenden Einfluss auf das nunmehr aus drei Unredlichkeitskomitees bestehende dänische Komiteesystem eröffnete. Die Kompetenz zur Ernennung der Komiteemitglieder wurde von den disziplinspezifischen Forschungsräten zunächst auf das zur zentralen Koordinierung dieser Forschungsräte eingesetzte Forschungsforum[56], später gar auf den dänischen Minister für Wissenschaft, Technologie und Entwicklung selbst verlagert[57]. Die Geschäftsstelle der DCSD wurde bei der zentralen Forschungsbehörde (Forsknings- og Innovationsstyrelsen) eingerichtet. Die Entscheidungen der DCSD konnten als Entscheidungen einer dem Ministerium nachgeordneten Verwaltungseinheit vorübergehend durch den Minister für Wissenschaft, Technologie und Entwicklung in einem administrativen Verfahren überprüft werden.[58] Diese Merkmale einer hierarchischen Form der Koordination wissenschaftlicher Fehlverhaltensverfahren ließen die DCSD mehr

---

52 Vgl. oben 3. Teil, C. I. und II., S. 173 ff. und S. 182 ff.
53 Vgl. oben 3. Teil, C. II. 4., S. 185.
54 Vgl. oben 3. Teil, C. II. 4., S. 185 f. Das Komitee war nicht berechtigt, verbindliche Entscheidungen zu treffen.
55 Vgl. oben 3. Teil, C. IV., S. 186 ff.
56 Vgl. oben 3. Teil, A. II. 1. b), S. 165 ff., Fn. 29.
57 Vgl. dazu auch 3. Teil, D. III. 1. c), S. 206 f.
58 Vgl. dazu 3. Teil, H. I., S. 262 ff.

und mehr in die Nähe einer in den staatlichen Verwaltungsaufbau eingegliederten Institution rücken. Um die Aufgaben der Komitees selbst vollständig dem Modus der *state regulation* zuordnen zu können, fehlt es jedoch seit jeher an der einseitigen hierarchischen Form und Wirkung ihrer Feststellungen und Entscheidungen.[59]

Mit Inkrafttreten des Änderungsgesetzes über die Ratgebung in der Forschung (Lov om Forskningsrådgivning) (RiFG) zu Beginn des Jahres 2004 wurde die gesetzliche Grundlage der auf drei Danish Committees of Scientific Dishonesty (DCSD) erweiterten Form des dänischen Verfahrensmodells durch eine detailliertere gesetzliche Regelung im Bereich der *Meta-Governance* ersetzt und ein gewisser Autonomiestatus des Komiteesystems sichergestellt.[60] Der Governance-Modus *state regulation* erfuhr durch den ausdrücklichen Ausschluss der Überprüfung von Entscheidungen durch das Ministerium und die Reduktion der Eingriffsbefugnisse des Wissenschaftsministeriums eine Schwächung, wohingegen der Governance-Modus *stakeholder guidance* unter besonderer Berücksichtigung des Staates als *stakeholder* erneut stärker betont wurde. Hierfür ist insbesondere die Angliederung der Untersuchungskomitees an das dänische Forschungsrätesystem signifikant, welche den Hauptakteuren des dänischen Verfahrensmodells eine autonomisierte Beraterstellung zwischen den für die forschungspolitische Beratung und die sachgerechte Verteilung staatlicher Forschungsmittel verantwortlichen Räten einräumte. Sie also auf die gleiche Ebene mit anderen Institutionen hob, welche ebenfalls allgemein-wissenschaftliche und disziplinspezifische, gesellschaftliche, wirtschaftliche und finanzierungspolitische Interessen verkörpern und teilweise selbständig teilweise beratend über die Mitwirkung an politischen Entscheidungen Einfluss auf Forschung und Entwicklung nehmen[61]. Vor diesem Hintergrund besteht auch nach der Umgestaltung keine Veranlassung das zentralisierte Verfahrensmodell als ein Modell der *scientific self governance* aufzufassen, wenngleich die Mitglieder der drei Fachkomitees Wissenschaftler der selben Wissenschaftsdisziplinen sind und somit als Peers der von den Untersuchungen betroffenen Personen auftreten. Sie folgen nicht der selben Handlungslogik wie Akteure der akademischen Selbstverwaltung, wenn sie als Mitglieder der professionellen Gemeinschaft in der Hauptsache den für die Untersuchung von Fehlverhaltensfällen in einem bestimmten Fachgebiet erforderlichen Sachverstand in das Verfahrensmodell hinein transportieren, ohne jedoch durch einen Selbstorganisationsprozess unter gleichberechtigter Beteiligung der Mitglieder der *scientific commmunity* eingesetzt zu sein oder in der Tradition des kollegialen Prinzips insbesondere die Interessen der Mitglieder eben dieser *scientific community* durch gleichberechtigt gewählte Repräsentanten zu vertreten. Vielmehr stehen sie vornehmlich im Dienste des Staates, der als *stakeholder* durch ein normativ eingebettetes Bewertungsmodell für vermeintliche Fehlverhaltensfälle und Beratung der für die Sanktionierung zuständigen Forschungseinrichtungen seine Interessen an

---

59 Dazu oben 3. Teil, F. V. 3. c), S. 258 ff.
60 Siehe 3. Teil, D. III. 1. c), S. 206 f.
61 Zur Struktur des dänischen Beratungs- und Forschungsfinanzierungssystems, oben 3. Teil, A. II. 1. b), S. 165 f.

einem funktionierenden Forschungssystem und die sachgerechte Verwendung seiner Mittel sicherzustellen sucht und die wissenschaftlichen Mitglieder der Komitees zu diesem Zweck einem vorsitzenden Richter unterstellt, der gerade kein gleichberechtigtes Mitglied der *scientific community* ist.[62] Man hat es insoweit mit einer im Wissenschaftssystem häufig anzutreffenden Subkategorie des Modus *stakeholder guidance* zu tun, in der der Staat als einziger oder aber deutlich dominanter *stakeholder* Regelungsstrukturen eines bestimmten Sachbereichs (mit-)beeinflusst und koordiniert. Hierzu bedient er sich eines weichen gemeinwohlsichernden Instrumentariums, welches Untersuchungsverfahren nach einem routinierten Arrangement fachlicher Präsenz, Bewertungsempfehlungen sowie Beratungen von Forschungseinrichtungen über die Frage von Folgemaßnahmen und schließlich allgemeine Informationen zum Thema Redlichkeit in der Forschung über die Veröffentlichung von Pressemitteilungen und Jahresberichten einschließt.[63]

Zu einer Verknüpfung mit weiteren Governance-Modi führt die Überlassung der Sanktionsverantwortung für wissenschaftliches Fehlverhalten an die wissenschaftlichen Institutionen sowie der eher marginale Einfluss der an einigen dänischen Forschungseinrichtungen zusätzlich eingerichteten internen Aufklärungsgremien, sogenannter Praxiskomitees, und ihrer Verfahrensweisen auf das dänische Verfahrensmodell. Hinsichtlich der den wissenschaftlichen Arbeitgeberinstitutionen überlassenen Kompetenz, für wissenschaftliche Fehlverhaltensfälle Sanktionen auszusprechen, können je nach institutionsinterner Zuständigkeit für die Sanktionierung von Unredlichkeit die Modi *managerial self governance* oder der *scientific self governance* Bedeutung erlangen. Arbeitsrechtliche Konsequenzen etwa werden von der jeweiligen Leitung einer Einrichtung veranlasst, die entweder der wissenschaftlichen Selbstverwaltung unterliegt oder über einen von der wissenschaftlichen Basis abgekoppelten selbständig zugewiesenen Zuständigkeitsbereich verfügt.

In ähnlicher Weise verkörpern institutionsinterne Untersuchungskomitees je nach den spezifischen Voraussetzungen ihrer Einberufung und der Handlungsrationalitäten der darin versammelten Mitglieder eine der *scientific self governance* oder der *managerial self governance* zuzurechnende zusätzliche Initiative gegen wissenschaftliches Fehlverhalten.[64] Die Abgrenzung dürfte hier ähnlich zu treffen sein wie in Bezug auf die im nächsten Unterabschnitt erörterten institutseigenen Verfahrensgremien des deutschen Verfahrensmodells.[65] Die zuvor bereits in Bezug genommenen Praxiskomitees dänischer Universitäten[66] sind Akteure der *scientific self governance*, deren Einrichtung mittelbar durch die Übertragung von Verantwortungsbereichen zur Sicherung und Selbstkontrolle der Wissenschaftsfreiheit und der For-

---

62 Siehe zur Zusammensetzung der Komitees 3. Teil, D. III. 1. a), S. 204 f. und zu der Rolle der Mitglieder 3. Teil, F. II. 4., S. 234 ff.

63 Siehe auch oben 3. Teil, G. I., S. 260 f. zu den sogenannten „weichen" Sanktionsmaßnahmen zu denen die DSCD im Falle des Vorliegens wissenschaftlicher Unredlichkeit ermächtigt sind.

64 Vgl. oben 3. Teil, D. IV. 1., S. 208 ff.

65 Vgl. unten 5. Teil, A. II. 2. c), S. 450 ff.

66 Dazu oben 3. Teil, D. IV. 1., S. 208 ff.

schungsethik in der *Meta-Governance* sowie durch die Ressourcenknappheit im Inland und den daraus entstehenden Wettbewerb um den Erhalt US-amerikanischer Forschungsgelder initiiert wird.[67]

c) Das deutsche Governance-Regime: Dominanz der scientific self governance

In Deutschland sind Aufbau und Koordination des Verfahrensmodells durch eine vergleichsweise schwache staatliche Determinierung der Regelungsstruktur gekennzeichnet. Profilbildende Strukturen der *Meta-Governance* beschränken sich auf die in einem höchstrichterlichen Urteilsspruch zusammengefassten Feststellungen zur Durchführung von Fehlverhaltensverfahren durch landeseigene Universitäten.[68] Gesetzliche Regelungen sind in wenigen Bundesländern existent.[69] Es handelt sich in diesen Fällen um allgemein gehaltene und ausschließlich auf den Hochschulsektor bezogene Ermächtigungsgesetze, denen weniger ein das Verfahrensmodell modulierender als vielmehr ein im klassischen Sinne nachträglich legitimierender Charakter anhaftet.

Elemente der *state regulation* spielen ebenfalls eine untergeordnete Rolle und sind ausschließlich in Bezug auf Fehlverhaltensfälle anzutreffen, die sich im Bereich der Ressortforschung, also in nachgeordneten forschungstreibenden Verwaltungseinheiten abspielen, und so in die hierarchischen Strukturen dieser Einrichtungen eingegliedert sind.[70]

Das deutsche Verfahrensmodell ist überwiegend durch Akteure der *scientific self governance* und deren flexible eigeninitiativ herausgebildeten Instrumente beeinflusst, die allerdings von Verknüpfungen zu den Modi der *managerial self governance* und der *stakeholder guidance* nicht frei sind. Seinen Organisationsrahmen hat das Verfahrensmodell im Wesentlichen durch die auf Initiative der DFG entwickelten, zunächst unverbindlichen Empfehlungen der Kommission „Selbstkontrolle in der Wissenschaft", die an die Institutionen des deutschen Wissenschaftssystems und deren wissenschaftliche Mitglieder gerichtet sind, erhalten.[71] Dabei handelte die wegen ihrer Nähe zum Staat auch oft als intermediäre Einrichtung identifizierte DFG[72] hier in ihrer Eigenschaft als zentrale Selbstverwaltungsinstitution der deutschen Wissenschaft und dabei als Akteurin des Governance-Modus *scientific self governance*. Die interne Entscheidung über die Einsetzung der Kommission wurde von dem Präsidium der DFG getroffen, welches von den Vertretern der wissenschaftlichen Mitgliederinstitutionen der DFG in der Mitgliederversammlung gewählt

---

67 Vgl. oben 3. Teil, D. IV. 1., S. 208 f.
68 Siehe die Lohmann-Entscheidung des BverwG, 102, 104 ff., hierzu oben 4. Teil, B. II. 1. a), S. 306 ff.
69 Vgl. oben 4. Teil, D. II. 1., S. 323.
70 Vgl. zur Rechtsqualität der Verfahrensregeln von Ressortforschungseinrichtungen oben 4. Teil, D. II. 3. b) dd), S. 339.
71 Dazu oben 4. Teil, C. II. 1., S. 315 f. und D. II. 2., S. 324 ff.
72 Siehe oben 4. Teil, A. II. 1. b), S. 280 ff., insbesondere Fn. 84.

wird. Die Arbeitsgruppe selbst setzte sich aus Wissenschaftlern verschiedener Fachdisziplinen, d.h. aus Peers der zur selbständigen Forschung berechtigten Wissenschaftler deutscher und internationaler Forschungseinrichtungen zusammen, die nach dem Kollegialitätsprinzip handeln und die Standards ihrer jeweiligen fachspezifischen *community* in den Wissenspool der Arbeitsgruppe und deren Empfehlungen für ein selbstregulatives Modell des Umgangs mit wissenschaftlichem Fehlverhalten in der Wissenschaft einbringen konnten.

Schärfer ausmodelliert wird das deutsche Verfahrensmodell ferner durch weitere von Repräsentanten der professionellen Wissenschaftlergemeinschaft vorformulierte Regeln und Empfehlungen, insbesondere durch die zur Orientierung dienenden (Muster-)Verfahrensordnungen hochstufiger Wissenschaftseinrichtungen wie etwa der HRK[73] und der MPG[74]. Aufgrund von gelegentlich auftretenden Beteiligungen von *stakeholdern* in den für die Organisation von Fehlverhaltesverfahren oder die Verabschiedung von Regelwerken verantwortlichen Gremien dieser Institutionen, beispielsweise im Senat der MPG, konnte es dort zu einer Mitdeterminierung durch Stakeholderinteressen kommen.[75] Mithin sind Einflüsse des Modus *stakeholder guidance* in Bezug auf diese ersten Regelwerke und Verfahrensordnungen mit Vorbildcharakter zur Sicherung guter wissenschaftlicher Praxis zu verzeichnen. *Stakeholder* agieren in diesen Konstellationen aufgrund ihrer Integration in gemischten Akteursgremien nach einer die vergleichsweise starke Betonung der Autonomie der Wissenschaftler berücksichtigenden Logik, indem Sie unter Beteiligung von Mitgliedern der *scientific community* über (Modell-)Vorschläge und Voraussetzungen für die Gestaltung von wissenschaftlichen Standards und Verfahrensregeln zum Umgang mit wissenschaftlichem Fehlverhalten befinden. Den einzelnen Forschungseinrichtungen und den darin wirkenden Wissenschaftlern bleibt dabei ein gehöriger Spielraum zur Ausfüllung und Konkretisierung dieses Organisationsrahmens überlassen.

Damit sind die Akteure und das Instrumentarium der *scientific self governance* jedoch noch nicht abschließend beschrieben. Einerseits wurden die verschiedenen Empfehlungen zum internen Einsatz von Standards und Verfahren gegen wissenschaftliches Fehlverhalten durch die DFG um die zentrale Einrichtung eines unabhängigen, mit Wissenschaftlern besetzten Ombudsgremiums zur dauerhaften gezielten Beratung in Problemfällen und Fragen guter wissenschaftlicher Praxis und wissenschaftlichen Fehlverhaltens ergänzt.[76] Durch diesen zentralen Akteur werden Lücken in dem sich nach und nach aufbauenden Netz von Selbstverwaltungsgremien zum Umgang mit wissenschaftlichem Fehlverhalten geschlossen, Standards und

---

73 Vgl. die Ausführungen zur Handreichung der HRK, oben unter 4. Teil, C. III. 2., S. 319.
74 Zur Arbeit der wissenschaftlichen Arbeitsgruppe der MPG oben unter 4. Teil, C. III. 1., S. 318.
75 Zur Besetzung des Gremien der MPG vgl. oben 4. Teil, A. I. 2. a), S. 276 Fn. 59 und die dort aufgeführten Literaturhinweise.
76 Vgl. oben 4. Teil, C. II. 3., S. 316 und D. III. 1. a), S. 353 f.

Verfahrensweisen auf informelle Weise weiterentwickelt und offen in der *scientific community* kommuniziert.

Andererseits vermittelt die aus dem amerikanischen Modell abgeleitete Bindung der Mittelvergabe der DFG an die Umsetzung gewisser Standardempfehlungen in den deutschen Forschungseinrichtungen[77] einen strikten Zwang zur Selbstbindung der auf die Förderung angewiesenen Forschungseinrichtungen, welcher in seiner Wirkung hierarchisch auferlegten Handlungszwängen gleichkommt. Dies zeigt, dass sich durchaus auch Akteure der *scientific self governance* quasi-hierarchisch wirkender Instrumente bedienen können. Der entscheidende Unterschied zu der US-amerikanischen durch Akteure der *state regulation* konstruierten Regelungsstruktur besteht jedoch darin, dass die Verknüpfung von Mittelzuwendungen mit der Umsetzung der DFG-Empfehlungen auf einen Beschluss der Mitgliederversammlung der DFG und somit auf die Mehrheitsentscheidung eines zur kollegialen Entscheidungsbildung fähigen wissenschaftlichen Gremiums zurückzuführen ist.

Die Hauptakteure des deutschen Verfahrensmodells sind schließlich vorwiegend staatlich finanzierte, aber mehr oder minder autonome, intermediäre oder vielfach auch privatrechtlich organisierte, Forschungseinrichtungen.[78] Ein durch die starke Verfassungsgarantie der Wissenschaftsfreiheit begrenzter rechtlicher Zugriff auf diese Institutionen vermittelt ihnen den idealen Raum zur Entwicklung eigener Handlungskoordinationen durch institutionsspezifische professionelle Standards und Verfahrensnormen zur Begegnung wissenschaftlichen Fehlverhaltens.[79] Ein Teil dieser Standards ist in Folge der Beteiligung von staatlichen Forschungseinrichtungen als öffentliches Satzungsrecht moduliert.[80] Dieses Phänomen ist weniger Ausprägung eines bestimmten Governance-Modus als vielmehr eine Konsequenz der Ausdifferenzierung des deutschen Forschungssystems. Im System der oben entwickelten Governance-Modi sind diese Satzungen mit individuellen Verhaltensregeln der Forschungsinstitutionen nicht hierarchische Instrumente der *state regulation*, sondern sind – je nach Organisation der Forschungseinrichtung, des für die Formulierung von Standards und Verfahrensregeln verantwortlichen Gremiums und der Ebene des Zustandekommens – als Instrumente der *scientific self governance* oder aber der *mananagerial self governance* mitunter gepaart mit Einflüssen der *stakeholder guidance* zu klassifizieren. Maßgeblich für die Zuordnung der Handlungsrationalitäten und Instrumente eines Akteurs ist aber nicht allein das eigene Regelwerk. Vielmehr sind auch die Ausgestaltung der verfahrensverantwortlichen Gremien und deren Interaktion von Bedeutung.

---

77 Vgl. oben 4. Teil, C. II. 4., S. 317, zur US-amerikanischen Lösung 5. Teil, A. II. 2. a), S. 446 ff.

78 Vgl. oben 4. Teil, D. III., S. 352 ff.

79 Zu Inhalt und Rechtsqualität der Verfahrensregeln und Regeln guter wissenschaftlicher Praxis der deutschen Forschungseinrichtungen vgl. oben 4. Teil, D. II. 3. a) und b), S. 326 f. und S. 328 ff.

80 Zur Rechtsnatur der Verfahrensordnungen deutscher Universitäten 4. Teil, D. II. 3. b) cc), S. 334 ff.

Handelt bei der Verfassung wissenschaftlicher Standards und Verfahrensregeln ein wissenschaftliches oder akademisches Selbstverwaltungsgremium des Akteurs, wie in den meisten deutschen Universitäten der Hochschulsenat[81], und werden überdies für die Untersuchung von Fehlverhaltensfällen Gremien mit der für die wissenschaftliche Selbstverwaltung typischen Stimmrechts- und Sitzquotenregelung eingesetzt[82], die einen mindestens paritätischen Einfluss der Professoren oder sämtlicher Wissenschaftler auf Gremienentscheidungen sichert, oder aber werden diese von der Gemeinschaft aller einrichtungsangehörigen Wissenschaftler gewählt[83], so repräsentiert das gesamte Handlungssystem ebenso wie die einzelnen hierfür erforderlichen Beschlüsse die Hochschul- oder Institutsgemeinschaft der jeweiligen universitären Einrichtung. Dies kennzeichnet ein dem Governance-Modus *scientific self governance* zuzuordnendes kollegiales Handeln, dem auch ein auf die spezifische Institution bezogenes Binnenrecht entspringt.

Solche eindimensional strukturierten Mechanismen existieren selten in deutschen Forschungseinrichtungen. Sehr viel häufiger trifft man auf institutsinterne Mechanismen zum Umgang mit wissenschaftlichem Fehlverhalten, die Verkopplungen verschiedener Governance-Modi aufweisen. Trifft zum Beispiel das zentrale Leitungsorgan einer Einrichtung die maßgeblichen Entscheidungen über die Ausgestaltung von einrichtungsinternen Regeln und Verfahrensgremien[84], so hängt die Zugehörigkeit der Akteure und Instrumente zu dem Governance-Modus der *scientific self governance* oder der *managerial self governance* nicht zuletzt davon ab, ob das Leitungsorgan mit einem Wissenschaftlerkollegen aus dem Kreise der Einrichtungsmitglieder besetzt ist, oder ob es sich um eine hauptamtliche Position handelt, die von einem Nichtkollegen nach den Prinzipien von Effektivität und Effizienz statt getreu dem Maßstab von Kollegialität bekleidet wird. Die Verbindung verschiedener Governance-Modi kann freilich auch in der gemischten Besetzung der Verfahrensgremien selbst zum Ausdruck kommen. Ebenso spielt die Verbindlichkeit der Gremienentscheidung für das jeweilige Leitungsorgan eine gewichtige Rolle. Sind die Beschlüsse eines aus Wissenschaftlern zusammengesetzten Ombuds- oder Untersuchungsgremiums für das nicht-kollegiale Leitungsorgan nicht verbindlich für die Entscheidung über das Vorliegen wissenschaftlichen Fehlverhaltens und mögliche Sanktionen, überwiegt klar die *managerial self governance*. Je nach Charakter der Einrichtung findet man im deutschen Forschungssystem demnach variierende, dem jeweiligen organisatorischen Rahmen der Institution angepasste Verkopplungen von *managerial self governance* und *scientific self governance*. Ein Beispiel bilden die als GmbH-Gesellschaften organisierten deutschen Großforschungseinrichtungen, bei denen die Formulierung der Regelwerke und die Besetzung der Verfahrensgremien

---

81 Siehe die Ausführungen unter 4. Teil, D. II. 3. b) cc), S. 334 ff., einschließlich der Auflistung der einschlägigen Hochschulen in Fn. 358.

82 So geschehen bei einer Reihe von Universitäten, vgl. oben 4. Teil, D. III. 1. a) bb) (1), S. 356 ff. und b) bb) (1), S. 367 ff.

83 So etwa das Ombudsgremium bei der MPG, 4. Teil, D. III. 1. a) bb) (3), S. 362 f.

84 Dies ist in einem Teil der deutschen Hochschulen der Fall, vgl. u.a. 4. Teil, D. II. 3. b) cc), S. 334 f. und D. III. 1. a) bb) (1), S. 356 f.

überwiegend in der Hand der Geschäftsführung also der Managementselbstverwaltung liegt, wobei diese aber unter Beteiligung des wissenschaftlichen Selbstverwaltungsgremiums, also des Wissenschaftlichen-Technischen Rates agiert.[85] Die MPG handelt zwar bei der Verabschiedung ihrer Standards und Verfahrensregeln durch ihren wissenschaftlichen Senat[86] und lässt überdies die Ombudsleute von sämtlichen wissenschaftlichen Mitgliedern eines Instituts wählen[87], in Bezug auf das Untersuchungsgremium setzt sie jedoch ebenfalls auf eine Verkopplung von wissenschaftlicher Selbstverwaltung mit den Handlungsrationalitäten einer Leitungspersönlichkeit und eines unabhängigen Vorsitzenden[88]. Bei den Universitäten mit verkoppelten Mechanismen sind gewisse Parallelen zur grundsätzlichen Ausgestaltung des Verhältnisses von Managementselbstverwaltung und akademischer Selbstverwaltung durch die landesspezifische Hochschulgesetzgebung und das generelle Zusammenspiel unterschiedlicher Organisationsebenen zu erkennen.

Die durch den Hauptausschuss verabschiedete „Verfahrensordnung zum Umgang mit wissenschaftlichem Fehlverhalten" der DFG hingegen transportiert sehr viel stärker die spezifischen mit der Bereitstellung von Landes- und Bundesfinanzmitteln verknüpften Stakeholderinteressen, der im Hauptausschuss versammelten Repräsentanten, so dass die DFG hier bei der Verfolgung konkreter Fälle wissenschaftlichen Fehlverhaltens innerhalb des Kreises der Antragsteller, Bewilligungsempfänger, Gutachter, etc. stärker als im Rahmen der Entwicklung allgemeingültiger, auf sämtliche Institutionen des Wissenschaftssystems applizierbarer Empfehlungen Handlungsrationalitäten aus dem Modus der *stakeholder guidance* folgt. Der mit vier durch den Hauptausschuss bestellten wissenschaftlichen Mitgliedern und dem Generalsekretär an der Spitze besetzte Untersuchungsausschuss der DFG spiegelt wiederum eine Verkopplung von Stakeholdereinflüssen mit den Mechanismen der *scientific self governance* wider.[89]

3. Fazit

Die Gegenüberstellung macht deutlich, dass insbesondere im Hinblick auf die Bedeutung einzelner Governance-Modi aber auch in Bezug auf die interne Ausgestaltung und die Instrumente deutliche Unterschiede zwischen den Verfahrensmodellen der Vergleichsländer bestehen. Das US-amerikanische Verfahrensmodell ist durch die umfangreichen Aktivitäten *der federal agencies* staatlich angeregt und moduliert. Die Einflüsse wissenschaftlicher Anteile auf staatliche Entscheidungswege

---

85 Vgl. oben 4. Teil, D. II. 3. b) ee) (2), S. 342 ff., zum Ombudsgremium 4. Teil, D. III. 1. a) b) (3), S. 363 ff., und zur Untersuchungskommission der Großforschungseinrichtungen 4. Teil, D. III. 1. b) bb) (2), S. 377 f.
86 Vgl. oben 4. Teil, D. II. 2. b) ee), S. 342.
87 Siehe 4. Teil, D. III. 1. a) bb) (3), S. 362.
88 Zum Untersuchungsgremium der MPG vgl. 4. Teil, D. III. 1. b) bb) (2), S. 374 f.
89 Vgl. oben 4. Teil, D. III. 2. b) aa), S. 382.

sind in der *Meta-Governance* und durch Instrumente der *state regulation* beherrschbar und relativ starr vordeterminiert. Ähnliches gilt inzwischen auch für gewichtige Komponenten des dänischen Modells, mögen auch die Handlungsrationalitäten der DCSD sich eher dem Bereich *stakeholder guidance* zuordnen lassen, die wissenschaftlichen Mitglieder der Komitees keiner nachgeordneten staatlichen Aufsicht unterliegen. Eine deutliche Verschiebung zur *scientific self governance* bildet das in seiner Grundkonzeption über eine intermediäre Selbstverwaltungseinrichtung bewirkte und durch zahlreiche staatliche und nichtstaatliche Institutionen mitbeeinflusste deutsche Verfahrensmodell. Mit der deutschen Konzeption geht einher, dass wissenschaftliche Entscheidungen und Standards deutlich unkontrollierter in staatlichen Zusammenhängen verarbeitet werden. Das deutsche Modell wird durch mehr oder weniger autonome Akteure mitbestimmt, die verfassungsrechtlich unterstützt einer eigenen Dynamik und Selbstanpassungsfähigkeit unterliegen, ohne dass das Modell als eigene Ordnungsleistung wissenschaftlicher Selbstverwaltungseinrichtungen offensichtliche Defizite aufweist, wofür die bereits angesprochene Gleichförmigkeit der erzeugten Standards zumindest ein Indiz bildet. Die Gefahr eines solchen Arrangements liegt in der potentiellen Gemeinwohlunverträglichkeit scheinbar beliebiger entstaatlichter Regelungsstrukturen. Es entsteht unweigerlich die Frage nach einem legitimationsvermittelnden Design solcher Regelungsstrukturen sowie der Rezeptionsanforderungen für im Konzept der *scientific self governance* entwickelte Standards und Normbestände.

B. Bildung, Implementierung und Rezeption von Standards wissenschaftlicher Praxis unter Legitimationsgesichtspunkten

Verfahren zum Umgang mit wissenschaftlichem Fehlverhalten leisten neben anderen wissenschaftsinternen Koordinationsprozessen einen erheblichen Beitrag zu der Bildung und Implementierung von Standards guter wissenschaftlicher Praxis im Wissenschaftssystem. Der nachfolgende Abschnitt soll sich daher schwerpunktmäßig der Öffnung des Rechts für wissenschaftseigene Standardisierungsprozesse und der Rezeption von Standards in staatlichen Zusammenhängen widmen. Die Öffnung exekutivischer Rechtsetzungsakte sowie exekutivischer und richterlicher Entscheidungsprozesse für gesellschaftliche Interessenwahrnehmung durch wissenschaftliche Fehlverhaltensstandards, die in einem wissenschaftsinternen institutionen- wie nationenübergreifenden Prozess gebildet wurden, zwingt zur Rückbeziehung auf das demokratische Prinzip.

Der erste Unterabschnitt wird grundlegende Aspekte und Besonderheiten der Bildung von Standards wissenschaftlicher Praxis unter Rezeptionsgesichtspunkten zusammentragen (1.). Im Anschluss werden Inkorporations- und Rezeptionsstrukturen ausgemacht (2.) sowie die grundlegenden Wirkungen und Voraussetzungen der Rezeption von wissenschaftlichen Standards erörtert (3. und 4.) Im Anschluss werden die Anforderungen an eine gemeinwohlverträgliche Standardgenese an die Besonderheiten des Sachbereichs rückgebunden (5.) und einzelne Strukturen exemplifiziert (6.).

I. Grundbedingungen der Bildung und Implementation von Standards wissenschaftlicher Praxis im Wissenschaftssystem

Die Rahmenbedingungen der Implementierung und der Rezeption wissenschaftlicher Verhaltensstandards in staatlichen Zusammenhängen lassen sich nur dann angemessen erfassen und bewerten, wenn man sich die Besonderheiten ihres Zustandekommens vergegenwärtigt.

1. Selbstdefinitorischer Prozess der Standardgenerierung

Die Herausbildung von Verhaltenskonventionen in der Wissenschaft erfolgt in einem stark ausdifferenzierten selbstdefinitorischen Standardisierungsprozess, dessen Verlaufslinien sich aufgrund ihrer Verflochtenheit nicht im Detail nachzeichnen lassen. Als sichtbare Grundmuster lassen sich in den untersuchten Wissenschaftssystemen zwei Ebenen der Generierung von wissenschaftlichen Verhaltensstandards, die auf rechtliche Strukturen Einfluss ausüben, unterscheiden.[90] Einerseits werden teilweise ausfüllungsbedürftige abstrakt-generelle Standards guter wissenschaftlicher Praxis und wissenschaftlichen Fehlverhaltens in mehrheitlich institutionsangebundenen Regelwerken formuliert. Zum anderen sichern einzelne Fehlverhaltensverfahren eine stetige Konkretisierung und Ausdifferenzierung dieser Standards durch individuelle Voten zu konkreten Handlungen und Fallgestaltungen ab. Während abstrakt-generell verfasste Fehlverhaltensstandards in Deutschland durch organisatorisch vorgeformte Untereinheiten und Organe von Forschungseinrichtungen oder Dachgesellschaften gebildet werden, erfolgt die Standardkonkretisierung in Fehlverhaltensverfahren durch Einzelpersonen und wissenschaftliche Kommissionen, die sich je nach Zusammensetzung und Organisation in unterschiedlicher Weise in ihre Kontexteinrichtungen eingliedern und meist Teile oder Sonderkommissionen eines wissenschaftlicher (Verwaltungs-)organe darstellen.[91] Die Übergänge zwischen diesen sichtbaren Ebenen der Standardgenerierung sind fließend, der Austausch zwischen ihnen stetig. Die Prozesse werden durch einen öffentlichen Diskurs über Einzelfragen ebenso wie abstrakt generelle Mechanismen verbunden, durch kritische Beiträge der *scientific community* in einem ständigen wissenschaftsspezifischen Diskussionsprozess weiterentwickelt und rückgekoppelt. Wissenschaftliche Fachgesellschaften und wissenschaftlicher Fachzeitschriften beeinflussen die Standardisierung

---

90 *Schulze-Fielitz*, WissR Bd. 37 (2004), S. 100 (109 ff.).
91 Vgl. oben 4. Teil, D. III., S. 352 ff.

456

durch berufs- und disziplinspezifische *codes of conduct*[92] und tätigkeitsbezogene Standardwerke für Autoren und Herausgeber[93]. Das Wissenschaftssystem beobachtet und reagiert aus sich heraus in einem ständigen sich aus autonomen Wissenschaftlern und Netzwerken von Forschungstypen und Disziplinen zusammengesetzten Kommunikationsprozess auf abstrakte Standardisierungstendenzen ebenso wie konkrete Einzelaspekte und bildet diese weiter aus.

2. Grundrechtliche Fundierung der Standardbildung

Eine für die Bestimmung der Rezeptionsanforderungen bedeutsame Vorbedingung der Standardbildung folgt aus der starken grundrechtlichen Fundierung des deutschen Wissenschaftssystems und seiner Handlungsrationalitäten.

Aus der Natur des Teilsystems heraus herrscht in Deutschland eine grundrechtlich abgestützte Autonomie seiner Akteure, welcher die weitgehende Selbstorganisation von Standardbildungsmechanismen innerhalb und außerhalb staatlich vorgeprägter Organisationszusammenhänge entspricht. Die Definition wissenschaftlicher Verhaltensstandards zählt zu den wissenschaftseigenen Angelegenheiten. Sie hilft nicht nur die grundlegenden Handlungszusammenhänge zu bestimmen, sondern sorgt letztlich auch für die Ausformung der Grenzen der in Art. 5 Abs. 3 GG verfassungsrechtlich garantierten Wissenschaftsfreiheit selbst[94]. Der verfassungsrechtliche Titel lässt die Standardbildung unter Beteiligung staatlicher und nichtstaatlicher Organisationszusammenhänge zu.

Auch in anderen Nationen sind verfassungsrechtlich unterstützte Autonomisierungstendenzen zu beobachten, freilich nicht in der Ausprägung wie wir sie in Deutschland vorfinden[95]. So genießen in den USA die Universitäten, die ein Recht auf *academic freedom* für sich in Anspruch nehmen können, besondere Autonomie.[96] In der Konsequenz haben diese Einrichtungen zum Teil eigene Handlungsmaßstäbe und Verfahren in Kraft gesetzt, die unabhängig von den Vorgaben der forschungsfördernden *agencies* im Rahmen institutionsinterner Behandlung von Fehlverhalten zur Anwendung kommen.

---

92 Vgl. etwa die Leitliniendatenbank der Arbeitsgemeinschaft der wissenschaftlichen Medizinischen Fachgesellschaften (AWMF), erhältlich unter http://leitlinien.net/ (27.10.2005).

93 Darunter fallen redaktionelle Richtlinien und Standards für die Abfassung und Veröffentlichung wissenschaftlicher Studien, wie sie beispielsweise das International Committee on Medical Journal Editors (CMJE) (entstanden aus der Vancouver Group), Uniform Requirements for Manuskripts Submitted to Biomedical Journals, erhältlich unter http://www.icmje. org/ (15.02.2007) oder einzelne Fachzeitschriften herausgegeben hat. Fachzeitschriften, die sich den Standards des ICMJE verpflichtet haben, werden ebenfalls auf der genannten Internetseite veröffentlicht.

94 Vgl. dazu oben 4. Teil, B. I. 1. a) aa) (4), S. 288 ff.

95 *Groß*, ERPL7 (1995), S. 109 (115 ff.).

96 Vgl. oben 2. Teil, B. I. 1. c), S. 46.

3. Offenheit der Maßstäbe und Prozeduralisierungskonsequenz

Der Standardisierungsprozess ist geprägt von einem offensichtlich wissenschaftseigenen Bedürfnis nach Spielraum und Weichheit im Beurteilungsmaßstab, welches mit dem charakteristisch rechtlichen Anspruch von klaren und transparenten Maßstäben kollidiert. Insofern eignen sich wissenschaftliche Standards auf den ersten Blick nur bedingt zur rechtskonkretisierenden Rezeption und Inkorporation in staatliches Recht, weil sie keinen detailkonkretisierten Maßstab abbilden. Sie scheinen dem Bedarf nach Stabilität von wissenschaftsspezifischen Entscheidungen im juristischen Verfahren zu widerstreiten.[97]

Statt dessen sucht man in der Wissenschaft einerseits nach einem mit der Intensität des Fehlverhaltens abgestuften flexiblen Verhaltensmaßstab, der auch Abweichungen von positiv formulierten Standards guter wissenschaftlicher Praxis erfasst, die zwar kritikwürdig sind, aber keine harten Sanktionen erfordern. Dieser Aspekt spiegelt sich sehr deutlich in dem außergesetzlich entwickelten ergänzenden Maßstab der Abweichung von guter wissenschaftlicher Praxis des dänischen Verfahrensmodell wider[98], wird aber auch anhand des teilweise eher weichen Umgangs mit Fehlverhaltensfällen in Deutschland, etwa am Beispiel von kritischen Ombudsverfahren deutlich. Zum anderen wird dort, wo nur ernsthaftes Fehlverhalten Definitionsgegenstand sein soll, durch Verwendung unbestimmter Definitionsbestandteile versucht, eine gewisse Flexibilität einzuziehen, um eine Anwendbarkeit auf unbekannte Fallgestaltungen zu ermöglichen. Beispielhaft lässt sich hierfür die inzwischen abgelöste *other serious deviation clause* der früheren NSF- und PHS Definitionen anführen.[99] In Deutschland bestehen ebenfalls Tendenzen, den Tatbestand wissenschaftlichen Fehlverhaltens mit einem öffnenden Spielraum zu versehen.[100]

Trotz der relativen Unbestimmtheit wissenschaftlicher Konventionen haben sich unabhängig von Rechtskultur, Fächerkanon und Forschungstypen international bereits Minimalstandards etabliert, wie die Verdichtung von Fehlverhaltensmaßstäben auf Datenfabrikation, Fälschung, Plagiat und die Beeinträchtigung von Forschungstätigkeit anderer zeigt. Die Konkretisierung dieser Maßstäbe in Grenzfällen und Grauzonen bleibt dem prozeduralisierten Einzelverfahren vorbehalten. Die Beurteilung einer Vielzahl von Sachverhalten erlaubt nach und nach eine Verfestigung von

---

97 Dies wird anschaulich durch die Schwierigkeiten belegt, die im Zusammenhang mit den Entscheidungen der DCSD nach einem offenen, gesetzlich nicht verankerten Maßstab der Abweichung von guter wissenschaftlicher Praxis entstanden sind, vgl. oben 3. Teil, E. II., S. 220 ff., insbesondere E. II. 3., S. 225 f. Dabei wird offenbar, dass stärker durch staatliche Akteure geprägte Modelle größere Schwierigkeiten mit der Orientierung an weichen Definitionsbestandteilen und Maßstäben haben. In Dänemark wird die Anwendung eines flexiblen Maßstabs mit zunehmender Verrechtlichung problematischer.

98 Vgl. oben 3. Teil, E. II., S. 220 ff.

99 Zur Verfassungsmäßigkeit der Delegation öffentlicher Gewalt an private Einrichtungen in diesem Zusammenhang, *Goldman/Fisher*, Jurimetrics Vol. 37 (1997), S. 149 (154 Fn. 21).

100 Vgl. oben 4. Teil, E. II. 1. a), S. 384 ff.

Einzelbegründungen zu systematisierten etablierten Standards für Fehlverhalten.[101] Dabei sichern trotz der Verschiedenheit der untersuchten Verfahrensmodelle und des unterschiedlichen Grades ihrer Verrechtlichung international ähnlich formulierte Verfahrensanforderungen und Schutzrechte die Konkretisierung ab.

4. Autonomisierte internationale Standardisierung

Im Vergleich zu anderen außerrechtlich generierten Standards, beispielsweise technischen Normen[102], unterliegen die Standards guter wissenschaftlicher Praxis und wissenschaftlichen Fehlverhaltens einer deutlich stärkeren eigendynamischen Internationalisierung, welche – anders als in der Wirtschaft – nicht erst durch die zunehmende Herausbildung gemeinsamer Märkte oder das Entstehen von Handelshemmnissen erforderlich wird, sondern sich aus der Natur wissenschaftlicher Kommunikation und Handlungen, die vor nationalen Grenzen nicht Halt machen, gleichsam autonom vollzieht. Die Weichen für internationale Wechselwirkungen im Standardbildungsprozess werden mit der wechselseitigen Orientierung derjenigen Länder, die ein Verfahrensmodell implementiert haben, an den bereits existenten Verfahrensmodellen und neuen Entwicklungen gestellt. Die Danish Committees on Scientific Dishonesty (DCSD) berichten insoweit jährlich über ihre Beobachtungen der weltweiten Entwicklungen.[103] Die DFG und die Kommission Selbstkontrolle in der Wissenschaft haben bei der Konzeption des deutschen Modells von den Erfahrungen der beiden Referenzländer profitieren können. Sogar das ORI mit seiner stark verfestigten Rolle im amerikanischen Modell steht in ständigem Kontakt mit den Verfahrensverantwortlichen anderer Nationen.[104]

Zahlreiche Fehlverhaltensfälle und deren Behandlung und Bewertung finden internationale Beachtung und Resonanz. Prominente Beispiele sind der zuvor geschilderte Fall Björn Lomborg[105] oder der Fall Jan Hendrik Schön[106]. Im letztge-

---

101 *Schulze-Fielitz*, WissR Bd. 37 (2004), S. 100 (106).

102 Zur in erster Linie europäischen Verflechtung der Normungsarbeit bei technischer Normung, vgl. *Marburger*, in: Hendler/Marburger/Reinhardt/Schröder (Hrsg.) UTR Jahrbuch des Umwelt- und Technikrechts 1994, Bd. 27, S. 333 ff. (334). *Rönck*, Technische Normen als Gestaltungsmittel des Europäischen Gemeinschaftsrechts, S. 47 ff.; *Müller-Foell*, Die Bedeutung technischer Normen für die Konkretisierung von Rechtsvorschriften, S. 67 ff.

103 *Axelsen*, in: The Danish Research Agency (Hrsg.), The Danish Committees on Scientific Dishonesty, 2001 Annual Report, S. 7 ff., 2002 Annual Report, S. 21 ff.

104 Vgl. ORI Homepage, International Menu unter http://ori.dhhs.gov/international/ (15.05.2007).

105 Vgl. oben 3. Teil, C. IV. 1., S. 188 ff.

106 Siehe den ausführlichen Bericht, „Report of the Investigation Committee on the Possibility of Scientific Misconduct in the Work of Hendrik Schön and Coauthors" nebst Zusammenfassung der durch Lucent Technologies, Bell Labs, eingesetzten Untersuchungskommission unter http://publish.aps.org/reports/lucentrep.pdf (15.02.2007), sowie die Zusammenfassung bei *Axelsen*, in: The Danish Research Agency (Hrsg.), The Danish Committees on Scientific Dishonesty, 2002 Annual Report, S. 21 ff.

nannten Fall fand der öffentlich zugängliche Untersuchungsbericht der internen aber disziplinbedingt ebenfalls international besetzten Kommission der Bell Labs auch bei der Beurteilung der Fehlleistungen aus deutscher Sicht Berücksichtigung. Obwohl sich gerade in der Behandlung der Mitautoren Schöns und der Bewertung ihrer Verantwortlichkeit, Divergenzen zu zwar einbezogenen, aber unter Verweis auf den engen Maßstab der US-amerikanischen Federal Policy on Research Misconduct nicht konsequent zur Anwendung gebrachten internationalen Standards abzeichnen[107], spiegelt der Fall die internationale Vernetzung der Standardbildung durchaus plastisch wider. Die Verantwortlichkeit von Mitautoren ist dabei als ein umstrittener Teilbereich aufzufassen, der sich in der öffentlichen Diskussion noch weiter herauskristallisieren und konkretisieren wird. Auch das im dänischen Länderbericht erwähnte Beispiel der Universität Aarhus, welche aufgrund der Förderung durch den Public Health Service eine Anpassung an die US-amerikanischen Standards vorgenommen hat[108], stellt ein Beispiel für die autonomisierten Internationalisierungstendenzen dar. Außerhalb von Fehlverhaltensverfahren spielen die Guidelines internationaler Fachzeitschriften, deren Herausgeber international anerkannte Wissenschaftler sind, eine wesentliche Rolle für die internationale Dimension der Standardisierung. Die durch die Vancouver Group über Jahre hinweg entwickelten Guidelines haben eine weltweite Gültigkeit erlangt.[109] Schließlich begleitet ein stetiger mündlicher und schriftlicher Diskurs die Entwicklungen im internationalen Umfeld.

II. Inkorporations- und Rezeptionsstrukturen wissenschaftlicher Standards

Standards und Verfahren zum Umgang mit wissenschaftlichem Fehlverhalten bilden ein klassisches Beispiel für die Inkorporation privater Maßstäbe in staatliche Entscheidungszusammenhänge bzw. für die Verbindung staatlicher und privater Regulierungssysteme. Verknüpfungsstrukturen von gesellschaftlichen Standardisierungsprozessen zu staatlich verfasstem Recht sind auf einer Vielzahl unterschiedlicher Ebenen zu beobachten, deren exakte Nachverfolgung sich im Einzelfall als schwierig erweist, weil die Verkopplungen eine hohe Komplexität aufweisen. Offensichtliche Anknüpfungspunkte für wissenschaftliche Standards im Recht bilden die Regelwerke und Verfahren staatlicher Forschungseinrichtungen sowie gesetzlich verfasster Sanktionsnormen oder Qualitätssicherheitsanforderungen. Im universitären Bereich und in sonstigen staatlichen Forschungseinrichtungen werden abstrakt-generelle Ergebnisse des Standardisierungsprozesses rechtsförmlich in Satzungen

---

107 Vgl. Bell Labs, Report of the Investigation Committee on the Posibility of Scientific Misconduct in the Work of Hendrik Schön und Coauthors, S. 16 ff. unter http://publish.aps. org/reports/lucentrep.pdf (15.02.2007). Autorschaftsstreitigkeiten werden in den USA nicht als Gegenstand der staatlichen Zuständigkeit angesehen, *La Folette*, in: Lock/Wells/Farthing (Hrsg.) Fraud and Misconduct in Biomedical research, S. 33 (41).
108 Vgl. oben 3. Teil, D. IV. 1., S. 208 f.
109 Vgl. 5. Teil, B. I. 1., Fn. 93.

oder Verwaltungsvorschriften transformiert.[110] Ferner legen universitäre Gremien in konkreten Fehlverhaltensverfahren die anwendbaren abstrakten Fehlverhaltensstandards durch Inkorporation der Standardkonkretisierungen anderer Verfahrensgremien aus teils privaten teils staatlichen Einrichtungen aus. Auf der Sanktionsebene werden Normen, die die Reaktionsmöglichkeiten der Wissenschafts(förder)einrichtungen nach allgemeinem Recht abbilden, wie etwa kündigungsrechtliche oder disziplinarrechtliche Rechtsnormen, durch wissenschaftliche Standards ausgefüllt[111]. Schließlich erfolgt die Konkretisierung des Schutzbereichs des Art. 5 Abs. 3 GG über die Verfahren. Der Einfluss von wissenschaftlichen Verhaltensstandards kommt mithin sowohl auf Rechtsetzungsebene als auch auf der Tatsachenfeststellungsebene zum Tragen. Der Schwerpunkt liegt bei der Beeinflussung staatlicher Rechtsanwendung und Konkretisierung. Die Grenzen zwischen Standardbildung und Rezeption verschwimmen jedoch insoweit, als staatliche Forschungs(förder)einrichtungen zugleich in den Standardisierungsprozess eingebunden sind und Inkorporationsstrukturen für wissenschaftliche Standards zur Verfügung stellen.

III. Relevante Bindungswirkungen

Die Inkorporation wissenschaftlicher Standards in rechtliche Zusammenhänge führt trotz autonomer selbstdefinitorischer Entwicklung zu einer Reihe von rechtlichen und faktischen Bindungen an Standardisierungsergebnisse privater Entscheidungsträger und Kooperationen.

Die Anknüpfung der Mittelvergabe der DFG an die Standardisierung etwa belegt die Universitäten mit einer Bindung an die Empfehlungen der Kommission „Selbstkontrolle in der Wissenschaft". Mit den Ergebnisfeststellungen von Fehlverhaltensverfahren entsteht eine faktische Vorausbindung der Entscheidungsträger in nachfolgenden wissenschaftlichen Verfahren anderer Einrichtungen oder in arbeits-, dienst-, zivil- oder strafrechtlichen Sanktionsprozessen. Dadurch reduzieren sich die realen Einwirkungsmöglichkeiten von Interessenvertretern und Betroffenen auf das nachfolgende Sanktionsverfahren ebenso wie auf sich anschließende gerichtliche Auseinandersetzungen. Obwohl unabhängig von der Rechtsnatur und Organisation der Forschungseinrichtung und deren Verfahrensentscheidung regelmäßig keine rechtliche Bindungswirkung an die Feststellungen eines deutschen Verfahrensgremiums entsteht[112], können auch bloße Feststellungen nicht als bedeutungslos bewertet werden. Ihre Bindungsintensität kann sich denen von rechtsverbindlich formulierten Standards annähern, weil die an der verfahrensimmanenten Standardbildung beteiligten Personen generell einen enormen Aufwand an Zeit und Ressourcen zur Erarbeitung sowohl ihrer schriftlich verfassten Standards und Verfahrensregeln als auch ihrer jeweiligen Fehlverhaltensuntersuchungen verwendet haben. Auch

---

110 Zur Einordnung oben 4. Teil, D. II. 3. b) cc) und dd) , S. 334 ff. und 339 f.

111 Vgl. dazu oben 4. Teil, H. II., S. 419 ff.

112 Vgl. dazu oben 4. Teil, F. VI., S. 410 ff. und 4. Teil, H., S. 417 ff.

die nachrangigen Entscheidungsträger werden nicht zuletzt aufgrund des durch das Verfahren entstandenen und teilweise medial verstärkten Handlungsdrucks tätig und sehen sich konkreten an das Verfahrensergebnis anknüpfenden Folgeerwartungen ausgesetzt.

Die skizzierten Einflüsse und Bindungen machen eine Klärung der Bedingungen und Voraussetzungen notwendig, unter denen die Rückkopplung zu gesellschaftlichen Normen möglich ist.

IV. Sicherung demokratischer Legitimation bei der Inkorporation und Rezeption von Standards aus privaten und intermediären Bildungszusammenhängen

Im Allgemeinen wirft der Rückbezug gesellschaftlicher Standards zum Recht durch die Einbeziehung privater und intermediärer Organisationen in staatliche Entscheidungsprozesse und Steuerungszusammenhänge Gemeinwohlprobleme auf und ist daher nur unter Sicherstellung der gemeinwohlsichernden legitimatorischen Anforderungen des Demokratieprinzips zulässig. Nachfolgend werden diese Gemeinwohlprobleme ebenso wie die grundlegenden legitimatorischen Anforderungen und Möglichkeiten ihrer Sicherung entfaltet.

1. Gemeinwohlverträglichkeit wissenschaftlicher Standardisierungsprozesse

Durch die Überlassung des Standardbildungsprozesses an teils staatliche, teils private, teils intermediäre Forschungs- und Forschungsförderungseinrichtungen wird eine Einflussöffnung dieser Akteure auf staatliches Handeln ermöglicht, die unter dem Gesichtspunkt demokratischer Legitimation des staatlichen Handelns nach einer legitimatorischen Auflösung verlangt.

Private Entscheidungsträger unterliegen regelmäßig dem Einfluss gesellschaftlicher Interessengruppen und werden nicht selten in mehr oder minder stark ausgeprägter und nach außen hin deutlich werdender Form durch Machtzirkel mitbestimmt.[113] Dies begünstigt ein Ungleichgewicht in der Beeinflussung staatlicher Entscheidungen, für das eine funktionierende Legitimationsordnung Sicherungen bereitstellen muss. Auch die internen Strukturen der Akteure des deutschen Verfahrensmodells sind auf den ersten Blick geeignet, ein interessengesteuertes Standardisierungsverfahren, welches den Anforderungen demokratisch legitimierten Outputs nicht hinreichend gerecht zu werden scheint, zu begünstigen. Klassische Gemeinwohlsicherungsinstrumente versagen, weil meist eine rein faktische Bindung von Exekutive und Judikative an die Handlungen und Entscheidungen einer Vielzahl einzelner Wissenschaftler und Gremien existiert. Dies gilt für die Bindung staatli-

---

113 *Trute*, in: Schmidt-Aßmann/Hoffmann-Riem (Hrsg.) Verwaltungsorganisationsrecht als Steuerungsressource, S. 249 (288).

cher Forschungseinrichtungen oder Gerichte an konkrete Gremienentscheidungen oder allgemeine Standards guter wissenschaftlicher Praxis bzw. wissenschaftlichen Fehlverhaltens im Rahmen von Streitigkeiten über die Sanktionsentscheidung ebenso wie beispielsweise für die Bindung bei der Entscheidung über die Mittelallokation der in den staatlichen Entscheidungsprozess eingeschalteten Förder- und Trägereinrichtungen des deutschen Forschungssystems. Der letztgenannte Fall ist gar durch eine Multiplizität der Einfluseröffnung gekennzeichnet, die die Inhalte staatlicher Entscheidungen über mehrere Entscheidungsstufen oder -verzweigungen hinweg dem Einfluss Privater überlässt. Hier können multiple Verlustzonen zu Defiziten hinsichtlich der demokratischen Legitimation führen. Eine gesicherte staatliche Letztentscheidungsverantwortung ist nur bei gerichtlicher Entscheidung gegeben.

Das zentrale Problem der Inkorporation und Rezeption von Standards privater oder intermediärer Akteure in staatliche (Regelungs-)Zusammenhänge besteht daher in der verfassungsadäquaten Sicherung der Gemeinwohlorientierung dieser Konstruktionen.[114] Eine solche muss auf die Eigenheiten und die grundrechtliche Untermalung des wissenschaftlichen Teilsystems Rücksicht nehmen. Dabei ist auf das in den Standardbildungsmechanismen offenbarte Spannungsverhältnis zwischen grundrechtlicher Freiheitsausübung und staatlicher Verantwortung für die Sicherung der Funktionsfähigkeit der Wissenschaft zu rekurrieren. Wie dargelegt funktioniert der Standardbildungsprozess im Wesentlichen in und durch Wahrnehmung der durch Art. 5 Abs. 3 GG vermittelten Freiheit seiner involvierten Akteure.[115] Den Staat trifft für die Sicherung der Funktionsfähigkeit der Wissenschaft zugleich eine Rahmenverantwortung, die der objektiv-rechtlichen Dimension, der Gewährleistungsfunktion des Grundrechts entspringt.[116] Dem einzelnen Träger des Grundrechts aus Art. 5 Abs. 3 GG erwächst insoweit aus der Wertentscheidung ein Recht auf solche staatlichen Maßnahmen auch organisatorischer Art, die zum Schutz seines grundrechtlich gesicherten Freiraums unerlässlich sind, weil sie ihm die freie wissenschaftliche Betätigung überhaupt erst ermöglichen.[117] Die Sicherung gemeinwohlbezogener Handlungsergebnisse erfordert die Aktualisierung einer Legitimationsverantwortung des Staates, die genau auf dieses Verhältnis staatlicher und gesellschaftlicher Handlungs- und Verantwortungsbestandteile bezogen bleibt und nicht etwa die grundrechtliche Freiheiten der wissenschaftlichen Akteure unangemessen verkürzt oder die staatliche Legitimationsverantwortung vollständig negiert.[118]

Mit dem Instrumentarium des klassischen Legitimationsmodells[119], welches seiner Konzeption die Idealvorstellung der hierarchisch strukturierten Ministerialver-

---

114 *Trute*, in: Schmidt-Aßmann/Hoffmann-Riem (Hrsg.) Verwaltungsorganisationsrecht als Steuerungsressource, S. 249 (288).

115 Vgl. oben 4. Teil, B. I. 1. a) a) (4), S. 292.

116 Vgl. oben 4. Teil, B. I. 1. b) bb) und cc), S. 300 f. und 302.

117 BVerfGE 35, 79 (116).

118 *Trute*, in: Hoffmann-Riem/Schmidt-Aßmann/Voßkuhle (Hrsg.), Grundlagen des Verwaltungsrechts, Band I, § 6 Rn. 28, 58.

119 Vgl. *Trute*, in: Hoffmann-Riem/Schmidt-Aßmann/Voßkuhle (Hrsg.), Grundlagen des Verwaltungsrechts, Band I, § 6 Rn. 4 ff.

waltung, von der alles Verwaltungshandeln originär ausgeht, zugrunde legt[120], ist das Problem nicht aufzulösen. Die klassischen Modi der institutionellen, funktionellen, sachlich-inhaltlichen und der personellen Legitimation vermögen nicht sämtliche Formen staatlich-privater Kooperation zu erfassen und vermitteln so die Vermutung nicht hinreichender Legitimation bzw. Legitimierbarkeit kooperativer Handlungen.[121] Schon die moderne ausdifferenzierte Verwaltung kann mit diesem Modell nicht eingefangen werden. Insbesondere in stark wissensgesteuerten komplexen Bereichen der Verwaltung kollidiert der Bedarf nach Aktivierung sämtlicher Wissensbestände mit den monistischen Strukturen einer klassischen zentralisiert konzeptionierten Legitimationsordnung.

Von diesem Ansatzpunkt ist daher zugunsten eines flexibleren Ansatzes, der Gemeinwohlsicherung in variabel gestalteten Kooperationsvorgängen zwischen Staat und Privaten durch die Annahme einer überwirkenden, über den staatlichen Bereich hinausreichenden, Legitimationsverantwortung des Gesetzgebers zulässt, abzuweichen.

2. Die Bedeutung staatlicher Letztverantwortung

Selbst die soeben angesprochene staatliche Letztverantwortung in einem intermediären Bereich wie der Wissenschaft vermag – sofern im hiesigen Kontext überhaupt gegeben – den Interessenbindungen und Machtungleichgewichten selbständiger privater Akteure, die den Entscheidungsprozess beeinflussen, nicht hinreichend Rechnung tragen[122], weil dem Staat mangels professionellen Wissens in diesem Bereich das notwendige Maß an Ergebnisbeherrschung fehlt, um gegebenenfalls angemessene Korrekturen zugunsten privater oder staatlicher Rechtspositionen vornehmen zu können.[123] Private Institutionen und Wissenschaftler vermögen aufgrund ihres relevanten Sonderwissens in den von ihnen betriebenen wissenschaftlichen Disziplinen und den dort zur Anwendung kommenden Verhaltenskodizes einen erheblichen tatsächlichen Einfluss auf die Inhalte nachfolgender staatlicher Entscheidungen auszuüben, ohne dass staatliche Institutionen überall dort, wo sie als abschließender Entscheidungsträger tätig werden, von sich aus in der Lage wären, die Gemeinwohlverträglichkeit der Einflussnahme im Nachhinein im Rahmen ihrer Letztentscheidung festzustellen und ihre Entscheidung entsprechend auszurichten. Notwendigenfalls gar ein unter Einflussnahme privater Wissensbestände erlangtes

---

120 Vgl. *Jestaedt*, Demokratieprinzip und Kondominialverwaltung, S. 302 ff., 329 ff.
121 *Trute*, in: Hoffmann-Riem/Schmidt-Aßmann/Voßkuhle (Hrsg.), Grundlagen des Verwaltungsrechts, § 6 Rn. 13, 14.
122 Anders wohl *Schmidt-Preuß*, VVDStRL Bd. 56 (1996), S. 160 (181 ff.).
123 *Trute*, DVBl. 1996, S. 950 (955); *Trute*, in: Schmidt-Aßmann/Hoffmann-Riem (Hrsg.), Verwaltungsorganisationsrecht als Steuerungsressource, S. 249 (291). Dazu kritisch *Osterloh*, VVDStRL 54 (1995), 204 (234 ff.); *Pietzcker*, Verfahrensprivatisierung und staatliche Verfahrensverantwortung.

Vorabergebnis einer Korrektur zu unterziehen.[124] Abgesehen von den vorhandenen Wissensdefiziten ist eine staatliche Letztentscheidung im Sinne einer Letztentscheidungsverantwortung in dem grundrechtlich überlagerten Bereich wissenschaftlicher Standardbildung nur bedingt vorhanden und verfassungsrechtlich begründbar. Der Staat ist dennoch auf die Absicherung der Gemeinwohlfähigkeit seiner Ergebnisse angewiesen. Er kann Entscheidungsergebnisse gegenüber Dritten nur verantworten, wenn sie durch die Letztverantwortung des Staates aufgefangen werden können, weil für die einbezogenen Privaten bereits vorwirkende Sicherungen Geltung beanspruchen.[125]

3. Realisierung von Legitimationsverantwortung

Die Gemeinwohlverantwortung des Staates wirft die Frage nach den erforderlichen institutionellen Sicherungen von Gemeinwohlverträglichkeit der (Entscheidungs-) Teilhabe und Einbindung Privater in den Standardisierungsprozess unter Berücksichtigung der Besonderheiten des Sachbereichs Wissenschaft auf.

Eine schlichte Trennung der Handlungsbeiträge nach staatlichen legitimationsbedürftigen Handlungen und nichtstaatlichen Handlungen, die Ausübung gesellschaftlicher Freiheitsbetätigung sind, bietet keine Gewähr für die Lösung von Gemeinwohlproblemen, die aus der Verkopplung beider Handlungsformen erst resultieren.[126]

Die staatliche Legitimationsverantwortung für Standardbildung kann nicht einmal dort direkt aus der Einrichtung heraus wahrgenommen werden, wo – wie etwa in den Universitäten oder Ressortforschungseinrichtungen – die Organisationszurechnungsentscheidung eindeutig zugunsten des Staates ausfällt, oder jedenfalls – wie bei der DFG – eine gewisse Staatsnähe besteht.[127] Denn der Zwischenbereich von Staat und Gesellschaft lässt sich nicht durch die einfache Zuordnung von verantwortlichen Organisationen zu dem staatlichen oder gesellschaftlichen Bereich ordnen, sondern erfordert insoweit funktionale und relationale Differenzierung.

Generell kann die Legitimationsverantwortung des Staates für eine gemeinwohlverträgliche und rezeptionsfähige Standardbildung nur auf der Ebene der Regelungsstrukturen, die den Rahmen für das Zusammenspiel staatlicher, intermediärer und privater Akteure absteckt, eingebunden sein. Auf eine Verstaatlichung der einzelnen privaten und intermediären Akteure bzw. deren Organisation wurde im Wissenschaftsbereich bewusst verzichtet. Eine Etatisierung würde in Bezug auf diesen

---

124 *Trute*, in: Schmidt-Aßmann/Hoffmann-Riem (Hrsg.), Verwaltungsorganisationsrecht als Steuerungsressource, S. 249 (291).

125 *Trute*, in: Hoffmann-Riem/Schmidt-Aßmann (Hrsg.), Öffentliches Recht und Privatrecht als wechselseitige Affangordnungen, S. 167 (208).

126 *Trute*, in: Hoffmann-Riem/Schmidt-Aßmann/Voßkuhle (Hrsg.), Grundlagen des Verwaltungsrechts, § 6 Rn. 90.

127 Vgl. zur Zurechnung der Einrichtungen des deutschen Forschungssystems oben unter 4. Teil, A. I. und II., S. 268 ff. und S. 278 ff.

und weitere Aufgabenbereiche derselben Akteure im Wissenschaftssystem die Ausnutzung der im Bereich der Wissenschaft mit gutem Grund besonders häufig anzutreffenden intermediären Strukturen verhindern. Sie ist insofern kein geeigneter Ansatzpunkt, als dass sie das eigentliche Konzept und die Zielsetzung der differenzierten Verantwortungsteilung unterläuft, so dass weder eine generelle Entlastung des Staates noch der nutzbringende Einsatz privater Handlungsrationalitäten möglich wäre. Der Autonomie und grundrechtlichen Fundierung privater Teilhabe würde so nicht hinreichend Rechnung getragen.[128]

Damit verbleibt die Sicherung der Gemeinwohlverträglichkeit durch legitimatorische Vor- oder Nachwirkungen im Rahmen einer für den Kooperationsbereich zwischen staatlichen und privaten Akteuren generell entwickelten überwirkenden Legitimationsverantwortung des Staates, die aus dem Demokratieprinzip folgt und darauf gerichtet ist, staatliche Beteiligungsdefizite und mangelnde Ergebnisbeherrschung durch Sicherung von Gemeinwohlorientierung und Eröffnung von gleichen Einflussnahmemöglichkeiten der wissenschaftlichen Akteure im Vorfeld durch entsprechende Gestaltung der Kooperationsstrukturen selbst auszugleichen.[129] Diese Legitimationsverantwortung reicht insoweit über den staatlichen Organisationsbereich hinaus, als sich der Staat im Rahmen der Ausübung seines Kooperationsanteils auf gesellschaftliche Prozesse stützt. Sie ist aufgabenbezogen im Sinne einer Zuordnung und Vermittlung von Legitimation durch Überdeterminierung der Selbstorganisationsfähigkeit der privaten Akteure entsprechend der hiesigen grundrechtlichen Belagerung der Zusammenhänge zu aktualisieren.[130]

4. Mindestanforderungen staatlicher Gemeinwohlsicherung

Die Realisierung von überwirkender Legitimation bei der Öffnung exekutivischer Entscheidungsprozesse für gesellschaftliche Einflüsse erfordert die Eröffnung von gleichen Einflussnahmemöglichkeiten unterschiedlicher Interessenlagen und Sachstrukturen innerhalb der Ausgestaltung des Zusammenspiels zwischen privaten, intermediären und staatlichen Akteuren. Materielle Komponenten einer solchen Legitimationsverantwortung sind die bereits in anderen Zusammenhängen der Verknüpfung von gesellschaftlichen und privaten Prozessen vorformulierten grundlegenden Anforderungen an eine gemeinwohlorientierte Konstitution und Steuerung der Verwaltung, nämlich die Trias der sachgerechten Aufgabenerledigung, der gleichmäßigen Interessenberücksichtigung und der institutionellen Neutralitätssiche-

---

128 *Trute*, in: Schmidt-Aßmann/Hoffmann-Riem (Hrsg.), Verwaltungsorganisationsrecht als Steuerungsressource, S. 249 (290).

129 *Trute*, in: Hoffmann-Riem/Schmidt-Aßmann/Voßkuhle, Grundlagen des Verwaltungsrechts, § 6 Rn. 58, 89 ff.; *ders.*, in: Schmidt-Aßmann/Hoffmann-Riem (Hrsg.), Verwaltungsorganisationsrecht als Steuerungsressource, S. 249 (290 ff.).

130 *Trute*, in: Hoffmann-Riem/Schmidt-Aßmann/Voßkuhle, Grundlagen des Verwaltungsrechts, § 6 Rn. 58, 89 ff.; *ders.*, in: Schmidt-Aßmann/Hoffmann-Riem (Hrsg.), Verwaltungsorganisationsrecht als Steuerungsressource, S. 249 (290 ff.).

rung.[131] Diese Mindestkriterien dienen der Gleichheit der Einflussnahmemöglichkeiten ebenso wie der Gemeinwohlorientierung staatlichen Handelns und müssen bei der Inkorporation und Rezeption Privater sichergestellt werden. Diesen Geboten demokratischer Legitimationsverantwortung kann jedoch je nach Sachbereich und Aufgabe unterschiedliches Gewicht beigemessen werden. Ferner sind die konkreten Anforderungen an die rechtliche Konzeption einer legitimationssichernden Verfassung des Einbezugs Privater nach Maßgabe deren Einfluss- und Bindungsintensität zu bestimmen. Ihnen ist unter sachbereichsadäquater Anpassung mittels Aufsichtsstrukturen, organisatorischen und vertraglichen Beteiligungs- und Unabhängigkeitssicherungen, der Gewährleistung staatlicher Repräsentanz sowie Transparenzgeboten innerhalb der binnenorganisatorischen Ausdifferenzierung der privaten und intermediären Entscheidungsträger und deren Kooperations- und Handlungsstrukturen Rechnung zu tragen.

V. Gemeinwohlsichernde Verfassung der wissenschaftlichen Standardgenerierung unter Berücksichtigung ihrer Besonderheiten

Die Ansiedelung des Standardisierungsprozesses im Sachbereich der Wissenschaft unter den zuvor skizzierten Grundbedingungen und die Natur der wahrzunehmende Aufgabe, Sicherung der Funktionalität der Wissenschaft, werfen die Frage nach dem konkreten Niveau der erforderlichen Anforderungen auf. Betrachtet man die selbstdefinitorische, grundrechtlich fundierte und durch automatisierte Internationalisierungstendenzen abgestützte Standardgenese als einheitlichen Gesamtprozess, an dem eine Vielzahl von Akteuren in unterschiedlicher Weise teilnimmt, sind Anzahl und Ausmaß der Konfliktfelder im Anwendungsbereich wissenschaftlicher Standardbildung sowie deren Verhältnis und Rückbezug zur Rechtsordnung geringer einzuschätzen, als dies etwa bei der Individualbetrachtung konkreter Fehlverhaltensverfahren und Normungsprozesse einzelner Akteure oder aber generell in anderen Sachbereichen und unter anderen Kooperationsbedingungen der Fall ist. Zu den verantwortlichen Gründen zählen insbesondere die Vielfalt und Komplexität der Verkopplung von Sachverstand und Interessenvertretung der Standardgenese, der damit einhergehende gute Organisationsgrad sowie die hohe Konflikt- und Sicherungsfähigkeit von Interessen, die geringe Interessendifferenz, die grundrechtlich abgestützte Autonomie des Sachbereichs und die Offenheit für neutralitätssichernde Distanzen. Die vielfältigen Verzweigungen und Verkopplungen des selbstdefinitorischen Prozesses im Rahmen fachöffentlicher Diskussion garantieren ein hohes Maß an Interessenberücksichtigung in einem Sachbereich, der ohnehin wesentlich stärker

---

131 *Trute*, Die Forschung zwischen grundrechtlicher Freiheit und saatlicher Institutonalisierung, S. 315 ff; *ders.* in: Hoffmann-Riem/Schmidt-Aßmann (Hrsg.) Öffentliches Recht und Privatrecht als wechselseitige Auffangordnungen, S. 167 (209); *Schmidt-Aßmann*, in: Hoffmann-Riem/Schmidt-Aßmann (Hrsg.) Konfliktbewältigung durch Verhandlungen, Bd. II, S. 9 (18 ff., 26 ff.)

von Interessenhomogenität denn von Interessengegensätzen geprägt ist als andere Bereiche der Selbstverwaltung.[132] Interessen und Sachverstand kommen im Bereich der wissenschaftlichen Standardbildung nahezu zur Deckung, da die an der Standardgenese beteiligten sachverständigen Personen regelmäßig als Angehörige verschiedener Forschungsdisziplinen, Forschungstypen, Forschungsorganisationen sowie unterschiedlicher Statusgruppen agieren und so gleichzeitig der Berücksichtigung disziplin-, typus- oder tätigkeitsspezifischer Interessen dienen. Diese Interessen sind gleichsam im Sachverstand mitorganisiert.[133] Sie werden zum Teil durch die plurale Binnenstruktur von Experten- und Verfahrensgremien einbezogen oder durch die vielfältige Beteiligung heterogener Interessengruppen transportiert. Der verzweigte Standardisierungsprozess ermöglicht überdies eine umfassende Mobilisierung des vorhandenen Sachverstandes, da der Zugang zum Diskussionsprozess wenn nicht über die verschiedenen Verfahrensgremien so doch mindestens im Wege des individuellen oder öffentlichen Diskurses gegeben ist. Die stetige Anerkennung und Kritik neuer Gesichtspunkte rechtfertigt die Annahme, dass das Produkt des Standardisierungsprozesses in hohem Maße adäquate und akzeptable Standards sind. Die rasche übereinstimmende Einigung auf einen Mindeststandard klassischer Fehlverhaltensweisen in den Regelwerken unabhängig vom ausgeführten Forschungstyp und den betriebenen Disziplinen der Einrichtung sowie die geringe Ausdifferenzierung von Standards beweist insoweit einen gewissen Gleichklang der Interessen, der letztlich in dem allen Interessenvertretern gemeinsamen Bedarf nach einem in erster Linie funktionsfähigen Wissenschaftssystem begründet ist.

Die Aufgabe der Standardgenese ist weder eindeutig als Staats- noch als reine gesellschaftliche Aufgabe charakterisierbar. Aufgabenstellung und Zielsetzung verlangen einerseits eine staatliche Verantwortlichkeit, wo die sachgerechte Allokation von Staatsmitteln zur Förderung der Innovationsfähigkeit des Staates zu sichern ist. Andererseits setzt die grundrechtliche Ausübung der Wissenschaftsfreiheit etwas die Funktionsfähigkeit der Kommunikations- und Handlungsvorgänge voraus. Hierfür besteht nur eine aus der objektiven Dimension des Art. 5 Abs. 3 GG folgende Rahmenverantwortung, letztlich ist es aber Sache der Grundrechtsträger selbst die Kommunikations- und Handlungsstränge frei von Störungen oder Missverhältnissen zu halten. Ferner ist die Standardbildung ein Selbststeuerungsprozess der Wissenschaft, der innerhalb der Kommunikations- und Handlungsrationalitäten vor staatlichen Zusammenhängen nicht Halt macht, aber durch seine partielle Verstaatlichung und Verrechtlichung auch nicht den Anspruch aufgibt, in erster Linie Ausdruck der wissenschaftlichen Autonomie sowie der Funktionslogik der Wissenschaft zu sein. Standardisierungsverantwortliche in Hochschulen und anderen Einrichtungen nehmen ihre Aufgaben als Repräsentanten der *scientific community* war. Insoweit kön-

---

132 Vgl. zu Selbstverwaltungsstrukturen im Bereich der gesetzlichen Krankenversicherung etwa *Mengel*, Sozialrechtliche Rezeption ärztlicher Leitlinien, S. 202 ff., 213; *Wahl*, Kooperationsstrukturen im Vertragsarztrecht.

133 *Trute*, Die Forschung zwischen grundrechtlicher Freiheit und staatlicher Institutionalisierung, S. 319 f.

nen hier die Anforderungen an die legitimatorischen Anforderungen der Generierung rezeptionsfähiger Standards im Wissenschaftsrecht jedenfalls dort nicht überspannt werden, wo etwa die Beeinflussung der staatlichen Rechtssetzung in den Universitäten Teil des Generierungsprozesses selbst ist, in Wahrnehmung grundrechtlicher Direktiven vorgenommen wird und auf die außerrechtliche gesellschaftlichen Prozesse und Normen ebenso zurückwirkt wie umgekehrt. Die vorgenommene Kategorisierung der deutschen Standards und Verfahrensregelwerke[134] hat gezeigt, dass auch in den Forschungsgesellschaften und Vereinen eine Ebene der fremdgebildeten gesellschaftlichen Normen eingespielt wird. Der verfassungsrechtliche Titel lässt ein Absenken der Anforderungen an demokratische Legitimation nicht zuletzt deshalb zu, weil im Rahmen der grundrechtlich getragenen funktionalen Selbstverwaltung überwirkende und autonome Legitimation zusammenspielen. Ansatzpunkt einer autonomen Legitimation ist die körperschaftliche Verwaltung der eigenen Angelegenheiten der Organisationen, in denen Vermittlung staatlicher und gesellschaftlicher Aspekte stattfindet.[135] Demokratische Legitimation stützt die Institutionalisierung selbst ab, sie bezieht sich auf die staatliche Zwecksetzung sowie die Ausgestaltung der Wahrnehmung von Eigeninteressen, die Abgrenzung und Vermittlung von eigenständiger Interessenwahrnehmung und staatlichen Aufgaben sowie Rechten Dritter.[136]

Schließlich besteht aufgrund der selbstverständlichen internationalen Vernetzung, insbesondere in Teilbereichen wie den Naturwissenschaften, die besondere Vermutung der Distanziertheit von übermächtigen auf nationaler Ebene angesiedelten Interessen und Interessenvertretern. Durch die Inbezugnahme internationaler Entwicklungen wird eine Neutralitätsebene eingezogen, die Machtungleichgewichten und Neutralitätsdefiziten in den engeren nationalen Räumen entgegenwirkt. Die herausgearbeiteten Unterschiede zwischen den Nationen haben gezeigt, dass das deutsche Modell mit seinen weichen Standards und Verfahrensmaßstäben besonders geeignet ist, diese internationalen Tendenzen aufzunehmen und in den Standardisierungsprozess hineinzuspielen. Im Vergleich zu den anderen beiden Verfahrensmodellen ist das deutsche am engsten mit den wissenschaftlichen Organisationsstrukturen selbst verkoppelt und mit seinen weichen Maßstäben und Verfahren für eine inkrementale, stetig aktualisierbare Standardbildung auch am besten aufnahmefähig. Dabei wird die Vagheit durch den prozeduralisierten und sich aus sich heraus selbst begründenden stetigen Wissenszuwachs kompensiert. Den gleichen Effekt können die verfestigten Maßstäbe in den USA nicht leisten. Wie der Fall Jan Hendrik Schön gezeigt hat, wird dort in Fehlverhaltensverfahren nur dasjenige Verhalten erfasst, das Gegenstand der Federal Policy oder einer *regulation* ist.[137] In Dänemark stößt man bei

---

134 Vgl. oben 4. Teil, D. II. 3. b), S. 328 ff.

135 *Trute*, Die Forschung zwischen grundrechtlicher Freiheit und staatlicher Institutionalisierung, S. 212; siehe auch *Schmidt-Aßmann*, AöR 116 (1991), 329 (344 f., 376 ff.).

136 *Trute*, Die Forschung zwischen grundrechtlicher Freiheit und staatlicher Institutionalisierung, S. 212.

137 Vgl. oben 5. Teil, B. I. 4., Fn. 106.

der Abweichung von dem gesetzlich manifestierten verfestigten Unredlichkeitsmaßstab ebenfalls auf Widerstand.[138] Diese Unterschiede und Konsequenzen in der Offenheit der Maßstäbe der Nationen belegen die besondere Eignung des deutschen Modells für eine in hohem Maße sach- und interessengerechte Standardgenese, die ein Absenken der Anforderungen in den Einzelstrukturen rechtfertigt.

VI. Tatsächliche Umsetzung staatlicher Verantwortung in legitimationsbildenden Mustern in Standardbildungsverfahren

Gemeinwohlsichernde Instrumente finden sich nicht in gleicher Weise auf allen Ebenen der Standardgenese wieder. Zum Teil sind es die institutionellen Besonderheiten oder aber die konfligierenden spezifischen Verfahrensinteressen der von Fehlverhaltensverfahren Betroffenen, die bis in alle Verzweigungen des Vermittlungsvorgangs von staatlichen und wissenschaftlichen Einflüssen gleichermaßen ausdifferenzierte und präsente gemeinwohlsichernde Vorkehrungen verhindern. Die Verankerung weiter Teile des Standardisierungsprozesses bei den Forschungs- und Forschungsförderungseinrichtungen führt im deutschen Verfahrensmodell zu einer enormen Vielfalt der binnenorganisatorischen Einflussträger und Standardisierungseinheiten, die einer erschwerten Zuordenbarkeit zum gesellschaftlichen oder staatlichen Bereich[139] unterliegen. Dies verkompliziert die Ermittlung der adäquaten Anforderungen nach den zuvor genannten Kriterien, insbesondere im Verhältnis zum staatlichen Einfluss. Es ist nicht auf den ersten Blick auszumachen, an welchen Stellen der Staat die Einzelvorgänge vollständig aus der Hand gibt und an welchen er vermittelt über die Besetzung von Gremien und Organen mitentscheidet und somit selbst Gemeinwohlinteressen zur Geltung verhilft. Staatliche Verantwortung und gesellschaftliche Teilhabe realisieren sich im Bereich wissenschaftlicher Organisationen ausdifferenziert entsprechend deren funktionaler und relationaler Aufgliederung. Die Zurechnung wissenschaftlicher Organisationseinheiten zum Staat ist insofern eine Frage der gleitenden Übergänge und keine leicht zu lösende Aufgabe.[140] Die Organisationsform kann für die daran anschließenden Legitimationsfragen lediglich als Indiz herhalten. Selbst innerhalb staatlich zurechenbarer Organisationen unterfallen nicht notwendig auch alle Organisationshandlungen demokratischer Organisation und ebenso umgekehrt.[141]

Defizite und Schwierigkeiten der Austarierung von Gemeinwohlbelangen im Einzelfall werden durch den Einbezug der Pluralität des deutschen Wissenschaftssystems aufgefangen und ausbalanciert. In den Binnenstrukturen wohnt dem Prozess

---

138 Vgl. oben 3. Teil, E. II., S. 220 ff.
139 Vgl. zu der groben Kategorisierung oben 4. Teil, D. III. 1., S. 352 ff.
140 Vgl. *Schuppert*, Die Erfüllung öffentllicher Aufgaben durch verselbständigte Verwaltungseinheiten.
141 *Trute*, Die Forschungs zwischen grundrechtlicher Freiheit und staatlicher Institutionalisierung, S. 215 f.

allerdings eine gewisse Intransparenz inne, die es durch die Ermittlung konstruktiver Ansätze einer adäquaten Konzeption des Vermittlungsvorgangs von staatlichen und wissenschaftlichen Einflüssen im Standardisierungsprozess aufzuhellen gilt. Im Folgenden werden einzelne Muster in der Standardisierung herauszuarbeiten sein, die sich als geeignete vorwirkende Sicherungselemente bei der Standardbildung erweisen und damit die aufgestellte These von der Gemeinwohlverträglichkeit des Gesamtsystems stützen.

1. Sachverständige Entscheidung, gleichmäßige Interessenberücksichtigung und Neutralität bei der Formulierung von abstrakt generellen Verhaltensstandards

a) Gremienvorarbeit

Die Generierung von abstrakt generellen Verhaltensstandards gründet – den historischen Linien der Verfahrensmodelle der behandelten Nationen nach zu urteilen – auf der Arbeit von Expertengremien, deren Mitglieder weitgehend unabhängig von ihrem nationalen Hintergrund und ihrer Einsetzung Empfehlungen für Mindeststandards wissenschaftlicher Handlungs- und Kommunikationspraxis herausgearbeitet haben bzw. in unregelmäßigen Abständen neu herausarbeiten und überarbeiten. Der Schwerpunkt in der Besetzung dieser Gremien liegt in erster Linie auf dem Einbezug von breit gefächertem Sachverstand für eine große Palette von Forschungsbereichen einerseits sowie für ethische und rechtliche Sonderfragen in Bezug auf gute wissenschaftliche Praxis und den Umgang mit wissenschaftlichem Fehlverhalten andererseits. Es findet eine personelle Verkopplung ausdifferenzierten Wissens in den Disziplinen und Forschungstypen mit Erfahrungswissen über die Konzeption wissenschaftsadäquater Handlungsmaßstäbe statt. Als klassische Beispiele können die Kommission „Selbstkontrolle in der Wissenschaft" der DFG[142] sowie die sachverständige Arbeitsgruppe des Dänischen Medizinischen Forschungsrates[143] dienen, welche Vertreter aus den am stärksten von Fehlverhaltensfällen betroffenen Forschungsdisziplinen mit Vorerfahrung in diesem Bereich vereinten[144]. Über den Einbezug eines internationalen Wissenschaftlerkreises gewährleistete die DFG die Berücksichtigung der Erkenntnisse und Vorgehensweisen anderer Nationen und deren Expertenkreise auf dem angesprochenen Gebiet.

Diese verselbständigten pluralistisch besetzten Expertengremien gewährleisten ein hohes Maß an Sachgerechtigkeit in Fragen guter wissenschaftlicher Praxis und des Umgangs mit wissenschaftlichem Fehlverhalten.[145] Sie weisen je nach Initiator

142 Dazu oben 4. Teil, C. II. 1., S. 315 f.
143 Dazu oben 3. Teil, C. I. 1., S. 173 f.
144 Vgl. die Mitgliederliste in: DFG, Sicherung guter wissenschaftlicher Praxis, Denkschrift, S. 3.
145 Allgemein im Hinblick auf externe Sachverständigengremien *Trute*, Die Forschung zwischen grundrechtlicher Freiheit und staatlicher Institutionalisierung, S. 317 f.

und Aufgabenstellung aber Defizite hinsichtlich einer neutralen Beurteilung des Bedarfs nach direktem staatlichen Eingreifen des Staates und dessen unmittelbarer Verantwortungsübernahme auf. Dies lässt sich nicht nur anhand des Gremiums „Selbstkontrolle in der Wissenschaft", das vom Ansatzpunkt her schon auf die Realisierung einer primär außerstaatlichen Lösung angelegt war, exemplifizieren, sondern ist sehr schön auch an den externen US-amerikanischen Expertengremien zu beobachten[146]. Je nachdem, ob die Einsetzung einer staatlichen oder einer im gesellschaftlichen Bereich wurzelnden Institution zugeschrieben werden kann, erfolgt auch die Besetzung tendenziell mit in der einen oder der anderen Richtung stärker vorgeprägten Gremienmitgliedern. In dieser Hinsicht ist den Gremien der Einfluss von wissenschaftsinternen Machtzirkeln immanent. Da Standardbildung und Inkorporation jedoch in erster Linie auf einen sachgerechten materiellen Output angelegt sind, Inkorporation von Standards eine Beteiligung gesellschaftlicher Akteure schon voraussetzt, ist dieser Gesichtspunkt für die Gewährleistung materiell sachgerechter Standardbildung weniger relevant. Die Frage, welche Verantwortungsanteile Staat und Private bei der Umsetzung und Durchführung tragen, ist eine übergeordnete Vorfrage, welche die Ausgestaltung des Zusammenwirkens betrifft, deren widerstreitende Beurteilung das materielle Ergebnis aber nicht zwingend behindert. Dies entbindet freilich den Staat nicht von der Berücksichtigung aller relevanten Gesichtspunkte, einschließlich der grundrechtsadäquaten Ausgestaltung der Inkorporationsprozesse bei der Öffnung staatlicher Entscheidungsprozesse für Private.

b) Generierung abstrakter Standards in den Institutionen

Die weitgehende Übernahme der Standardempfehlungen von Expertengremien durch staatliche, private und intermediäre Institutionen der Wissenschaftssysteme deutet daraufhin, dass die Arbeitsergebnisse von Expertengremien trotz der differenzierten Einstellung dieser Gremien zum notwendigen Umfang staatlicher Verantwortungsübernahme sowohl in privaten und intermediären Einrichtungen als auch in Einrichtungen unter staatlicher Organisationsherrschaft Akzeptanz finden und damit öffentlichen wie privaten Interessen nicht grundlegend widerstreiten. Grund dafür ist nicht zuletzt die bereits angesprochene relative Gleichläufigkeit von öffentlichen Interessen und Interessen der individuell forschungstreibenden Personen im Wissenschaftssystem. Kursorisch betrachtet ist sowohl der Staat als Mittelgeber und teils mittelbarer teils unmittelbarer Nutznießer eines funktionierenden Wissenschaftssystem als auch der einzelne Forscher und seine Einrichtung an einem funktionierenden Handlungs- und Kommunikationssystem interessiert, das allgemein anerkannte Prinzipien wissenschaftlicher Arbeit berücksichtigt.

Teilweise wird die Umsetzung solcher Empfehlungen in abstrakt formulierte Verhaltensstandards von einer zweiten übergeordneten Empfehlungsebene wissen-

---

146 Vgl. oben 2. Teil, C. V., S. 70 ff.

schaftsfördernder Dachgesellschaften begleitet, die den Empfehlungsinhalt mit institutionellen und fachlichen Besonderheiten der Mitgliedseinrichtungen in Einklang zu bringen versucht.[147] Bei den Dachgesellschaften bestehen gewisse Bedenken hinsichtlich der hinreichenden Rückkopplung und Repräsentativität von disziplinären und tätigkeitsbezogenen sowie Statusinteressen.[148] Mag es noch zu regelmäßigen Rückkopplungen an die Trägerschichten der ihnen angeschlossenen Einrichtungen kommen, eine Repräsentationskompetenz für die Angehörigen der Mitgliedseinrichtungen wird weder über diese ausreichend vermittelt, noch durch einen direkten Zurechnungszusammenhang gewährleistet. Dies dürfte insbesondere etwa für die Belange von Nachwuchswissenschaftlern und ihrer Betreuung gelten. Dadurch wird die Standardbildung „von unten" in gewisser Weise gestört. Dieses Problem wird aber dadurch abgeschwächt, dass in der Regel keine Bindung der Mitgliedseinrichtungen an diese hochstufigen Standards und Verfahrensregeln existiert.[149]

Weitere Mechanismen der Repräsentanz von Interessen und Sachverstand entfalten ihre Wirkung bei der Überführung von Standardempfehlungen in institutionseigene Standardkataloge und Verfahrensordnungen. Hier sind es die an der abstrakten Formulierung von Verhaltensregeln beteiligten Organe, die eine sachverständige, interessengerechte und neutrale Lösung gewährleisten müssen. In den vereinsrechtlich organisierten Forschungseinrichtungen wird ein gleichmäßiger Zugang von Sachverstand und wissenschaftlichen Interessen nur dort sichergestellt, wo ein Vereinsorgan mit Verantwortlichkeit für forschungsrelevante Fragen und entsprechender Besetzung die Standardisierung an die – wenn auch nur organisationsspezifischen, meist nicht die Bandbreite der Forschungstypen und Disziplinen abdeckenden – Belange der wissenschaftlichen Mitgliedergruppen und Mitarbeiter rückbindet. In diesem Sinne hat etwa die MPG ihre Regelwerke durch den Senat beraten und verabschiedet, der sich als zentrales Entscheidungs- und Aufsichtsgremium aus den 32 von der Hauptversammlung gewählten Senatoren sowie weiteren 15 Amtssenatoren zusammensetzt. Die Wahlsenatoren kommen sowohl aus dem wissenschaftlichen Umfeld als auch aus der Wirtschaft, der Politik, der Medien und dem weiteren gesellschaftlichen Umfeld. Amtssenatoren sind der Präsident, der Vorsitzende des Wissenschaftlichen Rats, die Vorsitzenden der drei Sektionen, die Generalsekretärin, drei von den Sektionen entsandte wissenschaftliche Mitarbeiter, der Vorsitzende des Gesamtbetriebsrats sowie fünf Minister oder Staatssekretäre als Vertreter des Bundes und der Länder. Ferner gehören dem Senat Ehrenmitglieder und Ehrensenatoren mit beratender Stimme an. Durch die Beratung und Entscheidung von wissenschaftlichen Konventionen in dieser Besetzung wird nicht nur den drei Geboten der Einbeziehung von Sachverstand, Interessenberücksichtigung und Neutralitätssicherung Genüge getan. Die Repräsentanten aus dem weiteren gesellschaftlichen Umfeld

---

147 Vgl. oben 4. Teil, D. II. 3. b) ff), S. 351 f.
148 *Trute*, Die Forschung zwischen grundrechtlicher Freiheit und staatlicher Institutionalisierung, S. 231, 603.
149 Vgl. oben 4. Teil, D. II. 3. b) ff), S. 351 ff. Eine Ausnahme stellt insoweit der Forschungsverbund Berlin e.V. dar.

sichern darüber hinaus Transparenz und Verknüpfung mit wesentlichen externen Informationen. Staatliche Vertreter sorgen für das Hineinreichen staatlich vermittelter Handlungslegitimation und können innerorganisatorisch nicht repräsentierte Interessen anderer Forschungstypen vertreten. Ähnlich gelagert ist die Situation bei der DFG. Bereits oben wurde auf deren pluralistische Mitgliederstruktur und die interdisziplinäre Sachkompetenz der DFG verwiesen, die auch durch den Beschluss des Hauptausschusses der Einrichtung über die Verfahrensordnung zum Umgang mit wissenschaftlichen Fehlverhalten zum Ausdruck gelangt.[150] Der Hauptausschuss besteht aus den wissenschaftlichen Mitgliedern des Senats, dem wissenschaftspolitischen Gremium der Deutschen Forschungsgemeinschaft, aus Vertretern des Bundes, die insgesamt 16 Stimmen führen, aus 16 Vertretern der Länder sowie aus zwei Vertretern des Stifterverbandes für die Deutsche Wissenschaft. Die staatlichen Vertreter sichern, dass auch andere als die von den wissenschaftlichen Mitgliedern vertretenen Gemeinwohlinteressen Eingang in die Standardgenese finden. Bei einer bisweilen anzutreffenden Verfassung abstrakter Verhaltensmaßstäbe durch die Einrichtungsleitungen von privatrechtlichen Forschungsvereinen besteht gegenüber den Beispielen von MPG und DFG die Gefahr der zu großen Distanziertheit von Mitgliederinteressen. Die als Forschungs-GmbHs organisierten Großforschungseinrichtungen haben über die Beteiligung des sich aus gewählten Mitgliedern und leitenden Wissenschaftlern zusammengesetzten Mitwirkungsorgans der wissenschaftlichen und technischen Mitglieder ein Forum für die Einbeziehung von Sachverstand und Sachinteressen geschaffen.[151] Allein die abstrakt formulierten Standards der Universitäten und Ressortforschungseinrichtungen unterliegen der Zuordnung zur öffentlichen Gewalt und damit nach den Maßstäben für staatliches Handeln einer hinreichenden legitimatorischen Absicherung.

2. Sachgerechtigkeit, Interessenberücksichtigung und Neutralität bei der Generierung von Verhaltensstandards in Fehlverhaltensverfahren

a) Institutionalisierung in den Verfahrensgremien

Die Entscheidungen in Fehlverhaltensverfahren werden erheblich vorgeprägt durch die an der Standardbildung beteiligten Verfahrensgremien, wobei gemeinwohlsichernde Verfahrensentscheidungen wiederum über die Besetzung der Gremien und der hierüber gewährleisteten Interessenrepräsentanz vordeterminiert werden.

Die Standardisierungs- und Verfahrensherrschaft unmittelbar von den wissenschaftlichen Mitgliedern einer Institution gewählter Verfahrensverantwortlicher wird durch die potentiell betroffenen Personen legitimiert. Solch autonom legitimierte Vertreter sind allerdings nur in wenigen Einrichtungen anzutreffen, und zwar ten-

---

150 Vgl. 4. Teil, D. II. 3. b) aa), S. 328 ff.
151 Vgl. oben 4. Teil, D. II. 3. b) ee) (2), S. 342 ff.

denziell eher unter den Ombudsleuten als unter den Untersuchungskommissionen. Ein Beispiel für ein am Standardisierungsprozess beteiligtes gewähltes Untersuchungsgremium bildet die von allen wissenschaftlichen Mitarbeitern mit abgeschlossenem Studium gewählte Kommission der Gesellschaft für Biotechnologische Forschung mbH (GBF).[152]

Einrichtungen mit einem breiten Fächerkanon wie die MPG nutzen die Möglichkeit disziplinäre Interessenvertreter in die Gremien zu entsenden und dort mit den konkreten Sachverstandserfordernissen des Einzelfalls in Einklang zu bringen, indem Vertreter aus den verschiedenen Sektionen mit weiteren Mitgliedern aus dem betroffenen Fachbereich gepaart und um juristischen Sachverstand ergänzt werden.[153] Die MPG unterstützt die Neutralität des Gremiums überdies durch einen externen Vorsitzenden sowie ein Einsetzungsverfahren unter Beteiligung dieses Vorsitzenden, des Senats und des Präsidenten.[154]

Ein Sicherungsmechanismus für Neutralität und gleichmäßige Interessenberücksichtigung im Rahmen der Standardbildung durch Fehlverhaltensverfahren bilden auch zentrale hochstufige Verfahrensinstanzen, die differierende Einzelergebnisse ausgleichen und den ansonsten dezentralen Standardbildungsprozess durch ein höheres Maß an Distanz und Ergebnistransparenz steuernd unterstützen. Trotz seines dezentralen Ansatzpunktes konnte auch das deutsche Verfahrensmodell auf solche zentralisierten Verfahrensinstanzen nicht vollständig verzichten. Die WGL etwa offeriert ihren Mitgliedseinrichtungen die Möglichkeit der Durchführung von Untersuchungsverfahren durch einen sachverständig und interessenwahrend besetzten Untersuchungsausschuss des Dachverbands.[155]

Der für die Untersuchung von Fehlverhaltensfällen mit DFG-Bezug zuständige Unterausschuss zur Untersuchung von Fällen wissenschaftlichen Fehlverhaltens gewährleistet einerseits mittelbaren Einfluss der dem Hauptausschuss angehörenden staatlichen Vertreter auf Angelegenheiten, in die staatliche Fördermittel und damit auch verstärkt den Einbezug staatlicher Interessen und Gemeinwohlvermittlung, da der Unterausschuss ein ständiger Unterausschuss des Hauptausschusses ist und die Unterausschussmitglieder vom Hauptausschuss gewählt werden. Andererseits sorgt der doppelte Verfahrensaufwand in der Institution und bei der DFG in staatlich geförderten Fällen für eine gewisse Pluralisierung von Verfahren.

b) Einschaltung unabhängiger Sachverständiger

Auch in Individualverfahren ist sachliche Expertise häufig mit Interessenwahrung verbunden oder durch involvierte Einrichtungen Dritter beeinflusst. Daher wird als neutralitätssicherndes Element grundsätzlich die Hinzuziehung externer Sachver-

---

152 Vgl. oben 4. Teil, D. III. 1. b) bb) (2), S. 377 f.
153 Vgl. oben 4. Teil, D. III. 1. b) bb) (2), S. 374 f.
154 Vgl. oben 4. Teil, D. III. 1. b) bb) (2), S. 374 f.
155 Vgl. oben 4. Teil, D. III. 1. b) bb) (2), S. 375 ff.

ständiger als Sicherungselement zum Schutz vor spezifischen Individualinteressen ermöglicht. In Kombination mit Ausschlussmöglichkeiten von Gremienmitgliedern im Falle der Befangenheit sind diese Sicherungen neutralitätsschützend. Wirksamkeitsverstärkend ist die Einräumung von Ablehnungsrechten gegenüber einzelnen Gremienmitgliedern oder Sachverständigen für sämtliche Verfahrensbeteiligte.

c) Einhaltung bestimmter Verfahrensschutzrechte

Im Übrigen sorgen die überall ähnlich ausgestalteten Verfahrensordnungen ebenfalls für einen Gemeinwohlverträglichkeit sichernden Effekt. Der Einbezug der von einem Fehlverhaltensverfahren konkret betroffenen Personen unter Einhaltung rechtsstaatlich fundierter Verfahrensschutzrechte bietet diesen Personen ein Forum für Darstellungsmöglichkeiten von Interessenstandpunkten, die letztlich auch disziplinäre, typusbedingte und tätigkeitsbezogene Besonderheiten einschließen und auf das Verfahrensergebnis zurückwirken.

3. Fazit

Die Anforderungen sachgerechter Aufgabenerfüllung, gleichmäßiger Interessenwahrung und hinreichender Neutralitätssicherung werden auch in zahlreichen institutionellen Einzelarrangements eingehalten oder jedenfalls gefördert. Der Querschnitt durch die Organe und Gremien deutscher Institutionen hat gezeigt, dass trotz bzw. gerade wegen der Anbindung an die einzelnen Institutionen besonderer Wert auf die Gewährleistung von Unparteilichkeit und Neutralität gelegt wird. Dort wo Einzelarrangements Anforderungsdefizite aufweisen, darf der den Eigenrationalitäten der Wissenschaft entsprechende institutionenübergreifende Gesamtprozess einer Standardgenese nicht aus den Augen verloren werden, der auch Einrichtungen in den Prozess einschließt, die einseitig von spezifischen Interessen überlaufen sind und mangelnde Pluralität der Gremien in Eigenregie nicht absolut durch andere gemeinwohlsichernde Mechanismen ausgleichen können. Die Funktionalität des Gesamtsystems und seine grundrechtliche Fundierung erlaubt insoweit einzelne Absenkungen der Maßstäbe zugunsten der Aufrechterhaltung von Selbstregulierung und staatlicher Distanz.

Allerdings könnte über die Förderung bestimmter Aspekte der Standardbildung, die in einigen Einrichtungen unterrepräsentiert sind, aber den Eigenrationalitäten nicht zuwider laufen, ein zusätzlicher Ausgleich erzielt werden. Insbesondere der gleichmäßige Zugang zu Informationen über Standardbildungsentwicklungen im eigenen Wissenschaftssystem sowie in anderen Nationen ist ein solcher Aspekt. Verzögerte Kenntnisnahme oder mangelndes Bewusstsein für verbreitete, gar international bereits anerkannte Maßstäbe, können nämlich zu kurzfristigen aber vermeidbaren Fehlentwicklungen führen. Umstrittene Gesichtspunkte, wie die Regeln über die Mitautorenschaft und die daraus folgende Verantwortlichkeit oder der Umgang mit Primärdaten können durch den Einbau von stärkerer Transparenz in den Bildungsprozess leichter der Homogenisierung zugeführt werden. Hierfür sollten die bereits vorhandenen Internationalisierungstendenzen durch sachbezogenen gezielten Informationsaustausch als fester Bestandteil der Standardgenese über die Arbeit von Expertengremien hinaus auf weitere Ebenen der Standardbildung ausgedehnt werden. Hier ist an die Veröffentlichung und den Austausch von anonymisierten Abschlussberichten zu konkreten Verfahren mit der Möglichkeit der Stellungnahme der Fachöffentlichkeit, eingebettet in einen organisatorischen Rahmen, der die Gewähr für die bestmögliche Sachgerechtigkeit und Interessenberücksichtigung bietet, gedacht.

C. *Abschließende Bewertung und Ausblick*

Die Auseinandersetzung mit den Governancestrukturen der drei Vergleichsländer sowie den Mechanismen des Zustandekommens und der Implementierung wissenschaftlicher Standards lassen Tendenzen einer allgegenwärtigen zunehmenden Verkomplizierung und zugleich Internationalisierung von Regulierungssystemen erkennen. Dabei handelt es sich um weltweit aufgefächerte internationale Dependenzen und Kooperationen zwischen nationalen Interessenvertretern und Regierungsverantwortlichen, wie es nicht nur unter den Mitgliedern der *scientific community*, sondern zwischen den Vertretern nahezu aller gesellschaftlichen Teilbereiche und Regelungsbereiche gibt. Die Akteure solch internationaler Kooperationsstrukturen mannigfaltiger Gestalt und Ausprägung transportieren in ihrem jeweiligen Aktivitätsbereich neben Kompetenz, Integrität, Kompetenz, Kreativität und Vernetzung eine Vielzahl weiterer attraktiver Eigenschaften. Sie verfügen nicht selten über erstaunlich enge Verbindungen zu nationalen und internationalen Parallelinstitutionen und Verantwortlichen und setzen sich so zu globalen Netzwerken zusammen, die – was ihren Bekanntheitsgrad und ihre strukturelle Ausformung anbetrifft – noch im Schatten der offiziellen internationalen Organisationen stehen. Deren Vorteile jedoch in der effizienten Lösung interntionaler Probleme, ihrer Schnelligkeit und Flexibilität liegen. Um diese nur schwer im Detail identifizierbaren Strukturen in ihrer Gesamtheit visualisieren zu können und die von ihnen tatsächlich bereits übernommenen Funktionen zu offenbaren, hat Anne-Marie Slaughter eine Kategorisierung dieser Netzwerke in *horizontal government networks, vertical government networks* und *disaggregated international organisations* vorgenommen.[156] Dabei löst sie sich vom Bild des klassischen Einheitsstaates und betrachtet die Welt durch eine Brille, die sämtliche Einzelinstitutionen der Legislative, Judikative oder Exekutive sowie deren Aktivitäten einer Nation auch im internationalen Kontext in ihre einzelnen Komponenten zerlegt und als solche hervorhebt statt Staaten im inter- und supranationalen

---

156 *Slaughter*, A New World Order, S. 15 ff., S. 131 ff.

Bereich als komplexe Einheiten zu behandeln, die nach außen hin lediglich in ihrer Gesamtheit in Erscheinung treten.[157] Horizontale Netzwerke entstehen aus Verbindungen zu den jeweiligen Parallelinstitutionen in anderen Nationen, vertikale Netzwerke hingegen existieren zwischen nationalen Vertretern und ihren supranationalen Gegenparts.[158] Daneben sind hybride Formen internationaler Organisationen existent. Je nach Intensität und Gegenstand der Netzwerkverbindungen lassen sich Informationsnetzwerke, Durchsetzungsnetzwerke und Harmonisierungsnetzwerke unterscheiden.

Unter Erweiterung der Perspektive auf alle internationalen Kooperationen mit Beteiligung von nichtstaatlichen und intermediären Einrichtungen und Vertretern können die im hiesigen Zusammenhang ausgemachten Internationalisierungstendenzen bei der Bildung und Implementierung von Standards guter wissenschaftlicher Praxis problemlos in dieses Raster internationaler Dependenzen eingeordnet werden. Es handelt es sich dabei um eine stärker horizontal als vertikal ausgeprägte lockere Methode der internationalen Koordination, ein loses Informations- und Harmonisationsnetzwerk unter Wissenschaftlern und wissenschaftlichen Einrichtungen, das eigenen teilbereichsspezifischen Handlungsrationalitäten folgt, aber das Gesamtbild einer auf Netzwerken basierenden Weltorganisation um weitere Netzteile ergänzt und vervollständigt. Es sorgt dabei ebenso wie zahlreiche Parallelstrukturen politischer und anderer gesellschaftlicher Teilbereiche für zunehmende Qualität und Konvergenz sowie die Verbesserung der Implementierung und Einhaltung international anerkannter Standards. Eine stärkere Visualisierung, Ausnutzung und Kreation solcher globalen Mechanismen in der Zukunft bietet – wie das Beispiel der demokratischen Legitimation zeigt – umfangreiche Möglichkeit, herkömmliche Strukturen um die besonderen Vorteile und Eigenschaften dieser Netzwerke zu ergänzen.

---

157 *Slaughter*, A New World Order, S. 14 ff. und Chapter 1 bis 3.
158 *Slaughter*, A New World Order, S. 13.

Literaturverzeichnis

Abott, Alison, Social scientists call for abolition of dishonesty committee, Nature Vol. 421 (2003), S. 681.

Agnew, Bruce, Misconduct in the Prosecution of Misconduct, The Journal of NIH Research Vol. 5 December 1993, S. 10.

Agnew, Bruce, OSI, Heal Thyself: Misconduct Office Sets Out on the Road to Self-Reform, The Journal of NIH Research Vol. 4 (March 1992), S. 33.

Albæk Jensen, Jørgen / Hansen Jensen, Michael, Grundlæggende forvaltningsret, 3. Udgave, Frederiksberg 2000.

Alber-Malchow, Christine / Steigleder, Thomas, Definition der Begriffe Wissenschaft und Forschung – Eigengesetzlichkeit von Wissenschaft uns Forschung, in: Wagner, Hellmut (Hrsg.), Rechtliche Rahmenbedingungen für Wissenschaft und Forschung, Forschungsfreiheit und staatliche Regulierung, Band 1: Freiheit von Wissenschaft und Forschung, Baden-Baden 2000, S. 23 – 40.

Albers, Felicitas, Organisatorische Gestaltung der Forschungsförderung, Frankfurt am Main, Bern, New York 1983.

Albert, Tim / Wagner, Elizabeth, How to handle Authorship Disputes: A Guide for Researchers, in: Danish Research Agency (Hrsg.), 2003 Annual Report, The Danish Committees on Scientific Dishonesty, S. 9 – 15.

Albrecht, Helmuth / Hermann, Armin, Die Kaiser-Wilhelm-Gesellschaft im Dritten Reich (1933-1945), in: Vierhaus, Rudolf / Brocke, Bernhard vom (Hrsg.), Forschung im Spannungsfeld von Politik und Gesellschaft, Geschichte und Struktur der Kaiser-Wilhelm/Max-Planck-Gesellschaft, Stuttgart 1990, S. 356 – 406.

Alexander, Kern / Solomon, Erwin S., College and University Law, Charlottesville / Virginia 1972

Alexy, Robert, Theorie der Grundrechte, 4. Auflage, Frankfurt am Main 2001.

Altenmüller, Hartmut, Fälschungen hinter Mauern des Schweigens Spektrum der Wissenschaft Oktober 2000, S. 98 – 105.

Aman, Alfred C. / Mayton, William T., Administrative Law, 2nd Edition, St. Paul Minn. 2001.

Analyseinstitut for Forskning, Offentligt forskningsbudget 2003, Århus 2003.

Analyseinstitut for Forskning, Forskning og udviklingsarbejde i den offentlige sektor, Forskningsstatistik 2001, Århus 2003.

Analyseinstitut for Forskning, Ervervslivets forskning og udviklingsarbejde, Forskningsstatistik 2001, Århus 2003.

Andersen, Daniel, Guidelines for Good Scientific Practice, in: The Danish Committee on scientific Dishonesty (Hrsg.), The Danish Commitee on Scientific Dishonesty, Annual Report 1997, S. 15 – 18.

Andersen, Daniel, Cases During the Committee's First Five Years, in: The Danish Commitee on Scientific Dishonesty (Hrsg.), The Danish Commitee on Scientific Dishonesty, Annual Report 1997, S. 9 – 14.

Andersen, Daniel / Brydensholt, Hans Henrik, The DCSD's Opinion of Actions which are at Variance with Good Scientific Practice and the Definition the DCSD's Order of Business, in: The Danish Research Councils, The Danish Committee on Scientific Dishonesty, Annual Report 1995, S. 17 – 24.

Andersen, Daniel / Axelsen, Nils / Riis, Povl, Scientific dishonesty and good scientific practice, Danish medical bulletin 40, No. 2, 1993, S. 250 – 251.

Andersen, Daniel /Attrup, Lis / Axelsen, Nils / Riis, Povl, Scientific Dishonesty & Good Scientific Practice, Copenhagen 1992.

Andersen, Jon, Forvaltningsret, Sagsbehandling, Hjemmel, Prøvelse, 3. Udgave, København 1999.

Andersen, Robert M., The Federal Government's Role in Regulating Misconduct in Scientific and Technological Research, Journal of Law and Technology, Vol. 3 (1988), S. 121 – 148.

Anderson, Christopher, The Aftermath of the Gallo Case, Science Vol. 263 (1994), S. 20 – 22.

Anderson, Christopher, FBI investigating NIH leaks, Nature Vol. 356 (1992), S. 186.

Aranson, Peter H. / Gellhorn, Ernest / Robinson, Glen O., A Theory of Legislative Delegation, Cornell Law Review Vol. 68 (1982), S. 1 – 67.

Asimow, Michael, Nonlegislative Rulemaking and Regulatory Reform, Duke Law Journal, Vol. 1985, No. 2 (April 1985), S. 381 – 426.

Association of American Universities (AAU) / National Association of State University and Land-Grant Colleges (NASULGC) / Council of Graduate Schools (CGS) (Hrsg.), Framework for institutional Policies and Procedures to deal with Fraud in Research, Washington D.C. 1989.

Association of American Medical Colleges (AAMC), The Maintenance of High Ethical Standards in the Conduct of Research, Washington D.C. 1982.

Axelsen, Nils, International Developments, in: The Danish Research Agency (Hrsg.), The Danish Committees on Scientific Dishonesty, 2001 Annual Report, S. 7 – 13.

Axelsen, Nils, International Developments, in: The Danish Research Agency (Hrsg.), The Danish Committees on Scientific Dishonesty, 2002 Annual Report, S. 21 – 36.

Baltatzis, Andreas, The Changing Relationship between Federal Grants und and Federal Contracts, Public Contract Law Journal Vol. 32 (2003), S. 611 – 634.

Barnett, Tim, Overview of State Whistleblower Protection Statutes, Labour Law Journal Vol. 43 (1992), S. 440 – 448.

Bartens, Werner / Albrecht, Harro, Streit um die richtige Mischung, Die Zeit, Nr. 29 (2001).

Bauer, Thomas, Wissenschaftsfreiheit in Lehre und Studium, Zur Konkretisierung des Art. 5 Abs. 3 GG im geltenden Recht, Berlin 1980.

Beier, Friedrich-Karl / Ullrich, Hanns (Hrsg.), Staatliche Forschungsförderung und Patentschutz, Band 1, USA, Weinheim, Deerfield Beach (Florida), Basel 1982.

Benz, Arthur, Einleitung: Governance – Modebegriff oder nützliches sozialwissenschaftliches Konzept, in: Benz, Arthur (Hrsg.), Governance – Regieren in komplexen Regelsystemen: Eine Einführung, Wiesbaden 2004, S. 11 – 28.

Berberich, Thomas, Die Alexander von Humboldt-Stiftung, in: Flämig, Christian / Kimminich, Otto / Krüger, Hartmut / Meusel, Ernst-Joachim / Rupp, Hans Heinrich / Scheven, Dieter/Schuster, Hermann-Josef / Stenbock-Fermor, Friedrich Graf (Hrsg.), Handbuch des Wissenschaftsrechts, Teil 2, 2. Auflage, Berlin, Heidelberg, New York 1996, S. 1409 – 1416.

Berg, Stacey M. / Fisher, Montgomery K., Liability of Individuals who Serve on Panels Reviewing Allegations of Misconduct in Science, Villanova Law Review Vol. 37 (1992), S. 1361 – 1405.

Berg, Wilfried, Die öffentlich rechtliche Anstalt, NJW 1998, S. 2294 – 2301.

Bergenholtz, Carsten, Den forvirrende uredelighed, Berlingske Tidende vom 16. Januar 2004, S. 13 verfügbar unter: http://www.berlingske.dk/popup:print=396944?& (15.2.2007).

Berlinske Tidene, „Ny klage i Lomborg-sag", 7 Jan. 2004.

Beste, Dieter / Kälke, Marion (im Interview mit Beisiegel, Ulrike / Schwarz, Helmut / Simon, Dieter / Weingart, Peter), Betrüger oder Schlitzohren – die Glaubwürdigkeit der Wissenschaft, Spektrum der Wissenschaft, Dezember 1998, S. 72 – 83.

Bethge, Herbert, Die Grundrechtsberechtigung juristischer Personen, nach Art. 19 Abs. 3 Grundgesetz, Passau 1985.

Bettermann, Karl-August, Juristische Personen des öffentlichen Rechts als Grundrechtsträger, NJW 1969, S. 1321 – 1328.

BGB-RGRK, Das Bürgerliche Gesetzbuch mit besonderer Berücksichtigung der Rechtsprechung des Reichsgerichts und des Bundesgerichtshofes, Kommentar, 12. Auflage, Berlin, New York 1982.

Bird, Stephanie J. / Dustira, Alicia K., New Common Federal Definition of Research Misconduct in the United States; Science and Engineering Ethics Vol. 6 (2000), S. 123 –130.

Blanknagel, Alexander, Vom Recht der Wissenschaft und der versteckten Ratlosigkeit der Rechtswissenschaftler bei der Betrachtung des- und derselben, AöR 125 (2000), S. 70 – 108.

Blanknagel, Alexander, Wissenschaftsfreiheit aus der Sicht der Wissenschaftssoziologie: Zugleich ein Beitrag zum Problem der Privatuniversität, AöR 105 (1980), S. 35 – 78.

Bleckmann, Albert / Helm, Franziska, Die Grundrechtsfähigkeit juristischer Personen – Die Funktion des Art. 19 III GG, DVBl. 1992, S. 9 – 15.

Bloom, Floyd, Who should police scientific misconduct ?, Most Misconduct is already resolved within the System, The Journal of NIH Research, S. 14 und 16.

Blumenwitz, Dieter, Einführung in das anglo-amerikanische Recht, 7. Auflage, München 2003.

Bode, Christian, Der Deutsche Akademische Austauschdienst (DAAD), in: Flämig, Christian / Kimminich, Otto / Krüger, Hartmut / Meusel, Ernst-Joachim / Rupp, Hans Heinrich / Scheven, Dieter / Schuster, Hermann-Josef / Stenbock-Fermor, Friedrich Graf (Hrsg.), Handbuch des Wissenschaftsrechts, Teil 2, Berlin, Heidelberg, New York 1996, S. 1401 – 1408.

Bodewig, Theo, Beier/Ullrich (Hrsg.), Staatliche Forschungsförderung und Patentschutz, Bd. 1 USA, Weinheim, Deerfield Beach (Florida), Basel 1982, S. 1.

Bongaarts, John, Population: Ignoring its Impact, Scientific American Vol. 286 (1) (January 2002), S. 67 – 69.

Böse, Martin, Das Beratungsmonopol der Ethik-Kommissionen – Zugleich Besprechung des Urteils des VG Stuttgart vom 29.6.2001 – 4 K 5787/00, MedR 2002, S. 244 – 249.

Boyer Commission on Educating Undergraduates in the Research University, Reinventing Undergraduate Education: A Blueprint for America's Research Universities, New York 1998.

Boyle, Robert D., A Review of Whistle Blowers Protections and Suggestions for Change, Labour Law Journal Vol. 41 (1990), S. 821 – 830.

Branahl, Udo / Hoffmann-Riem, Wolfgang, Redaktionsstatute in der Bewährung, Eine empirische Untersuchung über Redaktionsstatute in deutschen Zeitungen – Zugleich ein rechts- und sozialwissenschaftlicher Beitrag zur Pressereform, Baden Baden 1975.

Brandt, Edward N., PHS Perspectives on Misconduct in Science, Public Health Reports Vol. 98 (1983), S. 136 – 139.

Braun, Dietmar / Merrien, François-Xavier, Governance of universities and modernisation of the state: Analytical aspects, in: Braun, Dietmar / Merrien, François-Xavier (eds.), Towards a new model of governance for universities? A comparative view, London 2002, S. 9 – 33.

Braunwald, Eugene, On analysing scientific fraud, Nature, Vol. 325 (1987), S. 215 – 216.

Brehm, Robert / Zimmerling, Wolfgang, Die Entwicklung der Rechtsprechung zum Hochschullehrerrecht, WissR 34 (2001), S. 329 – 367.

Breuer, Rüdiger, Erledigung von Verwaltungsaufgaben durch Personalkörperschaften und Anstalten des öffentlichen Rechts, in: Starck, Christian (Hrsg.), Titel wie vor, Baden-Baden 1992, S. 15 – 99.

Breuer, Rüdiger, Grundrechte als Anspruchsnormen, in: Bachof, Otto/Heigl, Ludwig/Redeker, Konrad (Hrsg.), Verwaltungsrecht zwischen Freiheit, Teilhabe und Bindung – Festgabe aus Anlass des 25jährigen Bestehens des Bundesverwaltungsgerichts, München 1978, S. 89 – 119.

Breyer, Stephen G. / Stewart, Richard B. / Sunstein, Cass R. / Spitzer, Matthew L., Administrative Law and Regulatory Policy, Problems Text, and Cases, 5th Edition, New York 2002.

Broad, William J. / Wade, Nicholas, Betrayers of the Truth, New York 1982.

Broad, William J., Charges of Piracy Follow Alsabti, Science Vol. 210 (1980), S. 291.

Broad, William J., Would-Be Academian Pirates Papers, Science Vol. 208 (1980), S. 1438 – 1440.

Broad, William J., Jordanian Denies He Pirated Papers, Science Vol. 209 (1980), S. 249.

Broad, William J., Jordanian Accused of Plagiarism Quits Job, Science Vol. 209 (1980), S. 886 – 887.

Broad, William J., Harvard Delays in Reporting Fraud, Science Vol. 215 (1982), S. 478 – 482.

Broad, William J., Report Absolves Harvard in Case of Fakery, Science Vol. 215 (1982), S. 874 – 876.

Broad, William J. / Wade, Nicholas, Betrug und Täuschung in der Wissenschaft: Basel, Boston, Stuttgart 1984.

Brocke, Bernhard vom, Die Kaiser-Wilhelm-Gesellschaft in der Weimarer Republik. Ausbau zu einer gesamtdeutschen Forschungsorganisation (1918-1933), in: Vierhaus, Rudolf / Brocke, Bernhard vom (Hrsg.), Forschung im Spannungsfeld von Politik und Gesellschaft, Geschichte und Struktur der Kaiser-Wilhelm/Max-Planck-Gesellschaft, Stuttgart 1990, S. 197 – 355.

Brocke, Bernhard vom / Laitko, Hubert, Die Kaiser-Wilhelm-/Max-Planck-Gesellschaft und ihre Institute, Studien zu ihrer Geschichte: Das Harnack-Prinzip, Berlin, New York 1996.

Brocke, Bernhard vom, Die Kaiser-Wilhelm-Gesellschaft im Kaiserreich, in: Vierhaus, Rudolf / Brocke, Bernhard vom (Hrsg.), Forschung im Spannungsfeld von Politik und Gesellschaft, Geschichte und Struktur der Kaiser-Wilhelm/Max-Planck-Gesellschaft, Stuttgart 1990, S. 17 – 162.

Brockhoff, Klaus, Forschung und Entwicklung: Planung und Kontrolle, 5. Auflage, München, Wien 1999.

Brown, Paul, Debunker of global warming found guilty of scientific dishonesty, The Guardian, 9. Januar 2003, verfügbar unter: http://www.guardian.co.uk/print/0,3858,4579739-103690,00.html (15. 02. 2007).

Brugger, Winfried, Grundrechte und Verfassungsgerichtsbarkeit in den Vereinigten Staaten von Amerika, Tübingen 1987.

Brugger, Winfried, Einführung in das öffentliche Recht der USA, 2. Auflage, München 2001.

Brydensholt, Hans Henrik, The Position of the Plaintiff in Cases of Scientific Dishonesty, in: The Danish Research Councils (Hrsg.), The Danish Committee on Scientific Dishonesty, Annual Report 1994, Copenhagen 1995, S. 11 – 25.

Brydensholt, Hans Henrik, Preface, in: The Danish Commitees on Scientific Dishonesty (Hrsg.) The Danish Committees on Scientific Dishonesty, Annual Report 1999, Copenhagen 2000, S. 7 – 8.

Brydensholt, Hans Henrik, The Danish Committees on scientific dishonesty, in: Lock, Stephen / Wells, Frank / Farthing, Michael (Hrsg.), Fraud and Misconduct in Biomedical Research, 3. Auflage, London 2001.

Brydensholt, Hans Henrik, The Existing Legal System's Possibilities to React towards Scientific Dishonesty and the Use of a Specific Organ within this Area, in: The Danish Research Councils (Hrsg.), The Danish Committee on Scientific Dishonesty, Annual Report 1995, Copenhagen 1996.

Brydensholt, Hans Henrik, The Legal Basis for the Danish Committee on Scientific Dishonesty, Science and Engineering Ethics Vol. 6 (2000), S. 11 – 24.

Buesck, Lars, The History and Development of the Institution of Ombudsman, in: Gammeltoft-Hansen, Hans (Hrsg.), The Danish Ombudsman, Copenhagen 1995.

Bundesministerium für Bildung und Forschung (BMBF), Faktenbericht Forschung 2002, Bonn 2002.

Bundesministerium für Bildung und Forschung (BMBF), Bundesbericht Forschung 2004, Bonn, Berlin 2004.

Bundesregierung, Status und Perspektiven der Großforschung, BT-Drucksache 10/1327 vom 16.04.1984, S. 5 – 47.

Bundesverband der deutschen Industrie e.V. (Hrsg.), Industrielle Gemeinschaftsforschung, Köln 1997.

Burchardt, Lothar, Wissenschaftspolitik im wilhelminischen Deutschland: Vorgeschichte, Gründung und Aufbau der Kaiser-Wilhelm-Gesellschaft zur Förderung der Wissenschaften, Göttingen 1975.

Burk, Dan L. / George Mason, Independent Law Review Vol. 3 (1995), S. 305 – 350.

Buzzelli, Donald E., The Definition of Misconduct in Science: A View from NSF, Science, Vol. 259 (1993), S. 584 – 585, 647 – 648.

Byrne, Peter, Academic Freedom: A "Special Concern of the First Amendment", Yale Law Journal Vol. 99 (1989), S. 251 – 340.

Callahan, Eletta Sangrey / Dworkin, Terry Morehead, The State of State Whistleblower Protection, American Business Law Journal Vol. 38 (2000), S. 99 – 132.

Cantrell, Melissa K., International Response to Dolly: Will Scientific Freedom get sheared?, Journal of Law and Health Vol. 13 (1998-1999), S. 69 – 102.

Cartellieri, Wolfgang, Die Großforschung und der Staat. Gutachten über die zweckmäßige rechtliche und organisatorische Ausgestaltung der Institutionen der Großforschung, Teil I: Wesen und Inhalt der Großforschung, Das besondere Verhältnis zum Staat, München 1967.

Cartellieri, Wolfgang, Die Großforschung und der Staat. Gutachten über die zweckmäßige rechtliche und organisatorische Ausgestaltung der Institutionen für die Großforschung, Teil II: Die gegenwärtige Sach- und Rechtslage, Zwei Vorschläge als Fern- und Nahziel, München 1969.

Charrow, Robert P., Each New Scandal Increases the Chance for Federal Regulation, The Journal of NIH Research, Vol. 1 (May/June 1989), S. 15 – 18.

Charrow, Robert P., Message to NIH's Office of Scientific Integrity: Here Comes the Judge, The Journal of NIH Research Vol. 3 (February 1991), S. 97 – 99.

Charrow, Robert P., Scientific Misconduct Revisited: OSI On Trial, The Journal of NIH Research Vol. 2 (October 1990), S. 83 – 85.

Chemerinsky, Erwin, Federal Jurisdiction, 2nd Edition, New York 1994.

Chemerinsky, Erwin, Constitutional Law, Principles and Policy, New York 1997.

CHPS Consulting (für das Office of Research Integrity (ORI)), Final Report, Analysis of Institutional Policies for Responding to Allegations of Scientific Misconduct, Columbia, September 2000.

Christensen, Bent, Forvaltningsret – Opgaver, hjemmel, organisation, 2. Udgave, København 1997.

Christensen, Bent, Nævn og Råd, København 1958.

Christensen, Bent, Forvaltningsret, prøvelse, 2. Udgave, København 1994.

Christiansen, Gunna, The University of Aarhus's Rules for Safeguarding good scientific practice, in: Danish Research Agency (Hrsg.), 2000 Annual Report, The Danish Committees on Scientific Dishonesty, S. 13 – 17.

Classen, Claus Dieter, Ethikkommissionen zur Beurteilung von Versuchen an Menschen: Neuer Rahmen, neue Rolle, MedR 1995, S. 148 – 151.

Classen, Claus Dieter, Die Forschung mit embryonalen Stammzellen im Spiegel der Grundrechte, DVBl. 2002, S. 141 – 148.

Classen, Claus Dieter, Wissenschaftsfreiheit außerhalb der Hochschule, Tübingen 1994.

Coalition of Biological Scientists, Letter to William F. Raub, May 13, 1996, erhältlich unter: http://opa.faseb.org/pdf/crisraub.pdf (15.02.2007).

Culliton, Barbara J., Change in fraud review proposed, Nature Vol. 356 (März 1992), S. 191.

Culliton, Barbara J., Leaked Report Queries Gallo Patent, Nature Vol. 352 (1991), S. 555.

Culliton, Barbara J., NIH need definition of fraud, Nature Vol. 352 (1991), S. 563.

Dalton, Rex, "Misconduct" dispute raises fears of litigation, Nature Vol. 384 (1997), S. 105.

Dänemarks Forschungsrat (Danmarks Forskningsråd), Gennemgang af sektorforskningen, København 2002.

Danish Agency for Science Technology and Innovation (Hrsg.), Annual Report 2005, The Danish Committees on Scientific Dishonesty, Copenhagen 2006.

Danish National Research Foundation (Hrsg.), Evaluation of the Danish National Research Foundation Centres of Excellence, Report of an international Panel, June 2003, erhältlich unter: http://www.dg.dk/Image.aspx?id=26 (15.02.2007).

Danish Research Agency (Forskningsstyrelsen) (Hrsg.), 2002 Annual Report, The Danish Committees on Scientific Dishonesty, Copenhagen 2003.

Danish Research Agency (Forskningsstyrelsen) (Hrsg.), 2001 Annual Report, The Danish Committees on Scientific Dishonesty, Copenhagen 2002.

Danish Research Agency (Forskningsstyrelsen) (Hrsg.), 2000 Annual Report, The Danish Committees on Scientific Dishonesty, Copenhagen 2001.

Danish Research Agency (Forskningsstyrelsen) (Hrsg.), Report on the rules governing research ethics (Rapport vedrørende forskningsetiske regler), Copenhagen 2003.

Davidsen-Nielsen, Hans, Scientific police force? The Danish Model, Gegenworte 1998, Heft 2, S. 25 – 27.

de Boer, Harry / Enders, Jürgen / Schimank, Uwe, On the Way Towards New Public Management? – The Governance of University Systems in England, the Netherlands, Austria, and Germany, in: Jansen, Dorothea (Hrsg.), New Forms of Governance in Research Organisations – Disziplinary Approaches, Interfaces and Integration, S. 137 – 152.

Delgado, Richard / Millen, David R., God, Galileo, and Government: Towards Constitutional Protection for Scientific Inquiry, Washington Law Rewiev Vol. 53 (1978), S. 349 – 404.

DeMitchell, Todd A., Academic Freedom – Whose Rights: The Professor's or the University's?, West'S Education Law Reporter Vol. 168 (October 10, 2002), S. 1 – 19.

Denninger, Erhard / Tohidipur, Mehdi (Hrsg.), Verfassung, Verfassungsgerichtsbarkeit, Politik, Frankfurt am Main 1976, S. 163 – 183.

Denninger, Erhard, Staatliche Hilfe zur Grundrechtsausübung durch Verfahren, Organisation und Finanzierung, in: Isensee, Josef / Kirchhof, Paul (Hrsg.), Handbuch des Staatsrechts der Bundesrepublik Deutschland, Band V, Allgemeine Grundrechtslehren, Heidelberg 1992, § 113, S. 291 – 318.

Denninger, Erhard / Hoffmann-Riem, Wolfgang / Schneider, Hans-Peter / Stein, Ekkehart (Hrsg.), Kommentar zum Grundgesetz für die Bundesrepublik Deutschland, 3. Auflage, Loseblattausgabe Grundwerk: Neuwied, Kriftel 2001, Stand August 2002.

Denninger, Erhard (Hrsg.), Hochschulrahmengesetz Kommentar, München 1984.

Department of Health and Human Services / Office of Public Health and Science / Office of Research Integrity, Statement for Small Organisations, Formular und Begleitschreiben, erhältlich unter: http://ori.dhhs.gov/documents/small_org_statement.pdf (15. 02.2007).

Department of Health and Human Services / Office of Public Health and Science / Office of Research Integrity, Report on 2002 Annual Report on Possible Research Misconduct, Rockville 2003.

Department of Health and Human Services / Office of Public Health and Science / Office of Research Integrity, Model Policy for Responding to Allegations of Scientific Misconduct, Rockville 1997.

Department of Health and Human Services / Office of Public Health and Science / Office of Research Integrity, Office of Research Integrity, Annual Report 1996, Rockville 1997.

Department of Health and Human Services / Office of Public Health and Science / Office of Research Integrity, Model Procedures for Responding to Allegations of Scientific Misconduct, Rockville 1997.

Department of Health and Human Services / Office of the Secretary / Office of Public Health and Science / Office of Research Integrity, Annual Report 2004, Rockville 2005.

Department of Health and Human Services / Office of the Secretary / Office of Public Health and Science / Office of Research Integrity, Annual Report 2003, Rockville 2004.

Department of Health and Human Services (DHHS), HHS Announces Plans to improve Research Integrity and Prevent Research Misconduct HHS News (October 22, 1999).

Department of Health and Human Services (DHHS), Report of the Department of Health and Human Services Review Group on Research Misconduct and Research Integrity, July 1999.

Det Økologiske Råd / Mellemfolkeligt Samvirke (Hrsg.), Fremtidens pris – talmagi i miljødebatten, København 1999.

Detmer, Hubert, Die Novelle des Hochschulrahmengesetzes – auch eine „Rolle rückwärts", NVwZ 1999, S. 828 – 837.

Deutsch, Erwin, Das Verfahren vor den Ombudsgremien der Wissenschaft, VersR 2003, S. 1197 – 1203.

Deutsch, Erwin, Ombudsgremien und Wissenschaftsfreiheit, ZRP 2003, S. 159 – 163.

Deutsche Forschungsgemeinschaft (DFG), Jahresbericht 2004, Aufgaben und Ergebnisse, Bonn 2005.

Deutsche Forschungsgemeinschaft (DFG), Aufbau und Aufgaben, Bonn 2003.

Deutsche Forschungsgemeinschaft (DFG), Sicherung guter wissenschaftlicher Praxis, Denkschrift, Weinheim 1998.

Deutsche Forschungsgemeinschaft (DFG), Vordruck 2.01 III; Vordruck 2.02, III, Vordruck 1.04 – 3/05 – II 8, Vordruck 1.02 – 9/04 – II 3, Vordruck 1.05 – 8/03 – II 10, Vordruck 10.20 – 10/04 – II 29, erhältlich unter: http://www.dfg.de/forschungsfoerderung/formulare/gesamt.html (15.02. 2007).

Devine, Thomas M., The Whistleblower Protection Act of 1989: Foundation for the Modern Law of Employment Dissent, Administrative Law Review Vol. 51 (1999), S. 531 – 577.

Dickert, Thomas, Naturwissenschaften und Forschungsfreiheit, Berlin 1991.

Dieterich, Thomas / Müller-Glöge, Rudi / Preis, Ulrich / Schaub, Günter, Erfurter Kommentar zum Arbeitsrecht, 6. Auflage, München 2006.

Djurhuus, Jens Christian / Tornøe, Cecilie, Ny lov om forskningsrådgivning, Ugeskrift Læger 2003 (165/35), S. 3329 – 3330.

Dolzer, Rudolf, Verwaltungsermessen und Verwaltungskontrolle in den Vereinigten Staaten, DÖV 1982, S. 578 – 591.

Dolzer, Rudolph / Vogel, Klaus / Graßhof, Karin (Hrsg.), Kommentar zum Bonner Grundgesetz, Teil 2 Art. 5, Teil 4 Art. 15 – 19, Loseblattausgabe, Heidelberg 1991, 119. Aktualisierung, Stand September 2005.

Dong, Eugene, Confronting Scientific Fraud, The Chronicle of Higher Education, October 9, 1991, S. A 52.

Dreier, Horst (Hrsg.), Grundgesetz-Kommentar, Band I (Präambel, Art. 1-19), 2. Auflage, Tübingen 2004.

Dresser, Rebecca, Giving Scientists Their Due – The Imanishi-Kari Decision, Hastings Center Report May-June 1997, S. 26 – 28.

Dresser, Rebecca, Defining Scientific Misconduct: The Relevance of Mental State, JAMA Vol. 269 (1993), S. 895 – 897.

Droste, Dietmar, Die Grundrechtsfähigkeit der Universität, Bochum 1992.

Dübeck, Inger, Einführung in das dänische Recht, Titel der Originalausgabe: Introduktion til Dansk Ret, aus dem Dänischen übersetzt von Helene Müller, Baden-Baden 1996.

Dustira, Alicia K., The Federal Role in Influencing Research Ethics Education and Standards in Science, Professional Ethics, Volume 5 (1996), Nos. 1 und 2, S. 139 – 156.

Edelstein, Wolfgang, The Responsible Practice of Science: Remarks about Cross-pressures of Scientific Progress and the Ethics of Research, in: MPG (Hrsg.), Ethos der Forschung, Ringberg-Symposium, Oktober 1999, Max-Planck-Forum 2, S. 169 – 181.

Edenfeld, Stefan, Die Hochbegabtenförderung durch Studienstiftungen in der Bundesrepublik Deutschland, WissR 30 (1997), S. 235 – 267.

Edgar, Harold, Criminal Law Perspectives on Scientific Fraud, in: AAAS-ABA, National Conference of Lawyers and Scientists, Project on Scientific Fraud and Misconduct: Report on Workshop Number Three 1991, S. 139.

Ehlers, Dirk, Verwaltung in Privatrechtsform, Berlin 1984.

Eichhorn, Peter / Friedrich, Peter / Jann, Werner / Oechsler, Walter A. / Püttner, Günter / Reinermann, Heinrich (Hrsg.), Verwaltungslexikon, 3. Auflage, Baden-Baden 2003.

Eisenberg, Rebecca S., Academic freedom and Academic Values in Sponsored Research, Texas Law Review Vol. 66 (1988) S. 1363 – 1404.

Emerson, Thomas I., Colonial Intentions and Current Realities of the First Amendment, University of Pennsylvania Law Review 125 (1977), S. 737 – 760.

Enders, Jürgen, Governing the Academic Commons: About blurring boundaries, blistering organisations, and growing demands, in: Center for Higher Education Policy Studies (ed.), The CHEPS inaugural 2002, Enschede 2002, S. 69 – 105.

Engelke, Peter, Integration von Forschung und Entwicklung in die unternehmerische Planung und Steuerung, Heidelberg 1991.

Erichsen, Hans-Uwe / Ehlers, Dirk(Hrsg.), Allgemeines Verwaltungsrecht, 13. Auflage, Berlin, New York 2005.

Erichsen, Hans-Uwe / Scherzberg, Arno, Verfassungsrechtliche Determinanten staatlicher Hochschulpolitik, NVwZ 1990, S. 8 – 17.

Fallon, Daniel, Die Differenzierung amerikanischer Hochschulen nach Funktion und Bildungsauftrag, in: Breinig, Helmbrecht / Gebhardt, Jürgen / Ostendorf, Berndt (Hrsg.), Das deutsche und das amerikanische Hochschulsystem, Bildungskonzepte und Wissenschaftspolitik, Münster 2001, S. 87 – 105.

Fateh-Moghadam, Bijan, Zwischen Beratung und Entscheidung – Einrichtung, Funktion und Legitimation der Verfahren vor den Lebendspendekommissionen gemäß § 8 Abs. 3 S. 2 TPG im bundesweiten Vergleich, MedR 2003, S. 245 – 257.

Federation of American Societies for Experimental Biology (FASEB), FASEB Concerned About Balance of Rights between Accused and Accusers, Newsletter Vol. 29 No. 5 (July/August 1996), S. 1 und 4.

Federation of American Societies for Experimental Biology (FASEB), Coalition of Biological Scientists Meets to Address Report of Comission on Research Integrity, FASEB Newsletter Vol. 29 No. 5 (1996), S. 1 und 4.

Finetti, Marco / Himmelrath, Armin, Der Sündenfall: Betrug und Fälschung in der deutschen Wissenschaft, Stuttgart, Berlin, Bonn, Budapest, Düsseldorf, Heidelberg, Prag, Sofia, Warschau, Wien, Zürich 1999.

Fink, Udo, Der Hochschulverfassungsstreit, WissR 27 (1994), S. 126 – 143.

Fitting, Karl / Engels, Gerd / Schmidt, Ingrid / Trebinger, Yvonne / Linsenmaier, Wolfgang, Betriebsverfassungsgesetz, Handkommentar, 23. Auflage, München 2006.

Forskningskommissionen, Betænkning Nr. 1406 Bind 2, København September 2001.

Forskningsministeriet, Fakta om Forskning, København 2000.

Fox, Jeffrey L., Theory Explaining Cancer Partly Retracted, Chemical and Engineering News, Sept. 7, 1981, S. 34 – 35.

Fox, Warren, Hochschulpolitik in Kalifornien, in: Goedegebuure, Leo / Kaiser, Frans / Maassen, Peter / Meek, Lynn / van Vught, Frans / de Weert, Egbert, Hochschulpolitik im internationalen Vergleich, Eine länderübergreifende Untersuchung im Auftrag der Bertelsmann Stiftung, Gütersloh 1993, S. 225 – 261.

Fox, William F., Understanding Administrative Law, 4th Edition, New York 2002.

Francione, Gary L., Experimentation and the Marketplace Theory of the First Amendment, University of Pennsylvania Law Review Vol. 136 (1987), S. 417 – 512.

Francis, Sybil, Developing a Federal Policy on research Misconduct, Science and Engineering Ethics Vol. 5 (1999), S. 261 – 272.

Frank, Lone, Skeptical Environmentalist Labeled „Dishonest", Science Vol. 299 (2003), S. 326.

Franzius, Claudio, Governance und Regelungsstrukturen, Wissenschaftszentrum Berlin für Sozialforschung (WZB) discussion papers, Mai 2005, und VerwArchiv 2006, S. 186 – 219.

Freedman, Monroe H., Our Constitutionalized Adversary System, Chapman Law Review Vol. 1 (1998), S. 57 – 90.

Frenz, Walter, Die Grundrechtsberechtigung juristischer Personen des öffentlichen Rechts bei grundrechtssichernder Tätigkeit, VerwArchiv 85 (1994), S. 22 – 51.

Friedman, Paul J., Mistakes and Fraud in Medical Research, L. Med. & Health Care Vol. 20 (1992), S. 17 – 25.

Friedmann, Paul J., Responding to allegations of research misconduct in the university, in: AAAS-ABA National Conference of Lawyers and Scientists, Project on Scientific fraud and Misconduct, Report on workshop number two, Washington 1989, S. 29 – 65.

Friendly, Henry, Some Kind of Hearing, University of Pennsylvania Law Review Vol. 123 (1975), S. 1267 – 1317.

Frühwald, Wolfgang, Ein Ombudsman für die Wissenschaft?, Forschung – Mitteilungen der DFG 2 – 3, 1997, S. 3.

Frühwald, Wolfgang, Von Täuschung und Fälschung in der Wissenschaft, Forschung - Mitteilungen der DFG 2-3, 1995; S. 3, 30 – 31.

Fuchs, Andreas, Kartellrechtliche Grenzen der Forschungskooperation; Eine vergleichende Untersuchung nach US-amerikanischem, europäischem und deutschem Recht, Baden-Baden 1989.

Gammeltoft-Hansen, Hans / Gomard, Bernhard / Philip, Allan, Danish Law, A General Survey, Copenhagen 1982.

Gammeltoft-Hansen, Hans / Andersen, Jon / Engberg, Morten / Larsen Kaj / Loiborg, Karsten / Olsen, Jens, Forvaltningsret, 2. Udgave, København 2002.

Gammeltoft-Hansen, Hans / Andersen, Jon / Larsen Kaj / Loiborg, Karsten, Forvaltningsret, 1. Udgave, København 1994.

Garde, Jens / Jensen, Jørgen Albæk / Jensen, Orla Friis / Madsen, Helle Bødker / Mathiassen, Jørgen / Revsbech, Karsten, Forvaltningsret: almindelige emner, 4. Udgave, København 2004.

Garde, Jens / Jensen, Jørgen Albæk / Jensen, Orla Friis / Madsen, Helle Bødker / Mathiassen, Jørgen / Revsbech, Karsten, Forvaltningsret: almindelige emner, 3. Udgave, København 1997.

Gellhorn, Ernest / Levin, Ronald M., Administrative Law and Process, 4th Edition, St. Paul, Minnesota 1997.

Germer, Peter, Ytringsfrihedens væsen, København 1973.

Germer, Peter, Dänemark, in: Eberhardt Grabitz (Hrsg.), Grundrechte in Europa und USA, Band I: Strukturen nationaler Systeme, Kehl am Rhein 1986, S. 85 – 114.

Gerpott, Thorsten J., Personale Strukturen und Organisationsmerkmale. Innenstrukturen industrieller F&E-Einheiten, in: Michael Domsch / Eduard Jochum (Hrsg.), Personal-Management in der industriellen Forschung und Entwicklung (F&E), Köln, Berlin, Bonn, München 1984, S. 28 – 47.

Getman, Julius, G. Getman / Mintz, Jaqueline W., Foreword: Academic freedom in a Changing Society, Texas Law Review Vol. 66 (1988), S. 1247 – 1264.

Goerlich, Helmut, Grundrechte als Verfahrensgarantien, Ein Beitrag zum Verständnis des Grundgesetzes für die Bundesrepublik Deutschland, Baden-Baden 1981.

Goldberg, Steven, The Constitutional Status of American Science, University of Illinois Law Forum 1979, S. 1 – 33.

Goldman Herman, Karen A. / Sunshine, Philip L. / Fisher, Montgomery K. / Zwolenik, James J. / Herz, Charles H., Investigating Misconduct in Science: The National Science Foundation Model, Journal of Higher Education Vol. 65 (1994), S. 384 – 400.

Goldman, Karen A. / Fisher, Montgomery K., The Constitutionality of the "Other Serious Deviation From Accepted Practices" Clause, Jurimetrics Vol. 37 (1997), S. 149 – 166.

Goldner, Jesse A., The Unending Saga of Legal Controls over Scientific Misconduct: A Clash of Cultures Needing Resolution, Law, Medicine and Socially Responsible Research Vol. 24 (1998), S. 293 – 343.

Goodman, Billy, New Definition for Misconduct – A Step Closer, The Scientist Vol. 14 (2000) , Number 2, January 24th, S. 1, 12 – 13.

Goodman, Billy, Scientists Are Split Over Findings Of Research Integrity Commission, The Scientist Vol. 10 (1996), Number 2, January 22nd, S. 1, 8/9.

Goodman, Billy, HHS Panel Issues Proposals for Implementing Misconduct Report, The Scientist Vol. 10 (1996), Number 15, July 22nd, S. 1, 3/6.

Gordon, James D., Individual and Institutional Academic Freedom at Religious Colleges and Universities, Journal of College and University Law Vol. 30 (2003), S. 1 – 45.

Gralla, René, Der Grundrechtsschutz in Dänemark, Frankfurt a.M., Bern, New York 1987.

Grandjean, Philippe, Public and private research culture and its importance for the occurrence of Dishonesty, in: Danish Research Agency (Hrsg.), 2004 Annual Report, The Danish Committees on Scientific Dishonesty, Copenhagen 2005.

Grandjean, Philippe, Protecting Informants and Whistleblowers, in: Danish Research Agency, 2000 Annual Report, The Danish Committees on Scientific Dishonesty, S. 19 – 25.

Green, Harold P., Scientific Responsibility and the Law, University of Michigan Journal of Law Reform Vol. 20: 4 (1987), S. 1009 – 1027.

Green, Harold P., Constitutional Implications of Federal Restrictions on Scientific Research and Communication, UMKC Law Review Vol. 60 (1992), S. 619 – 643.

Grinnell, Frederick, Ambiguity in the Practice of Science, Science Vol. 272 (1996), S. 333.

Groß, Thomas, Die Autonomie der Wissenschaft im europäischen Rechtsvergleich, Baden-Baden 1992.

Groß, Thomas, Die Autonomie der Wissenschaft als Problem des Rechtsvergleichs, ERPL 7 (1995), S. 109 – 127.

Groß, Thomas, Wissenschaftsadäquates Wissenschaftsrecht, WissR 35 (2002), S. 307 – 326.

Großmann, Siegfried / Trute, Hans-Heinrich, Autorenschaft – nicht nur ein Recht, sondern auch Verantwortung, Physik Journal Bd. 2 (2003), S. 3.

Groth, Klaus-Martin / Bubnoff, Daniela von, Gibt es gerichtsfeste Vertraulichkeit bei der Mediation?, NJW 2001, S. 338 – 342.

Grunewald, Barbara, Vereinsordnungen, Praktische Bedeutung und Kontrolle, ZHR 152 (1988), S. 242 – 262.

Grunwald, Reinhard, Gute wissenschaftliche Praxis: Mehr als die Kehrseite wissenschaftlichen Fehlverhaltens, in: Hanau, Peter / Leuze, Dieter / Löwer, Wolfgang / Schiedermair, Hartmut (Hrsg.), Wissenschaftsrecht im Umbruch, Gedächtnisschrift für Hartmut Krüger, Berlin 2001, S. 127 – 141.

Gunsalus, C. Kristina, How to Blow the Whistle and Still Have a Career Afterwards, Science and Engineering Ethics Vol. 4 (1998), S. 51 – 64.

Gunsalus, C. Kristina, Institutional Structure to Ensure Research Integrity, Academic Medicine Vol. 68 (1993), September Supplement, S. S33 – S38.

Guston, David H., Changing Explanatory Frameworks in the U.S.Government's Attempt to Define Research Misconduct, Science and Engineering Ethics Vol. 5 (1999), S. 137 – 154.

Haas, Ulrich / Adolphsen, Jens, Verbandsmaßnahmen gegenüber Sportlern, NJW 1995, S. 2146 – 2148.

Hailbronner, Kay / Geis, Max-Emanuel, Kommentar zum HRG, Heidelberg 2003.

Hailbronner, Kay, Die Freiheit der Forschung und Lehre als Funktionsgrundrecht, Hamburg 1979.

Hallum, Jules V. / Hadley, Suzanne W., Editorial: Rights to Due Process in Instances of Possible Scientific Misconduct, Endocrinology Vol. 128 (1991), S. 643 – 644.

Hallum, Jules V. / Hadley, Suzanne W., OSI: Why, what, and how the new office wants to bring fairness to investigations of scientific misconduct, ASM News Vol. 56 (1990), S. 647 – 651.

Hamilton, David P., PHS To Scale Back Misconduct Alert, Science Vol. 256 (1992), S. 1751.

Hamilton, David P., Reorganisation of OSI Now a Reality, Science Vol. 256 (1992), S. 1383.

Hamilton, David P., Scientist-Consultants Accuse OSI of Missing the Pattern, Science Vol. 256 (1992), S. 738.

Hamilton, David P., OSI Reorganization Plan Goes Public, Science Vol. 255 (1992), S. 1199.

Hamilton, David P., HHS Considers Crackdown on Leakers of Fraud Report, Science Vol. 252 (1991), S. 1365.

Hamilton, David P., FBI investigates Leaks at OSI, Science Vol. 255 (1992), S. 1503.

Hamilton, David P., NIH Challenged Over Secrecy of Misconduct Conclusions, Science Vol. 251 (1991), S. 863.

Hamilton, David P., Fraud Office Besieged, Science Vol. 151 (1991), S. 1011.

Hamilton, David P., OSI: Better the Devil You Know?, Science Vol. 255 (1992), S. 1344 – 1347.

Hamilton, David P., Can OSI Withstand a Scientific Backlash?, Science Vol. 253 (1991), S. 1084 – 1086.

Hansen, John / Worm, Nikolaj / Ravn, Viggo, Lepoutre, Lomborg-sagen: Lomborg-kritikere udsat for modangreb, Jyllands-Posten, 18. December 2003, erhältlich unter: http://cbs.dk/content/download/30874/434863/file/lando%20article.pdf (15.02.2007).

Hartmann, Kirsten / Fuchs, Timm, Standards guter wissenschaftlicher Praxis und wissenschaftliches Fehlverhalten, WissR 36 (2003), S. 204 – 222.

Hartmann, Kirsten, Grundsätze guter wissenschaftlicher Praxis unter qualitätssicherndem und rechtsfolgenbezogenem Blickwinkel –Gleichzeitig eine wissenschaftstheoretische und verfassungsrechtliche Betrachtung, Hamburg 2005.

Hartmer, Michael / Detmer, Hubert (Hrsg.), Hochschulrecht, Ein Handbuch für die Praxis, Heidelberg 2004.

Hatzius, Albrecht, Die Rechtsstellung des Hochschullehrers in den Vereinigten Staaten von Amerika, Bonn 1983.

Hay, Peter, U.S.-Amerikanisches Recht, 3. Auflage, München 2005.

Heinemann, Manfred, Der Wiederaufbau der Kaiser-Wilhelm-Gesellschaft und die Neugründung der Max-Planck-Gesellschaft (1945-1949), in: Vierhaus, Rudolf / Brocke, Bernhard vom (Hrsg.), Forschung im Spannungsfeld von Politik und Gesellschaft, Geschichte und Struktur der Kaiser-Wilhelm/Max-Planck-Gesellschaft, Stuttgart 1990, S. 407 – 470.

Heinrich, Oliver, Die rechtliche Systematik der Forschungsförderung in Deutschland und den Europäischen Gemeinschaften unter Beachtung der Wissenschaftsfreiheit und Wettbewerbsrecht, Münster 2003.

Heinz, Lisa C. / Chubin, Daryl E., Congress investigates scientific fraud, Bioscience Vol. 38 (1988), S. 559 – 561.

Heldrich, Andreas, Freiheit der Wissenschaft – Freiheit zum Irrtum? Haftung für Fehlleistungen in der Forschung, Heidelberg 1987.

Helfrich, Marcus, Forschungsförderung durch Bund und Länder im Rahmen der sog. „Blauen Liste", WissR 23 (1990), S. 244 – 263.

Hendler, Reinhard, Selbstverwaltung als Ordnungsprinzip – Zur politischen Willensbildung und Entscheidung im demokratischen Verfassungsstaat der Industriegesellschaft, Köln, Berlin, Bonn, München 1984.

Hiers, Richard H., Institutional Academic Freedom – A Constitutional misconception: Did Grutter V. Bollinger Perpetuate the Confusion?, Journal of College and University Law Vol. 30 (2004), S. 531 – 581.

Hileman, Bette, Unending debate over definition of research misconduct, Chemical & Engineering News August 4, 1997, S. 28.

Hileman, Bette, Misconduct in Science, Probed, Chemical & Engineering News (June 23, 1997), S. 24/25.

Hill, Hermann, Das fehlende Verfahren und seine Folgen im Verwaltungsrecht, Heidelberg 1986.

Hillermann, Kristina, Die Durchsetzung des Selbstverwaltungsrechts vor dem Bundesverfassungsgericht und den Landesverfassungsgerichten, Frankfurt a.M., Berlin, Bern, Brüssel, New York, Oxford, Wien 2000.

Hixson, Joseph, The Patchwork Mouse, New York 1976.

Hoefs, Christian, Die Verdachtskündigung, Berlin 2001.

Hoeren, Thomas, Das neue Verfahren für die Schlichtung der Kundenbeschwerden im deutschen Bankgewerbe – Grundzüge und Rechtsprobleme, NJW 1992, S. 2727 – 2732.

Hoeren, Thomas, Der Bankenombudsmann in der Praxis – Ein erstes Resümee, NJW 1994, S. 362 – 365.

Hoffmann-Riem, Wolfgang, Governance im Gewährleistungsstaat – Vom Nutzen der Governance-Perspektive für die Rechtswissenschaft, in: Schuppert, Gunnar Folke (Hrsg.), Governance-Forschung: Vergewisserung über Stand und Entwicklungslinien, Baden Baden 2005, S. 195 – 219.

Höfling, Wolfram, Offene Grundrechtsinterpretation: Grundrechtsauslegung zwischen amtlichem Interpretationsmonopol und privater Konkretisierungskompetenz, Berlin 1987.

Hofstadter, Richard / Metzger, Walter P., The Development of Academic Freedom in the United States, New York 1955.

Hohn, Hans-Willy / Schimank, Uwe, Konflikte und Gleichgewichte im Forschungssystem: Akteurkonstellationen und Entwicklungspfade in der staatlich finanzierten außeruniversitären Forschung, Frankfurt am Main 1990.

Höhne, Ralf, Rechtsprobleme bei der Kontrolle der Lauterkeit in der Forschung – Möglichkeiten und Grenzen der Wissenschaftskontrolle, Baden-Baden 2001.

Holdren, John P., Energy: Asking the Wrong Questions, Scientific American Vol. 286 (January 2002), S. 65 – 67.

Hollander, Rachelle D., Guaranteeing Good Scientific Practice in the U.S., in: Max-Planck-Gesellschaft (Hrsg.), Max Planck Forum 2, Ethos der Forschung, Ethics of Research, Ringberg-Symposium Oktober 1999, S. 199 – 212.

Holm, Niels Eilschou, The Ombudsman – A Gift from Scandinavia to the World, in: Gammeltoft-Hansen, Hans (Hrsg.), The Danish Ombudsman, Copenhagen 1995.

Holtz-Bacha, Christina, Redaktionsstatuten in der Bundesrepublik Deutschland, Eine Bilanz, ZUM 1986, S. 384 – 387.

Holtz-Bacha, Christina, Mitspracherechte für Journalisten, Redaktionsstatuten in Presse und Rundfunk, Köln 1986.

Howard, Elizabeth, Science Misconduct and Due Process: A Case of Process Due, Hastings Law Journal Vol. 45 (January 1994), S. 309 – 358.

Hsu, Metthew B., Banning Human Cloning: An Acceptable Limit on Scientific Inquiry or an Unconstitutional Restriction of Symbolic Speech, Georgetown Law Journal Vol. 87 (1999), S. 2399 – 2430.

Huber, Peter-Michael, Grundrechtsschutz durch Organisation und Verfahren als Kompetenzproblem in der Gewaltenteilung und im Bundesstaat, München 1988.

Implementation Group on Research Integrity and Misconduct (IGRIM), Implementation Proposals on Recommendations by the Commission on Research Integrity (June 14, 1996).

Isensee, Josef, Wer definiert die Freiheitsrechte?, Selbstverständnis der Grundrechtsträger und Grundrechtsauslegung des Staates, Heidelberg 1980.

Isensee, Josef, Anwendung der Grundrechte auf juristische Personen, in: Isensee, Josef/ Kirchhof Paul (Hrsg.), Handbuch des Staatsrechts, Band V, Allgemeine Grundrechtslehren, Heidelberg 1992, § 118, S. 563 – 615.

Isensee, Josef, Das Grundrecht als Abwehrrecht und als staatliche Schutzpflicht, in: Isensee, Josef/Kirchhof, Paul (Hrsg.), Handbuch des Staatsrechts, Band V, Allgemeine Grundrechtslehren, Heidelberg 1992, § 111, S. 143 – 241.

Jäger, Wolfgang / Welz, Wolfgang, Regierungssystem der USA, Lehr- und Handbuch, 2. Auflage, München 1998.

Jakob, Wolfgang, Forschungsfinanzierung durch den Bund, Der Staat 24 (1985), S. 527 – 564.

Jarass, Hans D. / Pieroth, Bodo, Grundgesetz für die Bundesrepublik Deutschland, Kommentar, 8. Auflage, München 2006.

Jarass, Hans D., Besonderheiten des amerikanischen Verwaltungsrechts im Vergleich – Zugleich ein Beitrag zum Stellenwert des Verwaltungsverfahrens, DÖV 1995, S. 377 – 387.

Jastrup, Morten / Tornbjerg, Jesper, Kritikere fastholder modstand til Lomborg, Politiken, 18 December 2003.

Jastrup, Morten, Videnskabsfolk må lyve som alle andre, Politiken, 29 Januar 2004.

Jensen, Asbjørn / Vesterdorf, Bo / Vogter, John, Forvaltningsloven, København 1987.

Jerouschek, Günter, Strafrechtliche Aspekte des Wissenschaftsbetruges, GA 1999, S. 416 – 442.

Jessop, Bob, The Future of the Capitalist State, Cambridge 2002.

Jestaedt, Matthias, Demokratieprinzip und Kondominialverwaltung, Entscheidungsteilhabe Privater an der öffentlichen Verwaltung auf dem Prüfstand des Verfassungsprinzips der Demokratie, Berlin 1993.

Joughin, Louis, Academic Due Process, in: Baade, Hans W. / Everett, Robinson O. (Hrsg.), Academic freedom, The Scholar's Place in Modern Society, S. 143 – 171.

Joughin, Louis (Hrsg.), Academic Freedom and Tenure, A Handbook of the American Association of University Professors, Madison, Milwaukee and London 1967.

Kaiser, Jocelyn, Baylor Saga Comes To an End, Science Vol. 283 (1999), S. 1091.

Kaplin, William A., The Law of Higher Education, A Comprehensive Guide to Legal Implications of Administrative Decision Making, 2nd Edition, San Francisco, London 1986.

Karcher, Wolfgang, Studenten an privaten Hochschulen, Zum Verfassungsrecht der USA, Stuttgart 1971.

Karpen, Ulrich / Freund, Manuela, Hochschulgesetzgebung und Hochschulautonomie – Der verbliebene Spielraum des Hochschulsatzungsrechts, dargestellt am Beispiel der Hochschulgrundordnung, München 1992.

Karpen, Ulrich / Hanske, Peter, Status und Besoldung von Hochschullehrern im internationalen Vergleich, Band 1, Baden-Baden 1994.

Kern, Werner / Schröder, Hans-Horst, Forschung und Entwicklung in der Unternehmung, Reinbek bei Hamburg 1977.

Kersten, Jens, Alle Macht den Hochschulräten? DVBl. 1999, S. 1704 – 1709.

Kerwin, Cornelius M., Rulemaking, How Government Agencies Write Law and Make Policy, Washington D.C. 1994.

Kevles, Daniel J., The Baltimore Case, A Trial of Politics Science and Character, New York, London 1998.

Kieser, Alfred, Organisation der industriellen Forschung und Entwicklung, in: Michael Domsch / Eduard Jochum (Hrsg.), Personalmanagement in der industriellen Forschung und Entwicklung (F&E), Köln, Berlin, Bonn, München 1984, S. 48 – 99.

Kimmel, Adolf, Die Verfassungen der EG-Mitgliedsstaaten, 4. Auflage, München 1996.

Kimminich, Otto, Das Veröffentlichungsrecht des Wissenschaftlers, WissR 18 (1985), S. 116 – 141.

Kimminich, Otto, Hochschule im Grundrechtssystem, Flämig, Christian / Kimminich, Otto / Krüger, Hartmut / Meusel, Ernst-Joachim / Rupp, Hans Heinrich / Scheven, Dieter / Schuster, Hermann-Josef / Stenbock-Fermor, Friedrich Graf (Hrsg.), Handbuch des Wissenschaftsrechts, Teil 1, Berlin, Heidelberg, New York 1996, S. 121 – 156.

Kimminich, Otto, Die Rechtsgestalt der Hochschulen, in: Flämig, Christian / Kimminich, Otto / Krüger, Hartmut / Meusel, Ernst-Joachim / Rupp, Hans Heinrich/Scheven, Dieter / Schuster, Hermann-Josef / Stenbock-Fermor, Friedrich Graf (Hrsg.), Handbuch des Wissenschaftsrechts, Teil 1, Berlin, Heidelberg, New York 1996, S. 227 – 235.

Kirberger, Wolfgang, Die Nebenordnungen im Vereins- und Verbandsrecht. Eine rechtstatsächliche und rechtsdogmatische Untersuchung zum inneren Vereinsrecht, Marburg 1981.

Kirchhof, Ferdinand, Rechtliche Grundsätze der Universitätsfinanzierung, Staatliche Zuweisungen und autonome Binnenfinanzierung, JZ 1998, S. 275 – 282.

Kleindiek, Ralf, Wissenschaftsfreiheit in der Hochschule zwischen kritischer Öffentlichkeit und Disziplinarordnung, JZ 1993, S. 996 – 998.

Kleindiek, Ralf, Wissenschaft und Freiheit in der Risikogesellschaft: Eine grundrechtsdogmatische Untersuchung zum Normbereich von Art. 5 Abs. 3 Satz 1 des Grundgesetzes, Berlin 1998.

Kline, Sandy, Scientific Misconduct: A Form of White Coat Crime, Journal of Pharmacy & Law Vol. 2 (1993), S. 15 – 34.

Knemeyer, Franz-Ludwig, Lehrfreiheit, Begriff der Lehre – Träger der Lehrfreiheit, Bad Homburg v. d. H., Berlin, Zürich 1969.

Knemeyer, Franz-Ludwig, Hochschulautonomie/Hochschulselbstverwaltung, Flämig, Christian / Kimminich, Otto / Krüger, Hartmut / Meusel, Ernst-Joachim / Rupp, Hans Heinrich / Scheven, Dieter / Schuster, Hermann-Josef / Stenbock-Fermor, Friedrich Graf (Hrsg.), Handbuch des Wissenschaftsrechts, Teil 1, Berlin, Heidelberg, New York 1996, S. 237 – 257.

Knight, Jonathan, Science Misconduct: The Rights of the Accused, Issues in Science and Technology Fall 1991, S. 28 – 29.

Kommers, Donald P., Verfassungsgerichtsbarkeit in den Gliedstaaten der Vereinigten Staaten von Amerika, in: Starck, Christian / Stern, Klaus (Hrsg.), Landesverfassungsgerichtsbarkeit, Teilband I, Baden-Baden 1983, S. 461 – 495.

Kopp, Ferdinand O. / *Ramsauer, Ulrich*, VwVfG Verwaltungsverfahrensgesetz Kommentar, 9. Auflage, München 2005.

Köstlin, Thomas, Die Kulturhoheit des Bundes: Eine Untersuchung zum Kompetenz- und Organisationsrecht des Grundgesetzes unter Berücksichtigung der Staatspraxis in der Bundesrepublik Deutschland, Berlin 1989.

Köstlin, Thomas, Wissenschaftsfördernde Einrichtungen, in: Flämig, Christian / Kimminich, Otto / Krüger, Hartmut / Meusel, Ernst-Joachim / Rupp, Hans Heinrich / Scheven, Dieter / Schuster, Hermann-Josef / Stenbock-Fermor, Friedrich Graf (Hrsg.), Handbuch des Wissenschaftsrechts, Teil 2, Berlin, Heidelberg, New York 1996, S. 1417 – 1440.

Köstlin, Thomas, Ressortforschungseinrichtungen, in: Flämig, Christian / Kimminich, Otto / Krüger, Hartmut / Meusel, Ernst-Joachim / Rupp, Hans Heinrich / Scheven, Dieter / Schuster, Hermann-Josef / Stenbock-Fermor, Friedrich Graf (Hrsg.), Handbuch des Wissenschaftsrechts, Teil 2, Berlin, Heidelberg, New York 1996, S. 1365 – 1377.

Köttgen, Arnold, Das Grundrecht der deutschen Universität, Göttingen 1959.

Krech, Helmut, Großforschungseinrichtungen und HGF, in: Flämig, Christian / Kimminich, Otto / Krüger, Hartmut / Meusel, Ernst-Joachim / Rupp, Hans Heinrich / Scheven, Dieter/Schuster, Hermann-Josef / Stenbock-Fermor, Friedrich Graf (Hrsg.), Handbuch des Wissenschaftsrechts, Teil 2, Berlin, Heidelberg, New York 1996, S. 1307 – 1338.

Kröger, Klaus, Juristische Personen des öffentlichen Rechts als Grundrechtsträger, JuS 1981, S. 26 – 29.

Krohn, Wolfgang / *Küppers, Günter*, Die Selbstorganisation der Wissenschaft, Frankfurt am Main 1989.

Krotoszynsky, Ronald J., Taming the tail that wags the dog: Ex post and ex ante constraints on informal adjudication, Administrative Law Review Vol. 56 (2004), S. 1057 – 1075.

Krüger, Hartmut, Rechtsvergleichung im Wissenschaftsrecht, WissR Beiheft 9, Tübingen 1992.

Krüger, Hartmut, Hochschulen und ausseruniversitäre Forschungseinrichtungen in ausländischen Rechtsordnungen, in: Flämig, Christian / Krüger, Hartmut / Rupp. Hans Heinrich / Schuster, Hermann Josef / Kimminich, Otto / Meusel, Ernst-Joachim / Scheven, Dieter / Graf Stenbock-Fermor, Friedrich (Hrsg.), Handbuch des Wissenschaftsrechts, Band 2, Berlin Heidelberg New York 1996.

Kuhn, Hans-Jürgen, Das Verhältnis zwischen universitären Ombuds- und Untersuchungskommissionen – Möglichkeiten und Grenzen, in: Deutsche Forschungsgemeinschaft und Ombudsman der DFG (Hrsg.), Wissenschaftliches Fehlverhalten – Erfahrungen von Ombudsgremien, Tagungsbericht, Weinheim 2004, S. 13 – 18, erhältlich unter: http://www1.uni-hamburg.de/dfg_ombud//tagungsbericht.pdf (15.02.2007).

Kühne, Jörg-Detlef, Die Landesverfassungsgarantien Hochschulischer Selbstverwaltung – ein unentfaltetes Autonomiepotential, DÖV 1997, S. 1 – 13.

Kulynych, Jennifer, Intent to Deceive: Mental State and Scienter in the New Uniform Federal Definition of Scientific Misconduct, Stanford Technology Law Review, Vol. 2 (1998), S. 1 – 118.

La Follette, Marcel C., Pay cheques on a Saturday night: the changing politics and bureaucracy of research integrit in the United States, in: Lock, Stephen / Wells, Frank / Farthing, Michael, Fraud and Misconduct in Biomedical Research, 3rd Edition, London 2001, S. 33 – 47.

Ladeur, Karl-Heinz / *Gostomzyk, Tobias*, Der Gesetzesvorbehalt im Gewährleistungsstaat, Die Verwaltung 36 (2003), S. 141 – 169.

Landfried, Klaus, Die Zusammenarbeit von Wirtschaft und Hochschulen in den USA, MittHV 1987, S. 131 – 134.

Lando, Henrik, Opinion: Sikrest at nedlægge UVVU, Berlinske Tidende, 18 December 2003.

Laqua, Alexander, Der Hochschulrat zwischen Selbstverwaltung und staatlicher Verwaltung – Eine Analyse der Ratsmodelle nach den Landeshochschulgesetzen, Baden-Baden 2004.

Larsen, Kaj, Folketingets Ombudsmand, v. Eyben, W.E, Juridisk Grundbog, 5. Udgave, København 1991.

Larsen, Kaj, The Parliamentary Ombudsman, in: Gammeltoft-Hansen, Hans (Hrsg.), The Danish Ombudsman, Copenhagen 1995.

Lawrence, Susan V., "Let no one elses's work evade your eyes..."; Forum on medicine, September 1980, S. 582 – 587.

Leibholz, Gerhard / Rinck, Hans-Justus / Hesselberger, Dieter, Grundgesetz für die Bundesrepublik Deutschland: Kommentar anhand der Rechtsprechung des Bundesverfassungsgerichts, Band I, Art. 1 – 20, 7. Auflage, Köln, Loseblatt Lieferung 42, Stand November 2005.

Leskovac, Helen, Academic Freedom and the Quality of Sponsored Research on Campus, Review of Litigation Vol. 13 (1994), S. 401 – 424.

Letzelter, Franz, Die Deutsche Forschungsgemeinschaft, in: Flämig, Christian / Kimminich, Otto / Krüger, Hartmut / Meusel, Ernst-Joachim / Rupp, Hans Heinrich / Scheven, Dieter / Schuster, Hermann-Josef / Stenbock-Fermor, Friedrich Graf (Hrsg.), Handbuch des Wissenschaftsrechts, Teil 2, Berlin, Heidelberg, New York 1996, S. 1382 – 1399.

Liermann, Hans, Die Staatsaufsicht über Wissenschaftsstiftungen und ihre Grenzen, WissR 9 (1976), S. 248 – 256.

Lindemann, Hannsjörg, Sportgerichtsbarkeit – Aufbau, Zugang, Verfahren, SpuRT 1994, S. 17 – 23.

Linneweber, Axel, Einführung in das US-amerikanische Verwaltungsrecht, Kompetenzen, Funktionen und Strukturen der "Agencies" im US-amerikanischen Verwaltungsrecht; Frankfurt am Main, Berlin, Bern, New York, Paris, Wien 1994.

Lippert, Hans-Dieter, Die Fälschung von Forschungsdaten ahnden – ein mühsames Unterfangen, WissR Bd. 33 (2000), S. 210 – 218.

Lisman, Natasha C., Freedom of Scientific Research: A Frontier Issue in First Amendment Law, Boston Bar Journal Vol. 35 (Nov/Dez 1991), S. 4 – 7.

Logicon/ROW Sciences, Organizing an Institutional Investigation Assistance Program: A Feasibility Study for the Office of Research Integrity, Final Report, Rockville 2002, erhältlich unter: http://ori.hhs.gov/documents/investigation_assistance.pdf, http://ori.hhs.gov/documents/final_appendix.pdf (15.02.2007).

Lomborg, Bjørn, The Skeptical Environmentalist. Measuring the Real State of the World, Cambridge 2001.

Losch, Bernhard, Wissenschaftsfreiheit, Wissenschaftsschranken, Wissenschaftsverantwortung, zugleich ein Beitrag zur Kollision von Wissenschaftsfreiheit und Lebensschutz am Lebensbeginn, Berlin 1993.

Losch, Bernhard / Radau, Christine, Forschungsverantwortung als Verfahrensaufgabe, NVwZ 2003, S. 390 – 397.

Lovejoy, Thomas, Biodiversity: Dismissing Scientific Process Scientific American 286 (January 2002), S. 69 – 71.

Löwer, Wolfgang, Normen zur Sicherung guter wissenschaftlicher Praxis – Die Freiburger Leitlinien, WissR Bd. 33 (2000), S. 219 – 242.

Lubalin, James S. / Matheson, Jennifer L., The Fallout: What Happens to Whistleblowers and Those Accused But Exonerated of Scientific Misconduct?, Science and Engineering Ethics Vol. 5 (1999), S. 229 – 250.

Lubbers, Jeffrey S., Federal Administrative Law Judges: A Focus On Our Invisible Judiciary, Administrative Law Review Vol. 33 (1981), S. 109.

Lübbe-Wolff, Gertrude, Die Grundrechte als Eingriffsabwehrrechte, Struktur und Reichweite der Eingriffsdogmatik im Bereich staatlicher Leistungen, Baden-Baden 1988.

Lucent Technologies / Bell Laboratories, Report of the Investigation Committee on the Possibility of Scientific Misconduct in the Work of Hendrik Schön and Coauthors, September 2002, USA.

Luhmann, Niklas, Die Wissenschaft der Gesellschaft, Frankfurt am Main 1990.

Lukes, Rudolf, Erstreckung der Vereingewalt auf Nichtmitglieder durch Rechtsgeschäft, in: Gmür, Rudolf / Brox, Hans (Hrsg.), Festschrift für Harry Westermann zum 65. Geburtstag, Karlsruhe 1974, S. 325 – 345.

Lukes, Rudolf, Der Satzungsinhalt beim eingetragenen Verein und die Abgrenzung zu sonstigen Vereinsregelungen, NJW 1972, S. 121 – 128.

Lundgreen, Peter / Horn, Bernd / Krohn, Wolfgang / Küppers, Günter / Paslack, Rainer, Staatliche Forschung in Deutschland 1870-1980, Frankfurt am Main, New York 1986.

Lundsgaard Hansen, Vagn, Good Conduct in the Sciences, in: Danish Agency for Science Technology and Innovation (Hrsg.), Annual Report 2005, The Danish Committees on Scientific Dishonesty, S. 20 – 34.

Lux, Christina, Rechtsfragen der Kooperation zwischen Hochschulen und Wirtschaft: Ein Rechtsvergleich: Deutschland-USA, München 2002.

Lux, Christina, Rechtsfragen der Kooperation zwischen Hochschulen und Wirtschaft, Ein Rechtsvergleich: Deutschland – USA, München 2002.

Mager, Ute, Einrichtungsgarantien: Entstehung, Wurzeln, Wandlungen und grundgesetzgemäße Neubestimmung einer dogmatischen Figur des Verfassungsrechts, Tübingen 2003.

Majer, Helge, Industrieforschung in der Bundesrepublik Deutschland, Tübingen 1978.

Mangold, Hermann von / Klein, Friedrich / Starck, Christian (Hrsg.), Das Bonner Grundgesetz, Kommentar, Bd. 1: Präambel, Art. 1 – 19, 5. Auflage, München 2005.

Marburger, Peter, Technische Normen im Europäischen Gemeinschaftsrecht, in: Hendler, Reinhard/Marburger, Peter/Reinhardt, Michael/Schröder, Meinhard (Hrsg.) UTR Jahrbuch des Umwelt- und Technikrechts 1994, Bd. 27, S. 333.

Marburger, Peter, Die Regeln der Technik im Recht, Köln, Berlin, Bonn, München 1979.

Matz, Ulrich, Freiheit der Wissenschaft in der technischen Welt, in: Maier, Hans / Ritter, Klaus / Matz, Ulrich (Hrsg.), Politik und Wissenschaft, München 1971, S. 401 – 431.

Maunz, Theodor / Dürig, Günther / Badura, Peter / Di Fabio, Udo / Herdegen, Matthias / Herzog, Roman / Klein, Hans / Korioth, Stefan / Lerche, Peter / Papier, Hans-Jürgen / Randelzhofer, Albrecht / Schmidt-Assmann, Eberhardt / Scholz, Rupert (Hrsg.), Grundgesetz Kommentar, Band I, Art. 1 – 5, Stand Februar 2004 (Lieferung 43).

Maurer, Hartmut, Allgemeines Verwaltungsrecht, 16. Auflage München 2006.

Maurer, Hartmut, Promotion, in: Flämig, Christian / Kimminich, Otto / Krüger, Hartmut / Meusel, Ernst-Joachim / Rupp, Hans Heinrich / Scheven, Dieter / Schuster, Hermann-Josef / Stenbock-Fermor, Friedrich Graf (Hrsg.), Handbuch des Wissenschaftsrechts, Teil 1, Berlin, Heidelberg, New York 1996, S. 753 – 777.

Max-Planck-Gesellschaft (MPG), Wechselwirkungen, Zusammenarbeit der Max-Planck-Gesellschaft mit den Universitäten, München 2000.

Max-Planck-Gesellschaft (MPG), Verantwortliches Handeln in der Wissenschaft, Analysen und Empfehlungen, Max-Planck-Forum 3, München 2001.

Mayen, Thomas, Der grundrechtliche Informationsanspruch des Forschers gegenüber dem Staat, Berlin 1992.

Mayntz, Renate, Funktionelle Teilsysteme in der Theorie sozialer Differenzierung, in: Mayntz, Renate / Rosewitz, Bernd / Schimank, Uwe / Stichweh, Rudolf (Hrsg.), Differenzierung und Verselbständigung: Zur Entwicklung gesellschaftlicher Teilsysteme, Frankfurt am Main, New York 1988, S. 11 – 44.

Mayntz, Renate / Scharpf, Fritz W., Steuerung und Selbstorganisation in staatsnahen Sektoren, in: Mayntz, Renate / Scharpf, Fritz W. (Hrsg.), Gesellschaftliche Selbstregulierung und politische Steuerung, Frankfurt am Main, New York 1995, S. 9 – 38.

Mayntz, Renate, Governance Theory als fortentwickelte Steuerungstheorie?, in: Schuppert, Gunnar Folke (Hrsg.), Governance-Forschung – Vergewisserung über Stand und Entwicklungslinien, S. 11 – 20.

Mazur, Allan, Allegations of Dishonesty in Research and Their Treatment by American Universities, Minerva Review of Science, Learning and Policy, Vol. XXVII Nr. 1 (Spring 1989), S. 177 – 194.

McCubbins, Mathew / Noll, Roger / Weingast, Barry, Administrative procedures as instruments of political control; in: Journal of Law, Economics and Organization, Journal of Law, Economics und Organisation, Vol. 3 (1987), S. 243 – 277.

McKean, Kevin, A Scandal in the Laboratory; erschienen in: Discover, Nov. 1981, S. 18 – 23.

Mengel, Constanze, Sozialrechtliche Rezeption ärztlicher Leitlinien, Baden-Baden 2004.

Merges, Robert, The Public Research Enterprise in the U.S.: Overview and Prospects, in: Battaglini, Andrea Orsi / Mazzoni, Cosimo M. (Hrsg.), Scientific Research in the U.S.A.; Scientific Freedom, State Intervention and the Free Market, Baden-Baden 1993, S. 13 – 28.

Merton, Robert K., Wissenschaft und demokratische Sozialstruktur in: Weingart, Peter (Hrsg.), Wissenschaftssoziologie Band I, Wissenschaftliche Entwicklung als sozialer Prozess, Frankfurt am Main 1972, S. 45 – 59.

Merton, Robert K., Die normative Struktur der Wissenschaft, in: ders. (Hrsg.), Entwicklung und Wandel von Forschungsinteressen, Frankfurt am Main 1985, S. 86 – 99.

Mervis, Jeffrey, NIH Establishes Office to Probe Science Misconduct, The Scientist Vol. 3 No. 10 (1989), S. 1.

Metzger, Walter P., Profession and Constitution: Two Definitions of Academic Freedom in America, Texas Law Review Vol. 66 (1988), S. 1265 – 1322.

Metzger, Walter P., The 1940 Statement of Principles on Academic Freedom and Tenure, Law & Contemp. Probs. Vol 53 (1990), S. 3 – 77.

Meusel, Ernst-Joachim, Max-Planck-Gesellschaft, in: Flämig, Christian / Kimminich, Otto/ Krüger, Hartmut / Meusel, Ernst-Joachim / Rupp, Hans Heinrich /Scheven, Dieter / Schuster, Hermann-Josef / Stenbock-Fermor, Friedrich Graf (Hrsg.), Handbuch des Wissenschaftsrechts, Teil 2, Berlin, Heidelberg, New York 1996, S. 1293 – 1300.

Meusel, Ernst-Joachim, Außeruniversitäre Forschung im Wissenschaftsrecht, 2. Auflage, Köln, Berlin, Bonn, München 1999.

Meyer, Mark L., To promote the Progress of Science and Useful Art: The Protection of and Rights in Scientific Research, IDEA: The Journal of Law and Technology Vol. 39 (1998), S. 1 – 34.

Meyer-Cording, Ulrich, Die Vereinsstrafe, Tübingen 1957.

Michaels, Bernd, Die Unabhängigkeit des Ombudsmanns ist oberster Grundsatz, Versicherungswirtschaft 2000, S. 398.

Ministry of Science Technology and Innovation, Danish universities – in transition, Background report to the OECD examiners panel, Copenhagen 2003.

Mintz, Benjamin / Miller, Nancy G., A Guide to Federal Agency Rulemaking, published by the Administrative Conference of the United States, 2nd Edition, Washington D.C. 1991.

Mishkin, Barbara, Scientific Misconduct: Present Problems and Future Trends, Science and Engineering Ethics Vol. 5 (1999), S. 283 – 292.

Mishkin, Barbara, The Investigation of Scientific Misconduct: Some Observations and Suggestions, The New Biologist Vol. 3 (1991), S. 821 – 823.

Mogk, Stefan, Der Vereinsverband und seine rechtlichen Beziehungen zu Mitgliedern und Nichtmitgliedern, Tübingen 2002.

Morsey, Benedikt, Verfassungsrechtliche Spannungsfelder der biomedizinischen Forschung, in: Wagner, Hellmut (Hrsg.), Rechtliche Rahmenbedingungen für Wissenschaft und Forschung, Forschungsfreiheit und staatliche Regulierung, Band 1: Freiheit von Wissenschaft und Forschung, Baden-Baden 2000, S. 293 – 307.

Muckel, Stefan, Der Ombudsmann zur Anhörung von Vorwürfen wissenschaftlichen Fehlverhaltens, in: Hanau, Peter / Leuze, Dieter / Löwer, Wolfgang / Schiedermair, Hartmut (Hrsg.), Wissenschaftsrecht im Umbruch. Gedächtnisschrift für Hartmut Krüger, Berlin 2001, S. 275 – 297.

Müller-Foell, Martina, Die Bedeutung technischer Normen für die Konkretisierung von Rechtsvorschriften, Heidelberg 1987.

Müller-Thoma, Frank, Der halbstaatliche Verein, Eine Organisationserscheinung der institutionalisierten Durchdringung von Staat und Gesellschaft, Berlin 1974.

Münch, Ingo von / Kunig, Philip, Grundgesetz-Kommentar, Band 1 (Präambel bis Art. 19), 5. Auflage, München 2000.

Murphy, Walter F. / Fleming, James E. / Harris, William F., American Constitutional Interpretation, New York 1986.

Murphy, William P., Academic Freedom – An Emerging Constitutional Right, in: Baade, Hans W. / Everett, Robinson O. (Hrsg.), Academic freedom, The Scholar's Place in Modern Society, S. 17 – 56.

Murswiek, Dietrich, Die staatliche Verantwortung für Risiken der Technik, Verfassungsrechtliche Grundlagen und immissionsschutzrechtliche Ausformung, Berlin 1985.

National Institutes of Health, Summary of the FY 2004 President's Budget, February 2003, erhältlich unter: http://www.the-aps.org/pa/action/news/fy04presbud.pdf (15.02.2007).

National Science Foundation (NSF), Performance and Accountability Report FY 2003, Arlington 2004, erhältlich unter: http://www.nsf.gov/pubs/2004/nsf0410/new_pdf/nsf0410final.pdf (15.02.2007).

National Science Foundation (NSF), Research and Development in Industry: 2000, Arlington 2003.

National Science Foundation (NSF), National Patterns of R&D Resources: 2002 Data Update, erhältlich unter: http://www.nsf.gov/statistics/nsf03313/ (15.02.2007).

National Science Foundation (NSF), Academic research and Development Expenditures: Fiscal Year 2000, Arlington 2004.

National Science Foundation (NSF), Federal Science and Engineering Support to Universities, Colleges, and Nonprofit Institutions: Fiscal Year 2001, Arlington 2003.

National Science Foundation (NSF), Federal Funds for Research and Development, Fiscal Years 2001, 2002, and 2003, Vol. 51, Arlington 2004.

National Science Foundation (NSF) / Office of Inspector General, Semiannual Report to the Congress, Number 1, April 1, 1989 – September 30, 1989 Washington D.C., 1989.

Neuborne, Burt, Freedom of scientific Inquiry and the American Bill of Rights, in: Orsi-Battaglini, Andrea / Mazzoni, Cosimo M. (Hrsg.), Scientific Research in the USA, Scientific Freedom, State Intervention and the Free Market, Baden-Baden 1993, S. 41 ff.

Nipperdey, Thomas / Schmugge, Ludwig, 50 Jahre Forschungsförderung in Deutschland, Ein Abriß der Geschichte der Deutschen Forschungsgemeinschaft 1920-1970, Berlin 1970.

Nolte, Georg, Ermächtigung der Exekutive zur Rechtsetzung, Lehren aus der deutschen und der amerikanischen Erfahrung, AöR Bd. 118. (1993), S. 378 – 413.

Nowak, John E. / Rotunda, Ronald D., Constitutional Law, 6th Edition, St. Paul 2000.

Nowolinski, Geneviève, Office of Evaluation and Inspections, A Brief History of the HHS Office of Inspector General, June 2001, erhältlich unter: http://oig.hhs.gov/reading/history/ighistory.pdf (15.02.2007).

O'Neil, Robert M., Private Universities and Public Law, Buffalo Law Review Vol. 19 (1970), S. 155 – 193.

O'Toole, Margot, Point of View: Scientists Must be able to Disclose Colleagues Mistakes Without Risking Their Own Jobs or Financial support, Chronicle of Higher Education, Jan 25, 1989, S. A 44.

Office of Research Integrity (ORI), Study of Affiliation Agreements Used by Institutions to Comply with the Requirements of Their Misconduct Assurance, http://ori.hhs.gov/assurance/agreements.shtml (15.02.2007).

Office of Research Integrity (ORI), The Whistleblower's Conditional Privilege To Report Allegations of Scientific Misconduct, Position Paper, December 1993, http://ori.dhhs.gov/misconduct/Whistleblower_Privilege.shtml (15.02.2007).

Office of Research Integrity (ORI), Institutions Elaborate PHS Definition on Scientific Misconduct, ORI Newsletter, Vol. 3 (1995), No. 2 (March 1995), S. 8 – 9.

Office of Research Integrity (ORI), The Complainant's Role in an Inquiry, Investigation or Hearing, ORI Newsletter Vol. 8 No. 1 (December 1999) S. 8.

Office of Research Integrity (ORI), Review Group Recommendations Being Rapidly Implemented, ORI Newsletter Vol. 8 No. 1 (December 1999) S. 5 – 6.

Office of Research Integrity, (ORI), Questions and Answers – 42 CFR Part 93, erhältlich unter: http: //ori.dhhs.gov/policies/QAreg.pdf (15.02.2007).

Øllegaard, Jørgen, Dandy-lovens strategiske hensigt, Forskerforum, April 2003 Nr. 163, S. 6.

Øllegaard, Jørgen, Forskningsfrihed med begrænsninger, Forskerforum, April 2003 Nr. 163, S. 6.

Ombudsman der DFG, Zum Umgang mit wissenschaftlichem Fehlverhalten – Abschlussbericht Ergebnisse der ersten sechs Jahre Ombudsarbeit Mai 1999 – Mai 2005, erhältlich unter: http://www1.uni-hamburg.de/dfg_ombud//publ_abbericht.pdf (15.02.2007).

Oppermann, Thomas, Zur Finanzkontrolle der Stiftung Volkswagenwerk: Folgerungen aus der Wahrnehmung öffentlich bedeutsamer Aufgaben in privatrechtlicher Form, Frankfurt am Main, Berlin 1972.

Oppermann, Thomas, Freiheit von Forschung und Lehre, in: Isensee, Josef/ Kirchhof, Paul (Hrsg.) Handbuch des Staatsrechts, Band VI, Freiheitsrechte, Heidelberg 1989, §145, S. 809 – 845.

Oppermann, Thomas, Kulturverwaltungsrecht, Bildung-Wissenschaft-Kunst, Tübingen 1969.

Ossenbühl, Fritz, Wissenschaftsfreiheit und Gesetzgebung, in: Dörr, Dieter / Fink, Udo / Hillgruber, Christian / Kempen, Bernhard / Murswiek, Dietrich (Hrsg.), Die Macht des Geistes, Festschrift für Hartmut Schiedermair, Heidelberg 2001, S. 505 – 521.

Ossenbühl, Fritz / Hanau, Peter (Hrsg.), Kündigungsschutz und Wissenschaftsfreiheit am Beispiel der Max-Planck-Gesellschaft zur Förderung der Wissenschaften e.V., München 1998.

Osterloh, Lerke, Privatisierung von Verwaltungsaufgaben, VVDStRL 54, Berlin 1995, S. 204 – 239.

Otto, Hansjörg / Schwarze, Roland, Die Haftung des Arbeitnehmers, 3. Auflage, Karlsruhe 1998.

Pagh, Peter, Ytrigsfrihed contra videnskabelighed, Hvad der forstås ved videnskabelig uredelighed?, DJØFbladet nr. 3, 2003.

Palandt, Otto (Begr.), Bürgerliches Gesetzbuch, 64. Auflage, München 2005.

Panel on Scientific Responsibiliy and the Conduct of Research / Committee on Science, Engineering and Public Policy / National Academy of Science / National Academy of Engineering / Institute of Medicine, Responsible Science: Ensuring the Integrity of the Research Process, Vol. 1 und 2, Washington 1992.

Papenfuß, Matthias, Die personellen Grenzen der Autonomie öffentlich-rechtlicher Körperschaften, Berlin 1991.

Parrish, Debra M., The Federal Government and Scientific Misconduct Proceedings, Past, Present, and Future as seen through the Thereza Imanshi-Kari Case, Journal of College and University Law Vol. 24 No. 4 (1998), S. 581 – 618.

Parrish, Debra M., Commentary on 'Scientific Misconduct: Present Problems and Future Trends', in: Science and Engineering Ethics, Vol. 5 (1999), S. 299 – 301.

Pascal, Chris B., The History and Future of the Office of Research Integrity: Scientific Misconduct and Beyond, Science and Engineering Ethics Vol. 5 (1999), S. 183 – 198.

Paulig, Wolfgang, Forschungseinrichtungen der „Blauen Liste", in: Flämig, Christian / Kimminich, Otto / Krüger, Hartmut / Meusel, Ernst-Joachim / Rupp, Hans Heinrich / Scheven, Dieter / Schuster, Hermann-Josef / Stenbock-Fermor, Friedrich Graf (Hrsg.), Handbuch des Wissenschaftsrechts, Teil 2, Berlin, Heidelberg, New York 1996, S. 1325 – 1338.

Perzan, Christopher P., Research and Relators: The False Claims Act and Scientific Misconduct, Washington University Law Quarterly Vol. 70 (1992), S. 639 – 664.

Pfister, Bernhard, Anmerkung (zu BGH Vereinsrechtsurteil), JZ 1995, S. 464 – 467.

Pierce, Richard J. / Shapiro, Sidney A. / Verkuil, Paul R., Administrative Law and Process, 4th Edition, New York 2004.

Pieroth, Bodo / Schlink, Bernhard, Grundrechte, Statsrecht II, 22. Auflage, Heidelberg 2006.

Pietzcker, Jost, Verfahrensprivatisierung und staatliche Verfahrensverantwortung, in: Hoffmann-Riem, Wolfgang / Schneider, Jens-Peter (Hrsg.), Verfahrensprivatisierung im Umweltrecht, Hamburg 1996, S. 284 – 308.

Politiken, Lomborg klager over ministeriums afgørelse, Politiken, torsdag 15 Jan. 2004.

Polter, Dirk-Meints, Die Fraunhofer-Gesellschaft, in: Flämig, Christian / Kimminich, Otto / Krüger, Hartmut / Meusel, Ernst-Joachim / Rupp, Hans Heinrich / Scheven, Dieter / Schuster, Hermann-Josef / Stenbock-Fermor, Friedrich Graf (Hrsg.), Handbuch des Wissenschaftsrechts, Teil 2, Berlin, Heidelberg, New York 1996, S. 1301 – 1305.

Poon, Peter, Legal Protections for the Scientific Misconduct Whistleblower, The Journal of Law, Medicine & Ethics Vol. 23 (1995), S. 88 – 95.

Porter, Joan P. / Dustira Alicia K., Policy Development Lessons from Two Federal Initiatives: Protecting Human Research Subjects and Handling Misconduct in Science, Academic Medicine Vol. 68 (1993), September Supplement, S. S 51 – S 55.

Powell, Justin J.W., Staatliche Forschungsförderung der Sozialwissenschaften: Die Deutsche Forschungsgemeinschaft (DFG) und die amerikanische National Science Foundation (NSF) im Vergleich, Selbständige Nachwuchsgruppe working paper 3/2000, Berlin: Max-Planck-Institut für Bildungsforschung.

Price, Alan R. / Hallum, Jules V., The Office of Scientific Integrity Investigations: The Importance of Data Analysis, Accountability in Research Vol. 2 (1992), S. 133 – 137.

Price, Alan R., Anonymity and Pseudonymity in Whistleblowing to the U.S. Office of Research Integrity, Academic Medicine Vol. 73 (1998), S. 467 – 472.

Price, Alan R., Definitions and Boundaries of Research Misconduct – Perspectives from a federal Government Viewpoint, The Journal of Higher Education Vol. 65 (1994), S. 281 – 297.

Priester, Hans-Joachim / Mayer, Dieter (Hrsg.), Münchener Handbuch des Gesellschaftsrechts, Band 3, Gesellschaft mit beschränkter Haftung, 2. Auflage, München 2003.

Protti, Maria, Policing Fraud and Deceit – The Legal Aspects of Misconduct in Scientific Inquiry, Journal of Information Ethics Spring 1996, S. 59 – 71.

Pünder, Hermann, Exekutive Normsetzung in den vereinigten Staaten von Amerika und der Bundesrepublik Deutschland, Berlin 1995.

Püttner, Günther, Wissenschaftsfreiheit und Gesetzgebung, in: Dörr, Dieter / Fink, Udo / Hillgruber, Christian / Kempen, Bernhard / Murswiek, Dietrich, Die Macht des Geistes, Festschrift für Hartmut Schiedermair, Heidelberg 2001, S. 557 – 567.

Rabban, David M., Does Academic Freedom Limit Faculty Autonomy?, Texas Law Review Vol. 66 (1988), S. 1405 – 1430.

Rabban, David M., A Functional Analysis of "Individual" and "Institutional" Academic freedom under the First Amendment, Law & Contemporary Problems Vol. 53 (1990), S. 227 – 301.

Rabban, David M., A Functional Analysis of "Individual" and "Institutional" Academic Freedom under The First Amendment, Law & Contemporary Problems Vol. 53 (1990), S. 227 – 301.

Rakoff, Todd D., The Choice Between Formal and Informal Modes of Administrative Regulation, Administrative Law Review Vol. 52 (2000), S. 159 – 174.

Rauner Max, Aus der Kurve geflogen, Die Zeit, Nr. 25 (2002).

Redeker, Konrad, Ein Ombudsman für Bund und Länder? – Ein Tagungsbericht, DVBl. 1964, S. 221 – 222.

Redeker, Konrad, Notwendigkeit und rechtliche Gestaltungsmöglichkeiten von Parlamentsbeauftragten in Deutschland, NJW 1967, S. 1297 – 1301.

Reich, Andreas, Hochschulrahmengesetz Kommentar, 9. Auflage, München 2005.

Reichert, Bernhard, Handbuch des Vereins- und Verbandsrechts, 10. Auflage, München Neuwied 2005.

Reiß, Günter, Die Rechtsetzungsbefugnis der Universität. Eine Darstellung ihrer Entwicklung, Rechtsgrundlagen und praktischen Bedeutung, Mainz 1979.

Rektorkollegiet, Skema: Fra udkast til lovforslag, verfügbar unter: http://www.rektorkollegiet.dk /typo3conf/ext/naw_securedl/secure.php?u=0&file=fileadmin/user_upload/downloads/fra_udkas t_til_lov.pdf&t=1172718443&hash=ae89658ccfe55c755ed5ed2727fa52fc (15.02.2007).

Relman, Arnold S., Lessons from the Darsee Affair, The New England Journal of Medicine, Vol. 308 (1983), S. 1415 – 1417.

Rennie, Drummond, Guarding the Guardians Research on editorial Peer Review. Program of First International Congress on Peer review in Biomedical Publication, Chicago, Illinois, May 10 – 12, 1989.

Rennie, Drummond / Gunsalus, C. Kristina, Regulations on scientific misconduct: Lessons from the US experience, in: Lock, Stephen, Wells, Frank, Farthing, Michael, Fraud and Misconduct in Biomedical Research, 3rd Edition, London 2001, S. 13 – 31.

Research Triangel Institute, Survey of Accused but Exonerated Individuals in Research Misconduct Cases, Final Report, North Carolina 1996.

Research Triangel Institute, Consequences of Whistleblowing for the Whistleblower in Misconduct in Science Cases, Final Report, Washington 1995.

Reynolds, Glenn Harlan, „Thank God for the Lawyers": Some Thoughts on the (Mis)Regulation of Scientific Misconduct, Tennessee Law Review Vol. 66 (1999), S. 801 – 818.

Rhoades, Lawrence J., The American Experience: Lessons Learned, Science and Engineering Ethics (2000), S. 95 – 107.

Richardi, Reinhard / Wlotzke, Otfried (Hrsg.), Münchener Handbuch zum Arbeitsrecht, Band 1, Individualarbeitsrecht I, §§ 1 – 113, Band 2, Individualarbeitsrecht II, §§ 114 – 239, 2. Auflage, München 2000.

Richardi, Reinhard, Gestaltung der Arbeitsverträge durch Allgemeine Geschäftsbedingungen nach dem Schuldrechtsmodernisierungsgesetz, NZA 2002, S. 1057 – 1064.

Richardi, Reinhard (Hrsg.), Betriebsverfassungsgesetz mit Wahlordnung, Kommentar, 10. Auflage, München 2006.

Richards III, Edward P., Scientific Misconduct Part 2, What Are Your Constitutional Rights?, IEEE Engineering in Medicine and Biology Vol. 11 (March 1992), S. 73 – 75.

Ridder, Helmut, Die soziale Ordnung des Grundgesetzes: Leitfaden zu den Grundrechten einer demokratischen Verfassung, Opladen 1975.

Ritter, Gerhard A., Großforschung und Staat in Deutschland: ein historischer Überblick, München 1992.

Robertson, John A., The Scientist's Right to Research: A Constitutional Analysis, Southern California Law Review Vol. 51 (1977), S. 1203 – 1279.

Robertson, Stephen L., Executive Office of the President: White House Office" in: Michael Nelson (Hrsg.), Guide to the Presidency, Washington D.C. 1989, S. 919 – 941.

Roellecke, Gerd, Wissenschaft, Politik, Moral, WissR 24 (1991), S. 1 – 15.

Röhl, Hans Christian, Der Wissenschaftsrat, Baden-Baden 1994.

Römer, Wolfgang, Offene und beantwortete Fragen zum Verfahren vor dem Ombudsmann, NVersZ 2002, S. 289 – 293.

Rönck, Rüdiger, Technische Normen als Gestaltungsmittel des Europäischen Gemeinschaftsrechts – Zulässigkeit und Praktikabilität ihrer Rezeption zur Realisierung des gemeinsamen Marktes, Berlin 1995.

Rønsholdt, Stehen, Forvaltningsret: retssikkerhed, proces, sagsbehandling, 2. Udgave, København 2006.

Ross, Alf, Dansk Statsforfatningsret, 3. gennemarbejdede Udgave ved Ole Espersen, København 1980.

Rothfuß, Andreas M., Hochschulen in den USA und in Deutschland, ein Vergleich aus ökonomischer Sicht, Baden-Baden 1997.

Rudolf, Walter, Mittlerorganisationen der Auswärtigen Kulturverwaltung, in: Delbrück, Jost / Ipsen, Knut / Rauschning, Dietrich (Hrsg.) Recht im Dienst des Friedens, Festschrift Eberhard Menzel zum 65. Geburtstag am 21. Januar 1976, Berlin 1975, S. 141 – 153.

Ruffert, Matthias, Globalisierung als Herausforderung an das öffentliche Recht, Stuttgart u.a. 2004.

Rüfner, Wolfgang, Zur Bedeutung der Tragweite des Art. 19 Abs. 3 des Grundgesetzes (Anwendbarkeit auf juristische Personen), AöR 89 (1964), S. 261 – 322.

Rüfner, Wolfgang, Zur Bedeutung und Tragweite des Artikels 19 Abs. 3 des Grundgesetzes, AöR 89 (1964), S. 261 – 322.

Rupp, Hans Heinrich, Sind Ethik-Kommissionen Rechtsausschüsse und ihre Voten Verwaltungsakte?, in: Kästner, Karl-Herrmann / Nörr, Knut Wolfgang / Schlaich, Klaus (Hrsg.), Festschrift für Martin Heckel zum siebzigsten Geburtstag, Tübingen 1999, S. 839 – 856.

Rupp, Hans Heinrich, Wissenschaftsethik - Verfassungsprobleme der Regeln guter wissenschaftlicher Praxis, in: Anderbrügge, Klaus / Epping, Volker / Löwer, Wolfgang (Hrsg.), Dienst an der Hochschule: Festschrift für Dieter Leuze zum 70. Geburtstag, Berlin 2003, S. 437 – 448.

Rupp-v. Brünneck, Wiltraut, Zur Grundrechtsfähigkeit juristischer Personen, in: Ehmke, Horst / Schmid, Carlo /Scharoun, Hans (Hrsg.), Festschrift für Adolf Arndt zum 65. Geburtstag, Frankfurt am Main 1969, S. 349 – 383.

Sachs, Michael (Hrsg.), Grundgesetz Kommentar, 3. Auflage, München 2003.

Salaw-Hanslmaier, Stefanie, Die Rechtsnatur der Deutschen Forschungsgemeinschaft, Auswirkungen auf den Rechtsschutz des Antragstellers, Augsburg 2003.

Sauer, Herbert, Wissenschaftsfreiheit und Rechnungsprüfung, DÖV 1986, S. 941 – 945.

Sauter, Eugen / Schweyer, Gerhard / Waldner, Wolfram, Der eingetragene Verein, 17. Auflage, München 2001.

Schachmann, Howard K., What is Misconduct in Science?, Science Vol. 261 (1993), S. 148 – 183.

Schaffeld, Burkhard, Zur Rechtsnatur und zur Kündigung von Redaktionsstatuten, Zugleich Anmerkung zu dem Urteil des BAG vom 19.6.2001 – 1 AZR 463/00, AfP 2002, S. 139 – 141.

Schaub, Günter / Koch, Ulrich / Linck, Rüdiger, Arbeitsrechts-Handbuch, Systematische Darstellung und Nachschlagewerk für die Praxis, 11. Auflage, München 2005.

Scherpe, Jens M., Der deutsche Versicherungsombudsmann, NVersZ 2002, S. 97 – 102.

Schlegel, Jürgen, Bund-Länder-Kommission für Bildungsplanung und Forschungsförderung, in: Flämig, Christian / Kimminich, Otto / Krüger, Hartmut / Meusel, Ernst-Joachim / Rupp, Hans Heinrich / Scheven, Dieter / Schuster, Hermann-Josef / Stenbock-Fermor, Friedrich Graf (Hrsg.), Handbuch des Wissenschaftsrechts, Teil 2, Berlin, Heidelberg, New York 1996, S. 1689 – 1698.

Schlosser, Peter, Vereins- und Verbandsgerichtsbarkeit, München 1972.

Schmidt, Karsten, Gesellschaftsrecht, 4. Auflage, Köln Berlin Bonn München 2002.

Schmidt-Aßmann, Eberhard, Verwaltungslegitimation als Rechtsbegriff, AöR 116 (1991), S. 329 – 390.

Schmidt-Aßmann, Eberhard, Konfliktmittlung in der Dogmatik des deutschen Verwaltungsrechts, in: Hoffmann-Riem, Wolfgang /Schmidt-Aßmann, Eberhard (Hrsg.), Konfliktbewältigung durch Verhandlungen – Konfliktmittlung in Verwaltungsverfahren, Band II, Baden-Baden 1990, S. 9 – 28.

Schmidt-Aßmann, Eberhardt, Wissenschaftsrecht als systematische Disziplin, in: Winkler, Michael (Hrsg.), Festschrift für Ernst-Joachim Meusel, Baden-Baden 1997, S. 217 – 229.

Schmidt-Aßmann, Eberhardt, Die Wissenschaftsfreiheit nach Art. 5 Abs. 3 als Organisationsgrundrecht, in: Becker, Bernd / Bull, Hans Peter / Seewald, Otfried (Hrsg.), Festschrift für Werner Thieme zum 70. Geburtstag, Köln, Berlin, Bonn, München 1993, S. 697 – 711.

Schmidt-Aßmann, Eberhardt, Fehlverhalten in der Forschung – Reaktionen des Rechts, NJW 1998, S. 1225 – 1234.

Schmidt-Preuß, Matthias, Die Verwaltung und das Verwaltungsrecht zwischen staatlicher Steuerung und gesellschaftlicher Selbstregulierung, VVDStRL, Bd. 56, Berlin 1996, S. 160 – 234.

Schmitt Glaeser, Walter, Die Freiheit der Forschung, WissR 7 (1974), S. 107 – 134 und 177 – 192.

Schnabel, Ulrich / Bartens, Werner, Müde Schnüffler im Labor, Die Zeit, Nr. 21 (2003).

Schnabel, Ulrich, Wachhund oder Störenfried? – Zur Rolle der Presse im Umgang mit wissenschaftlichem Fehlverhalten, in: Deutsche Forschungsgemeinschaft und Ombudsman der DFG (Hrsg.), Wissenschaftliches Fehlverhalten – Erfahrungen von Ombudsgremien, Tagungsbericht, Weinheim 2004, S. 50 – 54.

Schneider, Stephen, Global Warming: Neglecting the Complexities, Scientific American Vol. 286 (January 2002), S. 62 – 65.

Schöne, Hubert, Deutsche Forschungsgemeinschaft, Düsseldorf 1981.

Schrödter, Wolfgang, Die Wissenschaftsfreiheit des Beamten: Dargestellt am Recht der wissenschaftlichen Nebentätigkeit, Berlin 1974.

Schultz-Gerstein, Hans-Georg, Wettbewerbsbedingungen der Universitäten, MittHV 1987, S. 143 – 152.

Schulze-Fielitz, Helmuth, Rechtliche Rahmenbedingungen von Ombuds- und Untersuchungsverfahren zur Aufklärung wissenschaftlichen Fehlverhaltens, WissR 37 (2004), S. 100 – 124.

Schulze-Fielitz, Helmuth, Freiheit der Wissenschaft, in: Benda, Ernst / Maihofer, Werner / Vogel, Hans-Jochen (Hrsg.), Handbuch des Verfassungsrechts der Bundesrepublik Deutschland, Band 2, 2. Auflage, Berlin, New York 1994, § 27, S. 1339 – 1362.

Schulz-Hardt, Joachim, Die Ständige Konferenz der Kultusminister der Länder in der Bundesrepublik Deutschland (KMK), in: Flämig, Christian / Kimminich, Otto / Krüger, Hartmut / Meusel, Ernst-Joachim / Rupp, Hans Heinrich / Scheven, Dieter / Schuster, Hermann-Josef / Stenbock-Fermor, Friedrich Graf (Hrsg.), Handbuch des Wissenschaftsrechts, Teil 2, Berlin, Heidelberg, New York 1996, S. 1655 – 1665.

Schulz-Prießnitz, Almuth, Einheit von Forschung und Lehre, Berlin 1981.

Schuppert, Gunnar Folke, Die Erfüllung öffentlicher Aufgaben durch verselbständigte Verwaltungseinheiten, Göttingen 1981.

Schuppert, Gunnar Folke, Governance im Spiegel der Wissenschaftsdisziplinen, in: ders. (Hrsg.), Governance-Forschung: Vergewisserung über Stand und Entwicklungslinien, Baden Baden 2005, S. 371 – 469.

Schuppert, Gunnar Folke, Verwaltungswissenschaft, Baden-Baden 2000.

Schuppert, Gunnar Folke, Die öffentliche Verwaltung im Kooperationsspektrum staatlicher und privater Aufgabenerfüllung: Zum Denken in Verantwortungsstufen, Die Verwaltung 31 (1998), S. 415 – 447.

Schuster, Hermann Josef, Forschungsuniversitäten in den USA, WissR 1999, S. 346 – 357.

Schwabe, Jürgen, Probleme der Grundrechtsdogmatik, Darmstadt 1977.

Schwartz, Bernhard, Administrative Law, 3rd Edition, New York 1991.

Schwarz, Stefan, Erfindungen an amerikanischen Hochschulen, München 1997.

Sedelmeier, Klaus / Burkhardt, Emanuel H. (Hrsg.) / Löffler, Martin (Begr.), Löffler Presserecht, Kommentar zu den Landespressegesetzen der Bundesrepublik Deutschland mit einem Besonderen Teil und einem Textanhang, 5. Auflage, München 2006.

Seer, Roman, Steuerrechtliche Fragen der Forschungsförderung, in: Flämig, Christian / Kimminich, Otto / Krüger, Hartmut / Meusel, Ernst-Joachim / Rupp, Hans Heinrich / Scheven, Dieter / Schuster, Hermann-Josef / Stenbock-Fermor, Friedrich Graf (Hrsg.), Handbuch des Wissenschaftsrechts, Teil 2, Berlin, Heidelberg, New York 1996, S. 1441 – 1459.

Seiler, Wolfgang, Verfassungsrechtliche Grenzen der Normierung innerer Pressefreiheit, AfP 1999, S. 7 – 18.

Shell, Kurt L., Kongress und Präsident, in: Adams, Paul / Lösche, Peter, Länderbericht USA, Kapitel B: Politik, I. Das politische System, S. 207 – 248.

Sieberg, Christoph, Verwaltungsvollstreckung – Ein Vergleich zwischen den USA und Deutschland, Frankfurt am Main, Berlin, Bern, Brüssel, New York, Oxford Wien 2001.

Sise, C. Beth, Scientific Misconduct in Academia; A Survey and Analysis of Applicable Law, San Diego Law Review, April/Mai 1991, Vol. 28, S. 401 – 428.

Slaughter, Anne-Marie, A New World Order, Princeton, 2004.

Smith, Christopher J. / Deering, Steven S., Committees in Congress, 3rd Edition, Washington DC 1997.

Sobota, Katharina, Die Ethik-Kommission – Ein neues Institut des Verwaltungsrechts?, AöR 121 (1996), S. 229 – 260.

Soergel, Hans Theodor (Begr.), Kommentar zum Bürgerlichen Gesetzbuch BGB, Band 1, Allgemeiner Teil 1, §§ 1 – 103, Stuttgart, Berlin, Köln Mainz, Stand Frühjahr 2000.

Søndergaard, Leif, Forskerforum, 2003 Nr. 163, S. 2., http://www.forskeren.dk/downloads/ff-163.pdf (15.02.2007).

Sørensen, Max, Statsforfatningsret, 2. Udgave ved Peter Germer, København 1973.

Spaude, Karl Heinz, Das dänische Rechtswesen, Köln, Berlin, Bonn, München 1976.

Spece, Roy G. / Marchalonis, John J., Fourth Amendment Restrictions on Scientific Misconduct Proceedings at Public Universities, 11 Health Matrix: Journal of Law-Medicine Vol. 11 (2001), S. 571 – 626.

Stamer, Katrin, Die Ethik-Kommissionen in Baden-Württemberg: Verfassung und Verfahren, Frankfurt am Main 1998.

Stankovic, Bratislav, Pulp Fiction: Reflections on Scientific Misconduct, Wisconsin Law Review 2004, S. 975 – 1013.

Starosta, Thomas, Die Aberkennung akademischer Grade, DÖV 1987, S. 1050 – 1052.

Staudinger, J. v. (Begr.), Kommentar zum Bürgerlichen Gesetzbuch mit Einführungsgesetz und Nebengesetzen, Buch 2 Recht der Schuldverhältnisse, §§ 328 –359 (Vertrag zugunsten Dritter, Rücktritt und Widerruf), Berlin 2004.

Stegemann-Boehl, Stefanie, Ex Commissione Salus, in: Gegenworte. Zeitschrift für Disput über das Wissen, Heft 2 (1998), S. 21 – 24.

Stegemann-Boehl, Stefanie, Fehlverhalten von Forschern und das deutsche Recht, WissR Bd. 29 (1996), S. 139 – 160.

Stegemann-Boehl, Stefanie, Fehlverhalten von Forschern, Eine Untersuchung am Beispiel der biomedizinischen Forschung im Rechtsvergleich USA-Deutschland, Stuttgart 1994.

Steigleder, Thomas, Eigenverantwortung und Selbstregulierung unter staatlicher Kontrolle, in: Wagner, Helmut (Hrsg.), Rechtliche Rahmenbedingungen für Wissenschaft und Forschung, Forschungsfreiheit und staatliche Regulierung, Band 1: Freiheit von Wissenschaft und Forschung, Baden-Baden 2000, S. 125 – 157.

Steinberg, Nisan A., Regulations of Scientific Misconduct in Federally Funded Research, erschienen in: Southern California Interdisciplinary Law Journal Vol. 10 (2000), S. 39 – 105.

Stelkens, Paul / Bonk, Heinz Joachim / Sachs, Michael, Verwaltungsverfahrensgesetz Kommentar, 6. Auflage, München 2001.

Steneck, Nicholas H., Confronting Misconduct in Science in the 1980s and 1990s: What has and has not been accomplished?, Science and Engineering Ethics Vol. 5 (1999), S. 161 – 176.

Steneck, Nicholas H. / Zinn, David, ORI Introduction to the Responsible Conduct of Research, Rockville 2004.

Stern, Klaus (Hrsg.), Das Staatsrecht der Bundesrepublik Deutschland, Bd. III/1, Allgemeine Lehren der Grundrechte, München 1988.

Sterzel, Dieter, Die Wissenschaftsfreiheit des angestellten Forschers, Konsequenzen für den arbeitsrechtlichen Bestandsschutz, Baden-Baden 2000.

Steward, Walter W. / Feder, Ned, The integrity of the scientific literature, Nature, Vol. 325 (1987) S. 207 – 214.

Stieler, Frank, Satzungsgebung der Universitäten – Staatliche Aufsicht und Mitwirkung, Frankfurt am Main 1985.

Stöber, Kurt, Handbuch zum Vereinsrecht, 9. Auflage, Köln 2004.

Stock, Martin, Innere Medienfreiheit – Ein modernes Konzept der Qualitätssicherung, Baden-Baden 2001.

Storer, Norman W., Das soziale System der Wissenschaft, in: Weingart, Peter (Hrsg.) Wissenschaftssoziologie Band I, Wissenschaftliche Entwicklung als sozialer Prozeß, Frankfurt/Main 1972, S. 60 – 81.

Streiter, Felix, Regeln gegenwissenschaftliches Fehlverhalten auch für Begabtenförderungswerke, WissR Bd. 37 (2004), S. 309 – 332.

Streiter, Felix, Die Rechtsnatur von Stipendien, WissR 38 (2005), S. 2 – 33.

Ströker, Elisabeth, Im Namen des Wissenschaftsethos. Jahre der Vernichtung einer Hochschullehrerin in Deutschland 1990-1999, Berliner Debatte, Berlin 2000.

Stullar, Stuart W., High School Academic freedom: the Evolution of a Fish out of Water, Nebraska Law Review Vol. 77 (1998), S. 301 – 343.

Szöllösi-Janze, Margit / Trischler, Helmut (Hrsg.), Großforschung in Deutschland, Frankfurt am Main, New York 1990.

Taupitz, Jochen, Biomedizinische Forschung zwischen Freiheit und Verantwortung: der Entwurf eines Zusatzprotokolls über biomedizinische Forschung zum Menschenrechtsübereinkommen zur Biomedizin des Europarates, Berlin Heidelberg 2002.

Taupitz, Jochen, Die Standesordnungen der freien Berufe, Geschichtliche Entwicklung, Funktionen, Stellung im Rechtssystem, Berlin, New York 1991.

Taupitz, Jochen, Biomedizinische Forschung zwischen Freiheit und Verantwortung – Der Entwurf eines Zusatzprotokolls über biomedizinische Forschung zum Menschenrechtsübereinkommen zur Biomedizin des Europarates, Heidelberg 2002.

Termansen, Jesper, Hårdt slag mod Lömborg-kritikere, Berligske Tidene, 17. Dezember 2003, erhältlich unter: http://www.berlingske.dk/popup:print=388870?& (15.02.2007).

Tettinger, Peter J., Die politischen und kulturellen Freiheitsrechte der Landesverfassung in der Rechtsprechung der Landesverfassungsgerichte, in: Starck, Christian / Stern, Klaus (Hrsg.), Landesverfassungsgerichtsbarkeit, Teilband III, Verfassungsauslegung, Baden-Baden 1983, S. 271 – 317.

The Carnegie Foundation for The Advancement of Teaching / The Carnegie Classification of Institutions of Higher Education, A technical Report with a Foreword by Lee S. Shulman, Menlo Park, California 2000.

The Danish Committee on Scientific Dishonesty (Hrsg.) / The Danish Committee on Scientific Dishonesty, Guidelines for Good Scientific Practice, Copenhagen 1998.

The Danish Committee on Scientific Dishonesty (Hrsg.), The Danish Committee on Scientific Dishonesty, Annual Report 1998, Copenhagen 2000.

The Danish Committee on Scientific Dishonesty (Hrsg.), The Danish Committee on Scientific Dishonesty, Annual Report 1997, Copenhagen 1998.

The Danish Committees on Scientific Dishonesty (Hrsg.), The Danish Committees on Scientific Dishonesty, Annual Report 1999, Copenhagen 2000.

The Danish Institute for Studies in Research and Research Policy, Changes in Research Management at Danish Universities and Government Research Institutes, Aarhus 2003, erhältlich unter: http://www.afsk.au.dk/ftp/Remac/2003_4.pdf (15.02.2007).

The Danish Research Councils (Hrsg.), The Danish Committee on Scientific Dishonesty, Annual Report 1996, Copenhagen 1997.

The Danish Research Councils (Hrsg.), The Danish Committee on Scientific Dishonesty, Annual Report 1995, Copenhagen 1996.

The Danish Research Councils (Hrsg.), The Danish Committee on Scientific Dishonesty, Annual Report 1994, Copenhagen 1995.

The Danish Research Councils (Hrsg.), The Danish Committee on Scientific Dishonesty, Annual Report 1993, Copenhagen 1994.

Thieme, Werner, Die Wissenschaftsfreiheit der nichtuniversitären Forschungseinrichtungen, DÖV 1994, S. 150 – 156.

Thieme, Werner, Deutsches Hochschulrecht, 3. Auflage, Köln, Berlin, München 2004.

Thørgesen, Andreas Fugl, En værre uredelighed, Definitionen af videnskabelig uredelighed granskes, DJØFbladet 2003, Nr. 3, erhältlich unter: http://www.djoef.dk/online/view_artikel?ID= 1137&attr_folder=F (15.05.07).

Thygesen, Frants, Bestand und Bedeutung der Grundrechte in Dänemark, EuGRZ 1978, S. 438 – 440.

Tomerius, Carolyn, Die Hochschulautonomie und ihre Einschränkungen beim Zusammenwirken von Land und Hochschule, Heidelberg 1998.

Tribe, Laurence H., American Constitutional Law, Volume Second, 3rd Edition, New York 1999.

Tribe, Laurence H., American Constitutional Law, Volume One, 3rd Edition, New York 2000.

Trute, Hans- Heinrich, Die Rechtsqualität von Zielvereinbarungen und Leistungsverträgen im Hochschulbereich, WissR 33 (2000), S. 134 – 160.

Trute, Hans- Heinrich, Die demokratische Legitimation der Verwaltung, in: Hoffmann-Riem, Wolfgang / Schmidt-Aßmann, Eberhard / Voßkuhle, Andreas (Hrsg.), Grundlagen des Verwaltungsrechts, Band I: Methoden, Maßstäbe, Aufgaben, Organisation, München 2006, S. 307 – 389.

Trute, Hans-Heinrich, Funktionen der Organisation und ihre Abbildung im Recht, in: Schmidt-Aßmann, Eberhard / Hoffmann-Riem, Wolfgang (Hrsg.) Verwaltungsorganisationsrecht als Steuerungsressource, S. 249 – 295.

Trute, Hans-Heinrich, Lug und Trug in den Wissenschaften – rechtliche Regulierung oder Selbststeuerung durch das Ethos der Wissenschaften, Vortragsskript (unveröffentlicht).

Trute, Hans-Heinrich, Verzahnungen von öffentlichem und privatem Recht – anhand ausgewählter Beispiele, in: Hoffmann-Riem, Wolfgang / Schmidt-Aßmann, Eberhard (Hrsg.), Öffentliches Recht und Privatrecht als wechselseitige Auffangordnungen, Baden-Baden 1996, S. 167 – 223.

Trute, Hans-Heinrich, Ungleichzeitigkeiten in der Dogmatik: Das Wissenschaftsrecht, Die Verwaltung 1994, S. 301 – 327.

Trute, Hans-Heinrich, Grauzone zwischen Irrtum und Täuschung, Forschung und Lehre Heft 6/2000, S. 287.

Trute, Hans-Heinrich, Die Forschung zwischen grundrechtlicher Freiheit und staatlicher Institutionalisierung, Tübingen 1994.

Trute, Hans-Heinrich / Kühlers, Doris / DenkhausWolfgang, Governance in der Verwaltungswissenschaft, Die Verwaltung 37 (2004), S. 451 – 473.

Trute, Hans-Heinrich, Methodik der Herstellung und Darstellung verwaltungsrechtlicher Entscheidungen, in: Hoffmann-Riem, Wolfgang / Schmidt-Aßmann, Eberhard (Hrsg.), Methoden der Verwaltungsrechtswissenschaft, Baden-Baden 2004, S. 293 – 325.

Trute, Hans-Heinrich, Die Verwaltung und das Verwaltungsrecht zwischen gesellschaftlicher Selbstregulierung und staatlicher Steuerung, DVBl. 1996, S. 950 – 964.

Trute, Hans-Heinrich / Denkhaus, Wolfgang / Bastian, Bärbel / Hoffman, Kendra, Governance Modes in University Reform in Germany – From the Perspective of Law, in: Jansen, Dorothea (Hrsg.), New Forms of Governance in Research Organisations – Disziplinary Approaches, Interfaces and Integration, S. 155 – 172.

Turner, George, Grenzen der Forschungsfreiheit, ZRP 1986, S. 172 – 175.

U.S. Department of Health and Human Services / Public Health Service / Office of the Assistant Secretary for Health / Office of Research Integrity, Biennial Report 1991 – 92, September 1993.

U.S. Department of Health and Human Services / Public Health Service / Office of the Assistant Secretary for Health, First Annual Report, Scientific Misconduct Investigations, Reviewed by Office of Scientific Integrity Review, March 1989 – December 1990, Washington D.C.

U.S. Department of Health and Human Services, HHS Fact Sheet: Promoting Integrity in Research, October 22, 1999.

U.S. Department of Health and Human Services / Public Health Service (Hrsg.), Report of the Commission on Research Integrity, Integrity and Misconduct in Research, Washington 1995.

U.S. General Services Administration (GSA) (Hrsg.), News Release: GSA Posts Debarment and Suspension List on World Wide Web (March 17, 1997).

Ullrich, Hanns, Privatrechtsfragen der Forschungsförderung in der Bundesrepublik Deutschland, Weinheim 1984.

United States General Accounting Office (Hrsg.), Report to Congressional Requesters, Health Research Misconduct: HHS' Handling of Cases is Appropriate, but Timeliness Remains a Concern, Washington D.C. 1995.

Van Alstyne, William W., Academic Freedom and the First Amendment in the Supreme Court of the United States: An Unhurried Historical Review, Law & Contemporary Problems Vol. 53 (1990), S. 79 – 154.

Van den Haag, Ernest, Academic Freedom in the United States, in: Baade, Hans W. / Everett, Robinson O. (Hrsg.), Academic freedom, The Scholar's Place in Modern Society, S. 85 – 94.

van Kersbergen, Kees / van Waarden, Frans, "Governance" as a bridge between disciplines: Cross-disciplinary inspiration regarding shifts in governance and Problems of governability, accountability and legitimacy, European Journal of Political Research 43 (2004), S. 143 – 171.

Vaughn, Robert G., State Whistleblower Statutes and the Future of Whistleblower Protection, Administrative Law Review Vol. 51 (1999), S. 581 – 625.

Verkuil, Paul, A Study of Informal Adjudication Procedures, University of Chicago Law Review Vol. 43 (1976), S. 739.

Vierkorn-Rudolph, Beatrix, Die Wissenschaftsgemeinschaft Blaue Liste vor neuen Herausforderungen, Wissenschaftsmanagement 1997, S. 265 – 268.

Vieweg, Klaus, Normsetzung und –anwendung deutscher und internationaler Verbände. Eine Rechtstatsächliche und rechtliche Untersuchung unter besonderer Berücksichtigung der Sportverbände, Berlin 1990.

Vogter, John, Forvaltningsloven med kommentarer, København 1992.

Voßkuhle, Andreas, Neue Verwaltungsrechtswissenschaft, in: Hoffmann-Riem, Wolfgang / Schmidt-Aßmann, Eberhard /Voßkuhle, Andreas (Hrsg.), Grundlagen des Verwaltungsrechts, Band I: Methoden, Maßstäbe, Aufgaben, Organisation, München 2006, S. 1 – 61.

Waaben, Henrik, New Rules for DCSD, in: Danish Agency for Science Technology and Innovation (Hrsg.), Annual Report 2005, The Danish Committees on Scientific Dishonesty, S. 16 – 18.

Wade, Nicholas, The rise and fall of a scientific superstar, New Scientist Vol. 91 (1981), S. 781 – 782.

Wagner, Hellmut, Forschungsfreiheit und Regulierungsdichte, NVwZ 1998, S. 1235 – 1242.

Wagner, Hellmut, Forschungsfreiheit und Verfahrensgestaltung, in: Wagner, Hellmut (Hrsg.), Rechtliche Rahmenbedingungen für Wissenschaft und Forschung, Forschungsfreiheit und staatliche Regulierung, Band 1: Freiheit von Wissenschaft und Forschung, Baden-Baden 2000, S. 267 – 291.

Wahl, Andreas, Kooperationsstrukturen im Vertragsarztrecht, Berlin 2001.

Wahl, Rainer, Privatorganisationsrecht als Steuerungsinstrument bei der Wahrnehmung öffentlicher Aufgaben, in: Schmidt-Aßmann, Eberhard / Hoffmann-Riem, Wolfgang (Hrsg.), Verwaltungsorganisationsrecht als Steuerungsressource, Baden-Baden 1997, S. 301.

Wahl, Rainer / Masing, Johannes, Schutz durch Eingriff, JZ 1990, S. 553 – 563.

Walter, Charles / Richards III, Edward P., Scientific Misconduct Part 1 – The Federal Rules, IEEE Engineering in Medicine and Biology Vol. 10 (December 1991), S. 69-71.

Weber, Werner, Die Körperschaften, Anstalten und Stiftungen des öffentlichen Rechts, 2. Auflage, Berlin 1943.

Weber, Werner, Die Rechtsstellung des deutschen Hochschullehrers, Göttingen 1952.

Weberling, Johannes, Aspekte gemeinsamer Berufungen von Universitäten und außeruniversitären Forschungseinrichtungen, in: WissR 25 (1992), S. 155 – 165.

Weingart, Peter, Ist das Wissenschafts-Ethos noch zu retten? Mertons Verhaltensregeln und die veränderten Bedingungen der Wissenschaftsproduktion in Lug und Trug in den Wissenschaften, Gegenworte 2/1998, herausgegeben von der Berlin-Brandenburgischen Akademie die Wissenschaften, S. 12 – 17.

Weingart, Peter, Wissenschaftsforschung und wissenschaftssoziologische Analyse, in: ders. (Hrsg.), Wissenschaftssoziologie, Band I, Wissenschaftliche Entwicklung als sozialer Prozeß, Frankfurt/Main 1972, S. 11 – 42.

Weiss, Burghard, „Großforschung" – Genese und Funktion eines Forschungstypus in: Poser, Hans / Burrichter, Clemens (Hrsg.), Die geschichtliche Perspektive in der Disziplinen der Wissenschaftsforschung: Kolloquium an der TU Berlin (1988), S. 149 – 175.

Wheeler, David L., U.S. Agency Proposes Trial-Like Hearings to Judge Cases of Scientific Misconduct, The Chronicle of Higher Education (March 18, 1992), S. A8 – A10.

Wiedermann, Alfred, Rechtliche und verwaltungswissenschaftliche Probleme der Steuerung von privatrechtlich organisierten Großforschungseinrichtungen durch den Bund, Hamburg 1981.

Wiese, Günther / Kreutz, Peter / Oetker, Hartmut /Raab, Thomas / Weber, Christoph / Franzen, Martin (Hrsg.) / Fabricius, Fritz / Kraft, Alfons / Thiele, Wolfgang (Mitbegr.), Gemeinschaftskommentar Betriebsverfassungsgesetz, Band I (§§ 1-73b), Band II (§§ 74-132), 8. Auflage, Neuwied Kriftel Berlin 2005.

Wilkening, Almut, Der Hamburger Sonderweg im System der öffentlich-rechtlichen Ethik-Kommissionen Deutschlands, Frankfurt am Main 2000.

Williamson, Oliver E., Transaction-Cost Economics: The Governance of Contractual Relations, Journal of Law and Economics 22 (1979), S. 233 – 261.

Williamson, Oliver E., The Mechanisms of Governance, New York 1996.

Wissenschaftsrat, Empfehlungen des Wissenschaftsrates zur Organisation, Planung und Förderung der Forschung, Tübingen 1975.

Witteck, Rafael, Governance aus der Perspektive der Soziologie, in: Neue Governanceformen in der Forschung – Disziplinäre Theorieansätze, Schnittstellen und Integrationsmöglichkeiten, Ergebnisse des Theorieworkshops am 01./02. Juli 2004, FÖV Speyer.

Wood, Harry A., Colleges and Universities, in: American Jurisprudence: A modern comprehensive text statement of American law, Vol. 15A, 2nd Edition, Rochester, New York 1979.

Woolf, Patricia K., Deception in Scientific Research, Jurimetrics Journal Vol. 29 (1988), S. 67 – 95.

Wright, Charles Alan, Law of Federal Courts, 6th ed., St. Paul, Minn. 2002.

Zahle, Henrik, Dansk forfatningsret 2, Regering, forvaltning og dom, 2. Udgave, København 1998.

Zahle, Henrik, Dansk forfatningsret 3, Menneskerettigheder, 2. Udgave, København 1998.

Zahle, Henrik, Uredelighed i forskningen, Ugeskrift for Retsvæsen (UfR), Litterær Afdeling, 9 (2003), S. 91 – 100.

Zierold, Kurt, Selbstverwaltungsorganisationen der Deutschen Wissenschaft, DÖV (1961), S. 686 – 695.

Zierold, Kurt, Forschungsförderung in drei Epochen, Deutsche Forschungsgemeinschaft, Geschichte, Arbeitsweise, Kommentar, Wiesbaden 1968.

Zimmermann, Norbert, Der grundrechtliche Schutzanspruch juristischer Personen des öffentlichen Rechts, Ein Beitrag zur Auslegung des Art. 19 Abs. 3 GG – unter besonderer Berücksichtigung des Grundrechtsschutzes berufsständischer Einrichtungen, öffentlich-rechtlicher Stiftungen und gemischt-wirtschaftlicher Unternehmen, München 1993.

Zündorf, Lutz / Grunt, Manfred, Innovation in der Industrie Organisationsstrukturen und Entscheidungsprozesse betrieblicher Forschung und Entwicklung, Frankfurt am Main, New York 1982.

Interdisziplinäre Schriften zur Wissenschaftsforschung

Neue Governance für die Forschung

Tagungsband anlässlich der wissenschaftspolitischen
Tagung der Forschergruppe „Governance der Forschung".
Berlin, 14.-15. März 2007
Herausgegeben von Prof. Dr. Dorothea Jansen
2009, Band 5, 154 S., brosch., 38,– €, ISBN 978-3-8329-4221-2

Wie wirken die Reformen im deutschen Wissenschaftssystem?
Das ist die Frage, auf die die interdisziplinäre Forschergruppe
„Governance der Forschung" mit diesem Band eine Antwort
liefert. Als Quintessenz von drei Jahren Forschungsarbeit werden „Forschungspolitische Thesen" abgeleitet und mit der
wissenschaftspolitischen Öffentlichkeit diskutiert.

Whistleblowing in der Wissenschaft

Rechtliche Aspekte im Umgang mit wissenschaftlichem
Fehlverhalten
Von Dr. Corinna Nadine Schulz
2008, Band 4, 362 S., brosch., 79,– €, ISBN 978-3-8329-3511-5

Whistleblower, die wissenschaftliches Fehlverhalten auf-
decken, sind häufig Repressalien ausgesetzt. Um sie in Zukunft
besser zu schützen, unterbreitet die Autorin nach Auswertung
der geltenden Rechtslage und Verfahrensvorschriften und
einem Rechtsvergleich mit den USA und Großbritannien Vorschläge für einen verbesserten Schutz von Whistleblowern in
der Wissenschaft.

Bitte bestellen Sie im Buchhandel oder
versandkostenfrei unter ▶ www.nomos-shop.de

Interdisziplinäre Schriften zur Wissenschaftsforschung

Hochschulreformen und Informationssysteme

Organisation – Personen – Technik

Von Dr. Heide Klug

2008, Band 3, 228 S., brosch., 49,– €, ISBN 978-3-8329-3398-2

Die Studie liefert einen detaillierten Einblick in die Reformpraxis deutscher Universitäten. Im Fokus steht die Einführung von Informationssystemen im Zuge umfassender Reorganisationsprozesse der Hochschulen. Vier explorative Fallstudien liefern Erkenntnisse über organisatorische, personelle und technologische Erfolgsfaktoren einer wettbewerbsfähigen Hochschule.

Die Bedeutung der Wissenschaftsfreiheit für die Fraunhofer-Gesellschaft

Grundrechtliche Einordnung und Anforderungen an Organisation und Finanzierung

Von Dr. Natalie Arnold

2007, Band 2, 205 S., brosch., 45,– €, ISBN 978-3-8329-2989-3

Erstmals detailliert vor dem Hintergrund der Wissenschaftsfreiheit analysiert das Werk die außeruniversitäre Forschungseinrichtung Fraunhofer-Gesellschaft. Die Autorin untersucht insbesondere die Anforderungen, die Art. 5 Abs. 3 GG an ihre Organisation und Finanzierung stellt, und zeigt die Parallelen und Unterschiede zur Hochschule auf.